W0292194

DER KLEINE JOHNSON

WEINFÜHRER 2017

Gesamtredaktion: Margaret Rand

Hallwag

Die englische Originalausgabe ist unter dem Titel »Hugh Johnson's Pocket Wine Book 2017« beim Verlag Mitchell Beazley, einem Imprint von Octopus Publishing Group Ltd., Carmelite House, 50 Victoria Embankment, London EC 4Y 0DZ, erschienen.
www.octopusbooks.co.uk

© Octopus Publishing Group Limited 1977–2016
First edition published 1977
Revised editions published 1978, 1979, 1980, 1981, 1982, 1983, 1984, 1985, 1986, 1987, 1988, 1989, 1990, 1991, 1992, 1993, 1994, 1995, 1996, 1997, 1998, 1999, 2000, 2001, 2002, 2003, 2004, 2005, 2006, 2007, 2008, 2009, 2010, 2011, 2012, 2013, 2014, 2015, 2016
All rights reserved

38., neu überarbeitete, ergänzte und aktualisierte Ausgabe, 2016, auf der Grundlage der 40. Originalausgabe, 2016

Übersetzung aus dem Englischen: Martin Waller, Britta Nord, Renate Haen, Susanne Vogel
Projektleitung: Anne-Sophie Zähringer, Florian Fischer
Herstellung: Markus Plötz
Redaktion: Werkstatt München · Buchproduktion
Satz: Anja Dengler, Werkstatt München
Umschlaggestaltung: Martina Baldauf, herzblut02 GmbH, München
Umschlagfoto: © Fotolia / Givaga

Printed and bound in China

Anzeigenmarketing: MCM Mediacenter GmbH, München
Tel.: 089/928096-0
www.mcm-mediacenter.de

Copyright © 1978, 2016 GRÄFE UND UNZER VERLAG GmbH, München
Grillparzerstr. 12, 81675 München

HALLWAG ist ein Unternehmen des GRÄFE UND UNZER VERLAGS, München, GANSKE VERLAGSGRUPPE
www.hallwag.de

Alle deutschen Rechte vorbehalten

ISBN 978-3-8338-5721-8

Hallwag

GRÄFE UND UNZER
Ein Unternehmen der
GANSKE VERLAGSGRUPPE

Inhalt

Zum richtigen Gebrauch

Bei den meisten Stichwörtern besteht die erste Zeile aus folgenden Kurzinformationen:

①, ③

Aglianico del Vulture Bas DOC(G) | r; tr | ★→★★★ | **06** 07 **08** **10** 11 12 13 (15)

②, ④

① **Weinname** und Gegend des betreffenden Landes, aus der der Wein stammt (Hinweise auf Landkarten im Buch).

② Welche Farbe der Wein hat; ob er trocken, lieblich oder süß ist; schäumend, in verschiedenen Formen vorkommt (und welcher die größte Bedeutung zukommt).

r	rot	**tr**	trocken*
rs	rosé	**lbl**	lieblich
w	weiß	**s**	süß
br	braun/bernsteingelb	**sch**	schäumend
( )	in Klammern gesetzte Angaben bedeuten relativ bescheidene Produktionsmengen		
*	steht hier keine Angabe, wird von einem trockenen Wein ausgegangen		

③ Allgemeiner Qualitätsstand; eine freilich nur grobe Einstufung aufgrund des derzeitigen Ansehens, wie es sich aus dem Preis ergibt.

★	einfache Qualität für jeden Tag
★★	überdurchschnittlich
★★★	bekannt, berühmt
★★★★	erstklassig, anspruchsvoll, teuer
★ usw.	farbige Sterne erhalten Weine, die nach meiner Erfahrung in der jeweiligen Preisklasse besonders gut sind; das gilt für gute Alltagsweine ebenso wie Luxuskreszenzen.

④ Der Jahrgang: Angegeben sind die empfehlenswerten neueren Jahrgänge, zusammen mit einer Einschätzung, ob sie bereits trinkreif sind (Ziffer in **fetter** Schrift) oder ob sie sich bei weiterer Lagerung noch entfalten (normale Schrift). Bitte beachten Sie aber, dass die Entwicklung eines Weins vielen Faktoren unterliegt und auch anders verlaufen kann als erwartet. Sind sowohl rote als auch weiße Weine angegeben, so ist der Rotwein gemeint, wenn nicht ausdrücklich anders erwähnt.

08	usw.	allgemein erhältliche, empfohlene Jahrgänge, die sich für weitere Lagerung eignen
09'	usw.	nach Angaben der jeweiligen Erzeuger besonders gut ausgefallener Jahrgang
06	usw.	genussreifer Jahrgang
04	usw.	2017 bevorzugt zu genießender Jahrgang
(15)	usw.	vorläufige Bewertung

Deutsche Weinjahrgänge werden nach einem anderen System geführt. Näheres siehe Seite 209.

Sonstige Abkürzungen

BV	baldiger Verbrauch, d. h. möglichst jung zu trinken
oJ	ohne Jahrgangsangabe auf dem Etikett. Bei Champagner eine einheitlichen Geschmack garantierende Mischung mehrerer Jahrgänge

Weitere, länderspezifische Abkürzungen befinden sich am Anfang des jeweiligen Kapitels.

Erzeuger- oder Weinnamen in Farbe kennzeichnen Hugh Johnsons persönliche Favoriten.

KAPITÄLCHEN verweisen auf eigene Einträge im selben Kapitel oder im Abschnitt »Rebsorten«, S. 13–26.

Zur Ausgabe 2017

Alle fragen, wonach sie sich als nächstes umsehen sollen. Welches Land oder welche Region ist gerade auf dem Weg nach oben? Na ja, alle irgendwie. Weine, die gerade schlechter werden, sind derzeit nirgends in Sicht – nicht einmal welche, die nicht besser würden. Meine Gegenfrage lautet daher: »Ist das wirklich wichtig?« Suchen Sie verzweifelt nach einem neuen Trend, bei dem Sie der Erste sein können, oder wollen Sie einfach nur eine gute Flasche Wein zu einem guten Preis haben? Für berühmte Namen oder einen Stoff, um den gerade ein völlig verrückter Hype gemacht wird, können Sie natürlich astronomische Preise bezahlen, aber geht es nicht vielmehr darum, zunächst einmal etwas zu finden, was Ihren richtig schmeckt?

Einen solchen Trend kann man derzeit bei den »Naturweinen« beobachten, also Weinen, bei deren Herstellung lang erprobte Vorsichtsmaßnahmen wie etwa das Schwefeln im Keller ganz oder großteils beiseite gelassen werden. Für mich spielt das, was ich trinke, eine viel zu große Rolle, als dass ich mich auf vegane Attitüden einlassen würde. Weinbereitung ist eine alte Kunst, bei der Moden durchaus ihre Bedeutung haben, aber als erfahrener Weingenießer lässt man sich nicht mehr so leicht mitreißen.

Die vor 40 Jahren erschienene erste Ausgabe dieses immer dicker werdenden Büchleins war noch ziemlich bescheiden. Ich scheute mich vor dem Wort »Enzyklopädie«, oder sogar »Führer«: Es war einfach mein *Pocket Wine Book,* mein Weinbuch für die Hosentasche, in das ich möglichst knappe Notizen zu allen Weinen schrieb, die ich für international beachtenswert hielt. Das waren damals 144 Seiten mit einer Menge hübschem Weißraum um die Texte herum. Die Idee war, dass man es wie einen Taschenkalender einstecken konnte, und tatsächlich mussten wir einen Kalenderbinder finden, um das schmächtige Werk ordentlich binden zu lassen.

Das war 1977. Ich war leicht überrascht, als der Verlag dann eine aktualisierte Version für 1978 haben wollte. Dafür war mehr Arbeit und Recherche erforderlich. Erst jetzt dämmerte es mir, dass ich in ein Thema mit eingebautem Bedarf für jährliche Aktualisierungen gestolpert war. Mit eingebauter Obsoleszenz, genaugenommen – der Traum jedes Vermartkters. Jedes Jahr bringt auch einen neuen Jahrgang hervor – ganz zu schweigen von neuen Namen, neuen Weinbergen, besserer und schlechterer Qualität und sogar, in geradezu erschreckendem Maß, kompletten neuen Ländern, die dazukommen. Wie viele andere Themen brauchen ein jährliches Update?

Wir trinken weniger

Die Statistiken sind überraschend. Es wird weniger Wein getrunken auf der Welt, nicht mehr, und er wird von einer deutlich kleineren Rebfläche produziert. Kein Land hat noch einen Verbrauch von 130 Litern pro Kopf und Jahr wie noch vor Zeiten. In Frankreich liegt die Zahl jetzt bei 50 und sinkt weiter. Sie können das auf einen veränderten Lebensstil schieben, auf höhere Einkommen, die für bessere Weine ausgegeben werden, ich aber glaube, dass es an den Autos liegt. Jeder fährt heutzutage Auto (oder ein Zweirad), da muss man vorsichtig sein. In den 1970ern trank niemand Mineralwasser, und nur wenige gingen ins Restaurant, wo der Wein drei- bis viermal so teuer ist.

Vor 40 Jahren waren die größten Unternehmen der Branche kleine Fische verglichen mit, nur zum Beispiel, Constellation Brands, das für 3,77 Milliarden US-$ im Jahr Wein verkauft. Großunternehmen werden, fast müßig zu sagen, von Buchhaltern geführt, Buchhalter hören auf Marketingleute, und Marketingleute beklagen, dass die Weinindustrie ein hoffnungsloser Fall ist. Das Pferd wird von hinten aufgezäumt. Man soll herstellen, was die Kunden mögen, nicht darauf hoffen, dass die Kunden mögen, was man herstellt. Es stimmt schon: Das Weingeschäft ist seit jeher „produktorientiert“, wie es heute heißt.

Die Erzeuger geben sich Mühe, doch die Natur hat das letzte Wort. Im Keller ist inzwischen eine Menge möglich, aber wenn es regnet, dann regnet es (manchmal auch nicht genug). Erinnern Sie sich an die Erleichterung und die Freude über einen Jahrgang wie 2015, als der größte Teil Europas einen idealen Sommer erlebte. Was für eine Industrie! Stellen Sie sich vor, man würde in Stuttgart oder Wolfsburg Partys schmeißen, wenn einmal ein Satz Autos gelingt, mit denen man fahren kann!

Der Wein ist in der modernen Welt ohne Absicht und Ziel aufgetaucht. Er hat sich über ein paar Jahrtausende einfach irgendwie durch Versuch und Irrtum entwickelt. Seine berühmtesten Repräsentanten – Bordeaux, Burgunder, Champagner – entstanden als Antworten auf lokale Fragen geografischer, meteorologischer, geologischer, kultureller, historischer und fast immer auch politischer Natur. Einfacher Zugang zu wohlhabenden Märkten war der Schlüssel. Roter Bordeaux etwa schmeckt so, wie er schmeckt, weil die Bauern rund um Frankreichs bedeutendsten Hafen für den Handel mit Nordeuropa sich für jene Trauben entschieden, die am verlässlichsten reiften für den Wein, den sie exportieren konnten. Der heimische Markt? Nicht für den guten Stoff.

Champagner hat seinen aufregenden Charakter gewonnen, weil die besten Trauben Ostfrankreichs recht schwächlich werden, wenn sie weiter im Norden wachsen. Die Weine, angebaut unweit von Paris und der reichen flandrischen Märkte, waren zu dünn, um zu gefallen – außer man vergor sie so, dass sie schäumten. Wie Burgunder und Bordeaux verband sich der Champagner mit einem nahegelegenen Luxusmarkt. Das war nur wenigen Weinen vergönnt. Ein anderes natürliches Beispiel ist der Rhein mit seinen Weinen; Port und Sherry hingegen mussten erfunden werden: Nierenwärmer für schlotternde Nordländer.

Bis noch vor wenigen hundert Jahren war der Weinbau auf Europa beschränkt. Man muss sich nicht darüber wundern, dass die Rebenpioniere der Neuen Welt sich am Goldstandard der berühmtesten Weine Europas orientierten. Also wurden die gleichen Rebsorten gepflanzt. So gelangten wir vor etwa 100 Jahren auf eine Art Plateau, insofern, als den meisten der ehrgeizigen Weinbaugebiete die gleichen Trauben wuchsen: diejenigen, die im Lauf der Geschichte aus sehr unterschiedlichen Gründen selektiert worden waren.

Wir wechseln die Traubensorten

Auf diesem Plateau sind wir noch immer – aber wie lange noch? Ein Wechsel liegt in der Luft, die Blicke richten sich überallhin, nach außen und nach vorn. Wann hörten Sie zum ersten Mal den Namen Albariño? Oder sogar (außer Sie waren schon ein ziemlicher Spezialist) Carmenère oder Touriga oder Vermentino? Sagt Ihnen Fiano irgendetwas? Aghiorgitiko? (Ah, Sie haben erraten, dass das griechisch ist.) Es war unvermeidlich, dass neue Weine sich Ihre Identität zunächst von prestigeträchtigen Traubennamen ausliehen. Aber das ist 50 Jahre her. Mit der neuen Welle wird gerade voll Stolz etwas eingeführt, was man »ethnisch« nennen könnte – so wie derzeit an jeder Ecke Sushi oder Tapas oder Dim Sum zu bekommen ist. Mit Aglianico, Arneis,

Blaufränkisch, Bourboulenc, Cannonau, Fiano, Dolcetto, Godello, Primitivo, Leanyka, Tannat, Malvasia, Saperavi, Ribolla sind die Weinlisten bereits doppelt so lang geworden. Aber das ist erst der Anfang. Warum sich auf bereits existierende Rebsorten beschränken? Der Querdenker unter den kalifornischen Weinmachern, Randall Grahm, macht sich daran, bessere zu züchten. Und ich bin sicher, ihm oder andern wird es bald gelingen.

Das sind die Trends, die kommen. Ganz vorne steht, stets im Wandel, die Frage nach dem Stil. Ich habe schon viele Moden vermerkt, manchmal auch gefördert und manchmal beklagt, etwa die naive Begeisterung für den Geschmack nach Eiche, die in den 1990er-Jahren ihren Höhepunkt erreichte und in manchen Kellern immer noch anhält. Die immer massiver werdende Alkoholstärke fast aller Weine seit den 1970ern bis erst vor kurzer Zeit war ein weiteres wiederkehrendes Motiv in diesem Buch, zusammen mit der Bedeutung von Robert Parker und seinem verführerischen Punktesystem. Zum Glück meine ich, dass die 100 Punkte nun allen Schaden angerichtet haben, zu dem sie fähig waren. Die Kellermeister haben erkannt, dass Ein-Glas-Weine eine Sackgasse sind; auf lange Sicht lohnt es sich viel mehr, etwas so Köstliches und Harmonisches zu produzieren, dass der Kunde eine zweite Flasche möchte.

Die Alkoholfrage ist ärgerlich und gar nicht so einfach zu lösen. Zu ihr gehört auch die Inflation in den Weingläsern. Früher fassten sie, halb gefüllt, 75 ml, heute sind 200 ml normal. Kein Wunder, dass wir torkeln. Als der Alkoholgehalt in den 1990ern und 2000ern immer weiter nach oben ging, hat sich kaum einer beschwert. Ich kenne Leute, die sich immer noch nach »mächtigen Roten« von 15 Vol.-% umsehen. Es ist mir immer ein Rätsel geblieben, warum Erzeuger Weine produzieren, bei denen man nach ein paar Gläsern aufhört. Jetzt machen sie die globale Erwärmung verantwortlich.

Doch der Klimawandel setzt die Erzeuger in warmen Gebieten zu Recht unter Druck. Das große Geheimnis der besten Weinberge der Welt ist, dass sie klimatisch in Randgebieten liegen. In den entscheidenden Augenblicken kühlen sie ab: nachts und nach der Lese, wenn alles etwas langsamer werden muss. Fast alle der neuen Rebflächen der Welt liegen in Gebieten, die ein bisschen wärmer sind als ideal. Wenn es dann noch wärmer wird, werden die Leute nervös. Darum zieht es schlaue Winzer im Norden weiter nach Norden und im Süden weiter nach Süden, und sowieso alle bergauf. Ein Gebiet ganz am Rand wie die Mosel hat seit mindestens einer Generation keinen schlechten Jahrgang alten Schlags mehr gehabt.

Ich feile nun seit 40 Jahren an diesen Texten. Und nach so vielen Durchgängen möchte ich meinem Team von Mitwirkenden danken, 30 an der Zahl, die ihre Nasen in jede Weinecke auf dieser Welt stecken. Ich treffe sie nicht immer alle von Angesicht zu Angesicht, aber sie liefern. Dann koche ich das Süppchen daraus. Margaret Rand, meine Gesamtredakteurin, fügt alles zusammen, Hilary Lumsden, in Schottland, bringt es in Form, Yasia Williams kümmert sich ums Layout, und Denise Bates gibt es heraus. Ihr seid alle wunderbar. Danke. Und jetzt auf zu Nummer 41 ...

Hugh Johnson

Der Jahrgang 2015

Es war interessant zu beobachten, wie sich die Geschichte des Jahrgangs 2015 in Europa entwickelte. Zuerst, gleich nach der Lese, drehte sich alles nur um die Hitze (zuweilen ein bisschen viel), typischerweise gefolgt von Regen. Die Reaktionen der Winzer reichten von Wow! (Champagne) bis Puh! (Deutschland), mit allen möglichen Zwischenstufen. Doch nach und nach sind alle Zweifel verflogen. Zum Jahresende wurde der Jahrgang in ganz Europa durchweg als großartig bezeichnet. Nun, wir werden sehen.

Für die **Champagne** war es ein großer Erfolg, und die 2015er dürften großteils Jahrgangschampagner werden. **Burgund** erlebte Hagel in Chablis, doch nur ein schmaler Streifen von *premiers* und *grands crus* – namentlich Les Clos, Montée de Tonnerre und Blanchot – wurde getroffen. Der diesjährige Chablis wird reichhaltiger und fruchtiger werden als der wunderbar scharfe, salzige 2014er. An der Côte d'Or linderte eine kühle Periode Anfang August den Druck der Hitze. Die Trauben waren in guter Verfassung, enthielten aber nicht sehr viel Saft – eine kleine Ernte mithin, aber gleichmäßig gut an beiden Côtes. Auch das **Elsass** erlebte einen schönen Jahrgang: die Pinot-Sorten, früh reifend und deshalb vom Regen verschont, machten sich ausgesprochen gut. Die **Loire** hingegen steckt irgendwo zwischendrin; die Weine, die gut gerieten, sind wirklich sehr gut und besser als 2014, Rote wie Weiße. Doch bei zu früher Lese blieben die Weine dünn und schwächlich, und wer zu bald nach dem Regen erntete, brachte nur verdünnte Tropfen hervor. Die **Rhône** scheint ebenfalls einen guten Kurs zwischen zu viel Hitze und zu viel Regen gesteuert zu haben, auch wenn der eine oder andere britische Händler zur Vorsicht mahnt. In **Bordeaux** fiel der Regen praktischerweise nach der Lese der weißen und vor der Lese der roten Sorten – die Erzeuger sind entzückt, die Weine sehen vielversprechend aus. Ob aber die Verbraucher, die sich ohnehin mehr und mehr Burgund und Italien zuwenden, davon zu überzeugen sind, dass die Weine die (zweifellos) zu erwartenden weiteren Preissteigerungen wert sind, war bei Redaktionsschluss noch nicht abzusehen.

Womit wir schon in **Italien** sind. In Bolgheri war der Juli furchtbar heiß, Ende August regnete es, und im September und Oktober herrschte sonnige Kühle; man konnte in Ruhe ernten, und die Ergebnisse sind laut Gaja »brillant«. Südtirol freut sich über die schöne Aromatik, und auch in der restlichen Toskana und im Piemont sind die Erzeuger begeistert. In Soave waren nach Osten ausgerichtete Lagen günstig, wenn die Hitze überhand zu nehmen drohte; in den Westlagen konnte es schlicht zu heiß werden. In **Deuschland** hielt man Anfang September die Luft an, als der Regen kam, doch er hörte rechtzeitig vor der Lese auf, und Ende November hoffte Ernst Loosen auf einen Temperaturrückgang, damit er die Ernte mit etwas Eiswein abschließen konnte. Auch der Spätburgunder sieht in Deutschland gut aus. In **Spanien** herrscht großer Optimismus, doch hat der Hitzestress im Sommer an einigen Orten die Reifung unterbrochen. Rioja berichtet ein erstklassiges Jahr, weshalb es auch keine Ausreden mehr gibt für weniger als erstklassige Weine. Im Land des Portweins ließ eine Hitzewelle im Juli die Erzeuger Vergleiche mit dem großen Jahrgang 2011 anstellen. Schön wär's ja.

Coonawarra in **Australien** erlebte ein besseres Jahr als 2014, was laut Sue Hodder, der Chefkellermeisterin bei Wynn's, ins Muster passt. »Durch fünf teilbare Jahrgänge sind gut in Coonawarra: 2005, 2010, 2015.« (Das gilt lustigerweise für eine ganze Reihe von Orten). In den Adelaide Hills gab es im Januar Buschbrände, doch das Eden Valley blieb verschont – Shiraz und Riesling sind besonders gut. Auch im Clare Valley sticht der Riesling hervor.

In Barossa sind gute Säure und Konzentration der Grundton des Jahrgangs. Margaret River in Western Australia erlebte schon wieder ein exzellentes Jahr, doch am anderen Ende des Landes, im Hunter Valley, war es ungemütlich nass. Der Chardonnay scheint ganz gut überlebt zu haben, doch von Tyrrell's hört man, dass eine Menge Trauben an den Stöcken hängen geblieben sind und bei Semillon und Shiraz rigorose Auslese nötig war. In **Neuseeland** haben Gisborne und Hawke's Bay einen Zyklon im März überstanden, während in Marlborough so wenig Regen fiel wie seit 80 Jahren nicht. Die Qualität ist im Allgemeinen gut, aber die Mengen sind gering. In den **USA** ging es Oregon sehr gut: heiß, aber mit kühlem Herbst und enormem Ertrag, durchweg reif. Kalifornien dagegen erntete – nicht zuletzt aufgrund der Trockenheit – weniger als gewöhnlich, und sicherlich weniger als in den letzten drei Jahren. Gute Weine sollten jedoch zu finden sein.

2014 unter der Lupe

In **Deutschland** veranlassten die Wärme und die Nässe die Winzer, ihre Trauben unter Hochdruck einzubringen. Im Rheingau berichtete Balthasar Ress, dass an einem einzigen Abend Ende September 40 Liter Regen pro Quadratmeter fielen, und danach regnete es einfach weiter. Der Mosel erging es fast ebenso schlecht; die Reben sogen sich mit Wasser voll, die Trauben platzten, und in den Weinbergen breitete sich Fäulnis aus. Bei Carl Loewen an der Mosel wurde die gesamte Ernte in neun Tagen eingeholt – normal sind sechs Wochen. In Piesport stauten sich Traktoren und Anhänger im Ort ebenso wie in den Weinbergen. Eine rigorose Traubenselektion war nötig, aber in Windeseile. Und die Weine? Kein Anzeichen von irgendwelchen Problemen! Sie sind wunderbar ausgewogen mit reifer Säure, trockene wie feinherbe Gewächse präsentieren sich präzis und konzentriert. Sie sind ein Beweis dafür, welche Standards inzwischen in Weinberg und Keller herrschen: Gute Winzer machen heutzutage keinen groben Schnitzer mehr.

In **Bordeaux** könnte 2014 einer dieser unbeachteten Jahrgänge werden, der im Schatten des 2015ers steht. Bordeaux brauchte dringend einen guten Jahrgang, um das Interesse am En-primeur-Markt wiederzubeleben. Die Verbraucher haben sich bisher um 2014 so wenig gerissen wie um 2013 oder 2012. Aber die 2014er sind attraktive Weine, die schönen Trinkgenuss bieten werden. Sie verdienen Beachtung, aber nicht zu hohe Preise. Lassen Sie sich Zeit, sie mit den 2015ern zu vergleichen.

Im Gegensatz dazu dürften sich **Burgunder** wie warme Semmeln verkaufen. Die Weißen, einschließlich Chablis, sind herrlich konzentriert mit einem sehr salzigen und steinigen Einschlag sowie Noten von reifen gelben Früchten; lebhaft und reintönig. Bei den Roten scheint es ein Jahr für die Côte de Nuits zu sein: kraftvolle, ungeheuer aromatische Weine mit diesem wunderbaren burgundischen Charakter von Spannung und Fülle. Auch an der Côte de Beaunes sind die Weine sehr aromatisch, doch fühlen sich die Tannine zuweilen etwas trocken an: Nachdem sich Hagel und Fruchtfliegen ausgetobt hatten, blieben den Erzeugern so geringe Mengen übrig, dass es zu Überextraktion kommen konnte.

Die Weine der **Rhône** dürften recht früh trinkreif sein; sie entpuppen sich als sehr attraktiv, saftig und fruchtig. Im Süden gab es Grenache im Überfluss, sodass nur mit Ausdünnung Konzentration erreicht werden konnte; im Norden reifte die Syrah sehr schön aus. Die 2015er dürften Weine zum Einlagern sein, und da kann ein Jahrgang wie 2014, bei dem das nicht der Fall ist, sehr gelegen kommen.

In **Italien** wurden Weine erzeugt, die sich von den 2015ern vollkommen unterscheiden. Die 2014er Soave-Weine von Inama sind nach einem kühlen, regnerischen Jahr, das von einem guten September gerettet wurde, relativ alkoholarm (12,5%) und von Frische und Straffheit gekennzeichnet. Beim Barolo gab es 2014 ein paar frühe Warnungen, aber nun, da sich die Weine in der Reifung befinden, sehen sie erheblich besser aus. Doch auch so ist es wahrscheinlich ein besseres Jahr für Barbera und Dolcetto als für Nebbiolo, mit sicherlich leichteren Weinen als 2010, 2012 oder 2013. Auch in Bolgheri sind die Weine relativ leicht, obwohl es das wärmste Jahr seit Beginn der Wetteraufzeichnungen war. Das lag aber mehr an einem milden Winter und warmen Frühling als an einem heißen Sommer. Die Weine präsentieren sich strahlend und ausdrucksstark mit runden Tanninen, eher geradlinig als sehr kraftvoll.

In **Rioja** hatten die Trauben aufgrund des Regens im Frühjahr 2014 Gesundheitsprobleme, und obwohl der Sommer gut war, wurde kein großer Jahrgang daraus. Die Weine sind sicherlich weniger ausdrucksstark und fruchtig als 2015. Nebenan in Portugal hat es seit 2011 kein klassisches Jahr für Vintage Port mehr gegeben, und trotz all der (vielen) Reize, die Single-Quinta Vintage Ports haben, hätten die Erzeuger doch am liebsten einen eindeutigen Vintage-Port-Jahrgang. 2014 wird aber voraussichtlich keiner werden, sondern wieder einer für Single-Quinta-Weine. Bei den Tischweinen werden, wie anderswo auch, in ganz Portugal die 2015er die 2014er überstrahlen, selbst wenn Letztere sehr, sehr attraktive Weine voller Frucht und Frische sind. Ein Jahrgang, an dem man viel Freude haben wird.

Alternativen gefällig?

In diesem Buch geht es nicht nur darum, neue Weine zu entdecken; manchmal müssen auch alte, fast vergessene Weine wiederentdeckt werden. Dann bereitet es besonderes Vergnügen, neue Verbindungen zu finden, neue Ähnlichkeiten, die die Weine in andere Zusammenhänge stellen. Mit der Perspektive ändert sich alles.

Sie mögen weißen Burgunder – probieren Sie Pinot blanc

Die beiden Sorten sind natürlich miteinander verwandt: Pinot (in allen Farben, denn genetisch ist es ohnehin die gleiche Traube) ist ein Elternteil von Chardonnay. Und während Chardonnay an der Côte d'Or und einigen anderen bevorzugten Orten einige der großartigsten Weißweine der Welt liefern kann, gibt es Gebiete, wo (psst, psst ...) Pinot blanc besser sein kann: lebhafter, geschmackvoller, aufregender. Norditalienischer Pinot blanc kann dazugehören, und auch deutsche Exemplare aus Baden oder der Pfalz haben nicht selten Gewicht. Auch in Österreich kann man fündig werden, insbesondere in Niederösterreich und in der Steiermark, und sogar aus dem kanadischen Okanagan Valley sind einige gute Weine verbürgt. Im Elsass wird eine Menge Pinot blanc erzeugt, aber die würzige Elsässer Note ist schon wieder einen Schritt weg von der Côte d'Or.

Und wenn Sie Elsässer Weine mögen – probieren Sie Gemischten Satz

Ein anderes typisches Attribut des Elsass ist seine Weinigkeit. Ich gebe zu, dass dies für einen Wein kein besonders hilfreiches Attribut ist, aber es geht um die Vorstellung davon, wie Wein sein sollte – sozusagen das platonische Ideal von Wein. Ein weiniges Aroma kann auch das Resultat einer gemeinsamen Gärung unterschiedlicher Traubensorten sein, und genau das ist es, was beim Gemischten Satz geschieht. Da wachsen fünf, zehn oder 15 Sorten zusammen im selben Weinberg und werden alle am selben Tag gelesen und miteinander vergoren. Was dabei herauskommt, ist mehr als nur die Summe ihrer Teile. Am besten probiert man das Ergebnis in Wien, wo der Gemischte Satz eine Spezialität ist. Er wird nur in kleinem Umfang erzeugt und kaum exportiert. Doch wenn Sie dort sind, sollten Sie ihn unbedingt probieren.

Sie mögen Soave – probieren Sie Godello

Wir sprechen hier von gutem Soave Classico von einem seriösen Erzeuger, bereitet aus der Garganega-Traube, also mit wunderbaren Aromen von Steinobst und Nüssen. Tief im Inneren zeigt er auch Gewicht und Konzentration. Denken Sie sich nun einen Anflug von Limette und eine seidige Textur dazu, und Sie haben Godello, die großartige weiße Traube Nordwestspaniens – zu finden in DOs wie Valdeorras, Ribeira Sacra, Ribeiro, Monterrei und Bierzo. Es handelt sich um dieselbe Sorte wie die australische Verdelho, in deren Aromaprofil der Limettensirup die Oberhand gewinnt, zuweilen mit einem Tropfen Honig. Godello (und australischer Verdelho umso mehr) hat allerdings einen volleren Geschmack als Soave, denn die italienische Stilpolizei duldet zu großen aromatischen Überschwang in der Regel nicht.

Sie mögen neuseeländischen Sauvignon blanc – probieren Sie australischen Riesling

Das ist, um ehrlich zu sein, ein Vorwand, in eine höhere Klasse zu wechseln. Wir beginnen mit prägnanten grünen Noten von Stachelbeere, grünem Spargel und Gras, oder etwas reiferen von Melone und Passionsfrucht, und dringen vor zu Limettensirup und Toast. Australischer Riesling ist nicht weniger prägnant als Sauvignon blanc und aufgrund seiner hohen Säure ebenso erfrischend; dazu kommt eine Straffheit, eine Spannung, die ihn immens verführerisch macht. Australischer Riesling ist ein leichter Wein mit Power im Herzen, und diese Power ermöglicht ihm, hervorragend zu altern – zehn Jahre sind überhaupt kein Problem.

Sie mögen südfranzösischen Rotwein– probieren Sie Barbaresco

Südfrankreichs Rote kommen in allen Arten und Formen daher – alles hängt von der Rebsortenmischung, dem Terroir und den Absichten des Erzeugers ab. Doch beim Gedanken an diese Weine fällt mir als Erstes ein Aroma von Garrigue ein, von Kräutern und Steinen und der ganzen Wildheit dieser Landschaft, zusammengehalten von einem festen Tanningriff. (Ich weiß, nicht alle Weine entsprechen diesem Ideal.) Auch im Barbaresco finden Sie Kräuter und Tannine, aufgefrischt mit Säure und einer festen, aber geschmeidigen Kirsch-Steinobst-Note. Im Abgang findet sich oft auch ein Hauch von Sauerkirschen, nur um Sie daran zu erinnern, dass es ein Italiener ist.

Sie mögen St-Émilion – sehen Sie sich noch einmal Rioja an

Weine aus St-Émilion werden in unterschiedlichen Stilen bereitet, gemeinsamer Nenner aber ist der Fokus auf Merlot – im Idealfall eleganter, mineralischer Merlot, kein suppiger, seifiger Merlot. Darin finden Sie geschmeidige Tannine, jede Menge Finesse und runde Fruchtnoten von Pflaumen und Früchtekuchen. Rioja ist stilistisch so wandelbar, dass man eigentlich überhaupt nicht sagen kann, wie er genau schmeckt, aber es gibt einen Stil, der dem St-Émilion erstaunlich ähnlich ist. Er wird in französischer Eiche ausgebaut, nicht in amerikanischer, und hat deswegen nicht die offensichtlichen Vanillenoten, die man gern mit Rioja assoziiert. Bei dieser sehr subtilen Ausprägung von Rioja wird zudem die Erdbeerfrucht der Tempranillo-Traube von einen Schuss Garnacha gemildert, mit Glück vielleicht auch von etwas veilchenduftigem Graciano.

Sie mögen Dolcetto – probieren Sie Malbec von hohen Lagen

Dolcetto ist im Piemont der Wein für alle Tage, während Barbaresco für Samstage und Barolo für Sonntage reserviert ist – so in der Art. Es ist ein frischer Wein mit dunklen Fruchtaromen, aber nicht übermäßig füllig und mit einem Anflug von Bitterkeit; mit seiner typisch italienischen Säure wirkt er wunderbar erfrischend. Auch Malbec wurden Säure und flotte Tannine in die Wiege gelegt. Es ist die Traube von Cahors, die in Argentinien ein glückliches zweites Leben begonnen hat, und wir fangen erst an zu erkennen, wozu sie dort imstande ist. Je weiter oben in den Anden die Reben angebaut werden, um so mehr entstehen Weine von überzeugender Präsenz: höherer Säure- und niedrigerer Alkoholgehalt, dichte Tannine und strahlende Frucht. Perfekt für alle Tage, einschließlich Sonntag.

Sie mögen Chianti – probieren Sie griechische Rotweine

Italienische Säure – wir sprachen bereits darüber. Warum auch nicht? Sie ist appetitanregend und passt hervorragend zum Essen. Chianti hat die schöne Dichte der Sangiovese-Traube, mit einer Note, die an Tee erinnert – und Säure. Auch griechische Rotweine haben Säure. Ich will hier keine bestimmte Traubensorte hervorheben, da viele Weine Verschnitte sind und ich ja auch nicht weiß, über was Sie möglicherweise stolpern, aber halten Sie sich eher an einheimische griechische Sorten als an Cabernet-Verschnitte. Die am häufigsten angebauten finden Sie im Kapitel »Rebsorten« ab Seite 13. Griechische Rotweinsorten sind normalerweise aromatisch und säurereich mit reifen Noten dunkler Früchte. Die Ähnlichkeit liegt auf der Hand.

Rebsorten

In den vergangenen zwei Jahrzehnten vollzog sich allenthalben ein grundlegender Wandel, von dem nur die Weinländer mit der längsten Tradition ausgenommen waren. Mit einem Schlag wurden die Namen einer Handvoll Rebsorten zur geläufigen Bezeichnung für die verschiedenen Weine. In den alten Weinländern dagegen, insbesondere in Frankreich und Italien, bezeichnet man alle seit Langem renommierten Weine weiterhin mehr oder weniger genau nach ihrem Herkunftsgebiet, weniger nach der Traube, aus der sie gekeltert wurden.

Gegenwärtig liegen die beiden Bezeichnungsmöglichkeiten im Wettstreit miteinander. Am Ende dürfte sich die Herkunftsbezeichnung gegenüber der Rebsorte wieder durchsetzen, zumindest für Qualitätsweine. Im Augenblick allerdings ist die Traubensorte und ihr Geschmack für viele Weinfreunde der einfachste und wichtigste Bezugspunkt – ungeachtet der Tatsache, dass der Geschmack oft durch die Eichenholzkomponente nicht unerheblich verändert wird. Käme es nur auf das Traubenaroma an, dann wäre dieses Buch um einiges schmaler.

Gleichwohl spielt die Traubensorte eine wichtige Rolle, und darüber Bescheid zu wissen kann helfen, neue Geschmacksnuancen zu entdecken und Vergleiche zwischen den Regionen anzustellen. Daher ist auch der zuerst in Kalifornien entstandene Begriff »sortenreiner Wein« sinnvoll, unter dem man Wein versteht, der grundsätzlich aus nur einer Traubensorte bereitet wurde.

Bei mindestens sieben Sorten – Cabernet Sauvignon, Pinot noir, Riesling, Sauvignon blanc, Chardonnay, Gewürztraminer und Muscat – sind Geschmack und Duft so eindeutig, dass sie zu internationalen Unterscheidungskategorien geworden sind. Dasselbe gilt für Merlot, Malbec, Syrah, Sémillon, Chenin blanc, Pinot blanc, Pinot gris, Silvaner, Viognier, Nebbiolo, Sangiovese, Tempranillo ... Hier nun folgen die besten bzw. beliebtesten Rebsorten

ANMERKUNG: Alle Verweise auf Rebsorten und deren Synonyme in anderen Kapiteln dieses Buchs beziehen sich auf dieses Kapitel.

Trauben für Rotwein

Agiorgitiko (Aghiorgitiko) Griechische Sorte; ursprünglich aus der Nemea-Region, heute aber fast überall angebaut. Vielseitig und köstlich, von weich und charmant bis dicht und alterungswürdig. Unbedingt probieren.

Aglianico Süditalienische Traube, aus der u.a. der Taurasi bereitet wird: dunkle, tiefgründige Weine, derzeit sehr in Mode.

Aragonez Siehe TEMPRANILLO.

Auxerrois Für Rotwein siehe MALBEC. Die weiße Auxerrois hat einen eigenen Eintrag bei den Trauben für Weißwein.

Băbească neagră Die traditionelle »schwarze Großmuttertraube« aus der Moldau-Region liefert rubinrote Weine mit leichtem Körper.

Babić Rotweinsorte aus Dalmatien, wächst in steinigen Lagen an der Küste bei Šibenik. Enormes Potenzial für hohe Qualität.

Baga Portugiesische Rotweintraube (Bairrada). Dunkel, tanninreich – großes Potenzial, aber schwierig im Weinberg.

Barbera Weit verbreitete Rebsorte in Italien, am besten im Piemont. Viel Säure, wenig Tannin, Kirschfrucht. Weine gibt es von seriös mit Barriqueausbau bis halbsüß und perlend. Auch in Kalifornien und Australien in Mode; vielversprechend in Argentinien.

Blauburger Österreichische Kreuzung von BLAUEM PORTUGIESER mit BLAUFRÄNKISCH. Einfache Weine.

Blauburgunder Siehe PINOT NOIR.

Blauer Portugieser Mitteleuropäische Sorte, v.a. in Deutschland (Rheinhessen, Pfalz, meist für Rosé), Österreich, Ungarn. Leichte, fruchtige Rotweine, die in ihrer Jugend leicht gekühlt getrunken werden. Nichts zum Einkellern.

Blaufränkisch (Kékfrankos, Lemberger, Modra Frankinja) Im österreichischen Mittelburgenland weitverbreitet. Mittelschwere Weine mit pfeffriger Säure, einer charakteristisch salzigen Note sowie Beeren- und Eukalyptusaromen. Häufig mit CABERNET SAUVIGNON oder ZWEIGELT verschnitten. Heißt in Deutschland Lemberger, in Ungarn Kékfrankos, in Slowenien Modra Frankinja.

Boğazkere Tanninreiche türkische Sorte, liefert körperreiche Weine.

Bonarda Mehrdeutiger Name. Im italienischen Oltrepò Pavese nennt man so die Croatina und erzeugt milden, frischen roten Frizzante und Stillwein aus ihr. In der Lombardei und der Emilia-Romagna ist es ein Synonym für die Uva rara. Wieder anders im Piemont. Bonarda aus Argentinien kann beides sein – oder etwas ganz anderes. Großartig ist keine.

Bouchet Anderer Name für CABERNET FRANC in St-Émilion.

Brunello Anderer Name des SANGIOVESE, großartig in Montalcino.

Cabernet franc Die geringere der beiden in Bordeaux angebauten Cabernet-Sorten; herrscht jedoch in St-Émilion vor. Übertrumpft CABERNET SAUVIGNON an der Loire (Chinon, Saumur, Champigny und Roséwein), in Ungarn (Tiefe und Komplexität in Villány and Szekszárd) und oft in Italien. Viele Reben in Nordostitalien, die man für Cabernet franc gehalten hatte, entpuppten sich als CARMENÈRE. Überall auf der Welt in Bordeaux-Verschnitten mit Cabernet Sauvignon und MERLOT verwendet.

Cabernet Sauvignon Traube mit großem Charakter, langsam reifend, würzig, kräuterduftig, gerbstoffreich, Aroma von Schwarzen Johannisbeeren. Die Hauptsorte im Médoc; liefert meist auch die besten kalifornischen, südamerikanischen und osteuropäischen Rotweine. Verträgt sich gut mit Shiraz in Australien. Wird nahezu überall angebaut und leitete etwa in Italien eine Weinrenaissance ein. Spitzenweine brauchen Zeit zum Reifen. Cabernet Sauvignon gewinnt in Verschnitten z.B. mit MERLOT, CABERNET FRANC, SYRAH, TEMPRANILLO, SANGIOVESE USW. Liefert auch aromatischen Rosé.

Cannonau Sardische Form der GRENACHE: meist sehr gut und stark.

Carignan (Carignane, Carignano, Cariñena) Weine von alten Reben mit geringem Ertrag sind überall von Südfrankreich bis Chile schwer in Mode; am besten in Corbières: sehr tiefgründig und lebhaft. Bei hohem Ertrag flach und harmlos. In Nordafrika, Spanien (als Cariñena) und Kalifornien verbreitet.

Carignano Siehe CARIGNAN.

Cariñena Siehe CARIGNAN.

Carmenère Eine alte Rebsorte aus Bordeaux, jetzt ein Star in Chile (dort »Carminjer« oder auch »Carminaire» ausgesprochen) für volle, tiefe Weine. Wird auch in Bordeaux wieder beachtet.

Castelão Siehe PERIQUITA.

Cencibel Siehe TEMPRANILLO.

Chiavannasca Siehe NEBBIOLO.

Cinsault (oder Cinsaut) Bedeutend in Südfrankreich; sehr gut bei niedrigen Erträgen, sonst Massenprodukt. Erbringt guten Rosé. Elternteil von PINOTAGE.

Cornalin du Valais Schweizer Spezialität mit großem Potenzial, v.a. im Wallis.

Corvina Dunkle, würzige Traube, eine der besten im Valpolicella-Verschnitt. Die noch dunklere Corvinone ist eine eigene Rebsorte.

Côt Siehe MALBEC.

Dolcetto Liefert im Piemont süffige, milde, trockene Rotweine. Heute groß in Mode.

Dornfelder In Deutschland, Teilen der USA und England angebaute Sorte, die angenehm leichte, einfache, in der Regel rustikale dunkle Weine erbringt. Die Rebfläche in Deutschland hat sich seit dem Jahr 2000 verdoppelt.

Duras Die nur in Gaillac und Teilen des Tarn-Tals (Südwestfrankreich) vorkommende Sorte liefert pfeffrig-würzige, strukturierte Weine.

Fer Servadou Kommt nur in Südwestfrankreich vor; heißt in Marcillac auch Mansois, in Gaillac Braucol und in St-Mont Pinenc. Duftet nach roten Sommerfrüchten und Gewürzen.

Fetească neagră »Schwarze Mädchentraube«. Die rote Fetească hat das Zeug dazu, Rumäniens Paradestück zu werden. Kann tiefgründige, körperreiche Rotweine mit viel Charakter ergeben. Zunehmende Anbauflächen.

Frühburgunder Alte deutsche Mutation von Spätburgunder (PINOT NOIR), die man vor allem an der Ahr findet, aber auch in Franken und in Württemberg, wo man sie verwirrenderweise als Clevner kennt. Nicht so säurereich wie Pinot noir.

Gamay Die Beaujolais-Traube: sehr leichter, duftiger Wein, jung am besten, außer in den teilweise sehr guten Beaujolais-Crus (siehe Frankreich), die 2–10 Jahre alt werden können. Wird an der Loire, in Zentralfrankreich, in der Schweiz und in Savoyen angebaut. Kalifornischer Napa Gamay ist in Wirklichkeit Valdiguié (Gros Auxerrois).

Gamza Siehe KADARKA.

Grenache (Cannonau, Garnatxa, Garnacha) Weit verbreitete, blassfarbige, kraftvolle Traube, die bei den *terroiristes* jetzt extrem beliebt ist, da sie den Lagencharakter sehr gut ausdrückt. Auch gut für Rosé und Vin doux naturel. Wird in Südfrankreich, Spanien und Kalifornien angebaut und bildet die Hauptingredienz des mächtigen Priorat. Weine von alten Reben erfreuen sich in South Australia höchster Anerkennung. Meist in Verschnitten mitverarbeitet. Heißt Cannonau in Sardinien, Garnacha in Spanien, Garnatxa auf Katalanisch.

Garnatxa Siehe GRENACHE.

Graciano Die spanische Sorte zählt zu den traditionellen Rioja-Zutaten. Veilchenaroma, tanninreich, schlanke Struktur, ein bisschen wie Petit Verdot. Im Anbau schwierig, doch immer mehr in Mode.

Garnacha Siehe GRENACHE.

Grignolino Italienische Sorte; liefert im Piemont guten Alltagswein.

Kadarka (Gamza) Erbringt in Osteuropa würzige, leichte Rotweine. Wurde in Ungarn v. a. für Bikavér wiederbelebt.

Kékfrankos Ungarisch für BLAUFRÄNKISCH.

Lagrein Norditalienische Sorte: dunkel, bitter im Abgang, volle Pflaumennote. DOC in Südtirol (siehe Italien).

Lambrusco Ertragreiche Sorte in der unteren Po-Ebene, erbringt lebendigen, lieblichen, perlenden, ausgesprochen italienischen Rotwein.

Lefkada Wiederentdeckte autochthone Sorte aus Zypern, von besserer Qualität als Mavro. Wird wegen ihrer aggressiven Tannine meist verschnitten.

Lemberger Siehe BLAUFRÄNKISCH.

Malbec (Auxerrois, Côt) In Bordeaux in geringem Maß angebaut, in Cahors (als Auxerrois) und besonders in Argentinien verbreitet. Dunkler, dichter, gerbstoffreicher, aber fleischiger Wein mit echtem Qualitätspotenzial. Exemplare von hoch gelegenen Weinbergen aus Argentinien sind das Allergrößte. So kommt Cahors wieder in Mode.

Maratheftiko Dunkle zyprische Traube mit Qualitätspotenzial.

Mataro Siehe MOURVÈDRE.

Mavro Zyperns meistangebaute dunkle Traube, aber nur passable Qualität. Am besten für Rosé geeignet.

Mavrodaphne Griechische Rebsorte, die üblicherweise für gespritete Süßweine verwendet wird, wörtlich »schwarzer Lorbeer«. Eine Spezialität der Region Patras, wird aber auch auf Kefallonia angebaut. Trockene Versionen werden immer häufiger erzeugt und sind sehr vielversprechend.

Mavrotragano Nahezu ausgestorbene, nun aber auf Santorini wiederbelebte erstklassige griechische Traube.

Mavrud Gilt als Bulgariens beste Rebsorte, in Thrakien heimisch und spät reifend. Bringt alterungsfähige dunkle Rotweine mit Pflaumenaroma hervor.

Melnik Bulgarische Traubensorte aus der gleichnamigen Region. Dunkle Weine mit angenehm dichtem Sauerkirschcharakter, die gut altern können.

Mencía Schlägt derzeit Wellen im spanischen Bierzo. Aromatische Weine mit stahligen Tanninen und viel Säure.

Merlot Die Traube hinter den großen, duftigen, pflaumenwürzigen Weinen von Pomerol und (zusammen mit CABERNET FRANC) von St-Émilion; unabdingbar im Médoc. Merlot ergibt in Kalifornien, Washington, Chile und Australien weiche und starke (Mode-)Weine; leichtere, häufig gute Tropfen kommen aus Norditalien (in der Toskana teils Weltklasse), der italienischen Schweiz, Slowenien, Argentinien, Südafrika, Neuseeland usw. Die Anpassungsfähigkeit tut ihr nicht immer gut, manche Weine können auch ziemlich mies sein. Schmeckt grün, wenn sie nicht ganz reif ist. Sehr verbreitet in Osteuropa, v. a. in Rumänien.

Modra Frankinja Siehe BLAUFRÄNKISCH.

Modri Pinot Siehe PINOT NOIR.

Monastrell Siehe MOURVÈDRE.

Mondeuse Vorkommen in Savoyen; dunkle Farbe, gute Säure. Mit SYRAH verwandt.

Montepulciano Die dunkle Rotweintraube ist vorherrschend in den italienischen Abruzzen und bedeutend entlang der Adriaküste von den Marken bis in den Süden Apuliens. Die gleichnamige bekannte toskanische Stadt hat nichts mit der Traube zu tun.

Morellino Synonym für SANGIOVESE in der südtoskanischen Maremma, v. a. Scansano.

Mourvèdre (Mataro, Monastrell) Ein Star in Südfrankreich (z. B. Bandol) Australien (alias Mataro) und Spanien (alias Monastrell). Exzellente dunkle, aromatische, tanninstarke Traube, die sich gut in Verschnitten macht. Erfreut sich auch in South Australia und Kalifornien wachsender Beliebtheit.

Napa Gamay Identisch mit der südfranzösischen Sorte Valdiguié. Nichts, worüber man ins Schwärmen geraten könnte.

Nebbiolo (Spanna, Chiavennasca) Eine der besten roten Trauben Italiens für Barolo, Barbaresco, Gattinara und Valtellina. Intensiv, edle Frucht, volles Bukett, stahlige Tannine – gewinnt durch jahrelanges Altern.

Negoramaro Wörtlich »schwarzer Bitterer«. Apulische Traube mit Zeug entweder zu Qualität oder zu Quantität.

Nerello mascalese Sizilianische Rotweinsorte mit Charakter, Potenzial für Eleganz.

Nero d'Avola Dunkelrote Traube aus Sizilien, deren Qualitätsniveau von großartig bis industrielle Massenerzeugung reicht.

Nielluccio Korsische Sorte; säure- und tanninreich. Gut für Rosé.

Öküzgözü Türkische Rebsorte, die weiche, fruchtige Rotweine liefert. Oft mit BOĞASKERE verschnitten, so wie man in Bordeaux MERLOT mit CABERNET SAUVIGNON verschneidet.

País Spanische Pionier-Traube auf dem amerikanischen Kontinent. Rustikale Weine; einige Erzeuger geben sich jetzt mehr Mühe.

Pamid Traube für leichten, weichen Alltagsrotwein aus Bulgarien.

Periquita (Castelão) In Portugal verbreitet, insbesondere um Setúbal. Nach der beliebten (eingetragenen) Marke von Fonseca ursprünglich Periquita genannt; der offizielle Name ist aber Castelão. Liefert feste Rotweine mit Himbeeraroma, im Alter entwickeln sich Feigen- und Teernoten.

Petite Sirah Traube für rustikale, tanninreiche dunkle Weine, glänzt in Kalifornien in Verschnitten mit ZINFANDEL. Vorkommen auch in Südamerika, Mexiko und Australien. Hat nichts mit SYRAH zu tun.

Petit Verdot Ausgezeichnete, aber schwierige Traube im Médoc, weltweit in CABERNET-Gebieten angepflanzt, um Duftigkeit beizusteuern. Wird meist verschnitten, es gibt aber auch einige sehr gute sortenreine Weine, v. a. in Virginia.

Pinotage Südafrikanische Kreuzung (PINOT NOIR x CINSAULT). Genoss mal mehr, mal weniger Ansehen, wird bei Spitzenerzeugern aber besser. Auch guter Rosé. »Coffee Pinotage« ist leicht süß, mit Espressonote und hat ein junges Publikum als Zielgruppe.

Pinot Crni Siehe PINOT NOIR.

Pinot Meunier (Schwarzriesling) Die dritte Traube der Champagnerproduktion, von manchen verachtet, von den meisten verwendet. Hat weniger Säure als PINOT NOIR, deshalb unverzichtbar für den Verschnitt. Wird an vielen Orten angebaut und entweder weiß oder als Schaumwein vinifiziert, gelegentlich sogar (z. B. Württemberger Schwarzriesling) als stiller Rotwein. Samtrot ist eine lokale Württemberger Variante.

Pinot noir (Spät- oder Blauburgunder, Modri Pinot, Pinot Crni) Die große Burgundertraube der Côte d'Or hat in Bukett, Geschmack und Fülle nicht ihresgleichen. Neuere Bemühungen in Deutschland zeitigen exzellente Ergebnisse. Sehr gut auch in Österreich, v. a. im Kamptal, im Burgenland und in der Thermenregion. Leichte Weine in Ungarn, durchschnittlich und leicht bis mittelgewichtig in der Schweiz (alias Clevner). Ausgezeichnete Ergebnisse in Sonoma, Carneros und an der Central Coast (Kalifornien), in Oregon, in Ontario, im Yarra Valley und in den Adelaide Hills (Australien), in Tasmanien, auf der Südinsel Neuseelands (Central Otago) und in Südafrika (Walker Bay). Auch in Chile ein paar sehr hübsche Weine. Neue französische Klone lassen auf Verbesserungen in Rumänien hoffen. In Slowenien liefert sie als Modri Pinot die wohl besten Roten des Landes. Die besten Ergebnisse in Italien kommen aus dem Nordosten, Richtung Süden nimmt die Qualität zunehmend ab. PINOT BLANC und PINOT GRIS sind Mutationen von Pinot noir.

Plavac Mali (Crljenak) Kroatische Rotweintraube, verwandt mit ZINFANDEL. Gutes Potenzial für hochklassige und langlebige Weine, kann aber auch sehr alkoholstark und stumpf ausfallen.

Primitivo Süditalienische Traube, aus Kroatien stammend, die ausladende, rustikale Weine ergibt. Der Name bedeutet nicht »primitiv«, sondern »früh reifend«. Jetzt in Mode, da Primitivo genetisch identisch ist mit ZINFANDEL – ursprünglich hießen die beiden Sorten wohl Tribidag.

Refosco (Refošk) Etliche italienische DOCs, v. a. in den Colli Orientali. Ergibt tiefe, hocharomatische, lagerfähige Weine, v. a. in wärmerem Klima. Dunkel, säurereich. Die Refošk in Slowenien und weiter östlich ist genetisch nicht identisch, schmeckt aber ähnlich.

Refošk Siehe REFOSCO.

Rubin Bulgarische Kreuzung (NEBBIOLO x SYRAH), pfeffrig und körperreich.

Sagrantino Italienische Sorte mit Hauptvorkommen in Umbrien; liefert kräftige Weine mit Kirschnote.

St. Laurent Dunkle, geschmeidige und hocharomatische österreichische Spezialität. Kann leicht und saftig, aber auch tiefgründig und strukturiert sein. Auch in der Pfalz anzutreffen.

Sangiovese (Brunello, Morellino, Sangioveto) Die wichtigste Rotweintraube der Toskana und Mittelitaliens. Nicht einfach im Anbau, doch wenn man sie richtig behandelt, ergibt sie vorzügliche, langlebige Weine. Vorherrschend in Chianti, Vino Nobile, Brunello di Montalcino, Morellino di Scansano und verschiedenen feinen IGT-Weinen. Auch in Umbrien (z. B. Montefalco und Torgiano) und jenseits der Apenninen in der Romagna und in den Marken zu finden. Weniger gut geht es ihr in den wärmeren, niedriger gelegenen Weinbergen an der toskanischen Küste oder in anderen Gegenden Italiens (obwohl sie fast allgegenwärtig ist). Auch in Australien interessant.

Sangioveto Siehe SANGIOVESE.

Saperavi Die wichtigste Rotweinsorte Georgiens, der Ukraine usw. Wird gern mit CABERNET SAUVIGNON verschnitten (v. a. in Moldawien). Das enorme Potenzial wird leider nur selten umgesetzt.

Schiava Siehe TROLLINGER.

Schwarzriesling Württemberger Name für PINOT MEUNIER.

Sciacarello Korsische Sorte mit Kräuter- und Pfeffernote; nicht sehr tanninstark.

Shiraz Siehe SYRAH.

Spanna Siehe NEBBIOLO.

Spätburgunder Name für PINOT NOIR in Deutschland.

Syrah (Shiraz) Die große Traube der Rhône erbringt tanninreichen, pfeffrigen, purpurroten Wein, der sich superb entwickeln kann. In Australien als Shiraz von großer Bedeutung. Unter beiden Namen in Chile und Südafrika immer besser, wunderbar in Neuseeland (v. a. Hawke's Bay). Sehr weit verbreitet.

Tannat Gerbstoffreiche Traube mit Himbeerduft, die fest strukturierten Rotweinen aus Südwestfrankreich wie Madiran oder Tursan Kraft verleiht. Auch für Rosé. In Uruguay jetzt ein Star.

Tempranillo (Aragonez, Cencibel, Tinto fino, Tinta del País, Tinta Roriz, Ull de Llebre) Die aromatische, feine, früh reifende Rioja-Traube heißt in Katalonien Ull de Llebre, in La Mancha Cencibel, in Ribera del Duero Tinto fino, in Kastilien Tinta del País, am Douro Tinta Roriz und in Südportugal Aragonez. Wird jetzt auch in Australien angebaut. Groß in Mode; erbringt elegante Weine in kühlem, mächtige in heißem Klima. Die Trauben reifen früh, die Weine können lange altern.

Teran (Terrano) Naher Verwandter der REFOSCO; wächst vor allem auf Kalkstein (Karst) in Slowenien und anderswo.

Teroldego Rotaliano Die beste einheimische Rebsorte des Trentino erbringt anspruchsvollen, gehaltvollen Wein; v. a. auf dem flachen Campo Rotaliano.

Tinta Amarela Siehe TRINCADEIRA.

Tinta del País Siehe TEMPRANILLO.

Tinta Negra (Negramoll) Bis vor Kurzem Tinta Negra Mole genannt. Die meistangepflanzte rote Rebsorte in Madeira, sehr produktiv und Hauptbestandteil der billigeren Madeira-Weine. Kommt jetzt in Colheitas zu ihrem Recht (siehe Portugal).

Tinta Roriz Siehe TEMPRANILLO.

Tinto fino Siehe TEMPRANILLO.

Touriga Nacional Rote Traube der Spitzenklasse für Port; am Douro mehr und mehr auch für blumige, stilvolle Tischweine verwendet. Bei der australischen Touriga handelt es sich in der Regel um dieselbe Sorte, die kalifornische kann auch Touriga Franca sein.

Trincadeira (Tinta Amarela) Sehr gute rote Traube im Alentejo (Portugal) für würzige Weine. Am Douro als Tinta Amarela bekannt.

Trollinger (Schiava, Vernatsch) In Württemberg beliebte hellrote Traube, in Südtirol Vernatsch/Schiava genannt. Umfasst eine ganz Gruppe von Rebsorten, die nicht unbedingt miteinander verwandt sind. In Italien lebhafte, schmissige Weine.

Vernatsch Siehe TROLLINGER.

Xinomavro Griechenlands Antwort auf NEBBIOLO; der Name bedeutet »säuerlich schwarz«. Dient als Grundlage für Naoussa, Rapsani, Goumenissa und Amindeo. Auch etwas stiller und schäumender Rosé. Hervorragende Qualität, Jahrzehnte haltbar. Wird auch in China ausprobiert.

Zinfandel Vielseitige, fruchtige Sorte aus Kalifornien mit (manchmal metallischem) Brombeeraroma. Kann strukturiert und überaus üppig geraten und hält sich dann jahrzehntelang, wird aber auch weiß bzw. hellrosa *(blush)* gekeltert und ist dann üblicherweise süß und marmeladig. Genetisch identisch mit der süditalienischen PRIMITIVO.

Zweigelt (Blauer Zweigelt) Kreuzung aus BLAUFRÄNKISCH X ST. LAURENT; in Österreich beliebt für aromatische, dunkle, geschmeidig-samtige Weine. Wird auch in Ungarn und Deutschland angebaut.

Trauben für Weißwein

Airén Sorte für Massenweine aus La Mancha, Spanien; bei guter Bereitung frisch.

Albariño (Alvarinho) Spaniens schicke und teure Sorte liefert Weine mit guter Säure und Aprikosenduft. Hervorragend in Rías Baixas, taucht aber zunehmend auch anderso auf. Wird nicht überall dem Hype gerecht, der um sie gemacht wird. Ebenso gut in Portugal als Alvarinho mit aromatischem Vinho Verde, v. a. in Monção and Melgaço.

Aligoté Die zweitwichtigste weiße Traube in Burgund. Scharfer, jung zu trinkender Wein; mit Cassis (Schwarzem Johannisbeerlikör) zum Kir gemixt, ist er hervorragend. Die Sorte ist auch in Osteuropa, v. a. in Russland, verbreitet.

Alvarinho Portugiesisch für ALBARIÑO.

Amigne Schweizer Spezialität mit Tradition im Wallis, die auf insgesamt 43 ha angebaut wird, v. a. in Vétroz. Körperreiche, schmackhafte Weine, oft mit etwas Restsüße, manchmal sehr trocken.

Ansonica Siehe INSOLIA.

Arinto Portugiesische Traube, die in Bucelas sehr aromatische, zitrusduftige Weine erbringt und, v. a. im Alentejo, Verschnitten Spritzigkeit verleiht.

Arneis Aromatische Traube aus Nordwestitalien mit Apfel-/Pfirsicharoma, die hohe Preise erzielt. Im Roero (Piemont) wurde eine DOCG für sie eingerichtet, in den Langhe eine DOC.

Arvine Seltene, aber exzellente Schweizer Spezialität aus dem Wallis (auch Petite Arvine genannt). Wird trocken oder süß ausgebaut und bringt frische, elegante Weine mit langem, leicht salzigem Abgang hervor.

Assyrtiko Sorte aus Santorini; eine der besten Weißweintrauben des Mittelmeerraums mit schöner Balance von Kraft, Mineralität, Extrakt und kräftiger Säure. Potenziell langlebige Weine, die die Welt erobern könnten ...

Auxerrois Roter Auxerrois ist ein Synonym für MALBEC, während weißer Auxerrois eher wie eine fettere, würzigere Version von PINOT BLANC wirkt. Im Elsass häufig für Crémant verwendet; kommt auch in Deutschland vor.

Beli Pinot Siehe PINOT BLANC.

Blanc fumé Siehe SAUVIGNON BLANC.

Boal Siehe BUAL.

Bourboulenc Ergibt, ebenso wie die seltene Rolle-Rebe, einige der besten Weine des Midi.

Bouvier Indigene österreichische aromatische Traubensorte, besonders gut für Beeren- und Trockenbeerenauslesen; wird selten trocken ausgebaut.

Bual (Boal) Liefert hochwertigen süßen Madeira, weniger voll als MALMSEY.

Carricante Italienische Sorte, Hauptzutat im Etna Bianco. Gewinnt wieder an Boden.

Catarratto Die ertragreiche Weißweintraube ist in ganz Sizilien anzutreffen, v.a. im Westen in der DOC Alcamo.

Cerceal Siehe SERCIAL.

Chardonnay (Morillon) Die weiße Traube von Burgund und der Champagne, jetzt weltweit allgegenwärtig – z.T. auch, weil sie so leicht an- und auszubauen ist. Auch eine Mâcon-Villages-Gemeinde heißt so. Die Mode für überholzte Karamellbonbon-Versionen ist glücklicherweise vorüber. In der Steiermark Morillon genannt.

Chasselas (Fendant, Gutedel) Schweizer Rebsorte (ursprünglich aus dem Waadtland). Im Geschmack neutral, aber je nach Terroir mit starkem lokalem Charakter, der von elegant (Genf), finessenreich-vollmundig (Waadt) bis zu kräftig-rassig (Wallis) reicht. Im Wallis wird sie Fendant genannt. Fast ein Drittel der Schweizer Weine sind von Chasselas, die Traube wird jedoch mehr und mehr von anderen Sorten verdrängt. Heißt Gutedel in Deutschland und wird v.a. in Südbaden angebaut. In anderen Gegenden meist eine Tafeltraube.

Chenin blanc Die großartige weiße Traube an der mittleren Loire (Vouvray, Layon usw.). Ergibt trockenen bis lieblichen (sogar süßen) Wein, doch stets mit reichlich Säure. Wurde in Südafrika früher Steen genannt und erbringt dort viele gewöhnliche, im Bestfall aber sehr edle Weine. In Kalifornien kann sie sich gut schlagen, doch macht man sich dort nicht die Mühe.

Cirfandl Siehe ZIERFANDLER.

Clairette Schwach säurehaltige Sorte; in Südfrankreich wichtig und in vielen Verschnitten zu finden. Verbesserte Weinbereitungsmethoden wirken sich positiv aus.

Colombard Leicht fruchtige, angenehm säuerliche Traube, aus der man in Südafrika, Kalifornien und Südwestfrankreich Alltagsweine bereitet, oft in Verschnitten.

Dimiat Stark duftende bulgarische Sorte, die trocken oder halbtrocken ausgebaut oder zur Destillation verwendet wird. Hat weit mehr Synonyme, als eine Traube je braucht.

Ermitage Schweizer Name für MARSANNE.

Ezerjó Sinngemäß etwa »tausend Segnungen«. Ungarische Rebsorte mit scharfer Säure.

Falanghina Die historische italienische Traube aus dem kampanischen Bergland erbringt gute, dichte, aromatische trockene Weißweine.

Fendant Siehe CHASSELAS.

Fernão Pires Siehe MARIA GOMES.

Fetească albă/regală Rumänien hat zwei Weißweinsorten namens Fetească, beide mit leichtem, an MUSCAT erinnerndem Aroma. Fetească regală, eine Kreuzung aus Fetească albă und GRASĂ, besitzt mehr Finesse und eignet sich gut für Spätleseweine. FETEASCĂ NEAGRĂ ist eine Rotweinsorte.

Fiano Qualitätstraube, ergibt im süditalienischen Kampanien würzige Weine mit Pfirsichnote.

Folle blanche (Gros Plant) Viel Säure, wenig Aroma, ideal für Branntwein. Heißt in der Bretagne Gros Plant, in Armagnac Picpoul, obwohl keine Verwandtschaft mit der echten PICPOUL besteht. Auch in Kalifornien angesehen.

Friulano (Sauvignonasse, Sauvignon vert) NorditalienischeTraube für frische, pikante, subtil florale Weißweine, am besten in den Gebieten Collio, Isonzo und Colli Orientali. Hieß früher Tocai friulano. Im benachbarten Slowenien Sauvignonasse genannt, ebenso in Chile, wo die Sorte lange mit SAUVIGNON BLANC verwechselt wurde. Der ehemalige Tocai aus Venetien heißt jetzt Tai.

Fumé blanc Siehe SAUVIGNON BLANC.

Furmint (Šipon) Ausgezeichnete, charaktervolle Rebe, das Gütezeichen Ungarns sowohl als Haupttraube im Tokajer als auch in lebendigen, kräftigen Tafelweinen, die manchmal mineralisch, manchmal mit Aprikosennote und manchmal beides sind. In Slowenien unter der Bezeichnung Šipon. Auch in Rust in Österreich trocken und süß ausgebaut.

Garganega Die beste Traube im Soave-Verschnitt, auch in Gambellara. Spitzenweine, v. a. süße, altern vorzüglich.

Garnacha blanca (Grenache blanc) Die weiße Ausgabe der GRENACHE/Garnacha, sehr verbreitet in Spanien und Südfrankreich. Säurearm; kann recht harmlos, aber auch überraschend gut ausfallen.

Gewürztraminer (Traminac, Traminec, Traminer, Tramini) Eine der ausdrucksvollsten Trauben, identisch mit SAVAGNIN; ausgesprochen würzig, erinnert an Rosenblüten, Gesichtscreme, Litschis und Grapefruit. Die Weine sind oft voll und weich, selbst wenn sie trocken ausgebaut sind. Am besten im Elsass; auch gut in Deutschland (Baden, Pfalz, Sachsen), Osteuropa, Australien, Kalifornien, im pazifischen Nordwesten und in Neuseeland. Kann als »Traminer« (oder Varianten davon) etikettiert relativ unaromatisch ausfallen. Trockene Versionen in Italien heißen Traminer aromatico. Außerhalb deutschsprachiger Länder oft ohne Umlaut »Gewurztraminer« geschrieben.

Glera Glanzloser neuer Name für die Prosecco-Traube; Prosecco nennt man nur noch den Wein.

Godello Erstklassige Rebsorte in Nordwestspanien; erbingt intensive, mineralische Weine. Im portugiesischen Dão heißt sie Verdelho, ist aber nicht verwandt mit der echten VERDELHO.

Grasă (Kövérszőlő) Rumänische Sorte; der Name bedeutet »fett«. Anfällig für Botrytis. Die wichtigste Traube in Cotnari, kann herrliche Süßweine hervorbringen. Wird im ungarischen Tokaj unter dem Namen Kövérszőlő angebaut.

Graševina Siehe WELSCHRIESLING.

Grauburgunder Siehe PINOT GRIS.

Grechetto Alte Rebsorte aus Mittel- und Süditalien mit gutem Ruf für lebendige, stilvolle Weine. Wird verschnitten oder (in Orvieto) sortenrein verwendet.

Greco In Süditalien tragen einige Weißweinsorten den Namen Greco (wahrscheinlich griechischen Ursprungs), was aber nicht bedeutet, dass sie verwandt sein müssen. Bekannt ist v. a. der Greco di Tufo mit anregenden Pfirsicharomen. Greco di Bianco wird aus halbgetrockneten Trauben gewonnen. Als dunkle Verson gibt es auch Greco nero.

Grenache blanc Siehe GARNACHA BLANCA.

Grignolino Italienische Sorte für gute Alltagsweine im Piemont.

Gros Plant Siehe FOLLE BLANCHE.

Grüner Veltliner Das Flaggschiff unter Österreichs Weißweinsorten kann sich bemerkenswert vielfältig geben: von einfachen, pfeffrigen Alltagsweinen zu Kreszenzen mit großer Komplexität und überraschendem

Alterungspotenzial. Kommt hier und da auch in anderen Ländern Mitteleuropas vor und zeigt nun selbst in Neuseeland sein Potenzial.

Gutedel Siehe CHASSELAS.

Hárslevelű Die »Lindenblättrige« ist die zweite wichtige Traubensorte im Tokajer, aber weicher und pfirsichfruchtiger als FURMINT. Gut auch in Somló und Eger.

Heida Schweizer Name für SAVAGNIN.

Humagne Schweizer Spezialität, älter als CHASSELAS, die frische, dralle, nicht sehr aromatische Weine liefert. Humagne rouge, ebenfalls im Wallis verbreitet (und immer beliebter), ist nicht mit ihr verwandt, sondern identisch mit Cornalin d'Aoste; Cornalin du Valais ist wieder etwas anderes.

Insolia (Ansonica, Inzolia) Sizilianische Weißweintraube, heißt an der Toskanaküste Ansonica. Frische, rassige Weine im Bestfall. Für Süßweine werden auch halbgetrocknete Trauben verwendet.

Irsai Olivér Ungarische Kreuzung zweier Trauben für Tischwein, ergibt aromatische Weißweine, die an MUSCAT erinnern und jung zu trinken sind.

Johannisberg Schweizer Name für SILVANER.

Kéknyelű Wenig ertragreiche, aromareiche Traube für einen der besten ungarischen Weißweine. Hohes Potenzial für feurigen, würzigen Wein.

Kerner Recht erfolgreiche deutsche Kreuzung. Reift früh und liefert blumige (manchmal etwas aufdringliche) Weine mit guter Säure.

Királyleányka Ungarische Sorte; erbringt sanfte, frische Weine (z.B. in Eger).

Koshu Vermutlich autochthone japanische Traube und ihr Wein, der gerade einen Hype erlebt. Frisch, harmlos.

Kövérszőlő Siehe GRASĂ.

Laski Rizling Siehe WELSCHRIESLING.

Leányka Ungarische Sorte (»Mädchentraube«); erbringt weiche, blumige Weine.

Listán Siehe PALOMINO.

Loureiro Die nach ALVARINHO beste Vinho-Verde-Traube ergibt zart blumige Weißweine. Kommt auch in Spanien vor.

Macabeo Siehe VIURA.

Malagousia Wiederentdeckte griechische Rebsorte für wunderbar aromatische Weine.

Malmsey Siehe MALVASIA. Der süßeste Madeira-Stil.

Malvasia (Malmsey, Malvazija, Malvoisie, Marastina) Keine einzelne Varietät, sondern gleich eine ganze Gruppe von Rebsorten, die nicht unbedingt miteinander verwandt sind oder auch nur Ähnlichkeiten aufweisen. In Italien, Frankreich und überall auf der iberischen Halbinsel vertreten; die Weine können rot oder weiß, still oder schäumend, kräftig oder mild, süß oder trocken, aromatisch oder neutral sein. Die slowenische bzw. kroatische Version Malvazija istarka (in Kroatien manchmal auch Marastina genannt) liefert knackige und leichte Weine, aber auch reichhaltige Gewächse, die in Eiche ausgebaut werden. Das Wort »Malmsey« (der süßeste Madeira-Stil) ist eine Verballhornung von Malvasia.

Malvoisie Siehe MALVASIA. Der Name wird in Frankreich für verschiedene Sorten verwendet, darunter BOURBOULENC, Torbato und VERMENTINO. Im Wallis nennt man den PINOT GRIS so.

Manseng, Gros/Petit Traube für wunderbar würzige, florale Weine aus Südwestfrankreich. Der Schlüssel zu Jurançon. Liefert auch ausgezeichnete Spätlesen und Süßweine.

Maria Gomes (Fernão Pires) Portugiesische Traube für reif-aromatische, leicht würzige Weißweine aus den Regionen Bairrada und Tejo.

Marsanne (Ermitage) Neben ROUSSANNE die Hauptweißweintraube an der nördlichen Rhône (Hermitage, St-Joseph, St-Péray). Auch in Australien, Kalifornien und (als Ermitage blanc) im Wallis mit Erfolg angebaut. Milde, volle Weine, die sehr schön altern.

Melon de Bourgogne Siehe MUSCADET.

Misket Bulgarische mild-aromatische Traubensorte; Grundlage der meisten Weißweine des Landes.

Morillon In einigen Teilen Österreichs der Name für CHARDONNAY.

Moscatel Siehe MUSCAT.

Moscato Siehe MUSCAT.

Moschofilero Hochwertige griechische Traube mit Rosenduft, hellroter Schale und kräftiger Säure. Liefert eher alkoholschwache Weine, meist weiß, es gibt aber auch ein paar Rosé-Versionen sowie Schaumwein.

Müller-Thurgau Liefert aromatische, jung zu trinkende Weine. Die süßen Varianten können gut sein, die trockenen dagegen sind oft nichtssagende, derbe Wässerchen. In Deutschland v.a. in der Pfalz, in Rheinhessen, an der Nahe, in Baden und in Franken verbreitet. Hat sich in Italien (Trentino–Südtirol, Friaul) einige Meriten verdient. Wird in der Schweiz manchmal noch (inkorrekt) Riesling x Sylvaner genannt.

Muscadelle Verleiht manchem weißen Bordeaux (v.a. Sauternes) besondere Würze. Wird im australischen Victoria (zusammen mit MUSCAT, mit dem keine Verwandtschaft besteht) für Rutherglen Muscat verwendet.

Muscadet (Melon de Bourgogne) Erbringt leichte, sehr trockene, erfrischende Weine mit einem Hauch von Meer in der Gegend um Nantes (Bretagne). Als Melon de Bourgogne auch in Teilen Burgunds anzutreffen.

Muscat (Moscatel, Moscato, Muskateller) Diese Sorte existiert in vielen Varianten, am besten ist Muscat blanc à petits grains (alias Gelber Muskateller, Rumeni Muškat, Sarga Muskotály, Yellow Muscat). Die weit verbreiteten, leicht erkennbaren, ausdrucksvollen Trauben werden meist zu bukettreichen, süßen Weinen verarbeitet, oft auch gespritet (z.B. Vin doux naturel in Frankreich). Wunderbar dunkel und süß in Australien. In Spanien süß, z.T. sehr gut. Ungarischer Muskotály ist meist Muscat Ottonel, nur in Tokaj, wo Sarga Muskotály vorherrscht, bringt er (in kleinen Mengen) Duft in den Verschnitt. Gelegentlich (z.B. im Elsass, in Österreich und in Teilen Süddeutschlands) auch trocken ausgebaut. Süßer Muscat vom Cap Corse kann vorzüglich sein. In Norditalien als Moscato leichter Schaumwein.

Muskateller Siehe MUSCAT.

Narince Türkische Sorte; frische und fruchtige Weine.

Neuburger Lange vernachlässigte österreichische Traube, anzutreffen v.a. in der Wachau (elegante, blumige Weine), in der Thermenregion (körperreich, breit) und in den nördlicheren Teilen des Burgenlands (kräftig, voll).

Olaszriesling Siehe WELSCHRIESLING.

Païen Siehe SAVAGNIN.

Palomino (Listán) Die wichtigste Traube für Sherry. Kaum eigener Charakter, es kommt alles auf die Bereitungsmethode an. Liefert unter dem Namen Listán auf den Kanarischen Inseln trockenen Weißwein.

Pansa blanca Siehe XAREL-LO.

Pecorino Keine Käsesorte, sondern ein verführerischer trockener Weißwein (IGT Colline Pescaresi) von der gleichnamigen Sorte, die vor Kurzem noch fast ausgestorben war.

Pedro Ximénez (PX) Wird für süße, braune Sherry-Stile (reinsortig unter dem eigenen Namen) sowie für Montilla und Málaga verwendet. Auch auf den Kanaren, in Argentinien, Australien, Kalifornien und Südafrika angebaut.

Picpoul (Piquepoul) Südfranzösische Traube; am bekanntesten ist der sortenrein von Piquepoul blanc bereitete Picpoul de Pinet. Sollte säurereich sein. Picpoul noir hat eine dunkle Schale.

Pinela Lokale slowenische Sorte für subtile, säurearme, jung zu trinkende Weine.

Pinot bianco Siehe PINOT BLANC.

Pinot blanc (Beli Pinot, Pinot bianco, Weißburgunder) Cousin des PINOT NOIR. Ähnelt CHARDONNAY, ist aber milder im Charakter. Leicht, frisch, fruchtig, kaum aromatisch, jung am besten. Gut für italienischen *spumante*, im Nordosten potenziell exzellent, v.a. in hohen Lagen in Südtirol. Weit verbreitet. Heißt in Deutschland Weißburgunder und glänzt dort v. a. im Süden, da er rassiger ausfällt als Chardonnay.

Pinot gris (Pinot grigio, Grauburgunder, Ruländer, Sivi Pinot, Szürkebarát) Als Pinot grigio in Norditalien extrem beliebt, selbst für Rosé – charaktervolle Spitzenweine können aber exzellent sein (Südtirol, Friaul). Billige Versionen sind nur dies: billig. Großartig im Elsass für würzige, körperreiche Weißweine. Heißt in Deutschland Ruländer (süß) oder Grauburgunder (trocken); die besten Weine kommen aus Baden (v. a. vom Kaiserstuhl) und der Südpfalz. Szürkebarát in Ungarn, Sivi Pinot in Slowenien (charaktervoll, aromatisch).

Pošip Kroatische Sorte v. a. auf der Insel Korčula. Recht charaktervoll, Zitrusaroma, hohe Erträge.

Prosecco So hieß früher die Traube, aus der Prosecco gemacht wird. Heute muss man sie GLERA nennen.

Renski Rizling Rheinriesling. Siehe RIESLING.

Rèze Sehr seltene alte Sorte aus dem Wallis, die für *Vin du Glacier* verwendet wird.

Ribolla gialla/Rebula Säurehaltige Weine mit Charakter; in Italien v. a. aus dem Collio, in Slowenien traditionell aus Brda. Kann sehr gut sein, selbst wenn sie auf exzentrische Weise bereitet wird.

Rieslaner Deutsche Kreuzung zwischen Silvaner und Riesling; bekannt für geringe Erträge und schwierige Reifung, inzwischen sehr selten geworden (weniger als 50 ha). Erbringt in Franken und der Pfalz gute Auslesen.

Riesling italico Siehe WELSCHRIESLING.

Riesling (Renski Rizling, Rhine Riesling) Die großartigste, vielseitigste Weißweintraube, im Stil völlig anders als CHARDONNAY. Riesling bietet eine Fülle von Duft- und Geschmacksnoten – die Bandbreite reicht von stahlig bis üppig, doch immer mit positivem Grundton – und hat viel mehr Alterungspotenzial als Chardonnay. Großartig in allen Stilrichtungen in Deutschland; kraftvoll und stahlig in Österreich; Noten von Limettensirup und gerösteten Früchten in South Australia; reichhaltig und würzig im Elsass; vielversprechend am deutschen Stil ausgerichtet in Neuseeland, dem Staat New York und dem pazifischen Nordwesten der USA; mit Potenzial in Ontario und Südafrika.

Rkatsiteli In Osteuropa, Russland und Georgien sehr verbreitete Sorte, winterhart und säurereich, liefert daher auch bei schlechter Weinbereitung zum Teil noch einigermaßen akzeptable Ergebnisse. Wird auch im Nordosten der USA angebaut.

Robola Erstklassige Traube aus Griechenland (Kefallonia) mit blumigem Aroma. Nicht mit Ribolla gialla verwandt.

Roditis Rosafarbige Traube, die vorwiegend Weißwein liefert, in ganz Griechenland verbreitet. Bei niedrigen Erträgen gute Ergebnisse.

Roter Veltliner Österreichische Sorte, nicht verwandt mit dem GRÜNEN VELTLINER. Es gibt auch Frühroten und (nicht verwandten) Braunen Veltliner.

Rotgipfler Einheimische aromatische Traubensorte der österreichischen Thermenregion. Ergibt im Verschnitt mit ZIERFANDLER lebendige, üppige, aromatische Weine.

Roussanne Rhône-Traube von echter Finesse, die man jetzt auch in Kalifornien und Australien antrifft. Kann viele Jahre altern.

Ruländer Siehe PINOT GRIS.

Sauvignonasse Siehe FRIULANO.

Sauvignon blanc Erbringt sehr ausdrucksvolle, aromatische Weine mit Noten von Gras bis hin zu tropischen Früchten – pikant in Neuseeland, oft mineralisch in Sancerre, reifer in Australien; gut auch in Rueda, Österreich, Norditalien (Isonzo, Piemont, Südtirol), dem chilenischen Casablanca-Tal und Südafrika. Wird in Bordeaux mit SÉMILLON verschnitten. Kann herb ausfallen oder auch herzhaft (und manchmal ganz schrecklich). Sauvignon gris ist eine weniger aromatische Version mit rosafarbener Schale und noch unerforschtem Potenzial.

Sauvignon vert Siehe FRIULANO.

Savagnin (Heida, Païen) Die Traube des Vin jaune aus Savoyen, deren aromatische Spielart der GEWÜRZTRAMINER ist. In der Schweiz als Heida, Païen oder Traminer bekannt. Körperreiche, säurebetonte Weine.

Scheurebe Deutsche Traube mit Grapefruitaroma, wahrscheinlich eine Kreuzung aus RIESLING x SILVANER. In der Pfalz sehr beliebt, besonders für Auslesen und darüber. Als trockener Wein manchmal krautig, nur voll ausgereift gut.

Sémillon (Semillon) Verleiht dem Sauternes seine Fülle, ist aber immer weniger von Bedeutung für Graves und andere trockene weiße Bordeaux-Weine. Grasig, wenn nicht voll ausgereift, kann aber weichen, trockenen Wein mit großem Alterungspotenzial liefern. In Australien (wo man sie ohne Akzent schreibt) hervorragend; in Neuseeland und Südafrika vielversprechend.

Sercial (Cerceal) Die portugiesische Traube liefert den trockensten Madeira. Als Cerceal (ebenfalls portugiesisch) scheint man dieselbe Sorte zu bezeichnen, aber auch noch einige andere.

Seyval blanc In Frankreich gezüchtete Hybride aus französischen und amerikanischen Reben. Sehr widerstandsfähig, angenehm fruchtig. Im Osten der USA und in England recht erfolgreich, von den dogmatischen Richtlinien der Europäischen Union jedoch nicht für »Qualitätswein« zugelassen.

Silvaner (Johannisberg, Sylvaner) Kann in Rheinhessen und der Pfalz exzellente Ergebnisse hervorbringen, besonders aber in Franken mit ihren pflanzlich/erdigen und mineralischen Noten. Liefert im Wallis als Johannisberg sehr guten, kraftvollen Wein. Im Elsass die Sorte für die leichtesten Weine.

Sipon Siehe FURMINT.

Sivi Pinot Siehe PINOT GRIS.

Spätrot Siehe ZIERFANDLER.

Sylvaner Siehe SILVANER.

Tămâioasă românească Zur MUSCAT-Familie gehörige rumänische »frankincense«-Weißweintraube mit exotischem Aroma und Geschmack.

Torrontés Eine ganze Reihe von Trauben wird so genannt, die meisten haben einen aromatischen, floralen, manchmal etwas seifigen Charakter. Eine Spezialität in Argentinien, auch in Spanien anzutreffen. Jung zu trinken.

Traminac Alias Traminec. Siehe GEWÜRZTRAMINER.

Traminer In Ungarn auch Tramini. Siehe GEWÜRZTRAMINER.

Trebbiano (Ugni blanc) Die wichtigste weiße Sorte der Toskana, kommt aber in verschiedenster Gestalt in ganz Italien vor. Erhebt sich selten über die Masse, außer im toskanischen Vin Santo. Einige gute trockene Weißweine unter den DOCs Romagna und Abruzzo. Trebbiano di Soave und Trebbiano di Lugana – alias VERDICCHIO – sind nur entfernt verwandt. Wird in Südfrankreich als Ugni blanc und in Cognac als St-Emilion angebaut. Liefert meist dünnen, neutralen Wein, gut für Verschnitte geeignet. Bräuchte mehr Sorgfalt beim Anbau.

Ugni blanc Siehe TREBBIANO.

Ull de Llebre Siehe TEMPRANILLO.

Verdejo Die Traube von Rueda in Kastilien kann feinen, langlebigen Wein erbringen.

Verdelho In Australien hervorragende Qualität (körperreich und etwas scharf); selten, aber gut (und mittelsüß) auf Madeira.

Verdicchio Liefert den potenziell guten, muskulösen trockenen Wein gleichen Namens im östlichen Mittelitalien.

Vermentino Italienische Traube, die lebhafte Weine mit ordentlicher Textur und guter Alterungsfähigkeit ergibt. Hat Potenzial.

Vernaccia Steht für viele Trauben in Italien, die nicht miteinander verwandt sind. Vernaccia di San Gimignano ist frisch und lebhaft, Vernaccia di Oristano eher sherryähnlich.

Vidal Franzöische Hybridrebe; verbreitet in Kanada für Eiswein angebaut.

Viognier Die Rhône-Traube ist gerade groß in Mode. Die besten Exemplare stammen aus Condrieu, danach kommen die immer noch aromatischen Weine aus dem Midi. Auch in Kalifornien, Virginia, Uruguay und Australien bereitet man gute Versionen.

Viura (Macabeo, Maccabéo, Maccabeu) Die häufigste weiße Sorte Nordspaniens, weitverbreitet in Rioja und den katalanischen Cava-Gebieten. Wird auch jenseits der Grenze in Südwestfrankreich angebaut. Gutes Qualitätspotenzial.

Weißburgunder Deutscher Name für PINOT BLANC.

Welschriesling (Graševina, Laski Rizling, Olaszriesling, Riesling italico) Liefert leichte und frische bis süße und volle Weine in Österreich; in Osteuropa allgegenwärtig, wo einige bemerkenswert gute trockene und süße Weine aus ihr bereitet werden. Mit RIESLING nicht verwandt.

Xarel-lo (Pansa blanca) Traditionelle katalanische Traube, zusammen mit Parellada and MACABEO für Cava verwendet. Neutral, aber sauber. Charaktervoller (mit Noten von Limettensirup) als Pansa blanca in Alella.

Xynisteri Die meistangebaute Weißweintraube Zyperns. Kann recht schlicht geraten und wird meist jung getrunken; in Höhenlagen liefert sie allerdings frische, ansprechende, mineralische Weine.

Zéta Ungarische Kreuzung von BOUVIER und FURMINT, die einige Winzer für ihren Tokaji Aszú verwenden.

Zierfandler (Spätrot, Cirfandl) In der österreichischen Thermenregion vorkommende Weißweinsorte, oft mit ROTGIPFLER zu aromatischen, gewichtigen Weinen mit Orangenschalenduft verschnitten.

Wein und Speisen

Dass man bei der Auswahl des richtigen Weins zum Essen vor allem dem eigenen Geschmack folgen soll, hat sich mittlerweile herumgesprochen. Und doch gibt es zu viele Speisen und viel zu viele Weine, als dass ein paar Empfehlungen nicht willkommen wären.

Regeln sind relativ geworden, aber ein paar Dinge empfinden die meisten Menschen gleich. Essig (in Salaten oder sonstwo) beispielsweise ist für keinen Wein gut, und öliger Fisch mit einem tanninstarken Tropfen wirkt selten erfreulich. Vielleicht ist es ja an der Zeit, sich wieder zu trauen, konventionell zu sein: weiß vor rot, trocken vor süß, leicht vor schwer. Als Gott sprach, Weißwein sei zu Fisch und Rotwein zu Fleisch, war das seine persönliche Meinung – aber er hat eine Menge Erfahrung!

Vorspeisen

Aïoli Zu so viel Knoblauch braucht man einen Durstlöscher. Kalter junger weißer Rhônewein, Rosé aus der Provence, Verdicchio oder Sauvignon blanc von der Loire. Und natürlich Marc oder Grappa – für die Courage!

Antipasti Für den Klassiker mit Schinken, Oliven und eingelegtem Gemüse: trockener oder halbtrockener Weißwein aus Italien (Arneis, Soave, Pinot grigio, Vermentino, Grechetto) oder ein leichter, aber griffiger Rotwein, z. B. Vapolicella. Auch Fino Sherry – leider weiß man das nicht in Italien.

Artischocken *Mit Sauce hollandaise:* Ein voller, frischer, trockener Weißwein, z. B. Pouilly-Fuissé oder ein Erstes Gewächs aus Deutschland.
Mit Sauce vinaigrette: Ein ausdrucksvoller, trockener Weißer, z. B. neuseeländischer Sauvignon blanc, Côtes de Gascogne oder ein moderner Grieche (ein vier Jahre alter Malagousia, um genau zu sein). Côtes du Rhône?

Auberginenpüree (Melitzanosalata) Frischer Sauvignon blanc aus der Neuen Welt, oder ein moderner trockener griechischer bzw. sizilianischer Weißer. Auberginengerichte aus dem Ofen brauchen einen kräftigeren Roten: Shiraz, Zinfandel, einen aus Sizilien – oder tatsächlich türkischen Wein.

Austern *Gegart:* Puligny-Montrachet oder ein guter Chardonnay aus der Neuen Welt. Champagner passt zu allen Austern.
Roh: Champagner oJ, außerdem Chablis, Muscadet, weißer Graves, Sancerre – oder Guinness. Manzanilla passt hervorragend.

Avocado *Mit Riesengarnelen:* Trockener bis halbtrockener oder etwas säuerlicher Weißwein, z. B. Pfälzer oder Rheingauer Kabinett, Grüner Veltliner, Riesling aus der Wachau, Sancerre, Pinot grigio, australischer Chardonnay (ohne Eichennote) oder ein trockener Rosé. Oder Chablis Premier cru.
Mit Mozzarella und Tomaten: Frischer, aber reifer Weißwein: Soave, Sancerre, griechischer Weißwein.

Carpaccio *Vom Lachs:* Chardonnay oder Champagner.
Vom Rind: Hierzu passt fast jeder Wein, auch ein Roter. Ein Toskaner ist eine gute Wahl, aber auch ein feiner Chardonnay oder ein Jahrgangs- oder Rosé-Champagner. Probieren Sie mal Amontillado.
Vom Thunfisch: Viognier, kalifornischer Chardonnay oder neuseeländischer Sauvignon blanc.

Ceviche Australischer Riesling oder Verdelho, Sauvignon blanc aus Chile, Torrontés. Manzanilla.

Crostini Ein trockener Weißer aus Italien, z. B. Verdicchio oder Orvieto, oder einfacher Morellino di Scansano, Montepulciano d'Abruzzo, Valpolicella, Manzanilla.

Dim-Sum Klassischerweise: chinesischer Tee. Pinot grigio oder klassischer deutscher Riesling, auch ein leichter Pinot noir. Bei Rotweinen sind weiche Tannine der Schlüssel: Bardolino, Rioja, Côtes du Rhône. Sonst Champagner oJ oder guter Schaumwein aus der Neuen Welt.

Eierspeisen Siehe auch Soufflé. Nicht einfach: Sie breiten sich recht eigen im Mund aus. Bei Omelettes sollte der Maßstab die anderen Zutaten sein. Zu Rührei trinke ich allenfalls Champagner – v. a. am Wochenende.
Œufs en meurette: Ein Geniestreich aus Burgund; die Eier in Rotweinsauce verlangen natürlich nach einem Burgunder.
Wachteleier: Blanc-de-Blancs-Champagner, Viognier.

Fischterrine oder Fischsalat (inkl. Krebse) Braucht etwas Feines. Trockene Pfälzer Riesling Spätlese, Grüner Veltliner, Chablis Premier cru, Sonoma Chardonnay oder Manzanilla.

Forelle, geräuchert Feiner als Räucherlachs. Riesling Kabinett oder Spätlese von der Mosel. Chablis oder Champagner.

Gänseleberpastete Süßwein. In Bordeaux Sauternes. Anderswo wird Pinot gris Spätlese, Riesling, Vouvray, Montlouis, Jurançon moelleux oder Gewürztraminer bevorzugt. Für Feinschmecker: Tokaji Aszú 5 Puttonyos. Trockener Amontillado kann vorzüglich sein. Zu warmer Gänseleberpastete alter Jahrgangschampagner. Auf keinen Fall Chardonnay, Sauvignon blanc oder irgendein Rotwein.

Garnelen, Krabben oder Scampi Muscadet ist ok, besser aber einen feinen, trockenen Weißwein: Burgunder, Graves, neuseeländischer Chardonnay, Riesling aus Washington, der Pfalz oder Australien. Auch feiner, reifer Champagner. (Cocktailsauce richtet den Wein zugrunde.)

Gemüseterrine Nicht gerade ein großartiger Partner für feinen Wein, aber Chardonnay ohne Eichennote oder Chenin blanc gehen.

Guacamole Mexikanisches Bier. Oder kalifornischer Chardonnay, neuseeländischer Sauvignon blanc, trockener Muscat, Sherry.

Hering, grün oder Matjes Junger Genever, Aquavit aus Skandinavien oder kühles Bier. Wenn es unbedingt Wein sein soll: Muscadet.

Kaviar Eiskalter Wodka; körperreicher Champagner (z. B. Bollinger, Krug). Keine rohen Zwiebeln dazugeben!

Lachs, geräuchert Trockener, aber ausdrucksvoller Weißwein, z. B. Manzanilla Sherry, Condrieu, Elsässer Pinot gris, Chablis Grand cru, Pouilly-Fumé, Pfälzer Riesling Spätlese, Jahrgangschampagner. Wodka, Aquavit.

Makrelen, geräuchert Zu ölig für Wein. Manzanilla, trockener Vinho Verde oder Schnaps, Pfefferwodka, Grasovka. Bier. Oder schwarzer Tee.

Mayonnaise-Vorspeisen *Mit Hummer:* Chablis Premier cru, Pfälzer Riesling Erstes Gewächs. *Mit Huhn:* Weißwein von der Côte Chalonnaise (z. B. Rully), ebenso mit Eiern. Oder probieren Sie neuseeländischen Sauvignon blanc, Verdicchio, eine Spätlese trocken oder provençalischen Rosé.

Mezze (eine Auswahl warmer und kalter Gemüsegerichte) Ein Heimspiel für Fino Sherry.

Mozzarella mit Tomaten und Basilikum Siehe auch Avocado. Ein frischer italienischer Weißwein (z. B. Soave, Südtiroler). Vermentino aus Ligurien oder südfranzösischer Rolle.

Pasta Rot- oder Weißwein, je nach Sauce.
Mit Fleischsauce: Montepulciano d'Abruzzo, Salice Salentino, Malbec.
Mit Pesto: Barbera, Vermentino aus Ligurien, neuseeländischer Sauvignon blanc, ungarischer Furmint.
Mit Sahnesauce: Orvieto, Greco di Tufo. Junger Sangiovese.
Mit Seafood (z. B. Muscheln): Verdicchio, Soave, weißer Rioja, Cirò, Chardonnay ohne Holznote.
Mit Tomatensauce: Chianti, Barbera, sizilianischer Rotwein, Zinfandel, südaustralischer Grenache.

Pastrami Elsässer Riesling, junger Sangiovese, St-Émilion.

Pastete *Hühnerleber:* Ein pikanter Weißer (Elsässer Pinot gris oder Marsanne) oder milder Roter (leichter Pomerol, Volnay, neuseeländischer Pinot noir). Auch Amontillado Sherry. Zu kräftigeren Pasteten (Entenleber usw.) passt Gigondas, Moulin-à-Vent, Chianti Classico oder guter weißer Graves.

Prosciutto (auch mit Melonen, Birnen oder Feigen) Gehaltvoller trockener bis halbtrockener Weißwein: Orvieto, Grechetto, Grüner Veltliner, Furmint-Tokajer, australischer Semillon, Jurançon Sec.

Risotto Je nach Geschmacksrichtung: *Mit Gemüse (z. B. Primavera):* Pinot grigio aus dem Friaul, Gavi, recht junger Semillon, Dolcetto, Barbera d'Alba.
Mit Steinpilzen: Feinster reifer Barolo oder Barbaresco.
Nero: Voller trockener Weißer: Viognier oder sogar Corton-Charlemagne.

Rohkost Leichter Rot- oder Roséwein: Côtes du Rhône, Minervois, Chianti, Pinot noir. Oder Fino Sherry.

Salate Jeder trockene und appetitanregende Weißwein.
Hinweis: Essig in Salatsaucen zerstört das Aroma des Weins. Will man einen guten Wein zum Essen trinken, sollte der Salat mit Wein oder etwas Zitronensaft angemacht werden.

Schinken, roh oder luftgetrocknet Siehe auch Prosciutto. Elsässer Pinot gris Grand cru oder weißer italienischer Collio. Zu spanischem Pata Negra oder Serranoschinken Fino Sherry oder Tawny Port.

Schnecken Rote von der Rhône (z. B. Gigondas, Vacqueyras) oder weißen St-Véran oder Rully. Im Midi nehme man einen Weiß-, Rosé- oder Rotwein der Gegend zu Petits gris. Im Elsass Pinot blanc oder trockener Muscat.

Soufflé Hierzu gehört ein ★★★-Wein. Zu allen Soufflé-Arten passt Champagner, insbesondere Jahrgangschampagner.
Fischsoufflé: Trockener Weißwein: Burgunder, Bordeaux, Elsässer, Chardonnay usw.
Käsesoufflé: Reifer roter Burgunder oder Bordeaux, Cabernet Sauvignon (nicht aus Chile oder Australien) usw. Oder feiner weißer Burgunder.
Spinatsoufflé: Schwierig zu Wein. Mâcon-Villages, St-Véran, Valpolicella.

Spargel Sowohl grüner als auch weißer Spargel sind leicht bitter und deshalb schwierig zu Wein; es muss also ein ausdrucksstarker Tropfen sein. Viognier hat etliche Anhänger, Riesling ist immer einen Versuch wert, Rheingau-Riesling ein Klassiker. Sauvignon blanc verstärkt den Spargelgeschmack. Australischer Semillon ist besser als Chardonnay, der wiederum besser zu zerlassener Butter oder Sauce hollandaise passt; ansonsten Elsässer Pinot gris, auch trockener Muscat oder Jurançon Sec.

Tapas Perfekt ist kalter, frischer Fino Sherry, der die ganze Bandbreite an Geschmacksrichtungen der warmen und kalten Speisen abdeckt. Auch Sake.

Tapenade Manzanilla oder Fino Sherry oder jeder leicht scharfe, trockene Weißwein oder Rosé.

Tarama/Taramosalata Mediterraner, möglichst griechischer Weißwein mit Charakter. Fino Sherry passt gut. Ebenso ein Marsanne von der Rhône.

Tempura Die Japaner mögen dazu Chardonnay mit Säure und Eichennote. Ich bevorzuge Champagner.

Tortilla Rioja Crianza, Fino Sherry oder weißer Mâcon-Villages.

Wurstwaren/Salami Junger Beaujolais-Villages, Loire-Rotweine (z. B. Saumur), Chianti oder junger Sangiovese. Lambrusco oder junger Zinfandel. Natürlich auch Fino Sherry.

Ziegenkäse, warm (z. B. in Salat) Sauvignon blanc von der Loire oder aus der Neuen Welt.
Kalt: Chinon, Saumur-Champigny oder Rosé aus der Provence. Oder ein kräftiger Roter: Château Musar, ein Grieche, Türke oder auch australischer Shiraz-Schaumwein.

Meeresfrüchte & Fischgerichte

Aal, geräuchert Riesling aus dem Elsass oder aus Österreich. Oder Grüner Veltliner, Fino Sherry, Jahrgangschampagner. Schnaps.

Barsch, See- Weißburgunder aus Baden oder der Pfalz, aber auch jeder andere delikate Weißwein eignet sich gut, z. B. trockener Clare-Riesling, Chablis, weißer Châteauneuf-du-Pape. Aber je kräftiger der Fisch gewürzt ist, desto aromareicher sollte der Wein sein: mit Ingwer, Frühlingszwiebeln usw. etwa ein gehaltvoller Riesling, nicht unbedingt trocken.

Brandade Chablis Premier cru, roter Sancerre oder Neuseeländer Pinot noir.

Fisch im Salzmantel Ein körperreicher Weißer oder Rosé: Albariño; aus Sizilien, aus Griechenland, aus Ungarn, Côtes du Luberon, Minervois.

Fisch in Beurre blanc Bester Muscadet *sur lie*, Sémillon/Sauvignon-blanc-Verschnitt, Chablis Premier cru, Vouvray, Albariño, Rheingauer Riesling.

Fischpastete (mit Sahnesauce) Albariño, Soave Classico, Riesling Erstes Gewächs, spanischer Godello.

Fish and Chips, Fritto misto, Tempura Chablis, weißer Bordeaux, Sauvignon blanc, Pinot blanc, Gavi, Fino, Montilla, Koshu, Sake, Tee; oder Champagner oJ bzw. Cava. Jeder Weißwein geht.

Forelle, gegrillt oder gebraten Delikate Weißweine, z. B. Mosel (v. a. von der Saar oder Ruwer), Elsässer Pinot blanc, Fendant.

Garnelen *Mit Knoblauch:* leichter, trockener Weiß- oder Roséwein.
Mit Gewürzen (auch scharf, mit Chili): Hier ist etwas mehr Körper nötig, aber keine Eichennote: trockener Riesling ist gut.
Mit Mayonnaise: Menetou-Salon.

Glattbutt Sehr delikater Fisch, geeignet z. B. für feinen alten Puligny.

Graved Lachs Sercial Madeira (z. B. 10 Jahre alter Henriques), Amontillado, Tokaji Furmint.

Heilbutt Siehe Steinbutt.

Heringe, gebraten, gegrillt Ein kantiger Weißwein, der dem ausgeprägten Geschmack des Herings entgegenwirkt: Rully, Chablis, Bourgogne Aligoté, griechischer Weißwein, Sauvignon blanc. Oder indischer Tee. Oder Cidre.

Hummer *Kalt mit Mayonnaise:* Champagner oJ, Elsässer Riesling, Chablis Premier cru, Condrieu, Mosel Spätlese oder ein lokaler Schaumwein.
Mit reichlich Sauce: Jahrgangschampagner, feiner weißer Burgunder, Graves Cru classé, sogar Sauternes, ein deutsches Großes Gewächs, auch Pfälzer Spätlese.

Jakobsmuscheln Am besten halbtrockene Weißweine. *Auf asiatische Art:* ein Neuseeländer Chardonnay, Chenin blanc, Verdelho, Godello oder Gewürztraminer. *Gegrillt oder sautiert:* weißer Hermitage, Grüner Veltliner, weißer Pessac-Léognan, Jahrgangschampagner oder Pinot noir. *In Sahnesauce:* Deutsche Spätlese, Montrachet, erstklassiger australischer Chardonnay.

Kabeljau, gebraten Eine gute, neutrale Grundlage für feine trockene bis halbtrockene Weißweine, z. B. Chablis, Meursault, Corton-Charlemagne, Graves Cru classé, Grüner Veltliner; Kabinett oder Großes Gewächs aus Deutschland; oder auch ein guter, eher leichter Pinot noir.
Black cod mit Misosauce: Pinot noir aus Neuseeland oder Oregon, Meursault Premier cru, Rheingauer Riesling Spätlese. Jahrgangschampagner.

Kedgeree (anglo-indisches Fischgericht) Volle Weißweine, auch schäumend: Mâcon-Villages, südafrikanischer Chardonnay, Grüner Veltliner, ein deutsches Großes Gewächs oder (zum Frühstück) Champagner.

Krabben (Krebse) Krabben und Riesling sind füreinander gemacht.
Mit Chili und Knoblauch: Ein eher kraftvoller Riesling, vielleicht ein Großes Gewächs oder einer aus der Wachau.
Chinesische Art, mit Ingwer und Zwiebeln: Deutscher halbtrockener Riesling (Kabinett oder Spätlese); Tokaji Furmint, Gewürztraminer.

Cioppino: Sauvignon blanc. An der amerikanischen Westküste trinkt man Zinfandel. Auch kalifornischer Schaumwein.
Kalt angemacht: Spitzenriesling von der Mosel, trockener Elsässer oder australischer Riesling, oder Condrieu.
Mit Schwarzer-Bohnen-Sauce: Kräftiger Barossa-Shiraz oder Syrah.
Softshell crabs: Chardonnay, Albariño oder deutsche Riesling Spätlese.
Thailändische Crabcakes: Ausdrucksvoller Sauvignon blanc (von der Loire, aus Südafrika, Australien, Neuseeland) oder Riesling (deutsche Spätlese oder aus Australien).

Lachs, sautiert oder gegrillt In Mode ist Pinot noir, doch Chardonnay ist besser. Merlot oder leichter Bordeaux sind auch nicht übel. Am besten ist feiner weißer Burgunder: Puligny- oder Chassagne-Montrachet, Meursault, Corton-Charlemagne, Chablis Grand cru; oder Grüner Veltliner, Condrieu, Chardonnay aus Kalifornien, Idaho oder Neuseeland, Rheingau-Riesling (Kabinett/Spätlese) oder aus Australien.
Lachsklößchen: Ähnliche, aber weniger große Weine.
Siehe auch Graved Lachs.

Makrelen, gegrillt Weiße mit kräftiger Säure: Sauvignon blanc aus der Touraine, Gaillac, Vinho Verde, weißer Rioja, englischer Weißer. Oder Guiness.

Meeräsche Verdicchio, Rully, Chardonnay ohne Eichenwürze.

Meerbarbe, Rote Eine Verwandlungskünstlerin, passt sich sowohl guten Weiß- als auch Rotweinen an, v. a. Pinot noir.

(Mies)Muscheln Muscadet *sur lie*, Chablis Premier cru, Chardonnay ohne Eichennote.
In Curry: Mittelsüßer Wein; Elsässer Riesling.
Gefüllt, mit Knoblauch/Petersilie: Siehe Vorspeisen/Schnecken.

Paella, mit Schalentieren Körperreicher Weißwein oder Rosé, Chardonnay ohne Eichennote. Oder den lokalen spanischen Rotwein.

Rochen, in brauner Butter Würziger Weißwein, z. B. Elsässer Pinot gris, oder sauberer, einfacher Wein wie Muscadet oder Verdicchio.

Sardellen, mariniert*:* Die Marinade verträgt sich mit kaum einem Wein. In Salade niçoise vielleicht provencalischer Rosé.

Sardinen, frisch gegrillt Sehr trockener Weißwein, z. B. Vinho Verde, Muscadet, moderner griechischer Wein.

Sashimi Die Japaner präferieren körperreichen Weißwein (Chablis Premier cru, Elsässer Riesling) zu weißem Fisch, Pinot noir zu rotem. Beide brauchen Säure. Einfacher Chablis ist vielleicht zu dünn. Wenn Sojasauce dabei ist, passt ein tanninarmer Roter (wieder Pinot). Ansonsten Sake (oder Fino). Auf Champagner wären Sie sicher selbst gekommen.

Schalentiere Trockener Weißwein zu gekochten Schalentieren, vollere Weine zu gehaltvollen Saucen. Riesling ist die Traube der Wahl.
Zu einem Meeresfrüchteteller: Chablis, Muscadet, Picpoul de Pinet, Pinot bianco aus Südtirol.

Schellfisch Reichhaltige trockene Weißweine: Meursault, kalifornischer Chardonnay, Marsanne oder Grüner Veltliner.

Schnapper Sauvignon blanc, wenn orientalische gewürzt; Rhône-Weißwein oder provençalischer Rosé mit mediterranen Aromen.

Schwertfisch Körperreicher, trockener lokaler Weißwein (und warum nicht auch Rotwein?), aber nichts Besonderes.

Seegurke Das einzige chinesische Fischgericht, zu dem Rotwein besser passt als Weißwein. Vor allem die Sauce bestimmt den Geschmack. Ein komplexer Wein mit seidiger Textur wird benötigt: reifer Pinot noir oder Barolo, ebenso erstklassiger Rioja oder Bordeaux.

Seehecht Sauvignon blanc oder sonst ein frisch-fruchtiger Weißwein, z. B. Pacherenc du Vic-Bilh, Tursan, weißer Navarra.
Kalt mit Mayonnaise: Feiner Chardonnay.

Seeohr (Abalone) Trockener bis halbtrockener Weißwein, z. B. Sauvignon blanc, Meursault, Pinot grigio, Grüner Veltliner.
Chinesisch: Mindestens Jahrgangschampagner. Oder Elsässer Wein.

Seeteufel Ein üppiges, aber neutrales Gericht; alles kommt auf die Sauce an: vollaromatischer Weiß- oder Rotwein, je nachdem.

Seezunge, Scholle u. Ä. *Gegart, gegrillt oder gebraten:* Ideal zu feinen Weinen: weißer Burgunder und Gleichrangige.
Mit Sauce: Je nach den Zutaten der Sauce; säuerlich-trockene Weine bei Tomatensauce; ziemlich reichhaltige Tropfen für sahnigere Varianten.

Skandinavische Küche Skandinavische Gerichte sind oft mit Dill, Kümmel und Kardamom gewürzt und verbinden süße und scharfe Noten. Ein Wein dazu braucht Säure und genug Gewicht: Godello, Verdelho, australischer, Elsässer oder österreichischer Riesling. Eingelegter/fermentierter/roher Fisch stellt eine größere Herausforderung dar: Bier oder Aquavit. Siehe auch die Einträge für geräucherten Fisch usw.

Steinbutt Gehaltvoller trockener Spitzenweißwein, z. B. Meursault, Chassagne-Montrachet, Corton-Charlemagne, reifer Chablis oder sein kalifornisches, australisches bzw. neuseeländisches Äquivalent; reife Rheingauer, Mosel- oder Nahe-Spätlese oder Auslese (nicht trocken); Condrieu.

Sushi Wird meist schon mit scharfem Wasabi zubereitet. Trockener deutscher QbA oder einfacher Chablis passen gut, aber auch Champagne Brut oJ. Nichts mit zu deutlicher Frucht. Ansonsten natürlich Sake und Bier.

Tagine, mit Couscous Nordafrikanische Aromen brauchen gehaltvolle Weißweine – aus Österreich oder von der Rhône – oder frische, neutrale Weiße, die nicht mit ihnen konkurrieren. Vorsicht mit Eichennoten. Viognier oder Albariño können gut passen.

Thunfisch, gegrillt oder sautiert Wird am besten nicht ganz durchgebraten mit leichtem Rotwein serviert: Cabernet franc oder Pinot noir. Junger Rioja ist auch eine Möglichkeit.

Zander Exquisiter Fisch, verlangt feinsten Wein: weißer Spitzenburgunder, Elsässer Riesling Grand cru oder edler Mosel. Oder Chasselas aus der Schweiz (Dezaley, St Saphorin).

Fleisch, Geflügel & Wild

Barbecue Passende lokale Weine kommen aus Australien, Südafrika, Chile oder Argentinien. Rote brauchen Tannin und Kraft.
Asiatisch (Limette, Koriander usw.): Rosé, Pinot grigio, Riesling.
Chili: Shiraz, Zinfandel, Pinotage, Malbec, chilenischer Syrah.
Fisch mit Öl, Zitrone, Kräutern: Sauvignon blanc.
Orientalisch (Kreuzkümmel, Minze): Frischer trockener Weißwein, Rosé.
Tomatensaucen: Zinfandel, Sangiovese.

Bœuf Stroganoff Massiver Rotwein: Barolo, Amarone della Valpolicella, Priorat, Hermitage, Zinfandel Spätlese, sogar Saperavi aus Georgien oder Negru de Purkar aus Moldawien.

Bratenreste, Kalte Besser ein sehr aromatischer Weißer als Rotwein. Sehr gut passen Mosel-Spätlese, Hochheimer oder Weine von der Côte Chalonnaise und aus dem Beaujolais. Reste von kaltem Braten mit dem Rest aus der Champagnerflasche hinunterzuspülen ist einfach herrlich.

Bratwurst In England trinken wir jungen Malbec aus Argentinien (jedenfalls einen Roten) oder London Pride (britisches Ale).

Boudin blanc Chenin blanc von der Loire; falls mit Äpfeln serviert: trockener Vouvray, Saumur Savennières; ohne Äpfel: reifer roter Côtes de Beaune.

Boudin noir (Blutwurst) Sauvignon blanc oder Chenin blanc aus der Gegend, insbesondere an der Loire. Oder Beaujolais Cru, v. a. Morgan. Oder ein leichter Tempranillo. Oder Fino.

Cajun-Küche Fleurie, Brouilly oder Sauvignon blanc aus der Neuen Welt. *Gumbo:* Amontillado.

Cassoulet Rotwein aus dem Südwesten Frankreichs (Gaillac, Minervois, Corbières, St. Chinian, Fitou) oder Shiraz. Am besten ist jedoch ein Wein aus Fronton, ein Beaujolais Cru oder junger Tempranillo.

Chili con Carne Junger Rotwein: Beaujolais, Tempranillo, Zinfandel, argentinischer Malbec, chilenischer Carmenère.

Chinesische Speisen Zu chinesischer Küche biete ich im Übrigen häufig Weiß- und Rotwein gleichzeitig an. Pekingente verträgt fast alles. Champagner löscht den Durst.

Kanton-Art: Rosé oder trockene bis halbtrockene Weißweine (Riesling Kabinett von der Mosel oder trockene Spätlese) sind oft geeignet. Riesling sollte nicht zu trocken sein; Gewürztraminer wird zwar häufig vorgeschlagen, passt aber selten – kantonesisches Essen verlangt Säure vom Wein. Trockener Schaumwein (v. a. Cava) passt zur Textur. Rotweine können passen, aber sie dürfen weder junge Tannine noch eine zu starke Eichennote haben undnicht zu trockne sein. Pinot noir ist erste Wahl, probieren Sie auch St-Émilion (★★) oder Châteauneuf-du-Pape.

Shanghai-Art: Reichhaltiger und öliger als kantonesisches Essen, passt weniger gut zu Wein. Es ist nicht so scharf, enthält aber mehr Essig. Deutsche und Elsässer Weißweine, vielleicht ein bisschen süßer als für kantonesische Gerichte. Bei den Roten ist reifer Pinot noir wieder am besten.

Szechuan-Art: Verdicchio, Elsässer Pinot blanc oder sehr kaltes Bier. Auch hier kann reifer Pinot noir passen, sollte aber seidige Tannine haben.

Choucroute garnie (Schlachtplatte) Elsässer Pinot gris, Pinot blanc, Riesling oder Bier.

Confit d'oie/de canard Junger, tanninreicher roter Bordeaux, kalifornischer Cabernet Sauvignon und Merlot sowie Priorat nehmen diesem Gericht die Schwere; Elsässer Pinot gris oder Gewürztraminer passen ebenso.

Coq au vin Roter Burgunder. Der Idealfall ist eine Flasche Chambertin im Gericht und zwei auf dem Tisch.

Currys Siehe Indische Küche.

Eintopfgerichte Burgunder wie Nuits St-Georges oder Pommard, aber eher einfacher; andernfalls kräftiger, geschmacksintensiver Rotwein, z. B. junger Côtes du Rhône, Toro, Corbières, Barbera, Shiraz, Zinfandel o. Ä.

Ente oder **Gans** Gehaltvoller Weißwein: Pfälzer Spätlese oder halbtrockener Elsässer Grand cru; gut reife Rotweine mit Wildaroma wie Morey-St-Denis, Côte Rôtie oder Pauillac. Mit Orangen oder Pfirsichen ist Sauternes zu empfehlen, aber auch Monbazillac bzw. Riesling Auslese. Darüber hinaus reifer, körperreicher Jahrgangschampagner, der sich zudem überraschend gut mit Rotkohl versteht.

Wildente: Ausdrucksstarker, üppiger Rotwein, z. B. Hermitage, Bandol, kalifornischer oder südafrikanischer Cabernet Sauvignon, australischer Shiraz – am besten Penfolds Grange, wenn man ihn sich leisten kann.

Mit Oliven: Spitzen-Chianti oder ein anderer Toskaner.

Gebratene Entenbrust sowie Confit mit Puy-Linsen: Madiran, St-Émilion, Fronsac.

Fleischbällchen Würzige Rotweine: Mercurey, Crozes-Hermitage, Madiran, Morellino di Scansano, Langhe Nebbiolo, Zinfandel, Cabernet Sauvignon.

Orientalisch (scharf): Einfacher, rustikaler Rotwein.

Frankfurter Würstchen Deutscher oder New Yorker Riesling, Beaujolais oder leichter Pinot noir. Ansonsten Budweiser.

Grillgerichte Siehe Barbecue.

Gulasch Aromatischer junger Rotwein: ungarischer Kékoportó, Zinfandel, Tannat aus Uruguay, roter Douro, Mencía, junger australischer Shiraz. Oder trockener Weißwein aus Tokaj.

Hamburger Junger Rotwein: australischer Cabernet Sauvignon, Chianti, Zinfandel, argentinischer Malbec, chilenischer Carmenère oder Syrah, Tempranillo. Oder echte Cola (nicht »Light« oder »Zero«).

Hammel Der Geschmack ist intensiver als bei Lamm, das Fleisch wird meist durchgebraten. Braucht eine kräftige Sauce. Hier ist ein robuster Rotwein angeraten – und auf jeden Fall erstklassig: reifer Cabernet Sauvignon oder Syrah. Eine gewisse süße Fruchtnote (z.B. Barossa) passt gut.

Hase Hasenpfeffer verlangt nach einem vollduftigen Rotwein: nicht zu reifer Burgunder oder Bordeaux, von der Rhône (z.B. Gigondas), Bandol, Barbaresco, Ribera del Duero oder Rioja Reserva. Dasselbe gilt für Hasenrücken oder -ragout mit Pappardelle.

Huhn, Perlhuhn, Pute, gebraten So gut wie jeder Wein, auch bester trockener bis halbtrockener Weißwein und feiner alter Rotwein (v.a. Burgunder). Welcher Wein am besten passt, entscheidet die Sauce. Siehe auch Tandoori Chicken.

Hühnchen Kiewer Art Elsässer Riesling, Collio, Chardonnay, roter Bergerac.

Indische Küche Hier gibt es viele Möglichkeiten; trockener Sherry passt ausgezeichnet. Wählen Sie einen einigermaßen gewichtigen Fino zu Fisch und einen Palo Cortado, Amontillado oder Oloroso zu Fleisch, je nach Schwere des Essens. Die Schärfe ist kein Problem, und die Textur passt auch. Ansonsten lieblichen Weißwein, gut gekühlt: Orvieto abboccato, südafrikanischen Chenin blanc, Elsässer Pinot blanc, Torrontés, indischen Schaumwein, Cava oder Champagner oJ. Rosé passt im Prinzip immer. Tannin – Barolo, Barbaresco bzw. andere geschmacksintensive Rotweine wie Châteauneuf-du-Pape, Cornas, australischer Grenache bzw. Mourvèdre oder Amarone della Valpolicella – betont die Schärfe. Sauer-scharfe Gerichte brauchen einen säurehaltigen Wein.

Japanische Küche Auf Textur und Balance kommt es an, die Aromen sind sehr delikat. Guter reifer Schaumwein passt ebenso wie reifer trockener Riesling: Säure, etwas Körper und Komplexität sind gefragt. Fleischgerichte mit viel Umami freunden sich mit leichten, geschmeidigen Roten wie Beaujolais oder reifem Pinot noir an. Der intensive Geschmack von Yakitori braucht ähnliche Rote in einer lebhaften, fruchtigen, jüngeren Version. Siehe auch Sushi, Sashimi (Fischgerichte).

Kalbfleisch, gebraten Gut für feine alte Rotweine, die im Lauf der Zeit vielleicht ein wenig Aroma verloren haben, z.B. Rioja Reserva. Oder deutscher bzw. österreichischer Riesling, Vouvray oder Elsässer Pinot gris.

Kalbsbries Ein reichhaltiges Gericht, also ein großer Weißwein: Rheingau-Riesling, Silvaner Spätlese aus Franken, Elsässer Grand cru Pinot gris oder Condrieu, abhängig von der Sauce.

Kaninchen Lebendiger, mittelschwerer, junger italienischer Rotwein, etwa Aglianico del Vulture; Chiroubles, Chinon, Saumur Champigny oder Roséwein von der Rhône. *Mit Pflaumen:* Mächtigerer, gehaltvollerer, fruchtigerer Rotwein. *Als Ragout:* Mittelschwerer Rotwein mit genug Säure. *Mit Senf*: Cahors.

Kebab Kräftiger Rotwein, z.B. ein moderner griechischer Wein, Corbières, chilenischer Cabernet Sauvignon, Zinfandel oder Barossa-Shiraz. Viel Knoblauch wird von Sauvignon blanc gemeistert.

Koreanische Küche Fruchtbetonte Weine scheinen am besten mit dem kräftigen, scharfen Geschmack koreanischer Speisen zurechtzukommen. Probieren Sie Pinot noir, Beaujolais oder Valpolicella, wichtig ist die Säure. Oder nichtaromatische Weiße: Grüner Veltliner, Silvaner, Vernaccia. Ich trinke allerdings Bier.

Kohl, gefüllt Ungarischer Cabernet franc oder Kadarka; Côtes du Rhône-Villages; Salice Salentino, Primitivo und andere würzige Rotweine aus Süditalien. Oder argentinischer Malbec.

Lamm, gebraten Traditionell einer der besten Partner für sehr guten roten Bordeaux oder entsprechenden Cabernet Sauvignon aus der Neuen Welt. In Spanien feinster alter Rioja, Ribera del Duero Reserva oder Priorat, in Italien ebensolcher Sangiovese.

Lammkoteletts, -chops: Wie oben, aber etwas weniger fein.

Langsam geschmorter Braten: Ideal für Spitzenrotweine, allerdings mit weniger Tannin als für rosa gebratenes Fleisch.

Lammkeule: Junger roter Burgunder, z. B. Santenay. Crozes-Hermitage. Montefalco Sagrantino.

Leber Junger Roter: Beaujolais-Villages, St-Joseph, italienischer Merlot, Breganze-Cabernet-Sauvignon, Zinfandel, Priorat, Bairrada.

Kalbsleber: Roter Rioja Crianza, Fleurie. Oder eine mächtige Pfälzer Riesling-Spätlese.

Moussaka Rot- oder Roséwein, z. B. griechischer Naoussa, Sangiovese, Corbières, Côtes de Provence, Ajaccio, junger Zinfandel, Tempranillo.

Nieren Rotwein: St-Émilion oder Fronsac; Nuits-St-Georges, Cornas, Barbaresco, Rioja, spanischer oder australischer Cabernet Sauvignon, Rotwein vom Douro.

Ochsenbrust, geschmort Ein wunderbar zartes, schmackhaftes Fleisch, das den besten körperreichen Rotweinen schmeichelt: Vega Sicilia, St-Émilion.

Ochsenschwanz Ziemlich gehaltvoller Rotwein: St-Émilion, Pomerol, Pommard, Nuits-St-Georges, Barolo, Rioja Reserva, Priorat oder Ribera del Duero, kalifornischer oder Coonawarra-Cabernet-Sauvignon, Chateaneuf-du-Pape, mittelschwerer Shiraz, Amarone.

Osso buco Geschmeidige, tanninarme Rotweine: Dolcetto d'Alba oder Pinot noir. Auch trockener italienischer Weißwein wie Soave.

Paella Junge spanische Weine: Rote, trockene Weiß- oder Roséweine, z. B. Penedès, Somontano, Navarra oder Rioja.

Pot au feu, Bollito misto, Cocido Rustikale Rotweine aus dem jeweiligen Heimatland; Sangiovese di Romagna, Chusclan, Lirac, Rasteau, portugiesischer Alentejo oder spanischer Yecla bzw. Jumilla.

Rindfleisch *Gebraten:* Hierzu passt jede Art von feinem Rotwein. Vielleicht Amarone? Siehe auch im Folgenden die Bemerkung zu Senf.

Gekocht: Rotwein, z. B. Bordeaux (Bourg oder Fronsac), Roussillon, Gevrey-Chambertin oder Côte Rôtie. Gut ist auch weißer Burgunder aus dem mittleren Segment, z. B. Auxey-Duresses. Senf lässt tanninreiche Rote sanfter erscheinen, Meerrettich ruiniert Ihren Geschmackssinn – aber manchmal muss man eben Opfer bringen.

Geschmort: Stämmige Rote: Pomerol oder St-Émilion, Hermitage, Cornas, Barbera, Shiraz, Ribera del Duero, roter Douro.

Saté Shiraz aus dem McLaren Vale oder Elsässer bzw. neuseeländischer Gewürztraminer. Mit der Erdnusssauce hat es kein Wein leicht.

Schinken, gekocht Weichere rote Burgunder, z. B. Volnay, Savigny, Beaune, Chinon oder Bourgueil; lieblicher deutscher Weißwein, z. B. Riesling Spätlese; ein leichter Cabernet Sauvignon (z. B. aus Chile) oder Pinot noir aus der Neuen Welt. Schinken und Sherry sind eine göttliche Kombination. Siehe auch Schinken, roh oder luftgetrocknet, unter Vorspeisen.

Schweinefleisch, gebraten Eine kräftige Grundlage für leichte Rote oder reichhaltige Weiße. Aber ein ★★-Wein sollte es schon sein, z. B. ein Médoc. Zu portugiesischem Spanferkel trinkt man Bairrada-Garrafeira, zu chinesischen Schweinefleischgerichten Pinot noir.

Schweinebauch Langsam gegart und sehr zart, benötigt er einen Roten mit ausreichend Tannin oder Säure, vielleicht einen Italiener: Barolo, Dolcetto oder Barbera. Sonst Loire-Rotwein, leichter argentinischer Malbec.

Singapur-Küche Teils indisch, teils malaysisch, teils chinesisch. Sehr kräftige Geschmacksnoten, nicht einfach mit Wein. Halbtrockener Riesling ist einen Versuch wert. Zu Fleischgerichten reife, geschmeidige Rote: Valpolicella, Pinot noir, Dornfelder, Merlot ohne Holznote oder Carmenère.

Steak *Bistecca alla fiorentina:* Chianti Classico Riserva oder Brunello. Je roher das Steak ist, desto klassischer sollte der Wein sein, je durchgebratener, desto mehr passt ein süßer/kräftiger Tropfen aus der Neuen Welt. Argentinischer Malbec ist ideal für Steaks auf argentinische Art (d. h. komplett durchgebraten).
Filet, Ribeye oder Tournedos: Jeder gute Rotwein, v. a. Burgunder (doch zu Sauce béarnaise keinen alten Wein, dann ist ein Spitzen-Pinot-noir aus der Neuen Welt besser).
Koreanisches Yuk Whe (das weltbeste Steak Tatar): Sake.
Pfeffersteak: Eher junger Roter von der Rhône oder Cabernet Sauvignon.
Tatar: Wodka oder leichter junger Roter: Beaujolais, Bergerac, Valpolicella.
T-Bone: Strukturreicher Rotwein wie Barolo, Hermitage, australischer Cabernet Sauvignon oder Shiraz, chilenischer Syrah.

Tafelspitz Zu diesem erstklassigen gekochten Rindfleischgericht der Wiener Küche ist Grüner Veltliner Pflicht.

Tagine (nordafrikanisches Schmorgericht) Kommt drauf an, was unter dem Deckel schmort, doch fruchtige junge Rote sind meist gut: Beaujolais, Tempranillo, Sangiovese, Merlot, Shiraz. Amontillado ist großartig.
Huhn mit eingelegten Zitronen und Oliven: Viognier.

Tandoori Chicken Riesling, Sauvignon blanc oder junger roter Bordeaux, auch leichter, gekühlter Roter aus Norditalien. Ebenso Cava oder Champagner oJ, oder aber Palo Cortado oder Amontillado Sherry.

Taube Pinot noir passt perfekt; sonst junger Rhône-Wein, argentinischer Malbec, junger Sangiovese. Oder probieren Sie eine Silvaner Spätlese aus Franken.

Thai-Küche Ingwer und Zitronengras passen zu pikantem Sauvignon blanc (Loire, Australien, Neuseeland, Südafrika) oder Riesling (Spätlese oder aus Australien). Die meisten Currys mögen aromatische Weiße mit einem Hauch Süße wie Gewürztraminer.

Vitello tonnato Körperreicher Weißwein, v. a. Chardonnay; oder leichter Rotwein (z. B. Valpolicella), kühl serviert.

Wachtel Carmignano, Rioja Reserva, reifer roter Bordeaux, Pinot noir. Oder ein milder Weißer wie Vouvray oder St Péray.

Wild Mächtige Rotweine, u. a. Mourvèdre – reinsortig wie aus Bandol oder in Verschnitten. Rhône-Wein, Bordeaux, Gimblett Gravels (Neuseeland) oder kalifornischer Cabernet Sauvignon eines reifen Jahrgangs; auch voller Weißwein, z. B. Pfälzer Spätlese oder Elsässer Pinot gris. Zu Wild mit süß-scharfer Beerensauce probieren Sie einen deutschen Riesling Großes Gewächs oder einen chilenischen Carmenère oder Syrah.

Wildgeflügel *Jung, gebraten:* Der beste Rotwein, den man auftreiben kann, aber nicht zu schwer.
Ältere Exemplare in der Kasserolle: Rotwein, z. B. Gevrey-Chambertin, Pommard, Châteauneuf-du-Pape, St-Émilion Grand cru classé, Rhône-Wein.
Gut abgehangen: Vega Sicilia, ein großer Roter von der Rhône, Château Musar aus dem Libanon.
Zu kaltem Geflügel: Reifer Jahrgangschampagner.

Wildpastete *Kalt:* Guter weißer Burgunder, Beaujolais Cru oder Champagner.
Warm: Rotwein: Pinot noir aus Oregon.

Wildschwein Spitzen-Toskaner oder Rioja, neuseeländischer Syrah.

Zunge Ausladender Rot- oder Weißwein, besonders italienischer. Auch Beaujolais, Rotwein von der Loire, Tempranillo sowie voller, trockener Rosé.

Vegetarische Gerichte

Siehe auch Vorspeisen.

Bärlauch Nicht einfach. Am ehesten ein neutraler Weißer mit guter Säure.

Blumenkohl kommt immer mehr in Mode.
Geröstet, gebraten etc.: Richten Sie sich nach den (meist kräftigen) Geschmacksnoten und probieren Sie österreichischen Grünen Veltliner, Valpolicella, neuseeländischen Pinot noir.
Mit Käse überbacken: Frischer, aromatischer Weißwein: Sancerre, Riesling Spätlese, Muscat, Albariño, Godello. Beaujolais Villages.

Couscous mit Gemüse Junger Rotwein mit Biss: Shiraz, Corbières, Minervois; oder gut gekühlter Rosé aus Navarra oder Somontano. Auch ein robuster Roter aus Marokko.

Fenchelgerichte Sauvignon blanc (Pouilly-Fumé oder aus Neuseeland), Sylvaner oder englischer Seyval blanc oder auch ein junger Tempranillo.

Fermentierte Speisen Siehe auch Choucroute garni, koreanische Küche. Kimchi und Miso sind Teil vieler asiatischer Speisen. Hier wird generell Frucht und Säure benötigt. Zu vegetarischen Gerichten mit erkennbarer Süße passt vielleicht ein Elsässer.

Kohl Üblicherweise Teil eines umfangreicheren Gerichts, also richten Sie sich nach den Hauptaromen. Ein junger, fruchtiger Roter passt meist: Merlot, Malbec, Shiraz.

Kürbis in Ravioli/Risotto Körperreicher, fruchtiger, trockener oder halbtrockener Weißwein: Viognier oder Marsanne, halbtrockener Vouvray, Gavi, südafrikanischer Chenin blanc.

Linsengerichte Ein stämmiger Roter: Corbières, Zinfandel oder Shiraz.
Dhal mit Spinat: Schwierig. Am besten ein leichter, weicher Roter oder Rosé – und keineswegs ein Spitzengewächs.

Makkaroniauflauf, mit Käse überbacken Wie für überbackenen Blumenkohl.

Mediterranes Gemüse, gegrillt Brouilly, Barbera, Tempranillo oder Shiraz.

Nudeln und Pasta, überbacken Vegetarisch gefüllte Lasagne, Cannelloni oder Pasticcio bieten großen Weinen Raum zur Entfaltung, etwa sehr feinem rotem Toskaner, aber auch Bordeaux oder Burgunder.

Paprika oder Auberginen, gefüllt Lebhafter Rotwein: Nemea, Chianti, Dolcetto, Zinfandel, Bandol, Vacqueyras.

Pilze Viele Rote passen ganz ausgezeichnet, z. B. Pomerol, kalifornischer Merlot, Rioja Reserva, Spitzen-Burgunder oder Vega Sicilia. Für Pilze auf Toast nehmen Sie Ihren besten Bordeaux. Zu Steinpilzen schmecken am besten Ribera del Duero, Barolo, Chianti Rufina, Pauillac, St-Estèphe oder Gimblett Gravels (Neuseeland).

Ratatouille Kräftiger junger Rotwein: Chianti; Cabernet Sauvignon aus Neuseeland, Merlot, Malbec, Tempranillo; junger roter Bordeaux, Gigondas oder Coteaux du Languedoc.

Rote Bete Hat eine Note, die auch roter Burgunder zeigt. Bleiben Sie dabei.
Als Gratin mit Ziegenkäse: Sancerre, Bordeaux, Sauvignon blanc.

Seetang Hängt ab vom Kontext. Siehe auch Sushi. Die Jodnote passt gut zu Grünem Veltliner oder Riesling aus Österreich.

Spanakopita Junger griechischer oder italienischer Rot- oder Weißwein.

Vegetarische Gerichte (scharf) Siehe indische bzw. Thai-Küche (Fleisch).

Wurzelgemüse Süßkartoffeln, Möhren usw., oft zusammen mit Roter Bete, Knoblauch, Zwiebeln usw. haben jede Menge Süße. Rosé ist der Wein der Wahl, v. a. einer mit etwas Gewicht aus Spanien, Italien, Südamerika.

Zwiebel-/Lauchtarte Fruchtiger, trockener bis halbtrockener Weißer: Elsässer Pinot gris oder Gewürztraminer, Riesling aus Kanada, Australien oder Neuseeland, Jurançon. Oder Cabernet franc von der Loire.

Desserts

Apfelkuchen, -strudel oder -tarte Süßer Weißwein aus Deutschland, Österreich oder von der Loire, Tokaji Aszú oder kanadischer Eiswein.

Blätterteig Delikater süßer Schaumwein, z. B. Moscato d'Asti oder halbtrockener Champagner.

Birnen in Rotwein Port. Oder probieren Sie Rivesaltes, Banyuls oder Riesling Beerenauslese – in jedem Fall aber davor eine Pause.

Crème brûlée Sauternes oder Rheinwein-Beerenauslese bzw. bester Madeira oder Tokajer. (Mit Früchten: einfacherer Süßwein.)

Crèmes und **Puddings** Sauternes, Loupiac, Ste-Croix-du-Mont oder Monbazillac. Siehe auch Schokoladen-, Kaffee-, Rumdesserts.

Crêpe Suzette Süßer Champagner, Orange Muscat oder Asti Spumante.

Eiscreme und Sorbet Gespriteter Wein (australischer Liqueur Muscat, Banyuls), Pedro Ximénez.

Erdbeeren *Mit Sahne:* Sauternes oder ähnlicher süßer Bordeaux, Vouvray moelleux oder Jurançon Vendange tardive.

Walderdbeeren (ohne Sahne): Mit rotem Bordeaux (sehr erlesen ist Margaux) übergießen.

Himbeeren (ohne Sahne, wenig Zucker) Sehr gut zu feinen Rotweinen, die selbst eine Himbeernuance besitzen: junger Juliénas, Regnié.

Kaffeedesserts Süßer Muscat, australischer Liqueur Muscat, Tokaji Aszù.

Karamell-Mousse-/Parfait, salzig Riesling Spätlese, Tokaji Aszú.

Käsekuchen Süßer Weißwein (Vouvray, Anjou) oder Vin Santo – nichts zu Spezielles.

Kuchen und **Gebäck** Bual- oder Malmsey-Madeira, Oloroso oder Cream Sherry. Siehe auch Schokoladen-, Kaffee-, Rumdesserts.

Meringen Recioto di Soave, Asti oder bester reifer Jahrgangschampagner.

Nüsse Feinster Oloroso Sherry, Madeira, Jahrgangs-Port oder Tawny (ideal für Walnüsse), Tokáji Aszú, Vin Santo, Moscatel de Setúbal.

Salziges Nussparfait: Tokaji Aszú, Vin Santo.

Orangengeschmack, Desserts mit Versuchsweise alter Sauternes, Tokaji Aszú oder kalifornischer Orange Muscat.

Panettone Jurançon moelleux, Riesling Spätlese, Barsac, Tokaji Aszú.

Rumdesserts (Baba, Mousse, Eiscreme) Muscat – vom Asti bis zu australischem Likörwein, je nach Schwere des Desserts.

Schokoladendesserts Kräftige Geschmacksnoten sind gefragt: Bual, kalifornischer Orange Muscat, Tokaji Aszú, australischer Liqueur Muscat, 10-Year-Old Tawny oder sogar junger Vintage Port, Asti für leichte, luftige Mousse. Versuchen Sie auch volle, reife Rote: Syrah, Zinfandel, vielleicht sogar Shiraz-Schaumwein. Banyuls, wenn man es etwas schwerer mag. Médoc nimmt es auch mit schwarzer Bitterschokolade auf, Amarone macht aber mehr Spaß. Oder guter Rum.

Schokoladen-Olivenöl-Mousse: 10 Jahre alter Tawny, oder wie für Bitterschokolade oben.

Soufflés, süß Sauternes oder Vouvray moelleux; süßer (oder reichhaltiger) Champagner.

Tiramisù Vin Santo, junger Tawny, Muscat de Beaumes-de-Venise, Sauternes oder australischer Liqueur Muscat.

Trifle Sollte bereits reichlich mit Sherry getränkt sein.

Trockenfrüchte Banyuls, Rivesaltes, Maury. Tokaji Aszú.

Zabaglione Leichter, goldener Marsala, edelfauler australischer Semillon oder Asti.

Zitronengeschmack, Desserts mit Für Nachspeisen wie Tarte au Citron bietet sich süßer deutscher oder österreichischer Riesling an, aber auch Tokaji Aszú – je saurer, desto süßer.

Technische Weinsprache

Alkoholgehalt (vorwiegend Ethanol) Er wird in Volumenprozent (Vol.-%) angegeben, d.h. in Prozent des Gesamtflüssigkeitsvolumens. Tischwein enthält in der Regel zwischen 12,5 und 14,5 Vol.-%; zu viele Weine erreichen heute sogar bis zu 16 Vol.-%.

Alte Reben ergeben einen intensiveren Geschmack. Der Begriff ist aber gesetzlich nicht definiert: manche »*vieilles vignes*« sind ca. 30 Jahre alt, doch 50 oder mehr Jahre sollten es schon sein, um ernst genommen zu werden.

Amphoren Das Gärgefäß von vor 7.000 Jahren feiert gerade fröhliche Urständ. Amphore öffnen, Trauben einfüllen, Amphore wieder verschießen und in sechs Monaten wiederkommen. Das Ergebnis kann wunderbar sein oder einfach nur scheußlich.

Barriques Kleines (225 l) Eichenfass, das in Bordeaux und dem Rest der Welt für die Gärung und/oder Reifung von Wein verwendet wird. Je neuer das Holz, umso stärker wirkt sich der Eicheneinfluss auf Geruch und Geschmack aus; französischer Eiche wirkt subtiler als amerikanische. Die Mode, alle möglichen Weine mit neuer Eiche zu erschlagen, ist vergangen; heute wird Eichenholz rund um den Globus wieder mit viel mehr Fingerspitzengefühl eingesetzt.

Bio/öko Beim ökologischen/biologischen Weinbau (die Begriffe werden gleichbedeutend verwendet) sind die meisten chemischen Produkte im Weinberg verboten. Ein als Biowein etikettierter Wein darf nur in geringem Umfang geschwefelt werden und muss von biologisch angebauten Trauben erzeugt sein.

Biologisch-dynamisch Diese Methode des Weinbaus verwendet Präparate aus Kräutern, Mineralien und organischen Stoffen in homöopathischen Mengen, und richtet sich auch nach den Mondphasen und den Bewegungen der Planeten. Klingt wie Hokuspokus, doch einige Spitzenerzeuger schwören darauf.

Biologischer Säureabbau (BSA) Inkorrekt auch malolaktische oder Zweitgärung genannt. Der BSA findet nach der alkoholischen Gärung statt: Die scharfe Apfelsäure wird in die mildere Milchsäure umgewandelt. Sowohl Rot- als auch Weißweine können dabei komplexer werden. Wird in heißen Gegenden, wo der Säuregehalt von Natur aus gering und daher kostbar ist, meist vermieden.

Ganztraubenvergärung ist vor allem in Burgund für Pinot noir beliebt: Ganze Trauben werden mit Stielen in den Gärbehälter gefüllt. Liefert eine merkliche Herzhaftigkeit, Pfeffer, Lebhaftigkeit, Länge, Raffinesse, Geradlinigkeit, kann aber auch grüne Tannine einbringen.

Mikrooxidation heißt eine weitverbreitete Methode, den Wein während der Reifezeit kontrolliert mit Sauerstoff in Kontakt treten zu lassen. Sie macht den Geschmack weicher und hilft, den Wein zu stabilisieren.

Mineralisch Ein Verkostungsbegriff, der mit Vorsicht verwendet werden sollte: als Beschreibung für kreidige/steinige Eigenschaften eines Weins in Ordnung; oft aber falsch verwendet, um zu implizieren, dass Mineralien aus dem Boden in den Wein gelangt seien. Das ist unmöglich.

Naturwein Es gibt keine feste Definition für diese Art Weine, hat aber auf jeden Fall mit ökologischem oder biodynamischen Weinbau zu tun sowie mit minimalen Eingriffen in der Kellerei und so wenig wie möglich bis gar keiner Zugabe von SO_2. Die Weine können exzellent und charakterstark sein – oder oxidiert und/oder schmutzig. Hat manchmal ein bisschen was von des Kaisers neuen Kleidern.

Orangefarbige Weine sind tanninhaltige, auf den Schalen vergorene Weißweine, womöglich in Amphoren. Vorsicht: Wie bei den Naturweinen gibt es gute und weniger gute.

pH-Wert Das Maß für die Säure: je niedriger der pH-Wert, umso schärfer ist die Säure. Im Wein beträgt der pH-Wert normalerweise 2,8 bis 3,8. In heißen Ländern kann ein zu hoher pH-Wert zum Problem werden. Ein niedriger pH-Wert ergibt eine bessere Farbe, wirkt schädlichen Bakterien entgegen und lässt mehr freies, konservierendes SO_2 zu – ist also im Allgemeinen ein gutes Zeichen.

Restsüße ist der nach Beendigung oder Unterbrechung der Gärung im Wein verbliebene Gesamtzucker, gemessen in Gramm pro Liter (g/l). Trockener Wein hat fast keine Restsüße.

Säure kommt im Wein in nichtflüchtiger und in flüchtiger Form vor. **Nichtflüchtige Säuren** sind v.a. Wein-, Apfel- und Zitronensäure aus der Traube sowie Milch- und Bernsteinsäure aus der Gärung. Die Säure kann von Natur aus vorhanden oder (in warmen Klimata) künstlich zugesetzt sein. Die wichtigste **flüchtige Säure** ist Essigsäure, die bei Sauerstoffkontakt von Bakterien gebildet wird. Ein Hauch an flüchtiger Säure ist unvermeidlich und kann die Komplexität erhöhen. Zu viel davon, und es gibt Essig. Gesamtsäure nennt man die Summe aus flüchtigen und nichtflüchtigen Säuren.

Schwefeldioxid (SO_2) gibt man dem Wein bei, um Oxidation oder andere Fehlentwicklungen bei der Weinbereitung zu verhindern. Ein Teil des SO_2 verbindet sich mit dem Zucker und ist also »gebunden«. Nur »freies« SO_2 wirkt konservierend. Der Trend weltweit geht dahin, weniger zu SO_2 zu verwenden. Ganz darauf zu verzichten, ist mutig.

Tannine (Gerbstoffe) sind ein wesentlicher Bestandteil der meisten Rotweine und auch einiger Weißer. Sie stammen aus den Traubenschalen und -kernen und sind deshalb auch in Weißweinen zu finden, die in Amphoren vinifiziert wurden. Rotweinerzeuger konzentrieren sich auf reife, seidige Tannine, indem sie bei der Traubenlese mehr auf die Tanninreife achten als auf den Zuckergehalt. Das kann man auch übertreiben.

Terroir Die Grundidee (und der Begriff) stammen aus Frankreich: Boden, Klima, Ausrichtung zur Sonne und Höhenlage verleihen im Zusammenspiel jedem Weinberg einen eigenen Fingerabdruck. Je kleiner und besser das betreffende Gebiet ist, umso mehr gewinnt das Terroir an Bedeutung. Hohe Erträge, überreife Trauben, stark interventionistische Weinbereitung usw. tendieren dazu, das Terroir zu verschleiern. Mehr Kellermeister reden darüber, »das Terroir auszudrücken«, als es tatsächlich zu tun.

Toastwürze kommt von der Anröstung des Fasses auf der Innenseite, die dafür sorgt, dass der Wein die Holzaromen integrieren kann. Eine zu starke Anröstung verleiht dem Wein karamellähnliche, verkohlte Aromen, zu wenig kann paradoxerweise die Holznote zu stark werden lassen.

Die richtige Temperatur

Nichts tut einem Wein beim Servieren so wohl oder weh wie die Temperatur. Weißwein schmeckt unweigerlich flach und langweilig, wenn er zu warm ins Glas kommt, und Rotwein zeigt enttäuschend wenig Duft und Geschmacksfülle, wenn er zu kalt ist. Nachstehend sollen einige Hinweise auf die richtige Serviertemperatur für verschiedene Weine gegeben werden.

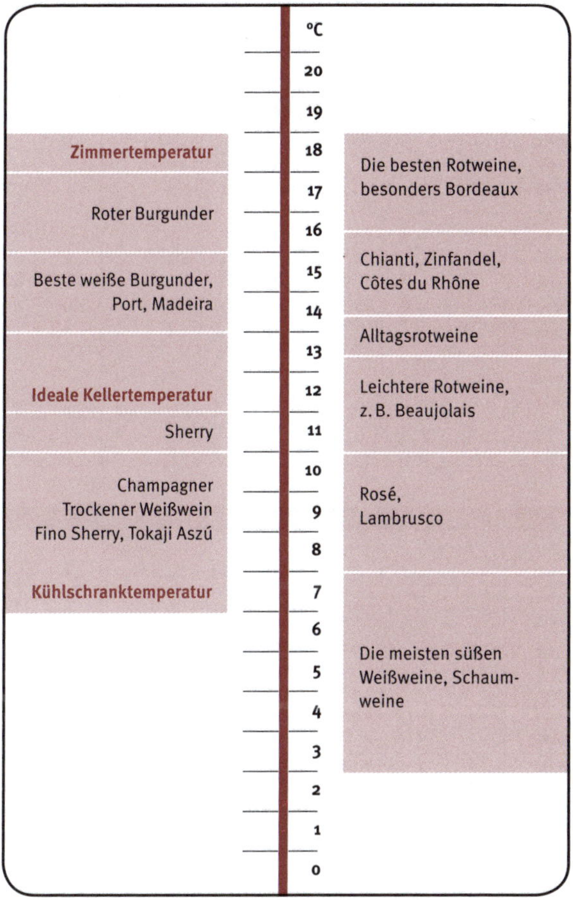

Übersichtstabelle der Weinjahrgänge

Diese Tabellen sollen ein allgemeines Bild der in den Hauptanbaugebieten erzeugten Qualitäten vermitteln und als Anleitung dienen, ob ein Wein getrunken oder noch aufbewahrt werden sollte. Verallgemeinerungen sind unvermeidlich.

- (trinken) jetzt trinken
- (Genuss) kann jetzt mit Genuss getrunken werden, bessere Weine lohnen jedoch weitere Aufbewahrung
- (lagern) muss noch länger lagern
- (meiden) meiden
- 0 nicht gut
- 10 am besten

	Deutschland		Italien		Spanien
Jahrgang	Rhein	Mosel	Piemontesischer Rotwein	Toskanischer Rotwein	Rioja
2015	8–9 lagern	8–9 lagern	8–9 lagern	8–9 lagern	8–9 lagern
2014	5–6 lagern	6–7 lagern	6–7 lagern	6–7 lagern	7–8 lagern
2013	6–7 Genuss	5–6 Genuss	6–7 lagern	6–8 lagern	6–8 lagern
2012	7–8 Genuss	7–8 Genuss	7–9 lagern	7–8 lagern	7–9 lagern
2011	8–9 Genuss	8–10 Genuss	6–7 Genuss	5–8 lagern	7–8 Genuss
2010	6–8 trinken	6–8 Genuss	8–9 Genuss	7–8 Genuss	8–9 Genuss
2009	7–9 Genuss	6–8 Genuss	7–9 Genuss	7–8 trinken	8–9 Genuss
2008	6–8 Genuss	6–8 Genuss	7–9 Genuss	7–8 trinken	7–8 Genuss
2007	8–9 trinken	8–9 trinken	7–9 Genuss	8–9 Genuss	6–7 trinken
2006	6–7 trinken	6–9 trinken	8–9 Genuss	7–10 Genuss	6–7 trinken
2005	8–10 Genuss	8–10 Genuss	6–8 Genuss	5–9 Genuss	7–8 Genuss
2004	6–8 trinken	6–8 trinken	7–9 Genuss	7–9 Genuss	7–9 Genuss
2003	6–9 trinken	6–9 trinken	6–8 trinken	6–8 trinken	6–7 trinken

	Australien		Champagne		Port	
Jahrgang	Shiraz	Chardonnay	Jahrgang		Jahrgang	
2015	6–9 lagern	6–9 Genuss	2015	9–10 lagern	2015	8–9 lagern
2014	8–9 lagern	7–8 Genuss	2014	6–7 lagern	2014	6–9 lagern
2013	6–8 lagern	7–8 Genuss	2013	7–8 lagern	2013	5–7 lagern
2012	6–9 lagern	6–9 Genuss	2012	6–7 lagern	2012	7–8 lagern
2011	6–8 Genuss	7–9 Genuss	2011	6–7 lagern	2011	8–10 lagern
2010	7–8 Genuss	7–8 Genuss	2010	6–7 lagern	2010	6–8 lagern
2009	7–9 Genuss	7–8 Genuss	2009	8–10 lagern	2009	7–9 lagern
2008	7–8 Genuss	7–8 Genuss	2008	8–9 lagern	2008	7–8 lagern
2007	7–8 Genuss	7–8 Genuss	2007	6–7 Genuss	2007	8–10 lagern
2006	7–8 Genuss	7–8 Genuss	2006	7–9 Genuss	2006	6–7 Genuss
2005	7–9 Genuss	7–9 trinken	2005	7–8 Genuss	2005	7–8 Genuss
2004	6–8 Genuss	6–8 trinken	2004	8–9 Genuss	2004	7–8 Genuss

	Kalifornien		Neuseeland		Südafrika
Jahrgang	Cabernet	Chardonnay	Rotwein	Weißwein	Rotwein
2015	7–8 lagern	7–8 Genuss	6–8 lagern	7–8 Genuss	8–9 lagern
2014	7–8 lagern	6–8 Genuss	7–9 lagern	6–8 Genuss	6–8 lagern
2013	8–9 Genuss	8–9 Genuss	7–9 lagern	7–9 Genuss	8–9 lagern
2012	7–9 Genuss	8–9 Genuss	7–8 Genuss	7–8 Genuss	7–8 Genuss
2011	6–9 Genuss	7–8 Genuss	6–7 Genuss	6–7 trinken	6–8 Genuss

Frankreich					
	Roter Bordeaux		Weißer Bordeaux		Elsass
Jahrgang	Médoc/Graves	Pom/St-Ém	Sauternes & süß	Graves & trocken	
2015	8–9	8–10	8–10	7–9	7–9
2014	7–8	6-8	8–9	8–9	7–8
2013	4–7	4–7	8–9	7–8	8–9
2012	6–8	6–8	5–6	7–9	8–9
2011	7–8	7–8	8–10	7–8	5–7
2010	8–10	7–10	7–8	7–9	8–9
2009	7–10	7–10	8–10	7–9	8–9
2008	6–8	6–9	6–7	7–8	7–8
2007	5–7	6–7	8–9	8–9	6–8
2006	7–8	7–8	7–8	8–9	6–8
2005	9–10	8–9	7–9	8–10	8–9
2004	7–8	7–9	5–7	6–7	6–8
2003	5–9	5–8	7–8	6–7	6–7
2002	6–8	5–8	7–8	7–8	7–8
2001	6–8	7–8	8–10	7–9	6–8
2000	8–10	7–9	6–8	6–8	8–10
1999	5–7	5–8	6–9	7–10	6–8
1998	5–8	6–9	5–8	5–9	7–9
1997	5–7	4–7	7–9	4–7	7–9

Frankreich Fortsetzung					
	Burgund			Rhône	
Jahrgang	Côte d'Or rot	Côte d'Or weiß	Chablis	Rhône (N)	Rhône (S)
2015	8–9	7–9	8–9	8–9	8–9
2014	6–8	7–9	7–9	7–8	6–8
2013	5–7	7–8	6–8	7–9	7–8
2012	8–9	7–8	7–8	7–9	7–9
2011	7–8	7–8	7–8	7–8	6–8
2010	8–10	8–10	8–10	8–10	8–9
2009	7–10	7–8	7–8	7–9	7–8
2008	7–9	7–9	7–9	6–7	5–7
2007	7–8	8–9	8–9	6–8	7–8
2006	7–8	8–10	8–9	7–8	7–9
2005	7–9	7–9	7–9	7–8	6–8
2004	6–7	7–8	7–8	6–7	6–7
2003	6–7	6–7	6–7	5–7	6–8
2002	7–8	7–8	7–8	4–6	5–5

Beaujolais 14, 11, 10. Crus länger haltbar. **Mâcon-Villages** (weiß) 14, 12 jetzt trinken. **Loire** (süße Weine aus dem Anjou und der Touraine) beste neuere Jahrgänge: 10, 09, 07, 05, 02, 97, 96, 93, 90, 89; Bourgueil, Chinon und Saumur-Champigny: 14, 10, 09, 06, 05, 04, 02. **Obere Loire** (Sancerre, Pouilly-Fumé): 14, 12. **Muscadet** BV.

Frankreich

Die folgenden Abkürzungen werden im Text verwendet:

Beauj	Beaujolais
Bg	Burgund
Bx	Bordeaux
Champ	Champagne
El	Elsass
H-Méd	Haut-Médoc
Lang	Languedoc
Lo	Loire
Méd	Médoc
N-Rh	Nördliche Rhône
OF	Ostfrankreich
Prov	Provence
Rh	Rhône
Rouss	Roussillon
Saut	Sauternes
Sav	Savoyen
S-Rh	Südliche Rhône
SWF	Südwestfrankreich
ZF	Zentralfrankreich
AC	Appellation Contrôlée
Ch.	Château
Dom.	Domaine

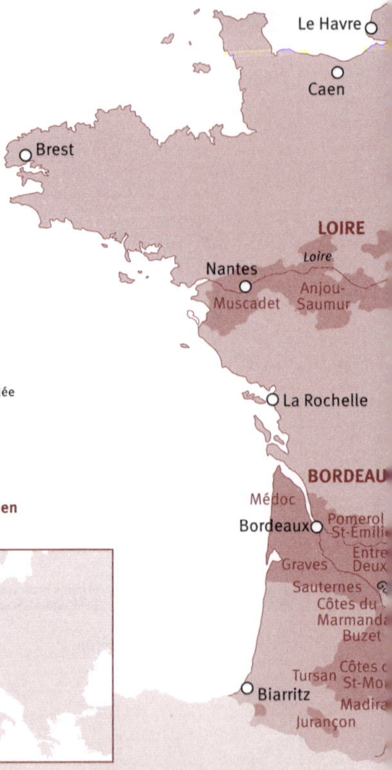

Die dunklen Flächen bezeichnen die Weinbaugebiete

Qualität, Vielfalt, Werthaltigkeit: Bei diesen drei entscheidenden Faktoren ist Frankreich unschlagbar. Nicht oft treffen sie in einem einzigen Wein oder einem einzigen Anbaubereich zusammen, aber Sie finden alle drei auf den folgenden Seiten. In Frankreich wurde der hochwertige Wein erfunden, und hier hat man den Dreh raus, wie man an der Spitze bleibt – trotz einer ziemlich idiotischen Gesetzgebung (Loi Évin), die die Bewerbung von Weinen untersagt. Stellen Sie sich vor, in Deutschland gälte dasselbe für Ingenieurleistungen ...

Es ist immer wichtig zu beobachten, in welche Richtung das Pendel ausschlägt, selbst wenn man weiß, dass das unumgänglich ist. Jahrelang ging der Trend hin zu immer eichenwürzigeren, immer gewichtigeren Weinen, bis er sich – ziemlich plötzlich – änderte. Jetzt geht es beim Wein überall (oder fast überall – die nicht totzukriegenden Muskelprotze gibt es immer noch) um Eleganz. Und Frankreich ist Moden nicht weniger unterworfen als andere Länder. Muskeln stehen den meisten französischen Weinen nicht besonders gut, und dennoch wurden sie unverdrossen draufgepackt. Jetzt ist wieder Finesse gefragt. Von St-Émilion bis zum Languedoc sind die französischen Weine zu ihren Ursprüngen zurückgekehrt.

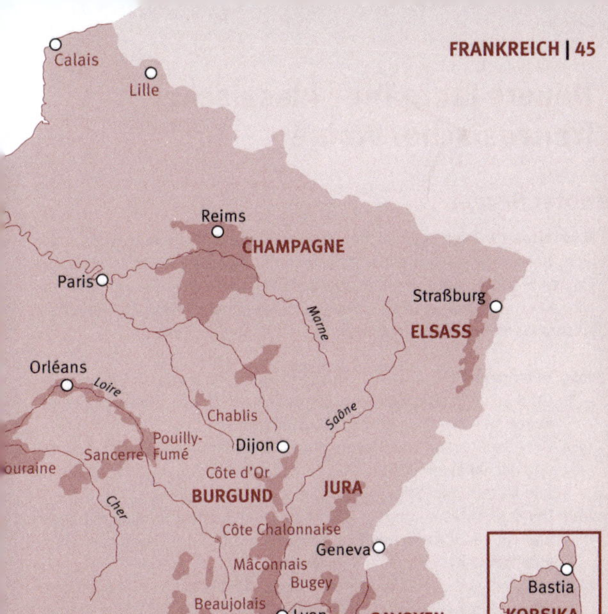

Französische Weine sind präziser als je zuvor – und besser gerüstet für die nächste Herausforderung, sprich den Klimawandel und den damit einhergehenden höheren Alkoholgehalt. Natürlich steht die ganze Welt vor dieser Herausforderung. Und sie bedeutet nicht zwangsläufig, dass in Burgund Syrah und in Calais Pinot-Sorten angebaut werden. Ein Weg, den Zuckergehalt zu verringern, bestünde in höheren Erträgen, falls durch ein wärmeres Klima mehr Trauben auf derselben Fläche zur Reife gebracht werden können. Ein anderer Weg wäre mehr Laub und folglich mehr Schatten. Irgendwas geht immer.

Die fantastische Vielfalt der französischen Weine ist nicht bedroht, solange die Weinmacher ihre Neugier und Entschlossenheit nicht verlieren – und dafür gibt es keinerlei Anzeichen.

Verweise können sich auch auf das Kapitel »Die Châteaux von Bordeaux« beziehen.

Neuere Jahrgänge klassischer französischer Weine

Roter Bordeaux

Médoc/roter Graves Bei manchen Weinen ist Flaschenalterung wünschenswert, bei diesen aber unerlässlich. Kleinere Gewächse aus leichteren Jahrgängen brauchen nur 2–3 Jahre, aber selbst einfache Weine aus großen Jahrgängen können über 15 Jahre hinweg noch gewinnen; die großen Kreszenzen solcher Jahrgänge profitieren sogar von der doppelten Zeit.

2015 Hervorragendes Cabernet-Sauvignon-Jahr, allerdings nicht mit der Struktur von 2005 oder 2010. Einige Schwankungen. Zur Lesezeit mehr Regen im nördlichen als im südlichen Médoc.

2014 Der Altweibersommer brachte die Rettung. Cabernet Sauvignon ist hell und nachklingend. Gut bis sehr gut hinsichtlich Qualität wie Quantität und klassisch im Stil.

2013 Der schlechteste Jahrgang seit 1992. Grauenhafter Frühling mit Regen und Fäulnis. Ungleichmäßige Erfolge klassifizierter Gewächse; einige gute Weine haben sich herausgeschält.

2012 Launisches Wetter, kleine Ernte. Cabernet Sauvignon reifte nicht überall aus. Einige Weine sind jetzt trinkreif.

2011 Ein schwieriges Jahr: trockener Frühling, kühler Juli, Regen, Hitze, Fäule. Die Rettung war der Altweibersommer. Unterschiedliche Qualität, aber besser als ihr Ruf. Klassische Frische mit moderatem Alkoholgehalt. Bescheidene Crus sind jetzt trinkreif.

2010 Herausragendes Jahr. Großartiger Cabernet Sauvignon mit tiefdunkler Farbe, Konzentration, fester Struktur. Entsprechende Preise. Wird sich Jahre halten.

2009 Hervorragendes Jahr, als »das großartigste« beworben. Strukturierte Weine mit überbordender Frucht. Unbedingt probieren! Jetzt zugänglich, können aber auch eingelagert werden.

2008 Viel besser als erwartet; frische, klassische Geschmacksnoten. Der Cabernet Sauvignon reifte in der Herbstsonne. Hat Alterungspotenzial.

2007 Ein schwieriges Jahr. Einige Weine sind recht stilvoll, werden aber nicht alt werden. Seien Sie wählerisch.

2006 Cabernet Sauvignon hatte Schwierigkeiten bei der Reifung; die besten sind zart, schmackhaft, nervig und können alt werden. Schöne Farbe und Säure. Ab jetzt trinkreif.

2005 Reichhaltige, ausgewogene, für lange Lagerung geeignete Weine: ein hervorragender Jahrgang. Heben Sie die großen Namen noch auf.

2004 Gemischte Ergebnisse; die Spitzenweine nach klassischer Art sind aber gut. Jetzt trinken.

2003 Der heißeste Sommer seit Beginn der Wetteraufzeichnungen. Cabernet Sauvignon kann grandios sein (St-Estèphe, Pauillac). Im besten Fall wuchtig (aufheben), im schlechtesten Fall unausgewogen (austrinken). Die meisten bald trinken.

Weitere gute Jahrgänge: 2000, 1998, 1996, 1995, 1990, 1989, 1988, 1986, 1985, 1982, 1975, 1970, 1966, 1962, 1961, 1959, 1955, 1953, 1949, 1948, 1947, 1945, 1929, 1928.

St-Émilion/Pomerol

2015 Großartiges Merlot-Jahr, perfekte Bedingungen: Farbe, Konzentration, Ausgewogenheit.

2014 Mehr Regen als im Médoc, weshalb Merlot unterschiedlich ausfällt. Sehr guter Cabernet franc. Zufriedenstellender Jahrgang.

2013 Merlot mit schwieriger Blüteperiode (deshalb winzige Ernte) und Fäulnis. Mäßiger bis schwacher Jahrgang.

2012 Dieselben Bedingungen wie im Médoc. Früher gelesener Merlot fällt ein klein wenig besser aus.

2011 Ebenso schwierig wie im Médoc. Guter Cabernet franc. Pomerol schneidet womöglich am besten ab. Nicht links liegen lassen.

2010 Ausgezeichnet. Abermals kraftvolle Weine mit hohem Alkoholgehalt. Viel Konzentration.

2009 Erneut ausgezeichnet. Kraftvolle Weine (mit viel Alkohol), doch offenbar ausgewogen. In St-Émilion zog Hagel den Ertrag einiger Güter in Mitleidenschaft.

2008 Ähnlich wie im Médoc. Dass die Erträge sehr gering waren, war der Qualität zuträglich, die überraschend hoch ist. Ab jetzt trinkreif, aber den Besten sollte man noch Zeit lassen.

2007 Das gleiche Bild wie im Médoc. Die Lese fand zu sehr unterschiedlichen Zeitpunkten statt (Abweichungen von bis zu 5 Wochen). Ausgesprochen durchwachsen und nichts, was sich lang einlagern ließe.

2006 Zur Lese Regen und Fäulnis. Der früher reifende Pomerol war erfolgreich, gemischte Qualität in St-Émilion und den Satelliten.

2005 Bedingungen wie im Médoc. Überall ein Erfolg. Ab jetzt trinkreif.

2004 Der Merlot in Pomerol ist oft besser als 2003. Guter Cabernet franc.

2003 Der Merlot litt unter der Hitze, aber der Cabernet franc ist hervorragend. Sehr gemischter Jahrgang, St-Émilion-Spitzenweine vom Plateau gut. Die meisten müssen jetzt getrunken werden.

Weitere gute Jahrgänge: 2001, 2000, 1998, 1995, 1990, 1989, 1988, 1985, 1982, 1971, 1970, 1967, 1966, 1964, 1961, 1959, 1953, 1952, 1949, 1947, 1945.

Roter Burgunder

Côte d'Or Die Rotweine von der Côte de Beaune sind meist früher ausgereift als die gewichtigeren Kreszenzen von der Côte de Nuits. Die leichteren Weine, z. B. Volnay und Beaune, sind am frühesten trinkreif, am längsten brauchen die Grands crus z. B. von Chambertin und Musigny. Aber auch der beste Burgunder ist jung ansprechender als gleichwertiger roter Bordeaux.

2015 Kein Hagel! Sehr dicht gewirkte, konzentrierte Weine, möglicherweise dem Spitzenjahrgang 2005 vergleichbar.

2014 Beaune, Volnay und Pommard hatten wieder unter Hagel zu leiden. Ansprechende, frische Rotweine von mittlerer Dichte mit bezauberndem Duft.

2013 Erneut furchtbarer Hagelschlag an der Côte de Beaune. Kleine Ernte an der Côte de Nuits; wer spät las, wurde mit fein duftenden Weinen belohnt.

2012 Sehr geringe Ausbeute an feinen Weinen an der Côte de Nuits aufgrund katastrophaler Blüteperiode. Noch übler an der Côte de Beaune nach vielfachem Hagel. Sehr üppige, trotzdem erstklassige Weine.

2011 Einige Parallelen zu 2007: Auf einen mittelmäßigen Sommer folgte eine frühe Lese, allerdings sorgten diesmal dickere Schalen für mehr Struktur im Wein. Wird jetzt langsam zugänglich.

2010 Entwickelt sich zu einem großartigen klassischen Jahrgang: reintönige, feingliedrige und dennoch beeindruckend dichte Rote. Village-Weine bald trinken, Spitzengewächse bis 2030 lagern.

2009 Schöne, reife, füllige Rotweine, die noch jugendlich, teilweise aber bereits zugänglich sind. Hüten Sie sich vor überreifen Versionen. Jetzt bis 2030?

2008 Wer Pilzkrankheiten vermeiden konnte, brachte frische, strukturierte Weine hervor. Sorgfältig auswählen. Die Besten sind Pinots in Reinform. Jetzt bis Anfang der 2020er.

2007 Kleine Ernte; attraktive, intensiv duftende Weine, allerdings ohne echte Dichte. Côte de Beaune fällt ziemlich gut aus. Ab jetzt austrinken.

2006 Ein ansprechendes Jahr an der Côte de Nuits (weniger Regen); die Weine besitzen genug Kraft, um sich mittelfristig zu entfalten. Côte-de-Beaune-Rotweine sollten jetzt getrunken werden. Die Besten halten bis 2025.

2005 Der beste Jahrgang seit mehr als einer Generation, durchweg hervorragend. Die Spitzengewächse müssen noch lagern. Halten Sie sich einstweilen an die einfacheren (Village-)Weine. Ansonsten 2018 bis 2040.

2003 Die Rotweine kamen mit der Hitze unerwartet gut klar und sind muskulös und voll. Keine Eile bei Spitzengewächsen, die anderen sind inzwischen ohnehin hinüber.

Weitere gute Jahrgänge: 2002, 1999, 1996 (trinken oder noch lagern), 1995, 1993, 1990, 1988, 1985, 1978, 1971, 1969, 1966, 1964, 1962, 1961, 1959 (reif).

Weißer Burgunder

Côte de Beaune Anders als noch vor 20 Jahren werden weiße Burgunder heutzutage nur selten für eine lange Lagerung bereitet, doch sollten Spitzengewächse nach wie vor bis zu 10 Jahre von einer Alterung profitieren. Die meisten Mâconnais-Weine (St-Véran, Mâcon-Villages) sollten jung (nach 2–3 Jahren) getrunken werden.

2015 Volle, konzentrierte Weine dank eines warmen, trockenen Sommers. Wer früh las, wird gute Ergebnisse erzielen, ansonsten könnten die Weine zu schwer ausfallen. 2009 vergleichbarer Jahrgang.

2014 Der feinste, einheitlichste Jahrgang seit einer Generation: Aromen weißer Frucht, reif und trotzdem frisch, elegant und ausgewogen. Erfolgreiche Weißweine in ganz Burgund.

2013 Der Hagel im Juli verschonte die meisten Weißweinlagen. Wer früh las, brachte konzentrierte, lebhafte Weine hervor. Spät gelesene Versionen sind schlaff.

2012 Sehr geringe Erträge nach katastrophaler Blüteperiode und darauffolgendem Hagel, später annehmbares Wetter. Die Weine sind sehr intensiv und machen sich gut.

2011 Feines Material für gewissenhafte Erzeuger, einige fleischige, schön ausgewogene Weine – aber die Versuchung, es mit der Ernte zu übertreiben, war groß. Sind früh attraktiv und gut zu trinken.

2010 Aufregende Weine mit schönem Frucht-Säure-Spiel; die Stürme im September vernichteten einen Teil der Ernte. Die Weine beginnen exotische Aromen zu entwickeln. Jetzt bis 2020.

2009 Vollständige Ernte, gesunde Trauben. Die Weine sind auf alle Fälle bezaubernd, aber ob sie genug Säure für eine Reifezeit haben? Auf früh gelesene Exemplare trifft das zu, die anderen sollten jetzt getrunken werden.

2008 Geringe Ernte; reife Aromen, dennoch viel Säure. Die meisten Weine erreichen jetzt ihren Höhepunkt, Spitzengewächse halten sich bis 2020.

2007 Ansprechend knackig-frische Weine – wer spät las, erzielte die besten Ergebnisse. Die meisten sind jetzt trinkreif.

2006 Reiche Ernte und charmante, aromatische Weine. Jetzt austrinken, auch die Spitzengewächse.

Weitere gute Jahrgänge (alle trinkreif): 2005, 2002, 1999, 1996, 1993, 1992, 1985, 1979, 1973, 1959.

Chablis. Grands crus aus Jahrgängen mit Kraft und gutem Säuregehalt entwickeln sich bis zu 10 Jahre superb, Premiers crus entsprechend kürzer, aber auch sie brauchen mindestens 3 Jahre.

2015 Ein heißer, trockener Sommer ergab ausgereifte Trauben und volle Weine.

2014 Potenziell hervorragender Jahrgang; frühe Lese, glückliche Winzer. Frische Weine mit Salzaroma.

2013 Kleine Erträge, späte Ernte, Fäulnisprobleme. Gemischtes Ergebnis, einige wunderbare Weine.

2012 Die Erträge waren nicht ganz so unbedeutend wie an der Côte d'Or, aber dennoch zu gering. Wer früh las, erhielt ungemein konzentrierte, klassisch strenge Gewächse. Regen führte bei all jenen, die später lasen, zu weichen, säurearmen Weinen.

2011 Frühe Ernte mit großen Erträgen und reizvollen Weinen. Ähnlich wie 2002. Trinkreif jetzt bis 2022.

2010 Die Lese erfolgte zur selben Zeit wie an der Côte d'Or, die Resultate waren hervorragend. Feiner Jahrgang mit körperreichen, kraftvollen Weinen von mineralischer Säure. Ein großartiges Jahr für klassischen Chablis. Trinkreif jetzt bis 2030.

2009 Volle, zugängliche Weine. Die besten können noch im Keller bleiben, die anderen jetzt trinken.

Beaujolais

2015 Massive Weine, die besten könnten hervorragend werden, die anderen Alkoholmonster.

2014 Schöner Ertrag, hervorragendes Potenzial.

2013 Späte Ernte mit gemischten Ergebnissen.

2012 Winziger Ertrag, Existenzkampf, aufgegebene Weinberge.

2011 Kultivierte, klassische, sehr schön zu trinkende Weine.

2010 Kompakt und konzentriert, reift jetzt aus.

2009 Wunderbar reichhaltiger Jahrgang, der für neu erwachtes Interesse an Beaujolais gesorgt hat.

Südwestfrankreich

2015 Abgesehen von einer Handvoll Weinberge, die von frühem Hagel und Stürmen erwischt wurden, ein äußerst vielverspechender Jahrgang, hinter dem 2014 wohl leider verschwinden wird.

2014 Ein Jahrgang, der mit einem kühlen Winter begann und glorios endete. Überragende Süßweine.

2013 Ursprünglich als verheerend angesehen, verhalf der Jahrgang Spitzenwinzern dennoch zu einigen guten Weinen.

2012 Guter Jahrgang trotz Ernteeinbußen infolge schlechten Wetters bis Mitte Juni.

2011 Gute Weine, Cahors und Madiran werden allerdings teilweise überschätzt. Erstklassige Weißweine.

2010 Der Altweibersommer sorgte überall für eine gute Ernte. Die Rotweine sind jetzt sehr schön zu trinken.

2009 Die Weine haben im Lauf der Jahre deutlich gewonnen und sollten jetzt getrunken werden.

Midi

2015 Keine großen Wetterkapriolen, der Frühlingsregen füllte die Wasserspeicher auf. In der Regel Weine von reifer Frucht mit eleganten Tanninen, die sich schön entfalten werden.

2014 Ein schwieriges Jahr mit Hagelschlag in La Clape und Minervois und sintflutartigem Regen zur Lesezeit, doch die Besten haben sich sehr gut geschlagen. Frühzeitige Lese war der Schlüssel zum Erfolg.

2013 Einige hübsche Weine, die sich anmutig entfalten, doch schnitten nicht alle Gebiete gleich gut ab.

2012 Geringe Quantität bei guter Qualität. Die Weine sind ab jetzt schön zu trinken.

2011 Recht frische Weine dank des eher kühlen Sommers, mit schöner Ausgewogenheit. Qualität und Quantität sind gut.

2010 Schöne Qualität; geringere Erträge als sonst wegen der sommerlichen Dürre. Die Weine sind jetzt köstlich.

Nördliche Rhône

2015 Durchweg exzellente Rotweine: dicht gewirkt, nachklingend, frisch und langlebig. Gute, teils allerdings sehr alkoholstarke Weiße.

2014 Rotweine mit viel Frucht, die mit der Zeit an Tiefe gewinnen können. Hübsche, frische, ausgesprochen gehaltvolle Weißweine.

2013 Sehr gute körperreiche, frische Rotweine mit knackigem Tannin, die 15–20 Jahre vor sich haben. Außergewöhnliche Weiße, v. a. Hermitage, Saint-Joseph, Saint-Péray.

2012 Sehr guter Jahrgang für Hermitage und offenherzigen Côte Rôtie. Frische Rotweine, die sich jetzt schön entfalten und mindestens 15 Jahre halten werden. Weiße mit Stil und Frische, v. a. Condrieu.

2011 Weine von mittlerem Körper; tadellos in Crozes-Hermitage, gut in Hermitage und Cornas. Die Côte-Rôtie-Weine brauchen noch Zeit. Die frischen Weißen sind zufriedenstellend.

2010 Wunderbar. Herrliche Ausgewogenheit und Frische bei den Roten, die ein langes Leben vor sich haben. Côte Rôtie ist so gut wie 1978. Sehr guter Condrieu und andere volle Weiße.

2009 Hervorragende Weine mit viel Sonne im Gepäck. Einige volle rote Hermitage- und sehr volle Côte-Rôtie-Weine. Die besten Crozes- und St-Joseph-Abfüllungen altern gut. Recht mächtige Weiße, die lagern können.

2008 Verregneter Jahrgang, Spitzenwinzer schlugen sich am besten. Gute, saubere Weiße. Rotweine halten sich 8–12 Jahre.

2007 Weine von ansprechender Tiefe mit gutem Reifepotenzial, allerdings etwas leicht. Die besten haben eine Lebenserwartung von 18 und mehr Jahren. Gute Weißweine.

2006 Volle, zufriedenstellende Weine, v. a. Côte Rôtie, jetzt schön zu trinken. Alkoholstarker Condrieu.

2005 Großteils hervorragender Jahrgang; die Tannine erfordern noch Geduld. Volle Weiße, die jetzt schön zu trinken sind.

Südliche Rhône

2015 Sehr gute Rotweine: voll, dunkel, überschwänglich, jede Menge Körper und oft verführerisches Flair. Durchweg hohe Qualität. Gute, ebenfalls körperreiche Weiße.

2014 Teilweise guter Jahrgang; zu begrüßen ist die Rückkehr der Finesse in Châteauneuf-du-Pape. Halten Sie sich an die renommierten Erzeuger, der Rest ist verwässert, v. a. Gigondas, Rasteau, Cairanne. Gute, frische Weißweine.

2013 Sehr geringer Ertrag, v. a. von Grenache, sodass die Weine untypisch ausfallen. Funkelnde, lebhafte, nachhaltige Rote; das Beste aus Châteauneuf-du-Pape stammt von alten Reben. Gutes Preis-Leistungs-Verhältnis beim Côtes du Rhône. Sehr gute Weiße.

2012 Die Rotweine sind voll, dunkel und überaus fruchtbetont, mit schönen Tanninen. Die Weißen geben feine Essensbegleiter ab.

2011 Viel Sonne und geschmeidige, teilweise ölige Weine, die bald getrunken werden sollten. Gutes Preis-Leistungs-Verhältnis bei Côte-du-Rhône-Rotweinen.

2010 Überragender Jahrgang. Körperreiche, ausgewogene Rote. Ein Spitzenjahr für Châteauneuf-du-Pape. Weine von klarer Frucht und mit gut eingebundenen Tanninen. Tiefgründige Weiße mit langem Abgang.

2009 Volle, sonnenverwöhnte, dicht gewirkte Rote. Trockenheit sorgte bei einigen für gebackene Noten und körnige Tannine. Châteauneuf-du-Pape von ausgereifter Frucht, konzentriert und daher langlebig. Solide Weiße.

2008 Heikler Jahrgang; 12–15 Jahre Lebensdauer. Halten Sie sich an die großen Namen. Sehr gute, lebhafte Weißweine.

2007 Sehr guter Jahrgang: Sortenreine Grenache-Weine sind intensiv, aber lecker. Herausragender Châteauneuf-du-Pape von Spitzenerzeugern, v. a. mit Mourvèdre im Verschnitt.

2006 Unterbewertet; saftig-fruchtige Châteauneuf-du-Pape-und Gigondas-Weine: zugänglicher als 2005, weniger süß und mächtig als 2007. Gute, volle Weiße, ideal zum Essen.

2005 Ein Jahrgang, der sich langsam entfaltet. Straff gewirkte, konzentrierte Weine, die sich lange halten werden: erstklassiger Châteauneuf mindestens 20 Jahre. Die körperreichen Weißen haben sich schön entwickelt.

Champagne

2015 Ein kühles Frühjahr, gefolgt vom seit Jahren wärmsten, trockensten Juni und Juli; perfekt für Spitzenerzeuger, die Anfang September lasen. Pinot noir z. T. exzellent, Chardonnay eher unterschiedlich.

2014 Feiner Pinot noir in der nördlichen Montagne und in Aube. Ansonsten ist die Qualität uneinheitlich, für Champagnerhäuser wohl kaum geeignet.

2013 Ein Chardonnay-Jahrgang: klassisch mineralischer Stil. Pinot noir mit gemischterem Ergebnis, aber glorreiche Ausnahme in Aÿ.

2012 Kleiner Ertrag von hervorragendem Pinot noir und Meunier, womöglich der beste seit 1952. Chardonnay konnte weniger glänzen.

2011 Es fehlt an echter Reife und Struktur.
2010 Schwieriges Jahr für Pinot noir und Meunier. Der anfangs feste Chardonnay schmeckt immer besser und ist eine gute Grundlage für Champagner o.J.
2009 Reife, Eleganz und perfekte Ausgewogenheit. Steht zu Unrecht im Schatten von 2008, kann aber ebenso fein sein, z. B. Bollinger Grande Année und der rote Stillwein Côte aux Enfants.
2008 Hervorragender Jahrgang, vielleicht klassischer als 2002: Trockener mineralischer Stil, dennoch kraftvoll. Ein echter Wein zum Einlagern, hält sich bis 2030 oder sogar 2040.

Weitere gute Jahrgänge: 2006, 2004, 2002, 2000, 1996, 1995, 1992, 1990, 1989, 1988, 1982, 1976.

Loire

2015 Sehr trockener Sommer, Starkregen Ende August und Mitte September. Doch Cabernet franc und Pinot noir überstanden alles. Gut bis sehr gut, außer Muscadet (August-Regen).
2014 Der schöne Herbst rettete den Jahrgang. Ausgewogene trockene Weiße und reife Rote, hervorragender Muscadet.
2013 Geringer Zucker-, hoher Säuregehalt. Einige ansprechende Weine, die früh trinkreif sind. Ein wenig Anjou-Süßwein.
2012 Frost und verbreiteter Mehltaubefall. Hohe Qualität bei Melon de Bourgogne und Sauvignon blanc sowie einigen Roten, aber nur wenig Süßwein.
2011 Ein Jahr, in dem das Wetter verrückt spielte. In der Muscadet-Region trat Fäule auf. Sehr uneinheitliche Qualität. Einige sehr feine Süßweine in Anjou.
2010 Sehr schön ausgewogene trockene Weiß- und großartige süße Anjou-Weine. Die Roten sind oft besser als 2009. Beträchtliches Alterungspotenzial.
2009 Im Allgemeinen sehr gut. Bei einigen Sauvignon-blanc-Weinen ist der zu hohe Alkoholgehalt problematisch.

Elsass

2015 Ein Jahr mit einigen großartigen trockenen Riesling- und wahrscheinlich Pinot-gris-Weinen von hoch gelegenen Weinbergen, die von der Sommerhitze weniger beeinträchtigt wurden als Gewürztraminer und Muscat aus tieferen Lagen. Wenige Spätlesen, aber vielversprechende trockene Weine.
2014 Ein Jahr der Herausforderungen mit einem nassen August. Der strahlend schöne September bürgte für einige feine trockene Weine.
2013 Feine, frische, intensive Weine mit eleganter Säure. Ein Riesling-Jahr.
2012 Kleiner Ertrag, konzentrierte Weine im trockenen Stil des Jahrgangs 2010.
2011 Runde, fruchtige Weine mit Charme und Aroma für baldigen Genuss.
2010 Sehr geringer Ertrag. Exzellente, teils großartige, meist trocken ausgebaute Weine, die man lange einlagern kann.
2009 Großartiger Pinot gris und Gewürztraminer; einige feine Spätlesen.
2008 Trockene, frische Weine: Der Riesling ist ein großes Vergnügen, v. a. von Weinbach und Trimbach.

Abymes Sav w ★ BV – Hügeliger Bereich bei Chambéry; leichter, milder AC Vin de Savoie von der auf Kalkstein wachsenden Jacquère-Rebe. Beste Erzeuger: Jean Perrier (Cuvée Gastronomie), DOM. Labbé.

AC oder AOC (Appellation Contrôlée)/AOP Staatliche Herkunfts- und Produktionskontrolle (aber nicht für Qualität!) für das Gros der französischen Spitzenweine; etwa 45% der Gesamtmenge. Wird sukzessive in AOP (Appellation d'Origine Protégée) umbenannt – was der Wahrheit deutlich näher kommt als »Contrôlée« ...

Ackerman Lo r rs w; (tr) (s); sch ★→★★ Großer Négociant für das gesamte Loire-Gebiet und die erste Schaumweinfirma in SAUMUR (gegründet 1811); auch acht Genossenschaften sind beteiligt. Zur Ackerman-Gruppe gehören zudem Rémy-Pannier, Les Celliers du Prieuré (ANJOU), Donatien Bahuaud und Drouet (Pays Nantais) und Monmousseau (Montrichard).

Frankreich

Agenais SWF r rs w ★ BV – IGP aus dem Departement Lot-et-Garonne. Bekannter als die Weine sind die – ebenfalls IGP-geschützten – Dörrpflaumen aus Agen, doch bieten Erzeuger wie die DOMAINES du Boiron, Lou Gaillot und Campet immerhin Besseres als die langweiligen Genossenschaften.

Alain Chabanon, Domaine Lang ★★★ Führender Erzeuger in MONTPEYROUX. Besonders empfehlenswert sind Campredon, L'Esprit de Font Caude sowie Le Merle aux Alouettes auf MERLOT-Basis. Zwei Weißweine, Le Petit Trélans und der gewichtigere Trélans, werden von VERMENTINO und CHENIN BLANC in unterschiedlichen Anteilen bereitet.

Allemand, Thierry N-Rh r ★★★ **90' 91' 93 94' 95' 98' 99' 00' 01' 02 03 04 05' 06'** 07' 08' 09' 10' 11' 12' 13' 14' 15' – Die großartige 5-ha-DOMAINE in CORNAS wird ökologisch bewirtschaftet und hält den Einsatz von Schwefel gering. Intensive, tiefdunkle Weine mit rauchiger Frucht: Spitzengewächs ist der komplexe, langlebige Reynard (20 Jahre und mehr), der Chaillot ist früher zugänglich.

Alliet, Philippe Lo r w ★★★→★★★★ **05' 06 08 09'** 10' **11 12** 14 (15) – Top-CHINON-Erzeuger mit langlebigem CABERNET FRANC. Zu den CUVÉES zählt der Tradition VIEILLES VIGNES von 50 Jahre alten Reben auf Kiesboden. Zwei Steillagen (Kalkstein) unmittelbar östlich von Chinon liefern den L'Huisserie und den Coteau de Noiré. Sohn Pierre ist jetzt auch mit dabei.

Aloxe-Corton Bg r w ★★→★★★ **99' 02' 03** 05' **08 09' 10' 11** 12' 14 15' – Weinort am Nordende der CÔTE DE BEAUNE; berühmt für seine GRAND-CRU-Lagen CORTON und CORTON-CHARLEMAGNE, die PREMIER-CRU- und Village-Weine sind weniger interessant. Wenn Überextraktion vermieden wurde, können die Roten ansprechend sein. Beste Erzeuger sind die DOMAINES Follin-Arbelet, Comte Senard, des Terregelesses und TOLLOT-BEAUT.

Alquier, Jean-Michel Lang r w – Herausragender Erzeuger in FAUGÈRES. Weißer Verschnitt Les Vignes du Puits (MARSANNE/ROUSSANNE/GRENACHE BLANC), außerdem Les Pierres Blanches (SAUVIGNON BLANC) sowie die roten CUVÉES Les Premières von jüngeren Reben und Maison Jaune. Außerdem ein nobler SYRAH von alten Reben, Les Bastides auf GRENACHE-Basis und der neue Les Grandes Bastides vorwiegend von Syrah.

Alsace Grand cru El w ★★★→★★★★ **00 05 06 07 08' 09 10 11 12** 13' 14 15' – AC nur für die 51 besten Lagen (ca. 1.600 ha, 800 ha in Produktion) und vier »edle« Trauben: RIESLING, PINOT GRIS, GEWÜRZTRAMINER und MUSCAT. Die neuen Produktionsvorschriften sehen u.a. einen höheren Mindestreifegrad vor, außerdem sind spezifische Regelungen für jeden einzelnen Cru gestattet. Demnächst wird auch PINOT NOIR den GRAND-CRU-Status erhalten.

Amirault, Yannick Lo ★★→★★★ **03 05' 06 08'** 09' 10' **11 12** 13 14 (15) – Yannick und sein Sohn Benoît betreiben ökologischen Anbau und zählen zu den Toperzeugern in BOURGUEIL (20 ha) und ST-NICOLAS-DE-BOURGUEIL (10 ha). Spitzen-CUVÉES: La Petite Cave und Les Quartiers aus Bourgueil sowie La Mine aus St-Nicolas.

Angerville, Marquis d' Côte d'Or r w ★★★★ Der Superstar in VOLNAY mit biologisch-dynamischem Anbau: legendärer CLOS des Ducs (MONOPOLE-Lage) sowie erstklassiger Champans und Taillepieds. Das neue Projekt im Jura (DOM. du PÉLICAN) sollte man im Auge behalten.

Anglès, Château d' Lang ★★★ Eric Fabre, früher Kellermeister von Ch. LAFITE ROTHSCHILD, hat das traditionelle alte Weingut in LA CLAPE umgemodelt und ist fasziniert von MOURVÈDRE. Erzeugt werden nicht in Eiche ausgebauter Classique (rot, rosé, weiß) und eichenholzwürziger roter und weißer *grand vin*.

Anjou Lo r rs w; (tr) (s); (sch) ★→★★★★ Region, aber auch übergeordnete AC an der Loire, die Anjou und SAUMUR beinhaltet. Sie ist oft besser als ihr Ruf und bietet teilweise ein gutes Preis-Leistungs-Verhältnis. Das Spektrum der trockenen CHENIN-BLANC-Weißweine reicht von leichten Alltagstropfen bis zu feinen, komplexen Weinen mit Alterungspotenzial. Unter den Roten findet man z.B. den AC Anjou GAMAY, den fruchtigen Anjou Rouge auf CABERNET-FRANC-Basis und den alterungsfähigen, aber tanninstarken ANJOU-VILLAGES, der auch CABERNET SAUVIGNON enthält. Daneben der meist trocken ausgebaute Savennières, der leicht süße bis üppige COTEAUX DU LAYON (Chenin blanc), trockene und liebliche Rosés sowie Schaumweine (vorwiegend CRÉMANT). Halten Sie sich bei den Süßweinen an 2010 und 2011 oder warten Sie auf 2014 oder 2015.

Anjou-Coteaux de la Loire Lo w; lbl s ★★→★★★ **05' 07' 09 10' 11'** 14 (15) – Kleine AC (38 ha) ganz im Westen der AC ANJOU für süße CHENIN-BLANC-Weißweine, die weniger voll, aber nerviger sind als COTEAUX DU LAYON. Erzeuger: v.a. DOMS. Delaunay, Fresche, Musset-Roullier und CH. de Putille. Meiden Sie die Jahrgänge 2012 und 2013 und greifen Sie zu 2014 oder 2015.

Anjou-Villages Lo r ★→★★★ **05' 06 08 09' 10' 11** 12 14 (15) – Höherwertige und noch weiter an Qualität zulegende AC für ziemlich tanninherbe Rotweine (v.a. CABERNET FRANC/CABERNET SAUVIGNON, aber auch einige reinsortige Weine von Cabernet Sauvignon) aus dem Herzen der AC ANJOU. Einige Erzeuger selektieren das Lesegut sorgfältig. Die Spitzenweine sind vergleichsweise preiswert, v.a. von Bergerie, Branchereau, Brizé, DOM. CADY, CLOS de Coulaine, Philippe Delesvaux, Ogereau, Ch. PIERRE-BISE, Sauveroy und Soucherie. Der Unterbereich Anjou-Villages-Brissac liegt im selben Gebiet wie COTEAUX DE L'AUBANCE; Erzeuger hier v.a.: Bablut, Haute Perche, Montigilet, Princé, Richou, Rochelles, Ch. de Varière.

Apremont Sav w ★★ BV – Die beste Weinbaugemeinde in SAVOYEN für frische Weiße von der Jacquère-Traube. Die Reben wachsen auf Kalkbruchgestein aus einem im 13. Jh. entstandenen Murgang; daher der Name »Bitterberg«. Bester Erzeuger: Pierre Boniface.

Arbin Sav r ★★ Dunkler, lebhafter Rotwein aus MONDEUSE-Trauben, vergleichbar mit einem CABERNET SAUVIGNON von der Loire. Trinkreif mit 1–2 Jahren; ideal zum Après-Ski.

Arbois Jura r rs w; (sch) ★★→★★★ AC im nördlichen Jura, Geburtsort von Louis Pasteur. Die Spezialität ist VIN JAUNE, bei dem die besten Erzeuger – Stéphane Tissot und Lucien AVIET – ein Händchen fürs Terroir beweisen. Jacques Puffeney verfügt noch über Kellerbestände gereifter Weine. Preiswerter CRÉMANT von der lokalen Genossenschaft Fruitière Vinicole d'Arbois. Außerdem jede Menge guter, frischer CHARDONNAY.

Ariège SWF r rs w ★ 11 12 (14) – Kleine, aber interessante IGP zwischen Toulouse und den Pyrenäen. Die ökologisch bewirtschaftete DOMAINE Les Coteaux d'Engraviès (v. a. sortenreiner SYRAH) führt die kurze Liste der Erzeuger an. Außerdem empfehlenswert: Dom. de Lastronques.

Arjolle, Domaine de l' Lang ★★★ Bedeutendes Gut in den CÔTES DE THONGUE. »Z« steht für ZINFANDEL und »K« für CARMENÈRE; außerdem originelle Verschnitte und sortenreine Weine von LANGUEDOC- und BORDEAUX-Rebsorten.

Arlaud Côte d'Or r ★★★ Führendes Weingut in MOREY-ST-DENIS, das von der Energie Cyprien Arlauds und seiner Geschwister profitiert. Schön ausgewogene, moderne Weine mit Tiefe und Klasse, angefangen vom BOURGOGNE Roncevie bis hin zu den GRANDS CRUS CHARMES-CHAMBERTIN und CLOS DE LA ROCHE.

AOP und IGP: Was tut sich in Frankreich?

Die europaweite Einführung der Bezeichnungen AOP (Appellation d'Origine Protégée) und IGP (Indication Géographique Protégée) heißt, dass diese Begriffe nun auf den Etiketten zu finden sein können. AOC wird weiterhin verwendet werden, aus Gründen der Einfachheit und Kürze wird in diesem Buch aber nur noch der Ausdruck IGP für alle ehemaligen VINS DE PAYS verwendet.

Arlay, Château d' Jura r w; s ★→★★ Großes Weingut mit einem Schloss aus dem 18. Jh. Zu den durchweg versiert bereiteten Weinen zählen hervorragender VIN JAUNE, VIN DE PAILLE und Macvin. Der köstliche PINOT NOIR zeichnet sich durch Fruchtigkeit und feine Säure aus.

Arlot, Domaine de l' Côte d'Or r w ★★→★★★ Das führende Weingut in NUITS-ST-GEORGES, im Besitz von AXA, zählt seit 2011 nicht mehr zu den entschiedenen Verfechtern der Ganztraubenvergärung. Betörend duftender Clos des Fôrets St-Georges, außerdem VOSNE-ROMANÉE Les Suchots und ROMANÉE-ST-VIVANT. Außerdem sehr interessante Weiße.

Armand, Comte Côte d'Or r ★★★ Einziger Besitzer des großartigen Clos des Épeneaux in POMMARD sowie anderer Weinberge in AUXEY und VOLNAY. Fantastische, ausgewogene, langlebige Weine, v. a. seit 1999.

Aube Champ – Südlicher Ausläufer der Champagne (auch Côte des Bars genannt). Sehr guter PINOT NOIR (**09** **10** **14** **15**).

Auxey-Duresses Côte d'Or r w ★★ **99'** **02'** **03** **05'** **08** **09'** **10'** **11** **12** 14 15' – Ort der CÔTE DE BEAUNE-Villages im Tal hinter MEURSAULT. Die frischen, leichtfüßigen Weißweine sind vergleichsweise preiswert, die Roten stammen heute von besser ausreifendem Traubengut und fallen daher weniger rustikal aus. Beste Beispiele (rot): COMTE ARMAND, COCHE-DURY, Gras, MAISON LEROY (Les Boutonniers), Moulin aux Moines, Prunier; (weiß): Lafouge, Leroux, DOM. ROULOT.

Aveyron SWF r rs w ★ IGP BV – Auf steilen Terrassen wachsen seltene Rebsorten wie z. B. Négret de Banhars, die charaktervoll-ländliche Weine erbringen. Nicolas Carmarans und Patrick Rols (beide ★★) erzeugen »natürliche« Weine sowie Gewächse, die den Vorschriften der ACS MARCILLAC, ENTRAYGUES und D'ESTAING entsprechen. Eher den üblichen Standard bieten die Domaines Bertau und Pleyjean.

Aviet, Lucien Jura Guter Erzeuger in der AC ARBOIS mit hervorragendem Preis-Leistungs-Verhältnis. Sehr raffinierter Poulsard CUVÉE des Docteurs (**13**) von zarter Farbe mit langem, würzigem Abgang. Weniger kraftvoll als der VIN JAUNE, dafür aber preiswerter, ist der acht Jahre auf der Hefe gereifte SAVAGNIN Réserve de Caveau (**07**).

Avize Champ – Ort der Côte des Blancs mit feinem CHARDONNAY. Exzellente Winzerweine, v. a. von Agrapart, Corbon, Selosse und der großartigen Genossenschaft Union Champagne.

Aÿ Champ – Hochgeschätzter Ort für PINOT NOIR, Heimat von BOLLINGER. Mischung aus Négociant- und Winzerweinen, die teils in Fässern bereitet werden: z. B. von Claude Giraud, dem einflussreichen Meister der Argonne-Eiche. Der (nicht in Holz ausgebaute) Noirs d'Aÿ von Gosset-Brabant ist der Inbegriff von Reintönigkeit. Der rote Aÿ (COTEAUX CHAMPENOIS) wird im Zuge des Klimawandels besser.

Ayala Champ – Wiederbelebtes Champagnerhaus in AŸ im Besitz von BOLLINGER. Schöner BRUT Nature Zéro Dosage, ideal zu Austern. Fantastische Prestige-CUVÉE Perle d'Ayala (**08' 09** 12' 13 14 15'). Präzises, rassiges, geradliniges Geschmacksprofil.

Bachelet Bg r w ★★→★★★★ Weitverbreiteter Familienname in Burgund. Exzellente Weißweine kommen von B.-Monnot (MARANGES), Jean-Claude B. (ST-AUBIN) und von B.-Ramonet (CHASSAGNE). Am anderen Ende der CÔTE D'OR erzeugt Denis B. alkoholstarken GEVREY-CHAMBERTIN.

Bandol Prov r rs (w) ★★★ **98 99 00 01 02 03 04 05 06 07** 08 09 10 11 12 13 14 – Kompakte AC an der Küste mit den feinsten Weinen der PROVENCE: hervorragende, in Eiche ausgebaute Rote mit enormem Alterungspotenzial, vorwiegend von MOURVÈDRE mit GRENACHE und CINSAULT; elegante, tieffarbige Rosés von jungen Reben und ein wenig Weißwein von CLAIRETTE, UGNI BLANC und gelegentlich SAUVIGNON BLANC. Spitzenerzeuger: u. a. CH. La Bastide Blanche, Ch. La Bégude, DOM. du Gros'Noré, Dom. Lafran Veyrolles, Dom. de la Laidière, Ch. Mas de la Rouvière, Ch. Pibarnon, Ch. Pradeaux, Dom. La Suffrène, Dom. de Terrebrune, Dom. TEMPIER, Ch. Vannières.

Banyuls Rouss br; s ★★→★★★ Der ursprüngliche VIN DOUX NATUREL, hauptsächlich von alten GRENACHE-NOIR-, GRENACHE-BLANC- und Grenache-gris-Reben. Die RIMAGES (neuere Jahrgangsweine) schmecken frisch und fruchtig, lohnender sind aber die traditionellen, viele Jahre gereiften RANCIOS – eine echte Alternative zu feinem altem Tawny Port. Am besten sind die DOMAINES du Mas Blanc (★★★), la Rectorie (★★★), de la Tour Vieille (★★★), Coume del Mas (★★), Vial Magnères (★★), Les CLOS de Paulilles und Dom. Madeloc. Siehe auch MAURY.

Baronne, Château la Lang ★★★ Wegweisendes Familiengut in CORBIÈRES im Bereich Montagne d'Alaric. Die Weine werden mit möglichst wenigen Eingriffen bereitet: IGP Hauterive (weiß), außerdem Corbières Les Lanes, Les Chemins, Alaric und sortenreiner CARIGNAN Pièce de Roche von 1892 gepflanzten Reben.

Barrique In Bordeaux (und Cognac) gebräuchliche Bezeichnung für ein 225-l-Eichenfass. Kommt weltweit zum Einsatz, doch die Allerweltsbegeisterung für die exzessive Verwendung neuer Eiche flaut gnädigerweise allmählich ab. Holz, das die Frucht überlagert, wirkt heutzutage altmodisch.

Barsac Saut w; s ★★→★★★★ **88' 89' 90' 95 96 97' 98 99' 01' 02 03' 05' 07' 09' 10' 11' 12** 13 14 15 – Nachbar von SAUTERNES mit ähnlichen edelfaulen Weinen von tiefer liegenden Kalksteinböden: frischer und nicht so kraftvoll. Nur 450 ha werden bewirtschaftet. Spitzenweine von CAILLOU, CLIMENS, COUTET, DOISY-DAËNE, DOISY-VÉDRINES, NAIRAC.

Barthod, Ghislaine Côte d'Or r ★★★→★★★★ Duftende, feine Weine, die dennoch Tiefe und Konzentration mitbringen. Eindrucksvolle Reihe von neun PREMIERS CRUS in CHAMBOLLE-MUSIGNY, darunter Les Baudes, Charmes, Cras und Fuées.

Bâtard-Montrachet Côte d'Or w ★★★★ 99' 00 02' 04' 05' 06 07' 08' 09' 10 11 12 13 14' 15 – GRAND CRU (12 ha) unterhalb von MONTRACHET selbst. Grandiose, stämmige Weißweine, denen man Zeit geben sollte. Sie sind kraftvoller als die Gewächse aus den Nachbarlagen BIENVENUES-BÂTARD-MONTRACHET und CRIOTS-BÂTARD-MONTRACHET. Ausschau halten nach: BACHELET-Monnot, J.-M. BOILLOT, CARILLON, DOM. FAIVELEY, GAGNARD, Louis LATOUR, LEFLAIVE, Leroux, Doms. MOREY, Pernot, Ramonet, SAUZET, Dom. de la VOUGERAIE.

Baudry, Domaine Bernard Lo r rs w ★★→★★★ 05 06 08 09' 10' 11 12 14 (15) – 30 ha auf Kies und Kalkstein in Cravant-les-Coteaux. Durchweg feine CHINON-Weine: Weiße von CHENIN BLANC, Rosés und Rote auf CABERNET-FRANC-Basis, u. a. früh trinkreifer Les Granges (der 2014er ist köstlich), strukturierter Les Grézeaux, Clos Guillot und La Croix Boissée. Ökoweinbau mit Handlese. Bernard verabschiedet sich in den Ruhestand, Sohn Mathieu übernimmt die Leitung.

Baudry-Dutour Lo r rs w; (sch) ★★→★★★ 03 05' 06 08 09' 10' 11 13 14 (15) – Größter Erzeuger in CHINON, geleitet von Jean-Martin Dutour und Christophe Baudry; zum Besitz zählen u. a. Ch. de St-Louans und Ch. de la Grille nebst einer großen, modernen Kellerei. Verlässliche Qualität von leichten, jung zu genießenden Alltagsweinen bis hin zu alterungswürdigen Roten. 2014 wurde erstmals ein rosé Schaumwein herausgebracht.

Baumard, Domaine des Lo r rs w; tr s; sch ★★→★★★ tr 03 05' 06 07'; s 08 09 10 11 13 14 (15) – Umstrittener Erzeuger in ANJOU, v. a. mit Weißweinen von CHENIN-BLANC, darunter SAVENNIÈRES (Clos St-Yves, Clos du Papillon) und Clos Ste-Catherine. Befürwortet Kryoextraktion (Tiefgefrieren der Trauben zur Konzentration des Zuckergehalts).

Baux-de-Provence, Les Prov r rs w ★★→★★★ 09 10 11 12 13 14 15 – Weinberge an den spektakulären Bauxit-Abbaustellen der Alpilles rund um den Ort Les Baux, dessen Beliebtheit bei Touristen leider die Gefahr einer gewissen Selbstgefälligkeit mit sich bringt. Weißweine von CLAIRETTE, GRENACHE, Rolle und ROUSSANNE, Rote von CABERNET SAUVIGNON, SYRAH und Grenache. Meist ökologischer Anbau. Bester Erzeuger ist nach wie vor die DOM. de TRÉVALLON mit ihrem Cabernet Sauvignon/Syrah-Verschnitt. Weitere Erzeuger: Mas de la Dame, CH. d'Estoublon, Dom. Hauvette, Ch. Romanin, Mas Ste Berthe, Dom. des Terres Blanches, Dom. de Valdition.

Béarn SWF r rs w ★→★★ r 14 (15); rs w (AOP) BV – Die Provinz im Osten des Baskenlands kennt man wegen ihrer Rosés, die an den Atlantikstränden gern getrunken werden. Gute Rotweine erzeugen DOM. de la Callabère und Dom. Lapeyre et Guilhemas (beide ★). Gute Genossenschaft in Bellocq (★), die jetzt mit der von JURANÇON zur Cave de Gan-Jurançon verschmolzen ist. Außerdem etwas Weißwein von der seltenen Sorte Raffiat de Moncade.

Beaucastel, Château de S-Rh r w ★★★★ 78' 81' 83 85 88 89' 90' 95' 96' 97 98' 99' 00' 01' 03' 0405' 06' 07' 08 09' 10' 11' 12' 13' 14' 15' – Ökologisch bewirtschaftetes CHÂTEAUNEUF-FU-PAPE-Spitzengut mit alten MOURVÈDRE- und 100 Jahre alten ROUSSANNE-Reben. Gehört zur Firma Famille Perrin, die mit Maison Nicolas Perrin auch ein gutes, expandierendes Handelshaus an der nördlichen Rhône betreibt. Rauchige, komplexe, in letzter Zeit deutlich geschmeidigere Weine mit dunkler Frucht, die in den ersten beiden Jahren oder aber erst nach 7–8 Jahren getrunken werden sollten. Erstklassig der rote Hommage à Jacques Perrin mit 60 % Mourvèdre. Wundervoller Roussanne Vieilles Vignes (alte Reben),

5–25 Jahre haltbar. Seriöser roter CÔTES DU RHÔNE Coudoulet de Beaucastel (Lebensdauer 8 Jahre und mehr). Sehr gut und authentisch sind Famille Perrin CAIRANNE, GIGONDAS (sehr gut), RASTEAU und VINSOBRES (am besten). Gut ist auch der Ökowein Perrin Nature Côtes du Rhône (rot und weiß). Siehe auch TABLAS CREEK im Kapitel »Kalifornien«.

Neuzugänge in der Beaujolais-Fraktion

Das BEAUJOLAIS ist eine der größeren unter den dynamischsten Anbaubereichen in Burgund und nach wie vor relativ erschwinglich. Sogar so erschwinglich, dass viele CÔTE-D'OR-Erzeuger dort Land erwerben: JADOT, Louis Boillot und Thibault LIGER-BELAIR in MOULIN-À-VENT, BOUCHARD, DROUHIN und Lafarge-Vial in FLEURIE. Andere sondieren gerade das Terrain ... Sie können sich aber auch an Neuzugänge halten wie Julie Balagny und Julien Sunier in Fleurie oder P.-H. Thillardon in CHÉNAS oder Richard Rottiers in Moulin-à-Vent.

Beaujolais r (rs) (w) ★ BV – Einfache Appellation der großen Region Beaujolais, deren leichte Weine jetzt auch unter dem Etikett COTEAUX BOURGUIGNONS vermarktet werden können. Die Weine aus den Hügeln um den Ort Le Bois d'Oingt sind köstlich und geschmeidig, andere jedoch wässrig und fad.

Beaujolais Primeur (oder Nouveau) Beauj – Ist eher ein Ereignis als ein Getränk. Der BEAUJOLAIS des neuen Jahrgangs wird im Schnellverfahren bereitet, damit er am dritten Mittwoch im November um Mitternacht freigegeben werden kann. Sollte sehr fruchtig und süffig sein, kann aber auch säuerlich und/oder alkoholstark ausfallen.

Beaujolais-Villages Beauj r ★★ **13** **14** **15'** – Wein der mittleren Kategorie zwischen einfachem BEAUJOLAIS und den zehn »Crus« (z. B. MOULIN-À-VENT), der oft allzu simpel ausfällt. Am besten schneiden die Gemeinden Beaujeu und Lantigné ab – es lohnt sich, auf die Freigabe dieser Weine zu warten.

Beaumes-de-Venise S-Rh r (rs) (w) br ★★ r **09' 10' 11 12'** **13' 14 15'**; Muscat BV – Gemeinde der CÔTES DU RHÔNE südlich von GIGONDAS, berühmt für VIN DOUX NATUREL von der MUSCAT-Traube. Der v. a. als Aperitif oder zum Dessert getrunkene Wein hat Aromen von Trauben und Honig und sollte sehr kalt getrunken werden. Feine, frische Versionen bieten z. B. die DOMS. Beaumalric, Bernardins (moschusartig, traditionell), Coyeux, Durban (voll, langlebig), Fenouillet (lebhaft), JABOULET ÂINÉ, Pigeade (frisch, sehr gut), VIDAL-FLEURY und die Genossenschaft. Auch ausdrucksstarke, griffig texturierte Rote, v. a. von DOM. Cassan, Fenouillet, Ferme St Martin (bio), Durban, St-Amant und CH. Redortier, die in sonnenreichen Jahren am besten ausfallen und 2–3 Jahre lagern sollten. Die einfachen Weißen (ein wenig trockener MUSCAT und VIOGNIER) und beschwingten Rosés sind Côtes-du-Rhône-Weine.

Beaumont des Crayères Champ sch – Genossenschaft an der Côte d'Épernay, deren Grande Réserve oJ auf PINOT-MEUNIER-Basis vorbildlich ist. Der Jahrgangschampagner Fleur de Prestige ist sein Geld mehr als wert (**04 06 08' 09** 12' 13 15'). Außerdem großartige CUVÉE Nostalgie (**02' 06 08**) auf CHARDONNAY-Basis und seit Kurzem Fleur de Meunier BRUT NATURE (**08**).

Beaune Côte d'Or r (w) ★★★ **02' 03 05' 07 08 09' 10' 11** 12 14 15' – Die historische Weinhauptstadt Burgunds ist der Sitz der HOSPICES DE BEAUNE und klassischer Weinhändler wie BOUCHARD, CHAMPY, CHAN-

SON, Maison J. DROUHIN, JADOT, LATOUR und Remoissenet. Aber auch junge Anwärter wie Gambal, Lemoine, LEROUX und Roche de Bellène sind hier ansässig. Es gibt keine GRAND-CRU-Lagen, aber einige anmutige, duftende PREMIER-CRU-Rotweine, z. B. aus Bressandes, Cras, Teurons und Vignes Franches, kraftvollere Gewächse aus Grèves. Zunehmend wird auch Weißwein erzeugt: Am besten ist der CLOS DES MOUCHES von Drouhin.

Becker, Caves J. El r w ★→★★★ Das Gut wird ökologisch bewirtschaftet und ist jetzt auch zertifiziert. Stilvolle Weine, u. a. der herrlich ausgewogene, mineralische GRAND CRU Froehn, den es als GEWÜRZTRAMINER und RIESLING (**06** **08** **10'** 13 14' 15') gibt. Der feine Riesling Mandelberg kann elegant ausfallen (**12**).

Bellet Prov r rs w ★★ Winzige AC, deren rund 48 ha innerhalb Nizzas liegen, doch wird der lokale Wein dort kaum beachtet. Die Weißweine von der Rolle-Traube sind überraschend langlebig und köstlich; von den Sorten Braquet und Folle noire werden leichte Rote bereitet (BV). Zehn tapfere Erzeuger halten die Stellung; empfehlenswert sind CH. de Bellet (am ältesten), CLOS St Vincent, Collet de Bovis, Les Coteaux de Bellet, DOM. de la Source und Toasc.

Frankreich

Bellivière, Domaine de Lo r w; s ★★→★★★ **05'** **07** **08** **09'** **10'** **11'** **13** 14 (15) – Christine und Eric Nicolas bewirtschaften ihre 15-ha-DOMAINE biologisch-dynamisch und erzeugen hervorragenden CHENIN BLANC aus JASNIÈRES und den COTEAUX DU LOIR sowie pfeffrigen roten Pineau d'Aunis.

Bergerac SWF r rs w; tr s ★→★★★ **09'** **10** **11** **12** 14 15 – An BORDEAUX grenzende AOP mit denselben Rebsorten, aber deutlich niedrigeren Preisen. Die trockenen und süßen Weißweine werden meist von SÉMILLON bereitet, die Roten überwiegend von MERLOT. Empfehlenswerte Erzeuger: Clos des Verdots und La Tour des Gendres (beide ★★★), außerdem die DOMAINES du Cantonnet, Jaubertie und Jonc Blanc sowie die CHÂTEAUX Thénac (Fleur de Thénac) und Tour de Grangemont (alle ★★). Weitere Erzeuger siehe die Sub-AOPs MONBAZILLAC, MONTRAVEL, PÉCHARMANT, ROSETTE und SAUSSIGNAC.

Berlioz, Domaine Gilles Sav – Die führende DOMAINE in CHIGNIN erzeugt strahlende Weißweine, darunter makelloser Chez l'Odette (von der Jacquère-Traube) und vollerer ROUSSETTE DE SAVOIE El Hem (»Wundermann«), benannt nach einem befreundeten Anwalt.

Berthet-Bondet, Domaine Jura – Erzeuger von umwerfendem VIN JAUNE aus CHÂTEAU-CHALON und Côte de Jura Naturé; Letzterer stammt von der SAVAGNIN-Traube und reift nicht unter Hefe-Flor. Außerdem köstlicher Rubis von den Rebsorten Trousseau, Poulsard und einem Spritzer PINOT NOIR.

Bertrand, Gérard Lang r rs w ★★ Leidenschaftlich ehrgeiziger Erzeuger, inzwischen einer der größten im MIDI: Villemajou (im CORBIÈRES-Cru Boutenac), Laville-Bertou (MINERVOIS-La Livinière), DOM. de l'Aigle (LIMOUX), Cigalus (IGP Hauterive) und la Sauvageonne (TERRASSES DU LARZAC). Aushängeschild ist CH. l'Hospitalet (La CLAPE), neu der höchst ambitionierte Clos d'Ora (Minervois-La Livinière).

Besserat de Bellefon Champ sch – Champagnerhaus in Épernay, das sich auf sanft schäumende Weine (nach Art des früheren CRÉMANT) spezialisiert hat. Gehört zu Lanson-BCC. Respektable Qualität, moderate Preise.

Beyer, Léon El r w ★★→★★★ Erzeuger intensiver trockener Weine, die häufig 10 Jahre und mehr Flaschenreife brauchen. Erlesener RIESLING Comtes d'Eguisheim (**08'** **10** 13 14') aus der GRAND-CRU-Lage PFERSIGBERG, was aber nicht auf dem Etikett steht. Ideale Weine für die gehobene Küche, die sich auf den Karten vieler Sternerestaurants finden. Seriöser PINOT NOIR (**10' 12** 15').

Bichot, Maison Albert Bg r w ★★→★★★ Bedeutendes Handelshaus mit eigenem Anbau, das zunehmend eindrucksvollere Weine in einem kraftvollen, recht eichenholzwürzigen Stil erzeugt. Die besten stammen von den eigenen DOMAINES wie LONG-DEPAQUIT (CHABLIS), CLOS Frantin (NUITS-ST-GEORGES) und Pavillon (BEAUNE).

Bienvenues-Bâtard-Montrachet Côte d'Or w ★★★→★★★★ **02' 04 05 06 07 08 09 10 11** 12 13 14' 15 – Die einen Tick leichtere und früher reifende Version des BÂTARD-MONTRACHET mit cremiger Textur. Am besten von CARILLON, Dom. FAIVELEY, Dom. LEFLAIVE, Pernot und Ramonet.

Billecart-Salmon Champ – Das Champagnerhaus in Familienbesitz hat jetzt einen finanzkräftigen Partner und erzeugt in Holzfässern vergorene, hervorragende Jahrgangs-CUVÉES. Ausgezeichneter CLOS St-Hilaire Blanc de Noirs (**96 98 99** 02'), NF Billecart (**98 99 02** 12'; Letzterer ★★★★), erstklassiger BLANC DE BLANCS (**08'**), sehr preiswerter BRUT (**04**) und feiner, bekömmlicher Extra Brut oJ (★★★). Die Cuvée Sous Bois wird ausschließlich in Eiche vinifiziert. Erlesene Cuvée Elisabeth Salmon Rosé (**02**; ★★★★).

Bize, Simon Côte d'Or r w ★★★ Das vorbildliche Weinangebot des 2013 verstorbenen Patrick Bize reichte von AC BOURGOGNE (rot und weiß) über eine Vielzahl feiner SAVIGNY-LÈS-BEAUNE-Abfüllungen bis hin zu LATRICIÈRES-CHAMBERTIN von stets unverändert hoher Qualität.

Blagny Côte d'Or r ★★→★★★ **99' 02' 03'** 05' **08 09' 10' 11 12** 13 14 15' – AC-Gemeinde auf einem Hügel oberhalb von MEURSAULT und PULIGNY-MONTRACHET. Die recht strengen Roten sind aus der Mode gekommen, seit die Winzer die Weinberge mit CHARDONNAY neu bestocken, um PREMIER CRU Meursault-Blagny zu erzeugen. Die besten Rotweinlagen sind Pièce sous le Bois, Sous le Dos d'Âne und La Jeunelotte. Beste Rotweinerzeuger: Matrot, Martelet de Cherisey.

Blanc de Blancs Ein Weißwein nur aus weißen Trauben, insbesondere bei CHAMPAGNER. Eine Bezeichnung für den Stil, nicht für Qualität.

Blanc de Noirs Weißwein aus roten Trauben (oft mit rosigem Schimmer); insbesondere CHAMPAGNER. Im Stil üblicherweise reichhaltig, manchmal sogar plump. Doch mit dem immer feiner werdenden PINOT NOIR und neuen Bereitungstechniken bahnen sich Veränderungen an.

Blanck, Paul et Fils El r w ★★→★★★ Erzeuger in Kientzheim mit großem Angebot. Die feinsten Gewächse stammen von den 6 ha des GRAND CRU Furstentum (RIESLING, GEWÜRZTRAMINER, PINOT GRIS) und von der Grand-cru-Lage SCHLOSSBERG (großartiger Riesling; **08' 10** 12 13 14). Hervorragende Qualität, faire Preise.

Blanquette de Limoux Lang w; sch ★★ Sehr preisgünstiger Schaumwein aus einem kühlen, hügeligen Gebiet südwestlich von Carcassonne, älter als CHAMPAGNER. Wird von 90 % Mauzac mit ein wenig CHARDONNAY und CHENIN BLANC bereitet. Die Gewächse der AC Crémant de Limoux mit Mauzac und möglicherweise PINOT NOIR sind eleganter. Die große Genossenschaft produziert unter dem Etikett Sieur d'Arques; weitere Erzeuger: Antech, Delmas, Laurens, CH. RIVES-BLANQUES, Robert.

Blaye Bx r ★→★★ **08 09' 10' 11 12 14** 15 – Bezeichnung für die besseren Rotweine (Ertragsbeschränkung, höhere Pflanzdichte, längere Reifung) aus der AC BLAYE – CÔTES DE BORDEAUX.

Blaye – Côtes de Bordeaux Bx r w ★→★★ **09' 10' 12 14 15** – AC am rechten Ufer der Gironde, hauptsächlich für – in der Regel preiswerte – Rotweine (mitunter mit Malbec-Anteil) und wenige trockene Weiße. Die besten CHÂTEAUX: Bel Air la Royère, Cantinot, Gigault (CUVÉE Viva), Haut-Bertinerie, Haut-Colombier, Haut-Grelot, Jonqueyres, Monconseil-Gazin, Mondésir-Gazin, Montfollet, Roland la Garde, Segonzac, des Tourtes. Für Weißweine: Ch. Charron und die Genossenschaft CAVE des Hauts de Gironde.

Boeckel, Domaine El – Das größte Gut im malerischen Mittelbergheim erzeugt vorbildliche Weine, darunter großartigen RIESLING, v.a. CLOS Eugénie (**08' 10' 12**), außerdem SYLVANER GRAND CRU Zotzenberg (**12 13**) voll aromatischer Komplexität und Klasse.

Boillot Côte d'Or r w – Verschiedene Erzeuger gleichen Nachnamens in Burgund. Rotweine mit Eichennote und feine, langlebige Weiße finden Sie bei Jean-Marc in POMMARD (★★★), mächtige Weiße und moderne Rote bei Henri (★★→★★★★; DOM. und Négociant in MEURSAULT), bei dem mit Ghislaine BARTHOD verheirateten Louis (★★★) in CHAMBOLLE-MUSIGNY sowie dessen Bruder Pierre in GEVREY-CHAMBERTIN (★★→★★★).

Boisset, Jean-Claude Bg r w – Überaus erfolgreiche, in den vergangenen 50 Jahren entstandene Handelsgruppe. Exzellente Weine vom eigenen Weingut DOM. de la VOUGERAIE. Die neuesten Errungenschaften waren der Ankauf der Marke Vincent GIRARDIN und des Erzeugers Henri Maire im Jura. Außerdem Unternehmungen in Kanada, Kalifornien (familiäre Verbindungen zu Gallo) sowie in Chile und Uruguay.

Boizel Champ – Hervorragender gereifter BLANC DE BLANCS oJ und Vorzeigeprodukt Joyau de France (**02' 06 08' 12' 15'**), Joyau Rosé (**04 06 08'** 12') sowie Grand Vintage Brut (**04 06 08' 09 12**) und CUVÉE Sous Bois. Schöne Qualität zu sehr günstigen Preisen.

Bollinger Champ – Großartiges klassisches Champagnerhaus, in Höchstform bei neueren Jahrgängen, z.B. Grande Année (**09** ★★★★; 08' **05 04 02' 00 97 96**). PINOT NOIR wird viel Beachtung geschenkt, fein ist der Grande Année Rosé (**05 04** 02); außerdem sehr guter Rosé oJ. Luxusmarken: R.D. (**00 02**) zum Einlagern, VIEILLES VIGNES Françaises (**02**) und der La Côte aux Enfants aus AŸ (**09'** 12'). Neuer Kellermeister. Siehe auch LANGLOIS-CHÂTEAU.

Bonneau du Martray, Domaine Côte d'Or r ★★ w ★★★★ Wegweisender Erzeuger von CORTON-CHARLEMAGNE aus der größten GRAND-CRU-Lage in Burgund. Prachtvolle Weine, die ihr Terroir zum Ausdruck bringen und noch zum Einlagern (etwa 10 Jahre) gemacht sind. Kleine Mengen von feinem rotem CORTON.

Bonnes-Mares Côte d'Or r ★★★→★★★★ **90' 91 93 95** 96' **98 99' 00 02' 03** 05' **06 07 08** 09' 10' 11 12' 13 14 – GRAND-CRU-Lage zwischen CHAMBOLLE-MUSIGNY und MOREY-ST-DENIS, die ein wenig von der wilderen Art der Morey-Gewächse hat. Robuste, langlebige Weine, weniger duftend als MUSIGNY. Spitzenerzeuger: BOUCHARD PÈRE ET FILS, Bruno CLAIR, Drouhin-Laroze, DUJAC, Groffier, JADOT, MUGNIER, ROUMIER, de VOGÜÉ, DOMAINE de la VOUGERAIE.

Bonnezeaux Lo w; s ★★★→★★★★ **89' 90' 95' 96' 97' 03' 05' 07' 09** 10' 11' 14 (15) – Voller, praktisch unendlich haltbarer CHENIN-BLANC-Wein aus einer nach Süden ausgerichteten 80-ha-Lage in den COTEAUX DU LAYON. Erzeuger: v.a. CH. de Fesles, Ch. les Grandes Vignes, DOM. du Petit Val, Ch. de Varière. Lassen Sie die Finger von den 2012ern, und da auch 2013 ein schwieriger Jahrgang war, warten Sie lieber auf 2014 oder 2015. Legendär ist 1947.

Bordeaux Bx r (rs) w ★→★★ **14 15** – Riesige, alles umfassende AC für Bordeaux-Weine (unter der fast die Hälfte der Produktion der Region läuft). Unterschiedliche, aber in der Regel wiedererkennbare Qualität, oft preiswert. Die meisten Markenweine (DOURTHE, Mouton Cadet, SICHEL)

Frankreich

fallen in diese Kategorie. Empfehlenswert: CHX. Bauduc, BONNET, Reignac, Tire Pé, Tour de Mirambeau.

Bordeaux Supérieur Bx r ★→★★ 08 09' 10' 12 14 15 – Eine Stufe über der einfachen AC BORDEAUX, mit vorschriftsmäßig etwas höherem Alkoholmindestgehalt, geringeren Erträgen und längerer Reifezeit. Das Gros der Produktion sind Erzeugerabfüllungen. Beständige Qualität von: Chx. de Camarsac, de Courteillac, La France, Grand Verdus, Grand Village, Grée-Laroque, Landereau, Parenchère, Penin, PEY LA TOUR (Réserve), Pierrail, Reignac, THIEULEY.

Borie-Manoux Bx – Erstklassiges Weinhandelshaus mit eigenen Gütern in BORDEAUX: u.a. CHX. BATAILLEY, BEAU-SITE, La CROIX DU CASSE, TROTTE VIEILLE und DOM. de l'EGLISE. Außerdem gehört MÄHLER-BESSE jetzt zum Besitz.

Bouchard Père et Fils Bg r w ★★→★★★★ Größter Weinbergbesitzer an der CÔTE D'OR mit Sitz auf Ch. de Beaune. Gute Weiße v.a. aus MEURSAULT und von GRANDS CRUS, z.B. CHEVALIER-MONTRACHET. Aushängeschilder unter den Roten sind BEAUNE Grèves Vigne de L'Enfant Jésus und VOLNAY Caillerets Ancienne CUVÉE Carnot. Die einfachen Weine sind okay. Wie auch die burgundischen Erzeuger William FÈVRE (CHABLIS) und Villa Ponciago (BEAUJOLAIS) im Besitz von HENRIOT.

Bouches-du-Rhône Prov r rs w ★ IGP in der Gegend um Marseille. Einfache, (hoffentlich) fruchtige Rotweine von Lokalrebsorten sowie CABERNET SAUVIGNON, SYRAH und MERLOT.

Bourgeois, Henri Lo r rs w ★★→★★★ 05 07 08 10 11 12 13 14' (15) – Der vorbildliche SANCERRE-Winzer und -Händler investiert beständig, v.a. in den Umgang mit dem Lesegut. Sehr gut sind die Weine der ACs POUILLY-FUMÉ, MENETOU-SALON, QUINCY, COTEAUX DU GIENNOIS, CHÂTEAUMEILLANT und der IGP Petit Bourgeois. Die Spitzengewächse entwickeln sich mit dem Alter oft sehr schön: MD de Bourgeois, La Bourgeoise (rot und weiß), Jadis und Sancerre d'Antan. Erzeugt unter dem Namen Clos Henri auch im neuseeländischen Marlborough Rot- und Weißwein.

Bourgogne Bg r (rs) w ★★ r 05' 09' 10' 12' 13 14 15'; w 12 13 14' 15 – Umfassende AC für Burgund; die Qualität reicht von Massenerzeugnissen bis zu preiswerten Schätzen aus Orten in Randlagen der CÔTE D'OR, ein Spitzentipp für Schnäppchenjäger. Manchmal wird der Unterbereich, z.B. CÔTE CHALONNAISE, Hautes Côtes oder eine lokale Möchtegernappellation wie Chitry, Tonnerre, VÉZELAY usw. an den AC-Namen angehängt. Die Hauptrebsorten sind PINOT NOIR und CHARDONNAY, aber auch herabgestufter BEAUJOLAIS Cru kann als Bourgogne etikettiert werden (und wird als Bourgogne GAMAY verkauft).

Bourgogne Passe-tout-grains Bg r (rs) ★ Burgundischer Verschnitt von PINOT NOIR (über 30%) und GAMAY – frisch, manchmal sogar flippig. Sollte 1–2 Jahre lagern und hält sich länger von Spitzengütern der CÔTE D'OR wie CHEVILLON, Clavelier, LAFARGE oder ROUGET.

Bourgueil Lo r (rs) ★★→★★★ 96' 03 05' 06 08 09' 10' 11 12 14 (15) – Dynamische AC (1.400 ha) mit körperreichen roten TOURAINE-Weinen und mächtigen, duftenden Rosés auf CABERNET-FRANC-Basis. Gute Jahrgänge können 40 Jahre und älter werden. Erzeuger: v.a. Yannick AMIRAULT, Audebert, DOM. de la Butte, Dom. de la Chevalerie, Courant, Gambier, Herlin, Lamé Delisle Boucard, Ménard, Minière, Nau Frères, Omasson, Rochouard. Siehe auch ST-NICOLAS-DE-BOURGUEIL.

Bouscassé, Château SWF r w ★★★ 05' 09' 10' 11 12 13 (14) (15) – Alain BRUMONTS Kellerei im Napa-Valley-Stil in MADIRAN. Die Weine erfordern dasselbe geduldige Warten wie sein CHÂTEAU MONTUS. Großartig ist der trockene PACHERENC DU VIC-BILH (mit sehr dezenter oder ganz ohne Eichennote) auf Basis der Weißweinsorte Petit Courbu.

Bouvet-Ladubay Lo (r) rs w; sch ★★→★★★ Führender Erzeuger von SAUMUR-Schaumwein, 2015 vom indischen Getränkekonzern United Spirits an die Familie Monmousseau zurückverkauft, nachdem er 41 Jahre zuvor von Taittinger erworben worden war. Chef im Haus ist Patrice Monmousseau, seine Tochter Juliette ist CEO. Bestes Gewächs ist die CUVÉE Trésor (weiß und rosé). Begründer und Gastgeber der jährlich stattfindenden Journées Nationales du Livre et du Vin (Literaturtage).

Bouzereau Côte d'Or r w ★★→★★★ Klopfen Sie in MEURSAULT an irgendeine Tür, und Sie haben gute Chancen, dass Ihnen ein Bouzereau öffnet. Die besten Weißweine erzeugen Jean-Baptiste (DOM. Michel Bouzereau), Vincent Bouzereau und Bouzereau-Gruère & Filles.

Bouzeron Bg w ★★ Ort an der CÔTE CHALONNAISE mit der einzigen auf ALIGOTÉ-Weine beschränkten AC. Das Potenzial ist größer und das Regelwerk strenger als für Weine der einfachen AC BOURGOGNE Aligoté. Gut sind Briday, Dom. FAIVELEY, Jacqueson, am besten ist die DOM. A. et P. de Villaine, die auch den Bourgogne Rouge La Digoine erzeugt.

Bouzy Rouge Champ r ★★★ **96 97 99 02 06 12** 15 – Roter Stillwein aus dem für PINOT NOIR berühmten Ort, ähnelte früher einem sehr leichten Burgunder, ist mittlerweile dank Klimawandel und besseren Weinbaumethoden aber intensiver. Sehr gut sind die Weine aus dem CLOS Colin (★★★).

Brocard, J.-M. Chablis w ★★→★★★ Vater Jean-Marc begründete in und um CHABLIS ein florierendes Unternehmen, Sohn Julien hat biodynamische Methoden eingeführt – eine erfolgreiche Verbindung von Geschäftssinn und Qualität. Kosten Sie den Chablis DOMAINE Sainte Claire.

Brouilly Beauj r ★★ **09' 13' 14'** 15' – Der größte der zehn BEAUJOLAIS-Crus: solide, abgerundete Weine mit leicht fruchtigem Tiefgang, die früh zugänglich, aber auch 3–5 Jahre haltbar sind. Spitzenerzeuger: CH. de la Chaize, Chermette, Dubost, Lapalu, Michaud, Piron, Ch. Thivin.

Brumont, Alain SWF r w ★★★ Obwohl sein leichterer Torus (★) und die preiswerten IGP-Gewächse dem Trend zu leichter zugänglichen MADIRAN-Weinen folgen, gründet sich Brumonts Ruf nach wie vor auf die Schwergewichte La Tyre, CH. MONTUS und Ch. BOUSCASSÉ (alle ★★) im Neue-Welt-Stil. Überragend sind die trockenen und süßen PACHERENC-DU-VIC-BILH-Weine (★★★).

Brut Champ – Bezeichnung für trockenen klassischen Schaumwein. In den letzten Jahren haben die meisten Champagnerhäuser die *dosage* (Zusatz von Süße) reduziert.

Brut Ultra/Zéro Bezeichnung für knochentrockene CHAMPAGNER (ohne *dosage*) – auch als BRUT NATURE bekannt –, die jetzt mit unterschiedlichem Erfolg wieder in Mode sind. Brauchen Reife, alte Reben und ein Maximum an Sorgfalt.

Bugey Sav r rs w; sch ★→★★ BV – Subalpine AC für leichte Schaum-, Perl- und Stillweine von Roussette (Altesse) und CHARDONNAY (gut). Am besten aus Montagnieu; auch Rosé de Cerdon, vorwiegend von GAMAY.

Buxy, Vignerons de Bg r (rs) w ★→★★ Führende Genossenschaft der CÔTE CHALONNAISE mit anständigem CHARDONNAY und PINOT NOIR. Der bei Weitem größte Lieferant für Weine der AC MONTAGNY.

Buzet SWF r (rs) (w) ★★ **12 14** (15) – BORDEAUX-Wein mit Gascogne-Touch. Führender Erzeuger der AOP ist die unkonventionelle, biologisch-dynamisch arbeitende DOM. du Pech (★★★). Ebenfalls empfehlenswert sind CH. du Frandat, Dom. Salisquet und Ch. de Salles (alle ★).

Cabernet d'Anjou Lo rs; lbl ★→★★ Zarter, lieblicher Rosé, bestens geeignet für einen Sommernachmittag. Bemerkenswert, wenngleich sehr sel-

Frankreich

ten sind die alten Jahrgänge (47 49; ★★★). Erzeuger: CH. PIERRE-BISE, Bablut, Dom. CADY, Chauvin, Clau de Nell, Grandes Vignes, Montgilet, Ogereau, de Sauveroy, Varière.

Cadillac – Côtes de Bordeaux Bx r ★→★★ **09' 10' 12 14 15** – In dem langgestreckten, schmalen, hügeligen Bereich am rechten Ufer der Garonne, gegenüber von GRAVES, wird vorwiegend MERLOT angebaut, außerdem CABERNET SAUVIGNON und CABERNET FRANC. Mittelschwere, frische Rotweine, die trockenen Weißen sind als AC BORDEAUX Blanc etikettiert. Am besten von: Alios de Ste-Marie, Biac, Carignan, Carsin, CLOS Chaumont, Clos Ste-Anne, Le Doyenné, Grand-Mouëys, Lezongars, Mont-Pérat, Plaisance, Puy Bardens, Reynon, de Ricaud und Suau.

Cady, Domaine Lo r rs w; s; sch ★★→★★★ tr **03 05' 07'**; s **09 10' 11'** 14 (15) – Sehr gute Winzerfamilie in St Aubin de Luigné im ANJOU mit trockenen Weißen, halbtrockenen Rosés und herrlich süßem COTEAUX DE LAYON, v. a. aus Les Varennes und Chaume.

Cahors SWF r ★★→★★★ **08 09' 10 11 12'** (14) (15) – Allmählich kristallisiert sich in der AC so etwas wie eine gemeinsame Tendenz heraus, mit drei Stilrichtungen: Einstiegsniveau, wuchtigere, teils eichenwürzige Weine und Muskelprotze. Erzeugt wird ausschließlich Rotwein von 70% MALBEC. Früh zugängliche Versionen bieten CLOS Coutale und Ch. Paillas (beide ★★), etwas mehr Zeit brauchen die Weine von Ch. Chambert (★★★) und den Châteaux Armandière, La Coustarelle, Croze de Pys, Gaudou, Nozières, Ponzac und Vincens, die DOMAINES de la Bérengeraie und Lo Domeni sowie Clos Troteligotte (alle ★★). Langlebige Gewächse kommen von den Gütern Clos de Gamot (★★★; CUVÉE Vignes Centenaires ★★★★) und Clos Triguedina. Weine im modernen Stil erzeugen Ch. du CÈDRE, Clos d'Un Jour, Les Croisille, Lamartine, La Périé, Dom. du Prince und La Reyne (alle ★★★) sowie La Caminade und Eugénie (beide ★★). Mit Abstand am besten ist die Kult-Domaine Cosse Maisonneuve (★★★★).

Cailloux, Les S-Rh r (w) ★★★ **78' 79' 81' 85' 89' 90' 95' 96' 98' 99 00' 01 03' 04' 05' 06' 07' 09'** 10' **11' 12'** 13' 14 15' – Die 18-ha-DOMAINE in CHÂTEAUNEUF-DU-PAPE erzeugt eleganten, tiefgründigen, blumigen GRENACHE – fröhliche, handwerklich bereitete Rote zu sehr günstigen Preisen. Die kostspielige, edle CUVÉE Centenaire wird aus den ältesten Grenache-Reben (von 1889) bereitet. Außerdem Weine unter dem Etikett Dom. André Brunel (v. a. der preiswerte rote CÔTES DU RHÔNE Est-Ouest) und der Marke Féraud-Brunel Côtes du Rhône (ordentlich).

Cairanne S-Rh r rs w ★★→★★★ **05' 06' 07' 09' 10' 11 12' 13' 14** 15' – Die Rot-und Weißweine der Gemeinde besitzen jetzt Cru-Status und rangieren damit oberhalb der Kategorie CÔTES DU RHÔNE-VILLAGES. Breites Spektrum an Qualitätserzeugern, charaktervolle Weine mit dunkler Frucht, Kräuternoten und rauchigen Tanninen. Besonders empfehlenswert: Alary (stilvoll), Amadieu (Ökoanbau), Ameillaud (fruchtig), Brusset (tiefgründig), Clos Romane, Escaravailles (mit Flair), Féraud-Brunel, Grosset, Hautes Cances (traditionell), Jubain, Oratoire St Martin (viel Klasse), Famille Perrin, Présidente, Rabasse-Charavin (ausdrucksstark) und Richaud (großartige Frucht). Außerdem Weiße mit schönem Körper, die gut zum Essen passen.

Canard-Duchêne Champ – Champagnerhaus im Besitz von Alain THIÉNOT. Jahrgangschampagner BRUT (**08' 09** 12 13), Prestige-CUVÉE Charles VII und Cuvée Léonie (★★). Die Cuvée Authentique aus Ökoanbau ist besser geworden (**08** 12 15'). Der Avize Gamin stammt aus einer Einzellage.

Canon-Fronsac Bx r ★★→★★★ **05' 06 08 09' 10' 11 12** 14 15 – Kleine Enklave in FRONSAC mit vielen Familienbetrieben und recht ähnlichen

Weinen. Die besten sind reichhaltig, voll, fein strukturiert. Empfehlenswerte CHÂTEAUX: Barrabaque, Canon Pécresse, Cassagne Haut-Canon La Truffière, La Fleur Caillou, du GABY, Grand-Renouil, Haut-Mazeris, MOULIN PEY-LABRIE, Pavillon, Vrai Canon Bouché.

Burgund für Einsteiger

Hier eine kurze Liste mit ein paar verlässlichen Adressen für all jene, die Burgund zum ersten Mal erkunden. Die meisten sind Händler (Négociants), da die Winzer meist ein begrenztes, auf den eigenen Wohnort konzentriertes Angebot haben, während die Auswahl bei den Handelshäusern größer ist.

Bouchard Père & Fils: Hoher Anspruch, aber begründet. Die Paradepferde sind recht teuer, bei den Village-Weinen, z. B. MEURSAULT oder VOLNAY, stimmt das Preis-Leistungs-Verhältnis jedoch absolut. Die DOM. William FÈVRE mit wirklich hochklassigem CHABLIS gehört ebenfalls zum Besitz, desgleichen Villa Ponciago in FLEURIE (BEAUJOLAIS).

Chanson Père & Fils: Nicht ganz so bekannt, doch das Haus bietet seit etlichen Jahren exzellente rote und weiße Burgunder. Mit den BEAUNE-Weinen tun Sie immer einen guten Griff.

Pierre-Yves Colin-Morey: Pierre-Yves, Abkömmling zweier bekannter burgundischer Familien, hat ein gutes Händchen für Weißwein. ST-AUBIN- und CHASSAGNE-MONTRACHET-Gewächse vorwiegend aus eigenem Weinbergbesitz sowie ein recht ansehnliches Sortiment an Négociant-CUVÉES.

Joseph Drouhin: Die Weißen sind ordentlich, doch in die Roten könnte man sich verlieben, angefangen vom einfachen AC BOURGOGNE bis hin zu den GRAND-CRU-Gewächsen – alle aus biologisch-dynamischem Anbau. Die Weine aus weniger berühmten ACs haben moderate Preise.

Domaine Faiveley: Der Händler ist nun selbst Erzeuger, mit Weinen von Lagen in ganz Burgund. Ihren Preis wert sind die Gewächse aus dem ausdehnten Besitz an der CÔTE CHALONNAISE (GIVRY, MERCUREY), von ungewöhnlich hoher Qualität jene von der gesamten CÔTE D'OR (v. a. die Roten). Neuerdings gibt es auch Chablis (DOM. Billaud-Simon).

Benjamin Leroux: Erst 2007 gegründetes Handelshaus mit gleichermaßen guten roten wie weißen Gewächsen, angefangen von den überdurchschnittlichen Weinen der einfachen AC Bourgogne bis hin zum unfangreichen Angebot an Abfüllungen aus den Côte-d'Or-ACs.

Domaine Tollot-Beaut: Generationen von Weinliebhabern haben ihre Liebe zum Burgunder mit den CHOREY-LÈS-BEAUNE-Gewächsen von Tollot-Beaut entdeckt. Sehr verlässliche Weine aller Qualitätsstufen, fruchtbetont und gestützt durch hochwertige Eiche.

Carillon, Louis Côte d'Or w ★★★ Klassischer Erzeugerbetrieb in PULIGNY-MONTRACHET, jetzt unter den beiden Brüdern aufgeteilt: Jacques führt die Tradition fort, François ist ehrgeiziger und hat neue Rebflächen für sich erschlossen. Spitzenquelle für PREMIERS CRUS, z. B. Combettes, Perrières und Referts. Die Rotweine sind weniger interessant.

Cassis Prov (r) (rs) w ★★ BV – Angesagter Küstenort östlich von Marseille, bekannt für leckere trockene Weiße auf der Basis von CLAIRETTE und MARSANNE, z. B. von CLOS Ste-Magdelaine, DOM. de la Ferme Blanche,

Fontcreuse, Paternel. Die Winzer kämpfen mit den Grundstücksmaklern, deshalb sind die Preise hoch.

Castillon – Côtes de Bordeaux Bx r ★★→★★★ **05' 08 09' 10' 12 14** 15 – Reizvoller Anbaubereich östlich von ST-ÉMILION – ähnliche Weine, in der Regel aber weniger füllig. Neuankömmlinge haben hier kürzlich kräftig investiert. Ein Fünftel der Betriebe arbeitet ökologisch oder biologisch-dynamisch. Spitzenerzeuger: de l'A, d'AIGUILHE, Alcée, Ampélia, l'Aurage, Joanin Bécot, Cap de Faugères, La Clarière-Laithwaite, Clos Les Lunelles, Clos Puy Arnaud, Côte Montpezat, Montlandrie, Moya, Poupille, Robin, Veyry, Vieux CHÂTEAU Champs de Mars.

Cathiard Côte d'Or r ★★★ Seit den 1990er-Jahren erzeugte Sylvain Cathiard strahlende, duftende Weine von Lagen in VOSNE-ROMANÉE (v. a. Les Malconsorts) und NUITS-ST-GEORGES (v. a. Aux Thorey, Murgers). Unter Sohn Sébastien, der das Gut seit 2011 leitet, geraten die Weine präziser, aber nicht mehr so offenkundig verführerisch.

Cave Kellerei; auch jede beliebige Weinfirma.

Cave coopérative Genossenschaftskellerei. Auf Betriebe dieser Art entfällt mehr als die Hälfte der französischen Weinerzeugung. Etliche Genossenschaften sind gut geführt und ausgestattet, mit Weinen, die ihren Preis wert sind, doch aufgrund der wirtschaftlich schwierigen Situation müssen viele Betriebe aufgeben.

Cazes, Domaine Rouss r rs w; s ★★→★★★ Der größte Erzeuger von Ökoweinen im ROUSSILLON, noch immer familiengeführt, inzwischen aber im Besitz von AdVini, verbindet Tradition mit Innovation. Zählte zu den Ersten, die hier MERLOT und CABERNET SAUVIGNON anpflanzten, setzt jetzt aber stärker auf MIDI-Rebsorten: Der Le Canon du Maréchal enthält SYRAH, und Le Crédo ist wie Ego und Alter ein CÔTES DU ROUSSILLON-VILLAGES. Außerdem sensationeller gereifter RIVESALTES namens CUVÉE Aimé Cazes. Weine aus BANYULS kommen vom Gut Les CLOS de Paulilles. Tolles Preis-Leistungs-Verhältnis.

Cèdre, Château du SWF r w ★★→★★★ **09' 10 11 12** (14) (15) – Anerkannter Anführer der modernen CAHORS-Stilrichtung. Le Prestige (★★★; seit 2006 umbenannt in CH. du Cèdre) reift schneller als die eichenwürzigen Spitzengewächse (★★). Außerdem köstlicher IGP-Weißwein von VIOGNIER (★★) und beachtlicher Weinhandel.

Cépage Rebsorte. Siehe Gesamtverzeichnis Seiten 13–26.

Cérons Bx w; s ★★ **07 09' 10' 11 13 14** 15 – Wenig bekannte, SAUTERNES benachbarte AC für Süßweine, die jedoch weniger intensiv sind: z. B. CH. de Cérons, Ch. Grand Enclos, Ch. Haura.

Chablis w ★★→★★★ **10' 11 12' 13** 14' 15 – Funkelnder CHARDONNAY mit einem Hauch mariner Mineralität aus dem nördlichen Burgund. Mein Standardweißwein, sofern er aus beschränktem Ertrag stammt und nicht mit Eichenwürze zugebombt wurde.

Chablis Grand cru Chablis w ★★★→★★★★ **00' 02' 05' 07' 08' 09 10' 11** 12' 13 14' 15 – Ein zusammenhängender Weinbergblock oberhalb des Flusses Serein bringt die konzentriertesten aller CHABLIS-Gewächse hervor; der Wein braucht Zeit, um seine Nuancen zu entfalten. Die sieben Lagen: Blanchots (blumig), Bougros (einschließlich Côte Bougerots), Les CLOS (in der Regel am besten), Grenouilles (würzig), Les Preuses (weich wie Kaschmir), Valmur (strukturiert) und Vaudésir (mit der nicht klassifizierten Enklave La Moutonne).

Chablisienne, La Chablis r w ★★→★★★ Hinter so manchem CHABLIS-Etikett verbirgt sich diese tatkräftige Winzergenossenschaft – eine große Nummer im Chablis. Die Weine sind durchweg solide, am besten ist der GRAND CRU CHÂTEAU Grenouilles.

Chablis Premier cru Chablis w ★★★ 02' 05' 08' 09 10' 11 12' 13 14' 15 – Höherpreisig als einfacher CHABLIS, aber lohnend. Die besseren Lagen erstrecken sich an sanften Hügeln, mit eher blumigen Weinen vom südlichen Serein-Ufer (Côte de Léchet, Montmains, Vaillons) und gelber Frucht vom Nordufer (Fourchaume, Mont de Milieu, Montée de Tonnerre).

Chaize, Château de la Beauj r ★★★ Eine Sehenswürdigkeit im BEAUJOLAIS: prachtvolles CHÂTEAU mit schönen Gartenanlagen, das seit sieben Generationen im selben Besitz ist. 99 ha zusammenhängende Rebfläche in BROUILLY.

Chablis

Nirgends findet der alles und alle erobernde CHARDONNAY einen besseren Ausdruck als in den vollen, aber straffen, klaren, mineralischen Weinen, die er auf den schweren Kalkböden in CHABLIS hervorbringt. Die besten Erzeuger machen wenig oder keinen Gebrauch von neuen Eichenfässern, um die deutliche Prägung durch Rebsorte und Terroir nicht zu überdecken: Barat, Bessin★, Samuel Billaud★, Billaud-Simon★, Boudin★, J.-M. BROCARD, J. Collet★, D. Dampt, S. Dampt, V. Dampt, V. DAUVISSAT★, B. Defaix, Droin★, DROUHIN★, Duplessis, Jean DURUP, FÈVRE★, Geoffroy, J.-P. Grossot★, LAROCHE, LONG-DEPAQUIT, DOM. des Malandes, L. Michel★, Christian MOREAU★, Moreau-Naudet, Picq★, Pinson ★, Piuze, RAVENEAU★, G. Robin★, Servin, Temps Perdu, Tribut, Vocoret. Einfacher Chablis ohne Zusatzbezeichnung ist oft dünn und Petit Chablis noch dünner; am besten sind PREMIER CRU und GRAND CRU. Die Genossenschaftskellerei La CHABLISIENNE hat einen hohen Standard (v.a. Grenouille★) und viele verschiedene Etiketten. (★ = herausragend)

Chambertin Côte d'Or r ★★★★ 90' 93 95 96' 98 99' 01 02' 03 05' 06 07 08 09' 10' 11 12' 13 14 15' – 13 ha (bzw. 28 ha inklusive CHAMBERTIN-CLOS DE BÈZE) bringen Burgunds gebieterischsten Wein hervor: erstaunlich dicht, opulent, langlebig und teuer. Nicht alle Erzeuger genügen diesem Anspruch; empfehlenswert sind BOUCHARD Père et Fils, Charlopin, Damoy, DROUHIN, DUGAT-Py, DOM. LEROY, MORTET, PRIEUR, Rémy, ROSSIGNOL-TRAPET, ROUSSEAU und TRAPET.

Chambertin-Clos de Bèze Côte d'Or r ★★★★ 88 89 90' 93 95 96' 98 99' 01 02' 03 05' 06 07 08 09' 10' 11 12' 13 14 15 – Prachtvoller Nachbar von CHAMBERTIN mit in der Jugend ein wenig zugänglicheren Weinen, die mit samtiger Textur und höchster Anmut glänzen. Am besten von: Bart, Bruno CLAIR, Damoy, DROUHIN, Drouhin-Laroze, FAIVELEY (v.a. Les Ouvrées Rodin), Groffier, JADOT, Prieuré-Roch, ROUSSEAU.

Chambolle-Musigny Côte d'Or r ★★★→★★★★ 90' 93 95' 96' 99' 02' 03 05' 07 08 09' 10' 11 12' 13 14 15' – Der Inbegriff der Eleganz an der CÔTE DE NUITS: Duft und seidige Textur bieten Gewächse aus den PREMIER-CRU-Lagen Les Amoureuses, Les Charmes, Cras und Fuées, während die Weine aus den GRAND-CRU-Lagen BONNES-MARES und MUSIGNY majestätisch ausfallen. Die Superstars unter den Erzeugern heißen BARTHOD, Groffier, MUGNIER, ROUMIER und de VOGÜÉ, empfehlenswert sind aber auch Amiot-Servelle, Bertheau, Digioia-Royer, DROUHIN, Felettig, HUDELOT-Baillet und RION.

Champagner Schaumwein von PINOT NOIR, PINOT MEUNIER und/oder CHARDONNAY aus der 33.705 ha großen Champagne, 150 km östlich von Paris, hergestellt nach der MÉTHODE CHAMPENOISE. Schaumwein ande-

Vereinzelung in der Champagne
Eine Auswahl empfehlenswerter Einzellagen- und Village-Champagner:

Agrapart Grand Cru Avize Vénus: Einer der besten Winzer in AVIZE mit erstklassigem Village-CHARDONNAY. Die Lage trägt den Namen der Stute, die einst bei der Weinbergarbeit half (und jetzt im Pferdehimmel ist). BRUT NATURE **02**.

Billecart-Salmon Clos St Hilaire: Früher ein Tennisplatz, heute ein Weinberg (Kalktuff). Sortenreiner PINOT NOIR mit Kraft und Finesse. Traumhaft aromatisch: **98**.

Clos d'Ambonnay: KRUGS kleine Pinot-noir-Lage erbringt Weine von erlesener Finesse, v. a. 95 98 **00**. Für Gutbetuchte.

Clos du Mesnil: Aus Krugs berühmter ummauerter Chardonnay-Parzelle mit Nordausrichtung kommen überaus strenge Weine, die viel Geduld erfordern. Höhepunkt war das Sonnenjahr **00**, ein Wunder an Frische **03**.

Clos des Goisses: PHILIPPONATS steiler, nach Süden ausgerichteter Weinberg am Kreuzungspunkt von Marne-Tal und Côte des Blancs – die Durchschnittstemperatur ist hier höher als anderswo in der Champagne. Der Name bedeutet »Schlag« und bezieht sich auf die Knochenarbeit im Frühjahr. Überragend: **02** (★★★).

Lancelot-Pienne Cuvée Marie Lancelot: Trägt den Namen der Tochter und zeigt den wunderbaren Schwung der besten Parzellen der Ortschaft Cramant. Klassischer Wein zum Einlagern von ätherischer Zartheit: **08**. Preiswert.

Marie-Noëlle Ledru: Der großartige Pinot noir Ambonnay Le Goulté **08** hält sich mindestens bis 2025.

Roederer Cristal Rosé: Die grandiose Luxus-CUVÉE aus einer Parzelle in AŸ ist die wohl ungewöhnlichste aller Roséversionen – Reinheit und Finesse. Besonderen Pep besitzt **96**.

Roger Brun Grand Cru Aÿ La Pelle: Die Pinot-noir-Lage liefert kraftvollen BLANC DE NOIRS (v. a. **02**): poliertes Gold, nuancenreiches Bukett, bewunderungswürdig weinige Art.

Anselme (Jacques) Selosse Cuvée Substance: Treffend benannter GRAND CRU Avize vom bekanntesten Winzer und Terroirspezialisten der Champagne. Ein Solera-System sorgt für Kontinuität bei dieser überaus intensiven und doch mineralischen Cuvée für Feinschmecker. Dekantieren und in Weingläsern statt Sektflöten kredenzen.

Taittinger Les Folies de la Marquetterie: So gut wie jeder Winzerchampagner ist dieses Gewächs vom Weinberg des familieneigenen CHÂTEAU in Pierry, dem Schlupfwinkel Voltaires: 55 % Chardonnay, 45 % Pinot noir, eine Orgie von Lychee- und Pfirsicharomen.

Vilmart Coeur de Cuvée: Einer der ersten Winzer, die es mit integriertem Weinbau und Vergärung im Eichenfass probierten. Subtile Eichenwürze und weinige Art vereint auf brillante Weise **06**.

rer Herkunft, so gut er auch sein mag, darf sich nicht Champagner nennen.

Champagne Le Mesnil Champ – Erstklassige Genossenschaft im großartigsten GRAND-CRU-Dorf für CHARDONNAY. Hervorragende CUVÉE Sublime (**04 08'** 12 13' 15'; ★★★★) von besten Lagen und beeindruckende Cuvée Prestige (**05 08**). Günstig.

Champs-Fleuris, Domaine des Lo r w rs; s; sch ★★→★★★ **05' 08 09' 10 11** 12 14 (15) – 43-ha-DOMAINE in Turquant mit preiswertem SAUMUR Blanc, SAUMUR-CHAMPIGNY (u. a. fruchtig-saftiger Audace mit Schraubverschluss), feinem CRÉMANT (z. B. Prestige Zéro) und saftigem COTEAUX DE SAUMUR namens CUVÉE Sarah.

Champy, Maison Bg r w ★★→★★★ Altes Weinhandelshaus (1720) mit Sitz in BEAUNE. Das Angebot ist eher solide als spektakulär, die besten Gewächse stammen aus der Umgegend des CORTON-Hügels.

Chandon de Briailles, Domaine Côte d'Or r w ★★→★★★ Bekannt für feine, leichtere, aber bukettreiche Rotweine, v. a. PERNAND-VERGELESSES, Île de Vergelesses und CORTON Les Bressandes. Stilistisch durch biologisch-dynamischen Anbau, jede Menge Stiele im Gärbottich und den Verzicht auf Eiche beim Ausbau gekennzeichnet. Einige Weine werden ohne Schwefelzusatz bereitet.

Chanson Père et Fils Bg r w ★→★★★ Ein altbekannter Name in BEAUNE, der jetzt für gute Qualität und faire Preisgestaltung steht. Probierenswert sind sämtliche roten und weißen Beaune-Weine, v. a. aber der rote CLOS des Fèves und der weiße CLOS DES MOUCHES. Außerdem großartiger weißer CORTON-Vergennes.

Chapelle-Chambertin Côte d'Or r ★★★ **90' 93 95 96' 99' 01 02' 03** 05' **07 08 09' 10'** 11 12' 13 14' 15' – 5,2 ha Anbaufläche in der Nachbarschaft von CHAMBERTIN; feingliedrige, weniger fleischige Weine. In kühleren Jahren sehr gut. Spitzenerzeuger: Damoy, Drouhin-Laroze, JADOT, ROSSIGNOL-TRAPET, TRAPET, Tremblay.

Chapoutier N-Rh ★★→★★★★ Redegewandter, ökologisch orientierter Winzer/Weinhändler, ursprünglich v. a. für HERMITAGE. In der Regel stilvolle Weine, viele davon CUVÉES aus kleinen, ertragsarmen Parzellen: füllige Châteauneuf-GRENACHE-Weine, z. B. Barbe Rac, Croix de Bois (rot), CÔTE RÔTIE La Mordorée; rote Hermitage-Weine L'Ermite (hervorragend) und Le Pavillon (tief, zupackend), weiße Hermitage-Weine Cuvée de l'Orée und Le Méal. Außerdem ST-JOSEPH Les Granits (rot und weiß). Von der nördlichen Rhône erstklassige, komplexe reinsortige MARSANNE-Weißweine. Preiswerter Crozes Meysonniers. Auch Besitzungen in den COTEAUX D'AIX-EN-PROVENCE, CÔTES DU ROUSSILLON-VILLAGES (guter DOM. Bila-Haut) und in RIVESALTES. Neben Weinbergbesitz im ELSASS gehören auch das BEAUJOLAIS-Handelshaus Trenel (seit 2015) und CH. des Ferrages in der Provence (seit 2016) zu Michel Chapoutiers Imperium; außerdem unterhält er Joint Ventures in Australien (v. a. Doms. Tournon und Terlato & Chapoutier mit feinen, duftenden Weinen) und Portugal (Estremadura).

Charbonnière, Domaine de la S-Rh r (w) ★★★ **95' 98 99' 00 01' 03 04 05' 06' 07' 09'** 10' **11'** 12' 13' 14 15' – Von Schwestern geführtes, fortschrittliches 17-ha-Gut in CHÂTEAUNEUF-DU-PAPE. Verlässliche Standardweine, bemerkenswerter, authentischer Mourre des Perdrix; auch Hautes Brusquières, L'Envol (neu) und VIEILLES VIGNES. Offenherziger, leckerer Weißer und authentischer roter VACQUEYRAS in geringen Mengen.

Chardonnay Nicht nur eine Weißweintraube, sondern auch der Name eines MÂCON-VILLAGES-Weinorts; daher Mâcon-Chardonnay.

Charmes-Chambertin Côte d'Or r ★★★ **90' 93 95 96' 99' 01 02' 03** 05' **06 07 08 09' 10'** 11 12' 13 14 15' – Weinberg mit 31 ha einschließlich der Nachbarlage MAZOYÈRES-CHAMBERTIN, von mittlerer GRAND-CRU-Qualität. Die besten Weine zeigen Noten von lebhafter, tiefgründiger Schwarzkirschfrucht, haben eine opulente Textur und einen angenehmen Abgang. Probieren Sie ARLAUD, BACHELET, DUGAT, DUJAC, Duroché, Jouan, LEROY, Perrot-Minot, Roty, ROUSSEAU, Taupenot-Merme oder VOUGERAIE.

Frankreich

Chassagne-Montrachet Côte d'Or r w ★★→★★★★ w **02' 04 05' 06' 07 08' 09' 10 11 12' 13** 14' 15 – Großes Dorf am Südende der CÔTE DE BEAUNE. Die GRANDS CRUS sowie z.B. die Lagen Blanchots, Caillerets und Romanée liefern großartige Weißweine. Die besten Roten kommen von den Lagen CLOS St-Jean und Morgeot, die anderen fallen rustikaler aus. Empfehlenswert sind die Erzeugerfamilien Coffinet, COLIN, GAGNARD, MOREY und Pillot, erstklassig die DOMAINES MOREAU, Niellon, Ramonet (auch die Roten) sowie CH. de la Maltroye. Allerdings wird zu viel mittelmäßiger Weißwein von Anbauflächen erzeugt, die für Rote besser geeignet wären.

Château Bezeichnung für ein Weingut, egal ob groß oder klein, gut oder mittelmäßig, v.a. in BORDEAUX gebräuchlich (s. Kapitel »Die Châteaux von Bordeaux«). Im wörtlicheren Sinn Schloss oder großes Haus. In Burgund herrscht der Ausdruck DOMAINE vor.

Château-Chalon Jura w ★★★ Kein Weingut, sondern eine AC und eine Ortschaft mit einzigartigem, trockenem, gelbem sherryähnlichem Wein von der SAVAGNIN-Traube. Entwickelt Flor (siehe Kapitel »Port, Sherry und Madeira«) bei der mind. 6 Jahre dauernden Reifung im Fass. Wahnsinnig teuer im Vergleich zum oft besseren Sherry. Nach der Abfüllung genussreif, hält sich aber ewig. Eine Kuriosität, doch großartig von Spitzenerzeugern: DOMS. BERTHET-BONDET, MACLE, Mossu.

Château-Grillet N-Rh w ★★ **91' 95' 98' 00' 01' 04' 05 06' 07' 08 09' 10' 11** 12' 13 14' 15' – Frankreichs kleinste AC mit halbkreisförmigem 3,6-ha-Weinberg auf lockerem Sand-Granit-Boden. Seit dem Erwerb durch F. Pinault von CH. LATOUR (siehe S. 98) im Jahr 2011 haben die Weine Riesenfortschritte gemacht, die Preise sind rasant gestiegen. Der VIOGNIER gibt sich jetzt glatter und zurückhaltender im Ausdruck: ein subtiler, großzügiger Wein, den man dekantieren und bei Kellertemperatur trinken sollte, am besten zu innovativer Küche (in einem hübschen Restaurant).

Châteaumeillant Lo r rs ★→★★ BV – Neue 86-ha-AC (seit 2010) südwestlich von Bourges. Von GAMAY und PINOT NOIR werden leichte Rote (75 % der Produktion), VIN GRIS und Rosé (zusammen 25 %) erzeugt. Sortenreiner Pinot noir wurde idiotischerweise verboten. Empfehlenswerte Erzeuger: BOURGEOIS, Chaillot, Lecomte, Joseph Mellot, Goyer, Rouzé, Roux und Siret-Courtaud.

Châteauneuf-du-Pape S-Rh r (w) ★★★→★★★★ **78' 81' 83 85 88 89' 90' 95' 96 98' 99' 00' 01' 03' 04' 05' 06' 07' 08** 09' 10' **11** 12' 13' **14** 15' – Gebiet bei Avignon mit rund 50 Weingütern, die die besten Weine erzeugen (die Qualität der anderen 85 ist gemischt bis dürftig). Verschnitte von bis zu 13 roten und weißen Rebsorten, angeführt von GRENACHE, plus SYRAH, MOURVÈDRE und Counoise. Die warmen, aromatischen, texturierten, langlebigen Gewächse sollten fein und reintönig sein, doch gibt es zu viele süße, schwere, schlicht süffige Weine (wie Robert Parker sie liebt). Kleinere, traditionelle Betriebe bieten oft ein gutes Preis-Leistungs-Verhältnis (großartig im Jahr 2010), während Prestigeweine von alten Reben (schlimmstenfalls späte Lese, Ausbau in neuer Eiche, 16 Vol.-%) häufig zu teuer sind. Die Weißen sind frisch und fruchtig oder robust; die besten halten sich 15 Jahre. Die bekanntesten Namen: CHX. de BEAUCASTEL, Fortia, Gardine (angenehm modern, auch Weiße), Mont-Redon, La NERTHE, RAYAS (einzigartig, fantastisch), Sixtine, Vaudieu; DOMS. de Barroche, Beaurenard, Bois de Boursan (preiswert), Bosquet des Papes (preiswert), les CAILLOUX, Chante Cigale, Chante Perdrix, CHARBONNIÈRE, Charvin (Weine mit Terroircharakter), Cristia, Font-de-Michelle, Grand Veneur (eichenwürzig), Marcoux (großartiger VIEILLES VIGNES), Pegaü, Roger Sabon, St-Préfert (geschmeidig), Sénéchaux (modern), VIEUX TÉLÉGRAPHE sowie Pierre André (traditionell), Henri Bonneau, Clos du Caillou, Clos du Mont-Olivet, CLOS DES PAPES, Clos St-Jean (süffig), P. Usseglio und Vieux Donjon.

Chave, Domaine Jean-Louis N-Rh r w ★★★★ **85' 88' 89' 90' 91' 94 95' 96 97 98' 99' 00 01' 03' 04** 05' **06' 07' 08** 09' 10' 11' 12' 13' 14' 15' – Erstklassige familiengeführte DOMAINE im Herzen von HERMITAGE mit ausgeklügelten Verschnitten von besten, vorwiegend westlich ausgerichteten Hanglagen. Klassische, fruchtstrotzende, geschmeidige, langlebige Rotweine (in letzter Zeit üppiger), gelegentlich auch teurer Cathelin. Sehr gute Weiße (v. a. von MARSANNE), manchmal auch fantastischer VIN DE PAILLE. Tiefgründiger, reichhaltiger roter ST-JOSEPH (2009 wurden Dom. Florentin und neue Weinberge zugekauft), fruchtige Abfüllung St-Joseph Offerus unter der Marke J.-L. Chave, herzerwärmender CÔTES DU RHÔNE Mon Cœur sowie solider Hermitage Farconnet (rot und weiß), den Chave als Négociant vertreibt.

Champagnererzeuger für 2017
Armand (Arnaud) Margaine, Fleury Pére et Fils, J-L Vergnon, Jacques Selosse, Jean-Luc Lallement, Lancelot-Pienne, Lilbert et Fils, Marie-Noëlle Ledru, Nicolas Maillart, Veuve Fourny, Vilmart.

Chavignol Lo – Führende Weinbaugemeinde in SANCERRE mit den beiden berühmten Steillagen Les Monts Damnés und Cul de Beaujeu. Der ton- und kalkhaltige Boden bringt körperreiche, mineralische Weiß- und Rotweine mit mind. 10 Jahren Reifezeit hervor; v. a. von Boulay, BOURGEOIS, Cotat, DAGUENEAU, Vincent Delaporte, Thomas Laballe, Yves & Pierre Martin, Alphonse MELLOT und Paul Thomas. Die Weißen passen wunderbar zu *Crottin de Chavignol* (oder anderem Ziegenkäse).

Chénas Beauj r ★★★ **09' 11' 12 13 14'** 15' – Der kleinste der BEAUJOLAIS-Crus liegt zwischen MOULIN-À-VENT und JULIÉNAS. Die Weine sind fleischig und können eingelagert werden, die Preise sind moderat. Probierenswert von: CH. Bonnet, DUBŒUF, LAPIERRE, Pacalet, Piron, Thillardon (kommender Star), Trichard und der Genossenschaft.

Chevalier-Montrachet Côte d'Or w ★★★★ **99' 00' 02' 04** 05' **06' 07' 08 09' 10 11** 12 13 14' 15 – Geografisch ein wenig oberhalb von MONTRACHET, im Hinblick auf die Qualität ein wenig unterhalb, bringt nichtsdestotrotz strahlende, kristalline Weine hervor, die sich lang halten, aber häufig auch früh zu genießen sind. Spezialcuvées aus der Lage Les Demoiselles von JADOT und LATOUR, aus La Cabotte von BOUCHARD. Spitzenerzeuger ist LEFLAIVE. Ebenfalls empfehlenswert: Dancer, Niellon, SAUZET.

Cheverny Lo r rs w ★→★★ **08 09' 10 11** 13 14 (15) – AC an der Loire bei Blois. Trockene Weißweine von SAUVIGNON BLANC und CHARDONNAY; leichte Rote, vorwiegend von GAMAY und PINOT NOIR (auch von CABERNET FRANC, CÔT). Reichhaltiger und faszinierend ist der reinsortig von der Romorantin-Traube bereitete weiße Cour Cheverny (50 ha), der Zeit zur Entfaltung braucht. Empfehlenswerte Erzeuger: Cazin, CLOS Tue-Bœuf, Gendrier, Huards, de Montcy, Philippe Tessier sowie die DOMS. de la Desoucherie, du Moulin, Veillox und Villemade.

Chevillon, R. Côte d'Or r ★★★ Spitzenerzeuger in NUITS-ST-GEORGES mit fairen Preisen. Die Weine sind in geschmeidigem, sinnlichem Stil bereitet. Von den besten Lagen, etwa Les St-Georges, Cailles und Vaucrains, fallen sie indes strukturierter aus.

Frankreich

Chidaine, François Lo (r) w; tr s; sch **08' 09 10' 11 13** 14 (15) – Biologisch-dynamisch arbeitender Erzeuger von exzellenten, sehr präzisen MONTLOUIS- und VOUVRAY-Weinen, v. a. im trockenen und halbtrockenen Stil. Besitzt auch den altehrwürdigen CLOS Baudoin (Vouvray). Die Weine von Rebflächen bei Chissay im Cher-Tal sind als AC TOURAINE etikettiert. Große, neue Kellerei in Husseau (Montlouis). Die Vinothek »La CAVE Insolite« in Montlouis gehört ebenfalls dazu.

Chignin Sav w ★ BV – Leichter, weicher Weißwein aus Jacquère-Trauben. Für Sommertage in den Alpen. Am besten und lebhaftesten ist Chignin-Bergeron (ROUSSANNE).

Chinon Lo r rs (w) ★★→★★★ **96' 03 05' 08 09' 10' 11 12 14'** (15') – AC mit 2.400 ha, davon 10 % für Rosé, 2 % für Weißwein. Von Sand-, Kies- und Kalksteinböden kommt leichter bis gehaltvoller CABERNET FRANC aus der TOURAINE. Spitzenjahrgänge halten sich 30 Jahre und mehr. Auch einige trockene CHENIN-BLANC-Weiße, teils in Holz ausgebaut. Empfehlenswerte Erzeuger: ALLIET, BAUDRY, BAUDRY-DUTOUR, CH. de la Bonnelière, Ch. de Coulaine, Pierre et Bertrand Couly, Couly-Dutheil, Grosbois, Jourdan-Pichard, Landry, DOM. de la Noblaie, Pain, Dom. de l'R, J. M. Raffault. Die 2014er sind hervorragend, die 2015er vielversprechend. Sieben westlich von Chinon gelegene Gemeinden sollen 2017 in die AC aufgenommen werden.

Chiroubles Beauj r ★★ **11' 12 13' 14** 15' – Sehr kleiner BEAUJOLAIS-Cru in den Hügeln oberhalb von FLEURIE; frischer, fruchtiger, seidiger Wein für baldigen Verbrauch (1–3 Jahre). Erzeuger: Cheysson, Coquelet, DUBŒUF, Fourneau, Métrat, Passot, Raousset, Trenel.

Chorey-lès-Beaune Côte d'Or r (w) ★★ **05' 09' 10' 11 12** 14 15' – So viele sind schon durch den Chorey-lès-Beaune von TOLLOT-BEAUT auf den Geschmack des roten Burgunders gekommen ... Angenehmer, erschwinglicher, zugänglicher kleiner Bruder der BEAUNE-Gewächse. Außerdem empfehlenswert: Arnoux, DROUHIN, JADOT.

Chusclan S-Rh r rs w ★→★★ **10' 12' 13 15'** – Eine der CÔTES DU RHÔNE-VILLAGES mit der überdurchschnittlichen Genossenschaft LAUDUN-Chusclan, die neben guten, klar konturierten Weißen und unkomplizierten Rosés auch zugängliche Rote erzeugt. Die besten Rotweinmarken der Genossenschaft sind DOM. de l'Olivette (Chusclan), Femme de Gicon (CÔTES DU RHÔNE) sowie LIRAC. Ferner voller CH. Signac (am besten ist Chusclan, mit Alterungspotenzial) und Dom. La Romance sowie Spezialcuvées von André Roux. Die meisten jung trinken.

Clair, Bruno Côte d'Or r rs w ★★★→★★★★ Erstklassiges Gut an der CÔTE DE NUITS mit geschmeidigen, subtilen, aromatischen Weinen: preiswerter MARSANNAY, La Dominode von alten Reben (SAVIGNY), CLOS ST-JACQUES und Cazetiers (beide GEVREY-CHAMBERTIN) sowie überragender CHAMBERTIN-CLOS DE BÈZE. Unter den Weißen am besten sind die MOREY-ST-DENIS- und CORTON-CHARLEMAGNE-Gewächse.

Clairet Bx – Sehr heller Rotwein, fast Rosé. BORDEAUX Clairet ist eine AC. Empfehlenswert: CH. Fontenille, Ch. Penin, Ch. Turcaud.

Clairette de Die N-Rh w; tr lbl; sch ★★ oJ – Unterschätzter, günstiger MUSCAT-Schaumwein mit Feuerstein- oder (besser) lieblicher Note aus dem Voralpenland. Auch trockener CLAIRETTE-Weißwein, 3–4 Jahre haltbar. Empfehlenswert: Achard-Vincent, Carod, Jaillance (preiswert), Poulet et Fils (Terroircharakter), J.-C. Raspail.

Clape, Auguste, Pierre und Olivier N-Rh r (w) ★★★→★★★★ **89' 90' 95' 97 98' 99' 00 01' 02 03' 04'** 05' **06' 07' 08** 09' 10' 11' 12' 13' 14' 15' – Die Könige von CORNAS. Netzwerk von zentral gelegenen, erstklassigen SYRAH-Rebflächen in Cornas, viele alte Reben. Tiefgründige, beständige, würzige Rotweine mit fantastischem Körper und nachklingenden Tanninen, die mind. 6 Jahre zur Entfaltung brauchen und 25 Jahre alt werden können. Lebhafte Frucht zeigt der Renaissance von jüngeren Reben. Außerdem guter CÔTES DU RHÔNE, VIN DE FRANCE (rot) und ST-PÉRAY.

Clape, La Lang r rs w ★★→★★★ Kleines Gebiet von Kalksteinhügeln an der Küste bei Narbonne, einst eine Insel. Warme, würzige Rotweine. Die ursprünglichen herben, salzigen Weißen auf BOURBOULENC-Basis altern erstaunlich gut. Neuerdings mit AC-Status und Klassifikation zum Languedoc-Cru; siehe COTEAUX DU LANGUEDOC. Gute Erzeuger: Chx. d'ANGLÈS, Camplazens, l'Hospitalet, Mire l'Etang, Moyau, La Négly, Pech-Céleyran, Pech-Redon, Ricardelle, Rouquette-sur-Mer und Mas du Soleila.

Climat Burgundischer Ausdruck für Einzellage, z. B. MEURSAULT Tesson oder BEAUNE Grèves.

Clos Ein prestigeträchtiger Ausdruck, einzelnen, meist umfriedeten Weinbergen vorbehalten, die sich oft in einer einzigen Hand befinden. In Burgund, der Champagne und im ELSASS häufig anzutreffen.

Clos de Gamot SWF r ★★★ **00 01' 02' 05' 08 09' 10 11** 12 (14) (15) – Die Familie Jouffreau erzeugt von ihren im 19. Jh. angepflanzten Reben exemplarischen MALBEC. Die CUVÉE Vignes Centenaires (★★★★), die nur in den besten Jahren bereitet wird, trotzt auf bewundernswerte Weise heutigen CAHORS-Moden, Rotwild und Wildschweinen. Der CLOS St-Jean (★★★★) auf einer Hügelkuppe wird momentan umgestaltet.

Clos de la Roche Côte d'Or r ★★★ **90' 93' 95 96' 98 99' 01 02' 03** 05' **06 07 08** 09' 10' **11** 12' 13 14 15' – Wohl der feinste GRAND CRU von MOREY-ST-DENIS. Die Weine besitzen ebenso viel Grazie wie Kraft und sind eher aromatisch (Blaubeere) als opulent. Brauchen viel Zeit zur Entfaltung. Sehr empfehlenswert von DUJAC und PONSOT, aber auch von Amiot, ARLAUD, Castagnier, Coquard, LEROY, Hubert LIGNIER, Lignier-Michelot, Remy und Dom. A. ROUSSEAU.

Clos des Lambrays Côte d'Or r ★★★ **99' 02 03** 05' **06 09' 10' 11** 12' 13 14 15' – GRAND-CRU-Lage in MOREY-ST-DENIS, auf die die DOMAINE du CLOS des Lambrays praktisch ein Monopol hat. Sie baut den Wein nach früher Lese in würzig-stämmigem Stil aus – ganz im Gegensatz zum benachbarten CLOS DE TART. Seit 2014 ist das Gut im Besitz des Luxusgüterkonzerns LVMH – die Preise sind bereits gestiegen, und womöglich stehen auch stilistische Veränderungen an.

Clos des Mouches Côte d'Or r w ★★★ **02** 05' **09' 10' 11** 14' 15 – Grandiose PREMIER-CRU-Lage in BEAUNE, deren Ruhm DROUHIN begründet hat. Würzige, denkwürdige Weiß- und Rotweine, die beständig gut sind. Empfehlenswert auch von BICHOT und CHANSON. Kaum bekannte Weinberge gleichen Namens existieren auch in SANTENAY (Clair, Moreau, Muzard) und MEURSAULT (Germain).

Clos des Papes S-Rh r w ★★★★ **89' 90' 95 98' 99' 00 01' 03' 04'** 05' **06'** 07' **08** 09' 10' 11 12' 13' 14' 15' – Stets erstklassiges CHÂTEAUNEUF-DU-PAPE-Gut der Familie Avril mit absichtlich sehr gering gehaltenen Erträgen. Gehaltvolle, komplexe, schön texturierte, neuerdings saftigere Rotweine (v. a. von GRENACHE und MOURVÈDRE; trinkreif mit 2–3 Jahren oder erst nach mind. 8 Jahren) sowie komplexe großartige Weiße (sechs verschiedene Rebsorten), denen man Zeit schenken und die zu feinen Speisen getrunken werden sollten. Halten 5–18 Jahre.

Clos de Tart Côte d'Or r ★★★★ **99' 00 01' 02' 03** 05' **06 07 08'** 09 10' 11 12 13' 14 15' – GRAND CRU in MOREY-ST-DENIS; der Wein hat unter Gutsleiter Sylvain Pitiot (1996 bis 2014) preislich, aber auch qualitativ erheblich zugelegt mit seiner kaftvollen, von spät gelesenen Trauben herrührenden Art. Ob er in der neuen Ära wohl an Frische gewinnt?

Clos de Vougeot Côte d'Or r ★★★→★★★★ **90' 93' 96' 99' 01 02' 03'** 05' **06 07 08** 09' 10' 11 12' 13' 14 15' – Gefeierter GRAND CRU an der CÔTE DE NUITS, unter viele Besitzer aufgeteilt. Manchmal von höchster Feinheit, v.a. mit zunehmendem Alter. Stil und Qualität des Weins hängen vom Können, von den Ideen und Techniken des Erzeugers sowie der Lage am Hang ab. Spitzenerzeuger: DROUHIN, EUGÉNIE, Faiveley, Forey, GRIVOT, Gros, HUDELOT-Noëllat, JADOT, LEROY, LIGER-BELAIR, MÉO-CAMUZET, MONTILLE, MORTET, MUGNERET, CH. de la Tour, Vougeraie.

Clos du Mesnil Champ – Von dem berühmten ummauerten Weinberg des Champagnerhauses KRUG in der GRAND-CRU-Lage Le Mesnil kommen besonders langlebige, reintönige CHARDONNAY-Jahrgangs-CUVÉES: Die 92er und 95er sind jetzt perfekt (halten aber mind. noch bis 2020), die 2000er sind sehr gut (★★★★) und die 2003er ein Wunder an Frische. 2008 und 2015 werden sich als großartige Klassiker erweisen.

Clos du Roi Côte d'Or r ★★→★★★ Die beste Parzelle des GRAND CRU CORTON; außerdem der beste PREMIER-CRU-Weinberg in MERCUREY, ein weniger guter in BEAUNE und eine Spitzenlage in MARSANNAY. Der König hat üblicherweise gut gewählt.

Clos Rougeard Lo r w; (s) ★★★★ **03 05' 06 07 08 09'** 10' 11 12 13 14 (15) – Die legendäre DOMAINE von Charly (gest. Dez. 2015) und Nady Foucault erzeugt Weine von großer Finesse, die sich im Lauf der Jahre prachtvoll entfalten: SAUMUR-CHAMPIGNY, SAUMUR Blanc und COTEAUX DE SAUMUR. Ausgebaut werden sie im renovierten, jetzt mit Schwerkraft betriebenen *chai*.

Clos St-Denis Côte d'Or r ★★★ **90' 93' 95 96' 99' 01 02' 03** 05' **06 07 08** 09' 10' 11 12' 13 14 15' – GRAND CRU in MOREY-ST-DENIS. Der Wein ist in der Jugend üppig und gewinnt mit zunehmendem Alter an seidiger Textur. Empfehlenswerte Erzeuger: ARLAUD, Bertagna, Castagnier, DUJAC, JADOT, Jouan, Leroux, PONSOT.

Clos Ste-Hune El w ★★★★ Die Spitzenabfüllung von TRIMBACH aus der GRAND-CRU-Lage ROSACKER (**89 08** 10 12 14 15') ist womöglich der großartigste RIESLING aus dem ELSASS – ein zunächst verschlossener Wein, der 5–10 Jahre und mehr Flaschenreife braucht, komplex und subtil mineralisch, perfekt zu feinen Fischgerichten. Trimbachs neu erworbener 1,9-ha-Besitz im GRAND CRU SCHLOSSBERG (erster Jahrgang: 2012) wird einen fesselnden Kontrast zum CLOS Ste-Hune bieten.

Clos St-Jacques Côte d'Or r ★★★ **90' 93 95 96' 98 99' 01 02' 03** 05' **06 07 08** 09' 10' 11 12' 13 14 15' – PREMIER-CRU-Hanglage in GEVREY-CHAMBERTIN mit perfekter Südostausrichtung. Erstklassige Erzeuger: CLAIR, ESMONIN, FOURRIER, JADOT und ROUSSEAU. Wuchtige, samtige Weine, die oft höher eingeschätzt werden als viele GRANDS CRUS.

Clovallon, Domaine de Lang ★★★ Als IGP-Weine Haute Vallée de l'Orb werden der elegante PINOT NOIR Les Pomarèdes und der ursprüngliche weiße Verschnitt Auriéges erzeugt. Außerdem AC FAUGÈRES Presbytère und Montfalette (beide ★★★) unter dem Namen Mas d'Alezon.

Coche-Dury Côte d'Or r w ★★★★ Die ausgezeichnete DOMAINE in MEURSAULT wird von Jean-François Coche und seinem Sohn Raphaël geführt. Außergewöhnliche Weißweine von ALIGOTÉ bis CORTON-CHARLEMAGNE sowie sehr schöne Rotweine. Machen sich rar.

Colin Côte d'Or r w ★★★→★★★★ Führende Erzeugerfamilie in CHASSAGNE-MONTRACHET und ST-AUBIN. Die junge Generation erregt Aufsehen mit brillanten Weißen, v.a. Pierre-Yves Colin-Morey und Philippe

Colin. Die DOMAINE Marc Colin ist eine verlässliche Quelle für klassische Gewächse.

Collines Rhodaniennes N-Rh r w ★★ Die IGP an der nördlichen Rhône hat Charakter und Qualität zu bieten: Rote von Granithanglagen mit klarer Frucht zu sehr günstigen Preisen, oft von Spitzenerzeugern. Können auch Lesegut von jungen Reben der CÔTE RÔTIE enthalten und werden vorwiegend von SYRAH (die besten) bereitet, plus MERLOT und GAMAY. Die Weißen werden von der Miniaturausgabe eines CONDRIEU VIOGNIER angeführt, dazu CHARDONNAY. Rotweine von: Bonnefond, L. Cheze, J.-M. Gérin, Jamet (sehr gut), Jasmin, Monier-Pérreol, M. & S. Ogier, A. Perret und S. Pichat. Weißweine von: Alexandrins, Barou, Y. Cuilleron, A. Perret (sehr gut) und G. Vernay (sehr gut).

Collioure Rouss r rs w ★★→★★★ Zwillingsappellation von BANYULS für Tischweine von denselben spektakulären Küstenlagen. Charaktervolle Rotweine, meist GRENACHE, mit spürbarem maritimem Einfluss. Die probierenswerten Weißen basieren auf GRENACHE BLANC und seit 2002 auch auf Grenache gris (besser). Spitzenerzeuger: Bila-Haut, Le Clos de Paulilles, Coume del Mas, Madeloc, DOM. du Mas Blanc, Dom. de la Rectorie, Dom. La Tour Vieille, Dom. Vial-Magnères sowie die Genossenschaften Cellier des Templiers und Banyuls l'Etoile.

Frankreich

Comté Tolosan SWF r rs w ★→★★ IGP für Weine aus ganz Südwestfrankreich, meist BV. In der Regel nicht weiter erwähnenswert, doch CH. de Cabidos (★★★) mit trockenem und süßem PETIT MANSENG, DOM. de Moncaut (durch und durch JURANÇON, außer im Namen; ★★) und die wegweisende Dom. de RIBONNET (★★) mit Weinen aller Farben ragen aus der Masse heraus.

Condrieu N-Rh w ★★★ **08' 09 10' 11' 12' 13 14' 15** – Blumiger Weißwein von Granithängen aus der Heimat des VIOGNIER mit moschusartigen Aromen von Aprikose und Pfirsich. Die Besten sind kühl, reintönig und präzise und passen wie kaum ein anderer Weißer zu Spargel; bei den weniger guten Exemplaren ist zu viel Eiche, Süße, Alkohol und Geschäftssinn im Spiel. 75 Winzer mit unterschiedlicher Qualität. Führende Erzeuger: Benetière (charaktervoll), CHAPOUTIER, Y. Cuilleron, DELAS FRÈRES, Faury (v.a. La Berne), Gangloff (großartige Stilistik), X. Gérard (preiswert), GUIGAL (wuchtig), F. Merlin, Niéro, A. Perret (alle drei Weine sind gut), C. Pichon, ROSTAING, G. Vernay (fein, klassisch), F. Villard (in letzter Zeit leichtere Weine).

Corbières Lang r (rs) (w) ★★→★★★ **08 09 10 11 12** 13 14 15 – Die größte AC des LANGUEDOC mit der Cru-Lage Boutenac. Die Weine sind so vielfältig und mitunter verwegen wie die Landschaft, die sich von den Lagunen an der Küste bis in die Berge mit ihrem heißen, trockenen Klima erstreckt. Empfehlenswerte Erzeuger: CHÂTEAUX Aiguilloux, Aussières, de Cabriac, la BARONNE, Borde-Rouge, Les Clos Perdus, Lastours, Ollieux Romanis, Les Palais, Pech-Latt, la Voulte Gasparets und die DOMAINES Grand Arc, Grand Crès, Fontsainte, Serres-Mazard, Trillol, Vieux Parc, Villemajou und Villerouge sowie Clos de l'Anhel. Genossenschaften: Camplong und Castelmaure.

Cornas N-Rh r ★★★ **78' 83' 85' 88' 89' 90' 91' 94' 95' 96 97' 98' 99' 00' 01' 02 03' 04 05' 06' 07' 08** 09' 10' **11' 12'** 13' 14 15' – Derzeit sehr angesagter SYRAH in Spitzenqualität von der nördlichen Rhône. Tiefgründiger, fruchtstrotzender, mineralisch getönter Wein, den man z. T. jung (mit lebhafter Frucht) trinken kann, oft jedoch mind. 5 Jahre lagern muss. Der Jahrgang 2010 ist umwerfend. Spitzenerzeuger: ALLEMAND (der Zweitbeste), Balthazar (traditionell), M. Barret (besser geworden, Biowein), Clape (ist der Maßstab), Colombo (neue Eiche), Courbis (modern), Delas Frères,

J. & E. Durand (rassige Frucht), G. Gilles, JABOULET AÎNÉ (CUVÉE St-Pierre), Lemenicier, V. Paris, Tardieu-Laurent (Eichenausbau), Dom. du Tunnel, Voge (Eiche).

Corton Côte d'Or r (w) ★★★ **90' 95 96' 99' 01 02' 03'** 05' **06 07 08** 09' 10' 11 12' 13 14 15' – 160 ha klassifiziert als GRAND CRU sind viel zu viel – nur wenige Corton-Spitzenlagen wie CLOS DU ROI, Les Bressandes und Le Rognet verdienen diese Einstufung tatsächlich, andere erbringen eher mittelmäßige, weichere Weine. Empfehlenswerte Erzeuger: d'Ardhuy, BONNEAU DU MARTRAY, BOUCHARD, DOM. CHANDON DE BRIAILLES, Dom. des Croix, Dubreuil-Fontaine, Dom. FAIVELEY, Camille Giroud, MÉO-CAMUZET, ROMANÉE-CONTI, Senard, TOLLOT-BEAUT. Gelegentlich auch Weißwein, etwa von den HOSPICES DE BEAUNE und CHANSON aus der Lage Vergennes.

Corton-Charlemagne Côte d'Or w ★★★→★★★★ **99' 00' 02' 03 04 05' 06 07' 08** 09' 10' 11 12' 13 15 – Potenziell strahlender GRAND-CRU-Weißwein aus Burgund, stilistisch zwischen MONTRACHET und CHABLIS Grand cru angesiedelt. Wächst auf den nach Südwesten und Westen ausgerichteten Kalksteinlagen des Corton-Hügels, dazu kommt ein östlicher Streifen um den Gipfel herum. Herrlich nervig und mit Alterungspotenzial, das allerdings häufig ungenutzt bleibt. Spitzenerzeuger: Bonneau du Martray, BOUCHARD, Coche-Dury, FAIVELEY, HOSPICES DE BEAUNE, JADOT, P. Javillier, LATOUR, Rapet, Rollin, Vougeraie.

Costières de Nîmes S-Rh r rs w ★→★★ **10' 11 12' 13 15'** – Anbaugebiet an der südlichen Rhône südwestlich von CHÂTEAUNEUF-DU-PAPE mit hohem Qualitätsanspruch und ähnlich steinigen Böden. Die Roten (GRENACHE, SYRAH) entfalten sich schön und bieten würzige Frucht sowie ein gutes Preis-Leistungs-Verhältnis. Am besten von den CHÂTEAUX Grande Cassagne, Mas des Bressades (erstklassige Frucht), Mas Carlot (schöne Frucht), Mas Neuf, Mourgues-du-Grès, de Nages, d'Or et des Gueules, Roubaud, Tour de Béraud sowie den DOMAINES M. KREYDENWEISS, Petit Romain, Tardieu-Laurent, du Vieux Relais. Dazu gute, lebhafte Rosés sowie stilvolle Weiße (ROUSSANNE).

Côte Chalonnaise Bg r w; sch ★★ Weinbaugebiet unmittelbar südlich der CÔTE-D'OR-Weinberge mit leichteren und nicht ganz so teuren Weinen. Aus BOUZERON kommen Weiße von der ALIGOTÉ-Traube, aus Mercurey und GIVRY strukturierte Rote und interessante Weiße, aus Rully zugängliche, fruchtbetonte Weine beider Farben und aus MONTAGNY eher schlanker CHARDONNAY. Die Region braucht trotzdem noch ein richtiges Zugpferd.

Côte d'Or Bg – Departementname, gilt für den mittleren und Hauptteil der burgundischen Weinberghänge, bestehend aus der CÔTE DE BEAUNE und der CÔTE DE NUITS. Der Name wird auf Etiketten nicht verwendet, außer für die längst überfällige AC BOURGOGNE Côte d'Or, die demnächst eingeführt werden soll.

Côte de Beaune Côte d'Or r w ★★→★★★★ Die südliche Hälfte der CÔTE D'OR, aber auch ein eigenständiger AC-Bereich auf der Hügelkuppe oberhalb von BEAUNE. Empfehlenswert: DROUHIN.

Côte de Beaune-Villages Côte d'Or r ★★ **09' 10' 11 12** 14 15' – Rotweine aus den geringeren Gemeinden der Südhälfte der CÔTE D'OR, heutzutage in der Regel Négociant-Verschnitte.

Côte de Brouilly Beauj r ★★ **09' 11' 13' 14** 15' – Der Wein von den Flanken des Mont Brouilly dürfte ruhig teurer und berühmter sein. Empfehlenswert: J.-P. Brun, L. Martray, CH. Thivin.

Côte de Nuits Côte d'Or r (w) ★★→★★★★ In der nördlichen Hälfte der CÔTE D'OR wird nahezu ausschließlich Rotwein erzeugt: MARSANNAY,

FIXIN, GEVREY-CHAMBERTIN, MOREY-ST-DENIS, CHAMBOLLE-MUSIGNY, VOUGEOT, VOSNE-ROMANÉE, NUITS-ST-GEORGES.

Côte de Nuits-Villages Côte d'Or r (w) ★★ **05' 09' 10' 12'** 13 14 15 – Eine neuere AC für das äußerste Nord- und Südende der CÔTE DE NUITS; oft sehr preiswerte Weine. Langsam kommen Einzellagenabfüllungen auf den Markt. Probieren Sie: Ardhuy, BACHELET, Chopin, Gachot-Monot, Jourdan oder Loichet.

Côte Roannaise Lo r rs ★★ **12 13 14' 15'** – Aufstrebende Qualitäts-AC auf den niedrigeren Hängen der hohen Granithügel westlich von Roanne. Schöner, saftig-fruchtiger GAMAY, teilweise durchaus ernst zu nehmen. Empfehlenswert: Désormiere, Fontenay, Giraudon, Paroisse, Plasse, Pothiers, Sérol, Vial. Auch IGP-Weißwein Urfé von ALIGOTÉ, CHARDONNAY, ROUSSANNE und VIOGNIER.

Côte Rôtie N-Rh r ★★★→★★★★ **78' 85' 89' 90' 91' 95' 98' 99' 00 01' 03' 04 05' 06' 07' 08** 09' 10' **11 12'** 13' 14 15' – Der feinste Rhône-Rotwein, v. a. von SYRAH plus etwas VIOGNIER; stilistisch vergleichbar mit Burgunder. Duftet nach Veilchen, ist reintönig, komplex und sehr fein mit zunehmendem Alter (nach 5–10 oder mehr Jahren). Sensationell und sehr langlebig ist der Jahrgang 2010, fabelhaft 2015. Beste Erzeuger: Barge (traditionell), Bernard, Bonnefond (Eiche), Bonserine (im Besitz von GUIGAL), Burgaud, CHAPOUTIER, Clusel-Roch (Ökoanbau), DELAS, Duclaux, Gaillard (Eiche), Garon, J.-M. Gérin (Eiche), Guigal (langer Eichenausbau), Jamet (herrlich), Jasmin, Lafoy, Levet (traditionell), M. & S. Ogier (Eiche), DOM. de Rosiers, Rostaing (fein), J.-M. Stéphan (öko), VIDAL-FLEURY (La Chatillonne).

Coteaux Bourguignons Bg ★ BV – Die seit 2011 vorwiegend für Rotweine (GAMAY, PINOT NOIR) geltende AC ersetzt die AC BOURGOGNE Grand Ordinaire. Sie wird v. a. für schwer verkäuflichen einfachen BEAUJOLAIS in Anspruch genommen, der unter diesem »schickeren« Namen eine Aufwertung erfährt. Große burgundische Handelshäuser bekunden Interesse. Auch geringe Mengen Weißwein von ALIGOTÉ, CHARDONNAY, MELON DE BOURGOGNE, PINOT BLANC und PINOT GRIS.

Coteaux Champenois Champ r (rs) w ★★★ BV (Weißwein) – Die AC für die Stillweine der Champagne, z. B. BOUZY. Jahrgänge wie bei CHAMPAGNER. Die Rotweine gewinnen im Zuge des Klimawandels und besserer Weinbaupraktiken (v. a. **09** 12').

Coteaux d'Aix-en-Provence Prov r rs w ★★ Ausgedehnte AC ohne echte Identität in den Hügeln um Aix und in der in der Nähe gelegenen Ebene nördlich des Étang de Berre. Bunter Rebsortenmix mit Trauben sowohl aus BORDEAUX als auch dem MIDI. Am besten sind die Rotweine, v. a. von den CHÂTEAUX Bas, Beaupré, Calissanne, Revelette, Vignelaure sowie den DOMAINES Les Bastides, Les Béates, La Réaltière. Siehe auch Les BAUX-DE-PROVENCE.

Coteaux d'Ancenis Lo r rs w; (s) ★→★★ **14 15** meist BV – AOP (200 ha) zwischen Nantais und ANJOU. Erzeugt werden v. a. trockene, halbtrockene und süße Weißweine von CHENIN BLANC sowie alterungswürdiger Malvoisie (PINOT GRIS); außerdem leichte Rotweine und Rosés, v. a. von GAMAY plus CABERNET FRANC und CABERNET SAUVIGNON. Empfehlenswert: Athimon et ses Enfants, Pierre Guindon, Pléiade, Quarteron.

Coteaux de Chalosse SWF r rs w ★ BV – Bescheidene IGP-Weine aus Les Landes von lokalen Rebsorten, vorwiegend in den Restaurants der Region zu finden und mit TURSAN vergleichbar – die beiden Genossenschaften haben sich zu La CAVE des VIGNERONS Landais zusammengeschlossen.

Frankreich

Coteaux de Glanes SWF r rs ★★ BV – IGP-Wein vom Oberlauf der Dordogne, komplett von der örtlichen Genossenschaft erzeugt und lokal sehr beliebt. Die Ségalin-Traube verleiht den Verschnitten von MERLOT und GAMAY zusätzlichen Pep.

Coteaux de l'Ardèche S-Rh r rs w ★→★★ Bergiges Gebiet westlich der Rhône mit vielfältigem, an Qualität zulegendem, oft preiswertem Angebot. Neue Erzeuger und frische, z.T. in Eiche (buh!) ausgebaute Rote sowie VIOGNIER (z.B. Mas de Libian, CHAPOUTIER) und MARSANNE. Die besten Rotweine sind von SYRAH bereitet, außerdem GAMAY (oft von alten Reben) und CABERNET SAUVIGNON (Serret). Burgunderartigen, verhaltenen Ardèche-CHARDONNAY erzeugt Louis LATOUR (der Grand Ardèche bekommt sehr viel Eiche mit). Empfehlenswert: DOMAINES du Colombier, Favette, Flacher, Grangeon, Mazel und Vigier sowie CH. de la Selve.

Coteaux de l'Aubance Lo w; s ★★→★★★★ **89' 90' 95' 96' 97' 02 03 05' 07' 09** 10' **11' 13** 14 (15) – Kleine AC für lagerfähige Süßweine von CHENIN BLANC. Von sanfteren Hügeln (südlich der Loire bei Angers), nerviger und allgemein weniger üppig als COTEAUX DU LAYON, ausgenommen SÉLECTION DE GRAINS NOBLES. Oft recht günstig. Erzeuger: v.a. Bablut, Haute-Perche, Montgilet, CH. Princé, Richou, Rochelles, Ch. la Varière. Die Jahrgänge 2014 und 2015 sind gut ausgefallen.

Coteaux de Saumur Lo w; s ★★→★★★ **05 07' 09 10' 11'** 14' (15) – Süßer CHENIN BLANC aus von Hand gelesenen Trauben, der an COTEAUX DU LAYON erinnert, aber zarter, zitrusfruchtiger und nicht so voll ist, weshalb er nicht zu Süßspeisen passt. Erzeuger: v.a. Dom. des CHAMPS-FLEURIS, CLOS ROUGEARD, Régis Neau, Targé, Vatan. Der Jahrgang 2014 ist gut, 2015 zeigt Potenzial.

Coteaux des Baronnies S-Rh r rs w ★ BV – IGP-Wein an der Rhône, dessen Rebgut auf hoch gelegenen Hängen inmitten von Weideland östlich von VINSOBRES spät ausreift: SYRAH (am besten), MERLOT, CABERNET SAUVIGNON und CHARDONNAY (gut und günstig) sowie GRENACHE, CINSAULT usw. Es sind echte Landweine: besser werdende einfache Rote, außerdem frischer VIOGNIER. Probierenswert sind die DOMAINES Le Mas Sylvia, du Rieu-Frais und Rosière.

Coteaux du Giennois Lo r rs w ★→★★ BV – Kleine AC (196 ha) nördlich von Pouilly mit verstreut liegenden Weinbergen von Cosne bis Gien. Der zitrusfruchtige SAUVIGNON BLANC (von 103 ha) wirkt wie ein kleiner Bruder des SANCERRE oder POUILLY-FUMÉ und kann sehr gut sein. Leichte Rotweine, die durch das gesetzlich festgelegte Verschnittrezept GAMAY/PINOT NOIR nicht eben begünstigt sind. Am besten von: Émile Balland, Jean Marie Berthier (v.a. L'Inédit), BOURGEOIS, Catherine & Michel Langlois, Paulat, Treuillet, Villargeau.

Coteaux du Languedoc Lang – Das LANGUEDOC ist ein sehr großes Gebiet, und nicht alle ACs besitzen eine ausgeprägte eigene Identität – orientieren Sie sich lieber an den Erzeugern. Zu den Subregionen zählen Quatourze, Pézenas, Grès de Montpellier, Cabrières und St-Saturnin, wo in der Regel Languedoc-Sorten kultiviert werden. In den kleinen Bereichen Cabardès und Malepère trifft BORDEAUX auf MIDI. Die ebenfalls sehr kleine AC CLAIRETTE du Languedoc erzeugt traditionsreichen Weißwein.

Coteaux du Layon Lo w; s ★★→★★★★ **89 90 95 96 97 03 05' 07' 09** 10' 11' **13** 14' (15) – Das Kernstück von ANJOU, mit süßem, im Bestfall fast unendlich haltbarem CHENIN BLANC von variierendem Süßegrad, doch stets wundervoller Säure. Sieben Orte können ihren Namen vor die AC setzen, wobei Chaume als PREMIER CRU klassifiziert ist. Spitzenappellationen: BONNEZEAUX, QUARTS DE CHAUME. Erzeuger: Baudouin, DOM.

des BAUMARD, Pierre Chauvin, Delesvaux, des Forges, Guegniard, Juchepie, Ogereau, CH. Pierre-Bise, Pithon-Paillé. Lassen sie die 2012er (Starkregen im Oktober) links liegen und greifen Sie zum Jahrgang 2014 oder 2015.

Coteaux du Loir Lo r rs w; tr s ★→★★★ **05' 08 09' 10' 11 13'** 14' 15' – Der Loir ist ein von Norden kommender Nebenfluss der Loire; das dazugehörige Weinbaugebiet mit den Appellationen Coteaux du Loir und JASNIÈRES ist ebenso malerisch wie dynamisch. Stahlige, feine, präzise bereitete Weine von CHENIN BLANC, dazu GAMAY, pfeffriger, gelegentlich schäumender Pineau d'Aunis sowie Grolleau (rosé), CABERNET und CÔT. Spitzenerzeuger: Ange Vin, DOM. de BELLIVIÈRE, Breton, Le Briseau, Fresneau, Gigou, Janvier, Les Maisons Rouges, de Rycke. Die Erträge der Jahrgänge 2013, 2014 und 2015 waren gering, aber gut.

Coteaux du Lyonnais Beauj r rs (w) ★ BV – Kleinere AC des BEAUJOLAIS. Als PRIMEUR-Weine am besten.

Coteaux du Quercy SWF r rs ★ **12 14'** (15) – AOP südlich von CAHORS. CABERNET FRANC liefert die Grundlage für winterliche Alltagsweine, die gut zu Eintöpfen und Wildgerichten passen. Die Genossenschaft wird lediglich übertroffen von den ★★-DOMAINES de Guillau und du Merchien (IGP) sowie den ★-Domaines d'Aries und de Revel (Mystère d'Éléna).

Coteaux du Vendômois Lo r rs w ★→★★ **14 15** – AC (150 ha) mit 28 Gemeinden zwischen Vendôme und Montoire im Loir-Tal. Am typischsten ist der VIN GRIS von der Pineau-d'Aunis-Traube (Chenin noir), die auch den regionalen Rotweinen ihre pfeffrige Eigenart verleiht; außerdem Verschnitte von CABERNET FRANC, PINOT NOIR und GAMAY. Weiße von CHENIN BLANC und CHARDONNAY. Erzeuger: Brazilier, Patrice Colin, DOM. du Four à Chaux, Dom. J. Martellière, Dom. de Montrieux (Émile Hérédia) und CAVE du Vendôme-Villiers.

Coteaux et Terrasses de Montauban SWF r rs w ★→★★ BV – Der IGP-Bereich wurde nahezu im Alleingang von der DOMAINE de Montels geschaffen, die jetzt auch die Dom. de Bovila in CAHORS besitzt und ein breites Spektrum an preiswerten Weinen bietet. Ebenfalls empfehlenswert sind Dom. Biarnès und Mas des Anges (beide ★).

Coteaux Varois-en-Provence Prov r rs w ★→★★ **10 11** 12 13 14 15 – Übersehene AC, eingezwängt zwischen den größeren Appellationen COTEAUX D'AIX und CÔTES DE PROVENCE. Liefert Rotweine mit warmem Charakter sowie frische Rosés hauptsächlich von südlichen Rebsorten. Ist dabei, ihr Potenzial umzusetzen, v. a. mit SYRAH. Empfehlenswert: CHX. la Calisse, Miraval (im Besitz von Brad Pitt und Angelina Jolie), Trians sowie DOMS. les Alysses, des Aspras, des Chaberts, du Deffends, du Loou, Routas, Triennes.

Côtes Catalanes Rouss r rs w ★★→★★★ Einer der spannendsten IGP-Bereiche des Südens, dessen bescheidener Ruf in keinem Verhältnis zur Qualität der Weine steht. Deckt einen Großteil des ROUSSILLON ab. Zahlreiche innovative, begabte Winzer arbeiten mit altehrwürdigen Reben, v. a. GRENACHE und CARIGNAN. Am besten von: DOMS. of the Bee, Casenove, Gérard GAUBY, L'Horizon, Jones, Matassa, Padié, Olivier Pithon, La Préceptorie Centernach, Roc des Anges, Le Soula, Soulanes, Treloar, Vaquer.

Côtes d'Auvergne ZF r rs (w) ★→★★ Meist BV – Kleine AC (400 ha) bei Clermont-Ferrand; überwiegend GAMAY, aber auch etwas PINOT NOIR (der unerklärlicherweise nicht reinsortig ausgebaut werden darf) und CHARDONNAY. Die besten Roten profitieren von 2–3 Jahren Reife. Beste Gemeinden: Boudes, Chanturgue, Châteaugay und Madargues (Rotwein) sowie Corent (Rosé). Erzeuger: Maupertuis, Cave St-Verny, Sauvat.

Côtes de Bordeaux Bx ★ 2008 eingerichtete AC für Rotwein, die den bereichsübergreifenden Verschnitt von Lesegut aus CASTILLON, FRANCS, BLAYE und CADILLAC gestattet. Winzer, die die Identität bestimmter Terroirs bewahren wollen, unterliegen nun strengeren Auflagen, dürfen aber Namen wie Cadillac, Castillon usw. der AC-Bezeichnung voranstellen. Blaye – Côtes de Bordeaux und Francs – Côtes de Bordeaux erzeugen auch etwas trockenen Weißwein. Die AC CÔTES DE BOURG gehört nicht zur neuen Appellation, Ste-Foy-Bordeaux soll jedoch demnächst hinzukommen. Probierenswert: Ch. Dudon, Ch. Malagar.

Spitzenerzeuger der Côtes du Rhône

CHÂTEAUX La Borie, La Courançonne, Fonsalette (wunderschön), Grand Moulas, Hugues, Montfaucon (auch Weißwein), St-Estève, Trignon (u.a. VIOGNIER); Winzergenossenschaften CAIRANNE, RASTEAU, CAVE Estézargues; DOMAINES Bramadou, André Brunel (stilvoll), Carabiniers (biologisch-dynamisch), Chaume-Arnaud, Charvin (Terroir, sehr gut), Clos des Cîmes (sehr hoch gelegene Weinberge), Combebelle, Coudoulet de BEAUCASTEL (Rotwein mit Klasse), Cros de la Mûre (preiswert), M. Dumarcher (Ökoanbau), Espigouette, Ferrand (füllig), Gourget, Gramenon (Ökoanbau), Haut-Musiel, Janasse (alte GRENACHE-Reben), Jaume, Manarine, Famille PERRIN, Réméjeanne (auch Weißwein), Romarins, Rouge-Bleu (saubere Ökoweine), Soumade, Vieille Julienne (klassisch), Mas Poupéras; DELAS FRÈRES, DUBŒUF, GUIGAL (sehr preiswert).

Côtes de Bourg Bx r w ★→★★ **05' 08 09' 10' 12 14** 15 – AC für solide, aromatische Rotweine (vorwiegend MERLOT, aber auch 10 % MALBEC) und einige trockene Weißweine vom östlichen Gironde-Ufer, in der Regel preiswert. Spitzen-CHÂTEAUX: Brulesécaille, Bujan, Civrac, Falfas, Fougas-Maldoror, Grand-Maison, Grave (Nectar VIEILLES VIGNES), Haut-Guiraud, Haut-Macô, Haut-Mondésir, Macay, Martinat, Mercier, Nodoz, Roc de Cambes, Rousset, Sociondo.

Côtes de Duras SWF r rs w ★→★★★ **11 12 14'** (15') – AOP südlich von BERGERAC. Die Genossenschaft müht sich redlich, wird aber mühelos überflügelt von den Ökobetrieben Nadine Lussau, Mont Ramé, Mouthes-les-Bihan und Petit Malromé (alle ★★★), gefolgt von Les Cours, Les Hauts de Riquet, Mauro Guicheney und La Tuilerie la Brille (alle ★★). Der Süßwein von CH. Condom Perceval (★★★) ist nach wie vor überragend. Zu den älteren Betrieben zählen die ★★-DOMAINES Chater, de Laulan und Grand Mayne (neue, motivierte Eigentümer).

Côtes de Gascogne SWF (r) (rs) w ★★ BV – Heimat des Armagnac. Die PRODUCTEURS PLAIMONT und v.a. die 900-ha-DOMAINE du Tariquet (beide ★★) dominieren die Produktion der süffigen, vorwiegend weißen IGP-Weine. Empfehlenswert: Domaines d'Arton, des Cassagnoles, Chiroulet, d'Espérance, de l'Herré, Horgelus, de Ménard, de Millet, de Miselle, de Pellehaut, de St Guilhem (alle ★★), außerdem die Domaines de Joÿ, de Lauroux, de Magnaut, de Papolle, St-Lannes sowie CH. Laballe (alle ★). Die rote CUVÉE Sanglier der Dom. de Sédouprat (★) ist nicht zu verachten.

Côtes de Millau SWF r rs w; ★ BV – IGP im Tarn-Tal, wo man Norman Fosters Viadukt bewundern kann. Beachtliche unabhängige Erzeuger wie DOM. du Vieux Noyer (★) bieten Abwechslung zu den Weinen der guten Genossenschaft.

Côtes de Montravel SWF w; s ★★ 09 11' 12 14' (15') – Die Sub-AOP von BERGERAC erzeugt Gewächse, deren Süße noch einen Tick über den lieblichen Stil hinausgeht. Reizvolle, wenngleich aus der Mode gekommene Weine im Aperitifstil (vorwiegend von SÉMILLON), die hervorragend zu Foie gras passen, aber immer schwerer aufzutreiben sind.

Côtes de Provence Prov r rs w ★→★★★ r **09 10 11 12** 13 14 15; rs w BV – Die riesige AC steht hauptsächlich für – fast überall vertriebene – Roséweine, deren Qualität immer besser wird (nirgendwo sonst wird Rosé so ernst genommen). Auch angenehme Rote, sowohl von CABERNET als auch Sorten des MIDI, dazu kräuterwürzige Weißweine. Unterbereiche sind SAINTE-VICTOIRE, Fréjus, La Londe und Pierrefeu. Führende Erzeuger: u. a. Castel Roubine, Commanderie de Peyrassol, DOMAINES Bernarde, de la Courtade, Léoube, Gavoty (großartig), des Planes, Rabiéga, Richeaume und de Rimauresq, CHÂTEAUX d'Esclans, Ste Rosaline und de Selle sowie CLOS Mireille. Demnächst soll auch Schaumwein auf den Markt kommen. Siehe auch COTEAUX D'AIX, BANDOL, COTEAUX VAROIS.

Côtes de Thongue Lang r rs w ★★ rs w BV – Dynamischste IGP-Region von Hérault im Thongue-Tal mit experimentellen Verschnitten und sortenreinen Weinen. Die besten Roten kann man einlagern. Erzeuger: DOMAINES Arjolle, les Chemins de Bassac, Condamine l'Evèque, la Croix Belle, Filles de Septembre, des Henrys, l'Horte.

Côtes de Toul El r rs w ★ BV – Sehr leichte Weine aus Lothringen, v. a. VIN GRIS.

Côtes du Brulhois SWF r rs (w) ★→★★ 12 14' (15) – Muntere AC bei Agen; halten Sie sich an die »schwarzen« Rotweine, die etwas TANNAT enthalten müssen. Die gute Genossenschaft ist ein Ansporn für die unabhängigen Erzeuger DOM. du Bois de Simon, Dom. du Pountet, Dom. des Thermes (alle ★★), CH. La Bastide, Dom. de Coujétou-Peyret (beide ★).

Côtes du Forez Lo r rs; (sch) ★ BV – Entdeckenswerte AC am Oberlauf der Loire auf Höhe der CÔTE ROTIE mit Rotweinen und Rosés von GAMAY. Wichtigste Erzeuger: Bonnefoy, CLOS de Chozieux, Guillot, Mondon-Demeure, Stéphane Réal, Verdier/Logel und Les VIGNERONS Foréziens. Sehr gute IGP-Weißweine von CHARDONNAY, PINOT GRIS und VIOGNIER, in Zukunft auch von CHENIN BLANC.

Côtes du Jura Jura r rs w; (sch) ★★→★★★ **99' 00 03' 05' 06 09** 10 **11 12** 14 – Wiederbelebter Anbaubereich für die weißen Sorten CHARDONNAY und SAVAGNIN mit verschiedenen Stilen: von frisch und fruchtig bis kontrolliert oxidativ, darunter VIN JAUNE. Leichte, helle Rotweine von PINOT NOIR, Poulsard und Trousseau. Empfehlenswerte Erzeuger: CH. d'ARLAY, Lucien AVIET, BERTHET-BONDET, Bourdy, DOM. LABET, PIGNIER, Stéphane Tissot. Wachsender Absatzmarkt in Skandinavien und den USA.

Côtes du Rhône S-Rh r rs w ★→★★ 10' 12' 13 15' – Die breite Basis der südlichen Rhône mit rund 170 Weinbau treibenden Gemeinden, unter die auch die guten SYRAH-Weine leichteren Stils aus Brézème und Seyssuel (nördliche Rhône) fallen. Zwischen erfreulichen, handwerklich erzeugten Qualitätsweinen (Tendenz steigend) und Massenware klafft eine große Lücke. Inzwischen wird mehr Wert auf lebhafte Frucht gelegt. Vorwiegend GRENACHE, aber auch Syrah und CARIGNAN. Die 2013er sind sehr gut. Die Vaucluse schneidet am besten ab, gefolgt von Gard (Syrah).

Côtes du Rhône-Villages S-Rh r rs w ★→★★ 10' 11' 12' 13 14 15' – Körperreiche, unmittelbar ansprechende Rotweine von 7.700 ha, darunter die 18 renommiertesten Orte der südlichen Rhône. Die besten Gewächse geizen nicht mit würziger dunkler Frucht und sind preiswert; die Grundlage bildet GRENACHE, dazu kommen SYRAH und MOURVÈDRE. Auch Weißweine von steigender Qualität, oft von VIOGNIER und ROUSSANNE zusammen mit CLAIRETTE und GRENACHE BLANC – gut zum Essen. Siehe auch CHUSCLAN, LAUDUN, SABLET, ST-GERVAIS, SÉGURET (Qualität), VISAN (wird besser). Seit 2005 gehören auch die Gemeinden MASSIF D'UCHAUX (gut), PLAN DE DIEU (robust), PUYMÉRAS und SIGNARGUES dazu sowie seit 2012 Gadagne (bei Avignon). Beachtenswerte Erzeuger: CH. Fontségune, Ch. Signac und die DOMAINES Aphillantes (Charakter), Aure, Bastide St-Dominique, Biscarelle (Flair), Cabotte (Ökoanbau), Coulange, Coste Chaude, Grand Moulas, Grand Veneur, Grands Bois, Gravennes, Janasse, Jérôme, Montbayon, Mourchon, Pique-Basse, Rabasse-Charavin, Réméjeanne, Renjarde, Romarins, Ste-Anne, St-Siffrein, Saladin, Valériane, Vieux Chêne, Viret (international) sowie Mas de Libian, CAVE Estézargues und Cave RASTEAU.

Côtes du Roussillon-Villages Rouss r ★★ **09 10 11 12** 13 14 15 – 32 Ortschaften im besten Teil von ROUSSILLON; auf den Etiketten namentlich erwähnt werden Caramany, Latour de France, Lesquerde und Tauravel sowie seit Kurzem Les Aspres. Die Genossenschaften spielen zwangsläufig eine große Rolle, für Qualität und Charakter sorgen jedoch unabhängige Erzeuger wie Bila Haut, Boucabeille, DOM. Cazes, des Chênes, CLOS des Fées, Clot de l'Oum, Dom. E. Gauby, Mas Bécha, Mas Crémat, Modat, Piquemal, Rancy, Roc des Anges oder Thunevin-Calvet. Siehe auch CÔTES CATALANES. Die einfache AC Côtes du Roussillon liegt weiter südlich und erzeugt unkomplizierte wärmende Rote. Siehe auch CÔTES CATALANES.

Côtes du Tarn SWF r rs w ★ BV – Der IGP-Bereich, geografisch in etwa identisch mit der AOP GAILLAC, wird von Erzeugern oft für Weine genutzt, die nicht den AOP-Vorschriften entsprechen. Der halbtrockene SAUVIGNON BLANC der DOM. d'en Ségur und die Bioweinreihe Lou von Les Vignes des Garbasses (beide ★★) überragen viele AOP-Erzeugnisse.

Côtes du Vivarais S-Rh r rs w ★ **15'** Großteils BV – Die AC liegt im Hügelland der Ardèche westlich von Montélimar. Die süffigen Weine auf GRENACHE- und SYRAH-Basis werden definitiv immer besser; zudem gibt es robustere, in Eiche ausgebaute Rote. Beachtenswerte Erzeuger: Gallety (am besten), Mas de Bagnols und Vignerons de Ruoms (großes Sortiment, preiswert).

Coulée de Serrant Lo w; tr s ★★★ **95 96 97 99 02 03 05 07 08** 10' **11** 12 13 (14) (15) – Historische, steile, mit CHENIN-BLANC bestockte, MONOPOLE-Lage (7 ha) im Herzen der AC SAVENNIÈRES. Nicolas Joly, einer der glühendsten Verfechter des biologisch-dynamischen Weinbaus, hat die Gutsleitung an Tochter Virginie übergeben. Die Weine sollten nicht gekühlt und rechtzeitig vor dem Servieren dekantiert werden. Alte Jahrgänge sind bisweilen sehr fein.

Courcel, Domaine de Côte d'Or r ★★★ Führendes Gut in POMMARD, dessen feine, blumige und langlebige Weine von reifem Lesegut stammen und eine Ganztraubenvergärung durchlaufen. Die Spitzen-PREMIERS-CRUS sind Rugiens und Les Epenots, außerdem interessante CUVÉE Croix Noires.

Crémant Bedeutete früher »Perlwein« in der Champagne und heißt dort jetzt *demi-mousse* oder *perle*. Seit 1975 AC für Schaumweine hoher Qualität nach der klassischen Methode aus BORDEAUX, Burgund, dem ELSASS, Die, dem Jura, LIMOUX und von der Loire. Auch Luxemburg verfügt über eine Crémant-Appellation.

Crépy Sav w ★★ BV – Leichter, milder Weißwein nach Schweizer Art vom Südufer des Genfer Sees; *crépitant* bedeutet leicht perlend.

Criots-Bâtard-Montrachet Côte d'Or ★★★ **02' 04 05 06 07 08 09 10 11** 12 13 14' – Mit nur 1,57 ha die kleinste Lage der MONTRACHET-Familie. Die Weine sind weniger konzentriert als BÂTARD-MONTRACHET-Gewächse, aber im schönsten Sinne konturiert und sinnlich. Viele Erzeuger besitzen Anteile an der Lage, empfehlenswert sind Belland, Blain-GAGNARD, Fontaine-Gagnard.

Crozes-Hermitage N-Rh r w ★★→★★★ **09' 10' 11' 12' 13' 14 15'** – Mit SYRAH bestockte, großteils flache Lagen in der Nähe des Flusses Isère erbringen Weine mit dunklen Frucht-, Lakritze- und Teernoten, die meist jung zu trinken (nach 2–5 Jahren) und derzeit hip sind. Von Granithängen bei HERMITAGE kommen feine, rotfruchtige Gewächse mit Alterungspotenzial. Die besten (einfache CUVÉES) sind ideale Begleiter bei Grillabenden und Partys; eichenholzwürzige Exemplare von alten Reben sind teurer. Spitzenerzeuger: Belle, Les Bruyères (biologisch-dynamisch, mächtige Frucht), Y. Chave, Chapoutier, DOM. du Colombier, Dom. Combier (Ökoanbau), CH. Curson, Darnaud, Delas Frères (Tour d'Albon und Le CLOS sehr gut), Dumaine (Öko), des Entrefaux (Eiche), Fayolle Fils et Fille (stilvoll), A. Graillot, Hauts-Chassis, Lises (fein), Mucyn, Remizières (Eiche), Rousset, de Thalabert von JABOULET AÎNÉ. Weißweine (von MARSANNE) jung trinken; die letzten Jahrgänge sind sehr gut. Gutes Preis-Leistungs-Verhältnis.

Frankreich

Cuve close Abgekürztes Verfahren der Schaumweinherstellung im Tank. Die Bläschenbildung im Glas kommt schneller zum Stillstand als bei der traditionellen Methode, mit denen Schaumweine wie CHAMPAGNER, Franciacorta oder Trento DOC (Italien) bereitet werden.

Cuvée In einer *cuve*, d. h. in einem Bottich enthaltener Wein. Sonst auch Allerweltswort, bei CHAMPAGNER z. B. Bezeichnung für »Verschnitt« und erstgepresste Weine. Bezeichnet oft einfach einen »Posten« Wein.

Dagueneau, Didier Lo w ★★★→★★★★ **02 03 05' 07 08' 09' 10' 11 12'** 13 14' (15) – Der beste Erzeuger von POUILLY-FUMÉ, weltweites Vorbild für brillant und präzise bereiteten SAUVIGNON BLANC. Sohn Louis-Benjamin hat nach Didiers Tod die Gutsleitung übernommen. In der umwerfenden Kellerei wird Hygiene ganz großgeschrieben. Spitzen-CUVÉES: Pur Sang und Silex. Außerdem SANCERRE Les Monts Damnés (aus CHAVIGNOL) sowie JURANÇON.

Dauvissat, Vincent Chablis w ★★★★ Unbeirrbar biologisch-dynamisch arbeitender Erzeuger von großartigem klassischem CHABLIS, der in alten Fässern, insbesondere den lokalen, 132 Liter fassenden *feuillettes,* ausgebaut wird. Langlebige Weine, vergleichbar mit denen seiner Cousins RAVENEAU. Am besten sind Les Fôrets, Preuses, Séchet und Les CLOS. Ebenfalls probierenswert sind die Weine von Fabien Dauvissat.

Deiss, Domaine Marcel El r w ★★★ Biologisch-dynamisch arbeitendes Elsässer Weingut in Bergheim, das v. a. Verschnitte aus Lesegut von oft gemischt bestockten Einzellagen bereitet. Nicht durchweg gelungen. Bester Wein: RIESLING Schoenenbourg (**08 10' 12** 14 15').

Delamotte Champ BRUT; Blanc de Blancs **04 06** 08'; CUVÉE Nicolas Delamotte – Kleines Haus mit feinen CHAMPAGNERN (vorwiegend von CHARDONNAY) in Le MESNIL-SUR-OGER. Sehr guter schäumender, nach der *méthode saignée* erzeugter Rosé. Wird zusammen mit SALON von LAURENT-PERRIER geleitet. Gilt als Salon-Gewächs des kleinen Mannes, übertrifft ihn aber manchmal (etwa **85 02**) und ist immer eine sichere Bank.

Delas Frères N-Rh r rs w ★→★★★ Handelshaus an der nördlichen Rhône mit überaus verlässlicher Qualität von (teils in eigenem Besitz befindlichen) Lagen in CONDRIEU, CROZES-HERMITAGE, CÔTE RÔTIE und HERMITAGE. Spitzengewächse: Condrieu (CLOS Boucher), Côte Rôtie Landonne, Hermitage DOMAINE des Tourettes (rot), M. de la Tourette (weiß), Les Bessards (rot; sehr fein, rauchig, langlebig, Terroircharakter). Besonders empfehlenswert von der südlichen Rhône: roter St-Esprit (CÔTES DU RHÔNE). Die Weißen fallen in letzter Zeit leichter aus. Im Besitz von ROEDERER.

Demi-sec »Halbtrocken«, eher lieblich (z. B. beträgt die *dosage* bei CHAMPAGNER in der Regel 45 g/l).

Derenoncourt, Stéphane Bx – Führender international tätiger önologischer Berater; ein Autodidakt. Terroir, Frucht und Ausgewogenheit stehen bei ihm im Mittelpunkt. Hat in CASTILLON-CÔTES DE BORDEAUX mit der Domaine de l'A ein eigenes Gut.

Deutz Champ Brut Classic oJ; Rosé oJ; Brut **04 06** 07 – Eines der besten unter den kleineren Champagnerhäusern, gehört ROEDERER. Sehr trockene, klassische Weine. Spitzenreiter: die CHARDONNAY-CUVÉE Amour de Deutz (**04 06 08**); relativ neu ist der Amour de Deutz Rosé (**06**; ★★★). Grandiose Cuvée William Deutz (**02 08'**). Das Traubengut wird aus sorgfältig ausgewählten erstklassigen GRAND-CRU-Lagen bezogen.

Dirler-Cadé, Domaine El Hervorragendes Gut in Bergholtz. Der ausgefallene MUSCAT GRAND CRU Saering von alten Reben besticht durch Tiefe und wohlgeformte Eleganz (**08 12** 14) im reiferen Stil des südlichen ELSASS.

Domaine In Burgund und in ländlichen Gegenden gebräuchliche Bezeichnung für Weingut.

Dom Pérignon Champ **02'** (superb) **03** (frühreif) **05** 06 08' 12'; Rosé **02** 04 06 – Luxusmarke von MOËT & CHANDON mit ungemein beständiger Qualität. Cremiger Charakter, v. a. nach 10–15 Jahren Flaschenreife, aber in der Jugend recht straff. Der Oenothèque (7, 16, 30 Jahre und länger in der Flasche gereift, aber erst kürzlich degorgiert) heißt jetzt Plénitude P1, P2, P3 usw., je nach Jahrgang; grandios sind P2 (**98**) und P3 (**70**). Seit Kurzem liegt der Fokus stärker auf PINOT NOIR.

Dopff au Moulin El w ★★★ Alteingesessener Spitzenerzeuger in Familienbesitz in Riquewihr. Ausgewogene Klasse zeigen die GEWÜRZTRAMINER GRAND CRU Brand und Sporen (**10 11** 12 13 14); außerdem schöner RIESLING SCHOENENBOURG (**08' 10' 12** 13' 14) und Sylvaner de Riquewihr (14). Wegbereiter des CRÉMANT d'Alsace, empfehlenswert sind die CUVÉES Bartholdi, Julien und der Crémant BRUT NATURE Bio. Spezialist für klassische trockene Weine.

Dourthe, Vins et Vignobles Bx – Großes Handelshaus und Erzeuger mit breit gefächertem, qualitätsorientiertem Angebot: u. a. CHX. BELGRAVE, Le BOSCQ, La GARDE, Grand Barrail Lamarzelle Figeac, PEY LA TOUR, RAHOUL, REYSSON, de Ricaud. Dourthe No. 1 (v. a. der Weiße) bietet gut bereitete, verlässliche Qualität der einfachen AC BORDEAUX.

Drappier, André Champ – Großartiges familiengeführtes Champagnerhaus in der Region AUBE. Voller, von Pinot noir dominierter Champagner oJ, BRUT ZÉRO, ungeschwefelter Brut *sans souffre* (★★), Millésime Exception (**04 06 08 09**), herrliche Prestige-CUVÉE Grande Sendrée (**06 09'**), dazu Cuvée Quatuor (von vier Rebsorten) und superbe ältere Jahrgänge in Magnumflaschen (**96 95 85 82**).

DRC (Domaine de la Romanée-Conti) Côte d'Or r w ★★★★ Das grandioseste Weingut in Burgund. Der Besitz umfasst die MONOPOLE-Lagen ROMANÉE-CONTI und La TÂCHE sowie größere Teile von ÉCHEZEAUX, GRANDS-ÉCHEZEAUX, RICHEBOURG und ROMANÉE-ST-VIVANT, zudem einen sehr kleinen Teil von Le MONTRACHET. Seit 2009 auch CORTON-Wein. Majestätische Preise. Spitzenjahrgänge brauchen jahrzehntelange Reife.

Drouhin, Maison Joseph Bg r w ★★★→★★★★ Zu Recht renommiertes Handelshaus und Erzeugerbetrieb in BEAUNE; der Weinbergbesitz wird durchweg ökologisch bewirtschaftet, darunter für die Weißweine Clos de Mouches und MONTRACHET Marquis de LAGUICHE (beide Beaune). Rotweine mit besonders üppigem Bukett, vom hübschen CHOREY-LÈS-BEAUNE bis hin zu majestätischen GRAND-CRU-Gewächsen wie Musigny und GRANDS-ÉCHEZEAUX. Auch die DOMAINE Drouhin Oregon (DDO) gehört zum Besitz; siehe Kapitel »Vereinigte Staaten«.

Dubœuf, Georges Beauj r w ★★→★★★ Der berühmteste Name im BEAUJOLAIS, Schöpfer des weltweiten BEAUJOLAIS-PRIMEUR-Hypes. Riesiges Angebot an CUVÉES und vielen guten Crus, außerdem MÂCON-Weißweine.

Dugat Côte d'Or r ★★★ Die Cousins Claude und Bernard (Dugat-Py) erzeugen jeweils ausgezeichnete, tieffarbige GEVREY-CHAMBERTIN- bzw. Markenweine. Geringe Mengen, v. a. aus GRAND-CRU-Lagen, gesalzene Preise (v. a. Dugat-Py).

Dujac, Domaine Côte d'Or r w ★★★→★★★★ Erzeuger in MOREY-ST-DENIS mit einer außergewöhnlichen Reihe von sieben GRANDS CRUS: v. a. CLOS ST-DENIS, CLOS DE LA ROCHE und ÉCHEZEAUX. Die Weine sind von eher heller Farbe, aber mit intensiver Frucht sowie Rauch- und Erdbeernoten, da die Stiele mit eingemaischt werden; in den vergangenen Jahren fielen sie etwas dunkler und dichter aus. DOM. Triennes in den COTEAUX VAROIS-EN-PROVENCE gehört ebenfalls zum Besitz.

Frankreich

Dureuil-Janthial Bg r w ★★ Die Leitung des Spitzenguts in RULLY liegt in den fähigen Händen von Vincent Dureuil-Janthial, der frische, ausdrucksstarke Weiße und fruchtig-muntere Rote bereitet. Kosten Sie den Maizières (rot und weiß) oder den weißen PREMIER CRU Meix Cadot.

Durup, Jean Chablis w ★★ Riesiger CHABLIS-Erzeuger, dessen DOM. de l'Eglantière und CH. de Maligny nun durch Heirat mit der Dom. Colinot in IRANCY vermählt wurden.

Duval-Leroy Champ – Dynamisches Champagnerhaus in Familienhand mit 200 ha Weinbergbesitz, vorwiegend gute, mit CHARDONNAY bestockte Cru-Lagen. Neuerdings setzt man auf »veganen« CHAMPAGNER, bei dem Klärung und Absetzen auf natürliche Weise, d. h. ohne Schönung durch Milchproteine, geschieht. Sehr guter Fleur de Champagne oJ und exzellente Prestige-CUVÉE Femme de Champagne (**96'** ★★★★; **04 08 15**).

Échezeaux Côte d'Or r ★★★ **90' 93 96' 99' 02' 03** 05' **06 08** 09' **10'** 11 12' 13 14 15' – GRAND CRU neben CLOS DE VOUGEOT. Mittelschwere Weine, die bisweilen aber einen außergewöhnlich nuancenreichen Geschmack und überwältigende Nachhaltigkeit besitzen. Am besten von: Arnoux, DRC, DUJAC, Dom. EUGÉNIE, GRIVOT, Doms. GROS, Guyon, Lamarche, LIGER-BELAIR, Mongeard-MUGNERET, MUGNERET-Gibourg, ROUGET und Tremblay.

Ecu, Domaine de l' Lo (r) w; tr; (sch) ★★★ **10' 11 12 13** 14' (15) – Biologisch-dynamisch erzeugter MUSCADET-SÈVRE-ET-MAINE (Granite, Taurus) und GROS PLANT. Frédéric Niger van Herck, der tatkräftige Partner Guy Bossards, zieht sich allmählich in den Ruhestand zurück. Guter CABERNET FRANC und PINOT NOIR. Es wird viel experimentiert, z. B. wird der Wein teilweise in Amphoren ausgebaut.

Edelzwicker El w ★ BV – Leichter Weißweinverschnitt. Gut sind CH. d'Ittenwiller und der Gentil von HUGEL.

Eguisheim, Cave Vinicole d' El r w ★★ Tadellose Elsässer Winzergenossenschaft mit sehr fairen Preisen: feine GRANDS CRUS Hatschbourg, HENGST, Ollwiller und Spiegel. Zum Besitz gehört auch Willm. Spitzenmarke WOLFBERGER. Am besten: Grande Réserve (**09 10 11 12**), Sigillé und Armorié. Guter CRÉMANT und PINOT NOIR (v. a. **10'** 11 12 15).

Elsass (r) w; (s); (sch) ★★→★★★★ **04 05 06 08' 09 10'** 11 12 13 14 15' – Die Region an den geschützten Ostausläufern der Vogesen mit jährlich 1.800 Sonnenstunden erzeugt Frankreichs Rheinweine: aromatisch, fruchtig, sehr voll und im trockenen Stil immer mehr in

Mode. Werden meist mit der Nennung der Rebsorte etikettiert (PINOT BLANC, RIESLING, GEWÜRZTRAMINER). Die große geologische Vielfalt (u. a. Granit, Gneis, Kalkstein, Tonmergel) prägt die besten vom Terroir bestimmten Weine, die alt werden können – Riesling aus GRAND-CRU-Lagen z. B. 20 Jahre und mehr. Der einst schwächliche Pinot noir wird immer besser (v. a. **10 12**). Siehe auch VENDANGE tardive, SÉLECTION DE GRAINS NOBLES.

Entraygues et du Fel und d'Estaing, Vins d' SWF r rs w ★→★★ BV – Kleine Nachbar-ACs im Departement Aveyron. CHENIN-BLANC-Weißweine, frisch wie Bergbäche, erzeugt DOM. Méjannassère (★★), bei den Roten halte man sich an den La Pauca (★★) von Laurent Mousset, der auch hervorragenden Rosé zu bieten hat. Zu Nicolas Carmarans' (★★) AOP-Weinen zählen jetzt auch Rote von der Sorte FER SERVADOU.

Entre-Deux-Mers Bx w ★→★★ BV – Oft preiswerter trockener weißer BORDEAUX aus der Gegend zwischen Garonne und Dordogne. Die besten CHÂTEAUX: BONNET, Castenet-Greffier, Fontenille, Haut Rian, Landereau, Lestrille, Marjosse, Martinon, Nardique-la-Gravière, Sainte-Marie, Tour de Mirambeau, Les Tuileries und Turcaud.

Esmonin, Domaine Sylvie Côte d'Or r ★★★ Volle, dunkle Weine von gänzlich ausgereiften Trauben, v. a. seit 2000; jede Menge Eiche und Stiele. Beachtlicher weißer GEVREY-CHAMBERTIN VIEILLES VIGNES und CLOS ST-JACQUES. Cousin Frédéric betreibt das Gut Estournelles St-Jacques.

Etoile, L' Jura w; tr (s); sch ★★ Unterbereich des Jura, bekannt für besonders elegante, angenehme Weißweine. Die Reben wachsen auf Kalk-Lehm-Böden am Fuß von fünf alpinen Bergen, die das Dorf L'Étoile wie ein fünfzackiger Stern umgeben, daher der Name. Erzeugt wird sehr guter, geschmeidiger CRÉMANT und natürlich feiner VIN JAUNE. Spitzenerzeuger ist Philippe Vandelle.

Eugénie, Domaine Côte d'Or r (w) ★★★→★★★★ Der neue Name für die einstige dom. Engel, die François Pinault 2006 von CH. LATOUR kaufte. Bietet nun beeindruckende Weine zu ebensolchen Preisen. Am besten sind CLOS DE VOUGEOT und GRANDS-ÉCHEZEAUX.

Faiveley, Domaine Bg r w ★★→★★★★ Eher Erzeugerbetrieb als Weinhändler, der 2007 alles umgekrempelt hat und seitdem fleischig-volle, sehr fruchtbetonte Weine bereitet. Preiswerte CÔTE-CHALONNAISE-Abfüllungen, noch besser angelegt ist Ihr Geld aber für die Spitzenweine aus CHAMBERTIN-CLOS DE BÈZE, CHAMBOLLE-MUSIGNY, CORTON Clos des Cortons und NUITS-ST-GEORGES. Ehrgeizige Neuerwerbungen an der ganzen CÔTE D'OR, dazu kommt jetzt noch die DOM. Billaud-Simon in CHABLIS.

Faller, Théo/Domaine Weinbach El w ★★★→★★★★ 1612 von Kapuzinermönchen gegründetes Weingut. Laurence Faller, die 2014 mit nur 47 Jahren an einem Herzinfarkt starb, erzeugte wunderbar komplexe Gewächse. Oft wurden sie in trockenerem Stil ausgebaut als sonst üblich, v. a. aus der GRAND-CRU-Lage SCHLOSSBERG (RIESLING, v. a. **08 10'**). Insgesamt zeichneten sie sich durch eine herrlich charaktervolle, elegante Art aus, insbesondere die CUVÉE Sainte Catherine Gewurztraminer SÉLECTION DE GRAINS NOBLES (**90 09 10 11 12 14**). Nach dem Tod der Mutter 2015 leitet nun Laurence' ältere Schwester Catherine das Gut.

Faugères Lang r (rs) (w) ★→★★★ **10 11 12** 13 14 15 – Führende AC im LANGUEDOC und Cru, gestützt auf die Individualität des hiesigen Schieferbodens. Warme, würzige Rote von SYRAH, GRENACHE und CARIGNAN plus MOURVÈDRE und CINSAULT, ausschließlich auf Schieferhängen angebaut. Weißweine von GRENACHE BLANC, MARSANNE, ROUSSANNE und Rolle. Viele Investoren von außerhalb bringen Dynamik in die AC. Neben etlichen anderen probierenswert: DOM. Jean-

Michel ALQUIER, Dom. Léon Barral, Dom. Cébène, CH. Chabert, Ch. Chenaie, Mas d'Alezon, Dom. OLLIER-TAILLEFER, Dom. St Antonin, Dom. La Sarabande, Dom. des Trinités.

Fèvre, William Chablis w ★★★→★★★★ Größter Besitzer von GRAND-CRU-Lagen in CHABLIS; Bougros und Les CLOS sind hervorragend. Es werden keine Kosten gescheut und die Erträge beschränkt, die Preise sind dementsprechend. Erstklassige Quelle für konzentrierte Weine zum Einlagern.

Das Elsass: himmlische Terroirs

Probieren Sie die folgenden Weine, um die Terroirs des ELSASS zu entdecken:
Léon Beyer: klassische trockene Weine. Comtes d'Eguisheim RIESLING **08** vom steinigen Kalkboden des GRAND CRU PFERSIGBERG. **Paul Blanck:** Riesling Grand cru SCHLOSSBERG **10**, der Granituntergrund sorgt für aromatische Komplexität; preiswert. **Clos Ste-Hune:** überragender Riesling von TRIMBACH aus dem Grand cru ROSACKER (kalkhaltiger Mergel). Vielleicht der beste elsässische Riesling, sicherlich aber der langlebigste: der Jahrgang **89** ist noch immer fabelhaft, der Jahrgang **10** nicht vor 2020 trinkreif. **Dom. Dirler-Faller:** saftiger, blütenduftiger MUSCAT Grand cru Saering **08** (Sandstein sorgt für feine Aromatik). Der SYLVANER von ertragsbeschränkten Reben ist ein Schnäppchen. **Dopff au Moulin:** großartiger trockener Riesling, v. a. Grand cru SCHOENENBERG **08**. **Marc Kreydenweiss:** außergewöhnlicher Riesling Grand cru Kastelberg; der Schieferboden verleiht Langlebigkeit (mind. 20 Jahre), v. a. **90** 07. **Jos Meyer:** Der volle, rassige Riesling Grand cru HENGST **09** 10' stammt von Kalkmergel; wunderbar zu chinesischen Gerichten. **Dom. Schoffit:** Steillage RANGEN de Thann mit Vulkanboden. Der ausdrucksstarke **11** zeigt Aromen von Zitrone, grünem Apfel und tropisch-exotische Noten. **Dom. Weinbach:** Verfügt über die wohl besten Lagen des Elsass. Der prachtvolle GEWÜRZTRAMINER SÉLECTION DE GRAINS NOBLES **90** ist üppig und doch wunderbar frisch. Unvergleichlicher Riesling von den höchsten Lagen des Grand cru Schlossberg. **Zind-Humbrecht Clos St-Urbain Rangen de Thann:** Vergleichen Sie den großartigen, überaus präzise bereiteten Riesling **06** mit dem von Schoffit; der PINOT GRIS Grand cru Rangen **00** bringt die Kraft dieser bemerkenswerten Lage zum Ausdruck.

Fiefs Vendéens Lo r rs w ★→★★★ **09 10 13** 14' (15); meist BV – AC in der Vendée nahe Les Sables d'Olonne, deren Spektrum vom Touristenwein bis hin zu seriösen Gewächsen mit Alterungspotenzial reicht. Rebsorten: CHARDONNAY, CHENIN BLANC, SAUVIGNON BLANC, MELON und Grolleau gris (weiß); CABERNET FRANC, CABERNET SAUVIGNON, GAMAY, Negrette und PINOT NOIR (rot und rosé). Empfehlenswert: v. a. Coirier, Mourat (122 ha), Prieuré-la-Chaume (biologisch-dynamisch) und DOM. St-Nicolas (biologisch-dynamisch). Guter Jahrgang 2014, 2015 ist vielversprechend.

Fitou Lang r ★★ **10 11 12** 13 14 15 – Kraftvolle Rotweine aus den zerklüfteten Hügeln südlich von Narbonne sowie von weniger wilden Lagen an der Küste. Die älteste AC des MIDI für Tischweine (seit 1948) verlangt 11 Monate Fassausbau, die Weine profitieren außerdem von weiterer

Frankreich

Flaschenreife. Halten Sie Ausschau nach: DOMAINES Bergé-Bertrand, Jones, Lérys, Maria Fita, de Rolland sowie CH. de Nouvelles.

Fixin Côte d'Or r (w) ★★★ **99' 02'** 03 **05'** 06 07 **08** 09' 10' **11** 12' 13 14 15' – Ebenbürtiger, aber unterbewerteter nördlicher Nachbar von GEVREY-CHAMBERTIN. Leichtere, manchmal prachtvolle Rotweine. Beste Weinberge: CLOS de la Perrière, Clos du Chapître, Clos Napoléon. Halten Sie sich an Amélie Berthaut sowie die »alten Hasen« DOMAINES Bart, CLAIR, FAIVELEY, Gelin, Guyard, Joliet und MORTET.

Fleurie Beauj r ★★★ 13 14 15' – Der beste BEAUJOLAIS-Cru, mit herrlich duftenden, seidig texturierten, erdbeerfruchtigen Weinen. Rassigere Exemplare kommen von der Hanglage La Madone, vollere von tieferen Lagen. Zudem gibt es mehr und mehr Einzellagenweine. Bewährte Erzeuger: Chapelle des Bois, Chignard, Clos de la Roilette, Depardon, Desprès, DUBŒUF, Métrat, Villa Ponciago und die Genossenschaft. Neuere Betriebe: Balagny, Lafarge-Vial, Sunier.

Fourrier, Jean-Claude Côte d'Or r ★★★★ Unter der Leitung von Jean-Marie Fourrier hat die DOMAINE in GEVREY-CHAMBERTIN Kultstatus erlangt – die Preise sind entsprechend. Tiefgründige und doch saftige Rotweine, v. a. CLOS ST-JACQUES, Combe aux Moines, GRIOTTE-CHAMBERTIN.

Francs – Côtes de Bordeaux Bx r w ★★ **08 09'** 10' **12 14** 15 – Die kleine BORDEAUX-AC nahe CASTILLON ist fest in der Hand der Familie Thienpont (von CH. PAVIE-MACQUIN). Überwiegend Rotwein (MERLOT), daneben auch einige gute Weiße; beide können schmackhaft und ansprechend sein. Die Roten vertragen ein wenig Alterung. Am besten von den CHÂTEAUX Charmes-Godard, de Francs, Laclaverie, Marsau, Pelan, La Prade und Puygueraud.

Fronsac Bx r ★★→★★★ **05' 06** 08 09' 10' **11 12** 14 15 – Unterschätzte hügelige AC westlich von ST-ÉMILION mit einigen der preiswertesten Rotweine des Bordelais, die z. T. auch lagern können. Spitzen-CHÂTEAUX: DALEM, de la Dauphine, FONTENIL, La Grave, Haut-Ballet, Haut-Carles, Mayne-Vieil, Moulin Haut Laroque, Richelieu, La RIVIÈRE, Rousselle, Tour du Moulin, Les TROIS CROIX, de la VIEILLE CURE, Villars. Siehe auch CANON-FRONSAC.

Fronton SWF r rs ★★ **14' 15'** – In der AOP unweit von Toulouse wird fast nur eine einzige Rebsorte angebaut: Négrette (jetzt auch sortenrein erlaubt) erbringt Weine mit Veilchen-, Kirsch- und Lakritznoten, die nach 3 Jahren am besten sind. Probieren Sie: CHÂTEAUX Baudare, Bellevue-la-Forêt (am bekanntesten), Bouissel, Boujac, Caze, Plaisance (v. a. Alabets), du Roc sowie die DOMAINES des Pradelles und Viguerie de Belaygues (alle ★★). Die IGP-Weißweine werden teilweise süß ausgebaut.

Fuissé, Château Bg w ★★→★★★ Einer der führenden Erzeuger von POUILLY-FUISSÉ mit einigen der besten Terroirs (Les CLOS, Combettes). Außerdem einige eher auf den breiteren Markt abzielende Abfüllungen.

Gagnard Côte d'Or (r) w ★★★→★★★★ Bekannter Clan in CHASSAGNE-MONTRACHET. Langlebige Weine, v. a. Caillerets und BÂTARD-MONTRACHET von Jean-Noël Gagnard. Das umfassende Angebot von Blain-Gagnard und Fontaine Gagnard schließt auch raren CRIOTS-BÂTARD-MONTRACHET sowie MONTRACHET selbst ein. Die Preise sind bei allen durchweg fair.

Gaillac SWF r rs w; tr s; sch ★→★★ r **12** 14' (15); w, s **12** 14' **15'**; rs w, tr BV – AOP westlich von Albi um den Fluss Tarn mit einer bemerkenswert bunten Mischung an Rebsorten, z. B. Duras, Braucol, Len de l'El, Mauzac. Weine in diversen Stilen von Causse-Marines, Laurent Cazottes, Le Champ d'Orphée, Peyres-Roses, Plageoles und de la Ramaye (alle biologisch-dynamisch, alle ★★★) sowie L'Enclos des Roses, La Ferme du

Vert, DOMAINES de Brin, des Cassagnoles, d'Escausses, Mayragues (biologisch-dynamisch), du Moulin, Rotier, Sarrabelle, die CHÂTEAUX Bourguet (weißer Süßwein), Larroque, Palvié (rot) (alle ★★). Schnäppchen gibt es bei Mas Pignou sowie den Doms. de la Chanade, Duffau und de Lamothe (alle ★★).

Gauby, Domaine Gérard Rouss r w ★★★ Der Schrittmacher im ROUSSILLON. *»L'histoire, c'est moi«*, sagt Gauby über die Geschichte seines Guts. Die Weine stammen aus biologisch-dynamischem Anbau: IGP CÔTES CATALANES und AOP CÔTES DU ROUSSILLON-VILLAGES Muntada, außerdem Les Calcinaires VIEILLES VIGNES. Ist auch an DOM. Le Soula beteiligt. Außerdem ein Dessertwein namens La Pain du Sucre und andere Neuheiten unter Mitwirkung von Sohn Lionel, dem neuen Kellermeister.

Gers SWF r rs w ★ BV – IGP, in der Regel als CÔTES DE GASCOGNE verkauft und von diesem nicht zu unterscheiden.

Gevrey-Chambertin Côte d'Or r ★★★ **90' 96' 99' 02' 03** 05' **06 07 08 09' 10' 11** 12' 13 14 15' – Weinort mit dem großartigen CHAMBERTIN und anderen GRANDS CRUS sowie vielen weiteren feinen Lagen (z.B. PREMIERS CRUS Cazetiers, Combe aux Moines, Combottes, CLOS ST-JACQUES). Saftig-fruchtige Weine mit aromatischem Einschlag von mittlerweile beständigerer Qualität. Spitzenerzeuger: BACHELET, L. BOILLOT, BURGUET, Damoy, DROUHIN, Drouhin-Laroze, DUGAT, Dugat-Py, Duroché, ESMONIN, FAIVELEY, FOURRIER, Géantet-Pansiot, Harmand-Geoffroy, JADOT, LEROY, MORTET, ROSSIGNOL-TRAPET, Roty, ROUSSEAU, SÉRAFIN und TRAPET.

Gigondas S-Rh r rs ★★→★★★ **78' 89' 90' 95' 98' 99' 00' 01' 03' 04' 05' 06' 07' 08 09'** 10' **11** 12' 13' 14' 15' – Erstklassige Rote aus dem südlichen Rhône-Tal. Spektakuläre Weinberge auf steinigem Lehm-Sand-Boden, die zu gebirgigen Kalksteinhängen östlich von Avignon ansteigen. Robuste, rauchige, häufig frische Weine von GRENACHE, ergänzt durch SYRAH und MOURVÈDRE, die besten mit schöner, klarer roter Frucht. Fantastischer Jahrgang 2010 und 2015. Insbesondere mit Blick auf den US-Markt in neuerer Zeit mehr Einsatz von Eichenholz und entsprechend höhere Preise; viele Weine zeigen aber einen unverfälscht lokalen Charakter. Spitzenerzeuger: P. Amadieu, DOM. Boissan, Dom. Bouïssière (schwungvoll), Brusset, Espiers (fruchtig), Goubert, Gour de Chaulé (fein), Grapillon d'Or, Clos du Joncuas (traditionell, Ökoanbau), CH. de Montmirail, Moulin de la Gardette, Dom. Notre Dame des Pallières, Dom. les Pallières, Famille Perrin, Dom. du Pesquier, Dom. Raspail-Ay, Roubine, Ch. de Saint-Cosme (nobel), Dom. Santa-Duc, Dom. St-Gayan (langlebig), Dom. Les Semelles de Vent. Alkoholstarke Rosés.

Girardin, Vincent Côte d'Or r w ★★→★★★ Handelshaus in MEURSAULT mit Spezialgebiet Weißwein, jetzt im Besitz von BOISSET.

Givry Bg r (w) ★★ **09' 10' 12 13 14** 15' – Geheimtipp für die CÔTE CHALONNAISE: köstliche Rotweine mit Alterungspotenzial und besserem Preis-Leistungs-Verhältnis als MERCUREY. Am besten: CLOS Salomon, Dom. Faiveley, JOBLOT, F. Lumpp, Masse und DOM. THÉNARD. Auch ein wenig Weißwein in nussigem Stil.

Gosset Champ – Im 16. Jh. in AŸ gegründetes Champagnerhaus, inzwischen nach Épernay umgezogen, mit komplexem CHAMPAGNER in weinigem Stil. Eher rassig ist die sehr gute CUVÉE Elegance oJ, traditionell der Grand Millésime (**02 04**). Gosset Celebris (**06** 08') ist die feinste Cuvée. Außerdem bemerkenswerter Celebris Rosé (**06** 09).

Gouges, Henri Côte d'Or r w ★★★ Grégory Gouges schreibt die Erfolgsgeschichte seiner Familie fort und bereitet vollen, fleischigen, langlebigen NUITS-ST-GEORGES aus verschiedenen PREMIER-CRU-Lagen. Empfehlenswert sind Vaucrains, Les St-Georges und Chaignots. Auch interessante Weiße aus Nuits-St-Georges, u. a. PINOT BLANC.

Grand cru Offizieller Begriff, der aber in den verschiedenen Anbaugebieten unterschiedliche Bedeutungen hat. In Burgund bezeichnet er eine Spitzenlage mit eigener AC, im Elsass eine der 51 Spitzenlagen innerhalb des AC-Bereichs ALSACE GRAND CRU, für die nun jeweils eigene Vorschriften gelten. In ST-ÉMILION fallen 60 % der – oft mittelmäßigen – Produktion unter die AC St-Émilion Grand cru. Im MÉDOC gibt es fünf Grand-cru-classé-Stufen. In der Champagne werden die besten Gemeinden als Grands crus bezeichnet. An der Loire gibt es jetzt eine Grand-cru-Kategorie für QUARTS DE CHAUME, im Languedoc entsteht momentan ein Cru-System. In der Provence ist der Begriff mit Vorsicht zu genießen.

Grande Rue, La Côte d'Or r ★★★ **90' 95 96' 98 02' 03** 05' **06 07 08** 09' 10' 11 12' 13 14 15' – Schmaler GRAND-CRU-Streifen, der sich gerade in Bestform zu zeigen beginnt, qualitativ und (selbstredend) preislich allerdings nicht ganz an la TÂCHE und ROMANÉE-CONTI heranreicht, zwischen denen er liegt. Ein MONOPOLE der DOM. Lamarche.

Grands-Échezeaux Côte d'Or r ★★★★ **90' 93 95 96' 99' 00 02' 03** 05' **06 07 08** 09' 10' 11 12' 13 14 15' – GRAND-CRU-Spitzenlage neben CLOS DE VOUGEOT. Die Weine gleichen mit ihrer aromatischen, mittelschweren Art jedoch eher MUSIGNY. Erzeuger: Viz BICHOT (CLOS Frantin), DRC, DROUHIN, EUGÉNIE, GROS, Lamarche, Mongeard-MUGNERET, G. Noëllat.

Grange des Pères, Domaine de la Lang r w ★★★ IGP Pays de l'Herault vom Kultweingut, das Laurent Vaillé gleich neben MAS DE DAUMAS GASSAC geschaffen hat; erster Jahrgang 1992. Rotweine von SYRAH, MOURVÈDRE und CABERNET SAUVIGNON, Weißweine von 80 % ROUSSANNE plus MARSANNE und CHARDONNAY. Stilvolle Weine mit Alterungspotenzial, die aufzuspüren sich lohnt.

Gratien, Alfred und Gratien & Meyer Champ ★★★ BRUT **83' 96' 98 02 07 08'** 09; Brut oJ – Prestige-CUVÉE Paradis Brut auf CHARDONNAY-Basis und Rosé (Verschnitt aus mehreren Jahrgängen). Exzellentes, unkonventionelles Champagnerhaus und Erzeuger von Loire-Weinen, jetzt in deutschem Besitz. Feine, sehr trockene, langlebige Schaumweine, die im Eichenfass vergoren werden, u. a. Hauschampagner von The Wine Society. Das Traubengut wird von Spitzen-Crus sorgfältig ausgewählter Winzer bezogen. Partnerfirma in SAUMUR ist Gratien & Meyer.

Graves Bx r w ★→★★ **04 05' 06 08 09' 10' 11 12 14** 15 – Der Name ist von den Kiesböden (frz. *gravier*) der Stadt Bordeaux abgeleitet. Saftigfruchtige, leckere Rotweine und frische trockene Weiße von SAUVIGNON BLANC/SÉMILLON. Preiswert. Spitzen-CHÂTEAUX: d'ARCHAMBEAU, Brondelle, CHANTEGRIVE, Clos Floridène, Crabitey, Ferrande, Fougères, Haura, Léhoul, Magneau, Pont de Brion, Rahoul, Respide, Respide-Médeville, Roquetaillade La Grange, St-Robert (CUVÉE Poncet Deville), Toumilon, Vieux Château Gaubert, Villa Bel Air und Vimont. Zum besten Gebiet hat sich PESSAC-LÉOGNAN gemausert.

Graves de Vayres Bx r w ★ BV – Winzige Appellation innerhalb des Gebiets ENTRE-DEUX-MERS; Rot-, Weißwein und *moelleux* (lieblich).

Grignan-les-Adhémar S-Rh r (rs) w ★→★★ **15'** – AC an der mittleren Rhône. Hohe Qualität findet man nicht allzu oft, trotz guter Böden; die besten Roten sind voll und würzig mit Kräuternoten. Führende Erzeuger: DOM. de Bonetto-Fabrol, CH. la Décelle (auch weißer CÔTES DU RHÔNE), Dom. de Grangeneuve (am besten, v. a. der VIEILLES VIGNES), Dom. de Montine (stilvolle Rote, gute Weißweine) und Dom. St-Luc.

Griotte-Chambertin Côte d'Or r ★★★★ **90' 95 96' 99' 02' 03** 05' **06 07 08** 09' 10' 11 12' 13 14 15' – Kleine GRAND-CRU-Lage neben CHAMBERTIN. Die Weine sind nicht besonders gewichtig, zeigen aber lebhafte Noten von roten Früchten und Alterungspotenzial, v. a. von DUGAT, DROUHIN, FOURRIER, R. Leclerc und Ponsot.

Grivot, Jean Côte d'Or r w ★★★→★★★★ In dieser DOMAINE in VOSNE-ROMANÉE wurden im vergangenen Jahrzehnt enorme Fortschritte erzielt, was sich in den höheren Preisen widerspiegelt. Die erstklassige Auswahl wird von den GRANDS CRUS CLOS DE VOUGEOT, ÉCHEZEAUX und RICHEBOURG angeführt.

Gros, Domaines Côte d'Or r w ★★★→★★★★ Eine herausragende Winzerfamilie in VOSNE-ROMANÉE: Anne bereitet stilvolle Weine (üppiger RICHEBOURG), Michel saftig-leckere Rote (CLOS de Réas); weitere Familienmitglieder sind Anne-Françoise (jetzt in BEAUNE; die Qualität ist deutlich gestiegen) und Gros Frère et Sœur (Clos de VOUGEOT Musigni). Fast alle bieten auch recht preiswerten HAUTES-CÔTES DE NUITS an, Anne ist außerdem im MINERVOIS aktiv.

Gros Plant du Pays Nantais Lo w; (sch) ★→★★ BV – AC mit zunehmender Qualität für Weißweine von Gros Plant (FOLLE BLANCHE), die im Idealfall knackig-zitronenfrisch ausfallen und zu Austern sowie anderen Schalentieren passen. Erzeuger: Basse Ville, de l'Écu, Haut-Bourg, Luneau-Papin, Preuille und Poiron-Dabin. Auch Schaumwein, entweder sortenrein oder verschnitten.

Guigal, E. N-Rh r w ★★→★★★★ Berühmter Erzeuger für CÔTE-RÔTIE-Wein, auch CONDRIEU, CROZES-HERMITAGE, HERMITAGE und ST-JOSEPH; außerdem Handelshaus: Condrieu, Côte Rôtie, Crozes-Hermitage, Hermitage, südliche Rhône. Besitzer von VIDAL-FLEURY (fruchtbetonte Weine von steigender Qualität) und der DOM. de Bonserine. Hervorragende tiefgründige, reichhaltige, sehr teure Côte-Rôtie-Weine La Mouline, La Landonne und La Turque, die 42 Monate in neuen Eichenfässern ausgebaut werden, also eher untypisch sind. Außerdem sehr guter Hermitage und St-Joseph Vignes de l'Hospice. Alle Roten sind dicht gewirkt. Die Standardweine sind von guter Qualität, v. a. die unglaublich preiswerten CÔTES-DU-RHÔNE-Weine (rot, rosé, weiß). Die besten Weißen sind Condrieu, Condrieu La Doriane (eichenwürzig) und Hermitage.

Hautes Côtes de Beaune/de Nuits Côte d'Or r w ★★ r **09' 10' 12 13 14** 15' (w) **12' 13 14' 15'** – ACs für die Dörfer in den Bergen hinter der CÔTE DE BEAUNE und der CÔTE DE NUITS. Attraktive, eher leichte Rot- und Weißweine für frühen Genuss. Spitzenerzeuger für Weißwein: Devevey, MÉO-CAMUZET, Montchovet und Thevenot-le-Brun; für Rotwein: Carré, Cornu, Féry, GROS, Jacob, Jouan, Magnien, Mazilly, Naudin-Ferrand und Verdet. Auch eine brauchbare große Genossenschaft bei BEAUNE.

Haut-Médoc Bx r ★★→★★★ **03 04 05' 06 08 09' 10' 11 12** 14 15 – Erstklassige Quelle für bekömmliche trockene Rotweine von CABERNET und MERLOT, die sich je nach Bodenbeschaffenheit unterscheiden: Feinere Gewächse entstehen auf sandigen Kiesböden im Süden der AC, stämmigere Versionen finden sich weiter nördlich auf den schwereren lehmhaltigen Kiesböden. Alle benötigen Flaschenreife. Das Haut-Médoc hat 5 Crus classés: BELGRAVE, CAMENSAC, CANTEMERLE, La LAGUNE und La TOUR-CARNET. Weitere Spitzen-CHÂTEAUX: d'AGASSAC, Aurilhac, BELLE-VUE, CAMBON LA PELOUSE, Charmail, CISSAC, Citran, Clément-Pichon, Coufran, Gironville, LANESSAN, Larose Perganson, Paloumey, SÉNÉJAC, SOCIANDO-MALLET.

Haut-Montravel SWF w; s ★★ **09 11' 12** 14' (15) – AOP für den süßesten Stil der MONTRAVEL-Weißweine. Überragend ist der Terrement von CH. Puy Servain (★★★), doch auch Ch. Moulin Caresse (★★) und DOM. de Libarde (sehr preiswert; ★★) brauchen sich hinter den bekannteren ACs MONBAZILLAC und SAUSSIGNAC nicht zu verstecken.

Haut-Poitou Lo r rs w; sch ★→★★ **14 15** – Am besten nach 3–4 Jahren. AC (ca. 750 ha) nördlich von Poitiers mit CABERNET SAUVIGNON, CABERNET FRANC, GAMAY, PINOT NOIR, CHARDONNAY und SAUVIGNON BLANC. Die hiesige Genossenschaft wurde vom dynamischen Gut Ampelidae (Frédéric Brochet) übernommen. Erzeugt wird IGP-Wein von 107 ha.

Heidsieck, Charles Champ – Die legendäre Champagnerfirma ist jetzt nicht mehr so groß wie früher, doch die Weine geraten unter dem neu verpflichteten Kellermeister so gut wie eh und je. Der BRUT Réserve ist pure toastwürzige Eleganz, der unvergleichliche Blanc des Millénaires (**95'**) immer noch vollkommen: mal fein (**05**), mal großartig (**08' 12'** 15'). Siehe auch PIPER-HEIDSIECK.

Heidsieck Monopole Champ – Das ehemals glanzvolle Champagnerhaus ist nun Teil der VRANKEN-Gruppe und bietet ordentliche Qualität zum vernünftigen Preis. Bester Wein ist der Gold Top (**07 09**).

Hengst El – GRAND CRU in Wintzenheim, erbringt kraftvolle Weine. Herausragend durch Spitzen-GEWÜRZTRAMINER von ZIND-HUMBRECHT und JOSMEYER; auch AUXERROIS, CHASSELAS und PINOT NOIR (Letzterer soll demnächst Grand-cru-Status erhalten).

Henri Abelé Champ – Neuer Name für das traditionsreiche Champagnerhaus Abel Lepitre, das sich jetzt auf den Export konzentriert. Die beste CUVÉE ist Sourire de Reims BRUT (v. a. **07**), außerdem schöner gereifter Sourire de Reims Rosé (**03**). Im Besitz von Freixenet.

Henriot Champ BRUT Souverain oJ jetzt sehr viel besser; fantastischer BLANC DE BLANCS de CHARDONNAY oJ (★★★); Brut **96' 02' 08'**; Brut Rosé **06 09** – Feines Champagnerhaus in Familienbesitz (Joseph Henriot starb 2015). Neuer, lang gereifter Cuve 38 aus einer Solera (siehe Kapitel »Port, Sherry und Madeira«) von Chardonnay-Weinen, beginnend mit dem Jahrgang 1990, aus GRANDS CRUS. Außergewöhnlich langlebig ist die Prestige-CUVÉE Les Enchanteleurs **88'** ★★★★; **96 02** 04 08' ★★★). Besitzt außerdem BOUCHARD PÈRE ET FILS und FÈVRE.

Hermitage N-Rh r w ★★★→★★★★ **61' 66' 78' 83' 85' 88 89' 90' 91' 95' 96 97' 98' 99'00 01' 03' 04 05' 06' 07'** 09' 10' **11'** 12' 13' 14' 15' – Robuster, »maskuliner« SYRAH von einem markanten Hügel (teils Granit) am Ostufer der Rhône. Rotweine können über 20 Jahre und länger reifen; die Jahrgänge 2010 und 2015 sind erstklassig. Die faszinierend komplexen Weißweine mit Noten von Nüssen und weißen Früchten (MARSANNE, etwas ROUSSANNE) sollten 6 bis 7 Jahre lagern. Spitzenerzeuger: Belle, Chapoutier, J.-L. Chave (voll, elegant), Colombier, DELAS FRÈRES, Faurie (reintönig), GUIGAL, Habrard (Weißwein), Jaboulet Aîné, Nicolas Perrin, M. Sorrel, Tardieu-Laurent (Eiche). Gute Weine auch von der Genossenschaft in TAIN (v. a. Epsilon, Gambert de Loche).

Hortus, Domaine de l' Lang r w ★★★ Führender Erzeuger von PIC ST-LOUP; auch stilvoller weißer IGP Val de Montferrand sowie elegante Rotweine der Reihe Bergerie und Grande Réserve (in Eiche ausgebaut). Außerdem roter CLOS du Prieur aus dem Bereich TERRASSES DU LARZAC.

Hospices de Beaune Côte d'Or – Die seit dem Mittelalter bestehende Stiftung veranstaltet im spektakulären Gebäudekomplex des Hôtel-Dieu jeweils am dritten Sonntag im November eine große Wohltätigkeitsauktion (seit 2005 von Christie's durchgeführt). Nun können auch Privatpersonen mitbieten, nicht mehr nur der Handel. Unter Roland Masse sind die Standards einheitlicher geworden, als möglicher weiterer Schritt nach vorn hat Ludivine Griveau 2015 die Leitung übernommen. Hier bekommen Sie BEAUNE-CUVÉES, VOLNAY-Weine sowie teure GRANDS CRUS, etwa CORTON oder ÉCHEZEAUX (rot) bzw. BÂTARD-MONTRACHET (weiß).

Hudelot Côte d'Or r w ★★★ Winzerfamilie an der CÔTE DE NUITS. Bei Hudelot-Noëllat (VOUGEOT) regt sich neues Leben, doch Hudelot-Baillet (CHAMBOLLE) macht ihm harte Konkurrenz. Im Stil ist Ersterer eher elegant, Letzterer eher wuchtig.

Huet-L'Echansonne Lo w ★★★★ **89' 90' 95' 96' 97' 02' 03' 05' 06 07 08' 09'** 10' **11 13** 14 (15) – Weingut in VOUVRAY mit biologisch-dynamischem Anbau im Besitz von Anthony Hwang, dem auch die Kellerei Királyudvar in Tokaji (siehe Abschnitt »Ungarn« im Kapitel »Mittel- und Osteuropa«) gehört. Drei Weine von Einzellagen: Le Haut Lieu, Le Mont, CLOS du Bourg. Alle altern hervorragend, insbesondere die Süßweine: Jahrgänge wie 1919, 1921, 1924, 1947, 1959, 1989 und 1990 sind immer noch erhältlich. Auch Pétillant (Perlwein). Maßstäbe setzender CHENIN BLANC. Der Jahrgang 2012 war nichtssagend, doch seitdem ist man wieder in der Spur.

Hugel et Fils El r w; s ★★→★★★ Erstklassiger Erzeuger (gelbes Etikett) in Riquewihr, dessen Spätlesen berühmt sind, v. a. RIESLING und GEWÜRZTAMINER VENDAGE TARDIVE sowie SÉLECTION DE GRAINS NOBLES. Die Reihe Jubilee wurde eingestellt, dafür gibt es Riesling Schoelhammer von der gleichnamigen GRAND-CRU-Lage (der 2007er ist ausgezeichnet).

IGP (Indication Géographique Protégée) Neue Bezeichnung für VDQS. Die Qualitätseinstufung bleibt gleich, nur der wenig hilfreiche Name ist neu.

Irancy Bg r (rs) ★★ **05' 09' 10 12 14'** – Leichter Rotwein aus der Nähe von CHABLIS, bereitet von PINOT NOIR und der Lokaltraube César. Die besten Lagen sind Palotte und Mazelots, die besten Erzeuger Colinot, Dauvissat, Goisot, Renaud und Richoux.

Irouléguy SWF r rs (w) ★→★★★ **10 11' 12** (14) – AOP im Baskenland. Der Schwerpunkt liegt auf Rosé, den Vorzug geben sollte man jedoch den Rotweinen (mit Anklängen an MADIRAN) von TANNAT und CABERNET FRANC sowie den körperreichen Weißen von der Petit-Courbu-Traube. Empfehlenswerte Erzeuger: Ameztia, Arretxea, Mourguy (alle ★★★), Brana, Etchegaraya, Gutizia, Ilarria (alle ★★), Abotia, Bordathio sowie der Neuzugang Bordaxuria (alle ★). Hervorragende Genossenschaft mit bemerkenswertem weißem Xuri d'Ansa (★★★).

Jaboulet Aîné, Paul N-Rh r rs w – Die 1834 gegründete Weinhandelsfirma in Tain wurde 2006 an einen Schweizer Investor verkauft. Die Weine werden nun in einem geschliffenen, internationalen Stil bereitet, die Preise sind gestiegen. Einst führender Erzeuger von HERMITAGE (v. a. La Chapelle ★★★★, seit den 1990er-Jahren mit wechselnder Qualität, seit 2010 etwas besser), CORNAS St-Pierre, CROZES Thalabert (kann stilvoll ausfallen) und Roure (reell); besitzt die DOM. de Terre Ferme in CHATEAUNEUF-DU-PAPE, handelt außerdem mit anderen Rhône-Weinen, v. a. CÔTES DU RHÔNE Parallèle 45, CONDRIEU, VENTOUX (rot; hochwertig und günstig), VACQUEYRAS. Den meist jung zu trinkenden Weißweinen fehlt es an Rhône-typischem Körper; zum Sortiment zählt u. a. der neue, sehr teure La Chapelle.

Jacquart Champ – Champagnermarke im Besitz einer Genossenschaft, die das Sortiment eingeschränkt hat und sich auf das konzentriert, was sie am besten beherrscht: CHARDONNAY aus PREMIER-CRU-Lagen der Côte de Blancs. Feine, für die Gastronomie gedachte Auswahl an BLANC DE BLANCS (**10 08 07 06 05 04**) und sehr guter Jahrgangsrosé (**02 04 06**). Der neue Kellermeister kommt in der ganzen Welt herum.

Jacquesson Champ – Eine Perle von einem Champagnerhaus in Dizy mit präzise bereiteten, sehr trockenen Weinen. Herausragend der Einzellagenchampagner Avize Caïn (**02 04 05 08'**), außerdem Corne Bautray (überwiegend CHARDONNAY) und Dizy (**04 08** 09) sowie die ausgezeichneten nummerierten Cuvées oJ (**730' 731 732733 734 735 738 739 740**).

Jadot, Louis Bg r rs w ★★→★★★★ In seinem gesamten Angebot hochklassiges Handelshaus mit bedeutendem Weinbergbesitz an der CÔTE D'OR, in MÂCON und im BEAUJOLAIS (v. a. DOM. Ferret in POUILLY-FUISSÉ sowie CH. des Jacques und Clos du Grand Carquelin in MOULIN-À-VENT). Der neue Kellermeister behält den Stil bei, verfeinert ihn aber etwas – was auch für die neue, frischere Art der Weißen gilt.

Jura-Juwelen

Wenn Sie sich mal einen VIN JAUNE gönnen wollen, hier einige Tipps:
Lucien Aviet, Réserve du Caveau: Offiziell ist der Jahrgang **07** (★★★) kein Vin jaune, weil er nicht den von den AC-Vorschriften festgelegten Mindestalkoholgehalt aufweist – womöglich umso besser. So lässt sich der seidig texturierte Wein vielseitiger als Essensbegleiter einsetzen und kostet nur halb so viel wie ein Vin jaune. **Dom. Macle Château-Chalon:** hervorragend, ein Wunder an Frische und üppiger Komplexität. Der Jahrgang **07** schmeckt nach Pflaumen und Feigen, beherrscht von strahlender Säure. **Dom. Pignier Montaigu:** seriöser oxidativ ausgebauter Wein, der im ausgezeichneten, schön gereiften **99** gipfelt. **Jacques Puffeney:** Jacques hat sich 2015 in den Ruhestand zurückgezogen. Sein **07** ist länger als die üblichen 8 Jahre unter Flor gereift: üppig, aber mit feinem Säurespiel, am besten zu *poularde à la crème.* **Stéphane und Bénédicte Tissot:** moderne Weine, doch nicht auf Kosten der traditionellen Art. Im Mittelpunkt stehen aromatische Komplexität und subtile Weinigkeit. Der Jahrgang **06** schreit förmlich nach gereiftem Comté-Käse; himmlisch ist **99** (★★★).

Jasnières Lo w; tr (s) ★★→★★★ **03 05' 07 08' 09' 10' 11 13** 14' (15) – Trocken bis süß ausgebauter, langlebiger CHENIN BLANC aus einer dynamischen 65-ha-AC im Loir-Tal mit Südhängen. Erzeuger: de L'Ange Vin (auch VIN DE FRANCE), Aubert la Chapelle, de BELLIVIÈRE, Breton, le Briseau, Gigou, Janvier, Les Maisons Rouges, de Rycke.

Jeanjean Lang ★★ Der Familienbetrieb, der auch die AdVini-Gruppe besitzt, ist eine große Nummer im LANGUEDOC. Zum Portfolio zählen u. a. Mas Neuf (MUSCAT de Mireval), DOMAINE de Fenouillet (FAUGÈRES), Devois des Agneaux und Mas de Lunes (COTEAUX DU LANGUEDOC) und seit Kurzem Causse d'Arboras (TERRASSES DU LARZAC).

Jobard Côte d'Or r w ★★★ Winzerfamilie in MEURSAULT. Die besten DOMAINES sind Antoine Jobard, bekannt v. a. für seine langlebigen Gewächse Charmes, Genevrières und Poruzots, sowie Rémi Jobard, der unmittelbar ansprechende Meursault-Weine sowie Rote aus Lagen in MONTHÉLIE und VOLNAY erzeugt.

Joblot Bg r w ★★★ Hervorragender Erzeuger in GIVRY mit hohen Standards im Weinberg. Probieren Sie den PREMIER CRU La Servoisine (rot und weiß).

Joseph Perrier Champ – Feines familiengeführtes Champagnerhaus mit guten Lagen für PINOT NOIR und MEUNIER, v. a. die in eigenem Besitz befindlichen Lagen in Cumières. Süffiger, fruchtiger Stil; am besten ist die Prestige-CUVÉE Joséphine **02 04 08'** 12' 15'). Außerdem die jetzt trockenere und subtilere Cuvée Royale BRUT oJ und markanter, würzig-herber BLANC DE BLANCS (**02 04 06 08** 13' 15').

Josmeyer El w ★★→★★★ Feine, elegante, langlebige Weine, z. B. fantastischer RIESLING Grand cru Hengst (**09' 10** 12 13' 14 15'). Auch von geringeren Sorten sehr gute Weine, v. a. AUXERROIS (**10** 12 14). Biologisch-dynamischer Anbau mit Köpfchen – rigoros, aber nicht weltfremd.

Juliénas Beauj r ★★★ **09' 11' 12 13** 14 – Der erstaunlich unpopuläre Cru erbringt vollen, herzhaften und gleichermaßen fruchtigen wie strukturierten BEAUJOLAIS. Entdecken Sie Aufranc, Burrier, Santé, Michel Tête und Trenel.

Jurançon SWF w; tr s ★→★★★ tr **09 11' 12 13 14'** (15) s **05' 07' 11' 12 13** 14 – Separate AOPS für trockene und süße Weißweine, die sich durch rassige Ausgewogenheit auszeichnen. Die Boutiquekellerei Jardins de Babylon (★★★★) im Besitz von DAGUENEAU schlägt sich wacker neben den größeren Erzeugern DOMAINES Cauhapé, Lapeyre, Larrédya, de Souch, Thou (alle ★★★), CHX. Jolys, Lapuyade, Doms. Bellauc, Bellegarde, Bordenave, Capdevielle, Castéra, Guirardel, Nigri, Uroulat, CLOS Benguères, Domaines Haugarot, de Sarros (alle ★★). Gute, preiswerte Genossenschaft in Gan (★).

Kaefferkopf El w; tr (s) ★★★ Die Lage in Ammerschwihr ist der 51. GRAND CRU des ELSASS, von dem nicht nur sortenreine, sondern auch Verschnittweine kommen dürfen – wohl nicht allererste Qualität.

Kientzler, André El w; s ★★→★★★ Kleiner, aber sehr feiner Erzeuger in Ribeauvillé. Sehr guter RIESLING von den GRANDS CRUS Osterberg und Geisberg (**09 10 11** 12 13' 14 15') sowie opulenter GEWÜRZTRAMINER vom Grand cru Kirchberg (**05 09** 12). Außerdem gehaltvolle, klassische Süßweine.

Korsika (Vin de Corse) Korsika r rs w ★→★★★ Frankreichs wilde Insel hat die ACs Ajaccio und PATRIMONIO sowie die besseren CRUS Coteaux du Cap Corse, Sartène und Calvi. IGP: Île de Beauté. Leichte, würzige Rotweine von der SCIACARELLO-Traube, strukturiertere Gewächse von NIELLUCCIO, außerdem gute Rosés und würzige Vermentino-Weißweine mit Kräuternote. Auch süßer MUSCAT. Spitzenerzeuger: Abbatucci, Alzipratu, Antoine Arena, Canarelli, CLOS d'Alzeto, Clos Capitoro, Clos Poggiale, Fiumicicoli, Gentile, Yves Leccia, Montemagni, Nicrosi, Peraldi, Pieretti, Saperale, Torraccia, Vaccelli. Die Weine sind Originale, die kaum exportiert werden – die Suche lohnt trotzdem.

Kreydenweiss, Marc El w; s ★★→★★★ Feiner, biologisch-dynamisch arbeitender Erzeuger, v. a. von PINOT GRIS (sehr gut aus der GRAND-CRU-Lage Moenchberg), PINOT BLANC und RIESLING. Spitzenwein: Riesling Grand cru Kastelberg (**89 06 08' 10'** 12 13; mind. 20 Jahre haltbar); daneben gute VENDANGE tardive. Der Einsatz neuer Eiche wird jetzt mit mehr Fingerspitzengefühl gehandhabt. Außerdem guter Riesling/Pinot gris CLOS du Val d'Eléon. Ist auch in COSTIÈRES DE NÎMES und im südlichen Rhône-Tal tätig (GRENACHE, SYRAH, MOURVÈDRE aus biologisch-dynamischem Anbau).

Krug Champ – Grande CUVÉE, v. a. die gereifte Grande Cuvée (»Equilibre« auf 2002er Basis) ★★★★; Vintage **95' 98' 00 02' 03**; Rosé; CLOS du Mesnil (**00' 03**); Clos d'Ambonnay (**95' 98'** 00); Krug Collection **69' 76' 81 85** – Champagnerhaus mit enormem Prestige. Gehaltvolle, nussige Weine, die, wenn sie in Eiche vergoren werden, von höchster Qualität sind,

Frankreich

aber astronomische Preise haben. Der Vintage des Jahrgangs 2003 ist eine angenehme Überraschung, der 2002er prachtvoll. Kein Jahrgangschampagner 2012.

Kuentz-Bas El w; s ★→★★★ Elsässische Erzeuger- und Handelsfirma in Husseren-les-Châteaux, v. a. GEWÜRZTRAMINER und PINOT GRIS. Ebenfalls gut sind die VENDANGES TARDIVES (v. a. **05 09**). Feiner, klassisch trockener RIESLING (**10 11** 12 13 14 15').

Labet, Domaine Jura – Einladendes Familiengut in Rotalier, jetzt unter der Leitung der jungen Generation, mit acht verschiedenen Terroirs, deren Erträge separat abgefüllt werden. Der CHARDONNAY ist pure, vibrierende Energie, Frische und ausgewogene Extraktion, v. a. Billat (**00**) und Les Villons (**12** 14 15). Außerdem feiner VIN JAUNE.

Jurançon wird bio

Folgende Erzeuger verdienen Ihre Aufmerksamkeit:

Domaine Bellauc (Gil Schefchen): Biologisch-dynamischer Anbau, Vergärung im Fass (trockener und süßer Stil).

Clos Benguères (Thierry Bousquet) in Cuqueron: Weine in allen Süßegraden.

Domaine Bru-Baché (Claude Loustalot) in Monein: Jetzt wieder in Topform.

Dom Lapeyre (Jean-Bernard Larrieu and Frédéric Borde) und **Camin Larrédya** (Jean-Marc Grussaute): Nachbarn und Weggefährten.

Château Lapuyade (Jean-Joseph Aurisset) in Cardasse: v. a. CUVÉE Marie-Louise.

Domaine de Sarros (Joël Brun) in Gelos: Kleiner Betrieb mit jungen Reben.

Château de Souch (Yvonne Hégoburu): Unermüdlicher Star des Films »Mondovino«.

Clos Thou (Henri Lapouble-Laplace): Einer der Spitzenerzeuger des Jurançon.

Domaine Tinou (Serge Hondet): Ein alter Hase unter den Jurançon-Erzeugern.

Domaine Vignau-la-Juscle (Michel und Antonin Vallon): Spezialisten für Weine in üppig süßem Stil.

La Croix Belle, Domaine Lang ★★★ Führendes Gut der CÔTES DE THONGUE. Zu den Stars zählen der Cascaillou auf GRENACHE-Basis, der in Eiche ausgebaute No 7 (aus sieben Rebsorten) in allen drei Farben sowie der Süßwein La Soulenque.

Ladoix Côte d'Or r w ★★ **02' 03 05' 08 09' 10' 11 12** 14 15' – Trotz seines Anteils an den GRAND-CRU-Lagen CORTON und CORTON-CHARLEMAGNE kaum bekannter Ort am Nordende der CÔTE DE BEAUNE. Quelle fruchtiger, vergleichsweise preiswerter Roter, v. a. Les Joyeuses, sowie überschwänglicher Weißweine, z. B. Les Gréchons. Die DOMAINES Chevalier, Loichet, Mallard und Ravaut treiben die Wiederbelebung voran.

Ladoucette, de Lo (r) (rs) w ★★★ **09 10 12 13 14** (15) – Der größte Einzelerzeuger von POUILLY-FUMÉ, mit CHÂTEAU de Nozet als Firmensitz. Baron de L ist die teure Luxusmarke; ferner die SANCERRE-Weine Comte Lafond und La Poussie (die berühmteste Lage in Bué wird gerade instand gesetzt, weil sie stark erodiert ist) sowie Marc Brédif (VOUVRAY) und Albert Pic (CHABLIS).

Lafarge, Michel Côte d'Or r ★★★★ Das klassische VOLNAY-Gut unter Leitung von Frédéric Lafarge, dem Sohn des stets gegenwärtigen Michel, wird biologisch-dynamisch bewirtschaftet. Überragende, langlebige PREMIERS CRUS Clos des Chênes, Caillerets und CLOS du CH. des Ducs. Außerdem feine BEAUNE-Gewächse, v. a. Grèves, und einige Weiße. Das neue Projekt in FLEURIE heißt Lafarge-Vial.

Lafon, Domaine des Comtes Bg r w ★★★→★★★★ Legendäre, biologisch-dynamisch bewirtschaftete DOMAINE mit MEURSAULT- und MONTRACHET-Weinen und ebenso hervorragendem rotem VOLNAY (v. a. Santenots). Ein ausgezeichnetes Mâconnais-Sortiment bietet die separate Domaine Les Héritiers du Comte Lafon. Dominique Lafon hat einen eigenen Betrieb an der CÔTE DE BEAUNE.

Laguiche, Marquis de Côte d'Or r w ★★★★ Größter Grundbesitzer in Le MONTRACHET. Herrliche Weine, auch feiner PREMIER CRU CHASSAGNE-MONTRACHET, hervorragend von DROUHIN bereitet.

Lalande de Pomerol Bx r ★★ **01' 04 05' 06 08 09' 10' 11 12** 14 15 – Etwas unbeständiger Satellitennachbar von POMEROL; Weine in ähnlichem Stil, aber weniger dicht gewirkt. Halten Sie sich an die Spitzen-CHÂTEAUX: Ame de Musset, Belles-Graves, BERTINEAU ST-VINCENT, Chambrun, Les Cruzelles, La Fleur de Boüard, Garraud, Grand Ormeau, Jean de Gué, Haut-Chaigneau, Les Hauts-Conseillants, Laborderie-Mondésir, Perron (La Fleur), Sabines, St-Jean de Lavaud, La Sergue, Siaurac, TOURNEFEUILLE.

Landron, Domaines Lo w; tr; sch ★★→★★★ **09 10 13** 14' (15) – Schnauzbärtiger Erzeuger von feinem MUSCADET DE SÈVRE-ET-MAINE aus biologisch-dynamischem Anbau (48 ha): Amphibolite und alterungswürdiger Fief du Breil. Außerdem guter Schaumwein (GROS PLANT/PINOT NOIR).

Langlois-Chateau Lo (r) (w); sch ★★→★★★ In SAUMUR ansässiger Erzeuger von feinem CRÉMANT de Loire, seit 1973 im Besitz von BOLLINGER. Auch Stillweine, v. a. der alterungsfähige Saumur Blanc VIEILLES VIGNES (05 08 09).

Languedoc r rs w – Allgemeine Bezeichnung für den Süden Frankreichs (MIDI), oft in Kombination mit dem ROUSSILLON genannt. Jetzt auch der Name einer neuen AC, die die jetzige AC COTEAUX DU LANGUEDOC erweitert und zusätzlich MINERVOIS, CORBIÈRES und ROUSSILLON umfasst. Die Vorschriften sind dieselben wie für Coteaux du Languedoc; die Übergangsphase für den Namenswechsel gilt bis Mai 2017. Die neue AC bildet die Basis der AC-Pyramide im Midi. Das neue Stufensystem für CRUS ist in Kraft, aber (noch) nicht endgültig festgelegt.

Lanson Père et Fils Champ Black Label oJ; Rosé oJ; fantastischer BRUT **02'** ★★★★ **06 08'** 12 15 – Champagnerhaus in Bestform; gehört jetzt zu Lanson-BCC. Fantastisch und luxuriös sind »Lanson Père et Fils« oJ, die Noble CUVÉE als BLANC DE BLANCS, Rosé und Jahrgangschampagner, neu ist der Jahrgangs-Brut CLOS Lanson (**08 09**) aus einer Einzellage. Der Extra Age (aus mehreren Jahrgängen) und der Blanc de Blancs sind besonders gut. Der neue, erfahrene Kellermeister (früher bei der GRAND-CRU-Genossenschaft MAILLY-CHEMPAGNE) lässt in gewissem Umfang biologischen Säureabbau zu, um einen runderen Stil zu erhalten.

Lapierre, Marcel Beauj r ★★★ Als Chef der Kult-DOMAINE erzeugt Mathieu Lapierre weiterhin MORGON ohne Schwefeldioxidzusatz, wie sein verstorbener Vater ihn eingeführt hat. Probierenswert ist auch der frische, fruchtig-saftige Raisins Gaulois.

Laplace, Domaine SWF – Der älteste aller MADIRAN-Erzeuger. Das Aushängeschild Château d'Aydie (★★★) und der Odé d'Aydie brauchen Zeit, ganz im Gegensatz zu den leichteren IGP-Weinen Les 2 Vaches (★★) und

Aramis (★), reinsortig von TANNAT-Trauben bereitet, die außerhalb der Grenzen der AOP Madiran wachsen. Außerdem exzellente trockene und süße PACHERENC-DU-VIC-BILH-Gewächse (★★★).

Laroche Chablis w ★★ Bedeutender Akteur in CHABLIS, dessen Angebot von der Spezialcuvée Réserve de l'Obédiencerie bis zu GRAND-CRU-Weinen reicht. Nimmt inzwischen Abstand von Schraubverschlüssen und biologisch-dynamischen Methoden. Hält auch Beteiligungen in Südfrankreich, Chile und Südafrika.

Latour, Louis Bg r w ★★→★★★ Berühmtes traditionelles Handelshaus in Familienbesitz mit körperreichen Weißweinen von Lagen an der CÔTE D'OR (v.a. CORTON-CHARLEMAGNE), dem Mâconnais und der Ardèche (alle CHARDONNAY). Klassischer wirken die CORTON- und ROMANÉE-ST-VIVANT-Rotweine. Zum Besitz gehört auch Henry Fessy im BEAUJOLAIS.

Latricières-Chambertin Côte d'Or r ★★★ **90' 93 95 96' 99' 02' 03** 05' **06 07 08** 09' 10' 11 12' 13 14 15' – GRAND CRU neben CHAMBERTIN. Ähnlich gehaltvoller Wein, aber nicht ganz so intensiv, am besten von Arnoux, BIZE, Drouhin-Laroze, Duband, Dom. FAIVELEY, Dom. LEROY, Remy, ROSSIGNOL-TRAPET und Dom. TRAPET PÈRE ET FILS.

Laudun S-Rh r rs w ★→★★ **10' 12' 13 15'** – Führender Ort der CÔTES DU RHÔNE-VILLAGES am Westufer. Exzellente, schneidige Weißweine, fruchtig-pfeffrige, früh trinkreife Rotweine (viel SYRAH), lebhafte Rosés. Weine mit unmittelbar ansprechender Aromatik von der Genossenschaft Laudun CHUSCLAN VIGNERONS. DOM. Pelaquié ist am besten, besonders der stilvolle Weiße; daneben die CHÂTEAUX de Bord, Courac, Juliette, Marjolet, St-Maurice sowie Dom. Duseigneur (biologisch-dynamisch, interessant) und Prieuré St-Pierre.

Laurent-Perrier Champ – Bedeutende Champagnerfirma; die Besitzerfamilie tritt jetzt weniger in Erscheinung. Der BRUT OJ (auf CHARDONNAY-Basis) ist ein idealer Aperitif, der markante Rosé wird mit Schalenkontakt vinifiziert. Feine Jahrgänge: **02 04 06 08 12**. Gut in Form ist die aus mehreren Jahrgängen bereitete CUVÉE Grand Siècle, unvergleichlich der Grand Siècle Alexandra Rosé (**06**). Der Ultra Brut müsste besser sein.

Leflaive, Domaine Bg r w ★★★★ Erst führte Vincent, dann seine – seit ihrem Tod 2015 schmerzlich vermisste – Tochter Anne-Claude Leflaive diese DOMAINE an die Spitze. Maßstäbe setzender, biologisch-dynamisch arbeitender Betrieb in PULIGNY-MONTRACHET mit diversen GRANDS CRUS, u.a. Le MONTRACHET und CHEVALIER-MONTRACHET. Auch legendäre Premiers crus wie Combettes, Folatières und Pucelles. Preiswerter ist der MÂCON Verzé.

Leflaive, Olivier Côte d'Or r w ★★→★★★ Handelshaus in PULIGNY-MONTRACHET; Oliviers Anteil am Familiengut ist als Récolte du DOMAINE mit im Angebot. Die Weine sind in letzter Zeit wirklich spannend und eine Herausforderung für Oliviers Cousins (siehe oben). Das Hotel-Restaurant »La Maison d'Olivier« mit Verkostungsraum gehört ebenfalls zum Besitz.

Leroux, Benjamin Côte d'Or r w ★★★ Der frühere Leiter der DOMAINE COMTE ARMAND erwirbt sich jetzt einen Ruf als Négociant in BEAUNE, der sowohl bei Rot- als auch bei Weißweinen zu Hause ist. Besonders empfehlenswert unter seinen ausgewogenen, geradlinigen Weinen sind die PREMIER-CRU-Gewächse aus CHASSAGNE-MONTRACHET, VOLNAY und GEVREY-CHAMBERTIN.

Leroy, Domaine Côte d'Or r w ★★★★ Lalou Bize Leroy, eine Wegbereiterin des biologisch-dynamischen Anbaus, bietet außerordentliche Qualität von winzigen Erträgen und zudem einen staunenswerten Schatz an älteren Weinen aus dem Handelshaus der Familie, Maison Leroy. Die DOM. d'Auvenay gehört ebenfalls zum Besitz.

Liger-Belair, Comte Côte d'Or r ★★★→★★★★ Comte Louis-Michel Liger-Belair erzeugt strahlend ätherische Weine in VOSNE-ROMANÉE, einen stetig wachsenden Schatz, der vom monumentalen La ROMANÉE angeführt wird. Außerdem probierenswert: La Colombière, Clos du CHÂTEAU und Aux Reignots PREMIER CRU.

Liger-Belair, Thibault Côte d'Or r ★★★→★★★★ Der Cousin von Louis-Michel (siehe oben) erzeugt kraftstrotzenden, fülligen Burgunder, darunter bemerkenswerten NUITS-ST-GEORGES, Les St-Georges und GRAND CRU RICHEBOURG; außerdem eine Reihe überragender MOULIN-À-VENT- und Einzellagenweine sowie Gewächse von sehr alten Reben.

Aufgehende Sterne im Languedoc

Alle Güter wurden ab dem Jahr 2000 gegründet und machen einen guten Eindruck:

Cabardès Cazaban
Cabrières Les Deux Rocs
Corbières Clos Perdus
Faugères Trinités, Cebène
IGP Mas des Dames (auch COTEAUX DE LANGUEDOC), Senti-Kreyden
La Clape Mas Soleilla
Limoux J. Laurens
Montpeyroux Mas d'Amile, Joncas
Muscat de Mireval La Rencontre
Pézenas Le Conte de Floris, Monplézy, Mas Gabriel, Turner-Pageot
Terrasses du Larzac Pas de l'Escalette, Clos du Serres, La Traversée, Les Vignes Oubliées

Lignier Côte d'Or r w ★★→★★★ Familie in MOREY-ST-DENIS. Bester Erzeuger ist die jetzt von Sohn Laurent geleitete DOMAINE Hubert Lignier (z. B. CLOS DE LA ROCHE). Klasse bietet auch Virgile Lignier-Michelot, nur die Dom. Georges Lignier ist derzeit nicht in Form.

Limoux Lang r w ★★ AC für Stillwein, zur Ergänzung der Schaumweinappellationen BLANQUETTE DE LIMOUX und CRÉMANT de Limoux. Ausbau in Eiche ist für die weißen Stillweine obligatorisch, bereitet werden sie von CHARDONNAY, CHENIN BLANC und Mauzac sortenrein oder als Verschnitt. Die Roten der AC basieren auf MERLOT, plus SYRAH, GRENACHE, beide CABERNET-Sorten und CARIGNAN. Trotz des kühlen Klimas ist PINOT NOIR unverständlicherweise nur für Crémant und IGP-Weine zugelassen. Erzeuger: u. a. DOMAINES Baron d'Arques, de Fourn, Martinolles, de Mouscaillo, CH. RIVES-BLANQUES und Jean-Louis Denois.

Lirac S-Rh r rs w ★★ **09' 10' 12' 13** 15' – Vier Gemeinden auf steinigen, hochwertigen Böden nahe TAVEL. Würzige Rote von ansprechender Tiefe (können 5 Jahre und länger reifen); positive Impulse kommen neuerdings von einigen CHÂTEAUNEUF-DU-PAPE-Erzeugern, die für reinere Frucht und mehr Schwung sorgen. Empfehlenswert: v. a. DOMAINES Beaumont, Duseigneur (biologisch-dynamisch), Giraud, Joncier, Lafond Roc-Epine, Lorentine (stilvoll), Maby (Fermade), André Méjan, de la Mordorée (bei Rot und Weißwein der Beste), Rocalière (schöne Frucht), Rocca Maura, R. Sabon, CHÂTEAUX de Bouchassy, Manissy, Mont-Redon, St-Roch, Ségriès sowie Famille Bréchet und Mas Isabelle (handwerkliche Bereitung). Die Weißen setzen auf Frische und Körper (halten sich 5 Jahre).

Listrac-Médoc H-Méd r ★★→★★★ **05' 06 08 09' 10' 11 12** 14 15 – Die höchste Stelle im MÉDOC (43 m)! Die AC für Médoc-Freunde mit klein(er)em Budget hat qualitativ deutlich zugelegt: Die Weine zeichnen sich jetzt durch mehr Frucht, Tiefe und MERLOT aus. Auch etwas Weißwein (von 12 ha), als AC BORDEAUX etikettiert. Beste CHÂTEAUX: Cap Léon Veyrin, CLARKE, Ducluzeau, l'Ermitage, FONRÉAUD, Fourcas-Borie, FOURCAS DUPRÉ, FOURCAS HOSTEN, MAYNE LALANDE, Reverdi, SARANSOT-DUPRÉ.

Long-Depaquit Chablis w ★★★ CHABLIS-DOMAINE im Besitz von BICHOT mit der Spitzenmarke des Hauses, GRAND CRU La Moutonne.

Lorentz, Gustave El w ★★→★★★ Ökoerzeuger und Händler in Bergheim; v.a. GEWÜRZTRAMINER und RIESLING aus den GRAND-CRU-Lagen Altenberg de Bergheim und Kanzlerberg (**06 08 09** 10' **12** 14 15). Außerdem respektabler Gewürztraminer Evidence (**09**). Sowohl die gereiften als auch die jungen, in größerer Menge erzeugten Weine sind fein.

Lot SWF ★→★★ BV – Die IGP im Departement Lot wird überwiegend von COTEAUX-DU-QUERCY- und CAHORS-Erzeugern (z.B. CLOS de Gamot von CH. du CÈDRE) genutzt, deren AOP-Vorschriften nur Rotweine gestatten. Probierenswert: DOM. Belmont, Dom. de Sully, Tour de Belfort (alle ★★) und insbesondere Clos d'Auxonne (★★).

Loupiac Bx w; s ★★ **05' 07 09' 10' 11 13 14** 15 – Zu Unrecht missachteter Dessertwein *(liquoreux)* auf SÉMILLON-Basis in leichterem, frischerem Stil als die SAUTERNES -Gewächse vom anderen Garonne-Ufer. Spitzen-CHÂTEAUX: CLOS Jean, Dauphiné-Rondillon, Loupiac-Gaudiet, Noble, de Ricaud, Les Roques.

Luberon S-Rh r rs w ★→★★ **12' 15'** – Angesagter hügeliger Anbaubereich im Anschluss an die südliche Rhône. Das Terroir ist brauchbar, mehr nicht; zu viele technische, seelenlose Weine, hauptsächlich von SYRAH. Herausragend ist CH. de la Canorgue. Außerdem gut: DOM. de la Citadelle, Chx. Clapier, Edem, Fontvert, O. Ravoire, St-Estève de Neri (wird besser), Tardieu Laurent (gehaltvoll, Eichenausbau), Cellier de Marrenon, Val-Joanis, La Vieille Ferme (teils als VIN DE FRANCE etikettiert).

Lussac St-Émilion Bx r ★★ **05' 08 09' 10' 12 14** 15 – Satellit von ST-ÉMILION mit den leichtesten Weinen. Hauptproduzent ist die Genossenschaft. Spitzen-CHÂTEAUX: Barbe-Blanche, Bel Air, Bellevue, Courlat, la Grenière, de LUSSAC, du LYONNAT, Mayne Blanc, Le Rival, La Rose-Perrière.

Macération carbonique Kohlensäuremaischung. Traditionelle Methode der Gärung von ganzen, unzerquetschten Trauben in einem geschlossenen Tank. Die in den einzelnen Trauben stattfindende Gärung bringt sie zum Aufplatzen. Das Ergebnis ist ein spritziger, sehr fruchtiger, milder Wein, der sich nicht lange lagern lässt. Kohlensäuremaischung ist typisch für die BEAUJOLAIS-Bereitung (allerdings nicht für die Spitzenweine), wird heute aber auch in vielen anderen Gegenden, z.B. im MIDI, angewandt, sogar bei CHÂTEAUNEUF-DU-PAPE.

Macle, Domaine Jura – Der hochgeschätzte VIN JAUNE (AC CHÂTEAU-CHALON) braucht 10 Jahre zur Entfaltung; der 1983er ist noch immer großartig. Außerdem seriöser, preiswerter CHARDONNAY CÔTES DU JURA (**12** 14).

Mâcon Bg r (rs) w; BV – Einfache, saftig-fruchtige Rote (von GAMAY) und die schlichteste Spielart von Weißweinen (CHARDONNAY) aus dem Mâconnais.

Mâcon-Villages Bg w ★★→★★★ **12' 13 14' 15** – Hauptappellation für Weißweine aus dem Mâconnais, es kann aber auch der Name der jeweiligen Ortschaft genannt werden, z.B. Mâcon-Lugny. Die günstigsten Preise bieten die Genossenschaften Lugny, Terres Secretes und Viré, individuelle Qualität die folgenden Erzeuger: Guillot, Guillot-Broux, Guffens-Heynen, DOM. des Comtes LAFON, LEFLAIVE, Maillet und Merlin.

Madiran SWF r ★★→★★★ **05' 09' 10' 11 12** 13 (14) (15) – AOP in der Gascogne. TANNAT-Trauben bedeuten tanninstrenge Weine, doch inzwischen gibt es auch weniger herbe Versionen. Die DOMAINES Berthoumieu, Capmartin, Damiens, Labranche Laffont, Laffitte-Teston, Laplace sowie CLOS Basté und CH. de Gayon (alle ★★★) liefern Ch. Montus und Ch. BOUSCASSÉ einen harten Wettkampf. Dicht dahinter folgen Barréjat (★★), Crampilh, Dou Bernés, des Maouries und Pichard (alle ★★).

Madura, Domaine la Lang r w ★★★ Der frühere Geschäftsführer von CH. FIEUZAL in BORDEAUX erzeugt nun auf seinem eigenen Gut in ST-CHINIAN stilvollen Classic und Grand Vin.

Mähler-Besse Bx – Négociant im Chartrons-Viertel in BORDEAUX mit Unmengen alter Jahrgänge; jetzt im Besitz von BORIE-MANOUX. Die Familie Mähler-Besse hält auch eine Beteiligung an CH. PALMER.

Mailly-Champagne Champ ★★★ Erstklassige Genossenschaft in der CHAMPAGNE, das gesamte Lesegut stammt aus GRAND-CRU-Lagen diverser Gegenden. Die Prestige-CUVÉE des Echansons (**02' 04** 08' 12') ist ein großer Wein, der sehr alt werden kann. Überaus raffinierter L'Intemporelle (**99 02' 04 08'**). Talentierter neuer Kellermeister.

Maire, Henri Jura r rs w ★→★★ Größter Erzeuger und Händler für Jura-Weine mit der Hälfte der gesamten AC. Einige Spitzenetiketten, aber auch viele ganz nette kommerzielle Marken. Ein Besuch macht trotzdem Spaß.

Mann, Albert El r w ★→★★★ Spitzenerzeuger in Wettolsheim mit reichhaltigen, eleganten Weinen. Sehr guter PINOT BLANC, AUXERROIS und PINOT NOIR sowie ein schönes Angebot von GRAND-CRU-Weinen aus den Lagen SCHLOSSBERG, HENGST, Furstentum und Steingrubler (v. a. **08 10 12** 15). Tadellose, biologisch-dynamisch bewirtschaftete Weinberge.

Maranges Côte d'Or r (w) ★★ **05' 08 09' 10' 12** 13 14 15' – Südlichste AC der CÔTE DE BEAUNE mit relativ tanninstarken Roten. Weine mit gutem Preis-Leistungs-Verhältnis von den PREMIERS CRUS. Am besten von: BACHELET-Monnot, Chevrot, Contat-Grangé, Moreau.

Marcillac SWF r rs ★★ Die AOP erzeugt veilchenfarbene Durstlöscher, die man entweder mag oder verabscheut. Die (praktisch sortenrein) von der Mansois-Traube (FER SERVADOU) bereiteten Weine sind mit 3 Jahren am besten und schmecken gut zu Aufschnitt oder Erdbeeren. Die Genossenschaft (★★; v. a. der Einzellagenwein DOM. de Ladrecht) kann mit den unabhängigen Erzeugern mithalten, z. B. Domaines du Cros (der größte unabhängige Betrieb hat auch gute IGP-Weißweine im Angebot), Costes, Mioula, Vieux Porche (alle ★★) sowie de l'Albinie (gibt CABERNET SAUVIGNON zum Verschnitt), Carles-Gervas und la Carolie (alle ★).

Margaux H-Méd r ★★→★★★★ **00' 01 02 04 05' 06 08 09'** 10' 11 **12** 14 15 – Große kommunale Appellation im südlichen MÉDOC, die für ihre eleganten, duftigen Weine bekannt ist, tatsächlich aber verschiedene Stile bietet. Spitzen-CHÂTEAUX: BOYD-CANTENAC, BRANE-CANTENAC, DAUZAC, FERRIÈRE, GISCOURS, ISSAN, KIRWAN, MALESCOT ST-EXUPÉRY, MARGAUX, PALMER, RAUZAN-SÉGLA, SIRAN, DU TERTRE. Ein gutes Preis-Leistungs-Verhältnis bieten die Châteaux ANGLUDET, Labégorce Zédé und Paveil de Luze.

Marionnet, Henry Lo r w ★★→★★★ **14 15** – Gut im Osten der TOURAINE, das über einige Lagen mit ungepfropften Reben verfügt. SAUVIGNON BLANC (angeführt vom L'Origine Touraine), GAMAY (v. a. Cépages Oubliés), Provignage (von im Jahr 1850 gepflanzten Romorantin-Reben) sowie La Pucelle de Romorantin. Die wurzelechten Romorantin-Reben wurden gerade auf den historischen Weinberg des CH. de Chambord umgesetzt.

Marmande SWF r rs (w) ★→★★★ r **11' 12** (14) – AOP an der Schwelle zur Gascogne, qualitativ auf dem aufsteigenden Ast. Mit der seltenen heimischen Sorte Abouriou befasst sich v.a. die Kult-DOMAINE Elian da Ros (★★★). CH. de Beaulieu (★★) bevorzugt SYRAH, während bei Dom. Beyssac, Dom. Bonnet, Dom. Cavenac und Ch. Lassolle (alle ★★) BORDEAUX-Sorten die Hauptrolle spielen. Die Erzeugnisse der (fusionierten) Genossenschaften sind immer noch langweilig.

Marsannay Côte d'Or r rs (w) ★★→★★ r **09' 10' 12' 13 14** 15' – Appellation ganz im Norden der CÔTE DE NUITS, die auf PREMIER-CRU-Status z.B. für ihre Lagen CLOS du Roy, Champ Salomon und Longeroies hofft. Zugängliche, knackige, äußerst fruchtbetonte Weine, z.B. von Audoin, Bart, Bouvier, Charlopin, CLAIR, Fournier, Pataille und Dom. TRAPET. Den Rosé sollte man nach 1–2 Jahren trinken; die Weißen sind weniger aufregend.

Mas, Domaines Paul Lang r rs w ★★ Ein ambitionierter großer Akteur im Süden mit 600 ha eigenem Rebbesitz und 1.312 ha von Vertragswinzern bewirtschafteten Weinbergen, die sich von Grès de Montpellier bis LIMOUX erstrecken. Erzeugt überwiegend IGP-Weine. Innovatives Marketing. Besonders bekannt ist die IGP-Reihe Arrogant Frog; außerdem La Forge, Les Tannes und Les Vignes de Nicole. Die Güter Ferrandière und Crès Richard in TERRASSES DU LARZAC sowie de Martinolles in Limoux gehören ebenfalls zum Besitz. Ein neues Projekt heißt Côté Mas (Pézenas).

Mas Amiel Rouss r w; s ★★★ Das vorbildliche Gut in MAURY vereint Innovation mit Tradition. Seriöse trockene CÔTES-DU-ROUSSILLON, MAURY- und IGP-Weine. Der Vol de Nuit von alten CARIGNAN-Reben, der Vers le Nord auf GRENACHE-Basis, der Origine und der Altaïr lohnen die Suche. Außerdem gibt es jungen Grenat (die Maury-Version des RIMAGE) und ehrwürdige (20–40 Jahre alte) VINS DOUX NATURELS RANCIO (AOC Maury).

Mas Bruguière Lang ★★★ Das wegweisende Gut in PIC ST-LOUP ist seit sieben Generationen in Familienbeitz und wird jetzt vom talentierten Xavier Bruguière geleitet. Besonders empfehlenswert: L'Arbousé, La Grenadière und Le Septième.

Mas Cal Demoura Lang r rs w ★★★ Das Gut in den TERRASSES DU LARZAC sollte man im Auge behalten. Der Wein wird sehr sorgfältig bereitet – probieren Sie den weißen L'Etincelle (sechs verschiedene Rebsorten) sowie die roten LANGUEDOC-Cuvées L'Infidèle, Les Combariolles oder Feu Sacré (vorwiegend von GRENACHE).

Mas de Daumas Gassac Lang r rs w ★★(★) **04 05 06 07 08 09 10** 11 12 13 14 – Einst unerreicht innovatives Gut, das mit seinen Weinen auf CABERNET-Basis von offenbar einzigartigen Böden im MIDI neue Standards setzte. Inzwischen wird es in qualitativer Hinsicht aber z.B. vom benachbarten Gut GRANGE DES PÈRES übertroffen. Erzeugt außerdem einen herrlich duftenden Weißen von CHARDONNAY, Petit MANSENG und VIOGNIER, die rote Super-Cuvée Emile Peynaud, den Rosé Frizant und den köstlichen süßen Vin de Laurence (MUSCAT und SERCIAL).

Mas Jullien Lang ★★★ Einer der ersten Qualitätserzeuger in den TERRASSES DU LARZAC. Zu den Rebsorten zählen CARIGNAN blanc, Terret blanc und CHENIN BLANC. Das Angebot wurde der Einfachheit halber auf COTEAUX DU LANGUEDOC Les États d'Ame (rot, weiß) und Carlan von LANGUEDOC-Trauben beschränkt.

Massif d'Uchaux S-Rh r ★★ **10' 12' 13 15'** – Gute Weinbaugemeinde der CÔTES DU RHÔNE-VILLAGES mit kühl texturierten, klar fruchtbetonten Rotweinen, die nicht leicht an den Mann zu bringen sind, aber im Bestfall schöne Qualität bieten. Beachtenswert: CH. St-Estève (auch guter VIOGNIER), DOMS. La Cabotte (biologisch-dynamisch, steigende Qualität), Chapoton, Cros de la Mûre (sehr gut, preiswert), de la Guicharde, Renjarde (geschliffene Frucht).

Maury Rouss r; s ★★→★★★ oJ – Das Renommee gründet sich auf VIN DOUX NATUREL von GRENACHE noir, blanc und gris auf Schieferboden (inmitten von Kalkstein). Inzwischen werden auch charaktervolle trockene Rote erzeugt. In letzter Zeit ist die Qualität deutlich gestiegen, angeführt von Mas Amiel. Mehrere neue Weingüter, z. B. Dom. of the Bee, ordentliche Genossenschaft. Besonders lohnend sind RANCIO-Weine alter Jahrgänge (z. B. 1928).

Mazis- (oder Mazy-)Chambertin Côte d'Or r ★★★ **90' 93 96' 99' 02' 03** 05' **06 07 08** 09' 10' 11 12' 13 14 15' – Der nördlichste GRAND CRU von GEVREY-CHAMBERTIN; der obere Teil des Hangs ist Spitzenklasse und liefert himmlische Weine. Beste Erzeuger: Bernstein, DUGAT-Py, FAIVELEY, HOSPICES DE BEAUNE, LEROY, Maume und ROUSSEAU.

Mazoyères-Chambertin Côte d'Or – Siehe CHARMES-CHAMBERTIN.

Médoc Bx r ★★→★★★ **04 05' 06 08 09' 10' 11 14** 15 – AC für Rotwein aus dem flacheren nördlichen Teil der Médoc-Halbinsel. Oft mehr Power als Anmut. Es gibt viele Erzeuger, seien Sie also wählerisch. Spit-zen-CHÂTEAUX: d'Escurac, Fontis, Goulée, GREYSAC, LOUDENNE, Lousteauneuf, Les ORMES SORBET, PATACHE D'AUX, POITEVIN, Potensac, Ramafort, La Tour de By, La TOUR HAUT CAUSSAN, La TOUR ST-BONNET, Vieux Robin sowie Dom. Rollan de By (CH. HAUT CONDISSAS) und Clos Manou.

Meffre, Gabriel S-Rh r w ★★ Großes, verlässliches Rhône-Handelshaus, besitzt auch die gute DOM. Longue Toque in GIGONDAS. Neuerdings bessere Frucht und weniger Eicheneinfluss. Übernimmt auch Abfüllung und Vermarktung für (kleine) CHÂTEAUNEUF-DU-PAPE-Weingüter, z. B. Chapelle Saint-Théodoric (gut). Verlässliche Reihe Laurus (in neuer Eiche ausgebaut) von der südlichen und nördlichen Rhône, v. a. CONDRIEU und ST-JOSEPH.

Mellot, Alphonse Lo r rs w ★★→★★★★ **05 06 08' 09' 10' 11 12' 13** 14' (15') – Sehr gutes Angebot an weißen und roten SANCERRE-Weinen (biologisch-dynamisch): La Moussière (rot und weiß), CUVÉE Edmond, Génération XIX (rot und weiß), dazu mehrere gute Einzellagenweine, u. a. weißer Satellite (Les Monts Damnés) und En Champs (rot). Erzeugt zudem in Les Pénitents (IGP Côtes de La Charité) CHARDONNAY und PINOT NOIR.

Menetou-Salon Lo r rs w ★★→★★★ **10 11 12 13** (14) – SANCERRE benachbarte 535-ha-AOP (349 ha für Weiß-, 186 ha für Rotwein) mit ähnlichen SAUVIGNON-BLANC-Weinen von sanfteren, in Ost-West-Richtung verlaufenden Hügeln. Dazu einige sehr gute Rote (PINOT NOIR), v. a. von Pellé. Beste Erzeuger: BOURGEOIS, Clément (DOM. de Chatenoy), Philippe Gilbert (biologisch-dynamisch) Jacolin, Henry Pellé, Jean-Max Roger, Teiller, Tour St-Martin.

Méo-Camuzet Côte d'Or r w ★★★★ Sehr gute DOMAINE in VOSNE-ROMANÉE, v. a. mit den Lagen Aux Brûlées und Cros-Parantoux, plus Weine aus den GRAND-CRU-Lagen CORTON, CLOS DE VOUGEOT und RICHEBOURG: gehaltvoller, eichenwürziger Stil, aber mit Klasse. Auch weniger teure Négociant-CUVÉES.

Mérande, Château de Sav – Das Spitzengut erzeugt aus einer großartigen Weinberglage langlebigen roten MONDEUSE (**12**) mit Noten von Veilchen, Gewürzen, schwarzen Früchten und salzigem Abgang – und das auch noch preiswert.

Mercier et Cie. Champ BRUT oJ; Brut Rosé oJ; DEMI-SEC – Eine der größten Champagnerfirmen in Épernay. In der Hand von MOËT & CHANDON, Absatz vorwiegend in Frankreich. Die Qualität ist nicht weiter bemerkens-

Frankreich

wert, aber der Demi-Sec ist gut. Körperreiche CUVÉE Eugène Mercier auf PINOT-NOIR-Basis.

Mercurey Bg r (w) ★★→★★★ **05' 09' 10' 11 12 13** 14 15' – Führender Rotweinort der CÔTE CHALONNAISE; vorwiegend muskulöse Rot- und zunehmend bessere Weißweine zum günstigen Preis. Erzeuger: u. a. CH. de Chamirey, Dom. FAIVELEY, M. Juillot, Juillot-Theulot, Lorenzon, Raquillet, de Suremain.

Mesnil-sur-Oger, Le Champ ★★★★ Eine der besten Côte des Blancs-Villages; strukturierter, mineralischer CHARDONNAY, der sehr alt werden kann.

Méthode champenoise Champ – Traditionelle, aufwendige Methode der Champagnerbereitung durch Zweitgärung in der Flasche. Außerhalb der Champagne ist nur die Bezeichnung »Méthode traditionnelle« oder »klassische Methode« zulässig.

Meursault Côte d'Or (r) w ★★★→★★★★ **02' 04 05' 07' 08 09' 10' 11 12 13** 14' 15 – Quelle einiger der besten burgundischen Weißweine: rund und voll aus den PREMIERS CRUS Charmes, Genevrières, Perrières, nerviger aus den höheren Lagen Narvaux, Tesson, Tillets. Erzeuger: u. a. Ampeau, Boisson-Vadot, M. BOUZEREAU, V. Bouzereau, Boyer-Martenot, COCHE-DURY, Ente, Fichet, Javillier, JOBARD, Lafon, Latour-Labille, Martelet de Cherisey, Matrot, CH. DE MEURSAULT, Mikulski, P. Morey, PRIEUR, Roulot. Siehe auch BLAGNY.

Meursault, Château de Côte d'Or r w ★★→★★★★ Das 61-ha-Weingut hat in letzter Zeit enorme Fortschritte gemacht. Die Roten aus Lagen in BEAUNE, POMMARD und VOLNAY sind sehr ordentlich, die Weißweine jedoch sind neuerdings Weltklasse: großteils MEURSAULT, außerdem guter BOURGOGNE Blanc und PULIGNY-MONTRACHET PREMIER CRU.

Midi Umfassende Bezeichnung für den Süden Frankreichs, die das LANGUEDOC, ROUSSILLON und sogar die PROVENCE beinhaltet. Es gibt extreme Qualitätsunterschiede, doch das Niveau steigt mit jedem Jahrgang. Gute Aussichten, doch natürlich ohne Garantie.

Minervois Lang r (rs) (w) ★★ **09 10 11 12** 13 14 15 – Bergiger AC-Bereich, einer der besten im LANGUEDOC. Für den Cru La Livinière ist striktere Traubenselektion und längere Reifung vorgeschrieben. Lebhafte, charaktervolle, aromatische Rotweine, v. a. von den Erzeugern Abbaye de Tholomies, Bonhomme, Borie-de-Maurel, CLOS Centeilles, Combe Blanche, Coupe-Roses, Faiteau, de Gourgazaud, la Grave, l'Ostal Cazes, Oupia, Ste-Eulalie, St-Jacques d'Albas, La Tour Boisée und Villerambert-Julien sowie den Genossenschaften de Peyriac und Pouzols. Gros und Tollot (aus Burgund) legen die Messlatte höher.

Miquel, Laurent Lang ★★★ Weinbergbesitz in CORBIÈRES (Les Auzines) und ST-CHINIAN (Cazal Viel); IGP VIOGNIER, jetzt auch wagemutiger ALBARIÑO. Zu den Négociant-Marken zählen Vendanges Nocturnes und Nord Sud.

Mise en bouteille au Château, au Domaine Erzeugerabfüllung. Häufig gebrauchte Angaben wie *»dans nos caves«* (in eigener Kellerei abgefüllt) oder *»dans la région de production«* (im Erzeugungsgebiet abgefüllt) haben dagegen nicht viel zu besagen.

Moët & Chandon Champ – Das mit Abstand größte Champagnerhaus, mittlerweile im Besitz von 1.500 ha bester Lagen, bietet eine für solch einen Giganten beeindruckende Qualität. Der BRUT Impérial oJ gerät jetzt frischer und weniger süß. Die neue Luxuscuvée MCIII ist eine Hybrid-Assemblage für vermögende Technikfreaks und Exklusivitätssüchtige. Ein besseres Preis-Leistungs-Verhältnis bietet die Kollektion Grand Vintages mit gereiften Jahrgangsweinen (**76 92 95**), mal elegant (**06**), mal großartig (08). Hat Ableger in ganz Europa sowie in der Neuen Welt. Siehe auch DOM PÉRIGNON.

Monbazillac SWF w; s ★★→★★★ **05' 07' 09 10 11' 12 14'** (15) – Sub-AOP von BERGERAC: Tirecul La Gravière (★★★★) macht den besten Süßweinen der Welt Konkurrenz, unterstützt von L'Ancienne Cure, CLOS des Verdots und Les Hauts de Caillavel (alle ★★★) sowie den CHÂTEAUX de Belingard-Chayne, Haut-Theulet, Pécoula, La Rayre, Theulet und Ch. de Monbazillac von der Genossenschaft (alle ★★).

Mondeuse Sav r ★★ BV – Rote Traube und Rotwein aus SAVOYEN. Sehr gut ist z. B. La Deuse von Gilles BERLIOZ.

Monopole Lage in der Hand eines einzigen Besitzers.

Montagne St-Émilion Bx r ★★ **05' 08 09' 10' 12 14** 15 – Größter Satellit von ST-ÉMILION mit in der Regel gutem Preis-Leistungs-Verhältnis. Spitzen-CHÂTEAUX: Beauséjour, Calon, La Couronne, Croix Beauséjour, Faizeau, La Fleur-Carrère, Haut-Bonneau, Maison Blanche, Rocher-Calon, Roudier, Teyssier, Vieux Château St-André.

Frankreich

Montagny Bg w ★★ **12 14' 15** – Ort an der CÔTE CHALONNAISE mit knackig-frischen Weißweinen, vorwiegend in der Hand von Négociants und der Genossenschaft von BUXY. Mehr Winzer wären vonnöten, der beste ist Aladame, gefolgt von Denizot und CH. de la Saule.

Montcalmès, Domaine de Lang ★★★ Das Bruder-Schwester-Gespann in den TERRASSES DU LARZAC erzeugt weiße AC-Weine von MARSANNE/ROUSSANNE, IGP CHARDONNAY und VIOGNIER sowie stilvolle Verschnitte von SYRAH, GRENACHE und MOURVÈDRE.

Monthélie Côte d'Or r (w) ★★→★★★ **02' 03' 05' 08 09' 10' 11 12** 14 15' – Dorf auf dem Hügel oberhalb von VOLNAY mit etwas rustikaleren Weinen. Die besten Lagen sind Champs Fulliot und Duresses. Beste Erzeuger: BOUCHARD PÈRE ET FILS, Coche-Dury, Darviot-Perrin, Florent Garaudet, LAFON und Ch. de Monthelie (Suremain).

Montille, Domaine de Côte d'Or r w ★★★ Etienne de Montille hat die klassische VOLNAY-DOMAINE mit Zukäufen in BEAUNE, NUITS-ST-GEORGES und dem PREMIER CRU Malconsorts in VOSNE-ROMANÉE vergrößert. Zu den weißen Spitzengewächsen zählt u. a. der PULIGNY-MONTRACHET Caillerets. Etienne betreibt auch das CH. de Puligny und zusammen mit seiner Schwester Alix die kleine Négociant-Firma Deux Montille (Weißweine).

Montlouis Lo w; tr s; sch ★★→★★★ **89' 95' 96' 97' 02' 03' 05' 08' 09 10' 11 13** 14' (15) – Spannende Schwester-AC (385 ha) von VOUVRAY am südlichen Ufer der Loire, mit CHENIN BLANC als Hauptsorte. 55% der Produktion entfallen auf Schaumwein, darunter Pétillant Originel. 2012, 2013 und 2014 nur geringe Erträge. Spitzenerzeuger: Berger, CHANSON, CHIDAINE, Delecheneau, Jousset, Mérias, Moyer, Saumon, TAILLE AUX LOUPS, Vallée Moray, Weisskopf.

Montpeyroux Lang ★★→★★★ Rührige Gemeinde in TERRASSES DU LARZAC mit einer wachsenden Anzahl von talentierten Erzeugern. Strebt Cru-Status an. Schauen Sie sich um nach Aupilhac, Chabanon, Villa Dondona und anderen Neulingen; auch gute Genossenschaft.

Montrachet Côte d'Or w ★★★★ **92' 93 96' 99 00' 01 02' 04 05' 06 07 08** 09' 10 11 12 13 14' 15 – GRAND-CRU-Lage in PULIGNY und CHASSAGNE-MONTRACHET. Der potenziell großartigste weiße Burgunder: monumental, herrlich duftend, intensiv, trocken und doch von üppiger Fülle. Spitzenweine von BOUCHARD, LAFON, LAGUICHE (DROUHIN), LEFLAIVE, Ramonet und ROMANÉE-CONTI. Geht es bei der DOM. THÉNARD aufwärts?

Montravel SWF r rs w; tr ★★ r **09 11 12** (14) (15); rs w BV – Nach Höherem strebende Unterregion, Sub-AOP von BERGERAC, für deren MERLOT-Weine der Ausbau in Eiche vorgeschrieben ist. Moderne Rotweine gibt's von DOMAINES du Bloy, de Krevel und CHÂTEAUX Jonc Blanc, Laulerie, Masburel, Masmontet, Moulin-Caresse (alle ★★). Diese und weitere Erzeuger bieten zudem trockene Weiße und Rosés (★★). Liebliche Weißweinstile findet man im Unterbereich CÔTES DE MONTRAVEL, süße in HAUT-MONTRAVEL.

Montus, Château SWF r w ★★★ **00 01' 05' 06 08 09' 10'** 11 12' 13 (14) (15) – Man hat die Qual der Wahl zwischen Alain BRUMONTS klassisch süßen und trockenen weißen PACHERENC-DU-VIC-BILH-Abfüllungen (sollten im Alter von 4 Jahren getrunken werden) und dem monumentalen, unter großzügigem Einsatz von Eiche bereiteten, langlebigen MADIRAN (100 % TANNAT), der mind. 7 Jahre Zeit zur Entfaltung braucht.

Moreau Bg r w ★★→★★★ Weitverzweigte Winzerfamilie mit erstklassigem CHABLIS, v. a. von der Domaine Christian Moreau (probieren Sie den CLOS des Hospices) und der DOMAINE Moreau-Naudet. Weitere Mitglieder der Familie findet man an der CÔTE DE BEAUNE; besonders empfehlenswert sind Bernard Moreau (kraftstrotzender CHASSAGNE-MONTRACHET) und David Moreau (SANTENAY).

Morey, Domaines Côte d'Or r w ★★★ Winzerfamilie in CHASSAGNE-MONTRACHET, allen voran Jean-Marc (Chenevottes), Marc (Virondot), Thomas (feiner Baudines mit steiniger Note), Vincent (Embrazées, fülligerer Stil) und Michel Morey-Coffinet (La ROMANÉE). Pierre Morey in MEURSAULT hat einen guten Namen für Perrières- und BÂTARD-MONTRACHET-Weine.

Morey-Saint-Denis Côte d'Or r (w) ★★★→★★★★ **90' 93 96' 99' 02' 03** 05' **06 07 08** 09' 10' 11 12' 13 14 15' – Nachbarort der berühmteren Gemeinden GEVREY-CHAMBERTIN und CHAMBOLLE-MUSIGNY, der jedoch hinreißende Weine zu bieten hat, v. a. von den GRAND-CRU-Lagen CLOS DE LA ROCHE und CLOS ST-DENIS. Viele gute Erzeuger: Amiot, ARLAUD, Castagnier, Clos des Lambrays, CLOS DE TART, Dom. Dujac, Jeanniard, H. LIGNIER, Lignier-Michelot, Perrot-Minot, PONSOT, Remy, Roumier, Taupenot-Merme.

Morgon Beauj r ★★★ **09' 11' 12 13** 14 15' – Kraftvoller BEAUJOLAIS-Cru; der Vulkanschiefer der Côte du Py liefert fleischige Weine mit Alterungspotenzial, der Lehmboden von Les Charmes weichere, früher trinkreife Versionen und die Lage Javernières eine Kombination aus beidem. Probierenswert: Burgaud, Desvignes, Foillard, Gaget, Lafont, LAPIERRE, Ch. des Lumières (JADOT), Piron, Ch. de Pizay.

Mortet, Denis Côte d'Or r ★★★→★★★★ Arnaud Mortet hat die kraftvollen, dunklen Weine seines verstorbenen Vaters verfeinert – vom BOURGOGNE Rouge bis hin zum CHAMBERTIN. Paradepferde sind der Mes Cinq Terroirs (GEVREY-CHAMBERTIN) sowie die PREMIER-CRU-Gewächse Lavaut St-Jacques und Champeaux. Seit 2014 mehr Weine aus GRAND-CRU-Lagen.

Moueix, J.-P. et Cie Bx – Das Erzeuger- und Handelshaus mit Hauptsitz in Libourne ist nach dem legendären Gründer benannt, dessen Sohn Christian die Firma leitet, wobei er zunehmend von seinem eigenen Sohn Edouard unterstützt wird. CHÂTEAUX: u. a. BELAIR-MONANGE (wozu seit 2012 MAGDELAINE gehört), HOSANNA, la FLEUR-PÉTRUS, LATOUR À POMEROL, TROTANOY. Besorgt den Vertrieb für Ch. PETRUS. In Kalifornien besitzt Moueix das Gut Dominus Estate.

Moulin-à-Vent Beauj r ★★★ **03 05' 09' 10' 11' 12 13** 14 15' – Der erhabenste Cru des BEAUJOLAIS, in dem die GAMAY-Traube über sich hinauswächst. Kommt an Körper und Würzigkeit der Rhône nahe, entwickelt bei Reifung aber Fülle und die Wildnoten von PINOT NOIR. Zunehmendes Interesse an Einzellagenabfüllungen, u. a. von DOM. Labruyère, Ch. des Jacques (im Besitz von JADOT), Janin (CLOS Tremblay), Janodet, LIGER-BELAIR (Les Rouchaux), Merlin (La Rochelle), CH. du Moulin-à-Vent, und Prieur.

Moulis H-Méd r ★★→★★★ **03 04 05' 06 08 09' 10' 11 12** 14 15 – Im Landesinneren gelegene kleine AC westlich von MARGAUX mit einigen ehrenwerten, oft tanninbetonten, günstigen Weinen. Spitzen-CHÂTEAUX: Anthonic, Biston-Brillette, BRANAS GRAND POUJEAUX, BRILLETTE, Chasse-Spleen, Duplessis, Dutruch Grand Poujeaux, Gressier Grand Poujeaux, MAUCAILLOU, Poujeaux.

Moutard Champ – Champagnerhaus sehr eigenen Stils in AUBE, das an den alten Reben der CHAMPAGNE hängt, darunter PINOT BLANC und v. a. die duftige Sorte Arban(n)e. Dank des gegenwärtigen Chefs François Moutard hat sich die Qualität enorm verbessert. Feine CUVÉE des Six Cépages (**02 04 06 09 10** 14 15).

Mugneret Côte d'Or r w ★★★ Winzerfamilie in VOSNE-ROMANÉE. Am besten ist Dr. Georges Mugneret-Gibourg (v. a. ÉCHEZEAUX); außerdem Gérard Mugneret, Dominique Mugneret und die zu alter Form zurückfindende DOM. Mongeard-Mugneret.

Mugnier, J.-F. Côte d'Or r w ★★★→★★★★ Überragender Erzeuger von CHAMBOLLE-MUSIGNY Les Amoureuses und Musigny im CH. de Chambolle. Hier setzt man auf Finesse statt auf Verkaufsschlager. Dieser Stil kommt auch dem Wein vom CLOS de la Maréchale in NUITS-ST-GEORGES zupass (der Weinberg gehört seit 2004 wieder zum Besitz) – und der moderate Preis dem Käufer.

Mumm, G. H. & Cie Champ Cordon Rouge oJ; feiner BRUT Sélection (★★); als (ebenso guter) BLANC DE BLANCS oJ wiedergeborener Mumm de Cramant; Cordon Rouge **02 04 06'** (★★★); Rosé oJ – Bedeutendes Champagnerhaus, im Besitz von Pernod Ricard. Stetig steigende Qualität, v. a. bei der CUVÉE R. Lalou (**02**) und dem ausschließlich aus Traubengut vom GRAND CRU Verzenay bereiteten BLANC DE NOIRS (**02**). Hat jetzt eine »Sammlung« älterer, gereifter Jahrgänge angelegt.

Muré, Clos St-Landelin El r w ★★→★★★ Einer der großen Namen im ELSASS; besonders gut sind der körperreiche Riesling Grand cru Vorbourg und der PINOT GRIS. Die reife, weinige Pinot-noir-Cuvée »V« (**05 09** 10 11 12 13 15) ist die beste der Region. Der Jahrgang 2009 ist durchweg sensationell.

Muscadet Lo w ★→★★★ **89 10 12 13** 14' (15) – Beliebter und momentan sehr preiswerter, oft köstlicher, knochentrockener Wein aus der Gegend von Nantes, der besonders gut zu Fisch und Meeresfrüchten passt. Die besten Muscadet-Versionen stammen aus AC-Zonen (s. die folgenden Einträge) – empfehlenswert sind die neuen Crus communaux. Halten Sie sich an SUR-LIE-Versionen. Viele Erzeuger haben wirtschaftlich zu kämpfen, und die geringen Erträge 2012, 2013 und 2014 haben die Situation noch verschlimmert.

Muscadet Coteaux de la Loire Lo w ★→★★ **12 13 14' 15** – Kleine, wenig bekannte MUSCADET-Zone (200 ha) östlich von Nantes, am besten SUR LIE; v. a. Pierre Guindon, La Pléiade, CH. du Ponceau, Quarteron, Les VIGNERONS de la Noëlle.

Muscadet Côtes de Grand Lieu Lo w ★→★★★ **12 13 14' 15** – AOP-Zone für MUSCADET (300 ha) in Atlantiknähe. Am besten SUR LIE von Eric Chevalier, Choblet (DOM. des Herbauges), Malidain. 2012, 2013 und 2014 nur kleine Ernte.

Muscadet-Sèvre-et-Maine Lo w ★→★★★ **05' 06 09' 10 12 13 14' 15** – Die größte (6.000 ha) und beste der MUSCADET-Zonen liefert den Standardwein schlechthin zu Meeresfrüchten. Spitzenerzeuger: Brégeon, Bonnet-Huteau, Caillé, Chéreau Carré, Cormerais, Delhommeau, Douillard, DOM. de l'ECU, Gadais, Véronique Günther Chéreau, Dom.

Frankreich

de la Haute Fevrie, Huchet, Landron, Luneau-Papin, Métaireau, Olivier, Sauvion. Ausgezeichnetes Preis-Leistungs-Verhältnis, die Weine halten sich teils Jahrzehnte. Für längere Hefesatzlagerung, die den Weinen zusätzliche Komplexität verleiht, stehen die neu eingeführten Crus communaux. Bislang sind es drei, doch es sollen in Kürze mehr werden.

Muscat de Frontignan Lang s ★★ oJ – Kleine AC nahe Sète für VIN DOUX NATUREL von MUSCAT, der wunderbar zu Blauschimmelkäse passt. Auch ungespritete, spät gelesene, in Eiche ausgebaute IGP-Weine. Steigende Qualität. Die besten Erzeuger sind DOM. du Mas Rouge, CH. la Peyrade und Ch. de Stony. Die nahe gelegenen ACs Muscat de Lunel und Muscat de Mireval erzeugen sehr ähnliche Weine.

Muscat de Rivesaltes Rouss w; s ★★ Die AC für süßen, gespriteten MUSCAT (VIN DOUX NATUREL) umfasst ein ausgedehntes Gebiet mit der Ortschaft Rivesaltes als Zentrum. Im Zuge des abnehmenden Interesses an Süßwein erfreut sich Muscat Sec (IGP) wachsender Beliebtheit: am besten von DOM. CAZES, Corneilla, Treloar und der Genossenschaft in Baixas.

Muscat de Saint-Jean de Minervois Lang w; s ★★ Frischer VIN DOUX NATUREL von MUSCAT mit Honignote. Deutliche Qualitätssteigerung in jüngster Zeit, v.a. bei DOM. de Barroubio, CLOS Bagatelle, Clos du Gravillas, Michel Sigé und der örtlichen Genossenschaft.

Musigny Côte d'Or r (w) ★★★★ **85' 88' 89' 90' 91 93 95 96' 98 99' 01 02' 03** 05' **06 07 08** 09' 10' 11 12' 13 14 15' – GRAND CRU in CHAMBOLLE-MUSIGNY. Oft der schönste, wenn auch nicht der kraftvollste aller roten Burgunder. Beste Erzeuger: DROUHIN, JADOT, LEROY, MUGNIER, PRIEUR, ROUMIER, de VOGÜÉ, VOUGERAIE.

Nature Ungesüßt, v.a. bei CHAMPAGNER – ohne Dosage. Lecker, wenn von ausgereiften Trauben bereitet, ansonsten eher grobschlächtig.

Négociant-éleveur Händler, der den Ausbau des Weins übernimmt.

Nerthe, Château La S-Rh r w ★★★ **89' 90' 95' 96' 98' 99' 00 01 03 04' 05' 06' 07' 09'** 10' **11 12'**13 15' – Erzeuger in CHÂTEAUNEUF-DU-PAPE: geschmeidige, geschliffene Weine mit Eichennote, die neuerdings leider mehr dem Mainstream folgen. Spezial-CUVÉES sind der köstliche, intensiv fruchtige, stilvolle Cadettes (rot) und der in Eiche ausgebaute, volle Beauvenir (weiß), den man gut zum Essen trinken kann. Betreibt auch das sehr gute Weingut Prieuré Montézargues (TAVEL), die DOM. de la Renjarde (CÔTES DU RHÔNE; preiswert) sowie das gute CH. Signac (CHUSCLAN).

Noëllat Côte d'Or r ★★★ Bekannte Familie in VOSNE-ROMANÉE. Michel Noëllat wird immer besser, und die DOM. Georges Noëllat wurde 2010 unter der jungen Generation aus dem Dornröschenschlaf erweckt – probieren Sie den PREMIER CRU Les Beaux Monts und den GRANDS-ÉCHEZEAUX GRAND CRU. HUDELOT-Noëllat in VOUGEOT gehört ebenfalls zum Clan.

Nuits-St-Georges Côte d'Or r ★★→★★★★ **90' 93 96' 99' 02' 03 05' 06' 07 08** 09' 10' **11** 12' 13 14 15' – Bedeutender Weinbauort mit unterschätzten Weinen, die typischerweise stämmig-tanninbetont ausfallen und Zeit brauchen. Die besten Lagen sind Cailles, Les St-Georges und Vaucrains im Zentrum, außerdem Boudots und Murgers näher bei VOSNE sowie die CLOS des Corvées, des Forêts, de la Maréchale und St-Marc in Prémeaux. Viele Erzeuger und Händler, v.a. Ambroise, DOM. de l'ARLOT, CATHIARD, J. Chauvenet, R. CHEVILLON, Confuron, Faiveley, Gavignet, GOUGES, GRIVOT, Lechéneaut, LEROY, Liger-Belair, Machard de Gramont, Michelot, Mugnier, Rion.

Ollier-Taillefer, Domaine Lang ★★★ Rühriges Familiengut in FAUGÈRES mit Allegro (weiß), Les Collines (rot, rosé), Grande Réserve (rot) von alten

Reben sowie eichengereiftem rotem Castel Fossibus. Neu ist der SYRAH/MOURVÈDRE-Verschnitt Le Rêve de Noé.

Orléans Lo r rs w ★ BV – 13 Gemeinden im Umland der Stadt Orléans umfassende AC für Weißwein (vorwiegend CHARDONNAY, der hier Auvernat Blanc heißt), VIN GRIS, Rosé und Rotwein (PINOT NOIR und v. a. PINOT MEUNIER, hier Gris Meunier genannt). Spitzenerzeuger: Clos St-Fiacre, Deneufbourg.

Orléans-Cléry Lo r ★ BV – Separate Mini-AOP (28 ha) mit fünf Gemeinden südwestlich der Stadt Orléans im Bereich der AC ORLÉANS für einfachen CABERNET FRANC. Erzeuger: Clos St-Fiacre, Deneufbourg.

Muscadet – die Freuden des Alter(n)s

MUSCADET-Spitzenexemplare (erstklassiger Erzeuger, guter Jahrgang, vorzugsweise auf der Hefe gereift) kann sich 20 Jahre und länger halten und immer besser werden, bis er einem alten CHABLIS ähnelt. Entdecken Sie die neuen Crus communaux Clisson, Gorges und Le Pallet (Goulaine, CHÂTEAU-Thébaud, Monnières-Saint-Fiacre und Mouzillon-Tillières stehen gewissermaßen in den Startlöchern), deren *sur lie* gereifte Weine mit größerer Komplexität aufwarten. Empfehlenswerte Erzeuger: Bonnet-Huteau, Michel Brégeon, Vincent Caillé (Le Faye d'Homme), Bruno Cormerais, DOM. de l'ECU (Frédéric Niger van Herck/Guy Bossard), Ch. de la Gravelle (Gunther Chereau), Jérémie Huchet, Jo Landron, Luneau-Papin, Jérémie Mourat, Marc Ollivier (Dom. de la Pépière), Daniel Rineau, Les VIGNERONS du Pallet.

Frankreich

Ostertag, Domaine El Ein mit Talent und Originalität biologisch-dynamisch bewirtschaftetes Gut im (vorwiegend) RIESLING-Land. Exquisit und subtil ist der Riesling GRAND CRU Muenchberg (**12**), fein der PINOT NOIR Fronholz. André Ostertag ist begeistert von seinen 2014ern, die er als »energiegeladene Hengstfohlen« bezeichnet.

Pacherenc du Vic-Bilh SWF w; tr s ★★→★★★ AOP für MADIRAN-Weißwein auf Basis von Gros und Petit MANSENG sowie der seltenen Aruffiac-Traube. Die Erzeuger sind dieselben wie in Madiran, außerdem beachtenswert ist CH. de Mascaraàs (★★). Die trockenen Versionen sollte man jung trinken, die süßen einlagern, v. a. wenn der Wein mit Eiche in Berührung kam.

Paillard, Bruno Champ BRUT Première CUVÉE oJ; Rosé Première Cuvée; CHARDONNAY Réserve Privée; Brut **02 04 06 08**; neuer Jahrgangs-BLANC-DE-BLANCS 95 **02 04 08**; grandiose Prestige-Cuvée Nec-Plus-Ultra **95' 02** – Das jüngste der großen Champagnerhäuser. Raffinierter, sehr trockener Stil, v. a. beim lang gereiften Blanc de Blancs Réserve Privée und dem Nec-Plus-Ultra. Bruno Paillard steht Lanson-BCC vor und ist Eigentümer von CH. Sarrin in der PROVENCE.

Palette Prov r rs w ★★★ Winzige AC bei Aix-en-Provence mit charaktervollen Roten, duftenden Rosés und verlockenden, nach Wald duftenden Weißen. Ch. Simone steht für traditionelle, seriöse Weine, innovativer ist Ch. Henri Bonnaud.

Patriarche Bg r w; sch ★→★★ Eines der größeren Handelshäuser für Burgunder mit Sitz in BEAUNE, 2011 vom französischen Weingiganten Groupe Castel übernommen. Hauptmarke ist der Schaumwein Kriter.

Patrimonio Korsika r rs w ★★→★★★ AC in den spektakulären Kalksteinhügeln im Norden KORSIKAS; einige der feinsten Gewächse der Insel stammen von hier: individuelle Rotweine von der NIELLUCCIO-Traube und verführerische Weiße, darunter sogar Spätlesen, von Vermentino. Spitzenerzeuger: Antoine Arena, Clos de Bernardi, Gentile, Yves Leccia mit der DOM. d'E Croce, Montemagni, Pastricciola.

Pauillac H-Méd r ★★★→★★★★ **90' 95' 96' 98 00' 01 02 03' 04' 05' 06 08'** 09' 10' 11 12 14 15 – Kommunale AC im MÉDOC mit 18 Crus classés (u. a. Chx. LAFITE, LATOUR, MOUTON ROTHSCHILD), berühmt für kraftvolle, langlebige Weine – CABERNET SAUVIGNON in Vollendung. Weitere Spitzen-CHÂTEAUX sind d'ARMAILHAC, CLERC MILON, DUHART-MILON, GRAND-PUY-LACOSTE, HAUT-BATAILLEY, LYNCH-BAGES, PICHON BARON, PICHON LALANDE und PONTET-CANET.

Pays d'Oc, IGP Lang r rs w ★→★★★ Die größte IGP-Region (früher VIN DE PAYS d'Oc), die das gesamte LANGUEDOC-ROUSSILLON umfasst, liefert v. a. sortenreine Weine (92 %). Es gibt 56 verschiedene Trauben. Technisch geht es weiter rasch voran. Wichtigste Erzeuger: Gérard BERTRAND, JEANJEAN, Paul MAS, VAL D'ORBIEU; außerdem örtliche Genossenschaften sowie zahlreiche kleinere Güter. Das Qualitätsspektrum ist riesig, die besten Weine sind innovativ und spannend.

Pécharmant SWF r ★★ **05' 09' 10 11' 12** (14) (15) – Sub-AOP von BERGERAC. Die eisen- und manganhaltigen Böden erbringen wuchtige Weine, die Spitzengewächse müssen altern. Am besten: Les Chemins d'Orient, CLOS des Côtes, DOM. du Haut-Pécharmant, Ch. de Tiregand (alle ★★★) sowie Dom. des Bertranoux, CH. Beauportail, Ch. de Biran, Ch. Champarel, Ch. Corbiac, Ch. Hugon, Dom. La Métairie, Ch. du Rooy, Ch. Terre Vieille (alle ★★).

Pélican, Domaine du Jura – Neuer Betrieb von Marquis d'ANGERVILLE (Burgund): 2012 war der erste Jahrgang. Möchte zu den Spitzenerzeugern im Jura zählen.

Pernand-Vergelesses Côte d'Or r w ★★★ r **99' 02' 03' 05' 06 08 09' 10' 11 12 13** 14 15 – Ort bei ALOXE-CORTON, in dessen Gemarkung sich Teile der Spitzenlagen CORTON und CORTON-CHARLEMAGNE befinden. Auch Île des Vergelesses ist ein erstklassiger Weinberg für Rote. Erzeuger: u. a. DOM. CHANDON DE BRIAILLES, CHANSON, Delarche, Dubreuil-Fontaine, JADOT, LATOUR, Rapet, Rollin.

Perrier-Jouët Champ BRUT oJ; Blason de France oJ; Blason de France Rosé oJ; Brut **02 04 06** 08 – Eines der ersten Häuser, die trockenen CHAMPAGNER (für den britischen Markt) erzeugten; stark mit CHARDONNAY aus GRAND-CRU-Lagen, der am besten in den guten Jahrgangsweinen zum Ausdruck kommt, v. a. in der Luxusmarke Belle Epoque (95 **02' 04 06** 08' 12 15'; Rosé 04 06). Feiner neuer BLANC DE BLANCS (auf 2012er-Grundlage).

Pessac-Léognan Bx r w ★★★→★★★★ **98 00' 01 02 04 05' 06 08 09' 10'** 11 **12** 14 15 – 1987 eingerichtete AC für den besten Teil des nördlichen GRAVES mit den Weinbergen all der Cru-Classé-Güter wie HAUT-BAILLY, HAUT-BRION, la MISSION HAUT-BRION, PAPE CLÉMENT, DOM. de CHEVALIER usw. Feste, körperreiche, erdige, honigsamtige Rote mit hohem MERLOT-Anteil und zudem die feinsten trockenen weißen BORDEAUX-Gewächse. Ein gutes Preis-Leistungs-Verhältnis bieten die CHÂTEAUX Brown, Cantelys, Haut-Vigneau, Lafont-Menaut, de ROCHEMORIN und Seguin.

Petit Chablis Chablis w ★ BV – Frischer, einfacher Beinahe-CHABLIS von etwas außerhalb gelegenen Weinbergen, die nicht auf Kimmeridge-Böden liegen. Gute Genossenschaft La CHABLISIENNE.

Pfaffenheim El ★→★★ Achtbare Elsässer Winzergenossenschaft. Reife, ausgewogene Weine aus Lagen mit warmem Klima. Das einst berühmte Haus Dopff & Irion ist heute eine Marke der Genossenschaft.

Pfersigberg El – GRAND CRU in Eguisheim mit zwei Parzellen; sehr aromatische Weine. GEWÜRZTRAMINER gedeiht prächtig (**09**). Guter RIESLING (v. a. **08 10 12**) von Paul Ginglinger, Bruno SORG und Léon BEYER (Comtes d'Eguisheim).

Philipponnat Champ Rosé oJ; BRUT **99** 02; CUVÉE »1522« **02**; CLOS des Goisses **85' 92 95 96 00 02 04 08** 12' – Kleiner Erzeuger, der für seinen weinigen CHAMPAGNER bekannt ist; gehört jetzt zu Lanson-BCC. Beachtlicher Einzellagenwein Clos des Goisses; kürzlich degorgierter Jahrgang: **90**.

Picpoul de Pinet Lang w ★→★★ BV – Der MUSCADET des MIDI. Seit 2013 AC und Grand Vin du LANGUEDOC; exklusiv für Weine von der alten Rebsorte PICPOUL. Frisch und leicht salzig, ideal zu Austern, gerät aber als Opfer des modischen Geschmacks auf Kosten seiner typischen Eigenart z. T. leider allzu fruchtig. Beste Erzeuger: Félines-Jourdan, Mas Autanel und die Genossenschaften Pomerols und Pinet.

Pic St-Loup Lang r (rs) ★★→★★★ **09 10 11 12** 13 14 15 – Mit die nördlichsten und kühlsten Weinberge des LANGUEDOC, vorwiegend mit SYRAH bestockt. Potenzielle AC, möglicherweise auch Cru du Languedoc. Beste Erzeuger: Cazeneuve, Clos Marie, Lancyre, Lascaux, MAS BRUGUIÈRE, Dom. de l'Hortus, Valflaunès und viele neue Betriebe. Großes Potenzial, einige der besten Weine des MIDI, stilvoll und langlebig. Die Weißen kommen als IGP, AC COTEAUX DU LANGUEDOC oder AC Languedoc auf den Markt.

Pierre-Bise, Château Lo r rs w ★★→★★★★ tr **02 03 04 05' 06 07'**; s **08 09** 10' **11 13** 14' (15) – Vorbildlicher Familienbetrieb in den COTEAUX DU LAYON; auch Chaume, QUARTS DE CHAUME und SAVENNIÈRES, v. a. Clos de Grand Beaupréau und ROCHE-AUX-MOINES. Sehr gut und voll sind auch die CUVÉES Schist (aANJOU-GAMAY) und Spilite (ANJOU-VILLAGES) sowie der Anjou Blanc Haut de la Garde. Die Söhne René und Christophe haben jetzt das Ruder übernommen.

Pignier Jura r w; s; sch ★★★ Zwei dem biologisch-dynamischen Anbau verpflichtete Brüder erzeugen eine Reihe sehr unterschiedlicher Weine, darunter Poulsard, Trousseau, PINOT NOIR und SAVAGNIN; durchweg überragend ist der Jahrgang **12**. Außerdem sehr guter, rassiger, präzise bereiteter CRÉMANT de Jura und großartiger VIN JAUNE (**99' 07**).

Pinon, François Lo w; s; sch ★★★ **89 90 95 96 97 02 03 05 08 09 10' 11** 14' (15) – Sehr gute Ökoweine aus VOUVRAY und Vernou-sur-Brenne. Die neue Einzellage heißt Déronnières. 2012 und 2013 machte das Wetter den Ertrag großteils zunichte, 2014 kleine, aber gute Ernte.

Piper-Heidsieck Champ – Die Champagnerfirma ist mit dem neuen Eigentümer jetzt wieder auf dem Weg nach oben. Erheblich besser gewordener BRUT oJ und fruchtiger Brut Rosé Sauvage (**04**) sowie Brut (**02 04 06 09**). Sehr gut ist die halbtrockene CUVÉE Sublime – voll, aber ausgewogen. Der Piper-Heidsieck Rare (v. a. **02 08'**) ist eins der bestgehüteten Geheimnisse der Champagne.

Plageoles, Robert et Bernard SWF r w; sch – GAILLAC-Rebell und Purist Bernard Plageoles ist nicht nur Mentor vieler Winzer, sondern vor allem Hüter traditioneller Rebsorten. So entsteht auf Grundlage der Ondenc-Traube der berühmte süße Vin d'Autan (★★★★), Prunelard erbringt einen dunklen, fruchtigen Rotwein, Verdanel einen eichengereiften trockenen Weißen, DURAS einen mächtigen würzigen Roten, FER SERVADOU dessen leichtere Version und Mauzac brillanten trockenen Schaumwein (alle ★★).

Plan de Dieu S-Rh r ★→★★ **10' 12' 13 15'** – AC der CÔTES DU RHÔNE-VILLAGES auf einer steinigen, windigen Ebene bei CAIRANNE mit alkoholstarken, robusten, authentischen Weinen (vorwiegend GRENACHE),

Frankreich

die gut zu Wild- und Eintopfgerichten passen. Beste Erzeuger: CH. La Courançonne, DOMS. Aphillantes (charaktervoll), Arnesque, La Bastide St Vincent, Durieu (voll), Espigouette, Martin, Pasquiers, St-Pierre (gut und traditionell).

Pol Roger Champ BRUT Réserve oJ; Brut **98' 02' 04 06** 08' 12 (★★★); Rosé **04 06**; BLANC DE BLANCS (früher Blanc de CHARDONNAY) **04 06 08'** – Champagnerhaus in Familienbesitz in Épernay, das neben den familieneigenen Weinbergen auch Reben in AVIZE hat. Der Brut Réserve oJ, jetzt mit etwas geringerer Dosage, ist überragend. Feiner Pure Brut *(dosage zéro)*, der hervorragend zu Meeresfrüchten passt. Üppige CUVÉE Sir Winston Churchill (**98' 02'** 08'), v. a. der 1998er in Magnumflaschen. Stets eine erstklassige Wahl.

Pomerol Bx r ★★★→★★★★ **96 98' 00' 01 04 05' 06' 08 09'** 10' **11** 12 14 15 – Kleine AC an der Grenze zu ST-ÉMILION mit Lehm-, Kies- und Sandböden. Berühmt für ihren von MERLOT dominierten vollen, geschmeidigen und dennoch langlebigen Stil. Spitzengüter: CLINET, La CONSEILLANTE, L'EGLISE-CLINET, L'ÉVANGILE, La FLEUR-PÉTRUS, HOSANNA, LAFLEUR, PETRUS, Le PIN, TROTANOY und VIEUX CHÂTEAU CERTAN. Die Preise sind in generell hoch, doch es gibt – moderate – Ausnahmen (BEAUREGARD, BOURGNEUF, Clos du Clocher, La POINTE).

Pommard Côte d'Or r ★★★ **90' 96' 98 99' 02' 03** 05' **06 07 08** 09' 10' 11 12 14 15' – Gegenpol zum Nachbarn VOLNAY: mächtige Weine mit viel Tannin und mind. 10 Jahren Lebensdauer. Beste Lagen: Epenots (anmutige Weine) und Rugiens (kraftvoll); beide sollen eventuell zu GRANDS CRUS aufgewertet werden. Erzeuger: Comte ARMAND, J.-M. BOILLOT, DOM. de COURCEL, HOSPICES DE BEAUNE, Huber-Vedereau, Lejeune, Dom. MONTILLE, Parent, CH. de Pommard, Pothier-Rieusset, Rebourgeon.

Pommery Champ BRUT oJ immer verlässlich; Rosé oJ; Brut **04 08 09** 12' – Historisches Champagnerhaus; die Marke gehört jetzt VRANKEN. Hervorragende CUVÉE Louise (**02 04 08'** 12 13) und geschmeidiger BLANC DE NOIRS Wintertime.

Ponsot Côte d'Or r w ★★→★★★★ Sehr eigenwilliges Spitzenweingut in MOREY-ST-DENIS, das inzwischen über 12 GRANDS CRUS von CORTON bis CHAMBERTIN verfügt, einschließlich der Filetstücke Clos de la Roche und CLOS ST-DENIS. Einzigartiger PREMIER CRU Monts Luisants (ALIGOTÉ).

Potel, Nicolas Côte d'Or r w ★★→★★★ Handelsmarke im Besitz von Cottin Frères, seit 2009 ohne Beteiligung des Gründers Nicolas Potel selbst, dem jetzt DOM. de Bellene und Maison Roche de Bellene in BEAUNE gehören.

Pouilly-Fuissé Bg w ★★→★★★ **05' 07 08 09' 10' 11 12 13 14'** 15 – Spitzenappellation des Mâconnais mit kraftvollen, runden und zugleich intensiven Weißen; die Klassifikation der Terroirs ist noch in Arbeit, wird aber eventuell 2017 abgeschlossen sein. Die Weine aus Fuissé sind am kraftvollsten, die aus Vergisson am mineralischsten. Spitzenerzeuger: Barraud, CH. de Beauregard, Bret, Cordier, Cornin, Drouin, Ferret, Forest, Ch. FUISSÉ, Merlin, Paquet, Robert-Denogent, Rollet, Ch. des Rontets, Saumaize, Saumaize-Michelin, VERGET.

Pouilly-Fumé Lo w ★→★★★ **05' 08 09' 10 12 13 14'** (15) – AC gegenüber von SANCERRE am anderen Loire-Ufer: 1.287 ha bestockt mit SAUVIGNON BLANC. Die besten Weine können sich 7–8 Jahre und länger entwickeln. Erzeuger: Bain, BOURGEOIS, Cailbourdin, Chatelain, Didier DAGUENEAU, Serge Dagueneau et Filles, CH. de Favray, André et Edmond Figeat, Ladoucette, Masson-Blondelet, Jean Pabiot, Jonathan Pabiot, Redde, Tabordet, Ch. de Tracy, Treuillet. Der Jahrgang 2015 ist vielversprechend.

Pouilly-Loché Bg w ★★ **12 14** 15 – Nicht ganz so bekannte Nachbar-AC von POUILLY-VINZELLES. Gut sind Bret Brothers, Clos des Rocs und Tripoz, große Mengen erzeugt die Genossenschaft.

Pouilly-sur-Loire Lo w ★→★★ BV – Geschichtsträchtiger, aber heute unbedeutender, milder CHASSELAS-Wein aus denselben Lagen wie POUILLY-FUMÉ (nur 30 ha). Die Fahne hoch halten Serge Dagueneau et Filles, Gitton, Landrat-Guyollot, Masson-Blondelet, Jonathan Pabiot und Redde.

Pouilly-Vinzelles Bg w ★★ **12 13 14'** 15 – Die AC liegt sowohl geografisch als auch qualitativ zwischen POUILLY-LOCHÉ und PUILLY-FUISSÉ; am besten ist die Lage Quarts. Beste Erzeuger: Bret Brothers, DROUHIN und Valette. Mengenmäßig größter Erzeuger ist die Genossenschaft CAVE des GRANDS CRUS Blancs.

Premier cru In BORDEAUX Lagen 1. Klasse, in Burgund (einschließlich CHABLIS) jedoch Lagen 2. Klasse, hinter GRAND CRU. An der Loire neuerdings Einstufung für Lagen 2. Klasse; bislang gilt sie einzig für COTEAUX DU LAYON Chaume – Florent BAUMARD, der gerichtlich dagegen vorgehen wollte, erlitt 2014 vor dem Conseil d'État eine endgültige Niederlage.

Frankreich

Premières Côtes de Bordeaux Bx w; s ★→★★ **09' 10' 11 13 14** 15 – Geografisch mit CADILLAC – CÔTES DE BORDEAUX identische, aber ausschließlich für Süßwein geltende Aappellation. Weine in lieblichem *(moelleux)* Stil auf SÉMILLON-Basis. Unterschiedliche Qualität. Beste CHÂTEAUX: Crabitan-Bellevue, Fayau, du Juge, Suau.

Prieur, Domaine Jacques Côte d'Or ★★★ Bedeutendes Weingut in MEURSAULT mit einer Reihe hervorragender GRAND-CRU-Lagen, von MONTRACHET bis MUSIGNY. Der Stil zielt eher auf Gewichtigkeit durch späte Lese und Eichenausbau ab als auf Finesse. Es gibt aber Anzeichen, dass wieder mehr Lebendigkeit Einzug hält. DOM. Labruyère in MOULIN-À-VENT und CH. Rouget in POMEROL gehören ebenfalls dazu.

Prieuré Saint Jean de Bébian Lang ★★★ Wegweisendes Gut in Pézenas, das alle 13 Rebsorten von CHÂTEAUNEUF-DU-PAPE anbaut. Jetzt in russischem Besitz; die Weinbereitung liegt in den Händen der talentierten Australierin Karen Turner.

Primeur Frischer, belebender junger Wein, besonders BEAUJOLAIS, auch VIN DE PAYS. *En primeur*-Verkauf bezieht sich dagegen auf Wein, der noch im Fass liegt und erst nach der Flaschenabfüllung ausgeliefert wird. Vorsicht: Hier kann man sich die Finger verbrennen.

Producteurs Plaimont SWF – Die erfolgreichste, stetig expandierende Genossenschaft in Südwestfrankreich ist der mit Abstand größte Erzeuger der Gascogne und verwendet traditionelle lokale Rebsorten. Drei Appellationen: MADIRAN, ST-MONT und CÔTES DE GASCOGNE. Weine aller Farben und Stile (überwiegend ★★), aller Geschmacksrichtungen und aller Preisklassen.

Propriétaire-récoltant Champ – Besitzer und Betriebsleiter; *récoltant* ist vom Verb *récolter* abgeleitet, das »ernten«, »sammeln« bedeutet.

Puisseguin St-Émilion Bx r ★★ **05' 08 09' 10' 12 14** 15 – Der östlichste der vier »Satelliten« von ST-ÉMILION mit festen, soliden Weinen. Spitzen-CHÂTEAUX: Bel Air, Le Bernat, Branda, Clarisse, Durand-Laplague, Fongaban, Guibot La Fourvieille, Haut-Bernat, des LAURETS, La Mauriane, Soleil. Ferner der Genossenschaftswein Roc de Puisseguin.

Puligny-Montrachet Côte d'Or (r) w ★★★→★★★★ **05' 08 09' 10' 12 14** 15 – Der potenziell blumigste und zierlichste weiße Burgunder: aus höheren Lagen frisch und mineralisch, aus tiefer gelegenen voller und weicher. Im Durchschnitt beste Lagen: Caillerets, Champ Canet, Combettes, Folatières, Pucelles sowie die MONTRACHET-GRANDS-CRUS. Erzeuger: J.-M. Boillot, Bouchard Père et Fils, L. CARILLON, Chartron, DROUHIN, JADOT, Dom. Leflaive, O. LEFLAIVE, Pernot, CH. de Puligny, Sauzet.

Puyméras S-Rh r w ★ **15'** – Achtbarer, versteckter Weinbauort an der südlichen Rhône mit höher gelegenen, windigen Weinbergen, geradlinigen, geschmeidigen, pflaumenfruchtigen Roten auf GRENACHE-Basis, ordentlichen Weißen und annehmbarer Genossenschaft. Empfehlenswert sind Cave la Comtadine, DOM. du Faucon Doré (Ökoanbau) und Puy du Maupas.

Pyrénées-Atlantiques SWF BV – IGP-Bezeichnung für Weine aus der Gascogne und BÉARN, die die AOP-Qualitätsanforderungen im äußersten Südwesten nicht erfüllen; überschneidet sich mit COMTÉ TOLOSAN. Das ★★★-CHÂTEAU Cabidos (mit erlesenem, süßem weißem PETIT MANSENG) sowie DOM. Moncaut nahe Pau (★★) und die sortenreinen Weine von BRUMONT (★) tragen daher entweder die eine oder die andere IGP-Bezeichnung. Ansonsten auf gut Glück.

Quarts de Chaume Lo w; s ★★★→★★★★ **89' 90' 95' 96' 97' 02 03 05' 07' 10' 11'** 14' (15) – Kleine Hanglage (40 ha) mit hervorragender Ausrichtung in der Nähe von Layon, ausschließlich für CHENIN BLANC. Die erste GRAND-CRU-AC der Loire, mit strengen Vorschriften, die aber noch strikter sein sollten. Die besten Weine besitzen eine reichhaltige Textur. Beste Erzeuger: Baudouin, DOM. des BAUMARD, Bellerive, Branchereau, FL, Guegniard, Ogereau, CH. PIERRE-BISE, Pithon-Paillé, Suronde. Der Jahrgang 2015 brachte sowohl Quantität als auch Qualität.

Quincy Lo w ★→★★ **13 14' 15'** – Wiederbelebter AOP-Bereich (224 ha) mit Sand- und Kiesböden westlich von Bourges im Tal des Cher, der oft von Hagel heimgesucht wird. SAUVIGNON-BLANC-Weine quasi im SANCERRE-Stil. Erzeuger: Mardon, Portier, Rouzé, Siret-Courtaud, Tatin-Wilk (DOMS. Ballandors und Tremblay), Villalin. 2014 und 2015 waren gute Jahrgänge.

Rancio Rouss – Der originellste, nachhaltigste und köstlichste Stil eines VIN DOUX NATUREL, der an Tawny Port oder alten Oloroso (Sherry) erinnert, wird in BANYULS, MAURY, RIVESALTES und RASTEAU erzeugt. Reift in Holzfässern, die unter Sauerstoff- und Hitzeeinwirkung stehen. Bei Tischweinen wäre der daraus resultierende (stechend-durchdringende) Geschmack ein Fehler.

Rangen El – Der südlichste elsässische GRAND CRU in Thann auf extrem steilen Hängen (im Durchschnitt 90 % Gefälle) mit vulkanischem Boden. Spitzenweine: majestätischer RIESLING von ZIND-HUMBRECHT (CLOS St Urbain **05' 08' 10'**) und Dom. SCHOFFIT (Clos St-Théobald **08' 10**). Der Regen im August 2015 verlieh den Weinen besondere Finesse.

Rasteau S-Rh r (rs) (w) br; (tr) s ★★ **09' 10' 11 12' 13 14'** 15' – Robuste Rote von Tonböden, die den hauptsächlich von GRENACHE bereiteten Weinen ihren Stempel aufdrücken. Am besten in heißen Jahren (09 10 15). Erzeuger: Beaurenard (seriös, mit schönem Entfaltungspotenzial), Cave Ortas (gut), CH. du Trignon, die DOMAINES Beau Mistral, Didier Charavin, Collière, Combe Julière, Coteaux des Travers, Escaravailles, Girasols, Gourt de Mautens (talentiert; seit 2010 auch IGP-Weine), Grand Nicolet (charaktervoll), Famille Perrin, Rabasse-Charavin, St-Gayan und Soumade (geschliffen), Trapadis. Die Qualität des als VIN DOUX NATUREL von Grenache erzeugten Dessertweins steigt (Doms. Banquettes, Coteaux des Travers, Escaravailles, Trapadis).

Ravanès, Domaine de Lang – Marc Benin kultiviert BORDEAUX-Rebsorten im LANGUEDOC. Roter IGP Coteaux de Murviel (★★★), Le Prime Verd (100 % PETIT VERDOT), außerdem origineller weißer Le Renard Blanc (GRENACHE gris/MACABEO).

Raveneau Chablis w ★★★★ Traditionelle Methoden verhelfen diesem großartigen CHABLIS-Erzeuger zu außerordentlich langlebigen Weinen. Cousin von DAUVISSAT. Empfehlenswert: Blanchots, Les CLOS, Vaillons.

Rayas, Château S-Rh r w ★★★→★★★★ **78' 79 81' 85 86 88' 89 90' 93 94 95' 96' 98' 99 00 01 03 04'** 05' **06'** 07' 08 09' 10' 11' 12' 13' 14' 15' – Außergewöhnliches, wunderbares, sehr auf Tradition bedachtes 13-ha-Gut in CHÂTEAUNEUF-DU-PAPE. Die blassen, subtilen, höchst aromatischen, komplexen Roten (100% GRENACHE) verraten ihre Qualität im Flüsterton, schenken Freude und altern großartig. Der weiße Rayas (GRENACHE BLANC, CLAIRETTE) hält sich gut und gern 18 und mehr Jahre. Günstiger Zweitwein: Pignan. Zudem erlesener CH. Fonsalette (CÔTES DU RHÔNE), u. a. fantastischer SYRAH. Alle müssen dekantiert werden, und jeder ist ein Ereignis. Gut auch Ch. des Tours (VACQUEYRAS) und DOM. des Tours (VIN DE PAYS de Vaucluse).

Régnié Beauj r ★★ **13 14 15'** – Sandige Böden erbringen fruchtige, unkomplizierte Weine, für gewöhnlich die leichtesten aller BEAUJOLAIS-Crus. Körperreicher geraten sie in der Gegend von MORGON. Probierenswert von Burgaud, Dupré, de la Plaigne, Rochette, Sunier.

Reuilly Lo r rs w ★→★★★ **05' 09' 10 14'** 15' – An QUINCY grenzende 225-ha-AC für Weißweine von SAUVIGNON BLANC sowie Rosé und Vin gris von PINOT NOIR und/oder PINOT GRIS. Auch für Rotweine von Pinot noir, deren Qualität steigt. Am besten von: Jamain, Claude Lafond, Mardon, Renaudat, Rouze, Sorbe. 2014 und 2015 gute Qualität und Quantität.

Riceys, Rosé des Champ rs ★★★ BV – Bedeutendste Appellation in AUBE, ausschließlich für einen beachtenswerten PINOT-NOIR-Rosé. Erzeuger: A. Bonnet, Jacques Defrance, Morize. Großartiger Jahrgang **09**; nach den mageren Jahren 2011, 2012 und 2013 fiel 2014 sehr vielversprechend und 2015 noch besser aus.

Richebourg Côte d'Or r ★★★★ **90' 93' 95 96' 98 99' 00 02' 03** 05' **06 07 08** 09' 10' 11 12' 13 14 15' – GRAND CRU in VOSNE-ROMANÉE. Magischer Burgunder mit unendlicher Geschmackstiefe, unglaublich teurer. Erzeuger: DRC, GRIVOT, GROS, HUDELOT-Noëllat, LEROY, LIGER-BELAIR, MÉO-CAMUZET.

Rimage Rouss – Zunehmend im Trend liegende, überaus fruchtige VINS DOUX NATURELS mit Jahrgangsbezeichnung. Jung trinken. Ähneln gutem Ruby Port. Die Variante aus MAURY heißt Grenat.

Rion r (w) ★★→★★★ DOMAINES in NUITS-ST-GEORGES and VOSNE-ROMANÉE, deren Besitzer verwandt sind. Patrice Rions hervorragende Weine stammen aus Nuits-St-Georges (CLOS St Marc, Clos des Argillières) und CHAMBOLLE-MUSIGNY, Daniel Rions PREMIER-CRU-Gewächse aus den Bereichen Nuits-St-Georges und Vosne-Romanée. Bernard Rions Weine kommen großteils aus Vosne-Romanée. Alle drei zeichnen sich durch faire Preisgestaltung aus.

Rivesaltes Rouss r w br; tr s ★★ meist oJ oder Solera, gelegentlich auch mit Jahrgangsbezeichnung – Unterschätzter gespriteter Wein aus einem großen Bereich im ROUSSILLON, der deutlich mehr Beachtung verdiente. Denkwürdige, langlebige Weine, v. a. RANCIOS. Die Suche lohnen: DOMAINES Boucabeille, CAZES, des Chênes, de Rancy, Le Roc des Anges, Sarda-Malet, des Schistes, Vaquer.

Rives-Blanques, Château Lang w; sch ★★★ Caryl und Jan Panman – sie Irin, er Holländer – erzeugen BLANQUETTE DE LIMOUX und seit neuerer Zeit CRÉMANT. Zu den Stillweinen zählen der Verschnitt Trilogie und der alterungswürdige CHENIN BLANC Dédicace. Außerdem Dessertwein Lagremas d'Aur.

Roche-aux-Moines, La Lo w; s ★★→★★★ **89' 90' 96' 02 03 05' 07 08' 09 10' 11 12 13** 14' (15') – Cru (33 ha) in SAVENNIÈRES, ANJOU, mit strengen Vorschriften, die den Ertrag (30 hl/ha) und den Einsatz von Chemikalien beschränken. Komplexer, alterungswürdiger CHENIN-BLANC-Wein. Erzeuger: u. a. Le CLOS de la Bergerie (Joly), DOM. des Forges, FL, Laureau, Dom. aux Moines, Ch. Pierre-Bise.

Ein Strauß Rosés

In der PROVENCE, v. a. der AC CÔTES DE PROVENCE, wird Rosé sehr ernst genommen. Ein typischer Rosé aus der Provence verbindet eine zartrosa Farbe mit ausreichend Körper und Geschmack, um einem Barbecue standzuhalten.

Elegante Rosés als Aperitif:

Chêne Bleu, Pays de Vaucluse: Nicole Rolet ist die treibende Kraft hinter der Sanierung dieses innovativen Guts. **Jas d'Esclans** hat nichts mit Esclans zu tun, sondern ist ein altes Gut mit neuerem Renommee. **Ch. Léoube:** stilvolle Weine, bereitet von Romain Ott. **Ch. Miraval:** seriöser Wein, trotz des glamourösen Besitzerpaars Brad Pitt und Angelina Joly. **Domaines Ott**, Clos Mireille: großer provenzalischer Erzeuger mit mehreren Gütern. **Dom. St André de Figuière:** Das alte Gut wurde mit aus CHABLIS importiertem Know-how renoviert.

Charaktervolle, körperreiche, weinige Rosés als Essensbegleiter:

Ch. d'Esclans: Sasha Lichine, Alexis' Sohn (früher bei PRIEURÉ-LICHINE), inspiriert die vier Weine: Whispering Angel und Rock Angel sowie Les Clans und Garrus (beide gewichtiger und in Eiche ausgebaut). Sasha nimmt Rosé sehr ernst. **Ch. Minuty:** Eines der Pioniergüter der Provence, seit den 1930er-Jahren im Besitz der Familie Matton. **Dom. Tempier:** einst innovatives, jetzt etabliertes BANDOL-Gut.

Roederer, Louis Champ Aromatischer, feiner BRUT Premier oJ; Brut **04 06 07**; BLANC DE BLANCS **08' 09** 13; Brut Saignée Rosé **09** – Der Familienbetrieb ist das Nonplusultra eines Champagnerhauses mit beneidenswertem Weinbergbesitz in Spitzenlagen, jetzt zu 40 % biologisch-dynamisch bewirtschaftet. Herrlicher Cristal (vielleicht die großartigste aller Prestige-CUVÉES, z. B. **88' 04 06 07**) und Cristal Rosé (**96' 02' 07'**). Erlesener, 2015 freigegebener Cristal (**95**; ★★★★). Sehr guter neuer BRUT NATURE (2006 ausschließlich aus dem Cru Cumières). Eigentümer von DEUTZ (Champagner), DELAS, CH. de PEZ und Ch. PICHON LALANDE. Siehe auch Roederer Estate im Kapitel »Vereinigte Staaten«, Abschnitt »Kalifornien«.

Rolland, Michel Bx – Sehr gefragter französischer MERLOT-Spezialist, der als önologischer Berater in BORDEAUX und überall auf der Welt tätig ist. Hat den Familienbesitz (BERTINEAU ST-VINCENT, LE BON PASTEUR) an einen chinesischen Konzern verkauft, ist aber immer noch für die Weinbereitung zuständig.

Rolly Gassmann El w; s ★★★ Bewunderter Erzeuger in Rorschwihr. Sein halbtrockener Stil, v. a. von der Lage Moenchreben, findet seinen schönsten Ausdruck im gehaltvollen GEWÜRZTRAMINER CUVÉE Yves (**05 07 08 09 11 12** 14 15). Die junge Generation und biologisch-dynamische Methoden sorgen für mehr Finesse.

Romanée, La Côte d'Or r ★★★★ **02' 03** 05' **06 07 08** 09' 10' 11 12' 13 14 15' – Der kleinste GRAND CRU in VOSNE-ROMANÉE; MONOPOLE von

Comte LIGER-BELAIR. Außerordentlich feine, duftende, intensive und verständlicherweise sehr teure Weine.

Romanée-Conti Côte d'Or r ★★★★ **78' 85' 88' 89' 90' 93' 95 96' 97 98 99' 00 01 02' 03** 05' 06 **07** 09' 10' 11 12' 13 14' 15' – Die GRAND-CRU-Lage in VOSNE-ROMANÉE, MONOPOLE von DRC, erbringt jährlich 450 Kisten des gefeiertesten und teuersten Rotweins der Welt mit im Idealfall unvorstellbaren Geschmacksnuancen, die sich ganz allmählich entfalten. Mindestens 15 Jahre einkellern.

Romanée-St-Vivant Côte d'Or r ★★★★ **90' 93 95 96' 99' 02' 03** 05' **06 07** 08 09' 10' 11 12' 13 14 15' – GRAND CRU in VOSNE-ROMANÉE, etwas tiefer gelegen als ROMANÉE-CONTI. Der Wein hat ein betörendes Bukett und ist eher zart, aber intensiv; etwas früher trinkreif als seine berühmten Nachbarn. Erzeuger: wenn Sie sich DRC oder LEROY nicht leisten können, probieren Sie ARLOT, CATHIARD, J.J. Confuron, Follin-Arbelet, HUDELOT-Noëllat, LATOUR, Poiset.

Rosacker El – GRAND CRU in Hunawihr mit Kalk-Lehm-Boden. Von hier kommt mit der langlebigste RIESLING des ELSASS (CLOS STE-HUNE).

Rosé d'Anjou Lo rs ★→★★ BV – Große AOP (2.100 ha) für lieblichen bis süßen Rosé (vorwiegend von Grolleau) mit einigen guten Erzeugern, v.a. Mark Angeli, Clau de Nell sowie den DOMAINES de la Bergerie, les Grandes Vignes und des Sablonnettes.

Rosé de Loire Lo rs ★→★★ BV – Der trockenste der ANJOU-Rosés von sechs Rebsorten, v.a. GAMAY und Grolleau. Die große AC (1.100 ha) liegt vorwiegend im Gebiet Anjou. Beste Erzeuger: u.a. Bablut, Bois Brinçon, Branchereau, CADY, CAVE de Saumur, Ogereau, Passavant, CH. PIERRE-BISE, Richou, Soucherie.

Rosette SWF w; lbl ★★ BV – Das bestgehütete Geheimnis von BERGERAC: eine AOP für halbtrockene Aperitifweine, denen Eichenausbau allerdings nicht gut bekommt. Probierenswert, v.a. zu Foie gras oder Pilzgerichten, sind die Weine von DOM. de la Cardinolle, CLOS Romain, CH. Combrillac, Dom. de Coutancie, Dom. du Grand-Jaure, Ch. Monplaisir, Ch. de Peyrel, Ch. Puypezat-Rosette, Ch. Spingulèbre (alle ★★).

Rossignol-Trapet Bg r ★★★ Ebenfalls biologisch-dynamisch arbeitende Cousins der Eigentümer von DOM. TRAPET, im Besitz etlicher GRAND-CRU-Lagen, v.a. CHAMBERTIN. Angefangen vom GEVREY VIEILLES VIGNES bietet das gesamte Sortiment ein gutes Preis-Leistungs-Verhältnis. Auch einige Lagen in BEAUNE (aus Rossignol-Besitz).

Rostaing, René N-Rh r w ★★★ **95' 99' 01' 05' 06' 07'** 09' 10' **11** 12' 13' 14 15' – CÔTE-RÔTIE-DOMAINE mit zentral gelegenen alten Weinbergen für drei sehr feine, straff gewirkte Rotweine mit reintöniger Frucht und dezentem Eicheneinsatz, die 5–6 Jahre reifen und dekantiert werden sollten. Verführerischer, komplexer, erstklassiger Côte Blonde (mit 5% VIOGNIER), außerdem La Landonne (dunkle Früchte, 15–20 Jahre haltbar). Auch raffinierter, keineswegs protziger Condrieu. Zudem roter und weißer Dom. Puech Noble (LANGUEDOC).

Rouget, Emmanuel Côte d'Or r ★★★★ Erbe des legendären Besitzes von Henri Jayer in ÉCHEZEAUX, NUITS-ST-GEORGES und VOSNE-ROMANÉE. Spitzenwein: Vosne-Romanée Cros Parantoux (erschreckend teuer). Jetzt wird auch die junge Generation mit einbezogen.

Roulot, Domaine Côte d'Or w ★★★→★★★★ Ausgezeichneter Erzeuger in MEURSAULT mit großartigen PREMIERS CRUS wie Bouchères (seit 2011), Charmes und Perrières, aber auch ausgezeichneten Villages-Lagen wie Les Luchets, Meix Chavaux und Tessons (CLOS de Mon Plaisir).

Roumier, Georges Côte d'Or r ★★★★ Das Musterweingut für BONNES-MARES und andere brillante Chambolle-Weine, bereitet vom fähigen

Christophe Roumier. Langlebige, aber auch schon in der Jugend ansprechende Weine, die inzwischen sehr hoch gehandelt werden.

Rousseau, Domaine Armand Côte d'Or r ★★★★ Unvergleichliche DOMAINE in GEVREY-CHAMBERTIN, brillant der CLOS ST-JACQUES und die GRAND-CRU-Gewächse. Sämtliche Weine des Sortiments zeichnen sich durch Duft, Ausgewogenheit und Nachhaltigkeit aus. Hat sich nun mit Rebflächen des CH. de Gevrey-Chambertin vergrößert.

Roussette de Savoie Sav w ★★ BV – Der schmackhafteste unter den frischen Weißweinen aus der Gegend südlich des Genfer Sees.

Roussillon – Individuelle Region des MIDI, die jedoch oft mit dem Languedoc in einen Topf geworfen wird und inzwischen der AC LANGUEDOC eingegliedert ist. Ursprünglicher, traditioneller VIN DOUX NATUREL (z. B. BANYULS, MAURY, RIVESALTES). Jüngere Jahrgangsweine (RIMAGE/Grenat) konkurrieren nun mit gereiftem RANCIO. Zudem ansprechende Tischweine. Siehe auch CÔTES DU ROUSSILLON-VILLAGES, COLLIOURE, CÔTES CATALANES (IGP) und die neue AC MAURY.

Ruchottes-Chambertin Côte d'Or r ★★★★ **90' 93' 95 96' 99' 00 02' 03** 05' **06 07 08** 09' 10' **11** 12' 13 14 15' – Winziger GRAND-CRU-Nachbar von CHAMBERTIN; weniger körperreicher, dafür ätherischer, fein gewirkter, langlebiger Wein von großer Finesse. Spitzenerzeuger: MUGNERET-Gibourg, ROUMIER, ROUSSEAU.

Ruinart Champ »R« de Ruinart BRUT oJ; Ruinart Rosé oJ; »R« de Ruinart Brut **02' 04 06** 08 – Die älteste Champagnerfirma, im Besitz von Moët-Hennessy. Das bereits hohe Niveau steigt immer weiter: Die Weine sind reichhaltig und elegant. Die Prestige-CUVÉE Dom Ruinart ist einer der beiden besten BLANC-DE-BLANCS-Jahrgangsweine der Champagne (z. B. **02' 04**), und auch der Dom Ruinart Rosé (**98 02'**) ist etwas ganz Besonderes. Der Blanc de Blancs oJ ist sehr viel besser geworden, v. a. in Magnum- und Doppelmagnum-(Jeroboam-)Abfüllungen.

Rully Bg r w ★★ r **12** 14' 15'; w **12 14' 15** – Ort an der CÔTE CHALONNAISE. Leichter, frischer, schmackhafter, preiswerter Weißwein und ein wenig Crémant. Bei den Roten steht nicht so sehr Struktur als viemehr die Frucht im Vordergrund. Probierenswert: Devevey, DROUHIN, DUREUIL-JANTHIAL, FAIVELEY, Jacqueson, C. Jobart, Ninot, Rodet.

Sablet S-Rh r (rs) w ★★ **12' 13 15'** – Vergnügliche, aber auch seriöse Weine von steigender Qualität bietet dieser Ort der CÔTES DU RHÔNE-VILLAGES. Beerenfruchtige Rote von sandigen Böden, v. a. von der Genossenschaft CAVE des VIGNERONS du Gravillas sowie den DOMAINES de Boissan (voll), Les Goubert, Pasquiers (voll) und Piaugier. Auch gute, volle Weißweine, sowohl als Aperitif als auch zum Essen, v. a. von Boissan, Piaugier.

Saint-Amour Beauj r ★★ **12 13 14 15'** – Nördlichster Cru im BEAUJOLAIS; leichter, fruchtiger Wein, ein wenig gesichtslos. Wird unverdrossen für den Valentinstag angepriesen. Empfehlenswerte Erzeuger: Janin, Patissier, Revillon.

Saint-Aubin Côte d'Or r w ★★★ r **05' 09' 10' 11 12 13** 14 15' (w) **08 09' 10' 11 12 13 14'**15 – An PULIGNY- und CHASSAGNE-MONTRACHET angrenzende Ortschaft; gute Quelle für lebhafte, erfrischende Weißweine. Auch nette Rote. Beste Lagen: En Remilly, Chatenière, Murgers Dent de Chien. Spitzenerzeuger: J.C. BACHELET, COLIN, Colin-Morey, Lamy, Prudhon.

Saint-Bris Bg w ★ BV – Nachbar von CHABLIS, die einzige AC für SAUVIGNON BLANC in Burgund. Frische, lebhafte Weine von J.H. Goisot, die sich zum Einkellern eignen. Auch interessant: Bersan, de Moor, Simonnet-Febvre.

Saint-Chinian Lang r ★→★★★ **09' 10 11** 12 13 14 15 – Hügeliges Gebiet im LANGUEDOC mit wachsendem Ansehen. Seit 1982 AC für Rotwein, seit

2005 auch für Weißwein. Enthält die Crus du Languedoc Berlou und Roquebrun (Schieferböden). Warme, würzige, südliche Rotweine auf der Basis von SYRAH, GRENACHE und CARIGNAN. Erzeuger: die Genossenschaft in Roquebrun (gut), DOM. Borie la Vitarèle, CLOS Bagatelle, CH. Coujan, Dom. la Dournie, Dom. des Jougla, Dom. la MADURA, Mas Champart, Dom. Navarre, Dom. Rimbert, Ch. de Viranel sowie viele andere ältere und neuere Güter. Ein Abstecher lohnt sich.

Sainte-Croix-du-Mont Bx w; s ★★ **05' 07 09' 10' 11 13** 14 15 – AC für süße Weißweine gegenüber von SAUTERNES auf der anderen Seite der Garonne. Die besten Exemplare sind voll und cremig. Spitzen-CHÂTEAUX: Crabitan-Bellevue, Loubens, du Mont, Pavillon und la Rame.

Saint-Émilion Bx r ★★→★★★★ **98' 00' 01 03 04 05' 08 09' 10' 11 12** 14 15 – Großer, von MERLOT dominierter Bereich von BORDEAUX auf dem rechten Ufer mit den ACs St-Émilion und St-Émilion GRAND CRU (letztere Einstufung ist nicht durchweg berechtigt). St-Émilion PREMIER GRAND CRU CLASSÉ ist die Klassifikation der Spitzengewächse. Wärmer, voller, runder Stil; die besten Weine sind fest und sehr langlebig. Es gibt sowohl moderne als auch traditionelle Stile; die Qualität ist unterschiedlich. Spitzen-CHÂTEAUX: L'ANGÉLUS, AUSONE, CANON, CHEVAL BLANC, CLOS FOURTET, FIGEAC, PAVIE. Vergleichsweise preiswert sind CARTEAU CÔTES DAUGAY, de FONBEL und Teyssier.

Saint-Estèphe H-Méd r ★★→★★★★ **96' 98 00' 01 02 03 04 05' 06 08 09'** 10' **11 12** 14 15 – Nördlichste kommunale AC im MÉDOC. Solide, strukturierte, auf lange Lagerung ausgelegte Weine von verlässlicher Qualität; das Preisspektrum ist groß. Fünf Crus classés: CALON-SÉGUR, COS D'ESTOURNEL, COS LABORY, LAFON-ROCHET und MONTROSE. Daneben gibt es viele gute CHÂTEAUX ohne Klassifizierung: CLAUZET, LE CROCK, HAUT-MARBUZET, MEYNEY, ORMES DE PEZ, de PEZ, PHÉLAN SÉGUR.

Sainte-Victoire Prov r rs ★★ Unterbereich der CÔTES DE PROVENCE an den Südhängen der Montagne Ste-Victoire. Gute Weine aus einer beeindruckenden Landschaft. Probierenswert sind Mas de Cadenet und Mauvan.

Saint-Gall, de Champ BRUT oJ; Extra Brut oJ; Brut BLANC DE BLANCS oJ; Brut Rosé oJ; Brut Blanc de Blancs **04 06 08'**; CUVÉE Orpale Blanc de Blancs **02' 04 08' 09** – Markenname der Union CHAMPAGNE, der von Spitzenwinzern gebildeten Genossenschaft in AVIZE. Feiner und preiswerter Pierre Vaudon oJ auf Pinot-Basis. Erzeugt auch erstklassige Grundweine für andere Champagnerhäuser.

Saint-Georges d'Orques Lang r rs ★★→★★★ Der individuellere Teil der ausgedehnten AOP Grès de Montpellier strebt einen eigenen Cru-Status an. Probierenswert sind CH. l'Engarran, DOM. Henry und Dom. la Prose.

St-Georges Saint-Emilion Bx r ★★ **05' 08 09' 10' 12** 14 15 – Winziger »Satellit« von ST-ÉMILION mit stämmigen, gut strukturierten Weinen. Spitzen-CHÂTEAUX: Calon, Macquin St-Georges, ST-GEORGES, TOUR DU PAS ST-GEORGES, Vieux Montaiguillon.

Saint-Gervais S-Rh r (rs) (w) ★ **13 15'** – Ort am Westufer der Rhône mit guten Böden, aber sehr begrenzter Auswahl. Die Genossenschaft ist um steigende Qualität bemüht, eindeutig der beste Wein ist aber der erstklassige, langlebige (10 Jahre und mehr) Rote der DOM. Ste-Anne (fest, mit ausgeprägten MOURVÈDRE-typischen Lakritzaromen); auch guter VIOGNIER.

Saint-Jacques d'Albas, Château Lang ★★★ Seit 2001 bestehendes, rühriges Gut im MINERVOIS. Erzeugt Le Petit St-Jacques (rot, rosé und weiß), DOMAINE d'Albas, CHÂTEAU d'Albas (rot) und den SYRAH-dominierten La Chapelle (alle rot).

Saint-Joseph N-Rh r w ★★ **99' 05' 06' 07' 09' 10' 11' 12' 13' 14** 15' – AC entlang dem Westufer der nördlichen Rhône (65 km), vorwiegend mit Gra-

Frankreich

nitböden. Rotweine von SYRAH. Aus den ältesten und besten Lagen bei Tournon kommen stilvolle, weiche Gewächse mit Noten roter Früchte, weiter nördlich sind die Weine dunkler, offenherziger, pfeffriger, und es wird spürbar mehr Eiche verwendet. Vollständigere, nicht so leicht zugängliche Weine wie CROZES-HERMITAGE, v.a. von CHAPOUTIER (Les Granits), J.-L. CHAVE (stilvoll), Gonon (Spitzenklasse), B. Gripa und GUIGAL (*lieu-dit* St-Joseph); auch: Chèze, Courbis (modern), Coursodon (rassig, modern), Cuilleron, Delas, E. Darnaud, J. & E. Durand (fruchtig), Faury, Gaillard, P. Marthouret (traditionell), Monier-Perréol (Ökoanbau) A. Perret, Nicolas Perrin, Vallet, P.-J. Villa, F. Villard. Gute, zum Essen passende Weiße (hauptsächlich Marsanne), v.a. von Barge, Chapoutier (Les Granits), Cuilleron, Faury, Gonon (fabelhaft), Gouye (traditionell), B. Gripa, A. Perret, J. Pilon.

Saint-Julien H-Méd r ★★★→★★★★ **98 00' 01 02 03 04 05' 06 08 09'** 10' **11** 12 14 15 – Kleine kommunale AC im mittleren MÉDOC. 11 Weingüter, die in die Klassifizierung von 1855 aufgenommen wurden, besitzen 95% der Rebfläche, u.a. die drei LÉOVILLE-CHÂTEAUX, BEYCHEVELLE und DUCRU-BEAUCAILLOU. Zu der Handvoll nicht klassifizierter Chateaux zählen du GLANA und GLORIA. Der Inbegriff eines harmonischen, duftenden und aromatischen Rotweins.

Saint-Mont SWF r rs w ★★ r **12 14** (15); rs w BV – AOP in GERS, die die Gascogne mit MADIRAN verbindet. J.-L. Garoussia von der DOM. de Turet (★) spielt nicht nur Saxophon, sondern stemmt sich gemeinsam mit CH. de Bergalasse und Dom. des Maouries (★★) auch gegen die Versuche der PRODUCTEURS PLAIMONT, die Appellation gänzlich zu übernehmen.

Saint-Nicolas-de-Bourgueil Lo r rs ★→★★★ **05' 06 08 09' 10'** 11 **12 14'** 15' – AC westlich von BOURGUEIL mit ähnlichen (aber teureren) Weinen von CABERNET FRANC, die meist leicht ausfallen (von Sand-/Kiesböden), von Kalkhängen aber Alterungspotenzial besitzen. Empfehlenswerte Erzeuger: Yannick Amirault, CLOS des Quarterons, David, Delanoue, Lorieux, Frédéric Mabileau, Laurent Mabileau, Mabileau-Rezé, Mortier, Taluau-Foltzenlogel, Vallée.

Saint-Péray N-Rh w; sch ★★ **12' 13' 14' 15'** – Weißer Rhône-Wein (MARSANNE plus ROUSSANNE) von Weinbergen auf Granit- und Kalksteinhügeln gegenüber von Valence – bisher unterschätzt, aber es tut sich was. Auch etwas Schaumwein nach der Méthode champenoise – unbedingt probierenswert (J.-L. Thiers, R. Nodin, A. Voge). Der weiße Stillwein sollte zupackend und rauchig sein. Meiden Sie die fetten Weine von sehr reifer Frucht, die in Eiche ausgebaut werden. Spitzenerzeuger: CHAPOUTIER, La Clape (reintönig), Colombo (stilvoll), Cuilleron, B. Gripa (sehr gut), R. Nodin, J.-L. Thiers, du Tunnel, Voge (Eiche) sowie die Genossenschaft in TAIN.

Saint-Pierre-de-Soucy Sav – Aus dem Cru mit steilen Schieferhanglagen kommt ein entschieden frisch-aromatischer Mix aus Jacquère, CHARDONNAY und Mondeuse blanche. Spitzenerzeuger: DOMAINE des Ardoisières.

Saint-Pourçain ZF r rs w ★→★★ BV – 640-ha-AC am Oberlauf der Loire (Allier). Leichte Rot- und Roséweine von GAMAY und PINOT NOIR (sortenreinen Pinot noir verbieten die AOP-Vorschriften albernerweise) sowie Weißweine von der Lokalsorte Tressalier und/oder CHARDONNAY bzw. SAUVIGNON BLANC. Erzeuger: DOM. de Bellevue, Berioles, Grosbot-Barbara, Laurent, Nebout, Pétillat, Ray und die gute Genossenschaft VIGNERONS de St-Pourçain.

Saint-Romain Côte d'Or r w ★★ w **10' 11 12 13 14'** 15 – Knackig-frische Weißweine und schnörkellos bereitete Rote aus einem Nebental der CÔTE DE

BEAUNE. Probierenswert: Bellene, Buisson, DOM. de Chassorney, Gras, HOSPICES DE BEAUNE.

Saint-Véran Bg w ★★ 12 13 14' 15 – AC außerhalb von POUILLY-FUISSÉ mit unterschiedlichen Bodenarten, Erzeugerstilen und Ergebnissen. Die besten Weine sind hochwertig (Chagnoleau, Corsin, Litaud, Merlin) und preiswert (Deux Roches, DUBŒUF, Poncetys).

Salon Champ ★★★(★) Der originale BLANC DE BLANCS aus Le MESNIL an der Côte des Blancs. Winzige Produktion. Die langlebigen, ungeheuer kostspieligen Weine genießen ein Ehrfurcht gebietendes Renommee, fallen in Wirklichkeit aber manchmal ungleichmäßig aus. In letzter Zeit sind sie jedoch ganz auf der Höhe (z. B. 83' 90 97'), nur der 1999er enttäuscht, und was aus dem 2002er wird, ist selbst unter Experten umstritten.

Sancerre Lo (r) (rs) w ★→★★★ 05' 08' 10 12 13 14' 15' – Der Maßstab für SAUVIGNON BLANC, wobei Einzellagen zunehmend an Bedeutung gewinnen. Die besten Weine halten sich 10 Jahre und länger. Daneben gibt es auch viele schöne Rotweine (PINOT NOIR), während der Rosé selten sein Geld wert ist. Spitzenerzeuger: Boulay, BOURGEOIS, Cotat (wechselhaft), François Crochet, Lucien Crochet, Vincent Delaporte, Dezat, Dionysia, Fouassier, Thomas Laballe, Alphonse MELLOT, Joseph Mellot, Pierre Martin, Mollet, Pinard, Paul Prieur, Pascal et Nicolas Reverdy, Raimbault, Claude Riffault, Roblin, Jean-Max Roger, Thomas, Vacheron, Vatan, Vattan.

Santenay Côte d'Or r (w) ★★★ 99' 02' 03 05' 06 08 09' 11 12 13 14 15' – Das Südende der CÔTE DE BEAUNE hat das Potenzial, feine Rotweine zu liefern, tut es aber nicht immer. Auch einige gute Weiße. Die besten Lagen sind Les Gravières (rot und weiß), CLOS Rousseau und Clos de Tavannes. Gute Erzeuger: Belland, Camille Giroud, Jessiaume, Lequin-Coulin, MOREAU, V. MOREY, Muzard, Vincent.

Saumur Lo r rs w; sch ★→★★★ 05' 09' 10' 12 14' 15' – Übergeordnete AC für leichte bis ernst zu nehmende Weißweine und hauptsächlich unkomplizierte Rote, mit Ausnahme des Bereichs Saumur-CHAMPIGNY. Ansonsten angenehme Rosés sowie CRÉMANT (am bedeutendsten) und SAUMUR Mousseux aus dem Zentrum der Schaumweinbereitung an der Loire. Die neue AOP Saumur Le-Puy-Notre-Dame für CABERNET-FRANC-Rotweine umfasst ein (allzu) großes Gebiet mit 17 Gemeinden. Gute Erzeuger: BOUVET-LADUBAY, Dom. des CHAMPS-FLEURIS, CLOS Mélaric, CLOS ROUGEARD, Antoine Foucault, René-Hugues Gay, Guiberteau, Nerleux, Paleine, Ch. Parnay, Rocheville, St-Just, Ch. de Targé, CAVE des VIGNERONS de Saumur, Ch. de VILLENEUVE, Ch. Yvonne.

Saumur-Champigny Lo r ★★→★★★ 96' 05' 09' 10 12 13 14' (15') – 9 Gemeinden umfassende AC für aromatische CABERNET-FRANC-Rotweine, die zu den besten zählen; gute Jahrgänge halten sich 15 Jahre und mehr. Beste Erzeuger: u. a. Bruno Dubois, Dom. des CHAMPS-FLEURIS, CLOS Cristal, CLOS ROUGEARD, de la Cune, Filliatreau, Hureau, Nerleux, Petit Saint-Vincent, Roches Neuves, Rocheville, St-Just, Antoine Sanzay, CH. de Targé, Vadé, Val Brun, Ch. de VILLENEUVE, Yvonne sowie die Genossenschaft in SAUMUR.

Saussignac SWF w; s ★★→★★★ 09' 10 11 12' (14) – Sub-AOP von BERGERAC, westlich an MONBAZILLAC grenzend, deren Süßweine aber etwas mehr Säure aufweisen. Beste Erzeuger: die DOMAINES Lestevénie, La Maurigne, Les Miaudoux, de Richard und Clos d'Yvigne (alle ★★★) sowie die CHÂTEAUX Le Chabrier, Le Payral, Le Tap (alle ★★).

Sauternes Bx w; s ★★→★★★★ 89' 90' 95 96 97' 98 99' 01' 02 03' 05' 07' 09' 10' 11' 13 14 15 – AC mit 5 Orten, in denen aus edelfaulen Trauben

Frankreich

Frankreichs beste *liquoreux*-Weine bereitet werden: stark, üppig, goldfarben und mit zunehmendem Alter immer besser. Zuletzt einige großartige Jahrgänge. 2015 wurde eine neue Genossenschaft gegründet. Zu den 1855 klassifizierten CHÂTEAUX zählen CLOS HAUT-PEYRAGUEY, GUIRAUD, LAFAURIE-PEYRAGUEY, RIEUSSEC, SIGALAS RABAUD, SUDUIRAUT, La TOUR BLANCHE und natürlich d'YQUEM. Trockene Weine müssen als AC BORDEAUX Blanc etikettiert werden.

Sauzet, Etienne Côte d'Or w ★★★ Führendes Weingut in PULIGNY mit großartigen PREMIERS CRUS (am besten sind Champ Canet und Les Combettes) und GRANDS CRUS. Die neuerdings biologisch-dynamisch bewirtschafteten Weinberge erbringen frische, lebhafte, jetzt auch wieder langlebigere Weine.

Savennières Lo w; tr (s) ★★→★★★★ **89' 96' 02' 03 05' 07 08' 09 10' 11 12 13** 14 (15') – Kleine AC in ANJOU mit langlebigen, sehr säurereichen Weißen (CHENIN BLANC) höchst unterschiedlicher Machart und Güte. Empfehlenswerte Erzeuger: Baudouin, Dom. des BAUMARD, Bergerie, Boudignon, Closel, CH. d'Epiré, DOM. FL, Laureau, Mahé, Mathieu-Tijou, Morgat, Ogereau, Ch. PIERRE-BISE, Pithon-Paillé, Ch. Soucherie. Spitzenlagen: COULÉE-DE-SERRANT, La ROCHE-AUX-MOINES und CLOS du Papillon.

Savigny-lès-Beaune Côte d'Or r (w) ★★★ **99' 02' 03 05' 08 09' 10' 11 12** 14 15' – Bedeutender Ort bei BEAUNE mit ähnlich mittelschweren Weinen, deren aromatische Art allerdings manchmal ins Rustikale abgleitet. Beste Lagen: Dominode, Les Guettes, Lavières, Marconnets, Vergelesses. Erzeuger: Bize, Camus, Chandon de Briailles, Chenu, CLAIR, DROUHIN, Girard, Guyon, LEROY, Pavelot, Tollot-Beaut.

Savoyen (Savoie) r w; sch ★★ BV – Alpiner Bereich mit leichten, trockenen Weinen, ähnlich den Schweizer oder einfacheren Loire-Weinen. Bekannteste Weißweine: APREMONT, CRÉPY und SEYSSEL; interessanter sind die Roussette-Abfüllungen. Auch guter roter Mondeuse.

Schlossberg El – GRAND CRU in Kientzheim, berühmt seit dem 15. Jahrhundert. Der RIESLING von FALLER ist prachtvoll und unwiderstehlich (**10**), den von TRIMBACH gibt es erst seit 2012. Der Jahrgang 2015 dürfte für Riesling großartig sein.

Schlumberger, Domaines El w; s ★→★★★ Riesiger, erstklassiger Betrieb in Guebwiller, dem etwa 1% aller Weinberge im Elsass gehören. Besitzt Lagen in den GRANDS CRUS Kitterlé, Kessler, Saering (rassig; **08' 09 10' 12** 13 15) und Spiegel. Reichhaltige Weine. Das Angebot umfasst u. a. seltenen RIESLING, die unverwechselbare CUVÉE Ernest und neuerdings den PINOT GRIS Grand cru Kessler (**09' 10' 12** 13 14 15).

Schoenenbourg El – Der GRAND CRU in Riquewihr liefert sehr volle, erfolgreiche Weine: PINOT GRIS, RIESLING, sehr feine VENDANGE Tardive und SÉLECTION DE GRAINS NOBLES, v. a. von DOPFF AU MOULIN. Auch sehr guter MUSCAT.

Schoenheitz El – Aufstrebendes Weingut im Münstertal. Besonders gut ist der trockene Basis-RIESLING (**09 10' 11 12** 13 14), daneben der hübsche, mit floralen Noten ausgestattete Riesling Linsenberg (**08 10 14** 15).

Schoffit, Domaine El w ★★★ Der außergewöhnliche Winzer Bernard Schoffit in Colmar erzeugt exzellente VENDANGE-Tardive-Weine von vulkanischen Böden: GEWÜRZTRAMINER und PINOT GRIS GRAND CRU RANGEN CLOS St-Théobald (**07' 09 10' 12** 14 15). Ein Kontrast ist der RIESLING Grand cru Sonnenberg (**08 10' 13**) von Kalksteinboden. Auch köstlicher CHASSELAS.

Sec Wörtlich: trocken; so bezeichneter CHAMPAGNER ist allerdings eher lieblich (für Sektfrühstück und Hochzeiten besser geeignet als BRUT).

Séguret S-Rh r rs w ★★ **10' 12' 13 14 15'** – Klassischer provenzalischer Bilderbuchweinort bei GIGONDAS mit Lagen in der Ebene und auf Hügeln. Einer der besten CÔTES-DU-RHÔNE-VILLAGES. Pfeffrige, recht tiefgründige, mitunter sogar sehr volle Rotweine, vorwiegend von GRENACHE, sowie Weißweine mit deutlicher Frucht. Beste Erzeuger: CH. La Courançonne (gute Weiße), DOMAINES de l'Amauve (fein), de Cabasse (elegant), J. David (wuchtig; ökologischer Anbau), Garancière, Malmont (stilvoll), Mourchon (stramm), Maison Plantevin, Pourra (intensiv, muss lagern), Soleil Romain.

Sélection de grains nobles El Von HUGEL geprägter Ausdruck für das elsässische Gegenstück zur deutschen BEERENAUSLESE; wird immer strengeren Bestimmungen unterworfen. *Grains nobles* sind Trauben mit Edelfäule für Süßweine.

Sérafin Côte d'Or r ★★★ Tiefdunkle Farbe, intensive Aromen und jede Menge neue Eiche – so lautet das Sérafin-Rezept, z.B. für den GEVREY-CHAMBERTIN VIEILLES VIGNES und die CHARMES-CHAMBERTIN-Gewächse.

Seyssel Sav w; sch ★★ oJ – Delikater Weißwein und sehr angenehmer Schaumwein, z. B. aus Corbonod.

Sichel & Co. Bx r w – Familiengeführtes Handelshaus, eines der renommiertesten in BORDEAUX (eine Spitzenmarke ist Sirius) mit Beteiligungen an CH. D'ANGLUDET, Ch. PALMER und in CORBIÈRES (Ch. Trillol). Neues, 10 Millionen Euro teures Lager.

Signargues S-Rh ★→★★ **13 15'** – Bescheidener Ort der CÔTES DU RHÔNE-VILLAGES am Westufer des Flusses zwischen Avignon und Nîmes. Die fruchtigen Rotweine mit leichten Gewürznoten sollten innerhalb von 4 Jahren getrunken werden. Beachtenswerte Erzeuger: CAVE des VIGNERONS d'Estézargues (kräftig), La Font du Vent (mit den besten, tiefgründigsten Weinen), Haut-Musiel, CH. Terre Forte (öko) und DOM. Valériane.

Simone, Château Prov r rs w ★★→★★★ Geschichtsträchtiges Familienweingut unmittelbar südlich von Aix-en-Provence, auf dem Winston Churchill einst die Montagne Ste-Victoire malte. Seit fast zwei Jahrhunderten in Familienbesitz. Praktisch ein Synonym für die AC PALETTE. Die alterungswürdigen Weißweine aufzuspüren lohnt sich; außerdem charaktervoller Rosé und wärmende Rotweine. Teilweise seltene Rebsorten wie Castets und Manosquin (beide rot).

Sipp, Louis El w; s ★★→★★★ Erzeuger und Négociant in Ribeauvillé. Sehr guter RIESLING GRAND CRU Kirchberg, erlesener Grand cru Osterberg GEWÜRZTRAMINER VENDANGE Tardive (v.a. **07 09'**). Fein in klassischen trockeneren Jahren (**08 10 12** 13 14).

Sipp-Mack El w; s ★★→★★★ Ausgezeichnete DOMAINE in Hunawihr. Großartiger RIESLING vom GRAND CRU ROSACKER (**10 12 13 14** 15'); auch sehr guter PINOT GRIS.

Sorg, Bruno El w ★★→★★★ Erstklassiger kleiner Winzer in Eguisheim mit den GRANDS CRUS Florimont (RIESLING **09 10** 12 13 14 15) und PFERSIGBERG (MUSCAT). Tadellose, umweltfreundlich bewirtschaftete Weinberge.

Sur lie »Auf der Hefe.« MUSCADET wird oft direkt vom Fass abgefüllt, um Schwung, Körper und Charakter zu bewahren.

Tâche, La Côte d'Or r ★★★★ **90' 93' 95 96' 98 99' 00 01 02' 03** 05' 06 **07** 09' 10' 11 12' 13 14 15' – GRAND CRU in VOSNE-ROMANÉE, MONOPOLE von DRC. Eine der besten Lagen der Welt: voller, herrlich duftender, luxuriöser Wein (in der Jugend verschlossen).

Taille aux Loups, Domaine de la Lo w; s; sch ★★★ **05' 07' 08' 09 10' 11 12 13** 14' (15') – Jacky Blot ist einer der dynamischsten und penibelsten Erzeuger an der Loire: fassvergorener MONTLOUIS und VOUVRAY, großteils trocken ausgebaut, besonders fein von den Einzellagen CLOS Mosny, Clos Michet (beide Montlouis) und Clos de Venise (Vouvray). Außerdem Triple Zéro Montlouis Pétillant und sehr gute Rotweine von der DOMAINE de la Butte in BOURGUEIL.

Tain, Cave de N-Rh ★★→★★★ Hervorragende Genossenschaft der nördlichen Rhône mit 290 Mitgliedern und vielen Weinbergen mit älterem Rebbestand, darunter ein Viertel der Gesamtrebfläche von HERMITAGE. Solider bis sehr guter roter Hermitage, v. a. Epsilon und Gambert de Loche, großzügiger weißer Hermitage Au Cœur des Siècles. Guter ST-JOSEPH (rot und weiß) und interessante Reihe Bio (aus Ökoanbau), sonst eher moderne Mainstream-Weine. Gute neuere CROZES-Gewächse (rot) von Lagen am Hang und in der Ebene (namens »GN«, »BM« und »LA«). Günstige Weißweine von MARSANNE und ausgezeichneter, klassischer VIN DE PAILLE.

Taittinger Champ BRUT oJ; Rosé oJ; Brut **04 06 08**; Collection Brut **89 90 95'** – Diese Weine sind die Juwelen des jetzt wieder familiengeführten Hauses in Reims, dessen Champagner der Inbegriff des klassischen Aperitifstils sind. Fantastisch der luxuriöse Comtes de Champagne (**95' 99 02' 04 06 08**); der Comtes de Champagne Rosé brilliert **06**. Außerdem ein ausgezeichneter Einzellagenwein namens La Marquetterie. (Siehe auch DOM. Carneros im Kapitel »Vereinigte Staaten«, Abschnitt »Kalifornien«.) Ein neues Schaumweinprojekt ist die Domaine Evremond in der englischen Grafschaft Kent.

Tavel S-Rh rs ★★ BV – Mächtiger, früher relativ dunkler Rosé auf GRENACHE-Basis, passend zu deftiger Mittelmeerküche. Wird heute vielfach im leichteren Provence-Stil ausgebaut und oft als Aperitif getrunken – ein Jammer. Spitzenerzeuger: CH. Aquéria, DOM. Corne-Loup, Ch. Correnson (stilvoll), GUIGAL (gut), Lafond Roc-Epine, Maby, Ch. de Manissy, Dom. de la Mordorée (voll), Moulin-La-Viguerie (traditionell, Ökoanbau), Prieuré de Montézargues (fein), Rocalière (sehr fein), Trinquevedel (fein), VIDAL-FLEURY.

Tempier, Domaine Prov r rs w ★★★★ Das Gut bereitete der MOURVÈDRE-Traube in der AC BANDOL den Weg. Weine von großartiger Eleganz und Langlebigkeit, deren hervorragende Qualität jetzt allerdings durch etliche andere Erzeuger Konkurrenz erhält.

Terrasses du Larzac Lang r rs w ★★→★★★ Der nördlichste Teil der AC LANGUEDOC – eine wilde, bergige Region vom Lac du Salagou bis Aniane, einschließlich Montpeyroux und St-Saturnin. Seit 2014 eigenständige AC; außerdem (guter) Vin du Languedoc. Die kühlen Temperaturen sorgen für frische, aber wohl kaum homogen zu nennende Weine. Zu den Stars und denen, die es bald sein werden, gehören CLOS des Serres, Jonquières, MAS CAL DEMOURA, Mas de l'Ecriture, Mas Jullien, Dom. de MONTCALMÈS, Pas de l'Escalette und Plan de l'Homme. Unbedingt im Auge behalten.

Thénard, Domaine Bg r w ★★→★★★★ Traditionsreicher Erzeuger mit großem Besitz an Le MONTRACHET, der Wein wird jedoch großteils an Négociants verkauft. Außerdem einige sehr gute Rote aus GIVRY, wo die DOMAINE beheimatet ist.

Thévenet, Jean Bg r w; s ★★★ Erzeuger von gehaltvollem, teilweise edelfaulem CHARDONNAY im Mâconnais, z. B. der CUVÉE Levroutée von der Dom. de la Bongran. Auch Serres. Emilian Gillet.

Thézac-Perricard SWF r rs w ★★ **12' 14' 15'** – CAHORS benachbarter IGP-Bereich mit Rotweinen von MALBEC und MERLOT. Sandrine Annibals Serres. de Lancement (★★) liegt noch immer klar vor der sehr achtbaren

Genossenschaft (★), die sich v. a. mit ihren spannenden Weißen von den beiden MANSENG-Sorten hervortut.

Thiénot, Alain Champ BRUT oJ ★★★; Rosé Brut oJ; CUVÉE Stanislas **02 04 06 08'** 09 12 13; fülliger Vigne aux Gamins BLANC DE BLANCS (Einzellagen-AVIZE **02 04 06**); strahlende Cuvée Garance CHARDONNAY **07** 08 (klassisch, braucht noch Zeit) – Die nachfolgende Generation hat jetzt das Ruder übernommen. Stets steigende Qualität; eindrucksvolle CHAMPAGNER zu vernünftigen Preisen. Auch Eigentümer von CANARD-DUCHÊNE in der Champagne sowie von CH. Ricaud in LOUPIAC.

Thomas, André et Fils El w ★★★ Sehr feiner Erzeuger in Ammerschwihr mit strikt ökologischem Anbau. Im Keller ein Kunsthandwerker, der sehr guten RIESLING KAEFFERKOPF (**08** 10' 12) und herrlichen GEWÜRZTRAMINER VIEILLES VIGNES (**05 09' 10'** 12) bereitet.

Tollot-Beaut Côte d'Or r ★★★ Verlässlicher Erzeuger mit 20 ha Weinbergbesitz in BEAUNE, (u. a. BEAUNE-Grèves und CLOS du Roi), CORTON (Bressandes), SAVIGNY-LÈS-BEAUNE und in seinem Heimatort CHOREY-LÈS-BEAUNE (v. a. Pièce du Chapitre). Eichenwürziger Stil, passt aber.

Touraine Lo r rs w; tr s; sch ★→★★★★ **10 14' 15'** – Riesige Region mit einer Vielzahl von Appellationen (z. B. VOUVRAY, CHINON, BOURGUEIL) sowie der umfassenden AC Touraine mit unterschiedlicher Qualität: würzige Rotweine (CABERNET FRANC, CÔT, GAMAY, PINOT NOIR), Weiße (SAUVIGNON BLANC), Rosés und Schaumweine. Erzeuger: Bois-Vaudons, Corbillières, La Chapinière, Joël Delaunay, Garrelière, Gosseaume, Mandard, Jacky Marteau, Marionnet, Morantin, Presle, Puzelat, Petit Thouars, Ricard, Roussely, Tue-Bœuf, Villebois. Sehr groß sind die Village-ACs Touraine-Oisly und v. a. Touraine-Chenonceaux (27 Gemeinden). Allzu starke Konzentration auf Sauvignon blanc und Herbizide. Die idiotische Reform bezüglich der zugelassenen Rebsorten tritt ab dem Jahrgang 2017 in Kraft.

Touraine-Amboise Lo r rs (w) ★→★★ Subappellation der AC TOURAINE, 50 % Rotwein, 40 % Rosé. Die lokale Spezialität namens François 1er (GAMAY/CÔT/CABERNET FRANC) eignet sich für Einsteiger, rote Spitzengewächse werden von Côt und/oder Cabernet franc bereitet, die Weißweine von CHENIN BLANC. Beste Erzeuger: Bessons, Closerie de Chanteloup, Dutertre, Frissant, Gabillière, La Grange Tiphaine, Mesliard, Truet. Cru-Status wird angestrebt.

Touraine Azay-le-Rideau Lo rs w ★→★★ Kleine Subappellation der AC TOURAINE mit 60 % Rosé (von mindestens 60 % Grolleau) sowie trockenen und halbtrockenen Weißweinen auf CHENIN-BLANC-Basis. Erzeuger: de l'Aulée, Quentin Bourse, Grosbois, Nicolas Paget, Pibaleau, de la Roche.

Touraine Mesland Lo r rs w ★→★★ **10 13 14** – Kleine Subappellation der AC TOURAINE mit Weinen derselben Qualität vom Loire-Ufer westlich von Blois. Beste Erzeuger: Girault (biologisch-dynamisch), Grandes Espérances.

Touraine Noble-Joué Lo rs ★→★★ BV – AOP unmittelbar südlich von Tours mit köstlichem Rosé von drei pPINOT-Sorten (NOIR, GRIS, MEUNIER). Beste Erzeuger: Astraly, Cosson, Rousseau, Sard-Pierru.

Trapet Père et Fils, Domaine Côte d'Or r ★★★ Alteingesessene DOMAINE in GEVREY-CHAMBERTIN mit sinnlichen Gewächsen aus biologisch-dynamischem Anbau, deren Spektrum von Village-Weinen bis zum CHAMBERTIN GRAND CRU reicht; außerdem Weißweine aus dem ELSASS. Siehe auch Dom. ROSSIGNOL-TRAPET (Cousins).

Trévallon, Domaine de Prov r w ★★★★ **98 99 00' 01 03 04 05 06 07 08** 09 10 11 12 13 14 – Einst wegweisender Erzeuger in Les BAUX, der seine Weine allerdings als IGP BOUCHES-DU-RHÔNE etikettieren muss, da sie keinen

GRENACHE-Anteil enthalten. Nichtsdestotrotz wird er seinem ausgezeichneten Ruf gerecht: Der rote CABERNET SAUVIGNON/SYRAH-Verschnitt ist intensiv und langlebig. Im Barrique ausgebauter Weißwein von MARSANNE und ROUSSANNE mit einem Spritzer CHARDONNAY und jetzt auch GRENACHE BLANC. Die Suche nach diesen Weinen lohnt sich wirklich.

Trimbach, F. E. El w ★★★→★★★★ Unnachahmlicher Erzeuger von Elsässer RIESLING von den Kalksteinböden um Ribeauvillé, v. a. der großartige CLOS STE-HUNE (**08** 10' 12) und der beinahe ebenso gute (und viel preiswertere) Frédéric Emile (10 12 13). Trockene, elegante Weine für die gehobene Cuisine. Sehr lohnender GRAND CRU Geisberg aus den Lagen des Couvent de Ribeauvillé, die von Trimbach bewirtschaftet werden.

Tursan SWF r rs w ★★ Meist BV – AOP in den Landes. Die Gewächse der DDOMAINE de Perchade (★★) sind authentischer als die Weine, die Starkoch Michel Guérard auf seinem CHÂTEAU de Bachen (★★) für sein Restaurant in Eugénie-les-Bains erzeugt. Da kann die ehrenwerte, jetzt mit Chalosse verbundene Genossenschaft nicht ganz mithalten.

Vacqueyras S-Rh r (rs) w ★★ **05' 07' 09' 10' 11 12' 13 14 15'** – Herzhafte, pfeffrige Weine auf GRENACHE-Basis; Nachbar-AC von GIGONDAS mit wärmerem Klima in den Weinbergen und früher reifenden Trauben, sodass die Weine gut zu Wild und anderen Gerichten mit ausgeprägter Aromatik passen. Halten sich 10 und mehr Jahre. Empfehlenswert: Arnoux Vieux Clocher, JABOULET ÂINÉ; Chx. de Montmirail, des Tours (sehr fein); CLOS des Cazaux (rassig, günstig); DOMAINES Amouriers, Archimbaud-Vache, Charbonnière, Couroulu (sehr gut, traditionell), Font de Papier (Ökoanbau), Fourmone (gut in Form), Garrigue (traditionell), Grapillon d'Or, Monardière (sehr gut), Montirius (biologisch-dynamisch), Montvac (fruchtig), Famille Perrin, Roucas Toumba (Ökoanbau), Sang des Cailloux (sehr gut), Semelles de Vent, Verde. Volle Weiße, z. B. von Clos des Cazaux, Sang des Cailloux.

Val de Loire Lo r rs w; BV – Einer der vier regionalen IGP-Bereiche Frankreichs; hieß früher Jardin de la France.

Val d'Orbieu, Vignerons du Lang ★ Einst wegweisender Zusammenschluss diverser Genossenschaften; heute sind es 11 mit insgesamt 60 Weingütern. Das Angebot an AC- und IGP-Weinen ist recht ordentlich, Aushängeschild ist die rote CUVÉE Mythique.

Valençay Lo r rs w ★→★★ AOP (165 ha) in der östlichen TOURAINE. Weine v. a. von SAUVIGNON BLANC (und CHARDONNAY), die Roten sind von CÔT, GAMAY und PINOT NOIR bereitet. Erzeuger: CLOS Delorme, Lafond, Jacky Preys, Sinson, Sébastien Vaillant, VIGNERONS de Valençay.

Valréas S-Rh r (rs) (w) ★★ **10' 12' 13 15'** – Der Ort der CÔTES DU RHÔNE-VILLAGES im Norden der Trüffelregion Vaucluse war früher nichts Besonderes, wird aber immer besser. Hier reifen die Trauben spät und man findet schwarze Trüffel. Es gibt eine große Genossenschaft. Strukturierte, pfeffrige, offenherzige, mitunter alkoholstarke Rotweine (hauptsächlich GRENACHE) und Weiße von zunehmender Qualität. Empfehlenswert: Emmanuel Bouchard (der Beste, charaktervolle Weine, Ökoanbau), CLOS Bellane (guter Weißwein), CH. la Décelle, DOM. des Grands Devers, Mas de Sainte Croix, Dom. du Séminaire.

VDQS Vin Délimité de Qualité Supérieure. Qualitätsstufe unterhalb der AC. Wird nicht mehr verwendet.

Vin de table Kategorie für Alltagswein, der keinen besonderen Bestimmungen über Trauben und Herkunft unterliegt; heißt jetzt VIN DE FRANCE.

Vendange Lese. *Vendange tardive* bedeutet »Spätlese«; im Elsass das Pendant zur deutschen Auslese, in der Regel allerdings mit geringerem Alkoholgehalt.

Venoge, de Champ – Altehrwürdiges Champagnerhaus, wiederbelebt, seit es im Besitz von Lanson-BCC ist. Gute Nischenweine: Cordon Bleu Extra BRUT, Jahrgangs-BLANC-DE-BLANCS (**00 04 06 08 12 13** 14 15), CUVÉE 20 Ans und die Prestige-Cuvée Louis XV, ein 10 Jahre alter BLANC DE NOIRS.

Ventoux S-Rh r rs w ★★ **13 14 15'** – Sich um den Mont Ventoux herum ausbreitende AC zwischen der Rhône und der PROVENCE. Einige führende Erzeuger bieten ein gutes Preis-Leistungs-Verhältnis. Saftig-fruchtige, herbe Rotweine (GRENACHE/SYRAH, vom Hauswein bis zu volleren Versionen; Qualität steigend), Rosés und gute Weiße (zunehmend in Eiche ausgebaut). Am besten von: CLOS des Patris, Ferme St-Pierre (rosé, weiß), Gonnet, La Vieille Ferme (rot, kann als VIN DE FRANCE etikettiert sein; im Besitz von CH. de BEAUCASTEL), Ch. Unang (gute Weiße), Ch. Valcombe, den Genossenschaften Bédoin, Goult und St-Didier sowie DOMAINES Anges, Berane, Brusset, Cascavel, Champ-Long, Croix des Pins, Fondrèche (sehr gut), Grand Jacquet, JABOULET ÂINÉ (sehr gut), Martinelle (stilvoll), Murmurium, Pesquié (hervorragend), Pigeade, St-Jean du Barroux, Terres de Solence, Verrière, VIDAL-FLEURY.

Verget Bg w ★★→★★★ Jean-Marie Guffens' Weißwein-Handelshaus im Mâconnais ist fast so unverwechselbar wie seine DOMAINE. Bietet jetzt auch sortenreine Weine aus dem Süden.

Vernay, Domaine Georges N-Rh r w ★★→★★★ **12' 13' 14' 15'** – Einer der Spitzenerzeuger in CONDRIEU; drei Weine mit besonderem Flair: Les Terrasses de l'Empire ist ein Aperitif de luxe, Chaillées de l'Enfer zeigt Tiefe und Reichhaltigkeit, und Coteau de Vernon in fest gewirktem, erlesenem Stil hält sich mindestens 15 Jahre. Die CÔTE-RÔTIE- und ST-JOSEPH-Rotweine setzen auf Eleganz und reintönige Frucht. Außerdem sehr guter roter und weißer VIN DE PAYS.

Veuve Clicquot Champ Yellow Label oJ; White Label Demi-Sec oJ (★★★); neue Cuvée Rich (*doux*, Dosage mind. 60 g/l), Vintage Réserve **02 04 06 08** 12'; Rosé Réserve **08** 12' – Ein historisches Champagnerhaus mit höchstem Ansehen. Körperreicher, gehaltvoller, feiner CHAMPAGNER der verlässlichen Art. Luxusweine: La Grande Dame (**98 04**; feiner **06** ab 2015) und La Grande Dame Rosé (**95 06** ★★★★). Seit 2008 teilweise in Eiche vergorene Jahrgangsweine. In gutem Zustand befindliche alte Jahrgänge werden in der Reihe CAVE Privée – in Magnumflaschen – neu herausgebracht (v. a. **89 95**). Ein eigenes Team ist für die vorbildliche Bereitung von Rotwein zuständig, aus dem äußerst subtile Rosé-Champagner entstehen.

Veuve Devaux Champ – Der Spitzen-CHAMPAGNER der mächtigen Genossenschaft Union Auboise in Bar-sur-Seine. Hervorragend sind die gereifte Grande Réserve oJ, der Rosé & Œil de Perdrix, die Prestige-CUVÉE »D« (**02' 09**) sowie der Jahrgangs-BRUT (**09' 10 14** 15).

Vézelay Bg r w ★→★★ Märchenhafter Ort für leckere CHARDONNAY-Weißweine (BOURGOGNE Vézelay), leichte Rote von PINOT NOIR (einfache AC Bourgogne) und Weine von der wiederauferstandenen Sorte MELON (COTEAUX BOURGUIGNONS). 1–2 Jahre lagern. Probierenswert: DOM. de la Cadette, La Croix Montjoie, des Faverelles, Elise Villiers.

Vidal-Fleury, J. N-Rh r w; s ★★→★★★ Im Besitz von GUIGAL befindliches Handelshaus für Rhône- und Erzeuger von CÔTE-RÔTIE-Weinen. Erstklassiger, sehr eleganter La Chatillonne (12 % VIOGNIER, kräftige Eichennote, mindestens 6 Jahre lagern), guter CAIRANNE, CÔTES DU RHÔNE (rot, rosé, weiß), ST-JOSEPH (rot, weiß), TAVEL, VENTOUX und MUSCAT de BEAUMES-DE-VENISE. Das Angebot ist umfangreich und wird immer besser.

Vieille Ferme, La S-Rh r w ★→★★ Verlässliche und preiswerte Marke, jetzt zu einem beträchtlichen Teil VIN DE FRANCE, für roten VENTOUX und weißen

LUBERON. Im Besitz der Familie Perrin, der u. a. auch CH. de BEAUCASTEL gehört. Die Weine fielen in den letzten 3 Jahren etwas leichter aus.

Vieilles Vignes »Alte Reben«, und diese sollten eigentlich die besten Weine hervorbringen, z. B. de VOGÜÉ MUSIGNY Vieilles Vignes. Allerdings ist das genaue Alter nicht festgelegt, deshalb kann die Bezeichnung auch ein Marketingschwindel sein.

Vieux Télégraphe, Domaine du S-Rh r w ★★★ **78' 81' 85 89' 90 94' 95' 96' 97 98' 99' 00 01' 03' 04' 05' 06'07'** 09' 10' 12' 13 14 15' – Große DOMAINE allererster Güte, Erzeuger von rauchigem, vielschichtigem, sich nur langsam entwickelndem rotem CHÂTEAUNEUF-DU-PAPE, allen voran La Crau (knackig, stramm) und seit 2011 Pied Long (stilvoll). Außerdem die vollen Weißweine La Crau und CLOS La Roquète, die auch in geringeren Jahrgängen (z. B. 02 08 11 14) gut und ausgezeichnete Begleiter zum Essen sind. Besitzt zusammen mit der US-Importfirma Kermit Lynch die Dom. Les Pallières in Gigondas, die feine, unaufdringlich komplexe, langsam sich entfaltende Weine erzeugt.

Wenn ich einmal reich wär …

Dies waren 2015 die teuersten Weine der Welt (in absteigender Reihenfolge):

Richebourg, Henri Jayer
Romanée-Conti, DRC
Cros Parantoux, Henri Jayer
Scharzhofberger Trockenbeerenauslese, Egon Müller (Deutschland)
Montrachet, DOMAINE Leflaive

Wenn Jayers 1985er RICHEBOURG im Schnitt gut 12.300 Euro pro Flasche kostete (ja, Sie haben richtig gelesen), ist es Zeit, mit dem Sparen zu beginnen. Das teuerste BORDEAUX-Gewächs ist übrigens PETRUS – an 18. Stelle.

Vigne Weinberg; Rebe.

Vigneron Winzer.

Villeneuve, Château de Lo r w ★★→★★★★ **96 05 06 07 08' 09'** 10' **11 12 13** 14' (15) – Maßstäbe setzender Erzeuger mit herrlichem SAUMUR Blanc (v. a. Les Cormiers) und SAUMUR-CHAMPIGNY (v. a. VIEILLES VIGNES, Grand CLOS, die nur in guten Jahrgängen erzeugt werden) aus ökologischem Anbau. Derzeit werden die alten Keller unter dem CHÂTEAU wieder instand gesetzt.

Vin de France Ersetzt die Kategorie VIN DE TABLE und gestattet wenigstens die Angabe von Rebsorte(n) und Jahrgang. Oft handelt sich um Verschnitte aus mehreren Bereichen unter einem Markennamen. Kann ein Quell unerwarteter Genüsse sein, wenn ein talentierter Weinmacher diese Kategorie zur Umgehung bürokratischer Zwänge nutzt. Ein Beispiel ist der VIOGNIER von CAVE Yves Cuilleron (nördliche Rhône).

Vin de paille »Strohwein«, aus auf Strohmatten getrockneten Trauben, daher sehr süß, etwa wie italienischer Passito. Besonders im Jura zu finden. Siehe auch CHAVE und VIN PAILLÉ DE CORRÈZE.

Vin de pays (VdP) Potenziell die dynamischste Kategorie im französischen Weinsystem (mit mehr als 150 Regionen). Mit dem Jahrgang 2009 wurde sie in Indication Géographique Protégée (IGP) umbenannt, allerdings haben nicht alle Gebiete die neue Bezeichnung übernommen. Die Namen der einzelnen Zonen sind höchst individuell, etwa CÔTES DE

GASCOGNE, CÔTES DE THONGUE, Haute Vallée de l'Orb, Duché d'Uzès. Enorme Vielfalt in Geschmack und Qualität und immer wieder überraschend.

Vin de table Kategorie für Alltagswein, der keinen besonderen Bestimmungen über Trauben und Herkunft unterliegt; heißt jetzt VIN DE FRANCE.

Vin doux naturel (VDN) Rouss – Süßer, mit Weingeist gespriteter Wein; die Süße ist also »natürlich«, nicht aber der Alkoholgehalt. Eine Spezialität des ROUSSILLON; basiert auf GRENACHE noir, gris oder blanc oder MUSCAT. Spitzenweine, v. a. ältere RANCIOS, können herrlich sein.

Vin gris »Grauer Wein«; er ist blassrötlich und wird aus roten Trauben hergestellt, die vor Einsetzen der Gärung gepresst werden – anders als beim Rosé, der nach kurzer Gärung abgepresst wird. Oder er wird von nicht ganz so hellen weißen Sorten wie z. B. PINOT GRIS bereitet. Œil de Perdrix ist ungefähr dasselbe. In Kalifornien sagt man »*blush*« dazu.

Vin jaune Jura w ★★★ Spezialität von ARBOIS: Der unnachahmliche gelbe Wein Frankreichs ähnelt Fino Sherry, ist allerdings sehr viel teurer. Nach der Abfüllung (frühestens nach 6 Jahren) genussreif. Am besten ist der CHÂTEAU-CHALON. Eine nicht gänzlich oxidierte Variante ist der vor Ort verkaufte weiße *vin typé*.

Vin Paillé de Corrèze SWF r w – 25 Winzer und die kleine Genossenschaft haben die alte Tradition wiederbelebt, Trauben auf Stroh auszulegen, um daraus einen (beim ersten Mal etwas penetrant wirkenden) Wein zu bereiten, der früher angeblich stillenden Müttern empfohlen wurde. Unendlich lang haltbar; für Tapfere probierenswert von Christian Tronche (★).

Vinsobres S-Rh r (rs) (w) ★★ **10' 12' 13 14** 15' – Für SYRAH bekannte AC mit älteren Weinbergen in Hügellagen und jüngeren auf einem windigen Plateau nahe Nyons. Die besten Rotweine bieten klar erkennbare rote Frucht und kräftigen Körper, sodass sie gut zu rotem Fleisch passen. Führende Erzeuger: CAVE la Vinsobraise, DOMS. Les Aussellons, Bicarelle, Chaume-Arnaud, Constant-Duquesnoy, Coriançon, Deurre (traditionell), Jaume (modern), Moulin (traditionell, auch gute Weiße), Famille Perrin (erstklassig ist der Hauts de Julien, ansonsten preiswert), Péquélette (biologisch-dynamisch), CH. Rouanne.

Viré-Clessé Bg w ★★ **10'** **12 13** 14' 15 – AC im Umkreis der zwei besten Weißweinorte des Mâconnais. Bekannt für einen ausgesprochen üppigen Stil, manchmal auch Spätleseweine. Beachtenswerte Erzeuger: A. Bonhomme, Bret Brothers, Chaland, Gondard-Perrin, LAFON, J.-P. Michel, THÉVENET, DOM. de la Verpaille.

Visan S-Rh r (rs) (w) ★★ **10' 12' 13 15'** – An Qualität zulegende, probierenswerte, eher spät reifende CÔTES DU RHÔNE-VILLAGES-Weine. Die Roten besitzen annehmbare Tiefe nebst klarer Frucht und pfeffriger Würze, einige auch etwas Schmelz. Außerdem ordentliche Weiße. Am besten sind die DOMAINES Coste Chaude (schöne Frucht), Florane, Fourmente (v. a. der Nature; biologisch-dynamisch), des Grands Devers, Montmartel, Philippe Plantevin, Roche-Audran (schmissig; Ökoanbau), Vignoble Art Mas.

Vogüé, Comte Georges de Côte d'Or r w ★★★★ Weingut in CHAMBOLLE-MUSIGNY mit Kultstatus, dem der Löwenanteil der Lage MUSIGNY gehört. Die angekündigten Jahrgänge aus den 1990ern brauchen noch Zeit.

Volnay Côte d'Or r ★★★→★★★★ **90' 95 96' 98 99' 02' 03** 05' **06 07** 09' 10' 11 12 14 15' – Beste Quelle für Rotweine von der CÔTE DE BEAUNE, außer wenn es hagelt. Können strukturiert und sollten seidig sein. Beste Lagen: Caillerets, Champans, CLOS des Chênes, Clos des Ducs, Santenots, Taillepieds usw. Spitzenerzeuger: d'ANGERVILLE, H. BOILLOT,

Bouley, HOSPICES DE BEAUNE, LAFARGE, LAFON, de MONTILLE, Pousse d'Or, N. Rossignol.

Vosne-Romanée Côte d'Or r ★★★→★★★★ **90' 93' 95 96' 98 99' 02' 03 05' 06 07 08 09'** 10' 11 12 13 14 15' – Der Ort mit den grandiosesten Crus von Burgund (z. B. ROMANÉE-CONTI, La TÂCHE) und herausragenden PREMIERS CRUS wie Brûlées, Malconsorts, Suchots u. a. Gewöhnlichen Wein gibt es in Vosne kaum (sollte es zumindest nicht geben). Viele gute, wenn auch teure Erzeuger, u. a. Arnoux-Lachaux, Cathiard, Clavelier, DRC, EUGÉNIE, GRIVOT, GROS, Guyon, Lamarche, LEROY, LIGER-BELAIR, MÉO-CAMUZET, MUGNERET, NOËLLAT, ROUGET, Tardy.

Vougeot Côte d'Or r w ★★★ **90' 96' 99' 02' 03** 05' **06 07 08** 09' 10' 11 12' 13 14 15' – Vorwiegend GRAND-CRU- (u. a. CLOS DE VOUGEOT), aber auch Villages- und PREMIER-CRU-Weine, einschließlich des außergewöhnlichen weißen Clos Blanc de Vougeot (MONOPOLE) tragen diesen Namen. Die besten Erzeuger sind Clerget, HUDELOT-Noëllat und VOUGERAIE.

Vougeraie, Domaine de la Côte d'Or r ★★★→★★★★ In dieser DOMAINE sind seit 1999 alle – biologisch-dynamisch bewirtschafteten – Weinberge der Firma Jean-Claude BOISSET vereinigt. Die Bandbreite reicht vom BOURGOGNE Rouge bis zu feinen GRANDS CRUS wie CHARMES-CHAMBERTIN, BONNES-MARES, MUSIGNY sowie dem einzigartigen weißen CLOS Blanc de VOUGEOT. Inzwischen sind auch einige Spitzenlagen für Weißwein hinzugekommen, v. a. BÂTARD-MONTRACHET.

Vouvray Lo w; tr s; sch ★★→★★★★ tr **89 90 96' 02' 03 05' 07 08' 09 10 11 12 14** (15'); s **89' 90' 95' 96' 97' 03' 05' 08 09'** 10 11 (15') – AC östlich von Tours am nördlichen Loire-Ufer; die höheren Lagen sind die besten. Gute, verlässliche Weine von Spitzenerzeugern, im Übrigen ist die Qualität sehr gemischt. DEMI-SEC ist der klassische Stil, in guten Jahren jedoch kann Moelleux intensiv süß (und fast ewig haltbar) ausfallen. Auf Schaumwein entfallen 60 % der Produktion; empfehlenswert ist Pétillant. Erzeuger: Aubuisières, Autran, Bonneau, Brunet, Carême, Champalou, CLOS Baudoin, Florent Cosme, Cosme, Dhoye-Deruet, Foreau, CH. Gaudrelle, Huët, Meslerie (Hahn), F. PINON, Dom. de la Taille aux Loups, Vigneau-Chevreau. Falls Sie alte Jahrgänge wie 1921, 1924, 1947, 1959, 1970 oder 1971 entdecken sollten, greifen Sie zu.

Vranken Champ – Mächtiges Champagnerhaus mit recht guter Qualität. Die Spitzenmarke heißt Demoiselle. Zum Besitz gehören auch HEIDSIECK MONOPOLE und POMMERY sowie ausgedehnte Weinberglagen in der PROVENCE und der Camargue.

Wolfberger El ★★ Hauptmarke der Genossenschaft von EGUISHEIM. Sehr gute Qualität in Anbetracht der Masse, führender CRÉMANT-Erzeuger – Hightech sorgt für ein hohes Niveau.

Zind-Humbrecht, Domaine El w; s ★★★★ Führender biodynamisch arbeitender Betrieb, umsichtig geführt von Olivier Humbrecht, dem großartigen Weinmacher und Präsident des SIVCBD (Syndicat International des VIGNERONS en Culture biologique). Reichhaltige, ausgewogene, elegante Weine im eher trockenen Stil von sehr geringen Erträgen. Die Spitzengewächse stammen von den Einzellagen Clos St-Urbain Grand cru Rangen: (RIESLING **07** 10' 15'; der 2015er hat eine ★★★★-Zukunft) und Clos Jebsal (wunderbarer PINOT GRIS 08 **09** 10 12 14) sowie von den GRANDS CRUS HENGST, Brand (Riesling 10' 12 14 15) und Goldert (MUSCAT 12).

Die Châteaux von Bordeaux

Die folgenden Abkürzungen werden im Text verwendet:

Bar	Barsac	**Pes-L**	Pessac-Léognan
Bx	Bordeaux	**Pom**	Pomerol
C de Bx	Côtes de Bordeaux	**Saut**	Sauternes
H-Méd	Haut-Médoc	**St-Ém**	St-Émilion
Mar	Margaux	**St-Est**	St-Estèphe
Méd	Médoc	**St-Jul**	St-Julien
Pau	Pauillac		

Auch wenn die Kunden immer wieder Wutanfälle wegen der Preise bekommen – für wahre Bordeaux-Liebhaber gibt es keinen Ersatz für diesen Wein. Und schon wieder hat sich der magische Fünfjahreszyklus bestätigt. Denken Sie an 1990, 1995, 2000, 2005, 2010 – und nun haben wir 2015 zu unserer Liste der hervorragenden Jahre hinzuzufügen. Über die letzten 20 Jahre haben ein gutes Weinbergmanagement und die Technik im Weinkeller (Traubensortierung, Temperatursteuerung usw.) viele Unebenheiten eingeebnet und die Gefahr eines wirklich grässlichen Jahrgangs (toi toi toi) ausgemerzt. Doch eine unverzichtbare Zutat für einen großen Jahrgang ist ein günstiges Klima, und das lieferte das Jahr 2015.

Die Sonne schien Ende Mai/Anfang Juni und ermöglichte eine schnelle und gleichmäßige Blüte. Hitze und Regenmangel im Juli setzten dem Rebenwachstum ein Ende, und ein wenig Niederschlag im August lieferte die nötige Frische für eine erfolgreiche *veraison*. Die Bedingungen bei der Lese zerrten mit immer wiederkehrenden Regengüssen etwas an den Nerven, waren insgesamt aber akzeptabel. Qualität und Quantität sind in Bordeaux durchweg gut.

Wenn man zurückblickt, so hat 2014 zwar nicht wirkliche Größe erlangt, ist aber ein klassischer Jahrgang, der mit der Zeit ein gutes Preis-Leistungs-Verhältnis bekommen könnte. Einstweilen gibt es einen schönen Vorrat an guten Rotweinjahrgängen, die getrunken werden wollen. Die üppigen 2009er sind auf jedem Niveau verführerisch, und in Appellationen wie Castillon, Fronsac, Haut-Médoc und Graves sind auch die 2008er gut zu trinken. Auf Petit-Château-Niveau öffnen sich die 2010er gerade, und auch die leichteren, aber fruchtbetonten 2012er zeigen einen gewissen jugendlichen Charme.

Aus allen möglichen Gründen ist St-Émilion derzeit im Höhenflug und genau der Bereich, in dem man sich nach handfesten, zufriedenstellenden, modern schmeckenden Weinen umsehen sollte, die preislich nicht überzogen und innerhalb von 2–3 Jahren trinkreif sind. Sie sind vielleicht keine klassischen Bordeaux-Gewächse von Médoc-Zuschnitt und -Frische, passen aber dafür zu unserer Crossover-Küche und schmecken Rotweinliebhabern auch ohne kulinarisches Beiwerk.

Unter den gereiften Grand-cru-Jahrgängen sollte man jetzt bei 2000, 2001 (vor allem vom rechten Ufer), 2002 (Médoc-Spitzengewächse) sowie 2004 zugreifen und zudem die allerbesten 2007er in Betracht ziehen. 2003 ist viel besser als einige befürchteten, sollte aber nun bald getrunken werden. Trockener weißer Bordeaux zeigt sich hinsichtlich Qualität und Preis nach wie vor beständig, wobei 2015 ein weiterer »Volltrefferjahrgang« war – zögern Sie also nicht zuzuschlagen. Und Sauternes setzt (abgesehen von 2012) seine Siegesserie mit einem Jahr 2015 voller Botrytis fort. Was bleibt, ist die Qual der Wahl: Die Gewächse der Jahrgänge 2011, 2010, 2009, 2007, 2005 und 2001 sind das Beste, was diese Süßweinappellation zu bieten hat. Und 2014 und 2013 liegen nicht weit zurück.

Verweise können sich auch auf das Kapitel »Frankreich« beziehen.

A, Domaine de l' r ★★ **03 04 05' 06 07 08 09' 10' 11 12** 14 15 – Das von Merlot dominierte Bioweingut in CASTILLON im Besitz des Beraters Stéphane DERENONCOURT und seiner Frau spielt in einer höheren Liga als der Rest der Appellation.

Agassac, d' H-Méd r ★★ **05 06 07 08 09' 10' 11 12** 14 – Renaissanceschloss im südlichen HAUT-MÉDOC. Moderner, zugänglicher Wein. Touristenfreundlich, jetzt auch mit Restaurant.

Aiguilhe, d' r ★★ **05 06 07 08 09 10 11 12** 14 15 – Großes Gut in CASTILLON – CÔTES DE BORDEAUX auf der Hochebene; ebenso wie CANON-LA-GAFFELIÈRE und La MONDOTTE seit 1998 im Besitz Stephan von Neippergs. Weine mit Alterungspotenzial, Kraft und Finesse.

Andron Blanquet St-Est r ★★ **00' 01 03 04 05' 06 08 09' 10' 11** 14 – Schwester-CHÂTEAU von COS LABORY. Solider Stil.

Angélus, L' St-Ém r ★★★★ **95 96 98' 99 00' 01 02 03' 04 05 06 07 08 09'** 10' 11 12 13 14 15 – Steigende Preise begleiten die Heraufstufung zum PREMIER GRAND CRU CLASSÉ (A) im Jahr 2012. Um den Anlass gebührend zu feiern, wurden die Weine dieses Jahrgangs in schwarze Flaschen mit goldgeprägtem Etikett (21,7 Karat) abgefüllt. Zudem wurde der Glockenturm spektakulär renoviert. Der Jahrgang 05 kommt im James-Bond-Film *Spectre* vor. Pionier des modernen ST-ÉMILION-Stils: dunkel, voll, opulent. Zweitwein: Le Carillon de L'Angélus.

Angludet, d' Mar r (w) ★★ **00 02 04 05 06 08 09' 10' 11** 12 14 15 – Das Gut im Besitz und unter der Leitung des Négociant SICHEL erzeugt lebhafte, duftende, stilvolle Weine von beständiger Qualität. Stets gutes Preis-Leistungs-Verhältnis.

Archambeau, d' Graves r w; tr (s) ★★ r **05 06 08 09 10 11** 14; w) **09 10 11 12 13 14** – Verlässliches Gut mit Weinbergen, die einen zusammenhängenden Block bilden. Guter, fruchtiger trockener Weißwein und fassgereifter Roter mit schönem Bukett sowie Rosé L'Été d'Archambeau. Das aufstrebende Ch. Suau (Cru classé in BARSAC) gehört ebenfalls dazu.

Arche, d' Saut w; s ★★ **98 99 00 01' 02 03' 05 07 09' 10' 11' 13** 14 – Verlässliches Cru-classé-Gut am Rand von SAUTERNES. Preiswert. Arche Lafaurie ist eine Spezial-CUVÉE. Trockener Weißwein d'Arche Blanc.

Armailhac, d' Pau r ★★★ **98 99 00 01 02 03 04 05' 06 07 08 09'** 10' **11** 12 13 14 15 – Bedeutender 5. Cru, seit 1934 im Besitz der Familie (MOUTON) ROTHSCHILD. Der kleine Bacchus auf dem Etikett wohnt im Mouton-Museum. In Bestform, die Preise sind fair.

Arrosée, L' St-Ém r ★★★ **00 01 02 03 04 05' 06' 07 08 09' 10' 11** 12 – Das Weingut wurde 2013 von der Familie Dillon von HAUT-BRION gekauft und ging im benachbarten Ch. QUINTUS auf; bis dahin war es seit 2003 in Bestform. Sanfte, harmonische Weine mit viel CABERNET FRANC und CABERNET SAUVIGNON (40 %).

Aurelius St-Ém r ★★ **05 06 08 09 10 11 12** 14 – Spitzen-CUVÉE der fortschrittlichen Genossenschaft ST-ÉMILION. Ertragsbeschränkung. Moderner, konzentrierter Stil; 14 Monate in neuen Eichenfässern.

Ausone St-Ém r ★★★★ **89' 90 95 96' 97 98' 99 00' 01' 02 03' 04 05' 06' 07 08** 09' 10' 11 12 13 14 15 – Kleiner, aber legendärer ST-ÉMILION-Premier-cru (rund 1.500 Kisten) in allerbester Lage in den Côtes. Reichlich CABERNET FRANC (55 %) im Verschnitt. Langlebige, voluminöse Weine mit Textur und Finesse. Inzwischen nur noch für Millionäre. Zweitetikett: Chapelle d'Ausone (500 Kisten). Außerdem im Besitz der Familie Vauthier sind die Châteaux La CLOTTE, de FONBEL, MOULIN-ST-GEORGES und Simard.

Balestard La Tonnelle St-Ém r ★★ **00' 01 03 04 05 06 08 09 10 11 12** 14 – Historisches Gut mit Wachturm aus dem 15. Jh. Inzwischen voller, moderner Stil, aber das Kalksteinterroir macht sich bemerkbar.

Barde-Haut St-Ém r ★★ **98 00 01 02 03 05' 06 07 08 09 10 11 12** 14 15 – GRAND CRU CLASSÉ in St-Christophe-des-Bardes, Schwestergut von CLOS L'ÉGLISE, HAUT-BERGEY und dem ST-ÉMILION GRAND CRU Poesia. Reichhaltiger, opulenter, moderner Stil.

Bastor-Lamontagne Saut w; s ★★ **98 99 01' 02 03' 05 07 09' 10 11 13** 14 15 – Großes, nicht klassifiziertes Gut in Preignac, Schwesterbetrieb von Ch. BEAUREGARD. Miteigentümer und Betreiber ist die Familie CATHIARD (Ch. SMITH HAUT LAFITTE). Saubere, harmonische Weine, gutes Preis-Leistungs-Verhältnis. Zweitetikett: Les Remparts de Bastor. Der leichte, fruchtige SO ergibt mit Perrier einen neuen Cocktail.

Batailley Pau r ★★★ **00' 02 03 04 05' 06 08 09' 10' 11** 12 13 14 15 – 5.-Cru-Gut im Besitz der Familie Castéja von BORIE-MANOUX. Im vergangenen Jahrzehnt in beständig guter Form. Immer noch vergleichsweise preiswert.

Beaumont H-Méd r ★★ **05' 06 08 09 10'** 14 – Großes Gut (rund 42.000 Kisten) im Besitz von Castel und Suntory (Besitzer von LAGRANGE in ST-JULIEN); schön zugängliche Weine, früh trinkreif.

Beauregard Pom r ★★★ **00' 01 02 03 04 05' 08 09' 10'** 12 14 15 – Das POMEROL-Gut, das derzeit auf Ökoanbau umstellt, wird von SMITH HAUT LAFITTE gemanagt; verlässliche, mittelschwere Weine. Neue, hochmoderne Kellerei seit 2015. Pavillon Beauregard (LALANDE DE POMEROL) ist das Schwester-CHÂTEAU. Zweitetikett: Benjamin de Beauregard

Beau-Séjour Bécot St-Ém r ★★★ **90' 95' 96 98' 99 00' 01 02 03 04 05' 06 07 08 09'** 10' **11** 12 14 15 – Unverwechselbarer PREMIER GRAND CRU CLASSÉ auf dem Kalksteinplateau. Familienbesitz; Ch. Joanin Bécot in CASTILLON gehört zum selben Stall. Die Weine verbinden Eleganz mit intensiver Frucht.

Das neue Weinmuseum von Bordeaux

Das neue Weinmuseum von BORDEAUX, die *Cité du vin*, liegt im Stadtzentrum unweit der Garonne. Das 81 Millionen Euro teure Kulturzentrum hat seine Pforten im Juni 2016 geöffnet; man rechnet mit rund 400.000 Besuchern pro Jahr. Es ist eine Art Kreuzung aus Museum und Themenpark, wo Interessierte mittels digitaler Technologie Weinkultur und -geschichte erfahren können. Bei Workshops, Verkostungen und in Vinotheken kann man zudem aktiv werden und den Ausblick vom »Turm« des Bauwerks genießen, dessen Form an eine geschwungene Dekantierkaraffe erinnert.

Beauséjour Duffau St-Ém r ★★★ **98 99 00 01 02 03 04 05' 06 08 09'** 10' 11 12 14 15 – Kleiner PREMIER GRAND CRU CLASSÉ am Westhang der Côtes. Bringt seit 2009 die Kritiker zum Schnurren: dasselbe Thienpont-DERENONCOURT-Management wie PAVIE-MACQUIN.

Beau-Site St-Est r ★★ **00 03 04 05 06 08 09 10 11** – CRU BOURGEOIS-Weingut im Besitz von BORIE-MANOUX; 70% CABERNET SAUVIGNON. Geschmeidig-frische, zugängliche Weine, günstig.

Belair-Monange St-Ém r ★★★ **95' 96 98 99 00' 01 02 03 04 05' 06 08 09' 10' 11** 12 13 14 15 – PREMIER-GRAND-CRU-CLASSÉ auf dem Kalksteinplateau im Besitz des Négociant J.-P. MOUEIX. 2012 wurde Ch. MAGDELAINE dem Betrieb einverleibt. Bedeutende Investitionen in Rebflächen. Feine, duftende, elegante Weine, seit 2008 voller und mit reiferer Frucht.

Belgrave H-Méd r ★★ **00' 02' 03 04' 05' 06 08 09' 10' 11 12** 13 14 15 – Relativ großer 5. Cru, seit 1979 unter der Leitung von CVBG-DOURTHE. Nachbar von La TOUR CARNET. Stilistisch ein moderner Klassiker; jetzt von beständiger Qualität. Zweitetikett: Diane de Belgrave.

Bellefont-Belcier St-Ém r ★★ **01 02 03 04 05' 06 07 08' 09' 10'** 14 – GRAND CRU CLASSÉ in ST-ÉMILION im Besitz eines chinesischen Unternehmers. Nachbar von LARCIS DUCASSE in St-Laurent-des-Combes mit kreisrundem Keller aus dem 19. Jh. Schmeichelnd und frisch, aber mit Eichennote.

Belle-Vue H-Méd r ★★ **04 05 06 07 08 09 10 11 12** 14 – Beständiger Roter mit gutem Preis-Leistungs-Verhältnis aus dem südlichen HAUT-MÉDOC: dunkel und dicht, aber fest, frisch und aromatisch, mit hohem PETIT-VERDOT-Anteil (21%). Ch. Gironville gehört ebenfalls dazu.

Berliquet St-Ém r ★★ **00' 01 02 04 05' 06 08 09 10 12** 14 15 – Kleiner GRAND CRU CLASSÉ in den Côtes neben CANON LA GAFFELIÈRE und BELAIR-MONANGE, geleitet vom Team Thienpont-DERENONCOURT. Frisch, elegant, altert gut.

Bernadotte H-Méd r ★★→★★★ **00' 01 02 03 04 05' 06 07 08 09' 10' 11 14** – Westlich von Pau gelegen. Gehört einem Hongkonger Unternehmen,

ROEDERER war der frühere Besitzer. Herzhafte Weine im HAUT-MÉDOC-Stil. Die letzten Jahrgänge besitzen mehr Finesse.

Bertineau St-Vincent Bx r ★★ **00' 01 04 05 06 07 08 09 10 12** – Das kleine Gut in LALANDE DE POMEROL gehörte früher Michel ROLLAND, der es immer noch berät. Heutiger Besitzer ist ein chinesischer Unternehmer. Einigermaßen verlässliche Qualität.

Beychevelle St-Jul r ★★★ **99 00' 01 02 03 04 05' 06 07 08 09'** 10' 11 12 13 14 15 – 4. Cru mit auffälliger „Drachenboot"-Illustration auf dem Etikett – tatsächlich stellt sie den Kopf eines Greifen dar. Im gemeinsamen Besitz von Castel (FERRANDE) und Suntory (LAGRANGE). Die Weine sind durchweg eher elegant als kraftvoll. Mit dem Jahrgang 2016 wird die neue Kellerei in Betrieb genommen. Zweitetikett: Amiral de Beychevelle.

Biston-Brillette Moulis r ★★ **03 04 05' 06 08 09 10' 11 12** 14 – CRU BOURGEOIS in Familienbesitz mit fruchtbetonten Weinen von jeweils 50 % CABERNET SAUVIGNON und MERLOT, preiswert.

Bonalgue Pom r ★★ **01 04 05 06 08 09 10 11 12** 14 – Dunkler, reichhaltiger, fleischiger Wein, schon jung ansprechend, kann aber reifen. Man bekommt viel fürs Geld. Das Gut ist seit 1926 im Besitz der Familie Bourotte. Schwestergüter: CLOS du Clocher und Ch. Les Hauts Conseillants in LALANDE DE POMEROL.

Bonnet Bx r w ★★ r **09 10 11 12 14**; w BV – Im Besitz des 91-jährigen Veteranen André Lurton. Großproduzent; gehört mit zum Besten, was ENTRE-DEUX-MERS und roter BORDEAUX (Réserve) zu bieten haben. La LOUVIÈRE, COUHINS-LURTON und de ROCHEMORIN sind Stallgefährten. Er erzählt allen, dass er 600 ha besitzt.

Bon Pasteur, Le Pom r ★★★ **98' 00 01 02 03 04 05' 06 08 09' 10' 11 12** 13 14 15 – Kleines Weingut an der Grenze zu ST-ÉMILION im Besitz eines chinesischen Geschäftsmannes (2013), nach wie vor geleitet vom Vorbesitzer Michel ROLLAND. Reife, opulente, verführerische Weine sind hier garantiert.

Boscq, Le St-Est r ★★ **03 04 05' 06 08 09' 10 11 12** 14 – Qualitätsorientiertes Gut in ST-ESTÈPHE im Besitz von CVBG-DOURTHE. Stets gutes Preis-Leistungs-Verhältnis.

Bourgneuf Pom r ★★ **01' 03 04 05' 06 08 09 10 11 12** 14 – Gut im Besitz der Familie Vayron mit Rebland westlich des POMEROL-Plateaus. Subtile, herzhafte Weine, seit 2009 tiefgründiger und reiner. Für Pomerol-Verhältnisse preiswert.

Bouscaut Pes-L r w ★★ r **00 01 04 05' 06 08 09 10' 11 12** 14 15; w **04 05' 06 07 08 09 10' 11 12 13 14** 15 – Cru-classé-Gut mit Reben auf Kalkboden. Rotweine auf MERLOT-Basis, süffige Weiße mit Alterungspotenzial. Zweitetikett: Les Chênes de Bouscaut.

Boyd-Cantenac Mar r ★★★ **00 02 03 04 05' 06 07 08 09' 10' 11** 12 14 – Kleiner (17 ha) 3. Cru im Ort Cantenac; gegenwärtig in Topform. In den Weinen dominiert CABERNET SAUVIGNON, dazu kommt ein kleiner Teil pfeffriger PETIT VERDOT. Günstig. Zweitetikett: Jacques Boyd.

Branaire-Ducru St-Jul r ★★★ **00' 01 02 03 04 05' 06 08 09'** 10' 11 12 13 14 15 – Unterschätzter 4. Cru gegenüber von Ch. BEYCHEVELLE mit in der Appellation verstreuten Reblagen. In der Kellerei läuft alles nur durch Schwerkraft. Die Weine besitzen Alterungspotenzial, sind von verlässlicher Qualität und dafür recht preiswert. Zweitetikett: Duluc.

Branas Grand Poujeaux Moulis r ★★ **05 06 08 09 10 11 12** 14 – Kleines Nachbargut von CHASSE-SPLEEN und POUJEAUX. Feine Weine von reifer Frucht mit geschmeidigen Tanninen. Der Besitzer von Ch. L'ANGÉLUS berät. Der Eigentümer besitzt auch Anteile an PRIEURÉ-LICHINE, Villemaurine (GRAND CRU CLASSÉ) in ST-ÉMILION gehört ihm zur Gänze.

Brane-Cantenac Mar r ★★★ **98 99 00' 01 02 03 04 05' 06 07 08 09'** 10' **11** 12 13 14 15 – Bedeutender 2. Cru auf dem Plateau von Cantenac. Seit 1925 im Besitz der Familie Lurton und seit 1992 zu neuen Höhen geführt von Henri Lurton. Klassischer, duftender MARGAUX. Zweitetikett: Baron de Brane.

Brillette Moulis r ★★ **04 05 06 08 09 10 11 12** 14 – Ausgedehnter CRU BOURGEOIS mit Weinen von schöner Tiefe und Frucht aus Lagen mit Kiesboden. Zweitetikett: Les Hauts de Brillette.

Cabanne, La Pom r ★★ **04 05 06' 09 10 11 12** 14 – Weinberg westlich des POMEROL-Plateaus. Nach einem Brand im Jahr 2010 wurde das Gut komplett renoviert. Der Wein braucht Flaschenreifung, jung ist er sehr fest. Zweitetikett: Dom. de Compostelle.

Caillou Saut w; s ★★ **96 97 98 99 01' 02 03' 05' 07 09' 10' 11' 13** 14 – Das unauffällige, aber gut geführte 2.-Cru-Gut erzeugt reinen, fruchtigen *liquoreux*. 100% SÉMILLON. Zweitetikett: Les Erables. Auch trockener weißer Caillou Sec.

Calon-Ségur St-Est r ★★★★ **95 96' 98 99 00' 01 02 03' 04 05' 06 07 08' 09'** 10' 11 12 13 14 – 3. Cru mit großem historischem Renommee. Der CABERNET-SAUVIGNON-Anteil ist jetzt höher (90% in großen Jahren). Zweitetikett: Le Marquis de Calon (75% MERLOT). Drittwein: St-Estèphe de Calon-Ségur.

Cambon la Pelouse H-Méd r ★★ **05' 06 07 08 09 10' 11 12** 14 – Üppiger, geschmeidiger, leicht zugänglicher Wein von einem CRU-BOURGEOIS-Gut im südlichen HAUT-MÉDOC. Der Besitzer von Ch. L'ANGÉLUS berät.

Camensac H-Méd r ★★ **01 02 03 05 06 08 09 10' 11** 12 14 – 5. Cru im nördlichen HAUT-MÉDOC im Besitz der Familie Merlaut. Das Team von CHASSE-SPLEEN bereitet die Weine; seit 2006 ist alles besser. Eric Boissenot berät. Zweitetikett: La Closerie de Camensac.

Canon St-Ém r ★★★ **98' 00 01 02 03 04 05' 06 07 08' 09'** 10' **11 12** 13 14 15 – Berühmter umfriedeter PREMIER GRAND CRU CLASSÉ auf dem Plateau. Ebenso wie RAUZAN-SÉGLA im Besitz von Wertheimer. Jetzt in Hochform mit eleganten, langlebigen Weinen. Geschäftsführer ist seit 2015 der frühere Kellerchef von Cheval des Andes (Argentinien). Der Croix Canon (Zweitetikett; hieß bis 2011 CLOS Canon) wird in der neuen Kellerei in der renovierten Chapelle de Mazerat bereitet.

Canon La Gaffelière St-Ém r ★★★ **96 98' 00' 01 02 03 04 05' 06 08 09' 10'** 11 12 13 14 15 – PREMIER GRAND CRU CLASSÉ am Südhang; im selben Besitz wie CLOS DE L'ORATOIRE, La MONDOTTE und d'AIGUILHE in CASTILLON. Stilvolle, geradlinige, beeindruckende Weine (40% CABERNET FRANC, 5% CABERNET SAUVIGNON). Seit 2014 zertifiziert biologisch.

Cantemerle H-Méd r ★★★ **03 04 05' 06 07 08 09'** 10' **11 12** 13 14 15 – Großer Besitz im südlichen HAUT-MÉDOC mit schönem bewaldetem Park. Verdientermaßen als 5. Cru klassifiziert – in der Regel auch preisgünstig. Zweitetikett: Les Allées de Cantemerle.

Cantenac Brown Mar r ★★→★★★ **98 00 01 02 03 04 05' 06 08 09' 10' 11** 12 14 15 – 3. Cru mit CHÂTEAU in Pseudo-Tudorgotik, gebaut vom Künstler John Lewis Brown. Der Stil des Weins war früher robust, ist jetzt aber sinnlicher und raffinierter. Empfehlenswert ist der trockene weiße Alto (90% SAUVIGNON BLANC). Zweitetikett: Brio de Cantenac Brown.

Capbern St-Est r ★★ **03 04 05 06 08' 09' 10' 11** 12 13 14 – Das Gut – bis 2013 Capbern-Gasqueton – profitiert vom selben Investor und Management wie das Schwester-CHÂTEAU CALON-SÉGUR. Mit massiven, aber geschliffenen Weinen seit 2008 wieder im Rennen.

Cap de Mourlin St-Ém r ★★→★★★ **00 01 03 04 05 06 08 09 10 11** 12 14 15 – GRAND CRU CLASSÉ, seit 400 Jahren im Besitz der Familie Capdemourlin.

Michel ROLLAND berät. Jetzt kraftvollere, konzentriertere Weine als in der Vergangenheit.

Carbonnieux Pes-L r w ★★★ **98 00 02 04 05' 06 07 08 09'** 10 11 12 15 – Das Gut in Léognan erzeugt gediegene Rot- und Weißweine in beträchtlichen Mengen. Im Besitz der Familie Perrin seit 1956. Die Weißen mit 65% SAUVIGNON-BLANC-Anteil (z. B. **04 05 06 07 08 09 10 11 12 13 14** 15) haben ein gutes Alterungspotenzial. Auch die Roten sind langlebig. Die Châteaux Haut-Vigneau, Lafont Menaut und Le Sartre gehören ebenfalls zum Familienbesitz.

Carles, de Bx r ★★★ **04 05' 06' 07 08 08 09 10** 11 **12 13** 14 – Gut in FRONSAC mit CHÂTEAU aus dem 15. Jh.; die Prestige-CUVÉE heißt Haut-Carles (★★★). Der Wein wird in dem eigens dafür gebauten Keller nur mithilfe der Schwerkraft bewegt und kann es mit den Spitzengewächsen von ST-ÉMILION aufnehmen.

Stolze Architektur
Die Mode, Kellereien und Weingüter von berühmten Architekten bauen zu lassen, begann in Spanien (denken Sie an Frank Gehry und das Hotel Marqués de Riscal). Nun ist BORDEAUX zum Spielplatz geworden, auf dem einige prominente Baumeister ihre Kunst zeigen. Eine Architektur-Tour würde Sie am rechten Ufer zu CHEVAL BLANC (Christian de Portzamparc), La DOMINIQUE (Jean Nouvel), FAUGÈRES (Mario Botta) und PAVIE (Alberto Pinto) führen, am linken zu PÉDESCLAUX (Jean-Michel Wilmotte) – nicht zu vergessen die Kellereierweiterung des CH. MARGAUX (Norman Foster).

Carmes Haut-Brion, Les Pes-L r ★★★ **02 03 04 05' 06 07 08 09'** 10' **11** 12' 13 14 15 – Kleine ummauerte Nachbarlage von HAUT-BRION. 50% MERLOT, 30% CABERNET FRANC, strukturiert, aber einschmeichelnd. Seit dem Jahrgang 2015 ist die von Philippe Starck entworfene neue Kellerei in Betrieb. Zweitetikett: Le Clos des Carmes.

Caronne-Ste-Gemme H-Méd r ★★ **04 05 06 08 09' 10' 11 12** 14 – Gut im nördlichen HAUT-MÉDOC, CABERNET SAUVIGNON dominiert (60%). Frische, strukturierte Weine; neuerdings auch mehr Tiefe. Olivier Dauga berät.

Carruades de Lafite Pau ★★★ Das Zweitetikett von Ch. LAFITE; 20.000 Kisten jährlich. Kultiviert, weich, aromatisch. Der Wein ist früher zugänglich (40% MERLOT), hat aber Alterungspotenzial.

Carteau Côtes Daugay St-Ém r ★★ **03 04 05 08 09 10 11** 14 – GRAND-CRU-Gut in ST-ÉMILION mit preiswerten, vollmundigen, geschmeidigen Weinen. Seit fünf Generationen im selben Besitz.

Certan de May Pom r ★★★ **98 00' 01' 04 05' 06 08 09'** 10' 11 12 14 15 – Nachbargut von VIEUX CHÂTEAU CERTAN. Der ehemalige Kellermeister von PETRUS berät. Klassischer POMEROL, der reifen muss.

Chantegrive Graves r w ★★→★★★ **03 04 05' 06 07 08 09' 10' 11 12** 14 15 – Das führende Gut in GRAVES mit sehr gutem Qualitäts-Preis-Verhältnis. Der Besitzer von Ch. L'ANGÉLUS berät. Volle Rotweine mit feiner Eichennote. CUVÉE Caroline heißt der wunderbar duftende weiße Spitzenwein (**06 08 09 10 11 12 13 14** 15).

Chasse-Spleen Moulis r (w) ★★★ **02 03 04 05' 06 07 08 09'** 10' 12 14 15 – Sehr großes, bekanntes Gut (100 ha), erzeugt beständig guten, oft ausgezeichneten, lang reifenden Wein mit klassischer Struktur und schönem Bukett. Zweitetikett: L'Heritage de Chasse-Spleen. Erzeugt auch etwas Weißwein. Siehe auch CAMENSAC.

Bordeaux

Chauvin St-Ém r ★★ **04 05 06 08 09 10' 11 12** 14 15 – Das verlässliche GRAND-CRU-CLASSÉ-Gut gehört Sylvie Cazes (Ch. LYNCH-BAGES). Seit 2014 Feinabstimmung, jetzt mehr Finesse.

Cheval Blanc St-Ém r ★★★★ **89 90' 94 95 96' 97 98' 99 00' 01' 02 03 04 05' 06 07 08 09'** 10' 11 12 13 14 15 – PREMIER GRAND CRU CLASSÉ (A), der Superstar von ST-ÉMILION, in dessen Weine man sich sofort verliebt. Feste, duftende Gewächse mit hohem Anteil an CABERNET FRANC (60%) und POMEROL-Einschlag. Schmecken auch jung schon köstlich und leben doch eine Generation lang – oder zwei. Im selben Besitz (Bernard Arnault, Albert Frère) und unter derselben Leitung (Pierre Lurton) wie YQUEM, La Tour du Pin und QUINAULT L'ENCLOS. Zweitetikett: Le Petit Cheval.

Weißwein-Geheimnisse

Nur neun Prozent der BORDEAUX-Gesamtproduktion entfallen auf trockenen Weißwein, wovon das Gros aus ENTRE-DEUX-MERS stammt. Trockenen weißen Bordeaux der gehobenen Art verbindet man gemeinhin mit PESSAC-LÉOGNAN und GRAVES, aber es gibt auch andernorts verborgene Schätze. Im MÉDOC erzeugen einige Cru-classé-CHÂTEAUX (MARGAUX, MOUTON ROTHSCHILD, TALBOT) trockenen Weißen, ebenso wie ein paar Güter in LISTRAC-MÉDOC (FONRÉAUD, SARANSOT-DUPRÉ, CLARKE). ST-ÉMILION verfügt über verborgene Quellen (FOMBRAUGE, MONBOUSQUET, VALANDRAUD), und sogar in SAUTERNES wird immer mehr Weißwein trocken ausgebaut (DOISY-DAËNE, GUIRAUD, CLOS des Lunes). Das Problem besteht darin, diese Weine zu erkennen, denn sie sind alle als – weniger prestigeträchtige – AC Bordeaux Blanc etikettiert.

Chevalier, Domaine de Pes-L r w ★★★★ **96' 98' 00' 01' 02 03 04' 05' 06 07 08 09'** 10' 11 12 13 14 15; w **97 98' 99 00 01 02 03 04 05' 06 07' 08' 09' 10' 11 12 13** 14 15 – Ein ganz besonderes Gut in den Kiefernwäldern von Léognan, seit 1983 im Besitz der Familie Bernard. Reintöniger, dichter, fein texturierter Rotwein. Zweitetikett: Esprit de Chevalier. Der beeindruckende, komplexe, langlebige Weißwein besticht durch Beständigkeit und reift langsam zu vollem Geschmack heran. Auch trockener weißer BORDEAUX namens Clos des Lunes (drei unterschiedliche CUVÉES) von einem Weinberg in SAUTERNES.

Cissac H-Méd r ★★ **00 02 03 04 05 08 09 10 12** – CRU BOURGEOIS mit Kartause aus dem 18. Jh. von PAUILLAC. Feste, von CABERNET SAUVIGNON dominierte Weine, die früher Zeit brauchten; neuere Jahrgänge sind weniger verschlossen. Zweitetikett: Reflets du Ch. Cissac.

Citran H-Méd **r** ★★ **00 02 04 05' 06 08 09 10'** 14 15 – Großes Gut im südlichen HAUT-MÉDOC mit historischem, monumentalem Schloss. Im selben Besitz wie CHASSE-SPLEEN. Mittelgewichtiger Wein, der 10 Jahre reifen kann. Zweitetikett: Moulins de Citran.

Clarence de Haut-Brion, Le Pes-L r ★★★ **89' 90 95 96' 98 00 01 02 03 04 05' 06 07 08 09'** 10' 11 12 14 15 – Zweitetikett von Ch. HAUT-BRION, hieß bis 2007 Bahans Haut-Brion. Der Verschnitt ändert sich mit jedem Jahrgang erheblich (in der Regel 50–80% MERLOT), doch was die geschmeidige Textur und Eleganz anbelangt, folgt er immer dem *grand vin*.

Clarke Listrac r (rs) (w) ★★ **04 05' 06 08 09' 10' 11 12** 14 15 – Führendes LISTRAC-Gut im Besitz von Benjamin de Rothschild. Sehr guter, auf MERLOT basierender Rotwein mit dunkler Frucht und feinen Tanninen.

Außerdem ein trockener Weißer: Le Merle Blanc du CHÂTEAU Clarke sowie Rosé. Ch. des LAURETS gehört ebenfalls dazu. Auch Unternehmen im Ausland, etwa Rimapere in Neuseeland und Rupert & Rothschild Vignerons in Südafrika.

Clauzet St-Est r ★★ **05 06 08 09 10 11** 12 14 – Preisgünstiges CRU-BOURGEOIS-Gut im Besitz von Baron Maurice Velge. Fortwährende Investitionen und Verbesserungen in den letzten 20 Jahren. Jetzt beständige Qualität, Weine mit mittlerem Alterungspotenzial. Schwesterbetrieb ist Ch. de Côme.

Clerc Milon Pau r ★★★ **96' 98' 00 01 02 03 04 05' 06 07 08 09'** 10' 11 12 13 14 15 – Seit die Rothschilds (MOUTON) das Gut 1970 erwarben, hat sich der Weinbergbesitz verdreifacht (jetzt 40 ha). Ausladendere und gewichtigere Weine als beim Schwester-CHÂTEAU d'Armailhac; verlässliche Qualität. Kultiviert CARMENÈRE (1%). Aus Holz gebaute umweltfreundliche Kellerei.

Climens Saut w; s ★★★★ **89 90' 95 96 97' 98 99' 00 01' 02 03' 04 05' 06 07 09' 10'** 11' 12' 13' 14 15 – Cru classé in BARSAC; erzeugt mit den stilvollsten Wein der Welt: konzentriert, aber mit lebhafter Säure für die Balance, sehr gutes Reifepotenzial. 100% SÉMILLON. Zertifizierter Biobetrieb (2014). Zweitetikett: Les Cyprès (preiswert).

Clinet Pom r ★★★★ **98' 00 01 02 03 05' 06 07 08' 09' 10 11** 12 14 15 – Gut im Besitz der Familie Laborde, geleitet von Ronan Laborde, auf dem Plateau von POMEROL. Merlot herrscht vor, üppig-moderner Stil. Ist jetzt wieder so gut und beständig wie in den 1980er-Jahren. Mit der Marke Ronan by Clinet tritt das Gut als Négociant auf.

Clos de l'Oratoire St-Ém r ★★ **01 03 04 05' 06 07 08 09 10' 11 12** 14 15 – GRAND CRU CLASSÉ auf den Nordosthängen von ST-ÉMILION. Im selben Besitz wie CANON LA GAFFELIÈRE und La MONDOTTE. Geschliffene Weine zum fairen Preis.

Clos des Jacobins St-Ém r ★★→★★★ **98 00 01 02 03 04 05' 06 07 08 09' 10'** 11 12 14 15 – Das Cru-classé-Gut ist derzeit in Bestform. Seit 2004 renoviert und modernisiert; Weine in kraftvollem, modernem Stil. Der Familie gehört auch Ch. La Commanderie (GRAND CRU CLASSÉ). Der Besitzer von Ch. L'ANGÉLUS berät.

Clos du Marquis St-Jul r ★★→★★★ **03 04 05' 06 07 08 09' 10' 11** 12 13 14 15 – Typischeres und schneller reifendes ST-JULIEN-Gewächs (vorwiegend CABERNET SAUVIGNON) als Stallgefährte LÉOVILLE-LAS CASES. Galt bis 2007 als dessen Zweitetikett, wurde dann durch Le Petit Lion ersetzt.

Clos Floridène Graves r w ★★ r **08 09' 10' 11 12** 14; w **04' 05' 07 08' 09 10 11' 12 13 14** – Eine sichere Sache von einem der berühmtesten Weißweinerzeuger in BORDEAUX, Denis Dubourdieu. SAUVIGNON BLANC/SÉMILLON von Kalksteinböden verleihen dem Wein Frische. Der Rotwein ist erheblich besser geworden. Die CHX. DOISY-DAËNE, Haura und REYNON gehören in denselben Stall.

Clos Fourtet St-Ém r ★★★ **98 00 01 02 03 04 05' 06 07 08 09'** 10' **11** 12 13 14 15 – PREMIER GRAND CRU CLASSÉ auf dem Kalksteinplateau am Stadtrand. Klassisch-stilvoller ST-ÉMILION; beständig in guter Form. CH. POUJEAUX in MOULIS hat denselben Besitzer, ebenso wie die Châteaux Côte de Baleau und les Grandes Murailles in St-Émilion. Zweitetikett: La Closerie de Fourtet.

Clos Haut-Peyraguey Saut w; s ★★★ **90' 95' 96 97' 98 99 00 01' 02 03' 04 05' 06 07 09' 10' 11'** 12 13 14 15 – SAUTERNES-Cru-classé im Besitz von Weinmagnat Bernard Magrez (der auch FOMBRAUGE, PAPE CLÉMENT und La TOUR CARNET besitzt). Elegante, harmonische, langlebige Weine. Zweitetikett: Symphonie. Haut-Bommes gehört auch dazu.

Clos l'Église Pom r ★★★ **00' 01 02 03 04 05' 06 07 08 09'** 10 **11 12** 13 14 15 – Nachbar von CLINET in guter Lage. Opulenter, eleganter, langlebiger Wein. Die CHÂTEAUX HAUT-BERGEY, Poesia, Branon und BARDE-HAUT gehören derselben Familie. Zweitetikett: Esprit de l'Église.

Clos Puy Arnaud r ★★ **03 04 05' 06 08 09' 10 11 12** 14 15 – Das Bioweingut im Besitz von Thierry Valette ist führend in CASTILLON. Charakteristische Weine mit Tiefgang. Früher zugänglich ist die CUVÉE Pervenche.

Clos René Pom r ★★ **98' 00' 01 04 05' 06 08 09 10 11 12** 14 – Weingut in Familienbesitz; Weine mit hohem MERLOT-Anteil und ein wenig würzigem MALBEC. Nicht so sinnlich und umjubelt wie ein Spitzen-POMEROL, dafür aber preiswerter und ebenfalls langlebig.

Clotte, La St-Ém r ★★ **01 02 03 04 05 06 08 08 09' 10' 11 12** 15 – Kleines GRAND-CRU-CLASSÉ-Gut in den Côtes, 2014 von den Besitzern von AUSONE erworben. Eleganter Stil, Verbesserungen sind zu erwarten.

Conseillante, La Pom r ★★★★ **90' 95' 96' 98' 99 00' 01 02 03 04 05' 06' 07 08 09'** 10' **11** 12 13 14 15 – Nachbar von L'ÉVANGILE in POMEROL. Seit 2015 neuer Kellermeister (früher bei PETIT-VILLAGE). Eines der nobelsten und am üppigsten duftenden Pomerol-Gewächse (80 % MERLOT von Lehm-Kies-Böden), im Stil fast wie ein MÉDOC. Zweitetikett: Duo de Conseillante.

Corbin St-Ém r ★★ **01 02 04 05 07 08 09' 10' 11 12** 14 15 – Verlässlicher, preisgünstiger GRAND CRU CLASSÉ nahe POMEROL mit Kraft und Finesse. Zweitetikett: Divin de Corbin.

Cos d'Estournel St-Est r ★★★★ **90' 94 95 96' 98' 00 01 02 03 04 05' 06 07 08** 09' 10' 11 12 13 14 15 – Angesagter, großer 2. Cru mit einem exzentrischen pagodenähnlichen *chai* (Fasslager). Hochmoderne Kellerei mit einem durch Schwerkraft betriebenen System. Kultivierter, schmeichelnder ST-ESTÈPHE, auch teurer Weißwein auf SAUVIGNON-BLANC-Basis. Zweitetikett: Les Pagodes de Cos (für manche Märkte auch CH. Marbuzet). Zum Besitz gehören außerdem der supermoderne MÉDOC-Wein Goulée (wie auch Goulée Blanc) sowie das Champagnerhaus Pressoirs de France und Tokaji Hétszőlő.

Cos Labory St-Est r ★★ **96' 98' 99 00 02 03 04 05' 06 07 08 09'** 10' 11 12 14 15 – Kleiner 5. Cru, Nachbar von COS D'ESTOURNEL und LAFON-ROCHET. Jetzt mit mehr Tiefe und Struktur; einer der Crus classés mit dem besten Preis-Leistungs-Verhältnis.

Coufran H-Méd **r** ★★ **02 03 04 05 06 08 09 10' 11 12 14** – Größeres Gut im äußersten Norden des HAUT-MÉDOC; Besitzer ist die Familie Miailhe. Hauptsächlich geschmeidige und dennoch alterungsfähige Weine von 85 % MERLOT. Schwestergüter sind Soudars und Verdignan.

Couhins-Lurton Pes-L r w ★★→★★★ r **04 05 06 08' 09** 10' **11** 12 14; w **02 03 04 05 06 07 08' 09 10' 11 12 13** 14 – Cru-classé-Gut mit feinen Weißweinen von SAUVIGNON BLANC, dicht gefügt und langlebig. Deutlich verbesserter Roter auf MERLOT-Basis. André Lurton besitzt außerdem Ch. La LOUVIÈRE.

Couspaude, La St-Ém r ★★★ **02 03 04 05 06 07 08 09' 10' 11 12** 14 – GRAND CRU CLASSÉ in guter Lage auf dem Plateau nahe der Stadt ST-ÉMILION. Moderner Stil, reichhaltig und cremig mit viel Eichenholzwürze. Michel ROLLAND berät.

Coutet Saut w; s ★★★ **89' 90' 95 96 97' 98' 99 01' 02 03' 04 05 07 09' 10' 11' 12** 13 14 15 – Traditioneller Rivale von Château CLIMENS, im Stil aber pikanter. Beständig sehr feine Weine. CUVÉE Madame (**89 90 95 97 01 03**) ist eine sehr reichhaltige, Beere für Beere ausgelesene Edition von alten Reben. Zweitetikett: La Chartreuse de Coutet. Außerdem sehr guter fassvergorener, trockener weißer Opalie.

Couvent des Jacobins St-Ém r ★★ **98' 00' 01 03 04 05 06 08 09' 10' 11** 12 14 – GRAND CRU CLASSÉ mit Kellerei in der Stadt. Auf MERLOT basierender Wein mit etwas CABERNET FRANC. Eher leichter Stil. Denis Dubourdieu berät. Zweitetikett: Le Menut des Jacobins.

Crabitey Graves r w ★★ r **05 06 08 09 10 11 12** 14; w **09 10 11 12 13 14** – Früher ein von Ordensschwestern geleitetes Waisenhaus. Die Weinberge wurden in den 1980er- und 90er-Jahren neu bestockt. Eigentümer Arnaud de Butler erzeugt jetzt klassisch-harmonischen Rotwein auf CABERNET-SAUVIGNON-Basis und kleine Mengen eines lebhaften Weißen (SÉMILLON/SAUVIGNON BLANC).

Crock, Le St-Est r ★★ **02 03 04 05 06 07 08 09'** 10 **11** 12 14 – CRU BOURGEOIS im Besitz der Familie Cuvelier, der auch CH. LÉOVILLE POYFERRÉ gehört. Solider, fruchtstrotzender Wein zum moderaten Preis.

Croix, La Pom r ★★ **01 04 05 06 07 08 09 10 11 12** 14 – Ökologisch bewirtschaftetes Gut im Besitz des Négociant Janoueix mit Weinen von 40% CABERNET FRANC und CABERNET SAUVIGNON. La Croix St Georges und HAUT-SARPE gehören ebenfalls Janoueix.

Croix de Gay, La Pom r ★★★ **00' 01' 02 04 05 06 09' 10' 11 12** 14 15 – Kleiner, von MERLOT (95%) dominierter Weinberg auf dem POMEROL-Plateau. Runder, eleganter Stil, seit vielen Jahren von verlässlicher Qualität. Die Spezial-CUVÉE von ausgewählten Parzellen heißt La Fleur de Gay.

Croix du Casse, La Pom r ★★ **01' 04 05 06 08 09 10 11 12** 14 15 – Zu BORIE-MANOUX gehörendes Gut auf sandigen Kiesböden im Süden von POMEROL. Stetige Fortschritte in den letzten 10 Jahren. Weine von mittlerem Körper, für Pomerol-Verhältnisse preiswert.

Croizet-Bages Pau r ★★→★★★ **98 00' 02 03 04 05 06 07 08 09** 10' **11** 12 14 – 5. Cru mit steigender Qualität, es ist aber immer noch Luft nach oben. Neuerdings zeigen die Weine mehr Beständigkeit, spannend sind sie trotzdem nicht. RAUZAN-GASSIES hat denselben Besitzer.

Cru bourgeois Méd Inzwischen ein jährlich neu vergebenes Zertifikat; 2013 an 251 CHÂTEAUX vergeben. Unterschiedliche Qualität.

Cruzelles, Les r ★★ **05 06 08 09 10 11 12** 14 15 – Verlässlicher, preisgünstiger Wein aus LALANDE DE POMEROL; Spitzenjahrgänge können alt werden. Derselbe Besitzer wie Ch. L'EGLISE-CLINET und Montlandrie in CASTILLON.

Dalem r ★★ **04 05' 06 08 09' 10' 11 12** 14 – Führendes Gut in FRONSAC; vorwiegend MERLOT. Immer fest und kraftvoll, jetzt aber auch mit mehr Finesse.

Dassault St-Ém r ★★ **00 01 02 03 04 05' 06 08 09' 10 11** 12 14 – GRAND CRU CLASSÉ mit modernem, saftigem Wein von beständiger Qualität. Zweitetikett: D de Dassault. La Fleur und Faurie de Souchard (GRAND CRU CLASSÉ seit 2014) gehören in denselben Stall.

Dauphine, de la r ★★→★★★ **00 01 03 04 05 06' 08 09' 10' 11 12'** 14 – Großes Gut in FRONSAC. 2015 Eigentümerwechsel, doch schon die früheren Besitzer hatten Änderungen in Gang gebracht: Instandsetzung von Gebäuden und Weinbergen, neue Kellereianlagen, zusätzlicher Landerwerb, Zertifizierung als Bioerzeuger. Die Weine zeigen jetzt mehr Substanz und Finesse. Gewann kurz vor dem Verkauf noch den Preis »Best of Wine Tourism«. Zweitetikett: Delphis.

Dauzac Mar r ★★→★★★ **96 98' 99 00' 01 02 04 05 06 08' 09' 10' 11** 12 14 15 – 5.-Cru-Gut in Labarde, Nachbar von SIRAN. Dichte, volle, dunkle Weine. Gehört seit 1988 der Versicherungsgesellschaft MAIF. Zweitetikett: La Bastide Dauzac. Neu seit 2013 der fruchtige, zugängliche Aurore de Dauzac.

Bordeaux

Desmirail Mar r ★★→★★★ **02 03 04 05 06 07 08 09'** 10' **11** 12 14 15 – 3. Cru in Cantenac im Besitz von Denis Lurton. Feiner, delikater Stil. Zweitetikett: Initial de Desmirail. Auch Rosé

Destieux St-Ém r ★★ **98 00' 01 03' 04 05' 06 07 08 09'** 10' **11** 12 14 – Kompaktes GRAND-CRU-CLASSÉ-Gut in St-Hippolyte. Wuchtiger, kraftvoller Stil; zuverlässig. Anhänger einer späten Lese. CH. La Clémence in POMEROL gehört ebenfalls zum Besitz.

Doisy-Daëne Bar (r) w; tr s ★★★ **90' 95 96 97' 98' 99 01' 02 03 04 05' 06 07 09 10' 11' 12** 13 14 15 – Gut in Familienbesitz (Dubourdieu), das feinen süßen Barsac erzeugt. Die Rebflächen des früheren Ch. Doisy-Dubroca wurden 2014 Doisy-Daëne eingegliedert. L'Extravagant (**97 01 02 03 04 05 06 07 09 10 11** 12 13 14) ist eine ungeheuer volle und teure CUVÉE. Auch trockener weißer Doisy-Daëne Sec.

Doisy-Védrines Saut w; s ★★★ **89' 90 95 96 97' 98 99 01' 03' 04 05 07 09 10'** 11' **12** 13 14 15 – 2. Cru in BARSAC im Besitz der Familie Castéja (der auch das Weinhandelshaus Joanne gehört). Vollerer Stil als DOISY-DAËNE. Dauerhaft einer meiner Favoriten; köstlich und preiswert.

Dôme, Le St-Ém r ★★★ **04 05 06 08 09** 10' **11** 12 13 14 15 – Kleinsterzeuger mit reichhaltigem, modernem Wein, der jetzt mehr Frische zeigt als in der Vergangenheit. Zwei Drittel alte CABERNET-FRANC-Reben in der Nähe von Ch. L'ANGÉLUS. Eigentümer Jonathan Maltus besitzt auch eine Reihe weiterer Châteaux in ST-ÉMILION: Teyssier (preiswert), Le Carré, Les Astéries, Vieux Château Mazerat sowie die Kellerei World's End im kalifornischen Napa Valley.

Dominique, La St-Ém r ★★★ **96 98 00' 01 04 05' 06 08 09'** 10' **11** 12 14 15 – An CHEVAL BLANC grenzender Cru classé. Geriet zwischen 1996 und 2006 aus der Spur, erzeugt jetzt aber wieder reichhaltige, kraftvolle, saftige Weine. Die von Jean Nouvel gestaltete Kellerei mit Dachrestaurant (La Terrasse Rouge) soll den Nachbarn ärgern. Zweitetikett: St-Paul de Dominique.

Ducru-Beaucaillou St-Jul r ★★★★ **95' 96' 98 99 00' 01 02 03 04 05' 06 07 08** 09' 10' 11 12 13 14 15 – Großartiges 2.-Cru-CHÂTEAU in exzellenter Verfassung, wenn man von einem Aussetzer in den späten 1980er-Jahren absieht. Virginie Sallette ist die talentierte Weinmacherin. Klassischer, zedernholzduftiger, langlebiger BORDEAUX. Croix de Beaucaillou und Lalande-Borie sind die Schwesterbetriebe. Besitzt auch Fourcas-Borie in LISTRAC.

Duhart-Milon Rothschild Pau r ★★★ **95 96' 98 00' 01 02 03 04' 05' 06 07 08 09'** 10' 11 12 13 14 15 – 4. Cru, Stallgefährte von LAFITE (CLERC MILON ist das Äquivalent bei MOUTON). Kellerei im Ort Pauillac. Sehr feine Qualität, v. a. in den vergangenen 10 Jahren, und relativ moderate Preise. Zweitetikett: Moulin de Duhart.

Durfort-Vivens Mar r ★★★ **96 98 99 00 02 03 04 05' 06 08 09'** 10' **11 12** 13 14 – Erheblich besser gewordenes, ökologisch bewirtschaftetes 2.-Cru-Gut in MARGAUX, im Besitz von Gonzague Lurton. Vorwiegend CABERNET SAUVIGNON. Zweitetikett: Vivens. Neues Projekt (2012): Trinité Estate (Acaibo) in Sonoma (USA).

Eglise, Domaine de l' Pom r ★★ **98 00 01 02 03 04 05' 06 08 09** 10' **11** 12 14 15 – Zu BORIE-MANOUX gehörendes kleines Gut auf dem Kies-Ton-Plateau. Der Weinberg liegt im Schatten der Kirche von POMEROL. Neuerdings beständig gute, fleischige Weine.

Eglise-Clinet, L' Pom r ★★★→★★★★ **89' 90' 93' 94 95 96 98' 99 00' 01' 02 03 04 05' 06 07 08 09'** 10' **11'** 12 13 14 15 – Das kleine, aber erstklassige Gut wurde im 19. Jh. gegründet und zeichnet sich durch enorme Beständigkeit aus. Der Wein ist voll, konzentriert und fleischig, aber teuer. Zweitetikett: La Petite Eglise.

Évangile, L' Pom r ★★★★ **88' 89' 90 95 96 98' 99 00' 01 02 03 04 05' 06 07 08 09'** 10' 11 12 13 14 15 – Nachbar von CH. La CONSEILLANTE auf dem Plateau von POMEROL im Besitz von (LAFITE) Rothschild. Hat durch den Kauf von Parzellen von La CROIX-DE-GAY seinen Besitz erweitert. Beständig reichhaltig und opulent im Stil. Zweitwein: Blason de l'Évangile.

Girl Power

Immer mehr Frauen sind als Technische Direktorinnen (man kann auch Kellermeisterinnen sagen) in BORDEAUX-Spitzengüten an vorderster Front, etwa Sandrine Garbay (D'YQUEM), Hélène Génin (LATOUR), Virginie Sallette (DUCRU-BEAUCAILLOU), Valérie Vialard (LATOUR-MARTILLAC), Marielle Cazaux (La CONSEILLANTE) und Diana Berrouet-Garcia (PETIT-VILLAGE). Wir sind im 21. Jahrhundert angekommen.

Bordeaux

Fargues, de Saut w; s ★★★ **95 96 97 98 99' 01 02 03' 04 05' 06 07 09' 10'** 11' 13 14 15 – Rebland um eine Schlossruine im Besitz der ehemaligen Eigentümer von CH. d'YQUEM, der Familie Lur Saluces. Klassischer SAUTERNES: reichhaltige, ölige und dennoch ausgewogene Weine.

Faugères St-Ém r ★★→★★★ **98 00' 02 03 04 05 06 07 08 09' 10' 11 12** 14 – Kraftvoller, reichhaltiger, moderner GRAND CRU CLASSÉ im Osten von ST-ÉMILION. Das Schwestergut CH. Péby Faugères (100% MERLOT) ist ebenfalls in der Klassifikation. In Schweizer Besitz; die Kellerei wurde von Mario Botta gestaltet. Cap de Faugères (CASTILLON), Chambrun und LAFAURIE-PEYRAGUEY gehören ebenfalls dazu.

Ferrand, de St-Ém r ★★→★★★ **00 01 03 04 05 06 08 09' 10' 12** 14 15 – Großes GRAND-CRU-CLASSÉ-Gut in St-Hippolyte im Besitz von Pauline Bich (Bic-Schreibgeräte). Der Besitzer von CH. L'ANGÉLUS berät. Frische, feste, ausdrucksstarke Weine.

Ferrande Graves r (w) ★★ **05 08 09 10 11 12 14** – Beachtliches Gut im Besitz des Négociants Castel, der für Investitionen und Verbesserungen gesorgt hat. Zugänglicher, gefälliger Roter, der 10 Jahre hält, und sauberer, frischer Weißer.

Ferrière Mar r ★★★ **96' 98 99 00' 02 03 04 05 06 08 09'** 10' 12 14 – Kleiner 3. Cru in der Ortschaft MARGAUX. Stellt gerade auf Ökoanbau um. HAUT-BAGES-LIBÉRAL gehört ebenfalls dazu. Dunkle, feste Weine mit herrlichem Bukett, die Zeit brauchen.

Feytit-Clinet Pom r ★★→★★★ **98 99 00 01 03 04 05' 06 07 08 09'** 10' **11** 12 13 14 15 – Das kleine Gut wird von der Besitzerfamilie Chasseuil geleitet. Seit 15 Jahren in Bestform: reichhaltig, weich, verführerisch (90% MERLOT von Kies-Lehm-Boden). Hochgepriesen bei (für POMEROL-Verhältnisse) fairen Preisen.

Fieuzal Pes-L r (w) ★★★ r **00 01 06 07 08 09'** 10' 11 12 14 15; w **05 06 07 08 09' 10' 11 12 13 14** 15 – Cru classé in PESSAC-LÉOGNAN in irischem Besitz. Reichhaltige, lagerfähige Weiße, üppige Rote (seit 2006). Berater ist der Eigentümer von CH. L'ANGELUS. Neue, nur mit Schwerkraft betriebene Kellerei. Zweitetikett: L'Abeille de Fieuzal (rot und weiß).

Figeac St-Ém r ★★★★ **95' 96 98' 00' 01' 02 03 04 05' 06 07 08 09'** 10' **11** 12 13 14 15 – Großer PREMIER CRU in Familienbesitz mit klassischem Herrenhaus; Weinberge mit Kiesböden, die zu einem ungewöhnlich hohen Anteil (70%) mit CABERNET FRANC sowie CABERNET SAUVIGNON bestockt sind. Volle, aber stets elegante Weine, die wie ein MÉDOC lange reifen müssen. Wird seit 2013 vom Mitinhaber von CH. La CONSEILLANTE geführt; Berater ist Michel ROLLAND. Zweitetikett: Petit-Figeac (seit 2012; hieß zuvor Grange Neuve de Figeac).

Filhot Saut w; tr s ★★ **96' 97' 98 99 01' 02 03' 04 05 07 09' 10'** 11' 13 14 – Großes (350 ha) Gut in SAUTERNES mit prachtvollem CHÂTEAU aus dem 19. Jh., der Weinberg macht nur einen Teil des Besitzes aus. Die Weine sind in der Jugend recht schwierig, gewinnen mit dem Alter aber an Komplexität; seit 2009 reintöniger und voller.

Fleur Cardinale St-Ém r ★★ **03 04 05' 06 07 08 09' 10' 11 12** 14 15 – GRAND-CRU-CLASSÉ-Gut im Osten von ST-ÉMILION, Nachbar von VALANDRAUD. Die Trauben werden spät gelesen. Reifer, öliger, moderner Stil.

Fleur de Boüard, La Bx r ★★→★★★ **04 05 06 07 08 09 10 11** 12 13 14 15 – Führendes Gut in LALANDE DE POMEROL mit vollen, dunklen, dichten, modernen Weinen. Einzigartige Kellerei mit umgedrehten kegelförmigen Gärbehältern. Ziemlich extrem ist die Spezial-CUVÉE Le Plus, ein sortenreiner MERLOT, der 3 Jahre in neuer Eiche ausgebaut wird. Derselbe Besitzer wie CH. L'ANGÉLUS in ST-ÉMILION.

Fleur-Pétrus, La Pom r ★★★★ **90' 95 96 98' 99 00' 01 02 03 04 05' 06 08** 09' 10' 11 12 13 14 15 – Das Gut im Besitz von J.-P. MOUEIX hat sich seit den 1980er-Jahren von 8 ha auf heute 18,7 ha stark vergrößert. Die neue Kellerei wurde in das ehemalige Gutshaus von CH. La Providence gebaut. Feinerer Stil als PETRUS oder TROTANOY. Braucht Zeit.

Fombrauge St-Ém r ★★→★★★ **98 00' 01 02 03 04 05 06 08 09'** 10' **11** 12 14 15 – Großes GRAND-CRU-CLASSÉ-Gut im Besitz von Bernard Magrez (siehe PAPE CLÉMENT). Gehaltvolle, dunkle, schokoladige Rote in modernem Stil. Magrez-Fombrauge ist eine rote Spezial-CUVÉE und außerdem der Name für den in geringen Mengen erzeugten trockenen weißen BORDEAUX. Zweitetikett: Le Cadran de Fombrauge.

Fonbadet Pau r ★★ **01 02 03 04 05' 06 08 09'** 10' **12** 14 – Eines der wenigen nicht klassifizierten Güter in PAUILLAC. Verlässlicher, günstiger Wein, vorwiegend von CABERNET SAUVIGNON (60 %).

Fonbel, de St-Ém r ★★ **06 07 08 09 10 11 12** 14 15 – Verlässliche Quelle von fruchtig-saftigem, frischem, nicht überteuertem ST-ÉMILION-Wein. Im selben Besitz wie AUSONE und MOULIN ST-GEORGES.

Fonplégade St-Ém r ★★ **00' 01 03 04 05 06 07 08 09' 10** 12 14 15 – GRAND CRU CLASSÉ in amerikanischem Besitz. Investitionen und Fortschritte führten zu Weinen in modernem, konzentriertem Stil. 2013 als ökologischer Betrieb zertifiziert. Zweitwein: Fleur de Fonplégade. Besucherfreundlich.

Fonréaud Listrac r ★★ **00' 02 03 04 05 06 08 09' 10' 11** 12 14 – Eines der größeren und besseren LISTRAC-Güter mit zufriedenstellenden, leckeren Weinen. Sehr guter trockener Weißer in kleinen Mengen: Le Cygne, auch Rotwein CLOS des Demoiselles. Siehe auch CH. LESTAGE. Preiswert.

Fonroque St-Ém r ★★★ **98 01 03 04 05 06 08 09'** 10' 11 12 14 – GRAND CRU CLASSÉ, seit 1931 im Besitz der Familie Moueix; Alain führt das Gut (siehe MAZEYRES). Der biologisch-dynamische Anbau zahlt sich aus, die Weine zeigen jetzt mehr Charakter und Eleganz und stets Frische.

Fontenil r ★★ **03 04 05 06 08 09' 10' 11 12** 14 15 – Führendes Gut in FRONSAC, im Besitz von Michel ROLLAND. Reife, opulente, aber ausgewogene Weine. Auch Le Défi de Fontenil.

Forts de Latour, Les Pau r ★★★★ **90' 95' 96' 98 00' 01 02 03 04' 05' 06 07 08 09'** 10' 11 12 13 14 15 – Das (würdige) Zweitetikett von CH. LATOUR; authentischer Geschmack in etwas leichterem Format zum 2.-Cru-Preis.

Ein *En-primeur*-Verkauf findet nicht mehr statt, die Freigabe der Weine erfolgt nun, wenn sie für trinkreif erachtet werden – der 2008er kam 2015 heraus (ist in Wirklichkeit aber noch nicht so richtig trinkreif).

Fourcas Dupré Listrac r ★★ **00' 01 02 03 04 05 06 08 09 10' 11** 12 14 – Gut geführtes CHÂTEAU mit einigermaßen beständigem Wein im festen LISTRAC-Stil. In der Jugend verschlossen, braucht 4–8 Jahre zur Entfaltung. Spezial-CUVÉE: Hautes Terres. Auch ein bisschen Weiß- und Roséwein.

Fourcas Hosten Listrac r ★★→★★★ **01 02 03 05 06 08 09 10' 11 12** 14 15 – In das große Gut in LISTRAC wurde beträchtlich investiert, was zu stetig steigender Qualität, sprich zu mehr Präzision und Finesse führte. Eric Boissenot berät. Seit 2013 gibt es einen trockenen weißen BORDEAUX.

France, de Pes-L r w ★★ r **00 02 03 04 05 06 08 09** 10' **11** 12 14 15; w **04 05 06 07 08 09 10 11 12 13 14** 15 – Nachbar von Ch. de FIEUZAL mit verlässlichen Weinen in reifem, modernem Stil. Alterungsfähige Rote, frische, ausgewogene Weiße. Neue *cuvier* (Fasskeller) seit 2014.

Franc Mayne St-Ém r ★★ **00' 01 03 04 05 06 08 09 10' 12** 14 15 – Kleiner Cru classé in den Côtes, im selben Besitz wie die CHÂTEAUX de LUSSAC. Ein Luxushotel gehört auch dazu. Weine in frischem, fruchtigem Stil – rund, aber mit schöner Struktur. Zweitwein: Les Cèdres de Franc-Mayne.

Gaby, du r ★★ **01' 03 04 05 06 07 08 09 10** 12 14 – Herrliche Südlagen in CANON-FRONSAC erbringen von MERLOT dominierte Weine, die gut altern. Tendenz zum Ökoweinbau. Schwestergut ist CH. Moya in CASTILLON.

Gaffelière, La St-Ém r ★★★ **95 96 98' 99 00' 01 02 03 04 05' 06 07 08 09'** 10' 11 12 13 14 15 – PREMIER CRU am Fuß der Côtes. Investitionen und Fortschritte; ein Teil der Rebflächen wurde neu bestockt, 2013 ein neuer *cuvier* (Fasskeller) eingeweiht. Elegante, langlebige Weine. DERENONCOURT berät. Im selben Besitz sind die CHÂTEAUX Mauvezin, Haut Badon und Peyrelongue.

Garde, La Pes-L r w ★★ r **02 04 05 06 08 09' 10' 11** 12 14; w **05 06 07 08 09 10' 11 12 13 14** – Beachtliches Gut in Martillac im Besitz der Négociant-Firma DOURTHE mit geschmeidigen Roten (CABERNET SAUVIGNON/MERLOT). Außerdem etwas Weißwein (SAUVIGNON BLANC/Sauvignon gris).

Gay, Le Pom r ★★★ **00 01** 03 **04 05'** 06 **07 08 09' 10' 11** 12 14 – Schöne Reblagen am nördlichen Rand von POMEROL. Beträchtliche Investitionen; Michel ROLLAND berät. Im Stil jetzt sehr reif und pflaumenwürzig. Henri Parent ist seiner Mutter Catherine Péré-Vergé in der Leitung des Guts nachgefolgt. CH. Montviel und Ch. La Violette gehören ebenfalls zum Besitz. Zweitwein: Manoir de Gay.

Gazin Pom r ★★★ **95 96 98' 99 00' 01 02 03 04 05' 06 08 09' 10' 11** 12 13 14 15 – Großes Gut in POMEROL im Besitz der Familie Bailliencourt. Seit Mitte der 1990er-Jahre sehr gut in Form: generöse, lang alternde Weine. Zweitetikett: L'Hospitalet de Gazin.

Gilette Saut w; s ★★★ **53 55 59 61 67 70 71 75 76 78 79 81 82 83 85 86 88 89 90** – Ungewöhnliches kleines Gut in Preignac – jeweils nur rund 5.000 Flaschen –, das seine üppigen Weine 16–20 Jahre in Betontanks lagert. Weitere Flaschenreifung schadet ihnen keineswegs. CHÂTEAU Les Justices ist das Schwestergut (**02 03' 05 07 09 10' 11 13** 14).

Giscours Mar r ★★★ **96' 98 99 00' 01 02 03 04 05' 06 07 08' 09'** 10' **11** 12 14 15 – Beachtlicher 3. Cru südlich von Cantenac. Die körperreichen, langlebigen MARGAUX-Weine können großartig sein (z. B. 1970). Die 1980er Jahrgänge waren unbeständig, doch seit dem Besitzerwechsel vor gut 20 Jahren geht es stetig aufwärts. Zweitetikett: La Sirène de Giscours. Auch ein wenig Rosé (AC BORDEAUX). Gästezimmer, offen für Besucher, es gibt sogar einen Cricketclub.

Glana, du St-Jul r ★★ 00 03 04 05 06 08 09 10' 12 14 – Großes Gut, das durch den Zukauf des früheren CH. LAGRANGE noch erweitert wurde. Robuste, preiswerte Weine. 2015 neuer Fasskeller und *vinothèque*. Zweitetikett: Pavillon du Glana.

Gloria St-Jul r ★★→★★★ 98 00' 01 02 03 04 05' 06 07 08 09' 10' 11 12 14 15 – Das Gut mit weit verstreuten Cru-classé-Reblagen hat denselben Besitzer wie CH. ST-PIERRE. CABERNET SAUVIGNON herrscht mit 65 % vor. In neuerer Zeit hervorragend in Form.

Die reiche Gastroszene

Gastronomisch hat BORDEAUX mit etlichen neuen Restaurants einiges zu bieten. Köche mit mehreren Sterne in der Stadt sind: Gordon Ramsay im Pressoir d'Argent des Grand Hotel, Philippe Etchebest im Le Quatrième Mur gegenüber, und Joël Robuchon ein Stückchen weiter in Bernard Magrez' La Grande Maison. Das Gerücht geht um, dass Alain Ducasse als nächster kommt.

Grand Corbin-Despagne St-Ém r ★★→★★★ 95 96 98 99 00' 01 03 04 05 06 08 09' 10' 11 12 13 14 15 – GRAND-CRU-CLASSÉ-Gut an der Grenze zu POMEROL, seit 1812 im Besitz der Familie Despagne. Die ökologisch angebauten, aromatischen, lagerfähigen Weine haben nun eine reifere, vollere Note. Preiswert. Zum Besitz gehören auch CH. Le Chemin (Pomerol) und Ch. Ampélia (CASTILLON). Zweitetikett: Petit Corbin-Despagne.

Grand cru classé Siehe Kasten »Die ST-ÉMILION-Klassifikation«, Seite 161.

Grand Mayne St-Ém r ★★★ 90' 94 95 96 98 99 00' 01' 02 03 04 05' 06 07 08 09' 10' 11 12 14 15 – Beeindruckender GRAND CRU CLASSÉ im Familienbesitz in den westlichen Côtes. Beständige, körperreiche Weine mit schöner Struktur. Zweitetikett: Les Plantes du Mayne.

Grand-Puy Ducasse Pau r ★★★ 95 96' 98' 00 01 02 03 04 05' 06 07 08 09' 10' 11 12 14 15 – 5. Cru im Besitz einer Bank, der auch die CHÂTEAUX MEYNEY und La TOUR DE MONS gehören. Stete Fortschritte; fester, klassischer Pauillac zu vernünftigen Preisen. Berater ist der Eigentümer von Ch. L'ANGÉLUS. Zweitetikett: Prélude à Grand-Puy Ducasse.

Grand-Puy-Lacoste Pau r ★★★ 89' 90' 95' 96' 98 00' 01 02 03 04 05' 06 07 08' 09' 10' 11 12 13 14 15 – 5. Cru, berühmt für von CABERNET SAUVIGNON (75 %) dominierten PAUILLAC zum Einkellern; preiswert. Die Londoner lieben ihn. Im selben Besitz wie CH. HAUT-BATAILLEY. Eric Boissenot berät. Zweitetikett: Lacoste-Borie.

Grave à Pomerol, La Pom r ★★★ 00 01 02 04 05 06 08 09' 10 11 12 14 15 – Das kleine Gut am Westhang des POMEROL-Plateaus, seit 1971 im Besitz von Christian MOUEIX, erzeugt zugängliche, von MERLOT (85 %) dominierte, mittelschwere Weine.

Greysac Méd r ★★ 03 04 05' 06 08 09 10' 11 12 14 – Dem Besitzer gehören auch die CHÂTEAUX Rollan de By und HAUT CONDISSAS. Weine mit hohem MERLOT-Anteil von beständig feiner, frischer Qualität.

Gruaud Larose St-Jul r ★★★★ 89' 90' 95' 96' 98 99 00' 01 02 03 04 05' 06 07 08 09' 10' 11 12 14 15 – Eines der größten und beliebtesten 2.-Cru-Güter. Weicher, reichhaltiger, kraftvoller roter BORDEAUX. 2015 wurde ein 18m hoher Panoramaturm mit Shop und Verkostungsraum eröffnet. Zweitetikett: Sarget de Gruaud-Larose.

Guadet St-Ém r ★★ 01 04 05 06 08 09 10 11 12 – Kleines GRAND-CRU-CLASSÉ-Gut, seit 1844 im Besitz der Familie Lignac. In den vergangenen 10 Jahren besser in Form. Seit 2010 mit Ökosiegel. Stéphane DERENONCOURT berät.

Guiraud Saut (r) w; (tr) s ★★★ **95 96' 97' 98 99 01' 02 03 04 05' 06 07 09' 10' 11'** 13 14 15 – Sehr großer PREMIER GRAND CRU CLASSÉ, seit 2011 mit Ökosiegel. Besitzer sind der langjährige Geschäftsführer Xavier Planty, der Finanzier Robert Peugeot sowie Olivier Bernard (DOM. de CHEVALIER) und Stephan von Neipperg (La MONDOTTE). Spitzenqualität – höherer SAUVIGNON-BLANC-Anteil als sonst üblich. Der trockene Weißwein heißt Le G de Château Guiraud, das Zweitetikett Petit Guiraud.

Gurgue, La Mar r ★★ **03 04 05' 06 08 09' 10 11 12** 14 – Nachbargut von CH. MARGAUX mit feinem, nicht überteuertem Wein; steht unter derselben Leitung wie FERRIÈRE und HAUT-BAGES LIBÉRAL. Eric Boissenot berät.

Hanteillan H-Méd **r** ★★ **00' 02 03 04 05' 06 09' 10 12** 14 – Großer CRU BOURGEOIS mit runden, ausgewogenen, jung zu trinkenden Weinen. Neuerdings verbessert. Stéphane DERENONCOURT berät. Zweitetikett: CH. Laborde.

Haut-Bages Libéral Pau r ★★★ **96' 98 00 01 02 03 04 05' 06 08 09' 10' 11** 12 14 15 – Das weniger bekannte 5.-Cru-Gut (neben LATOUR) wird von Claire Villars Lurton geführt. Investitionen in den 2000er-Jahren. Die Hälfte des Reblands wird biologisch-dynamisch bewirtschaftet, mit hervorragenden Ergebnissen. In der Regel preiswert.

Haut-Bailly Pes-L r ★★★★ **89' 90' 95 96' 98' 99 00' 01 02 03 04 05' 06 07 08' 09'** 10' 11' 12 14 15 – Das hochrangige Cru-classé-Gut in PESSAC-LÉOGNAN ist im Besitz eines US-amerikanischen Bankers und wird von Véronique Sanders, der Enkelin des früheren Eigentümers, geleitet. Der Rotwein ist in einem raffinierten, eleganten Stil (Parzelle mit sehr alten Reben); nun gibt es auch ein wenig Rosé. Dem Besitzer gehört auch CH. Le Pape (Pessac-Léognan). Zweitetikett: La Parde de Haut-Bailly.

Haut-Batailley Pau r ★★★ **98 99 00 02 03 04 05' 06 07 08 09' 10' 11** 12 13 14 – 5. Cru im Besitz von François-Xavier Borie. Bevorzugt eine sanftere Art als das Schwester-CHÂTEAU GRAND-PUY-LACOSTE. Die Keller wurden renoviert; Fortschritte in den vergangenen 10 Jahren. Zweitetikett: La Tour l'Aspic.

Haut-Beauséjour St-Est r ★★ **03 04 05 08 09 10 11** 14 – Vom Eigentümer, dem Champagnerhaus ROEDERER, geschaffenes und weiterentwickeltes Gut. Saftige, aber strukturierte Weine. Schwestergut: CH. de PEZ.

Haut-Bergeron Saut w; s ★★ **01 02 03 04 05 06 07 09 10 11** 13 14 – Das Gut in Preignac ist seit fünf Generationen in Familienbesitz und zählt zu den beständigsten nicht klassifizierten SAUTERNES-Erzeugern. 60 Parzellen mit alten Reben, vorwiegend SÉMILLON (90%). Voller, opulenter, nicht überteuerter Wein.

Haut-Bergey Pes-L r (w) ★★→★★★ r **02 04 05 06 07 08 09** 10 **11** 12 14; w **08 09 10 11 12 13 14** – Nicht klassifiziertes Gut, das sich aber wie ein Cru classé gibt, in den 1990er-Jahren komplett renoviert. Voller, mächtiger Rotwein; frischer, konzentrierter trockener Weißwein. BARDE-HAUT, Branon, CLOS L'ÉGLISE und Poesia gehören ebenfalls dazu.

Haut-Brion Pes-L r (w) ★★★★ r **85' 86' 88' 89' 90' 93 94 95' 96' 97 98' 99 00' 01 02 03 04 05' 06 08 09'** 10' 11' 12 13 14 15; w **00' 01 02 03 04' 05' 06 07 08' 09 10' 11' 12 13** 14 15 – Der einzige PREMIER CRU in der Klassifikation von 1855, der kein MÉDOC-Gut ist; seit 1935 im Besitz der US-amerikanischen Familie Dillon. Überaus harmonische Weine mit wundervoller Textur, beständig hochklassig seit 1975. Probieren kann man sie in der neuen Vinothek »Le Clarence« in Paris (in einem Gebäude aus dem 18. Jh.). Für sehr reiche Menschen auch schwelgerischer trockener Weiß-

Bordeaux

wein in kleinen Mengen. Siehe auch Le CLARENCE DE HAUT-BRION, La MISSION HAUT-BRION, LAVILLE HAUT-BRION und QUINTUS.

Haut Condissas Méd r ★★★ **04 05 06 07 08 09' 10' 11** 12 14 – MÉDOC-Wein im Garagenstil v. a. von MERLOT mit einem Anteil PETIT VERDOT; reichhaltig, konzentriert, kräftige Eichennote. Jahresproduktion 5.000 Kisten. Schwestergut von CH. Rollan de By und GREYSAC.

Haut-Marbuzet St-Est r ★★→★★★ **98 00' 01 02 03 04 05' 06 07 08 09'** 10' 11 12 14 – Als der Betrieb 1952 gegründet wurde, gehörten gerade mal 7 ha Weinbergbesitz dazu, jetzt sind es 70 ha. Nicht klassifiziertes Gut auf 4.-Cru-Niveau; in die eindrucksvollen Weine kann man sich leicht verlieben. Zwei Drittel der Produktion werden direkt ab CHÂTEAU verkauft. Gehaltvolle, üppige Weine, die in neuen BARRIQUES ausgebaut werden. Im selben Besitz sind auch die Châteaux Chambert-Marbuzet und Tour de Marbuzet. Zweitetikett: MacCarthy.

Haut-Sarpe St-Ém r ★★ **00' 01 04 05 06 08 09 10 11** 12 14 – GRAND CRU CLASSÉ mit elegantem CHÂTEAU und Park; Weine in reichhaltigem, tieffarbigem, modernem Stil (70% MERLOT) und deutlicher Eichennote. Der Besitzer von Ch. L'ANGÉLUS berät.

Hosanna Pom r ★★★★ **99 00 01 03 04 05' 06 07 08** 09' 10' **11** 12 14 15 – Ehemals Ch. Certan-Guiraud, bis zum Kauf durch J.-P. MOUEIX und der Umbenennung 1999. Mitten im POMEROL-Plateau gelegen. Die Weine besitzen Kraft, Komplexität, Klasse und brauchen Zeit. 2013 wurde kein Hosanna erzeugt. Stallgefährte von La FLEUR-PÉTRUS und TROTANOY.

Issan, d' Mar r ★★★ **00' 01 02 03 04' 05' 06 07 08 09' 10'** 11 12 13 14 15 – 3. Cru mit burgartigem CHÂTEAU. Herrlich duftende Weine, jetzt in Bestform. Emmanuel Cruse und Jacky Lorenzetti sind die Eigentümer (siehe LILIAN LADOUYS, PEDESCLAUX). Zweitetikett: Blason d'Issan.

Jean Faure St-Ém r ★★ **05 06 08 09 10 11** 12 14 15 – Ökologisch bewirtschafteter GRAND CRU CLASSÉ mit Lehm-, Sand- und Kiesböden; Nachbargut von La DOMINIQUE. Frisch-eleganter Stil dank 50% CABERNET FRANC. Haut-Ballet (FRONSAC) und Mas Amiel (MAURY) gehören zum selben Besitz.

Kirwan Mar r ★★★ **95 96 98 99 00' 01 02 03 04 05' 06 07 08 09** 10' **11** 12 14 15 – 3. Cru auf dem Plateau von Cantenac. In den 1990er-Jahren waren die Weine dicht gewirkt und fleischig, jetzt zeigen sie mehr Finesse – dafür sorgt der frühere Kellerchef von CH. PALMER. Eric Boissenot berät. Zweitetikett: Les Charmes de Kirwan.

Labégorce Mar r ★★→★★★ **02 03 04 05' 07 08 09** 10' **11** 12 14 15 – Das beachtliche, nicht klassifizierte MARGAUX-Gut wird von Marjolaine de Coninck geführt; Besitzer ist die Familie Perrodo. Investitionen haben zu Fortschritten geführt, das benachbarte CH. Labégorce Zédé wurde geschluckt. Schöner Wein in modernem Stil. Ch. MARQUIS D'ALESME gehört ebenfalls dazu.

Lafaurie-Peyraguey Saut w; s ★★★ **83' 85 86' 88' 89' 90' 95 96' 97 98 99 01' 02 03' 04 05' 06 07 09' 10' 11'** 13 14 15 – Führender Cru classé in Bommes, im Besitz von Silvio Denz (Luxusgüterunternehmen Lalique), dem auch CHÂTEAU FAUGÈRES gehört. Das Lalique-Design »*Femme et Raisins*« wird seit 2013 auf die Flaschen geprägt. Voller, harmonischer Süßwein (90% SÉMILLON). Denis Dubourdieu berät. Zweitetikett: La Chapelle de Lafaurie-Peyraguey.

Lafite Rothschild Pau r ★★★★ **86' 88' 89' 90' 93 94 95 96' 97 98' 99 00' 01' 01' 02 03' 04' 05' 06 07 08'** 09' 10' 11' 12 13 14 15 – PREMIER CRU mit berühmtem, verschwenderischem Duft und Stil, aber niemals schwer, heutzutage allerdings dichter gewirkt und geschmeidiger. Große Jahrgänge brauchen jahrzehntelange Lagerung. Charles Chevallier, seit 1994

Kellermeister, wird Berater (2016), seine Stelle nimmt Eric Kohler ein. Joint Ventures in Chile, Kalifornien, Portugal, Argentinien und neuerdings auch im MIDI, in Italien und in China. Zweitetikett: CARRUADES DE LAFITE. Zum Besitz gehören auch die CHÂTEAUX DUHART-MILON, L'ÉVANGILE und RIEUSSEC.

Lafleur Pom r ★★★★ **86 88' 89' 90' 93 94 95 96 98' 99' 00' 01' 02 03 04' 05' 06' 07** 08 09' 10' 11' 12 13 14 15 – Ausgezeichnetes, allerdings sehr kleines Gut in Familienhand, kultiviert wie ein Garten. Elegante, intensive Weine zum Einkellern; teuer. Zum selben Besitz gehört auch der BORDEAUX SUPÉRIEUR Grand Village. Zweitwein: Pensées de Lafleur.

Lafleur-Gazin Pom r ★★ **00 01 04 05 06 08 09 10 11 12** 14 – Kleines Gut am nördlichen Hang des POMEROL-Plateaus im Besitz von J.-P. MOUEIX. Leichterer, geschmeidiger Stil.

Lafon-Rochet St-Est r ★★★ **90' 95 96' 98 99 00' 01 02 03' 04 05' 06 08 09'** 10' 11 12 13 14 15 – Der 4. Cru, Nachbar von CH. COS D'ESTOURNEL wird von Michel und Basile Tesseron geleitet. Die gelben Etiketten sind ein Hingucker. Ein hoher MERLOT-Anteil (40 %) sorgt für Opulenz und Textur, während CABERNET SAUVIGNON zur nötigen Struktur für ein langes Leben verhilft. J.-C. Berrouet, der frühere Kellerchef von PETRUS, berät. Zweitetikett: Les Pélerins de Lafon-Rochet.

Lagrange St-Jul r ★★★ **89' 90' 94 95 96 98 99 00' 01 02 03 04 05' 06 08 09'** 10' **11** 12 13 14 15 – Seit 1983 im Besitz des japanischen Getränkekonzerns Suntory befindliches großes 3.-Cru-Gut (115 ha), jetzt in bester Verfassung. In Weinberge und Keller wurde kräftig investiert. Eric Boissenot berät. Auch trockener Weißwein Les Arums de Lagrange. Zweitetikett: Les Fiefs de Lagrange (günstig).

Lagrange Pom **r** ★★ **98 00 01 04 05 06 09 10** – Kleine Reblage in POMEROL, am Nordende des Plateaus. Seit 1953 im Besitz des in Libourne ansässigen Handelshauses J.-P. MOUEIX. 95 % MERLOT. Leicht im Stil, aber gutes Preis-Leistungs-Verhältnis.

Lagune, La H-Méd r ★★★ **96' 98 00' 02 03 04 05' 07 08 09'** 10' **11** 12 14 – 3. Cru ganz im Süden des MÉDOC. Schwächelte in den 1990er-Jahren, ist aber inzwischen wieder in Form. Schön konturierte Weine, die jetzt mehr Struktur und Tiefe haben. Tendenz zum Ökoweinbau. Eigentümer ist Jean-Jacques Frey, dem auch JABOULET AÎNÉ und CH. de Corton André (Burgund) gehören; seine Tochter Caroline ist die Kellermeisterin. Außerdem CUVÉE Mademoiselle L von einem Weinberg in Cussac-Fort-Médoc.

Lamarque, de H-Méd r ★★ **00' 02 03 04 05' 06 08 09' 10' 11** 12 **14** – Prachtvolle mittelalterliche Burg im HAUT-MÉDOC. Weinberg grenzt an MOULIS. Preiswerte, sachkundig bereitete reizvolle Weine von mittlerer Lebensdauer. Zweitetikett: D de Lamarque. Außerdem etwas Rosé.

Lanessan H-Méd r ★★ **02 03 04 05 08 09 10' 11 12** 14 – Vornehmes Gut südlich von ST-JULIEN, seit dem 18. Jh. im Besitz der Familie Bouteiller. Hat sich unter Kellermeister Paz Espejo seit 2010 gesteigert. Zweitetikett: Les Calèches de Lanessan.

Langoa Barton St-Jul r ★★★ **95' 96' 98 99 00' 01 2 03 04' 05' 06 07 08 09'** 10' **11** 12 13 14 15 – Schwestergut von LÉOVILLE BARTON, 3. Cru, die Weine haben manchmal sogar mehr Charme. Zum Gut gehört die Kartause des Besitzers Anthony Barton aus dem 18. Jh. Beständig gutes Preis-Leistungs-Verhältnis. Zweitetikett: Réserve de Léoville Barton.

Larcis Ducasse St-Ém r ★★★ **89' 90' 95 96 98 00 02 03 04 05' 06 07 08 09'** 10' **11** 12 13 14 15 – PREMIER GRAND CRU CLASSÉ in Familienbesitz, geführt vom Duo Thienpont-DERENONCOURT. Seit 2004 in spektakulärer Form. Spitzenjahrgänge können 40 Jahre und mehr überdauern. Zweitetikett: Murmure de Larcis Ducasse.

Bordeaux

Larmande St-Ém r ★★ **00' 01 03 04 05 06 07 08 09' 10 12** 14 15 – Sehr großes GRAND-CRU-CLASSÉ-Gut, wie auch CH. SOUTARD im Besitz der Versicherung La Mondiale. Neu bestockt und ausgestattet. Zweitetikett: Le Cadet de Larmande.

Laroque St-Ém r ★★→★★★ **01 03 04 05 06 08 09' 10' 11 12** 14 15 – Großer GRAND CRU CLASSÉ mit neuem Kellermeister (2015). Vorwiegend MERLOT (87 %). Frische, vom Terroir geprägte Weine.

Larose Trintaudon H-Méd **r** ★★ **04 05 06 07 08 09' 10 11 12** 14 – Größte Rebfläche im MÉDOC: 190 ha, nachhaltig bewirtschaftet. Früher ein leichter, süffiger Wein, jetzt geschliffen-sanft und modern. Zweitetikett: Les Hauts de Trintaudon. Die Sondercuvée Larose Perganson stammt von separaten Parzellen. CH. Arnauld gehört mit zum Besitz.

Laroze St-Ém r ★★ **98' 99 00 01 05 06 07 08 09' 10' 12** 14 15 – In Familienbesitz befindlicher GRAND CRU CLASSÉ. Recht leichte Weine von Sandböden, neuerdings mit mehr Tiefe. Vergleichsweise früh trinkreif und preiswert. Zweitetikett: La Fleur Laroze. Auch Lady Laroze.

Larrivet Haut-Brion Pes-L r w ★★★ r **00 01 02 03 04 05' 06 07 08 09** 10' **11** 12 14 15; w **05 06 07 08 09 10' 11 12 13 14** 15 – Nicht klassifiziertes Gut in PESSAC-LÉOGNAN, im Besitz des Konfitürenherstellers Bonne Maman. Voller, moderner Rotwein; auch sinnlich-aromatischer fassvergorener Weißer (SAUVIGNON BLANC/SÉMILLON). DERENONCOURT berät (2015). Zweitetikett: Les Demoiselles de Larrivet Haut-Brion.

Lascombes Mar r (rs) ★★★ **98' 99 00 01 02 03 04 05' 06 07 08 09'** 10' 11 **12** 14 15 – 2.-Cru-Gut im Besitz einer französischen Versicherungsgesellschaft. Die Weine waren lange nicht zufriedenstellend, sind jetzt aber voll, dunkel, konzentriert und modern, besitzen aber trotzdem mitunter den MARGAUX-typischen Duft. Viel MERLOT (über 50 %). Ein wenig Flaschenreifung tut ihnen gut. Zweitetikett: Chevalier de Lascombes.

Latour Pau r ★★★★(★) **85 86 88' 89 90' 91 94 95' 96' 97 98 99 00' 01 02 03' 04' 05' 06 07 08** 09' 10' 11' 12 13 14 15 – Der PREMIER CRU gilt als großartigste Verkörperung des roten BORDEAUX. Die Weine sind tiefgründig, intensiv, in guten Jahren fast ewig haltbar, und sogar schwächere Jahrgänge zeigen den unverwechselbaren Geschmack und halten sich viele Jahre. Der *grand vin* stammt vom historischen Weinberg Enclos, der seit 2015 vollständig ökologisch bewirtschaftet wird, ein Teil sogar biologisch-dynamisch. Der *En-primeur*-Verkauf wurde 2012 eingestellt – die Freigabe erfolgt jetzt erst, wenn der Wein als genussreif erachtet wird (der 2003er im Jahr 2015). Neue Keller bieten mehr Lagerfläche. Zweitetikett: Les FORTS DE LATOUR; Drittetikett: Pauillac. Selbst diese Weine halten sich 12 Jahre.

Latour à Pomerol Pom r ★★★ **89' 90' 95 96 98' 99 00' 01 02 04 05' 06 07 08 09' 10' 11** 12 14 15 – Der Weinberg umgibt die Kirche von POMEROL; die Leitung hat J.-P. MOUEIX. Außerordentlich verlässliche, fleischige, schön strukturierte Weine, die gut altern.

Latour-Martillac Pes-L r w ★★ r **98 00 01 02 03 04 05' 06 08 09'** 10' **11** 12 14 15; w **03 04 05 06 07 08 09 10' 11 12 13 14** 15 – Cru classé im Besitz von Tristan und Loïc Kressmann. Ordentliche Qualität bei den Roten wie bei den Weißen, für dieses Niveau moderate Preise. Zweitetikett: Lagrave-Martillac (rot und weiß).

Laurets, des St-Ém **r** ★★ **05 06 08 09 10 12** 14 – Großes Gut beidseits der Grenze zwischen PUISSEGUIN ST-ÉMILION und MONTAGNE ST-ÉMILION. Les Laurets ist eine Spezial-CUVÉE, reinsortig von MERLOT. Eigentümer ist Benjamin de Rothschild (CH. CLARKE).

Laville Saut w; s ★★ **01 03 04 06 07 09 10 11** 13 14 – In Familienbesitz befindliches Gut in Preignac in der Nähe von BASTOR-LAMONTAGNE. Der Weinmacher lehrt auch an der Önologischen Fakultät der Universität BORDEAUX. Die von SÉMILLON (85 %) geprägten edelfaulen Weine sind üppig und voll – preiswerter nicht klassifizierter SAUTERNES.

Laville Haut-Brion Pes-L w ★★★★ **94 95' 96' 98 00' 01 02 03 04' 05' 06 07 08'** – Der frühere Name für La MISSION HAUT-BRION Blanc (2009 umbenannt). Jährlich nur 8.000 Flaschen des besten weißen GRAVES (überwiegend SÉMILLON), der sehr gemächlich seine saftige Reife entfaltet. Wunderbar zuverlässig. Zweitetikett: La Clarté de Haut-Brion (ehemals Les Plantiers); für ihn wird auch Lesegut von HAUT-BRION verwendet.

Einkaufstipp: Zweitweine

Verlässliche Zweitetiketten von Cru-classé-Gütern sind u. a.: Dame de MONTROSE, Fiefs de LAGRANGE, Tourelles de Longueville (PICHON BARON), Réserve de LÉOVILLE (BARTON), SÉGLA (RAUZAN-), Alter Ego (PALMER), Allées de CANTEMERLE. Sie sollen aber nicht vergessen, dass Sie für den berühmten Namen mitbezahlen – ein CRU BOURGEOIS zum selben Preis aus demselben Jahr ist nicht selten der bessere Wein.

Léoville Barton St-Jul r ★★★★ **88' 89' 90' 94' 95' 96' 98 99 00' 01 02 03' 04 05' 06 07 08'** 09' 10' 11 12 13 14 15 – 2.-Cru-Gut, das kleinste der drei Léoville-CHÂTEAUX, seit 1826 im Besitz der anglo-irischen Familie Barton (gegenwärtig Anthony Barton, unterstützt von Tochter Lilian und Enkelin Mélanie). Harmonischer, klassischer roter BORDEAUX; Anthony Barton hält den 2010er für einen der größten. Eric Boissenot berät. Teilt die Keller mit LANGOA BARTON.

Léoville-Las Cases St-Jul r ★★★★ **89' 90' 93 94 95' 96' 97 98 99 00' 01 02 03' 04' 05' 06 07 08** 09' 10' 11' 12 13 14 15 – Das größte Léoville-Gut und seit jeher ein »Super-Deuxième-cru«; der *grand vin* stammt vom Kernstück, dem Grand Enclos (LATOUR benachbart). Elegante, komplexe, kraftvolle Weine, manchmal eher PAUILLAC als ST-JULIEN. Zweitetikett: Le Petit Lion; der CLOS DU MARQUIS ist ein eigenständiger Wein. NÉNIN und POTENSAC sind im selben Besitz.

Léoville Poyferré St-Jul r ★★★★ **86' 88 89' 90' 94 95 96' 98 99 00' 01 02 03 04 05' 06 07 08 09'** 10' 11' 12 13 14 15 – Seit 1920 im Besitz der Familie Cuvelier. Jetzt auf dem Niveau eines »Super Deuxième cru«, mit dunklen, vollen, würzigen, langlebigen Weinen. Ch. Moulin Riche stammt von einem separaten Weingut. Zweitetikett: Pavillon de Léoville Poyferré. Ch. Le CROCK gehört auch dazu.

Lestage Listrac r ★★ **00 02 03 04 05 06 08 09 10 11 12** 14 – Wie CH. FONRÉAUD im Besitz der Familie Chanfreau; mehr MERLOT (56 %). Fester, etwas verschlossener roter BORDEAUX. Außerdem Ch. Caroline (MOULIS).

Lilian Ladouys St-Est r ★★ **00 03 04 05 06 07 08 09' 10' 11** 12 14 – Das in den 1980er-Jahren geschaffene Gut besitzt insgesamt 100 Rebparzellen. Feste, manchmal robuste Weine; die jüngsten Jahrgänge zeigen größere Finesse. Selber Eigentümer und Kellermeister wie bei CH. PÉDESCLAUX.

Liversan H-Méd r ★★ **00 02 03 04 05 07 08 09 10 12** 14 – Der CRU BOURGEOIS im nördlichen HAUT-MÉDOC hat denselben Eigentümer wie PATACHE D'AUX. Wein in rundem (50 % MERLOT), aber durchaus strukturiertem Stil. Zweitetikett: Les Charmes de Liversan.

Loudenne Méd r (w) ★★ r r ★★ **02 03 04 05 06 09' 10' 11 12** 14; w **08 09 10 11 12 13 14** – Großes CRU-BOURGEOIS-Gut, gehörte erst der britischen Weinhandelsfirma Gilbey's, dann der Familie Lafragette, und ist nun in chinesischem Besitz. Auffällige rosafarbene *chartreuse* (Kartause) aus dem 18. Jh. am Flussufer. Reife, runde Rotweine; auch SAUVIGNON BLANC mit leichter Eichennote. Nicht zu vergessen der Rosé Pink de Loudenne.

Louvière, La Pes-L r w ★★★ r **00' 01 02 04 05' 06 07 08 09'** 10' **11 12** 14; w **01 02 03 04' 05' 06 07 08 09' 10' 11 12 13** 14 – André Lurtons ganzer Stolz: Exzellenter Weißwein (100% SAUVIGNON BLANC) sowie Rotwein in Cru-classé-Qualität. Siehe auch BONNET, COUHINS-LURTON und de ROCHEMORIN.

Lussac, de St-Ém r ★★ **04 05 06 07 08 09 10 11 12** 14 – Spitzengut in LUSSAC ST-ÉMILION, in das viel Geld gesteckt wurde; Stallgefährte von FRANC MAYNE. Zweitetikett: Le Libertin de Lussac. Auch ein wenig Rosé

Süßwein-Genossenschaft

In SAUTERNES ist mit den Sauternes VIGNERONS eine neue Genossenschaft mit 15 Gründungsmitgliedern entstanden. Der erste Jahrgang, 2015, wurde noch in den Kellern der Winzer bereitet und dann verschnitten, doch 2016 soll die neue Kellerei fertig sein. Es ist eine mutige Initiative, die Ressourcen bündeln will, um Qualität in nennenswerten Mengen zu bieten – eine Hilfe, die Sauternes gut gebrauchen kann.

Lynch-Bages Pau r (w) ★★★★ **88' 89' 90' 94 95' 96' 98 99 00' 01 02 03 04' 05' 06 07 08** 09' 10' 11 12 13 14 15 – Seit eh und je beliebtes Weingut, heute ein regelrechter Star, der das übliche 5.-Cru-Niveau weit überstrahlt. Erzeugt vollen, dicht gewirkten Wein mit hohem CABERNET-SAUVIGNON-Anteil. Zweitetikett: Echo de Lynch-Bages. Außerdem ein guter Weißwein, jetzt in frischerem Stil: Blanc de Lynch-Bages. Erhielt 2016 den internationalen Preis Best of Wine Tourism. Ein neues System, den Wein im Fass mit Sensoren zu überwachen, wird erprobt. LES ORMES DE-PEZ ist im selben Besitz.

Lynch-Moussas Pau r ★★ **00' 01 02 03 04 05' 07 08 09** 10' **11** 12 14 – 5.-Cru-Gut im Besitz von BORIE-MANOUX. Relativ früh trinkreife Rote von zunehmender Qualität. Zweitetikett: Les Hautes de Lynch-Moussas.

Lyonnat St-Ém r ★★ **03 04 05 06 08 09 10 12** 14 – Führend in LUSSAC ST-ÉMILION; in letzter Zeit präziser bereitete Weine. Der Eigentümer von CH. L'ANGÉLUS berät.

Magdelaine St-Ém r ★★★ **89' 90' 95 96 98' 99 00 01 03 04 05 06 07 08 09'** 10' **11** – Ging 2012 im CH. BELAIR-MONANGE auf und existiert nicht länger als eigenständiger Betrieb. Zarte, feine, trügerisch langlebige Weine; ab 2008 mit mehr Dichte und Gewichtigkeit.

Malartic-Lagravière Pes-L r (w) ★★★ r **98 99 00' 01 02 03 04' 05' 06 08 09'** 10' **11** 12 14 15; w **00 01' 02 03 04' 05' 06 07 08 09' 10' 11 12 13 14** 15 – Cru classé in PESSAC-LÉOGNAN. Volle, moderne Rote sowie kleine Mengen von opulentem SAUVIGNON BLANC. Der belgische Eigentümer hat den Besitz revolutioniert und flächenmäßig verdreifacht. Michel ROLLAND berät. CH. Gazin Rocquencourt (Pessac-Léognan) gehört ebenfalls zum Besitz.

Malescasse H-Méd r ★★ **01 02 03 04 05 06 08 09 10 11 12** 14 – CRU BOURGEOIS nahe MOULIS. Geschmeidige Weine zu erschwinglichen Preisen. Stéphane DERENONCOURT berät. Zweitetikett: La Closerie de Malescasse.

Malescot St-Exupéry Mar r ★★★ **96 98 99 00' 01 02 03 04 05' 06 07 08' 09'** 10' **11** 12 14 15 – In guter Form befindlicher 3. Cru mit reifem, duftendem, fein strukturiertem MARGAUX; über 50% CABERNET SAUVIGON. Zweitetikett: La Dame de Malescot.

Malle, de Saut r w; tr s ★★★ w s **90' 95 96' 97' 98 99 01' 02 03' 05 06 07 09 10' 11'** 13 14 – CHÂTEAU in Preignac mit sehr feinem, mittelschwerem SAUTERNES; auch trockener weißer M. de Malle (GRAVES). Das Schloss ist ein historisches Monument.

Margaux, Château Mar r (w) ★★★★ **86' 88' 89' 90' 93 94 95' 96' 97 98' 99 00' 01' 02 03' 04' 05' 06' 07 08** 09' 10' 11' 12 13 14 15 – PREMIER CRU; der verführerischste und beständigste aller MARGAUX-Weine mit dem legendären Bukett. Corinne Mentzelopoulos besitzt und leitet das Gut. 2015 wurde ein neuer technischer Direktor eingestellt und der erste Jahrgang Weißwein in der neuen, von Norman Foster entworfenen Erweiterung der Kellerei gekeltert. Zweitetikett: Pavillon Rouge (**02 03 04' 05' 06 08 09' 10' 11** 12 14). Der sortenreine SAUVIGNON BLANC Pavillon Blanc (**06 07 08 09' 10 11' 12' 13' 14**) ist der beste Weißwein des MÉDOC und in den letzten Jahren frischer ausgefallen.

Marojallia Mar r ★★★ **00' 01 02 03 04 05' 06 07 08 09' 10 11 12** – Das Mikro-CHÂTEAU will mit mächtigen, gehaltvollen, für MARGAUX untypischen Weinen (70% CABERNET SAUVIGNON) hohe Preise erzielen. Die Jahrgänge seit 2011 fielen weniger wuchtig aus. Zweitetikett: CLOS Margalaine.

Marquis d'Alesme Mar r ★★ **00 01 04 05 07 08 09' 10'** 11 12 14 – 3. Cru im Ort MARGAUX. Investitionen brachten Fortschritte, seit 2009 geht es aufwärts. Neue, chinesisch inspirierte HightechkKellerei. Stallgefährte von LABÉGORCE.

Marquis de Terme Mar r ★★→★★★ **90' 95 96 98 99 00' 01 02 03 04 05' 06 07 08 09' 10'** 11 12 14 15 – 4.-Cru-Gut mit Weinbergbesitz im Umkreis der Ortschaft MARGAUX. Investitionen, Renovierung, neuer Geschäftsführer seit 2009; das Gut ist im Aufwind. Der früher eher robuste Wein ist jetzt verführerischer.

Maucaillou Moulis r ★★ **03 04 05 06 08 09 10 11** 12 14 15 – Einigermaßen beständiges, besucherfreundliches Weingut in MOULIS in Familienbesitz (DOURTHE). Saubere, frische, günstige Weine.

Mayne Lalande Listrac r ★★ **05 08 09 10 11 12** 14 – Führendes LISTRAC-Gut im Besitz von Bernard Lartigue, der es auch führt. Volle, fein texturierte Weine. Der Besitzer von CH. L'ANGÉLUS berät.

Mazeyres Pom r ★★ **00 01 04 05' 06 08 09** 10 **12** 14 – Eher leichter, aber verlässlicher POMEROL; geschmeidig und jung zu genießen. Ungewöhnlich sind die 2–3% PETIT VERDOT. Seit 2012 biologisch-dynamischer Anbau. Das Gut wird vom Eigentümer von CH. FONROQUE geleitet.

Meyney St-Est r ★★→★★★ **00 01 02 03 04 05' 06 08 09'** 10' **11'** 12 14 – Großer Besitz am Uferhang, hervorragende Reblage neben CH. MONTROSE. Vor Kurzem wurde kräftig investiert. Besitzer ist die Crédit-Agricole-Tochter CA GRANDS CRUS, der auch die Châteaux GRAND-PUY DUCASSE und La TOUR DE MONS gehören. Stets robuste, gut strukturierte Weine auf CABERNET-SAUVIGNON-Basis, die zuverlässig alt werden können. Berater ist der Eigentümer von CH. L'ANGÉLUS. Zweitetikett: Prieur de Meyney.

Mission Haut-Brion, La Pes-L r ★★★★ **86 88 89' 90' 93 94 95 96' 98' 99 00' 01 02 03 04 05' 06 07 08** 09' 10' 11' 12 13 14 15 – 1983 von der Familie Dillon von HAUT-BRION erworbenes Gut. Beständig hochklassiger, vollblütiger Wein mit langer Reifezeit, sogar noch prachtvoller als Haut-Brion, obwohl das technische Team dasselbe ist. Zweitetikett: La Chapelle de La Mission. Außerdem großartiger, von SÉMILLON dominierter

Weißwein, der früher LAVILLE HAUT-BRION hieß und in La Mission Haut-Brion Blanc (**09' 10' 11' 12' 13 14** 15) umbenannt wurde.

Monbousquet St-Ém r (w) ★★★ **00' 01 02 03 04 05' 06 07 08 09' 10' 11** 12 14 15 – Relativ großer GRAND CRU CLASSÉ auf Kies-Sand-Boden, der von Gérard Perse gründlich umgekrempelt wurde. Konzentrierte Weine der üppigsten Art mit Eichennote. Seit 1998 zudem seltener (600 Kisten), sehr guter Sauvignon blanc/Sauvignon gris (AC BORDEAUX). Zweitetikett: Angélique de Monbousquet.

Monbrison Mar r ★★→★★★ **96' 98 00 01 02 04 05' 06 08 09'** 10' **11** 12 14 15 – Kleiner Familienbetrieb in Arsac mit zartem, duftendem MARGAUX (65% CABERNET SAUVIGNON).

Mondotte, La St-Ém r ★★★→★★★★ **96' 97 98' 99 00' 01 02 03 04' 05' 06 07 08** 09' 10' **11** 12 13 14 15 – Kleiner PREMIER GRAND CRU CLASSÉ auf dem Kalksteinplateau. Intensive, feste und kraftstrotzende Weine von beständig hoher Qualität; seit 2014 zertifizierter Ökobetrieb. Im selben Besitz wie CANON LA GAFFELIÈRE und CLOS DE L'ORATOIRE.

Montrose St-Est r ★★★★ **88 89' 90 93 94 95 96' 98 00' 01 02 03' 04 05' 06 07 08** 09' 10' 11 12 13 14 15 – 2. Cru mit Rebbesitz an der Gironde, berühmt für wuchtigen, langlebigen, tiefdunklen Rotwein. Die Jahrgänge 1979 bis 1985 (außer 1982) fielen leichter aus. Besitzer sind die Gebrüder Bouygues, deren große Investitionen sich nun auszahlen (brillanter 2014er). Stellt jetzt auch auf Ökoanbau um. Zweitetikett: La Dame de Montrose.

Moulin du Cadet St-Ém r rs ★★ **98 00 01 03 05 08 09 10' 11** 12 14 15 – Kleiner GRAND CRU CLASSÉ; seit 2015 im selben Besitz wie CH. SANSONNET. Zertifizierter biologisch-dynamischer Anbau. Früher robuste Weine, jetzt mit mehr Duft und Finesse.

Moulinet Pom **r** ★★ **00 01 04 05 06 08 09 10 11 12** – Für POMEROL-Verhältnisse großes CHÂTEAU. Berater ist Stéphane DERENONCOURT. Preiswerte Weine im leichteren Stil.

Moulin Haut Laroque r ★★ **04 05' 06 08 09' 10' 11 12** 14 15 – Führendes Gut in FRONSAC, geführt von Jean-Noël Hervé. Beständige Qualität, strukturierte Weine mit Alterungspotenzial von MERLOT, CABERNET FRANC und 80 Jahre alten MALBEC-Reben. Preiswert.

Moulin Pey-Labrie r ★★ **01 02 03 04 05' 06 08 09' 10' 11** 12 14 15 – Führendes Gut in CANON-FRONSAC. Kräftige Weine mit guter Struktur, die altern können.

Moulin St-Georges St-Ém r ★★★ **00' 01 02 03 04 05' 06 08 09'** 10' **11** 12 13 14 15 – Gut im Besitz derselben Familie wie das gegenüber gelegene CH. AUSONE. Dichte, stilvolle Weine; würde eine Klassifizierung verdienen.

Mouton Rothschild Pau r (w) ★★★★ **82' 83' 85' 86' 88' 89' 90' 93' 94 95' 96 97 98' 99 00' 01' 02 03 04' 05' 06' 07 08'** 09' 10' **11'** 12 13 14 15 – Philippe Sereys de Rothschild hat nun die Gutsleitung übernommen, Philippe Dhalluin ist Chefkellermeister. Der exotischste und sinnlichste der GRANDS CRUS von PAUILLAC ist nun auf seinem Höhepunkt. Das Etikett für 2013 hat der koreanische Künstler Lee Ufan gestaltet. Der Weißwein heißt Aile d'Argent (SAUVIGNON BLANC/SÉMILLION). Zweitetikett: Le Petit Mouton. Siehe auch Opus One (Kalifornien) und Almaviva (Chile).

Nairac Saut w; s ★★ **95' 96 97' 98 99 01' 02 03' 04 05' 06 07 09' 10** 11 13 14 – Cru classé in BARSAC im Besitz der Familie Tari. Wein der üppigeren Art, aber gut in Form. Das Zweitetikett heißt Esquisse de Nairac: ebenfalls voll, aber frisch.

Nénin Pom r ★★★ **95 96 98 99 00' 01 02 03 04 05 06 07 08 09' 10' 11** 12 13 14 15 – Dieselben Besitzer wie CH. LÉOVILLE-LAS CASES. 20 Jahre Investitionen und Entwicklung, Ausweitung des Rebbesitzes. Die Arbeit hat sich gelohnt, wie die letzten Jahrgänge zeigen. Der Wein gibt sich etwas zurückhaltend, ist aber dennoch generös, präzise bereitet und auf ein langes Leben ausgelegt. Der günstige Zweitwein heißt Fugue de Nénin.

Olivier Pes-L r w ★★★ r **00 01 02 04' 05' 06 08 09'** 10' **11** 12 13 14 15; w **04' 05' 06 07' 08 09 10' 11 12 13 14** 15 – Cru classé mit schönem Wasserschloss. Investitionen und deren kluge Verwertung haben in den vergangenen Jahren zu grundlegenden Veränderungen geführt. Vorbildlich! Zweitetikett (rot): Le Dauphin d'Olivier.

Ormes de Pez, Les St-Est r ★★→★★★ **00' 01 02 03 04 05 06 07 08 09'** 10' 11 12 14 15 – Im Besitz der Familie Cazes von CH. LYNCH-BAGES; Qualität garantiert. Die dichten, fleischigen Weine brauchen Zeit.

Ormes Sorbet, Les Méd r ★★ **00' 01 02 03' 04 05 06 08 09' 10' 11 12** 14 – Beständiger, verlässlicher CRU BOURGEOIS in Familienbesitz mit eleganten, leicht eichenwürzigen Weinen, die altern können. Zweitetikett: CH. de Conques. Im selben Besitz wie Ch. Fontis.

Palmer Mar r ★★★★ **83' 85 86' 88' 89 90 93 94 95 96' 98' 99 00 01' 02 03 04 05' 06' 07 08'** 09' 10' 11' 12 13 14 15 – 3. Cru, der den »Super-Deuxième-crus« (und manchmal so manchem PREMIER CRU) ebenbürtig ist. Sinnlicher Wein mit Wucht, Delikatesse und viel MERLOT (40 %). Das Gut ist in holländischem (MÄHLER-BESSE) und britischem (Familie SICHEL) Besitz. Ausschließlich biologisch-dynamischer Anbau. Kürzlich wurde viel Geld in neue Keller, Gebäude und einen englischen Park gesteckt. Zweitetikett: Alter Ego de Palmer.

Pape Clément Pes-L r (w) ★★★→★★★★ r **90' 94 95 96 98' 99 00' 01 02 03 04 05 06 07 08 09'** 10' 11 12 13 14 15; w **02 03 04 05' 07 08 09 10' 11 12 13 14** 15 – Das historische Weingut im Besitz von Bernard Magrez (siehe CLOS HAUT-PEYRAUGUEY, FOMBRAUGE, La TOUR-CARNET) liegt in den Außenbezirken der Stadt BORDEAUX. Dichte, langlebige Rotweine. Außerdem gehaltvoller Weißer mit Eichennote in sehr kleinen Mengen. Zweitwein: Le Clémentin du Pape-Clément.

Patache d'Aux Méd **r** ★★ **04 05' 06 07 09 10 11 12** 14 – Populärer CRU BOURGEOIS in Bégadan im nördlichen MÉDOC. Von CABERNET SAUVIGNON (60 %) geprägter, verlässlicher, günstiger Wein. Siehe auch CH. LIVERSAN.

Pavie St-Ém r ★★★★ **90' 94 95 96 98 99 00' 01 02 03 04 05' 06 07 08 09'** 10' 11 12 13 14 15 – PREMIER GRAND CRU CLASSÉ (A) mit prachtvollen Reblagen auf dem Plateau und in den südlichen Côtes. Das ist der neue Stil in ST-ÉMILION: intensiv, holzlastig, ausladend-üppig. Imposante 14-Millionen-Euro Kellerei. Der 2012er trägt ungewöhnliche goldene und silberne Etiketten. Zweitetikett: Arômes de Pavie. Der Esprit de Pavie ist ein einfacher AC BORDEAUX.

Pavie-Decesse St-Ém r ★★ **98' 00' 01' 02 03 04 05' 06 07 08 09'** 10' 11 12 14 15 – Sehr kleiner Cru classé in den Côtes; ebenso kraftvoll und muskulös wie das Schwestergut PAVIE.

Pavie-Macquin St-Ém r ★★★ **89' 90' 94 95 96' 98' 99 00' 01 02 03 04 05' 06 07 08 09'** 10' **11** 12 13 14 15 – PREMIER GRAND CRU CLASSÉ mit Rebland auf dem Kalksteinplateau, Nachbar von PAVIE und TROPLONG MONDOT. Geleitet von Nicolas Thienpont, Stéphane DERENONCOURT berät. Kräftige, strukturierte Weine, die Flaschenreife benötigen. Zweitwein: Les Chênes de Macquin.

Pédesclaux Pau r ★★ **00 02 03 04 05 06 09** 10' 11 12 13 14 15 – Der 5. Cru schöpft sein Potenzial nicht aus, wird aber gerade wieder aufgepäppelt und reorganisiert. Seit 2009 wurde die Rebfläche vergrößert und eine neue Kellerei gebaut. 2014 war das bislang beste Jahr. Zweitetikett: Fleur de Pédesclaux.

Petit-Village Pom r ★★★ **98' 99 00' 01 03 04 05 06 07 08 09' 10' 11** 12 13 14 15 – Das POMEROL-Gut gegenüber von VIEUX CHÂTEAU CERTAN hat qualitativ erheblich zugelegt. Stéphane DERENONCOURT berät; 2015 kam ein neuer Kellermeister. Im Besitz der AXA-Versicherung. Schmeichelnder, dicht gewirkter Wein mit zunehmend feineren Tanninen. Zweitetikett: Le Jardin de Petit-Village.

Petrus Pom r ★★★★ **78 79' 81 82' 83 85' 86 88' 89' 90 93' 94 95' 96 97 98' 99 00' 01 02 03 04' 05' 06 07** 08 09' 10' 11' 12 13 14 15 – Das inoffizielle Spitzengewächs von POMEROL: reiner, himmlischer MERLOT. Der Blaulehmboden (mit Spuren von Eisenortstein, frz. *crasse de fer*) erbringt Weine von unvergleichlicher Fülle und Konzentration (2.500 Kisten). Kellermeister sind Vater Jean-Claude Berrouet (45 Jahrgänge) und Sohn Olivier (seit 2007). Eigentümer ist Jean-François MOUEIX. Neue Kellerei. Kein Zweitwein.

Das perfekte Jahr

Denis Dubourdieu, der Direktor des *Institut des Sciences de la Vigne et du Vin* in BORDEAUX, hat fünf Voraussetzungen für einen erfolgreichen Jahrgang identifiziert: frühe und rasche Blüte; ein bisschen Wasserstress beim Fruchtansatz; Stress, um das Rebenwachstum vor der *véraison* einzudämmen; etwas Regen im August (zusammen mit Sonnenschein) sowie günstige Bedingungen kurz vor und während der Lese. Wenn Sie das alles abhaken können, haben Sie das perfekte Jahr (z. B. 2015 in den meisten Gebieten).

Pey La Tour Bx r ★★ **08 09 10 11 12 14** – Großes Gut im Besitz von DOURTHE mit preiswertem, qualitätsorientiertem generischem BORDEAUX SUPÉRIEUR. Drei rote CUVÉES, die Réserve du CHÂTEAU ist die Spitzenauslese.

Peyrabon H-Méd **r ★★ 03 04 05 06 09' 10 11 12** – Verlässlicher CRU BOURGEOIS im Besitz des Handelshauses Millésima. La Fleur Peyrabon in PAUILLAC gehört auch dazu.

Pez, de St-Est r ★★★ **00 01 02 03 04 05' 06 07 08 09' 10' 11** 12 13 14 15 – Altes ST-ESTÈPHE-Gut, dem Eigentümer ROEDERER (CHAMPAGNER) zu neuem Glanz verholfen hat. MERLOT/CABERNET SAUVIGNON zu gleichen Teilen. Dichter, verlässlicher Stil.

Phélan Ségur St-Est r ★★★ **96' 98 00' 0 1 02 03 04 05' 06 07 08 09'** 10' **11** 12 14 15 – Den Besitzern gehört auch das Restaurant Taillevent in Paris. Verlässliches, ausgezeichnetes, nicht klassifiziertes CHÂTEAU in ST-ESTÈPHE mit nachhaltigem, geschmeidigem Stil. Zweitetikett: Frank Phélan.

Pibran Pau r ★★ **96 99 00' 01 03 04 05' 06 07 08 09'** 10' **11** 12 13 14 15 – Kleiner Besitz, mit PICHON BARON verbunden. Rassiger Wein mit 70 % MERLOT.

Pichon Baron Pau r ★★★★ **88' 89' 90' 93 94' 95 96 98 99 00' 01 02 03' 04 05' 06 07 08 09'** 10' 11' 12 13 14 15 – Im Besitz der AXA Versicherung, hieß zuvor CH. Pichon-Longueville. Wiederbelebter 2. Cru mit beständig kraftvollem PAUILLAC; eine sichere Sache für lange Lagerung. Zweitetiketten: Les Tourelles de Longueville (zugänglich dank höherem MERLOT-Anteil) und Les Griffons de Pichon Baron (ein »*petit*« Pichon Baron).

Pichon Longueville Comtesse de Lalande (Pichon Lalande) Pau r ★★★★ **85' 86' 88' 89' 90' 94 95 96 98 99 00 01 02 03' 04 05' 06 07 08 09'** 10' **11** 12 13 14 15 – 2. Cru oberhalb von LATOUR, im Besitz von ROEDE-

RER. Stets Spitzenerzeugnisse: langlebige Weine von fabelhafter Rasse. In den 80er und 90ern von MERLOT dominiert, seit einigen Jahren mehr CABERNET SAUVIGNON; die Rebfläche wurde neu bestockt. Neue, mit Schwerkraft betriebene Hightechkellerei seit 2013. Zweitetikett: Réserve de la Comtesse. CH. de PEZ und Ch. HAUT-BEAUSÉJOUR sind Stallgefährten.

Pin, Le Pom r ★★★★ **85 86' 88 89 90' 94 95 96 97 98' 99 00 01' 02 04 05' 06' 07 08 09'** 10' 11 12 14 – Der erste der winzigen Kult-Crus in BORDEAUX (der erste Jahrgang war 1979), lange Zeit in einem Keller von der Größe einer Garage bereitet. Inzwischen eine moderne Kellerei. Sortenreiner MERLOT – er ist fast so üppig wie das Vermögen seiner Genießer, sprich die Preise sind jenseits von Gut und Böse. Kein Zweitetikett. Ein neuer Stallgefährte ist CH. L'If nahe Ch. La MONDOTTE in ST-ÉMILION.

Plince Pom r ★★ **01 04 05 06 08 09 10 11 12** – Gut mit Reblagen in der Nähe von NÉNIN und La POINTE. Maschinelle Lese. Weine in geschmeidigem, fruchtbetontem Stil.

Pointe, La Pom r ★★ **00' 01 04 05 06 07 08 09' 10' 11 12** 14 15 – Der (für POMEROL-Verhältnisse) große, gut geführte Betrieb erzeugt qualitätsorientierten und preiswerten Wein. Die seit 2009 getätigten Investitionen haben Fortschritte gebracht.

Poitevin Méd r ★★ **08 09 10 11 12** 14 – Geschmeidig-eleganter CRU BOURGEOIS in der AC MÉDOC. Bietet seit einigen Jahren verlässliche Qualität.

Pontet-Canet Pau r ★★★★ **88 89' 90 94' 95 96'** 98 99 00' 01 **02' 03 04'** 05' 06' **07 08 09'** 10' 11 12 13 14 15 – Der 5. Cru in Familienbesitz mit Zertifikat für biologisch-dynamischen Weinbau ist derzeit sehr en vogue. Im Zuge der umfassenden Verbesserungsmaßnahmen sind die Preise rasant gestiegen. Zweitetikett: Les Hauts de Pontet-Canet. Hat jüngst Villa Sorriso in Kalifornien gekauft.

Potensac Méd r ★★ **00' 01 02 03 04' 05' 07 08 09'** 10' **11** 12 13 14 15 – Dieselben Besitzer wie CH. LÉOVILLE-LAS CASES. Feste, kraftstrotzende Weine für lange Lagerung; neuerdings mehr MERLOT (40 %). Zweitwein: Chapelle de Potensac.

Pouget Mar r ★★ **00' 01 02 03 04 05' 06 07 08 09'** 10' **11** 12 14 – Zu CH. BOYD-CANTENAC gehörendes, kaum bekanntes 4.-Cru-Gut mit altem Rebbestand. Eher solider MARGAUX, der Flaschenreife benötigt.

Poujeaux Moulis r ★★ **98 00' 01 03 04 05 08 09' 10' 11** 12 14 15 – Im selben Besitz wie CLOS FOURTET in ST-ÉMILION. Etablierter Erzeuger in MOULIS mit 50 % CABERNET SAUVIGNON. Stéphane DERENONCOURT berät. Volle, robuste Weine mit langer Lebensdauer. Zweitetikett: La Salle de Poujeaux.

Premier grand cru classé St-Ém – Siehe Kasten »Die ST-ÉMILION-Klassifikation«, Seite 161.

Pressac, de St-Ém r ★★ **05 06 08 09 10 11** 12 14 15 – GRAND CRU CLASSÉ in St-Étienne-de-Lisse. Die Weine sind von verlässlicher Qualität und zudem preiswert. Zweitwein: Tour de Pressac.

Preuillac Méd r ★★ **05 06 08 09 10 11 12** – Herzhafter, strukturierter Wein aus der AC MÉDOC. Seit 2014 in chinesischem Besitz. Zweitwein: Esprit de Preuillac.

Prieuré-Lichine Mar r ★★★ **89' 90' 95 96 98' 99 00' 01 02 03 04 05 06 07 08 09'** 10' **11** 12 14 15 – 4. Cru im Besitz eines Négociant; von dem verstorbenen Alexis Lichine hochgebracht und gegenwärtig in guter Verfassung. MARGAUX mit schönem Bukett; Stéphane DERENONCOURT berät. Vergrößerte Rebflächen und neuer *cuvier* (Fasskeller) mit »grüner«

Bordeaux

Wand. Zweitetikett: Confidences du Prieuré-Lichine. Auch guter weißer BORDEAUX.

Puygueraud Bx r ★★ **01' 02 03' 05' 06 08 09 10 11 12** 14 15 – Führendes CHÂTEAU in der kleinen AC FRANCS – CÔTES DE BORDEAUX; vorwiegend MERLOT (70 %). Im Besitz der Familie Thienpont (siehe PAVIE-MACQUIN). In Eiche ausgebaute Weine von überraschender Klasse. Die CUVÉE Spéciale George hat einen Anteil von über 35 % MALBEC. Seit 2013 auch etwas Weißwein (SAUVIGNON BLANC/Sauvignon Gris).

Gut Ding will Weile haben

350 Jahre nach der Eröffnung ihrer Taverne in London (Pontack's Head) haben die Eigentümer dessen, was der Chronist Samuel Pepys »Ho Bryan« nannte, auch ein Lokal in Paris aufgemacht. DOMAINE Clarence Dillon von HAUT-BRION und La MISSION HAUT-BRION betreibt nun ein Restaurant und einen Weinladen in einem Stadthaus aus dem 18. Jh. im Stadtzentrum: Le Clarence (Restaurant) und La CAVE du CHÂTEAU bieten eine Reihe von französischen Spitzen-Crus, auch die der eigenen Häuser. Gastlichkeit kommt wieder in Mode.

Quinault l'Enclos St-Ém r ★★→★★★ **09 10 11** 12 14 15 – GRAND CRU CLASSÉ in Libourne. Gleicher Besitzer und gleiches Team wie CHEVAL BLANC. Neuerdings veränderter Stil (mehr Frische und Finesse) – ein Musterbeispiel ist der 2014er.

Quintus St-Ém r ★★★ **11** 12 13 14 15 – Das frühere angesehene CH. Tertre Daugay ist nun im Besitz der Familie Dillon von Ch. HAUT-BRION, die stetig weitere Verbesserungsmaßnahmen durchführt. 2013 wurde das Nachbargut L'ARROSÉE erworben und 2013 mit Quintus zum jetzigen 28-ha-Besitz verschmolzen. Die Preise sind enorm gestiegen. Zweitetikett: Le Dragon de Quintus. Im Auge behalten.

Rabaud-Promis Saut w; s ★★→★★★ **96 97' 98 99 01' 02 03' 04 05' 06 07 09' 10 11** 12 13 14 15 – PREMIER CRU CLASSÉ im Besitz der Familie Déjean, teilweise ökologisch bewirtschaftet. Gute Qualität zu fairen Preisen.

Rahoul Graves r w ★★ r **04 05 08 09' 10 11 12** 14 15; w **09 10 11 12 13 14** 15 – Das Gut im Besitz von DOURTHE erzeugt ausgewogenen Rot- und fleischigen, von SÉMILLON dominierten Weißwein. Gutes Preis-Leistungs-Verhältnis.

Ramage la Bâtisse H-Méd r ★★ **05' 07 08 09 10 11 12** – CRU BOURGEOIS von einigermaßen beständiger Qualität, fast überall erhältlich. CABERNET SAUVIGNON und MERLOT zu gleichen Teilen. Zweitetikett: L'Enclos de Ramage.

Rauzan-Gassies Mar r ★★★ **00 01' 02 03 04 05' 06 07 08 09'** 10' **11** 12 – Das 2.-Cru-Gut in Familienbesitz konnte seinem Nachbarn RAUZAN-SÉGLA lange Zeit nicht das Wasser reichen, macht jetzt jedoch große Fortschritte. Zweitetikett: Gassies.

Rauzan-Ségla Mar r ★★★★ **88' 89' 90' 94' 95 96 98 99 00' 01 02 03 04' 05 06 07 08 09'** 10' 11 12 13 14 15 – 2. Cru in MARGAUX, dessen Weine seit Langem für ihr Bukett berühmt sind; im Besitz der Chanel-Mehrheitseigentümer Wertheimer (ebenso wie CANON) und prima in Form. Der frühere Kellermeister von Cheval des Andes (Argentinien) ist seit 2015 neuer Geschäftsführer. Zweitetikett: Ségla (preiswert).

Raymond-Lafon Saut w; s ★★★ **89' 90' 95 96' 97 98 99' 01' 02 03' 04 05' 06 07' 09' 10'** 11' 13 14 – Nicht klassifiziertes SAUTERNES-Gut im Besitz der

Familie Meslier, dessen Wein die Qualität eines PREMIER CRU hat. Volle, komplexe, langlebige Weine.

Rayne Vigneau, de Saut w; s ★★★ 95 96 97 98 99 01' 02 03 05' 07 09' 10' 11' 13 14 15 – PREMIER CRU, seit 2015 mit neuem Besitzer. Weine jetzt reichhaltig, sanft und alterungswürdig. Zweitetikett: Madame de Rayne. Außerdem trockener Weißer namens Le Sec de Rayne Vigneau (BORDEAUX Blanc).

Respide-Médeville Graves r w ★★ r 04 05' 06 08 09 10 11 12 14; w 09 10 11 12 13 14 – Erstklassiges Gut in GRAVES für elegante Rot- und komplexe Weißweine. Zweitetikett (rot): Dame de Respide.

Reynon Bx r w ★★ r 05' 06 07 09' 10 11 12 14; w 09 10' 11' 12 13 14 – Führendes Weingut der AC CADILLAC – CÔTES DE BORDEAUX mit seriösem, von MERLOT doniniertem Rotwein und duftendem weißem BORDEAUX von SAUVIGNON BLANC. Im Besitz der Familie Dubourdieu.

Reysson H-Méd r ★★ 05 06 08 09' 10' 11 12 14 – Renoviertes CRU-BOURGEOIS-Gut (2012) im Besitz des Handelshauses DOURTHE. Weine in vollem, modernem Stil. Zweitetikett: Moulin de Reysson.

Rieussec Saut w; s ★★★★ 83' 85 86' 88' 89' 90' 95 96' 97' 98 99 01' 02 03' 04 05' 06 07 09' 10' 11' 13 14 – Würdiger Nachbar von CH. d'YQUEM mit Weinbergbesitz in Fargues; Eigentümer sind die (LAFITE) ROTHSCHILDS. Fabelhaft kraftvoller, üppiger Wein; durchschnittlich 6.000 Kisten pro Jahr, die Kellermeister Charles Chevallier seit 30 Jahren mit Hingabe bereitet. Zweitetikett: Carmes de Rieussec. Die trockene Version heißt »R«.

Rivière, de la r ★★ 00' 01 02 03 04 05' 06 08 09' 10 12 14 – Das größte (60 ha) und eindrucksvollste Gut in FRONSAC mit einem Schloss und Kellern wie aus einer Wagner-Oper. Jetzt in chinesischem Besitz. Die ehemals mächtigen, tanninstarken Weine sind inzwischen kultivierter geworden. Die CUVÉE spéciale Aria stammt von den besten Parzellen.

Roc de Cambes Bx r ★★★ 04 05 06 07 08 09 10 11 12 13 14 15 – Unangefochtener Spitzenreiter in den CÔTES DE BOURG, die Weine sind so gut wie die besten ST-ÉMILION-Gewächse: aromatisch-lecker und opulent, allerdings auch teuer. Auch exzellenter DOMAINE de Cambes.

Rochemorin, de Pes-L r w ★★→★★★ r 04 05 06 08 09' 10' 11 12 14; w 06 07 08 09 10 11 12 13 14 – Das Weingut von beachtlicher Größe in Martillac gehört André Lurton von CH. La LOUVIÈRE. 75 % Rotwein, Weiße auf SAUVIGNON-BLANC-Basis. Moderne Kellerei. Ziemlich beständige Qualität. Produziert auch Ch. Coucheroy (rot und weiß).

Rol Valentin St-Ém r ★★★ 00' 01' 02 03 04 05' 06 07 08 09' 10' 11 12 13 14 15 – Früher ein Gut von *garagiste*-Größe, jetzt mit vergrößertem Weinbergbesitz. Volle, moderne, aber ausgewogene Weine auf MERLOT-Basis. Stéphane DERENONCOURT berät.

Rouget Pom r ★★ 98' 00' 01' 03 04 05' 06 07 08 09' 10' 11 12 13 14 15 – Aufstrebendes Gut am Nordrand von POMEROL; Öko-Weinberg. Gehaltvoll-üppige Weine; 2015 wurde alle im Fass vergoren. Zweitetikett: Le Carillon de Rouget. Dem Besitzer gehört auch die DOM. Jacques PRIEUR.

Saint-Georges St-Ém r ★★ 00' 01 03 04 05' 06 08 09 10 11 – Seit 1891 in Familienbesitz befindliches Gut. Der Weinbergbesitz umfasst ein Viertel der AC ST-GEORGES. MERLOT von Ton-Kalkstein-Böden dominiert. Guter Wein, wird direkt verkauft. Zweitetikett: Puy St-Georges.

Saint-Pierre St-Jul r ★★★ 90' 95' 96' 98 99 00' 01' 02 03 04 05' 06 07 08 09' 10' 11 12 13 14 15 – Früher unterschätztes, kleines 4.-Cru-Gut (17 ha); 75 % CABERNET SAUVIGON. Stilvoller, verlässlicher, klassischer ST-JULIEN. Siehe auch GLORIA.

Sales, de Pom r ★★ 00' 01' 04 05 06 08 09 10 12 – Größtes Rebenareal von POMEROL, erbringt jährlich 10.000 Kisten. Seit 500 Jahren im Besitz derselben Familie. Weine der leichteren Art, eher prosaisch als poetisch. Zweitetikett: CH. Chantalouette (5.000 Kisten).

Sansonnet St-Ém r ★★ **00' 01 02 03 04 05' 06 08 09'** 10' **11** 12 13 14 15 – GRAND CRU CLASSÉ auf dem Kalkstein-Ton-Plateau. Engagierter Erzeuger mit Weinen im modernen Stil. 2015 erwarb der Besitzer auch MOULIN DU CADET.

Saransot-Dupré Listrac r (w) ★★ **00' 01 02 03 04 05 06 09' 10' 11 12** – Kleines Gut mit festen, fleischigen Rotweinen, seit 1875 im Besitz der Familie Raymond. Ist auch einer der immer mehr werdenden Weißweinerzeuger in LISTRAC (60 % SÉMILLON).

Sénéjac H-Méd r (w) ★★ **03 04 05' 06 08 09' 10' 11 12** 14 – Gut im südlichen HAUT-MÉDOC (Le Pian-Médoc) mit verlässlichen, schön ausgewogenen Weinen, die jung genossen, aber auch alt werden können. Gutes Preis-Leistungs-Verhältnis.

Serre, La St-Ém r ★★ **01 02 03 04 05 06 08 09' 10 11** 12 14 15 – Kleiner GRAND CRU CLASSÉ auf dem Kalksteinplateau. Frische, stilvolle Weine mit jeder Menge Frucht.

Sigalas Rabaud Saut w; s ★★★ **89' 90' 95' 96' 97' 98 99 01' 02 03 04 05' 07' 09' 10' 11** 12 13 14 15 – Der kleine PREMIER CRU CLASSÉ in Familienbesitz erzeugt sehr schöne Weine mit herrlichem Duft. Zweitetikett: Le Lieutenant de Sigalas. Auch trockener Weißwein La Demoiselle de Sigalas.

Siran Mar r ★★→★★★ **00' 01 02 03 04 05 06 07 08 09' 10' 11** 12 14 15 – Seit 1859 im Besitz der Familie Miailhe; 2008 leiteten Investitionen einen Wandel ein. Der Besitzer von CH. L'ANGÉLUS berät. Die Weine besitzen Substanz und den klassischen MARGAUX-Duft. Zweitetikett: S de Siran.

Smith Haut Lafitte Pes-L r (rs) (w) ★★★★ r **96 98 99 00' 01 02 03 04 05' 06 07 08 09'** 10' 11 12 13 14 15; w **05 06 07' 08' 09 10' 11 12 13 14** 15 – Gefeiertes Cru-classé-Gut in Martillac mit Wellnesshotel (»Les Sources de Caudalie«); zählt regelmäßig zu den Stars von PESSAC-LÉOGNAN. Die Weißen sind voll, reif und süffig, die Roten präzise und großzügig. Umweltbewusst: klimaneutrale Kellerei, Sonnenenergie, Biokompost usw. Zweitetikett: Les Hauts de Smith. Außerdem Le Petit Haut Lafitte auf CABERNET-SAUVIGNON-Basis. CH. Le Thil Comte Clary ist im selben Stall.

Sociando-Mallet H-Méd r ★★★ **89' 90' 94 95 96' 98' 99 00' 01' 02 03 04 05' 06 07 08 09'** 10' **11** 12 14 – Prachtvolles Gut (jetzt 85 ha) nördlich von ST-ESTÈPHE. Der Besitzer, ein ehemaliger Négociant, hat es seit 1969 aus dem Nichts aufgebaut. Heute 85 ha Rebland. Schwere, konservative Weine auf Cru-classé-Niveau, die viele Jahre reifen müssen. Zweitetikett: La Demoiselle de Sociando-Mallet. Außerdem Spezial-CUVÉE Jean Gautreau.

Sours, de Bx r rs w ★★ Erzeuger mit gutem Ruf für BORDEAUX-Rosé (BV); 300.000 Flaschen jährlich. Auch guter Weißwein und zunehmend besserer roter Bordeaux. Clos Cantenac in ST-ÉMILION ist im selben Besitz.

Soutard St-Ém r ★★★ **98' 99 00' 01 05 06 07 08 09** 10 11 12 14 15 – Potenziell hervorragender GRAND CRU CLASSÉ auf dem Kalksteinplateau, dem CH. Cadet-Piola einverleibt wurde. Beträchtliche Investitionen, es bleibt aber noch Spielraum für Verbesserungen; der 2014er kommt dem Ziel schon näher. Besucherfreundlich. Zweitetikett: Les Jardins de Soutard.

Suduiraut Saut w; s ★★★★ **86 88' 89' 90' 95 96 97' 98 99' 01' 02 03' 04 05' 06 07' 09' 10'** 11' 13 14 15 – Eines der allerbesten SAUTERNES-Güter. Der Eigentümer, die AXA-Versicherung, hat größere Beständigkeit und köstliche Qualität erreicht. CHÂTEAU aus dem 17. Jh., die Gärten wurden von André Le Nôtre gestaltet. Zweitetiketten: Castelnau de Suduiraut und Les Lions de Suduiraut (frischer und fruchtiger). Der trockene weiße »S« ist sehr vielversprechend.

Taillefer Pom r ★★ 98' 00' 01' 02 03 04 05' 06 08 09' 10 11 12 14 15 – Das Gut in Familienbesitz wird von Catherine MOUEIX und ihrer Tochter geleitet. Die Weine sind zwar von etwas leichterer Art, dafür aber geschliffen und verfeinert und können altern.

Talbot St-Jul r (w) ★★★ 90 94 95 96' 98' 99 00' 01 02 03 04 05' 08' 09' 10' 11 12 14 15 – Relativ großer 4. Cru (107 ha) im Herzen der AC ST-JULIEN, seit 1917 im Besitz der Familie Cordier. Voller, absolut bezaubernder Wein von verlässlicher Qualität (mit Ausnahme der Jahre 2006 und 2007). Stéphane DERENONCOURT berät. Zweitetikett: Connétable de Talbot. Jung zu genießender Weißwein namens Caillou Blanc auf SAUVIGNON-BLANC-Basis.

Die St-Émilion-Klassifikation – die derzeitige Version

Die neueste Klassifikation (2012) umfasst insgesamt 82 CHÂTEAUX: 18 PREMIERS GRANDS CRUS CLASSÉS und 64 GRANDS CRUS CLASSÉS. Die neue Klassifikation, die von Gesetzes wegen nun eher als Prüfung denn als Konkurrenzkampf angelegt ist, wurde von einer Kommission durchgeführt, die aus sieben von der INAO benannten, sämtlich nicht in BORDEAUX ansässigen Fachleuten bestand. Ch. L'ANGÉLUS und Ch. PAVIE wurden in den Rang Premier grand cru classé (A) erhoben, während der Kategorie Premier grand cru classé (B) die Châteaux CANON LA GAFFELIÈRE, LARCIS DUCASSE, La MONDOTTE und VALANDRAUD hinzugefügt wurden. Erstmals den Status Grand cru classé erhielten die Châteaux BARDE-HAUT, Le Chatelet, Clos de Sarpe, La Commanderie, Côte de Baleau, FAUGÈRES, de FERRAND, La Fleur Morange, FOMBRAUGE, JEAN FAURE, Clos la Madeleine, Péby Faugères, de PRESSAC, QUINAULT L'ENCLOS, Rochebelle und SANSONNET. Obwohl für die Erzeuger ein motivierender Ansporn, bleibt die (alle zehn Jahre zu überprüfende) Klassifikation für Konsumenten ein unhandliches Richtmaß. Drei enttäuschte Bewerber fechten die Klassifikation vor Gericht an. Falls ihnen Erfolg beschieden ist, könnte sich das 1855 eingeführte Stufensystem ein für alle Mal erledigt haben.

Tertre, du Mar r ★★★ 98' 99 00' 01 03 04' 05' 06 08 09' 10' 11 12 14 15 – Isoliert gelegener 5. Cru südlich von MARGAUX, unter holländischer Leitung (wie auch CH. GISCOURS) und in Topform. Frische, fruchtige Weine mit herrlichem Duft (20% CABERNET FRANC). Der Kellermeister war früher bei LATOUR. Neue Technik und umfangreiche Investitionen haben sich ausgezahlt: Der Wein ist jetzt konzentriert und schön strukturiert – und das bei unverändert gutem Preis-Leistungs-Verhältnis. Gästezimmer im CHÂTEAU aus dem 19. Jh.

Tertre Rotebœuf St-Ém r ★★★★ 89' 90' 93 94 95 96 97 98' 99 00' 01 02 03' 04 05' 06' 07 08 09' 10' 11 12 13 14 15 – Kleiner Erzeuger mit Kultstatus: konzentrierter, spektakulärer Wein seit 1979. Enorme Beständigkeit, gepaart mit erschreckend hohen Preisen. Auch sehr guter ROC DE CAMBES (CÔTES DE BOURG); dem Sohn gehört DOM. L'Aurage (CASTILLON).

Thieuley Bx r rs w ★★ Das ENTRE-DEUX-MERS-Weingut im Besitz der beiden Schwestern Marie und Sylvie Courselle erzeugt verlässlich guten roten und weißen AC BORDEAUX, fruchtigen CLAIRET sowie die in Eiche ausgebaute CUVÉE Francis Courselle (rot und weiß).

Tour Blanche, La Saut (r) w; s ★★★ 86 88' 89' 90' 95 96 97' 98 99 01' 02 03' 04 05' 06 07 09' 10' 11' 12 13 14 15 – Hervorragender PREMIER CRU

CLASSÉ SAUTERNES; hauptsächlich SÉMILLON mit etwas MUSCADELLE. Reichhaltige, kraftvolle Weine der eher süßen Art. Zweitetikett: Les Charmilles de Tour Blanche.

Tour Carnet, La H-Méd r ★★→★★★ **98 00' 01 02 03 04 05' 06 08 09'** 10' **11** 12 14 15 – Der Cru classé im nördlichen HAUT-MÉDOC wurde von Bernard Magrez (siehe FOMBRAUGE, PAPE CLÉMENT) resaturiert und modernisiert. Volle, konzentrierte, opulente Weine, die zu 50% in neuer Eiche ausgebaut werden. Michel ROLLAND berät. Zweitetikett: Les Douves du Château La Tour Carnet.

Tour de By, La Méd r ★★ **00 01 02 03 04 05' 06 08 09 10 11 12** 14 – Großer (109 ha) Familienbetrieb im nördlichen MÉDOC. Stämmige, aber verlässliche Weine auf CABERNET-SAUVIGON-Basis (60%) mit fruchtiger Note. Außerdem Rosé und die Spezial-CUVÉE Héritage Marc Pagès.

Offiziell sind in Bordeaux 7.190 Winzer tätig (2014).

Tour de Mons, La Mar r ★★ **00 01 02 04 05' 06 08 09' 10 11 12** 14 – CRU BOURGEOIS in MARGAUX im Besitz von CA Grands Crus (siehe MEYNEY). Merlot dominiert (56%). Seit 2010 mehr Schwung.

Tour du Haut-Moulin H-Méd r ★★ **00' 02 03 04 05' 06 08 09 10 11 12** 14 – CRU BOURGEOIS im nördlichen HAUT-MÉDOC mit jährlich 5.000 Kisten intensiver, verlässlicher Weine, die reifen sollten.

Tour du Pas St-Georges St-Ém r ★★ **01 03 04 05' 06 08 09' 10 11 12** 14 – Gut in ST-GEORGES ST-ÉMILION im Besitz von Pascal Delbeck. Weine in klassischem Stil. Zweitetikett: Le Sablier.

Tour Figeac, La St-Ém r ★★ **98' 00' 01' 02 04 05' 06 07 08 09'** 10' **11 12** 14 15 – GRAND CRU CLASSÉ in FIGEAC, der seine Lagen u.a. mit CHEVAL BLANC teilt. Biologisch-dynamische Methoden; MERLOT 60%, CABERNET FRANC 40%. Volle, fleischige, harmonische Weine.

Tour Haut Caussan, La Méd r ★★ **04 05' 06 08 09' 10' 11 12** 14 – CRU BOURGEOIS in Blaignan; verlässlich und günstig. CABERNET SAUVIGNON und MERLOT zu gleichen Teilen.

Tournefeuille r ★★ **01' 02 03 04 05' 06 07 08 09 10' 11** 12 14 – Verlässlicher Erzeuger in Néac (LALANDE DE POMEROL). Ein Anteil von 30% CABERNET FRANC sorgt für würzige Noten. Stallgefährte ist CH. Lécouyer (POMEROL).

Tour St-Bonnet, La Méd r ★★ **04 05 06 08 09' 10 11 12 14** – CRU BOURGEOIS in St-Christoly im nördlichen MÉDOC; verlässlich und preiswert.

Trois Croix, Les r ★★ **05 06 07 08 09 10 11 12 13** 14 15 – Verlässlicher Erzeuger in FRONSAC mit ausgewogenen, feinen und preiswerten Weinen. Das Gut ist im Besitz der Familie des früheren Kellerchefs von MOUTON ROTHSCHILD, die es auch leitet.

Tronquoy-Lalande St-Est r ★★ **03 04 05 06 07 08 09'** 10' **11** 12 14 15 – Im selben Besitz wie CH. MONTROSE, viele Investitionen. Es geht aufwärts: Die Weine sind jetzt dunkel, frisch und erfreulich. Zweitetikett: Tronquoy de Ste-Anne. Auch ein bisschen Weißwein auf SÉMILLON-Basis.

Troplong Mondot St-Ém r ★★★ **89' 90' 95 96' 98' 99 00' 01' 02 03 04 05' 06 07 08 09'** 10 11 **12** 13 14 – PREMIER CRU auf einer Kuppe auf dem Kalksteinplateau. Weine mit Kraft und Tiefe von gegenwärtig zunehmender Eleganz. Zweitetikett: Mondot. Auch Gästezimmer und Restaurant (Les Belles Perdrix).

Trotanoy Pom r ★★★★ **89' 90' 93 94 95 96 98' 00' 01 02 03 04' 05' 06 07 08 09'** 10' 11 12 13 14 15 – Eines der Juwelen in der Krone von Jean-Pierre MOUEIX. Erstklassige Lage auf dem Plateau mit kiesigen Lehmböden.

Großartig in Form: Die Weine vereinen Kraft mit Eleganz und Langlebigkeit. Zweitetikett: L'Espérance de Trotanoy.

Trotte Vieille St-Ém r ★★★ **89' 90 94 95 96 98 99 00' 01 03' 04 05' 06 07 08' 09' 10'** 11 12 14 15 – PREMIER CRU auf dem Kalksteinplateau, im Besitz von BORIE-MANOUX. Deutliche Qualitätssteigerung seit 2000. Nachhaltige, frische, strukturierte Weine mit hohem CABERNET-FRANC-Anteil (40–50 %), auch von einigen reblausfreien Weinbergen. Denis Dubourdieu berät. Zweitetikett: La Vieille Dame de Trotte Vieille.

Valandraud St-Ém r ★★★★ **93 94 95' 96 98 99 00' 01' 02 03 04 05' 06 07 08 09' 10'** 11 12 13 14 15 – PREMIER GRAND CRU CLASSÉ in St-Étienne-de-Lisse, der seit seiner ursprünglichen Ausrichtung als Garagenwein einen weiten Weg zurückgelegt hat. Früher extrem konzentriert, heute voll und dicht, aber ausgewogen. Außerdem Valandraud Blanc (SAUVIGNON BLANC/Sauvignon gris).

Vieille Cure, La r ★★ **03 04 05' 06 08 09' 10' 11 12 13** 14 15 – Führendes Gut in FRONSAC, in US-amerikanischem Besitz; MERLOT dominiert (74 %). Der Eigentümer von CH. VALANDRAUD berät. Preiswert.

Vieux Château Certan Pom r ★★★★ **83' 85 86' 88' 89 90' 94 95' 96' 98' 99 00' 01' 02 04 05' 06 07 08 09'** 10' 11' 12 13 14 15 – In puncto Qualität oft in die Nähe des PETRUS gerückt, in der Art aber ganz anders (30 % CABERNET FRANC und 10 % CABERNET SAUVIGNON): elegant, harmonisch, mit herrlichem Duft. Geschickt von Alexandre Thienpont und seinem Sohn Guillaume geleitet.

Vieux Château St-André St-Ém r ★★ **05 06 08 09' 10 11 12** 14 – Kleines Weingut in MONTAGNE ST-ÉMILION (vorwiegend MERLOT); Besitzer ist der ehemalige Kellermeister von PETRUS. Verlässliche Qualität und vergleichsweise preiswert.

Villegeorge, de H-Méd r ★★ **04 05 06 08 09' 10 12** 14 – Kleines Gut im südlichen HAUT-MÉDOC unweit von MARGAUX. Recht schlanke Weine, aber frisch und elegant. Günstig. Die CHÂTEAUX Duplessis in MOULIS und La Tour de Bessan in Margaux sind Stallgefährten.

Vray Croix de Gay Pom r ★★ **04 05' 06 08 09' 10'** 11 12 14 15 – Sehr kleines Gut in der besten Gegend von POMEROL mit weichen, beständigen Weinen. Der Eigentümer von CH. LATOUR hält Anteile. Zweitwein: L'Echanteur de Vray Croix de Gay. Ch. Siaurac in LALANDE DE POMEROL gehört zum selben Stall.

Yquem, d' Saut w; (tr) s ★★★★ **83' 85 86' 88' 89' 90' 93 94 95' 96 97' 98 99' 00 01' 02 03' 04 05' 06' 07' 08 09'** 10' 11' 13' 14 15 – Der König der Süßweine: stark, intensiv und üppig, 3 Jahre Fassausbau. Die meisten Jahrgänge sollten mindestens 15 Jahre reifen; einige überdauern auch 100 Jahre und mehr in überirdischer Grandezza. Seit das Gut von LVMH übernommen wurde, hat sich der Stil dezent in Richtung mehr Frische und kürzerer Fassausbau verändert. Kein Yquem wurde in den Jahren 51, 52, 64, 72, 92 und 2012 erzeugt. Im selben Besitz und unter derselben Leitung wie CH. CHEVAL BLANC. Erzeugt auch geringe Mengen (800 Kisten pro Jahr) trockenen »Y« (sprich: Igrek).

Italien

Die folgenden Abkürzungen werden im Text verwendet:

Abr	Abruzzen
Ao	Aostatal
Apu	Apulien
Bas	Basilikata
Em-Ro	Emilia-Romagna
F-JV	Friaul–Julisch Venetien
Kal	Kalabrien
Kamp	Kampanien
Lat	Latium
Lig	Ligurien
Lomb	Lombardei
Mar	Marken
Mol	Molise
Piem	Piemont
Sar	Sardinien
Siz	Sizilien
Tosk	Toskana
T-S	Trentino–Südtirol
Umb	Umbrien
Ven	Venetien
DOC(G)	Denominazione di Origine Controllata (e Garantita): Kontrollierte (und garantierte) Herkunftsbezeichnung; DOCG ist die höchste Stufe der DOC; siehe auch Seite 167.
IGT	Indicazione Geografica Tipica
fz	frizzante
Pa	Passito

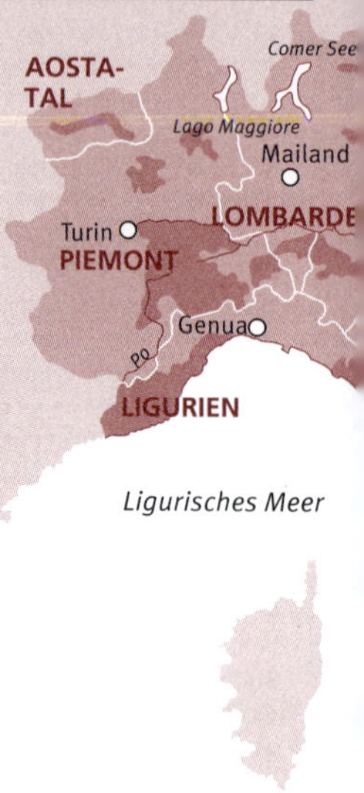

Das DOC-System, Italiens Antwort auf die französische AC, feiert seinen 50. Geburtstag. Unter den 1966 anerkannten Weinen waren auch die heutigen Stars Barolo, Barbaresco, Brunello di Montalcino und Vino Nobile di Montepulciano (der Chianti musste sich bis 1967 gedulden), und alle wurden rund 15 Jahre später zur DOCG befördert. In den darauffolgenden 50 Jahren verschmähten viele Spitzenerzeuger die DOC-Regelungen als entweder zu streng oder zu lax und ließen etwa die frühen Supertoskaner lieber als »vini da tavola« abstempeln, als Weine zu produzieren, die offiziell als untypisch eingestuft wurden, weil sie zu gut waren. Rückblickend war das DOC-Siegel dennoch ein positiver Faktor: Ohne eine zumindest vage Vorstellung davon, was typisch und klassisch ist, fehlt Weingenießern jede Orientierung. Heute beklagen sich die italienischen Erzeuger weniger über die von ihrer Regierung erlassenen Bestimmungen als über die Früchte der Brüsseler Bürokratie. Ein wichtiger Vertreter der Gilde ging neulich sogar so weit zu behaupten, dass es keinen Spaß mehr mache, Wein zu erzeugen – aber das ist eine andere Geschichte. In den 1990er-Jahren begannen die Italiener, die nun an guten Wein glaubten, ihn aber selten hinbekamen, in Anerkennung der althergebrachten Binsenweisheit, dass großer Wein nur aus großartigen Trauben bereitet werden kann, ernsthaft zu überprüfen und zu korrigieren, was im Weinberg passiert.

Und damit sind wir in diesem Jahrhundert angelangt, in dem sich alles um den Begriff »Terroir« und die Abgrenzung einzelner Lagen dreht. Burgund rühmt sich seiner Grands crus und Premiers crus, Bordeaux hat seine Crus classés. Jetzt wollen Barolo und Barbaresco, Brunello, Vino Nobile und Chianti Classico die offizielle Bestätigung, dass sie Lagen besitzen, die besonders geeignet sind, zumindest potenziell großartigen Wein hervorzubringen. Die Bemühungen, die besten Barolo-Gemeinden weiter zu unterteilen, sind nun so weit fortgeschritten, dass man zur Tat schreiten kann, und vor

Kurzem sind für Brunello Klassifizierungen nach dem Vorbild von Bordeaux aufgetaucht. Viele Fragen, nicht nur politischer Natur, sind noch offen. Doch die Lagenabgrenzung ist das Gebot der Stunde, und wir werden noch viel davon hören. Bis auf Weiteres (und, wie wir Italien kennen, wahrscheinlich für immer) sind die Namen der Erzeuger das, was zählt: Wie Sie sehen werden, sind in diesem Kapitel Hunderte von Namen ganzer Familien und einzelner Personen verzeichnet. Jedes Land geht seinen eigenen Weg – egal, was Brüssel anordnet.

Neuere Jahrgänge

Amarone, Venetien, Friaul

2015 Die große Hitze im Juni und Anfang Juli wurde durch einen guten Grundwasserpegel infolge des feuchten Winters und Frühlings aufgefangen. Mengenmäßig gut, qualitätsmäßig besser.

2014 Katastrophal kühler, feuchter Sommer, guter September (Weißweine) und Oktober (Rotweine). Nicht denkwürdig für Amarone.

2013 Gute Weißweine. Die Roten, vor allem Passito, litten im Oktober/November durch Regen und Hagel.

2012 Die andauernde Hitze und Trockenheit beeinträchtigte Mengen und Qualität. Der Amarone müsste gut ausfallen.

2011 Für Amarone das beste Jahr überhaupt. Die Weißweine sind ausgewogen und konzentriert, einige Rotweine sehr tanninhaltig und alkoholstark.

2010 Kühles Jahr, gut für leichtere Weine, doch der Amarone wird duftend und elegant sein.

2009 Klassischer Passito. Gut für Prosecco, Pinot grigio etc. Amarone seit 2015 trinkreif.

2008 Klassische Weine guter Qualität. Ab 2016 trinken.

Kampanien und Basilikata

2015 Feuchter Winter, wechselhafter Frühling, heißer, trockener, früher Sommer, später Herbst. Großartige Ergebnisse.

2014 25 % weniger erzeugt als 2013. Wechselhafte Qualität bei Rot- und Weißweinen. Sorgfältig auswählen.

2013 Ausgewogene, duftende Weißweine; die Roten sind weniger gut, v.a. der spät gelesene Aglianico.

2012 Regen im September rettete die Weißweine. Der schöne Spätsommer sorgte für hervorragenden Aglianico.

2011 Konzentrierte, volle Weine; hoher Alkohol- und Tanningehalt bei den Roten. Die Weißen sind ausgewogener.

2010 Leichtere Weißweine mit guten Aromen. Aglianico-Spätlesen werden inzwischen als hervorragend eingestuft.

2009 Reife, gesunde, aromatische Weißweine; Rote mit Substanz und Konzentration. Aglianico/Taurasi trinken.

2008 Ein klassischer Jahrgang für Aglianico; ebenfalls gut für Weißweine. Gut zu trinken.

Marken und Abruzzen

2015 Heißer Sommer, rechtzeitig einsetzender Herbstregen, gesunde Trauben; gute Weiß-, bessere Rotweine.

2014 Marken: gute Rot- und Weißweine. Abruzzen: interessant auf höhrem Niveau, vor allem Spätlesen.

2013 Hagel und Fäulnis. Der schöne September rettete die Weißen; die Roten sind besser als befürchtet.

2012 Warme Tage und kühle Nächte zur Lesezeit. Später gelesene Sorten sind am besten.

2011 Teilweise allzu konzentrierte, alkohol- und tanninhaltige Rotweine. Die besten dürften sich gut entwickeln.

2010 Ein schwieriges Jahr, aber zum Teil bessere Ergebnisse als erwartet. Jetzt trinken.

2009 Gute bis sehr gute Qualität, v.a. bei den Weißen. Montepulciano d'Abruzzo/Conero jetzt trinken.

2008 Einige ausgezeichnete Weine. Ab jetzt in den nächsten 3 Jahren trinken.

Piemont

2015 Hervorragender Barolo/Barbaresco. Sollte lange halten. Auch guter Barbera/Dolcetto. Die Mengen gingen hoch, dem Preis wird es sicher ebenso ergehen.

2014 Spät gelesene Trauben entwickelten sich prächtig, frühere (z.B. Dolcetto) nicht.

2013 Glanzhelle, frische Weiße und mit der Zeit besser werdende Rote.

2012 Die Qualität ist gut bis sehr gut, die Mengen sind äußerst gering.

2011 Trotz des recht hohen Alkoholgehalts geradlinige, früh trinkreife, duftende Rotweine.

2010 Geduldige Winzer bereiteten sehr gute Weine. Gilt jetzt als ein potenzieller Spitzenjahrgang.

2009 Gut bis sehr gut, insbesondere Nebbiolo. Barolo/Barbaresco ab 2014 noch 10 Jahre und länger trinken.

2008 Einige großartige Barbera-Weine; der Nebbiolo ist gut, ausgewogen, nicht spektakulär. Noch 10 Jahre trinken.

Weitere gute Jahrgänge: 2006, 2004, 2001, 2000, 1999, 1998, 1997, 1996, 1995, 1990, 1989, 1988. Jahrgänge, die noch lagern können: 2001, 1999, 1996. Jahrgänge, die man austrinken sollte: 2003, 2000, 1997, 1990, 1988.

Was die Abkürzungen bedeuten

Denominazione di Origine Controllata (DOC) Geprüfte Herkunftsangabe; entspricht der französischen AC.

Denominazione di Origine Controllata e Garantita (DOCG) Geprüfte und garantierte Herkunftsangabe; die höchste Qualitätsstufe in Italien.

Indicazione Geografica Tipica (IGT) Geografische Angabe des Typs. Umfassender und weniger reguliert als DOC, vergleichbar mit dem französischen Vin de pays bzw. neuerdings IGP.

Denominazione di Origine Protetta/Indicazione Geografica Protetta (DOP/IGP) P bedeutet »geschützt«. Wenn es nach der EU ginge, würden diese Kategorien Italiens DOC/IGT ersetzen.

Toskana

2015 Der sehr feuchte Winter hinterließ reichlich Grundwasser, das während des heißen, trockenen Sommers dringend gebraucht wurde. Gesunde, aber kleine Trauben: Die Menge nahm etwas ab, die Qualität ordentlich zu.

2014 Kühler, feuchter Sommer, schöne Spätsaison. Gesteigerte Mengen, wechselhafte Qualität, Vorsicht beim Kauf.

2013 Uneinheitliche Reife. Kein überragendes Jahr, es gibt aber einige Höhepunkte.

2012 Trockenheit und lang andauernde Hitze, doch die klassischen Weine wurden durch Regen Anfang September gerettet.

2011 Einige angenehm fruchtige, aber alkoholstarke klassische Rotweine. Die Weißen sind etwas unausgewogen.

2010 Keineswegs überall wunderbar, wie für den Brunello behauptet wurde.

2009 Mindestens sehr gute Qualität. Chianti/Brunello ab jetzt noch 2 bis 3 Jahre trinken.

2008 Unterschiedliche Ergebnisse, darunter hervorragende Weine. Ab jetzt noch 5 Jahre trinken.

Weitere gute Jahrgänge: 2007, 2006, 2004, 2001, 1999, 1997, 1995, 1990. Jahrgänge, die noch lagern können: 2001, 1999. Jahrgänge, die man austrinken sollte: 2003, 2000, 1997, 1995, 1990.

Aglianico del Vulture Bas DOC(G) r; tr ★→★★★ **06 07 08 10 11** 12 13 (15) – DOC nach einem Jahr Reife, SUPERIORE nach zwei Jahren, RISERVA nach fünf Jahren. Edler Wein von einer der drei besten roten Reben Italiens, die an den Hängen des erloschenen Vulkans Monte Vulture wachsen. Empfehlenswert: BASILISCO, Cantina di Venosa, Cantine del Notaio, Donato D'Angelo, Dragone, Elena Fucci, Grifalco, Madonna delle Grazie, Mastrodomenico, Parco dei Monaci, PATERNOSTER, Serra del Prete, Terre degli Svevi.

Alba Piem – Bedeutende Weinstadt im PIEMONT, südöstlich von Turin in den LANGHE, mit Trüffeln, Haselnüssen und den prestigeträchtigsten Weinen des Piemont, wenn nicht Italiens: BAROLO, BARBARESCO, NEBBIOLO D'ALBA, Langhe, ROERO, BARBERA d'Alba, DOGLIANI (Dolcetto).

Albana di Romagna Em-Ro DOCG w; tr lbl s; (sch) ★→★★★ BV – Die erste »weiße« DOCG in Italien – die nur der süße PASSITO rechtfertigt, denn der trockene Wein und der Schaumwein sind unbedeutend. Bertinoro ist die Gemeinde mit den besten Erzeugern, zu denen Raffaella Alessandra Bissoni, Celli, Madonia Giovanna und Fattoria Paradiso zählen. Der Scacco Matto von ZERBINA ist die wohl beste süße Version.

Allegrini Ven ★★★ Weltberühmt für VALPOLICELLA; die ausgezeichneten Tafelweine La Grola, Palazzo della Torre, La Poja sind nicht DOC, der AMARONE hingegen schon. Eigentümer von Poggio al Tesoro in BOLGHERI und Poggio San Polo in MONTALCINO, ebenfalls TOSKANA.

Altare, Elio Piem ★★★ Führender Erzeuger von modernem NEBBIOLO (BAROLO) und BARBERA: kurze Maischung in Rotofermentern, Ausbau im Barrique. Besonders empfehlenswert sind der Barolo Vigna Bricco Cerretta aus Serralunga und der Einzellagenwein Barolo Arborina aus La Morra; außerdem Arborina (Nebbiolo), Larigi (Barbera) und LANGHE Rosso La Villa (Barbera/Nebbiolo).

Alto Adige (Südtirol) T-S DOC r rs w; tr s; sch ★★→★★★ Die gebirgige, weitgehend deutschsprachige Provinz Bozen, die einst hauptsächlich fade Rotweine für den Export nach Deutschland und Österreich produzierte, ist heute eine der zwei, drei besten Weißweingebiete in Italien: CHARDONNAY, PINOT GRIGIO; der PINOT BIANCO hat das Zeug zum Weltbesten. Der PINOT NERO ist manchmal ausgezeichnet, der Lagrein (siehe Kasten S. 187) ebenfalls.

Ama, Castello di Tosk ★★★ Erstklassiges CHIANTI-CLASSICO-Weingut bei Gaiole. Der normale Chianti Classico ist einer der besten – und teuersten – seiner Art. Etwas anders und empfehlenswert sind der Toskana-Bordeaux-Verschnitt Haiku und auch der MERLOT L'Apparita, trotz seines saftigen Preises. Ganz neu ist der Chianti Classico GRAN SELEZIONE San Lorenzo.

Amarone della Valpolicella Ven DOCG r ★★→★★★★ **06' 07 08 09 10** 07 08 09 10 11' 12 13 15 – Intensiver, starker Rotwein von gutseigenen rosinierten VALPOLICELLA-Trauben, eine relativ trockene Version des alten RECIOTO DELLA VALPOLICELLA, einer der echten Klassiker Italiens, mit Zusatzbezeichnung CLASSICO, wenn aus dem historischen Gebiet. (Erzeuger siehe Kasten Valpolicella S. 204.) Ältere Jahrgänge sind rar; nach mehr als 20 Jahren neigen sie zum Austrocknen.

Angelini, Tenimenti Tosk – Siehe BERTANI DOMAINS (Toskana).

Antinori, Marchesi L. & P. Tosk ★★→★★★★ Geschichtsträchtiges Florentiner Haus der Familie Antinori unter Leitung von Piero und drei seiner Töchter. Erzeugr wird der Wein in der futuristischen neuen Kellerei in Bargino, südlich von Florenz. Bekannt für CHIANTI CLASSICO (v. a. Tenute Marchese Antinori und Badia a Passignano, der nun zum Gran Selezione befördert wurde) sowie Wein aus Umbrien (Castello della Sala mit dem hervorragenden Weißwein Cervaro) und dem PIEMONT (PRUNOTTO). Die Pioniere TIGNANELLO und SOLAIA gehören zu den wenigen heute noch erfolgreichen SUPERTOSKANERN. Besitzt auch Güter in der toskanischen MAREMMA (Fattoria Aldobrandesca), in MONTEPULCIANO (La Braccesca), in MONTALCINO (Pian delle Vigne), in BOLGHERI (Guado al Tasso), in der FRANCIACORTA (Montenisa) und in APULIEN (Tormaresca). Neu ist ein Weißwein auf RIESLING-Basis von dem Gut Monteloro nördlich von Florenz. Beteiligungen in Kalifornien, Rumänien und anderswo.

Apulien Italienisch Puglia, der 360 km lange Absatz des italienischen Stiefels. Im Allgemeinen preiswerte, ansprechende (Rot-)Weine von Reben wie NEGROAMARO, PRIMITIVO und Uva di Troia. Die interessantesten Weine kommen von der Halbinsel SALENTO, allen voran die DOCS BRINDISI, COPERTINO und SALICE SALENTINO.

Argiano, Castello di Tosk ★★★ Wunderschönes Gut (nicht zu verwechseln mit dem Nachbarn namens Argiano), das die Familie Sesti zu einem der besten BRUNELLO-Erzeugerbetriebe in MONTALCINO gemacht hat. Besonders empfehlenswert ist der Brunello Riserva Phenomena, das Meisterwerk des Astronomen Giuseppe Sesti.

Argiolas, Antonio Sar ★★→★★★ Der Spitzenerzeuger verarbeitet Trauben von der Insel zu den hervorragenden Einzellagenweinen Turriga (★★★), Antonio Argiolas (nach dem 2009 im Alter von 102 Jahren verstorbenen Gründer benannter Süßwein), Korem, Iselis Bianco und VERMENTINO di Sardegna Meri.

Asti Piem DOCG s; sch ★→★★ 0J – Piemontesischer Schaumwein von MOSCATO bianco, geringere Qualität als MOSCATO D'ASTI und seinen DOCG-Status nicht wirklich wert. Verkaufsschlager in Russland. Probierenswert: BERA, Cascina Fonda, Caudrina, Vignaioli di Santo Stefano.

Avignonesi Tosk ★★★ Großes Gut, seit 2007 im Besitz der Belgierin Virginie Saverys, mit 200 ha ökologisch bewirtschafteten Rebland in MONTEPULCIANO und Cortona. Ursprünglich vor allem für VIN SANTO bekannt. Der VINO NOBILE ist, nachdem man ihn eine Zeit lang hatte verwildern lassen, zurück in der ersten Liga. Spitzenwein ist der VN Grandi Annate; MERLOT Desiderio und CHARDONNAY Il Marzocco sind beachtliche internationale Weine.

Azienda agricola (oder agraria) Ein – großes oder kleines – Weingut, das selbst angebaute Trauben verkeltert.

Azienda Monaci Apu r rs ★★→★★★ Weingut im Besitz der Familie von Severino Garofano, dem führenden Önologen im apulischen SALENTO. Charaktervoller NEGROAMARO-Rotwein (Eloquenzia, I Censi und der herrliche Le Braci von spät gelesenen Trauben) und -Rosé (Girofle) sowie Uva di Troia (Sine Pari) und AGLIANICO (Sine Die).

Italien

Badia a Coltibouno Tosk ★★→★★★ Historisches Weingut für CHIANTI CLASSICO. Star ist der von 100 % SANGIOVESE bereitete, im Barrique ausgebaute Sangioveto. Der Chianti Classico Cultus Boni ist ein aufs Wesentliche konzentrierter Verschnitt aus Sangiovese und den einheimischen Sorten Foglia tonda, MALVASIA nera und Ciliegiolo.

Banfi (Castello oder Villa) Tosk ★→★★★ Riesenkellerei in MONTALCINO, Hunderte von Hektar, allerdings nicht in idealer Lage, am südlichen Ende des Bereichs. Nicht schlecht, was CABERNET SAUVIGNON, MERLOT, SYRAH, PINOT NERO, CHARDONNAY, SAUVIGNON BLANC und PINOT GRIGIO angeht, aber kein Meister des SANGIOVESE-Fachs, trotz der Klone aus eigenem Versuchsanbau.

Barbaresco Piem DOCG r ★★→★★★★ **01 04 06' 07 08 09 10 11** 12 13 – Genauso wie sein Bruder BAROLO reinsortig von NEBBIOLO. Ähnlich große aromatische und geschmackliche Komplexität; weniger Kraft, mehr Eleganz. Mindestalterung 26 Monate, davon 19 im Holz; nach 4 Jahren RISERVA. Wie Barolo wird der meiste Barbaresco heutzutage unter einem Einzellagennamen oder mit *menzione geografica* (»geographischer Spezifizierung«), wie es inzwischen ganz unpoetisch heißt, verkauft. Beste Unterbereiche: siehe Kasten rechts.

Barbera Traube und Wein, die es überall in Italien gibt, aber der mengenmäßig wichtigste Rotwein im PIEMONT sowie im lombardischen OLTREPÒ PAVESE und somit der Mailänder Rotwein schlechthin. DOC sind u. a. Barbera d'Asti, Barbera d'ALBA, Barbera del Monferrato und Barbera Oltrepò Pavese.

Barberani ★★→★★★ Die Brüder Bernardo und Niccolò leiten jetzt das ökologisch bewirtschaftete Gut an den Hängen des Lago di Corbara, das ausgezeichneten ORVIETO hervorbringt. Cru Luigi e Giovanna ist der Star, Orvieto Castagneto und Calcaia (mit Edelfäule) sind ebenfalls ausgezeichnet. Auch gute Rotweine.

Bardolino Ven DOC(G) r rs ★→★★ BV – Leichter, sommerlicher Rotwein vom Lago di GARDA. Der Bardolino SUPERIORE DOCG hat viel niedrigere Erträge als der Bardolino DOC. Der hellrosa CHIARETTO ist einer der besten Roséweine Italiens. Gute Erzeuger: Albino Piona, Cavalchina, Corte Gardoni, Costadoro, Guerrieri Rizzardi, Le Fraghe, Le VIGNE di San Pietro, ZENATO, Zeni.

Barolo Piem DOCG r ★★★→★★★★ **96' 99' 01' 04' 06' 07 08 09** 10' **11** (12) (14) – Italiens großartigster Rotwein, reinsortig von NEBBIOLO, aus einer von elf Gemeinden inklusive Barolo selbst. Traditionell wurde er einfach als »Barolo« verkauft und war nicht selten ein Verschnitt aus verschiedenen Lagen oder Gemeinden, doch heute sind die meisten Einzellagenweine (wie die Burgunder-Crus), die hier mit *menzione geografica* betitelt werden. Die besten verbinden Kraft und Eleganz, jede Menge (manchmal stahlige) Tannine und einen verlockenden floralen Duft mit einem langen, süßen Abgang. Sie müssen bei der Freigabe 38 Monate (5 Jahre für RISERVA) ausgebaut worden sein, davon 18 Monate im Holzfass. (Spitzenerzeuger siehe Kasten S. 174.) Entweder von Traditionalisten (lange Maischestandzeit, große Eichenfässer) oder von Modernisten (kürzere Maischestandzeit, oft Barrique).

Barone di Villagrande Siz ★★→★★★ 18-ha-Gut in beneidenswerter Lage an den Hängen des Ätna oberhalb der Bucht von Catania. Marco Nicolosi erzeugt guten Etna Rosso und Bianco; im Vergleich zu Neuzugängen konkurrenzfähige Preise.

Basilisco ★★→★★★ Das in den 1990er-Jahren im Schatten des Monte Vulture gegründete 27-ha-Gut befindet sich inzwischen im Besitz von FEUDI DI SAN GREGORIO. Moderne Version eines alten Weins, im kampanischen

Stil von klassischem AGLIANICO gehalten – anders als der aus der Basilicata. Spitzenwein: Aglianico del Vulture Basilisco.

Bastianich ★★→★★★ Der Amerikaner Joe Bastianich disponiert von seinem Sitz in den USA aus mit Unterstützung seiner Frau Lidia und des Beraters Maurizio Castelli über 35 ha. Star ist der Bianco Vespa, ein typisch friaulischer Verschnitt von CHARDONNAY und SAUVIGNON BLANC mit einem *pizzico* des einheimischen Picolit.

Barbaresco-Unterbereiche

BARBARESCO gilt manchen als die Königin an der Seite des Königs BAROLO, wird jedoch häufig auch als Barolos Cousin zweiten Grades abgetan. Es gibt zwar einige Ähnlichkeiten (100% NEBBIOLO, Böden und Ausrichtung, vergleichbares Klima und Mikroklima), aber auch genügend Unterschiede, die die Trennung in zwei eigenständige Weine rechtfertigen. Und es gibt, wie bei Barolo, eine weitere Abgrenzung nach Orten und »geografischen Erwähnungen«, die inoffiziell als Crus oder Unterbereiche bezeichnet werden. Barbaresco kommt aus nur drei bis vier Orten, nämlich Barbaresco, Neive und Treiso (sowie einem kleinen Teil von ALBA namerns San Rocco Seno d'Elvio) mit 66 geografischen Erwähnungen. Wenn auf dem Etikett eines Barbaresco kein Unterbereich angegeben ist, handelt es sich wahrscheinlich um einen Verschnitt. Empfehlenswert sind die folgenden Unterbereiche (nach Ortschaften geordnet):

Barbaresco: Asili, Faset, Martinenga, Montefico, Montestefano, Ovello, Pora, Rabaja, Rio Sordo, Roncaglie, Ronchi, Trestelle

Neive: Albesani, Basarin, Bricco di Neive, Currà, Gallina, Rivetti, Serraboella, Starderi

Treiso: Bricco di Treiso, Marcarini, Nervo, Pajorè, Rizzi

San Rocco Seno d'Elvio: Montersino, Rocche Massalupo

Beato Bartolomeo da Breganze Ven ★★ Gut geführte Genossenschaft in den Hügeln Venetiens mit einer der größten Anbauflächen von echtem PINOT GRIGIO. Auch Still-, Schaum- und Süßweine (TORCOLATO) von der einheimischen Vespaiolo-Traube.

Berlucchi, Guido Lomb ★★ Mit mehr als fünf Millionen Flaschen von fast 100 ha Rebland der größte Hersteller von METODO-CLASSICO-Schaumwein in Italien. Flaggschiff ist der FRANCIACORTA Brut Cuvée Imperiale.

Bertani Ven ★★→★★★ Alteingesessener Erzeuger von VALPOLICELLA und SOAVE; Weinberge in verschiedenen Teilen der Provinz Verona. Basisproduktreihen Veronese und Valpantena plus Rückkehr zu aufgegebenen Weinbereitungsstilen, etwa zur Maischung auf den Schalen bei Weißweinen; daneben Rotwein (Secco Original Vintage Edition). Siehe auch BERTANI DOMAINS (Toskana).

Bertani Domains Tosk ★★→★★★ Hieß früher Tenimenti Angelini. Das Unternehmen Angelini hat den Namen BERTANI übernommen und verwendet ihn für alle Betriebe, auch in der Toskana. Drei große Kellereien: Val di Suga in MONTALCINO (v. a. BRUNELLO Spuntali), Trerose in MONTEPULCIANO und San Leonino im CHIANTI CLASSICO.

Biferno Mol DOC r rs w ★→★★ (r) **10 11 12** 13 15 – Potenziell gute Weine aus der leicht übersehenen, zwischen den Abruzzen und APULIEN eingeklemmten Region Molise. Der Rotwein wird von MONTEPULCIANO-, der Weißwein von TREBBIANO-Trauben erzeugt. Empfehlenswert sind Di Majo Norante (Ramitello) und Borgo di Colloredo (Gironia).

Biondi-Santi Tosk ★★★★ Der verstorbene Franco Biondi-Santi hielt bis zuletzt an den klassischen Traditionen seines berühmten Guts in MONTALCINO fest und bereitete so kompromisslosen BRUNELLO, v.a. RISERVA, dass dieser in Spitzenjahrgängen jahrzehntelang lagern musste, bevor man ihn trinken konnte. Sohn Jacopo macht die Weine nun nach und nach benutzerfreundlicher. Kein 2014er Brunello.

Bisol Ven – Hochklassige PROSECCO-Marke.

Boca Piem – Siehe GATTINARA.

Barolo-Unterbereiche

Der »Cru« wird in Italien immer wichtiger, auch wenn das Wort selbst, weil es die Franzosen hüten wie einen Schatz, nicht auf dem Etikett erscheinen darf. Es wird (zumindest in BAROLO and BARBARESCO) durch den prosaischen Ausdruck »geografische Erwähnung« ersetzt, was die meisten Winzer inoffiziell als »Unterbereich« (oder eben doch »Cru«) bezeichnen. Zurzeit gibt es für Barolo elf Ortserwähnungen und 170 geografische Erwähnungen. Zu den besten zählen folgende (nach Ortschaften geordnet):

Barolo: Bricco delle Viole, Brunate, Bussia, Cannubi, Cannubi Boschis, Cerequio, La Volta, Le Coste, Ravera, Sarmassa, Zonchetta

Castiglione Falletto: Bricco Boschhis, Bricco Rocche, Codana, Fiasco, Mariondino, Monprivato, Pira, Rocche di Castiglione, Vignolo, Villero

Cherasco: Mantoetto

Diano d'Alba: La VIGNA

Grinzane Cavour: Canova, Castello

La Morra: Annunziata, Arborina, Bricco Manzoni, Bricco San Biagio, Brunate, Case Nere, Cerequio, Fossati, La Serra, Rocche dell'Annunziata, Rocchettevino, Roggeri, Roncaglie

Monforte d'Alba: Bussia, Ginestra, Gramolere, Mosconi, Perno, Rocche di Castiglione, San Giovanni

Novello: Panerole, Ravera

Roddi: Bricco Ambrogio

Serralunga d'Alba: Arione, Baudana, Boscareto, Bricco Voghera, Cerretta, Falletto, Fontanafredda, Francia, Gabutti, Lazzarito, Marenca, Ornato, Parafada, Prapò, San Rocco, Serra, Sorano, Vignarionda

Verduno: Massara, Monvigliero

Boglietti, Enzo Piem ★★★ Modernistischer Erzeuger in La Morra im BAROLO-Gebiet. Erstklassige Barolos (VIGNA Arione, Case Nere) und hervorragender BARBERA D'ALBA (Vigna die Romani, Roscaleto).

Bolgheri Tosk DOC r rs w; (s) ★★→★★★★ Das von einer Stadtmauer umgebene Künstlerdorf an der Küste steht Pate für eine Gruppe stilvoller und teurer SUPERTOSKANER, die vornehmlich von französischen Sorten erzeugt werden. Klingende Namen: SASSICAIA (ursprünglicher Auslöser des Kults), ANTINORI (Guado al Tasso), FRESCOBALDI (ORNELLAIA), GAJA (CÀ MARCANDA), ALLEGRINI (Poggio al Tesoro), FOLONARI (Campo al Mare) sowie die einheimischen Erzeuger LE MACCHIOLE und MICHELE SATTA. Viele führende Erzeuger folgen dem Beispiel von SASSICAIA und geben den IGT-Status zugunsten von BOLGHERI DOC auf.

Bolla Ven ★★ Historischer Veroneser Erzeuger von SOAVE, VALPOLICELLA, AMARONE, RECIOTO. Heute im Besitz der mächtigen GRUPPO ITALIANO VINI.

Borgo del Tiglio F-JV ★★★→★★★★ Nicola Manferrari ist einer der besten Weißweinerzeuger in Italien. Besonders eindrucksvoll sind der COLLIO FRIULANO RONCO della Chiesa und der Studio di Bianco.

Boscarelli, Poderi Tosk ★★★ Kleines Weingut der Genueser Familie Ferrari mit stets hochwertigem VINO NOBILE DI MONTEPULCIANO, Einzellagenwein Nocio dei Boscarelli und RISERVA.

Botte (Plural *botti*) Großes Fass mit 6 bis 250 hl, meist aber zwischen 20 und 50 hl Kapazität, traditionell aus slawonischer, immer öfter jedoch auch aus französischer Eiche. Für Traditionalisten der ideale Behälter für den Ausbau italienischer Weine, in denen kein zu deutlicher Eichenton erwünscht ist.

Brachetto d'Acqui Piem DOCG r; s; (sch) ★★ BV – Süßer roter Schaumwein mit verlockendem Muskataroma. Die Berechtigung des DOCG-Status wird von einigen angezweifelt.

Braida Piem ★★★ Giacomo Bolognas Kinder Giuseppe und Raffaella treten in seine Fußstapfen. Spitzenwein ist und bleibt der BARBERA d'Asti Bricco dell'Uccellone, gefolgt von Bricco della Bigotta und Ai Suma derselben Appellation.

Italien

Bramaterra Piem – Siehe GATTINARA.

Breganze Ven DOC r w; sch ★→★★★ r **08 09 10 11** 13 15; w BV – Großes Anbaugebiet für PINOT GRIGIO; auch guter Vespaiolo (stiller und schäumender Weißwein sowie süßer TORCOLATO), PINOT NERO und CABERNET. Wichtigste Erzeuger: MACULAN und BEATO BARTOLOMEO.

Brezza Piem ★★→★★★ Während der Rest der Familie das Hotel BAROLO im gleichnamigen Ort führt, erzeugt Enzo Brezza von gut 17 ha mit die authentischsten und preiswertesten Einzellagenweine in Barolo. u.a. Cannubi, Castellero, Sarmassa. Das Angebot umfasst auch DOLCETTO, Freisa, BARBERA und einen erstaunlich guten CHARDONNAY.

Brigaldara Ven ★★★ Stefano Cesari erzeugt auf seinem Gut eleganten, aber kraftvollen AMARONE, der Zeichen setzt.

Brindisi Apu DOC r rs ★★ r **09 10 11** 12 (13) (15); rs BV – Geschmeidiger Rotwein auf NEGROAMARO-Basis mit MONTEPULCIANO; v.a. von VALLONE, Due Palme, Rubino. Die Rosato-Version gehört manchmal zu Italiens besten.

Brolio, Castello di Tosk ★★→★★★ Das historische Gut ist das größte und vermutlich älteste im CHIANTI-CLASSICO-Gebiet und gedeiht nach einem Tief unter fremder Leitung nun wieder unter Francesco RICASOLI. Sehr guter Chianti Classico und IGT Casalferro, auch Gran Selezione (siehe auch Kasten Chianti Classico S. 178).

Brunelli, Gianni Tosk ★★★ Juwel von einem Gut in MONTALCINO mit ausgefeiltem, aber dennoch benutzerfreundlichem BRUNELLO und ROSSO aus zwei Lagen: Le Chiuse di Sotto nördlich von Montalcino und Podernovone im Süden, mit herrlichem Blick auf den Monte Amiata.

Brunello di Montalcino Tosk DOCG r ★★★→★★★★ **90' 95 99' 01' 04' 06' 07 09** 10' 11 (12) (13) (15') – Spitzenwein der Toskana, kompakt, aber elegant mit Duft und Struktur, potenziell äußerst langlebig. Mindestens 4 Jahre Reife, 5 Jahre für RISERVA. Initiativen zur Zulassung kleiner Anteile von z.B. MERLOT in dem eigentlich reinsortigen SANGIOVESE wurden abgewehrt, aber es ist weiterhin Wachsamkeit geboten. (Beste Erzeuger: Siehe Kasten S. 176).

Bucci Mar ★★★ Fast burgundischer VERDICCHIO, der langsam reift, aber im Alter komplex wird. Der RISERVA Villa Bucci spielt definitiv in einer anderen Liga als die meisten anderen Verdicchio-Weine; der rote Pongelli ist weniger interessant.

Buontempo, Tenuta Tosk – Gut in schwedischem Besitz mit herrlichem Blick auf den Monte Amiata; spezialisiert auf BRUNELLO, ROSSO DI MONTALCINO. Im Auge behalten.

Burlotto, Commendatore G. B. Piem ★★★→★★★★ Commendatore G.B. Burlotto war 1880 einer der Ersten, die Spitzen-BAROLO bereitetn und abfüllten. Sein Nachfahre Fabio Alessandria ist immer noch dabei und setzt Können und Leidenschaft in den Verschnitt Acclivi sowie die Einzellagenweine Cannubi und Monvigliero; für Letzteren werden die Trauben nach wie vor mit den Füßen gestampft.

Barolo-Top-Ten

»Italiens großartigster Wein« ist für manchen eine Nummer zu groß. Hier sind einige Spitzen-Crus, anhand derer man beide Teile dieser Behauptung überprüfen kann:
BURLOTTO (Monvigliero), Cavallotto (Bricco Boschis VIGNA San Giuseppe), CONTERNO FANTINO (SORÍ Ginestra), CONTERNO GIACOMO (Monfortino), MASCARELLO Giuseppe (Monprivato), Rinaldi Giuseppe (Brunate-Le Coste), SANDRONE (Cannubi Boschis), SCAVINO PAOLO (Bric del Fiasc), VIETTI (Lazzarito), VOERZIO ROBERTO (La Serra).

Bussola, Tommaso Ven ★★★★ Autodidakt Tommaso Bussola zieht seine Weine in einer überwältigenden Sammlung von Fässern verschiedenster Größe und Holzart zu AMARONE, RECIOTO und RIPASSO der Spitzenriege heran. Der große Bepi Quintarelli war sein Mentor, Tommaso übernimmt diese Funktion nun für seine beiden Söhne.

Cà Bolani F-JV ★ Gut im Bereich Friuli Aquileia mit 550 ha, der größten Rebfläche in Norditalien, im Besitz der Familie ZONIN. Hightechkellerei unter der Leitung von Marco Rabino. Schwerpunkt auf Weißweinen: CHARDONNAY, SAUVIGNON BLANC, TRAMINER, PINOT BIANCO und PINOT GRIGIO, Spitzenwein Sauvignon Aquilis.

Ca' dei Frati Lomb ★★★ Führender Qualitätserzeuger in der wiederbelebten DOC LUGANA. Der I Frati ist ein guter Wein auf Einstiegsniveau, der Brolettino ein Spitzen-Cru.

Ca' del Bosco Lomb ★★★★ Nummer eins der Weingüter in der FRANCIACORTA, das dem großen PINOT-GRIGIO-Erzeuger SANTA MARGHERITA gehört, aber immer noch vom Gründer Maurizio Zanella geleitet wird. Hervorragender Schaumwein nach der klassischen Methode, v.a. Annamaria Clementi (der Dom Pérignon Italiens) und Dosage Zéro; daneben auch ausgezeichneter Rotwein Maurizio Zanella im Bordeaux-Stil, burgunderartiger PINOT NERO Pinero und CHARDONNAY.

Caiarossa Tosk ★★★ Der niederländische Besitzer Eric Jelgersma (Château Giscours; siehe Bordeaux) und der in Australien ausgebildete französische Önologe Dominique Genot führen dieses internationale Gut nördlich von BOLGHERI. Ausgezeichnet sind Caiarossa Bianco und Rosso sowie die Rotweine Pergolaia und Aria.

Caluso/Erbaluce di Caluso Piem DOCG w ★★ BV – Heller, knackiger Weißwein von der Erbaluce-Traube im Norden des PIEMONT. Der beste Erzeuger ist Orsolani, v.a. La Rustia.

Ca' Marcanda Tosk ★★★★ Angelo Gajas Weingut in BOLGHERI (1996 gegründet). Drei Weine in preislicher Reihenfolge (hoch, höher, am höchsten): Promis, Magari und Ca' Marcanda; hauptsächlich internationale Rebsorten.

Canalicchio di Sopra Tosk ★★★ Die dynamische Familie Ripaccioli bereitet herrlich ausgewogenen, komplexen und dennoch angenehm zu trinkenden BRUNELLO (auch RISERVA) und ROSSO DI MONTALCINO.

Cantina Kellerei, doch auch Weinbars schmücken sich mit diesem Namen.

Cantina del Notaio ★★→★★★ Das auf AGLIANICO spezialisierte ökologische und biologisch-dynamische Gut bietet auch Weißwein, Rosé, Schaumwein und PASSITO. Star ist der AGLIANICO DEL VULTURE Il Repertorio, aber La Firma und Il Sigillo sind fast ebenso gut.

Capezzana, Tenuta di Tosk ★★★ Das Weingut der Familie des kürzlich verstorbenen legendären toskanischen Erzeugers Graf Ugo Contini Bonacossi westlich von Florenz wird nun von seinen Kindern geführt. Guter Barco Reale DOC, ausgezeichneter CARMIGNANO (Villa di Capezzana, Villa di Trefiano) sowie ein sehr guter Rotwein im Bordeaux-Stil namens Ghiaie della Furba und hervorragender VIN SANTO.

Cappellano Piem ★★★ Der verstorbene Teobaldo Cappellano, ein Held des BAROLO, reservierte einen Teil seines Cru Gabutti für wurzelechte NEBBIOLO-Reben (Pie Franco); Sohn Augusto behält den ausgeprägt traditionellen Stil bei. Auch »medizinischer« Barolo Chinato, der von einem Vorfahren erfunden wurde.

Caprai Umb ★★★→★★★★ Marco Caprai hat dieses große Gut (knapp 200 ha) in rund 30 Jahren zum Inbegriff des immer bedeutenderen Bereichs MONTEFALCO gemacht. Mit Hilfe des Beraters Attilio Pagli hat er in Weinberg und CANTINA experimentiert, bis ihm herausragende Weine wie der Montefalco Sagrantino 25 Anni gelangen. Der Nicht-Cru ist fast besser, weil weniger eichenlastig; der ROSSO DI MONTEFALCO ist geschmeidig und elegant. Der GRECHETTO Grecante ist sorgfältig bereitet und preislich korrekt.

Carema Piem DOC r ★★→★★★ **06' 07 08 09 10** 11 (13) (15) – Kaum bekannter, leichter, intensiver NEBBIOLO von Trauben, die auf niedrigen, aber steilen Hängen bei Aosta wachsen. Am besten von Luigi Ferrando (v.a. Etichetta Nera) und Produttori Nebbiolo di Carema.

Carignano del Sulcis Sar DOC r rs ★★→★★★ **08 09 10** 12 13 (14) (15) – Milder, aber intensiver Rotwein aus dem Südwesten SARDINIENS. Am besten sind Terre Brune und Rocca Rubia von der CS di SANTADI.

Carmignano Tosk DOCG r ★★★ **02 04 06 07 08 09** 10 **11** 12 (13) (15) – Feiner Verschnitt aus SANGIOVESE und Bordeaux-Trauben, der im 20. Jh. vom verstorbenen Grafen Bonacossi (Capezzana) erfunden wurde. Am besten von Ambra, CAPEZZANA, Farnete, Piaggia, Le Poggiarelle, Pratesi.

Carnasciale, Il Tosk ★★★ Außergewöhnlicher Rotwein im Bordeaux-Stil von einer spontanen Kreuzung CABERNET X MERLOT, die von Bettina Rogosky und ihrer Familie streng gehütet wird. »Caberlot« wurde vor zig Jahren vom landwirtschaftlichen Berater Remigio Bordini entdeckt. Carnasciale ist die Zweitmarke.

Carpenè Malvolti Ven ★★ Antonio Carpene und drei Mistreiter eröffneten 1868 diese womöglich als Erste auf PROSECCO spezialisierte Kellerei. Das Angebot umfasst Brut-, Dry- und Extra-Dry-Schaumweine, wobei keiner ganz furchtbar trocken ist (und das ist wohl auch gut so).

Cartizze Ven ★★ PROSECCO DOCG aus einem hügeligen, schwer zu bewirtschaftenden Gebiet im Herzen von CONEGLIANO VALDOBBIADENE. Häufig zu süß; die Erzeuger lernen, dass der Markt nun im Allgemeinen erwartet, dass »trockener« Wein auch trocken schmeckt.

Case Basse Tosk ★★★★ Gianfranco Soldera verlor vor ein paar Jahren durch Vandalismus einen Großteil der in fünf Jahren bereiteten kostbaren Weine, stieß alle vor den Kopf, die ihm Gutes wollten, und trat aus dem Konsortium aus, erzeugt jedoch weiterhin (meist biologisch-dynamisch) lange in Eiche ausgebaute, hochwertige Weine im BRUNELLO-Stil (wenn auch keinen DOCG). Die Flaschen, die gerettet werden konnten, sind rarer und kostbarer als je zuvor.

Castel del Monte Apu DOC r rs w ★→★★ r **08 09 10** 11 (13) (15); w rs BV – Trockene, frische, zunehmend anspruchsvolle Weine aus einer DOC in APULIENS Mitte. Von Tormaresca (ANTINORI) stammen der gute Pietrabianca und der ausgezeichnete Bocca di Lupo; sehr gut auch Le More von Santa Lucia. Interessante Rote kommen von Cocevola und Giancarlo Ceci.

Castellare Tosk ★★★ Alteingesessener Spitzenerzeuger in Castellina in CHIANTI mit erstklassigem SANGIOVESE/MALVASIA NERA I Sodi di San Niccolò und zeitgemäßem CHIANTI CLASSICO, v.a. Riserva Il Poggiale. Außerdem POGGIO ai Merli (MERLOT) und Coniale (CABERNET SAUVIGNON).

Castell' in Villa Tosk ★★★ Individuelles, traditionalistisches CHIANTI-CLASSICO-Weingut im äußersten Südwesten des Gebiets. Weine großer Klasse, von der Autodidaktin Prinzessin Coralia Pignatelli bereitet.

Die besten Brunellos – Top Ten und der Rest

Jeder der folgenden Erzeuger liefert einen anständigen BRUNELLO DI MONTALCINO; die zehn, die wir für die besten halten, sind mit einem Stern gekennzeichnet.

Pieri Agostina, Altesino, ARGIANO (CASTELLO DI), Baricci, BIONDI-SANTI*, Gianni BRUNELLI*, Camigliano, La Campana, Campogiovanni, Canalicchio di Sopra, Canalicchio di Sotto, Caparzo, CASANOVA DI NERI, CASE BASSE*, CASTELGIOCONDO, Ciacci Piccolomini, COL D'ORCIA, Collemattoni, Corte Pavone, Costanti, Eredi FULIGNI, Il Colle, Il Paradiso di Manfredi, La Fuga, La Gerla, Lambardi, LISINI*, La Magia, La Mannella, Le Potazzine, Marroneto, Mastrojanni*, Oliveto, Salvioni *, Siro Pacenti, Palazzo, Pertimali, Pieve di Santa Restituta, La Poderina, Pian dell'Orino*, Il POGGIONE*, POGGIO ANTICO, Poggio di Sotto*, Salvioni-Cerbaiola*, Uccelliera, Val di Suga, Valdicava.

Castelluccio Em-Ro ★★→★★★ Hochwertiger SANGIOVESE vom Weingut des berühmten Önologen Vittorio Fiore in der Romagna, das nun Sohn Claudio führt. IGT Ronco dei Ciliegi und RONCO delle Ginestre sind die Stars. Der Le More ist ein schmackhafter und relativ preiswerter Romagna DOC.

Cavallotto Piem ★★★ In Castiglione Falletto ansässiger führender BAROLO-Traditionalist mit Weinbergen im Herzen des Anbaugebiets. Herausragender Barolo RISERVA Bricco Boschis VIGNA San Giuseppe und Riserva Vignolo, sehr guter LANGHE NEBBIOLO.

Cerasuolo Abr DOC rs ★ Die BV-ROSATO-Version von MONTEPULCIANO D'ABRUZZO, nicht zu verwechseln mit dem roten CERASUOLO DI VITTORIA aus Sizilien. Ist manchmal hervorragend; z.B. von Contesa.

Cerasuolo di Vittoria Siz DOCG r ★★ **10 11** 13 (15) – Mittelschwerer Rotwein von Frappato- und Nero-d'Avola-Trauben in Südost-SIZILIEN; interessant v.a. von COS, Nicosia, PLANETA und Valle dell'Acate.

Ceretto Piem ★★→★★★ Führender Erzeuger von BARBARESCO (Bricco Asili) und BAROLO (Bricco Rocche, Brunate, Prapò) sowie LANGHE Bianco Blange (ARNEIS). Die ältere Generation, Bruno und Marcello, übergibt an Alessandro, die jüngere Generation.

Cerro, Fattoria del Tosk ★★★ Weingut im Besitz des Versicherungsgiganten SAI, das sehr guten DOCG VINO NOBILE DI MONTEPULCIANO (v.a. Einzellagenwein Antica Chiusina) erzeugt. SAI gehören auch La Poderina (BRUNELLO DI MONTALCINO), Colpetrone (MONTEFALCO SAGRANTINO) und das 1.000 ha große Weingut Monterufoli im Norden der MAREMMA.

Cesanese del Piglio oder Piglio Lat DOCG r ★→★★ Mittelschwerer Rotwein, kann gut eine Zeit lang gelagert werden. Am besten von Petrucca e Vela und Terre del Cesanese. Die Weine Cesanese di Olevano Romano und Cesanese di Affile sind ähnlich.

Chianti Tosk DOCG r ★→★★★ Traditionelles Anbaugebiet zwischen Florenz und Siena und der dort erzeugte leichte Rotwein. Der Chianti hat einen weiten Weg zurückgelegt seit den Korbflasche-als-Lampe-Zeiten, als er mit weißen Trauben versetzt und mit Importen aus dem Süden frisiert wurde. Er hat vielleicht nicht das Prestige von CHIANTI CLASSICO oder irgendeiner der anderen Chianti-Versionen (z. B. RUFINA, Colli Fiorentini), verschafft sich jedoch Respekt als typischer Toskaner zu vernünftigem Preis.

Chianti Classico Tosk DOCG r ★★→★★★ **04 06 07 08 09 10 11** 12 13 (15) – Das historische Gebiet wurde »CLASSICO«, als die Weinbauregion CHIANTI Anfang des 20. Jahrhunderts auf praktisch die ganze mittlere Toskana ausgeweitet wurde. Es umfasst ganz oder teilweise neun Gemeinden im hügeligen (250–500 m), felsigen Gelände. Der Wein mit dem schwarzen Hahn ist traditionell ein Verschnitt, und es wird weiter darüber debattiert, ob dem SANGIOVESE französische (z. B. CABERNET SAUVIGNON) oder einheimische Trauben zugesetzt werden sollen. Gran Selezione ist die neue Spitzenkategorie, über RISERVA. Siehe auch Kasten S. 178.

Chiaretto Ven – Heller Rosé mit ganz leichtem rötlichem Einschlag, v. a. vom Gardasee. Siehe BARDOLINO.

Ciabot Berton Piem ★★★ Marco und Paola Oberto sind in die Fußstapfen ihres Vaters getreten und haben dieses Gut in La Morra zu einem seriösen Erzeuger mit mit sehr gutem Preis-Leistungs-Verhältnis gemacht. Der verschnittene BAROLO ist überzeugend, die Crus Roggeri und Rochettevino haben einen ausgeprägten Einzellagencharakter.

Ciliegiolo Tosk – Sortenreiner Rotwein der MAREMMA aus der gleichnamigen Traube, von der (so lehren uns die Ampelographen) SANGIOVESE abstammt. Empfehlenswert von Rascioni e Cecconello, Sassotondo.

Cinque Terre Lig DOC w; tr s ★★ Trockene Weißweine auf VERMENTINO-Basis von der ligurischen Steilküste. Die süße Version heißt Sciacchetrà. Empfehlenswerte Erzeuger sind Arrigoni, Bisson und Buranco.

Cirò Kal DOC r (rs w) ★→★★★ Frischer kräftiger Rotwein von der wichtigsten kalabrischen Traube, Gaglioppo, oder leichter, fruchtiger Weißwein von GRECO (BV). Spitzenerzeuger: Caparra & Siciliani, IPPOLITO, Librandi (Duca San Felice ★★★), San Francesco (Donna Madda und RONCO dei Quattro Venti), SANTA VENERE.

Classico Bezeichnung für Wein aus einem begrenzten, meist historischen und edleren Bereich innerhalb einer kommerziell ausgeweiteten DOC. Siehe CHIANTI CLASSICO, VALPOLICELLA, SOAVE und zahlreiche andere.

Clerico, Domenico Piem ★★★ BAROLO-Erzeuger der modernistischen Fraktion in Monforte d'ALBA, v. a. mit den Crus Percristina, Ciabot Mentin Ginestra und Pajana. Außerdem guter BARBERA Trevigne und DOLCETTO Visadi in modernem Stil.

Coffele Ven ★★★ Kreativer Kellermeister im aufstrebenden SOAVE-Land, gesegnet mit Trauben auf Terrassen an den höher gelegenen Hängen; die Weinberge wurden von seinem Vater Bepino angelegt. Soave CLASSICO, Cru Cà Visco und Recioto Le Sponde sind alle genau so, wie sie sein sollten.

Col d'Orcia Tosk ★★★ Das drittgrößte Weingut in MONTALCINO (Besitzer Francesco Marone Cinzano) mit Topqualität. Am besten ist der BRUNELLO RISERVA Poggio al Vento.

Colli »Hügel«, Einzahl: *colle*. **Colline** (Einzahl: *collina*) sind kleinere Hügel. Siehe auch COLLIO, POGGIO.

Italien

Colli di Catone Lat ★→★★★ Spitzenerzeuger von FRASCATI und IGT in den römischen Hügeln von Monteporzio Catone. Herausragende gereifte Weine von MALVASIA del Lazio (alias Malvasia Puntinata) und GRECHETTO. Empfehlenswert sind die Marken Colle Gaio und Casal Pilozzo.

Colli Euganei Ven DOC r w; tr lbl; (sch) ★→★★ BV – DOC südwestlich von Padua. Rot-, Weiß- und Schaumwein sind gefällig, aber selten besser. Beste Erzeuger: Ca' Lustra, La Montecchia, Vignalta.

Wer macht wirklich guten Chianti Classico?

Da das Chianti-Classico-Gebiet ziemlich groß ist und sich dort Hunderte von Erzeugern tummeln, ist es gar nicht so einfach, die besten herauszupicken. Die Allerbesten sind mit einem Stern gekennzeichnet.

AMA*, ANTINORI, BADIA A COLTIBUONO*, Bibbiano, Le Boncie, Il Borghetto, Bossi, BROLIO, Cacchiano, CAFAGGIO, Capannelle, Capraia, Carobbio, Casaloste, Casa Sola, CASTELLARE, CASTELL'IN VILLA, Le Cinciole, Collelungo, Le Corti, Mannucci Droandi, FÈLSINA*, Le Filigare, FONTERUTOLI, FONTODI*, ISOLE E OLENA*, Lilliano, Il Molino di Grace, MONSANTO*, Monte Bernardi, Monteraponi*, NITTARDI, NOZZOLE, Palazzino, Paneretta, Petroio-Lenzi, Poggerino, Poggiolino, Poggiopiano, Poggio al Sole, QUERCIABELLA*, RAMPOLLA, Riecine, Rocca di Castagnoli, Rocca di Montegrossi*, RUFFINO, San Fabiano Calcinaia, SAN FELICE, SAN GIUSTO A RENTENNANO*, Savignola Paolina, Selvole, Vecchie Terre di Montefili, Verrazzano, Vicchiomaggio, VIGNAMAGGIO, Villa La Rosa*, Viticcio, VOLPAIA*.

Collio F-JV DOC r w ★★→★★★★ Hügeliges Anbaugebiet an der slowenischen Grenze. Bekannt v. a. für komplexe, manchmal absichtlich oxidierte Weine, die teilweise zusammen mit den Schalen in eingegrabenen irdenen Gefäßen/Amphoren vinifiziert werden. Aus verschiedenen französischen, deutschen und slawischen Sorten entstehen auf diese Weise einige exzellente, einige schauerliche Weine. Zu den vielen guten bis ausgezeichneten Erzeugern gehören u. a. BORGO DEL TIGLIO, La Castellada, Castello di Spessa, MARCO FELLUGA, Fiegl, GRAVNER, Renato Keber, Livon, Aldo Polencic, Primosic, Princic, Russiz SUPERIORE, Schiopetto, Tercic, Terpin, Venica & Venica, VILLA RUSSIZ, Zuani.

Colli Piacentini Em-Ro DOC r rs w ★→★★ BV – Leichte süffige Weine, oft perlend (rot und weiß) unter anderem von BARBERA und BONARDA (r), MALVASIA und Pignoletto (w) sowie mehrere PINOT-Varianten. Ähnlich wie OLTREPÒ PAVESE. Gute Erzeuger: Montesissa, Mossi, Romagnoli, Solenghi, La Stoppa, Torre Fornello, La Tosa. Siehe auch GUTTURNIO.

Colognole Tosk ★★ Das ehemalige Gut Conti Spalletti erzeugt immer hochklassigeren CHIANTI RUFINA und RISERVA del Don aus steilen Südlagen am Monte Giovi.

Colterenzio, Cantina Produttori (Schreckbichl) T-S ★★→★★★ Protagonist unter den Kellereigenossenschaften SÜDTIROLS mit Sitz in Girlan. Die Weißweine (SAUVIGNON Lafoa, CHARDONNAY Altkirch, PINOT BIANCO Weisshaus Praedium) sind trotz des guten Rufs des CABERNET SAUVIGNON Lafoa insgesamt besser als die Rotweine.

Conegliano Valdobbiadene Ven DOCG w; sch ★→★★ BV – Bezeichnungen für Spitzen-PROSECCO, die einzeln oder zusammen verwendet werden können.

Conero DOCG r ★★→★★★ **09 11 12 13** (15) – Alias Rosso Conero. In dem kleinen Gebiet wachsen mit die kraftvollsten MONTEPULCIANO-Reben Italiens. Empfehlenswert: Villa Bonomi von Marchetti, Grosso Agontano von GAROFOLI, Dorico von Moroder, Adeodato von MONTE SCHIAVO, Nerone und Vigneti del Parco von TERRE CORTESI MONCARO, Sassi Neri und Visions of J. von Le Terrazze.

Conterno, Aldo Piem ★★★→★★★★ Der verstorbene Spitzenerzeuger in Monforte d'ALBA galt als Traditionalist, v. a. im Hinblick auf seine erstklassigen BAROLO-Weine Granbussia, Cicala und Colonnello. Seine Söhne richten die Kellerei modernistischer aus.

Conterno, Giacomo Piem ★★★★ Viele würden den Spitzenwein dieses Guts, den legendären Monfortino, als den besten italienischen Wein überhaupt bezeichnen. Der Weinberg (Cascina Francia) ist in Serralunga, die Kellerei dagegen in Monforte. Robert, Sohn des verstorbenen Giovanni, der seinerseits Giacomos Sohn war, hält sich streng an das Rezept seiner Vorfahren, das z. B. für den Monfortino die Temperaturkontrolle während der Maischung ausschließt: riskant, aber fast immer erfolgreich.

Conterno Fantino Piem ★★★ Zusammenschluss zweier Familien, die in Monforte d'Alba die ausgezeichneten BAROLOS (im modernen Stil) Sorì Ginestra und VIGNA del Gris erzeugen. Außerdem ein NEBBIOLO-BARBERA-Verschnitt namens Monprà.

Conterno, Paolo Piem ★★→★★★ Die Familie baut seit 1886 NEBBIOLO und BARBERA an; der derzeitige *titolare* Giorgio führt die Tradition fort und erzeugt die mustergültigen BAROLO-Einzellagenweine Ginestra und Riva del Bric sowie den besonders feinen LANGHE Nebbiolo Bric Ginestra.

Contesa Abr ★★→★★★ Rocco Pasetti, einer der besten önologischen Berater in den Abruzzen, führt dieses Gut mit seinem Sohn Franco. Charaktervolle Weißweine (PECORINO, TREBBIANO d'Abruzzo), saftige Rotweine und Rosés, hauptsächlich unter dem Namen Contesa.

Conti Zecca Apu ★★→★★★ Gut im SALENTO, dessen 320 ha fast zwei Millionen Flaschen hervorbringen. Die IGT-Salento-Reihe Donna Marzia ist preiswert, ebenso der SALICE SALENTINO Cantalupi. Der bekannteste der vielen Weine ist der NEGROAMARO/CABERNET SAUVIGNON Nero.

Contucci Tosk ★★→★★★ Legendäre Kellerei der Familie Contucci im Ortskern von Montepulciano. Seit Jahrhunderten in Betrieb, der Stil ist ein bisschen altmodisch, aber klassisch. Verschiedene Versionen von VINO NOBILE (u. a. RISERVA sowie die Einzellagenweine Mulinvecchio und Pietra Rossa).

Copertino Apu DOC r (rs) ★★★ **08 10 11** (12) (13) (15) – Geschmeidiger, saftiger Rotwein von NEGROAMARO-Trauben vom Stiefelabsatz Italiens. Gute Erzeuger: MONACI, CS Copertino.

Cortona Tosk – Toskanische DOC, die an das Gebiet des VINO NOBILE DI MONTEPULCIANO angrenzt. Verschiedene einheimische und internationale rote und weiße Sorten. Gute Weine sind u. a. der MERLOT/CABERNET Desiderio von Avignonesi, einige erstklassige SYRAH-Weine von Luigi d'Alessandro, Il Castagno und La Braccesca.

CS (Cantina Sociale) Genossenschaftskellerei.

Cusumano Siz ★★→★★★ Relativ neuer, wichtiger Erzeuger mit 500 ha in verschiedenen Teilen SIZILIENS. Rotweine von NERO D'AVOLA, CABERNET SAUVIGNON, SYRAH; Weißweine von CHARDONNAY, INZOLIA. Gute Qualität, preiswert.

Dal Forno, Romano Ven ★★★★ Erzeuger von VALPOLICELLA, AMARONE und RECIOTO sehr hoher Qualität. Die Perfektion ist umso bemerkenswerter, als die Weinberge außerhalb des CLASSICO-Gebiets liegen.

De Bartoli, Marco Siz ★★★ Der große Marco de Bartoli, Sprössling zweier MARSALA-Erzeugerfamilien, kämpfte zeit seines Lebens für »echten« Marsala und gegen Kochwein- und aromatisierte Varianten. Sein trockener Vecchio Samperi durfte nicht »Marsala« heißen, weil er nicht gespritet war. Sein Meisterwerk ist der 20-jährige Ventennale, ein Verschnitt aus alten und jungen Weinen. Seit seinem Tod führen seine Kinder das Gut. Köstliche Tafelweine (z. B. Grillo) und ein hervorragender süßer ZIBIBBO di Pantelleria namens Bukkuram.

Dei Piem ★★→★★★ Die Pianistin Caterina Dei führt dieses aristokratische Gut in MONTEPULCIANO, auf dem sie mit Kunstfertigkeit und Leidenschaft VINO NOBILE erzeugt. Ihr Meisterwerk ist der Bossona.

Di Majo Norante Mol ★★→★★★ Einer der wenigen Qualitätserzeuger in Molise mit sehr gutem Biferno Rosso, Ramitello, Molise Rosso RISERVA Don Luigi und Molise AGLIANICO Contado, dem weißen FALANGHINA-GRECO-Verschnitt Biblos sowie MOSCATO PASSITO Apianae.

DOC, DOCG Qualitätsweinbezeichnung; siehe Kasten S. 167.

Dogliani Piem DOCG r ★→★★★ **10 11 12 13** (15) – DOCG-Weine aus dem PIEMONT, Dolcetto *in purezza*, aber die Nennung der Rebsorte auf dem Etikett wurde verboten, um uns Weinliebhaber zu verwirren. Einige sind jung zu trinken, manche eignen sich für eine nicht allzu lange Lagerung. Gute Erzeuger: Marziano Abbona, Osvaldo Barbaris, Francesco Boschis, Bricco Rosso, Chionetti, Clavesana, EINAUDI, Pecchenino.

Donnafugata Siz r w ★★→★★★ Hochklassiges Angebot an sizilianischen Weinen, u. a. die Roten Mille e Una Notte und Tancredi sowie die Weißen Chiarandà und Ligheia. Dazu sehr feiner MOSCATO PASSITO di PANTELLERIA Ben Ryé.

Duca di Salaparuta Siz ★★ War früher mit der Marke Corvo in unzähligen italienischen Restaurants alten Stils auf der Weinkarte zu finden und ist jetzt Eigentum von Ilva in Saronno. Zu den anspruchsvolleren Weinen zählen der weiße Kados von Grillo-Trauben, die Nero-d'Avola-Weine Passo delle Mule und Triskele (mit MERLOT). Außerdem der alte Favorit Duca Enrico.

Einaudi Luigi Piem ★★★ Ende des 19. Jh. vom späteren italienischen Staatspräsidenten gegründetes 52-ha-Gut in DOGLIANI mit Rebflächen in BAROLO. Barolos mit viel Kultur und Authentizität aus den Lagen Cannubi und Terlo Costa Grimaldi. Außerdem Spitzen-Dogliani (DOLCETTO) aus der Lage VIGNA Tecc. Der Komponist Ludovico Einaudi (u. a. CD »Le Onde«) ist ein Verwandter.

Elba Tosk r w; (sch) ★→★★ BV – Der Weißwein der Insel, TREBBIANO/ANSONICA, passt gut zu Fisch. Trockene Rotweine basieren auf SANGIOVESE. Dazu gute weiße (MOSCATO) und rote (Aleatico Passito DOCG) Süßweine. Gute Erzeuger: Acquabona, Sapereta.

Enoteca »Vinothek«; das kann eine Weinhandlung sein oder auch ein Restaurant mit anspruchsvoller Weinkarte. In der Fortezza von Siena gibt es die nationale Enoteca Italiana.

Esino Mar DOC r w ★→★★★ **08 09 10 11 12** 13 (15) – Weitere DOC des VERDICCHIO-Gebiets, die im Bianco neben Verdicchio 50 % und im Rosso neben SANGIOVESE/MONTEPULCIANO 40 % andere Trauben zulässt. Die besten Rotweine liefern Monte Schiavo (Adeodato) und Belisario (Colferraio).

Est! Est!! Est!!! Lat DOC w; tr lbl ★ BV – Wenig bemerkenswerter Weißwein aus Montefiascone nördlich von Rom; profitiert von der (wenig wahrscheinlichen) Legende über die Entstehung seines Namens. FALESCO ist der beste Erzeuger.

Etna Siz DOC r rs w ★★→★★★ **08 09 10 11 12** 13 14 (15) – Wein von oft hohen Lagen am Nordhang des Ätna. Im 20. Jahrhundert schrumpften die Rebflächen am Vulkan – doch neues Geld hat Neuanpflanzungen und einige ausgezeichnete, wenn auch teure Weine ermöglicht, die recht burgunderartig sind, obwohl sie auf den Sorten NERELLO MASCALESE (rot) und CARRICANTE (weiß) beruhen. Gute Erzeuger: Benanti, Calcagno, Il Cantante, Cottanera, Nicosia (eine preiswerte Version), Passopisciaro, Girolamo Russo, Terre Nere, Barone di Villagrande.

Falanghina Frischer, zitrusfruchtiger DOC- oder IGT-Wein für jeden Zweck aus der Gegend um Benevento im Hinterland von Neapel, vor allem DOC SANNIO. Der SOAVE des Südens. Der größte Erzeuger ist La GUARDIENSE.

Falchini Tosk ★★→★★★ Erzeuger von gutem DOCG VERNACCIA DI SAN GIMIGNANO (VIGNA a Solatio und dem in Eiche gereiften Ab Vinea Doni), dem erstklassigen Bordeaux-Verschnitt Campora und dem Paretaio auf SANGIOVESE-Basis. Riccardo Falchini war ein Meister des feinen SAN GIMIGNANO; seine halbamerikanischen Kinder sind würdige Nachfolger.

Falerno del Massico Kamp DOC r w ★★→★★★ **09 10 11 12** 13 (15) – Der Falernum (oder Falerner) war der Yquem des alten Rom. Heute tragen ein eleganter AGLIANICO-Rotwein und ein fruchtiger trockener Weißer von der FALANGHINA-Traube diesen Namen. Die besten Erzeuger: VILLA MATILDE, Amore Perrotta, Felicia, Moio, Trabucco.

Fara Piem – Siehe GATTINARA.

Faro Siz DOC r ★★★ **06' 08 09 10 11 12** 13 14 (15) – Intensive, harmonische Rotweine von NERELLO MASCALESE und Nerello Cappuccio in den Hügeln im Hinterland von Messina. Salvatore Geraci von Palari, dem größten Erzeuger, hat sie wieder zum Leben erweckt, als ihr letztes Stündlein schon geschlagen hatte. Weiterer Erzeuger: Bonavita.

Fattori Ven ★★★ Antonio Fattori ist einer der begabtesten Kellermeister in Italien: ein überwältigend individueller Stil mit ein bisschen *appassimento* hier und ein bisschen Fassausbau dort. Probierenswert sind die SOAVE-Weine Danieli und Motto Piane, aber auch der normale Soave. Die VALPOLICELLAS (Col de la Bastia) sind ebenfalls beachtlich.

Felluga, Livio F-JV ★★★ Beständig feine Weine des Bereichs FRIULI Colli Orientali, v. a. die Verschnitte Terre Alte und Illivio sowie Pinot grigio, SAUVIGNON BLANC, FRIULANO, PICOLIT und der MERLOT-REFOSCO-Verschnitt Sossò.

Felluga, Marco F-JV – Siehe RUSSIZ SUPERIORE.

Felsina Tosk ★★★ Ausgezeichnetes CHIANTI-CLASSICO-Gut im südöstlichen Zipfel des Gebiets: klassischer RISERVA Rancia und IGT Fontalloro, beides reinsortige SANGIOVESE-Weine. Außerdem guter CHARDONNAY I Sistri. Das Castello di Farnetella mit gutem CHIANTI Colli Senesi gehört derselben Familie.

Fenocchio Giacomo ★★★ Kleine Kellerei mit Sitz in Monforte d'ALBA. Traditioneller Stil mit minimalen Eingriffen und Ausbau in großen *botti* aus slawonischer Eiche. Einzellagen u. a. Bussia, Villero und Cannubi.

Ferrari T-S sch ★★→★★★ Trientiner Produzent des besten METODO-CLASSICO-Schaumweins außerhalb der FRANCIACORTA. Sein Spitzen-Cru ist Giulio Ferrari; ebenfalls gut sind der Brut RISERVA Lunelli auf CHARDONNAY-Basis und der Extra Brut Perle' Nero auf PINOT-NERO-Basis.

Feudi di San Gregorio Kamp ★★→★★★ Äußerst angesagter Erzeuger in KAMPANIEN mit DOCG TAURASI Piano di Montevergine, FIANO di Avellino Pietracalda und GRECO DI TUFO Cutizzi. Dazu die roten IGT-Weine Serpico (AGLIANICO) und Patrimo (MERLOT) sowie die weißen FALANGHINA und Campanaro (Fiano/Greco). Siehe auch BASILISCO.

Florio Siz – Historischer Qualitätserzeuger von MARSALA; Spezialist für Marsala Vergine Secco Baglio Florio. Bester Wein: Terre Arse (»verbranntes Land«).

Folonari Tosk ★★→★★★ Ambrogio Folonari und sein Sohn Giovanni, früher bei RUFFINO, haben Weinberge in der Toskana und anderswo in Italien. Güter/Weine: u.a. Cabreo (CHARDONNAY bzw. SANGIOVESE/CABERNET SAUVIGNON), NOZZOLE (u.a. der erstklassige Cabernet Sauvignon Pareto), La Fuga (BRUNELLO DI MONTALCINO), Gracciano Svetoni (VINO NOBILE DI MONTEPULCIANO). Außerdem Weine aus BOLGHERI, MONTECUCCO und FRIULI Colli Orientali.

Fontana Candida Lat ★★ Der größte Erzeuger des einst angesagten FRASCATI; besonders gut ist der Einzellagenwein Santa Teresa. Teil der riesigen GRUPPO ITALIANO VINI.

Fontanafredda Piem ★★→★★★ Viel besser gewordener großer Erzeuger von Weinen aus dem PIEMONT auf ehemals königlichen Gütern, darunter BAROLO Serralunga und die Barolo-Crus Lazzarito Mirafiore und La Rosa. Guter LANGHE NEBBIOLO Mirafiore. Außerdem Weine der DOC ALBA sowie trockene Schaumweine (Contessa Rosa Pas Dosé) und süße Schaumweine (ASTI).

Fonterutoli Tosk ★★★ Historisches CHIANTI-CLASSICO-Gut der Familie Mazzei in Castellina mit Burg und Hightechkellerei im Herzen der toskanischen Hügellandschaft. Bemerkenswert der Castello di Fonterutoli (eichenholzwürziger, dunkler, modischer CHIANTI CLASSICO) und der IGT Siepi (SANGIOVESE/MERLOT). Der Familie gehört auch die Tenuta di Belguardo in der MAREMMA mit gutem MORELLINO DI SCANSANO und IGT-Weinen sowie Zisola (SIZILIEN) mit dem schönen PETIT VERDOT Effe Emme.

Fontodi Tosk ★★★→★★★★ Das herausragende Gut der Familie Manetti in Panzano erzeugt großartigen CHIANTI CLASSICO, auch VIGNA del Sorbo (ehemals RISERVA, jetzt Gran Selezione) und erstklassigen sortenreinen SANGIOVESE Flaccianello. Die IGT-Weine Case Via PINOT NERO und SYRAH zählen zu den besten Weinen von diesen Trauben in der TOSKANA. Es wird mit der Gärung in Keramikbehältern experimentiert, der dabei entstehende Wein heißt Dino (äußerst limitierte Produktion).

Foradori T-S ★★★ Elisabetta Foradori ist seit 30 Jahren eine Pionierin, hauptsächlich mit der großen roten Traube des Trentino, dem Teroldego. Inzwischen verkeltert sie Rotweine wie Morei und Sgarzon sowie Weißweine wie den Nosiola Fontanabianca in Amphoren. Das Spitzenprodukt ist weiterhin der Granato auf Teroldego-Basis.

Franciacorta Lomb DOCG (rs) w; sch ★★→★★★★ Italiens wichtigstes Gebiet für erstklassige METODO-CLASSICO-Schaumweine. Spitzenerzeuger: Barone Pizzini, Bellavista, CA' DEL BOSCO, Castellino, Cavalleri, Gatti, Uberti, Villa; ebenfalls sehr gut: Contadi Gastaldi, Monte Rossa, Ricci Curbastri.

Franco, Nino Ven ★★★→★★★★ Die Kellerei von Primo Franco ist nach seinem Großvater benannt. Zu den allerbesten PROSECCOs zählen Rive di San Floriano Brut und Primo Franco Dry. Ausgezeichneter CARTIZZE, köstlicher normaler Prosecco di Valdobbiadene Brut.

Frascati Lat DOC w; tr lbl s; (sch) ★→★★ BV – Der bekannteste Wein von den Hügeln um Rom ist ständig durch die Ausweitung der Stadtgrenzen bedroht. Er wird von MALVASIA di Candia und/oder TREBBIANO erzeugt und ist meistens enttäuschend neutral. Die guten Weine entstehen von Malvasia del Lazio (alias Malvasia Puntinata), die aufgrund ihres niedrigen Ertrags nicht wettbewerbsfähig ist. Zu empfehlen sind Castel de Paolis, Conte Zandotti, Villa Simone und Santa Teresa von FONTANA CANDIDA sowie Colle Gaio von COLLI DI CATONE, 100% Malvasia del Lazio, obwohl IGT.

Frascole Tosk ★★→★★★★ Der nördlichste Erzeugerbetrieb im nördlichsten Teil des CHIANTI-Gebiets. Enrico Lippi führt das in die Ausläufer der Apenninen geschmiegte kleine Bioweingut mit Augenmerk auf Authentizität und Typizität. Der CHIANTI RUFINA ist das Zugpferd, aber der Riserva ist wirklich etwas Besonderes, und der Bianco di Toscana ist einer der besten TREBBIANO-Weine überhaupt. Für den VIN SANTO würde man alles geben.

Freisa Piem DOC r; tr lbl s; fz (sch) ★→★★★ Zwei Stile werden erzeugt: einer lebhaft, manchmal perlend, manchmal süßlich, der andere anspruchsvoll, trocken und tanninbetont zum Einkellern (es gelten daher die Jahrgangsempfehlungen für BAROLO). Am besten von Brezza, BURLOTTO, Cigliuti, CLERICO, ALDO CONTERNO, COPPO, Franco Martinetti, GIUSEPPE MASCARELLO, Parusso, Pecchenino, Pelissero, Sebaste, Trinchero, VAJRA, VOERZIO.

Frescobaldi Tosk ★★→★★★★ Alte Adelsfamilie und führender Pionier für CHIANTI RUFINA auf dem Gut NIPOZZANO (probieren Sie den Montesodi ★★★); außerdem BRUNELLO vom Gut CASTELGIOCONDO in MONTALCINO. Alleineigentümer des Guts LUCE (Montalcino) und von ORNELLAIA (BOLGHERI). Weinberge auch in der MAREMMA, in Montespertoli und im COLLIO.

Friulano F-JV ★→★★ Von der EU erzwungener Name für das, was früher Tocai friulano hieß. Frische, pikante, subtil florale Weißweine, am besten aus COLLIO, FRIULI ISONZO und FRIULI COLLI ORIENTALI. Viele gute Erzeuger: BORGO DEL TIGLIO, LIVIO FELLUGA, LIS NERIS, Pierpaolo Pecorari, Ronco del Gelso, Ronco di Gnemiz, Russiz SUPERIORE, SCHIOPETTO, VILLA RUSSIZ. Der neue Name für den ehemaligen Tocai aus Venetien ist Tai.

Friuli Colli Orientali F-JV DOC r w; tr s ★★→★★★★ (Früher Colli Orientali del Friuli.) Hügel im Osten von FRIAUL, an der slowenischen Grenze, ähnlich wie COLLIO, aber weniger experimentell und mehr auf Rot- und Süßweine ausgerichtet. Spitzenerzeuger: Meroi, Miani, Moschioni, LIVIO FELLUGA, Rosa Bosco, RONCO del Gnemiz. Süßweine von VERDUZZO (alias Ramandolo, wenn aus der Umgebung von Nimis: Anna Berra, Giovanni Dri) oder PICOLIT-Trauben (Ronchi di Cialla) sind oft großartig.

Friuli Grave F-JV DOC r w ★→★★ r **10 11 12** 13 (15) – Früher Grave del Friuli. Die größte DOC in FRIAUL–JULISCH VENETIEN, v. a. in der Ebene gelegen. Bedeutende Mengen kaum überzeugender Weine. Lobenswerte Ausnahmen sind Borgo Magredo, Di Lenardo, RONCO Cliona, San Simone, Villa Chiopris.

Friuli Isonzo F-JV DOC r w ★★★ Früher schlicht Isonzo, und nicht alle nehmen die DOC in Anspruch, v. a. bei Spitzenweinen. Luftige Kiesebene mit vielen sortenreinen Weinen und Verschnitten. Die Stars sind fast alle duftende, strukturierte Weißweine, etwa der Vintage Tunina von JERMANN, Flors d'Uis und Dut'un von VIE DI ROMANS, Lis und Fiore di Campo von LIS NERIS und der Latimis von RONCO del Gelso. Gut auch: Borgo Conventi, Lorenzon, Pierpaolo Pecorari.

Friaul–Julisch Venetien Region im Nordosten. In puncto Wein sind die Hügel an der slowenischen Grenze den weiten Schwemmtälern im Westen überlegen. Bei DOCs wie Isonzo, Colli Orientali, Latisana und Aquileia ist auf dem Etikett jetzt »Friuli« vorangestellt, nur COLLIO, die beste, hat ihren alten Namen behalten. Ungeachtet einiger guter Rotweine gilt die Region v. a. als Heimat der spannendsten und vollendetsten Weißen Italiens.

Frizzante Leicht schäumend, mit einem Druck von bis zu 2,5 bar – etwa MOSCATO D'ASTI, der meiste PROSECCO, LAMBRUSCO und Co. Im Nordwesten Italiens entstehen viele spritzige Weine, die es nie in die weite Welt hinaus schaffen. Schade eigentlich.

Fuligni Tosk ★★★ Hervorragender Erzeuger von BRUNELLO und ROSSO DI MONTALCINO.

Gaja Piem ★★★★ Altes Familienunternehmen in BARBARESCO unter der Leitung von Angelo Gaja, dem Apostel des italienischen Spitzenweins, in dessen Fußstapfen nun Tochter Gaia Gaja tritt. Hohe Qualität, noch höhere Preise. Der Barbaresco ist noch DOCG-Wein, die anderen vorher sortenreinen NEBBIOLO-Weine Sorì Tildin, Sorì San Lorenzo und Costa Russi sowie der BAROLO Sperss wurden zum DOC LANGHE abgestuft, um sie mit anderen Rebsorten verschneiden zu können. Herrlicher CHARDONNAY (Gaia e Rey), guter CABERNET SAUVIGNON Darmagi. Besitzt außerdem Pieve di Santa Restituta in MONTALCINO und CA' MARCANDA in BOLGHERI.

Galardi Kamp ★★★ Erzeuger von Terra di Lavoro, einem vielfach ausgezeichneten Verschnitt von AGLIANICO und Piedirosso (und nur diesem!) im nördlichen KAMPANIEN.

Garda Ven DOC r rs w ★→★★ r **10 11 12 13** 15; rs w BV – Übergeordnete DOC für jung zu trinkende Weine aller Farben, aus den Provinzen Verona (Venetien), Brescia und Mantova (Lombardei). Gute Erzeuger sind Cavalchina und Zeni.

Garofoli Mar ★★→★★★ Spitzenreiter in puncto Qualität in den Marken (bei Ancona), Spezialist für VERDICCHIO (Podium, Macrina, Serra Fiorese) und CONERO (Piancarda, Grosso Agontano).

Gattinara Piem DOCG r ★★→★★★ **04' 06 07 08 09 10 11** 12 (13) (15) – Bekanntester einer Gruppe nordpiemontesischer DOC(G)-Bereiche auf der Basis von NEBBIOLO, der hier Spanna heißt. Die besten Erzeuger sind Travaglini, Antoniolo, Bianchi, Nervi, Torraccia del Piantavigna. Ähnliche DOC(G)s in der Umgebung sind Ghemme, Boca, Bramaterra, Colline Novaresi, Costa della Sesia, Fara, Lessona und Sizzano. Mit BAROLO/BARBARESCO in Bestform kann es jedoch keiner aufnehmen.

Gavi Piem DOCG w ★→★★★ BV – Von Cortese-Trauben gekelterter, bestenfalls subtiler trockener, meistens jedoch stumpfer, einfacher oder scharfer Weißwein. Ein Großteil kommt aus der Gemeinde Gavi und heißt dann Gavi di Gavi bzw. inzwischen prosaischer Gavi del Comune di Gavi. Am besten von Castellari Bergaglio, Franco Martinetti, Villa Sparina, Toledana, Broglia, Cascina degli Ulivi, Castello di Tassarolo, Chiarlo, La Giustiniana, Podere Saulino.

Ghemme Piem DOCG – Siehe GATTINARA.

Giacosa, Bruno Piem ★★★→★★★★ Das tiefgründige Genie der Weinbereitung, von manchen als der größte Kellermeister Italiens angesehen, erlitt 2006 einen schweren Schlaganfall, bereitet jedoch weiter im traditionellen Stil herrlichen BARBARESCO (Asili, Santo Stefano) und BAROLO (Falletto und Le Rocche del Falletto). Spitzenweine (d.h. RISERVAS) bekommen das berühmte rote Etikett. Erzeugt werden auch hervorragende Rot- (DOLCETTO, NEBBIOLO, BARBERA) und Weißweine (ARNEIS) sowie der erstaunliche Schaumwein Brut METODO CLASSICO.

Grappa Kräftiger Tresterbranntwein (d.h. aus den nach dem Pressen übrig gebliebenen Traubenschalen usw. bereitet). Die Bandbreite reicht von scheußlich bis ausgezeichnet. Entspricht dem französischen Marc.

Grasso, Elio Piem ★★★→★★★★ Erstklassiger BAROLO-Erzeuger (mit den Crus Gavarini VIGNA Chiniera, Ginestra Casa Maté). Auch sehr guter BARBERA d'ALBA Vigna Martina, DOLCETTO d'Alba und CHARDONNAY Educato. Sohn Gianluca hat jetzt definitiv das Ruder übernommen.

Gravner, Josko F-JV ★★★→★★★★ Der umstrittener Erzeuger im COLLIO bereitet Rot- und Weißweine ohne Temperaturregelung auf den Hülsen in vergrabenen Amphoren, baut sie lange aus und füllt sie unfiltriert ab: Sie werden entweder für ihre Komplexität geliebt oder für ihre Oxidiertheit und den Gehalt an Phenolen gehasst. Probiern Sie den weißen Verschnitt Breg und den RIBOLLA GIALLA 2006 – für Liebhaber des etwas Anderen.

Greco di Tufo Kamp DOCG w; (sch) ★★→★★★ BV – Einer der besten Weißweine des Südens, Zitrusfrüchte mit Anklängen an Orangenschale, im besten Fall lagerfähig. Spitzenerzeuger: Caggiano, Caputo, Benito Ferrara, FEUDI DI SAN GREGORIO, Maccialupa, Mastroberardino (Nova Serra, Vignadangelo), Vesevo, Villa Raiano.

Grignolino Piem DOC r ★★ BV – Lebhafter, leichter Rotwein aus der Gegend um ASTI. Am besten von BRAIDA, Marchesi Incisa della Rocchetta. Daneben gibt es auch die DOC Grignolino del Monferrato Casalese (Accornero, Bricco Mondalino, La Tenaglia).

Gruppo Italiano Vini (GIV) Zusammenschluss von Genossenschaften und Kellereien mit dem größten Weinbergbesitz Italiens. Zu den angeschlossenen Weingütern gehören Bigi, BOLLA, Ca' Bianca, Conti Serristori, FONTANA CANDIDA, Lamberti, Machiavelli, MELINI, Nino Negri, Santi und Vignaioli di San Floriano. Ist mit Investitionen in SIZILIEN und der Basilikata auch Richtung Süden expandiert.

Guardiense, La Kamp ★★→★★★ Die dynamische Genossenschaft mit mehr als 1.000 Mitgliedern und 2.000 ha Rebland erzeugt unter der Leitung von Riccardo Cotarella außerordentlich preiswerte Weißweine (FALANGHINA Senete, FIANO Colli di Tilio, GRECO Pietralata) und Rotweine (v. a. I Mille bei AGLIANICO). Weltgrößter Erzeuger von FALANGHINA.

Guerrieri Rizzardi ★★→★★★ Alteingesessener, adliger Erzeuger der Weine aus Verona, v. a. Veronese GARDA. Guter BARDOLINO CLASSICO Tacchetto, eleganter AMARONE Villa Rizzardi und Cru Calcarole sowie ROSATO Rosa Rosae. Sehr guter SOAVE Classico Costeggiola.

Gutturnio dei Colli Piacentini Em-Ro DOC r; tr ★→★★ BV – Ein BARBERA-BONARDA-Verschnitt aus den COLLI PIACENTINI, manchmal schäumend. Erzeuger: Castelli del Duca, La Pergola, La Stoppa, La Tosa.

Haas, Franz T-S ★★★ Ausgezeichneter und manchmal brillanter Erzeuger in SÜDTIROL mit sehr gutem PINOT NERO und LAGREIN (Schweizer) sowie roten und weißen IGT-Verschnittweinen, v. a. dem weißen Manna.

Hofstätter T-S ★★★ SÜDTIROLer Spitzenqualitätserzeuger mit Sitz in Tramin; der erstklassige Pinot nero ist wohl der beste in Italien. Besonders empfehlenswert ist der Barthenau VIGNA Sant'Urbano. Auch andere typische Südtiroler Weine, v. a. – natürlich! – GEWÜRZTRAMINER.

Indicazione Geografica Tipica (IGT) Immer häufiger als Indicazione Geografica Protetta (IGP) bezeichnet. Siehe Kasten S. 167.

Ippolito 1845 Kal ★→★★ Die Kellerei mit Sitz in CIRÒ Marina, angeblich die älteste in Kalabrien, ist nach 150 Jahren immer noch gut in Schuss. Quasiökologischer Anbau, internationale und einheimische Reben. Spitzenweine: Cirò RISERVA COLLI del Mancuso, Pecorello Bianco.

Ischia Kamp DOC (r) w ★→★★ BV – Vor Neapel liegende Insel mit eigenen Rebsorten (z. B. Forastera, Biancolella), deren Weine hauptsächlich von Touristen getrunken werden. Spitzenerzeuger: D'Ambra (Biancolella, Frassitelli, Forastera, Euposia). Gute Weine kommen auch von Cenatiempo und Pietratorcia.

Isole e Olena Tosk ★★★→★★★★ Erstklassiges CHIANTI-CLASSICO-Weingut unter Leitung des gewitzten Paolo de Marchi mit großartigem rotem IGT Cepparello. Sehr gut auch VIN SANTO, CABERNET SAUVIGNON, CHARDONNAY und SYRAH. Besitzt auch Sperino in Lessona (siehe GATTINARA).

Jermann, Silvio F-JV ★★→★★★ Das berühmte Gut mit Weinbergen im COLLIO und in ISONZO erzeugt die hochwertigen weißen Verschnitte Vintage Tunina und Capo Martino (in Eiche ausgebaut) sowie einen CHARDONNAY, der früher »Dreams« hieß.

Kampanien Wir denken normalerweise an Neapel und den Vesuv, Capri und Ischia, Amalfi und Ravello, wenn von Kampanien die Rede ist, das so heißt, weil es die Zuflucht der Römer auf dem »Land« (*campania*) war. Wein gibt es dort eine Menge nahe der Küste, aber der beste kommt aus den Bergen im Landesinneren. Die herausragende rote Traube AGLIANICO und mindestens drei faszinierende weiße Sorten, FALANGHINA, GRECO und FIANO, haben alle das Zeug zu Frische, Komplexität und Charakter. Die Preise sind nicht hoch. Zu den klassischen DOCs zählen FIANO d'Avellino, GRECO DI TUFO und TAURASI, doch neuere Anbaugebiete wie Sannio oder Benevento machen nun ebenfalls von sich reden. Gute Erzeuger: Caggiano, CANTINA del Taburno, Caputo, Colli di Lapio, D'Ambra, De Angelis, Benito Ferrara, Feudi di San Gregorio, GALARDI, LA GUARDIENSE, Mastroberardino, Molettieri, MONTEVETRANO, Mustilli, Luigi Tecce, Terredora di Paolo, Trabucco, VILLA MATILDE.

Lacrima di Morro d'Alba Mar BV – Leichter Rotwein mit kuriosem Namen, Rosenduft und Muskatnote aus einer kleinen Gemeinde in den Marken – mit dem piemontesischen ALBA oder La Morra hat er nichts zu tun. Gute Erzeuger: Mancinelli, MONTE SCHIAVO.

Lacryma (oder Lacrima) Christi del Vesuvio Kamp r rs w; tr (s); (sch) ★→★★ Weine der DOC Vesuvio auf Grundlage der Trauben Coda di Volpe (weiß) und Piedirosso (rot). Trotz des romantischen Namens kann der Vesuv in puncto Qualität nicht im Entferntesten mit dem Ätna mithalten. Caputo, De Angelis und MASTROBERARDINO erzeugen eher uninspirierte Versionen.

Lageder, Alois T-S ★★→★★★ Spitzenerzeuger in SÜDTIROL. Die faszinierendsten Weine sind sortenreine Einzellagengewächse: Lehenhof (Sauvignon blanc), Benefizium Porer (PINOT GRIGIO), Löwengang (CHARDONNAY), Am Sand (GEWÜRZTRAMINER), Krafuss (PINOT NERO), Lindenberg (LAGREIN) und Cor Römigberg (CABERNET SAUVIGNON). Mit zum Besitz gehört das Gut Cason Hirschprunn mit sehr guten roten und weißen IGT-Verschnitten.

Lago di Corbara Umb r ★★ **10 11 12** 13 (15) – Relativ neuer DOC-Bereich für Qualitätsrotweine aus der Gegend um ORVIETO. Am besten von BARBERANI (Villa Monticelli) und Decugnano dei Barbi (II).

Lagrein T-S DOC r rs ★★→★★★ **06 07 08 09** 11 12 – Siehe Kasten rechts.

Lambrusco Em-Ro DOC (teilweise) r rs w; tr lbl ★→★★ BV – Perlender Rotwein aus der Nähe von Modena, der in seiner lieblichen Massenversion (ohne DOC) früher sehr beliebt war. Der echte Lambrusco ist dagegen trocken, frisch und lebhaft und passt hervorragend zu den reichhaltigen Spezialitäten der Emilia-Romagna. DOCs: Lambrusco Grasparossa di Castelvetro, Lambrusco Salamino di Santa Croce und Lambrusco di Sorbara. Beste Erzeuger: Albinea Canali, Bellei, Caprari, Casali, Cavicchioli, Graziano, Lini Oreste, Medici Ermete (v. a. Concerto), Rinaldo Rinaldini, Venturini Baldini.

Langhe Piem – Die Hügel in der Mitte des PIEMONT, Heimat von BAROLO, BARBARESCO USW. DOC für mehrere sortenreine Piemonteser Weine sowie die Verschnitte Bianco und Rosso. Erzeuger, die wie GAJA andere Rebsorten in ihren NEBBIOLO einbringen möchten, können dies unter der DOC Langhe Nebbiolo bis zu einem Limit von 15 % tun.

Lessona Piem – Siehe GATTINARA. Siehe auch ISOLE E OLENA.

Librandi Kal ★★★ Spitzenerzeuger und Vorreiter bei der Nutzbarmachung kalabresischer Rebsorten. Sehr guter roter CIRÒ (Riserva Duca Sanfelice ★★★), IGT Gravello (CABERNET SAUVIGNON/Gaglioppo), roter Magno Megonio (Magliocco) und weißer IGT Efeso (Mantonico).

Ligurien ★→★★ Steile, felsige Italienische Riviera: Die meisten Weine verkaufen sich mit sattem Gewinn an sonnenhungrige Touristen und kommen daher nicht weit. Die wichtigsten Trauben sind VERMENTINO (weiß) – der beste Erzeuger ist Lambruschi – und DOLCETTO (rot), doch einen SCIACCHETRÀ von den CINQUE TERRE oder einen roten Ormeasco di Pornassio sollte man sich bei Gelegenheit nicht entgehen lassen.

Lisini Tosk ★★★→★★★★ Historisches Weingut mit besonders feinem und lange haltbarem BRUNELLO di Montalcino, v. a. RISERVA Ugolaia.

Lagrein
Die Rebe wird hauptsächlich in SÜDTIROL (der beste kommt aus dem Bozner Vorort Gries) und im TRENTINO angebaut, wo sie für die Farbtiefe und die Fülle am Gaumen (plus einen bitteren Einschlag im Abgang) geschätzt wird, und bringt auch einen erfrischenden Rosé namens Kretzer hervor. Spitzenerzeuger in Südtirol: u. a. MURI GRIES (Cru Abtei), CS Andriano, Gojer, Josephus Mayr, Plattner, Hans Rottensteiner, Niedermayr, CANTINA Santa Maddalena, LAGEDER, Cantina TERLANO, TIEFENBRUNNER. Im Trentino ist der Deamater von Francesco Moser empfehlenswert.

Lis Neris F-JV ★★★ Spitzenweingut im Bereich FRIULI ISONZO, bekannt für Weiße, v. a. PINOT GRIGIO (Gris), CHARDONNAY (Jurosa), SAUVIGNON BLANC (Picol), FRIULANO (Fiore di Campo) sowie die hervorragenden Verschnittweine Confini und Lis. Sehr gut sind auch der Lis Neris Rosso (MERLOT/CABERNET SAUVIGNON) und der süße weiße Tal Luc (VERDUZZO/RIESLING).

Locorotondo Apu DOC w; (sch) ★ BV – Durstlöschender trockener Weißwein von den Sorten Verdeca und Bianco d'Alessano.

Luce Tosk ★★★ FRESCOBALDI ist, nachdem der ursprüngliche Partner Mondavi ausbezahlt wurde, inzwischen alleiniger Besitzer dieser Übung in Übertreibung und hohen Preisen. Ein SANGIOVESE-MERLOT-Verschnitt für Oligarchen.

Lugana DOC w; (sch) ★★→★★★ BV – Viel besser gewordener Weißwein vom südlichen Gardasee; Hauptrebe TREBBIANO di Lugana (Verdicchio). Die besten Erzeuger: CA' DEI FRATI, ZENATO. Besonders gute Einzellagenweine (Lugana SUPERIORE): Ottella (Le Creete, Molceo), Selva Capuzza (Selva, Menasasso RISERVA).

Lungarotti Umb ★★★ Das führende Haus für TORGIANO-Weine mit Kellern, Hotel und Weinmuseum in der Nähe von Perugia. Spitzenweine sind DOC Rubesco und DOCG RISERVA Villa Monticchio. Erzeugt auch gute IGT-Weine: Sangiorgio (SANGIOVESE/CABERNET SAUVIGNON), Aurente (CHARDONNAY) und Giubilante. Guter MONTEFALCO SAGRANTINO.

Macchiole, Le Tosk ★★★ Eine der wenigen Kellereien in einheimischem Besitz in BOLGHERI und eine der ersten, die nach SASSICAIA in Erscheinung traten. Cinzia Merli führt gemeinsam mit dem Önologen Luca d'Attoma das beachtliche Werk ihres verstorbenen Mannes Eugenio fort: CABERNET FRANC (Paleo Rosso), MERLOT (Messorio) und SYRAH (Scrio).

Maculan Ven ★★★ Fausto Maculan, Qualitätspionier in Venetien, erzeugt nach wie vor ausgezeichneten CABERNET SAUVIGNON (Fratta, Palazzotto), ist aber wohl hauptsächlich für seinen süßen TORCOLATO (v. a. die RISERVA Acininobili) bekannt.

Malvasia delle Lipari Siz DOC w; s ★★★ Vollmundiger lieblicher Wein von einer der verschiedenen italienischen Reben namens MALVASIA. Dieselbe Rebe bringt in dem Ort Bianco in Kalabrien köstlichen trockenen Wein hervor (Barone di Macri).

Mamete Prevostini Lomb ★★→★★★ Relativ neuer Erzeuger von VALTELLINA. Erstklassige sortenreine NEBBIOLO-DOCG-Weine, hauptsächlich Sassella

SUPERIORE, aber auch Inferno und Grumello Superiore. Zwei feine Sforzatos.

Manduria (Primitivo di) Apu DOC r; lbl ★★→★★★ Manduria ist die geistige Heimat von PRIMITIVO alias ZINFANDEL, man mache sich also auf herzhafte, alkoholstarke, manchmal portweinartige Weine gefasst, die zu würzigen Speisen passen. Gute Erzeuger in Manduria und anderswo: Cantele, de Castris, Gianfranco Fino, Polvanera, Racemi, CS Manduria.

Marchesi di Barolo Piem ★★ Großer, historischer (vielleicht sogar der erste) BAROLO-Erzeuger in der Gemeinde Barolo, der Weine von den Einzellagen Cannubi und Sarmassa erzeugt, aber auch andere Gewächse aus ALBA. Geriet vor Kurzem unter Beschuss vonseiten der benachbarten Barolisti, weil er die Gesetzgebung zugunsten einer Ausdehnung der berühmten Einzellage Cannubi forcierte.

Maremma Tosk – Angesagtes Küstengebiet im Süden der TOSKANA, das größtenteils Anfang des 19. Jahrhunderts durch die Trockenlegung von Malaria-Sumpfland gewonnen wurde. DOC(G)s: MONTEREGIO, MORELLINO DI SCANSANO, PARRINA, Pitigliano, SOVANA (Grosseto). Die IGT Maremma Toscana ist nun zur DOC Maremma Toscana geworden.

Marsala Siz DOC w; s – Der einstmals berühmte gespritete Wein SIZILIENS (★→★★★) wurde 1773 von den Gebrüdern Woodhouse aus Liverpool »erfunden«. Im 20. Jahrhundert zur Kochzutat abgestuft, die nicht mehr als DOC annerkannt wird. Das Spektrum reicht von trocken bis sehr süß. Der beste ist der sehr trockene Marsala Vergine, der einen brauchbaren, wenn auch kaum angesagten Aperitif abgibt. Siehe auch DE BARTOLI.

Marzemino (Trentino) T-S DOC r ★→★★ **12** 13 (15) – Angenehmer Alltagsrotwein, fruchtig und leicht bitter. Erzeuger: Bossi Fedrigotti, CA' VIT, De Tarczal, Gaierhof, Letrari, Longariva, Simoncelli, E. Spagnoli, Vallarom.

Mascarello Piem – Zwei führende BAROLO-Erzeuger tragen diesen Namen: der verstorbene Bartolo Mascarello in Barolo, dessen Tochter Maria Teresa den sehr traditionellen Weg ihres Vaters weitergeht, und Giuseppe Mascarello in Monchiero, dessen Sohn Mauro großartigen Barolo im ausgeprägt traditionellen Stil von der Spitzenlage Monprivato in Castiglione Falletto bereitet. Andere Mascarellos sollten Sie besser meiden.

Masi Ven ★★→★★★ Der typische und gleichzeitig innovative Erzeuger von Veroneser Weinen wird von Sandro Boscaini geführt, dessen Begeisterung ansteckend ist. VALPOLICELLA, AMARONE, RECIOTO, SOAVE usw., u.a. mit feinem Rosso Veronese Campo Fiorin. Außerdem werden in Friaul und Argentinien an Amarone erinnernde Weine produziert. Sehr guter fassgereifter roter IGT Toar von CORVINA und Oseleta sowie Osar (Oseleta). Die besten Amarones sind Costasera und Campolongo di Torbe.

Massolino Vigna Rionda Piem ★★★ Eines der besten Güter in der BAROLO-Gemeinde Serralunga, bekannt für typisch tanninhaltige Weine. Die Barolos Parafada und Margheria, beide ausgezeichnet, haben eine feste Struktur, aber auch eine fruchtige Süffigkeit. Der Spitzen-Cru ist der spröde, äußerst langlebige RISERVA VIGNA Rionda.

Mastroberardino Kamp ★★★ Historischer Erzeuger in der gebirgigen kampanischen Provinz Avellino, der in der finsteren Zeit Mitte des 20. Jahrhunderts die Fackel der Qualität für Italiens Süden hochhielt. Taurasi der Spitzenklasse (v.a. Historia Naturalis und Radici) sowie FIANO di Avellino More Maiorum und GRECO DI TUFO Nova Serra.

Matura, Gruppo Gruppe von Agronomen und Önologen unter der Leitung von Alberto Antonini und Attilio Pagli, die Erzeugern nicht nur überall in der TOSKANA, sondern auch im Rest Italiens und der Welt zur Seite steht.

Melini Tosk ★★ Großer Erzeuger von CHIANTI CLASSICO in Poggibonsi; gehört zu GRUPPO ITALIANO VINI. Gute Qualität, guter Preis, v. a. Chianti Classico Selvanella sowie die RISERVA-Weine La Selvanella und Masovecchio.

Metodo classico/tradizionale Italienisch für »Champagnermethode«.

Mezzacorona T-S ★→★★ Sehr große Genossenschaft in der Gemeinde Mezzocorona (sic!) im TRENTINO mit breitem Angebot an guten Weinen, v. a. TEROLDEGO ROTALIANO Nos und Rotari METODO CLASSICO.

Monferrato Piem DOC r rs w; s ★→★★ Hügelland zwischen Po und Apennin; in der Regel eher Alltagsweine als anspruchsvollere Kreszenzen.

Monica di Sardegna Sar DOC r ★→★★ BV – In weiten Teilen SARDINIENS angebaute rote Traube für recht leichten, süffigen Wein.

Monsanto Tosk ★★★ Hoch angesehenes CHIANTI-CLASSICO-Weingut mit Il Poggio RISERVA (dem ersten Chianti Classico aus einer Einzellage), Chianti Classico RISERVA sowie den IGTs Fabrizio Bianchi (CHARDONNAY) und Nemo (CABERNET SAUVIGNON).

Montalcino Tosk – Das kleine, äußerst hübsche Hügelstädtchen in der Provinz Siena ist berühmt für seinen konzentrierten, teuren BRUNELLO und den etwas zugänglicheren, günstigeren ROSSO DI MONTALCINO, die beide nach wie vor sortenrein von SANGIOVESE gewonnen werden, obwohl große Jungs gelegentlich versuchen, dem Rosso ein wenig MERLOT unterzujubeln.

Montecarlo Tosk DOC r w ★★ w BV – Weiß- und immer mehr Rotwein aus einem Bereich bei Lucca. Erzeuger: Buonamico, Carmignani, La Torre, Montechiari und Fattoria del Teso.

Montecucco Tosk – Toskanischer DOC-Bereich auf SANGIOVESE-Basis zwischen Monte Amiata und Grosseto, der angesichts des unaufhaltsamen Anstiegs der Grundstückspreise in MONTALCINO immer beliebter wird. Als Montecucco Sangiovese DOCG. Empfehlenswert: v. a. CASTELLO DI POTENTINO (Sacromonte, Piropo); außerdem Begnardi, Ciacci Piccolomini, Colli Massari, Fattoria di Montecucco, Villa Patrizia. Betriebe wie FOLONARI, MASI, Pertimali, Riecine und Talenti haben hier beträchtliche Summen investiert.

Montefalco Sagrantino Umb DOCG r; tr (s) ★★★→★★★★ Enorm tanninhaltige, kraftvolle, langlebige Weine, denen bis vor Kurzem ein großes Potenzial nachgesagt wurde. Jetzt werden Zweifel wach, denn es ist schwierig, die Phenole zu zähmen, ohne dem Wein seinen Charakter zu nehmen. Die traditionelle bittersüße PASSITO-Version ist der Traube vielleicht angemessener, verkauft sich aber nicht so gut. Gute Erzeuger: Adanti, Antonelli, Paolo Bea, Benincasa, CAPRAI, Colpetrone, LUNGAROTTI, Scacciadiavoli, Tabarrini und Terre de' Trinci.

Montepulciano d'Abruzzo Abr DOC r rs ★★→★★★ (r) **10 11 12 13** (15) – Preiswerter, geschmacksintensiver Rotwein und pikanter, schmackhafter Rosé (CERASUOLO) von Trauben dieses Namens. Die Region östlich von Rom ist von Genossenschaften dominiert; gut sind u. a. Citra, Miglianico, Roxan und Tollo. Exzellente private Erzeuger sind u. a. Cornacchia, CONTESA, Contucci Ponno, Illuminati, Marramiero, Masciarelli, Pepe, La Valentina, VALENTINI, Zaccagnini. Nicht zu verwechseln mit dem toskanischen Städtchen, aus dem der hauptsächlich von SANGIOVESE erzeugte VINO NOBILE DI MONTEPULCIANO kommt.

Monteregio Tosk – DOC nahe Massa Marittima in der MAREMMA. Gute Weine von SANGIOVESE und CABERNET SAUVIGNON (rot) sowie VERMENTINO (weiß) liefern u. a. MORIS FARMS und Tenuta del Fontino. Namhafte Investoren wurden von den relativ niedrigen Grundstückspreisen angelockt, doch die DOC ist nach wie vor unbekannt.

Monte Schiavo Mar ★★→★★★ Mit der Mode gehender mittelgroßer Erzeuger von VERDICCHIO und Rotweinen auf MONTEPULCIANO-Basis verschiedener Qualitätsstufen, gut bis ausgezeichnet. Im Besitz von Pieralisi, dem weltgrößten Hersteller von Maschinen für die Olivenölpressung.

Montescudaio Tosk DOC r w ★★ Bescheidener Bereich zwischen Pisa und Livorno; am besten sind SANGIOVESE oder Verschnitte von Sangiovese und CABERNET SAUVIGNON. Erzeuger: Merlini, POGGIO Gagliardo, La Regola und Sorbaiano.

Montevertine Tosk ★★★★ Weingut in Radda. Klassische Weine im CHIANTI-Stil, aber ohne DOCG. Der IGT Le Pergole Torte ist ein gutes, manchmal sogar Weltklasse-Beispiel für lange haltbaren reinen SANGIOVESE. Der große *Maestro Assaggiatore* (»Verkostungsmeister«) Giulio Gambelli war hier jahrzehntelang önologischer Berater.

Montevetrano Kamp ★★★ Angesehene kampanische AZIENDA im Besitz von Silvia Imparato, Berater ist Riccardo Cotarella. Hervorragender IGT Montevetrano (CABERNET SAUVIGNON/MERLOT/AGLIANICO).

Morellino di Scansano Tosk DOCG r ★→★★★ **10 11** 13 (15) – Der SANGIOVESE-Rotwein aus der MAREMMA war früher relativ leicht und einfach, gewinnt jetzt aber (in manchen Fällen: leider) an Gewicht und Substanz, vielleicht um seinen DOCG-Status zu rechtfertigen. Am besten von Belguardo, Mantellasi, MORIS FARMS, Podere 414, Poggio Argentiera, LE PUPILLE, Terre di Talamo und der Genossenschaft Vignaioli del Morellino di Scansano.

Moris Farms Tosk ★★★ Einer der ersten modernen Erzeuger in der toskanischen MAREMMA mit den DOC-Weinen MONTEREGIO und Morellino di Scansano sowie IGT VERMENTINO. Spitzen-Cru ist der jetzt hoch angesehene IGT Avvoltore, ein reichhaltiger Verschnitt aus SANGIOVESE, CABERNET SAUVIGNON und SYRAH. Empfehlenswert ist der einfache Morellino.

Moscato d'Asti Piem DOCG w; s; sch ★★→★★★ BV – Die Weine sind ähnlich wie die der DOCG ASTI, doch gewöhnlich von besserem Rebgut gekeltert, außerdem weniger alkoholstark, weniger kohlensäurehaltig, süßer und fruchtiger und meist von kleineren Gütern bereitet. Spitzenerzeuger: L'Armangia, BERA, Braida, Ca' d'Gal, Cascina Fonda, Cascina Pian d'Oro, Caudrina, Il Falchetto, Forteto della Luja, Marchesi di Grésy, Icardi, Isolabella, Manfredi/Patrizi, Marino, La Morandina, Marco Negri, Elio Perrone, Rivetti, Saracco, Scagliola, Vajra, Vietti, Vignaioli di Santo Stefano.

Muri-Gries T-S ★★→★★★ Das Kloster im Bozner Vorort Gries ist ein traditioneller und immer noch erstklassiger Erzeuger von SÜDTIROLER LAGREIN DOC. Empfehlenswert v. a. die Reihe Abtei Muri. Siehe Kasten zu Lagrein, S. 187.

Nals Margreid T-S ★★→★★★ Kleine qualitätsbewusste Winzergenossenschaft mit alpenfrischen Weißweinen (v. a. PINOT BIANCO Sirmian) aus zwei verschiedenen Gemeinden in SÜDTIROL. Harald Schraffl ist trotz seines jugendlichen Aussehens ein erfindungsreicher Kellermeister.

Nebbiolo d'Alba Piem DOC r; tr ★★→★★★ **10 11 12** 13 (14) (15) – Manchmal ein vollwertiger Ersatz für BAROLO/BARBARESCO, obwohl er aus einem dazwischen gelegenen Gebiet kommt und nicht für herabgestufte Versionen der beiden Spitzen-DOCGs verwendet werden darf. Gut von PIO CESARE, BREZZA, BRUNO GIACOSA, Fratelli Giacosa, Paitin.

Nebbiolo delle Langhe Piem ★★ Wie der vorhergehende, aber aus einem größeren Gebiet, den LANGHE. Darf anders als NEBBIOLO D'ALBA für herabgestuften BAROLO oder BARBARESCO verwendet werden. BURLOTTO und Vajra erzeugen gute Versionen. Siehe auch GAJA.

Negrar, Cantina Ven ★★→★★★ Alias CS VALPOLICELLA. Wichtiger Erzeuger von erstklassigem Valpolicella, RIPASSO, AMARONE; die Trauben stammen aus verschiedenen Teilen des CLASSICO-Gebiets. Empfehlenswert ist die Marke Domini Veneti.

Nicolucci Em-Ro ★★→★★★ Die Kellerei besteht seit 1885 in Predappio, im Herzen der Heimat des SANGIOVESE DI ROMAGNA. Pino Nicolucci und sein Sohn erzeugen guten bis ausgezeichneten Wein, hauptsächlich auf Sangiovese-Basis, wie den RISERVA VIGNA del Generale Predappio di Predappio, den leichteren I Mandorli sowie Tre Rocche und Nero di Predappio (SANGIOVESE mit REFOSCO, der hier Terrano heißt).

Nerello mascalese: auf der Höhe des Erfolgs

Die wichtigste Rotweintraube vom Ätna, NERELLO MASCALESE, ist in die erste Liga aufgestiegen: Sie bringt in Lagen auf mehr als 1000 m Höhe Weine hervor, deren Aroma und Struktur sie, wenn sie vom richtigen Erzeuger stammen, mit rotem Burgunder der Spitzenklasse vergleichbar machen. Außerdem ist sie die Hauptzutat für den FARO aus Messina und trägt in geringerem Maße zu verschiedenen kalabrischen und anderen sizilianischen Rotweinen bei. Die besten Erzeuger sind Benanti (Serra della Contessa, Rosso di Verzella, Il Monovitigno), Terre Nere (Calderara Sottana und andere Einzellagenweine), G. Russo (Feudo), Barone di Villagrande, Passopisciaro, Calcagno, Graci, Cotanera, Nicosia, Tasca d'Almerita, Pietradolce, Antichi Vinae 1877. In Messina ist Palari besonders empfehlenswert.

Nipozzano, Castello di Tosk ★★★ Das FRESCOBALDI-Weingut im Bereich RUFINA östlich von Florenz erzeugt die exzellenten CHIANTI-Rufina-RISERVA-Weine Nipozzano und v. a. Montesodi.

Nittardi Tosk ★★→★★★ Verlässliche Quelle für modernen CHIANTI CLASSICO guter Qualität. Dem deutschen Eigentümer Peter Femfert steht der Önologe Carlo Ferrini zur Seite.

Nozzole Tosk ★★→★★★ Berühmtes Gut im Zentrum des CHIANTI-CLASSICO-Bereichs, nördlich von Greve; im Besitz von Ambrogio und Giovanni FOLONARI. Sehr guter Chianti Classico Nozzole und ausgezeichneter CABERNET SAUVIGNON Pareto.

Nuragus di Cagliari Sar DOC w ★★ BV – Lebhafter, unkomplizierter sardischer Weißwein von der Nuragus-Traube.

Occhio di Pernice Tosk »Rebhuhnauge«. Eine Art von VIN SANTO, der vorwiegend von dunklen Trauben, insbesondere SANGIOVESE, bereitet wird. Bester Erzeuger ist Avignonesi. Auch eine seltene dunkle Rebsorte, die u. a. im Chianti Rufina anzutreffen ist.

Oddero Piem ★★→★★★ Traditionalistisches Weingut in La Morra mit gutem bis ausgezeichnetem Einzellagen-BAROLO (Brunate, Villero) und -BARBARESCO (Gallina) sowie anderen piemontesischen Weinen.

Oltrepò Pavese Lomb DOC r w; tr s; sch ★→★★★ Multi-DOC mit zahlreichen sortenreinen und verschnittenen Weinen aus der Provinz Pavia, die zum Großteil in Mailand getrunken werden. PINOT NERO und SPUMANTE sind manchmal sehr gut. Gute Erzeuger: u. a. Anteo, Barbacarlo, Casa Re, Castello di Cigognola, CS Casteggio, Frecciarossa, Le Fracce, Monsupello, Mazzolino, Ruiz de Cardenas, Travaglino und die Genossenschaft La Versa.

Ornellaia Tosk ★★→★★★★ **04 06' 08 10 11** 12 13 (15) – Das angesagte Weingut bei BOLGHERI wurde von Lodovico ANTINORI gegründet, inzwischen befindet es sich im Besitz von FRESCOBALDI. Die Spitzenweine, Bolgheri DOC Ornellaia und IGT Masseto (MERLOT), sind im Hinblick auf

Rebsorten und Bereitungsmethode an Bordeaux orientiert. Ebenfalls gut sind Bolgheri DOC Le Serre Nuove und IGT Le Volte. Guter neuer Bianco (SAUVIGNON BANC/VIOGNIER).

Orsi Vigneto San Vito Em-Ro ★★ Das Gut in den Colli Bolognesi wird von dem dynamischen jungen Winzer Federico Orsi geführt. Seine Spezialität ist Pignoletto-Schaumwein *sui lieviti* (auf den Schalen vergoren): Zweitgärung in der Flasche, kein Degorgieren. Experimentiert wird auch mit georgischen *quevri* (Amphoren).

Orvieto Umb DOC w; tr lbl s ★→★★★ BV – Der klassische umbrische Weißwein, ein Verschnitt hauptsächlich von Procanico (TREBBIANO) and GRECHETTO, der manchmal an den französischen Vouvray von Tuffsteinböden erinnert. Heute ist *secco* der beliebteste Stil, Paradebeispiele sind u. a. Castagneto und Luigi e Giovanna von BARBERANI; *amabile* ist die traditionelle Variante. Süße Exemplare von edelfaulen (*muffa nobile*) Trauben können großartig ausfallen, z. B. der Calcaia von Barberani. Weitere gute Erzeuger: Bigi, Cardeto, Castello della Sala, Decugnano dei Barbi, La Carraia, Palazzone.

Pacenti, Siro Tosk ★★★ BRUNELLO und ROSSO DI MONTALCINO im modernen Stil von einem kleinen, sorgfältig arbeitenden Erzeuger.

Paitin Piem ★★→★★★ Die Familie Pasquero-Elia füllt seit Ende des 19. Jh. BARBARESCO ab. Sie war zunächst ausgesprochen traditionell, versuchte dann ihr Glück mit modernen Techniken (neue Barriques) und erzeugt heute wieder »echten« Barbaresco in großen Fässern. Sorì Paitin ist der Spitzenwein.

Paltrinieri ★★ Alberto Paltrinieri, Spezialist für LAMBRUSCO di Sorbara, führt dieses 15-ha-Familiengut, als wäre das Endprodukt Jahrgangschampagner. Verschiedenen Weine: hell, lebhafte Säure, Spritzigkeit, reife Frucht, so ziemlich das einzig Wahre und meilenweit entfernt von dem industriellen Gesöff von dazumal.

Pantelleria Siz – Zu SIZILIEN gehörige windige Insel mit schwarzer (vulkanischer) Erde vor der Küste Tunesiens, berühmt für ihre großartigen Süßweine von MOSCATO d'Alessandria. Die PASSITO-Versionen sind besonders dicht und intensiv. Empfehlenswert: Abraxas, Colosi, DE BARTOLI (Bukkuram), DONNAFUGATA (Ben Ryé), Murana.

Parrina, La Tosk ★★ Das ausgedehnte Gut an der toskanischen Küste ist der Protagonist der DOC Parrina. Französische und einheimische Trauben, solide statt außerordentliche Weine, u. a. der Verschnitt Parrina Rosso Muraccio.

Passito Tosk, Ven – Einer der ältesten und charakteristischsten italienischen Weinstile von Trauben, die aufgehängt oder auf Gestellen ausgebreitet kurz in der Spätsommersonne (im Süden) bzw. wochen- oder gar monatelang auf den luftigen Dachböden des Weinguts getrocknet werden; der Vorgang heißt *appassimento*. Die bekanntesten Vertreter sind VIN SANTO (TOSKANA), VALPOLICELLA/SOAVE und AMARONE/RECIOTO (Venetien). Siehe auch MONTEFALCO, ORVIETO, TORCOLATO, VALLONE.

Pecorino Abr ★★→★★★ Keine Käsesorte, sondern ein komplexer, äußerst angenehm zu trinkender (und langlebiger) trockener Weißwein von einer gerade noch vor dem Aussterben bewahrten alten abruzzesischen Sorte. Gute Erzeuger: CONTESA, Farnese, Franco Pasetti, Illuminati, San Lorenzo, Terre d'Aligi, Tiberio.

Pian dell'Orino ★★★ Die überzeugten Biowinzer Caroline Pobitzer und Jan Erbach führen dieses kleine Gut in MONTALCINO. Der BRUNELLO ist sowohl verführerisch als auch technisch perfekt, der Rosso fast ebenso gut.

Piave Ven DOC r w ★→★★ r **11 12** 13 (15); w BV – Massen-DOC in einer Ebene im Osten Venetiens für preiswerte sortenreine Weine. Die CABER-

NET-SAUVIGNON-, MERLOT- und Raboso-Rotweine vertragen alle eine gewisse Reifezeit. Überdurchschnittliche Exemplare liefern Molon, Loredan Gasparini und Villa Sandi.

Picolit F-JV DOCG w; lbl s ★★→★★★ **08 09 10** 12 13 (15) – Fast mythischer Süßwein aus FRIULI COLLI ORIENTALI; könnte jedoch diejenigen enttäuschen, die ihn a) auftreiben und b) bezahlen können. Gute Erzeuger: DORIGO, LIVIO FELLUGA, Meroi, Perusini, Specogna, VILLA RUSSIZ und Vinae dell'Abbazia.

Piemont Neben der TOSKANA Italiens bedeutendste Region für Spitzenqualität; in den Ausläufern der Alpen gelegen. Turin ist die Hauptstadt, ASTI und ALBA sind die Weinzentren. Keine IGT-Weine zugelassen; DOC Piemonte ist die niedrigste Herkunftsbezeichnung, die einfache Rote, Weiße, SPUMANTE und FRIZZANTE umfasst. Rebsorten: u.a. NEBBIOLO, BARBERA, BONARDA, Brachetto, Cortese, DOLCETTO, GRIGNOLINO, CHARDONNAY, MOSCATO. Siehe auch BARBARESCO, BAROLO, GATTINARA, ROERO.

Pieropan Ven ★★★ Nino Pieropan ist seit Langem der führende Qualitätserzeuger von SOAVE, der Mann, der einem edlen Wein wieder zu Glaubwürdigkeit verhalf. Der Cru La Rocca ist nach wie vor der ultimative Soave, und der Calvarino, der CLASSICO mit Schraubverschluss, kann gut mithalten.

Pio Cesare Piem ★★→★★★ Erzeugerveteran in ALBA, der BAROLO und BARBARESCO sowohl in modernen, barriquegereiften Versionen anbietet als auch im traditionellen Stil mit Ausbau in großen Fässern. Erzeugt auch Alba-Weine, inklusive Weiße (z.B. GAVI). Besonders gut ist der NEBBIOLO D'ALBA, ein kleiner Barolo zum halben Preis.

Planeta Siz ★★→★★★ Führendes sizilianisches Gut mit sechs Besitzungen in verschiedenen Teilen der Insel, u.a. in Vittoria (CERASUOLO), Noto (NERO D'AVOLA Santa Cecilia) und seit Kurzem auch am Ätna. Weine von einheimischen und importierten Reben. La Segreta ist die Marke für preiswerte Weißweine (Grecanico, CHARDONNAY, VIOGNIER, FIANO) und Rotweine (Nero d'Avola, MERLOT, SYRAH).

Podere Tosk – Toskanische Bezeichnung für einen kleinen Hof, der ehemals zu einem größeren Gut gehörte.

Poggio Tosk – Das Wort für »Hügel« im toskanischen Dialekt. **Poggione** heißt »großer Hügel«.

Poggio Antico Tosk ★★★ Paola Gloder leitet dieses mit 32 ha recht große Gut, auf 500 m eines der am höchsten gelegenen in MONTALCINO. Der Stil ist verhalten, beständig, manchmal sogar anspruchsvoll. Zwei BRUNELLOS: einer wird drei Jahre in der traditionellen *botte* ausgebaut, der andere (Altero) für einen etwas moderneren Stil zwei Jahre im Barrique. Der RISERVA ist ein Verschnitt aus beiden.

Poggio di Sotto ★★★ Kleines Gut in MONTALCINO, dem Claudio Tipa von ColleMassari in jüngster Zeit hohes Ansehen verschafft hat. Hat angrenzende Weinberge erworben, was trotz gegenteiliger Behauptungen Auswirkungen auf den Stil haben wird. Könnte sogar noch besser werden. Herausragender BRUNELLO und Rosso traditionellen Charakters mit individueller Note.

Poggione, Tenuta Il Tosk ★★★ Das Gut in MONTALCINO erzeugt trotz riesiger Produktionsmengen (rund 500.000 Flaschen) beständig ausgezeichneten BRUNELLO und Rosso von 125 ha im südlichen Teil des Bereichs. Fabrizio Bindocci hat den legendären Pierluigi Talenti abgelöst und zieht Sohn Alessandro heran, der irgendwann übernehmen soll.

Poggiopiano Tosk ★★→★★★ Angenehm zu trinkender, aber dennoch anspruchsvoller CHIANTI CLASSICO von der Familie Bartoli aus San Casciano; eine Mischung aus alten und neuen Techniken. Ausgefeilter Chianti

Classico und GRAN SELEZIONE La Tradizione. Der Chianti ist sortenreiner SANGIOVESE, während der SUPERTOSKANER Rosso di Sera bis zu 15% Colorino-Trauben enthält.

Poggio Scalette Tosk ★★★ Das Gut der Familie des Önologen Vittorio Fiore mit überdurchschnittlichem CHIANTI CLASSICO und dem Bordeaux-Verschnitt Capogatto. Der Stolz des Hauses ist der sortenreine SANGIOVESE Il Carbonaione, der mehrere Jahre Flaschenreife braucht.

Poliziano Tosk ★★★ Federico Carlettis Weingut in MONTEPULCIANO mit hervorragendem VINO NOBILE (v. a. Einzellagenwein Asinone) und gutem IGT Le Stanze (CABERNET SAUVIGNON/MERLOT).

Pomino Tosk DOC r w ★★★ r **09 10 11 12** 13 (15) – Ein Anhängsel von RUFINA mit feinen roten und weißen Verschnitten (v. a. Il Benefizio). FRESCOBALDI ist hier praktisch exklusiv vertreten.

Le Potazzine Tosk ★★★ Giuseppe und Gigliola Gorelli haben ihren Wein nach ihren zwei *potazzine* (»Vögelchen«, das heißt Kindern) benannt. Der Weinberg ist recht hoch am südlichen Rand von Montalcino gelegen. BRUNELLO und Rosso sind beide anspruchsvoll und äußerst angenehm zu trinken. Sie können sie im Restaurant der Familie im Ortszentrum probieren.

Potentino, Castello di Tosk ★★ Die exzentrische Engländerin Charlotte Horton restauriert eine mittelalterliche Festung auf dem Monte Amiata und erzeugt gleichzeitig sehr guten SANGIOVESE Sacromonte und noch besseren PINOT NERO Piropo und Lyncurio (Rosé).

Prà Ven ★★★ Führender Erzeuger von SOAVE CLASSICO. Empfehlenswert v. a. die Einzellagenweine Monte Grande und Staforte; Letzterer liegt sechs Monate in Stahltanks auf dem (regelmäßig mechanisch aufgerührten) Hefesatz. Auch ausgezeichnet die VALPOLICELLA-Weine Morandina und La Formica.

Produttori del Barbaresco Piem ★★★→★★★★ Eine der ersten Genossenschaften in Italien, die manchen als die beste, wenn nicht gar weltbeste gilt. Aldo Vacca und sein Team erzeugen ausgezeichneten traditionellen einfachen BARBARESCO sowie die Crus Asili, Montefico, Montestefano, Ovello, Pora, Rio Sordo.

Prosecco Ven DOC(G) w; sch ★→★★ BV – Die Welt ist verrückt nach Italiens beliebtestem Perlwein. Einzelheiten und eine Auswahl von Erzeugern siehe Kasten rechts.

Prunotto, Alfredo Piem ★★★→★★★★ Das traditionelle Haus in ALBA wurde in den 1990er-Jahren von ANTINORI modernisiert und wird von Pieros Tochter Albiera geführt. Sehr guter BARBARESCO (Bric Turot), BAROLO (Bussia), NEBBIOLO (Occhetti), BARBERA d'ALBA (Pian Romualdo), Barbera d'Asti (Costamiole) und MONFERRATO Rosso (Mompertone und ein Barbera-SYRAH-Verschnitt).

Querciabella Tosk ★★★→★★★★ Erstklassiges CHIANTI-CLASSICO-Gut mit IGT-Einzellagenweinen Camartina (CABERNET SAUVIGNON/SANGIOVESE) und fassvergorenem Batàr (CHARDONNAY/PINOT BIANCO). Zukäufe in Radda und der MAREMMA liefern mehr Trauben für CHIANTI CLASSICO und den neuen, noch nicht überzeugenden Turpino (CABERNET FRANC, SYRAH, MERLOT).

Quintarelli, Giuseppe Ven ★★★★ Erztraditionalistischer Erzeuger von feinem VALPOLICELLA, RECIOTO und AMARONE sowie einem guten Bianco Secco, einem Verschnitt aus verschiedenen Trauben, in handwerklicher Qualität. Tochter Fiorenza und ihre Söhne haben das Steuer übernommen und nichts geändert, auch nicht das Verbot des Alten, den Wein beim Verkosten auszuspucken.

Rasciatano, Vigne di Apu ★→★★ Die neue Kellerei hat sich erfolgreich auf die in APULIEN heimische apulische Traube Nero di Troia spezialisiert. Luigi Moio ist Berater; der Tenute di Rasciatano führt die Riege charaktervoller Weine an.

Ratti, Renato ★★→★★★ Legendäres BAROLO-Gut, nun mit Sohn Pietro am Steuer. Moderne Weine mit kurzer Maischezeit, aber viel Substanz, v.a. Barolo Rocche dell'Annunziata und Barolo Conca.

Der beste Prosecco

PROSECCO ist überall: der einfache, ordentliche Perlwein, der keine Fragen offenlässt. Geholfen haben jüngst ein massives Anpflanzungsprogramm und neue Gesetze, nach denen Prosecco keine Traube mehr (!), sondern ein Wein aus einem bestimmten Gebiet ist. Das sollte Imitaten den Garaus machen. Die Qualität hat sich, vielleicht deshalb, merklich verbessert. Empfehlenswert sind folgende verlässliche Erzeuger: Adami, Biancavigna, BBISOL, Bortolin, Canevel, CARPENÈ-MALVOLTI, Case Bianche, Col Salice, Le Colture, Col Vetoraz, Nino Franco, Gregoletto, La Riva dei Frati, Ruggeri, Vignarosa, Zardetto.

Recioto della Valpolicella Ven DOCG r; lbl; (sch) ★★★→★★★★ Dieser geschichtsträchtigste aller italienischen Weine (der nach Methoden, die vor dem 6. Jh. entwickelt wurden, von PASSITO-Trauben erzeugt wird) ist mit seiner üppigen süßen Kirsch- und Schokoladenfruchtigkeit einzigartig und potenziell umwerfend.

Recioto di Soave Ven DOCG w; s; (sch) ★★★→★★★★ SOAVE von rosinierten Trauben: süß, fruchtig, leichte Mandelnoten; hoher Säuregehalt, der die Süße in Schach hält. Zu Käse trinken. Am besten von Anselmi, COFFELE, Gini, PIEROPAN, Tamellini, häufig auch sehr gut von Ca' Rugate, PASQUA, PRÀ, Suavia und Trabuchi. Wie bei RECIOTO DELLA VALPOLICELLA ist der Jahrgang weniger wichtig als der Herstellungsprozess.

Refosco (dal Peduncolo Rosso) F-JV ★★ **10 11 12** 13 (15) – Tanninstarker Rotwein rustikalen Stils. Am besten aus der DOC FRIULI COLLI ORIENTALI von den Erzeugern Moschioni, Le Vigne di Zamo und Volpe Pasini. Auch gut von LIVIO FELLUGA und Miani, außerdem von CA' BOLANI, Dorigo, Ronchi di Manzano, Venica sowie von Denis Montanara in der DOC Friuli Aquileia.

Ribolla F-JV DOC w ★→★★★ BV – Alias Ribolla gialla. Säurehaltiger Weißwein mit Charakter, am besten aus dem COLLIO, manchen (z.B. GRAVNER) zufolge zu Großem fähig. Weitere Spitzenerzeuger: Il Carpino, La Castellada, Damijan, Fiegl, Primosic, Radikon, Tercic.

Ricasoli Tosk – Geschichtsträchtige Familie in der Toskana; der erste italienische Premierminister, Bettino Ricasoli, erfand den Verschnitt für den CHIANTI. Der wichtigste Zweig der Familie lebt im mittelalterlichen Castello di BROLIO. Castello di Cacchiano und Rocca di Montegrossi sind im Besitz anderer Familienmitglieder.

Riecine Tosk ★★★→★★★★ Ausgezeichnetes, eher kleines Gut in Gaiole-in-CHIANTI. SANGIOVESE-Spezialist; der CHIANTI CLASSICO gehört zu besten, genauso wie der IGT Toscana La Gioia. Der Brite Sean O'Callaghan ist der erfahrene Kellermeister, Lana Frank die Besitzerin und John Dunkley der legendäre Gründer.

Rinaldi Giuseppe Piem ★★★ Beppe Rinaldi ist ein eingefleischter Traditionalist, dessen Kellerei nicht immer ein Muster an Ordentlichkeit und Sauberkeit ist, aber gefragte, äußerst charaktervolle BAROLOS aus Lagen wie Brunate (Barolo, nicht La Morra), Le Coste, Cannubi San Lorenzo und Ravera erzeugt.

Ripasso Ven – Siehe VALPOLICELLA RIPASSO.

Riserva Über eine vorgeschriebene Zeit meist im (großen oder kleinen) Fass gelagerter Wein.

Rivetti, Giorgio (La Spinetta) Piem ★★★ Feiner MOSCATO D'ASTI, hervorragender BARBERA, interessanter IGT Pin sowie eine Reihe von äußerst konzentrierten, in Eiche ausgebauten BARBARESCOS. Besitzt auch Weinberge in den DOCGS BAROLO und CHIANTI Colline Pisane sowie den traditionellen SPUMANTE-Erzeuger Contratto.

Rizzi Piem ★★→★★★ Unterbereich in Treiso, Gemeinde des BARBARESCO-Gebiets, in dem die Familie Dellapiana 35 ha Rebland besitzt. Spitzen-Cru ist der Barbaresco Pajore. Fondetta und Boito sind ebenfalls gut: Sie wirken leicht, gehen aber in die Tiefe.

Rocca, Bruno Piem ★★★ Bewundernswerter BARBARESCO (Rabajà) und andere ALBA-Weine, auch sehr feiner BARBERA d'Asti.

Rocca Albino ★★★ Führender Erzeuger von elegantem, komplexem BARBARESCO; Spitzencrus Vigneto Loreto und Brich.

Rocca delle Macie Tosk ★★ Das große Gut in Castellina-in-Chianti wird von Sergio Zingarelli geführt, dem Sohn des Italowestern-Produzenten Italo Zingarelli. Guter, süffiger CHIANTI und Spitzenweise wie Gran Selezione Sergio Zingarelli und Fizzano. Auch Besitzer des Guts Campo Macione bei Scansano.

Roero Piem DOCG r ★★→★★★ **06 07 08 09 10 11** 13 (15) – Seriöse, gelegentlich BAROLO-Niveau erreichende NEBBIOLO-Weine aus den Hügeln der LANGHE. Gute Erzeuger: Almondo, Buganza, Ca' Rossa, Cascina Chicco, Correggia, Funtanin, Malvirà, Monchiero-Carbone, Morra, Pace, Pioiero, Taliano, Val di Prete. Siehe auch ARNEIS.

Ronco In Nordostitalien, v. a. in FRIAUL–JULISCH VENETIEN, Bezeichnung für eine Hanglage.

Rosato Die allgemeine italienische Bezeichnung für Rosé. Andere Namen für Rosé sind CHIARETTO (um den Gardasee), CERASUOLO (Abruzzen) und Kretzer (SÜDTIROL).

Rosso Conero Mar – Siehe Conero.

Rosso di Montalcino Tosk DOC r ★★→★★★ **10 11** 12 13 (15) – DOC für früher reifende Weine von BRUNELLO-Trauben, die aus jüngeren Rebbeständen oder weniger guten Lagen kommen. Könnte 2014 besser sein als erwartet, weil eine Menge herabgestufter Brunello hier gelandet ist.

Rosso di Montefalco Umb DOC r ★★→★★★ **10 11 12 13** (15) – Verschnitt von SANGIOVESE und SAGRANTINO, oft mit einem Schuss milderndem MERLOT. Erzeuger siehe MONTEFALCO SAGRANTINO.

Rosso di Montepulciano Tosk DOC r ★ **12 13**(15) – Juniorversion des VINO NOBILE DI MONTEPULCIANO; Erzeuger siehe dort. Im Vergleich zum ROSSO DI MONTALCINO trifft man ihn seltener an, vielleicht wegen der möglichen Verwechslung mit MONTEPULCIANO D'ABRUZZO, mit dem er nichts zu tun hat.

Rosso Piceno/Piceno Mar DOC r ★ **10 11 13 (15)** – Im Allgemeinen ansprechender Verschnitt von MONTEPULCIANO und SANGIOVESE, der heutzutage oft unter dem Kurzamen Piceno verkauft wird, um ihn von all den anderen italienischen Rosso-Weinen zu unterscheiden. SUPERIORE heißt er, wenn er aus dem äußersten Süden des Gebiets kommt. Gute Erzeuger: u. a. Aurora, Boccadigabbia, BUCCI, Fonte della Luna, Montecappone, MONTE SCHIAVO, Saladini Pilastri, TERRE CORTESI MONCARO, Velenosi Ercole, Villamagna.

Ruffino Tosk ★→★★★ Der ehrwürdige Chianti-Betrieb, seit 100 Jahren in den Händen der Familie FOLONARI, ging vor ein paar Jahren eigene Wege. Dieser Teil, in Pontassieve bei Florenz ansässig, wurde dann vom US-Konzern Constellation Brands aufgekauft und produziert verlässliche, aber in keiner Weise besondere Weine, etwa CHIANTI CLASSICO RISERVA Ducale und Ducale Oro, Greppone Mazzi in MONTALCINO und Lodola Nuova in MONTEPULCIANO sowie Borgo Conventi in FRIAUL.

Rufina Tosk ★★→★★★ Der nördlichste CHIANTI-Unterbereich, östlich von Florenz in den nach Süden ausgerichteten Apenninnen-Ausläufern gelegen, ist für seine potenziell langlebigen Weine bekannt. Wenige, aber gute bis hervorragende Erzeuger, etwa Basciano, TENUTA Bossi, Castello del Trebbio, CASTELLO DI NIPOZZANO (FRESCOBALDI), Colognole, Frascole, Grati/Villa di Vetrice, Lavacchio, Selvapiana, Travignoli, I Veroni. Nicht zu verwechseln mit RUFFINO, dessen Hauptsitz sich zufällig in Pontassieve befindet.

Russiz Superiore F-JV ★★→★★★ LIVIO FELLUGAS Bruder Marco hat Weinberge in verschiedenen Teilen von FRIAUL angelegt. Jetzt hat Marcos Sohn Roberto das Sagen. Breites Angebot, u.a. frischer, duftender weißer Friulano, COLLIO SAUVIGNON BLANC RISERVA und der Collio-Bianco-Verschnitt Col Disôre.

Italien

Salento Apu – Die flache Halbinsel am Absatz des italienischen Stiefels scheint nicht gerade geeignet für Qualität, doch die tiefgründigen Böden, die alten Alberello-Reben und der Wind vom Meer sorgen zusammen für bemerkenswerte Rot- und Roséweine von NEGROAMARO und PRIMITIVO mit ein bisschen Unterstützung von MONTEPULCIANO, MALVASIA nera und der einheimischen Traube Sussumaniello. Siehe auch APULIEN, SALICE SALENTINO.

Salice Salentino Apu DOC r ★★→★★★ **08 10 11** 13 (15) – Der bekannteste der (zu) vielen auf NEGROAMARO basierenden DOC-Weine des SALENTO, erzeugt von alteingesessenen Betrieben wie LEONE DE CASTRIS, CANDIDO, TAURINO, Apollonio und VALLONE. Nach 2 Jahren RISERVA.

Salvioni Tosk ★★★→★★★★ Alias La Cerbaiola. Kleiner, äußerst qualitätsorientierter Betrieb des unverwüstlichen Giulio Salvioni in MONTALCINO. BRUNELLO und ROSSO DI MONTALCINO gehören zum Besten, was man bekommen kann, und sind ihren nicht gerade unbedeutenden Preis wert.

Sandrone, Luciano Piem ★★★ Erzeuger von ALBA-Weinen im modernen Stil mit tiefgründigem, konzentriertem BAROLO Cannubi Boschis und Le Vigne. Auch guter DOLCETTO, BARBERA d'Alba, NEBBIOLO D'ALBA.

San Felice Tosk ★★→★★★ Bedeutender historischer Erzeuger in der TOSKANA, im Besitz von Gruppo Allianz und von Leonardo Bellaccini geführt. Feiner CHIANTI CLASSICO und RISERVA POGGIO Rosso von einem Gut in Castelnuovo Berardenga. Vitiarium ist ein Versuchsweinberg für seltene Rebsorten, dessen erstes Ergebnis der ausgezeichnete IGT Pugnitello von der gleichnamigen Traube ist. Ebenfalls gut: IGT Vigorello (der allererste SUPERTOSKANER, aus dem Jahr 1968) und BRUNELLO DI MONTALCINO Campogiovanni.

San Gimignano Tosk – Das von Touristen überlaufene toskanische Städtchen ist für seine Türme und seinen trockenen weißen VERNACCIA DI SAN GIMIGNANO DOCG berühmt. Es gibt auch einige gute Rote auf SANGIOVESE-Basis unter der DOC San Gimignano. Erzeuger: Falchini, Cesani, Guiccardini Strozza, Montenidoli, Mormoraia, Il Palagione, Panizzi, Poderi del Paradiso, Pietrafitta, Pietrasereno.

Sangiovese di Romagna Mar DOC r ★★→★★★ Oft gut gemachter, ja sogar erstklassiger sortenreiner Rotwein aus dem mutmaßlichen Geburtsort des SANGIOVESE. Gute Erzeuger sind u. a. Cesari, Drei Donà, NICOLUCCI, Papiano, Paradiso, San Patrignano, Tre Monti, Trere (DOC Emilia-Romagna), Villa Venti (Primo Segno), ZERBINA. Empfehlenswert sind auch die IGT-Weine Ronco delle Ginestre und Ronco dei Ciliegi von CASTELLUCCIO.

San Giusto a Rentennano Tosk ★★★→★★★★ Erstklassiges CHIANTI-CLASSICO-Gut im Besitz von Verwandten der RICASOLIS. Hervorragender IGT Percarlo (SANGIOVESE) und feiner VIN SANTO namens Vin San Giusto.

San Guido, Tenuta Tosk – Siehe SASSICAIA.

San Leonardo T-S ★★★ Spitzenweingut von Marchesi Guerrieri Gonzaga im TRENTINO; Berater ist Carlo Ferrini. Hauptwein ist der Bordeaux-Verschnitt San Leonardo, der »SASSICAIA des Nordens«. Auch sehr vielversprechender MERLOT Villa Gresti.

Sankt Michael-Eppan (San Michele Appiano) T-S – Die historische Genossenschaft (ca. 400 ha) wird von Hans Terzer persönlich geführt. Eine Spezialität sind die überaus sortentypischen und süffigen alpenfrischen Weißweine. Der PINOT BIANCO Schulthauser und der SAUVIGNON BLANC Sanct Valentin sind eindrucksvoll, genauso wie CHARDONNAY, PINOT GRIGIO, GEWÜRZTRAMINER und PINOT NERO.

Sankt Magdalener (Santa Maddalena) T-S DOC r ★→★★ BV – Rotwein in deutsch-österreichischem Stil von Vernatsch (SCHIAVA), der auf sehr steilen Hängen hinter Bozen wächst. Empfehlenswerte Erzeuger: CS Santa Maddalena (Huck am Bach), Gojer, Josephus Mayr, Hans Rottensteiner (Premstallerhof), Heinrich Rottensteiner.

Sannio Kamp DOC r rs w; sch ★→★★★ BV – Wein der Samniten im gebirgigen Landesinneren KAMPANIENS. Heimat des FALANGHINA, aber auch gute sortenreine (Rot- und Weiß-)Weine, etwa FIANO, GRECO, AGLIANICO.

San Patrignano Em-Ro ★★ Drogenentzugseinrichtung mit 100 ha Rebland. Die Weinbereitung wird von Riccardo Cotarella überwacht; Tendenz zu internationalem bzw. Bordeaux-Stil beim Montepirolo und dem Noi, aber auch ausgezeichneter SANGIOVESE (Avi und der bescheidenere Aulente).

Santadi Sar ★★★ Die beste sardische Winzergenossenschaft und eine der besten Italiens, v. a. mit den auf CARIGNANO basierenden Rotweinen TERRE BRUNE, Grotta Rossa und Rocca Rubia RISERVA (alle DOC CARIGNANO DEL SULCIS). Erzeugt werden auch die Weißen Vermentino Villa Solais und Villa di Chiesa (VERMENTINO/CHARDONNAY).

Sant'Antimo Tosk DOC r w; s ★★→★★★ Eine hübsche kleine, romanische Abtei stand Pate für diese umfassende DOC für (fast) alles MONTALCINO-Gebiet, was nicht der DOCG BRUNELLO DI MONTALCINO oder der DOC ROSSO DI MONTALCINO angehört.

Santa Venere Kal ★★ Das alte (aus dem 17. Jh. stammende) Gut gehört zu den progressivsten in CIRÒ. Die charaktervollen Weine profitieren von traditionellen (Gaglioppo, GRECO) und wiederentdeckten Trauben (Guardavalle, Marsigliana). Riccardo Cotarella ist önologischer Berater.

Sardinien Die zweitgrößte Insel des Mittelmeers produziert viele ordentliche und einige ausgezeichnete Weine. Zu den Spitzenbereichen zählen Vermentino di Gallura DOCG, VERMENTINO DI SARDEGNA (etwas weniger alkoholstark und charaktervoll), der sherryähnliche VERNACCIA DI ORISTANO und der Nuragus bei den Weißen sowie Cannonau (GRENACHE) und CARIGNANO bei den Roten (Sardinien war lange von den Spaniern besetzt). Hervorragend sind u. a. der rote Turriga von ARGIOLAS, VERMENTINO von Capichera sowie Terre Brune und Rocca Rubia von SANTADI.

Sassicaia Tosk r ★★★★ **85' 88' 90' 95' 97 98' 99 01' 04' 05 06 07' 08 09** 10 11 12 (13) (15) – Italiens einzige DOC (BOLGHERI), die aus einer Einzellage besteht, ein Verschnitt aus CABERNET SAUVIGNON und CABERNET FRANC von erstklassigen Lagen, bereitet von Marchese Incisa della Rocchetta auf der TENUTA San Guido: eher elegant als üppig, für lange Lagerung gemacht – und oft als Investitionsobjekt gekauft, aber einer der wichtigsten Faktoren für Italiens Spitzenqualitätsimage.

Satta, Michele Tosk ★★★ Praktisch der einzige BOLGHERI-Erzeuger, der mit reinsortigem SANGIOVESE (Cavaliere) Erfolg hat. Daneben gibt es die guten roten Verschnitte Piastraia und I Castagni SUPERIORE (beide DOC Bolgheri).

Scacciadiavoli Umb ★★ Auf 35 ha in MONTEFALCO entstehen mit die ansprechendsten Weine dieser manchmal beachtlichen DOC. Rosso und Bianco Montefalco vereinen Komplexität und Süffigkeit. SAGRANTINO wird für den DOCG-Rotwein und auch für Spumante Brut und Rosé Brut verwendet.

Scavino, Paolo Piem ★★★ Modernistischer BAROLO-Erzeuger in Castiglione Falletto. Empfehlenswert: v. a. Bric del Fiasc, Cannubi, Carobric und Rocche dell'Annunziata. Guter BARBERA LANGHE Corale.

Schiava T-S DOC r ★ BV – Schiava bedeutet »Sklavin«, und lange – um genau zu sein: jahrhundertelang – waren der deutsche und der österreichische Markt diesem leichten, praktisch tanninfreien, süffigen Rotwein aus dem südlichsten Teil der deutschsprachigen Welt, der dort VERNATSCH heißt, sklavisch ergeben. Heute, wo dieser Markt einbricht, merken die Erzeuger, dass sie besser daran tun, Italienern ihre alpenfrischen Weißweine zu verkaufen, und Schiava verschwindet rasch aus den Südtiroler Weinbergen.

Schiopetto, Mario F-JV ★★★→★★★★ Inzwischen verstorbener legendärer Pionier des COLLIO-Weins; geräumige, moderne Kellerei. Seine Kinder treten mit Erfolg in seine Fußstapfen, auch seitdem sie an die Familie Rotolo von Volpe Pasini verkauft haben. Sehr guter SAUVIGNON BLANC, Pinot bianco, FRIULANO (alle DOC), IGT-Verschnitt Blanc de Rosis usw.

Sella & Mosca Sar ★★ Bedeutendes Erzeuger- und Handelshaus in SARDINIEN. Sehr angenehmer weißer Torbato (v. a. Terre Bianche) sowie leichter, fruchtiger VERMENTINO Cala Viola (BV). Daneben guter roter DOC Alghero Marchese di Villamarina (CABERNET SAUVIGNON) und Tanca Farrà (CANNONAU/Cabernet Sauvignon) sowie der interessante Anghelu Ruju im Port-Stil.

Selvapiana Tosk ★★★ Eines der großen CHIANTI-RUFINA-Güter im Besitz des unverwechselbaren 80-jährigen Francesco Giuntini, der den gesamten Betrieb an seine Adoptivkinder Federico und Silvia Masseti übergeben hat. Am besten sind der RISERVA Bucerchiale und der IGT Fornace, doch schon der einfache Chianti Rufina ist köstlich. Auch ein feiner roter POMINO namens Petrognano.

Settesoli, CS Siz ★→★★ Die Genossenschaftskellerei mit rund 6.000 ha ist mit ihren verlässlichen und preiswerten einheimischen und internationalen sortenreinen Weinen (Nero d'Avola, SYRAH, MERLOT, CABERNET SAUVIGNON, CHARDONNAY, Grecanico, Grillo, VIOGNIER) und Verschnitten verschiedener Marken, u. a. Mandrarossa, ein Aushängeschild für SIZILIEN.

Sforzato Lomb ★★★ AMARONE-ähnlicher NEBBIOLO von getrockneten Trauben aus dem VALTELLINA im äußersten Norden der Lombardei. Entwickelt sich beim Lagern wundervoll.

Sizilien Die größte Mittelmeerinsel ist eine Quelle für originelle Weine mit gutem Preis-Leistungs-Verhältnis. Einheimische Trauben (rot: NERO D'AVOLA, NERELLO MASCALESE, Frappato; weiß: INZOLIA, Catarratto, Grecanico, Grillo) und internationale Sorten. Die Rebflächen liegen in der Ebene im Westen, auf den Hügeln in der Mitte der Insel und an den Hängen des Ätna. Zu viele gute Kellereien, um sie alle aufzulisten. Eine der wenigen Regionen Italiens, die 2014 guten Erfolg hatten.

Sizzano Piem – Siehe GATTINARA.

Soave Ven DOC w; (s) ★→★★★ BV – Berühmter, immer noch unterschätzter Weißwein aus Verona. Die Weine von den vulkanischen Böden des CLASSICO-Gebiets sind oft intensiv, mineralisch, sehr fein und ziemlich langlebig. Soave SUPERIORE ist sogar DOCG, aber die besten Classico-Erzeuger bleiben bei ihrer DOC. Siehe Kasten rechts.

Solaia Tosk r ★★★★ – **85' 90' 95' 97' 99' 01 04 06 07 08 09 10 11** 12 13 (15) – Potenziell grandioser, wenn auch etwas sehr wuchtiger CABERNET SAUVIGNON/SANGIOVESE-Verschnitt von ANTINORI, der im Einklang mit höchsten Bordeaux-Anforderungen bereitet wird; bedarf jahrelanger Lagerung.

Speri Ven ★★★ Familienbetrieb in VALPOLICELLA mit Lagen wie dem hervorragenden Monte Sant'Urbano. Unprätentiöser CLASSICO SUPERIORE in traditionellem Stil, AMARONE, RECIOTO.

Spumante Schaumwein. Der ehemalige ASTI Spumante heißt jetzt nur noch Asti.

Südtirol T-S – Deutschsprachiger Teil der Region TRENTINO–Alto Adige. Siehe ALTO ADIGE.

Superiore Wein mit längerer Fassreife sowie mit 0,5 bis 1% mehr Alkoholgehalt als normaler DOC-Wein. Bezeichnet manchmal auch einen Teil eines Anbaugebiets, z. B. ROSSO PICENO Superiore.

Supertoskaner Tosk – Weine mit hoher Qualität und hohen Preisen, die in den 1970er- und 1980er-Jahren entwickelt wurden, um die damals geltenden unsinnigen Regelungen zu umgehen, aber heute, vor allem angesichts der wachsenden Bedeutung der Gran Selezione, kaum noch relevant. Nach wie vor allgemein der (völlig inoffiziellen) Supertoskaner-Kategorie zugerechnet würden SASSICAIA, ORNELLAIA, SOLAIA, TIGNANELLO, Guado al Tasso, Messorio, Redigaffi, CA' MARCANDA, Flaccianello und dergleichen.

Tasca d'Almerita Siz ★★★ Eine neue Generation der Familie führt nun das historische und immer noch angesehene Gut, das auch in dunklen Jahren die Fahne in SIZILIEN hochhielt. Weinberge in großer Höhe; ausgewogene IGT -Weine unter dem alten Namen Regaleali (rot, rosé, weiß), guter CHARDONNAY und CABERNET SAUVIGNON, aber der Star ist nach wie vor der hauptsächlich von NERO D'AVOLA erzeugte Rosso del Conte.

Taurasi Kamp DOCG r ★★★ **04 06 07 08 09 10** 11 12 13 (15) – Die Antwort des Südens auf den BAROLO Nord- und den BRUNELLO Mittelitaliens bedarf großer Sorgfalt und langer Alterung. Es gibt freundlichere Versionen von AGLIANICO, aber keine ist potenziell so komplex, anspruchsvoll und schließlich lohnenswert. Berühmt wurde der Wein durch MASTROBERARDINO, weitere hervorragende Erzeuger sind Caggiano, Caputo, FEUDI DI SAN GREGORIO, Molettieri, Luigi Tecce und Terredora di Paulo.

Tedeschi, Fratelli Ven ★★→★★★ Einer der Anbauer von VALPOLICELLA, die schon Qualität produzierten, als in dem Gebiet noch Mittelmäßigkeit die Regel war.

Tenuta Landwirtschaftliches Gut (siehe unter dem Eigennamen, z. B. SAN GUIDO, TENUTA).

Terlan T-S w ★★→★★★ BV – Die Bezeichnung DOC ALTO ADIGE Terlano (bzw. Terlaner DOC) steht für einen Weißweinverschnitt und acht sortenreine Weißweine, v. a. PINOT BIANCO und SAUVIGNON BLANC, die manchmal sehr frisch und spritzig, manchmal aber auch anspruchsvoll und überraschend langlebig sind. Am besten von der CS Terlan (v. a. der Pinot bianco Vorberg), LAGEDER, Niedermayr, Niedrist.

Teroldego Rotaliano T-S DOC r rs ★★→★★★ Die beste einheimische Rebsorte des TRENTINO erbringt auf dem flachen Campo Rotaliano wirklich schmackhaften Wein. Spitzenerzeuger ist Foradori. Ebenfalls gut: Dorigati, Endrizzi, die RISERVA Nos von MEZZACORONA sowie Zeni.

Terre Cortesi Moncaro Mar ★★ Genossenschaftskellerei in den Marken, die es bei sehr bescheidenen Preisen mit den Besten der Region aufnehmen kann: guter VERDICCHIO DEI CASTELLI DI JESI Le Vele, CONERO, RISERVA Nerone und ROSSO PICENO SUPERIORE Campo delle Mura.

Soave neu entdeckt

Nun, da die Weinwelt endlich die ganze Pracht und Herrlichkeit von gutem SOAVE erkannt hat – saftig, mit Feuersteinaromen, großartig zu jeder Art von Speisen, aber auch einfach so –, ist es an der Zeit, mit dem Experimentieren zu beginnen. Manche Weine werden mit denselben Methoden bereitet wie großer weißer Burgunder: ausgewählte Rebparzellen, Hefesatzausbau, *bâtonnage*, Ausbau in Eiche, ja sogar Reifung in der Flasche. Absolute Spitze ist PIEROPAN (Calvarino, La Rocca), gefolgt von PRÀ (Staforte, Monte Grande), Gini (Salvarenza Vecchie Vigne), Coffele (Ca Visco), Fattori (Danieli, Motto Piane), Ca' Rugate, Suavia, Tamellini, La Cappuccina, Montetondo – und die Liste ließe sich noch fortsetzen. Empfehlenswet ist auch der wunderbar ausgewogene PASSITO (RECIOTO DI SOAVE).

Italien

Terre del Barolo Piem ★→★★ Die Genossenschaft mit rund 700 Mitgliedern in Castiglione Falletto produziert Millionen von Flaschen BAROLO und anderer Weine aus den LANGHE; angesichts der Mengen bemerkenswert beständige Qualität. Empfehlenswert z. B. der normale Barolo di Castiglione di Falletto.

Terre Nere, Tenuta delle Siz ★★★ Der italienisch- amerikanische Händler Marc de Grazia beweist, dass von NERELLO und Carricante an der begehrten Nordflanke des Ätna großartiger Wein bereitet werden kann. Am besten: Guardiola, Vigne Niche. Im Auge behalten.

Terriccio, Castello del Tosk ★★★ Großes Weingut südlich von Livorno mit vorzüglichem, sehr teurem IGT Lupicaia und sehr gutem IGT Tassinaia im Bordeaux-Stil. Eindrucksvoller IGT Terriccio, ein ungewöhnlicher Verschnitt hauptsächlich von Rhône-Sorten.

Tiefenbrunner T-S ★★→★★★ Erzeuger- und Handelsbetrieb im Schloss Turmhof im südlichen SÜDTIROL. Christoph Tiefenbrunner hat seinen Vater Herbert (Kellermeister seit 1943) abgelöst. Breites Spektrum an gebirgsfrischen Weiß- und klar definierten Rotweinen von französischen, deutschen und einheimischen Reben, v. a. der MÜLLER-THURGAU Feldmarschall aus Weingärten auf 1.000 m Höhe und die Linticlarus-Reihe mit CHARDONNAY, LAGREIN und PINOT NERO.

Tignanello Tosk r ★★★★ **04' 06' 07' 08 09 10 11** 12 (13) (15) – Im Barrique ausgebauter Verschnitt von SANGIOVESE und CABERNET SAUVIGNON, von ANTINORIS Spitzenönologe Giacomo Tachis Anfang der 1970er-Jahre eingeführt und der Wein, mit dem die SUPERTOSKANER groß herauskamen. Heute einer der größten Goldesel der Weinwelt.

Torcolato Ven – Der süße Wein aus BREGANZE in Venetien wird von Vespaiolo-Trauben bereitet, die, wie beim RECIOTO DI SOAVE, monatelang zum Trocknen aufgehängt oder auf Matten ausgelegt wurden. Beste Erzeuger: MACULAN, CS BEATO BARTOLOMEO DA BREGANZE.

Torgiano Umb DOC r rs w; (sch) ★★ und **Torgiano Rosso Riserva** DOCG r ★★→★★★ **01' 04 06 07 08 09 10** 11 (12) (13) (15) – Guter bis hervorragender Rotwein aus Umbrien, praktisch exklusiv von LUNGAROTTI. Der

Rubesco RISERVA Vigna Monticchio aus Jahrgängen wie 1975, 1979, 1985 und 1997 ist überragend und kann viele Jahre lagern.

Toskana Brennpunkt der »Renaissance« des italienischen Weins gegen Ende des 20. Jahrhunderts mit experimentellen Abfüllungen wie den SUPERTOSKANERn und dann modernisierten Klassikern wie CHIANTI, VINO NOBILE, BRUNELLO. Die Entwicklung von Küstenanbaugebieten wie BOLGHERI und MAREMMA praktisch aus dem Nichts hat den toskanischen Wein in den letzten 50 Jahren entscheidend geprägt. Doch die Klassiker kommen nach wie vor aus dem Landesinneren.

Trebbiano d'Abruzzo Abr DOC w ★→★★★★ BV – Für gewöhnlich frischer, einfacher Wein, aber der von VALENTINI gilt weithin als einer der besten italienischen Weißweine. Niemand weiß so recht, welche Trauben Valentini verwendet, aber wahrscheinlich keine, die auch von anderen angebaut werden.

Trentino T-S DOC r w; tr s ★→★★★ DOC für rund 20 meist nach der Traubensorte benannte Weine; am besten sind CHARDONNAY, PINOT BIANCO, MARZEMINO und TEROLDEGO. Die Hauptstadt der Provinz ist Trento, und das ist der auch der Name der DOC für potenziell erstklassige Metodo-Classico-Weine.

Trinoro, Tenuta di Tosk ★★★ Individualistisches Gut für Rotweine, Pionier in der DOC Val d'Orcia zwischen MONTEPULCIANO und MONTALCINO. Großer Anteil an Bordeaux-Trauben im Flaggschiffwein TENUTA di Trinoro sowie im Palazzi, Le Cupole und Magnacosta. Andrea Franchetti besitzt auch Weinberge am Ätna.

Tua Rita Tosk ★★→★★★★ Der erste Erzeuger, der in den 1990er-Jahren das rund 20 km weiter südlich gelegene Suvereto als das »neue BOLGHERI« etablierte. Der Redigaffi ist vielleicht Italiens großartigster MERLOT; empfehlenswert ist auch der Bordeaux-Verschnitt Giusto di Notri. Siehe auch VAL DI CORNIA.

Umani Ronchi Mar ★★→★★★ Führender Erzeuger in den Marken; v. a. Verdicchio (Casal di Serra, Plenio), CONERO Cumaro, IGT-Weine Le Busche (weiß) und Pelago (rot).

Vajra, G. D. Piem ★★★ Die Familie Vajra erzeugt im Ortsteil Vergne (Barolo) makellosen BAROLO, BARBERA, DOLCETTO und FREISA sowie erstaunlich guten RIESLING. Besitzt nun auch das Gut Luigi Caudana in Serralunga.

Valdadige (Etschtaler) T-S DOC r w; tr lbl ★ Bezeichnung für die einfachen Weine, die an der Etsch (ital. Adige) entstehen, d. h. in SÜDTIROL, im TRENTINO und in Nordvenetien.

Val di Cornia Tosk DOC r rs w ★★→★★★ **06'07 08 09 10 11**07 08 09 10 11 12 13 (15) – Qualitätsbereich südlich von BOLGHERI. SANGIOVESE, CABERNET SAUVIGNON, MERLOT, SYRAH, MONTEPULCIANO. Erzeuger: Ambrosini, Jacopo Banti, Bulichella, Gualdo del Re, Incontri, Montepeloso, Petra, Russo, San Michele, TENUTA Casa Dei, Terricciola, TUA RITA.

Valentini, Edoardo Abr ★★★→★★★★ Sohn Francesco führt die Tradition lange eingemaischter, nicht filtrierter, nicht geschönter und von Hand abgefüllter MONTEPULCIANO-, CERASUOLO- und TREBBIANO-D'ABRUZZO-Weine fort. Die Qualität und die Verfügbarkeit sind nicht vorhersehbar, potenziell hervorragend. Siehe MONTEPULCIANO D'ABRUZZO, TREBBIANO D'ABRUZZO.

Valle d'Aosta DOC r rs w ★★ DOC für etwa 25 Weine aus dem Aostatal, die geografische oder Rebsortenbezeichnungen tragen. Dazu gehören z. B. Prëmetta, Fumin, Blanc de Morgex, Chambave, Nus MALVOISIE, Arnad Montjovet, Torrette, Donnas, Enfer d'Arvier. Sehr kleine Produktion, die Weine gelangen nur selten ins Ausland, sind aber oft sehr lohnenswert.

Valle Isarco (Eisacktaler) T-S DOC w ★★ BV – DOC in SÜDTIROL für sieben »germanische« sortenreine Weißweine, die entlang des Eisack (ital. Isarco) nordöstlich von Bozen entstehen. Guter GEWÜRZTRAMINER, MÜLLER-THURGAU, RIESLING und SILVANER. Spitzenerzeuger sind CS Eisacktaler, Kloster Neustift, Kuenhof.

Vallone, Agricole Apu ★★→★★★ Großes Gut (160 ha) der Familie Vallone (Chef: Francesco Vallone), erstklassige Lagen in den drei besten Gebieten des SALENTO, u. a. SALICE SALENTINO und BRINDISI. Neu hinzugekommen sind RISERVA-Weine und Vigna del Castello aus der unmittelbaren Umgebung ihrer Burg in Serranova. Der Trumpf im Ärmel ist der Graticcia von teilweise in der Sonne getrockneten Trauben.

Valpolicella Ven DOC r ★→★★★★ Vielfältige Appellation, die vom leichten Durstlöscher mit einer gewissen fruchtigen Wärme über stärkeren SUPERIORE (der manchmal RIPASSO ist, manchmal nicht) bis hin zu AMARONE und RECIOTO mit uraltem Stammbaum reicht. Bittere Kirschnoten sind das gemeinsame Geschmacksmerkmal der Zutaten CORVINA und Corvinone (und anderen Trauben). Normaler Valpolicella ist heutzutage schwer aufzutreiben, weil die guten Trauben alle für den trendigen, profitablen Amarone verwendet werden. (Erzeuger siehe Kasten 204.)

Valpolicella Ripasso Ven DOC r ★★→★★★ **09 10 11** 12 13 (15) – Auf den Traubenschalen von RECIOTO oder AMARONE erneut vergorener VALPOLICELLA ergibt einen lagernswerteren Wein. Gut bis ausgezeichnet: BUSSOLA, CANTINA NEGRAR, Castellani, DAL FORNO, QUINTARELLI, ZENATO.

Valtellina Lomb DOC/DOCG r ★→★★★ Langes, von Osten nach Westen verlaufendes Tal (die meisten Alpentäler verlaufen von Norden nach Süden) an der Schweizer Grenze, auf dessen steilen Terrassen seit Jahrtausenden NEBBIOLO (der hier CHIAVENNASCA genannt wird) und verwandte Reben wachsen. Die DOCG Valtellina SUPERIORE ist in fünf Bereiche unterteilt: Sassella, Grumello, Inferno, Valgella und Maroggia. Sowohl die Weine als auch die Landschaft sind einen Abstecher wert. Die besten Erzeuger sind derzeit Fay, MAMETE PREVOSTINI, Nera, Nino Negri, Plozza, Rainoldi, Triacca. In der DOC Valtellina sind die Anforderungen weniger streng. Sforzato ist der hiesige AMARONE.

Vecchio Samperi Siz – Siehe DE BARTOLI.

Verdicchio dei Castelli di Jesi Mar DOC w; (sch) ★★→★★★ BV – Vielseitiger Weißwein aus der Gegend um Ancona an der Adria. Leicht und süffig oder schäumend oder aber strukturiert, komplex und langlebig (v. a. als RISERVA DOCG mit mindestens 2 Jahren Reifung). Auch CLASSICO. Besonders beachtliche Qualität von Accadia, Bonci-Vallerosa, Brunori, Bucci, Casalfarneto, Cimarelli, Colonnara, Coroncino, Fazi-Battaglia, Fonte della Luna, GAROFOLI, Laila, Lucangeli Aymerich di Laconi, Mancinelli, Montecappone, MONTE SCHIAVO, Santa Barbara, SARTARELLI, TERRE CORTESI MONCARO, UMANI RONCHI.

Verdicchio di Matelica Mar DOC w; (sch) ★★→★★★ BV – Ähnlich wie Jesi (vgl. vorigen Eintrag), kleiner, weiter im Landesinneren und höher gelegen, daher säurereichere und langlebigere Weine, die aber jung nicht so ansprechend sind. Der RISERVA ist ebenfalls DOCG. Erzeuger: v. a. Barone Pizzini, Belisario, Bisci, La Monacesca, Pagliano Tre, San Biagio.

Verduno Piem DOC r ★★ (BV) – Dem GRIGNOLINO ähnlicher blasser Rotwein von der Pelaverga-Traube, die ausschließlich in der Gemeinde Verduno im BAROLO-Gebiet angebaut wird. Empfehlenswert: Alessandria, Bel Colle, BURLOTTO und CASTELLO DI VERDUNO.

Verduno, Castello di Piem ★★★ Ein Ehepaar mit Weinbergen in Neive und VERDUNO erzeugt sehr guten BARBARESCO Rabajà und BAROLO Monvigliero.

Verduzzo F-JV DOC w; tr lbl s ★★→★★★ Körperreicher Weißwein (DOC Friuli Colli Orientali) aus einer indigenen friaulischen Traube. Ramandolo (DOCG) ist der bedeutendste Unterbereich für Süßweine. Spitzenerzeuger: Dario Coos, Dorigo, Giovanni Dri, Meroi.

Valpolicella – die Besten

Die Geschichte des Valpolicella begann mit den Römern in den südlichsten Alpenausläufern oberhalb der Po-Ebene in Verona, und nie war der Wein besser als heute. AMARONE DELLA VALPOLICELLA und RECIOTO DELLA VALPOLICELLA sind nun zur DOCG befördert worden, während der VALPOLICELLA RIPASSO endlich als eigenständiger historischer Wein anerkannt wurde. Folgende Betriebe erzeugen gute bis großartige Weine (die Crème de la Crème ist mit einem Stern gekennzeichnet): Accordini Stefano*, Serego Alighieri, ALLEGRINI*, Begali, BERTANI, BOLLA, Boscaini, Brigaldara, BRUNELLI, BUSSOLA*, Ca' la Bianca, Campagnola, Ca' Rugate, Castellani, Corteforte, Corte Sant'Alda, CS Valpantena, Cantina Valpolicella, Valentina Cubi, DAL FORNO*, Guerrieri-Rizzardi, MASI, Mazzi*, Nicolis, QUINTARELLI*, Roccolo Grassi*, Le Ragose, Le Salette, Speri*, TEDESCHI*, Tommasi, Venturini, VIVIANI*, ZENATO, Zeni.

Vermentino di Gallura Sar DOCG w ★★→★★★ BV – VERMENTINO bringt in der Toskana, Ligurien und ganz Sardinien gute leichte Weine hervor, aber der beste, intensivste entsteht im äußersten Nordosten der Insel unter der DOCG-Bezeichnung Vermentino di Sardegna. Empfehlenswert: Capichera, CS di Gallura, CS del Vermentino/Monti, Depperu, CS Giogantino.

Vermentino di Sardegna Lig DOC w ★★ BV – Aus allen Teilen SARDINIENS, kann sich aber in Struktur und Geschmacksintensität meist nicht mit VERMENTINO DI GALLURA messen. Gute Erzeuger: u. a. ARGIOLAS, Santadi, Sella & Mosca.

Vernaccia di Oristano Sar DOC w; tr (s); (fz) ★→★★★ Unter Flor gereifte sardische Spezialität, ähnlich leichtem Sherry, ein wenig bitter und körperreich. SUPERIORE mit 15,5 % Alkohol und 3 Jahren Alterung. Der Jahrgang ist weniger wichtig als der Herstellungsprozess. Köstlich zu Bottarga (gepresstem Fischrogen). Sie sollten alles tun, um ihn zu probieren. Spitzenerzeuger: CONTINI.

Vernaccia di San Gimignano Tosk – Siehe SAN GIMIGNANO.

Vesuvio Siehe LACRYMA CHRISTI.

Vie di Romans F-JV ★★★→★★★★ Gianfranco Gallo hat in wenigen Jahren das Gut seines Vaters im DOC-Bereich Isonzo in FRIAUL zum Spitzenstatus geführt. Exzellenter CHARDONNAY, PINOT GRIGIO Dessimis, SAUVIGNON BLANC Piere und Vieris (in Eiche ausgebaut) sowie der MALVASIA/RIESLING/FRIULANO-Verschnitt Flors di Uis.

Vietti Piem ★★★ Winzerveteran in Castiglione Falletto mit charaktervollen piemontesischen Weinen, u. a. BARBARESCO Masseria, BARBERA D'ALBA Scarrone und Barbera d'Asti La Crena. Mustergültige Barolos: Lazzarito, Rocche, Brunate, Villero.

Vignamaggio Tosk ★★→★★★ Ausgezeichnetes, sehr schönes historisches CHIANTI-CLASSICO-Gut bei Greve. Leonardo da Vinci malte hier die Mona Lisa. Wie die RISERVA heißt, ist daher nicht schwer zu erraten.

Vigna oder **vigneto** Einzellage. In der Regel ein Zeichen für bessere Qualität.

Villa Matilde Kamp ★★★ Spitzenweingut in KAMPANIEN mit FALERNO Rosso (Vigna Camarato) und Bianco (Vigna Caracci) sowie Eleusi PASSITO.

Villa Papiano Em-Ro ★★→★★★ 10-ha-Gut von Francesco Bordini, der mehrere Experimentierer in der Romagna berät. Le Papesse und I Probi werden als weiblich und männlich aufgefasst; der Terra ist ein trockener ALBANA, der in georgischen *quevri* (Amphoren) auf den Schalen vergoren wird.

Villa Russiz F-JV ★★★ Historisches Gut mit DOC-COLLIO-Weinen. Sehr guter SAUVIGNON BLANC und MERLOT (v. a. die Auslesen De la Tour), außerdem PINOT BIANCO, PINOT GRIGIO, FRIULANO und CHARDONNAY.

Vino Nobile di Montepulciano Tosk DOCG r ★★→★★★ **04 06' 07 08 09 10 11** 12 13 (15) – Traditionsreicher SANGIOVESE (hier Prugnolo gentile genannt) aus der toskanischen Stadt MONTEPULCIANO (nicht zu verwechseln mit der gleichnamigen Rebsorte der Abruzzen). Häufig anspruchsvolle Weine mit adstringierenden Tanninen, doch komplex und nachhaltig von den besten Erzeugern: u. a. Avignonesi, Bindella, BOSCARELLI, La Braccesca, La Calonica, Canneto, Le Casalte, Fattoria del Cerro, CONTUCCI, DEI, Gracciano della Seta, Gracciano Svetoni, Icario, Nottola, Palazzo Vecchio, POLIZIANO, Romeo, Salcheto, Trerose, Valdipiatta, Villa Sant'Anna. Nach 3 Jahren RISERVA.

Vin Santo, Vinsanto oder Vino Santo T-S, Tosk DOC w; s ★★→★★★★ PASSITO-Süßwein, in der TOSKANA (Vin Santo) meist von TREBBIANO, MALVASIA und/oder SANGIOVESE, im TRENTINO (Vino Santo) von Nosiola. Toskanische Exemplare sind sehr unterschiedlich, von trocken und sherryartig bis süß und unglaublich reichhaltig. Viele reifen zwischen 3 und 10 Jahren in kleinen Fässern, den *caratelli*, ohne umgefüllt zu werden. Legendär ist der Vin Santo von Avignonesi, doch es gibt auch andere hervorragende Erzeuger: CAPEZZANA, Fattoria del Cerro, Corzano & Paterno, FELSINA, FRASCOLE, ISOLE E OLENA, Rocca di Montegrossi, San Gervasio, SAN GIUSTO A RENTENNANO, SELVAPIANA, Villa Sant'Anna, Villa di Vetrice. Siehe auch OCCHIO DI PERNICE.

Viviani Ven ★★★ Claudio Viviani beweist, wie modern ein VALPOLICELLA oder AMARONE sein kann. Sehr gut der CLASSICO SUPERIORE Campo Morar, besser der RECIOTO La Mandrella, überragend der Amarone Casa di Bepi und der Tulipano Nero.

Voerzio, Roberto Piem ★★★ Modernistischer BAROLO-Erzeuger: konzentrierte, strukturierte Weine. Eher eindrucksvoll/teuer als köstlich, meist in kleinen, angerösteten französischen Barriques ausgebaut. Das Angebot umfasst Brunate, Cerequio, Rocche dell'Annunziata-Torriglione, Sarmassa, Serra; auch ausgezeichneter BARBERA d'ALBA.

Volpaia, Castello di Tosk ★★→★★★ Das erstklassige CHIANTI-CLASSICO-Gut in Radda erzeugt die SUPERTOSKANER Coltassala (SANGIOVESE/Mammolo) und Balifico (Sangiovese/CABERNET SAUVIGNON).

Zenato Ven ★★ Sehr verlässliches, manchmal bestechendes Weingut für Weine vom Gardasee; auch VALPOLICELLA, SOAVE, AMARONE und LUGANA.

Zerbina, Fattoria Em-Ro ★★★ Führendes Weingut in der Romagna mit dem besten süßen DOCG ALBANA (Scacco Matto), sehr gutem SANGIOVESE (Pietramora) und im Barrique ausgebautem IGT Marzieno.

Zibibbo Siz tr s ★★ Verlockender sizilianischer Tafelwein von MUSCAT d'Alessandria, der hauptsächlich auf der Insel PANTELLERIA und im äußersten Westen SIZILIENS entsteht. Musterbeispiele für die trockene Version kommen von Ottoventi aus Trapani und DE BARTOLI.

Zonin ★→★★ Einer der größten Eigentümer von Weingütern in Italien, beheimatet in Gambellara (Venetien), aber auch einflussreich im FRIAUL, in der TOSKANA, in APULIEN, auf SIZILIEN und anderswo auf der Welt.

Zuani Lomb ★★★ Kleines Gut in COLLIO, das Patricia Felluga, der Tochter von MARCO FELLUGA, gehört. Ausgezeichneter weißer Verschnitt Zuani RISERVA (in Eiche ausgebaut) und Zuani Vigne (ohne Eiche).

Deutschland

Die folgenden Abkürzungen werden im Text verwendet:

Bad	Baden
Fran	Franken
Hess-B	Hessische Bergstraße
M	Mosel (einschließlich Saar und Ruwer)
MM	Mittelmosel
MR	Mittelrhein
Na	Nahe
Pfz	Pfalz
Rhg	Rheingau
Rhh	Rheinhessen
Sa-Un	Saale-Unstrut
Würt	Württemberg

Mit Bezug auf deutschen Wein auf einsamen Pfaden zu wandeln, bin ich gewohnt, in. Bei den meisten meiner Landsleute hat die unter dem Namen Liebfraumilch verkaufte Plörre – leider – einen so bleibenden Eindruck hinterlassen, dass sie seitdem nichts mehr für ihn übrighaben. Sie mögen die Etiketten nicht, sie schrecken vor der Sprache zurück, die hohen Flaschen passen nicht in den Kühlschrank – aus irgendwelchen Gründen geben sie ihr Geld anderswo aus. Dass ich über 40 Jahre lang für edle deutsche Rieslinge die Werbetrommel gerührt habe, war, um es gelinde auszudrücken, nicht gerade von Erfolg gekrönt.

Während wir in die andere Richtung schauten, hat der deutsche Weinbau sich aufgerappelt, den Staub abgeklopft und sich zu neuen Ufern aufgemacht. Als Österreich in den 1980er-Jahren ein ähnliches Unterfangen in Angriff nehmen musste, bekam es tosenen Beifall. Manche Dinge sind schwer zu begreifen.

Nicht dass deutsche Weinbauern sich sorgen müssten. Ihr Inlandsmarkt saugt alles auf, was sie produzieren, und das mit großem Genuss. Eine kleine Minderheit besonders Eifriger sammelt und schätzt verführerische Spätlesen, üppige Auslesen sowie Beeren- und Trockenbeerenauslesen des höchsten Reife- und Süßegrads (siehe Kasten S. 212). Die Mehrheit sucht und findet kristallklare trockene Weine, die in ihrer Präzision und Reife zu ihrer modernisierten Küche passen (in Deutschland haben 4.213 Restaurants Michelin-Sterne – zum Vergleich: in Frankreich sind es 5.853), und Kochbücher verkaufen sich wie warme Semmeln. Sehr wenige Weine sind so gute Begleiter zum Essen wie die deutschen trockenen Rieslinge, Grauburgunder und Silvaner der Spitzenklasse und, ja, auch die Roten, allen voran Spätburgunder. Die deutschen Rotweine sind die größte Revolution überhaupt. In den USA hat sich das längst herumgesprochen, warum nicht in Großbritannien?

Bis jetzt hat Deutschland mehr als jedes andere Land vom Klimawandel profitiert: Die meisten Anbaugebiete haben seit einer Generation höchstens einen schlechten Jahrgang erlebt. Die Herausforderung besteht darin, jene magische reinigende Säure zu bewahren, die deutsche Weine so frisch, knackig und harmonisch ausgewogen macht und sie bei Tisch so außerordentlich gut aussehen lässt.

Neuere Jahrgänge

Mosel

Weine von der Mosel (einschließlich Saar und Ruwer) sind jung so ansprechend, dass ihr Entwicklungspotenzial selten auf die Probe gestellt wird. Aber gute Kabinettweine gewinnen bei mindestens 5 Jahren Flaschenlagerung (und oft viel mehr), Spätlesen bei 5–20 Jahren und Auslesen sowie BA bei über 10–30 Jahren. Im Unterschied zum übrigen Deutschland befindet sich die Mosel bei trockenen Erzeugnissen noch in der Beta-Phase, auch wenn der Klimawandel das Seine tut. Saar und Ruwer bringen schlankere Weine hervor als die Mosel, übertreffen jedoch den ganzen Rest der Welt an Eleganz und erregender, stahliger Rasse.

2015 Heißer, trockener Sommer, feuchter September, sonniger Oktober: eine fast ideale Ernte mit jeder Menge Spät- und Auslesen sowie herrlicher trockener Weine.

2014 Sonne im September rettete den Jahrgang, aber etwas Regen im Oktober erforderte eine sorgfältige Selektion des Leseguts. Klassische Weine von trocken bis Auslese.

2013 Die Hälfte der sonst üblichen Ernte. Premiumgewächse bringen Frische und Eleganz mit, sind aber dünn gesät. Die Mittelmosel schnitt besser ab als Saar und Ruwer.
2012 Klassische Weine von QbA bis Auslese, geringer Ertrag.
2011 Ein brillanter Jahrgang, besonders an Saar und Ruwer. Sensationelle Trockenbeerenauslesen.
2010 Hauptmerkmal der Weine ist der hohe Säuregehalt; einige gute Spät- und Auslesen.
2009 Prachtvolle Spät- und Auslesen, schön ausgewogen. Einlagern.
2008 Kabinette und Spätlesen können fein und elegant sein. Trinken oder noch liegen lassen.
2007 Gute Qualität und Quantität. Jetzt zunehmend reif.
2005 Überaus reife Trauben, die aber mit einem besseren Säurerückgrat ausgestattet sind als etwa 2003. Außergewöhnlich, v.a. an der Saar. Trinken oder noch aufbewahren.
2004 Schöner Jahrgang, jetzt trinken.
2003 Von Hitze geprägter Jahrgang, beträchtliche Unterschiede in der Qualität. Die besten Weine könnten sich als so gut erweisen wie 1959.

Weitere gute Jahrgänge: 2001, 1999, 1997, 1995, 1994, 1993, 1990, 1989, 1988, 1976, 1971, 1969, 1964, 1959, 1953, 1949, 1945, 1937, 1934, 1921.

Ahr/Rheingau/Rheinhessen/Nahe/Pfalz

Neben den Moselweinen sind die Rheingaugewächse die potenziell langlebigsten aller deutschen Erzeugnisse. Sie entfalten sich über 15 Jahre hinweg und länger, jedoch können Spitzengewächse aus Rheinhessen, aus der Pfalz oder von der Nahe ebenso lange halten. Moderne trockene Weine wie die Großen Gewächse sollten im Allgemeinen innerhalb von 2–4 Jahren getrunken werden, die besten aber haben zweifellos das Potenzial, auf interessante Weise zu altern. Das Gleiche gilt für Rotweine von der Ahr: Dank ihrer Fruchtigkeit sind sie bereits in der Jugend ansprechend, doch die besten unter ihnen entwickeln sich 10 Jahre und länger.

2015 Ein heißer, trockener Sommer stellte alles auf den Kopf: viele Güter, vor allem in der Pfalz und weiter südlich, lasen die Spitzenweine zuerst (teilweise schon Mitte September) und die Einsteigerweine später. Rheingau-Weine ausgezeichnet, sowohl die trockenen als auch die edelsüßen.
2014 Kompliziert, doch Riesling und Spätburgunder fielen in der Regel ordentlich aus oder sogar gut, wenn sorgfältig selektiert wurde.
2013 Große Unterschiede: Die besten Weine kommen aus dem südlichen Rheinhessen, Franken und dem Ahrtal. Generell geringe Erträge.
2012 Unterdurchschnittliche Mengen, aber sehr gute, auf jeder Qualitätsstufe klassische Weine.
2011 Die Weine besitzen Frucht und ausgewogene Säure.
2010 Uneinheitliche Qualität, teilweise sehr guter Spätburgunder; die trockenen Weißweine sollten jetzt getrunken werden.
2009 Exzellente Weine, v.a. die trockenen. Teilweise musste aufgesäuert werden.
2008 Außerordentlich rassige Rieslinge mit langem Atem.
2007 Die trockenen Weine sind jetzt reif. Trinken.
2005 Hohe Reifegrade bei exzellenter Säure und reichlich Extrakt. Vorzüglicher Jahrgang. Trinken oder aufbewahren.

2004 Überall am Rhein reife, gesunde Frucht. Großer Ertrag, manchmal etwas verwässert, aber nicht bei den Spitzengütern.

2003 Reichhaltige Weine; vielen fehlt es an Säure. Die Roten gelangen gut, sofern man den Alkoholgehalt in den Griff bekam. Trinken.

Weitere gute Jahrgänge: 2002, 2001, 1999, 1998, 1997, 1996, 1993, 1990, 1983, 1976, 1971, 1969, 1964, 1959, 1953, 1949, 1945, 1937, 1934, 1921.

Ahr ★★→★★★★ **05 09 11** 12 13' 14 15' – Flusstal südlich von Bonn. Spritzige, strukturierte, aber fruchtige SPÄT- und FRÜHBURGUNDER von Schieferböden. Beste Produzenten: Adeneuer, Deutzerhof, Heiner-Kreuzberg, Josten & Klein, KREUZBERG, MEYER-NÄKEL, Nelles, Paul Schumacher, STODDEN und die Winzergenossenschaft Mayschoß-Altenahr.

Aldinger, Weingut Gerhard Würt ★★★ Bedeutendes Familienweingut mit dicht gefügtem LEMBERGER und SPÄTBURGUNDER, komplexem SAUVIGNON BLANC. Neueste Errungenschaften: GRÜNER VELTLINER – und TROLLINGER ohne Sulfite.

Alte Reben Eine auf deutschen Etiketten immer häufiger auftauchende Bezeichnung, analog zum französischen *vieilles vignes*. Wie in Frankreich ist kein Mindestalter festgelegt.

Alter Satz Bezeichnung für Weine von alten Weinbergen, v.a. in FRANKEN, auf denen bunt durcheinander oft über 100 Jahre alte, unveredelte Reben verschiedener Sorten wachsen. Empfehlenswert: Weißweine von Hartmut Scheuring, Nico Scholtens und Otmar Zang oder Rotweine von Stritzinger.

Amtliche Prüfungsnummer (A.P.Nr.) Muss auf jedem Etikett eines Qualitätsweins abgedruckt sein. Besonders nützlich zur Unterscheidung von AUSLESEN aus verschiedenen Parzellen desselben Weinbergs.

Assmannshausen Rhg r ★★→★★★★ **97 99' 01 05' 08 09** 10 **11 12** 13 – Der einzige Ort im RHEINGAU, in dem RIESLING keine Tradition hat, seit Hunderten von Jahren v.a. für seine haltbaren Spätburgunder von Schieferböden bekannt. GROSSE LAGE: Höllenberg (45 ha). Erzeuger: BISCHÖFLICHES WEINGUT RÜDESHEIM, CHAT SAUVAGE, August KESSELER, Robert König, KRONE, Mumm, Karl Schön und die HESSISCHEN STAATSWEINGÜTER.

Jahrgangsangaben im Kapitel Deutschland

Die Jahrgangsangaben bei den Stichwörtern im Kapitel Deutschland erfolgen meist nach einem anderen Schema als sonst in diesem Buch üblich. Wird der Jahrgang eines bestimmten Weins bewertet, entspricht die Angabe dem in diesem Buch ansonsten üblichen Schema (siehe »Zum richtigen Gebrauch« ganz vorn). Für Bereiche, Gemeinden und Erzeuger gibt es jedoch zwei verschiedene Kategorien:

Fettdruck (z.B. **12**) – Klassischer, reifer Jahrgang mit einem hohen Anteil von Spät- und Auslesen bzw. bei Rotweinen mit schöner phenolischer Reife und einem guten Mostgewicht.

Normaldruck (z.B. 13) – Erfolgreicher, aber nicht außergewöhnlicher Jahrgang.

Deutsche Weißweine, insbesondere Riesling, kann man in der Regel jung trinken, um ihre intensive Fruchtigkeit zu genießen, aber auch 10–20 Jahre lagern, wodurch sie eine größere aromatische Finesse entwickeln.

Auslese Wein von ausgelesenen, besonders reifen Trauben, oft durch Edelfäule verfeinert und entsprechend gehaltvoll im Geschmack. Trockene Versionen sind sehr stark.

Ayl M ★→★★★ Alle Weinberge in Ayl sind seit 1971 unter dem Namen der historisch besten Lage bekannt: Kupp (was viel über das deutsche Weingesetz sagt). Erzeuger: BISCHÖFLICHE WEINGÜTER TRIER, Lauer, Vols.

Bacharach MR ★→★★★ **01' 05' 08 09' 11 12** 13 14 15' – Idyllisches Städtchen mit Fachwerkhäusern, Zentrum der RIESLING-Erzeugung am MITTELRHEIN. GROSSE LAGEN: Hahn, Posten, Wolfshöhle. Erzeuger: Bastian, JOST, KAUER, Ratzenberger.

Baden r w **05 08 09** 10 **11 12** 13 14 15 – Großes Anbaugebiet im Südwesten (15.000 ha), bekannt vor allem für die verschiedenen Burgundertrauben (BLAU- bzw. SPÄT- sowie GRAU- und WEISS-) mit Enklaven von RIESLING, der in der Regel trocken ausgebaut wird. Viele Winzergenossenschaften. Beste Bereiche: KAISERSTUHL und ORTENAU.

Bassermann-Jordan Pfz ★★★ Schwester der beiden Weingüter VON BUHL und von WINNING in DEIDESHEIM mit 49 ha hervorragenden Lagen dort sowie u. a. in FORST und RUPPERTSBERG. Majestätischer trockener Riesling und üppige Süßweine.

Becker, Friedrich Pfz ★★→★★★ Gut im südlichsten Teil der Pfalz mit überragendem SPÄTBURGUNDER (Kammerberg, Sankt Paul, Res, Heydenreich, **07'** 08 09 **10** 11 12); besitzt auch einige Weinberge im Elsass. Außerdem gute Weißweine (RIESLING, WEISSBURGUNDER).

Becker, J. B. Rhg ★★→★★★ **89' 90 92 94 97 01** 02 **05** 08 **09** 10 **11 12** 13 – Das beste Weingut in WALLUF, jetzt ökologisch bewirtschaftet; bekannt für seine herrlich altmodischen, fassgereiften (und langlebigen) trockenen RIESLINGE und SPÄTBURGUNDER. Reife Jahrgänge (preiswert). Wer »orangenen« Wein mag, wird die 89er Martinsthaler Rödchen AUSLESE TROCKEN lieben.

Beerenauslese Köstlich süßer Wein aus besonders reifen, einzeln ausgelesenen Beeren, durch Edelfäule verfeinert. Rar und teuer.

Bercher Bad ★★★ Die Cousins Arne und Martin Bercher führen mit fassgereiften Weinen von Burgundersorten aus der GROSSEN LAGE Feuerberg die Familientradition fort. Der würzige SPÄTBURGUNDER Feuerberg GROSSES GEWÄCHS **12'** sollte gut und gern zehn Jahre halten.

Bergdolt Pfz ★★★ Bioweingut in Neustadt-Duttweiler. Von jeher für WEISSBURGUNDER (von der GROSSEN LAGE Mandelberg **98' 01' 02 04' 05 07 08 09' 10** 11 **12'** 13 14 15) bekannt, doch liegen der jungen Carolin Bergdolt auch RIESLING und SPÄTBURGUNDER am Herzen.

Bernkastel MM ★→★★★★ Erstklassige Weinstadt an der MITTELMOSEL, bekannt für den perfekt abgerundeten, fruchtigen Stil ihrer Weine (und ihre Fachwerkhäuser). GROSSE LAGEN: DOCTOR und Lay. Spitzenerzeuger: Kerpen, LOOSEN, J. J. PRÜM, Studert-Prüm, THANISCH (beide Güter), WEGELER. Der Name Kurfürstlay (GROSSLAGE) ist irreführend, meiden!

Bischöfliches Weingut Rüdesheim Rhg ★★★ Berühmtes kleines Kirchengut im Kloster Hildegard von Bingens. 8 ha bester Lagen in RÜDESHEIM, ASSMANNSHAUSEN und JOHANNISBERG. Peter Perabo, früher Kellermeister bei KRONE, ist Spezialist für Spätburgunder, doch auch der RIESLING ist sehr gut.

Bischöfliche Weingüter Trier M ★★ In den 120 ha meist erstklassiger Lagen sind verschiedene Schenkungen vereinigt. In den letzten Jahren ging es leicht aufwärts, aber man sollte nach wie vor wählerisch sein. Beispiele für weniger interventionistische Weinerzeugung sind der 2014er Schiefer RIESLING TROCKEN Friedrich-Wilhelm-Gymnasium, der 2014er Ayler Kupp SPÄTLESE FEINHERB und der 2014er KABINETT Scharzhofberger.

Bodensee Bad – Idyllischer Bereich in SÜDBADEN. Trockener MÜLLER-THURGAU von seltener Eleganz; außerdem leichter, aber delikater SPÄTBURGUNDER. Spitzenweinbauorte: Meersburg und Hagnau. Hübsche Urlaubsweine.

Boppard MR ★→★★★ Weinstadt am MITTELRHEIN mit der GROSSEN LAGE Bopparder Hamm, die wie ein Amphitheater geformt ist. Erzeuger: Lorenz, M. Müller, Perll, WEINGART. Unschlagbares Preis-Leistungs-Verhältnis.

Bereich, Großlage und Große Lage – trau, schau wem!
Ein »Bereich« nach dem deutschen Weinrecht bedeutet einen größeren Abschnitt innerhalb eines Anbaugebiets. Auf einem Etikett, wie z. B. bei »Bernkastel (Bereich)«, ist diese Bezeichnung als Warnsignal zu verstehen: Der Wein ist ein Verschnitt aus beliebigen Lagen innerhalb dieses Bereichs und sollte besser nicht gekauft werden. Das Gleiche gilt für Weine mit der Bezeichnung GROSSLAGE, obwohl diese viel schwerer zu erkennen sind. Wer könnte schon aus dem Stegreif erraten, ob »Forster Mariengarten« eine EINZELLAGE oder eine Großlage ist? (Es ist Letzteres.) Und seit dem Jahrgang 2012 ist es noch ein bisschen verzwickter geworden: Die GROSSEN LAGEN sind hinzugekommen, die man auf keinen Fall mit Großlagen verwechseln sollte. Es handelt sich nämlich ganz im Gegenteil um die besten Weinberge nach der Klassifikation des Winzerverbandes VDP, sozusagen die Grands crus Deutschlands. Das soll einer verstehen.

Brauneberg MM w ★★★→★★★★ **59 71 83 90 93 94 95 96 97 99 01 04 05** 07 **08 09 11** 12 13 14 15' – Erstklassiger Weinort bei BERNKASTEL mit ausgezeichneten, sehr aromatischen und herrlich rassigen RIESLINGEN. GROSSE LAGEN: Juffer, Juffer-Sonnenuhr. Erzeuger: Fritz Haag, Willi Haag, KESSELSTATT, Paulinshof, RICHTER, SCHLOSS LIESER, THANISCH.

Breuer, Georg Rhg ★★★→★★★★ Theresa Breuer behält den klassischen Stil dieses Weinguts bei. Ausgeprägt trockener RIESLING aus RÜDESHEIM und RAUENTHAL sowie SEKT und SPÄTBURGUNDER. Rarität ist der Gelbe Orleans (weiß) von einer alten, in den 1990er-Jahren wiederentdeckten lokalen Rebsorte.

Buhl, Reichsrat von Pfz ★★★ Historisches Weingut in der PFALZ mit Weinbergen in DEIDESHEIM, FORST und RUPPERTSBERG, im Besitz der Familie Niederberger, der auch BASSERMANN-JORDAN, DR. DEINHARD und von WINNING gehören. Gutsleiter ist seit 2013 Mathieu Kauffmann, zuvor Kellermeister bei Bollinger (siehe Kapitel »Frankreich«). Der erste degorgierte SEKT ist überwältigend – und erst der Anfang!

Bürgerspital zum Heiligen Geist Fran ★★★ Alter Stiftsbesitz (2016 steht die 700-Jahr-Feier an) mit traditionell bereiteten Weißen (Silvaner und RIESLING) von den besten Lagen in und um WÜRZBURG. Der Weinberg Stein-Harfe ist in Alleinbesitz (grandioser Silvaner GG 14').

Bürklin-Wolf, Dr. Pfz ★★→★★★★ Das historische Weingut besitzt einige der besten Lagen der MITTELHAARDT, 30 ha GROSSE und ERSTE LAGEN (gutseigene Klassifikation seit 1994) in FORST, DEIDESHEIM usw. Biologisch-dynamisch bewirtschaftet (mit Pferden).

Busch, Clemens M ★★→★★★ Clemens Busch und Sohn Johannes erzeugen kraftvollen, trockenen und eleganten edelsüßen RIESLING aus den Bereichen Fahrlay, Falkenlay, Rothenpfad und Raffes der Steillage Pündericher Marienburg. Biologisch-dynamischer Anbau.

Chat Sauvage Rhg ★★★→★★★★ 2000 vom Hamburger Unternehmer Günter Schulz gegründet und inzwischen einer der besten SPÄTBURGUNDER-Erzeuger im RHEINGAU. Weinberge in ASSMANNSHAUSEN, RÜDESHEIM, LORCH und JOHANNISBERG. Auch CHARDONNAY.

Christmann Pfz ★★★ VDP-Präsident Steffen Christmann ist ein Pionier des Biologisch-dynamischen Anbaus in MITTELHAARDT und v. a. für seinen RIESLING Königsbacher Idig (**04 05' 08' 10' 11** 12' 13 14) bekannt. Weitere GROSSE GEWÄCHSE aus DEIDESHEIM und RUPPERTSBERG.

Die deutschen Qualitätsstufen

Die amtlichen Qualitätsstufen sind in aufsteigender Reihenfolge:

1. **Deutscher Wein ohne Herkunftsangabe** (oder schlicht **Wein**; ersetzt die Bezeichnung *Tafelwein*): Leichter, meist lieblicher Wein ohne näher festgelegte Eigenart.
2. **Wein mit geschützter geografischer Angabe (g.g.A.)** (ersetzt Landwein): trocken oder halbtrocken, gebietstypisch. Meist nicht zu empfehlen, doch einige erfolgreiche Güter nutzen die Kategorie *Landwein* bzw. g.g.A., um bürokratische Zwänge zu umgehen.
3. **Wein mit geschützter Ursprungsbezeichnung (g.U.,** als traditionelle Begriffe sind auch noch **Qualitäts- und Prädikatswein** zugelassen): trocken bis lieblich, Zuckerzusatz vor der Gärung ist möglich, um den Alkoholgehalt zu steigern; stets auf Qualität geprüft und mit ausgeprägtem Charakter, je nach Landschaft und Traubensorte.
4. **Kabinett:** trocken bis lieblich (ungezuckert) mit ausgeprägter, gelegentlich vorzüglicher Eigenart und charakteristischer Leichtigkeit.
5. **Spätlese:** alkoholreicher als Kabinett, meist mit mehr Süße, körperreich. Viele hochklassige Spätlesen sind heutzutage halb- oder ganz trocken.
6. **Auslese:** süßer, oft auch alkoholreicher als Spätlese, vielfach mit an Honig erinnerndem Aroma, intensiv und langlebig. Gelegentlich trocken und schwer.
7. **Beerenauslese:** ziemlich süß und gelegentlich alkoholreich, intensiv im Geschmack, kann superb sein.
8. **Eiswein:** von im Winter am Rebstock gefrorenen Trauben der Qualitätsstufe für Beeren- oder Trockenbeerenauslese, hochkonzentriert, intensiv süß. Manchmal extrem einseitig.
9. **Trockenbeerenauslese:** intensiv süß und aromatisch, oft nicht allzu alkoholreich. Ein außergewöhnlicher, ewig haltbarer Wein.

Clüsserath, Ansgar M ★★★ Die junge Eva Clüsserath-Wittmann (ihr Mann ist Philipp WITTMANN) erzeugt straffen RIESLING aus der TRITTENHEIMER Apotheke. Köstlich und von kristalliner Klarheit die KABINETT-Versionen.

Deidesheim Pfz ★★→★★★★ **90 97 01 02 04 05 08 09 11** 12 13 14 15 – Der Ort im Zentrum der MITTELHAARDT bringt subtilen, langlebigen RIESLING aus GROSSEN LAGEN in sechs Weinbergen hervor: Grainhübel, Hohenmorgen, Kalkofen, Kieselberg, Langenmorgen und Paradiesgarten. Langenmorgen, Paradiesgarten und Grainhübel umfassen auch ERSTE LAGEN. Spitzenerzeuger: BASSERMANN-JORDAN, Biffar, BUHL, BÜRKLIN-WOLF, CHRISTMANN, DEINHARD, MOSBACHER, von WINNING.

Deinhard, Dr. Pfz ★★★ Seit 2008 Teil des neuen Weinguts von WINNING, erzeugt aber nach wie vor Pfälzer RIESLING im klassischen Stil.

Diel, Schlossgut Na ★★★→★★★★ Caroline Diel hat inzwischen von ihrem Vater übernommen. Sie bereitet exquisiten Riesling Großes Gewächs (am besten ist meist der Dorsheim Burgberg), prachtvolle SPÄTLESEN (z.B. Goldloch 13') und ernst zu nehmenden Sekt (Cuvée Mo mit mindestens sechsjähriger Lagerung auf der Hefe).

Doctor MM – Emblematische Steillage in BERNKASTEL und der Ort, an dem die TROCKENBEERENAUSLESE erfunden wurde (1921 von THANISCH). Nur 3,2 ha und vier Erzeugerbetriebe: die beiden Thanisch-Weingüter, WEGELER und KESSELSTATT. Der RIESLING ist außerordentlich reichhaltig, aber kostspielig – und leider nicht auf Rezept erhältlich.

Dönnhoff, Hermann Na ★★★★ **90 94 96 97 99 01 02 03 04 05 07 08 09 11 12** 13 14 15 – Bewundernswert beständiges Gut an der NAHE. Cornelius Dönnhoff steht inzwischen auf der Kommandobrücke. Seine Weine fallen vielleicht einen Hauch trockener aus als die seines Vaters Helmut. Weine mit gutem Preis-Leistungs-Verhältnis: Tonschiefer RIESLING und Roxheimer Höllenpfad (fein, elegant). Überragende GROSSE GEWÄCHSE aus NIEDERHAUSEN (Hermannshöhle), Norheim (Dellchen) und SCHLOSSBÖCKELHEIM (Felsenberg); umwerfender EISWEIN aus der Oberhäuser Brücke.

Durbach Bad ★★→★★★ **09** 12 13 14 15 – Weinbauort in der ORTENAU, bekannt für körperreichen RIESLING, hier Klingelberger genannt, vom Granitboden der steilen Lage Plauelrain. Spitzenerzeuger: A. LAIBLE, H. Männle, Gräflich Wolff Metternich'sches Weingut, Schloss Staufenberg.

Egon Müller – Scharzhof M ★★★★ **59 71 76 83 85 88 89 90 93 94 95 96 97 98 99 01 02 03 04 05 06 07 08 09 10 11 12** 13 14 15 – Legendärer Erzeuger an der SAAR in WILTINGEN. Sein rassiger SCHARZHOFBERGER RIESLING zählt zu den besten Weinen der Welt, erhaben, lebhaft, unsterblich, erzielt Höchstsummen bei Auktionen. Die Kabinette präsentieren sich federleicht, halten sich aber 10 Jahre und länger; die Spätlesen sind wunderbar voll, zugleich aber schlank. Ätherische AUSLESEN, allen voran die Goldkapsel.

Einzellage Individuelle Weinberglage. Nicht mit GROSSLAGE verwechseln.

Eiswein Wein aus am Stock gefrorenen Trauben mit stark herabgesetztem Wassergehalt, daher sehr konzentriert und mit mindestens dem Reifegrad der BEERENAUSLESE. Der Alkoholgehalt muss nicht höher sein als 5,5 Vol.-%. Herausragende Jahrgänge für Eiswein waren 1998, 2002, 2004 und 2008. Der Klimawandel macht den Eiswein zur bedrohten Art.

Emrich-Schönleber Na ★★★ Werner Schönleber und Sohn Frank erzeugen klar umrissenen RIESLING aus den klassifizierten Lagen Halenberg und Frühlingsplätzchen in Monzingen – den 2014er und den 2013er auslassen und lieber zum 2012er und zum 2011er greifen.

Erden MM ★★★→★★★★ **90 97 01 03 05 08 09 11** 12 13 14 15 – Ort mit Lagen auf roten Schieferböden. Edle AUSLESEN und trockene RIESLINGE von seltener Ausgewogenheit und Delikatesse. GROSSE LAGEN: Prälat und Treppchen. Weingüter: Bremer Ratskeller, J. J. CHRISTOFFEL, LOOSEN, MERKELBACH, Markus MOLITOR, Mönchhof, Schmitges, WEINS-PRÜM.

Erste Lage Nach der Klassifikation des VDP an zweithöchster Stelle eingestufte Weinberglage. (Beileibe nicht alle deutschen Winzer sind Mitglied des VDP, doch von den besten die meisten.) Für Jahrgänge vor 2012 wurden Weinberge erster Qualität so bezeichnet; deren Weine tragen das Logo einer Weintraube, vor der eine 1 steht. 2012 wurden die meisten Ersten Lagen in »GROSSE LAGE« umbenannt (Logo: Weintraube plus »GG«), während »Erste Lage« jetzt eine neue Kategorie zwischen den Stufen ORTSWEIN und Große Lage bildet, ähnlich dem Premier cru in Burgund. Die Anbaugebiete Ahr, Mittelrhein, Mosel, Nahe und Rheinhessen werden die Bezeichnung Erste Lage allerdings völlig aufgeben; alle klassifizierten Lagen sind dann durchweg Große Lagen. Alles klar?

Erstes Gewächs Rhg – Wein von einem als Spitzenlage klassifizierten Weinberg; diese Bezeichnung darf nur im RHEINGAU verwendet werden. Die dortigen Mitglieder des VDP verwenden seit 2012 die Bezeichnung GROSSES GEWÄCHS.

Erzeugerabfüllung Vom Erzeuger – bei dem es sich auch um eine Winzergenossenschaft handeln kann – aus eigenem Lesegut gekelterter und selbst abgefüllter Wein. Die strengeren Kriterien unterliegende GUTSABFÜLLUNG ist, wie der Name sagt, Weingütern vorbehalten.

Escherndorf Fran ★★★ **08 09 10 11 12 13** – Weinbauort mit der GROSSEN LAGE Lump (Steillage). Der Name spielt möglicherweise darauf an, dass der Weinberg wegen des Erbrechts und der Verkaufsunwilligkeit vieler Erben in winzige Parzellen, klein wie Lumpen, aufgesplittet ist. Fabelhafter Silvaner und RIESLING, trocken und süß. Weingüter: Michael Fröhlich, HORST SAUER, RAINER SAUER, Egon Schäffer.

Feinherb Nicht genau definierter Begriff für Weine mit 10–20 g/l Restsüße, die man nicht unbedingt immer herausschmeckt. Flexiblere Bezeichnung als HALBTROCKEN. Ich entscheide mich oft für feinherbe Weine.

Forst Pfz ★★→★★★★ **90 97 01 05 08 09 11 12** 13 14 15 – Ort in der MITTELHAARDT mit körperreichen und dennoch subtilen Weinen. GROSSE LAGEN: Freundstück, Jesuitengarten, Kirchenstück, Pechstein, Ungeheuer. Spitzenerzeuger: Acham-Magin, BASSERMANN-JORDAN, Reichsrat von BUHL, BÜRKLIN-WOLF, Dr. DEINHARD/von WINNING, MOSBACHER, WOLF.

Franken 01 02 04 05 07 08 09 11 12 13 14 15 – Anbaugebiet mit eigenständigen trockenen Weinen, v.a. Silvaner, meist in Bocksbeutel-Flaschen. Mittelpunkt ist WÜRZBURG. Die besten Weine kommen aus Bürgstadt, Klingenberg, ESCHERNDORF, IPHOFEN und Randersacker.

Franz Keller – Schwarzer Adler Bad ★★→★★★ Ein-Stern-Restaurant in Oberbergen am KAISERSTUHL und Weingut mit von Burgund inspirierten GRAU-, WEISS- und SPÄTBURGUNDERN. Spektakuläre, in den Weinberg hineingebaute neue Kellerei seit 2013 und VDP-Mitgliedschaft seit 2014.

Fricke, Eva Rhg ★★→★★★ Eva Fricke ist binnen Kurzem zum Shootingstar des RHEINGAUS avanciert. Ausdrucksvolle, straffe RIESLINGE aus KIEDRICH, LORCH und Lorchhausen. Jetzt 10 ha, umgestellt auf ökologischen Anbau.

Fuder Traditionelles deutsches Fass für Gärung und (früher langen) Ausbau mit einem Fassungsvermögen von 600 bis 1800 Litern, je nach Anbaugebiet.

Fürst, Rudolf Fran ★★★→★★★★ **97 99 01 05 08 09 10 11 12** 13 14 15' – Erfolgreiches Vater-Sohn-Team in Bürgstadt mit Weinbergbesitz dort und auf den steilen Terrassen von Klingenberg. Spätburgunder großer Finesse von roten Sandsteinböden, dicht gewirkter FRÜHBURGUNDER, klassischer SILVANER, reintöniger CHARDONNAY und feiner trockener RIESLING zum Einlagern. Pur Mineral (so lautet der Name) ist eine verlässliche Marke im mittleren Preissegment, z.B. WEISSBURGUNDER.

Fürstlich Castell'sches Domänenamt Fran ★→★★★ SILVANER und RIESLING der Spitzenklasse von der hervorragenden Lage im Alleinbesitz Casteller Schlossberg, guter SPÄTBURGUNDER Reitsteig; die Weine auf Einstiegsniveau sind wechselhafter.

Gallais, Le M – Das zweite Gut von EGON MÜLLER mit der 4-ha-Lage Braune Kupp (in Alleinbesitz) in WILTINGEN, deren Schieferboden einen höheren Lehmanteil aufweist als der SCHARZHOFBERG. Die AUSLESEN können grandios sein.

Geisenheim Rhg – Das Städtchen im RHEINGAU hat selbst keine erstklassigen Weinberge, ist aber dafür Sitz der wichtigsten Hochschule Deutschlands für Weinbau und Önologie.

Graach MM w ★★★→★★★★ – Kleiner Ort zwischen BERNKASTEL und WEHLEN. GROSSE LAGEN: Domprobst, Himmelreich, Josephshöfer. Spitzenweingüter: Kees-Kieren, KESSELSTATT, LOOSEN, Markus MOLITOR, J. J. Prüm, S. A. PRÜM, SCHAEFER, Selbach-Oster, Studert-Prüm, WEGELER, WEINS-PRÜM. Alle sind vom geplanten Bau einer Schnellstraße (B50 neu) bedroht.

Große Lage Die Spitze der neuen Lagenklassifikation des VDP, gilt jedoch nur für Mitglieder des VDP. (Der Verband selbst benutzt übrigens nur die Schreibweise Grosse Lage, wohl um die internationalen Märkte nicht mit deutscher Orthografie zu verwirren). Darf auf keinen Fall mit der GROSSLAGE verwechselt werden. Löst als oberste Stufe die ERSTE LAGE ab. Trockene Weine von einer Großen Lage werden als GROSSES GEWÄCHS bezeichnet (siehe unten).

Großer Ring M – Gruppe von Spitzenweingütern (VDP) im Anbaugebiet MOSEL, bei deren jährlicher Auktion im September in TRIER manchmal sogar Weltrekordpreise erzielt werden.

Großes Gewächs Bezeichnung für einen trockenen Spitzenwein aus einer GROSSEN LAGE (ab 2012) nach der Klassifizierung des VDP. Aus Gründen der internationalen Verständlichkeit wird auch die Schreibweise »Grosses Gewächs« verwendet (vom VDP nur so). Siehe auch ERSTES GEWÄCHS.

Großlage Zusammenfassung einer Gruppe zweitrangiger Weinberge mit angeblich ähnlichen Eigenschaften. Keine Qualitätsangabe. Hat rein gar nichts zu tun mit einer GROSSEN LAGE!

Gunderloch Rhh ★★★→★★★★ **90 97 01 05 07 08 09 11 12** 13 14 15 – 2015 übernahm Johannes Hasselbach das renommierte Weingut in NACKENHEIM. Es werden Neuerungen ausprobiert, u. a. die Weinbereitung in Amphoren, aber die Klassiker werden sich nicht ändern: der edelsüße RIESLING aus der Großen Lage Rothenberg und der kulinarische Jean Baptiste Kabinett. Der Rothenberg trocken **05'** ist 2015 in Topform.

Gutsabfüllung Auf Weingütern (im Unterschied zu Genossenschaften) anstelle von ERZEUGERABFÜLLUNG verwendet.

Gutswein Wein, bei dem keine Weinberg- oder Ortsbezeichnung, sondern nur der Name des Erzeugers auf dem Etikett steht: Basiskategorie. Idealerweise sollte ein Gutswein eine ERZEUGERABFÜLLUNG (von eigenen Trauben) sein, aber das ist nicht immer der Fall.

Haag, Fritz M ★★★★ **90 94 95 96 97 99 01 02 04 05 07 08 09 10 11** 12 13 14 15 – BRAUNEBERGS Spitzenweingut. Oliver Haag führt das Werk seines Vaters Wilhelm fort, aber die Weine sind moderner im Stil. Siehe auch SCHLOSS LIESER.

Haag, Willi M ★★→★★★ Familienweingut in BRAUNEBERG, geleitet von Marcus Haag. RIESLING alter Schule, meist süß und voll, aber ausgewogen und preiswert.

Haart, Reinhold MM ★★★→★★★★ Das beste Weingut in PIESPORT. Die aromatisch-milden RIESLINGE, SPÄTLESEN, AUSLESEN und höheren PRÄDIKATE sind rassige Mosel-Rieslinge wie aus dem Bilderbuch mit großartigem Alterungspotenzial.

Halbtrocken Mit 9–18 g/l Restsüße. Das Wort »halbtrocken« auf dem Etikett kommt heutzutage nicht mehr so gut an – FEINHERB klingt besser.

Hattenheim Rhg ★★→★★★★ **01 05 08 09 11 12** 13 14 15 – Weinort mit den berühmten GROSSEN LAGEN STEINBERG, Nussbrunnen und Wisselbrunnen, Mannberg, Hassel und Schützenhaus. Erzeuger: Barth, Knyphausen, Lang, LANGWERTH, Ress, Schönborn, SPREITZER. Die guten Lagen Nuss- und Wisselbrunnen haben einen Felsuntergrund, auf dem sich Wasser sammelt und der einen guten Schutz gegen Dürre bietet.

Heger, Dr. Bad ★★★ **08 09 11 12** 13 14 15 – Das Weingut am KAISERSTUHL ist bekannt für seine trockenen Parzellenauslesen aus steilen GROSSEN LAGEN mit vulkanischen Böden in Achkarren und IHRINGEN, v. a. Häusleboden (SPÄTBURGUNDER) und Vorderer Berg (»v.B.«), womit die beste Parzelle, die sehr steile Terrassenlage Winklerberg, gemeint ist. Obwohl die Grenze in Sichtweite liegt, sind die Weine etwas weniger französisch beeinflusst, als man sich wünschen könnte. Gute Weine mit dem Namen Weinhaus Joachim Heger von zugekauften Trauben; auf dem Zweitgut Fischer werden sortenreine Weine erzeugt.

Hermannsberg Na ★★→★★★ Die frühere Staatsdomäne NIEDERHAUSEN wurde 2010 privatisiert und komplett modernisiert. Kraftvoller RIESLING aus als GROSSE LAGE klassifizierten Weinbergen in NIEDERHAUSEN, SCHLOSSBÖCKELHEIM und TRAISEN.

Hessische Bergstraße Hess-B ★→★★★ **09 11** 12 13 14 15 – Deutschlands kleinstes Anbaugebiet liegt nördlich von Heidelberg. Gefällige RIESLINGE der HESSISCHEN STAATSWEINGÜTER, von Simon-Bürkle und dem Weingut der Stadt Bensheim.

Hessische Staatsweingüter Kloster Eberbach Hess-B, Rhg Umfangreiche – und historisch bedeutsame – Domäne des Landes Hessen mit 220 ha in ASSMANNSHAUSEN, RÜDESHEIM, RAUENTHAL, HOCHHEIM und an der HESSISCHEN BERGSTRASSE. Das KLOSTER EBERBACH aus dem 12. Jh. verfügt über eine Vinothek und zwölf historische Pressen. Die Qualität ist ordentlich, doch man sollte wählerisch sein. Der SEKT ist bisweilen exquisit.

Heyl zu Herrnsheim Rhh ★★→★★★ Das ökologisch bewirtschaftete historische Gut in NIERSTEIN ist nun Teil des Weinguts ST. ANTONY. GROSSE GEWÄCHSE von der in Alleinbesitz befindlichen ERSTEN LAGE Brudersberg können ganz ausgezeichnet sein, insgesamt ist die Qualität jedoch uneinheitlich.

Heymann-Löwenstein M ★★★ Reinhard Löwenstein, einer der führenden Köpfe des VDP, bewirtschaftet in WINNINGEN bei Koblenz hauptsächlich mit RIESLING bestockte terrassierte Steillagen (14 ha). Die spontan vergorenen Weine Blaufüßer Lay, Roth Lay und Laubach offenbaren Individualität und Charakter.

Hochgewächs Selten verwendete Bezeichnung für MOSEL-RIESLING, der strengeren Vorschriften unterliegt als einfacher QbA. Ein angesehener Advokat des Hochgewächses ist Kallfelz in Zell-Merl.

Hochheim Rhg ★★→★★★★ **90 97 01 04 05 08 09** 10 **11** 12 13 14 15 – Weinstadt am Main, östlich vom Hauptgebiet des RHEINGAU. Volle RIESLINGE aus den GROSSEN LAGEN Domdechaney, Hölle, Kirchenstück und Reichestal. Erzeuger: Domdechant Werner, Himmel, Franz Künstler, HESSISCHE STAATSWEINGÜTER.

Hock Von »HOCHHEIM« abgeleitete traditionelle englische Bezeichnung für Rheinwein.

Hoensbroech, Reichsgraf zu Bad ★★→★★★ Erstklassiges Gut im KRAICHGAU; die Reben wachsen auf sehr kalkhaltigem Lössboden. Der trockene WEISSBURGUNDER vom Michelfelder Himmelberg ist ein Klassiker.

Hövel, von M ★★★ Feines SAAR-Weingut in Oberemmel mit der Lage Hütte (4,8 ha, Alleinbesitz), die filigrane Weine erbringt, dem Hörecker im KANZEMer Altenberg sowie einem Anteil am SCHARZHOFBERG. Der tatkräftige Maximilian von Kunow stellt jetzt auf Ökoanbau um.

Huber, Bernhard Bad ★★★ Julian Huber erzeugt weiter geschmeidigen SPÄTBURGUNDER, v. a. Alte Reben und Bombacher Sommerhalde; außerdem CHARDONNAY im burgundischen Stil (Hecklinger Schlossberg).

Ihringen Bad ★→★★★ **09 11 12** 13 14 15 – Der Ort am KAISERSTUHL ist für seine feinen SPÄTBURGUNDER und GRAUBURGUNDER vom Vulkanboden des steilen Winklerbergs bekannt. Spitzenweingüter: Dr. HEGER, Konstanzer, Michel, Stigler.

Iphofen Fran ★★→★★★ **90 97 01 04 05 08 09 11 12** 13 14 15 – Berühmter Weinort im STEIGERWALD mit Kalk- und Gipswerk – ein gutes Zeichen für die Weinbergböden. Voller, aromatischer, langlebiger SILVANER. Klassifizierte Lagen: Julius-Echter-Berg, Kronsberg. Weingüter: Arnold, JULIUSSPITAL, RUCK, VETTER, WELTNER, Wirsching.

Die neue EU-Terminologie

Die Umsetzung der neuen EU-Klassifikation für Wein hat in Deutschland dazu geführt, dass der Begriff »Tafelwein« abgeschafft und seit Januar 2012 einfach durch »Wein« ersetzt wurde (im Amtsdeutsch »Deutscher Wein ohne Herkunftsbezeichnung«). »LANDWEIN« wird jetzt als »Wein mit geschützter geografischer Angabe« (g.g.A.) bezeichnet, die Stufen QUALITÄTSWEIN und PRÄDIKATSWEIN wurden zu »Wein mit geschützter Ursprungsbezeichnung« (g.U.) zusammengefasst. Die Prädikate (SPÄTLESE, AUSLESE usw.) können weiterhin an »g.U.« angehängt werden, die Regeln dafür ändern sich nicht. Siehe auch Kasten S. 212

Johannisberg Rhg ★★→★★★★ **90 01 04 05 07 08 09 11 12** 13 14 15 – Der Weinort im RHEINGAU genießt einen guten Ruf für RIESLINGE mit Beeren- und Honigduft. GROSSE LAGEN: Hölle, Klaus, Schloss Johannisberger. GROSSLAGE: Erntebringer (meiden!). Spitzenerzeuger: CHAT SAUVAGE, JOHANNISHOF, PRINZ VON HESSEN, SCHLOSS JOHANNISBERG.

Johannishof – Eser Rhg ★★→★★★ Familienweingut mit Lagen in JOHANNISBERG und RÜDESHEIM. Johannes Eser bereitet RIESLINGE mit perfekter Ausgewogenheit von reifer Frucht und stahliger Säure.

Josephshöfer M **83 90 02 03 05 08 09 11 12** 13 14 – GROSSE LAGE in GRAACH, Alleinbesitz von Reichsgraf von KESSELSTATT. Harmonischer, beerenfruchtiger RIESLING.

Jost, Toni MR ★★★ Führendes Weingut in BACHARACH mit der Lage Hahn (in Alleinbesitz), jetzt geleitet von Cecilia Jost. Aromatisch-nervige RIESLINGE, seit Kurzem auch Versuche mit SPÄTBURGUNDER. Die Familie besitzt noch ein Gut in WALLUF (RHEINGAU).

Juliusspital Fran ★★★ Alte kirchliche Stiftung in WÜRZBURG mit besten Lagen in ganz FRANKEN, bekannt für seine trockenen Silvaner, die sehr schön altern. In letzter Zeit weniger Üppigkeit und mehr Struktur – die GROSSEN GEWÄCHSE werden nun vor dem Verkauf ein Jahr länger gelagert.

Kabinett Siehe Kasten S. 212. Deutschlands einzigartiger Beitrag zur Weinwelt in der Federgewichtsklasse – die Erzeugung wird mit dem fortschreitenden Klimawandel allerdings immer schwieriger.

Kaiserstuhl Bad r w – Hervorragendes Weinbaugebiet mit ausgesprochen warmem Klima und vulkanischem Boden. Der gute Ruf gründet sich v. a. auf die SPÄTBURGUNDER und GRAUBURGUNDER.

Kanzem M ★★★ **90 97 99 01 04 05 07 08 09 11 12** 13 14 15 – Kleiner Ort an der Saar mit dem Altenberg, einer steilen GROSSEN LAGE auf Schiefer und Rotliegend. Erzeuger: BISCHÖFLICHE WEINGÜTER TRIER, von OTHEGRAVEN, Van Volxem.

Deutschland

Karthäuserhof M ★★★★ **90 93 95 97 99 01 04 05 07 08 09 10 11 12** 13 14 – Herausragendes Weingut in Eitelsbach mit dem Karthäuserhofberg in Alleinbesitz (RUWER). Die tyischen Flaschen, die nur ein Etikett am Hals tragen, stehen für erfrischende trockene und feine Süßweine.

Kasel M ★★→★★★ Ort im Ruwertal mit blumigen und schön alternden RIESLING-Weinen. Spitzenerzeuger: Beulwitz, BISCHÖFLICHE WEINGÜTER Trier, Karlsmühle, Kesselstatt.

Kauer, Randolf MR ★★→★★★ Familiengut in BACHARACH mit feinem, aromatischem Bio-RIESLING. Dr. Randolf Kauer ist Professor für Ökologischen Weinbau in GEISENHEIM.

Keller, Weingut Rhh ★★★→★★★★ Star in RHEINHESSEN, bekannt für seinen kraftvollen RIESLING GROSSES GEWÄCHS von der Lage Dalsheimer Hubacker und den teuren G-Max. Außerdem Riesling aus den NIERSTEINer Lagen Hipping und Pettenthal.

Kesseler, August Rhg ★★★→★★★★ Leidenschaftlicher Winzer mit tiefgründigem, rassigem und elegantem SPÄTBURGUNDER aus Lagen in ASSMANNSHAUSEN und RÜDESHEIM. 2014 kein RIESLING GROSSES GEWÄCHS – halten Sie nach dem preiswerten ALTE REBEN Ausschau.

Kesselstatt, Reichsgraf von M ★★→★★★★ Herrliches Weingut: 35 ha Spitzenlagen an der MOSEL und ihren beiden Nebenflüssen, darunter ein erklecklicher Anteil am SCHARZHOFBERG. Wählerische Käufer können Juwele auftun.

Kiedrich Rhg w ★★→★★★★ Das Renommee dieses Ortes mit der ERSTEN LAGE Gräfenberg ist untrennbar mit dem Gut von Robert WEIL verknüpft. Weitere Erzeuger (u. a. FRICKE, PRINZ VON HESSEN und Knyphausen) besitzen hier nur kleine Parzellen.

Kloster Eberbach Rhg – Das herrliche Zisterzienserkloster aus dem 12. Jahrhundert bei HATTENHEIM mit dem legendären STEINBERG gehört den Hessischen STAATSWEINGÜTERN.

Klumpp, Weingut Bad ★★★ Neuer Stern am Himmel des Kraichgau. SPÄTBURGUNDER und LEMBERGER mit Tiefe und Eleganz. Markus Klumpp ist mit Meike Näkel vom Weingut MEYER-NÄKEL verheiratet.

Knipser Pfz ★★★→★★★★ Familiengut in der nördlichen PFALZ mit barriquegereiftem SPÄTBURGUNDER, geradlinigem Riesling (aus der GROSSEN LAGE Steinbuckel), Cuvée X (Bordeaux-Verschnitt). Viele Spezialitäten, u. a. der historische sehr trockene Gelber Orleans.

Koehler-Ruprecht Pfz ★★→★★★ 97 99 01 02 05 07 08 09 10 11 12 13 – Das Gut in Kallstadt, das lange seinen Ruf auf Bernd Philippi und dessen traditionelle Bereitungsmethoden stützte, bietet v. a. RIESLINGE vom Saumagen. Philippi hat inzwischen an neue Besitzer übergeben.

Kraichgau Bad – Kleiner Bereich südöstlich von Heidelberg. Spitzenerzeuger: Burg Ravensburg/Heitlinger, HOENSBROECH, Hummel, KLUMPP.

Kreuzberg Ahr ★★★ Ludwig Kreuzberg genießt einen guten Ruf für seine spritzigen, nicht übertrieben alkoholstarken, eindeutig aus kühlem Klima stammenden SPÄTBURGUNDER.

Krone, Weingut Rhg ★★→★★★ **97 99 02 05 06 07 08 09** 10 **11 12** – Von WEGELER geleitetes Gut in ASSMANNSHAUSEN mit einigen der besten und ältesten SPÄTBURGUNDER-Parzellen in der GROSSEN LAGE Höllenberg. Erlesene Rotweine; die Weißen sind weniger aufregend.

Kühling-Gillot Rhh ★★★ Caroline Gillot und ihr Mann Hans Oliver Spanier überzeugen mit kraftvollen RIESLINGEN aus OPPENHEIM, NIERSTEIN und NACKENHEIM. Außerdem stilvoller CHARDONNAY mit diskretem Eicheneinfluss.

Kühn, Peter Jakob Rhg ★★★ Ausgezeichnetes Weingut in OESTRICH unter der Leitung von P. J. Kühn und Sohn. Durch peniblen biologisch-dynamischen Weinbau und lange Maischestandzeit entsteht unkonventioneller, aber aufregender RIESLING. Sensationeller 2013er Lenchen Trockenbeerenauslese und die wahrscheinlich besten 2014er im ganzen RHEINGAU.

Kuhn, Philipp Pfz ★★★ Zuverlässiger Erzeuger in Laumersheim. Die trockenen RIESLINGE sind reichhaltig und harmonisch, die fassgereiften SPÄTBURGUNDER saftig, komplex und mächtig. Eine Novität ist der volle, fassvergorene VIOGNIER.

Künstler, Franz Rhg ★★★ Überragende trockene RIESLINGE von GROSSEN LAGEN in HOCHHEIM, z. B. Hölle (**03 04 05 07'** 08 **09'** 10 11 12 13 14 15), und Kostheim sowie nun auch von der anderen Seite des RHEINGAUS in RÜDESHEIM.

Kuntz, Sybille ★★★ Progressives, individuelles 12-ha-Bio-Weingut in Lieser, v. a. in der Lage Niederberg-Helden. Die intensiven Weine, einer in jeder Reifekategorie, sind als Begleiter zum Essen gedacht und stehen in vielen Spitzenrestaurants auf der Weinkarte.

Laible, Alexander ★★→★★★ Neues Gut in DURBACH, gegründet von Andreas LAIBLES jüngerem Sohn. Aromatischer trockener RIESLING und WEISSBURGUNDER.

Laible, Andreas Bad ★★★ Kristallklarer trockener RIESLING von der Lage Plauelrain in DURBACH, dazu guter SCHEUREBE und GEWÜRZTRAMINER. 2014 herausragender WEISSBURGUNDER Großes Gewächs Stollenberg: cremig und gleichzeitig straff gewoben.

Landwein Ist jetzt »Wein mit geschützter geografischer Angabe« (g.g.A.). Siehe Kasten Seite 212.

Langwerth von Simmern, Weingut Rhg ★★→★★★ Berühmtes Weingut in Eltville mit traditionellen Bereitungsmethoden. Spitzenlagen: Baiken, Mannberg (im Alleinbesitz), MARCOBRUNN. Ist jetzt wieder in Form.

Lauer, Peter M ★★★ Feiner, präziser RIESLING: straff, ausgewogen. Abfüllungen aus einzelnen Parzellen der ausgedehnten Lage AYLer Kupp. Am besten: Kern, Schonfels, Stirn.

Leitz, J. Rhg ★★★ Wachsender Familienbetrieb in RÜDESHEIM mit reichhaltigen, aber eleganten trockenen und süßen RIESLINGEN, v. a. aus klassifizierten Lagen im Rüdesheimer Berg.

Liebfrauenstift-Kirchenstück Rhh – Ein umfriedeter Weingarten in der Gemarkung Worms bringt auf Kiesboden blumige RIESLINGE hervor. Erzeuger: Gutzler, Schembs. Hat nichts mit der billigen, faden Imitation Liebfraumilch zu tun!

Loewen, Carl M ★★★ RIESLING mit Eleganz, Spannung, Komplexität. Die besten Lagen sind LEIWEN (GROSSE LAGE Laurentiuslay), Thörnicher Ritsch und der 1896 bestockte, unveredelte Maximin Herrenberg in Longuich. Ausgezeichnet das Preis-Leistungs-Verhältnis beim Basiswein Riesling Varidor.

Loosen, Dr. MM ★★→★★★ **90 97 01 02 04 05 08 09 10 11 12 13** 14 15' – Der charismatische Ernst Loosen erzeugt traditionelle RIESLINGE von alten Reben in BERNKASTEL, ERDEN, GRAACH, ÜRZIG und WEHLEN. Kult ist der Erdener Prälat AUSLESE. Der Dr. L Riesling von zugekauften Trauben ist verlässlich. Nun auf der Suche nach kühleren Lagen für den KABINETT – Klimawandel. Siehe auch J. L. WOLF in der PFALZ, Chateau Ste Michelle im US-Bundesstaat Washington und J. Christopher in Oregon.

Lorch Rhg ★→★★★ Der Ort im äußersten Westen des RHEINGAUS wird jetzt wegen seiner kristallin-scharfen Weine wiederentdeckt. Beste Erzeuger: CHAT SAUVAGE, FRICKE, Johanninger, von Kanitz, KESSELER.

Löwenstein, Fürst Fran, Rhg ★★★ Fürstliches Gut mit Besitzungen im RHEINGAU und in FRANKEN, aktuell unter der Führung des vielversprechenden jungen Önologen Bastian Hamdorf. Klassischer RIESLING vom HALLGARTEN, einzigartiger Silvaner und Riesling vom ultrasteilen Homburger Kallmuth.

Marcobrunn Rhg – Historische Lage in Erbach. Hinsichtlich des Potenzials eine der deutschen Spitzenlagen. Die heutigen Weine werden aber selten dem Ruf gerecht, den dieser Weinberg in den vergangenen Jahrhunderten genoss.

Markgräflerland Bad – Anbaubereich bei Freiburg, früher im Besitz des Markgrafen von BADEN. Bekannt durch den GUTEDEL, einen unterhaltsamen Begleiter der regionalen Küche.

Maximin Grünhaus M ★★★★ **83 90 97 98 99 01 05 07 08 09 11 12** 13 14 15 – Erstklassiges Weingut in Mertesdorf an der RUWER. Dank der sehr traditionellen Bereitungsmethoden entsteht ein kräuterwürziger, feingliedriger, langlebiger Riesling. Ebenfalls im Sortiment: WEISSBURGUNDER und SPÄTBURGUNDER.

Merkelbach, Weingut MM ★★→★★★ Winziges Weingut in ÜRZIG, 2 ha. Die Brüder Alfred und Rolf, beide um die 80, erzeugen preisgünstige MOSEL-Weine, die nicht zum Darannippen, sondern zum Trinken gedacht sind. Großartige Sammlung alter Jahrgänge.

Meyer-Näkel Ahr ★★★→★★★★ Werner Näkel und seine Töchter erzeugen im Ahrtal feinen SPÄTBURGUNDER – ein typisches Beispiel für den neuen, in Eiche ausgebauten (aber dennoch reinen) Stil. Auch in Südafrika (Zwalu, zusammen mit Neil Ellis) und Portugal (Quinta da Carvalhosa).

Mittelhaardt Pfz – Der beste Teil der PFALZ (nördliche Mitte) mit DEIDESHEIM, FORST, RUPPERTSBERG, WACHENHEIM usw.; Haupttraube: RIESLING.

Mittelmosel Der mittlere und beste Teil der MOSEL mit BERNKASTEL, BRAUNEBERG, GRAACH, PIESPORT, WEHLEN usw. – ein RIESLING-Eldorado.

Mittelrhein Wildromantisches Anbaugebiet am Rhein in der Nähe der bei Touristen sehr beliebten Loreley. Beste Weinbaugemeinden: BACHARACH und BOPPARD. Die delikaten und zugleich stahligen Rieslinge werden unterschätzt und unter Wert verkauft.

Molitor, Markus MM ★★★ 60 ha beste Weinberglagen, vor allem in ZELTINGEN und an der ganzen MITTELMOSEL. Kraftvoller trockener und majestätisch süßer RIESLING, bejubelter SPÄTBURGUNDER. Kauft mehr Weinberge auch an der SAAR: kühleres Klima, längere Anbausaison.

Mosbacher, Georg Pfz ★★★ Einige der besten RIESLINGE der Kategorie GROSSES GEWÄCHS in FORST. Die eher finessereichen als massiven Weine reifen traditionsgemäß in großen Eichenfässern.

Mosel Das Anbaugebiet hieß früher Mosel-Saar-Ruwer. Die weinbaulichen Bedingungen an den Nebenflüssen SAAR und RUWER unterscheiden sich teils erheblich von denen der MOSEL. 60 % RIESLING.

Moselland, Winzergenossenschaft M – Die riesige Winzergenossenschaft in BERNKASTEL zählt seit den Zusammenschlüssen mit Genossenschaften an der NAHE und in der PFALZ 3.290 Mitglieder, die insgesamt über 2.400 ha Rebfläche verfügen. Mehr als Mittelklasse kommt allerdings selten dabei heraus.

Nackenheim Rhh ★→★★★★ Nachbarort von NIERSTEIN mit der GROSSEN LAGE Rothenberg auf Rotschiefer. Berühmt für den vollsten Riesling in Rheinhessen sowie herrliche TROCKENBEERENAUSLESEN. Spitzenerzeuger: Gunderloch, KÜHLING-GILLOT.

Nahe **01 05 07 08 09 11 12** 13 14 15 – Nebenfluss des Rheins und dynamisches Anbaugebiet mit einer Handvoll Spitzengütern, Dutzenden weniger bekannten Erzeugern und sehr günstigen Preisen. Große Bodenvielfalt:

grauer und grüner Schiefer, Vulkangestein, Rotliegend, Kies, Kalk. Die RIESLINGE zeigen fast moselartige Rasse. Eine Spezialität ist EISWEIN.

Naturrein Die Angabe auf alten Etiketten (vor 1971) bedeutet, dass der Wein mit möglichst wenig technischen Eingriffen, v.a. ohne Chaptalisierung (Zuckerzugabe bei der Gärung) bereitet und ausgebaut wurde. Sie sollte ab 1971 eigentlich durch die Bezeichnung PRÄDIKATSWEIN ersetzt werden, die jedoch z. B. die Verwendung selektierter Hefen, die Schönung und die Filtrierung zulässt. Im Lichte »natürlicher« Weine ist der Begriff »naturrein« aktueller denn je.

Die wichtigsten Mosel-Rieslinge

Hier ist eine nach Stilen geordnete Liste:

Trocken: HEYMANN-LÖWENSTEIN, Schieferterrassen; KARTHÄUSERHOFBERG, Schieferkristall KABINETT; KESSELSTATT, WILTINGER QBA; SCHLOSS LIESER, Guts-RIESLING; LOEWEN, Varidor; DR. LOOSEN, Blauschiefer oder Rotschiefer QbA; MAXIMIN GRÜNHAUSER, Abtsberg ALTE REBEN; WILLI SCHAEFER, GRAACHer QbA.

Feinherb: MARKUS MOLITOR, Zeltinger Himmelreich KABINETT; ST. URBANS-HOF: Wiltinger Alte Reben.

Kabinett (fruchtig): CLEMENS BUSCH, Marienburg; ANSGAR CLÜSSERATH, Apotheke; Ernst Clüsserath, Altärchen; Kurt Hain, Goldtröpfchen; DR. WAGNER, Bockstein.

Deutschland

Neipperg, Graf von Würt ★★★ Vornehmes Weingut in Schwaigern mit graziösen, reintönigen Rotweinen (LEMBERGER, SPÄTBURGUNDER). Ein Spross der Familie, Stephan von Neipperg, lebt auf Château Canon La Gaffelière in St-Émilion und kümmert sich um die im Besitz der Familie befindlichen Weingüter in Bordeaux.

Niederhausen Na ★★→★★★★ **90 97 01 02 04 05 07 08 09 11 12** 13 14 15 – Weinort im mittleren Nahetal. Komplexe RIESLINGE aus steilen GROSSEN LAGEN: Felsensteyer, Hermannsberg, Hermannshöhle, Kertz, Steinberg. Spitzenerzeuger: Crusius, DÖNNHOFF, Gut HERMANNSBERG, Mathern, von Racknitz, Jakob Schneider.

Nierstein Rhh ★→★★★★ **90 97 01 04 05 07 08 09 11 12** 13 14 15 – Große Weinstadt (rund 800 ha) mit dementsprechend unterschiedlichen Weinen. Die besten sind reichhaltig und straff, z. B. aus den GROSSEN LAGEN Brudersberg, Hipping, Ölberg, Orbel und Pettenthal. Weingüter: u.a. Gehring, GUNDERLOCH, Guntrum, HEYL ZU HERRNSHEIM, KELLER, KÜHLING-GILLOT, Manz, Schätzel, ST. ANTONY, Strub. Aber Vorsicht vor der Großlage Gutes Domtal, das sind Supermarktweine.

Ockfen M ★★→★★★ Weinbauort mit stämmigem, intensivem SAAR-RIESLING von der GROSSEN LAGE Bockstein. Erzeuger: OTHEGRAVEN, SANKT URBANS-HOF, WAGNER, Zilliken. Das alte Weingut Dr. Fischer wird gerade von Martin Foradori (siehe Italien) und St. Urbans-Hof wiederbelebt.

Odinstal Pfz ★★→★★★ Das Gut mit dem höchstgelegenen Weinberg der PFALZ, 150 m oberhalb von WACHENHEIM. Ökologischer Anbau und Vinifikation unter minimalem Einsatz von Technik ergeben reintönigen RIESLING, SILVANER und GEWÜRZTRAMINER. Die Lese zieht sich oft bis in den November hin.

Oechsle Maßeinheit für den Zuckergehalt des Traubenmosts.

Oestrich Rhg ★★→★★★ Vorbildlich stahliger RIESLING und feine AUSLESEN aus den GROSSEN LAGEN Doosberg, Lenchen und St. Nikolaus

(Mittelheim). Spitzenerzeuger: August Eser, KÜHN, Querbach, SPREITZER, WEGELER.

Oppenheim Rhh ★→★★★ Stadt südlich von NIERSTEIN mit einer imposanten Kirche aus dem 13. Jahrhundert. GROSSE LAGEN: Kreuz, Sackträger. Weingüter: Kissinger, KÜHLING-GILLOT, Manz.

Ortenau Bad ★★ (r) w – Bereich um und südlich von Baden-Baden. Vorwiegend Klingelberger (RIESLING) und SPÄTBURGUNDER von Granitböden. Beste Anbauorte: DURBACH, Neuweier, Waldulm.

Eine Reise zurück – in die Zukunft?
Könnte der Klimawandel dazu führen, dass fast vergessene Rebsorten rehabilitiert werden? Winzer und Forschungsstationen blicken auf die Weißweinreben Adelfränkisch, Bukettrebe, Grünfränkisch, Heunisch, Gelber Orleans und Räuschling sowie die Rotweinreben Blauer Affenthaler, Gänsfüßer, Hartblau, Mohrenkönigin und Tauberschwarz. Dass Winzer sie früher mieden, war weniger auf Qualitätsmängel denn auf Ertragsprobleme zurückzuführen. Besseres Wetter im Frühjahr und Sommer könnten sie zurückbringen.

Ortswein Zweitunterste Stufe in der Qualitätspyramide des VDP.

Othegraven, Weingut von M ★★★ Feines Gut an der SAAR mit der ausgezeichneten GROSSEN LAGE KANZEMER Altenberg sowie Anteilen am OCKFENER Bockstein und am Wawerner Herrenberg. Seit 2010 im Besitz des Fernsehmoderators Günther Jauch.

Pfalz r w **90 01 05** 07 08 **09 11 12** 13 14 15 – Anbaugebiet mit überwiegend mildem Klima, im Süden ans Elsass, im Norden an RHEINHESSEN grenzend. Aus dem Gebiet MITTELHAARDT kommen körperreiche, zumeist trockene RIESLINGE bis zu hervorragender Qualität, während die SÜDLICHE WEINSTRASSE sich mehr für weiße und rote Burgundersorten eignet. Das ZELLERTAL ist jetzt gefragt: kühles Klima.

Piesport MM ★→★★★★ **90 92 97 01 02 03 04 05** 07 **08 09 11** 12 13 14 15 – Kleiner Ort, im Halbrund umgeben von berühmten GROSSEN LAGEN, v. a. Domherr und Goldtröpfchen, die im Idealfall herrlichen, reichhaltigen, aromatischen RIESLING liefern. Spitzenweingüter: Grans-Fassian, Joh. Haart, Julian Haart, Reinhold Haart, Kurt Hain, KESSELSTATT, ST. URBANS-HOF. Die GROSSLAGE Michelsberg meiden.

Prädikatswein Per Gesetz festgelegte Spitzenkategorie, umfasst alle Qualitätsweine mit Prädikat – vom KABINETT bis zur TROCKENBEERENAUSLESE. Siehe auch Kasten S. 212.

Prinz, Fred Rhg ★★→★★★ Das Bioweingut im RHEINGAU erzeugt blumigen bzw. kräuterwürzigen RIESLING von den Hallgartener Lagen Jungfer **03** 12 13 und Schönhell 13 14.

Prinz von Hessen Rhg ★★★ Von dem Traditionsgut in JOHANNISBERG kommen herrlich lebhafte, präzise bereitete Weine. Besonders empfehlenswert sind die SPÄTLESEN und höheren Prädikate sowie reife ältere Jahrgänge.

Prüm, J. J. M ★★★★ **71 76 83 88 89 90 94 95 96 97 98 99 01 02 03 04 05 07 08 09 10 11 12** 13 14 15 – Legendäres Weingut in WEHLEN mit besten Lagen im Ort selbst sowie in BERNKASTEL und GRAACH. Grazile, doch extrem langlebige Weine mit erstaunlicher Finesse und ganz eigenem Charakter. Dr. Manfred Prüm arbeitet jetzt mit seiner Tochter Katharina zusammen.

Prüm, S. A. M ★★→★★★ Populärer und im Stil weniger traditionell als der WEHLENER Nachbar J. J. PRÜM. Seien Sie sehr wählerisch!

QbA – Qualitätswein bestimmter Anbaugebiete Die mittlere deutsche Weinqualität. Zugabe von Zucker zum Most vor der Gärung (Chaptalisation) ist erlaubt, es findet aber eine Kontrolle der zulässigen Menge – nach Rebsorte und Anbaugebiet – statt. Die neue Bezeichnung »Wein mit geschützter Ursprungsbezeichnung«, kurz g.U. (siehe Kasten S. 217) macht es kaum besser.

QmP – Qualitätswein mit Prädikat Bis Ende 2007 geltende Bezeichnung für die Spitzenkategorie deutscher Qualitätsweine. Heißt jetzt »Wein mit geschützter Ursprungsbezeichnung« (g.U.) oder PRÄDIKATSWEIN.

Rauenthal Rhg ★★→★★★★ Früher kamen von hier die teuersten RIESLINGE des RHEINGAUS. Würzige, strenge, aber komplexe Rieslinge von Hanglagen abseits des Rheins. GROSSE LAGEN: Baiken, Rothenberg. Spitzenerzeuger: G. BREUER (mit der Lage Nonnenberg im Alleinbesitz), HESSISCHE STAATSWEINGÜTER, A. Eser, LANGWERTH VON SIMMERN.

Raumland, Sekthaus Rhh ★★★ SEKT-Spezialist mit einem breiten Angebot an schönen, ausgewogenen Cuvées, z. B. Blanc de Blancs, Blanc de Noirs, Triumvirat. Großartiger 2004er CHARDONNAY Brut, 2014 degorgiert.

Rebholz, Ökonomierat Pfz ★★★ Spitzenweingut im Bereich SÜDLICHE WEINSTRASSE mit knochentrockenen, pikanten RIESLINGEN, die nie enttäuschen, nicht einmal in weniger guten Jahren, z. B. die GROSSEN GEWÄCHSE Im Sonnenschein, Ganshorn und der legendäre Kastanienbusch **04 05 07' 08' 09** 11' 12 von rotem Schiefer (kein 2013er). Fokussierter CHARDONNAY und straffer SPÄTBURGUNDER zum Einlagern.

Restsüße Unvergorener Traubenzucker, der im Wein verbleibt (oder bei billigen Weinen zugesetzt wird), um ihm Süße zu verleihen. Das reicht von 1 g/l in trockenen Weinen bis zu 300 g/l in TROCKENBEERENAUSLESEN.

Rheingau (r) w **90 97 99 01** 04 **05** 07 **08 09 10 11** 12 13 14 15 – Klassischer, gehaltvoller RIESLING, berühmt für sein stahliges Rückgrat, und kleine Mengen graziler SPÄTBURGUNDER. Daneben ein Zentrum der Sekterzeugung.

Rheinhessen (r) w **05** 07 **08 09 11 12** 13 14 15 – Deutschlands mit Abstand größtes Anbaugebiet (26.500 ha), zwischen Mainz und Worms gelegen, produziert viel Massenware, ist aber auch eine Fundgrube für preislich korrekte Weine von begabten jungen Winzern.

Richter, Max Ferd. MM ★★→★★★ Verlässliches Weingut in Mülheim an der MITTELMOSEL; v. a. guter RIESLING KABINETT und SPÄTLESE, voll und aromatisch. Runder, ansprechender Brut (Dosage-Eiswein). Durchdachte Weinbereitung.

Riffel Rhh ★★→★★★ Der Scharlachberg in Bingen – eine Spitzenlage – hatte keinen Botschafter, bis Erik Riffel auf ökologischen Weinbau umstellte und einen spektakuläre Sprung nach vorn machte. Probieren Sie den RIESLING Turm oder den preisgünstigen ORTSWEIN.

Rings, Weingut Pfz ★★→★★★ Die Brüder Steffen und Andreas Rings gehören zu den Jungstars der PFALZ. Bemerkenswerte trockene RIESLINGE insbesondere aus Kallstadt (Steinacker, SAUMAGEN) und ebenso gute SPÄTBURGUNDER (Saumagen, Felsenberg im Berntal).

Ruck, Johann Fran ★★★ Würziger SILVANER, RIESLING, SCHEUREBE und TRAMINER aus IPHOFEN im fränkischen Bereich STEIGERWALD. Neuerdings nicht mehr ganz so knochentrockene Weine.

Rüdesheim Rhg ★★→★★★★ **90 01** 04 **05 08 09 10 11 12** 13 14 15 – Der berühmteste Riesling von Schieferboden im Rheingau; die besten GROSSEN LAGEN (Kaisersteinfels, Roseneck, Rottland und Schlossberg) tragen die Bezeichnung »Rüdesheimer Berg«. Körperreiche, aber nie schwerfällige blumige Weine, auch in ungünstigeren Jahren gut. Beste Erzeuger: Breuer, CHAT SAUVAGE, Corvers-Kauter, HESSISCHE STAATS-WEINGÜTER, Johannishof, KESSELER, KÜNSTLER, LEITZ, Ress.

Ruppertsberg Pfz ★★→★★★ Ort in der MITTELHAARDT mit gutem Ruf für eleganten RIESLING. Weingüter: BASSERMANN-JORDAN, Biffar, BUHL, BÜRKLIN-WOLF, CHRISTMANN, von WINNING.

Ruwer M **90 97 99 01 02 03** 04 **05 07 08 09 11** 12 13 14 15 – Bei TRIER in die MOSEL mündender Nebenfluss, berühmt für delikaten, langlebigen edelsüßen RIESLING und süffige leichtere trockene Versionen, die viel reifer sind als früher. Beste Winzer: Beulwitz, Karlsmühle, KARTHÄUSERHOF, KESSELSTATT, MAXIMIN GRÜNHAUS.

Saale-Unstrut **09 11** 12 15' – Nördlich gelegenes Anbaugebiet am Zusammenfluss dieser beiden Flüsse bei Leipzig. Die vorwiegend mit weißen Reben bestockten Weinbergterrassen gehen auf die Zisterzienser zurück. Qualitätsbetriebe: Böhme, Born, Gussek, Kloster Pforta, Lützkendorf, Pawis.

Saar M **90 93 94 97 99 01 02 04 05 07 08 09 10 11** 12 (13) 14 15 – In Hügel eingebetteter Nebenfluss der MOSEL, kühleres Klima. Erzeugt die herbsten, stahligsten, brillantesten RIESLINGE, nähert sich jedoch mit fortschreitendem Klimawandel dem Stil der Mosel an. Zu den Anbauorten zählen AYL, KANZEM, OCKFEN, SAARBURG, Serrig und WILTINGEN (SCHARZHOFBERG).

Saarburg M – Kleine Stadt im Saartal mit der GROSSEN LAGE Rausch. Erzeuger: WAGNER, ZILLIKEN.

Sachsen **03 05** 08 **09 11** 12 13 14 – Anbaugebiet im Elbtal um Meissen und Dresden mit charaktervollen trockenen Weißweinen. Beste Erzeuger: Aust, Vincenz Richter, Schloss Proschwitz, Schloss Wackerbarth, Walter Schuh, Martin Schwarz, ZIMMERLING.

St. Antony Rhh ★★→★★★ Gut in NIERSTEIN mit hervorragenden Weinberglagen. Verbesserungsmaßnahmen unter dem neuen Eigner (dem auch HEYL ZU HERRNSHEIM gehört). Jetzt auch BLAUFRÄNKISCH.

Salm-Salm, Michael Prinz zu Na, Rhh – Besitzer von Schloss Wallhausen an der NAHE (★★→★★★) und Villa Sachsen in RHEINHESSEN (★→★★). Die RIESLINGE vom ökologisch bewirtschafteten Schloss Wallhausen sind in letzter Zeit deutlich besser geworden.

Salwey Bad ★★★ Führender Weinbaubetrieb am KAISERSTUHL. Konrad Salwey befürwortet eine frühe Lese, um die Frische zu erhalten. Am besten sind die beiden GRAUBURGUNDER Henkenberg und Eichberg sowie der SPÄTBURGUNDER Kirchberg. Der 2013er WEISSBURGUNDER Kirchberg schlägt einen neuen Ton an: fast so rassig wie Puligny-Montrachet (siehe »Frankreich«).

Sankt Urbans-Hof M ★★★ Großes Familiengut in LEIWEN, die Weinberge liegen an MITTELMOSEL und SAAR. Kristallklarer RIESLING von tadelloser Reintönigkeit und Rasse. Fabelhaftes 2013er PIESPORTER Goldtröpfchen TROCKENBEERENAUSLESE. Hat – zusammen mit Martin Foradori (siehe Hofstätter im Kapitel »Italien«) – das alte Gut Dr. Fischer in OCKFEN gekauft.

Sauer, Horst Fran ★★★ Großartigster Interpret der Escherndorfer Spitzenlage Lump. Rassiger, schnörkelloser trockener Silvaner und RIESLING sowie sensationelle TROCKENBEERENAUSLESEN.

Sauer, Rainer Fran ★★★ Aufstrebendes Familiengut in Escherndorf: komplexer trockener SILVANER, von lebhaftem KABINETT bis hin zu cremigkörperreichen SPÄTLESEN.

Saumagen Beliebte kulinarische Spezialität und einer der besten Weinberge der PFALZ: eine kalkhaltige Lage in Kallstadt, die ausgezeichneten RIESLING und SPÄTBURGUNDER hervorbringt.

Schaefer, Willi M ★★★ Willi Schäfer und Sohn Christoph sind die besten Winzer in GRAACH (aber nur 4 ha). MOSEL-RIESLING vom Feinsten: rein, kristallin und federleicht; lohnend in allen Qualitätsstufen.

Schäfer-Fröhlich Na ★★★ Das ehrgeizige Familiengut an der NAHE ist für seine spontan vergorenen RIESLINGE von enormer Intensität bekannt. Große Gewächse: u. a. Felseneck und Stromberg.

Die größten Riesling-Erzeuger
Dies sind die (doch etwas überraschenden) Top Ten der größten deutschen RIESLING-Erzeugerbetriebe: 1. MOSELLAND Winzergenossenschaft (1.100 ha), 2. Heilbronner Winzergenossenschaft, WÜRTTEMBERG (400 ha), 3. Wintergenossenschaft Möglingen, Württemberg (333 ha), 4. Hessische Staatsweingüter KLOSTER EBERBACH (187 ha), 5. Winzergenossenschaft Vier Jahreszeiten, PFALZ (160 ha), 6. BISCHÖFLICHE WEINGÜTER TRIER (120 ha), 7. SCHLOSS JOHANNISBERG mit Mumm (100 ha), 8. ROBERT WEIL (90 ha), 9. BÜRKLIN-WOLF (86 ha), 10. SCHLOSS VOLLRADS (80 ha).

Deutschland

Scharzhofberg M ★★→★★★★ Spitzenlage an der SAAR: Ein seltenes Zusammenspiel von Mikroklima, Boden und menschlicher Klugheit bringt RIESLING in Vollendung hervor. Spitzenerzeuger: BISCHÖFLICHE WEINGÜTER TRIER, EGON MÜLLER, von HÖVEL, KESSELSTATT, VAN VOLXEM.

Schloßböckelheim Na ★★→★★★★ **97 01 02 04 05 08 09 11 12** 13 14 15 – Ort an der NAHE mit besten Lagen, darunter die GROSSEN LAGEN Felsenberg und Kupfergrube. Fester, anspruchsvoller RIESLING, der gut altert. Spitzenweingüter: CRUSIUS, DÖNNHOFF, HERMANNSBERG, SCHÄFER-FRÖHLICH.

Schloss Johannisberg Rhg ★★→★★★ Historisches, ausschließlich RIESLING erzeugendes Gut und Villa des Fürsten von Metternich im RHEINGAU, jetzt im Besitz von Henkell (Oetker-Gruppe). Für gewöhnlich sehr gut sind die SPÄTLESE Grünlack und die AUSLESE Rosalack, sehr gut die GROSSEN GEWÄCHSE von 2013.

Schloss Lieser MM ★★★ Thomas Haag, Wilhelm Haags älterer Sohn (siehe FRITZ HAAG), erzeugt reintönige, rassige RIESLINGE aus der unterbewerteten Lage Niederberg-Helden sowie aus Parzellen in BRAUNEBERG und jetzt auch in WEHLEN (SONNENUHR).

Schloss Proschwitz Sachsen ★★ Wiederaufgebautes Weingut in Meißen. Spitzenklasse in den ostdeutschen Anbaugebieten, besonders mit trockenem Weißburgunder und GRAUBURGUNDER. Ein Riesenerfolg!

Schloss Reinhartshausen Rhg ★★ Das berühmte Gut in Eltville-Erbach gehörte einst der preußischen Königsfamilie und ist jetzt im Besitz der Familie Lergenmüller aus der PFALZ. Im Auge behalten.

Schloss Vollrads Rhg ★★ Historisch eines der großartigsten Traditionsweingüter im RHEINGAU, jetzt im Besitz einer Bank. RIESLING in einem eher kommerziellen Stil.

Schmitt's Kinder Fran ★★→★★★ Familienweingut in Randersacker südlich von Würzburg, bekannt für seinen klassischen trockenen SILVANER, fassgereiften SPÄTBURGUNDER und edelsüßen RIESLANER.

Schnaitmann, Weingut Würt ★★★ Exzellente, im Fass ausgebaute WÜRTTEMBERGER Rotweine, u. a. SPÄTBURGUNDER und LEMBERGER aus der GROSSEN LAGE Lämmler. Stellt auf Bioweinbau um.

Schneider, Cornelia und Reinhold Bad ★★★ Langlebige SPÄTBURGUNDER **00 01 02 05 07 08 09 10 11 12 13** aus Endingen am KAISERSTUHL, die nach

Buchstaben unterschieden werden: »R« steht für Vulkanboden, »C« für Löss. Außerdem altmodischer RULÄNDER.

Schneider, Markus Pfz ★★ Shootingstar in Ellerstadt, PFALZ. Umfassendes Angebot an sauber bereiteten Weinen mit modernen Etiketten.

Schoppenwein Wein im offenen Ausschank.

Schwegler, Albrecht Würt ★★★ Kleines Weingut. Die roten Verschnitte Beryll, Saphir, Granat (90' 94' 99' 05' 06' 07 09 10' 11 12) sind jedes Jahr anders. Empfehlenswert. Sohn Aaron versucht sich auch an weißen Verschnitten.

Sekt Deutscher Schaumwein, sehr unterschiedlich in der Qualität. Flaschengärung ist nicht vorgeschrieben. Zu den Sektspezialisten zählen Bardong, RAUMLAND, Schembs, Schloss Vaux, Solter, S. Steinmetz und Wilhelmshof. Der Sekt vom Weingut Melsheimer ist köstlich.

Selbach-Oster MM ★★★ Sehr gewissenhaft arbeitender Erzeuger in ZELTINGEN mit einer Reihe exzellenter Lagen; am bekanntesten sind seine PRÄDIKATSWEINE.

Sonnenuhr MM – Name mehrerer GROSSER LAGEN in BRAUNEBERG, WEHLEN und ZELTINGEN.

Sorentberg MM ★★ Der Weinberg in einem Seitental der MITTELMOSEL bei Reil lag 50 Jahre lang brach und wurde nun von dem jungen Tobias Treis und seinem Partner aus Südtirol neu bestockt. Rotschiefer, RIESLING und vielversprechende erste Ergebnisse. Im Auge behalten.

Spätlese Prädikatsklasse über KABINETT; aus nach der Hauptlese geernteten, vollreifen Trauben. Meist reifer und in der Regel auch süßer als Kabinett. Gute Exemplare halten sich mindestens 7 Jahre. Die VDP-Mitglieder sind dabei, die Bezeichnung »Spätlese trocken« aufzugeben – ein Jammer!

Spreitzer Rhg ★★★ Andreas und Bernd Spreitzer erzeugen köstlich rassige, harmonische (trockene und süße) RIESLINGE, die mit Geduld und Liebe zum Detail in FUDERN vinifiziert werden. Weinberglagen in HATTENHEIM, OESTRICH und Winkel. Der 2014er Doosberg ALTE REBEN ist ein Schnäppchen: in der Qualität eines GROSSEN GEWÄCHSES zum halben Preis.

Staatlicher Hofkeller Fran ★★ Bayerisches Staatsweingut. 120 ha feinste Frankenweinlagen und prachtvolle Keller unter der herrlichen Barockresidenz in WÜRZBURG.

Staatsweingut (auch **Staatliche Weinbaudomäne**) Es gibt sie in BADEN (IHRINGEN, Meersburg), WÜRTTEMBERG (Weinsberg), im RHEINGAU (HESSISCHE STAATSWEINGÜTER), in RHEINHESSEN (OPPENHEIM), in der PFALZ (Neustadt) und an der MOSEL (TRIER). In den letzten Jahren wurden einige privatisiert, etwa in Marienthal (AHR) und in NIEDERHAUSEN (NAHE).

Steigerwald Fran (r) w – Qualitätsbereich im östlichen FRANKEN. Die Weinberge in beträchtlicher Höhe liefern kraftvollen SILVANER und RIESLING. Beste Erzeuger: Castell, Roth, RUCK, WELTNER, Wirsching.

Steinberg Rhg ★★★ Eine Art deutscher Clos de Vougeot in HATTENHEIM. RIESLING auf Tonglimmerschiefer, vor 700 Jahren von Zisterziensermönchen angelegt, im Alleinbesitz der HESSISCHEN STAATSWEINGÜTER. Bestenfalls (nicht unbedingt TROCKEN) mit Beerendurft, schöne Balance zwischen Süße und Säure.

Steinwein Fran – Wein aus WÜRZBURGS bester Lage, dem Stein. Schon Goethe liebte ihn.

Stodden, Jean Ahr ★★★ Alexander Stodden führt das Werk seines Vaters fort: SPÄTBURGUNDER mit burgundischem Einschlag, delikat konzentriert und subtil.

Südliche Weinstraße Pfz r w – Bereichsname für die südliche PFALZ. In den letzten 25 Jahren hat sich die Qualität bedeutend verbessert. Beste Erzeuger: FRIEDRICH BECKER, Leiner, Minges, Münzberg, REBHOLZ, Siegrist, WEHRHEIM.

Tauberfranken Bad (r) w – Unterbewerteter kühlklimatischer Anbaubereich im nordöstlichen BADEN: SILVANER und RIESLING im fränkischen Stil von Muschelkalkböden. Fröste sind ein Problem. Bester Erzeuger: Schlör.

Der beste deutsche Spätburgunder

Ahr: MEYER-NÄKEL, Kräuterberg, Pfarrwingert; STODDEN, Herrenberg.
Baden: BERCHER, Feuerberg; HEGER, Winklerberg; HUBER, Schloßberg, ALTE REBEN, Wildenstein; SALWEY, Eichberg, Kirchberg; SEEGER, Oberklamm RR; ZIEREISEN, Rhini, Jaspis.
Franken: FÜRST, Centgrafenberg, Hundsrück.
Mosel: MARKUS MOLITOR, BRAUNEBERGER Klostergarten, Graacher Himmelreich; Lehnert-Veit.
Nahe: DIEL, Caroline.
Pfalz: FRIEDRICH BECKER, Kammerberg, St. Paul, Heydenreich; KNIPSER, Kirschgarten, Burgweg; RINGS, SAUMAGEN; REBHOLZ, Im Sonnenschein.
Rheingau: BISCHÖFLICHES WEINGUT RÜDESHEIM, RÜDESHEIM, ASSMANNSHAUSEN; CHAT SAUVAGE, LORCHer Kapellenberg, Rüdesheimer Drachenstein, Höllenberg; KLOSTER EBERBACH, Höllenberg; KESSELER, Max, Höllenberg, Schlossberg; KRONE, Höllenberg Juwel.
Württemberg: SCHNAITMANN, Lämmler Simonroth R.

Thanisch, Witwe Dr. H. MM ★★→★★★ 1636 gegründetes Weingut in BERNKASTEL, berühmt für seinen Anteil an der Lage DOCTOR. Nach der Trennung der Familie 1988 entstanden zwei Güter mit demselben Namen und ähnlicher Weinqualität. Zu unterscheiden sind sie nur durch den Zusatz »Erben Müller-Burggraef« bzw. »Erben Thanisch«.

Traisen Na ★★ Kleiner Ort an der NAHE mit den GROSSEN LAGEN Bastei und Rotenfels.

Trier M – Die nördliche Hauptstadt des Römischen Reiches an der MOSEL, etwa auf halbem Weg zwischen SAAR und RUWER gelegen. Inmitten der beeindruckenden Ruinen aus römischer Zeit haben die großen Stiftungsweingüter von der Mosel ihre Keller.

Trittenheim MM ★★→★★★ **01 04 05** 07 **08 09 11** 12 13 14 – Rassige, ansprechende Weine von der MITTELMOSEL. Wechselhafte Qualität in der GROSSEN LAGE Apotheke mit nur wenigen guten Parzellen. Erzeuger: ANSGAR CLÜSSERATH, Ernst Clüsserath, Clüsserath-Weiler, Grans-Fassian, Milz.

Trocken Traditionell die Bezeichnung für einen Wein mit einem Restzuckergehalt von höchstens 9 g/l, heute dürfen es aufgrund neuer EU-Vorschriften 2 g/l mehr sein. Als Faustregel gilt: Je weiter südlich das Anbaugebiet liegt, desto mehr trockene Weine gibt es.

Trockenbeerenauslese Die süßeste und teuerste Kategorie deutscher Weine, von ausgewählten, geschrumpften (d. h. ausgetrockneten) edelfaulen Trauben bereitet. Ausgesprochene Rarität mit feiner Honigsüße. Die halben Flaschen sind eine gute Idee.

Ürzig MM ★★★★ **71 83 90 93 94 95 96 97 01 02 04 05** 07 **08 09 11** 12 13 14 15 – Ort auf rotem Sandstein und rotem Schiefer, berühmt durch unveredelte alte Stöcke und einzigartigen, würzigen Riesling. GROSSE LAGE: Würzgarten. Erzeuger: Berres, Christoffel, Erbes, LOOSEN, MAR-

KUS MOLITOR, Mönchhof, Rebenhof, WEINS-PRÜM. Dies ist die Gegend, die vom Bau der umstrittenen (wird sie auch sicher sein?), 160 m hohen Hochmoselbrücke bedroht ist.

Van Volxem M ★★→★★★ Das historische SAAR-Weingut wurde 1999 von dem Brauereierben Roman Niewodniczanski wiederbelebt. Aus den sehr geringen Erträgen von Spitzenlagen (SCHARZHOFBERG, KANZEMER Altenberg, Wiltinger Gottesfuß) entstehen vorwiegend trockene und halbtrockene Weine. Seit Kurzem drosselt man den Alkoholgehalt etwas und versucht sich an süßen und edelfaulen Weinen. Neues Projekt mit MARKUS MOLITOR in zuvor nicht mehr bewirtschafteten Teilen des OCKFENER Geisberg.

VDP – Die Prädikatsweingüter Der richtungsweisende Verband von 200 Spitzenwinzern. Achten Sie auf das Emblem mit dem Adler auf dem Etikett und auf das Traubenlogo, das Weine von GROSSEN LAGEN kennzeichnet. Ein VDP-Wein ist in der Regel eine gute Wahl. Präsident ist Steffen CHRISTMANN.

Vetter, Stefan Fran ★★→★★★ Natürlicher Wein (siehe NATURREIN) aus FRANKEN: auf den Schalen vergorener SILVANER. Im Auge behalten.

Vollenweider M ★★★ Der Schweizer Daniel Vollenweider hat seit 2000 der Lage Wolfer Goldgrube bei Traben-Trarbach neues Leben eingehaucht. Exzellenter Riesling, leider nur in sehr geringen Mengen.

Wachenheim Pfz ★★★ Der berühmte Weinbauort verfügt über keine vom VDP als GROSSE LAGE ausgewiesenen Rebflächen. Spitzenerzeuger: Biffar, BÜRKLIN-WOLF, ODINSTAL, Karl Schaefer, WOLF. Urteilen Sie selbst.

Wageck Pfz ★★→★★★ Weingut an der MITTELHAARDT mit ungekünsteltem, frischem CHARDONNAY (Still- und Schaumwein) sowie SPÄTBURGUNDER von großer Finesse.

Wagner, Dr. M ★★→★★★ Das Weingut mit Rebland in Saarstein und OCKFEN (SAAR) wird von der jungen Christiane Wagner geführt. Ihre RIESLINGE präsentieren sich fruchtig und reintönig.

Wagner-Stempel Rhh ★★★ Seriös bereitete Weine aus Siefersheim in RHEINHESSEN, unweit der Grenze zum Anbaugebiet NAHE. Die exzellenten RIESLINGE GROSSES GEWÄCHS Heerkretz und Höllenberg von Porphyrböden brauchen Zeit, um ihren reichhaltigen Duft zu entfalten.

Walluf Rhg ★★★ Unterschätzter Weinbauort zwischen Wiesbaden und Eltville mit bedeutenden Lagen, darunter die GROSSE LAGE Walkenberg. Erzeuger: J. B. Becker, Jost.

Wegeler MM, Rhg ★★→★★★ Bedeutende Weingüter in Familienbesitz in OESTRICH und BERNKASTEL; außerdem gehört ein Anteil am berühmten Gut KRONE in ASSMANNSHAUSEN zum Besitz. Die Marke Geheimrat J hält bis heute sehr hohe Standards aufrecht; verlässlich sind auch die Weine mit Lagenbezeichnung.

Wehlen MM ★★★→★★★★ **90 93 94 95 96 97 98 01 02 03 04 05 07 08 09 10 11** 12 13 14 15 – Weinbauort mit der legendären Steillage SONNENUHR, die RIESLING von Schieferböden in seiner schönsten Ausdrucksform hervorbringen: reichhaltig und fein, ewig haltbar. Beste Erzeuger: Kerpen, KESSELSTATT, LOOSEN, MARKUS MOLITOR, J. J. PRÜM, S. A. PRÜM, RICHTER, SELBACH-OSTER, Studert-Prüm, WEGELER, WEINS-PRÜM. Es besteht die Sorge, dass sich die neue Hochmoselbrücke auf das Wassergleichgewicht im Unterboden auswirken wird.

Wehrheim, Dr. Pfz ★★★ Das familiengeführte, ökologisch arbeitende Spitzengut der SÜDLICHEN WEINSTRASSE erzeugt spritzige, sehr trockene Weine, u.a. WEISSBURGUNDER Muschelkalk, RIESLING und SPÄTBURGUNDER aus der GROSSEN LAGE Kastanienbusch.

Weil, Robert Rhg ★★★→★★★★ **17 37 49 59 75 90 97 01 02 04 05 07 08 09 10 11 12** 13 14 15 – Hervorragendes Weingut in KIEDRICH mit den klassifizierten Lagen Gräfenberg (steiler Hang mit Phyllitböden), Turmberg und Klosterberg. Ausgezeichneter süßer KABINETT bis hin zu EISWEIN, gute GROSSE GEWÄCHSE; bei den Basisweinen ist die Qualität uneinheitlicher.

Weingart MR ★★★ Hervorragendes Weingut in Spay mit Weinbergbesitz in BOPPARD (v. a. Hammer Feuerlay). Kultivierte, straffe RIESLINGE, mit geringem technischem Aufwand bereitet, ausgezeichnetes Preis-Leistungs-Verhältnis.

Weins-Prüm, Dr. MM ★★★ Kleines Weingut in WEHLEN mit vorzüglichem Rebland an der MITTELMOSEL. Bert Selbach, Besitzer und Kellermeister, bereitet seine Weine mit äußerster Gewissenhaftigkeit und favorisiert einen straffen, spritzigen Stil.

Weißherbst Heller, sortenreiner Rosé (oft SPÄTBURGUNDER) von höchst unterschiedlicher Qualität.

Weltner, Paul Fran ★★→★★★ Das Familiengut im STEIGERWALD erzeugt dicht gefügten SILVANER zum Einlagern von der unterschätzten Lage Rödelseer Küchenmeister und angrenzenden Parzellen in IPHOFEN.

Wiltingen M ★★→★★★★ Das Herz des Weinbaus an der SAAR. Der berühmte SCHARZHOFBERG ist die beste einer Reihe GROSSER LAGEN, zu denen auch Braune Kupp, Kupp, Braunfels und Gottesfuß gehören. Spitzenerzeuger: BISCHÖFLICHE WEINGÜTER TRIER, LE GALLAIS, EGON MÜLLER, KESSELSTATT, ST. URBANS-HOF, Vols, VAN VOLXEM.

Winning, von Pfz ★★★→★★★★ Gut in DEIDESHEIM, zu dem auch der Traditionserzeuger Dr. DEINHARD gehört. »Von Winning« steht nur auf den Etiketten von Spitzenweinen aus Dr.-Deinhard-Lagen. Riesling von großer Reinheit und schönem Terroircharakter, durch Gärung in neuen FUDERN mit leichter Holznote versehen.

Winningen M ★★→★★★ Stadt an der unteren MOSEL nahe Koblenz; kraftvolle trockene RIESLINGE und TROCKENBEERENAUSLESEN. GROSSE LAGEN: Röttgen, Uhlen. Spitzenerzeuger: HEYMANN-LÖWENSTEIN, Knebel, Kröber, Richard Richter.

Wirsching, Hans Fran ★★★ Renommiertes Weingut in IPHOFEN. Die Schwestern Andrea und Lena Wirsching setzen die Erzeugung klassisch strukturierter trockener RIESLINGE und Silvaner fort, doch der spontan vergorene Riesling Sister.Ac schlägt neue Töne an. Anteile an den GROSSEN LAGEN Julius-Echter-Berg und Kronsberg.

Wittmann Rhh ★★★ Philipp Wittmann hat das Bioweingut in die Spitzenriege der deutschen Erzeuger geführt. Kristallklarer, schwungvoller trockener RIESLING GROSSES GEWÄCHS (Morstein **04 05 06 07' 08** 11 12' 13 14). Allerdings kostspielig.

Wöhrwag Würt ★★→★★★ Quelle für elegante trockene RIESLINGE, wohl die besten in ganz WÜRTTEMBERG. Inzwischen sind auch die Kinder Johanna, Philipp und Moritz beteiligt. Die Rotweine sind ebenfalls gut.

Wolf, J. L. Pfz ★★→★★★ Das Gut in WACHENHEIM wurde von Ernst LOOSEN aus BERNKASTEL gepachtet und erzeugt trockene PFÄLZER RIESLINGE (v. a. Forster Pechstein). Eher solide und beständig als umwerfend.

Württemberg Würt **r (w) 05** 07 **08 09 11 12** 13 14 15 – Früher als »TROLLINGER-Republik« bekannt, heute mit einer kompletten Riege von anspruchsvollen Rotweinen, v. a. LEMBERGER und SPÄTBURGUNDER. Nur 30 % weiße Rebsorten, guter SAUVIGNON BLANC, RIESLING braucht höhere Lagen.

Würzburg Fran ★★→★★★★ Schöne alte Barockstadt am Main, Mittelpunkt des Weinbaus in FRANKEN: trockener RIESLING und v. a. SILVANER. Klassifizierte Lagen: Innere Leiste, Stein, Stein-Harfe. Weingüter: BÜRGERSPITAL, JULIUSSPITAL, Reiss, STAATLICHER HOFKELLER, Weingut am Stein.

Zell M ★→★★ Der bekannteste Weinort an der unteren MOSEL, v. a. für die GROSSLAGE Schwarze Katz. Ein guter Weinberg sind die Merler Königslay-Terrassen. Spitzenerzeuger: Kallfelz.

Zellertal Pfz – Hoch gelegener, kühler Bereich im Norden der PFALZ, in dem seit Kurzem Goldgräberstimmung herrscht: Battenfeld-Spanier und KUHN haben in der dortigen besten RIESLING-Lage Schwarzer Herrgott eingekauft. Gute örtliche Erzeuger: Bremer, Janson Bernhard, Klosterhof Schwedthelm.

Zeltingen MM ★★→★★★ Bedeutender, wenngleich manchmal unterschätzter Ort an der MOSEL unweit von WEHLEN. Voller und zugleich knackiger RIESLING. GROSSE LAGE: SONNENUHR. Spitzenweingüter: MARCUS MOLITOR, J. J. PRÜM, SELBACH-OSTER.

Ziereisen Bad ★★★ **03 04 05 07 08 09 10 11 12** 13 14 – Hervorragendes Gut im MARKGRÄFLERLAND, vorwiegend GUTEDEL und Pinot-Sorten. Selbst die einfachen Weine haben Klasse. Am besten sind die SPÄTBURGUNDER von den kleinen Parzellen Schulen und Rhini. Selektionen von alten Reben heißen Jaspis. Sensationelle Neuheit: ein Gutedel für 120 €, der diesen Preis wert ist.

Zilliken, Forstmeister Geltz M ★★★→★★★★ **93 94 95 96 97 99 01 02 04 05 07 08 09 10 11** 12 13 14 – Weingut des Perfektionisten Hans-Joachim Zilliken und seiner Tochter Dorothee an der SAAR. Intensiv mineralischer Riesling vom Saarburger Rausch und dem OCKFENER Bockstein, darunter köstliche AUSLESEN und EISWEIN mit exzellenter Lagerfähigkeit. Sehr guter SEKT.

Zimmerling, Klaus Sachsen w ★★★ Das kleine, perfektionistische Weingut wurde als eines der ersten nach dem Fall der Mauer gegründet. Die beste Lage ist der Königliche Weinberg in Pillnitz bei Dresden. Der RIESLING, auch halbtrocken, ist potenziell exquisit.

Luxemburg

Laut Statistik trinken die Luxemburger mehr Wein pro Kopf als irgendjemand sonst: 50,7 Liter pro Jahr. Eine eindrucksvolle Zahl – die auch bedeutet, dass bei geringen Produktionsmengen und eher hohen Preisen kaum etwas exportiert wird. Es gibt Moselle-Weine, die mit der Mosel nur wenig zu tun haben, auch wenn der Fluss derselbe ist. Steile Schieferhänge findet man nicht; der Boden ist aus Kalkstein und hat mehr Ähnlichkeit mit Chablis oder der Champagne als mit Piesport.

Riesling ist in der Minderheit: nur 11 % Anteil. Platzhirschen sind Müller-Thurgau (alias Rivaner), Auxerrois, Pinot blanc und Pinot gris. Die Crémant-Schaumweine können gut sein. Der Klimawandel hat sich positiv ausgewirkt; wenigstens sieben der letzten zehn Jahrgänge waren gut.

Die meisten Weißweine sind säurebetont mit leichter Restsüße – auf den Etiketten wird zwischen trocken und halbtrocken nicht unterschieden. Ein häufiger Begriff (wenn auch von geringer Aussagekraft) ist »Premier Grand Cru«. Verlässlicher sind da Winzervereinigungen, mit eigenen hohen Standards: allen voran Domaine et Tradition (sieben Mitglieder), gefolgt von »Privatwënzer« und Charta Schengen Prestige (der auch Erzeuger in den Nachbargebieten von Deutschland und Frankreich angehören).

Alice Hartmann Starerzeugerin in Wormeldange mit komplexem RIESLING: Selektionen aus einzelnen Parzellen von Luxemburgs bester Riesling-Lage Koeppchen. Duftender, subtiler Ahn Palmberg, guter Sélection du Château, delikater PINOT NOIR und exzellenter Crémant (Grande Cuvée, Rosé Brut). Besitzt auch Weinberge in Burgund (St-Aubin), an der Mittelmosel (Trittenheim) und hat eine kleine Parzelle im Scharzhofberg gepachtet.

Aly Duhr ★★→★★★ Etwas süßerer Stil. Sehr guter PINOT GRIS aus Machtum, guter halbtrockener RIESLING aus Ahn und eleganter Riesling Vendage Tardive.

Château Pauqué ★★★ Internationaler Stil. Sehr guter CHARDONNAY, seidiger RIESLING Sous la Roche, in Eiche ausgebauter, aber dennoch frischer Auxerrois Clos du Paradis.

Domaines Vinsmoselle ★→★★★ Zusammenschluss von Winzergenossenschaften. Das Premiumetikett ist Art & Vin, außerdem Crémant Poll-Fabaire und ein aktiver Kreis junger Winzer (»Jongwënzer«).

Gales ★★→★★★ Verlässlicher Erzeuger in Remich. Am besten sind der Crémant (Héritage Brut) und die Weißweine Domaine et Tradition (sehr guter RIESLING **14**). Seriöser PINOT NOIR sowie die Reihe De Nos Rochers und Charta Schengen. Der alte, labyrinthische Keller ist sehenswert.

Schumacher-Knepper ★★→★★★ Sehr schöner 2014er Lyra, ein fruchtiger PINOT NOIR/ST. LAURENT-Verschnitt, origineller RIESLING Vendage Tardive (14).

Sunnen-Hoffmann ★★→★★★ Familiengut für Bioweine in Remerschen mit mustergültigem AUXERROIS, seriös bereitetem RIESLING und straffem, trockenem PINOT GRIS. Brillante 2013er.

Bernard-Massard ★→★★★ Großproduzent, v. a., mit Crémant. Spitzenetiketten: Château de Schengen und Clos des Rocher. Erzeugt auch Sekt in Deutschland.

Weitere Erzeuger sind Mathis Bastian (guter Crémant, AUXERROIS), Cep d'Or, Duhr Frères/Clos Mon Vieux Moulin, Fränk Kayl, Paul Legill, Ruppert, Schmit-Fohl, Stronck-Pinnel.

Spanien

Die dunklen Flächen bezeichnen die Weinbaugebiete

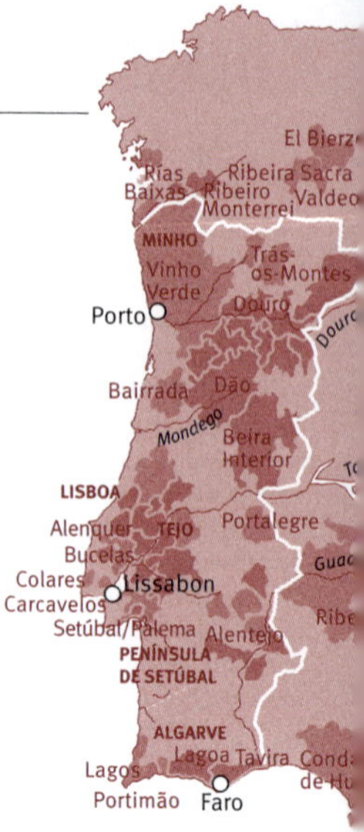

Die folgenden Abkürzungen werden im Text verwendet:

Bask	Baskenland	**Man**	Manzanilla
Cas-L	Castilla y León	**Mont-M**	Monzilla-Moriles
Cas-La M	Castilla-La Mancha	**Mur**	Murcia
Cos del S	Costers del Segre	**Nav**	Navarra
El B	El Bierzo	**Pen**	Penedès
Emp	Empordà	**Pri**	Priorat
Gal	Galicien	**R Ala**	Rioja Alavesa
Kan	Kanarische Inseln	**R Alt**	Rioja Alta
Kat	Katalonien	**R Baj**	Rioja Baja
La M	La Mancha	**Rib del D**	Ribera del Duero
Madr	Madrid, Vinos de	**Som**	Somontano
Mall	Mallorca	**U-R**	Utiel Requeña

Die wirtschaftlichen Schwierigkeiten der letzten Jahre sind auch an den spanischen Kellereien nicht vorübergegangen. Doch die Krise hatte auch ihre guten Seiten. Aufgrund der großen Probleme auf dem Inlandsmarkt mussten die Erzeuger auf Reisen gehen, in anderen Ländern neue Märkte auftun und dabei herausfinden, was der Rest der Welt eigentlich gerne trinkt. Gleichzeitig begannen sie, an den teuren neuen Eichenfässern zu sparen, die Spaniens Aromen bislang dominierten, und ließen den Wein für sich selbst sprechen.

Auf politischer Ebene spiegelte sich die katalanische Unabhängigkeitskampagne im Aufstieg des baskischen Nationalismus. In den Weinregionen zeigt sich das am deutlichsten in Rioja, das zu einem Drittel baskisch ist (Rioja Alavesa). Auf DO-Ebene reagieren Erzeuger auf diesen Trend beim Rioja (Artadi) und beim Cava (Raventós i Blanc und andere), indem sie die traditionellen Appellationen verlassen. Alte Schlichtheit wird durch neue Ideen ersetzt – und meist auch durch bessere Weine.

Weiter im Süden, zumindest in Jerez, arbeiten die Erzeuger immer noch zusammen. (Und dieses Jahr haben wir die Einträge für Sherry ins Kapitel Spanien integriert.) Der Verkauf von Sherry mag zurückgehen, doch Qualität und Vielfalt gehen weiter beständig nach oben. Sherry wird ernst genommen als ein feiner Wein unter anderen feinen Weinen.

Neuere Rioja-Jahrgänge

2015 Alle lächeln in Rioja. Verspricht so gut wie 2010 zu werden.

2014 Die Rückkehr zu alter Form in puncto Qualität und Quantität nach zwei mageren Jahren.

2013 Kühles, nasses Jahr mit geringer Ernte. Die besten Weine zeigen lebhafte Säure.

2012 Gute Qualität, obwohl der Ertrag zu den niedrigsten der vergangenen 20 Jahre zählte.

2011 Von offizieller Seite als *»excelente«* deklarierter Jahrgang. Ein warmes Jahr; einige Weine mit marmeladiger Frucht, konzentrierter als 2010.

2010 *»Excelente«*. Ein perfektes Jahr, umso deutlicher jetzt, da die Weine reifen. Die besten haben noch viele Jahre vor sich.

2009 Jetzt trinkreif, wird sich aber noch weiter entfalten. Einige Weine sind bemerkenswert tanninherb.

2008 Kühles Jahr; die besten Weine sind frisch und aromatisch, mit etwas niedrigerem Alkoholgehalt.

2007 Schwieriger Jahrgang; trinkreif.

2006 Die Weine sind eher leicht und duften schön; sollten jetzt getrunken werden.

2005 Ein hervorragender Jahrgang, auf Augenhöhe mit 2004; Weine jetzt trinken oder noch im Keller lassen.

2004 Hervorragender Jahrgang; jetzt trinken, die besten Weine halten sich aber noch mind. 10 Jahre.

Aalto, Bodegas y Viñedos Rib del D r ★★★★ Ein eindrucksvolles Gespann bilden der ehemalige Direktor des CONSEJO REGULADOR von Ribera del Duero, Javier Zaccagnini, und Mariano García, früher bei VEGA SICILIA. Entsprechend fein sind die Weine im modernen Stil: dunkler, herzhafter Aalto, der konzentrierte PS (Pagos Seleccionados, von 200 Parzellen) braucht 10 Jahre Flaschenreife. Zum Familienbesitz zählen u.a. MAURO (CASTILLA Y LEÓN) und Maurodos (TORO). Zaccagnini bereitet bei Aalto den eleganten Preludio seiner Bodega Sei Solo.

Abadía Retuerta Cas-L r ★★→★★★ Bodega knapp außerhalb von RIBERA DEL DUERO mit Hotel und Gourmetrestaurant in einem ehemaligen Kloster. Sehr guter weißer Verschnitt Le Domaine (BV). Vielversprechend sind CABERNET SAUVIGNON, SYRAH und PETIT VERDOT von Einzellagen.

Agustí Torelló Mata Cava sch ★★→★★★ Kleiner CAVA-Spezialist, Familienbetrieb. Hervorragend sind der Kripta und der Bayanus 375 (in halben Flaschen).

Alexander Jules Sherry ★★→★★★ Handelshaus, das Abfüllungen ausgewählter BUTTS von z.B. SÁNCHEZ ROMATE und ARGÜESO bietet. Erhältlich derzeit in den USA, Japan und Spanien.

Alicante Alicante r w; s ★→★★ Die Region erzeugt würzige Rot- und Weißweine sowie gepriteten FONDILLÓN und gilt als geistige Heimat der MONASTRELL-Traube. Im trockenen Hinterland gedeihen alte Buschreben. Spitzenerzeuger: Enrique MENDOZA, Bernabé Navarro (Naturweinpionier mit in tönernen *tinajas* ausgebauten Weinen), ARTADI, Bruno Prats.

Allende, Finca R Alt r w ★★★★ Vom unverwüstlichen Miguel Ángel de Gregorio geleitete und in jeder Beziehung überragende RIOJA-BODEGA in BRIONES. Weine: Calvario von einer Einzellage, Aurus mit wunderbarer mineralischer Note. Außerdem zwei Weißweine: der kraftvolle Blanco und der sehr feine, aromatische Martires. Finca Nueva heißt die Reihe mit sofort genussfertigen Weinen. Die Finca Coronado in La MANCHA gehört ebenfalls zum Besitz.

Almacenista Sherry, Man ★★→★★★★ Kellerei mit Sherry-Beständen, oft sehr klein, die feine Weine ausbaut, um sie an BODEGAS zu verkaufen. Oft grandiose Qualität. Einer der ersten Anbieter mit überragendem Sortiment war LUSTAU. Cayetano del Pino hat einen sehr feinen PALO CORTADO.

Álvaro Domecq Sherry, Man ★★→★★★ Vornehme alte BODEGA auf der Basis von SOLERAS von Pilar Aranda, der ältesten Bodega in JEREZ. Geschliffen-elegante Weine. Guter FINO La Janda, exzellente VORS-Reihe »Linea 1730«.

Alvear Mont-M ★★→★★★ Zeigt auf eindrucksvolle Weise die Vielfalt der PX-Traube in MONTILLA-MORILES. Gute trockene FINOS C.B. und Capataz, wunderbar süßer SOLERA 1927, üppiger Dulce Viejo.

Artadi, Bodegas y Viñedos Alicante, Nav r ★★→★★★★ Flaggschiff von Juan Carlos López de Lacalle, der die DO RIOJA Ende 2015 verließ, weil sie derzeit keine Einzellagen und Terroirs anerkennt. Wunderbare moderne Weine mit und ohne Eichennote. Außerdem preiswerter Viñas de Gain, luxuriöser La Poza de Ballesteros und dunkler El Carretil mit einer Note von Steinen; hervorragender El Pisón von einer Einzellage. Sehr guter El Sequé (rot) aus ALICANTE und Artazuri (rot, rosé BV) aus NAVARRA.

Baigorri, Bodegas R Ala r w ★★→★★★ Die Weine sind so spektakulär wie die gläserne Architektur. Wuchtiger, moderner RIOJA: Primäraromen von schwarzen Früchten, wuchtige Tannine, üppige Eichenwürze und frischer Abgang. Der Garage räumt alle Preise ab, zugänglicher ist die RESERVA. Restaurant mit schönem Ausblick.

Barbadillo, Bodegas Man ★→★★★★ Ein schlafender Riese, der langsam erwacht und seine Schätze enthüllt. Standort ist der prachtvolle ehemalige Bischofspalast in der Oberstadt von SANLÚCAR. Das Angebot reicht von verlässlich bis hervorragend. Pionier für MANZANILLA EN RAMA. Spitzenreiter ist die Reihe Reliquia, v.a. AMONTILLADO und PALO CORTADO. Vorzüglicher 100 Jahre alten Amontillado Versos, von dem 2016 nur 100 Flaschen freigegeben wurden. Auch lokaler Bestseller Castillo San Diego (BV) von der PALOMINO-Traube.

Barón de Ley R B r rs w ★→★★ Das ehemalige Benediktinerkloster beherbergt jetzt eine verlässliche BODEGA mit einem Ruf für Innovation. Verschnitte und Sortenweine sowie Klassiker.

Báscula, La Alicante, Rioja, Jumilla r w; s ★★ Abenteuerlustige Marke mit preiswerten Weinen aus aufstrebenden Bereichen, z.B. ALICANTE, JUMILLA, RIBERA DEL DUERO, RIOJA, Terra Alta und YECLA. Geführt von dem Südafrikaner Bruce Jack und dem britischen Master of Wine Ed Adams.

Belondrade Cas-L, Rueda r w ★★→★★★ Einer der Stars von RUEDA. Didier Belondrade und sein Sohn Jean erzeugen herzhaften VERDEJO mit schöner Textur, der im Eichenfass auf dem Hefesatz gelagert wird und gut altert. Zweitetikett: Apollonia (CASTILLA Y LEON). Außerdem TEMPRANILLO Quinta Clarisa (rot; BV).

Beronia Rioja r rs w ★→★★★ Verlässliche Mainstream-Bodega in RIOJA, jetzt wieder in Form. Souverän wiederbelebte RESERVA, gute CRIANZA. Im Besitz von GONZÁLEZ BYASS.

Bierzo, El r w ★→★★★ Derzeit die angesagteste Region in Spanien mit ihrer knackigen, Pinot-noir-artigen Mencía von Schieferböden und der ätherischer GODELLO (weiß). Am bekanntesten sind Descendientes de J. PALACIOS und das »Enfant terrible« Raúl Pérez von Castro Ventosa mit dem Ultreia St. Jacques. Außerdem: DOMINIO DE TARES, Gancedo, Luna Berberide, Peique und Pittacum.

Binissalem Mall r rs w ★★ Traditionsreiche Insel-DO nordöstl. von Palma. Hauptsächlich Rotwein, hauptsächlich von der tanninherben Mantonegro-Traube. Am besten: Jaume de Puntiró, Macià Batle, Tianna Negre.

Bodega 1. Kellerei; 2. Weinhandlung; 3. eine Firma, die sich mit der Herstellung, dem Verschnitt bzw. dem Versand von Wein befasst.

Butt Sherry – Fass mit 600 l Fassungsvermögen aus lang gelagerter amerikanischer Eiche, das für den Sherry-Ausbau verwendet und nur zu fünf Sechsteln gefüllt wird, damit sich eine FLOR-Schicht bilden kann. In Schottland verwendet man gern gebrauchte Sherry-Fässer, um Whisky den letzten Schliff zu verleihen.

Calatayud Aragón r rs w ★→★★★ Kleine DO, die gerade mit ihren alten, in 700–900 m Höhe wachsenden GARNACHA-Reben auf sich aufmerksam macht. Beste Erzeuger: BODEGAS Ateca (siehe Juan GIL), El ESCOCÉS VOLANTE, Lobban (v.a. der El Gordito, bereitet von der Schottin Pamela Geddes) und der preisgünstige Virgén de la Sierra (Cruz de Piedra).

Campo de Borja Aragón r rs w ★→★★★ Genau die richtige Quelle für preiswertige, fruchtig-saftige GARNACHA-Weine, z.B. von BODEGAS Alto Moncayo, Aragonesas oder Borsao.

Cañas, Bodegas Luis R Ala r w ★→★★★ Der vielfach preisgekrönte Familienbetrieb bietet vom JOVEN bis hin zu den »Garagenweinen« echte Qualität. Zum Sortiment zählen Klassiker wie die RESERVA Selección de la Familia und Modernes wie der extrem konzentrierte Hiru 3 Racimos oder der Amaren.

Capçanes, Celler de Kat r rs w; s ★→★★ Eine der besten Genossenschaften Spaniens. Sehr faire Preise, ausdrucksstarke Weine aus MONTSANT. Auch koschere Weine; u.a. empfehlenswerter Peraj Ha'abib.

Cariñena Aragón r rs w ★→★★ Die DO trägt denselben Namen wie die Traube. Solide, wenig aufregende, aber preiswerte Weine; bester Erzeuger ist FINCA Aylés.

Casa Castillo Jumilla r ★★→★★★ Erstklassiger Familienbetrieb hoch oben in JUMILLA. Hervorragender GARNACHA El Molar und SYRAH Valtosca, sehr fein der Einzellagenverschnitt Las Gravas sowie der MONASTRELL, v.a. der Pie Franco aus einer kleinen Monastrell-Parzelle, die der jüngsten Reblausplage entging.

Castaño, Bodegas Mur r rs w; s ★→★★ Die Familie Castaño ist der Inbegriff von YECLA und erzeugt feine MONASTRELL-Weine, angefangen von preiswerten Jungspunden bis hin zum exzellenten Casa Cisca. Auch köstlicher süßer roter Dulce.

Cava-Champions

CAVA verkauft sich seit Jahren unter Wert. Zumindest im Spitzensegment gibt es Spannendes zu entdecken: Weine von lokalen Sorten und mit längerem Hefesatzausbau. Erzeuger: u.a. AGUSTÍ TORELLÓ, Alta Alella, Casa Sala (von FREIXENET), CODORNÍU, GRAMONA, JUVÉ Y CAMPS, Parxet, RECAREDO oder Vilarnau (von González Byass). Stellen Sie sich aber auf Preise wie für Champagner ein.

Castell d'Encús Cos del S r w ★★→★★★ Faszinierendes Projekt von Raül Bobet, der auch FERRER BOBET im PRIORAT leitet. Erzeugt werden herrlich frische Weine aus 1000 m hohen Lagen, bei denen Tradition auf Moderne trifft: Die Trauben werden in steinernen *lagares* vergoren, die Kellerei ist mit neuester Technik ausgestattet. RIESLING Ekam, SYRAH Thalarn, Bordeaux-Verschnitt Quest, PINOT NOIR Acusp.

Castell Remei Kat, Cos del S – Augen auf: Der Ausnahmewinzer Tomás Cusiné ist auf das historische Gut zurückgekehrt, um mit Vilosell, Cara Nord und Cérvoles eine Gruppe zu bilden. Probieren Sie den schön texturierten Finca Racons MACEBEO (weiß) von 100 Jahre alten Reben.

Castilla y León r rs w ★→★★★ Der größte Weinbaubereich Spaniens bietet viel Erfreuliches, jedoch bei stark schwankender Qualität. Oft günstige Preise: berühmte und unbekannte Erzeuger, berühmte und unbekannte Rebsorten. Zu den entdeckenswerten DOs zählen Arribes, BIERZO, CIGALES, Tierra de León, Tierra del Vino de Zamora sowie der Bereich Valles de Benavente (ansprechende Qualität). Rote Sorten: u.a. MENCÍA, Juan García, TINTA DEL PAÍS; weiße Sorte: Doña Blanca. Guter Rosado von intensiver Farbe aus der Prieto-Picudo-Traube.

Castillo Perelada Emp, Pri r rs w; sch ★→★★★ Glamouröses Weingut mit sehr bekannten Sommerkonzerten. Großes Spektrum an Hochglanzweinen: temperamentvolle CAVAS, v.a. Gran Claustro, und moderne Rote, z.B. Finca Garbet (SYRAH aus küstennahen Lagen). Zudem seltener, 12 Jahre in der Solera gereifter GARNATXA de l'Empordà. Sehr fein sind der Casa Gran del Siurana und der Gran Cruor, ein Syrah-Verschnitt aus dem PRIORAT.

Catalunya Kat r rs w; sch – Die sehr große DO umfasst ganz Katalonien: Küste, Berge und alles, was dazwischen liegt. Hier findet man einige der bekanntesten Namen Spaniens, z.B. TORRES. Anders als die selbstbewusste katalanische Sprache und Politik ist die Identität der DO schwach ausgeprägt. Ihr eigentlicher Zweck ist es, pfiffigen Erzeugern die Möglichkeit zu cleveren DO-übergreifenden Verschnitten zu bieten.

Cava Der nach der traditionellen Methode bereitete spanische Schaumwein muss mindestens 9 Monate reifen. Erzeugt wird er zum Großteil im PENEDÈS, v.a. in und um Sant Sadurní d'Anoia, aber auch in zahlreichen anderen Gegenden, z.B. RIOJA (v.a. Conde de Haro von MUGA). Nach einem Flirt mit CHARDONNAY und PINOT NOIR kehrt man nun glücklicherweise wieder zu lokalen Rebsorten zurück: MACABEO, PARELLADA, XAREL-LO. Neu ist die oberste Kategorie für Weine von Einzellagen namens *paraje calificada*. Dennoch gibt es immer noch zu viele schwächliche Schaumweine, weshalb einige Erzeuger die DO verlassen. Siehe auch CONCA DEL RÍU ANOIA, CLÀSSIC PENEDÈS.

César Florido Sherry ★→★★ Seit 1887 ein Meister des MOSCATEL. Entdecken Sie das wunderbar duftende, saftige Trio Dorado, Especial, Pasas.

Chacolí/Txakoli Bask (r) (rs) w; s ★→★★ BV – Der baskische Wein, erzeugt in den DOs Getariako Txakolina und Bizkaiko Txakolina. Die Weinberge sind kühlen Atlantikwinden und strömendem Regen ausgesetzt. Daraus erklärt sich die durchdringende knackige Frische des weißen Perlweins, den die Einheimischen in langem Strahl aus der Höhe ins Glas gießen. Spitzenerzeuger: Ameztoi und Txomín Etxaníz. Üppiger süßer Arima von Gorka Izagirre – besuchen Sie auf jeden Fall sein Restaurant »Azurmendi« nahe dem Flughafen von Bilbao (3 Michelin-Sterne).

Chipiona Sherry – Aus diesem sandigen Küstengebiet stammen die MOSCATEL-Trauben für Sherry. Vorwiegend Genossenschaften. Wegweisend ist die Familie von CÉSAR FLORIDO.

Chivite, Bodegas Julián Nav r rs w; s ★★→★★★ Alteingesessener Familienbetrieb in NAVARRA mit der beliebten Reihe Gran Feudo (BV), v.a. Rosado und Sobre Lías *(sur lie)*. Feine Reihe Colección 125, u.a. mit herausragendem CHARDONNAY und gutem Spätlese-MOSCATEL. Neuer Rosé zusammen mit dem Koch Arzak aus San Sebastian. Das Gut Señorio de Arínzano ist ein wunderschöner PAGO, doch die Weine haben noch ein gutes Stück Weg vor sich. Beratender Önologe ist seit Langem Denis Dubourdieu.

Cigales Cas-L r rs (w) ★→★★ Die kleine DO, eingezwängt zwischen RIBERA DEL DUERO und TORO, muss kämpfen, um auf sich aufmerksam zu machen. Günstige Rot- und Roséweine.

Clàssic Penedès Pen – Neue Kategorie der DO PENEDÈS für Schauwein nach der traditionellen Methode, mit der höhere Qualität als Cava angezeigt werden soll. Mindestens 15 Monate Reifung, ab dem Jahrgang 2017 in Bioqualität. Zu den Mitgliedern gehören Albet i Noya, Colet, LOXAREL, Mas Bertran.

Clos Mogador Pri r w ★★★→★★★★ René Barbier gehört zum Quintett der Erzeuger, die das PRIORAT wiederentdeckt haben, und er war für viele ein Mentor. Sein Clos Mogador flößt noch immer Respekt ein. Der würzige, üppig duftende weiße Clos Nelin mit Honignoten war der Wegbereiter des Trends zu GARNACHA-BLANCA-Verschnitten.

Codorníu Raventós Cos del S, Pen, Pri, Rioja r rs w; sch ★→★★★ Spaniens ältester Familienbetrieb; die Jugendstil-Kellerei ist einen Besuch wert. Beim CAVA-Verkauf Zweiter hinter FREIXENET. Die vom Kellermeister Bruno Colomer geleitete Versuchs-BODEGA führte zu Verbesserungen im ganzen Angebot, z.B. beim Jaume Codorníu. Hervorragende Einzellagen-Cavas namens Gran Cordoníu. Immer besser werden die Güter Raimat in COSTERS DEL SEGRE (z.B. Verschnitt Ánima, rot und weiß) und Legaris in RIBERA DEL DUERO, während Bilbaínas in RIOJA mit dem beliebten Viña Pomal punktet. Siehe auch SCALA DEI.

Conca de Barberà Kat r rs w – In der kleinen katalanischen DO, die früher ausschließlich große Unternehmen mit hochwertigem Traubengut ver-

Spanien

sorgte, arbeiten inzwischen einige exzellente Erzeugerbetriebe, darunter Escoda-Sanahuja (biodynamisch). Die TORRES-Spitzenweine Grans Muralles und Milmanda werden beide in dieser DO erzeugt.

Conca del Riu Anoia Kat – Kleine DO für nach dem traditionellen Verfahren bereiteten Schaumwein, 2013 von RAVENTÓS I BLANC geschaffen, um strengere Qualitätskontrollen als für CAVA zu gewährleisten. Ökologische Produktion, geringere Erträge, Mindestreifezeit von 18 Monaten und ausschließlich lokale Rebsorten.

Consejo Regulador Amtliche Organisation für Erhaltung, Kontrolle und Förderung einer Denominación de Origen; jede DO hat ihren eigenen Consejo Regulador. Die Qualität ist so uneinheitlich wie die Weine, die die Organisation vertritt – mal steht Bürokratie, mal unternehmerisches Denken im Vordergrund.

Contino, Viñedos del R Ala r rs w ★★→★★★★ Pionier für Einzellagenweine in RIOJA. Jesús Madrazo, der Sohn eines der Gründer, konzentriert sich weiterhin mit beständigem Erfolg auf dieses Konzept. Die RESERVAS sind sehr langlebig, schöner GRACIANO, wunderbarer Viña del Olivo (Einzellage) ein moderner Klassiker für Rioja. Dazu reifer GARNACHA-BLANCA-Verschnitt (weiß) und aromatischer Rosado. Jetzt im Besitz von CVNE. Wird sich dadurch etwas ändern?

Costers del Segre r rs w; sch ★→★★★ Zwischen CASTELL D'ENCUS in den Bergen und den weiter unten gelegenen Gütern CASTELL DEL REMEI und Raimat geografisch geteilte DO.

Crianza Die »Kinderstube«, in der sich der Wein entwickelt – Garant für eine gewisse Reifezeit, nicht für Qualität. In der Regel sind Crianza-Weine mindestens 2 Jahre gereift, davon 6–12 Monate im Eichenfass, und dürfen erst ab dem dritten Jahr freigegeben werden. Siehe auch RESERVA.

Cusiné, Tomàs Cos del S r w ★★→★★★ Einer der innovativsten Weinmacher Spaniens, ursprünglich für Castell del Remei und CÉRVOLES tätig. Individuelle, moderne Weine, darunter der TEMPRANILLO-Verschnitt Vilosell und der originelle weiße Auzells, der aus 10 Rebsorten bereitet wird.

Compañía Vinícola del Norte de España (CVNE) R Ala, R Alt r rs w ★→★★★★ Einer der großen Namen in RIOJA, gegründet 1879. Sehr eindrucksvoll im Spitzenbereich: ätherisch und weniger eichenlastig als viele in Rioja. Die Kellerei Real de Asúa erzeugt gute Imperial RESERVA, hervorragende elegante Imperial GRAN RESERVA und modernen Real de Asúa aus Rioja Alta. Aus der Kellerei in Rioja Alavesa kommt die exzellente Reihe Viña Real. Die Weine können sehr alt werden – versuchen Sie, die Jahrgänge **1962**, **1964** oder **1970** aufzutreiben. CONTINO ist Teil des Unternehmens.

Delgado Zuleta Man ★→★★ Die älteste Bodega in SANLÚCAR, 1774 gegründet. Flaggschiff ist der 5–6 Jahre alte La Goya MANZANILLA Pasada, der bei der Hochzeit von König Felipe VI. serviert wurde; außerdem 10 Jahre alter Goya XL EN RAMA. Eindrucksvoll gereifter 40 Jahre alter Quo Vadis? AMONTILLADO.

DO (Denominación de Origen), DOP (Denominación de Origen Protegida) Die bisherigen Herkunftsbezeichnungen Denominación de Origen (DO) und Denominación de Origen Calificada (DOCa) sind jetzt zur Denominación de Origen Protegida (DOP) zusammengefasst. Daneben gibt es noch die Kategorie VINO DE PAGO. Die niedrigere Qualitätsstufe Vinos de Calidad Producidos en Regiones Determinadas (VCPRD) wird sukzessive zu Vinos de Calidad de Indicación Geografica (VCIG).

Díez-Mérito Sherry ★→★★★ Bodega in den einstzu Federico Paternina gehörenden Kellern. Verlässliche Reihe Bertola; auch feine gereifte VORS- Sherrys: AMONTILLADO Fino Imperial, OLOROSO Victoria Regina, Vieja Solera PX.

Dinastía Vivanco R Alt r w ★→★★ Große BODEGA in Briones in Familienbesitz. Das Weinmuseum lohnt einen Umweg.

Domaines Lupier Nav r ★★★ Teil der GARNACHA-Renaissance. Das junge Paar mit alten Buschreben erzeugt zwei ernst zu nehmende Weine: blumigen La Dama und dichten, breitschultrigen El Terroir. Ökoanbau.

Domecq Sherry – Großer Name in JEREZ, jetzt durch mehrere Fusionen in Stücke gerissen. Die VORS-Weine sind jetzt im Besitz von OSBORNE; La Ina, Botaina, Rio Viejo und Viña 25 sind an LUSTAU übergegangen.

Dominio de Tares El B r w ★★→★★★ Hervorragender MENCÍA von alten Reben: Cepas Viejas und Tares P3. Außerdem guter GODELLO. Stallgefährten sind Pazos de Lusco (RÍAS BAIXAS) und Dominio Dostares (CASTILLA Y LEÓN) – der Cumal des letzteren Guts ist ein schönes Beispiel für die Lokalrebsorte Prieto Picudo.

Dominio de Valdepusa Cas-La M r w ★→★★★ Der unermüdliche, gut vernetzte und wegweisende Carlos Falcó (Marqués de Griñon) erneuert seit den 1970er-Jahren Weinberge und Kellerei seines Familienguts bei Toledo, inzwischen als VINO DE PAGO klassifiziert. Auf seinem Gut El Rincón erzeugt Falcó Weine der DO Vinos de MADRID.

Dulce Süß.

Emilio Hidalgo Sherry ★★★→★★★★ Hervorragende kleine Bodega in Familienbesitz. Alle Weine außer PX reifen zunächst unter FLOR. Ausgezeichneter, 15 Jahre alter FINO La Panesa, intensiver 50 Jahre alter AMONTILLADO Tresillo 1874 und seltener PX Santa Ana 1861.

Empordà Kat r rs w; s ★→★★ Kleine, sehr angesagte DO nahe der französischen Grenze, ein Zentrum der Kreativität. Die besten Kellereien sind CASTILLO PERELADA, Celler Marti Fabra, Pere Guardiola und Vinyes dels Aspres. Das spleenige junge Weingut Espelt baut stolze 17 Sorten an; probieren Sie den Sauló (GARNACHA/CARIGNAN). Celler Espolla bietet mit dem Solera GRAN RESERVA einen üppigen natursüßen Wein an.

Epicure Wines r w; sch ★★ Der preisgekrönte Sommelier Franck Massard baut ein Portfolio charaktervoller Weine von aufstrebenden DOs auf, u. a. aus MONTSANT, RIBEIRA SACRA, Terra Alta, VALDEORRAS.

Equipo Navazos Sherry ★★★→★★★★ Jesús Barquín und Eduardo Ojeda sind das Team *(equipo)*, das die Wahrnehmung des Sherry verändert hat: Sie agieren als Négociant, der die besten BUTTS auswählt. Zusammenarbeit u.a. mit Dirk Niepoort, PEREZ-BARQUERO (Montilla-Moriles), Colet-Navazos (Schaumwein; Sherry wird für den *liqueur d'expédition* verwendet), RAFAEL PALACIOS und Navazos-Palazzi (Brandy). Flor Power ist ein ungespriteter, unter FLOR gereifter Wein: eine Hommage an die traditionelle Weinbereitung von JEREZ.

Escocés Volante, El Aragón r w ★★ Der schottische Master of Wine Norrel Robertson lebt in Calatayud und hat sich auf GARNACHA von alten Reben spezialisiert, die in Höhenlagen auf Schieferboden wachsen. Außerdem Weißweine The Cup & Rings (ALBARIÑO aus RÍAS BAIXAS; GODELLO aus Monterrei).

Espíritus de Jerez Sherry ★★★ Die Boutique-Kollektion des Unternehmers Roberto Amillo aus RIOJA stammt aus feinen SOLERAS (u. a. FERNANDO DE CASTILLA) und wird in Flaschen abgefüllt, die an Parfumflakons erinnern.

Espumoso Schaumwein, der jedoch – anders als CAVA – nicht nach der traditionellen Methode hergestellt wird und daher in der Regel preiswerter ist.

Ferrer Bobet Pri r ★★★ Geschliffene, komplexe Weine von Sergi Ferrer-Salat (Gründer der Vinothek Monvínic in Barcelona) und Raül Bobet (CASTELL D'ENCUS). Schieferböden und alte Reben zeigen sich aufs Schönste im Selecció Especial Vinyes Velles. Spektakuläre Kellerei.

Spanien

Finca – Landgut, Weingut, ländliches Anwesen.

Flor Sherry – Das spanische Wort für »Blume« bezeichnet die Schicht aus Saccharomyces-Hefen, die sich auf natürlichem Wege in einem zu fünf Sechsteln gefüllten Fass auf der Oberfläche von FINO- und MANZANILLA-Sherry bildet. Die Flor-Schicht bindet Sauerstoff und weitere Stoffe (ein Vorgang, den man »biologische Reife« nennt) und bewahrt den Wein vor dem Braunwerden (Oxidation). Traditionell bereitete AMONTILLADOS beginnen als Finos oder Manzanillas, bevor der Flor auf natürliche Weise oder durch die Zugabe von Alkohol abstirbt. In El PUERTO DE SANTA MARÍA und SANLÚCAR, die näher an der Küste liegen, ist die Flor-Schicht dicker, was die feinere Art der dortigen Sherrys erklärt. Am dicksten ist sie im Frühjahr und im Herbst.

Fondillón Alicante s ★→★★★ Einst legendärer ungespriteter roter Süßwein aus MONASTRELL-Trauben, der lange Seereisen überstehen sollte. Heute wird er mindestens 10 Jahre in Eiche gereift; einige SOLERAS sind sehr alt. Leider schrumpfende Produktion, u. a. von GUTIÉRREZ DE LA VEGA und Primitivo Quiles.

Freixenet, Cavas Pen, Cava rs w; sch ★→★★★ Größter CAVA-Erzeuger, im Besitz der Familie Ferrer. Am bekanntesten für den in schwarzen Flaschen abgefüllten Cordón Negro und den Standardwein Carta Nevada. Die mit CHARDONNAY und PINOT NOIR aufgepeppte Spitzen-Cava Elyssia ist ein echter Schritt nach vorn. Casa Sala heißt die kleine Spitzenmarke. Neu herausgebracht wurde La Freixeneda (rot) vom Gut der Familie aus dem 13. Jahrhundert. Weitere Marken sind u. a. Castellblanch, Conde de Caralt und Segura Viudas. Zur Freixenet-Gruppe gehören auch die Champagnerfirma Henri Abelé, das Bordeaux-Handelshaus Yvon Mau sowie Gloria Ferrer (USA) und Wingara (Australien).

Galicien (r) w – Regenreiche Region in Nordwestspanien, in der einige der besten spanischen Weißweine (siehe MONTERREI, RÍAS BAIXAS, RIBEIRA SACRA, RIBEIRO, VALDEORRAS) und strahlende, knackig-frische Rote entstehen. Alles sehr interessant.

Garvey Sherry ★→★★ Einer der letzten Überreste des Ruiz-Mateos-Imperiums, dessen Niedergang dem Sherryhandel viel Schaden zugefügt hat. Zukunft ungewiss. Bekanntestes Erzeugnis ist der FINO San Patricio.

González Byass Sherry ★★★→★★★★ González Byass (gegründet 1845) ist und bleibt ein Familienunternehmen. Der liebenswürdig-poetische Antonio Flores hat, ausgehend vom berühmtesten aller FINOS, Tío Pepe, ein faszinierendes Portfolio entwickelt: eine EN-RAMA-Abfüllung und die Palmas Finos. Begleitet werden sie weiter vom stets geschliffenen AMONTILLADO Viña AB, dem OLOROSO Matúsalem und dem PX Noë. Außerdem gute Weinbrände, Tischweine, u. a. BERONIA (RIOJA), Vilarnau (CAVA) und Viñas del Vero (SOMONTANO), sowie Croft Original Pale Cream (keine Offenbarung, aber beliebt). Die nahe gelegene Finca Moncloa erzeugt nach wie vor Rotweine; der Tintilla de Rota von der gleichnamigen, sonst als GRACIANO bekannten Traube haucht einem traditionellen gespriteten Süßwein neues Leben ein.

Gramona Pen, Cava r w; s; sch ★★→★★★★ Einer der besten Namen für CAVA; erzeugt in fünfter Generation beeindruckende, langlebige Cavas, darunter die GRAN RESERVA Imperial und den III Lustros. Dank Forschung und Versuchsanpflanzungen gibt es zudem die gute, von XAREL-LO dominierte Gran Reserva Celler Batlle, Süßweine (einschließlich Eiswein) und den beeindruckenden CHARDONNAY/SAUVIGNON-BLANC-Verschnitt Gra a Gra Blanco DULCE.

Gran Reserva – In RIOJA sind mindestens 2 Jahre Fass- und 3 Jahre Flaschenreifung vorgeschrieben. Sehen Sie sich nach großartigen alten Gran-

Reserva-Weinen um, die oft sehr preisgünstig sind. Neuere Abfüllungen brauchen oft mehr Zeit in der Flasche.

Guita, La Man ★→★★★ Verlässlicher Manzanilla. Im Besitz der Grupo Estévez, der auch VALDESPINO gehört. Bevorzugter Sherry bei der jährlichen Feria de Sevilla.

Gutiérrez Colosía Sherry ★→★★★ Eine der wenigen am Fluss verbliebenen Bodegas in El PUERTO DE SANTA MARÍA. Ehemaliger ALMACENISTA mit herrlichem altem PALO CORTADO.

Gutiérrez de la Vega Alicante r w; s ★★→★★★ Erzeuger in ALICANTE, nach einem Zerwürfnis aber nicht länger in der DO. Wunderbar ausdrucksstarker MOSCATEL, v. a. Casta Diva. Auch ein Experte für FONDILLÓN.

Garnacha-Gurus

Das ehemalige Arbeitstier unter den Rebsorten – auf Französisch Grenache – wird nun für seine große Ausdruckskraft gefeiert, insbesondere bei Trauben von alten Buschreben. Für die neue Erzeugergeneration ist sie eine Lieblingssorte geworden. Comando G, geführt von Dani Landi und Fernando Garcia, sind in CASTILLA Y LEÓN, Vinos de MADRID und MÉNTRIDA tätig. In NAVARRA sind GARNACHAS von alten Reben die besten Rotweine der DO geworden, u. a. von DOMAINES LUPIER oder La Calandria. Im PRIORAT kommen hervorragende Garnacha-Weine von Schiefer- und Tonböden. Auch saftige Rote mit ausgezeichnetem Preis-Leistungs-Verhältnis werden von Garnacha bereitet, z. B. in CALATAYUD und CAMPO DE BORJA; CASTILLO PERELADA dagegen macht üppig süße Weine daraus. Garnachas de España – mit vier kleinen Kellereien in DOs am Ebro – bereitet sogar einige der seltenen spanischen Eisweine daraus.

Spanien

Hacienda Monasterio, Bodegas Rib del D r ★★★ 160-ha-Besitz gleich neben dem Bauernhof der Familie. Kultweinmacher Peter Sisseck (PINGUS) erzeugt Verschnitte von TINTO FINO und CABERNET SAUVIGNON. Zugänglicher als der Pingus. Jugendlicher Cosecha mit subtiler Eichennote und komplexe RESERVA. Die Reserva Especial beeindruckt mit reichhaltiger, dichter Textur.

Haro R Alt – In der malerischen alten Stadt im Herzen von Rioja Alta sind die großen Namen von RIOJA am und um den Bahnhof versammelt. Besuchen Sie LÓPEZ DE HEREDIA, MUGA, La RIOJA ALTA oder auch den modernen Betrieb RODA.

Harveys Sherry ★→★★★ Einst ein großer Name in Jerez, berühmt für den Bristol Cream. Feine VORS-Sherrys, von denen einige jedoch ihr Alter nicht mehr verhehlen können. Jüngst von Emperador gekauft, der weltgrößten Firma für Brandy (zusammen mit der Brandymarke Fundador).

Herederos de Argüeso Man ★★→★★★ Einer der besten Erzeuger in SANLÚCAR mit sehr gutem San León und dicht gewirktem, salzigem San León Reserva sowie jugendlichem Las Medallas. Außerdem beeindruckend lebhafter AMONTILLADO Viejo VORS.

Hidalgo La Gitana Man ★★→★★★★ Der 1972 gegründete Familienbetrieb in SANLÚCAR wird von Javier Hidalgo geleitet. Der äußerst grazile MANZANILLA La Gitana ist ein Klassiker. Charaktervoller zeigt sich der La Gitana EN RAMA. Feinster Manzanilla ist der Pasada Pastrana von einer Einzellage, der fast die Reife eines AMONTILLADO besitzt. Hervorragende VORS-Reihe, darunter Amontillado Napoleon, PALO CORTADO Wellington und PX Triana.

Jean León Pen r w ★★→★★★ Bereitete CABERNET SAUVIGNON und CHARDONNAY in Spanien den Weg, seit 1995 im Besitz von TORRES und jetzt unter Mireia Torres wieder auf dem aufsteigenden Ast. Gute, eichenwürzige Chardonnay-Weine, ausdrucksstarker Merlot namens 3055 und eleganter Cabernet Sauvignon Vinya La Scala.

Jerez de la Frontera Sherry – Zentrum der Sherry-Region zwischen Cádiz und Sevilla in Südspanien. Das Wort Sherry ist eine Verballhornung des Namens Jerez, französisch Xérès. Der DO-Name lautet daher Jerez-Xérès-Sherry. MANZANILLA hat eine eigene DO: Manzanilla-SANLÚCAR DE BARRAMEDA.

Joven (vino) Junger, nicht in Eiche gereifter Wein. Siehe auch CRIANZA.

Juan Gil Bodegas Familiares Jumilla r w ★→★★★ Der alteingesessene Familienbetrieb wurde 2002 von Grund auf reorganisiert mit dem Ziel, in JUMILLA der Beste zu sein. Gute junge MONASTRELL-Weine (z.B. 4 Meses), kraftvolle, langlebige Spitzengewächse Clio und El Nido. Das Unternehmen besitzt auch moderne Kellereien in aufstrebenden DOS, u.a. Shaya (RUEDA), Can Blau (MONTSANT) und Ateca (CALATAYUD).

Jumilla Mur r (rs) (w) ★→★★★ Sehr trockenes Anbaugebiet in den Bergen nördlich von Murcia mit alten MONASTRELL-Reben, die inzwischen von engagierten Weinmachern wiederbelebt wurden. Auch TEMPRANILLO, MERLOT, CABERNET SAUVIGNON, SYRAH und PETIT VERDOT spielen eine Rolle. Spitzenerzeuger: Juan GIL, gefolgt von Agapito Rico, CASTAÑO, Carchelo, Luzón.

Juvé y Camps Pen w; sch ★★→★★★ Beständig guter Familienbetrieb mit guter CAVA. Die RESERVA de la Familia ist der Grundpfeiler, ganz oben steht die GRAN RESERVA.

Kanarische Inseln Kan r rs w ★→★★ Es gibt hier stolze 9 DOS, wobei Teneriffa mit SUERTES DEL MARQUÉS die größte Aufmerksamkeit verdient. Die trockenen Weißweine von LISTÁN (PALOMINO) und Marmajuelo sowie die Roten von Listán negro, Negramoll (TINTA NEGRA) und Vijariego bieten erfreulich ursprüngliche Geschmackserlebnisse. Außerdem gute MALVASÍA- und MOSCATEL-Dessertweine, v.a. der gespritete Malvasía El Grifo aus Lanzarote.

La Mancha r rs w ★→★★ Das Land des Don Quixote südlich von Madrid ist (mit Ausnahme seiner Ausdehnung) das am wenigsten beeindruckende Anbaugebiet Spaniens. Dennoch gibt es selbst hier echte Größe: PESQUERA mit dem El Vínculo, MARTÍNEZ BUJANDA mit dem Finca Antigua und JUAN GIL mit dem Volver.

López de Heredia R Alt r rs w ★★→★★★★ Einer aus der alten Garde von RIOJA Alta (1877), mit ätherischen, gereiften Weinen, die plötzlich in Mode sind. Das eindrucksvolle »Château«, ein Wahrzeichen von HARO, wird von der energiegeladenen Maria-José geleitet. Viña Cubillo heißt die jüngere Reihe mit GARNACHA, dunkler ist Viña Bosconia, delikat und reif der Viña Tondonia (**45 64 68 70 81 94 95 96 01 04**). Auch die Weißen reifen ausgiebig in Fass und Flasche: Faszinierend sind der Gravonia (**04**) und der Tondonia GRAN RESERVA (**81 87 91 96**). An Pergament erinnert die Farbe der Gran Reserva Rosado (**00**).

Loxarel Pen sch ★★ Josep Mitjans ist seinem Terroir und der Rebsorte XAREL-LO leidenschaftlich verbunden. (Loxarel ist eine Umstellung des Namens der Rebsorte.) Zum Angebot gehören u.a. roter Xarel-lo, Weine mit Hülsenmaischung und Amphorenweine. Der Cent Nou 109 Brut Nature RESERVA ist ein originelles Schmankerl: nach der traditionellen Methode bereiteter Schaumwein, allerdings wird die Hefe nicht durch Degorgieren entfernt. Komplex, trüb, ungeschwefelt und auch nach 109 Monaten noch immer sehr jugendlich. Biologisch-dynamisch.

Lustau Sherry ★★★→★★★★ Die Bodega brachte die originale ALMACENISTA-Kollektion heraus. Zum Angebot gehören Sherrys aus JEREZ, SANLÚCAR und EL PUERTO. Die einzige Bodega, die EN-RAMA-Sherry aus allen drei Städten erzeugt – faszinierende Kontraste. Der Emilín ist ein erlesener MOSCATEL, der PX VORS herausragend – trotz Alter und Süße kommt er leichtfüßig daher. Eine der wenigen Firmen, die Jahrgangs-Sherry herausbringen.

Madrid, Vinos de r rs w ★→★★ Jahrzehntelang dienten Madrids GARNACHA-Reben zur Erzeugung schlichter Alltagsweine. Heute sind die alten Reben Bestandteil spannender Qualitätsbestrebungen. Fortschrittliche Erzeuger: Bernabeleva, Comando G, Jeromín, Licinia, Marañones, El Regajal, Tagonius.

Maestro Sierra, El Sherry ★★★ Die kleine, traditionelle Bodega mit exzellenter Qualität wird von Mari-Carmen Borrego geleitet, die ihre Mutter Pilar Plá abgelöst hat. Feiner FINO und AMONTILLADO 1830 VORS sowie OLOROSO 1/14 VORS. Der alte Keller lohnt einen Besuch.

Málaga r w sw ★→★★★ Der alte Ruhm des Málaga wurde von TELMO RODRÍGUEZ und seinem subtilen süßen Molino Real wiederbelebt. Der fassgereifte MOSCATEL No 3 Viejas Viñas von Jorge Ordoñez ist wunderbar üppig, bei Bentomiz findet man eine beeindruckende Auswahl an Moscatel-Weinen. Für Tischweine gibt es die DO Sierras de Málaga; der Botani von Ordóñez ist ein aromatischer trockener Moscatel.

Mallorca r w ★→★★★ Die einstigen Touristenweine sind inzwischen sehr viel besser geworden und gelten auf dem Heimatmarkt als chic – zu entsprechenden Preisen, z.B. von 4 Kilos, Án Negra, Biniagual, Binigrau, Hereus de Ribas und Son Bordils. Die Roten sind Verschnitte von traditionellen Rebsorten (Mantonegro, Callet, Fogoneu) plus CABERNET SAUVIGNON, SYRAH und MERLOT. Die Weißen (meist CHARDONNAY) holen schnell auf. Die beiden DOs heißen BINISSALEM und PLA I LLEVANT.

Manchuela Cas-La M r w; s ★→★★ Die DO zwischen den Flüssen Júcar und Cabriel, einst Quelle von Fassweinen, nimmt eine vielversprechende Entwicklung mit Weinen von u. a. Bobal, MALBEC und PETIT VERDOT. Dem Pioniergut Finca SANDOVAL sind Alto Landón und Ponce nachgefolgt; Letzterer erzeugt PIE FRANCO-Weine (von wurzelechten Reben).

Marqués de Cáceres, Bodegas R Alt r rs w ★→★★ Der Erzeuger war in den 1970er-Jahren ein wichtiger Wegbereiter für RIOJA-Weine und führte dort französische Weinbereitungsmethoden ein. Frischer Weißwein und Rosé. Gaudium heißt der moderne Spitzenwein, die GRAN RESERVA zeigt sich traditionell klassisch.

Marqués de Murrieta R Alt r rs w ★★★→★★★★ Einer der traditionell großen Namen in RIOJA; am berühmtesten ist die prachtvolle, lang gereifte GRAN RESERVA Castillo de Ygay. Die neueste Abfüllung einer Gran Reserva Blanco ist vom Jahrgang 1986, von der Gran Reserva Tinto 1975. Das beste Preis-Leistungs-Verhältnis bietet die dichte, hocharomatische RESERVA; einen Kontrast stellt der moderne, wengleich deutlich eichenwürzige rote Dalmau dar. Capellanía heißt der frische, straffe, komplexe Weiße – einer von Riojas besten. Erzeugt auch den sehr feinen Pazo de Barrantes (RÍAS BAIXAS).

Marqués de Riscal R Ala, Rueda r (rs) w ★★→★★★ Riscal ist viel mehr als nur Frank Gehrys schickes Hotel mit Titandach. Sein Stammbaum, der bis 1862 zurückreicht, wurde kürzlich veröffentlicht. Jeder Marqués in der Abfolge hat etwas zu RIOJA beigetragen, von traditionellen bis zu modernen Stilen. Verlässliche RESERVA, jugendlicher, moderner FINCA Torrea und fein ausgewogene GRAN RESERVA. Das moderne Rioja spiegelt der Barón de Chirel Reserva wider. Marqués de Riscal leistet seit 1972 in

RUEDA Pionierarbeit und erzeugt dort lebhaften SAUVIGNON BLANC und VERDEJO (beide BV).

Martínez Bujanda, Familia Cas-La M r rs w ★→★★ Das geschäftstüchtige Unternehmen besitzt eine ganze Reihe von Kellereien und erzeugt zudem Handelsmarkenweine. Am charmantesten ist der RIOJA-Gutswein Finca Valpiedra, der FINCA Antigua kommt aus La MANCHA.

Mas Doix Pri ★★→★★★ Exzellentes Familienunternehmen in Poboleda, gesegnet mit 70–100 Jahre alten GARNACHA- und CARIÑENA-Reben, die auf Schiefer wachsen. Les Crestes ist ein lebhafter junger Garnacha; der großartige Cariñena ist nach dem Jahr benannt, in dem der Weinberg angelegt wurde: 1902.

Mas Martinet Pri r ★→★★ Sara Pérez ist eine der Leidenschaftlichsten in der zweiten Generation des PRIORAT, stets offen für Neuerungen. Sie vergärt ihre Weine in Bottichen im Weinberg sowie in Amphoren. Ihr Vater Josep Lluís Pérez gehört zum Quintett der ursprünglichen Priorat-Entdecker. Terroirspezialist mit Fokus auf GARNACHA.

Mauro, Bodegas Cas-L r ★★→★★★ Weine mit Stammbaum, gegründet von Mariano García (jetzt Teilhaber von AALTO, früher bei VEGA SICILIA). Sein typischer körperreicher, eichenbetonter Stil drückt sich in den Weinen Tereus und VS aus. Neu herausgekommen ist ein GODELLO. Seine Söhne Eduardo und Alberto sind nun auch mit von der Partie und ebenfalls bei Maurodos (TORO) und Paixar (BIERZO) tätig.

Mendoza, Enrique Alicante r w; s ★→★★ Pepe Mendoza ist die Schlüsselfigur beim Wiederaufstieg der DO und der MONASTRELL-Traube. Die Weine sind ebenso ausdrucksstark und individuell wie Mendoza selbst. Das Gut ist einen Besuch wert. Spitzenerzeugnisse kommen aus trockenen Gebieten im Landesinneren: lebhafter La Tremenda und dichter Einzellagenwein Las Quebradas. Außerdem honigartiger süßer MOSCATEL; ein FONDILLÓN wird in Kürze erwartet.

Méntrida Cas-La M r rs ★→★★ Früheres Genossenschaftsgebiet südlich von Madrid, erlangt jetzt Bekanntheit dank Erzeugern wie Arrayán, Canopy und insbesondere Jiménez-Landi mit den Sorten GARNACHA und Albillo.

Monterrei Gal w ★→★★★ Die kleine DO an der portugiesischen Grenze hat den Durchbruch geschafft. Bunte Mischung an Rebsorten und Verschnitten; bester Erzeuger ist Quinta da Muradella mit einem faszinierenden Paket ungewöhnlicher Traubensorten.

Montilla-Moriles ★→★★★ Der andalusische DO-Bereich bei Córdoba ist ein verborgenes Kleinod, das viel zu oft als armer Verwandter von JEREZ gesehen wird – daher oft enorm preisgünstig. Am oberen Ende der Skala stehen herrlich volle, zum Teil lange in SOLERAS gereifte PX-Weine von süß bis trocken, denn aus PX bereitet man auch junge FINOS. Spitzenerzeuger: ALVEAR, PÉREZ BARQUERO, Bodegas TORO ALBALÁ. Wichtiger Lieferant von PX-Trauben für die DO Jerez.

Montsant Kat r (rs) w ★→★★★ Die das PRIORAT umschließende DO ahmt dessen Weine, aber nicht dessen Preise nach. Feiner GARNACHA BLANCA, v. a. von Acústic. Dicht gewirkte, balsamische Rote bieten Alfredo Arribas, Celler de CAPÇANES, Can Blau, Domenech, Espectacle, Joan d'Anguera, Mas Perinet und Venus la Universal.

Muga, Bodegas R Alt r rs w; (sch) ★★→★★★★ Der Familienbetrieb erzeugt mit die aromatischsten und ausgewogensten Rotweine von RIOJA. Guter fassvergorener, ein wenig an Burgunder erinnernder VIURA (BV), vorbildlicher trockener Rosado, lebhafte Cava und fein gearbeitete, grazile Rote. Beste Weine: Selección Especial, die herrlich bukettreiche GRAN RESERVA Prado Enea, der moderne, kraftvolle Torre Muga (09) und der ausdrucksstarke, komplexe Aro.

Mustiguillo Val r ★★→★★★ Die BODEGA war die treibende Kraft bei der Wiederentdeckung der ungeliebten indigenen BOBAL-Traube, und ihr Weinberg El Terrerazo ist seit 2010 als VINO DE PAGO klassifiziert. Der Mestizaje ist ein fruchtig-saftiger Junior, während der Finca Terrerazo Raffinesse offenbart. Das Spitzengewächs heißt Quincha Corral. Derzeit wird mit dem Weißwein Finca Calvestre die Lokalrebsorte Merseguera wiederbelebt.

Navarra r rs (w) ★★→★★★ Anbaubereich zwischen RIOJA, in dessen Schatten er noch immer steht, und den Pyrenäen. Der frühzeitige Fokus auf internationale Rebsorten hat die wahre Identität verschleiert. Am besten ist ausdrucksvoller GARNACHA von alten Reben, z.B. von La CALANDRIA oder DOMAINES LUPIER. Aufstrebende Erzeuger sind u.a. Pago de Larrainzar und das selbstbewusste Team von Tandem. Beste Erzeuger: Artazu (im Besitz von ARTADI), JULIÁN CHIVITE, Nekeas, Ochoa, Otazu, Pago de Cirsus und Señorio de Sarría (guter Rosado).

Ochoa Nav r rs w; s; sch ★→★★ Vater Javier Ochoa Martínez hat einen großen Beitrag zum modernen Wachstum der DO NAVARRA geleistet, nun haben seine Töchter das Ruder übernommen. Kellermeisterin Adriana Ochoa nennt ihre Reihe »8a«, zu der auch der Mil Gracias Graciano und ein vergnüglicher, an Asti erinnernder süßer Schaumwein gehören.

Osborne Sherry ★★→★★★★ Die 1772 gegründete Bodega setzt ganz auf vornehmes Alter. Zu den ausgezeichneten sehr alten SOLERA-Weinen zählen der AMONTILLADO AOS, der PALO CORTADO PDP, der OLOROSO Seco BC 200 und der PX Solera Vieja. Ist im Besitz einstiger VORS-Stars von DOMECQ, u.a. Amontillado 51-1a. Der FINO Quinta und der reife Fino Coquinero sind typische Sherrysans EL PUERTO DE SANTA MARÌA. Erzeugt auch Tischweine in RIOJA, RUEDA, RIBERA DEL DUERO und ist bekannt für Brandys. Das Firmenlogo, der schwarze Stier, gilt mittlerweile als nationales Wahrzeichen.

Palacio de Fefiñanes Gal w ★★★★ Die ätherischste aller ALBARIÑO-Versionen. Der jung zu trinkende Standardwein zählt zu den feinsten überhaupt. Zwei höherwertige Stile sind der fassvergorene »1583« (benannt nach dem Gründungsjahr dieser ältesten Kellerei der DO) sowie der »III« – herrlich duftend, teuer, auf dem Hefesatz gelagert und durchtränkt von Mandarinenaromen. Die palastartige Kellerei ist einen Besuch wert.

Palacios, Álvaro El B, Pri, Rioja r ★★★→★★★★ Nicht zuletzt seiner Persönlichkeit und der Qualität seiner Weine ist es zu verdanken, dass Spaniens Weine heute weltweit einen hervorragenden Ruf genießen. Álvaro Palacios war auch einer der fünf, die das PRIORAT wiederentdeckten. In Bordeaux ausgebildet, hatte er die Vision, Gemeinden und Terroirs nach burgundischem Vorbild einzustufen. Die Weine sind tatsächlich so gut wie ihr Ruf: Les Terrasses von alten Reben, Finca Dofí auf GARNACHA-Basis mit dunklem Unterton. Der superteure L'Ermita von ertragsarmen GARNACHA-Reben zeigt sich kraftvoll und dicht. Palacios ist auch bei DESCIENDIENTES DE J. PALACIOS und PALACIOS REMONDO tätig.

Palacios, Descendientes de J. El B r ★★★→★★★★ Großartige Weine, die die MENCÍA-Traube in Bestform zeigen. Ricardo Pérez Palacios, Álvaro PALACIOS' Neffe, konzentriert sich auf alte Reben, die auf biologisch-dynamisch bewirtschafteten steilen Schieferhängen wachsen. Preiswerter, blumiger Pétalos plus Villa de Corullón und Las Lamas, beide ausgezeichnet. Außergewöhnlich ist der La Faraona von einer Einzellage (aber nur ein Fass davon).

Palacios, Rafael Gal w ★★★→★★★★ Rafael, Álvaro PALACIOS' jüngerer Bruder, kann in VALDEORRAS gar nichts falsch machen. Er hat sich ausschließlich der Sorte GODELLO quer durch viele winzige Weinberge verschrieben: in Eiche ausgebauter Louro do Bolo mit guter Textur und As Sortes mit Zitrus- und Weinbergpfirsichnoten sowie strahlender Säure; neuerdings auch O Soro, sicherlich Spaniens bester Weißwein.

Palacios Remondo R B r w ★★→★★★ Álvaro PALACIOS ist aufs Weingut seiner Familie in RIOJA zurückgekehrt, um den Ruf der GARNACHA und von Rioja Baja wiederherzustellen. Außerdem setzt er sich für die Einführung eines Village- bzw. Cru-Systems à la Burgund ein. Komplexer, eichenwürziger weißer Plácet, ursprünglich von Álvaros Bruder RAFAEL PALACIOS kreiert. Rote: der rotfruchtige Biowein La Montesa auf Garnacha-Basis und der mächtige Propiedad mit Maulbeeraroma (alte Reben). Sehr vielversprechend!

Stecklinge gesucht

Wie macht man das eigentlich: alte Rebsorten wiederentdecken? Bei TORRES ganz einfach: Man setzt eine Anzeige in die Zeitung und fordert Weinbauern auf, alles vorbeizubringen, was sie nicht identifizieren können. So sind bislang 30–40 unbekannte Reben aufgetaucht, einige davon durchaus vielversprechend – etwa Querol, benannt nach der dortigen Gemeinde, oder Selma, benannt nach einem aufgegebenen Dorf. Im 19. Jahrhundert gab es über 100 verschiedene Rebsorten in Katalonien, also müssten noch ein paar dazukommen. Und ihre Weine? Das wird man sehen.

Pariente, José Rueda w ★★→★★★ Victoria Pariente erzeugt VERDEJO-Weine von funkelnder Klarheit. Die Cuvée Especial wird in eiförmigen Betontanks vergoren und gewinnt an faszinierender Komplexität; außerdem seidige Spätlese Apasionado. Mit Tochter Martina ist nun die dritte Generation dabei.

Pazo Señorans Gal w ★★★ Außerordentlich intensiv duftende ALBARIÑO-Weine von einer BODEGA, die in RÍAS BAIXAS Maßstäbe setzt. Der sehr feine Selección de Añada (**05**) ist der beste Beweis, dass Albariños sehr wohl alt werden können.

Pedro Romero Sherry ★→★★ Führender MANZANILLA-Erzeuger mit empfehlenswertem Aurora im Pasada-Stil. Besitzt sehr alte SOLERAS, u. a. von Gaspar Florido (Pedro Romero erwarb die Bodega 2007). Der älteste, durchdringend-konzentrierte PALO CORTADO stammt aus der Ánsar-Real-Solera (1820). Beliefert EQUIPO NAVAZOS.

Penedès Kat r w; sch ★→★★★★ Hauptsächlich als CAVA-Lieferant bekanntes DO-Anbaugebiet westlich von Barcelona ohne klare Identität – vor allem seit es die allumfassende DO CATALUNYA gibt. Beste Erzeuger: Agustí Torelló Mata, Alemany i Corrio, Can Ràfols dels Caus, GRAMONA, JEAN LEÓN, Parés Baltà und TORRES.

Pérez, Raúl El B – Einer der führenden Weinmacher Spaniens; seine Familienkellerei ist Castro Ventosa in BIERZO. Ist in ganz Spanien tätig, hauptsächlich im Nordwesten. Experimentell, Fokus aufs Terroir – seine Weine sind immer interessant.

Pérez Barquero Mont-M ★→★★★ Einer der Vorreiter bei der Wiederbelebung des PX in MONTILLA-MORILES. Feiner Gran Barquero FINO, AMONTILLADO und OLOROSO, sehr guter PX La Cañada. Beliefert EQUIPO NAVAZOS.

Pérez Pascuas Rib del D r ★★→★★★ Der Familienbetrieb erzeugt klassische RIBERA-DEL-DUERO-Weine von TINTO FINO. Preiswerte RESERVA.

Pesquera Rib del D r ★★→★★★ Der Landwirt und Unternehmer (Traktoren) Alejandro Fernández begründete mit seinem Wein, den er schlicht Tinto

Pesquera nannte, das weltweite Ansehen von RIBERA DEL DUERO. Heute sind die Weine allerdings nicht mehr so aufregend wie früher. Mittlerweile sind die Töchter in den Betrieb eingestiegen, aber der Vater mischt immer noch tatkräftig mit. Condado de Haza, Dehesa La Granja (CASTILLA Y LEÓN) und El Vínculo (La MANCHA) gehören ebenfalls dazu. Die Kellerei mit dem alten steinernen *lagar* lohnt einen Besuch.

Pie franco Ungepfropfte, wurzelechte Reben. In der Regel alt.

Pingus, Dominio de Rib del D r ★★★★ Das kleine, biologisch-dynamisch wirtschaftende Weingut bietet beständig vortreffliche Qualität. Der Pingus (so wurde der Däne Peter Sisseck als Kind genannt) wird von alten TINTO-FINO-Reben erzeugt und enthüllt die feineren Nuancen der Traube. Der Flor de Pingus stammt von jüngeren Reben; der nach Sissecks Frau benannte weiße Amelia ist eine Einzelfass-Selektion. Ein wachsendes Projekt ist der PSI, mit dem Sisseck die benachbarten Winzer zur Hege und Pflege ihrer ältesten Rebstöcke ermuntert.

Pla i Llevant Mall r w ★→★★★ 11 Weinbaubetriebe gibt es in dieser winzigen, quicklebendigen DO auf MALLORCA, die aromatische Weißweine und intensive, würzige Rote hervorbringt. Beste Erzeuger: Toni Gelabert, Jaime Mesquida, Miguel Oliver und Vins Can Majoral. Exportiert wird wenig – machen Sie sich also auf den Weg und genießen Sie die Insel und ihre Weine.

Priorat r w ★★→★★★★ Von hier kommen einige der feinsten Weine Spaniens. Die isolierte, bergige Enklave, benannt nach dem alten, unter schroffe Felsen geduckten Kloster, wurde in den 1980er-Jahren von einem Quintett mit René Barbier (CLOS MOGADOR), ÁLVARO PALACIOS und anderen wieder zum Leben erweckt. Erfahrung und Einsatz haben dem überholzten Stil ein Ende gesetzt und einer beachtlichen Reinheit und Ortsverbundenheit Platz gemacht. Palacios hat sich für eine Einführung von »Village«-Crus im Priorat starkgemacht. Die höchste Kategorie, Vi de finca, ein Einzellagenwein mit 10 Jahren Anerkennung auf dem Markt, wird derzeit nur von Weinen von Clos Mogador und Val Llach eingenommen.

Puerto de Santa María, El Sherry – Eine der drei Städte, die das »Sherry-Dreieck« bilden. Die Produktion geht zurück, zu den verbliebenen BODEGAS gehören u. a. GUTIÉRREZ COLOSÍA, OSBORNE und TERRY. Die Finos aus Puerto werden besonders geschätzt, weil sie leichter sind als die aus JEREZ und weniger »salzig« als die aus SANLÚCAR. Die drei EN RAMA-Weine von Lustau zeigen sehr gut die Unterschiede zwischen den drei Städten.

Quinta Sardonia Cas-L r ★★★ Hochglanzprojekt in Sardón de Duero zwischen ABADÍA RETUERTA und MAURO mit TEMPRANILLO-Verschnitten außerhalb der DO, ansässig ins Leben gerufen von Peter Sisseck (PINGUS). Mitglied der Bodega TERRAS GAUDA. Biologisch-dynamisch.

Raventós i Blanc Pen rs w ★★→★★★ Einer der Stars des spanischen Schaumweins nach der traditionellen Methode. Pepe Raventós begründete die höhere DO-Stufe CONCA DEL RIU ANOIA als seine Alternative zu CAVA. Sehr feiner Rosé De Nit, lebhafter und gut strukturierter Extrem (ohne Schwefeldioxidzusatz). Biologisch-dynamisch.

Recaredo Pen, Cava w; sch ★★→★★★ Erstklassiger, biologisch-dynamisch arbeitender CAVA-Erzeuger; auch sehr gute Stillweine. Paradepferd ist der charaktervolle, mineralische Turó d'en Mota von im Jahr 1940 gepflanzten Reben, der hervorragend altert.

Remelluri, La Granja Nuestra Señora R Ala r w ★★→★★★ TELMO RODRÍGUEZ ist auf das Familiengut zurückgekehrt und setzt dort einen neuen Fokus aufs Terroir und die Rebsorten, v. a. GARNACHA, gegen den Großunternehmensbetrieb, wie er sich in RIOJA breitgemacht hat.

Reserva Das Wort *Reserva* hat in RIOJA tatsächlich etwas zu besagen – eine Seltenheit in der Weinwelt. Dort muss rote Reserva mindestens 3 Jahre gereift sein, davon 1 Jahr im Eichenfass. Immer mehr Erzeuger gehen dazu über, die Vorschriften einfach zu ignorieren.

Rey Fernando de Castilla Sherry ★★→★★★★ Die vorzügliche BODEGA wird von Jan Pettersen (früher bei OSBORNE) geleitet. Verlässlich ist die Sherry-Serie Classic, fantastisch dagegen die oxidativ ausgebaute Reihe Antique. Alle Weine wären als VOS oder VORS qualifiziert, aber Pettersen vermeidet das System lieber. Der faszinierende, komplexe, 8 Jahre alte FINO Antique ist auf die traditionellen, aber unüblichen 17 Vol.-% aufgespritet. Daneben sehr feiner Brandy sowie Essig. Bevorzugter Lieferant für EQUIPO NAVAZOS.

Priorat-Stars

Álvaro Palacios: einer der ersten fünf Erzeuger, konzentriert sich nun auf GARNACHA-Verschnitte mit etwas CARIÑENA. **Cims de Porrera**: gegründet von Josep Lluís Pérez, einer der ersten Fünf. **Clos de l'Obac**: von Carles Pastrana, einer der ersten Fünf. **Clos del Portal**: von Alfredo Arribas, auch in MONTSANT aktiv. **Clos i Terrasses:** von Daphne Glorian, eine der ersten fünf; Clos Erasmus ist der Spitzenwein. **Clos Figueras**: von Christopher Cannan, Verschnitte mit etwas CABERNET SAUVIGNON. **Clos Mogador**: von René Barbier, einer der ersten fünf. **Combier-Fischer-Gérin**: das »Trio infernal« von der Rhône, arbeitet mit Rhône-Trauben in einem sehr anderen Terroir. **Costers del Priorat**: junges Projekt (2002), herrlicher Clos Cypres CARIÑENA. **Familia Nin-Ortiz**: Spitzenwein Nit de Nin: 60% GARNACHA, 40% CARIÑENA. **Ferrer-Bobet:** CARIÑENA-Spezialist. **Mas Alta:** eindrucksvolles junges Projekt, mit GARNACHA, SYRAH, CARIÑENA. **Mas d'en Gil**: Kellermeisterin Marta Rovira ist beständig gut; ungewöhnlicher neuer GARNACHA BLANCA. **Mas Doix**: wunderbare Weine von alten GARNACHA- und CARIÑENA-Reben. **Mas Martinet**: Kellermeisterin Sara Pérez ist enorm kreativ. **Scala Dei**: bedeutende Geschichte, GARNACHA von alten Reben. **Terroir al Limit**: erforscht das Terroir des PRIORAT; schöner Verschnitt Pedra de Guix mit PX (weiß). **Torres**: zwei Weine: Salmos und Perpetual. **Val Llach**: dichte, herzhafte Weine von 60–90 Jahre alten Reben.

Rías Baixas Gal (r) w ★★→★★★ In der DO am Atlantik wird ALBARIÑO in fünf Unterbereichen angebaut, meist BV. Beste Erzeuger: u.a. Agro de Bazán, Fillaboa, Forjas del Salnés (Cos Pes, Finca Genoveva), Gerardo Méndez, Viña Nora, Martín Códax, PALACIO DE FEFIÑANES, Pazo de Barrantes, PAZO DE SEÑorans, Quinta do Lobelle, TERRAS GAUDA, La Val, Valmiñor, Zárate. War bis vor Kurzem Spaniens beste DO für Weiße, läuft aber Gefahr, zu viel zu produzieren, und nur ein weiterer kommerzieller Weißweinlieferant zu werden. Zur einflussreichen neuen Generation von beratenden Weinmachern gehören RAÚL PÉREZ (Sketch) und Dominique Roujou de Boubée (As Bateas für Adega Pombal).

Ribeira Sacra Gal r w ★★→★★★ Die DO im Nordwesten GALICIENS mit ihren terrassierten Steillagen, die zum Fluss Sil hin abfallen, ist eine Quelle hervorragender Weißweine. Zunehmend in Mode. Spitzenerzeuger sind Algueira, Dominio do Bibei (Lapola), Guímaro. Sehr vielversprechend sind die Roten von der MENCÍA-Traube, z.B. der herrlich duftende Lalama von Dominio do Bibei.

Ribeiro Gal (r) w ★→★★★ BV – DO im Westen der Provinz Ourense. Die frischen, leichten Weißweine werden von Treixadura, TORRONTÉS, GODELLO, LOUREIRO und Lado bereitet. Die Spitzenerzeuger sind Casal de Armán, Coto de Gomariz und Viña Mein. Eine besondere Spezialität ist der traditionelle Süßwein Tostado.

Ribera del Duero r rs (w) ★→★★★★ Glamouröse, teure und ambitionierte DO (1982 geschaffen). Alles, was von VEGA SICILIA, HACIENDA MONASTERIO, PESQUERA, PINGUS und AALTO kommt, ist selbstverständlich ernst zu nehmen, doch bei 280 BODEGAS kann man kaum Einheitlichkeit erwarten. Es gibt zu viele Weinberge an ungeeigneten Orten. Mit der Zeit setzt sich die Eleganz durch. Weitere Spitzenerzeuger: ALIÓN, Cillar de Silos, Pago de los Capellanes. Interessant sind außerdem: Alonso del Yerro, Bohórquez, Dominio de Atauta, Emilio Moro, Finca Villacreces, La Horra, Matarromera, O Fournier, PÉREZ PASCUAS, Protos, Sastre. Siehe auch die benachbarten Erzeuger ABADÍA RETUERTA und MAURO in CASTILLA Y LEÓN.

Rioja r rs w; sch ★→★★★★ Siehe Kasten S. 251.

Rioja Alta, Bodegas La R Alt r ★★→★★★★ Eine BODEGA für Liebhaber klassischer RIOJA-Weine, die stets zu gefallen weiß. Spitzenweine sind die vanilleduftige Gran Reserva 904 und die sechs Jahre in Eiche gereifte GRAN RESERVA 890. Aber auch das restliche Angebot, vom Ardanza bis hinunter zu Arana und Alberdi, ist geprägt vom klassischen Stil des Hauses. Torre de Oña (Rioja Alta), Lagar de Cervera (RÍAS BAIXAS) und Áster (RIBERA DEL DUERO) gehören ebenfalls zum Besitz.

Roda, Bodegas R Alt r ★★→★★★ Die modernste BODEGA im Bahnhofsviertel von HARO, deren Weine zunehmend zu modernen Klassikern werden. Erzeugt seriöse rote RESERVA-Weine von ertragsarmen TEMPRANILLO-Reben, unterstützt durch fortwährende Klonforschung: Roda, Roda I, Cirsión und jugendlicher Sela. Seit einger Zeit versucht man sich mit den Bodegas La Horra wieder an RIBERA-DEL-DUERO-Gewächsen und erzeugt den Corimbo sowie den Corimbo I. Außerdem vorzügliche Olivenöle.

Romeo, Benjamín – Bodega Contador R Alt r w ★★→★★★ Benjamín Romeo, früher bei ARTADI tätig, ist eine Art RIOJA-Rockstar und fühlt sich mit seiner kleinen Produktion dem Terroir verpflichtet. Voller, erstklassiger weißer Que Bonito Cacareaba. Aushängeschild ist der rote Contador, der »Superzweitwein« heißt La Cueva del Contador. Dicht gewirkt, aber elegant ist La Viña de Andrés Romeo von einer Einzellage. Aus CATALUNYA kommt Romeos weißer Verschnitt aus GARNACHA BLANCA und PEDRO XIMÉNEZ namens Macizo.

Rueda Cas-L w ★★→★★★ Spaniens Antwort auf SAUVIGNON BLANC: frischer, lebendiger VERDEJO. Das Gros der Produktion entfällt auf jung zu trinkende Weiße. Ein »Rueda Verdejo« besteht zu 100 % aus autochthonem Verdejo, beim »Rueda« kommt z. B. Sauvignon blanc oder VIURA dazu. Die Qualität lässt allerdings oft zu wünschen übrig. Beste Erzeuger: Belondrade, MARQUÉS DE RISCAL, Naia, Ossian, José PARIENTE, Palacio de Bornos, Javier Sanz, Shaya, Sitios de Bodega, Veracruz, Viñedos de Nieva und Vinos Sanz.

Saca Abstich von Sherry für die Flaschenabfüllung. Die *saca* für EN-RAMA-Sherrys findet üblicherweise im Frühling *(primavera)* und im Herbst *(otoño)* statt, wenn die schützende FLOR-Schicht am dicksten ist.

Sánchez Romate Sherry ★★→★★★ 1781 gegründetes Familienunternehmen mit umfangreichem Angebot, das zudem seltene BUTTS für Händler abfüllt. 8 Jahre alte Fino Perdido, nussiger AMONTILLADO NPU und PALO CORTADO Regente, ausgezeichneter VORS Amontillado und OLOROSO La

Sacristía de Romate, üppiger PX Sacristía. Außerdem Brandy der Marke Cardenal Mendoza.

Sandeman Sherry ★→★★ Hat als Portweinhaus einen besseren Ruf denn als Sherry-Erzeuger. Am interessantesten sind die VOS-Weine, z. B. Royal Esmeralda AMONTILLADO oder Royal Ambrosante Corregidor Rich Old OLOROSO.

Sandoval, Finca Manchuela r ★★→★★★ Mit dem Weinautor Victor de la Serna haben sowohl die DO MANCHUELA als auch die Rebsorten SYRAH, MONASTRELL und BOBAL ihren Meister gefunden. Der Spitzenwein heißt Finca Sandoval, das Zweitetikett Salia.

Sanlúcar de Barrameda Sherry, Man – Die dritte Stadt des »Sherry-Dreiecks« (neben JEREZ und El PUERTO DE SANTA MARÍA) liegt an der Mündung des Guadalquivir. Die Feuchtigkeit in den tief gelegenen Kellern begünstigt das FLOR-Wachstum, und die Meeresluft verleiht dem MANZANILLA, wie man sagt, eine gewisse Salzigkeit. Letztere ist zweifellos vorhanden, lässt sich aber mit analytischen Mitteln nicht nachweisen. In Sanlúcars Bodegas unter Flor gereifte Weine dürfen die DO Manzanilla-Sanlúcar de Barrameda in Anspruch nehmen.

Scala Dei, Cellers de Pri r ★★★→★★★★ Die Weinberge der »Himmelsleiter« ziehen sich an den zerklüfteten Hängen oberhalb des alten Klosters entlang. Der Betrieb wird von Miteigentümer CODORNÍU gemanagt. Kellermeister Ricard ROFES ist dabei, die traditionelle Weinbereitung und lokale Sorten, v. a. GARNACHA, wieder einzuführen. Die Einzellagenweine Sant'Antoni und Mas Deu zeigen sich vielversprechend. Neu sind ein GARNACHA BLANCA/CHENIN BLANC und PRIORAT-Rosé.

Sierra Cantabria R Ala, Toro r w ★★→★★★★ Der Familienbetrieb hat sich auf mit minimalen Eingriffen bereitete Weine von Einzellagen spezialisiert – ein relativ neues Konzept in RIOJA. Der burgundische Ansatz mündet in Intensität und Eleganz. Ein Weißwein namens Organza, die Roten werden durchweg von TEMPRANILLO bereitet. Vom Gut Viñedos de Paganos kommen zwei hervorragende Gewächse: der vorzügliche El Puntido und der kraftvolle, gut strukturierte La Nieta. Außerdem zählen Señorio de San Vicente (Rioja) und Teso la Monja (TORO) zum Besitz.

Solera Sherry – System zum Verschneiden von Sherry und, allerdings nicht mehr so häufig, von Madeira (siehe Portugal). Es besteht darin, dass Fässer (BUTTS) mit reiferem Wein nach und nach mit etwas jüngerem Wein derselben Sorte aus der Stufe *(criadera)* vorher aufgefüllt werden. Dies erhält die Vitalität des FLORS, sorgt für Einheitlichkeit und hält die reifen Weine frisch. Die Mindestreifezeit für FINO und MANZANILLA beträgt 2 Jahre in der Solera.

Somontano r rs w ★→★★ Kühle DO-Zone in den Ausläufern der Pyrenäen, die nach wie vor auf der Suche nach ihrer eigenen Identität ist. Wird durch das Vorhandensein so vieler internationaler Rebsorten erschwert. Am ehesten zu empfehlen sind MERLOT, GARNACHA, GEWÜRZTRAMINER und CHARDONNAY. Beste Erzeuger: Enate und Viñas del Vero (im Besitz von GONZÁLEZ BYASS) – vom hoch gelegenen Gut Secastilla kommen Garnacha von alten Reben und GARNACHA BLANCA.

Suertes del Marqués Kan r w ★→★★ Aufgehender Stern auf der kanarischen Insel Teneriffa. Wurde 2006 gegründet und erzeugt von 21 Parzellen LISTÁN blanco und negro. Außergewöhnliche Weinberge mit einzigartigen »*trenzado*«-Rebstöcken, die in Zöpfen zurückgeschnitten werden.

Telmo Rodríguez, Compañía de Vinos Rioja, Mál, Toro r w; s ★★→★★★ Telmo Rodríguez ist zurückgekehrt auf das Familiengut REMELLURI. Seine Pionierleistungen hinsichtlich der Wiederentdeckung alter Rebsorten manifestieren sich nach wie vor in einem breiten Spektrum hervorragender Weine aus ganz Spanien, darunter MÁLAGA (Molina Real MOSCATEL), ALICANTE (Al-Murvedre), RIOJA (Lanzaga), RUEDA (Basa), TORO (Dehesa Gago), Cigales (Pegaso) und Valdeorras (GODELLO Gaba do Xil; BV).

Terras Gauda Gal w ★★→★★★ Komplexe ALBARIÑO-Verschnitte mit schöner Textur. Außerdem frischer, lebendiger La Mar mit Grapefruitnoten, vorwiegend von der seltenen Sorte Caiño blanco. Im selben Besitz wie Pittacum (BIERZO) und QUINTA SARDONIA (RIBERA DEL DUERO).

Rioja: Alles nicht so einfach

Rioja hat für jeden etwas zu bieten. Es gibt die ätherischen Klassiker: Hervorragende alte Jahrgänge sind weiterhin auf den Weinlisten zu finden. Die traditionell verwendete amerikanische hat französischer Eiche Platz gemacht, ausgenommen die sehr klassischen und die sehr billigen Weine. Die verlorenen Söhne – TELMO RODRÍGUEZ und ÁLVARO PALACIOS – kehren in ihre Familienunternehmen zurück. Juan Carlos López de Lacalle von ARTADI hat die DO verlassen. Der Kampf tobt zwischen den kommerziell erzeugten internationalen Rioja-Verschnitten und den Einzelgütern und *Terroiristes*. Noch verkompliziert wird die Situation durch die politische Trennung der Basken in Rioja Alavesa. Dennoch, viel Schönes ist zu finden v. a. von Abel Mendoza, FINCA ALLENDE, CONTADOR, CONTINO, CVNE, DSG, LA RIOJA ALTA, LÓPEZ DE HEREDÍA, Macan (Vega Sicilia/Rothschild), den MARQUESES von CÁCERES, MURRIETA und RISCAL, MUGA, PALACIOS REMONDO, REMELLURI, Remirez de Ganuza, Olivier Rivière, RODA und SIERRA CANTABRIA.

Toro r ★→★★★ Die kleine DO westlich von Valladolid ist bekannt für ihre rustikalen, zu alkoholstarken Tinta-del-Toro-Weine von TEMPRANILLO. Die besten sind mittlerweile etwas zurückhaltender. Probieren Sie von Maurodos (siehe MAURO) den dicht gewirkten San Román von alten Reben. Für Glamour sorgen Pintia, das zum VEGA-SICILIA-Portfolio gehört, und Numanthia, im Besitz von LVMH. Empfehlenswert sind auch Elias Mora, Estancia Piedra, Pago la Jara (im Besitz von TELMO RODRÍGUEZ), Paydos und Teso la Monja.

Toro Albalá Mont-M ★→★★★★ Ob mit seinen jungen trockenen FINOS oder prachtvollen süßen Weinen, dieser Erzeuger ist ein Aushängeschild für MONTILLA-MORILES. Lebhafter AMONTILLADO Viejísimo und bemerkenswerter, luxuriöser PEDRO XIMÉNEZ Don PX Convento Selección 1946.

Torres Kat, Pri, Rioja r rs w; s ★★→★★★★ Von Familie Torres gibt es stets etwas Neues zu berichten. Miguel A. Torres ist zwar nach wie vor aktiv, hat aber die Leitung inzwischen an seinen Sohn Miguel übergeben, der sich mit beeindruckender Verve für den Umweltschutz einsetzt. Technische Direktorin ist Tochter Mireia. Stets einen guten Griff tut man mit dem CATALUNYA Viña Sol (BV), dem traubigen Viña Esmeralda und dem seidigen süßen MOSCATEL. Beste Rote sind der elegante Bordeaux-Verschnitt Reserva Real und der feine CABERNET SAUVIGNON PENEDÈS Mas la Plana. Dazu kommt das umwerfende CONCA-DE-BARBERÀ-Duo Milmanda (einer der feinsten CHARDONNAY-Weine Spaniens, erinnert an einen Burgunder) und Grans Muralles, ein Verschnitt von lokalen Sorten. Der Celeste aus RIBERA DEL DUERO wird immer besser, ebenso wie der Ibéricos aus RIOJA und der PRIORAT-Wein Salmos. Torres ist im Besitz von JEAN LEÓN und zudem in Chile aktiv. Demnächst soll auch CAVA erzeugt werden.

Sherry-Stile

Amontillado Ein Fino (siehe unten), bei dem der Flor, die schützende Hefeschicht, die sich im Fass auf der Weinoberfläche bildet, abgestorben ist. Durch Sauerstoff gewinnt der Wein an Komplexität. Von Natur aus trocken. Beispiel: Los Arcos von LUSTAU. Kommerzielle Amontillados sind gesüßt.

Añada Sherry mit Jahrgangsangabe – entgegengesetzt zur Tradition der SOLERA, die verschiedene Jahrgänge verschneidet. Früher nur private Abfüllungen, jetzt öffentlich anerkannt. Beispiel: süßer Oloroso Añada 1997 von Lustau.

Cream Mit Traubenmost, PX und/oder Moscatel gesüßter Verschnitt – ein kommerzielles, mittelsüßes Getränk. Eine großartige Cream-Version ist der La Bota No. 21 der EQUIPO NAVAZOS.

En rama Manzanilla oder Fino, der un- oder kaum gefiltert und ohne Kaltstabilisierung vom Fass (BUTT) in die Flasche abgefüllt wird und den unverfälschten Charakter eines Sherry zeigt. Ist zwar aromatischer, gilt aber auch als empfindlich. Saisonale Abfüllungen in kleiner Auflage sind schnell ausverkauft. Im Kühlschrank aufbewahren.

Fino Trockener Sherry, gewichtiger als Manzanilla; beide müssen mindestens 2 Jahre lagern. Beispiel: 4 Jahre alter Tío Pepe von GONZÁLEZ BYASS. Ebenso servieren wie Manzanilla. Rasch austrinken, wenn die Flasche erst einmal geöffnet ist. Der Trend geht zu 8 bis 12 Jahre lang gereiften Finos; Beispiele: Antique von REY FERNANDO DE CASTILLA und die Reihe Palmas von González Byass.

Manzanilla Derzeit angesagter blasser, weniger alkoholstarker (15 Vol.-%) Wein, der Noten von frischen grünen Äpfeln haben sollte. Der Wein mit dem weltweit besten Preis-Leistungs-Verhältnis; ein Genuss zu jedem Essen, v. a. zu Krustentieren. Reift in SANLÚCAR DE BARRAMEDA nahe am Meer, wo der FLOR eine dicke Schicht bildet und der Wein eine salzige Note bekommt. Gekühlt trinken und die Flasche leeren; wird wie jeder Spitzenweißwein nach dem Öffnen schnell schal. Beispiel: San León Reserva von HEREDEROS DE ARGÜESO.

Tradición CZ, Bodegas Sherry ★★→★★★★ Die junge (1998) Bodega unter der Leitung des großartigen José Ignacio Domecq kann sich einer herausragenden Auswahl feiner alter SOLERAS rühmen: Das Kürzel CZ verweist auf eine der Quellen. Ursprünglich war sie auf VOS- und VORS-Weine konzentriert, inzwischen gibt es aber auch einen 12 Jahre alten FINO. Beständig gut. Nun wird an einer Reihe ausgezeichneter Jahrgangs-Sherrys gearbeitet.

Utiel-Requena U-R r rs (w) ★→★★ »Satellit« von VALENCIA mit Trockenklima, benannt nach zwei Städten in der Region, der sich mit Hilfe seiner rustikalen, aber immer bessere Ergebnisse liefernden Bobal-Traube langsam einen Namen macht. Das kleine Gut Cerrogallina hat sich als Anführer in Sachen Qualität etabliert.

Valdeorras Gal r w ★→★★★★ DO in GALICIEN im Nordwesten der Provinz Ourense, die ihre von Genossenschaftskellereien geprägten Anfänge dank der außergewöhnlichen Weißweinsorte GODELLO allmählich hinter sich lässt. Beste Erzeuger: Godeval, Rafael PALACIOS, A Tapada, TELMO RODRÍGUEZ und Valdesil.

Manzanilla Pasada Gereifter Manzanilla, dessen Florschicht am Absterben ist; sehr trocken und komplex. Beispiel: Einzellagen-Manzanilla Pasada Pastrana von HIDALGO LA GITANA.
Moscatel Aromatisch und ansprechend mit nur etwa halb so viel Zucker wie PX. Beispiele: Emilín von Lustau, Toneles von VALDESPINO. Muss anders als PX nicht gespritet werden und darf jetzt »Jerez« genannt werden.
Oloroso Nicht unter Flor gereift. In der Jugend schwerer und weniger brillant, reift aber zu nussiger Intensität heran. Von Natur aus trocken. Kann auch mit PX gesüßt und als Oloroso Dulce verkauft werden. Beispiele: Gobernador (trocken) und Old East India (süß), beide von EMILIO HIDALGO. Lagerfähig.
Palo Cortado Traditionellerweise ein Wein, der seinen Flor verloren hat und im Stil zwischen Amontillado und Oloroso steht – heute oft verschnitten, um diesen Stil zu kreieren. Schwer zu identifizieren, auch wenn ihm eine typische »milchige« Note oder ein Hauch »bitterer Butter« nachgesagt wird. Trocken, voll und komplex – äußerst lohnend. Beispiele: Reliquia von BARBADILLO, Antique von Rey Fernando de Castilla. Zu Fleisch oder Käse genießen.
Pedro Ximénez (oder **PX**) Rosinensüßer dunkler Wein von teilweise in der Sonne getrockneten PEDRO-XIMÉNEZ-Trauben. Die Trauben stammen meist aus MONTILLA-MORILES; der Wein selbst wird in der DO JEREZ erzeugt. Konzentriert, ölig, süffig und relativ günstig, lecker zu Eiscreme. Alles in allem – ausgenommen Tokaji Essencia – der süßeste Wein der Welt. Beispiele: Santa Anna 1861 von Emilio Hidalgo, VORS von Lustau.
VOS/VORS Sherrys (nur Amontillado, Oloroso, Palo Cortado und PX) mit Jahrgangsangabe: einige Schätze der Bodegas von Jerez. Überragende Qualität zu relativ niedrigen Preisen. Weine, die über 20 Jahre alt sind, heißen VOS (Very Old Sherry/Vinum Optimum Signatum), ab 30 Jahren VORS (Very Old Rare Sherry/Vinum Optimum Rare Signatum). Auch 12 und 15 Jahre alte Exemplare sind erhältlich. Beispiel: VOS Jerez Cortado Wellington von Hidalgo. VORS-Weine dürfen mit PX gesüßt werden – gelegentlich übertreiben es die Erzeuger mit der Zugabe von PX.

Valdepeñas Cas-La M r (w) ★→★★ Große DO nahe der andalusischen Grenze, bekannt für preiswerte rote RIOJA-ähnliche Weine. Heimat des riesengroßen Erzeugers Félix Solís mit seiner allzeit beliebten Marke Viña Albali.

Valdespino Sherry ★★→★★★★ Heimat des FINO Inocente aus der erstklassigen Einzellage Macharnudo, ein seltener, in Eiche vergorener Sherry (die EN-RAMA-Version wird von EQUIPO NAVAZOS abgefüllt). Grandiose trockene AMONTILLADOS Tío Diego und Coliseo VORS; außerdem lebhafter OLOROSO Solera 1842 VOS und bemerkenswerter 80 Jahre alter MOSCATEL Toneles (der beste in Jerez). Der Sachverstand von Kellermeister Eduardo Ojeda garantiert Qualität. Gehört zur Grupo Estévez, die auch Marqués del Real Tesoro und LA GUITA besitzt.

Valencia r rs w; s ★→★★ Einst bekannt für gesichtslose Massenweine und billigen gespriteten süßen MOSCATEL. Verlässlichster Erzeuger: Murviedro. Interessanter sind die Gewächse von alten Reben in höheren Lagen und Erzeugern, die nur minimal in die Weinbereitung eingreifen, z.B. der *garagiste* Rafael Cambra, El ANGOSTO, Celler del Roure, Los

Spanien

Frailes und Aranleon. Luxuriöser, sirupartiger Cuva Vella mit Röstnoten von Valsangiacomo.

Vega Sicilia Rib del D r ★★★★ Ein neuer Kellermeister hat im letzten Jahr alles bei Spaniens »Erstem Gewächs« verändert, doch der Stil wird wohl gleich bleiben: komplexe, intensive Weine, die Zeit brauchen. Único reift 6 Jahre in Eiche; Zweitwein Valbuena ist herausragend trotz seines geringeren Status. Einzigartiges Aushängeschild ist die RESERVA Especial oJ, ein Verschnitt von 3 Jahrgängen, der bis zu 10 Jahre im Fass reift. Der Alión vom Nachbargut ist die moderne Interpretation eines RIBERA-DEL-DUERO-Weins. Nun wird auch an einem Weißwein gearbeitet. Ist auch Eigentümer von Pintia in TORO, von Oremus in Tokaji (Ungarn) und am Joint-Venture-Projekt Macan in RIOJA zusammen mit Rothschild beteiligt.

Vendimia Weinlese.

Viña Weinberg.

Sherry ist trocken
Mit verführerisch klingenden Bezeichnungen wie »Oloroso Dulce« und »Sweet Amontillado« ist es aus und vorbei. Seit 2012 muss alles, was Sherry heißt, trocken sein. Wenn es kein trockener Stil ist, dann lautet die Bezeichnung entweder »Medium« (5 bis 115 g/l Restsüße) oder »Cream« (115 bis 140 g/l). Achten Sie mal auf Phrasen wie »ein Verschnitt von Oloroso-Sherrys«.

Vino de la Tierra (VdT) Tafelwein zumeist höherer Qualität aus einer bestimmten Region ohne DO-Status. Diese Kategorie bietet große geografische Freiheiten, weshalb viele renommierte Erzeuger unter ihr produzieren. Sie stellen sich damit absichtlich außerhalb ihrer DO, um deren oft starren Regeln zu entkommen und die Rebsorten anzubauen, die sie für richtig halten.

Vino de Pago Der Begriff *pago* bezeichnet einen Weinberg oder ein umgrenztes Gebiet und besitzt nun einen gesetzlich verankerten Status, der in etwa dem französischen Grand cru entspricht. Kritiker bemängeln einen Mangel an objektiver Qualität und allzu unterschiedliche Traditionen. Zu den erstklassigen Erzeugern, denen der Status einstweilen verwehrt bleibt, zählen Calvario (Finca ALLENDE), L'Ermita (ÁLVARO PALACIOS), PINGUS, Viña del Olivo (CONTINO) und verschiedene Güter von TORRES.

Williams & Humbert Sherry ★→★★★★ Die bis vor Kurzem für ihre Handelsmarken bekannte BODEGA hat schnell an Qualität gewonnen mit ihren exzellenten Auslesen, z. B. mit dem FINO EN RAMA 2006. Zu den Verkaufsschlagern zählen Dry Sack und die AMONTILLADOS der Marke Winter's Tale. Sehr gut sind die lang gereiften Weine, etwa der PALO CORTADO Dos Cortados, der süße OLOROSO As You Like It und der VOS Don Guido PX.

Ximénez-Spínola Sherry – Sehr guter kleiner Erzeuger, der auf PEDRO XIMÉNEZ spezilisiert ist und Spitzenweine sowie Brandy von dieser Traube bereitet. Faszinierend ist die Rarität Exceptional Harvest, ein trockener weißer, nicht gepriteter Pedro Ximénez.

Yecla Mur r (rs) w ★→★★ Es tut sich was in der abgeschiedenen Enklave Yecla: Die gerade mal 11 Erzeuger legen sich für die Wiederbelebung des MONASTRELL-Weins ins Zeug, v. a. CASTAÑO.

Zárate Gal (r) w ★★→★★★ Bodega in Val do Salnés mit elegantem ALBARIÑO, der lang auf dem Hefesatz reift. Dazu himmlische, aber seltene RÍAS-BAIXAS-Rotweine von den Sorten Caiño tinto und Loureiro tinto.

Portugal

Mit seinen stilvollen einheimischen Trauben – stolze 205 Sorten – zieht Portugal unsere Aufmerksamkeit auf sich. Hier wird traditionell verschnitten. Doch wer weiß schon, welche Sorten beispielsweise ein Portwein enthalten kann? (Port und Madeira sind dieses Jahr mit den Tischweinen in diesem Kapitel zusammengefasst.) Auch bei Roten und Weißen dominieren weiterhin Cuvées. Das Land hat ein paar Traubenstars, allen voran Touriga Nacional, eine der besten Sorten Europas. Tinta Roriz ist die spanische Tempranillo, und Trincadeira zeigt unter ihren vielen lokalen Bezeichnungen großes Potenzial. Bei den Weißen sollte man auf Alvarinho, Godello, Arinto, Maria Gomez, Loureiro und natürlich die vier Madeira- Sorten Sercial, Verdelho, Bual und Malvasia achten. Im Verschnitt oder solo liefern sie nun Weine, die die alten portugiesischen Standards weit übertreffen. Tischweine vom Douro reichen qualitativ inzwischen an Port heran, Dão hat sein Selbstbewusstsein wiedergefunden, und das Alentejo hat sich von brauchbar zu verdammt gut aufgeschwungen. Neue Freunde findet auch die Tinta Negra aus Madeira (80 Prozent der Inselproduktion), die jetzt auch vorn auf dem Etikett genannt werden darf und die es zu entdecken gilt.

Neuere Port-Jahrgänge werden »deklariert«, wenn der Wein außergewöhnlich gut ist und die höchsten Qualitätsstandards des Unternehmens erfüllt; in gewisser Hinsicht ähnlich wie bei Champagner. In guten, aber nicht ganz klassischen Jahren verwenden die meisten Erzeuger die Namen ihrer Quintas (Güter) für Single-Quinta-Weine, die echten Charakter besitzen, aber weniger Flaschenreife brauchen. Die Jahrgänge, die man nun trinken sollte, sind 66, 70, 77, 80, 83, 85, 87, 92, 94, obwohl auch sehr junger Vintage Port, mit Schokoladenkuchen oder sogar Pfeffersteak genossen, seine Liebhaber hat.

Die folgenden Abkürzungen werden im Text verwendet:

Alen	Alentejo	**Lis**	Lisboa
Bair	Bairrada	**Mad**	Madeira
Bei At	Beira Atlântico	**Set**	Setúbal
		Res	Reserva

Neuere Port-Jahrgänge

2015 Exzellent, wird vermutlich von den meisten deklariert werden. Sehr trocken und heiß; nach zwei Tagen erfrischendem Septemberregen folgte ideales Wetter zur Lese.

2014 Hervorragendes Lesegut von Reblagen, die vom Regen im September verschont wurden; geringe Produktion.

2013 Single-Quinta-Jahr aufgrund von Regen mitten in der Lesezeit. Stars: Quinta do Vesuvio, Fonseca Guimaraens.

2012 Single-Quinta-Jahr. Aufgrund von Dürre sehr geringe Erträge. Die Stars sind Quinta do Noval und Graham dos Malvedos.

2011 Klassischer Jahrgang, großteils deklariert. Tintendunkle Weine von hervorragender Konzentration und Struktur. Die Stars sind Noval Nacional, Taylors Quinta de Vargellas Vinha Velha und Fonseca.

2010 Single-Quinta-Jahr. Heiß, trocken, aber mit höheren Erträgen als 2009. Vesuvio und Dow da Senhora da Ribeira sind die Stars.

Die Portugal-Karte ist auf Seite 232 zu finden.

2009 Zwiespältiges Jahr. Deklariert von Fladgate, nicht jedoch von Symington oder Sogrape. Spitzenreiter: Taylor, Niepoort, Fonseca, Warre.

2008 Ein Jahr für Single-Quinta-Weine. Geringer Ertrag, kraftvolle Weine. Spitzenreiter: Noval, Vesuvio, Passadouro, Taylor Terra Feita. Sehr gut ist der LBV von Sandeman.

2007 Klassisches Jahr, von den meisten Erzeugern deklariert. Dunkle, volle, aber gut ausbalancierte Weine. Taylor und Vesuvio sind die Stars.

2006 Schwierig, nur eine Handvoll Single-Quinta-Weine: Vesuvio, Roriz, Barros Quinta Galeira.

2005 Single-Quinta-Jahr. Stars: Niepoort, Taylor de Vargellas, Dow da Senhora da Ribeira – eine eiserne Faust in einem Samthandschuh.

2004 Single-Quinta-Jahr. Stars: Pintas, Taylor de Vargellas Vinha Velha, Quinta de la Rosa – ausgewogene, elegante Weine.

2003 Klassisches Jahr. Trockener, heißer Sommer. Kraftvoll reife, konzentrierte Weine, durchgehend deklariert. Voraussichtlich ab 2020 bis 2030 zu trinken.

Neuere Jahrgänge von Tischweinen

2015 Ausgezeichnete Qualität und Quantität; trocken und heiß, doch kühle Nächte im Herbst und ein bisschen Regen bei der Lese brachten aromatische, intensive, ausgewogene Weine hervor.

2014 Exzellente frische Weiß- und strahlende, intensive Rotweine – vorausgesetzt, die Trauben wurden vor dem Regen gelesen.

2013 Ein großartiger Jahrgang für die (meisten) Weißweine und für die Roten von Trauben, die vor dem Regen gelesen wurden – danach ist die Qualität durchwachsen.

2012 Konzentrierte Weine mit schöner Balance, v. a. bei den Weißen.

2011 Ausgewogener Jahrgang; hervorragende Douro- und Alentejo-Rotweine.

2010 Überall gute Qualität und Quantität. Ein weiteres hervorragendes Jahr für Bairrada.

2009 Insgesamt ein gutes Jahr, in Bairrada und Lisboa sogar exzellent. Mächtige Weine mit viel Alkohol in den Regionen Douro, Tejo und Alentejo.

2008 Beinahe überall vorzüglich, insbesondere in Bairrada und im Alentejo. Intensive Frucht, Ausgewogenheit und schöne Aromen.

Açores Die Atlantikinselgruppe der Azoren besteht aus neun vulkanischen Inseln. Es gibt DOCS – Pico, Biscoitos, Graciosa – für traditionellen *licoroso*, d. h. alkoholstarke Spätlese- oder gespritete Weine. Zugänge von jungen Talenten und die Ankunft von immer mehr Billigfliegern haben den Tischweinen (Açores VINHO REGIONAL seit 2004) einen Schub gegeben. Die Genossenschaft auf Pico erzeugt sogar einen »Pet Nat« (für den französischer Ausdruck Pétillant Naturel). Am besten sind VERDELHO, Arinto do Açores und Terrantez do Pico von der Azores Wine Company (siehe FITA PRETA), Insula, Curral Atlantis und Cancela do Porco.

Adega Keller, Weinkellerei.

Alenquer Lis r w ★★→★★★ **11' 12 13** 14 15' – DOC für Rotwein in geschützter Lage, Heimat der besten LISBOA-Rotweine, u. a. vom SYRAH-Pionier MONTE D'OIRO, von CHOCAPALHA und von der QUINTA de Pancas.

Alentejo r (w) ★→★★★ **08' 09 10 11' 12** 13 14 15' – Riesiger Anbaubereich mit warmem Klima in Südportugal (»jenseits des Tejo«), der in acht regionale Sub-DOCs aufgeteilt ist: Borba, Évora, Granja-Amareleja, Moura, PORTALEGRE, Redondo, Reguengos und Vidigueira. Die neue

DOC Vinho de TALHA (2012) gilt für Amphorenweine aus diesen Subregionen. Viele Spitzenerzeuger bringen ihre Weine lieber als VINHO REGIONAL Alentejano heraus. Gehaltvolle, reife Rotweine, v. a. von den Sorten Alicante Bouschet, SYRAH, TRINCADEIRA und TOURIGA NACIONAL. Die Weißweine legen rasch an Qualität zu. Erzeuger wie CARTUXA, dos Coelheiros, ESPORÃO, MALHADINHA NOVA, MOUCHÃO, MOURO und JOÃO PORTUGAL RAMOS bereiten Weine mit Kraft und Stil. Im Auge behalten sollte man auch Dona Maria, FITA PRETA, SÃO MIGUEL, MONTE DE RAVASQUEIRA, do Rocim, Terrenus, SUSANA ESTEBAN, Explicit.

Algarve r rs w; sch ★→★★ VINHO-REGIONAL-Bereich an der Südküste. Aufgrund der Massen durstiger Touristen und der Hitze (was grüne Tannine bedeuten kann) erreichen die Weine nicht das Niveau der hiesigen Sternerestaurants. In den Erzeugnissen des Ökoweinguts Monte da Casteleja kommt aber wenigstens das Terroir zum Ausdruck.

Aliança, Caves Bair r rs w; sch ★★→★★★ Die große Firma mit Hauptsitz in BAIRRADA erzeugt gute Rot- (v. a. QUINTA das Baceladas) und Schaumweine, die zusammen mit Kunst im Aliança Underground Museum präsentiert werden. Hält auch Anteile an Erzeugern in den Regionen BEIRAS (Casa d'Aguiar), ALENTEJO (Quinta da Terrugem), DÃO (Quinta da Garrida) und DOURO (Quatro Ventos).

Alves de Sousa Douro, Port r w ★★★ Charaktervolle Weine von mehreren QUINTAS, darunter schroffer roter Abandonado und geschliffener roter Quinta da Gaivosa Vinha de Lordelo; außerdem konventionelle, auf den Schalen vergorene, oxidativ ausgebaute Weißweine. Wachsendes Portweinangebot, u. a. komplexer WHITE PORT, eleganter VINTAGE PORT, 20 Jahre alter TAWNY.

Ameal, Quinta do Minho w; s; sch ★★★ Alterungswürdiger, feiner LOUREIRO, darunter Escolha im Bordeaux-Stil mit Holznote und – in Spitzenjahren (11 14) – »selbst gemachter« Solo. Neues Weintourismus-Projekt mit Unterkunft.

Andresen Port ★★→★★★ Familienbetrieb mit mit hervorragenden fassgereiften Portweinen, v. a. 20-Year-Old TAWNY und Colheita (die Jahrgänge **1900'** und **1910'** werden auf Wunsch immer noch abgefüllt; **68' 80' 91' 03'**). Wegbereiter des 10-, 20- und 40-Year-Old WHITE PORT.

Aphros Minho r rs w; sch ★★★ Biologisch-dynamisch bewirtschaftetes Weingut, das mit »Naturwein« liebäugelt. Sehr guter LOUREIRO und Vinhão (schäumender und in Eiche ausgebauter Silenus), die wunderbar altern. Die neue Kellerei macht den alten »mittelalterlichen« Keller frei für traditionelle Weinbereitung ohne Elektrizität (Amphoren, *lagares*).

Aveleda, Quinta da Minho r rs w ★→★★ BV – Die Heimat von Casal García, der seit 1939 verkaufsstärksten VINHO-VERDE-Marke. Saubere, aber wenig spannende Gutsweine.

Bacalhôa – Vinhos de Portugal Alen, Lis, Set r rs w; s; sch ★★→★★★ Hauptmarke und Firmensitz der Berardo-Gruppe des Milliardärs und Kunstliebhabers José Berardo, zu der auch die denkmalgeschützte QUINTA da Bacalhôa (sehr guter CABERNET SAUVIGNON von 1979 gepflanzten Reben) und das Schaumweingut Quinta dos Loridos (mit Buddha-Eden-Garten) gehören. Köstlich der in Fässern gelagerte MOSCATEL de SETÚBAL (u. a. seltener Roxo). Modern und gut bereitet sind Serras de Azeitão, Catarina, Cova da Ursa (PENÍNSULA DE SETÚBAL) und TINTO da Ânfora (ALENTEJO).

Bágeiras, Quinta das Bair r w; sch ★★★→★★★★ r Garrafeira **04' 05'** 08' 09 10 – Umwerfende Reihe von sehr langlebigen Weinen, darunter Weiße sowie Rote von der BAGA-Traube (v. a. GARRAFEIRA – Reserva, Pai Abel und der mit TOURIGA NACIONAL verschnittene Avô Fausto), Schaumweine und nun auch Abafado (gespriteter BAGA). Die meisten werden traditionell bereitet, d. h. in offenen Zementbottichen vergoren (die Roten mit 100 % Ganztraubenvergärung) und dann in alten *toneis* (Holzfässern) ausgebaut. Neu: im Barrique gereifter weißer Avô Fausto (100 % MARIA GOMES).

Bairrada r rs w; s; sch ★→★★★★ **03' 04 05' 06 07 08' 09'** 10' 11 12 13 – Vom Atlantik beeinflusster DOC-Bereich, dessen Stärken traditionell bei Schaumweinen mit Alterungspotenzial und Rotweinen von der BAGA-Traube liegen. Eine neuere Entwicklung ist gespriteter Baga. Zu den erstklassigen Baga-Spezialisten gehören QUINTA das BÁGEIRAS, Casa de Saima, Caves SÃO JOÃO, Luís PATO und Sidónia de Sousa. Im Auge behalten sollte man Quinta de Baixo (jetzt im Besitz von NIEPOORT) und Vadio. Ein Händchen für die französischen Rebsorten haben ALIANÇA, Colinas de São Lourenço (Ideal Drinks; v. a. CABERNET SAUVIGNON und PINOT NOIR), CAMPOLARGO und Tiago Teles. Der VINHO-REGIONAL-Bereich heißt Beira Atlântico.

Barbeito Mad ★★→★★★★ Innovative Einzelfass-COLHEITAS und 20- bis 40-jährige MALVASIAS. Die berühmten alten Lagen Fajã dos Padres (Malvasia FRASQUIERA 1986) und Ribeiro Real werden wunderbar genutzt. Letztere steuert einen Schuss TINTA NEGRA von in den 1950er-Jahren gepflanzten Reben zum 20-Year-Old VERDELHO, BOAL und MALVASIA bei. Neu: Der erste MADEIRA-Wein (96er Colheita), der Tinta Negra vorn auf dem Etikett nennt.

Barca Velha Douro r ★★★★ **82' 83 85 91' 95' 99 00 04** – Portugals Kultrotwein, 1952 von FERREIRA geschaffen, wird nur in besonders guten Jahren erzeugt und reift dann etliche Jahre, bevor er auf den Markt kommt. Der Barca Velha prägte den Ruf der DOURO-Region für himmlische Weine. Das Zweitetikett, die Reserva Especial Casa Ferreirinha, ist immer ein guter Griff (v. a. **01** 07).

Barros Almeida Port ★→★★★ Im Besitz von Sogevinus, dessen 17 Millionen Liter umfassender Bestand von COLHEITAS und gereiften TAWNYS nach Bedarf unter den Marken Barros, BURMESTER, CÁLEM und KOPKE abgefüllt wird. Der reichhaltige Hausstil von Barros lässt erkennen, dass die Trauben aus den wärmsten Lagen stammen. Sehr guter 20- und 40-Year-Old TAWNY, COLHEITA (78' 80') und WHITE PORTS, darunter Very Old Dry White sowie Colheita (1935).

Barros e Sousa Mad ★★★ Der Familienbetrieb wurde 2013 von PEREIRA D'OLIVEIRA aufgekauft. Die Vorräte sollen abgefüllt und verkauft, die Marke aber nicht fortgeführt werden. Versuchen Sie den seltenen Bastardo Old Reserve oder den 5-Year-Old Listrão aufzutreiben.

Beira Interior Bei In ★→★★ Große DOC zwischen DÃO und der spanischen Grenze. Die alten, bis 750 m hoch gelegenen Weinberge bergen enormes Potenzial, insbesondere für die Weißweinsorten Siria und Fonte Cal. Eindrucksvolle Erzeuger sind Beyra sowie die QUINTAS DO CARDO, dos Currais und dos Termos.

Blandy Mad ★★→★★★★ Altehrwürdiges Familienunternehmen mit dynamischem Geschäftsführer: Chris Blandy hat Weinberge erworben und die Produktion näher an den Hafen verlegt. In der Wine Lodge in Funchal wird dem Besucher die Firmengeschichte präsentiert, einschließlich feiner alter Jahrgänge (BUAL **1920' 1966'**, MALMSEY **1988'**, VERDELHO **1979'**, SERCIAL **1975'**). Sehr guter 20-Year-Old Terrantez und COLHEITA-Weine (Bual **1996**, Malmsey 1999). Neu: 30 Jahre alter BUAL; zum Atlantis Rosé gesellt sich nun auch ein Tischwein von VERDELHO.

Borges, H. M. Mad ★→★★★ Die Schwestern Helena und Isabel Borges haben immer noch winzige Mengen des feinen 1877er Terrantez (das

Gründungsjahr des Betriebs) in Glasballons. Den sehr guten 30-Year-Old Malvasia gibt es mit Wein ab 1930. Neu: SERCIAL 1990.

Branco Weiß.

Bual (oder **Boal**) Mad – Klassische MADEIRA-Rebsorte: rauchige, süße Weine mit spritziger Note, nicht so voll wie MALMSEY. Hervorragend zu Käse und leichteren Desserts.

Bucelas Lis w ★★ Aus der winzigen DOC kommen würzige, rassige Weine von der ARINTO-Traube (im England des 19. Jahrhunderts »Lisbon Hock« genannt, also etwa »Rheinwein aus Lissabon«). Spitzenerzeuger: Coteaux da Murta und QUINTA da ROMEIRA.

Burmester Port ★→★★★ Erzeugerbetrieb im Besitz von Sogevinus (siehe BARROS ALMEIDA) mit eleganten fassgereiften Ports, v.a. 20-und 40-Year-Old TAWNY, COLHEITAS (der älteste ist von 1890) und WHITE PORTS mit Jahrgangsangabe (u.a. feiner 40-Year-Old). Guter Single-Quinta Vintage Port QUINTA do Arnozelo.

Bussaco Bei At r w ★★★ r **04 05' 06'** 07 10 11' – Das Weinangebot im Bussaco Palace Hotel reicht bis in die 1940er-Jahre zurück. Die manuelinische Architektur ist ebenso verspielt wie die Weine streng, auch wenn der Stil seit dem Jahr 2000 mit Barriques und neuer Eiche etwas moderner geworden ist, v.a. bei den Weißen und dem Roten von der Einzellage Vinha da Mata (VM). Die Rotweine sind Cuvées von den Sorten BAGA (BAIRRADA) und TOURIGA NACIONAL (DÃO), die Weißen von Encruzado (Dão) sowie MARIA GOMES und Bical (Bairrada).

Cálem Port ★→★★★ Im Besitz von Sogevinus (siehe BARROS ALMEIDA). Fruchtiger Velhotes auf Einsteigerniveau. Am besten sind die COLHEITA-Weine, der 40-Year-Old TAWNY und der 10-Year-Old WHITE PORT, der traditionell in exotischem Hartholz ausgebaut wird.

Campolargo Bair r w; sch ★→★★★ Das große Gut war ein Wegbereiter für Bordeaux-Rebsorten und PINOT NOIR in Portugal, erzeugt aber auch sehr gute Weine von den indigenen Sorten CERCEAL und ARINTO (beide weiß) sowie Alvarelhão (rot) und den roten Verschnitt Rol de Coisas.

Canteiro Mad – Die natürliche Fassreifung feinster MADEIRAS in warmen, feuchten Lagerhäusern. Die Canteiro-Methode bringt subtilere, komplexere Weine hervor als die ESTUFAGEM-Methode.

Carcavelos Lis br; s ★★★ Die neue Marke Villa Oeiras hat der alten DOC neues Leben eingehaucht und die Rebfläche auf insgesamt 25 ha verdoppelt. Köstlicher gespriteter Apéritif-/Dessertwein.

Cartuxa, Adega da Alen r w; sch ★★→★★★ Die Keller aus dem 17. Jahrhundert sind ein Touristenmagnet, das Spitzengewächs Pêra Manca in roter (**98 01 03 05' 07** 08' 09 11) und weißer Version zieht die Kenner an. Neue Kellerei (2016) für neue 200 ha Rebfläche, auf denen die Trauben für die preisgünstigen roten Massenmarken Vinea und EA wachsen. Ein wahres Schnäppchen ist die Cartuxa RESERVA; Scala Coeli heißt ein reinsortiger (weniger traditioneller) Wein.

Carvalhais, Quinta dos Dão r rs w; sch ★★→★★★ SOGRAPEs wegweisende DÃO-Kellerei, Heimat der Marke Duque de Viseu. Auf Hochglanz polierte Gutsweine, v.a. der TOURIGA NACIONAL Único und der Encruzado. Die wildere, oxidativ ausgebaute, aber doch frische weiße Reserva Especial oJ begeistert.

Casal Branco, Quinta do Tejo r w; sch ★→★★ Im Besitz der Familie Lobo; Manuel Lobo, der Neffe des Geschäftsführers und Kellermeister bei CRASTO, berät. Solide Weine auf Einsteigerniveau, für die hiesige Trauben mit internationalen Sorten verschnitten werden. Am besten sind die Reihe Falcoaria mit rotem CASTELÃO von alten Reben und FERNÃO PIRES sowie der Alicante Bouschet. Neu: Lobo e Falcão.

Castro, Álvaro de Dão r w ★★★→★★★★ Die ausgesprochen charaktervollen Weine tragen vorwiegend die Namen der Familien-QUINTAS de Saes und de Pellada. Hervorragend sind die Reservas Pape (rot) und Primus (weiß). Der dichter gewirkte Carrocel (TOURIGA NACIONAL) braucht Zeit zur Entfaltung. Muleta (Einzelfass/Einzellage), Dente d'Ouro und Barragem bewahren das alte Erbe des Weinbaus im gemischten Satz.

Chocapalha, Quinta de Lis r rs w ★★ Sehr moderner Erzeuger mit Verschnitten von portugiesischen und internationalen Rebsorten; Kellermeisterin (Tochter des Besitzers) ist Sandra Tavares da Silva von WINE & SOUL. Die Roten gehören zu den besten der Region Lisboa, u. a. das ehrgeizige Aushängeschild »CH by Chocapalha« (TOURIGA NACIONAL). Seit die neue Kellerei steht (2013), hat sich das Angebot stark ausgeweitet (es werden keine Trauben mehr verkauft). Die Expansion setzt sich fort mit dem ersten CASTELÃO und neuen Pflanzungen.

Chryseia Douro r ★★→★★★ **07 08' 09 11' 12'** 13 – Der ausgefeilte Rotwein von Bruno Prats aus Bordeaux und den SYMINGTON FAMILY ESTATES auf TOURIGA-Basis (Nacional und Franca). Frischer und feiner von der QUINTA de Roriz. Zweitetikett: Post Scriptum; außerdem preiswerter Prazo de Roriz.

Churchill Douro, Port r rs w; s ★★→★★★ 1981 von Johnny Graham ins Leben gerufenes Portweinhaus, dessen Familie einst GRAHAM gründete. Sehr guter WHITE PORT, ungefilterter LBV sowie VINTAGE PORT (**82 85 91 94** 97 00 03 07' 11'). Von der QUINTA da Gricha stammt der griffige Single QUINTA VINTAGE PORT von alten Reben und ein sehr guter DOURO-Einzellagenrotwein unter dem Etikett Churchill's Estates. Auch ROSADO, TOURIGA NACIONAL.

Cockburn Port ★★→★★★ Teil der SYMINGTON FAMILY ESTATES und jetzt wieder in Form, v. a. der trockenere, frische Stil des VINTAGE PORT (11'); außerdem die umwerfend guten Jahrgänge **1908 34 67**. Der Special RESERVE RUBY wird jetzt länger im Fass gereift, der (lebhaftere) LBV ein Jahr weniger. Sehr guter Single-QUINTA dos Canais.

Colares Lis r w ★★ Winziger DOC-Bereich mit wurzelechten Ramisco-Reben auf sandigen Böden, die tanninstarke Rote erbringen; außerdem frische MALVASIA-Weißweine. Casal Santa Maria, Fundação Oriente und Monte Cascas bringen frischen Wind in den von der Genossenschaft Adega Regional de Colares und Viuva Gomes gepflegten traditionellen Stil.

Colheita Port, Mad – Portwein oder MADEIRA mit Jahrgangsangabe, der mindestens 7 (Port) bzw. 5 (Madeira) Jahre im Fass gereift ist. Das Abfülldatum ist auf dem Etikett angegeben.

Conceito Douro, Port r w; sch ★★→★★★ Die junge, talentierte Rita Ferreira Marques sorgt für Stil und Substanz. Die DOURO-Weine sind modern in puncto Klarheit und Finesse und traditionell hinsichtlich der Verwendung lokaler Rebsorten, z. B. der an PINOT NOIR erinnernde Bastardo. Neuer Schaumwein mit einem Schuss GRÜNER VELTLINER.

Cossart Gordon Mad – Marke der MADEIRA WINE COMPANY mit trockenerem Stil als bei BLANDY. Der schmissige BUAL (1962') etwa ist Elektrizität in Flaschen.

Crasto, Quinta do Douro, Port r w ★★→★★★★ r **07' 08 09' 10 11' 12** 13 – Die Familie Roquette erzeugt mit die kraftvollsten Rotweine am DOURO. Kronjuwelen sind zwei Weine von einer sehr alten, gemischt bestockten Einzellage: Vinha da Ponte (**03 04 07' 10' 12**) und María Theresa (**05' 06 07 09'** 11' 13); auch (sehr preiswerte) Reserva sowie der vielleicht beste TINTA RORIZ Portugals. Die Rebflächen im Gebiet Douro Superior machen eine Diversifizierung möglich, u. a. für in Akazienholz ausgebauten

White Superior und den neuen SYRAH/VIOGNIER. Guter VINTAGE PORT und ungefilterter LBV; jetzt auch TAWNY.

Croft Port ★★→★★★ Historisches Portweinhaus im Besitz von FLADGATE, jetzt mit Besucherzentrum in in den grandiosen Weinbergen nahe Pinhão, wo man sogar den süßen, fleischigen VINTAGE PORT aus mit den Füßen gestampften Trauben (66 70 75 77 82 85 91 94 00 03' 07 09' 11') probieren kann. Ein leichterer Vintage Port ist der QUINTA da Roêda. Am erfolgreichsten sind Indulgence, Triple Crown, Distinction und Pink, ein neuartiger ROSÉ PORT.

Ab ins Douro-Tal

Der Port-Handel ist niemals lebhafter, als wenn die Deklarierung eines gesamten Jahrgangs in der Luft liegt – wie es seit dem glänzenden Jahrgang 2015 der Fall ist. Aber das ist nicht der einzige Grund zur Freude. Im DOURO-Tal kümmert man sich immer eifriger um den Tourismus; wenn Sie also noch nicht da waren, sollten Sie es sich überlegen. Ein neuer Straßentunnel soll die Fahrtzeit von Porto verkürzen, und in Pinhão gibt es Hotels der oberen Kategorie. The FLADGATE Partnership möchte hier mit dem »Vintage House Hotel« ein Duplikat des 5-Sterne-Hotels »The Yeatman« schaffen.

Portugal

Crusted Port – Portwein in RESERVE-RUBY-Qualität, meist aus verschiedenen Jahrgängen verschnitten, der jung abgefüllt wird und in der Flasche reift, sodass sich ein Depot, die »Kruste«, bildet. Muss dekantiert werden. Günstig. Gute Versionen von CHURCHILL, DOW, FONSECA, GRAHAM und NIEPOORT.

Dão r rs w; sch ★★→★★★ **05 06 07' 08'** 09 10 11' 12 13 – Historische DOC in Mittelportugal. Die Pioniere des modernen Weinbaus, CARVALHAIS, Álvaro CASTRO, DÃO SUL, QUINTA das MAIAS und Quinta dos ROQUES, erzeugen strukturierte, elegante, duftende Rote und schön texturierte Weiße. Zu den neueren Betrieben zählen Casa da Passarella, CASA DE MOURAZ und JÚLIA KEMPER WINES. Im Auge behalten sollte man Druida, Antonio Madeira, MOB und NIEPOORT (Quinta da Lomba). Der VINHO-REGIONAL-Bereich heißt Terras do Dão.

Dão Sul Dão r w; sch ★★→★★★★ Marke des Mischkonzerns Global Wines; Wechsel in der Geschäftsleitung haben zu einer Straffung des modernen, aber bunt gewürfelten Angebots geführt: Die QUINTA das Tecedeiras (DOURO) wurde an Covela verkauft, das Sortiment der Quinta do Encontro (BAIRRADA) gestutzt. Die wichtigsten Marken sind Quinta de CABRIZ, Casa de SANTAR, Quinta do Encontro, Encostas do Douro (Douro), Quinta do Gradil (LISBOA), Quinta dos Grilos, Herdade Monte da Cal (ALENTEJO) und Paco dos Cunhas de Santar (Biowein).

DOC/DOP (Denominação de Origem Controlada/Protegida) Höchste Stufe amtlich anerkannter Weinbaubereiche, unter Aufsicht eines regionalen Ausschusses. Siehe auch VINHO REGIONAL.

Doce (vinho) Süß(wein).

Douro r rs w; s ★★→★★★★ Die erste Weinregion der Welt, die sowohl eingegrenzt als auch reguliert wurde (1756) heißt nach dem Fluss, der sie auf 100 km Länge durchfließt. Port ist nicht länger der einzige Wein, mit dem man berühmt werden kann (bzw. das täglich Brot). Die drei Subregionen (Baixo Corgo, Cima Corgo und Douro Superior) sind ihrerseits äußerst vielfältig in puncto Höhenlage und Ausrichtung und bringen ebenso viel Tischweine hervor (DOC Douro). Beste Erzeuger (auch für Weißwein) mit kraftvollen, zunehmend eleganten Kreszenzen sind: BARCA VELHA, CHRYSEIA, CONCEITO, CRASTO, Niepoort, PASSADOURO, POEIRA, Vale Dona Maria, Vale Meão, VALLADO, WINE & SOUL. Neue, beachtenswerte Namen: Monte Xisto, Luis Seabra Cru sowie die Portweine der REAL COMPANHIA VELHA und das Etikett QUINTA das Carvalhas. Der Name für den Vinho Regional ist Duriense. Früher schwer zugänglich, heute ein Touristenmagnet. In Spanien heißt der Fluss Duero.

Dow Port ★★★→★★★★ Das historische Portweinhaus gehört zu SYMINGTON FAMILY ESTATES, pflegt beim VINTAGE PORT (**66 70 72 75 77 80 83 85' 91 94** 97 00' 03 07' 11') aber einen trockeneren Stil, vor allem beim Single-QUINTA Bomfim (opulenter ist Senhora da Ribeira). Das neue Touristenzentrum von Bomfim in Pinhão bietet Touren durch Weinberge und Kellerei sowie einen Besuch in der Lodge.

Am Douro wird derzeit zu gleichen Teilen Port und Tischwein erzeugt.

Duorum Douro, Port r ★★→★★★ Gemeinschaftsprojekt von João Portugal RAMOS und José Maria Soares Franco (früher FERREIRA/BARCA VELHA). Zu den DOURO-Weinen gehören der preisgünstige fruchtige Tons auf Einsteigerniveau sowie die raffinierteren Gewächse Colheita, Reserva und O Leucura Cota 200 bzw. 400 aus 200 bzw. 400 m hoch gelegenen Parzellen mit alten Reben, die die Verschiedenheit der Terroirs am Douro zum Ausdruck bringen. Sehr guter, dichter, fruchtbetonter VINTAGE PORT (07 11' 12) von 100 Jahre alten Reben. Im Zweitwein Vinha de Castelo Melhor sind Trauben von alten und jungen Reben aus dem Gebiet Douro Superior gemischt. Auch gute Tischweine.

Esporão, Herdade do Alen r w; s ★★→★★★ Großes Gut mit 77 ha, jetzt zertifiziert ökologisch. Hochklassige, fruchtbetonte, moderne Weine. Der rote Novel Vinho de TALHA bricht mit der Tradition, indm er der Tradition folgt. Preiswert auf Einsteigerniveau ist v. a. der Monte Velho. Die neue, aus Stampflehm gebaute Kellerei ADEGA dos Lagares konzentriert sich auf Spitzenweine, u. a. Reserva, Private Selection. Das DOURO-Gut QUINTA das Murças gehört ebenfalls zum Besitz.

Espumante Schaumwein. Am besten, wenn auch nicht großartig, aus den Anbaugebieten BAIRRADA – v. a. von QUINTA das BÁGEIRAS, Colinas São Lourenço (Ideal Drinks) und Kompassus –, DOURO (besonders der Vértice von Caves Transmontanas), Távora-Varosa (Caves MURGANHEIRA) und VINHO VERDE.

Esteban, Susana Alen r w ★★→★★★ Marke der gleichnamigen Weinmacherin. Im umwerfenden Flaggschiff Procura und im Aventura wird frisch-pikante Frucht von alten Reben aus Portalegre mit körperreicherem Traubengut aus Estremoz verschnitten. Innovative Verschnitte namens Sidecar unter Mitwirkung anderer Kellermeister (Dirk NIEPOORT beim ersten, FILIPA PATO beim zweiten).

Estufagem Mad – Methode, mit der en gros erzeugte MADEIRAS mind. 3 Monate in Tanks langsam erhitzt werden und dabei den charakteristischen Beigeschmack von verbrannter Erde annehmen. Feinere Resultate werden mit Heizmänteln und niedrigerer Temperatur (45 °C) erzielt. Wesentlich subtiler jedoch ist die CANTEIRO-Methode.

Falua Tejo r rs w – João Portugal RAMOS' Gut im Bereich TEJO. Gut bereitet und vorwiegend für den Export bestimmt sind die Verschnitte der Marke Tagus Creek, traditioneller ist der Conde de Vimioso.

Favaios, Adega de Douro r w; s – Recht große Genossenschaft mit 600 Mitgliedern, die auf 1.100 ha über 70 % des am DOURO erzeugten gespriteten MOSCATEL do Douro produziert. Erstklassige alte Jahrgangsweine haben sich ihre Frische und Feinheit bewahrt (**80' 89'**).

Ferreira Port ★★→★★★ Altes Portweinhaus, heute im Besitz von SOGRAPE. Nach Ansicht von Weinmacher Luis Sottomayor sind die LBV-Weine inzwischen genauso gut wie die VINTAGE PORTS des vergangenen Jahrzehnts; beide Kategorien sind hier im Aufwind. Sehr guter, würziger TAWNY, einschließlich RESERVA (Don Antónia), sowie 10- und 20-Year-Old Tawnys (QUINTA do Porto und Duque de Bragança).

Ferreirinha, Casa Douro r w ★→★★★★ Ferreiras schwindelerregende Auswahl an DOURO-Weinen, alterungswürdig von der Einsteigerreihe Estava bis hin zum BARCA VELHA. Die roten Spitzengewächse stammen von der QUINTA de Leda, die weißen Premiumweine (neu ist der Antónia Adelaide Ferreira) und der rosé Vinha Grande von der 650 m hoch gelegenen Quinta do Sairrão.

FitaPreta Alen – António Maçanita punktete mit der populistischen Schwestermarke Sexy. Das Etikett Fita Preta steht für ernsthaftere Weine, v. a. der Palpite (sehr gut ist der Weiße). Die Reihe Signature Series flirtet mit ungewöhnlichen Techniken (Hülsenmaischung, TALHA) und Rebsorten (z. B. BAGA). Früher auch Weine von indigenen AÇORES-Sorten, die jetzt im Joint Venture mit der Azores Wine Company produziert werden.

Fladgate Port – Unabhängiges Familienunternehmen, Eigentümer der führenden Port-Häuser TAYLOR, FONSECA GUIMARAENS, CROFT und KROHN sowie der Luxushotels »The Yeatman« (VILA NOVA DE GAIA) und »Vintage House« (DOURO).

Fonseca, José Maria da Lis r rs w; tr s; sch ★→★★★ Erzeuger (in siebter Generation in Familienbesitz) mit umfangreichem Rebland (650 ha) und Angebot: LANCERS und PERIQUITA sind die Marken für das Alltagsgeschäft, die Rosine im Kuchen ist der gespritete MOSCATEL de SÉTUBAL, von dem beachtliche alte Bestände gebunkert sind (Apoteca und die 20 Jahre alten Weine Alambre und Roxo). Auch ein Pionier moderner TALHA-Weine unter dem Etikett José de Sousa (ALENTEJO).

Fonseca Guimaraens Port ★★★→★★★★ Portweinhaus im Besitz von FLADGATE, 1815 gegründet. Von den Weinen sind zu nennen der sinnliche Bin 27 (mit der Sonderausgabe Waterloo Edition zur 200-Jahr-Feier sowohl des Hauses als auch der denkwürdigen Schlacht), der ökologisch erzeugte Terra Prima RESERVE und insbesondere die Fonseca VINTAGE PORTS (**66' 70 75 77' 80 83 85' 92 94' 97** 00' 03' 07 09 11'). In Jahren, in denen kein klassischer Jahrgangs-Port deklariert wird (z. B. 2012, 2013), wird das Zweitetikett Guimaraens Vintage Port errzeugt. Außerdem Single-QUINTA do Panascal.

Frasqueira Mad – MADEIRA eines einzigen Jahrgangs, der erst nach 20-jähriger und oft noch viel längerer Fasslagerung abgefüllt wird – je länger der Wein im Fass liegt, umso konzentrierter (durch Verdunstung) und komplexer (durch Oxidation) wird er. Das Datum der Flaschenabfüllung muss angegeben werden.

Garrafeira Etikettbegriff. Traditionell die »Privat-Reserva« eines Händlers. Die Mindestausbauzeit beträgt 2 Jahre im Fass und 1 Jahr in der Flasche, oft reift der Wein aber viel länger.

Graham Port ★★★→★★★★ Portweinhaus im Besitz von SYMINGTON FAMILY ESTATES mit erstklassigem Sortiment, vom RESERVE RUBY Six Grapes bis hin zu VINTAGE PORT (**63 66 70' 75 77' 80 83' 85' 91' 94'** 97 00' 03' 07' 11'), einschließlich des nur in begrenzter Auflage erscheinenden Stone Terraces Vintage Port (11') und langlebigem Single-QUINTA dos Malvedos. Brillant sind auch die COLHEITAS (v. a. **52' 69' 72'**), doch die Krönung ist der sublime Ne Oublie Very Old TAWNY aus einem der drei Fässer, die A.J. Symington 1882 befüllte.

Henriques & Henriques Mad ★★★→★★★★ MADEIRA-Firma mit 11 ha, u.a. mit der seltenen Terrantez-Rebe bestockt. Einzigartig ist der extratrockene Aperitif Monte Seco. Am besten sind 20 Jahre alter MALVASIA und Terrantez, die 15 Jahre alten Weine (v.a. Sercial), Single Harvest (jetzt in aufbereiteten Bourbon-Fässern ausgebaut: **1998'**, Bual **2000'**) und die Jahrgangsweine, z.B. VERDELHO (**57**), Terrantez (**54**) und Sercial (**71'**). Neu: 50 Jahre alter TINTA NEGRA.

Justino Mad ★→★★★ Das größte MADEIRA-Unternehmen ist im Besitz des Rum-Giganten La Martiniquaise und erzeugt auch die Weine der Marke Broadbent. Der Stil ist etwas vierschrötig, sehr gut sind aber der Terrantez Old RESERVE (ohne Jahrgangsangabe), Terrantez (78) und MALVASIA (33 64) sowie die FRASQUEIRA-Weine.

Kopke Port ★→★★★ Das älteste Portweinhaus (gegründet 1638) im Besitz von SOGEVINUS (siehe BARROS ALMEIDA). Würzige, gut strukturierte COLHEITAS von den mittleren/oberen Hanglagen der Quinta S. Luiz (**35' 57' 64' 80' 87**). Sehr guter TAWNY und WHITE PORT mit Altersangabe, v.a. die 40-Year-Old-Weine.

Krohn Port ★→★★★ Jetzt zu FLADGATE gehörende Port-Firma mit außergewöhnlich alten Lagerbeständen an TAWNY (füllige 10 und 20 Jahre alte Versionen) und COLHEITA (**61' 66' 67' 76' 82' 83' 87' 91 97**), die bis 1863 zurückreichen (die Quelle des TAYLOR 1863 Single Harvest). Auch VINTAGE PORTS von steigender Qualität.

Die besten Weißweine aus der Region Lisboa wachsen auf Ton-Kalkstein-Böden – wie in Burgund.

Lagoalva, Quinta da Tejo r rs w ★★ Die jungen Weinmacher Diogo Campilho und Pedro Pinhão zielen mit ihren fruchtig-frischen Verschnitten von einheimischen und internationalen Rebsorten (CHARDONNAY, SAUVIGNON BLANC, SYRAH) auf ein junges Publikum ab, übertreiben es allerdings manchmal mit der Eichenwürze. Am besten sind der sehr gute rote Alfrocheiro und der neue rosé Schaumwein.

Lancers rs w; sch ★ José Maria da FONSECAS halbtrockenen, mit Kohlensäure versetzten ROSADO gibt es jetzt auch als weiße, als schäumende (rosé und weiß) und als alkoholarme Version.

Lavradores de Feitoria Douro r w ★★→★★★ Zusammenschluss von 18 Erzeugern, die ungewöhnliche Stärke in Sachen Weißwein beweisen, v.a. beim SAUVIGNON BLANC und dem Meruge, einem sortenreinen Viosinho. Außerdem gute Rotweine, u.a. Três Bagos Reserva, QUINTA da Costa das Aguaneiras und eleganter Meruge (vorwiegend TINTA RORIZ von einem Weinberg mit Nordausrichtung in 400 m Höhe).

LBV (Late Bottled Vintage) Port – Robuster Portwein mit strahlenderer Frucht aus einem einzigen Jahr, der doppelt so lang wie VINTAGE PORT (etwa 5 Jahre) in Holzfässern gelagert wird. Kommerzielle LBV-Massenerzeugnisse sind ab der Freigabe trinkbar und müssen nicht dekantiert werden, ganz im Gegensatz zu den langlebigen, ungefiltert abgefüllten Versionen, z.B. von CHURCHILL, FERREIRA, NIEPOORT, Quinta do NOVAL, SANDEMAN, WARRE.

Leacock Mad – Madeira-Haus mit einer langen FRASQUEIRA-Erfolgsgeschichte, das seit dem Kauf durch die MADEIRA WINE COMPANY 1981 mit seinen Markenaber auf Masse und Mainstream macht.

Lisboa Großer, hügeliger VINHO-REGIONAL-Bereich um Lissabon mit unterschiedlichen Terroirs und einem Mischmasch lokaler und internationaler Rebsorten. Die bekanntesten DOCs sind ALENQUER (die wegweisenden Boutiquekellereien CHOCAPALHA und MONTE D'OIRO erzeugen die besten Roten) sowie BUCELAS, CARCAVELOS und COLARES mit traditionellen Weinen. Frische trockene Weiße von immer besserer Qualität, v. a. wenn sie von Küsten- oder Hochlagen auf Kalksteinboden stammen, gibt es bei Biomanz (Jampal), Casal Figueira (Vital) Casal Sta. Maria (in Colares; sehr guter CHARDONNAY) und Vale da Capucha.

Zum Sterben guter Madeira

Der Duke of Clarence (gest. 1478) wurde in einem Fass MALMSEY ertränkt. Sollte das auch Ihr Schicksal sein, dann wählen Sie einen PEREIRA D'OLIVEIRA SERCIAL 1875, Pereira d'Oliveira Terrantez 1880, BLANDY'S BUAL 1920, JUSTINO'S MALVASIA 1933, COSSART GORDON Bual 1962, Blandy's Bual 1969, HENRIQUES & HENRIQUES Sercial 1971, Blandy's VERDELHO 1973, HM BORGES 1979 Sercial oder D.14780 BARBEITO 1992 Verdelho.

Madeira r w ★→★★★★ Die Atlantikinsel mit eigener DOC ist berühmt für ihre gespriteten Weine, erzeugt aber auch Tischweine von bescheidenem Anspruch (VINHO REGIONAL Terras Madeirenses und DOC Madeirense); am besten sind die VERDELHO-Gewächse. Empehlenswerte Erzeuger: Primeira Paixão, QUINTA do Moledo und Barbusano.

Madeira Vintners Mad – 2012 gegründet, terroirbetonte Weine in kleiner Auflage, Listrão (alias PALOMINO Fino) sowie die Anwendung einer Reihe von Bereitungstechniken (z. B. Fassvergärung, Hülsenmaischung, Mikrooxigenation bei ESTUFAGEM-MADEIRAS), die den Weinen innerhalb von 3 Jahren die Komplexität und das Profil 5 bis 10 Jahre alter Gewächse verleihen sollen. 2016 kommen die ersten Weine heraus.

Madeira Wine Company Mad – Nachdem sie 1913 durch zunächst zwei Firmen als Madeira Wine Association gegründet worden war, schlossen sich ihr danach alle 26 britischen MADEIRA-Unternehmen an. Eigentümer von BLANDY, COSSART GORDON, LEACOCK und MILES; erzeugt über 50 % aller abgefüllten Madeira-Exporte. Seit die Familie Blandy die Firma führt, hat sich der Fokus nahezu ausschließlich auf die Förderung der Marke Blandy verlagert.

Maias, Quinta das Dão r w ★★→★★★ Schwestergut der QUINTA dos ROQUES mit sehr guten sortenreinen Ökoweinen auf Einsteigerniveau, u. a. dem einzigen VERDELHO aus DÃO. Der neue Flor das Maias ist ein von Encruzado dominierter weißer Verschnitt, beeindruckend frisch trotz 14 Monaten Ausbau in französischer Eiche.

Malhadinha Nova, Herdade da Alen r rs w; s ★★★ Familienbetrieb mit schickem Landhaushotel. Einsteigerreihe da Peceguina und Weine auf mittlerem Niveau, die zunehmend sortenrein bereitet werden. Mehr Komplexität und Ausgewogenheit bieten die Premiumverschnitte Malhadinha und Marias.

Malmsey (Malvasia Candida) Mad – Die süßeste und vollste der traditionellen MADEIRA-Traubensorten, jedoch mit der für Madeira charakteristischen eigenartigen Schärfe. Passt hervorragend zu reichhaltigen Obst- und Schokoladendesserts – oder einfach nur zum Träumen.

Mateus Rosé r rs (w); sch ★ Der meistverkaufte halbtrockene und mit etwas Kohlensäure versetzte Rosé der Welt wird jetzt in Klarglasflaschen abgefüllt und ist auch als weiße, als schäumende (rosé und weiß) oder als trockenere, nicht sprudelnde Version erhältlich. Zur neuen Reihe

Expressions gehören ein MARIA GOMES/CHARDONNAY- und drei Rosé-Verschnitte (BAGA/SHIRAZ; Baga/MUSCAT und ARAGONEZ/ZINFANDEL).

Mendes, Anselmo Minho w; s; sch ★★→★★★ Das eigene Etikett des gefeierten Beraters. Etliche mustergültige ALVARINHO-Weine, u. a. exzellenter, muskulöser Curtimenta mit Eichennote und Parcela Única von einer Einzellage. Guter LOUREIRO sowie seidiger, moderner roter VINHO VERDE (Pardusco). Neu: die aus der Frucht mehrerer Regionen zusammengestellte Reihe Expressões und orangefarbener Vinho Verde seit 2015.

Minho Fluss, der die Nordwestgrenze zu Spanien bildet, und VINHO-REGIONAL-Gebiet. Eine Reihe führender VINHO-VERDE-Erzeuger verwenden bevorzugt die Kategorie VR Minho.

Monte de Ravasqueira Alen ★★→★★★ Ein großartiges Terroir (steiler Weinberg in Amphitheaterform, Ton-Kalkstein, Granit) und Präzisionsweinbau bringen die sehr gute Reihe MR Premium hervor (v. a. innovative Rosés und Weiße); auch der Vinha das Romas (SYRAH/Touriga Franca) von einer Einzellage beeindruckt.

Monte d'Oiro, Quinta do Lis r rs w ★★→★★★ Res **04' 05 06' 07** 08' 09 – Dank der Stecklinge von 60 Jahre alten Hermitage-Reben vom Maison Chapoutier (siehe Frankreich) wird hier herzhafter SYRAH und guter VIOGNIER (Madrigal) erzeugt. Feiner TINTA RORIZ (Tempera). Das Bento/Chapoutier-Gemeinschaftsprojekt Ex Aequo, ein Verschnitt von Syrah und TOURIGA NACIONAl, trägt inzwischen das Monte-d'Oiro-Etikett.

Moscatel de Setúbal Set s ★★★ DOC südlich des Tejo-Flusses. Vorwiegend gespritete Dessertweine, im Bestfall herrlich ausgewogen, hauptsächlich von MOSCATEL, manchmal auch von der seltenen roten Moscatel Roxo bereitet – die besten Versionen glänzen durch Duft und Ausgewogenheit. Die wichtigsten Erzeuger sind BACALHÔA – VINHOS DE PORTUGAL und José Maria da FONSECA; sehr gut sind auch die Boutiquekellereien Horácio dos REIS SIMÕES, António Saramago und Adriano Tiago. Günstig: Casa Ermelinda Freitas, ADEGA DE PEGÕES, SIVIPA.

Moscatel do Douro Douro – Aus dem hoch gelegenen Anbaubereich Favaios kommt überraschend frischer gespriteter Moscatel Galego (MUSCAT à petit grains), der den Vergleich mit Dessertweinen aus SETÚBAL nicht zu scheuen braucht. Empfehlenswerte Erzeuger: ADEGA de FAVAIOS, NIEPOORT, POÇAS und PORTAL.

Mouchão, Herdade do Alen r w ★★★ **05' 06 07** 08' 09 10 – Führendes auf die Alicante-Bouschet-Traube spezialisiertes Traditionsgut, u. a. mit Cuvées älterer Spitzenjahrgänge (Colheitas Antigas) und dem Tonel 3–4 (nur in Spitzenjahrgängen). Außerdem gespriteter *licoroso* und Grappa. Der Ponte das Canas ist ein auffälligerer Verschnitt von Alicante Bouschet und u. a. SHIRAZ. Preiswert ist der Dom Rafael (neue Aufmachung).

Mouraz, Casa de Dão ★★ Moderne, aber charaktervolle und preiswerte Weine (v. a. Elfa) mit Ökozertifikat (seit 1996) von einigen in Familienbesitz befindlichen Weinbergen (auf 140 bis 400 m Höhe). Die Weine der Reihe »alr« werden von zugekauften Biotrauben aus den Bereichen DOURO, VINHO VERDE und ALENTEJO bereitet.

Mouro, Quinta do Alen r w ★★★ Imponierende, konzentrierte Rotweine, vorwiegend von Lesegut aus dem ALENTEJO, u. a. mit TOURIGA NACIONAL und CABERNET SAUVIGNON (auch als sortenreine Versionen). In Spitzenjahren (**05 06' 07'** 08 09 10 11) wird das Nobelgewächs Mouro Gold erzeugt. Vinha do Malhó ist ein herzhafter Verschnitt der Trauben Centurion und PETITE SIRAH. Guter Zagalos im mittleren Bereich; Vinha do Mouro bedient das leicht zugängliche Einsteigersegment.

Murganheira, Caves ★★★ Portugals größter ESPUMANTE-Erzeuger; auch Besitzer von RAPOSEIRA. Schaumwein-Cuvées und sortenreine Versionen von einheimischen sowie französischen Rebsorten. Am besten sind Vintage, Grande Reserva und Czar (rosé).

Niepoort Douro, Port r rs w ★★★→★★★★ Auf Qualität bedachtes Portweinhaus in Familienbesitz und Pionier für DOURO-Tischweine. Highlights: VINTAGE PORT, einzigartige, in Glasballons gereifte GARRAFEIRA und Bioma von einer Einzellage. Sehr guter TAWNY, v. a. die flaschengereiften (eleganten) COLHEITAS. Zunehmend elegante Reihe von Douro-Weinen, v. a. der Turris von einer Einzellage mit 100 Jahre alten Reben, aber auch Redoma (rot, rosé, weiß und weiße Reserva), Tiara (weiß), Coche (weiß) sowie die Roten Vertente, Charme und Batuta. Dirk Niepoorts Genie findet jedes Jahr neue Ausdrucksformen, beispielsweise die experimentelle Reihe Projectos, den außergewöhnlichen BAGA (v. a. Poeirinho) und jetzt auch Weißweine von den QUINTAS de Baixo (BAIRRADA), da Lomba (DÃO) und zunehmend beim VINHO VERDE von der Quinta de Val-Bôa. Bereitet zusammen mit Equipo Navazos (siehe Spanien) auch einen Weißwein.

Noval, Quinta do Douro, Port ★★→★★★★ Historische Port-QUINTA im Besitz von AXA. Elegant strukturierter VINTAGE PORT (**63' 66 67 70 75 78 82 85 87 91 94'** 95 97' 00' 03' 04 07' 08' 11' 12), der nur einen Bruchteil dessen kostet, was man für den seltenen, verführerischen Nacional von 2,5 ha wurzelechten Reben hinlegen muss. Zweite Vintage-Port-Marke: Silval. Daneben sehr gute TAWNYS mit Altersangabe, COLHEITAS und ungefiltert abgefüllter LBV sowie üppig-schokoladiger Noval Black RESERVE. Erzeugt seit 2004 auch DOURO-Weine (bzw. VINHO REGIONAL Duriense mit SYRAH), u. a. den günstigen Cedro und sehr guten sortenreinen TOURIGA NACIONAL.

Portugal

Offley Port ★→★★ Die Haupt-QUINTA (Boa Vista) hat Sogrape 2013 verkauft. In neuerer Zeit fruchtbetonter Vintage Port und TAWNY. Zu den Aperitif- und Cocktailweinen zählen der WHITE PORT Cachuca RESERVE und ROSÉ PORT.

Palmela Set r w ★→★★★ Auf CASTELÃO konzentrierte DOC. Beste Erzeuger: Herdade Pegos Claros, HORÁCIO SIMÕES, QUINTA do Piloto, Casa Ermelinda Freitas. im Auge behalten.

Passadouro Douro, Port r w ★★→★★★ Das Gut für Port und DOURO-Weine ist nun in Gemeinschaftsbesitz der Familie Bohrmann und des Kellermeisters Jorge Serôdio Borges. Wunderbar konzentrierter fußgestampfter Single-QUINTA VINTAGE PORT und ungefilterter LBV; guter RUBY RESERVA. Eindrucksvolle Douro-Rotweine, v. a. die Reserva von alten Reben. TOURIGA NACIONAL und Touriga Franca liefert die QUINTA do Sibio, Weiße kommen von höheren Lagen mit Granitboden.

Passarella, Casa da Dão r rs w ★→★★★ Die aufwendige Restaurierung des großartigen Guts aus dem 19. Jh. durch Euro-Millionär Ricardo Cabral hat sich gelohnt, was v. a. am Flaggschiffwein Villa Oliveira Encruzado (weiß) und dem TOURIGA NACIONAL (rot) deutlich wird – eine ungewöhnliche und arbeitsaufwendig aus einem alten Weinberg mit gemischtem Satz gewonnene Auslese. Die weißen GARRAFEIRA-Weine O Oenólogo Coleção Fugitivos sind ebenfalls exzellent.

Pato, Filipa Bair r w; s; sch ★★→★★★ »Ungeschminkte Weine« lautet die Losung, also steht beim Aushängeschild, den Nossa-Calcario-Weinen von alten Reben, das Terroir im Zentrum: duftender BAGA und komplexer Bical (weiß). Wie ihr Vater Luís PATO lotet auch Tochter Filipa die Grenzen aus, v. a. mit dem in Amphoren gereiften roten Post Quercus, einem köstlich honigartigen Weißen und dem eleganten gespriteten Espirito de Baga. Das Kraut fett machen die Umstellung auf biologisch-dynamischen Anbau und die neue Kellerei.

Pato, Luís Bair r w; s; sch ★★→★★★★ Das Renommee gündet sich auf die wahrhaft alterungswürdigen Baga-Weine von Einzellagen: Vinha Barrio, Vinha Pan, Vinha Barrosa sowie die beiden Cuvees Pé Franco von wurzelechten Reben aus den Einzellagen Quinta do Ribeirinho (Sandboden) und Valadas (Kreide-Ton-Boden; feiner konturiert). Ungeduldige tun mit dem Vinhas Velhas auf jeden Fall einen guten Griff; früh trinkreif sind der BAGA Rebel (2015 kam ein neuer Weißer zum Roten dazu) und der unkonventionelle, auf Baga-Schalen vergorene und daher rote FERNÃO PIRES. Die Weißen sind ebenfalls sehr gut, z. B. Vinhas Velhas, Vinha Formal (von einer Einzellage) und der rassige neue Sercialinho. Ein preiswerter Schaumwein ist der charaktervolle, nur einmal vergorene Método Antigo.

Pegões, Adega de Set r rs w; s; sch ★→★★ Die dynamische Genossenschaft bietet mit der Marke Stella und dem alkoholarmen weißen Nico schöne, saubere Frucht und mit den Rot- und Weißweinen namens COLHEITA Seleccionada ein fantastisches Preis-Leistungs-Verhältnis.

Península de Setúbal Von Lissabon aus gesehen jenseits des Tejo gelegen. Die etablierten Erzeuger in dem VINHO-REGIONAL-Bereich haben ihre Güter auf den sanften Kreidehügeln der Ortschaft Azeitão oder den Sandböden an den Flüssen Sado und Tejo: z. B. BACALHÔA – VINHOS DE PORTUGAL, José Maria da FONSECA und Casa Eremlinda Freitas. Weiter westlich und südlich haben sich neue Betriebe angesiedelt. Im Auge behalten: Herdades da Comporta, Portocarro und Soberanas.

Pereira d'Oliveira Vinhos Mad ★★→★★★★ Die Madeira-Firma verfügt über einen enormen Vorrat (1,6 Millionen Liter) an seltenem altem FRASQUEIRA, der nur auf Anfrage vom Fass abgefüllt wird (darunter fantastische Jahrgänge aus dem 19. Jh., z. B. Terrantez 1880, SERCIAL 1875). Viele Weine kann man in der sehenswerten Kellerei in Funchal verkosten. Ebenfalls selten sind der Bastardo 1927 und der MOSCATEL 1875. Die COLHEITAS verbringen mind. 10 Jahre im Fass. Die Verschnitte werden nach der ESTUFAGEM-Methode gereift.

Periquita Spitzname der CASTELÃO-Traube, aber auch der Name der erfolgreichen Marke von José Maria da FONSECA.

Poeira, Quinta do Douro r w ★★★ Das eigene Weingut von Jorge Moreira, Kellerchef der QUINTA de la ROSA. Die Weine von den kühlen, nach Norden ausgerichteten Hängen sind ebenso intensiv und sacht zugleich wie ihr Erzeuger, v. a. der Rote, der jetzt erst nach längerer Flaschenreifung freigegeben wird. Der Weiße ist ein straffer, prägnanter, eichenwürziger ALVARINHO (VINHO REGIONAL Duriense). Außerdem hochklassiges Zweitetikett Pó de Poeira (rot).

Portalegre Alen r rs w ★→★★★ Der nördlichste Unterbereich (mit eigener DOC) des ALENTEJO hat Größen wie die Weinpublizisten Richard Mayson (QUINTA do Centro) und João Afonso (Solstício/Equinócio), den Lissaboner Starkoch Vitor Claro, den önologischen Berater Rui Reguinga (Terrenus), Susana ESTEBAN, Herdade do ESPORÃO und jetzt auch NIEPOORT angezogen. Erhöht gelegene Weinberge mit Granit- und Schieferböden, alte Reben (teilweise gemischte Bestockung) und viel Regen – all das sorgt für frische, strukturierte Weine mit Tiefe. Eine Region, die man im Auge behalten sollte.

Porto Cruz Port – Die größte Portweinmarke, im Besitz von La Martiniquaise. Die Cocktail-Akademie auf der Dachterrassenbar des Besucherzentrums in VILA NOVA DE GAIA unterstreicht den Fokus auf leichtere Ports, die auf eine jüngeres Publikum abzielen.

Quinta Portugiesisch »Weingut« (z. B. POEIRA, Quinta do). Als »Single-Quinta« werden VINTAGE PORTS von eigenen Weingütern der Portweinhäuser bezeichnet, die in guten, aber nicht großartigen Jahren deklariert werden. Da es immer mehr unabhängige einzelne Güter gibt, werden davon auch immer mehr in Spitzenjahren erzeugt.

Ramos, João Portugal Alen r w – 1990 bestockte Ramos seine ersten 5 ha im Alentejo, heute ist er in fast allen Weinbauregionen Portugals tätig, teils unter eigenem Namen (z. B. VINHO VERDE), teils unter Markennamen (FALUA, DUORUM, Foz de Arouce). Sein Erfolgsrezept? Weine mit großem kommerziellem Potenzial, die dennoch stets ihrer Region verpflichtet und preiswert sind. Die Spitzengewächse wie Marqués de Borba Reserva oder Estremus brauchen keinen Vergleich zu scheuen.

Ramos Pinto (Duas Quintas) Douro, Port ★★★ Port-Firma im Besitz des Champagnerhauses Louis Roederer, das schon in den 1990er-Jahren die Pionierarbeit der Duas Quintas in DOURO Superior förderte; enorme Kompetenz für Weiß- und Rotweine. Sehr guter VINTAGE PORT, einschließlich Single-QUINTA Vintage Port (Quinta de Ervamoira). Komplexe Single-Quinta-TAWNYS, die 10 (de Ervamoira), 20 (Quinta do Bom Retiro in Duoro Cima Corgo) und 30 Jahre alt sind (Letzterer mit einem Schuss von 100-jährigem Tawny). Kellermeister João Nicolau de Almeida ist 2016 in den Ruhestand gegangen.

Bei der Tour durch das Port Wine Institute kann man die Verkostungsjury durch einen Einwegspiegel bei der Arbeit beobachten.

Raposeira Douro sch ★★ Schaumwein mit Flaschengärung; Aushängeschild ist der Velha Reserva (CHARDONNAY/PINOT NOIR), der 4 Jahre auf der Hefe reift.

Real Companhia Velha Douro, Port r rs w; s ★→★★★ Die Familie von Silva Reis hat ihren Port- (inkl. Royal Oporto und Delaforce) und DOURO-Weinen sowie dem eleganten Royal Oporto COLHEITA TAWNY neues Leben eingehaucht. Auf sechs QUINTAS in Cima Corgo (540 ha) wird Präzisionsweinbau betrieben; munteres Experimentieren auf der Quinta de Cidro (seit 1993 mit französischen, jetzt auch mit alten Douro- und klassischen portugiesischen Sorten) hat das Projekt Séries hervorgebracht, spannend v. a. der Samarrinho (weiß). Flaggschiff ist der Quinta das Carvalhas, ein Douro von alten Reben; die Ports brillieren, v. a. Vinhas Velhas (rot und weiß), VINTAGE PORT, 20-Year-Old Tawny.

Reis Simões, Horácio dos Set – Kleiner, innovativer Erzeuger von MOSCATEL aus der DOC SETÚBAL, u. a. Spätlese und gespritete Versionen (v. a. Moscatel Roxo Single Cask und Exzellent). Außerdem spannender gespriteter Bastardo, uralter weißer BOAL und roter CASTELÃO.

Reserva/Reserve Port – Portwein, meist Reserve RUBY, manchmal auch Reserve TAWNY oder Reserve WHITE PORT, der ohne Jahrgangs- oder Altersangabe abgefüllt wird, aber besser sein sollte als einfache Ports.

Romeira, Quinta da Lis r rs w; sch ★→★★★ Das historische Gut in der DOC BUCELAS sichert seine herausragende Stellung unter dem neuen Eigentümer Wine Ventures. Die Rebflächen wurden vergrößert (75 ha, vorwiegend Arinto) und umfassen jetzt auch Süd- und Nordhänge für etwas unterschiedliche Stile. Sehr guter ARINTO (Regia Premium, eichenwürziger Morgado Sta. Catherina Reserva). Preiswerter Prova Regia Arinto sowie Principium – Verschnitte von französischen und portugiesischen Rebsorten (VINHO REGIONAL LISBOA).

Roques, Quinta dos Dão r w; sch ★★→★★★ Sehr gute, langlebige rote Cuvées, v. a. Reserva und GARRAFEIRA, sowie sortenreine Weine, u. a.

Encruzado, neuer Bical (weiß), TOURIGA NACIONAL und Alfrocheiro Preto. Neue Anpflanzungen in Jaen zeigen das wachsende Interesse an der spanischen Sorte MENCÍA. Günstig sind die Einsteigerweine der Marke Correio.

Rosa, Quinta de la Douro, Port r rs w ★★★ Volle, aber elegante Rotweine, v. a. Reserva, jetzt auch im Großformat (bis zu 18 l), während das Port-Angebot (sehr guter VINTAGE PORT) nun in 50-cl-Flaschen erhältlich ist. Der DouROSA ist ein DOURO-Wein auf Einsteigerniveau; großzügig zeigt sich der Passagem von der QUINTA das Bandeiras. Die renovierten Gästezimmer sind eine gute Ausgangsbasis zur Erkundung von Pinhão.

Baga Friends

Als die neuen Vorschriften (2003) den Erzeugern in BAIRRADA auch die Verwendung einfacher zu kultivierender Trauben erlaubte, gaben einige die BAGA, die wichtigste (aber sehr anspruchsvolle) Rotweinsorte der Region, ganz auf. Glücklicherweise rückten die Baga Friends – eine Gruppe führender Baga-Spezialisten – zur Rettung an: FILIPA PATO, QUINTA DAS BÁGEIRAS, LUÍS PATO, Sidonio de Sousa, BUSSACO, Quinta da Vacariça, Quinta de Baixo (NIEPOORT). Alle vertreten ganz unterschiedliche Terroirs und Stile der Baga.

Rosado Rosé. Trotz des Erfolgs des MATEUS ROSÉ eine seltsam unerschlossene Kategorie. Neue Maßstäbe setzte Colinas de São Lourenço mit dem Principal Tête de Cuvée Rosé und dem schäumenden Brut Rosé.

Rosé Port Port – 2009 offiziell anerkannte, stetig wachsende und inzwischen bei den meisten Port-Häusern vertretene Kategorie, vor allem bei der jüngeren Generation beliebt und initiiert durch den »Pink« von CROFT. Servieren Sie ihn gekühlt, auf Eis oder als Cocktail.

Rozès Port ★★★ Die Port-Firma gehört zum Champagnerhaus Vranken. Das Lesegut für die VINTAGE PORTS (einschließlich LBV) stammt von drei QUINTAS im Bereich DOURO Superior (Grifo, Anibal, Canameira). Der Vintage Port Terras do Grifo ist ein Verschnitt aus den Trauben aller drei Quintas, der sehr gute LBV kommt nur von Grifo.

Ruby Port – Die jüngste und billigste Portweinart: einfach, süß und rot; die besten sind als RESERVE etikettiert.

Sandeman Port Port ★★→★★★ Historische Firma mit großartigen alten Jahrgängen. Sehr guter Tawny mit Altersangabe (v. a. 20- und 40-Year-Old), doch auch der VINTAGE PORT (07' 11') ist wieder in Form. Zweitetikett ist der offenherzige Vau Vintage. Mit dem ersten Very Old TAWNY überhaupt (Cask 33) und dem Seixo Single-QUINTA Vintage Port wurde der 225. Jahrestag gefeiert (2015).

Santar, Casa de Dão r w; sch ★★→★★★ Unter der Leitung von DÃO SUL werden ausgewogene Rote erzeugt sowie schön texturierte, aber frische Encruzado-Weißweine, v. a. das Premiumgewächs Condessa de Santar.

São João, Caves Bair r w; sch ★★→★★★ Der Tradition verpflichteter Familienbetrieb, der sich mit sehr guten Rotweinen im alten Stil einen Namen gemacht hat. Besonders empfehlenswert sind Frei João und Poço de Lobo (beide BAIRRADA) sowie Porta dos Cavalheiros (DÃO); von Letzterem kommen jetzt ältere, seit 1963 eingekellerte Jahrgänge auf den Markt. Unter der neuen Leitung wurde dem Sortiment ein modernerer Anstrich verpasst, u. a. mit guten weißen (ARINTO/CHARDONNAY) und schäumenden Cuvées.

São Miguel, Herdade de Alen r rs w; s ★★ Gepflegte, moderne Weine, von der weichen, fruchtigen Einsteigerreihe Ciconia zum stärker strukturierten São Miguel und der schickeren Private Collection. Neu: ungewöhnlicher süßer roter Passi und sehr guter Art.Terra Organic (SYRAH/TOURIGA NACIONAL ohne Eichennote).

Sercial Mad – Traditionelle Rebsorte für den gleichnamigen trockensten Wein MADEIRAS – ein überaus feiner Aperitif und sehr gut auch zu Räucherlachshäppchen oder Sushi. Siehe Kapitel »Rebsorten«.

Silva, C. da Port ★★→★★★ Port-Firma. Am besten sind COLHEITA und TAWNY, v. a. aber der Dalva Golden WHITE PORT (**52' 63 71'**). Neue Verpackung für den in Portweinfässern gereiften Dalva Brandy VSOP.

Smith Woodhouse Port ★★★ Die 1784 gegründete kleine Port-Firma ist im Besitz von SYMINGTON FAMILY ESTATES. Guter ungefilterter LBV und einige sehr feine, ungewöhnlich trockene VINTAGE PORTS (**66 70 75 77' 80 83 85 91 94** 97 00' 03 07 11'). QUINTA da Madalena ist ein Single-Quinta VINTAGE PORT.

Soalheiro, Quinta de Minho r rs w; sch ★★★ Führender ALVARINHO-Spezialist. Selbst die einfache Version kann man einlagern; umwerfend sind der subtile fassvergorene Primeiras Vinhas von alten Reben und der neue, rundere, in Kastanienholz ausgebaute Terramatter mit teilweisem biologischen Säureabbau. Der erste Rotwein, Oppaco, ist ein innovativer, eleganter Verschnitt von Vinhão/ALVARINHO.

Sogrape Minho ★→★★★★ Die größte Weinfirma Portugals hat sowohl MATEUS ROSÉ als auch BARCA VELHA im Portfolio, außerdem Weine aus den Bereichen VINHO VERDE (u. a. preiswerter Azevedo), DÃO (CARVALHAIS), ALENTEJO (Herdade do Peso, jetzt auch mit rotem TALHA-Wein) und DOURO (BARCA VELHA; außerdem Port von Ferreira, Sandeman und Offley). Zugängliche Markenweine aus Lesegut verschiedener Regionen, u. a. Grão Vasco, Pena de Pato und Callabriga.

Solera Mad – System zum Verschneiden von MADEIRA, dort aber inzwischen nicht mehr so oft im Einsatz. Siehe Spanien.

Symington Family Estates Douro, Port r w ★★→★★★★ Die Familie Symington ist der größte Grundbesitzer am DOURO mit 27 QUINTAS, einer Reihe von erstklassigen Portweinhäusern (u. a. GRAHAM, COCKBURN, DOW, WARRE, QUINTA DO VESÚVIO), den DOC-Douro-Weingütern CHRYSEIA und QUINTA do Vesúvio sowie dem gut bereiteten Altano von Bioweinbergen im Vilariça-Tal.

Talha Großes Tongefäß (ca. 1000 Liter), in dem traditionell im ALENTEJO Wein vergoren und gelagert wurde. Die neue (2012) DOC Vinho de Talha bewahrt die Tradition, den Wein bis zum Martinstag (11. November) auf den Schalen in der Talha zu lassen. Wird auch in anderen Regionen ausprobiert (z. B. FILIPA PATO, APHROS). Achten Sie auf José da Sousa (JOSÉ MARÍA DA FONSECA), HERDADES DO ESPORÃO, do Rocim, dos Outeiros Altos und Piteira.

Tawny Port – Portweinstil, bei dem die Lagerung in Holzfässern eine Rolle spielt – daher die bräunliche *(tawny)* Farbe. Tawnys sind trinkreif, wenn sie auf den Markt kommen. Weine mit Altersangabe (10-, 20-, 30-, 40-Year-Old) und RESERVES besitzen deutlich mehr Komplexität. Die mindestens 30 Jahre alten und oft noch viel älteren COLHEITAS und Very Old Tawny Ports (siehe GRAHAM, NIEPOORT, TAYLOR, VALLADO, WINE & SOUL) kosten erheblich mehr als VINTAGE PORTS.

Taylor, Fladgate & Yeatman (Taylor's) Port ★★→★★★★ Historisches Portweinhaus und FLADGATES Kronjuwel mit imposanten VINTAGE PORTS (**66 70 75 77' 80 83 85** 92' 94 97 00' 03' 07' 09' 11'). Zu diesen zählen auch Single-QUINTA-Weine (Quintas Vargellas und Terra Feita), darunter der seltene Vargellas Vinha Velha von über 70 Jahre alten Reben. Marktführer bei TAWNY, u. a. sehr gute Versionen mit Altersangabe, 50-Year-Old COLHEITAS und Very Old Tawny (Scion, 1863).

Tejo r w – Der DOC- und VINHO-REGIONAL-Bereich am gleichnamigen Fluss hat Quantität durch Qualität ersetzt, erzeugt aber immer noch wenig wirklich Aufregendes. Solide Erzeuger sind Quinta da Alorna und FALUA. Ambitionierter sind QUINTA DA LAGOALVA, Rui Reguinga/Tributo, Encosta do Sobral und João M. Barbosa, die das Potenzial der Top-Terroirs zeigen (inkl. einzelne Lagen mit Schiefer und Kalkstein). Gute Ergebnisse, sofern die Trauben von alten Reben kommen, lassen sich auch mit den unverwüstlichen Sorten FERNÃO PIRES und CASTELÃO erzielen (Casca Wines, CASAL BRANCO).

Tinto Rot.

Trás-os-Montes DOC im bergigen Landesinnern unmittelbar nördlich des Bereichs DOURO; der VINHO REGIONAL heißt Transmontano. Leitstern ist Valle Pradinhos.

Vale Dona Maria, Quinta do Douro, Port r rs w ★★→★★★ Sehr gute opulente, aber dennoch elegante Rotweine, z. B. die beiden Einzellagenweine Vinha do Rio und Vinha da Francisca. Rauchig und mit Eichennote, aber dennoch flott sind die Weißen aus zugekauften Trauben unter Etiketten wie CV (das Aushängeschild), Van Zellers (mittlere Kategorie), VVV (neu) und Rufo (Einsteigerniveau). Guter Port.

Vale Meão, Quinta do Douro r ★★★→★★★★ Das führende Gut im Bereich DOURO Superior, einst der Traubenlieferant für den BARCA VELHA. Zweitetikett ist der sehr gute Meandro, jetzt auch als weiße Version. Das rote Spitzengewächs ist voll, aber ausgewogen, wie auch der Single-QUINTA VINTAGE PORT. In der Reihe F. Olazabal Monte Meão mit sortenreinen Weinen fallen der TOURIGA NACIONAL von Granitboden, der fest strukturierte TINTA RORIZ und der neue BAGA auf.

Vallado, Quinta da Douro – Familienweingut in Baixo Corgo. Unter dem Namen Adelaide werden erstklassige rote DOURO-Tischweine, VINTAGE PORT und der Tributa Very Old TAWNY Port (aus der Zeit vor der Reblausplage) angeboten. Starke, zunehmend elegente Reihe an Douro-Weinen (rot und weiß), darunter auch trockener MOSCATEL und neuer Vinha da Coroa. Guter 10-, 20-, 30- und 40-Year-Old Tawny. Betreibt auch das stilvolle Weinhotel »Casa do Rio« am Douro.

Port ist nicht der einzige gepritete Wein vom Douro, es gibt auch den delikaten, köstlichen Moscatel do Douro.

Vasques de Carvalho Port – Neue, ehrgeizige Portfirma (2012), die stilvoll mit schön verpackten und sehr guten 10, 20, 30 und 40 Jahre alten TAWNY Ports herauskam, verschnitten von Jaime Costa (ehemals BURMESTER). Gegründet von António Vasques de Carvalho, der die Keller, Bestände und Weinberge der Familie geerbt hat.

Verdelho Mad – MADEIRA-Traube für die gleichnamigen halbtrockenen Weine; pikant, aber ohne die strenge Säure der SERCIAL-Traube. Guter Aperitif oder Begleiter zu Paté. Zunehmend auch für Tischweine beliebt.

Vesuvio, Quinta do Douro, Port ★★★★ Herrliche QUINTA mit Portwein, der mit den besten VINTAGE PORTS mithalten kann (00' 01 03' 04 05' 06 07' 08' 09 10 11' 12 13'). Der einzige Portwein von SYMINGTON FAMILY ESTATES, für den die Trauben noch mit menschlichen Füßen (statt von Robotern) gestampft werden. Der rote Douro Capela da Quinta Vesuvio von einer einzelnen Parzelle wurde 2007 zum ersten Mal bereitet.

Vila Nova de Gaia Port – Sitz der Lagerhäuser *(lodges)* der großen Portweinfirmen. Überqueren Sie von Porto die Dom-Luis-Brücke über den Douro, um die dichten Reihen der Port-Pipes (Fässer) zu bewundern und die beste Auswahl von Ports zu verkosten, die man bekommen kann.

Vinho Regional (VR) oder **Indicação Geográfica Protegida (IGP)** Entspricht der französischen Kategorie Vin de pays und bietet mehr Freiraum zum Experimentieren als eine DOC/DOP.

Vinho Verde Minho r rs w; sch ★→★★★ Aus der küstennahen DOC ganz im Norden kamen früher lediglich scharfe, perlende Weine, doch nun erlebt sie mit frischen und zugleich konzentrierteren Verschnitten eine Renaissance. Am besten sind die erstklassigen sortenreinen QUINTA-Weine aus Unterbereichen, v.a. ALVARINHO aus Monção e Melgaço (z.B. Anselmo MENDES sowie die Quintas de Melgaço, da Pedra, do Regueiro, do Reguengo, Luis Seabra, de SOALHEIRO) und LOUREIRO aus Lima (z.B. Quinta do AMEAL, APHROS, NIEPOORTS Dócil oder Paço de Palmeria) und jetzt auch Avesso (ehemals Covela). Roter Vinho Verde von der Vinhão-Traube soll von den wichtigsten Erzeugern nun einer Rundumerneuerung unterzogen werden (z.B. von APHROS, ANSELMO MENDES, SOALHEIRO). Vinho Verde von Großproduzenten ist meist recht spritzig und muss rasch getrunken werden.

Vintage Port Port – Die besten Weine, die nur in besonders guten, »klassischen« Jahren von den einzelnen Portweinhäusern zwischen dem 1. Januar und dem 30. September des zweiten Jahres nach der Lese »deklariert« werden. Nach 2-jähriger Fasslagerung füllt man sie ungefiltert ab und lässt sie dann sehr langsam in der Flasche reifen. Dabei bilden sie Ablagerungen und sollten daher immer dekantiert werden. Moderne Vintage Ports sind früher zugänglich (und jung ein Genuss), die besten halten sich jedoch über 50 Jahre. Auch Single-QUINTA Vintage Ports sind früher trinkreif; die besten können aber 30 Jahre und mehr überdauern.

Warre Port ★★★→★★★★ Die älteste britische Portweinfirma überhaupt (gegründet 1670), heute im Besitz von SYMINGTON FAMILY ESTATES, erzeugt sehr gute, volle, langlebige VINTAGE PORTS (**63 66 70' 75 77' 80' 83 85 91 94** 97 00' 03 07' 09' 11') und ungefilterten LBV. Im eleganten Single-QUINTA und TAWNY Otima (10 und 20-Year-Old) spiegeln sich die erhöhte Lage und das kühle Klima der QUINTA da Cavadinha wider.

White Port Port – Von weißen Trauben hergestellter Port. Die Stile reichen von trocken *(dry)* bis süß *(lagrima)*, meist wird weißer Portwein aber halbtrocken und als Verschnitt mehrerer Jahrgänge bereitet und pur oder auf Eis mit Tonic Water und frischer Minze als Aperitif getrunken. Wachsende Nischen sind White Port mit Altersangabe (10-, 20-, 30- oder 40-Year-Old), z.B. von ANDRESEN, KOPKE oder QUINTA de Santa Eufemia, sowie die seltenen weißen COLHEITAS, etwa der Dalva Golden White von C. da SILVA.

Wine & Soul Douro, Port r w – Zu den intensiven Gewächsen des Weinmacherpaares Sandra Tavares und Jorge Serôdio Borges zählen der fantastische weiße Guru, der elegante QUINTA da Manoella Vinhas Velhas und der dichter gewirkte Pintas aus benachbarten Lagen. Sehr gut sind auch die roten Zweitetiketten: Pintas Character und Manoella. Außerdem umwerfender 5G Very Old TAWNY Port und sehr guter Pintas VINTAGE PORT.

Schweiz

Die folgenden Abkürzungen werden im Text verwendet:

AG	Aargau
BE	Bern
BL	Basel-Land
BS	Basel-Stadt
FR	Freiburg (Fribourg)
GE	Genf (Genève)
GR	Graubünden
NE	Neuenburg (Neuchâtel)
SG	St. Gallen
SH	Schaffhausen
TG	Thurgau
TI	Tessin (Ticino)
VD	Waadt (Vaud)
VS	Wallis (Valais)
ZH	Zürich

Die dunklen Flächen bezeichnen die Weinbaugebiete

Es gibt Anzeichen dafür (nicht viele), dass die Welt zentimeterweise dem Schweizer Wein näherrückt. Dies allerdings gegen mächtige Konkurrenz – die Schlauheit der Schweizer selbst. Sie achten darauf, dass die Preise hoch und die Rebsorten unbekannt bleiben, schließlich werden die meisten von niemandem sonst angebaut – zumindest nicht unter denselben Namen. Doch wenn es irgendwo in der Schweiz warm ist, dann ist es dort richtig warm, etwa an Talhängen und nahe der Seen. Die Weinberge sind zudem verstreut, nur im Wallis und in der Waadt gibt es zusammenhängende Rebflächen. Von einigen kommen, da gibt es gar keinen Zweifel, einige großartige Weine von einzigartigem und denkwürdigem Charakter.

Neuere Jahrgänge

2015 Großer Jahrgang, vielleicht der beste seit 50 Jahren: reife Frucht, perfekt ausgewogene Säure.

2014 Der trockene, sonnige September rettete die Ernte; ein Jahrgang klassisch strukturierter Weine.

2013 Sehr geringer Ertrag. In der Ostschweiz hervorragend, Weine von großartiger Frische und Reintönigkeit.

2012 Ein Jahrgang für gute Kellermeister – schwierig mit Hagel und Regen.
2011 Sehr guter Jahrgang nach einem ungewöhnlich warmen, langen Herbst.
2010 Klassischer Jahrgang mit sehr eleganten Weinen; geringere Mengen als 2009.

Ältere gute Jahrgänge: 2009, 2005 (alle), 2000 (v. a. Pinot noir, Walliser Rotweine), 1999 (Dézaley), 1997 (Dézaley), 1990 (alle).

Aargau (AG) – Weinbaukanton südöstlich von Basel. Auf 400 ha stehen vorwiegend Blauburgunder (PINOT NOIR) und MÜLLER-THURGAU. Gute Erzeuger: u. a. Weinbaugenossenschaft Döttingen, Haefliger, Hartmann, LITWAN, Meier (zum Sternen).

Aigle VD (r) w ★★ Eine der bekanntesten Weinbaugemeinden für CHASSELAS. Der Les Murailles von BADOUX ist berühmt, kann jedoch sehr leicht sein. Empfehlenswert: Terroir du Crosex Grillé.

Der Zauber der Petite Arvine

Das ist die Sorte für alle, die meinen, Schweizer Wein würde sich auf CHASSELAS beschränken. Wunderbar lebhafte trockene oder fast trockene Weine gibt es etwa von BONVIN (Nobles Cépages), MARIE-THÉRÈSE CHAPPAZ (Grain Blanc, süßer Grain Noble), Thierry Constantin, Domaine Cornulus (Octoglaive, Amphorenwein Clos de Mangold), Benôit Dorsaz (Quintessence, süßer FLÉTRI), GERMANIER, Histoire d'Enfer, SIMON MAYE ET FILS (Chamoson), Domaine du MONT D'OR (süßer Sous l'Escalier), PROVINS (Maître de Chais, Domaine du Chapitre), La Rodeline (Les Claives de Fully), ROUVINEZ VINS (Château Lichten), Henri Valloton (Fully Tradition), Maurice Zufferey (Les Grand' Rayes), Nicolas Zufferey (Les Bernunes Sierre). Die Liste ließe sich beliebig verlängern.

AOC Das Äquivalent zur französischen Appellation Contrôlée, das jedoch nicht wie in Frankreich auf nationaler Ebene festgelegt wird, sondern jeder Kanton hat seine eigenen Regeln. Insgesamt gibt es 85 AOCs.

Bachtobel, Schlossgut TG ★★★ Ausgefeilter PINOT NOIR von Hängen bei Weinfelden.

Badoux, Henri VD ★★ Großer Erzeuger, dessen CHASSELAS AIGLE les Murailles (mit der traditionellen Eidechse auf dem Etikett) die beliebteste Schweizer Weinmarke ist, aber selten überzeugen kann.

Basso, Paolo TI ★★★ World Champion Sommelier des Jahres 2013 (jawohl, das ist ein offizieller Wettbewerb) und kleiner Weinbauer in Lugano (1 ha), der den dichten, raffinierten Rosso di Chiara erzeugt, einen Verschnitt auf MERLOT-Basis.

Baumann, Ruedi SH ★★★ **00' 03 05' 08 09' 10** 11 12 13 14 15' – Führender Erzeuger in Oberhallau mit beerenduftendem, lagerfähigem PINOT NOIR, v. a. -R-, ann mee und Zwaa (in Zusammenarbeit mit dem nahe gelegenen Gut Bad Osterfingen). Brillanter 2013er CHARDONNAY.

Bern (BE) – Bundesstadt der Schweiz und Kanton. Weinorte am Bieler See (v. a. Ligerz, Schafis, Twann) und am Thuner See (Spiez). 240 ha, hauptsächlich CHASSELAS, PINOT NOIR. Spitzenwinzer: Andrey, Johanniterkeller, SCHLÖSSLI, Steiner.

Besse, Gérald et Patricia VS ★★★ Führendes Familiengut im WALLIS, vorwiegend mit Lagen auf steilen Terrassen. Weine: eleganter FENDANT Les

Bans, GAMAY von Granitböden, großartiger Ermitage von alten Reben (MARSANNE). Les Serpentines stammt von einem 1945 angelegten Weinberg in 600 m Höhe (**08 09** 13').

Bonvin VS ★★→★★★★ Ein alter Name im WALLIS, seit Kurzem erheblich verbessert, v. a. mit lokalen Sorten, etwa in der Reihe Nobles Cépages (z. B. HEIDA, PETITE ARVINE, SYRAH); außerdem 1858 Cuvée Blanc (Petite Arvine, Heida, AMIGNE), edelsüße Cuvée d'Or (SYLVANER, MARSANNE, Amigne).

Weinregionen der Schweiz

Die Schweiz ist grob in sechs Weinregionen unterteilt: WALLIS (Valais), WAADT (Vaud), TESSIN (Ticino), Drei-Seen-Land (Neuenburger, Murten und Bieler See) und die Deutschschweiz, zu der ZÜRICH, SCHAFFHAUSEN, GRAUBÜNDEN, AARGAU, St. Gallen, der Thurgau und einige kleinere Weinbaukantone gehören. Und trotz des Rufs der Schweiz, hauptsächlich ein Weißweinland zu sein, sind 60 % der Weine rot, insbesondere von PINOT NOIR.

Bovard, Louis VD ★★→★★★★ Familienweingut. Der DÉZALEY La Médinette (**99' 00 03 05' 06 07** 09 11 12' 13) ist ein Wein wie aus dem Bilderbuch. Alte Jahrgänge bis zum Jahr 2000 sind auf der Domaine erhältlich.

Bündner Herrschaft GR r rs w ★★→★★★ **05' 09' 10 11** 12 13' 14 15' – BLAUBURGUNDER mit ausgepräger Frucht und Struktur (milder Südwind und kühles Klima dank der nahen Berge). Individualistische Winzer und nur vier Gemeinden: FLÄSCH, Jenins, Maienfeld, MALANS.

Calamin VD w ★★★ GRAND CRU des LAVAUX mit nur 16 ha, Nachbar von DÉZALEY, erzeugt einen herberen CHASSELAS-Stil. Erzeuger: u. a. Croix-Duplex, Dizerens, DUBOUX, Testuz.

Chablais VD (r) w ★★→★★★ Weinbaugebiet am oberen Ende des Genfer Sees; Spitzengemeinden: AIGLE, YVORNE. Der Name leitet sich von lat. *caput lacis*, Kopf des Sees, ab.

Chanton, Josef-Marie und Mario VS ★★★ Großartige Walliser Spezialitäten; Weinberge bis in 800 m Höhe: HEIDA, Lafnetscha, Himbertscha, Eyholzer Roter, Resi und Gwäss.

Chappaz, Marie-Thérèse VS r w; s ★★★→★★★★ Das kleine, biologisch-dynamisch bewirtschaftete Gut in Fully ist berühmt für großartige Süßweine (GRAIN NOBLE CONFIDENCIEL) von der lokalen Petite ARVINE (**00 02 03 04' 06' 09** 10) und Ermitage (MARSANNE). Schwer aufzutreiben.

Côte, La VD (r) w ★→★★★ 2.000 ha westlich von Lausanne; hauptsächlich CHASSELAS in sehr leichtem und kommerziellem Stil. Die bekanntesten Gemeinden sind Mont-sur-Rolle, FÉCHY, Morges.

Cruchon, Henri VD ★★→★★★ Biologisch-dynamisch arbeitender Winzer mit 36 ha, sehr beständig, bekannt für eine große Bandbreite an Rebsorten. Spitzen-Cru ist der ausgefeilte, alterungswürdige PINOT NOIR Raissennaz.

Dézaley VD (r) w ★★★ **90' 97 99 00 03 05' 09' 10 11** 12 13 14 15' – Berühmter GRAND CRU des LAVAUX, der steil zum Genfer See hin abfällt, 50 ha, im 12. Jh. von Zisterziensermönchen urbar gemacht. Mächtige CHASSELAS-Weine, die sich mit der Reifung schön entwickeln. Am besten sind Louis Bovard, DUBOUX, Fonjallaz, Monachon, Testuz, Ville de Lausanne.

Dôle VS ★★ Traditioneller Rotweinverschnitt aus PINOT NOIR mit GAMAY. Die Antwort des WALLIS auf den Burgunder Passe-tout-grains, aber leichter und weniger tanninhaltig. Empfehlenswert: BESSE, Gilliard, PROVINS, MERCIER. Der rötliche Dôle Blanche wird aus sofort nach der Lese gepresstem Traubengut hergestellt.

Domaine la Colombe VD ★★→★★★ Biologisch-dynamischer Familienbetieb mit 15 ha in FÉCHY, La CÔTE. Raymond Paccot ist am bekanntesten für eine Reihe lagerfähiger CHASSELAS-Weine, z. B. La Brez.

Duboux, Blaise VD (r) w ★★★ 5-ha-Familienbetrieb in LAVAUX. Herausragender DÉZALEY *vieilles vignes* Haut de Pierre (sehr reichhaltiger, mineralischer Stil), CALAMIN Cuvée Vincent.

Epesses VD (r) w ★→★★★ **11' 12 13** 14 15 – Bekannte AOC in LAVAUX mit 130 ha rund um den GRAND CRU CALAMIN: robuste, körperreiche Weißweine. Erzeuger: u. a. BOVARD, Luc Massy, DUBOUX, Fonjallaz.

Féchy VD ★→★★★ BV – Berühmte, aber unzuverlässige AOC in La CÔTE, v. a. CHASSELAS. Weinliebhabern, die Féchy-Weine bevorzugen, sagt man Féchytismus nach.

Federweisser Ostschweizer Bezeichnung für hellen Rosé- oder sogar Blanc de Noirs von BLAUBURGUNDER – analog zum Weißherbst in Deutschland, wo die Bezeichnung Federweißer für gärenden Traubenmost (Sauser) verwendet wird.

Fendant VS ★→★★★ WALLISer Appellation für körperreichen CHASSELAS; die ideale Begleitung zu Käsefondue oder Raclette. Empfehlenswert: BESSE, Domaine Cornulus, PROVINS, GERMANIER, SIMON MAYE. Der Name ist abgeleitet von franz. *se fendre* (springen, platzen), da die reifen Beeren des lokalen Chasselas-Klons aufplatzen, wenn man sie zwischen den Fingerspitzen zerdrückt.

Fläsch GR ★★★→★★★★ Kleiner Weinort, bekannt für seine Schieferböden, die den mineralischsten und strengsten PINOT NOIR in der BÜNDNER HERRSCHAFT hervorbringen Viele empfehlenswerte Güter, v. a. Mitglieder der Familien Adank, Hermann und Marugg. Gantenbein ragt besonders hervor, auch für CHARDONNAY.

flétri/mi-flétri Spät gelesenes Traubengut, aus dem süßer bzw. leicht süßer Wein gekeltert wird, v. a. bei Walliser Spezialitäten üblich.

Fribourg (Freiburg FR) – 115 ha am Ufer des Murtensees (Mont Vully): kraftvoller CHASSELAS, eleganter TRAMINER, runder PINOT NOIR. Empfehlenswert: Château de Praz, Cru de l'Hôpital, Derron.

Fromm, Georg Weingut GR ★★★ **05' 08 09' 10** 11 12 13' 14 15' – Spitzenerzeuger in MALANS, 4 ha, bekannt für duftenden, subtilen PINOT NOIR verschiedener Einzellagen: Selfi, Fidler, Schöpfi. Ist auch in Neuseeland unter dem Etikett Wheeler & Fromm aktiv.

Gantenbein, Daniel und Martha GR ★★★★ **05 08 09' 10' 11** 12 13' 14 15' – Die (im Ausland) bekanntesten Winzer der Schweiz mit Sitz in FLÄSCH erzeugen erstklassigen PINOT NOIR von Klonen, die von der Dom. de la Romanée-Conti (Frankreich) bezogen wurden, und Riesling von Klonen, die vom Weingut Dr. Loosen (Deutschland) stammen. Herausragender CHARDONNAY in äußerst limitierten Mengen.

Genève (Genf GE) – Stadt und Weinbaukanton mit 1.400 ha; am weitesten vom See entfernt. Anspruchsvolle Erzeuger bevorzugen internationale Sorten und PINOT NOIR anstelle von GAMAY und CHASSELAS, z. B. Domaine des Balisiers, Domaine Grand'Cour, Novelle, Les Hutins. Die meisten Weinberge am Genfer See gehören zum Kanton WAADT.

Germanier, Jean-René VS ★★→★★★ Bedeutendes Gut im WALLIS, v. a. verlässlicher FENDANT Les Terrasses, eleganter SYRAH Cayas und AMIGNE von Schieferböden aus Vétroz, in süßer (Mitis) und trockener Version. Jean-René Germanier ist auch Politiker und sitzt für die Liberalen im Schweizer Nationalrat.

Glacier, Vin du (Gletscherwein) VS – Fast schon legendärer, aus der seltenen Sorte Rèze gekelterter, oxidativ und in (Lärchen-)Holz ausgebauter Walliser Weißwein aus dem Val d'Anniviers, Grimentz. Wenn Sie Sherry mögen, sollten Sie Gletscherwein nicht verpassen.

Grain Noble ConfidenCiel VS – Qualitätsbezeichnung für ursprüngliche Süßweine. Empfehlenswert: Domaine du MONT D'OR, CHAPPAZ, Philippe Darioli, Dorsaz (beide Güter), GERMANIER, PROVINS.

Grands Crus Valais VS, VD – Uneinheitlich verwendete Bezeichnung; einige WALLISER Gemeinden (z. B. SALGESCH für PINOT NOIR) haben eigene Regelungen. Im Waadtland darf »Premier Grand Cru« für eine Vielzahl von Gutsabfüllungen verwendet werden. Die Schweiz besitzt nur zwei Grands Crus im Sinne einer Weinbergklassifikation: CALAMIN und DÉZALEY.

Graubünden (Grisons GR) – Hauptsächlich deutschsprachiger (und rätoromanischer) Bergkanton. BLAUBURGUNDER ist der Protagonist, der CHARDONNAY ist sehr gut, auch MÜLLER-THURGAU. Siehe BÜNDNER HERRSCHAFT. Die besten Erzeuger in anderen Gebieten: Cicero, Manfred Meier, von TSCHARNER.

Grünenfelder, Irene GR r (w) ★★★ Die Produktion im Weingut Eichholz in Jenins in der BÜNDNER HERRSCHAFT ist sehr limitiert. Am bekanntesten ist der nach Cassis duftende feine PINOT NOIR.

Huber, Daniel ★★→★★★★ Deutschschweizer im TESSIN mit Vorreiterrolle; erzeugt subtile Rotweine aus womöglich historischen Lagen, die er 1981 als Brachland erworben und wieder urbar gemacht hat. Verlässlicher MERLOT Fustoquattro, Premiumetikett ist der Montagna Magica (**03 05' 07 08** 09 10).

Johannisberg VS – Synonym für SILVANER im WALLIS, oft halbtrocken oder süß ausgebaut. Schmeckt großartig zu Fondue. Exzellent von der Domaine du Mont d'Or.

Lavaux VD (r) w ★★→★★★ Das beste Gebiet am Genfer See, mit reichhaltigen, konturierten CHASSELAS-Weinen. Die 30 km steilen, nach Süden ausgerichteten Weinbergterrassen östlich von Lausanne sind UNESCO-Welterbe. Zwei GRANDS CRUS (DÉZALEY, CALAMIN) und diverse Gemeinde-AOCS.

Litwan, Tom AG ★★★ Neuer Erzeuger, der in Burgund studiert hat. Feiner, detailreicher PINOT NOIR Auf der Mauer und Chalofe (»Kalkbrennofen«).

Malans GR – Gemeinde in der BÜNDNER HERRSCHAFT. Spitzenerzeuger des hiesigen PINOT NOIR sind u. a. Donatsch, FROMM, Liesch, Studach, Wegelin. Aus der spät reifenden Lokalsorte Completer werden charakteristische, phenolische Weißweine bereitet, die den Mönchen früher als Trunk zum Abendgebet dienten, dem Completorium. Adolf Boner ist hier der Gralshüter.

Maye, Simon et Fils VS r w ★★★ Perfektionistischer Betrieb in St-Pierre-de-Clages mit 12 ha, die über 50 Parzellen verteilt sind. Kompakter SYRAH *vieilles vignes* (**00 02 06 07 08** 09 10 11), würziger, kraftvoller Païen (HEIDA), konzentrierter PINOT NOIR. FENDANT und DÔLE ebenfalls sehr gut.

Mémoire des Vins Suisses Verband von 56 führenden Erzeugern mit dem Ziel, einen Bestand an Schweizer Weinikonen aufzubauen, um deren Alterungspotenzial nachzuweisen. Die ältesten Weine sind von 1999.

Mercier, Anne Catherine et Denis VS ★★★ Das Einwandererpaar aus Bern und der Waadt erzeugt in SIERRE auf nur 6 ha minuziös gepflegten Weinbergen dichte, aromatische Rote, z. B. den seltenen CORNALIN (**99 02 03 05' 07 09'** 10 11 12 13) und SYRAH.

Mont d'Or, Domaine du ★★→★★★★ Legendäres Gut im WALLIS mit lieblichen und edelsüßen Weinen, v. a. JOHANNISBERG Saint-Martin (**08'** 09 10).

Neuchâtel (Neuenburg NE) r rs w ★→★★★★ 600 ha im Umland der Stadt und des Sees. Sehr leichter, etwas perlender CHASSELAS und exquisiter PINOT NOIR von einem örtlichen Klon (Cortaillod). Erzeuger: u. a. Château d'Auvernier, La Maison Carrée, Porret, TATASCIORE.

Œil de Perdrix NE – Blasser Rosé von PINOT NOIR, angeblich von der Farbe eines Rebhuhnauges. Ursprünglich aus NEUCHÂTEL, jetzt auch anderswo anzutreffen.

Ottiger, Toni ★★→★★★ Erzeuger am Vierwaldstättersee mit bemerkenswertem PINOT NOIR und MÜLLER THURGAU.

Pircher, Urs ZH ★★★→★★★★ Spitzenerzeuger in Eglisau an einem steilen Südhang über dem Rhein. Hervorragender Stadtberger Barrique (**05' 08 09' 10** 11 12 13' 14 15') von alten Schweizer Klonen. Die Weißen bestechen durch Reintönigkeit und Eleganz: aromatischer PINOT GRIS (**11'**), ausgezeichneter GEWÜRZTRAMINER (**13'**).

Provins Valais VS ★→★★★ Riesige Winzergenossenschaft und der größte Erzeuger: mehr als 4.000 Mitglieder, 1.500 ha. Gut sind die in Eiche ausgebauten Weine der Reihe Maître de Chai; verlässliche Qualität auf Einstiegsniveau, seltene Reihe Crus des Domaines, anspruchsvoller Bordeaux-Verschnitt Electus.

Rouvinez Vins VS r w ★→★★★ Berühmter Erzeuger in SIERRE, am bekanntesten für die Cuvées La Trémaille (w) und Le Tourmentin (r). Die Familie betreibt auch die Güter Caves Orsat, Ilmesch und BONVIN.

Ruch SH ★★★ Kleiner Erzeuger in Hallau mit nur 2,5 ha, der sich gerade einen Namen für exzellenten PINOT NOIR macht, z. B. mit dem Chölle von 60 Jahre alten Reben oder dem Haalde von einer Steillage.

St-Saphorin VD (r) w ★★→★★★ **09 10 11'** 12 13 14 – Berühmte AOC des LAVAUX, Nachbar von DÉZALEY. Die Weine sind leichter, aber ebenso fein. Empfehlenswert: Les Manchettes von Pierre Monachon.

Salgesch VS ★★→★★★ Deutschsprachige Weinbaugemeinde im WALLIS, BLAUBURGUNDER-Stützpunkt auf kalkhaltigen Böden. Seit 1988 Grand-Cru-Regelungen, aber keine Weinbergklassifikation.

St. Jodern Kellerei VS ★★→★★★ Genossenschaft in VISPERTERMINEN, bekannt für ihren HEIDA Veritas von wurzelechten alten Reben, der auf einzigartige, wunderbare Weise das alpine Terroir spiegelt.

Schaffhausen (SH) ★→★★★ Hauptstadt des gleichnamigen Kantons, 482 ha Rebfläche mit BLAUBURGUNDER, MÜLLER-THURGAU und Spezialitäten. Die bekannteste Gemeinde ist Hallau, doch Vorsicht ist geboten. Spitzenerzeuger: BAUMANN, Bad Osterfingen, RUCH, Strasser.

Schenk S.A. VD ★→★★★ Weltweit agierende große Weinfirma mit Hauptsitz in Rolle (WAADT), 1893 gegründet. Klassische Weine (v. a. aus der Waadt und dem WALLIS). Beträchtliche Exporte.

Schloss Salenegg GR ★★★ Historisches Gut in Maienfeld in der BÜNDNER HERRSCHAFT, wo die Familie von Gugelberg seit 1654 Wein erzeugt. Beerenduftiger PINOT NOIR.

Schwarzenbach Weinbau ZH r w ★★★ Führender Familienbetrieb am Zürichsee, bekannt v. a. für frische Weißweine, die gut zu Süßwasserfisch passen: die örtliche Spezialität Räuschling, MÜLLER-THURGAU. Außerdem ausgezeichneter PINOT NOIR.

Sierre VS r w ★★→★★★ In der auf sechs Hügeln gelegenen Stadt im WALLIS scheint häufig die Sonne. Reichhaltige, üppige Weine. Die bekanntesten Namen sind Imesch, MERCIER, ROUVINEZ, Zufferey.

Sion VS r w ★★→★★★ Hauptstadt des WALLIS und Mittelpunkt seines Weinbaus; Standort großer Erzeuger: Charles Bonvin Fils, PROVINS VALAIS, Robert Gilliard, Varone.

Spezialitäten Rebsorten, die mengenmäßig nur geringfügig vorkommen, bringen mit die besten Weine der Schweiz hervor: Räuschling, GEWÜRZTRAMINER oder PINOT GRIS in der Deutschschweiz oder lokale Sorten (wie JOHANNISBERG, SYRAH) im Wallis.

Sprecher von Bernegg GR ★★★ Das historische Gut in Jenins in der BÜNDNER HERRSCHAFT wurde vom jungen Jan Luzi wiederbelebt. Vor allem PINOT NOIR: Vom Lindenwingert und Vom Pfaffen/Calander.

Stucky, Werner TI ★★★→★★★★ Pionier des MERLOT del Ticino, jetzt unterstützt von seinem Sohn Simon. Drei Weine sind im Angebot: Temenos (Completer/SAUVIGNON BLANC), Tracce di Sassi (Merlot) und Conte di Luna (Merlot/CABERNET SAUVIGNON).

Tatasciore, Jacques NE ★★★★ Shootingstar in NEUCHÂTEL, dessen raffinierter PINOT NOIR beweist, dass Burgund nicht so weit entfernt ist.

Tessin (Ticino TI) ★★→★★★ **05' 08** 09' 10 11 12 13 14 15' – Italienischsprachige Südschweiz. Angebaut wird v.a. MERLOT; die besten Weine sind gut strukturiert und stilistisch alles andere als »international«, z.B. von Gialdi, HUBER, Kaufmann, Klausener, Kopp von der Crone Visini, STUCKY, Tamborini, VINATTIERI, ZÜNDEL.

Tscharner, Gian-Battista von r w ★★→★★★★ Familienbetrieb auf Schloss Reichenau in GRAUBÜNDEN, bekannt für tanninbetonten BLAUBURGUNDER mit Alterungspotenzial.

Vinattieri Ticinesi TI ★★→★★★★ MERLOT in einem eindeutig internationen Stil, kraftvoll und sehr eichenbetont. Spitzenwein: Castello Luigi.

Visperterminen VS w ★→★★★ Weinbaugebiet im Oberwallis, bekannt v.a. für HEIDA. Besitzt mit dem Rieben einen der höchsten Weinberge Europas auf über 1.000 m Höhe. Empfehlenswert: CHANTON, ST. JODERN KELLEREI.

Waadt (Vaud VD) – Für seine konservative Einstellung bekannter Weinbaukanton. Bedeutende große Erzeuger: Hammel, Bolle, Obrist, SCHENK. CHASSELAS gibt den Ton an – aber nur gute Terroirs rechtfertigen die Treue der Winzer.

Wallis (Valais VS) – Größter Weinbaukanton der Schweiz im trockenen, sonnigen oberen Rhône-Tal. Viele einheimische Sorten, aber auch MARSANNE und SYRAH. Spitzenerzeuger: BESSE, CHANTON, CHAPPAZ, Domaine Cornulus, Darioli, Dorsaz, Joris, SIMON MAYE, MERCIER, Domaine du MONT D'OR, PROVINS VALAIS, ROUVINEZ, GERMANIER, ST. JODERN KELLEREI, Zufferey (beide Güter).

Yvorne VD (r) w ★★→★★★ Spitzen-AOC des CHABLAIS für reichhaltigen CHASSELAS. Die besten Rebflächen liegen auf dem Geröll einer 1584 niedergegangenen Lawine. Empfehlenswert: Commune d'Yvorne, Château Maison Blanche, Domaine de l'Ovaille.

Zündel, Christian TI r w ★★★→★★★★ **02 05' 09** 10 11 12 13 – Deutschschweizer Geologe im TESSIN. Reintöniger, lagernswerter MERLOT/CABERNET SAUVIGNON Orizzonte. Seit Neuestem liegt der Fokus auf wunderbarem kühlklimatischem CHARDONNAY.

Zürich (ZH) – Größter Weinbaukanton in der Ostschweiz mit 610 ha. Angebaut werden v.a. BLAUBURGUNDER und MÜLLER-THURGAU; Räuschling ist eine örtliche Spezialität. Die besten Erzeuger sind Gehring, Lüthi, PIRCHER, SCHWARZENBACH, Zahner.

Österreich

Die folgenden Abkürzungen werden im Text verwendet:

Bgl	Burgenland
Carn	Carnuntum
M-Bgl	Mittelburgenland
NÖ	Niederösterreich
N'see	Neusiedlersee
N'see-Hü	Neusiedlersee-Hügelland
SO-Stm	Südoststeiermark
S-Stm	Südsteiermark
Stm	Steiermark
S-Bgl	Südburgenland
Therm	Thermenregion
W-Stm	Weststeiermark

Die dunklen Flächen bezeichnen die Weinbaugebiete

Das kleine Österreich im Herzen des Kontinents liefert einige der frischesten, straffsten und rassigsten Weine Europas, die zudem ideale Essensbegleiter abgeben. Seine Weinindustrie ist kleinteilig mit nur einigen wenigen großen Firmen – auch guten –, das heißt, das Gros wird von kleinen Familiengütern erzeugt, die oft Weine von großer Ausdruckskraft bereiten. Österreichs Weinbaugebiete liegen alle im Osten des Landes, wo die Alpen in sanftere Hügel auslaufen und schließlich die Ungarische Tiefebene anschließt. Aus den Alpen kommen kühle, aus Ungarn warme Einflüsse. Zusammen mit der eher nördlichen Lage entsteht daraus eine wunderbare Dynamik aus warmen Tagen und kühlen Nächten, die zu Fruchtigkeit ebenso wie zu Eleganz führt. Das im Grunde deutschen Vorbildern folgende Weinrecht wird langsam von den DACs eher französischen Stils überlagert – Gebietsappellationen von bereichstypischen Rebsorten, erzeugt nach stringenten Standards. In Niederösterreich und der Steiermark herrschen Weißweine vor, insbesondere der einheimische Grüne Veltliner sowie Riesling und (in der Steiermark) Sauvignon blanc. Im Burgenland werden die Roten – Blaufränkisch, St. Laurent und Zweigelt – immer ausdrucksstärker, während die edelfaulen Süßweine rund um den Neusiedlersee zu finden sind.

Neuere Jahrgänge

2015 Sehr gute Qualität. Die Sommerhitze verursachte keine größeren Schäden.

2014 Das durchwachsene Wetter erforderte gewissenhafte Auslese: Qualität auf Kosten von Quantität.

2013 Ein heißer, trockener Sommer, Regen im September. Sehr gut für Süßweine.

2012 Kleinere Ernte als 2011; Qualität zufriedenstellend oder besser.

2011 Einer der besten Jahrgänge seit Menschengedenken.

2010 Lese von Hand und peinlich genaues Arbeiten waren erforderlich; die Erträge lagen bis zu 55% unter dem üblichen Niveau.

2009 Ungleichmäßig, mit einigen herausragenden Weiß- (Niederösterreich, Steiermark) und Rotweinen (Neusiedlersee, Burgenland).

2008 Das kühlste Jahr seit 2004. Einige herausragende Ergebnisse.

Achs, Paul N'see r (w) ★★★ **10 11 12 13** 14 – Junger Erzeuger von sehr ordentlichen, knackigen Roten, v.a. BLAUFRÄNKISCH Edelgrund und Heideboden. Eleganter PINOT NOIR.

Allram Kamptal w ★★★ **10 11 12 13 14** Ausdrucksstarke Interpretationen von GRÜNEM VELTLINER, v.a. die Abfüllungen Hasel, Alte Reben und Gaisberg, sowie RIESLING, v.a. aus der Lage Heiligenstein.

Alphart Therm w ★★→★★★ Angesagtes Weingut für regionstypische Spezialitäten wie ROTGIPFLER und ZIERFANDLER.

Alzinger Wachau w ★★★★ **05 06 07 08 09 10** 11 **12** 13 – Regionaler Starerzeuger mit v.a. reintönigem RIESLING und GRÜNEM VELTLINER.

Arndofer Kamptal r w ★★★ Talentiertes junges Paar, das mit in Eiche gereiftem RIESLING und PINOT NOIR/ZWEIGELT experimentiert.

Ausbruch Prädikatswein mit hohem Zuckergehalt: Das Mostgewicht muss mind. 27 °KMW, umgerechnet etwa 138,6 °Oechsle betragen. Eine Spezialität aus RUST, die entweder von edelfaulen oder getrockneten Trauben erzeugt wird.

Ausg'steckt Ein frischer grüner Buschen (Strauß von Zweigen) wird außen angebracht, wenn ein HEURIGER oder Buschenschank geöffnet ist – die Weinschenke ist also »ausg'steckt«.

Beck, Judith N'see r w ★★→★★★ Junge biologisch-dynamisch arbeitende Erzeugerin mit nuancenreichem BLAUFRÄNKISCH und ZWEIGELT.

Braunstein, Birgit N'see r w ★★★ **11** 12 13 – Talentierte Bioerzeugerin von BLAUFRÄNKISCH LEITHABERG und Felsenstein, PINOT NOIR sowie ST. LAURENT. Der beachtenswerte Magna Mater CHARDONNAY reift in Amphoren.

Bründlmayer, Willi Kamptal r w; s; sch ★★★★ **06 07 08 09 10** 11' **12** 13 14 – Einer der besten Erzeuger Österreichs. RIESLING und GRÜNER VELTLINER auf höchstem Niveau, v.a. Riesling Heiligenstein Alte Reben und die RESERVE-Abfüllung Lyra. Auch klassischer Schaumwein mit Flaschenreifung, v.a. Extra Brut.

Burgenland r (w) – Bundesland und Weinbauregion im Osten Österreichs an der ungarischen Grenze. Wärmeres Klima als in Niederösterreich, deshalb ideal für Rote wie BLAUFRÄNKISCH und ST. LAURENT. Um den flachen NEUSIEDLER SEE herrschen auch verlässliche Bedingungen für edelfaule Süßweine.

Carnuntum NÖ r w – Dynamisches Weinbaugebiet südöstlich von WIEN, das sich auf Rotweine spezialisiert hat, v.a. auf ZWEIGELT, der als Rubin Carnuntum vermarktet wird. Beste Erzeuger: G. Markowitsch, MUHR-VAN DER NIEPOORT, Netzl, TRAPL.

Christ Wien r w ★★★ Energiegeladener, innovativer Erzeuger in WIEN mit feinem GEMISCHTEM SATZ und experimentellen Roten wie SYRAH.

Districtus Austriae Controllatus (DAC) Appellationssystem für gebietstypische Qualitätsweine. Der erste DAC, das Weinviertel, wurde 2001 gegründet und markierte den Anfang einer steilen Qualitätskurve nach oben. Derzeit gibt es neun DACs: EISENBERG, KAMPTAL, KREMSTAL, LEITHABERG, MITTELBURGENLAND, NEUSIEDLERSEE, TRAISENTAL, WEINVIERTEL und Wiener GEMISCHTER SATZ. Die meisten DACs unterscheiden zwischen Klassik- und RESERVE-Weinen und schreiben Sortenreinheit und Dauer der Reife vor.

Domäne Wachau Wachau w ★★★→★★★★ Österreichs führende Genossenschaft (ehemals Freie Weingärtner), die mit beeindruckenden Rebflächen und blitzsauberen Weinen quer durch alle Qualitätsstufen aufwartet, vom Einsteigerniveau bis SMARAGD. Produziert ein Drittel aller Weine der WACHAU. Halten Sie Ausschau nach RIESLING Achleiten und Kellerberg.

Das Beste vom Wiener Gemischten Satz

Der GEMISCHTE SATZ ist ein Verschnitt weißer Traubensorten, die gemeinsam in einem Weinberg angebaut und dann auch gemeinsam vinifiziert werden. Der Gemischte Satz aus WIEN unterscheidet sich von anderen dadurch, dass die Verschnitte überwiegend mit Qualitätstrauben bereitet werden, in der Hauptsache RIESLING, WEISSBURGUNDER und TRAMINER. Dank der Initiative einer Gruppe engagierter Kellermeister wurde seine Stilistik nun auch gesetzlich geregelt. Ansonsten finden sich heute in einem Gemischten Satz typischerweise GRÜNER VELTLINER, NEUBURGER, Weißburgunder, Riesling, ROTGIPFLER, SILVANER, TRAMINER, WELSCHRIESLING und ZIERFANDLER, dazu können weitere einheimische weiße Sorten kommen. Den Wiener Gemischten Satz probiert man am besten beim HEURIGEN (CHRIST, WIENINGER).

Ebner-Ebenauer Weinviertel w ★★★ Junges Paar, das das WEINVIERTEL mit ausdrucksstarkem GRÜNEM VELTLINER und CHARDONNAY aufrüttelt. Eindrucksvoller Blanc de Blancs *méthode traditionelle* (07', 08').

Ehmoser Wagram r w ★★★ Sehr guter Erzeuger von GRÜNEM VELTLINER, dessen Reben auf Lössböden stehen.

Eichinger, Birgit Kamptal ★★★→★★★★ Verlässliche Erzeugerin von herausragendem RIESLING und GRÜNEM VELTLINER, v. a. Hasel, Gaisberg, Heiligenstein und Lamm.

Eisenberg S-Bgl – Kleiner DAC (seit 2009); schwungvoller BLAUFRÄNKISCH von Schieferböden.

Erste Lage In die Spitzenkategorie nach der Weinbergklassifikation des ÖTW gehören derzeit 62 Lagen im KAMPTAL, KREMSTAL, TRAISENTAL und WAGRAM.

Esterhazy Bgl r (w) ★★→★★★ Das Fürstenschloss in Eisenstadt (BURGENLAND) mit seiner modernen Kellerei steht unter einer ehrgeizigen neuen Leitung, die echtes Qualitätsbewusstsein zeigt.

Federspiel Wachau – Mittlere Kategorie der VINEA WACHAU mit einem Alkoholgehalt von mind. 11,5 % bis maximal 12,5 %. Lebendige Weine, die eher Tiefe als Kraft zeigen und perfekte Essensbegleiter sind. Nach der Beuteattrappe für zur Jagd abgerichtete Falken benannt.

Feiler-Artinger N'see r w; s ★★★→★★★★ 03 04 05 06 07 **08 09 10 11 12** 13 14 – Überragender Weinbaubetrieb in RUST, berühmt für seine Dessert-

Österreich

weine (AUSBRUCH). Auch elegante Rote. Wunderschönes Barockgebäude mit Innenhof.

Forstreiter Kremstal w ★→★★ Herzhafter GRÜNER VELTLINER. Spitzencuvee Tabor RESERVE und lebendiger, frischer RIESLING.

Gemischter Satz Wien – Ein Verschnitt von weißen Traubensorten, die im selben Weinberg wachsen und gemeinsam vinifiziert werden. Weit verbreitet v. a. im WEINVIERTEL und in WIEN. In Wien erhielten bestimmte Erzeuger 2013 DAC-Status. Keine Sorte darf zu mehr als 50 % enthalten sein. Empfehlenswert z. B. von CHRIST, LENIKUS und WIENINGER.

Gesellmann M-Bgl r w (s) ★★★ Konzentrierte Rotweine und ausdrucksstarke süße Beerenauslese (siehe Deutschland).

Geyerhof Kremstal r w ★★ Verlässlich lebendiger, frischer, dazu langlebiger RIESLING, v. a. Kirchensteig und Goldberg.

Gols N'see r (w) – Weinbauort am Nordufer des NEUSIEDLER SEES. Beste Erzeuger: BECK, G. HEINRICH, NITTNAUS, PITTNAUER, PREISINGER.

Gritsch – Mauritiushof Wachau w ★★→★★★ Feine SMARAGD-Weine, v. a. RIESLING von der Lage 1000-Eimerberg; neue Rebflächen für GRÜNEN VELTLINER in Hochlagen.

Groiss, Ingrid Weinviertel w ★★ Auf Qualität konzentrierte Newcomerin mit pfeffrigem GRÜNEM VELTLINER und GEMISCHTEM SATZ von ungewöhnlichen Rebsorten.

Gross S-Stm ★★★ Erzeuger in der SÜDSTEIERMARK mit duftendem SAUVIGNON BLANC und Gelbem MUSKATELLER.

Große Lage Stm – Oberste Klassifikationstufe in der STEIERMARK, aber nicht an der Donau (siehe ERSTE LAGE).

Gsellmann & Hans N'see r w ★★ Der Bioerzeuger in GOLS ist bekannt für seine spannungsreichen Rotweine, v. a. PINOT NOIR.

Gumpoldskirchen Therm – Berühmter Ort für HEURIGEN südlich von WIEN und Zentrum des Weinbaugebiets THERMENREGION. Unverwechselbare Weißweine aus ZIERFANDLER und ROTGIPFLER.

Gut Oggau N'see r w ★★→★★★ Zupackende, moderne junge Erzeuger, die biologisch-dynamisch produzieren.

Haider N'see s ★★★ 13 Rebsorten wachsen hier auf 13 ha. Am bekanntesten für seine Trockenbeerenauslesen (siehe Deutschland).

Heinrich, Gernot N'see r w; tr s ★★★ **06 07 08 09 10** 11 **12** 13 14 – Mitglied der PANNOBILE-Winzervereinigung. Vielschichtige Interpretationen von feinem BLAUFRÄNKISCH, v. a. Alter Berg.

Heinrich, Johann M-Bgl r w ★★★ **06 08 09** 11 **12** 13 – Führender Erzeuger im MITTELBURGENLAND von pfeffrigem, elegantem BLAUFRÄNKISCH.

Heuriger Steht erstens für den Wein der letzten Ernte, zweitens für eine Weinschenke, in der die Winzer einer alten Verordnung zufolge ihre eigenen Weine ausschenken und dazu rustikale Speisen anbieten dürfen. Eine Institution in WIEN.

Hiedler Kamptal w; s ★★★ Mineralischer, straffer RIESLING Steinhaus und herzhafter GRÜNER VELTLINER.

Hirsch Kamptal w ★★★ **05 06 09 11 12** 13 – RIESLING aus einer Einzellage mit großartigem Preis-Leistungs-Verhältnis und GRÜNER VELTLINER aus den Lagen Heiligenstein, Lamm und Gaisberg.

Hirtzberger, Franz Wachau w ★★★★ **05 06 07 08 10** 11' 12 13 14 – Herausragender Erzeuger in der WACHAU, dessen langlebige, kraftvolle RIESLINGE und GRÜNE VELTLINER Weltklasseniveau haben, v. a. von den Lagen Honivogl und Singerriedel.

Huber, Markus Traisental w ★★★ Führender, noch junger Erzeuger im TRAISENTAL mit Weinen von filigraner Leichtigkeit.

Illmitz N'see s – Durch Beeren- und Trockenbeerenauslesen (siehe Deutschland) bekannte Marktgemeinde im SEEWINKEL. Beste Erzeuger: KRACHER, Opitz.

Jäger Wachau w ★★★ Erzeugt eindrucksvollen, zitrusfrischen GRÜNEN VELTLINER sowohl in der Kategorie FEDERSPIEL als auch SMARAGD.

Jamek, Josef Wachau w ★★→★★★ Traditionsweingut in der WACHAU mit alteingesessenem Restaurant an der Donau. RIESLING und GRÜNER VELTLINER, v. a. von den Lagen Klaus, Achleiten, Hochrain.

Die besten Grünen Veltliner

Grüner Veltliner macht auch deshalb so viel Freude, weil er seine Herkunft großartig zum Ausdruck bringt. In der WACHAU und im KREMSTAL präsentiert er sich ausgeglichen, im KAMPTAL wohlproportioniert, im TRAISENTAL gibt er sich leicht, in WAGRAM dagegen opulent und im WEINVIERTEL wunderbar pfeffrig. Stilistisch deckt er das gesamte Sepktrum ab, reicht von schlank und feingliedrig bis reichhaltig und üppig und ist dabei ungewöhnlicherweise stets ein vielseitiger Essensbegleiter. Die besten Beispiele finden Sie bei ALLRAM, ALZINGER, ARNDORFER, BRÜNDLMAYER, DOMÄNE WACHAU, EBNER-EBENAUER, EICHINGER, GROISS, HIRTZBERGER, HUBER, JAMEK, JURTSCHITSCH, KNOLL, LOIMER, MALAT, MANTLERHOF, NIGL, NIKOLAIHOF, OTT, PFAFFL, Franz Xaver PICHLER, Rudi PICHLER, PICHLER-KRUTZLER, PRAGER, SALOMON-UNDHOF, SCHLOSS GOBELSBURG, STIFT GÖTTWEIG, VEYER-MALBERG.

Johanneshof Reinisch Therm r w ★★★→★★★★ Drei Brüder, die sich auf PINOT NOIR, ST. LAURENT, ZIERFANDLER und ROTGIPFLER spezialisiert haben. Am besten aus den Einzellagen Spiegel, Satzing, Holzspur und Frauenfeld.

Jurtschitsch Kamptal w; sch ★★★ Großer Betrieb mit exemplarischen Weinen aus dem KAMPTAL von durchweg hoher Qualität. Auch sehr gute Schaumweine.

Kamptal NÖ (r) w – Weinbaugebiet entlang dem Fluss Kamp nördlich der WACHAU, im Stil weicher aufgrund der geringeren Höhe. Spitzenlagen: Heiligenstein, Käferberg, Lamm. Beste Erzeuger: BRÜNDLMAYER, EICHINGER, HIEDLER, HIRSCH, JURTSCHITSCH, LOIMER, SCHLOSS GOBELSBURG. Das Kamptal ist DAC für GRÜNEN VELTLINER und RIESLING.

Kerschbaum, Paul M-Bgl r ★★★ **07 08 09** 11 12 13 14 – Spezialist für BLAUFRÄNKISCH-Weine. Jetzt hat die junge Generation das Ruder übernommen.

Klassifizierte Lage Zweitbeste Kategorie (156 Weinberge) im Klassifikationssystem des ÖTW. Siehe auch ERSTE LAGE.

Klosterneuburg Wagram r w – Wichtigste Weinstadt in WAGRAM mit Weinforschungsanstalt und der bereits 1860 gegründeten Weinbauschule. Bester Erzeuger: Stift Klosterneuburg.

KMW Abkürzung für »Klosterneuburger Mostwaage«, in Österreich gebräuchliche Maßeinheit für den Zuckeranteil im Most. 1 °KMW entspricht etwa 4,86 °Oechsle (siehe Deutschland).

Knoll, Emmerich Wachau w ★★★★ **88 90 99' 01 03 04 05 06 07** 08 09 10 11 12 13 14 – Eine der führenden Weinpersönlichkeiten Österreichs. Erlesene, herausragende, langlebige RIESLINGE und GRÜNE VELTLINER, die in allen Kategorien beeindrucken, von FEDERSPIEL über SMARAGD bis Auslese. Brauchen Flaschenreifung.

Kollwentz N'see r w ★★★★ 07 08 09 **10 11** 12 13 14 – Großartige Rotweine und CHARDONNAY.

Kracher N'see s ★★★★ 01 02 03 04 05 **06 07 08 09 10** 11 12 13 – Herausragender Erzeuger in ILLMITZ von edelfaulen süßen Beeren- und Trockenbeerenauslesen (siehe Deutschland), mit und ohne Eichenausbau. Unzählige Verschnitte.

Kremstal (r) w – Weinbaugebiet und DAC für GRÜNEN VELTLINER und RIESLING. Beste Erzeuger: Buchegger, MALAT, MOSER, NIGL, SALOMONUNDHOF, WEINGUT STADT KREMS.

Weinlagen mit dem Namen Goldberg haben in der Regel goldfarbene Schieferböden, also Glimmerschiefer wie z.B. der Leithaberg DAC im Burgenland.

Krutzler S-Bgl r ★★★ **06** 07 **08 09** 11' **12** 13 14 – Alteingesessenes Familiengut im SÜDBURGENLAND, bekannt für körperreiche, dennoch elegante, lagerfähige BLAUFRÄNKISCH-Weine. Spitzenetikett: Perwolff.

Lagler Wachau w ★★★ Klar umrissener RIESLING von der Lage 1000-Eimerberg sowie GRÜNER VELTLINER Steinborz. Einer der wenigen Erzeuger, die NEUBURGER SMARAGD produzieren.

Laurenz V. ★★★ Für den internationalen Markt geschaffene stylische Markenreihe für GRÜNEN VELTLINER.

Leithaberg Bgl – DAC am Nordufer des NEUSIEDLER SEES. Das Leithagebirge besteht überwiegend aus Kalkstein und Glimmerschiefer.

Lenikus Wien w ★★ Kapitalkräftiger Newcomer in WIEN mit klar umrissenem GEMISCHTEM SATZ von der Lage Bisamberg.

Lenz Moser Kremstal ★→★★ Der größte Erzeuger im Land (2700 ha) mit Basis bei Krems.

Loimer, Fred Kamptal (r) w; sch ★★★→★★★★ 06 07 09 11 **12** 13 14 – Berühmter Pionier des biologisch-dynamischen Weinbaus im KAMPTAL; durchweg beispielhafte Qualität, v.a. von den Einzellagen Steinmassl und Heiligenstein. Auch gute Schaumweine.

Malat Kremstal w ★★★→★★★★ Erzeuger von aufregend reintönigem RIESLING und GRÜNEM VELTLINER, v.a. die RESERVE-Abfüllungen.

Mantlerhof Kremstal w ★★→★★★ Umsichtiger Winzer, dessen Weine ihre Herkunft von Lössböden sehr gut zum Ausdruck bringen.

Mayer am Pfarrplatz Wien (r) w ★★ Eine Institution in WIEN und HEURIGEN-Wirtschaft.

Mittelburgenland Bgl r – Weinbaugebiet an der ungarischen Grenze, das strukturierten, lagerfähigen BLAUFRÄNKISCH (auch DAC) hervorbringt. Erzeuger: GSELLMANN, J. HEINRICH, KERSCHBAUM, WENINGER.

Moric N'see r ★★★ 06 **09 10 11 12** 13 – Erzeuger mit Kultstatus für BLAUFRÄNKISCH von alten Reben aus den Lagen Lutzmannsburg und Neckenmarkt.

Morillon Traditioneller Name für CHARDONNAY in der südlichen STEIERMARK.

Muhr-van der Niepoort Carn r w ★★★ Sehr elegante, nuancierte Rotweine, v.a. BLAUFRÄNKISCH Spitzerberg und Samt & Seide sowie SYRAH Sydhang.

Neumayer Traisental w ★★★ Spitzengut mit kraftvollem, sehr prägnantem trockenem GRÜNEN VELTLINEM und RIESLING.

Neumeister SO-Stm ★★★ **08** 09 11 **12** 13 14 – Ein Star in der Steiermark, u.a. mit feinem, in Eiche gereiftem SAUVIGNON BLANC von den Lagen Klausen und Moarfeitl.

Neusiedlersee-Hügelland r w; tr s – Weinbaugebiet westlich des NEUSIEDLER SEES um RUST am Seeufer sowie Eisenstadt an den Ausläufern des

Leithagebirges (siehe LEITHABERG DAC). Beste Erzeuger: BRAUNSTEIN, FEILER-ARTINGER, KOLLWENTZ, MORIC, PRIELER, SCHRÖCK, TRIEBAUMER.

Neusiedler See Bgl – Flacher See im BURGENLAND an der ungarischen Grenze, der größte Steppensee Europas und ein wichtiges Naturreservat. Das Kleinklima des Sees begünstigt das Auftreten von Edelfäule. Der DAC NEUSIEDLERSEE gilt für ZWEIGELT.

Niederösterreich Die Region im Nordosten stellt etwa 58 % der Rebfläche Österreichs und ist klimatisch dreigeteilt: die Gebiete an der Donau (KAMPTAL, KREMSTAL, TRAISENTAL, WACHAU), das ausgedehnte WEINVIERTEL (Nordosten) und der Süden (CARNUNTUM, THERMENREGION).

Nigl Kremstal w ★★★★ Hervorragender Erzeuger in Senftenberg im KREMSTAL, der auf jeder Qualitätsstufe beeindruckt, v. a. aber mit seinem himmlischen Riesling.

Nikolaihof Wachau w ★★★→★★★★ **05 06 07 08 09 10** 11 12 13 14 – Der Biodynamie-Pionier erzeugt Weine von unglaublicher Präzision, die Flaschenreife brauchen. Herausragend ist der RIESLING Steiner Hund.

Nittnaus, Anita und Hans N'see r w; s ★★★→★★★★ Biodynamie-Betrieb mit Spitzenweinen von BLAUFRÄNKISCH wie Tannenberg und LEITHABERG. Auch sehr gute rote PANNOBILE-Verschnitte (Comondor).

ÖTW (Österreichische Traditionsweingüter) Kamptal, Kremstal, Traisental, Wagram – Mit der Klassifikation der ERSTEN LAGEN befasste Vereinigung. Hat derzeit 31 Mitglieder, doch keines aus der WACHAU.

Ott, Bernhard NÖ w ★★★ Spezialist für GRÜNEN VELTLINER in WAGRAM, bekannt für seinen runden, reichhaltigen Stil, v. a. Fass 4, Spiegel, Stein und Rosenberg.

Pannobile N'see – Zusammenschluss von neun Winzern im Anbaugebiet NEUSIEDLERSEE mit dem Zentrum GOLS. Die Weine dürfen nur aus einheimischem Rebgut erzeugt werden (ZWEIGELT, BLAUFRÄNKISCH, ST. LAURENT für Rote, WEISSBURGUNDER, GRAUBURGUNDER, CHARDONNAY und NEUBURGER für Weiße). Mitglieder: ACHS, BECK, GSELLMANN, G. HEINRICH, Leitner, NITTNAUS, PITTNAUER, PREISINGER, Renner.

Pfaffl Weinviertel r w ★★→★★★ **09 11 12** 13 14 – Großes Gut im WEINVIERTEL. Beachtenswerte RESERVE-Weine, v. a. Hommage und Hundsleiten. Daneben köstliche, leicht zugängliche Weine auf Einsteigerniveau.

Pichler, Franz Xaver Wachau w ★★★★ **05 06 07 08 09** 11 12 13 14 – Hervorragender Erzeuger von intensivem, ikonengleichem Riesling auf Weltklasseniveau. Auch GRÜNER VELTLINER, v. a. Kellerberg.

Pichler, Rudi Wachau w ★★★★ **05 06 09 10** 11 **12** 13 14 – Spitzenerzeuger von RIESLING und GRÜNEM VELTLINER mit herausragenden Lagen (Achleiten, Steinriegl, Hochrain).

Pichler-Krutzler Wachau w ★★★ Die Vereinigung zweier Weindynastien; außerordentlich reintöniger, spannender Riesling.

Pittnauer, Gerhard N'see r ★★★ Führender Erzeuger im Weinbaugebiet NEUSIEDLERSEE, einer der besten in Österreich für ST. LAURENT (v. a. Rosenberg); auch die Einstiegscuvée Pitti ist gut.

Polz, Erich und Walter S-Stm ★★→★★★ **10** 11 **12** 13 14 – Großer Weinbaubetrieb in der SÜDSTEIERMARK; beste Lage: Hochgrassnitzberg für SAUVIGNON BLANC und CHARDONNAY.

Prager, Franz Wachau w ★★★★ 05 06 **07 08** 09 11 **12** 13 14 – RIESLING und GRÜNER VELTLINER von Weltklasse, zählt zu Österreichs besten; von den Einzellagen Achleiten, Klaus, Steinriegl.

Preisinger, Claus N'see r ★★★ Junges, talentiertes Mitglied von PANNOBILE.

Prieler N'see r w ★★★→★★★★ Bekannter Erzeuger im Gebiet NEUSIEDLERSEE. Besonders gut ist der erdige BLAUFRÄNKISCH Goldberg; beachtenswert auch der PINOT BLANC.

Proidl, Weingut Kremstal w ★★★ Traditioneller, dennoch eindrucksvoller RIESLING und GRÜNER VELTLINER, beide von der Lage Ehrenfels. Halten Sie Ausschau nach älteren Riesling-Abfüllungen.

Reserve Attribut für DAC-Weine mit mind. 13 % Alkohol und längerer Fassreifung.

Ried Österreichischer Ausdruck für Lage.

Das Weinstädtchen Rust im Burgenland liegt auf demselben Breitengrad (47.8°N) wie Chablis im nördlichen Burgund.

Rust Bgl r w; tr s – Befestigtes Barockstädtchen aus dem 17. Jahrhundert am Ufer des NEUSIEDLER SEES. Oft sind Storchennester auf den Kaminen zu sehen. Berühmt für den Ruster AUSBRUCH. Beste Erzeuger: FEILER-ARTINGER, SCHRÖCK, E. TRIEBAUMER.

Sabathi, Hannes S-Stm w ★★★ Ambitionierter Erzeuger von blitzsauberem SAUVIGON BLANC.

Salomon-Undhof Kremstal w ★★★→★★★★ Beständige, herausragende, klar umrissene und langlebige Weine von RIESLING und GRÜNEM VELTLINER. Eines der besten Weingüter im KREMSTAL.

Sattlerhof S-Stm w ★★★ 07 08 **09 10** 11' 12 13 14 – Ausnehmend reintöniger, in Eiche gereifter SAUVIGNON BLANC und MORILLON von sehr steilen Lagen.

Schiefer, Uwe S-Bgl r ★★★ Junger, ehrzeiziger Erzeuger, der mit seinem eleganten BLAUFRÄNKISCH immer mehr an Boden gewinnt.

Schilcher W-Stm – Durststillender, pfeffriger Rosé aus der einheimischen Rebsorte Blauer Wildbacher, eine Spezialität der WESTSTEIERMARK. Probierenswert: Hainzl-Jauk, Oswald, Langmann.

Schilfwein (Strohwein) Süßer Wein aus Trauben, die auf Schilfmatten vom NEUSIEDLER SEE getrocknet werden.

Schloss Gobelsburg Kamptal r w; tr s ★★★★ 06 07 08 09 **10** 11 **12** 13 14 – Historisches Zisterziensergut, das nun von dem Naturtalent Michael Moosbrugger geleitet wird. Außergewöhnliche Reintönigkeit zeigen RIESLING und GRÜNER VELTLINER, v.a. die Tradition-Abfüllungen; auch guter Schaumwein.

Schloss Halbturn N'see r w; s ★★★ **11 12** 13 14 – Modernes, ambitioniertes Gut mit Sitz in einem Barockschloss.

Schlumberger sch – Größter österreichischer Schaumweinerzeuger.

Schmelz, Johann Wachau w ★★★ Sehr guter, unterschätzter Erzeuger mit herausragendem RIESLING.

Schröck, Heidi N'see (r) w; s ★★★ Bekannte Erzeugerin in RUST mit spannungsreichem AUSBRUCH von großer Reinheit.

Schuster, Rosi N'see r ★★★ **09** 11 **12** 13 – Saftiger BLAUFRÄNKISCH und komplexer ST. LAURENT.

Seewinkel N'see – Teil des Weinbaugebiets NEUSIEDLERSEE um ILLMITZ; ideale Voraussetzungen für Botrytis-Weine.

Smaragd Wachau – Höchste Kategorie der VINEA WACHAU, die Weine müssen einen Alkoholgehalt von mind. 12,5 % haben, erreichen aber oft bis zu 14 %. Sie sind trocken, reichhaltig, lagerfähig und ausdrucksstark. Benannt nach der hier heimischen, gleichnamigen Eidechse.

Spätrot-Rotgipfler Therm – Verschnitt von ROTGIPFLER und Spätrot (ein Synonym für ZIERFANDLER). Aromatische, gewichtige Weine, typisch für GUMPOLDSKIRCHEN. Siehe auch Kapitel »Rebsorten«.

Spitz an der Donau Wachau w – Weinbauort im engsten und kühlsten Teil der WACHAU. Berühmt für die Lagen Singerriedel und 1000-Eimerberg. Erzeuger: HIRTZBERGER, LAGLER, GRITSCH – MAURITIUSHOF.

Stadlmann Therm r w; s ★★→★★★ Exemplarische, präzis bereitete ZIERFANDLER- und ROTGIPFLER-Weine. Probierenswert sind auch der überaus feingliedrige Gelbe MUSKATELLER und der PINOT NOIR.

Steinfeder Wachau – Leichteste Kategorie der VINEA WACHAU für zarte, trockene Weine mit einem Alkoholgehalt von max. 11,5 %. Benannt nach dem duftenden Steinfedergras *(Stipa pennata)*, das hier wächst.

Stift Göttweig w ★★→★★★ Barockes Benediktinerkloster bei Krems. Die Weine bereitet der talentierte Fritz Miesbauer. Feine Einzellagenweine, v. a. Silberbichl und Gottschelle.

Steiermark Südlichste Weinbauregion Österreichs, bekannt für aromatische, frische trockene Weißweine, v. a. SAUVIGNON BLANC. Siehe SÜDSTEIERMARK, SÜDOSTSTEIERMARK und WESTSTEIERMARK.

Südburgenland r w – Kleines Gebiet mit sehr gutem BLAUFRÄNKISCH. Beste Erzeuger: KRUTZLER, SCHIEFER, WACHTER-WIESLER.

Südoststeiermark (r) w – Weinbaugebiet in der STEIERMARK mit exzellenten Lagen. Beste Erzeuger: NEUMEISTER, Ploder-Rosenberg, Winkler-Hermaden.

Südsteiermark w – Bestes Weinbaugebiet der STEIERMARK mit kühlklimatischen Weißen (SAUVIGNON BLANC, MUSKATELLER) von Steillagen. Beste Erzeuger: GROSS, POLZ, SABATHI, SATTLERHOF, TEMENT, WOHLMUTH. Halten Sie Ausschau nach MORILLON-Weinen.

Tegernseerhof Wachau w ★★→★★★ Sehr reiner, lebendiger, frischer RIESLING und GRÜNER VELTLINER.

Tement, Manfred S-Stm w ★★★ **03' 04 05 07 08 09'** 10 11 **12** 13 14 – Spitzenerzeuger mit sehr gutem SAUVIGNON BLANC und MORILLON von den Lagen Zieregg und Grassnitzberg.

Thermenregion NÖ r w – Weinbaugebiet östlich von WIEN mit Thermalquellen, in dem einheimische weiße (z. B. ZIERFANDLER, ROTGIPFLER) sowie renommierte rote Sorten (ST. LAURENT, PINOT NOIR) wachsen. Erzeuger: ALPHART, JOHANNESHOF REINISCH, STADLMANN.

Tinhof, Erwin Bgl r w ★★★ Talentierter, umsichtiger Erzeuger von sehr gutem BLAUFRÄNKISCH Gloriette und ST. LAURENT Feuersteig. Daneben rote und weiße Verschnitte von ungeheurer Frische.

Traisental NÖ – Kleiner Bezirk südlich von Krems an der Donau. Hier herrscht v. a. Kalkstein vor, der leichtere Weine hervorbringt. Spitzenerzeuger: HUBER, NEUMAYER.

Trapl, Johannes Carn r ★★→★★★ Talentierter Newcomer mit elegantem, ausbalanciertem BLAUFRÄNKISCH mit floralen Noten, v. a. Spitzerberg. Beachtenswert ist auch der SYRAH.

Triebaumer, Ernst N'see r (w); (s) ★★★★ **05 06 07 08 09** 10 11' **12** 13 – Legendärer Erzeuger in RUST mit vorzüglichem BLAUFRÄNKISCH (u. a. der bemerkenswerte Mariental); auch sehr guter AUSBRUCH.

Umathum, Josef N'see r w; tr s ★★★→★★★★ Etablierter, aber sich stets weiterentwickelnder Star des biologisch-dynamischen Weinbaus mit spannungsreichen Roten, u. a. PINOT NOIR und BLAUFRÄNKISCH, v. a. aus der Lage Kirschgarten. Der Rosé Rosa ist umwerfend.

Velich N'see w; s ★★★ Erzeuger mit Kultstatus; kraftvoller, cremiger CHARDONNAY Tiglat und einige der besten Süßweine im SEEWINKEL.

Veyder-Malberg Wachau w ★★★ Der 2008 gegründete Erzeugerbetrieb bietet RIESLING und GRÜNEN VELTLINER von großartiger Reinheit.

Vinea Wachau Wachau – 1983 gegründete Winzervereinigung in der WACHAU. Hat keine Lagenklassifikation, aber eine strenge Qualitätscharta und definiert die drei Kategorien für trockene Weine: STEINFEDER, FEDERSPIEL und SMARAGD.

Wachau NÖ – Weltweit renommierte Weinbauregion an der Donau, Heimat einiger der ausdrucksstärksten und langlebigsten RIESLINGE und GRÜNEN VELTLINER Österreichs. Spitzenerzeuger: ALZINGER, Donabaum, DOMÄNE WACHAU, HIRTZBERGER, JAMEK, KNOLL, NIKOLAIHOF, F. PICHLER, R. PICHLER, PICHLER-KRUTZLER, PRAGER, TEGERNSEERHOF, VEYDER-MALBERG.

Wachter-Wiesler, Weingut S-Bgl r ★★★ Vielversprechender junger Erzeuger des DAC EISENBERG mit fruchtbetontem, dichtem, leicht eichenholzwürzigem BLAUFRÄNKISCH.

Wagentristl Bgl r (w) ★★ Anspruchsvoller, dynamischer Erzeuger, der ein Händchen für PINOT NOIR hat. Guter BLAUFRÄNKISCH.

Wagram NÖ (r) w – Weinregion westlich von WIEN, zu der auch KLOSTERNEUBURG gehört. Mächtige Geländestufe aus Löss, ideal für GRÜNEN VELTLINER. Spitzenerzeuger: EHMOSER, Fritsch, Leth, OTT.

Weingut Stadt Krems Kremstal r w ★★→★★★ Genossenschaft, die unter der Leitung von Fritz Miesbauer aufgeblüht ist. Miesbauer bereitet auch die Weine für STIFT GÖTTWEIG.

Im Weinviertel wird Grüner Veltliner aufgrund seiner würzigen Note »Pfefferl« genannt.

Weinviertel (r) w – Mit 13.356 ha die größte österreichische Weinregion, zwischen der Donau und der tschechischen Grenze gelegen; auch gleichnamiger DAC. Einst bekannt für Zechweine, heute berühmt für GRÜNEN VELTLINER in all seinen unzähligen Stilen. Empfehlenswert: EBNER-EBENAUER, Graf Hardegg, GROISS, PFAFFL.

Weninger, Franz M-Bgl r (w) ★★★★ **07 08** 09 11' **12** 13 – Ungemein gut bereitete Rotweine, v. a. BLAUFRÄNKISCH und PINOT NOIR; probieren Sie den Kalkofen.

Weststeiermark – Kleines Weinbaugebiet mit der Spezialität SCHILCHER. Am besten von Hainzl-Jauk, Oswald, Langmann.

Wien (r) w – Weinbaugebiet mit 612 ha innerhalb der Stadtgrenzen. Lange Tradition, jetzt mit wiedererstarktem Qualitätsbewusstsein. Seit 2013 auch DAC GEMISCHTER SATZ für vor Ort berühmte weiße Verschnitte. Der HEURIGEN-Besuch ist ein Muss. Beste Erzeuger: Christ, LENIKUS, WIENINGER, Zahel.

Wieninger, Fritz Wien r w; sch ★★★→★★★★ **09** 11 12 13 14 – Führender Erzeuger mit HEURIGEM und sehr gutem CHARDONNAY, RIESLING, PINOT NOIR sowie gutem GEMISCHTEM SATZ. Beste Lagen: Nussberg, Rosengartl.

Winzer Krems Kremstal w – Qualitätsbewusste Genossenschaft, der 981 Weinbauern mit insgesamt 990 ha angehören. Guter RIESLING und GRÜNER VELTLINER.

Wohlmuth S-Stm w ★★★ Starerzeuger in der STEIERMARK von SAUVIGNON BLANC, v. a. aus den Einzellagen Edelschuh und Steinriegl. Probierenswert ist auch der grazile Gelbe MUSKATELLER.

England und Wales

Der Ruf des englischen Schaumweins wird immer besser. Die Frage, die immer wieder gestellt wird, ist: Kann er es mit Champagner aufnehmen? Die ehrliche Antwort lautet, dass die allerbesten englischen Schaumweine so gut sind wie Champagner – vielleicht nicht so gut wie die allerbesten Champagner. Man hat dort immerhin ein paar hundert Jahre Vorsprung. Aber die Weine sind auch verschieden: Der englische Stil ist superfrisch, oft mit Apfelnote, und mit einer Eleganz, die bislang nur bei Champagner zu finden war. 2015 begann vielversprechend mit bestem Wetter für die Blüte und wurde dann im kühlen und oft nassen Sommer immer schlechter. Doch gerade als die Erzeuger sich gegen Ende September richtig Sorgen zu machen begannen, kam die Sonne heraus, es wurde wärmer, und was nach einer Katastrophe ausgesehen hatte, entwickelte sich zu einem exzellenten Jahrgang mit viel Säure. Das ist nun schon das dritte gute Jahr in Folge.

Bluebell Estates Ost-Sussex – Etablierter großer Schaumweinerzeuger, der sowohl mit SEYVAL BLANC als auch mit Champagnersorten arbeitet. Am besten: Hindleap Blanc de Blancs (**10**); auch der Rosé (**11**) ist sehr gut. In der Nähe der Touristenattraktion Bluebell Railway (historische Dampflokbahn).

Bolney Wine Estate West-Sussex – Der 1972 gegründete Betrieb wird nun von der zweiten Generation geführt und erzeugt guten Schaum- und Stillwein. Bester Wein ist der Blanc de Blancs (**09**) in der Magnumflasche mit fünfjähriger Flaschenreife. Auch die Roten sind einen Versuch wert. Sehr gute Besuchereinrichtungen.

Breaky Bottom Ost-Sussex – 1974 gegründeter Pionier, immer noch mit demselben Besitzer/Kellermeister. Am besten sind die auf SEYVAL BLANC basierende Cuvée Koizumi Yakumo (**10**; benannt nach einem entfernten Verwandten) und die Cuvée Gerard Hoffnung (**09**; ein Freund der Familie). Lohnt einen Besuch, wenn Sie eine Querfeldeinfahrt nicht scheuen.

Das erste Champagnerhaus, das in England Reben pflanzt, ist Taittinger in Kent. Die ersten Weine dürften also nach zehn Jahren kommen.

Camel Valley Cornwall – Einer der größten Produzenten in UK und die einzige bedeutende Kellerei in Cornwall, mit Dutzenden von Auszeichnungen. Die besten Weine sind der PINOT NOIR Rosé Brut (**13**) und der Annie's Anniversary Brut (**13**). Die Weine sind hier schnell ausverkauft, deshalb jüngere Jahrgänge als bei anderen Erzeugern.

Chapel Down Kent – Die Expansionspläne basieren auf Crowdfunding; man will der größte Erzeuger des Landes werden. Am besten sind der Blanc de Blancs (10) auf CHARDONNAY-Basis, der Three Graces (**09**) aus Champagnersorten und der Rosé Brut (**11**). Der Brut oJ wird jetzt hauptsächlich von Champagnersorten bereitet. Großartige Besuchereinrichtungen. Erzeugt auch Stillweine und gutes Bier.

Coates & Seely Hampshire – Das Gut bekommt mit seinem eindrucksvollen Blanc de Blancs oJ festen Boden unter die Füße. Die Weine sind eher auf von trockenen, herben Sorte.

Cottonworth Hampshire – Relativ neuer Erzeuger in Hampshire mit kleinem Angebot. Am besten sind die von Champagnersorten bereiteten Schaumweine Classic Cuvée oJ und Rosé oJ, die auf Kreideböden im Test Valley gedeihen.

Court Garden Ost-Sussex – Erzeuger mit eindrucksvollem Angebot, v. a. Rosé auf Basis von PINOT NOIR/PINOT MEUNIER (**11**), Blanc de Blancs (**11**), Blanc de Noirs (**10**) und Ditchling Reserve (**10**).

Davenport Ost-Sussex – Einer der besten britischen Ökoerzeuger für Still- und Schaumwein. Am besten: Limney Estate (10) von PINOT NOIR und AUXERROIS; der Limney Estate (**11**) wird der erste CHARDONNAY/PINOT NOIR/PINOT MEUNIER-Verschnitt hier sein.

Denbies Surrey – Kommerzielle Weine, müssten besser werden.

Digby – Einer der ersten britischen Erzeuger, der wie ein Négociant agiert und Trauben verkeltert, die er von Vertragswinzern kauft. Am besten ist derzeit der Reserve Brut (**09**), und auch der Rosé (**09**) ist sehr gut.

Vorwärts in die Zukunft

Der englische Schaumwein muss seinen Weg noch finden. Die allerbesten Exemplare sind exzellent, doch zu viele hinken noch hinterher. Neue Erzeuger können am eindrucksvollsten wirken, weil sie sich von Anfang ausschließlich auf die Erzeugung von gutem Schaumwein ausrichten; einige der älteren Platzhirsche müssen sich noch mehr ins Zeug legen, wenn sie bestehen wollen. In Zukunft dürfen wir eine längere Hefesatzlagerung erwarten; über zu wenig davon wird derzeit viel genörgelt.

Exton Park Hampshire – Beeindruckender Newcomer, bei dem der frühere Kellermeister von COATES & SEELY tätig ist. Sehr gute Weine oJ (Brut, Blanc de Blancs, Rosé), exzellenter Blanc de Blancs und Rosé (beide **11**). Stilvoller, dichter, aromatischer Stil.

Furleigh Estate Dorset – Der beste Erzeuger in Dorset hat seinen Sitz nahe Bridport und erzeugt eindrucksvolle Still- und Schaumweine, v. a. Classic Cuvée (**11**).

Gusbourne Kent, West-Sussex – Bedeutender Betrieb nahe Asford mit Champagnersorten auf 93 ha in Kent und West-Sussex. Gehört langsam zu den Top Five der Erzeuger in UK. Beste Weine: Brut Reserve (**10**) und Blanc de Blancs (**10**). Stillweine von CHARDONNAY bzw. PINOT NOIR sind ebenfalls gut.

Hambledon Vineyard Hampshire – Englands ältestes kommerzielles Weingut in den Downs nahe Portsmouth wurde nun mit massiven Investitionen in den Weinbergen wiederbelebt und verfügt jetzt über alle Champagnersorten. Eindrucksvolle Kellerei, in der mit der Schwerkraft gearbeitet wird. Beste Weine: Classic Cuvée oJ und die sehr stilvolle Premier Cuvée oJ.

Hattingley Valley Hampshire – Eindrucksvoller neuer Erzeuger nahe Alresford mit gut ausgestatteter Kellerei, die gut in Fahrt kommt. Am besten: Classic Cuvée und Rosé (beide **11**). Vinifiziert auch für verschiedene andere Betriebe.

Henners Ost-Sussex – Sehr gute Weine von einer vielversprechenden Lage nahe Hurstmonceaux. Die ersten Abfüllungen wurden gut angenommen. Am besten sind der auf PINOT-Sorten basierende Henners Reserve (**10**) und der Rosé (**12**).

Herbert Hall Kent – Einer der wenigen Ökowinzer, bereitet guten Schaumwein (wenn trocken, dann sehr säurereich) aus Champagnersorten. Am besten ist der Brut (**11**).

Hoffmann & Rathbone Ost-Sussex – Das eigene Etikett des Vertragskellermeisters Ulrich Hoffmann. Die Weine werden besser. Blanc de Blancs Brut (**10**), Rosé Reserve Brut (**11**).

Hush Heath Estate Kent – Einer der besten Erzeuger Englands mit beeindruckenden Weinbergen nahe Staplehurst; nur Champagnersorten. Am besten: Balfour Brut Rosé (**11**), Leslie's Reserve oJ. Der neue 1503 oJ bekommt gute Kritiken. Auch guter Cider. Ist einen Besuch wert.

Jenkyn Place Hampshire – Einige gute Weine aus guten Lagen. Am besten sind der feine Brut mit Toastnote (**10**) und der fruchtige Brut Rosé (**09**).

Laithwaite's Berkshire – Größter Online-Weineinzelhändler in UK, nun auch mit eigenen Weinbergen in Marlow und Windsor Great Park. Vertreibt die Marke South Ridge (weiß, rosé) von RIDGEVIEW sowie sehr kleine Mengen von den erstklassigen Lagen Theale und WYFOLD; Windsor Great Park wird folgen. Wird immer mehr zur bestimmenden Kraft.

Langham Dorset – Beeindruckender Start mit Champagnersorten nahe Dorchester. Classic Cuvée Reserve (**11**) und Classic Cuvée oJ sind beide gut. Im Auge behalten.

Nyetimber West-Sussex – Einer der ersten, besten und bekanntesten englischen Erzeuger, mit Sitz nahe Pulborough. Feine, schmackhafte Weine von 171 ha Rebfläche, die weiter vergrößert wird. Am besten: Blanc de Blancs (**09**), toastwürziger Classic Cuvée (**10**), fruchtiger Rosé. Exzellent (wenngleich sehr teuer) ist auch der Tillington (**09**).

Plumpton College Ost-Sussex – Das einzige Wein-College Großbritanniens, jetzt mit wachsendem Einfluss und eigenen Weinen. Bester Schaumwein: Dean Brut oJ und Rosé oJ.

Redfold West-Sussex – Neuer Erzeuger mit Champagnersorten, ganz in der Nähe der ursprünglichen Rebfläche von NYETIMBER. Wird unter dem Etikett Ambriel vermarktet. Am besten: Blanc de Noirs oJ, Demi-Sec oJ.

Ridgeview Ost-Sussex – Noch immer führend in puncto Beständigkeit, Auswahl und Preis-Leistungs-Verhältnis, wenngleich von anderen herausgefordert. Beste Weine: nachhaltiger Blanc de Blancs (**11**), Fitzrovia Rosé (**13**), Bloomsbury & Cavendish (**13**). Der Gründer Mike Roberts verstarb 2014; die nächste Generation führt den Betrieb kompetent fort.

Sharpham Devon – Erzeuger von Stillwein am Fluss Dart, der jetzt auch guten Schaumwein bereitet. Am besten: Sparkling Blanc (13) auf Basis von PINOT NOIR und PINOT BLANC und Sparkling Pink oJ. Auch exzellenter Käse.

Wiston West-Sussex – Das Gut der Familie Goring in den South Downs kommt mit einer großartigen Reihe von (recht trockenen) Weinen in Schwung. Vinifiziert auch für andere. Nur Champagnersorten; am besten sind der Rosé (**11**) und der Blanc de Blancs (**10**).

Wyfold Oxfordshire – Winzige Rebfläche (1 ha) mit Champagnersorten auf 120 m ü. d. M. in Chilterns; gehört z. T. der umtriebigen Familie LAITHWAITE. Sehr guter erster Jahrgang (2009). Am besten: Wyfold Brut (**10**).

Mittel- und Südosteuropa

Die folgenden Abkürzungen werden im Text verwendet:

Ungarn	
Bal	Balaton
N-Pan	Nordpannonien
NU	Nordungarn
S-Pan	Südpannonien
Tok	Tokaj
Bulgarien	
Don	Don
Thrak	Thrak
Slowenien	
Pod	Podravje
Pos	Posavje
Prim	Primorska
Kroatien	
Dalm	Dalmatien
Tschechische Republik	
Bö	Böhmen
Mäh	Mähren
Rumänien	
Dob	Dobrogea (Dobrudscha)
Mold	Moldau
Munt	Muntenien und Oltenien

Die dunklen Flächen bezeichnen die Weinbaugebiete

Ungarn

Ungarns Weintraditionen, Anbaugebiete und Rebsorten sind die Grundlage für die feinsten Weine Osteuropas, die sich endlich von den Jahren des Kommunismus erholt haben. Eine glühend nationalistische Regierung gibt sich große Mühe, sie voranzubringen, und wendet die enorme Summe von 300 Millionen Euro für ihr Flaggschiff Tokaj auf – versetzt ausländische Investoren damit aber in Aufruhr. Andere Regionen wie Szekszárd und Csopak haben neue Erzeugerverbände gegründet, um die die lokalen Rebsorten und Weinstile zu fördern.

Ungarn hat eine Menge zu bieten, von preisgünstigen modernen Sortenweinen über intensive Weiße bis zu erstklassigen reichhaltigen und strukturierten Roten. Tausende winziger Kellereien ergeben jedoch eine komplexe Szene, die nicht leicht zu durchschauen ist, und das Gros der Weine wird nicht exportiert. Wie in den meisten Teilen Osteuropas war 2014 ein grässlicher Jahrgang, insbesondere für Rotweine. 2015 sieht besser aus.

Alana-Tokaj Tok w; s ★★ Reichhaltiger, üppiger ASZÚ und Spätlese, das meiste wird in die USA exportiert.

Árvay Tok w; tr s ★★ Familienkellerei mit 17 ha in TOKAJ seit 2009. Langlebige trockene Weiße.

Aszú Tok – Von Botrytis geschrumpfte Trauben sowie der süße Wein, der in TOKAJ daraus gekeltert wird. Seit 2014 ist die gesetzlich vorgschriebene Mindestsüße 120 g/l Restzucker, was 5 PUTTONYOS entspricht. Die Erzeuger können die Weine als 5 oder 6 Puttonyos etikettieren, müssen das aber nicht mehr tun. 3 und 4 Puttonyos sind nicht nicht länger erlaubt. Die Erzeuger können sich immer noch dafür entscheiden, diese Begriffe auf dem Etikett zu verwenden, sofern die Weine die neuen höheren Standards erfüllen. Gute Aszú-Jahrgänge waren 05 06 07 08 09 13. 2010 und 2014 waren sehr nasse Jahre, in denen nur wenig Aszú bei sorgfältiger Auslese entstand. 2011 und 2012 war es heiß und trocken mit kaum Botrytis. 2015 sieht besser aus.

Aszú Essencia/Eszencia Tok – Begriff für die zweitsüßeste Kategorie des TOKAJERS (7 PUTTONYOS und mehr); war bis 2010 erlaubt. Nicht mit ESSENCIA/ESZENCIA verwechseln.

Badacsony Bal ★★→★★★ Anbaugebiet auf vulkanischen Hängen am Nordufer des BALATON; volle, reichhaltige Weißweine. Empfehlenswert: Szeremley (alterungswürdiger KÉKNYELŰ 09' und SZÜRKEBARÁT), Villa Sandahl (v.a. mit Gold Standard 13, Laundry Hanger RIESLING 12), Villa Tolnay (v.a. GRÜNER VELTLINER 13 in drei Stilen, RIESLING) und Laposa (Bazalt Cuvée, KÉKNYELŰ, 4-Hegy OLASZRIZLING).

Balaton Der Plattensee, wie der Balaton auf Deutsch genannt wird, ist Europas größter Süßwassersee. Die Bezirke der Weinregion Balaton im Norden heißen BADACSONY, CSOPAK, Balatonmelléke (v.a. Weingut Bussay, dessen Eigentümer leider 2014 jung verstarb) und SOMLÓ. Im Süden liegt BALATONBOGLÁR.

Balatonboglár Bal r w; tr ★★→★★★ Name eines Weinbaubezirks am Südufer des BALATON, aber auch eine bedeutende Kellerei im Besitz von TÖRLEY. Gute Erzeuger sind Budjosó, GARAMVÁRI, IKON, KONYÁRI, Légli Otto, Légli Géza, Pócz, Varga.

Bardon Tok w; sch 11 12 13 – Neue Kellerei, die mit den trockenen FURMINT-Weinen Alpha und Omega bereits beeindruckt.

Barta Tok w; tr s ★★★ 10 11 12 13' (15) – Vom höchstgelegenen Weinberg in TOKAJ erzeugt Weinmacher Attila HOMMONA eindrucksvollere Weine (v.a. Öreg Király FURMINT). Auch sehr guter süßer SZAMORODNI.

Béres Tok w; tr s ★★ s 06 07 08; tr 11 12 13 – Der kürzlich zur schönsten Kellerei in TOKAJ gekürte Betrieb erzeugt sehr guten ASZÚ und trockene Weine, v. a. Lőcse FURMINT und Diókút HÁRSLEVELŰ.

Bikavér r ★→★★★ **09' 11'** 12 13 – Wörtlich »Stierblut«. Geschützte Ursprungsbezeichnung nur für zwei Regionen: EGER und SZEKSZÁRD. Immer ein Verschnitt aus mindestens drei Sorten. In SZEKSZÁRD ist KADARKA vorgeschrieben, mit maximal 7%; KÉKFRANKOS liefert die Grundlage, wenn keine neue Eiche verwendet wird. Achten Sie auf die Erzeuger Eszterbauer Tüke, HEIMANN, Meszáros, Sebestyén, TAKLER. Egri Bikavér wird aus speziell dafür zugelassenen Rebsorten mit Hauptanteil KÉKFRANKOS erzeugt; keine darf zu mehr als 50% vertreten sein. Mindestens 6 Monate Reifung in Eiche ist vorgeschrieben. Für Supérior sind mindestens fünf Sorten und 12 Monate Fassausbau vorgeschrieben, zudem sind nur bestimmte Lagen zugelassen. Spitzenerzeuger für Egri Bikavér: Bolyki, DEMETER, Gróf Buttler, Tibor GÁL, ST. ANDREA, Thummerer.

Bock, József S-Pan r ★★→★★★ **09'** 11 12 (13) – Der führende Familienbetrieb in VILLÁNY erzeugt volle, körperreiche Rote. Empfehlenswert: Bock Libra, Capella Cuvée, SYRAH und fruchtiger PORTUGIESER (BV).

Csányi S-Pan r ★→★★ 11 12 – Die größte Kellerei in VILLÁNY. Empfehlenswert: Kővilla Cuvée und Chateau Teleki CABERNET FRANC.

Csopak Bal – Weinbaugebiet nördlich des BALATON, wo die neue Erzeugervereinigung Kódex erstklassigen OLASZRIZLING erzeugt (seit 2013). Achten Sie auf Jasdi (v. a. Einzellagenauslesen), Figula (sehr guter Sáfránykert), Homola (mit Attila HOMONNA), St. Donát. Auch Béla és Bandi, Feind.

Degenfeld, Gróf Tok w; tr s ★★→★★★ Stark verbessertes Gut mit angeschlossenem Luxushotel. Die Süßweine sind am besten: 6 PUTTONYOS (08), ASZÚ ESZENCIA (08), Andante (11), Fortissimo (13); feiner trockener FURMINT von einer Einzellage (14).

Demeter, Zoltán Tok w; tr s ★★★★ 12 13' – Der Maßstab für elegante, intensive trockene Weine, v. a. Boda und Veres (beide FURMINT), auch exzellenter Szerelmi HÁRSLEVELŰ und schöner Oszhegy MUSCAT. Neu ist der sehr gute reinsortige Furmint-Schaumwein (11). Sehr gute Spätlesecuvée Eszter und ausgezeichneter ASZÚ (08).

Dereszla Tok w; tr s ★★→★★★ s **05 06 07'** – Lustige Reihe Dorombor (BV) sowie PEZSGŐ (Schaumwein). Guter kommerzieller trockener FURMINT und Kabar (Rebsorte). Exzellenter ASZÚ und unter Flor gereifter trockener SZAMORODNI Experience.

Districtus Hungaricus Controllatus (DHC) Begriff für Weine mit geschützter Ursprungsbezeichnung (g.U.), symbolisiert durch eine Krokusblüte auf dem Etikett und die Aufschrift DHC.

Disznókő Tok w; tr s ★★→★★★★ **07'** 08' 09 11' – Wegweisendes und verlässliches Weingut. Feiner, expressiver ASZÚ, großartig der Kapi (Einzellage) in Spitzenjahren, u. a. 2011. Außerdem Spätlese mit gutem Preis-Leistungs-Verhältnis.

Dobogó Tok (r) w; tr s ★★★ **06' 07' 08** 09 11 12 13' – Tadelloses kleines Gut (der Name steht lautmalerisch für Herzschlag). Maßstäbe setzender ASZÚ und Spätlese Mylitta, köstlicher Mylitta Álma, spannender trockener FURMINT (v. a. Betsek DŰLŐ) und wegweisender Pinot noir Izabella Utca.

Dűlő Einzellage, Weinberg mit eigenem Namen. Erstklassige Lagen in TOKAJ sind u. a.: Betsek, Király, Mézes-Mály, Nyúlászó, Tamás SZENT, Úrágya.

Duna Die Große Tiefebene mit den Bezirken Hajós-Baja (zu empfehlen: Sümegi, Koch), Csongrád (Somodi) und Kunság (Frittmann: Ungarns Kellerei des Jahres 2015 – guter IRSAI OLIVÉR, Ezerjó FPV. Betreibt auch die Kellerei Font).

Eger NU r w; tr s ★→★★★ Erstklassige Rotweinregion Nordungarns und ihre barocke Hauptstadt. Egri BIKAVÉR, der bekannteste Wein, ist eine geschützte Ursprungsbezeichnung. Auch DHC für Debrői HÁRSLEVELŰ. Spitzenerzeuger: Bolyki, Gróf Buttler, DEMETER, Gál Tibor, Kaló Imre, KOVÁCS NIMRÓD, Pók Tamás, ST. ANDREA, Thummerer.

Egri Csillag NU – »Stern von Eger«. Trockener Weißweinverschnitt, der sich am BIKAVÉR orientiert. Mindestens vier Sorten sind vertreten, wenigstens 50 % müssen lokale Trauben aus den Karpaten sein.

Essencia/Eszencia Tok ★★★★ Sirupartiger, üppiger Vorlaufmost aus ASZÚ-Trauben; wird nur selten abgefüllt und manchmal nur löffelweise verkauft. Der Zuckergehalt muss mindestens 450 g/l betragen (kann aber auch bei 800 g/l liegen), der Alkoholgehalt ist in der Regel deutlich unter 5 %. Sogar wundertätige/aphrodisische Kräfte werden Essencia nachgesagt.

Etyek-Buda N-Pan – Dynamische Weinregion, bekannt für ausdrucksstarke, frische Weißweine und feine Schaumweine, v. a. CHARDONNAY, Sauvignon blanc und PINOT GRIGIO, vielversprechend für PINOT NOIR. Führende Erzeuger: Etyeki Kúria (v. a. Pinot noir, SAUVIGNON BLANC), Nyakas (mit der Marke Budai), György Villa (Premiumweine von Törley), Haraszthy, Rókusfalvy, Kertész.

Gál Tibor NU r w ★★ Verbesserte Weine vom Sohn des verstorbenen Tibor Gál, der es als Kellermeister bei Ornellaia (siehe Italien) zu Ruhm gebracht hatte. Empfehlenswert sind der EGRI CSILLAG (BV) und der lebhafte TiTi BIKAVÉR (11).

Gere Attila S-Pan r rs ★★★→★★★★ **07' 08** 09' 11 12 – Der Vorzeigebetrieb in VILLÁNY erzeugt einige der besten Rotweine des Landes, v. a. reichhaltigen MERLOT Solus, intensive Cuvée Kopár und die Fass-Selektion Attila. Günstig und gut lagerfähig ist der Cabernet Sauvignon.

g.U. Siehe DHC.

Heimann S-Pan r ★★→★★★ **09'** 11' 12 13 14 – Eindrucksvolle Familienkellerei in SZEKSZÁRD v. a. mit großartigem Barbár und mustergültigem BIKAVÉR. Sehr guter KADARKA und KÉKFRANKOS »Alte Reben«.

Hétszőlő Tok w; tr s ★★ Das historische Weingut in TOKAJ wurde 2009 von Michel Rebier, dem Eigentümer von Cos d'Estournel (Bordeaux), gekauft. Für leichtere Tokajer-Stile bekannt.

Heumann S-Pan r w ★★→★★★ 11 12 13 (15) – Kleines Gut in Siklós in deutsch-schweizerischem Besitz; großartiger KÉKFRANKOS Reserve und CABERNET FRANC.

Hilltop Neszmély N-Pan r rs w; tr ★★ 12 13 14 15 – Kellerei in Neszmély; sorgfältig bereitete sortenreine Weine (BV) mit gutem Preis-Leistungs-Verhältnis. Sehr gute Lagenselektionen der Premiumreihe.

Holdvölgy Tok w dr; s ★★→★★★ 11 12 13 – Auch als Moon Valley bekannt. Beeindruckende junge Kellerei, die mit komplexen trockenen Weinen und üppigem ASZÚ punktet.

Homonna Tok w; tr ★★★ 12 13 – Feine, elegante trockene FURMINT-Weine, v. a. der Határi. Auch exzellenter Jakab Rány.

Ikon Bal r w ★★ Preisgünstige, gut bereitete Weine vom Hauptanteilseigner Janos KONYÁRI aus Weinbergen, die ehemals zur Abtei Tihany gehört hatten.

Kikelet Tok w; tr s ★★★ Eine der begeisternden Gruppen führender Weinmacherinnen in TOKAJ. Wunderbarer Váti FURMINT (12) und feiner, reiner SZAMORODNI (08).

Királyudvar Tok w; tr s; sch ★★★→★★★★ **06' 07'** 08 09 11 12' (13) – Ökologisch arbeitende TOKAJER-Kellerei in den alten königlichen Gewölben in Tarcal; gehört Anthony Hwang (siehe auch Huet-L□Echansonne, Frankreich). Exzellent sind der FURMINT Sec, die Cuvée Ilona (Spätlese), der Flaggschiffwein ASZÚ Lapis 6 PUTTONYOS sowie der Schaumwein Henye PESZGŐ.

Konyári Bal r rs w; tr ★★→★★★ **11** 12 13 (15) – Erzeuger in BALATONBOGLÁR mit hochklassigen Gutsweinen, v. a. fruchtigem Rosé (BV) und beständigem Loliense (rot und weiß). Spitzenweine: Szárhegy (weiß), Jánoshegy KÉKFRANKOS, Páva (beide rot).

Kovács Nimród NU r rs w; tr ★★→★★★ **09** 11' (13) – Der Erzeuger in EGER beeindruckt mit Lagenselektionen, v. a. Grand Bleu (rot), leckerem Rosé (BV), fülligem CHARDONNAY Battonage und robustem SYRAH Monopole.

Kreinbacher Bal w; tr ★★ 12 13 – Ausgezeichnete neue Schaumweinreihe auf FURMINT-Basis, v. a. Classic Brut. Auch sehr gute trockene Weine, u. a. Juhfark, HÁRSLEVELŰ, Öreg Tőkék (alte Reben).

Mád Tok – Historische Stadt im Herzen der Region TOKAJ; Sitz von Mádi Kör, einer Gruppe führender Weingüter. Gute Erzeuger: ALANA-TOKAJ, BARTA, Orosz Gabor, Demetervin (guter trockener FURMINT, süßer Elvezet), Lenkey, HOLDVÖLGY, KIKELET, ROYAL TOKAJI, SZEPSY, SZENT, Tokaj Classic.

Malatinszky S-Pan r rs w; tr ★★★ **09'** 11' 12 13' – Bioweinbau seit 2012. Exzellenter Kúria CABERNET FRANC und roter Kövesföld. Gut sind auch der neue Serena Rubra (rot und weiß), der rosé Le Sommelier und der CHARDONNAY.

Mátra NU ★→★★ Gute Region für frische Weißweine und Rosés mit vernünftigem Preis-Leistungs-Verhältnis. Bessere Erzeuger: Balint, Benedek, Gábor Karner (beachtlicher Boroka Vitésföld KÉKFRANKOS 09), NAG, Szöke Mátyás, NAGYRÉDE.

Mór N-Pan w ★→★★ Die kleine Region ist bekannt für den feurigen Ezerjó; vielversprechend auch für CHARDONNAY, TRAMINI und RIESLING. Erzeuger: Maurus.

Nagyréde NU (r) rs w ★ Preisgünstige kommerzielle Sortenweine (BV) unter den Marken Nagyréde und Mátra Hill.

Oremus Tok w; tr s ★★→★★★★ **05 06' 07** 08 09 11 12 (13) – Hervorragende Kellerei in Tolcsva im Besitz des spanischen Erzeugers Vega Sicilia. Erstklassiger ASZÚ und sehr guter trockener FURMINT Mandolás.

Pajzos-Megyer Tok w; tr s ★★→★★★ **06' 07** 08 09 11 12 13' 14 – Zwei gemeinsam betriebene TOKAJ-Güter. Megyer erzeugt Maßstäbe setzende reinsortige moderne trockene und Spätleseweine (süß) mit gutem Preis-Leistungs-Verhältnis. Pajzos konzentriert sich mehr auf süße Stile, v. a. langlebigen ASZÚ.

Pannonhalma N-Pan r rs w; tr ★★→★★★ **12** 13 14 15 – Die 800 Jahre alte Abtei Pannonhalma liegt in der gleichnamigen Weinregion. Stilvolle, aromatische Weißweine, v. a. RIESLING, TRAMINI und SAUVIGNON BLANC. Preiswerter Tricollis, schöner Spitzenwein Hemina (weiß) und verbesserter PINOT NOIR.

Patricius Tok w; tr s ★★ **06' 07 08** 09 11 12 13 – Verlässlicher trockener FURMINT, spät gelesener Katinka und ASZÚ.

Pécs S-Pan (r) w ★→★★ Weinbaugebiet nahe der gleichnamigen Stadt. Bekannt für Weiße, auch von der lokalen CIRFANDL-Traube. Beeindruckend auch der Ebner PINOT NOIR.

Pendits Tok w; tr s ★★ **06** 08 09 11 – Einziges Demeter-zertifiziertes Bioweingut Ungarns. Üppiger, lagerfähiger ASZÚ, hübscher trockener MUSCAT (BV).

Pezsgő Ungarisch für Schaumwein. Voll im Trend mit jeder Menge neuer Weine, v. a. aus TOKAJ – Auslöser war der nasskalte Jahrgang 2010.

Puttonyos (Butten) Traditionelle Angabe für den Süßegehalt des TOKAJI ASZÚ. Muss seit 2013 nicht mehr genannt werden, kann aber. Historisch war ein Puttony eine Trage bzw. Butte von 25 kg ASZÚ-Trauben, und der Süßegrad des Weins bemaß sich nach der Anzahl der einem 136-Liter-Fass Grundwein oder gärendem Most hinzugegebenen Butten.

Royal Tokaji Wine Co. Tok tr s ★★→★★★★ **06 07'** 08' 09 11' 13' – Bahnbrechender Erzeuger in MÁD, der 1990 die Renaissance des TOKAJERS eingeläutet hat (ich selbst bin Mitbegründer). Schöne, moderne Kellerei. Vorwiegend Lagen erster Klasse. 6-PUTTONYOS-Einzellagenabfüllungen: v. a. Mézes-Mály, Betsek, Szent Tamás und Nyulászó (auch 5 Puttonyos). Auch eine sehr gute trockene FURMINT-Lagenselektion plus üppiger, preisgünstiger Late Harvest (in den USA: Mád Cuvée) sowie leichter trockener MUSCAT.

Sauska S-Pan, Tok r rs w ★★→★★★★ **09'** 11' 12 13 (15) – Tadellose Kellerei in VILLÁNY. Sehr guter KADARKA, KÉKFRANKOS und CABERNET FRANC sowie eindrucksvolle rote Verschnitte, v. a. Cuvée 7 und Cuvée 5. Der Ableger Sauska-TOKAJ konzentriert sich auf sehr gute trockene Weiße, v. a. FURMINT Birsalmás und Medve Furmint sowie Cuvée 113. Guter neuer PEZSGŐ Extra Brut.

Somló Bal w ★★→★★★ 11 12 13 – Markanter Vulkanhügel, berühmt für langlebige, strukturierte Weiße: v. a. Juhfark (»Schafschwanz«), OLASZRIZLING, FURMINT und HÁRSLEVELŰ. In der Region dominieren kleine Erzeuger, v. a. Fekete Bela (jetzt im Ruhestand), Györgykovács, Royal Somló, Spiegelberg, Somlói Apátsági. Auch die größeren Betriebe Tornai (v. a. die Reihe Top Selection und der Grofi HÁRSLEVELŰ) sowie KREINBACHER sind sehr gut.

Sopron N-Pan r ★★→★★★ Dynamischer Bezirk nahe der österreichischen Grenze am Fertő-See. KÉKFRANKOS ist die wichtigste Traube, dazu kommen CABERNET SAUVIGNON, SYRAH und PINOT NOIR. Spitzenerzeuger ist der ökologisch arbeitende Weninger; beachtenswert sind auch die sehr charaktervollen Weine von Ráspi. Im Auge behalten: Pfneiszl, Luka, Taschner.

St. Andrea NU r w; tr ★★★ **09'** 11' 12 13 – Spitzenerzeuger in EGER und Wegbereiter für modernen, hochklassigen BIKAVÉR (Merengő, Hangács, Áldás). Außerdem exzellente Weißweinverschnitte (Napbor, Örökké), Biowein Boldogságos sowie sehr guter PINOT NOIR.

Szamorodni Tok – Wörtlich »wie er gewachsen ist«. Bezeichnung für einen TOKAJER, der aus ganzen Trauben ohne separate ASZÚ-Auslese produziert wurde; erlebt gerade eine kleine Renaissance, angeführt von SZEPSY. Auch sehr gute süße *(édes)* Versionen von BARTA, KIKELET, SZENT TAMÁS, HÖLDVOLGY. Die besten trockenen Weine sind unter Flor gereift; empfehlenswert: Tinon, DERESZIA, Karádi-Berger.

Szekszárd S-Pan r ★★→★★★ Aus dem Bereich in Südungarn kommen reife, reichhaltige Rote von KÉKFRANKOS, CABERNET SAUVIGNON, CABERNET FRANC und MERLOT. Auch BIKAVÉR- und KADARKA-Weine erfahren gerade eine Wiederbelebung. Erzeuger: v. a. Dúszi (Rosé in allen Stilen), Eszterbauer (v. a. Tüke Bikavér, Nagyapám Kadarka), HEIMANN, Mészáros, der Newcomer Schieber (CABERNET FRANC, KÉKFRANKOS), Sebestyén, Takler, Remete-Bor (Kadarka), Vesztergombi (Csaba Cuvée, Turul) und Vida.

Szent, Tamás Tok w; s ★★★ 09 11 12' 13 – An der neuen Kellerei in MÁD ist István SZEPSY Junior beteiligt. Gute trockene FURMINT-Weine Dongó und Percze plus Late Harvest 3909. Nettes kleines Restaurant. Auch Name einer Spitzenlage (DŰLŐ).

Szepsy, István Tok w; tr s ★★★★ **06 07' 08'** 09 10 **11'** 12 (13) – Brillanter, kompromissloser (hat den gesamten Jahrgang 2014 entsorgt) TOKAJI-Erzeuger in MÁD. Kraftvolle, reine trockene FURMINT-Weine, v. a. von den Einzellagen (DŰLŐ) Urágya und Nyúlászó. Seht guter süßer SZAMORODNI (**09**) und großartiger ASZÚ.

Szeremley Bal w; tr s ★★→★★★ 09 11' 12 13 (15) – Pioniergut in BADACSONY. Intensiver, feiner RIESLING, Szürkebarát (alias PINOT GRIS), KÉKNYELŰ, ansprechender süßer Zeus.

Takler S-Pan r ★★ **09'** 11' 12 13 – Sehr reife, geschmeidige Rotweine. Am besten sind die Reserve-Auslesen von CABERNET FRANC, KÉKFRANKOS, SYRAH und BIKÁVER. Exzellenter Kékfrankos Görögszó, reichhaltiger MERLOT Primarius.

Tinon, Samuel Tok w; tr s ★★→★★★ **04** 05 07 – Der Mann aus dem Sauternais lebt seit 1991 in TOKAJ. Unverwechselbarer, komplexer Tokaji ASZÚ, bereitet mit langer Maischestandzeit und Fassausbau. Sehr guter süßer und großartiger trockener unter Flor gereifter Szamorodni. Auch feine trockene FURMINT-Weine.

In Tokaj wird's trocken

Es hat schon immer trockenen Wein in TOKAJ gegeben, nämlich als Nebenprodukt, wenn keine ASZÚ-Trauben entstanden. Seit etwa zehn Jahren aber liegt der Fokus sehr viel mehr darauf, von Haus aus seriöse trockene Weine zu erzeugen. Die Kombination einer Weltklassetraube wie FURMINT und der Landschaft von Tokaj mit ihren erloschenen Vulkanen verspricht Aufregendes. Zu den Erzeugern, auf die Sie achten sollten, gehört auch der ewige Vorreiter István SZEPSY, doch herrliche Weine bereiten auch auch Balassa, BARDON, BARTA, Bott, Degenfeld, Zoltán DEMETER, DOBOGÓ, HOMONNA, KIKELET, KIRÁLYUDVAR, OREMUS, ROYAL TOKAJI WINE CO., Tamás SZENT und TOKAJ-NOBILIS.

Tokaj Kereskedőház Tok w; tr s ★→★★ 13 14 – Die auch Crown Estates genannte riesige Kellerei in Staatseigentum hat 2013 den überfälligen Neustart hingelegt, mit neuem Kellermeister (Karoly Áts, früher bei ROYAL TOKAJ) und einer neuen Strategie, um durch engere Zusammenarbeit mit den Weinbauern bessere Trauben zu bekommen. Ansprechender Arany Késői Late-Harvest (13), trockener FURMINT Kővágó DŰLŐ (14) und vielversprechender Szarvaz ASZÚ 6 PUTTONYOS (13).

Tokaj Nobilis Tok w; tr s ★★★ Großartiger kleiner Erzeuger unter Leitung von Sarolta Bárdos, die zu den inspiriertesten Weinmacherinnen in TOKAJ gehört. Herrlicher ASZÚ (08) sowie trockener Barakonyi HÁRSLEVELŰ (13' 14).

Tokaj/Tokaji (Tokajer) ★★→★★★★ Nach der Stadt und Weinregion Tokaj wurde der berühmte süße Likörwein Ungarns benannt: Tokaji auf Ungarisch, Tokajer auf Deutsch. Seit 2014 nur als geschützte Ursprungsbezeichnung anerkannt, wenn der Wein innerhalb der Region abgefüllt wurde. Neben den Erzeugern mit eigenem Eintrag sind die folgenden zu empfehlen: Bott Pince (v. a. spät gelesener Bott-rytis), Balassa (Betsek

FURMINT, ASZÚ), Füleky, Erzsébet, Demetervin, Gizella, Karádi-Berger, Lenkey, Orosz Gábor.

Tolna S-Pan – Der wichtigste Betrieb des Gebiets ist Tűzkő im Besitz von Antinori (★★). Guter TRAMINI, HÁRSLEVELŰ, Domb (rot).

Törley r rs w; tr ★→★★ Große innovative Firma; wichtigster Markenname ist Chapel Hill. Gut bereitete, preisgünstige sortenreine Weine (BV) von internationalen Rebsorten (PINOT GRIS, CHARDONNAY, PINOT NOIR) sowie von den lokalen Trauben IRSAI OLIVÉR, Zenit und Zefir. Großer Erzeuger von Schaumwein (v. a. mit den Marken Törley, Gala und Hungaria); sehr gut der François President Rosé Brut und der CHARDONNAY Brut (oJ) nach dem klassischen Verfahren. Spitzenauslesen unter dem Etikett György-Villa (v. a. Juhfark, SYRAH).

Villány S-Pan – Ungarns südlichste Weinbauregion, bekannt für ernsthafte, reife Weine von Bordeaux-Sorten (v. a. CABERNET FRANC) sowie Verschnitte. Probieren Sie auch die saftigen Versionen von Kékfrankos und PORTUGIESER. Von kühleren Lagen kommt seit Kurzem auch guter SYRAH und PINOT NOIR. Hohe Qualität u. a. von Bock, CSÁNYI, GERE ATTILA, Tamás & Zsolt Gere, Kiss Gabor, Halasi, HEUMANN, Jackfall, Malatinszky, Polgar, Sauska, Tiffán, Vylyan, WENINGERGERE, Wunderlich.

Vincent, Chateau Bal sch ★★ Erstklassiger ungarischer Erzeuger von Schaumwein mit Flaschengärung (v. a. Optimum Brut 11, PINOT NOIR Brut Natur 05). Auch Eigentümer des Guts Garamvári mit gutem IRSAI OLIVÉR (BV), SAUVIGNON BLANC und sehr gutem Sinai CABERNET SAUVIGNON.

Vylyan S-Pan r ★★→★★★ 09' 11 (12) (13) – Rotweinspezialist mit guten Einzellagenselektionen, v. a. Gombás PINOT NOIR, Mandolás CABERNET FRANC und Pillangó MERLOT. Das rote Aushängeschild ist die Cuvée Duennium (Cabernet franc, CABERNET SAUVIGNON, Merlot, ZWEIGELT).

Weninger NU r ★★★ **09** 11 12 13 – Maßstäbe setzender Erzeuger in SOPRON, geleitet von dem Österreicher Franz Weninger jr. Ökologisch seit 2006. Der Spern Steiner Kékfrankos von einer Einzellage gehört zu den besten des Landes. Eindrucksvoll auch SYRAH, PINOT NOIR und der rote Verschnitt Frettner.

Weninger & Gere S-Pan r rs ★★→★★★ **08 09** 11 – Gemeinschaftsunternehmen des Östereichers Franz Weninger sen. mit GERE ATTILA. Ausgezeichneter CABERNET FRANC, leckerer Tinta (TEMPRANILLO), dazu die Cuvée Phoenix und der frische Rosé (BV).

Mittel- und Südosteuropa

Bulgarien

Welche Richtung die Dynamik in Bulgarien derzeit nimmt, ist nicht leicht nachzuvollziehen, aber da ist sie zweifellos. Neue unabhängige Kleinerzeuger schießen wie Pilze aus dem Boden, während die größeren Kellereien »Boutique«-Zweigstellen eröffnen, um vom gestiegenen lokalen Interesse an Wein zu profitieren. Jedoch mischt sich die Politik ein, und weil kleine und große Produzenten nicht am selben Strang ziehen, ist eine effektive internationale Vermarktung kaum in Sicht. Nichtsdestoweniger treten einige der hochklassigeren Weine Bulgariens mehr und mehr in den Vordergrund und zeigen, dass das Land mehr zu bieten hat als nur Cabernet von der Stange.

Angelus Estate Thrak r w 12 13 (14) – Ehrgeiziges, auf Qualität ausgerichtetes neues Gut mit reifen, eichentönigen, geschliffenen Rotweinen von internationalen Sorten. Neue Reihe Angel, ordentlicher CHARDONNAY/SAUVIGNON BLANC und eindrucksvoller Flaggschiffwein Stallion Gold.

Bessa Valley Thrak r ★★★ **09** 10 11 (12) (13) – Die Pionierkellerei nahe Pazardjik wurde von Stephan Graf von Neipperg (vom Bordeaux-Château Canon La Gaffelière) und Karl-Heinz Hauptmann gegründet. Weiche, füllige Rote und leckerer Rosé (BV). Zu empfehlen sind der Enira, die sehr guten Weine SYRAH Enira und Enira Reserva sowie der exzellente BV by Enira.

Black Sea Gold Thrak r w ★ Große Kellerei mit zwei Standorten und 600 ha nahe der Küste. Eine Investition von 15 Millionen Euro hat der Qualität aufgeholfen. Zu den besseren Etiketten gehören: Salty Hills, Golden Rhythm, Villa Ponte.

Borovitsa Don r w ★★★ 09 10 11 12 13 (15) – Nach dem tragischen Tod eines der beiden Gründer umbenannt in Dr. Ognyan Tzvetanov Winery. Von Hand bereitete Terroirweine, die zu Bulgariens besten gehören. Flaggschiff ist der lagerfähige Dux. Sehr gut auch The Guardians MRV (weiße Rhône-Sorten), Cuvée Bella Rada (RKATSITELI), Granny's und Black Pack (beide GAMZA), Orange Garden CHARDONNAY, Vox Dei PINOT NOIR, Sensum (rot) und die Reihe Maxxima.

Boyar, Domaine Thrak r w ★→★★★ Umfassendes Angebot, von den Basisqualität-Exportmarken unter eigenem Namen (BV) über die kompetent bereiteten, modernen Weine im mittleren Segment der Reihen Special Selection, Elements und Next 20 Years bis hin zu Premiumgewächsten aus der Kellerei Korten, u. a. die Reihe »Boutique« und die eindrucksvollen Solitaire-Weine, insbesondere MERLOT (11) und CABERNET FRANC (11).

Burgozone, Chateau Don r w ★★ 12 13 14 (15) – Gute Weißweine von einem Familienbetrieb nahe der Donau; v. a. VIOGNIER, SAUVIGNON BLANC und Iris Creation. Anständiger PINOT NOIR.

Castra Ruba Thrak r w ★★→★★★ 10 11 12 13 – Önologischer Berater ist Michel Rolland aus Bordeaux. Probieren Sie den komplexen Bordeaux-Verschnitt Castra Rubra und den eindrucksvollen Butterfly's Rock. Dazu ausdrucksstarke Verschnittweine aus Ökotrauben namens Dominant, verlässlicher Via Diagonalis und für den US-Markt die schmackhaften Motley-Cock-Verschnitte.

Damianitza Thrak r w ★★ 13 14 – Erzeuger im Struma-Tal. Prächtige Weiße aus Bioweinbau, v. a. VIOGNIER und SAUVIGNON BLANC der Marke Volcano. Lokale Sorten unter dem Etikett Uniqato, v. a. MELNIK/Ruen. ReDark ist ein robuster Verschnitt von CABERNET SAUVIGNON, RUBIN und Ruen. Auch gut: No Man's Land Kometa.

Dragomir Thrak r rs w ★★ 11 12 13 – Garagenweinerzeuger mit anspruchsvollen, gewichtigen Roten sowie frischem Sarva (weiß und rosé). Sehr guter Pitos, RUBIN und langlebiger Reserva.

Ivo Varbanov Thrak r rs w ★★ Konzertpianist, der superreife, mächtige Rote und süffigen Rosé bereitet; am besten ist der geschmeidige CHARDONNAY.

Katarzyna Thrak r rs w ★★ 12 13 14 (15) – Ansehnliche moderne Kellerei mit Weinbergen im »Niemandsland« an der griechischen Grenze. Sehr reife, weiche Rote, v. a. Chopin Nocturne, Encore MALBEC, SYRAH, Question Mark.

Levent Don (r) w ★★ 13 14 15 – Einladende aromatische Weiße, v. a. TRAMINER/Vrachanski/Misket-Verschnitt, SAUVIGNON BLANC.

Logodaj Thrak r rs w; sch ★★ 12 13 14 – Kellerei im Struma-Tal. Interessanter Rosé und Schaumwein von der lokalen breitblättrigen MELNIK-Traube. Saftig-lebhafter Melnik 55 (rot) und vielversprechender Incantesimo SYRAH.

Lovico Suhindol Don r w ★ Einer der berühmtesten Namen Bulgariens, gegründet 1909. Bekannt für CABERNET SAUVIGNON und GAMZA.

Midalidare Estate Thrak r rs w ★★ 12 13 14 (15) – Boutiquekellerei, bei der keine Kosten gescheut wurden. Empfehlenswert: SAUVIGNON BLANC/SÉMILLON, Calista CHARDONNAY, ansprechender RIESLING. Guter Rotweinverschnitt Nota Bene sowie Grand Vintages: MALBEC, SYRAH.

Minkov Brothers Thrak r rs w ★★ Auf dem großen Gut wird die bis 1875 zurückreichende Tradition wiederbelebt. Kompetent bereitete, moderne Weine in den Reihen Minkov, Cycle und From the Cellar. Eine Stufe höher steht Le Photographe, v. a. mit CABERNET FRANC, RIESLING und PINOT NOIR. Flaggschiff ist der noch komplexere, schön strukturierte Oak Tree.

Bulgariens Newcomer

Neuere Kleinbetriebe: Alexandra Estate, Bratanov (v. a. Tamianka, MAVRUD), Chateau Copsa (Karlovo Misket, Stradivarius), Eolis (GEWÜRZTRAMINER, SYRAH), Gulbanis (CABERNET FRANC), Kamenki (CABERNET/MERLOT, Mavrud), Kapatovo (roter Verschnitt), Maryan (Reserva, Ivan Alexander Grand Cuvée), Medi Valley (eXcentric CHARDONNAY/SAUVIGNON BLANC, Incanto-Rotweine), Neragora (Ares Merlot/Mavrud), Orbelus (Getika, MELNIK), Rumelia (Merul Merlot, Mavrud Reserva, Erelia), Salla (Weiße), Villa Yustina (Reihe 4 Seasons, Monogram RUBIN/Mavrud). Gar nicht mal so wenig.

Miroglio, Edoardo Thrak r rs w; sch ★★→★★★ 11 12 13 14 (15) – Weinberge in Elenovo in italienischem Besitz. Bulgariens bester flaschenvergorener Schaumwein, v. a. Blanc de Blancs, Brut Rosé. Schöner langlebiger PINOT NOIR Reserva, klasse Soli Invicto (**10'**). Lohnende Reihe Elenovo mit Einzellagenweinen (v. a. CABERNET FRANC, MAVRUD). Die sortenreinen EM-Weine sind verlässlich, interessant die Bioverschnitte, u. a. Bouquet, Mavrud/RUBIN.

Peshtera, Vinprom r rs w ★ 13 14 15 – Zur größten Kellerei Bulgariens gehören auch Yambol und die Boutiquekellerei Saedinenie für die modern-sauberen Reihen Pixels und Verano sowie die markanten F2F-Rotweine.

Preslav, Vinex Thrak r w ★→★★ 12 13 14 – Die Weißen sind hier am besten, v. a. der langlebige Rubaiyat CHARDONNAY. Probieren Sie auch den Novi Pazar PINOT GRIS, RIESLING. Ordentliche Reihe Golden Age.

Rossidi Thrak r rs w ★★ 13 14 (15) – Boutiquekellerei nahe Sliven. Guter, in eiförmigen Betontanks vergorener CHARDONNAY sowie guter Rosé, RUBIN und PINOT NOIR.

Santa Sarah Thrak r w ★★★12 13 (14) (15) – Wegweisende Garagenkellerei, die Spitzenrotweine erzeugt, v. a. spannenden Privat, Bin 40 CABERNET SAUVIGNON, neuen Bin 49 CABERNET FRANC, RUBIN. Auch guter RIESLING, TRAMINER, Bin 44 SAUVIGNON BLANC.

Slavyantsi, Vinex Thrak r rs w ★→★★ 13 14 – Die ehemalige Staatskellerei leistet gute Arbeit mit ihren preisgünstigen sortenreinen Weinen und Verschnitten, v. a. unter dem Markennamen Leva.

Varna Wine Cellar Don rs w ★★ 14 (15) – Frische, appetitanregende Weiße (BV) und Rosés.

Yamantiev's Thrak r w ★★ Am besten sind die Einzellagenselektionen Marble Land, v. a. der buttrige CHARDONNAY, und der sehr haltbare Red (**10**).

Zagreus Thrak r rs w ★★ 11 12 13 14 – Die Spezialität dieses Erzeugers ist MAVRUD in allen Stilen, vom ungewöhlichen weiß ausgebauten Wein bis zum komplexen Vinica von halb getrockneten Trauben im Amarone-Stil. Ordentliche Reihe St. Dimitar.

Slowenien

Derzeit glänzt Slowenien mit Sauvignon blanc. Es gibt sogar ein neues Festival, das diese fantastische Rebsorte und die großartigen Weine feiert, die das Land zu bieten hat. Die Stile reichen von aromatisch-frisch und lecker im Osten bis reichhaltig und komplex im Westen, dazu kommen ein paar herrlich üppige Süßweine, insbesondere aus dem Südosten. Auch die Roten machen Fortschritte, der furchtbare Jahrgang 2014 war allerdings keine Hilfe.

Batič Prim rs w; s ★→★★ 07 09 11 12 13 – Erzeuger von »Naturweinen« in VIPAVA. Bestseller ist der Rosé.

Bjana Prim sch ★★→★★★ Sehr guter PENINA nach der traditionellen Methode aus BRDA, v. a. die Cuvée Prestige (10), der Brut Rosé und der jahrgangslose Wein.

Blažič Prim w ★★→★★★ 08 09 12 13 14 – Erzeuger in BRDA mit langlebigem, komplexem REBULA, SAUVIGNONASSE und, in besonders guten Jahren, dem Blaž Belo (weiß).

Brda (Goriška) Prim – Erstklassiger Bezirk in der Region PRIMORSKA; viele führende Erzeuger: u. a. BJANA, BLAŽIČ, EDI SIMČIČ, Dolfo (v. a. schäumender Spirito, SIVI PINOT, Skocaj), Erzetič, JAKONČIČ, KRISTANČIČ, MOVIA, Prinčič, Marjan SIMČIČ, ŠČUREK, Vinska klet Goriška Brda, ZANUT. Orange Weine (mit Maischegärung bereitete Weiße) von KABAJ und Klinec.

Burja Prim r w ★★★ 13 14 – Gut in VIPAVA, konzentriert sich auf die lokalen Trauben Zelen und MALVAZIJA. Exzellenter Burja Bela, Burja Noir (PINOT NOIR) und neuer Burja Reddo auf der Basis von Schioppettino.

Conrad Fürst Pod w ★★ 12 13 14 – Restauriertes historisches Familienweingut nahe Jeruzalem. Empfehlenswert: FURMINT, Pod Stolpom.

Čotar Prim r w ★★ 09 11 – Verführerische langlebige »Naturweine« aus KRAS, v. a. weißer Vitovska, MALVAZIJA, SAUVIGNON BLANC, TERAN und roter Verschnitt Terra Rossa (05).

Cviček Pos – Traditioneller alkoholarmer, scharfer hellroter Verschnitt aus POSAVJE; basiert auf der lokalen Žametovka-Traube. Empfehlenswert: Bajnof.

Dveri-Pax Pod r w; s ★★→★★★ 13 14 15 – Kellerei nahe Maribor im Besitz von Benediktinern. Frische, straffe, preisgünstige Weißweine in der Reihe Benedict (v. a. SAUVIGNON BLANC, FURMINT und RIESLING). Sehr gut auch die Einzellagenauslesen: Sauvignon blanc Vajgen, Riesling »M«, CHARDONNAY Vajgen. Auch großartiger süßer ŠIPON/Chardonnay.

Guerila Prim r w ★★ Bioerzeuger in VIPAVA mit Maßstäbe setzendem Wein der Lokalsorten PINELA und Zelen (BV).

Istenič Pos sch ★→★★ Verlässlicher PENINA. Der einfachste ist der No. 1, am besten sind Gourmet Rosé (06) und Prestige Extra Brut (08).

Istrien Küstenbezirk, der sich jenseits der Grenze in Kroatien fortsetzt. Hauptrebsorten sind REFOŠK und MALVAZIJA. Beste Erzeuger: Bordon (E Vin rosé, Malvazija), Korenika & Moškon (PINOT GRIS, Refošk 13, roter Kortinca), Rojac (Renero, Stari d'Or), Pucer z Vrha (Malvazija), SANTOMAS, Steras (Refošk Kocinski 11), VINAKOPER.

Jakončič Prim r w; sch ★★→★★★ 11 12 13 14 – Sehr guter Erzeuger in BRDA, v. a. mit Bela Carolina (REBULA/CHARDONNAY), PENINA und roter Rdeča Carolina.

Joannes Pod r w ★★ **10'** 11 12 13 14 – RIESLING-Spezialist bei Maribor, gut alternde Weine. Auch frischer, leichter PINOT NOIR und hübscher Gelber MUSKATELLER (BV).

Kabaj Prim r w ★★★ 06 10 11 12 – In den USA taucht dieser Erzeuger mehrfach in den Top-100-Listen auf. Bekannt für REBULA, Amfora (orangefarbener Wein), Luisa Prestige (weiß).

Klet Brda Prim r w ★→★★★ 12 13 14 15 – Zukunftsorientierte große Kellerei in BRDA. Gute, verlässliche Weißweine (BV), v. a. Quercus SIVI PINOT, PINOT BLANC und REBULA. Die Premiumreihe mit Eichennote heißt Bagueri, Krasno Belo ist der sehr gute Verschnitt ohne Holzeinfluss. Exzellenter A+ (rot und weiß).

Kogl Pod r w ★★ 12 13 14 15 – Auf einem Hügel nahe Ormož gelegenes kleines Weingut, dessen Geschichte bis 1542 zurückreicht. Wichtigstes Etikett ist Mea Culpa (v. a. AUXERROIS, SAUVIGNON BLANC und Gelber MUSKATELLER). Probieren Sie auch den PINOT NOIR Rubellus und den Magna Domenica.

Kras Prim – Renommierter Bezirk mit Terra-Rossa-Böden in der Region PRIMORSKA. Am bekanntesten für TERAN und MALVAZIJA. Empfehlenswert: Vinakras.

Kristančič Prim r w ★★ 11 12 13 14 – Verlässliches Familienweingut in BRDA mit gutem CHARDONNAY, CABERNET SAUVIGNON und MERLOT. Die Spitzenmarke heißt Pavó.

Kupljen Pod r w ★★ 13 14 (15) – Gründer Jozé Kupljen verstarb 2015. Pionier für trockene Weine nahe Jeruzalem. Guter RENSKI RIZLING, SIVI PINOT, FURMINT und PINOT NOIR. Preisgekrönter Weißweinverschnitt Spirit of Jeruzalem (11).

Marof Pod r w ★★→★★★ 12' 13 (14) – Hochinteressante Kellerei in Prekmurje. Klassische Weine (BV): sehr guter LAŠKI RIZLING Bodonci, RENSKI RIZLING. Sehr gute Einzellagenselektionen von CHARDONNAY und Modra Frankinja (BLAUFRÄNKISCH).

Movia Prim r w; sch ★★★→★★★★ **06 07 08'** 09 11 12 – Sehr bekannter Bioerzeuger unter der Führung des charismatischen Aleš Kristančič. Exzellenter, langlebiger weißer Veliko Belo und roter Veliko Rdeče. Sehr guter MODRI PINOT, umwefender Schaumwein Puro rosé. Der orangefarbene Lunar ist bemerkenswert.

P & F Pod r w; sch ★★ 12 13 14 15 – Der frühere Staatsbetrieb ist wieder in die Hände der ursprünglichen Besitzerfamilie Puklavec übergegangen und wurde in P & F (Puklavec & Friends) umbenannt. Erzeugt jetzt preiswerte, verlässlich frische aromatische Weißweine in der Reihe P & F. Die Gomila-Auslesen sind exzellent, v. a. der FURMINT und der SAUVIGNON BLANC. Die Weine für die lokalen Märkte sind als Jeruzalem Ormož etikettiert.

Penina Bezeichnung für Qualitätsschaumwein (Tankgärung oder traditionelle Methode). Empfehlenswert: RADGONSKE GORICE (der größte), ISTENIČ, BJANA, MOVIA, Vino Gaube (Gaudium Rosé Brut, CHARDONNAY), Dolfo (Spirito).

Podravje Die größte Weinregion umfasst Štajerska und Prekmurje im Osten. Am besten sind die frischen, trockenen Weißen, gut auch die Süßweine; die Roten von PINOT NOIR und MODRA FRANKINJA (BLAUFRÄNKISCH) sind meist leichter.

Posavje Weinregion im Südosten. Die besten Weine sind süß, v. a. von MAVRETIČ (großartiger ★★★★-Sauvignon blanc Eiswein 11, guter Gelber Muskateller), Prus und Šturm (★★★★-Eiswein und edelfauler MUSCAT).

PRA-VinO (Čurin-Prapotnik) Pod w; s 09 11 12 13 14 – War in den 1970er-Jahren der Vorreiter der privaten Weinerzeugung, jetzt haben der Sohn und der Enkel übernommen. Süßweine von Weltklasse (★★★★), u. a. fantastischer Eiswein *(ledeno vino)* und edelfaule Gewächse von ŠIPON, LAŠKI RIZLING und RIESLING.

Primorska Im Südwesten gelegene Region (auch Primorje genannt), die sich vom slowenischen Istrien bis BRDA erstreckt.

Prus Pos w; s – Der kleine Familienbetrieb produziert umwerfende ★★★★-Süßweine (06 09 11), v. a. Eis- und edelfaule Weine von Rumeni MUŠKAT, RIESLING und SAUVIGNON BLANC.

Pullus Pod r w ★★→★★★ 12 13 14 (15) – Sehr gute, knackige, moderne Weißweine aus der Kellerei in Ptuj, v. a. Pullus SAUVIGNON BLANC und RIESLING. Exzellente Weine mit dem Etikett »G« (beachtlicher Sauvignon blanc). Wunderbarer süßer LAŠKI Rizling (12), Rumeni MUŠCAT (11).

Sloweniens Qualitätsweine

Um als Qualitätswein anerkannt zu werden, müssen alle Weine eine Verkostungsprüfung bestehen. *Vrhunsko vino z zaščitenim geografskim poreklom* oder *Vrhunsko vino ZGP* ist der Ausdruck für Qualitätsweine mit geschützter Ursprungsangabe (g.U.), der allerdings wegen der Kosten für die zusätzlichen Weinbergprüfungen nicht häufig verwendet wird. *Kakovostno vino ZGP* ist gebräuchlicher für Qualitätsweine. Weine mit geschützter geografischer Angabe (g.g.A.) heißen *Deželno vino PGO* (Priznano geografsko oznako). Für Qualitätssüßweine sind folgende Begriffe in Gebrauch: *Pozna Trgatev* (Spätlese), *Izbor* (Auslese), *Jagodni Izbor* (Beerenauslese), *Suhi Jagodni Izbor* (Trockenbeerenauslese). (Zur Definition der Qualitätsprädikate siehe auch den Kasten im Kapitel Deutschland, S. 212.) *Ledeno vino* ist Eiswein, *Slamno vino* Strohwein von halb getrockneten Trauben und PENINA ein natürlicher Schaumwein.

Radgonske Gorice Pod sch ★→★★ Erzeuger der slowenischen Schaumwein-Bestseller Srebrna (silberner) PENINA, Zlata (goldener) Penina nach der klassischen Methode und des beliebten halbtrockenen TRAMINEC mit schwarzem Etikett.

Santomas Prim r w ★★→★★★ 09 12 13 14 – Das Weingut in ISTRIEN produziert einige der besten Refošk- und REFOŠK/CABERNET-SAUVIGNON-Weine des Landes, v. a. den Antonius von 60 Jahre alten Reben und den Verschnitt Grande Cuvée.

Ščurek Prim r w; s ★★→★★★ 11' 12 13 14 (15) – Guter, verlässlicher Erzeuger in BRDA mit sortenreinen Weinen (BV) von BELI PINOT, CHARDONNAY, REBULA und CABERNET FRANC sowie neuen Verschnitten namens Strune. Die besten Weine beruhen auf lokalen Sorten, v. a. Stara Brajda (rot und weiß), Pikolit, Kontra.

Simčič, Edi Prim r w ★★★→★★★★ **06 09** 10 11 12 13 – Perfektionist in BRDA; ein Superstar für Rotweine mit dem Duet Lex und der Fassauslese Kolos. Exzellente Weiße: SAUVIGNON BLANC, REBULA, MALVAZIJA, Triton Lex. Ausgezeichneter Einzellagen-CHARDONNAY Kozana.

Simičič, Marjan Prim r w; s ★★★→★★★★ **09** 10 11 12' 13 – Beeindruckende Weißweine, v. a. SIVI PINOT, SAUVIGNONASSE, REBULA, CHARDONNAY und SAUVIGNON BLANC Selekcija. Die Teodor-Verschnitte sind immer sehr gut. Eleganter MODRI PINOT. Bemerkenswerte Reihe von Einzellagenweinen namens Opoka, v. a. Sauvignon blanc und Rebula. Der süße Leonardo ist großartig.

Štajerska Pod – Große Weinregion im Osten, zu der die bedeutenden Bezirke LJUTOMER-ORMOŽ, Maribor und Haloze gehören. Knackige, raffinierte Weiße und erstklassige Süßweine. Beste Erzeuger (ohne eigenen Eintrag): Doppler, Gaube (Kaspar CHARDONNAY), Gross (FURMINT, SAUVIGNON BLANC Colles), Heaps Good Wine, Krainz (ŠIPON), M-vina (v.a. ExtremM Sauvignon blanc) Miro, Valdhuber, Zlati Grič (Konjiška PENINA).

Steyer Pod w; s; sch ★★ 11 12 13 14 15 – Spezialist für TRAMINER in ŠTAJERSKA: trocken, Schaumwein, mit Eichenausbau, süßer Vaneja.

Sutor Prim r w ★★★ **11'** – Ausgezeichneter Erzeuger in VIPAVA. Der CHARDONNAY ist einer der besten des Landes und altert ausgezeichnet. Sehr gut auch der SAUVIGNON BLANC, fein der MALVAZIJA, elegant der Rote auf MERLOT-Basis.

Tilia Prim r w ★★ 12 13 14 15 – Winzerehepaar aus VIPAVA. In der süffigen Reihe Sunshine lohnen sich v.a. der SAUVIGON BLANC und der PINOT GRIS, in der Premiumreihe Golden Tilia, v.a. der feine PINOT NOIR.

Verus Pod r w ★★★ **12' 13** 14 (15) – Feine, fokussierte, muntere Weiße, v.a. sehr guter FURMINT, knackiger SAUVIGNON BLANC, aromatischer PINOT GRIS und raffinierter RIESLING. Auch vielversprechender PINOT NOIR.

Vinakoper Prim r w ★→★★ 13 14 – Vielseitiger großer Erzeuger in ISTRIEN. Halten Sie sich an die jüngeren Weine, v.a. die Reihe Capris: MALVAZIJA, REFOŠK, MUSCAT (alle BV).

Vipava Prim – Aus dem für seine kühlen Brisen bekannten Tal in der Region PRIMORSKA kommen einige der besten Weine Sloweniens. Auch Name eines ehemaligen großen staatlichen Kellereibetriebs, Vipava 1894 (empfehlenswert: Prestige MALVAZIJA, PINELA, BARBERA, PINOT NOIR, sehr schöner süßer Pikolit 09). Sonstige empfohlene Erzeuger: BATIČ, Benčina (Pinot noir), BURJA, GUERILA, Frlanova (BARBERA), Jangus (SAUVIGNON BLANC), Lepa Vida (sehr guter MALVAZIJA, orangefarbener Wein namens oOo), Miška (Pinela), Mlečnik, Štokelj (Pinela), SUTOR, TILIA, Vina Krapež (exzellenter Lapor Belo).

Zanut Prim r w ★★ 12 13 14 – Familienkellerei in BRDA mit exzellentem SAUVIGNONASSE, intensivem SAUVIGNON BLANC und, in Spitzenjahrgängen, MERLOT Brjač von einer Einzellage.

Kroatien

Kroatien scheint gar keinen Exportmarkt zu benötigen: Sein Mosaik von etwa 200 Rebsorten und die Kleinteiligkeit der Erzeugerszene lassen kaum einen Überblick zu, doch der Verkauf an Touristen klappt, solange die Touristen tief in die Taschen greifen können. Etwa 40 dieser Rebsorten sind autochthon, was das Land zu einer Schatztruhe einzigartiger Weine macht, roter wie weißer, die mit Vergnügen erforscht werden können.

Agrokor r rs w ★→★★ 12 13 14 15 – Mischkonzern (von Eiscreme bis Supermärkte) mit etlichen Kellereien und über 30% Marktanteil. Beste Marken: Vina Laguna Festigia (sehr guter MALVAZIJA, MERLOT, Rosé, Terra, Rossa und roter Verschnitt Castello) und Vina Belje (v.a. Goldberg GRAŠEVINA und Premium-CHARDONNAY).

Arman, Franc r w ★★ 12 13 14 (15) – Familienkellerei in der sechsten Generation. Sehr gute, präzise Weiße, v.a. CHARDONNAY und klassischer MALVAZIJA, auch TERAN.

Babič Der ehemals seltene Rotwein von steinigen Terrassen an der Küste bei Šibenik wird jetzt in ganz Dalmatien wiederbelebt. Im Bestfall leicht und duftend.

Badel 1862 r w ★★ 12 13 14 (15) – Gruppe von Kellereien; die besten Weine sind der Korlat SYRAH und die Cuvée von der Kellerei Benkovac. Preisgünstige Reihe Duravar, v. a. SAUVIGNON BLANC und GRAŠEVINA. Guter PLAVAC und Ivan Dolac von PZ Svirče.

Benvenuti r w ★★ 12 13 14 15 – Familienbetrieb in ISTRIEN. Guter, frischer MALVAZIJA, komplexer Anno Domini (weiß), sehr guter TERAN, süßer Corona Grande.

BIBICh Dalm w ★★ 11 12 13 – Angesehener Erzeuger, bekannt für seinen Fokus auf lokale Sorten, v. a. die weiße Debit. Probieren Sie den Lučica von einer Einzellage und den süßen Ambra. Auch Rotweinverschnit R6 Riserva.

Bodren w; s ★★→★★★ 10 **11** (12) – Exzellente Süß- und Eisweine, u. a. von CHARDONNAY, TRAMINER, RIESLING und der Verschnitt Triptych.

Spitzenerzeuger in Istrien

Halbinsel in der nördlichen Adria. MALVAZIJA dominiert; gut auch für CABERNET SAUVIGNON, MERLOT und TERAN. Erzeuger: v. a. ARMAN FRANC, Banko Mario (v. a. Malvazija, MUSKAT Zuti), BENVENUTI, CATTUNAR, Clai (orange Weine, v. a. Sveti Jakov), CAPO, CORONICA, Cossetto (Malvazija Rustica, Mozaik), Degrassi (Muscat, Terre Bianche), Elio Fakin, GERZINIČ, KABOLA, KOZLOVIČ, MATOŠEVIČ, MENEGHETTI, Novacco, Peršurič (Kroatiens beste Schaumweine, v. a. Misal Millenium Brut), Pilato (Malvazija, PINOT BLANC), Radovan, ROXANICH, Sirotic, SAINTS HILLS, Tomaz (Avantgarde, Sesto Senso), TRAPAN, Zigante.

Bolfan rs w; tr ★★ 12 13 14 – Erzeuger bei Zagreb mit 20 ha Rebland, der Bio- und »Naturweine« produziert. Am besten sind der RIESLING und der PINOT NOIR Rosé.

Bura-Mrgudič Dalm r ★★→★★★ 09 10 (11) – Erstklassiger DINGAČ und POSTUP, mit die besten des Landes.

Capo r w ★★ 11 12' 13 – Qualitätsorientierter Erzeuger in Istrien. Empfehlenswert: SAUVIGNON BLANC Sagittarius, CABERNET FRANC Aries, roter Taurus.

Cattunar r w; tr ★★ 11 12 13 14 15 – Weingut auf einem Hügel mit guter Auswahl an MALVAZIJA-Weinen von vier verschiedenen Böden, v. a. White Soil und Black Soil. Sehr guter spät gelesener Collina.

Coronica r w ★★ 12 13 14 – Beachtliche Kellerei in Istrien, v. a. mit fassgereiftem Gran MALVAZIJA und dem Maßstäbe setzenden Gran TERAN.

Dalmatien (Dalmacija) Die Felsküste der kroatischen Adria mit ihrer wunderbaren Inselwelt südlich von Zadar. Idyllisches Klima.

Dingač Dalm **09'** 10 11' 12 – War 1961 die erste Qualitätsbezeichnung und ist heute eine geschützte Ursprungsbezeichnung auf der Halbinsel Pelješac im südlichen Dalmatien. Robuster, körperreicher PLAVAC MALI. Erzeuger: BURA-MRGUDIČ, Kiridžija, Lučič, Matuško, Madirazza, Milicic, SAINTS HILLS, Skaramuča, Vinarija Dingač.

Enjingi, Ivan w; s ★★ Wegweisender Erzeuger in SLAWONIEN. Sehr gute süße edelfaule und trockene Weißweine, v. a. GRAŠEVINA (Barriqueausbau) und Venje.

Galič r w ★★ 11 12 13 14 – Vielversprechender neuer Erzeuger in SLAWONIEN, vor allem mit GRAŠEVINA und rotem Verschnitt Crno (09).

Gerzinič r rs w ★★ 12 13 14 (15) – Brüder, die sehr guten TERAN, MALVAZIJA, Rosé und SYRAH erzeugen.

Grgič Dalm r w ★★→★★★ 09 10 – Der legendäre Erzeuger aus dem Napa Valley ist zu seinen kroatischen Wurzeln zurückgekehrt und produziert jetzt auf der Halbinsel Pelješac PLAVAC MALI und fülligen POŠIP. Leider haben Brände im Jahr 2015 schwere Schäden angerichtet.

Hvar Wunderschöne Insel mit den ältesten kontinuierlich kultivierten Weinbergen der Welt (unter UNESCO-Schutz). Bekannt für PLAVAC MALI, einschließlich der Lage Ivan Dolac. Gute Erzeuger: Carič, Plančič, ZLATAN OTOK, PZ Svirče, TOMIČ.

Ločki Podrumi r rs w ★★ ★★→★★★ 12 13 14' – Nun in Familienbesitz, angeblich Europas zweitälteste Kellerei, gegründet 1450. Hervorragender Premium-GRAŠEVINA, TRAMINAC und die Reihe Principovac.

Kabola r rs w ★★→★★★ 09 10 11 12 13 14 – Makelloses Weingut in Istrien. Sehr guter MALVAZIJA als Schaumwein, junger Wein, fassgereift und als Amfora-Version. Leckerer Rosé (BV); sehr guter TERAN.

Korta Katarina Dalm r w ★★★ **09** 11 12 13 – Moderne Weinbereitung auf Korcula. Exzellenter POŠIP und PLAVAC MALI, v. a. Reuben's Reserve.

Kozlovič r w ★★★ 11 12 13 14 15 – Maßstäbe setzender Malvazija in allen Spielarten, v. a. aufregender, komplexer Santa Lucia und Akacia. Auch süßer MUŠKAT Momjanski. Sehr guter roter Santa Lucia.

Krauthaker, Vlado r w; s ★★★ 10 **11** 12 13 14 – Spitzenerzeuger in KUTJEVO, v. a. CHARDONNAY Rosenberg, GRAŠEVINA Mitrovac und süßer Graševina Izborna Berba. Vielversprechender PINOT NOIR Selekcija.

Kutjevo Cellars w; tr s ★→★★ Erzeuger in der gleichnamigen Stadt – bekannt für guten GRAŠEVINA, v. a. Turkovič (12), und schönen TRAMINEC-Eiswein (11).

Maraština Synonym für den an der Küste verbreiteten MALVAZIJA; oft angenehm erfrischend.

Matošević r w ★★ 11 12 13 14 15 – Mustergültiger MALVAZIJA, v. a. Alba Antiqua (09). Sehr guter roter und weißer Grimalda.

Meneghetti r w ★★ 10 11 – Geschmeidige Verschnitte (rot und weiß) sowie feiner, präziser MALVAZIJA.

Miloš, Frano Dalm r; s ★★ 06 09 – Machte sich einen Namen mit dem kraftvollen Stagnum, zugänglicher ist jedoch der PLAVAC.

Postup Dalm – Berühmte Weinberglage nordwestlich von DINGAČ. Körperreiche, füllige Rotweine von PLAVAC MALI. Bekannte Erzeuger sind Donja Banda, Miličič, Marija Mrgudič und Vinarija Dingač.

Prošek Dalm – Historischer Süßwein von getrockneten Trauben in DALMATIEN. Die älteste Flasche trägt das Datum 1888. Die EU sorgt sich um eine mögliche Verwechslung mit dem italienischen Prosecco, doch Kroatien hat Berufung eingelegt. Gute Versionen sind der Hectorovich von TOMIČ, erzeugt aus den Sorten Bogdanuša, Maraština und Prč, sowie der STINA (PLAVAC MALI und POŠIP).

Roxanich r w ★★→★★★ **07** 08 09 – Naturweinerzeuger mit kraftvollen, verführerischen bernsteinfarbenen Weinen (MALVAZIJA Antica, Ines U Bijelom) und beeindruckend komplexen Roten, v. a. TERAN Ré, SuperIstrian Cuvée und MERLOT.

Saints Hills Dalm r w ★★→★★★ 09 10 11 12 – Drei Weinberge und zwei Kellereien; Michel Rolland berät. Sehr guter Nevina MALVAZIJA/CHARDONNAY aus Istrien, üppig-fruchtiger PLAVAC MALI St. Roko, ernst zu nehmender DINGAČ.

Slawonien Region in Nordkroatien; berühmt für ihr Eichenholz und für Weißweine, v. a. von GRAŠEVINA. Inzwischen gibt es auch gute Rote, v. a. PINOT NOIR. Erzeuger: u. a. Adzič, Bartolovič, Belje, ENJINGI, GALIČ, KRAUTHAKER, Mihalj, Zdjelarevič.

Stina Dalm r rs w ★★ 10 11 12 13 (14) – Von den sehr steilen Weinbergen auf der Insel Brač kommen sehr guter POŠIP und PLAVAC MALI, v. a. mit dem Etikett Majstor. Auch guter Crljenak (alias ZINFANDEL), Opol Rosé, PROŠEK.

Suha Punta Dalm r rs ★★→★★★ 09' 11 (12) – Die kleine, aufregende Kellerei bei Primošten erzeugt von steinigen Lagen an der Küste den besten Babič des Landes. Prof. Leo Gracin ist Miteigentümer.

Tomac r w; sch ★★ Weingut bei Zagreb mit 200-jähriger Geschichte. Berühmt für Schaumwein und die wegweisenden Amfora-Weine.

Tomič Dalm r w ★★ 09 10 11 12 – Charakterkopf auf der Insel HVAR mit neuem, ökologisch bewirtschaftetem PLAVAC-MALI-Weinberg. Gute Rote, v.a. Plavac Barrique; auch PROŠEK Hectorovich.

Opol – der Sommerwein

Roséwein ist der neue Renner in DALMATIEN, oft vermarktet unter dem Namen Opol. Zum Urlaub in Sommerhitze passt er besser als die schweren Roten der Region. Empfehlenswerte Erzeuger: MILOŠ, SAINTS HILLS, Senjkovič, STINA, SUHA PUNTA.

Trapan, Bruno r w ★★ 12 13 14 – Dynamischer junger Erzeuger. Probieren Sie den MALVAZIJA, u.a. den gereiften Uroboros und den frischen Ponente (BV). Auch geschmeidiger moderner Terra Mare TERAN und roter Revolution.

Zlatan Otok Dalm r w ★★→★★★ 09 10 – Familienweingut auf der Insel HVAR; Weinberge auch in Makarska. Berühmt für mächtige Rotweine, insbesondere den Zlatan PLAVAC Grand Cru. Interessant sind auch die leichter zugänglichen Plavac Šibenik, BABIČ und der gute POŠIP (14).

Bosnien-Herzegowina, Mazedonien, Serbien, Montenegro

Die Balkanländer im Blick zu behalten lohnt sich immer, beim Wein wie bei allen anderen Dingen, doch dranzubleiben ist nicht leicht – geschweige denn, einen Überblick zu gewinnen. Dies ist eindeutig ein Gebiet für lokale Studien.

Bosnien-Herzegowina hat 3.500 ha Rebland und 46 kommerziell arbeitende Kellereien. In den Weinbergen stehen hauptsächlich lokale Sorten, v.a. die weiße Žilavka und die rote Blatina mit Pflaumenaroma (Erzeuger: Hercegovina Produkt, Crnjac & Zadro, Nuič, Škegro, Vukoje und Tvrdoš).

Mazedonien (das aufgrund der anhaltenden Namensstreitigkeiten mit Griechenland auch FYROM = Former Yugoslav Republic of Macedonia genannt wird) ist weiterhin sehr vom Export billiger Fassweine abhängig, trotz der Bemühungen, die Qualität zu steigern und sich mehr auf Flaschenweine zu konzentrieren. Von 80 eingetragenen Kellereien sind nur etwa 40 noch wirklich im Geschäft oder überlebensfähig, und viele der kleineren Neugründungen haben es nicht geschafft, einen Markt für ihre Weine zu finden. Erstaunlicherweise investieren die größeren Betriebe dennoch in Qualität und üben ihre wirtschaftliche Macht aus, um ihre Börsennotierungen zu sichern. Der Gigant Tikveš leistet sich einen in Frankreich ausgebildeten Kellermeister und verschiedene wissenschaftliche Forschungsprojekte. Beeindruckend sind seine Einzellagenweine Bela Voda und Barovo, gut sind die Reihen Special Selection (v.a. Vranec, GRENACHE BLANC, Temjanika) und Domaine Lepovo (CHARDONNAY, PINOT NOIR). Stobi verwendet nur Trauben von den

600 ha eigenen Lagen und überzeugt mit Vranec Veritas, rotem Aminta, Žilavka, Chardonnay, verfeinertem PETIT VERDOT und schönem SYRAH. Château Kamnik ist die führende Boutiquekellerei mit gutem CARMENÈRE, Syrah Ten Barrels, Vranec Terroir, Temjanika Premium. Weitere interessante Kellereien: Skovin (Markov Manastir Vranec, Temjanika), Ezimit (PLAVAC MALI, Vranec), Popova Kula (Stanušina in drei Versionen), Popov (MALVASIA, PINOT GRIS, Cuvée).

Montenegro hat nun den Status eines EU-Kandidaten. Seine 4.500 ha Weinberge teilen sich auf in das Küstengebiet und in das Becken des Skutari-Sees (Skadarsko jezero). Die Firma 13. Jul Plantaže ist ein Großproduzent mit 2.310 ha – tatsächlich einer der größten Weinberge Europas, doch die Weine sind recht gut (z. B. Procorde Vranac, Vranac Barrique). Halten Sie auch Ausschau nach dem respektablen Vranac aus der winzigen Kellerei Sjekloča.

Serbien ist mit 21.201 ha bewirtschaftetem Rebland (2014) der größte Produzent. Seine Weinrevolution gewinnt weiter an Dynamik; nicht nur die Zahl der Kellereien steigt, sondern auch der Pro-Kopf-Verbrauch und das lokale Interesse an Qualitätswein. Die Fortschritte hin zu einer EU-Mitgliedschaft haben dem Land Zugang zu Mitteln aus dem IPARD-Programm verschafft, darum könnte noch mehr zu erwarten sein, wenn das Potenzial der serbischen Terroirs ausgeschöpft wird. Empfehlenswerte Erzeuger: Aleksandrovič (Trijumf, Triumf Noir, Schaumwein, Barrique und Rodoslav), Aleksič (Amanet), Bogdan (SAUVIGNON BLANC, Rosé Sec, Cuvée No.1), Budimir (Triada, Svb Rossa), Despotika (Morava, Dokaz), Ivanovič (Prokupac), Janko (Zavet, Misija), Kovačevič (CHARDONNAY, Aurelius), Matalj (Kremen CABERNET SAUVIGNON, Kremen Kamen), Radovanovič (Cabernet Reserve),Temet (Ergo, Dobra Godina).

Tschechische Republik

Der böhmische und mährische Wein hat eine lange Geschichte, aber kaum echte Champions. Zwei Weinregionen gibt es in der Tschechischen Republik: Böhmen und das zwanzigmal so große Mähren. Von einer Gesamtrebfläche von 17.400 ha werden 520.000 hl Wein erzeugt, zwei Drittel davon weiß. Doch das macht nicht einmal die Hälfte des Pro-Kopf-Verbrauchs von 21 Litern im Jahr aus – was angesichts der patriotischen Einstellung der Weinkonsumenten die Erzeuger in eine äußerst vorteilhafte Lage versetzt. Schnäppchen sind deshalb rar. Führende Kraft auf dem Markt ist die gigantische Bohemia Sekt Group mit Sitz nahe der Bierstadt Pilsen (Böhmen), der auch mehrere Kellereien von beachtlicher Größe in Mähren gehören. Die nächstgrößeren Erzeuger sind Vinselekt Michlovský, Znovín Znojmo, Vinné Sklepy Valtice (Château Valtice) und Templářské Sklepy (Templerkeller), die einzige verbliebene Genossenschaft des Landes (alle in Mähren).

Baloun, Radomil Mäh ★→★★ Einer der ersten Erzeuger, der 1990 privatisiert wurde. Investiert jetzt mit eigenem (nicht EU-)Geld, um zwei marode ehemalige Genossenschaften stilvoll zu modernisieren.

Dobrá Vinice Mäh ★★★ Vom slowenischen Erzeuger Aleš Kristančič inspirierter Einzelgänger. Mit Sicherheit die besten Weißweine des Landes.

Dufek, Josef ★★ Dynamische moderne Familienkellerei, die eine jahrhundertealte Tradition für sich in Anspruch nimmt und über 30 Rebsorten ökologisch anbaut.

Dva Duby Mäh ★★★ Überzeugter »Terroirist« der auf 4 ha BLAUFRÄNKISCH nach ökologischen Prinzipien anbaut.

Lobkowicz, Bettina Bö ★→★★★ Hervorragender PINOT NOIR und Schaumweine nach der klassischen Methode: RIESLING, Pinot noir Blanc de Noirs, Cuvée CHARDONNAY/PINOT BLANC/PINOT GRIS.

Stapleton & Springer Mäh ★★ Gemeinschaftsunternehmen des Weinmachers Jaroslav Springer mit dem ehemaligen US-Botschfter Craig Stapleton und dessen Bruder Benjamin. Nur vier Sorten, Schwerpunkt auf PINOT NOIR.

Stávek, Richard ★→★★★ Spezialist für »Naturweine«. Einige Spitzenrestaurants führen seinen orangefarbenen Wein von der Lage Veselý.

Tanzberg Mäh ★★ Guter WELSCHRIESLING und PINOT NOIR aus dem Pálava-Hügelland. Auch preisgekrönte Schaumweine.

Žernoseky Bö ★★ Bester RIESLING, PINOT BLANC und MUSCAT von einem großartigen Terroir im Elbtal.

Slowakische Republik

Die sechs Weinregionen der Slowakei beginnen bei Bratislava an der Donau, verlaufen dann weiter entlang den Ausläufern des Tatra-Gebirges zur Südgrenze bis in die kleine, 350 km östliche gelegene Region Tokajská (Tokaj), die an den berühmteren ungarischen Bruder angrenzt. Klassische zentraleuropäische Sorten dominieren neben internationalen Trauben. Nach einem drastischen Rückgang in den 1990er-Jahren hat sich die Rebfläche bei etwa 20.000 ha stabilisiert. Wie in der Tschechischen Republik ist von Krise hier nicht viel zu spüren. Viel Geld fließt in schicke neue Kellereien wie Elesko (Modra, Kleine Karpaten), ein im östlichen Mitteleuropa konkurrenzlos großer Betrieb mit Restaurant, Kunstgalerie (Warhol-Originale) und viel ausländischem Geld. Weitere beachtenswerte Erzeuger sind: Château Belá (Mužla, Südslowakei), an dem Egon Müller vom Scharzhof (Mosel) beteiligt ist, Karpatská Perla (Šenkvice), Víno Matyšák (Pezinok), Malík & Sons (Modra), Purus (Modra), Víno Miro Dudo (Modra), Château Modra (alle Kleine Karpaten), Movino und Vino Natural Domin & Kušický (beide Vel'ký Krtíš, Zentralslowakei) sowie J.J. Ostrožovič (Vel'ká Tŕňa, Tokaj). Größter Weinerzeuger des Landes ist Vinárske závody Topol'čianky, größter Sektproduzent Hubert J.E. (im Besitz von Henkell).

Rumänien

Was Weinkultur und -geschichte angeht, erinnert Rumänien an Italien vor 50 Jahren: alt, riesig (Europas sechstgrößter Erzeuger), desorganisiert und stark auf den kleinsten gemeinsamen Nenner ausgerichtet, aber mit großem Qualitätspotenzial und ehrgeizigen Erzeugern – tatsächlich ein Land mit zwei Geschwindigkeiten. Eine Fülle kleinerer, dynamischer, qualitätsorientierter Güter ist in der letzten Zeit aufgetaucht, doch der lokale Markt wird immer noch von Großbetrieben beherrscht, die in wirtschaftlichen Schwierigkeiten stecken und sich für Qualität meist nicht besonders interessieren. Die Exportziffern steigen jedoch, basierend auf Pinot noir und Pinot grigio mit gutem Preis-Leistungs-Verhältnis, aber auch aufgrund eines wachsenden globalen Interesses an den wichtigsten einheimischen Trauben wie Fetească (albă, regală und neagră) sowie an Raritäten wie Novac und Negru de Drăgășani. Wie in vielen Teilen Osteuropas war 2014 entsetzlich nass – es gibt ordentliche einfache frische Weiße und Rosés, doch Rotweine wurden fast gar nicht erzeugt.

Alira Estate Dob r rs ★★ 10 11 – Geführt vom selben Team, das auch den bulgarischen Erzeuger Bessa Valley betreibt. Guter Rosé (14) und reichhaltige Rote, v. a. Red Cliff, CABERNET SAUVIGNON und Alira Cuvée.

Avincis Munt r w ★→★★ 11' 12 13 15 – Familienbetrieb in DRĂGĂŠANI mit talentiertem jungem elsässischem Kellermeister. Probieren Sie die rote

Cuvee Andréi, die hübsche Cuvée Amelie und den PINOT GRIS/FETEASCĂ REGALĂ.

Banat Weinregion im Westen. Hauptproduzent ist CRAMELE RECAŞ, interessant auch das Gut PETRO VASELO in italienischem Besitz.

Budureasca Munt r w ★→★★ 11 12 13 14 – 300-ha-Gut in DEALU MARE mit britischem Kellermeister. Beständige Qualität bei den Etiketten Budureasca (Mittelklasse, v. a. SHIRAZ, FETEASCĂ NEAGRĂ) und Origini (Spitzenmarke, v. a. CABERNET SAUVIGNON).

Corcova Munt r w ★→★★ 13 14 (15) – Renovierte Krondomäne mit Weinbergen aus dem 19. Jahrhundert; französischer Kellermeister. Empfehlenswert: Fetească NEAGRĂ, CHARDONNAY Reserve.

Cotnari Mold – DOC-Region in der Moldau, historisch für Süßweine bekannt. Heute entstehen jedoch meist trockene bis liebliche Stile von den Sorten GRASĂ, FETEASCĂ ALBĂ, TĂMÂIOASĂ und Frâncusă. Wichtigster Erzeuger: Cotnari Winery (★) mit 1.200 ha Rebland. Alte süße Sammlerweine können langlebig und eindrucksvoll sein.

Crama Girboiu Mold r w ★→★★ 200 ha im erdbebengefährdeten Vrancea, daher Etiketten wie Tectonic (v. a. Sarba, FETEASCĂ NEAGRĂ) und Epicentrum (Verschnitte). Der einzige Winzer, der die seltene Sorte Plavaie anbaut und unter der Marke Livia (BV) und im neuen Cuartz brut verkeltert.

Crama Oprisor Munt r w ★★→★★★ 11 12 13 15 – Erzeuger im äußersten Südwesten. Am besten sind die Rotweine, etwa der aufregende Crama Oprisor CABERNET SAUVIGNON, der rote Verschnitt Smerenie und die Spitzencuvée Ispita. Verlässliche Reihe La Cetate (v. a. FETEASCĂ NEAGRĂ).

Cramele Recaş Banat r w ★★→★★★ 11 12 13 14 15 – In dem großen (900 ha), progressiven Gut arbeiten seit Langem ein australischer und ein spanischer Kellermeister. Sehr gutes Preis-Leistungs-Verhältnis bei den Sortenweinen unter den Etiketten I heart, Frunza, Castel Huniade und Terra Dacica. Mittlere Lage: Sole, La Putere. Exzellent sind die Premiumweine, v. a. Solo Quinta (Weißweinverschnitt) die Selene-Rotweine und Cuvée Uberland.

Crişana und Maramures Region im Nordwesten, zu der auch die DOC Minis gehört. Balla Géza ist der bekannteste Erzeuger (gute Reihe Stone Wine seit 2011), neu der Schaumweinproduzent Carastelec (mit dem Etikett Vinca).

Davino Munt r w ★★★ r **09'** 11 12 13 14; w 15 – Spitzenerzeuger mit 68 ha in DEALU MARE. Fokus auf Verschnitte für sehr guten Domaine Ceptura, großartigen Flamboyant und Rezerva (**09**). Die neuen Reihen bringen lokale Trauben reinsortig: Plai auf Einsteigerniveau und die sehr guten Monogram-Weine für komplexeren FETEASCĂ NEAGRĂ und ALBĂ.

Dealu Mare/Dealul Mare Munt »Der große Berg«. Historisches Qualitätsweinbaugebiet und DOC an Südhängen in MUNTENIEN. Heimat vielversprechender neuer Boutiquekellereien: Lacerta, Rotenberg (MERLOT, v. a. Menestrel, Notorius), Crama Basilescu (Merlot, FETEASCĂ NEAGRĂ).

Dobrogea (Dobrudscha) Sonnige, trockene Schwarzmeerregion. Enthält die DOCs MURFATLAR, Babadag und Sarica Niculitel. Historisch berühmt für süßen Spätlese-CHARDONNAY, heute auch für körperreiche Rote.

Domeniile Sahateni Munt r w ★→★★ 11 12 13 – Weingut mit 70 ha in DEALU MARE. Empfehlenswert: Anima Fete Negre 3 und Artisan TĂMÂIOASĂ.

Domeniul Coroanei Segarcea Munt r w ★★ Historische Krondomäne. Am besten sind die Weißweine, u. a. von FETEASCĂ ALBĂ und TĂMÂIOASĂ (auch guter lieblicher Rosé). Auffallende Etiketten tragen v. a. die Reihen Vardo (neu) und Minima Moralia.

Mittel- und Südosteuropa

Drăgășani Munt – Dynamische Weinregion am Fluss Olt. Angeführt hat die Wiederbelebung PRINCE ȘTIRBEY, jetzt sind auch AVINCIS, Negrini, Isarescu, Via Sandu und neuerdings auch Bauer dabei. Gut für aromatische frische Weißweine, v. a. die lokale Crâmposie selectionată, TĂMÂIOASĂ und frischer SAUVIGNON BLANC. Unverwechselbare Rotweine aus lokalen Trauben: Novac, Negru de Drăgășani.

Halewood Romania Munt r rs w ★→★★ 12 13 14 15 – Die gewiefte Kellermeisterin steigert weiterhin die Qualität in diesem Unternehmen in britischem Besitz. Beste Weine: die Hyperion-Rotweine, Kronos PINOT NOIR und Theia CHARDONNAY. Auch sehr gut sind die Einzellagenselektionen: La Catina Pinot noir, FETEASCĂ NEAGRĂ und Scurta VIOGNIER/TĂMÂIOASĂ. La Umbra ist eine preisgünstige kommerzielle Reihe.

DOC

Denumire de Origine Controlată ist der rumänische Ausdruck für geschützte Ursprungsbezeichnung (g.U.). Unterkategorien sind etwa DOC-CMD für Weine aus vollreif gelesenen Trauben, DOC-CT für Spätlesen und DOC-CIB Weine von edelfaulen Trauben. *Vin cu Indicatie Geografica* oder kurz IG ist das Äquivalent zur g.g.A.

Jidvei Siebenbürgen w ★→★★ Rumäniens größter Weinbaubetrieb mit 2.460 ha in der Unterregion Jldvei in SIEBENBÜRGEN. Neue Kellerei seit 2014. Am besten ist die Reihe Owner's Choice von Berater Marc Dworkin (auch bei Bessa Valley in Bulgarien), v. a. FETEASCĂ ALBĂ Maria, Mysterium TRAMINER/SAUVIGNON BLANC und CHARDONNAY Ana.

Lacerta Munt r w ★★ 12 13 (15) – Auf Qualität ausgerichtetes Gut in DEALU MARE, das nach einer lokalen Eidechsenart benannt ist. Empfehlenswert: rote Cuvée IX und weiße Cuvée X, SHIRAZ.

Liliac Siebenbürgen r rs w ★★→★★★ 13' 14 15 – Sehr guter Erzeuger in österreichischem Besitz; der Name bedeutet »Fledermaus«. Anmutige frische Weißweine, v. a. FETEASCĂ REGALĂ, FETEASCĂ ALBĂ und köstlich süßer Nectar. Ausgezeichneter roter und rosé PINOT NOIR, verführerischer organgefarbener CHARDONNAY (14).

Moldau (Moldova) Die größte Weinregion des Landes liegt nordöstlich der Karpaten an der Grenze zu Moldawien und umfasst u. a. die DOC-Gebiete Bohotin, COTNARI, Huși, Iași, Odobești, Cotești, Nicorești.

Muntenien und Oltenien Große Weinregion im Süden mit den DOC-Gebieten DEALU MARE, Dealurile Olteniei, DRĂGĂȘANI, Pietroasa, Sâmburești, Ștefănești und Vânju Mare.

Murfatlar Winery Dob r w ★→★★ Bedeutender Produzent für den Inlandsmarkt mit 3.000 ha in der Region Murfatlar; am besten ist die Marke Trei Hectare. Von der Boutiquekellerei M1 Crama Atelier mit dem Kellermeister Răzvan Macici (Nederburg, siehe Südafrika), kommen die Marken Arezan, Leat 6500 und Sable Noble.

Petro Vaselo Banat r rs w ★★ 11 12 13 14 15 – Italienische Investition im BANAT; stellt gerade auf Bioweinbau um. Guter Schaumwein Bendis, Melgris FETEASCĂ NEAGRĂ, Maletine CHARDONNAY, roter Ovas.

Prince Știrbey Munt r rs w; sch ★★→★★★ 12 13 14 15 – Pioniergut in DRĂGĂȘANI. Sehr gute trockene Weißweine, v. a. von der lokalen Crâmposie selectionată, SAUVIGNON BLANC, FETEASCĂ NEAGRĂ und TĂMÂIOASĂ ROMÂNEASCĂ. Empfehlenswerte lokale rote Sorten (Novac und Negru de Drăgășani); guter Schaumwein mit Flaschengärung.

Senator Mold r w ★ 850 ha in vier Regionen. Die Reihen Monser und Glia (v. a. Sarba, Babească neagră) bringen rumänische Trauben, Omnia ist die Biomarke, Varius setzt auf internationale Sorten.

S.E.R.V.E. Munt r rs w ★★→★★★ **11** 12 13 15 – Der Pionierbetrieb in DEALU MARE wurde von dem 2011 verstorbenen (und schmerzlich vermissten) korsischen Grafen Guy de Poix gegründet, zu dessen Ehren die neue Cuvée Guy de Poix (100 % FETEASCĂ NEAGRĂ) herausgebracht wurde. Verlässliche Einsteigerweine unter dem Etikett Vinul Cavalerului, exzellent die Reihe Terra Romana. Cuvée Charlotte (11) ist als Maßstab für rote Qualitätsweine wieder in Form.

Siebenbürgen Kühle Hochebene in der Mitte Rumäniens. Meist Weißweine mit guter Säure.

Villa Vinea Siebenbürgen r w ★★ 12 13 – Junger Erzeugerbetrieb in italienischem Besitz. Gute Weiße, v. a. GEWÜRZTRAMINER, SAUVIGNON BLANC und FETEASCĂ REGALĂ sowie Rotweinverschnitt Rubin (nicht von der gleichnamigen bulgarischen Traube gekeltert).

Vinarte Munt r w ★★ 11 12 13 – Unternehmen unter italienischer Führung, zu dem drei Weingüter gehören: Villa Zorilor in DEALU MARE, Castel Bolovanu in DRĂGĂŞANI und Terase Danubiane in Vânju Mare. Beste Weine: Soare CABERNET SAUVIGNON und Prince Matei MERLOT.

Vincon Vrancea Mold r w; tr s ★ Auf den Inlandsmarkt konzentrierter Großerzeuger mit 1.500 ha in Vrancea.

Viile Metamorfosis Munt r w ★★ **09** 12 13 (15) – Zu Antinori (Italien) gehörendes Weingut in DEALU MARE. Spitzenwein: Cantvs Primvs CABERNET SAUVIGNON (**09**) und neuer FETEASCĂ NEAGRĂ (12). Sehr guter Via Marchizului Negru de Drăgăşani (13') und gute Reihe Metamorfosis.

Malta

Malta und Gozo haben etwas über 300 ha Weinberge, meist im Besitz von Winzern, die ihre Ernte an die großen Kellereien verkaufen, u. a. an Marsovin, Delicata und die zu Antinori gehördende Meridiana. Zusätzlich werden Weine aus italienischen Importtrauben erzeugt. Wenn Sie etwas typisch Maltesisches möchten,dann achten Sie auf die lokalen Sorten Gellewza (leichte Rote, auch passable Schaumweine) und die weiße Girgentina, die oft zusammen mit CHARDONNAY zu saftig-vollfruchtigen Weinen verkeltert wird. Der am höchsten gehandelte Wein Maltas ist der Grand Maître von Marsovin, ein in Eiche ausgebauter Verschnitt aus CABERNET SAUVIGNON und Cabernet franc – teuer, aber das viele Geld nicht wirklich wert. Es gibt auch eine Handvoll Boutiquekellereien, manche sind rustikal, während andere, etwa San Niklaw, beste Qualität hervorbringen, wenn auch nur in sehr begrenzten Mengen. Der VERMENTINO, SANGIOVESE und SYRAH von San Niklaw sind wirklich bemerkenswert.

Griechenland

Angesichts all seiner politischen und finanziellen Schwierigkeiten scheint es in Griechenland alles andere als eine Erfolgsstory zu geben. Doch tatsächlich kommt das Wort »Triumph« der Wahrheit näher. In der Welt des Weins ist Griechenland in weniger als einem Jahrzehnt wie aus dem Nichts zum Star geworden. Was den griechischen Wein auszeichnet, und zwar immer mehr, sind seine einheimischen Rebsorten. Griechische Erzeuger bereiten hervorragende Weine von internationalen Sorten, viele davon für den lokalen Markt, doch der autochthone (ein passendes Wort!) Teil ihres Portfolios setzt sich mehr und mehr durch. Etwa 50 einheimische Sorten werden heute verbreitet angebaut, und noch einmal so viele stehen nur bei einzelnen Winzern im Weinberg. Immer mehr Trauben werden von Jahrgang zu Jahrgang wiederentdeckt.

Die folgenden Abkürzungen werden im Text verwendet:

Äg	Ägäische Inseln	**Pelop**	Peloponnes
Ion	Ionische Inseln	**Thess**	Thessalien
Mak	Makedonien		

Alpha Estate Mak ★★★ Eindrucksvolles, hochgelobtes Weingut in AMYNDEO. Exzellenter Verschnitt von MERLOT/SYRAH/XINOMAVRO, exotischer MALAGOUSIA und ungefilterter XINOMAVRO Reserve von alten wurzelechten Reben – eine der feinsten, aber auch dichtesten Erscheinungsformen dieser Sorte.

Amyndeo Mak (POP) – In Griechenlands kühlster Appellation dominiert XINOMAVRO. Frische Rote und hervorragende Rosés, sowohl still als auch schäumend.

Antonopoulos Pelop ★★★ In Patras ansässiger Erzeuger: erstklassiger MANTINIA, kräuterwürziger MALAGOUSIA (weiß), Anax CHARDONNAY im Burgunderstil und Nea Dris auf CABERNET-SAUVIGNON-Basis.

Argyros Äg ★★★★ Spitzenerzeuger auf SANTORINI mit beispielhaftem VINSANTO, der 20 Jahre im Fass reift (★★★★). Der aufregende weiße KTIMA ist ein Jahrzehnt haltbar. Eine elegantere Eichennote zeigt inzwischen der weiße Vareli. 15 und mehr Jahre hält sich der seltene würzige MAVROTRAGANO (rot).

Avantis Mittelgriechenland ★★★ Boutiquekellerei in Evia, auch mit Weinbergen in Böotien. SYRAH-Spezialist mit exquisitem Aghios Chronos Syrah/VIOGNIER, pikantem SAUVIGNON BLANC, reichhaltigem MALAGOUSIA. Spitzenwein ist der teure Syrah Collection im Rhône-Stil (**03 04 05 06 07** 08 09).

Biblia Chora Mak ★★★ Vereint Spitzenklasse mit wirtschaftlichem Erfolg. Pikanter SAUVIGNON BLANC/ASSYRTIKO. Der Ovilos CABERNET SAUVIGNON ist umwerfend. Der weiße Ovilos (Assyrtiko/SÉMILLON) könnte erstklassigem weißem Bordeaux, der dreimal so teuer ist, Konkurrenz machen. Schwestergut von GEROVASSILIOU.

Boutari, J. & Sohn ★→★★★ Erzeuger mit langer Tradition, tätig in vielen Regionen, doch der Stammsitz ist in NAOUSSA. Ausgezeichnetes Preis-Leistungs-Verhältnis, v.a. für den Jahrzehnte haltbaren Grande Reserve Naoussa. Auch sehr beliebter MOSCHOFILERO. Spitzenweine sind außerdem: Oropedio MOSCHOFILERO, SANTORINI Kallisti Reserve (Eichennote), 1879 Legacy Naoussa.

Carras, Domaine Mak ★→★★ Historisches Gut auf der Chalkidike mit eigener POP für Rot- und Weißweine (Côtes de Meliton). Weine: Chateau Carras (**01 03 04 05 06 07** 08), anspruchsvoller SYRAH und blumiger MALAGOUSIA; das beste Preis-Leistungs-Verhältnis aber hat vielleicht der rote Limnio.

Dalamaras ★★★ Großartiger Erzeuger in NAOUSSA. Geringe Mengen, aber greifen Sie zu, wenn sich die Gelegenheit bietet.

Dougos Mittelgriechenland ★★★ Exzellentes Angebot in allen Stilen, u. a. der an einen Châteauneuf erinnernde Methymon, doch der Star ist der Rapsani, v. a. der Old Vines (alte Reben).

Driopi Pelop ★★★ – Betrieb von TSELEPOS in NEMEA. Spitzenwein ist der Reserve von einer Einzellage (**06 07 08 09** 10 11), aber probieren Sie auch den Driopi Rosé, der an einen Tavel erinnert.

Economou Kreta ★★★ Einer der großen Wein-Kunsthandwerker Griechenlands bereitet den brillanten, aber schwer aufzutreibenden roten Sitia. Erinnert an Burgunder, ist aber ein echter Grieche.

Griechische Appellationen

Im Einklang mit den anderen EU-Staaten ändert Griechenland seine Etikettbegriffe. Die Qualitätskategorien OPAP und OPE werden in der neuen Bezeichnung POP (geschützte Ursprungsbezeichnung) zusammengefasst. Die bisher als TO bekannten Regionalweine heißen nun PGE (geschützte geografische Angabe).

Gaia Äg, Pelop ★★★ Spitzenerzeuger in NEMEA und auf SANTORINI. Großartiger Thalassitis Santorini (v. a. der Submerged) und revolutionärer, elegant eichentöniger mit Wildhefen vergorener Assyrtiko. Der Spitzenwein Gaia Estate (**01 03 04 05 06 07 08** 09 10 11 12) gewinnt mit jedem Jahrgang an Eleganz. Außerdem umwerfender roter »S« (AGIORGITIKO mit einem Schuss SYRAH).

Gentilini Ion ★★→★★★ Führender Erzeuger auf Kefallonia, u. a. mit stahligem Robola. Wunderbarer, aber seltener trockener MAVRODAPHNE Eclipse (rot), seriöser SYRAH.

Gerovassiliou Mak ★★★ Für viele der führende Erzeuger in Sachen Qualität. Von hier kommt der originale ASSYRTIKO/MALAGOUSIA und ein erstklassiger Malagousia mit Eichennote. Spitzenrotweine: Avaton (**06 07 08 09** 10 11 12) von einheimischen Sorten, SYRAH (**04 05 06 07 08** 09 10 11).

Goumenissa Mak POP ★→★★ Appellation für Rotweine von XINOMAVRO und Negoska, leichter als NAOUSSA. Erzeuger: v. a. Chatzyvaritis (★★★), Aidarinis (Einzellagenweine ★★★), BOUTARI (Filiria).

Hatzidakis Äg ★★★ Erzeuger der Spitzenklasse, der die Appellation SANTORINI mit seinem hervorragenden Angebot neu definiert. Die ASSYRTIKO-Weine Nihteri, Mylos und Louros (★★★★) können jahrzehntelang altern. Flirtet derzeit mit der »Naturwein«-Bewegung, aber auf überzeugende Weise.

Helios Pelop – Gemeinsamer Name für die Weine von Semeli, Nassiakos und Oreinos Helios; durch die Bank gutes Preis-Leistungs-Verhältnis. Spitzenwein: Nassiakos MANTINIA.

Karydas Mak ★★★ Winziges Familiengut mit großartigem Weinberg in NAOUSSA, das klassischen, kompakten, aber immer verfeinerten und edlen XINOMAVRO erzeugt. Seltener Karydas KTIMA mit einem kleinen Anteil CABERNET SAUVIGNON.

Katogi-Strofilia Attika, Pelop ★★→★★★ Am Beginn stand das Weingut Katogi im Epirus mit dem ersten griechischen Kultwein. Spitzenweine heute: KTIMA Averoff (aus dem ursprünglichen Katogi CABERNET-SAUVIGNON-Weinberg) und die Reihe Rossiu di Munte aus Höhenlagen von über 1.000 m. Charmanter Strofilia (weiß), blumiger MALAGOUSIA.

Katsaros Thess ★★★ **03** **04 05 06** **07** 08 09 – Kleiner Erzeuger am Olymp. Der KTIMA (CABERNET SAUVIGNON/MERLOT) ist ein griechischer Klassiker. Der straffe XINOMAVRO Valos (13) ist das neueste, sehr vielversprechende Etikett.

Einkaufsliste für Malagousia

MALAGOUSIA ist derzeit die schickste griechische Traube: weiß, straff und mit Tiefe. Meine Empfehlungen: AVANTIS (Evia, Mittelgriechenland – exotisch, tiefgründig), Karamitros Drios (Atalanti, Mittelgriechenland – Eichennote, perfekt ausgewogen), GEROVASSILIOU (Epanomi, Makedonien – für viele das beste Exemplar in ganz Griechenland), Papagiannakos Kalogeri (Attika – exzellent, nahe Athen), Matsa (Attika – Kräuternote), Zafirakis Palaiomilos (Tyrnavos, Mittelgriechenland – präziser, mustergültiger Stil).

Kefallonia Ion – Große Insel im Ionischen Meer mit drei Appellationen: knackiger ROBOLA (weiß), seltener MUSCAT (weiß, süß) und exzellenter MAVRODAPHNE (rot, süß). Ein Besuch ist Pflicht.

Kir-Yianni Mak ★★→★★★ Weinberge in NAOUSSA und AMYNDEO. Arbeitet immer mehr experimentell, etwa mit den Schaumweinen Akakies (rosé, weiß). Wegweisende, alterungswürdige Rotweine: Ramnista, Diaporos, Blue Fox.

Ktima Gut, Domaine; im weiteren Sinne auch für Gutsweine gebraucht. Muss mindestens 51 % eigene Trauben enthalten.

Lazaridi, Nico Mak ★→★★★ Kellereien in Drama und Kavala. Guter Château Nico Lazaridi (rot, weiß), interessante Reihe Cavalieri. Spitzenweine sind der rote Magiko Vouno (CABERNET SAUVIGNON) und der Weiße (SAUVIGNON BLANC).

Lazaridi, Domaine Costa Attika, Mak ★★★ Rebflächen und Kellereien in Drama und Attika (unter dem Etikett Oenotria Land). Beliebte Weine unter dem Namen Amethystos. Spitzengewächs ist der erstaunliche Cava Amethystos CABERNET SAUVIGNON (**00 01 02 03** **04 06** 07 09), gefolgt vom Oenotria Land CABERNET SAUVIGNON/AGIORGITIKO. Michel Rolland berät.

Lyrarakis Kreta ★★→★★★ Erzeuger in Heraklion, der alte kretische Sorten wie Plyto, Dafni und Melissaki wiederbelebt und praktisch vor dem Aussterben bewahrt (die Einzellagenabfüllungen sind hervorragend). Außerdem tiefgründiger, komplexer Rotweinverschnitt (SYRAH/Kotsifali).

Manoussakis Kreta ★★★ Großartiges Gut mit vom Rhône-Stil inspirierten Verschnitten, doch griechische Sorten sind in Vorbereitung. Solides Sortiment unter der Marke Nostos, angeführt von den alterungswürdigen ROUSSANNE- und SYRAH-Weinen.

Mantinia Pelop POP w – Hoch gelegene, kühle Appellation für frische, knackige, schon fast im deutschen Stil alkoholarme Weine von der charmanten Sorte Moschofilero, deren Duft an MUSCAT erinnert. Auch Schaumwein.

Mercouri Pelop ★★★ Eines der schönsten Weingüter Griechenlands, an der Westküste gelegen. Sehr guter roter KTIMA, köstlicher RODITIS, lagerfähiger roter Cava, erstklassiger roter REFOSCO.

Monemvasia-Malvasia Pelop – Die jüngste POP (2010), in der die Rebsorten Monemvasia, ASSYRTIKO und Kydonitsa zur Neuerschaffung der legendären sonnengetrockneten, süßen Weißweine des Mittelalters verwendet werden – das Original des Malmsey.

Naoussa Mak POP – Region für raffinierten, duftenden XINOMAVRO der Spitzenklasse. Die besten Exemplare stehen qualitativ und stilistisch (aber nicht preislich) auf einer Stufe mit Barolo, manche sind sogar noch langlebiger. Spitzenerzeuger: u. a. KARYDAS, KIR-YIANNI, DALAMARAS, THIMIOPOULOS.

Nemea Pelop POP ★★→★★★ Ausschließlich sortenreine Rote von der AGIORGITIKO-Traube. Riesiges Qualitätspotenzial; die Stile reichen von frisch über klassisch bis exotisch. Siehe auch GAIA, SKOURAS, NEMEION, PAPAÏOANNOU, HELIOS, DRIOPI.

Nemeion Pelop ★★★ KTIMA in NEMEA mit hohen Preisen (v. a. für den roten Igemon) und opulentem Stil.

Palyvos Pelop ★★→★★★ Exzellenter Erzeuger in NEMEA mit modernen, ausladenden Rotweinen. Der aus mehreren Jahrgängen gekelterte rote Noima ist sehr teuer, aber auch richtig gut. Hochinteressanter VIOGNIER.

Papaïoannou Pelop ★★★ Papaïoannou nimmt in NEMEA eine Rolle ein wie Jayer in Burgund. Mustergültige Nemea-Weine: außerordentlich günstiger KTIMA, Palea Klimata von alten Reben, Microklima von einer winzigen Einzellage und als Spitzenwein der Terroir.

Pavlidis Mak ★★★ Hervorragender Erzeuger in Drama. Gefeierter ASSYRTIKO/SAUVIGNON BLANC. Die Reihe Emphasis bietet sortenreine Weine, u. a. hochklassigen Assyrtiko, SYRAH und TEMPRANILLO. Der rote KTIMA (AGIORGITIKO/Syrah) ist umwerfend.

Rapsani Thess ★★★ POP in den Ausläufern des Olymp. Durch TSANTALIS in den 1990er-Jahren berühmt geworden (v. a. Grande Reserve), doch nun interpretieren neue Erzeuger wie Dougos den Stil anders. Trauben: XINOMAVRO, Stavroto und Krasato. Am besten aus Hochlagen.

Retsina Wurde von vielen lange Zeit für den Nagel zum Sarg des griechischen Weins gehalten, doch neue, herrlich frische Retsinas (z. B. von GAIA oder Kechris) sind eine ausgezeichnete Alternative zu Fino Sherry.

Samos Äg POP – Die Ägäisinsel ist berühmt für ihren süßen MUSCAT blanc à petits grains. Am besten sind der gespritete Anthemis und der Nectar aus sonnengetrockneten Trauben. Seltene alte Abfüllungen haben rundum ★★★★-Status, nur nicht im Preis – etwa der seltene Nectar der Jahrgänge 75 oder 80.

Santo Äg ★★→★★★ Äußerst erfolgreiche Genossenschaft auf SANTORINI mit gutem Angebot lebhafter Weine, inkl. einer erstaunlichen Grande Reserve und reichhaltigen, aber dennoch frischen VINSANTOS. Sehr günstig sind der einfache ASSYRTIKO und der Nyhteri. Eine neue (und spannende) Entwicklung sind die Schaumweine.

Santorini Äg ★★★→★★★★ Vulkaninsel mit dramatischer Landschaft nördlich von KRETA und POP für trockene und süße Weißweine. Üppiger VINSANTO, sehr trockener Assyrtiko mit Salznote. Spitzenerzeuger: ARGYROS, GAIA, HATZIDAKIS, SIGALAS, SANTO. Wo sonst bekommt man trockene ★★★★-Weißweine, die 20 Jahre altern können, so billig? Hier entsteht Weltklasse. Auch die Rotweine von der MAVROTRAGANO-Traube (nicht Teil der POP) können großartig sein.

Sigalas Äg ★★★ Spitzenerzeuger auf SANTORINI mit stilvollem VINSANTO und exzellentem rotem MAVROTRAGANO (**08 09 10** 11 12 14), der an MOURVÈDRE erinnert. Die trockenen Weißen Nyhteri und Cavalieros sind nicht von dieser Welt.

Griechenland

Skouras Pelop ★★→★★★ Innovatives, sehr beständiges Weingut. Der straffe, mit Wildhefen vergorene Salto MOSCHOFILERO wirft ein ganz neues Licht auf die Traube. Rote Spitzenweine: Grande Cuvée NEMEA von einer Hochlage, Megas Oenos und der in einer Solera gereifte Labyrinth.

Thimiopoulos Mak ★★★★ NAOUSSA der neuen Generation mit spektakulärem Exporterfolg, verkauft unter dem Namen Ghi kai Ouranos (Erde und Himmel). Unbedingt probieren.

Santorinis Spitzengewächse

Die kristallinen ASSYRTIKO-Weine von SANTORINI sind mit Abstand die im Ausland bekanntesten griechischen Gewächse. Probieren Sie: ARGYROS Estate (die Essenz der Assyrtiko), HATZIDAKIS Louros (kann Jahrzehnte reifen), Kallisti (Reserve Boutari mit exzellentem Preis-Leistungs-Verhältnis), SIGALAS Kavalieros (packender Einzellagenwein von einem wahren Meister), GAIA Thalassitis (Finesse und Reinheit), TSELEPOS (Spitzen-Assyrtiko).

Tsantalis Mak ★→★★★ Alteingesessener Erzeuger. Guter roter Metoxi, RAPSANI Reserve, Grande Reserve, preisgünstige Weine aus Thrakien. Ganz oben stehen die Weine vom Kloster Athos, etwa der exzellente Avaton und der Kultwein Kormilitsa Gold.

Tselepos Pelop ★★★ Spitzenerzeuger in MANTINIA mit einer verführerischen Reihe von MOSCHOFILERO-Weinen. Griechenlands bester MERLOT (Kokkinomylos ★★★★). Außerdem sehr guter Schaumwein Amalia und erstaunlicher Avlotopi CABERNET SAUVIGNON von einer Einzellage. Auch neuer Betrieb in SANTORINI (siehe DRIOPI).

Vinsanto Äg – Süßwein von der Insel SANTORINI, für den sonnengetrocknete ASSYRTIKO- und Aidani-Trauben verwendet werden. Die besten Vinsantos sind ★★★★ und praktisch unsterblich.

Zitsa POP im gebirgigen Epirus. Delikate Weine von der weißen Debina-Traube (still oder schäumend). Am besten von Glinavos und Zoinos. Die nächste kühle Weinregion in Griechenland.

Östlicher Mittelmeerraum und Nordafrika

Östlicher Mittelmeerraum

Diese auch Levante genannte Region leidet an einem schlechten Image: Es gibt Leute, die meinen, dass israelische Weine nur für religiöse Juden seien, libanesische Weine für arabische Restaurants, türkische Weine für Kiosks, die von Auswanderern betrieben werden, und zyprische Weine bringt man mit Fasswein und zyprischem »Sherry« in Verbindung. Die Wirklichkeit sieht viel besser aus: Ideales Klima, Weinberge in Höhenlagen, fortschrittliche Technologie und internationales Fachwissen ergeben einige sehr gute Gewächse. Türkische Weine, die in den Export gehen, sind viel weniger eichenholzlastig als früher, und selbst für Zypern geht es aufwärts.

Zypern

Die zyprische Gesamtrebfläche ist so klein wie noch nie – nur noch 7.871 ha, da Winzer in den Ruhestand gehen oder aufgeben –, doch für Qualitätsweingüter sieht das Bild überraschend erfreulich aus, trotz der Wirtschaftskrise. Die Zyprer trinken wieder einheimische Weine und achten immer mehr auf die einzigartigen Rebsorten der Insel wie Yiannoudi, Promara und Morokanella.

Aes Ambelis w rs r br ★→★★ 13 14 (15) – Verlässliche, ansprechende Weißweine auf XYNISTERI-Basis und Rosé. Sehr gute moderne Version des COMMANDARIA.

Argyrides (Vasa) r w ★★ 11 12 13 14 (15) – Tadelloses Pionierweingut mit exzellentem MARATHEFTIKO und MOURVÈDRE. Auch sehr guter VIOGNIER und Agyrides (MERLOT/CABERNET SAUVIGNON). VLASSIDES ist der önologische Berater.

Commandaria

Der reichhaltige, süße Wein mit geschützter Ursprungsbezeichnung von sonnengetrockneten XYNISTERI- und MAVRO-Trauben erlebt ein Revival. Angeblich der älteste Wein mit Eigenname, der immer noch erzeugt wird, und als solcher einen Versuch wert. Wird vorwiegend an Touristen verkauft, da die Zyprer (und viele Anglikaner) Commandaria mit Kommunion verbinden, doch die Weine der neuen Generation sind zugänglicher und treffen mehr den Geschmack der Einheimischen. Empfehlenswerte Erzeuger: KYPEROUNDA, AES AMBELIS, TSIAKKAS, Anama, Ktima Gerolemo und der aufstrebende ZAMBARTAS. Traditionelle Stile: St Barnabas (SODAP), St John (KEO), Centurion (ETKO).

Ayia Mavri w; s ★→★★ 12 13 14 Halten Sie sich an die Süßweine von spät gelesenen und halb getrockneten MUSCAT-Trauben.

Constantinou r w ★→★★ Der Erzeuger in der Region Lemesos beeindruckt mit dem Ayioklima XYNISTERI (BV) und SHIRAZ.

ETKO r w br ★→★★ Ehemaliger Großproduzent; seit dem Umzug in die Kellerei Olympus positive Veränderungen. Bekannt für die COMMANDARIA-

Weine St. Nicholas (10) und den großartigen Centurion (00). Vielversprechender roter Lefkada.

Ezousa r rs w ★→★★ Angesehenes kleines Gut. Probieren Sie MARATHEFTIKO (rot und rosé), Xynisteri, Syrah.

In memoriam Akis Zambartas

Zypern trauert immer noch über den Verlust von Akis Zambartas, einer Schlüsselfigur bei der Neuformierung des zyprischen Weins. Schon während seiner Zeit als Geschäftsführer von KEO verantwortete er die Wiederentdeckung von zwölf einheimischen Trauben und einen Umzug in die kühleren Hügel. 2006 verwirklichte er seinen Traum und gründete das Gut Zambartas, das sich schnell als einer der besten Boutiqueerzeuger der Insel etablierte. Sein Sohn Marcos führt sein Werk fort.

Kamanterena r rs w ★→★★ 13 14 15 – Name der Kellerei des größten Erzeugers, der SODAP-Genossenschaft in den Hügeln bei Paphos. Günstige, kompetent bereitete Weißweine (BV) und ansprechende Rosés, v. a. LEFKADA.

KEO ★ Zweitgrößter Erzeugerbetrieb, produziert jetzt nur noch in der Kellerei Mallia in den Hügeln. Am besten ist die Reihe Ktima Keo. Der wiederentdeckte Yiannoudi ist recht vielversprechend. Klassischer St. John ★★-Commandaria.

Kyperounda r w ★★→★★★ **11'** 12 13' 14 (15) – Hat mit die höchsten Weinberge Europas auf 1.450 m. Der Petritis setzt Maßstäbe für XYNISTERI. Exzellenter CHARDONNAY, v. a. der neue Epos von eigenen Lagen. Sehr gute Rote: SHIRAZ, Andessitis und der Rote der Spitzenmarke Epos. Einen Versuch wert ist der Commandaria (05).

Makkas r w ★→★★ 11 12 13 – Ein ehemaliger Ökonom betreibt diese Garagenkellerei in der Region Paphos. Guter XYNISTERI, MARATHEFTIKO, SHIRAZ und rosé Rodostafylo.

Tsiakkas r rs w br ★★→★★★ 13 14 15 – Ehemaliger Banker, der zum Winzer wurde. Ausdrucksstarke frische Weißweine, v. a. SAUVIGNON BLANC und XYNISTERI, sowie lebhafter Rosé von Reben aus Hochlagen. Auch roter Vamvakada (alias MARATHEFTIKO) und neuer, moderner Commandaria.

Vasilikon r rs w ★★ 12 13 14 15 – Familienkellerei im Besitz von drei Brüdern. Guter XYNISTERI (BV) und ordentliche Rote: Ayios Onoufrios und Methy. Vollaromatischer Einalia Rosé.

Vlassides r w ★★→★★★ 12' 13' 14 (15) – Vlassides, der in Davis (Kalifornien) studiert hat, bereitet einige der besten Weine der Insel: mustergültiger SHIRAZ, sehr guter weißer Lefkos (XYNISTERI/SAUVIGNON BLANC), CABERNET SAUVIGNON und der exzellente, lagerfähige Rotwein Private Collection (**10**).

Vouni Panayia r rs w ★→★★ 13 14 (15) – Pionier bei lokalen Sorten. Empfehlenswert: Promara, Spourtiko, Yiannoudi.

Zambartas r rs w ★★→★★★ 13' 14 (15) – Ausgezeichnete Familienkellerei mit intensivem Rosé (CABERNET FRANC/LEFKADA), sehr gutem rotem SHIRAZ/Lefkada, exzellentem MARATHEFTIKO und pikantem XYNISTERI. Vielversprechende Lokalsorte Yiannoudi. Der neue Commandaria feiert 2016 das Zehnjährige.

Israel

Altes Israel, das bedeutet Bordeaux-Sorten, viel Alkohol, Eiche und suppige Weißweine. Neues Israel, das sind Mittelmeersorten in einem eleganteren Stil und frische Weiße mit gutem Sortencharakter, die ihre Herkunft erkennen lassen. Cabernet ist immer noch der König, doch Verschnitte im Stil der südlichen Rhône zeigen den israelischen Wein von der besten Seite. Einfallsreichtum, Schwung und Fachwissen sind hier zuhauf vorhanden.

Die folgenden Abkürzungen werden im Text verwendet:

Gal	Galiläa	**O-Gal**	Obergaliläa
Golan	Golanhöhen	**Sam**	Samson
Jud	Judäisches Bergland	**Shom**	Shomrom

Abaya Gal r – ★→★★ Restaurierter CARIGNAN-Weinberg. Ungewöhnlich massiver Rosé.

Adir O-Gal r ★ Mächtige, eichenlastige Rotweine, u. a. pfeffriger SHIRAZ.

Alexander Gal r w ★ Fette Eichennote, Monsterweine. Der Amorolo ist eine Kuriosität.

Amphorae Gal r w ★→★★ Gut gemachte Rote unter dem Etikett Makura. Michel Rolland berät.

Barkan-Segal Gal, Sam r w ★ Im Besitz von Israels größter Brauerei, die auch der größte Weinexporteur des Landes ist. Barkan und Segal werden getrennt vermarktet. Guter Segal Argaman.

Bar Maor Shom r ★★ Verführerische, wilde, ungezähmte Rotweine. Zitronenfrischer trockener RIESLING.

Binyamina Gal, Sam r w ★ Neuer knackig-scharfer Sémillon. Köstlicher süßer GEWÜRZTRAMINER.

Bravdo Sam r w ★→★★ Mächtiger CHARDONNAY, würziger SHIRAZ und guter Verschnitt Coupage auf CABERNET-FRANC-Basis.

Carmel O-Gal, Shom r w; sch ★★→★★★ Die historische Weinkellerei wurde von einem (Lafite) Rothschild gegründet. Eleganter Limited Edition im Bordeaux-Stil und SHIRAZ Kayoumi, komplexer RIESLING, erdiger PETITE SIRAH. Neue Kellerei nahe Galil.

Château Golan Golan r (w) ★★→★★★ Roter und weißer Geshem, sehr gute Verschnitte von Mittelmeersorten. Kräftig und konzentriert zeigt sich der Eliad.

Clos de Gat Jud r w ★★★★ Erstklassiges Weingut mit Qualität, Stil und Individualität. Kraftvoller Sycra SYRAH (**06** 07' 09 11), seltener MERLOT und reichhaltiger, traditioneller, buttriger CHARDONNAY, alle bemerkenswert. Frischer Chanson (rot und weiß) auf Einsteigerniveau, preiswert.

Cremisan Jud r w – Sehr guter palästinensischer Weißwein aus den einheimischen Trauben Hamdani und Jandali, bereitet in einem Kloster.

Dalton O-Gal r w ★→★★ Ehrlicher, einfacher PINOT GRIS. Aushängeschild ist der volle Matatia.

Domaine du Castel Jud r w ★★★→★★★★ Der Familienbetrieb hat für Israel Standards in Bezug auf Stil und Qualität gesetzt. Grandiose neue Kellerei. Charaktervoller, geschmeidiger Grand Vin (**08' 09'** 10 11 12 13'). Sehr preisgünstig ist der Petit Castel; der CHARDONNAY beweist Qualität. Neue Weine sind in Vorbereitung.

Flam Jud, Gal r (w) ★★★★ Die Gründer sind Brüder. Wunderbar elegant zeigt sich der Bordeaux-Verschnitt Noble (08' **09** 10' 11' – der beste bisher). Fruchtbetonter SYRAH, tiefgründiger MERLOT. Sehr günstig für seine Qualität ist der Classico. Exzellenter, frischer, duftender Weißer (SAUVIGNON BLANC/CHARDONNAY), knackiger Rosé.

Galiläa Qualitätsanbaugebiet im Norden; v.a. das höher gelegene Obergaliläa hat viel Potenzial.

Galil Mountain O-Gal r w ★→★★ Neuer, charmanter PINOT NOIR, massiver GRENACHE.

Golanhöhen Hochplateau mit vulkanischen Tuff- und Basaltböden.

Gush Etzion Jud r w ★→★★ Rebflächen im zentralen Bergland. Aromatischer SAUVIGNON BLANC, guter CABERNET FRANC.

Judäisches Bergland Qualitätsweinbauregion, die zu den Jerusalemer Bergen hin ansteigt.

Koscher Nach den Anforderungen der jüdischen Ernährungsregeln hergestellt. Kein Hinweis auf Qualität, die Weine können aber sehr gut sein. Nicht alle israelischen Weine sind koscher.

Lewinsohn Gal r w ★★★ »Garagenwein«-Qualitätserzeuger in einer Garage! Exquisiter schlanker CHARDONNAY. Der Rote ist ein extraktreicher mediterraner Verschnitt aus SYRAH, CARIGNAN und PETITE SIRAH.

Maia Shom r w ★→★★ Dichter, erfrischender Mare Nostrum. Griechische Berater.

Margalit Gal, Shom r ★★★ Israels erster Kultwein. Der Enigma (**10** 11' 12 13') hat gutes Alterungspotenzial. Die Eigentümer sind Vater und Sohn. Interessant der neue Weinberg Zichron.

Midbar Negev r w – Weine von Hochlagen in der Wüste. Frischer, floraler VIOGNIER.

Negev – Wüstenregion im Süden des Landes.

Pelter Golan r w; (sch) ★★→★★★ Frische Weiße mit guter Säure. KOSCHERE Marke Matar.

Recanati Gal r w ★★★ Qualität vom Prestigewein Special Reserve (**09'** 11' 12') bis zum Yasmin auf Einsteigerniveau. Komplexer, wilder CARIGNAN. Der erste israelische Wein überhaupt von der Marawi-Traube.

Samson Zentrales Weinbaugebiet, das von der Tiefebene westlich der Hügel von Judäa bis zur Küstenregion südöstlich von Tel Aviv reicht.

Sea Horse Jud r (w) ★★ Künstlerischer Ansatz. Neuanpflanzung der Rhône-Traube Counoise.

Shomron Anbaubereich mit Weinbergen hauptsächlich um den Berg Carmel und Zichron Yaakov.

Shvo O-Gal r w ★★→★★★ Winzer und Kellermeister, der möglichst wenig eingreift. Seltener Gershon SAUVIGNON BLANC, rassiger CHENIN BLANC.

Sphera Jud w ★★→★★★ Stilvolle Kellerei, nur Weißwein. Knochentrockener RIESLING, eindrucksvoller Signature. Alle Weine sind sehr gut.

Tabor Gal r w; sch ★★→★★★ Sehr gute Weißweine in allen Qualitätsstufen, u.a. neuer RIESLING. Recht gute rote Verschnitte, v.a. der Sufa. Unterschätzter, komplexer Prestige-CABERNET-SAUVIGNON.

Teperberg Jud, Sam r w; sch ★★ Rasch besser werdende Weine in allen Preislagen. Fruchtiger MALBEC.

Tulip Gal r (w) ★★ Opulenter Black Tulip, neuer Net SAUVIGNON BLANC.

Tzora Jud r w ★★★ Talentierter Kellermeister mit Sinn fürs Terroir. Pikanter Shoresh, komplexer Prestigewein Misty Hills (CABERNET SAUVIGNON/SYRAH **09** 10' 11 12'), guter Judean Hills auf CHARDONNAY-Basis.

Vitkin Jud r w ★★→★★★ Wegweisender CARIGNAN. Auf Einsteigerniveau gute, ehrliche Weine.

Yarden Golan r w; sch ★★★ Pionierkellerei, die die Technologie der Neuen Welt nach Israel geholt hat. Seltener Prestigewein Katzrin (**04 07** 08' 11'), Massenmarke Hermon Red. Guter Blanc de Blancs und Brut Rosé. Üppiger Heights Wine.

Yatir Jud, Negev r (w) ★★★ Kellerei in der Wüste mit Hochlagen auf 900 m Höhe. Samtiger, konzentrierter roter Yatir Forest (**08'** 09 10 11'). Kraftvoller PETIT VERDOT.

Libanon

Der Libanon hat den Ruf, ein Land mit einer einzigen Kellerei zu sein, aber das ist ungerecht angesichts der Qualität, die viele der neueren Erzeuger liefern. Etliche investieren in neue Anbaugebiete und erforschen neue Terroirs, doch wer am Ende am besten dastehen wird, darüber kann man bisher nur spekulieren.

Château Belle-Vue r (w) ★★★ Schicker Verschnitt von Bordeaux-Sorten Le Château sowie SYRAH.

Château Ka r w ★→★★ Der fruchtige Cadet de Ka mit Kirsch- und Beerenaromen hat ein großartiges Preis-Leistungs-Verhältnis.

Château Kefraya r w ★★→★★★ Feiner, reifer, konzentrierter Comte de M (**08** 09' 10' 11'), leichter, fruchtig-süffiger Les Bretèches und guter CHARDONNAY/VIOGNIER-Verschnitt Vissi d'Arte.

Chateau Ksara r w ★★ 1857 gegründetes Gut. Das beste Preis-Leistungs-Verhältnis hat die fruchtige, mundfüllende Reserve du Couvent. Interessanter Le Souverain (CABERNET SAUVIGNON/Arinarnoa), frischer Gris de Gris.

Château Marsyas r (w) ★★ Knackiger CHARDONNAY und SAUVIGNON BLANC, dunkler, kraftvoller Roter. Auch Eigentümer von Bargylus in Syrien: komplexer, herzhafter Domaine de Bargylus (★★★). Stéphane Derenoncourt berät.

Chateau Musar r w ★★★→★★★★ Ikonischer Wein des östlichen Mittelmeerraums; im Besitz der Familie des legendären Serge Hochar. CABERNET SAUVIGNON/CINSAULT/CARIGNAN (**00' 01'** 02 03 04 05' 06 07' 08). Einzigartiger, unverwechselbarer Stil, am besten nach 15 bis 20 Jahren in der Flasche. Der Weißwein von den autochthonen Sorten Obaideh und Merwah ist ein Unikum, das unbegrenzt altern kann. Der unterbewertete rote Hochar gibt sich moderner und fruchtbetonter, der Jeune ohne Eichennote ist einfach und zugänglich.

Clos St-Thomas r w ★→★★ Seltener libanesischer PINOT NOIR. Der Les Emirs ist ein pflaumenfruchtiger Roter.

Domaine de Baal r (w) ★★ Kraftvoller, berauschender Gutsrotwein aus ökologischem Weinbau.

Domaine des Tourelles r w ★★→★★★ Straßenfeger-SYRAH, hervorragender Marquis des Beys, duftender Weißwein. Vielleicht die libanesische Kellerei, die am schnellsten Fortschritte macht.

Domaine Wardy r w ★→★★ Tiefgründiger, reichhaltiger roter Verschnitt Private Selection mit Eichennote.

IXSIR r w ★★ Neue-Welt-Stil. Floraler Qualitätsweißwein und engagierte Rote.

Karam r w ★→★★ Der Saint John ist ein Verschnitt voller reifer Frucht und mit guter Komplexität.

Massaya r w ★★→★★★ Ein sehr gutes Preis-Leistungs-Verhältnis zeigen die Classic-Weine auf Einsteigerniveau. Der rote Silver Selection ist ein komplexer Verschnitt im Rhône-Stil – ein Wein voll Sonne und Gewürzen. Der Prestigewein Gold Reserve von CABERNET SAUVIGNON, MOURVÈDRE und SYRAH ist voller Frucht, Kräutern und Gewürzen.

Türkei

Qualitätswein in der Türkei zu erzeugen ist keine leichte Sache. Die internationalen Klassiker sind nichts Besonderes, einheimische Trauben wie Boğazkere, Oküzgözü und Narince aber sehr wohl. Es ist ein faszinierendes Land mit krassen Extremen beim Terroir. Glücklicherweise lernen die Erzeuger, den Geschmack der Exportmärkte zu berücksichtigen (sprich weniger Eiche).

Büyülübag r (w) ★★ Eine der neuen kleinen Qualitätskellereien. Guter CABERNET SAUVIGNON.

Corvus r w ★★ Boutiquekellerei auf der Insel Bozcaada (das antike Tenedos). Kraftvoller Corpus.

Doluca r w ★→★★ Lokale Sorten unter dem Etikett DLC. Guter, abgerundeter ÖKÜZGÖZÜ.

Kavaklidere r w; sch ★→★★★ Spezialist für lokale Trauben. Am besten ist der ÖKÜZGÖZÜ vom Gut Pendore. Günstiger Yakut auf Einsteigerniveau. Stéphane Derenoncourt berät.

Kayra r w ★→★★ Würziger SHIRAZ, frischer NARINCE. Rustikaler Buzbag von ÖKÜZGÖZÜ und BOĞAZKERE. Kalifornischer Kellermeister.

Pamukkale r w ★→★★ Der Anfora MERLOT ist weich und vollaromatisch.

Sevilen r w ★→★★ Spezialist für internationale Sorten. Tiefgründiger SYRAH, aromatischer SAUVIGNON BLANC.

Sulva r w ★★ Die relativ neue Kellerei bereitet gut ausgewogene, geschmacksintensive Weine.

Urla r w ★→★★ Der Tempus ist ein Rotweinverschnitt mit Tiefe und Länge.

Vinkara r w ★ Charmanter NARINCE sowie kirsch- und beerenfruchtiger Kalecik Karasi (lokale Rotweinsorte).

Nordafrika

Die folgenden Abkürzungen werden im Text verwendet:

Mar	Marokko
Tun	Tunesien

Bernard Magrez Mar r ★★ Tanninbetonter SYRAH/GRENACHE-Verschnitt mit Frucht- und Gewürznoten.

Castel Frères Mar r rs ★ Preisgünstige Marken wie Bonassia, Sahari, Halana und Larroque.

Celliers de Meknès, Les Mar r rs w ★→★★ Praktisch Monopolist in Marokko. Bester Wein: Château Roslane.

Domaine Neferis Tun r rs w ★→★★ Gemeinschaftsunternehmen mit Calatrasi (Italien). Bester Wein: Selian CARIGNAN.

Thalvin Mar r rs w ★★→★★★ Frische, ausgewogene Weißweine, komplexer Medaillon (rot), lebhafter SYRAH Tandem (Syrocco in den USA); Letzterer ist ein Joint Venture mit Alain Graillot (Rhône).

Val d'Argan Mar r rs w ★→★★ Betrieb nahe Essaouira. Günstig ist der Mogador, am besten der Orients.

Vignerons de Carthage Tun r rs w ★ Am besten von der tunesischen Genossenschaft UCCV ist die Rotweinreihe Magon Magnus.

Vin Gris ★ Blasser rosé Durstlöscher in Marokko. Am bekanntesten ist die Marke Castel Boulaouane.

Volubilia Mar r rs w ★→★★ Delikater rosé VIN GRIS, der beste in Marokko.

Asien und die ehemalige Sowjetunion

Asien

China

China legt eine Menge neuer Weinberge an, doch ich gehe davon aus, dass es noch sehr lange dauern wird, bis chinesischer Wein außerhalb des Fernen Ostens mehr sein wird als eine Kuriosität. Die besten Cabernets sind nicht schlecht, doch es gibt viel Konkurrenz. Auf etwa 680.000 ha stehen Reben für Tafeltrauben, Rosinen und Wein. Der Großteil liegt nahe dem Jangtse-Fluss, von der Provinz Xinjiang im äußersten Nordwesten (ca. 22 % der Pflanzungen) über Ningxia und Shanxi im nördlichen Zentrum bis zu den Küstenprovinzen Liaoning und Hebei im Osten. Der Gesamtjahresverbrauch nähert sich inzwischen 1,5 l pro Kopf – bei 1,3 Milliarden Menschen.

Etwa 60 % der Gesamtrebfläche für die Weinproduktion nimmt anscheinend CABERNET SAUVIGNON ein, gefolgt von MERLOT, CHARDONNAY, Cabernet Gernischt (alias CARMENÈRE) und SYRAH. Es gibt auch etwas RIESLING, RIESLING ITALICO, UGNI BLANC, SÉMILLION, PINOT NOIR, PETIT VERDOT, GAMAY, neuerdings auch Marselan, PETIT MANSENG und VIDAL. Die größte Herausforderung sind die harten Winter; die Temperaturen können bis auf −20 °C sinken. Dann müssen die Reben im Herbst eingegraben werden. In der Küstenregion von Shandong sind Regen und Taifune zur Unzeit das Problem. Neuere Weinberge in großer Höhe (2.200 – 2.700 m) in der südlichen Provinz Yunnan (an der Grenze zu Vietnam, Laos und Myanmar) könnten eine Antwort darauf sein. Der 2013er Ao Yun (»Heilige Wolke«) CABERNET SAUVIGNON/MERLOT der Kellerei Shangri-La von Moët-Hennessy aus den Ausläufern des Himalaya sollte jetzt freigegeben werden. Als »Bordeaux Chinas« gilt Ningxia im Helan-Gebirge 1.500 km nordöstlich von Beijing. Gute Rotweine erzeugen Changyu, Jia Bei Lan, Silver Heights, Legacy Peak, Domaine Helan Mountain (im Besitz von Pernod Ricard); Schaumweine die Dom. Chandon von Moët-Hennessy.

Indien

Es gibt etwa 115.000 ha Rebland in Indien, davon stehen vielleicht 1.900 ha für Wein zur Verfügung. Die wichtigsten Trauben sind SAUVIGNON BLANC, CHENIN BLANC und VIOGNIER bei den Weißen sowie SYRAH/SHIRAZ, CABERNET SAUVIGNON, MERLOT und GRENACHE bei den Roten. Dazu kommen ein bisschen CHARDONNAY und auch etwas TEMPRANILLO, ZINFANDEL und SANGIOVESE. Die wichtigsten Staaten sind Maharashtra (Hauptstadt: Mumbai), Karnataka (Hauptstadt: Bangalore) und Andhra Pradesh (Hauptstadt: Hyderabad). Sauvignon blanc liefert beständig die erfolgreichsten Weißweine; die besten Marken sind Sula, Grover (v. a. Zampa Art Collection) und Charosa. Syrah bzw. Shiraz hat gutes, wenn auch nicht voll realisiertes Potenzial, während Domaine Chandon weiße und rosé Schaumweine produziert. Auch der Newcomer York Sparkling Cuvée, ein reinsortiger Chenin blanc, hebt das Nieveau, und mit dem Fachwissen von Pierro Masi aus der Toskana macht sich auch das Joint Venture Fratelli Wines um eine Qualitätssteigerung verdient.

Japan

Das Herz des japanischen Weinbaus ist die Präfektur Yamanashi am Fuß des Fuji-san auf der Insel Honshu, mit einer Geschichte (und sogar einer Bambuskellerei), die bis in die 1870er-Jahre zurückreicht. 40% der ca. 19.000 ha Rebfläche des Landes befinden sich hier. Japans über 200 Kellereien liegen zum Großteil in Yamanashi, gefolgt von Nagano (ebenfalls auf Honshu) und Hokkaido. Die Jahresproduktion beläuft sich auf etwa 790.000 hl. Die meisten kleinen bis mittelgroßen Kellereien kombinieren Wein- mit Tafeltrauben. Großbrauereien dominieren den Weinbau, insbesondere Sapporo, Kirin und Suntory.

Das wahrscheinlich größte Problem für das Land der aufgehenden Sonne besteht darin, dass sich die Sonne nicht oft genug zeigt. Die Taifunsaison dauert von Mai bis Oktober, betroffen sind vor allem Juli und September – Monate, die für die Traubenreifung extrem wichtig sind.

Drei Viertel der Abfüllungen beruhen zum Teil auf importiertem Fasswein und Konzentrat. Die ehrgeizigsten der kleineren Familienkellereien verwenden ausschließlich eigene Trauben. Am meisten angebaut werden die Hybridrebe MUSCAT Bailey für leichte Rotweine und der Lokalmatador KOSHU für einen prickelnden, säurereichen Weißwein, der gerade zu Japans Nationalwein gepusht wird. Spitzenerzeuger sind u. a. Grace Wine, Aruga Branca und Lumiere.

Die ehemalige Sowjetunion

Die Wirtschaftssanktionen gegen Russland haben den einheimischen Produzenten dort einen unerwarteten Segen beschert, während Georgien und Moldawien (traditionell Russlands beste Lieferanten) auf die internationalen Märkte schielen. Für die Krim gibt es neue Hoffnung (wenigstens was den Weinbau angeht) – die Spitzenlagen dort wurden schon unter den letzten Zaren angelegt. Weitere Weinbaugebiete erstrecken sich rund ums Schwarze Meer und im Kaukasus. Aufgrund des extremen Kontinentalklimas kann sich der Weinbau sehr schwierig gestalten; manche Reben müssen im Winter eingegraben werden. International ist Georgien am interessantesten, sowohl wegen seiner alten Rebsorten als auch wegen seiner antiken Produktionsmethoden.

Armenien

Das Land wetteifert mit Georgien darum, wo der Weinbau seinen Ursprung hatte (die älteste Kellerei stammt von vor 6.100 Jahren). Es gibt bis zu 50 autochthone Sorten, die rote Areni ist potenziell großartig. Erzeuger wie Tierras de Armenia, Zorah Karasi und ArmAs werden von internationalen Beratern unterstützt.

Georgien

Von Georgiens 48.000 ha Rebfläche befinden sich 90 Prozent im Besitz privater Haushalte, die Wein zur Selbstversorgung bereiten. Mittlerweile überspannt das einzigartige weinbauliche Erbe mehr als 7.000 Jahre und umfasst Trauben, Produktionstechniken und Weinstile. Es gibt etwa 500 autochthone Rebsorten, doch nur zwei – die rote SAPERAVI (Weine von einfach und lieblich bis robust und tanninstark) und die weiße RKATSITELI (lebhaft, erfrischend) – stehen in den meisten Weinbergen. Traditionelle handgefertigte *kwevris* (Amphoren), die jetzt sogar zum UNESCO-Welterbe zählen, sind ein Symbol für die georgische Weinerzeugung und gelten inzwischen als Avantgarde-Önologie. Ein anderes Erbe ist die Produktion von Weißweinen mit Hülsenmaischung, bekannt als die Kakheti-Methode. Zu den führenden großen und kleinen Erzeugern gehören GWS, Tbilvino, Badagoni, Marani (TWC), Kindzmarauli Marani, Ch. Mukhrani, Pheasant's Tears und Schuchmann.

Moldawien

Moldawien hat die Form einer Weintraube. Der Wein ist für die Wirtschaft von entscheidender Bedeutung und gibt zehn Prozent der Bevölkerung Arbeit. Über 110.000 ha Rebland verteilen sich auf vier geografische Bereiche. Europäische Trauben werden schon länger angebaut, zusammen mit den typisch rumänischen Sorten FETEASCĂ ALBĂ, Fetească regală (beide weiß), Rară neagră und Fetească neagră (beide rot) sowie anderen. Die Weine werden oft unterirdisch gelagert und ausgebaut, Spitzenreiter ist Cricova mit Tunneln von 70 km Länge. Die historischen Rotweinverschnitte Roşu de Purcari (CABERNET SAUVIGNON/MERLOT/MALBEC) und Negru de Purcari (Cabernet Sauvignon/Rară neagră/SAPERAVI) können sehr interessant sein. Zu den eingesessenen Erzeugern gehören Vinăria Purcari, Acorex Wine Holding, Vinăria Bostavan, Château Vartely, Dionysos Mereni, DK Intertrade, Lion Gri, Asconi, Cricova (Schaumwein).

Russland

Seit die letzte sowjetische Regierung die meisten Weinberge in Russland roden ließ, um den Alkoholkonsum zu reduzieren (als Folge boomte der Wodka), hat sich die russische Weinindustrie das Ziel gesetzt, jedes Jahr 20.000 ha neu anzupflanzen, um die Inlandsnachfrage zu befriedigen. Der Weinbau konzentriert sich auf den Südwesten; größter Produzent ist die Region Krasnodar. Europäische weiße und rote Rebsorten sind weit verbreitet; wenn Sie etwas Russischeres möchten, dann achten Sie auf die indigenen roten Trauben Krasnostop und Tsimliansky. Lefkadia hat sich mit der Hilfe des Beraters Patrick Léon als Anführer für Qualität etabliert. Weitere beachtenswerte Erzeuger sind Château le Grand Vostock, Fanagoria, Kuban Vino, Gai-Kodzor, Tsimlianskiye Vina und Abrau-Durso (Schaumwein). Schampanskoje (»Krimsekt«) ist in der Regel billig und süffig.

Ukraine

Wein wird rund ums Schwarze Meer angebaut sowie an der Grenze zu Ungarn. Die natürlichen Bedingungen sind günstig, die Produktion hingegen meist industriell. Odessa führt nach der Produktionsmenge, doch die Krim hat das beste Qualitätspotenzial. Kleine und mittlere Erzeuger, etwa Pavel Shvets, Oleg Repin, Veles, Guliev Wines und Satera sind qualitativ führend. Nicht außer Acht lassen sollte man die guten gespriteten Weine von historischen Erzeugern wie Massandra, Koktebel, Magarach und Solnechnaya Dolina. Für Schaumweine nach der traditionellen Methode sind Novy Svet und Artyomovsk Winery zu empfehlen. Der größte Erzeuger, Inkerman, hat in seine Ausrüstung investiert und legt nun auch neue Weinberge an.

Vereinigte Staaten

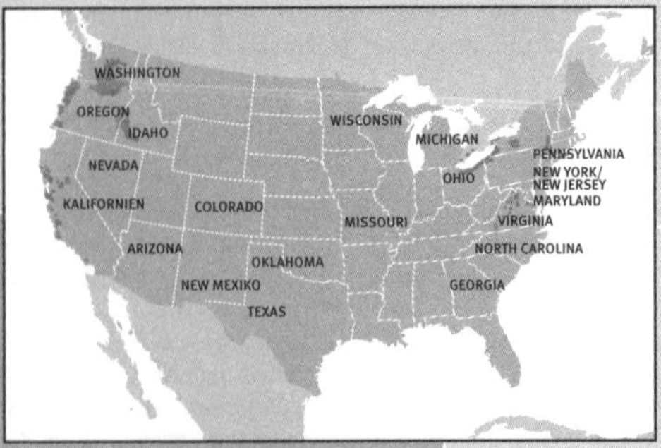

Die dunklen Flächen bezeichnen die Weinbaugebiete

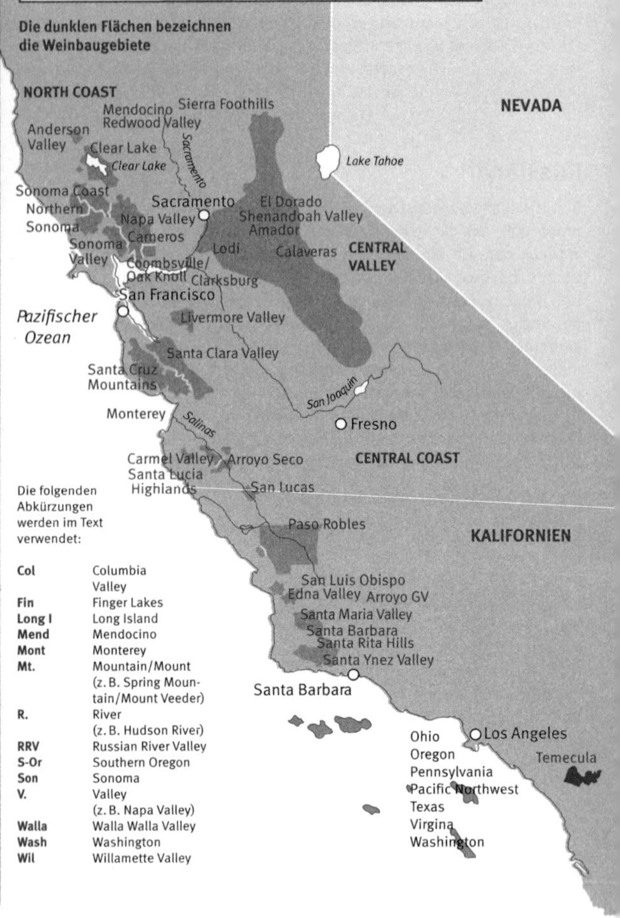

Die folgenden Abkürzungen werden im Text verwendet:

Col	Columbia Valley
Fin	Finger Lakes
Long I	Long Island
Mend	Mendocino
Mont	Monterey
Mt.	Mountain/Mount (z. B. Spring Mountain/Mount Veeder)
R.	River (z. B. Hudson River)
RRV	Russian River Valley
S-Or	Southern Oregon
Son	Sonoma
V.	Valley (z. B. Napa Valley)
Walla	Walla Walla Valley
Wash	Washington
Wil	Willamette Valley

Kalifornien wird so schnell nicht entthront werden. Es bringt 90 Prozent des US-amerikanischen Weins hervor und wird die Szene immer dominieren. Aber es ist nicht zu übersehen, dass auch andere Bundesstaaten sich nach vorne boxen. In den ersten Ausgaben des »Kleinen Johnson« waren Kalifornien neun Seiten gewidmet und dem Bundesstaat New York zwei. Oregon? Washington? Produzierten kaum Wein, nicht der Erwähnung wert. 1980 war die Anbaufläche in Oregon auf rund 400 Hektar angewachsen, Washington erreichte diese Marke kurze Zeit später. Heute eröffnet in Washington alle zwei Wochen eine neue Kellerei.

Bisher haben wir das Land in Regionen unterteilt, doch in dieser Ausgabe listen wir die für den Weinbau wichtigsten Bundesstaaten in alphabetischer Reihenfolge auf. Denn wenn jemand patriotischen Stolz besitzt, dann sind es Staaten und nicht Regionen.

American Viticultural Areas (AVAs)
Die bundesstaatlichen Bestimmungen in Bezug auf geschützte Herkunftsbezeichnungen in den USA wurden 1977 erlassen. Es gibt zwei Kategorien. Die erste richtet sich schlicht nach den politischen Grenzen und gilt für AVAs, die einen ganzen Bundesstaat umfassen, z. B. Kalifornien, Washington, Oregon usw. Auch einzelne Countys können AVA-Status erhalten, wie etwa Santa Barbara oder Sonoma. In diesem Fall müssen die Weine ausschließlich von Trauben aus dem betreffenden County bereitet werden. Die zweite Kategorie gilt geografischen Bereichen innerhalb eines Bundesstaats, beispielsweise Napa Valley in Kalifornien oder Willamette Valley in Oregon. Diese AVAs sollten theoretisch auf einer Ähnlichkeit der Böden, Wetterbedingungen etc. basieren. In der Praxis schließen sie jedoch eher alles Mögliche ein als weniger Erlesenes aus. Innerhalb dieser Art von AVAs sind weitere Subappellationen möglich. Beispielsweise umfasst die AVA Napa Valley Unterbereiche wie die AVAs Rutherford, Stags Leap. Auch für diese geografischen AVAs gilt, dass nur Trauben aus dem jeweiligen Bereich verwendet werden dürfen. Ein Erzeuger, der die entsprechenden Vorgaben erfüllt, hat die Wahl, ob er für seine Weine eine »politische« AVA wie etwa Napa oder eine »geografische« AVA wie Napa Valley verwendet.

Arizona

Hier gibt es offensichtlich Potenzial, besonders in der Hochwüste, und jede Menge Geld. Der Weinbau konzentriert sich auf den Südosten. **Arizona Stronghold** (★): Ausgezeichneter weißer Verschnitt Tazi und roter Rhône-Verschnitt Nachise. **Caduceus Cellars** (★★→★★★): Im Besitz von Maynard James Keenan, Sänger der Metal-Band Tool – ausgezeichneter weißer Verschnitt Dos Ladrones, erstklassige Rotweine Sancha, Nagual de la Marzo und sehr guter Rosé Lei Li. **Callaghan Vineyards** (★★): Einer der besten Erzeuger Arizonas; empfehlenswert v. a. TANNAT und die roten Verschnitte Back Lot und Padres. **Dos Cabezas**: Empfehlenswert sind der Rosé Pink sowie die roten Verschnitte La Montaña und Aguileon. **Page Springs**: Sehr guter MARSANNE Dragoon Vineyard und Arizona Stronghold Clone 383 SYRAH. **Pillsbury Wine Company** (★): Filmregisseur Sam Pillsbury erzeugt den ausgezeichneten Dessertwein Symphony Sweet Lies und PETITE SIRAH Special Reserve; ebenfalls sehr gut sind der CHENIN BLANC und der SYRAH/

Petite Sirah-Verschnitt namens Diva Red. **Sand-Reckoner Vineyards**: Sehr guter MALVASIA.

Colorado

Hoch gelegene Weinberge, dank der Rocky Mountains; zwei AVAs: Grand Valley und West Elks. **Bookcliff** (★★): Exzellenter MALBEC, SYRAH, Reserve Cabernet Franc, CABERNET SAUVIGNON und VIOGNIER. **Boulder Creek** (★): Guter Cabernet Sauvignon, Syrah und MERLOT, sehr guter RIESLING. **Canyon Wind**: Exzellenter Syrah Anemoi Lips, sehr guter PETIT VERDOT/ Syrah Notus und Bordeaux-Verschnitt IV. **Creekside**: Sehr guter Cabernet Sauvignon und Petit Verdot. **Guy Drew** (★★★): Weine mit netten Preisen, u. a. Viognier, trockener Riesling vom Russell Vineyard, ohne Eiche ausgebauter CHARDONNAY, Metate, CABERNET FRANC. **Infinite Monkey Theorem**: Sehr guter roter Verschnitt namens 100th Monkey und Viognier/ROUSSANNE Blind Watchmaker White; auch Weine aus dem Fass und in Dosen. **Jack Rabbit Hill**: Biowein; der M&N ist ein sehr guter PINOT MEUNIER/PINOT NOIR. **Plum Creek** (★): großartiger Riesling, sehr guter Merlot. **Sutcliff**: sehr guter Cabernet franc, Syrah und Merlot. **Turquoise Mesa** (★): Preisträchtiger Syrah. **Two Rivers** (★): Exzellenter Cabernet Sauvignon, Chardonnay und Riesling. **Whitewater Hill Vineyards**: Außergewöhnlich guter roter Verschnitt Ethereal. **Winery at Holy Cross** (★): Exzellenter Cabernet franc, sehr guter Reserve Merlot.

Idaho

Teil des pazifischen Nordwestens, aber mit einer weniger klar definierten Identität als Oregon (Pinot noir) und Washington (Merlot). Die einzige AVA Snake River Valley reicht nach Oregon hinein. **Cinder Wines** (★★): Wundervoller VIOGNIER, einzigartiger TEMPRANILLO-Verschnitt, sehr guter SYRAH. **Coiled** (★★★): Trendsetter in Idaho. Der RIESLING Coiled Dry ist perfekt, der SYRAH Sidewinder einfach lecker. **Ste Chapelle** (★): Die größte Kellerei Idahos erzeugt süffigen RIESLING, preiswerten Schaumwein sowie Eisweine.

Kalifornien

Wer würde bestreiten wollen, dass Kalifornien mit jedem Jahrgang Neuland betritt und immer in die richtige Richtung geht? Es gibt viel schlechten Wein, und teilweise werden unverschämte Preise verlangt, aber eine außerordentliche große Anzahl leidenschaftlicher Erzeuger nehmen ihre Arbeit bitterernst und testen neue Rebsorten, neue Gebiete, neue Anbau-, Gär- und Ausbaumethoden.

Kühlere Lagen zu finden ist kein neues Anliegen, wird aber durch den Klimawandel dringlicher. Kühle Rebflächen an der Küste sind groß in Mode, vor allem für Pinot noir und Chardonnay. Kellereien im Anderson Valley, im Russian River Valley und an der Sonoma Coast sowie in Teilen der Countys Monterey und Santa Barbara haben diese Trauben auf neue Höhen geführt und erzeugen Weine von mit leichter Hand präsentierter nuancierter Frucht. Anderswo bietet der Bundesstaat nach wie vor eine verblüffende Vielfalt. Heutzutage ist in Kalifornien fast jede Rebsorte anzutreffen – und man sollte genau hinsehen. Manches wird sich natürlich nie ändern, beispielsweise Erzeuger in Napa, die auf die Produktion sogenannter Luxusgüter abzielen, anstatt sich Weinen zu widmen, die nicht rasch den Kurs wechseln. Doch ansonsten sind die kalifornischen Weine, gestützt durch eine Serie ausgezeichneter Jahrgänge, in Bestform.

Neuere Jahrgänge

Kalifornien ist zu unterschiedlich, als dass allgemeine Übersichten genau sein könnten. Unter diesem Vorbehalt können die folgenden Einschätzungen als grobe Richtschnur dienen.

2015 Ein weiteres trockenes Jahr, die Mengen haben weiter abgenommen, aber die Qualität ist sehr gut. Milder Winter, frühe Blüte, frühe Lese.
2014 Trotz des dritten trockenen Jahres in Folge scheint die Qualität hoch. Die Mengen betrugen fast 10 % weniger als bei der großen Ernte 2013.
2013 Wieder große Erntemengen mit exzellenten Aussichten für Qualität.
2012 Cabernet Sauvignon sieht großartig aus. Sehr vielsprechend für die meisten Sorten.
2011 Ein schwieriges Jahr mit unterdurchschnittlichem Ertrag. Wer später las, meldete sehr gute Qualität, v. a. bei Cabernet Sauvignon und Pinot noir.
2010 Kühl und nass. Einige Abfüllungen sind jedoch hervorragend, v. a. von Rhône-Rebsorten und Zinfandel.
2009 Rot- und Weißweine besitzen eine schöne Ausgewogenheit und Alterungspotenzial. Exzellenter Napa Cabernet Sauvignon.
2008 Durchwachsene Qualität. Der Säuregehalt ist niedrig, in manchen Gebieten reiften die Trauben nicht voll aus.
2007 Regen, daher gemischte Resultate, v. a. bei Cabernet Sauvignon.
2006 Cabernet Sauvignon wird mit der Zeit immer besser. Durchweg überdurchschnittlich.

Bedeutende Weinbaugebiete in Kalifornien

Es gibt weit über 100 American Viticultural Areas (AVAs) in Kalifornien. Nachfolgend sind die wichtigsten aufgeführt.

Alexander Valley (Sonoma). Warmer Anbaubereich im oberen Russian River Valley. Guter Sauvignon blanc von Lagen in Flussnähe sowie Cabernet Sauvignon und Zinfandel von Hügellagen.
Anderson Valley (Mendocino). Winde und Nebel vom Pazifik durchziehen das Tal des Navarro-Flusses landeinwärts. Guter Riesling, Gewürztraminer und Pinot noir; sehr guter Zinfandel von den Hanglagen am Ufer.
Arroyo Seco (Monterey). AVA mit warmem Klima. Guter Cabernet Sauvignon und Chardonnay.
Atlas Peak (Napa). Außergewöhnlicher Cabernet Sauvignon und Merlot.
Calistoga (Napa). AVA am Nordende des Napa Valley für Rotwein, v. a. Cabernet Sauvignon.
Carneros (Napa, Sonoma). Kühle AVA am Nordende der San Francisco Bay. Guter Pinot noir, Chardonnay; Merlot, Syrah und Cabernet Sauvignon aus wärmeren Lagen. Sehr guter Schaumwein.
Coombsville (Napa). Kühle AVA in der Nähe der der San Francisco Bay. Ausgezeichneter Cabernet Sauvignon im Bordeaux-Stil.
Diamond Mountain (Napa). Reben in hohen Lagen, hervorragender Cabernet Sauvignon.
Dry Creek Valley (Sonoma). Überragender Zinfandel; guter Sauvignon blanc; Cabernet Sauvignon und Zinfandel aus Hanglagen.
Edna Valley (San Luis Obispo). Kühle Winde vom Pazifik. Sehr guter Chardonnay.
Howell Mountain (Napa). Klassischer Napa-Cabernet-Sauvignon von steilen Hanglagen.

Livermore Valley (Alameda). Historischer, großteils von den Vororten der Stadt Livermore geschluckter Bereich, der sich jedoch mit New-Wave-Weinen von Cabernet Sauvignon und Chardonnay einen Namen macht.
Mount Veeder (Napa). Hoch gelegene Rebflächen für guten Chardonnay und Cabernet Sauvignon.
Napa Valley (Napa). Cabernet Sauvignon, Merlot, Cabernet franc. Halten Sie sich an die Sub-AVAs für aussagekräftige Weine mit Terroircharakter. Achtung: Napa Valley ist ein Teil des Anbaubereichs Napa.
Oakville (Napa). Das Hauptgebiet für Cabernet Sauvignon.
Paso Robles (San Luis Obispo). Hervorragend sind Weine von Zinfandel und Rhône-Rebsorten.
Pritchard Hill (östlich von St Helena, Napa). Hoch gelegen, trocken und ausgezeichnet, v. a. für Cabernet Sauvignon.
Red Hills (Lake County). Vielversprechender Cabernet Sauvingon und Zinfandel.
Redwood Valley (Mendocino). Warmer Bereich im Landesinneren. Guter Zinfandel, Cabernet Sauvignon, Sauvignon blanc.
Russian River Valley (Sonoma). AVA am Pazifik, oft bis mittags in Nebel gehüllt. Pinot noir, Chardonnay und guter Zinfandel am Fuß der Berge auf dem flachen Uferland.
Rutherford (Napa). Hervorragender Cabernet Sauvignon, v. a. aus Hanglagen.
Saint Helena (Napa). Herrlich ausgewogener Cabernet Sauvignon.
Santa Lucia Highlands (Monterey). Höher gelegene AVA mit guten Weinen von Pinot noir, Syrah und Rhône-Sorten.
Santa Maria Valley (Santa Barbara). Kühler Bereich an der Küste. Guter Pinot noir, Chardonnay und Viognier.
Sta Rita Hills (Santa Barbara). Exzellenter Pinot noir.
Santa Ynez (Santa Barbara). Am besten sind Weine von Rhône-Rebsorten, Chardonnay und Sauvignon blanc.
Sierra Foothills Zinfandel, Sauvignon blanc und Weine von Rhône-Rebsorten sind am besten.
Sonoma Coast (Sonoma). Sehr kühles Klima. Kantiger Pinot noir.
Sonoma Valley (Sonoma). Guter Chardonnay, sehr guter Zinfandel; hervorragender Cabernet Sauvignon aus der Sub-AVA Sonoma Mountain. Achtung: Sonoma Valley ist ein Teil des größeren Anbaubereichs Sonoma.
Spring Mountain (Napa). Grandioser Cabernet Sauvignon; sehr guter Sauvignon blanc.
Stags Leap (Napa). Klassischer Cabernet Sauvignon; sehr guter Merlot.

Abreu Vineyards Napa V. ★★★→★★★★ **05 07 09** 10 11 12 13 (14) – Geschmeidige Weine auf CABERNET-SAUVIGNON-Basis aus ausgewählten Lagen. Die Spitzenlage ist Madrona mit kraftvollem, ausgewogenem Auftakt und langem, vielschichtigem Abgang. Kann zehn bis 15 Jahre in den Keller.

Acacia Carneros ★★★ Der Pionier aus kühlem Klima in Carneros bietet stets hervorragende CHARDONNAY- und PINOT-NOIR-Weine aus Einzellagen. Zudem klassischer SYRAH voller Rauch und Frucht.

Alante St Helena ★★★ 12 13 14 – Überragender CABERNET SAUVIGNON in kleinen Mengen von einer Einzellage: schön strukturiert, mit vielschichtigem Abgang und Alterungspotenzial.

Alban Vineyards Edna V. ★★★→★★★★ Syrah **10 11** 12 13 14 (15) – Einer der frühen Rhône Rangers und noch immer an der Spitze. Erstklassiger VIOGNIER und GRENACHE, herrlicher SYRAH, der lange lagern kann.

Alma Rosa Sta Rita Hills ★★★→★★★★ **11 12** 13 14 – Richard Sanford, Meister der PINOT-NOIR-Traube an der Central Coast, bereitet weiterhin erstklassigen harmonischen Pinot noir. Der CHARDONNAY ist großartig. Auch sehr guter Vin gris von Pinot noir und PINOT GRIS.

Altamura Vineyards Napa V. ★★★★ **01 03 04 05 06 07 08** 09 10 11 12 13 14 (15) – Der CABERNET SAUVIGNON wird vielleicht 20 Jahre halten, vielleicht mehr, und er wird eine schöne Tiefe und lang anhaltende, nachklingende Aromen offenbaren. Ein echter Napa-Klassiker.

Andrew Murray Santa Barbara ★★→★★★ Hier dreht sich alles um Rhône-Trauben, und ein Renner jagt den nächsten – allen voran der SYRAH, doch auch den VIOGNIER und den ROUSSANNE sollte man nicht links liegen lassen.

Anthem Napa V. ★★★ **10 11** 12 13 14 – Der Newcomer steht in den Startlöchern, um einer der Besten in Napa zu werden; er produziert kleine Mengen von Spitzenlagen. Achten Sie v.a. auf den großartigen Beckstoffer Vineyard Las Piedras. Intensiver, reichhaltiger CABERNET SAUVIGNON Mount Veeder, seidiger MERLOT.

Antica Napa V. ★★★ **09 10** 11 12 13 (14) – Es hat einige Jahre gedauert, bis die Napa-Weinberge Piero Antinoris (siehe Kapitel »Italien«) dem gewünschten Zustand entsprachen, aber jetzt erfüllen die Weine endlich die Erwartungen: heller, ausgewogener CABERNET SAUVIGNON und runder, spitziger CHARDONNAY. Der lebhafte Rosé ist köstlich.

Araujo Napa V. ★★★★ **01 02 03 04 05 06 08** 09 10 11 12 13 14 – Wuchtiger, langlebiger CABERNET SAUVIGNON aus dem historischen Weinberg Eisele. Erfrischender SAUVIGNON BLANC, sehr guter VIOGNIER. Jetzt im Besitz von Artemis, das heißt der Familie Pinault von Ch. Latour (Bordeaux).

Au Bon Climat Santa Barbara ★★★→★★★★ **12** 13 14 (15) – Jim Clendenen ist seit Jahrzehnten einer der Besten seines Fachs und eine der treibenden Kräfte bei der Prägung eines speziellen Central-Coast-Stils für toastwürzigen, burgunderartigen CHARDONNAY und reichhaltigen PINOT NOIR. Empfehlenswert sind die in kleinen Mengen erzeugten Weine unter dem Namen Clendenen Family, u.a. der charmante ALIGOTÉ.

Babcock Vineyards Santa Ynez ★★★ Die beste Wahl sind die in kleinen Mengen produzierten Terroir Wines, der herrliche CHARDONNAY und der großartige PINOT NOIR aus kühlem Klima. Der Backroads Red Blend ist ein süffiger Alltagswein.

Bacas Family Estates Son ★★→★★★ Den alteingesessenen Winzern gehören nun die Lake Sonoma Winery, Madrone Vineyards und die verlässliche preiswerte Reihe Valley of the Moon. Hervorragender Lake Sonoma ZINFANDEL mit Brombeerfrucht, stämmiger Madrone für Liebhaber üppigen Zinfandels. Siehe Quail's Gate, in British Columbia, Kanada.

Banshee Wines Son Coast ★★★ Der Newcomer ist auf den Bereich Sonoma Coast spezialisiert, empfehlenswert v.a. der komplexe, vielschichtige Tina Marie Vineyard CHARDONNAY aus dem Green Valley; auch sehr guter PINOT NOIR.

Barnett Vineyards Napa V. ★★★ Der CHARDONNAY ist eine cremige Leckerei. Außerdem würziger PINOT NOIR Tina Maria aus dem Russian River Valley, MERLOT Spring Mountain und intensiver CABERNET SAUVIGNON Rattlesnake Vineyard.

Beaucanon Napa V. ★★★ Das Weingut in Napa hat jahrzehntelang den Ball flach gehalten, doch der neue rote Bordeaux-Verschnitt Trifecta trifft genau den richtigen Ton: üppig, aber ausgewogen, harmonisch, könnte sich in Richtung ★★★★ bewegen. Auch guter CABERNET SAUVIGNON und CHARDONNAY.

Beaulieu Vineyard Napa V. ★→★★★ 07 09 10 11 12 13 14 – Man möchte sich bei dem historischen Gut wehmütig für die schönen Erinnerungen bedanken, doch der CABERNET SAUVIGNON Georges de Latour Private Reserve behauptet sich noch. Die Weine der unteren Preisklasse mit dem Namen Beaulieu Coastal Estate gehen gut die Kehle runter.

Beckman Vineyards Santa Ynez ★★→★★★ Herausragende reinsortige Rhône-Weine, v.a. Le Bec Blanc and Cuvée Le Bec. Sehr guter, lagernswerter SYRAH vom Purisimia Mountain Vineyard im Santa Ynez Valley und köstlicher GRENACHE Rosé.

Benziger Family Winery Son V. ★★→★★★ Pionier des biologisch-dynamischen Weinbaus. Der Tribute, ein Verschnitt auf CABERNET-SAUVIGNON-Basis, ist komplex und hat das Zeug zu einem langen Leben.

Beringer Blass Napa ★→★★★ Cabernet Sauvignon 01 05 07 09 10 11 12 13 14 – Die CABERNET SAUVIGNON Reserves aus Einzellagen des historischen Erzeugerbetriebs sind wuchtig, doch alterungswürdig. Sehr gut ist der samtige, kraftvolle MERLOT Howell Mt.; die Reihe Founder's Estate bietet einfache Weine.

Bernardus Mont ★★→★★★ 08 09 10 11 12 13 14 – Der Verschnitt Marinus aus roten Bordeaux-Sorten ist großartig: Schon jung schmeckt er köstlich, man kann ihn aber auch ein paar Jahre einlagern. Der PINOT NOIR Ingrid's Vineyard aus der AVA Carmel Valley ist sehr gut. Außerdem guter SAUVIGNON BLANC und CHARDONNAY ohne Eicheneinfluss.

Bodegas Paso Robles Paso Robles ★★→★★★ Ein köstliches Glas voll Spanien: Doña Blanca, ein charmanter GARNACHA BLANCA/MALVASIA-Verschnitt, TEMPRANILLO/MOURVÈDRE Vaca Negra, leckerer ALBARIÑO.

Bogle Vineyards Central V. ★→★★ Beständig gute, manchmal sogar sehr gute und zudem erschwingliche Weine für den Alltagsgenuss, allen voran der Old Vine ZINFANDEL. Favorit ist derzeit der Phantom, ein herrlicher Verschnitt von Zinfandel, MOURVÈDRE und PETITE SIRAH aus Lodi und den Sierra Foothills.

Bokisch Lodi ★★→★★★ Herausragender Wein von spanischen Rebsorten. Ein sehr guter TEMPRANILLO führt die Riege an (warum wird diese Rebe in Kalifornien nicht häufiger angebaut?), gefolgt von großartigem GARNACHA und Albariño; charmanter Rosado.

Bonny Doon Mont ★★★→★★★★ Le Cigare Volant 10 11 12 13 14 – Randall Grahm, ein Verfechter der Terroirphilosophie, bestockt Weinberge auf der Suche nach der perfekten kalifornischen Rebe, aber das Aushängeschild Le Cigare Volant hat ★★★★-Niveau erreicht. Der Vin Gris de Cigare zählt zu den kalifornischen Spitzenrosés.

Bonterra Siehe FETZER.

Bouchaine Carneros ★★★ Der Pionier in Carneros hält mit seinem Guts-PINOT-NOIR und -CHARDONNAY den Qualitätsstandard hoch. Der Sonoma Coast SYRAH ist exzellent, der RIESLING aus Carneros sehr gut. Die seltene PINOT-MEUNIER-Abfüllung ist probierenswert.

Broc Cellars North Coast ★★→★★★★ Die Kellerei mit Sitz in Berkeley produziert lagenspezifische Weine, v.a. von alten Reben und seltenen Sorten wie der bemerkenswerten Counoise; auch guter GRENACHE-Rosé und Valdiguié.

Bronco Wine Company – Gegründet von Fred Franzia, dem Neffen des verstorbenen Ernest GALLO. Für seine berühmte Marke Charles Shaw (Spitzname »Two Buck Chuck«) bezieht Bronco preiswertes Traubenmaterial aus dem Central Valley; daneben führt er Dutzende weitere Reihen wie Napa Creek und Napa Ridge. Bronco verkauft Wein als populäres Getränk – warum auch nicht?

Buehler Napa ★★★ **07 09 10 11** 12 13 14 – Ein unterschätztes Kleinod in Napa: Buehler erzeugt beständig ausgewogenen CABERNET SAUVIGNON in einem schönen brombeerfruchtigen Stil mit guter Struktur. Hervorragend ist auch der ZINFANDEL (von Trauben aus dem Napa V.), sehr gut der CHARDONNAY (Russian River V.).

Burgess Cellars Howell Mt. ★★★ Cabernet Sauvignon **05 07 09** 10 11 12 13 14 – Kraftvoller, langlebiger CABERNET SAUVIGNON aus Trauben vom Howell Mountain; auch guter SYRAH.

Cain Cellars Spring Mt. ★★★→★★★★ **05 07 09 10** 11 12 13 14 – Der Cain Five, ein geschmeidiger, vielschichtiger Verschnitt der fünf Bordeaux-Rebsorten vom Spring Mt., ist der Klassenprimus: beständig und auf Alterung ausgelegt.

Cakebread Napa V. ★★★→★★★★ **05 06 07 09** 10 11 12 13 14 – Der Wein, an dem jeder Napa-CABERNET-SAUVIGNON sich messen lassen muss, ist zum Einlagern gemacht, schmeckt aber bereits nach 4 oder 5 Jahren Flaschenreife köstlich. SAUVIGNON BLANC und CHARDONNAY sind sehr gut.

Calera ★★★→★★★★ Pinot noir **08 09 10** 11 12 13 14 – Josh Jensen, der sich in seiner Zeit in Oxford in PINOT NOIR verliebt hat, bietet ein ausgezeichnetes Sortiment an sortenreinen Weinen, v. a. Reed und Selleck. Nicht verpassen sollte man die CHARDONNAY-Riege, den intensiven, blumigen VIOGNIER und den großartigen, in den USA seltenen ALIGOTÉ.

Carter Cellars Napa V. ★★★ **07 09 10** 11 12 13 14 – Hier dreht sich alles um Einzellagen-CABERNET-SAUVIGNON, angeführt vom ausgezeichneten To Kalon. Klopft an die ★★★★-Tür.

Cass Paso Robles ★★→★★★ Ein weiterer auf Rhône-Sorten spezialisierter Erzeuger der Central Coast, der seine Sache richtig gut macht. Haarscharf getroffener SYRAH mit satten Schokoladen- und Kaffeenoten und einem langen Abgang; wunderbarer VIOGNIER, großartiger ROUSSANNE und MARSANNE, köstlicher Rosé.

Cattleya North Coast ★★★ Elegante, ausdrucksstarke Weine, v. a. der SYRAH aus den Santa Lucia Highlands, eine Hommage an die Rhône mit kalifornischem Einschlag. Sehr gut der Donum Vineyard PINOT NOIR aus Carneros. Die Kellermeisterin erzeugt zusammen mit Ehemann Jeff Pisoni (PISONI WINES) Shared Notes, Weine für reinen Genuss, v. a. Russian River Valley SAUV BLANC.

Caymus Napa V. ★★★→★★★★ **99 01 05 06 07 09** 10 11 12 13 14 – Der CABERNET SAUVIGNON Special Selection ist eine Napa-Ikone und regelmäßig einer der beeindruckendsten in Kalifornien: ein voller, intensiver Wein, der langsam reift. Auch mit der Napa-Standardabfüllung zieht man keine Niete. Das Zweitetikett Conundrum bietet feine Qualität zum erschwinglichen Preis.

Chalone Mont ★★★ Historisches Weingut am Monterey Mt. mit intensivem, reichhaltigem PINOT NOIR und schwungvollem CHARDONNAY. Mit sehr gutem Guts-GRENACHE und -SYRAH wurde der Burgunderrahmen gesprengt. Empfehlenswert ist der Pinot-noir-Lagenverschnitt von der Central Coast im klassischen, zugänglichen Stil.

Chamisal Vineyards Edna V. ★★★ Hervorragender Central Coast CHARDONNAY und PINOT NOIR. Die jüngsten Abfüllungen sind noch besser, v. a. der Chardonnay ohne Eichennote und der sehr gute SYRAH.

Chappellet Napa V. ★★★→★★★★ **03 05 07 08 09** 10 11 12 13 14 (15) – Pionier (gegründet 1969) am Pritchard Hill, St Helena. Der CABERNET SAUVIGNON aus der Reihe Signature wird wirklich alt. Sehr guter CHARDONNAY, CABERNET FRANC und MERLOT sowie trockener Chenin blanc. Zu Chappellet gehört Sonoma-Loeb mit sehr gutem Chardonnay, VIOGNIER und PINOT NOIR aus Carneros und dem Russian River V.

Vereinigte Staaten

Charles Krug Napa V. ★★→★★★ Die historisch bedeutende Kellerei bietet geschmeidigen CABERNET SAUVIGNON und guten SAUVIGNON BLANC.

Château Montelena Napa V. ★★★→★★★★ Cabernet Sauvignon **01 03 05 06 07** 09 10 11 12 13 14; Chardonnay **10 11 12** 13 14 – Ausgewogener, geschmeidiger CABERNET SAUVIGNON, den man entweder jung trinken oder aber mindestens ein Jahrzehnt einlagern sollte. Der CHARDONNAY ist hervorragend, ebenso wie der köstliche Guts-ZINFANDEL.

Chateau St. Jean Son V. ★★→★★★ **06 07 09 10** 11 12 13 – Trumpfkarte ist hier der Cinq Cépages, ein Verschnitt aus den fünf roten Bordeaux-Sorten; außerdem sehr guter Guts-MERLOT, SAUVIGNON BLANC und CHARDONNAY.

Chimney Rock Stags Leap ★★★ **03 05 07** 09 10 11 12 13 14 – Unterschätzter Erzeuger von ausgewogenem, langlebigem CABERNET SAUVIGNON.

Clark-Clauden Howell Mt. ★★★ **07 09 10** 11 12 13 – Der CABERNET SAUVIGNON Reserve Eternity bekommt Bestnoten für seine prägnante Frucht und die vielfältigen, lang anhaltenden Aromen. Außerdem sehr guter SAUVIGNON BLANC Wild Iris. Stark unterschätzter Erzeuger.

Cliff Lede Stags Leap ★★★ **09 10** 11 12 13 14 (15) – Großartiger CABERNET SAUVIGNON aus der AVA Stags Leap: schlank, ja sogar steinig, zum Einkellern gemacht. Auch die Cabernet-Sauvignon-Reihe aus Howell Mt., Diamond Mt. und Oakville ist sehr gut.

Clos du Val Napa V. ★★★ **07 09 10** 11 12 13 14 – Stets ausgezeichnete, ausgewogene CABERNET-SAUVIGNON-Gewächse, die unter Wert gehandelt werden. Der CHARDONNAY ist ein Genuss, der Verschnitt Ariadne von SÉMILLON und SAUVIGNON BLANC ein Charmeur.

Clos Pegase Napa V. ★★★ Hinguck-Kellerei mit hervorragendem MERLOT aus einem Weinberg in Carneros. Auch guter CABERNET SAUVIGNON.

Cobb Wines Son Coast ★★★ Die Geschichte – und zwar eine gute – sind hier PINOT NOIR und CHARDONNAY von ausgewählten Lagen an der Sonoma Coast: verhalten, ausgewogen, herrlich. Der Diane Cobb Coastlands Vineyard ist wunderbar. Siehe auch HIRSCH.

Conn Creek Napa V. ★★★→★★★★ **05 06 07 09** 10 11 12 13 14 – CABERNET SAUVIGNON mit schöner Struktur von Trauben aus verschiedenen AVAs im Napa V. Gute Kandidaten für den Keller, v. a. der Verschnitt Anthology.

Constellation ★→★★★ Mit mehr als 90 Mio. Kisten im Jahr das größte Weinunternehmen der Welt mit Kellereien in Kalifornien, New York, Washington, Kanada, Chile, Australien und Neuseeland. Früher bediente man v. a. das untere Marktsegment, jetzt will man höher hinaus, u. a. mit ROBERT MONDAVI, FRANCISCAN VINEYARD, Estancia, Mount Veeder, RAVENSWOOD und Simi.

Continuum Napa V. ★★★ Hier macht Tim Mondavi das, was er schon immer wollte, nämlich einen einzelnen Wein aus Bordeaux-Sorten. Vielleicht ist es noch zu früh für ein abschließendes Urteil.

Copain Cellars Anderson V. ★★→★★★ PINOT NOIR ist die Stärke dieses Erzeugers, v. a. der körperreiche, würzige, strahlende Wendling Vineyard. Auch guter CHARDONNAY vom DuPratt Vineyard.

Corison Napa V. ★★★★ **96 97 99 00 01 02 05 06 07 09** 10 11 12 13 14 – Cathy Corison ist eine Art Nationalheiligtum. Während viel zu viele im Napa Valley dem Ruf der (viele Dollars verheißenden) Sirenen folgen und muskelbepackte Extraktbomben produzieren – die hohe Bewertungen erzielen, aber geringen Genuss bedeuten –, erzeugt Corison weiterhin geschmeidigen, hocharomatischen, langlebigen Cabernet Sauvignon. An der Spitze steht der üppig-samtige Kronos Vineyard.

Cornerstone Cellars Howell Mt. ★★★ **05 07 09** 10 11 12 13 14 – Eindrucksvoller CABERNET SAUVIGNON vom Howell Mt. mit Fokus auf Harmonie und Balance; sehr guter Cabernet Sauvignon vom Talboden; spritziger SAUVIGNON BLANC, SYRAH-Rosé.

Cuvaison Carneros ★★★ **05 07 08** 09 10 11 12 13 14 – Die Bestnoten gehen an PINOT NOIR und CHARDONNAY vom Gut in Carneros. Daneben guter SYRAH und ausgezeichneter CABERNET SAUVIGNON vom Mt. Veeder. In der Reihe Single Block u. a. herrlicher Rosé und sehr guter SAUVIGNON BLANC.

Dashe Cellars Dry Creek V., North Coast ★★→★★★ Hier dreht sich alles um ZINFANDEL aus dem Dry Creek V., einschließlich einiger Einzellagenabfüllungen, die den klassischen brombeerfruchtigen Dry-Creek-Stil besitzen. Nicht links liegen lassen sollte man den ausgezeichneten GRENACHE-Rosé und den herrlichen CARIGNANE von alten Reben.

David Bruce Santa Cruz Mt. ★★★ Chardonnay **09 10 11 12** 13 (14) (15) – Auf dem legendären Gut in den Bergen dreht sich alles um ausgezeichneten, seidigen PINOT NOIR und kraftvollen, lange nachschmeckenden CHARDONNAY.

Davis Bynum RRV ★★★ Eine Reihe hervorragender PINOT-NOIR-Einzellagenweine aus dem Russian River V.; seidiger CHARDONNAY.

Dehlinger RRV ★★★→★★★★ Reihe hervorragender PINOT-NOIR-Weine von gutseigenen Lagen. Auch sehr guter CHARDONNAY und SYRAH.

Diamond Creek Napa V. ★★★★ **03 06** 07 09 10 11 12 13 14 – Herbe CABERNET-SAUVIGNON-Weine namens Gravelly Meadow, Volcanic Hill und Red Block Terrace aus Berglagen am Diamond Mt. Die Weine entfalten sich im Alter wunderbar. Eines der Juwelen Napas, das in jüngerer Zeit neben einigen auffälliger glitzernden Cabernet-Sauvignon-Kultweinen gern übersehen wurde.

Domaine Carneros Carneros ★★★ Taittinger-Niederlassung in Kalifornien mit stets guten Schaumweinen, v. a. Jahrgangs-Blanc-de-Blancs Le Rêve; auch der Rosé-Schaumwein OJ und der Jahrgangs-Brut sind sehr gut. Der PINOT NOIR The Famous Gate führt die Riege der hervorragenden Pinot-noir- und CHARDONNAY-Weine an.

Domaine Chandon Napa V. ★★→★★★ Schäumendes Spitzengewächs ist der Reserve Étoile oJ; außerdem gibt es einen sehr guten Roséschaumwein und Stillweine, u. a. guten PINOT NOIR aus Carneros.

Dominus Estate Napa V. ★★★★ **02 05 06 07** 08 09 10 11 12 13 14 – Kind der Liebe von Christian Moueix aus Pomerol, einer der großen Schätze des Napa Valley Drängen Sie ihn nicht, denn der Wein belohnt längeres Einkellern großzügig mit geschmeidigen Schichten intensiver Aromen und einem langen, den Gaumen einhüllenden Abgang. Ein Napa-Superstar, Jahrgang für Jahrgang.

Donum North Coast ★★★→★★★★ Überragend. Besonders empfehlenswert ist der Carneros PINOT NOIR: tief, reichhaltig, mit langem Abgang. Auch sehr guter Anderson V. Pinot noir.

Drew Family Anderson V. ★★★ Debut mit PINOT NOIR aus Einzellagen in unmittelbarer Nähe des Pazifik. Empfehlenswert ist der Morning Dew Vineyard Pinot noir aus Mendocino Ridge, ebenfalls ausgezeichnet der SYRAH vom Valenti Vineyard. Auch wunderbarer ALBARIÑO.

Dry Creek Vineyard Dry Creek V. ★★→★★★ Spielt seit Langem eine führende Rolle beim Projekt »The Zinfandel Heritage Vineyard«, das mit dem Aufspüren seltener alter Rebstöcke dem ZINFANDEL-Erbe Kaliforniens gewidmet war. Sehr beeindruckendes Sortiment von Einzellagenabfüllungen; sehr guter Sauvignon blanc und CHENIN BLANC.

Duckhorn Vineyards ★★→★★★ Merlot **07 06** 08 09 10 11 12 13 14 (15) – Bekannt für dunkle, tanninstarke, pflaumenartig reife Einzellagen-MERLOTS (v. a. Three Palms) und einen Howell Mt. auf CABERNET-SAUVIGNON-Basis. Außerdem robuster PINOT NOIR Golden Eye aus einer Kellerei im Anderson V. Zur Reihe Migration sind nun exzellenter CHARDONNAY und Pinot noir aus dem Russian River V. hinzugekommen. Der Name Decoy steht für zugängliche Weine, v. a. den roten Verschnitt.

Dunn Vineyards Howell Mt. ★★★★ **91 95 97 99 01 03 06** 07 09 10 11 12 13 14 – Randy Dunn erzeugt aus Lagen am Howell Mt. prachtvollen, intensiven Cabernet Sauvignon. Die Weine entfalten sich im Alter herrlich; Abfüllungen aus der Talsohle sind etwas zurückhaltender und nicht für langes Einlagern gemacht. Einer der wenigen Weinmacher im Napa V., die dem Massenwahn widerstehen, marmeladige, übertrieben üppige Weine zu bereiten, nur um sich bei den Kritikern lieb Kind zu machen.

Dutton-Goldfield RRV ★★★ Außergewöhnlicher PINOT NOIR und CHARDONNAY mit schönem Terroircharakter aus Lagen in den AVAs Sonoma Coast und Russian River V. Moderne Klassiker Kaliforniens. Auch die limitierte ZINFANDEL-Abfüllung ist ein Gläschen oder zwei wert. Probieren Sie den RIESLING mit reifem Blauschimmelkäse.

Edna Valley Vineyard Edna V. ★★★ Beginnen Sie mit dem anmutigen SAUVIGNON BLANC und lassen Sie den knackigen CHARDONNAY mit großzügigen Tropenfruchtaromen folgen. Zum Finale dann der eindrucksvolle SYRAH oder ein guter CABERNET SAUVIGNON aus einer Spitzenlage.

Elizabeth Spencer North Coast ★★★ Hervorragender CABERNET SAUVIGNON mit gutem Reifepotenzial aus Rutherford. Sehr guter CHARDONNAY vom Russian River V., schöner CHENIN BLANC aus Mendocino und ein herrlicher PINOT NOIR von Hanglagen an der Sonoma Coast. Ein köstlicher Neuzugang ist der PINOT-NOIR-Rosé von der Sonoma Coast.

Elyse Vineyards Napa V. ★★★ **05 08 07 09** 10 11 12 13 14 – An der Spitze des interessanten Angebots steht langlebiger Einzellagen-CABERNET-SAUVIGNON (in kleinen Mengen) mit strahlender Frucht und vielschichtiger Aromatik. Außerdem sehr guter ZINFANDEL von alten Reben und SYRAH. Unter dem Namen Jacob Franklin werden kleine Mengen aus ausgewählten Lagen präsentiert.

Farella Coombsville ★★★ Ausgezeichnetes Angebot aus der kühlen AVA Coomb in Napa. Exzellent sind der SAUVIGNON BLANC La Luce, der strahlende MERLOT mit Kirschnoten und der elegante CABERNET SAUVIGNON. Der Guts-MALBEC ist herausragend.

Fetzer Vineyards North Coast ★★→★★★ Fetzer, ein Pionier in Sachen ökologischer Anbau, erzeugt beständig guten Wein – von preiswerten Tropfen (Sundial, Valley Oaks) bis hin zu großartigen Reserve-Abfüllungen. Zum Unternehmen gehört auch Bonterra Vineyards (ein reiner Ökobetrieb), wo Roussanne und Marsanne die Stars sind.

Firestone Santa Ynez ★★→★★★ Verlässlicher Erzeuger an der Central Coast mit CABERNET SAUVIGNON, SYRAH, herrlichem SAUVIGNON BLANC und brauchbarem halbtrockenem Riesling. Guter Rosé.

Flora Springs Wine Co. Napa V. ★★★ Cabernet Sauvignon **06 07 09 10** 11 12 13 14 – Ein bisweilen übersehenes Napa-Juwel. Besonders empfehlenswert ist die Reihe Signature mit dem Trilogy, einem verblüffenden Kleinod auf Basis von CABERNET SAUVIGNON aus Hanglagen, und dem Soliloquy, einem sehr guten SAUVIGNON BLANC.

Flowers Vineyard & Winery Son Coast ★★★ Der Pionier im Norden der Sonoma Coast (die ersten CHARDONNAY-Reben wurden 1991 angepflanzt) wirtschaftet heute ökologisch und hat sich für seine intensiven PINOT-NOIR- und Chardonnay-Weine einen guten Ruf erworben.

Foppiano Son ★★→★★★ Eine der großen alten Familien im kalifornischen Weingeschäft, der Betrieb wurde bereits 1896 gegründet. Ausgezeichneter ZINFANDEL und reichhaltiger, fest gefügter PETITE SIRAH sowie ansprechender CABERNET SAUVIGNON, lebhafter SAUVIGNON BLANC und guter Rosé-Gutswein.

Forman Vineyard Napa V. ★★★★ **01 03 05 07** 09 10 11 12 13 14 – Ric Forman, ein überzeugter (manche würden auch sagen: fanatischer) Anhänger der Terroirphilosophie, erzeugt elegante, langlebige Weine auf der Basis von CABERNET SAUVIGNON aus Hanglagen und zudem sehr guten CHARDONNAY mit einem Seitenblick auf Chablis.

Foursight Anderson V. ★★★ Der Neuling legt einen guten Start hin mit dem strahlenden, üppigen Charles Vineyard PINOT NOIR mit vielschichtigen Aromen und langem Abgang.

Frank Family Vineyards Rutherford ★★★ Fantastischer CABERNET SAUVIGNON, der alle Register zieht. Er ist schon früh trinkreif, wird aber von 10 oder mehr Jahren im Keller profitieren, v. a. der Reserve. Ein Traum ist der dunkle, schwerblütige Winton Hill Cabernet Sauvignon. Auch guter SANGIOVESE.

Freeman RRV, Son Coast ★★★→★★★★ Eleganter, terroirbetonter PINOT NOIR und CHARDONNAY aus kühlen Lagen in den AVAs Sonoma Coast und Russian River Valley – Burgund lässt grüßen. Der Chardonnay Ryo-fu (auf Japanisch »kühle Brise«) ist fantastisch, genauso wie der Pinot noir Akiko's Cuvée.

Freemark Abbey Napa V. ★★★→★★★★ **01 03 05 07 09** 10 11 12 13 14 – Oft unterbewerteter klassischer Erzeuger von stilvollem, lagerfähigem Cabernet Sauvignon. Besonders empfehlenswert sind die Einzellagenabfüllungen Sycamore und Bosché.

Freestone Son Coast ★★★ Intensiver, aber ausgewogener CHARDONNAY und PINOT NOIR aus küstennahen Lagen mit schöner Struktur und langem Abgang, was insbesondere für den Chardonnay gilt. Im Besitz von JOSEPH PHELPS aus Napa.

Frog's Leap Rutherford ★★★→★★★★ Cabernet Sauvignon **03 05 07 09** 10 11 12 13 – Alles beginnt im Weinberg, sagt John Williams, ein führender Kopf der Ökobewegung, und genauso meint er es auch. Sein CABERNET SAUVIGNON ist geschmeidig, ausgewogen und zum Einlagern geeignet; außerdem erzeugt er CHARDONNAY mit Röstnote, würzigen ZINFANDEL und schlanken, schwungvollen Sauvignon blanc, alle drei exzellent.

Gallo Sonoma Son ★→★★★ Der küstennahe Außenbetrieb des Central-Valley-Giganten bezieht sein Traubenmaterial aus verschiedenen Weinbergen in Sonoma. Der CABERNET SAUVIGNON kann sehr gut ausfallen, ebenso der Einzellagen-CHARDONNAY. Die Spitzenreihe von Weinmacherin Gina Gallo hat beständig ★★★-Niveau.

Gallo, E. & J. ★→★★ Kaliforniens größte Kellerei hat mehr für die Erweiterung des amerikanischen Geschmacks getan als irgendein anderes Unternehmen. Billige Tropfen plus regionale Sorten wie Anapauma, Marcellina, Turning Leaf usw. – alle zwar von bescheidener Qualität, aber verlässlich und erschwinglich. Ein Großeinkauf hat jüngst die Produktionskapazität in Napa verdreifacht: Besitzt jetzt 15 Kellereien in Kalifornien und Washington.

Gary Farrell RRV, Son Coast ★★★ Ausgezeichnete PINOT-NOIR- und CHARDONNAY-Weine aus Lagen mit kühlem Klima. Der Rocholi Vineyard CHARDONNAY ist großartig. Der stilvolle ZINFANDEL und der herrliche SYRAH verdienen ebenfalls Beachtung. Die neue Reihe Inspiration umfasst Weine aus kleinen Parzellen, z. B. dem Gap's Crown Vineyard an der Sonoma Coast.

Gloria Ferrer Carneros ★★→★★★ Guter Schaumwein sowie würziger CHARDONNAY und strahlend-seidiger PINOT NOIR. Die Schaumweine gehen mittlerweile eher in Richtung lieblich, nicht zuletzt mit dem Va de Vi, einem Verschnitt von Pinot nor, Chardonnay und MOSCATO. Gehört zum spanischen Cava-Riesen Freixenet. Die Royal Cuvée ist am besten.

Grace Family Vineyard Napa V. ★★★★ **03** 05 06 07 09 10 11 12 13 14 (15) – Überwältigender CABERNET SAUVIGNON, für lange Lagerung gemacht. Der hohe Preis ist mitunter tatsächlich gerechtfertigt – eine der wenigen Ausnahmen unter den Kultweinen.

Greenwood Ridge Anderson V. ★★★ Pionier im kühlen Klima des Anderson Valley. Flaggschiff ist der Mendocino Ridge CABERNET SAUVIGNON, ausgewogen, elegant, mit langem Abgang. Auch sehr guter RIESLING und verspielter, würziger SYRAH.

Grgich Hills Cellars Napa V. ★★★ **07 08 09** 10 11 12 13 14 – Der CABERNET SAUVIGNON (jetzt biologisch-dynamisch), ist hervorragend. Außerdem geschmeidiger CHARDONNAY mit Alterungspotenzial, sehr guter SAUVIGNON BLANC (Fumé blanc) und rustikaler ZINFANDEL; der vollmundige PETITE SIRAH ist eine Leckerei.

Groth Vineyards Oakville ★★★ **00 01 05 06 07 09** 10 11 12 13 – Der CABERNET-SAUVIGNON-Gutswein bietet geschmeidige, gut eingebundene Aromen und ausreichend Struktur für ein langes Leben. Straffer gewirkt ist der Cabernet Sauvignon Reserve, der sich nach zehn Jahren oder länger entfaltet. Exzellenter CHARDONNAY und SAUVIGNON BLANC.

Hall Napa V. ★★★ **08 09 10** 11 12 13 14 (15) – Eine etwas verwirrende Anzahl von Napa CABERNET SAUVIGNONS, aber es lohnt sich auszuwählen. Der Kathryn Hall Signature ist hervorragend, mit mundfüllenden vielschichtigen Aromen und gutem Reifepotenzial. Köstlicher, straffer SAUVIGNON BLANC.

Handley Cellars Anderson V. ★★★ Neuer Schwerpunkt auf PINOT NOIR mit fünf Abfüllungen, u. a. großartiger Guts-Reserve und Einsteiger-Pinot-noir für Anfänger aus Mendocino: seidig-weich und ein guter Picknickbegleiter. Sehr guter RIESLING und feiner Schaumwein in limitierter Auflage.

Hanna Winery Son ★★★ Klassischer Sonoma-Erzeuger mit ausgezeichnetem SAUVIGNON BLANC und PINOT NOIR; CABERNET SAUVIGNON Reserve und MERLOT sind großartig. Der Rosé auf Merlot-Basis ist ein Schmankerl.

Hanzell Son V. ★★★★ Pionier der 1950er-Jahre. Überragender CHARDONNAY und Pinot noir von gutseigenen Reben. Beide profitieren von einigen Jahren Kellerreifung. Einer der besten Erzeugern Kaliforniens. Der Chardonnay Sebella von jungen Reben ist voller strahlend frischer Frucht.

Harlan Estate Napa V. ★★★★ **06 07 09** 10 11 12 13 14 (15) – Konzentrierter, geschmeidiger CABERNET SAUVIGNON mit Kultstatus von einem perfektionistischen Weingut, das Spitzenpreise fordert.

HdV Wines Carneros ★★★ Feiner, kompexer Chardonnay der geschliffenen Art und sehr guter PINOT NOIR vom Gut des Winzers Larry Hyde in Zusammenarbeit mit Aubert de Villaine von der Domaine de la Romanée-Conti (siehe Kapitel »Frankreich«). Sehr guter CABERNET SAUVIGNON und SYRAH.

Heitz Cellar Napa V. ★★★→★★★★ **05 07 09** 10 11 12 13 14 (15) – Hier wird die Geschichte Napas lebendig, jetzt in der zweiten Generation, u. a. mit der Ikone Martha's Vineyard CABERNET SAUVIGNON. Konkurrenz kommt von den jüngsten Abfüllungen des Trailside Vineyard Cabernet Sauvignon mit seiner lebendigen, ausgewogenen Frucht. Zurückhaltender, eleganter CHARDONNAY, auch Sauvignon blanc, sogar GRIGNOLINO.

Heller Estate Mont ★★★ Das ökologisch bewirtschaftete Gut bietet vielschichtigen, geschmeidigen Cabernet Sauvignon sowie zauberhaften CHENIN BLANC und PINOT NOIR. Sehr guter MERLOT Rosé, feine RIESLING-Spätlese.

Hess Collection, The Napa V. ★★★ Der CABERNET SAUVIGNON von gutseigenen Reblagen am Mt. Veeder markiert ein neues Qualitätsniveau, v. a. der ausgefallene 19 Block Cuvée, ein Verkaufshit mit angenehmem Auftreten. Sehr gut ist auch der SAUVIGNON BLANC aus dem Lake County. Die Reihe namens Artezin ist auf Rebsorten von Einzellagen spezialisiert, u. a. staunenswerten MOURVÈDRE. Sehenswerte Kunstgalerie.

Hirsch Son Coast ★★★★ Pionier der »extremen« Sonoma Coast. PINOT NOIR und CHARDONNAY mit überwältigendem Charakter und Schwung von einem nebligen Grat oberhalb des Pazifiks. Siehe auch Nachbar und Kumpan COBB.

Honig Napa V. ★★★ **07 08 09 10** 11 12 13 14 (15) – Beständige Qualität, v. a. beim Campbell Vineyard CABERNET SAUVIGNON, der sich reichhaltig und vollaromatisch zeigt und gut altern sollte. Auch köstlicher SAUVIGNON BLANC.

Husch Anderson V. ★★→★★★ Die Familie Husch errichtete vor fast 50 Jahren die erste moderne Kellerei im Anderson V. und macht ihre Sache immer noch gut. Der CHENIN BLANC ist einer der besten in Kalifornien; sehr guter trockener GEWÜRZTRAMINER und strahlender, lebhafter PINOT NOIR.

Inglenook Oakville ★★★★ Der Rubicon, jetzt unter dem Inglenook-Etikett, markiert eine Rückkehr zum klassischen Napa CABERNET SAUVIGNON: ausgewogen, elegant und der großen Tradition treu. Auch CHARDONNAY und MERLOT.

Iron Horse Vineyards Son ★★★ Beeindruckende Auswahl von zwölf Schaumweincuvées, alle mit Jahrgangsangabe. Der Ocean Reserve Blanc de Blancs ist sehr gut, der Wedding Cuvée räumt Preise ab. Sehr guter CHARDONNAY und PINOT NOIR; besonders empfehlenswert sind der Corral Vineyard Chardonnay und der erfrischende Chardonnay ohne Eichennote.

Ironstone Sierra Foothills ★★→★★★ Die Kellerei in den Sierra Foothills ist mehr als nur eine hübsche Fassade. Der Old-Vine ZINFANDEL und der CABERNET FRANC sind beide sehr gut, ebenso wie der bezaubernde Obsession, ein halbtrockener Verschnitt auf der Basis der Hybridsorte Symphony; macht Spaß und ist ausgefallen.

Jordan Alexander V. ★★★ Cabernet Sauvignon **02 05 07** 09 10 11 12 13 14 (15) – Das Vorzeigegut im Alexander V. erzeugt beständig ausgewogene und elegante Weine. Der CABERNET SAUVIGNON ist eine Hommage an Bordeaux und langlebig. Schwungvoller, köstlicher CHARDONNAY.

Joseph Phelps Napa V. ★★★★ Insignia **03 05 06 07** 08 09 10 11 12 13 14 (15) – Phelps' intensiver, langlebiger CABERNET SAUVIGNON, ein »Premier Cru« aus Napa, zählt immer zu den besten, v. a. Insignia und Backus. Sehr gut ist auch der CHARDONNAY Ovation. Siehe FREESTONE.

Joseph Swan Son ★★★ Alteingesessener Erzeuger im Russian River V. mit intensivem ZINFANDEL von alten Reben und PINOT NOIR aus Einzellagen. Auch die (oft übersehenen) Weine von Rhône-Sorten sind sehr gut, v. a. der ROUSSANNE/MARSANNE-Verschnitt und der »orangene« GRENACHE BLANC.

Kathryn Kennedy Santa Cruz Mt. ★★★ **03 05 07 08** 09 10 11 12 13 14 – CABERNET-SAUVIGNON-Spezialist in den kühlen Santa Cruz Mts. Die Weine wurden mit Bordeaux vom linken Ufer verglichen. Junge Weine dekantieren oder mindestens ein Jahrzehnt in den Keller legen.

Kendall-Jackson ★★ Marktorientierter CHARDONNAY und CABERNET SAUVIGNON. Noch beachtenswerter durch die Entwicklung einer Vielzahl von Kellereien unter dem Dach von Jackson Family Wines mit einem internationalen Repertoire aus Australien, Chile, Frankreich und Italien sowie den in Kalifornien selbst und in Oregon angebauten Marken.

Kent Rasmussen Winery Carneros ★★★ Seit 30 Jahren hervorragender PINOT NOIR. Ramsay ist das Alternativlabel für limititerte Abfüllungen, v. a. frischen CHARDONNAY.

Kenwood Vineyards Son ★★→★★★ Cabernet Sauvignon Jack London **05 07 08** 09 10 11 12 13 14 – Beständig gute Qualität zu fairen Preisen. Die Krönung ist der CABERNET SAUVIGNON Jack London; auch der Cabernet Sauvignon Artist Series ist sehr gut. Außerdem verschiedene sehr gute ZINFANDEL-Abfüllungen sowie ein köstlich süffiger SAUVIGNON BLANC. Im Besitz von Pernod Ricard.

Kistler Vineyards RRV ★★★★ Buttriger CHARDONNAY und starker PINOT NOIR von einem Dutzend beim Namen genannter Weinberge. Die Nachfrage ist sehr groß.

Konsgaard Napa ★★★→★★★★ Umwerfender CHARDONNAY aus der Lage Judge Vineyard, der auch aus dem Herzen Burgunds und einem großen Jahrgang stammen könnte. Außerdem hervorragender CABERNET SAUVIGNON, SYRAH und charmanter ALBARIÑO.

Korbel ★★ Größter Erzeuger der USA von massentauglichem Schaumwein nach der klassischen Methode; besonderer Nachdruck wird auf Fruchtnoten gelegt. Der Brut Rosé von Biotrauben ist besonders schmackhaft.

Kunde Estate Son V. ★★★ Hier hat schon das zweite Jahrhundert der Weinbereitung begonnen, fest verankert im historischen Weinberg in Sonoma. Die Gutsabfüllungen führen die Liste an, v. a. der ZINFANDEL Reserve Century Vine. Außerdem sehr guter CABERNET SAUVIGNON.

Lamborn Family Vineyards Howell Mt. ★★★★ **04 06** 07 08 09 10 11 12 13 14 (15) – Heidi Barrett, Weinmacherin mit Superstar-Status, erzeugt intensiven, langlebigen CABERNET SAUVIGNON und mächtigen, hocharomatischen ZINFANDEL von einem Weinberg am Howell Mt.

Lang & Reed Mend, Napa ★★★ Der CABERNET-FRANC-Spezialist bietet einen anprechenden North-Coast-Verschnitt auf Einstiegsniveau und eine herrliche Abfüllung aus dem Napa V. Außerdem köstlicher CHENIN BLANC aus Mendocino.

Larkmead Napa V. ★★★ **10 11** 13 14 – Das historische Gut wird wiederbelebt und bietet geschmeidigen, ausgewogenen, hervorragenden Cabernet Sauvignon sowie köstlichen, strahlenden SAUVIGNON BLANC. Herrlich ist der neu auf den Markt gekommene Tocai FRIULANO.

Laurel Glen Son ★★★★ **03 05 06** 09 10 11 12 13 14 – Der geschmeidige, alterungswürdige CABERNET SAUVIGNON von einer Hügellage am Sonoma Mt. ist seit mehr als drei Jahrzehnten immer nahe der Spitze. Die neuen Besitzer halten das hohe Niveau. Der Cabernet Sauvignon Counterpoint ist sofort zugänglich.

Lion Ranch ★★→★★★ Der neue Erzeuger erinnert daran, dass Santa Clara einst guten Wein hervorbrachte und nicht nur Computerchips. Der Lion's Share ist ein köstlicher weißer Rhône-Verschnitt auf VIOGNIER-Basis; ausgezeichneter GRENACHE BLANC.

Lohr, J. ★★→★★★ Einer der unterbewerteten Schätze Kaliforniens, von Jahr zu Jahr besser. Die Gesture-Reihe ist eine Hommage an die Rhône: SYRAH, VIOGNIER und saftiger GRENACHE-Rosé. Exzellenter CABERNET SAUVIGNON und erstklassige MERITAGE-Rotweine. Ausgezeichneter PINOT NOIR aus Arroyo Seco. Preiswerteres bietet die gute Cypress-Reihe.

Long Meadow Napa V. ★★★→★★★★ 09 10 11 12 13 14 (15) – Napa-Kellerei mit Restaurant und Biolandwirtschaft. Der geschmeidige, langlebige CABERNET SAUVIGNON hat ★★★★-Niveau erreicht. Auch lebhafter SAUVIGNON BLANC im Graves-Stil.

Louis M. Martini Napa ★★★ 06 07 09 10 11 12 13 14 (15) – Dem Napa-Kleinod ist ein fulminantes Comeback gelungen, seitdem der Erwerb durch GALLO 2002 es Mike Martini ermöglichte, den großartigen CABERNET SAUVIGNON und ZINFANDEL von Reblagen zu verarbeiten, die sich seit Jahrzehnten in Familienbesitz befanden. Besonders empfehlenswert ist der Cabernet Sauvignon aus der Lage Monte Rosso. Der Alexander V. Cabernet Sauvignon ist ein Alltagsgenuss.

L'Uvaggio Lodi ★★★ Der Spezialist für italienische Rebsorten bietet ausgezeichneten BARBERA; auch VERMENTINO und ein herrlicher Rosé. Der MOSCATO Secco ist ein sehr guter Aperitif. Der neue PRIMITIVO ist spitze. Hier können Sie nichts falsch machen.

MacPhail Son Coast ★★★ Mardikian, der gutseigene PINOT NOIR, ist ausgezeichnet: intensiv und straff gewirkt. Mehrere Abfüllungen von sehr gutem Pinot noir und CHARDONNAY von der Sonoma Coast und anderen kühlen Lagen.

MacRostie Son Coast ★★★ Hervorragender PINOT NOIR und CHARDONNAY von der Sonoma Coast und aus dem Russian River V. Köstlicher Pinot-noir-Rosé.

Malk Family Vineyards Stags Leap ★★★ 07 08 09 10 11 12 13 14 – Eleganter, geschmeidiger CABERNET SAUVIGNON, ein hervorragendes Beispiel für einen typischen Stags-Leap-Wein. Altert gut, besorgen Sie sich gleich ein paar Kisten. Der Sonoma Coast PINOT NOIR ist eine sehr gute neue Abfüllung.

Marimar Torres Estate RRV ★★★★ Die große katalanische Familie in Kalifornien. Mehrere Abfüllungen von CHARDONNAY und PINOT NOIR aus der gutseigenen Lage Don Miguel im Green V. Der Chardonnay ist komplex und kann bis zu 10 Jahre alt werden. Der Chardonnay Acero ist nicht in Eiche ausgebaut, frisch und ausdrucksvoll. Der Pinot noir aus der Lage Doña Margarita in Pazifiknähe ist intensiv und reichhaltig. Auch guter SYRAH/TEMPRANILLO-Verschnitt und würzige ALBARIÑO/Chardonnay-Cuvée. Alle Weinberge jetzt ökologisch bewirtschaftet.

Markham Napa V. ★★★ Merlot 07 09 10 11 13 14 (15) – Paradewein ist hier der Guts-MERLOT: ausgewogen, verhalten, kann zehn Jahre gelagert werden. Außerdem sehr guter CABERNET SAUVIGNON und PINOT NOIR.

Matthiasson Napa ★★★ Newcomer in Napa mit saftigem, genussreifem CHARDONNAY. Sehr guter CABERNET SAUVIGNON, der so ausgewogen ist, dass er mindestens zehn Jahre altern kann; guter würziger VERMENTINO unter dem Etikett Tendue.

Mayacamas Vineyards Mt. Veeder ★★★ Über 40 Jahre lang erzeugten Bob Travers und seine Frau Elinor von ihrem Weinberg am Mt. Veeder hervorragenden Cabernet Sauvignon, der Jahrzehnte alt werden kann. 2013 kaufte Charles Banks, früher Partner beim Kultgut Screaming Eagle, Mayacamas; die Fans des Napa CABERNET SAUVIGNON sind gespannt.

Meritage Der Ausdruck bezeichnet einen Verschnitt von roten oder weißen Bordeaux-Sorten. Geprägt wurde er in Kalifornien, hat sich aber inzwischen weiter ausgebreitet. Meritage ist ein geschütztes Markenzeichen und darf nur von Mitgliedern der Meritage Alliance verwendet werden. Sollte sich auf *heritage* (»Erbe«, »Überlieferung«) reimen, tut es aber oft nicht.

Merry Edwards RRV ★★★★ Eine Ehrenbezeugung an Burgund mit kalifornischem Einschlag: Der abgerundete Einzellagen-PINOT-NOIR zeigt vielschichtige Aromen und einen Hauch dunkler Gewürze. Hübscher SAUVIGNON BLANC.

Merryvale Napa V. ★★★ CABERNET SAUVIGNON und MERLOT der Marke Merryvale-Beckstoffer sind hervorragend. Die Profile-Reihe bietet einen üppigen und zugleich ausgewogenen CABERNET SAUVIGNON, dem Silhouette, ein voller CHARDONNAY, zur Seite steht. Außerdem guter MERLOT und sehr guter PINOT NOIR. Fruchtbetonte Weine unter dem Etikett Starmont.

Morgan Santa Lucia Highlands ★★★ Erstklassiger PINOT NOIR und CHARDONNAY aus dem ökologisch bewirtschafteten gutseigenen Weinberg Double L, v. a. der nicht in Eiche ausgebaute Chardonnay Metallico. Der Côtes du Crow's ist ein bezaubernder Verschnitt nach Rhône-Art.

Mumm Napa Valley Napa V. ★★★ Stilvolle Schaumweine, v. a. köstlicher Blanc de Noirs und voller, komplexer DVX von einer Einzellage, dem ein paar Jahre in der Flasche gut bekommen; sehr guter Brut Rosé.

Nalle Son ★★★ ZINFANDEL ist hier der Star, bereitet schon jung Freude, kann aber reifen. Ausgezeichneter PINOT NOIR und CHARDONNAY.

Navarro Vineyards Anderson V. ★★★ Sehr guter RIESLING, GEWÜRZTRAMINER und PINOT GRIS vom Kühlklimapionier. Ausgezeichneter PINOT NOIR in zwei Stilen: als Hommage an Burgund von gutseigenen Trauben aus dem Anderson V. und als flotte, fruchtig-saftige Abfüllung von zugekauftem Rebgut. Die neue Schwesterkellerei Pennyroyal eröffnet mit exzellentem Sauvignon blanc und Pinot-noir-Rosé.

Newsome Harlow Lodi, Sierra Foothills ★★★ Hier geht es hauptsächlich um ZINFANDEL; Spitzenwein ist der wunderbare Kirschenmann Vineyard (Lodi) von mehr als hundert Jahre alten Reben. Der Zinfandel Donner Party ist köstlich sortentypisch; die Abfüllungen namens Big John kommen aus Calaveras.

Newton Vineyards Spring Mt. ★★→★★★★ **05 06** 07 09 10 11 12 13 14 (15) – Der Spitzenwein The Puzzle ist ein geschmeidiger, subtiler Bordeaux-Verschnitt (stets ★★★★) mit schönem Alterungspotenzial. Die Reihe Red Label bietet vergnügliche, fruchtbetonte Weine, v. a. der rote Bordeaux-Verschnitt.

Niebaum-Coppola Estate Siehe INGLENOOK.

Oakville Ranch Oakville ★★★ Das Gut am Silverado Trail erzeugt beständig guten CABERNET SAUVIGNON, cremigen CHARDONNAY und großartigen CABERNET FRANC. Der ZINFANDEL/PETITE SIRAH/PETIT VERDOT-Verschnitt ist muskulös und einnehmend.

Ojai Santa Barbara ★★★ Adam Tolmach, ehemals Teilhaber von AU BON CLIMAT, bietet ein umfangreiches Sortiment sehr guter Weine von PINOT NOIR, CHARDONNAY und Rhône-Rebsorten. Der Rosé auf SYRAH-Basis ist köstlich.

Opus One Oakville ★★★★ **07 09 10** 11 12 13 14 (15) – Das Mondavi-Rothschild-Unternehmen hat gloriose und manchmal auch nicht ganz so gelungene Weine hervorgebracht. Gegenwärtig hervorragend in Form, was insbesondere für den 2009er gilt, den man schon jetzt trinken kann, aber besser noch ein paar Jährchen in Ruhe lassen sollte.

Ovid Oakville ★★★ Elegantes neues Biogut auf dem Pritchard Hill in Saint Helena. Geschmeidige Bordeaux-Verschnitte sind die Stars, aber auch der SYRAH ist gut.

Pahlmeyer Napa V. ★★★ Der Pièce de Résistance ist ein prachtvoller, geschmeidiger Bordeaux-Verschnitt. Die MERLOT-Weine sind meist noch einen Tick besser und haben Alterungspotenzial. CHARDONNAY und PINOT NOIR von der Sonoma Coast sind sehr gut.

Patz & Hall North Coast ★★★ Exzellente Reihe mit Einzellagen-PINOT-NOIR und -CHARDONNAY. Spitze sind die Abfüllungen von der Sonoma Coast. Der Pisoni Vineyard Pinot noir aus den Santa Lucia Highlands ist sehr gut, genauso wie der Pinot noir und der Chardonnay vom Hudson Vineyard in Carneros.

Paul Hobbs North Coast ★★★ Einzellagen-CHARDONNAY, -PINOT-NOIR, -CABERNET-SAUVIGNON und -SYRAH. Allen gemeinsam sind Tiefe und Intensität, die manchmal fast ans Marmeladenartige grenzt. Sämtliche Weine sind probierenswert.

Pedroncelli Son ★★ Veteran im Dry Creek Valley mit strahlendem, sehr süffigem ZINFANDEL, CABERNET SAUVIGNON und einem kompakten CHARDONNAY.

Peju Napa V. ★★★ Hat was von einer Vorzeigekellerei, die wahre Qualität steckt aber in den Flaschen, v.a. beim ausgewogenen, geschmeidigen CABERNET SAUVIGNON.

Was kosten die Trauben in Napa?
Wovon hängen die Traubenpreise in Napa ab? Nicht einfach nur von Angebot und Nachfrage und nicht nur vom Prestige. Für Cabernet-Sauvignon-Trauben von Spitzenwinzer Andy Beckstoffers legendärer Lage To Kalon wird der Preis nach Gewicht, nach Fläche (im Falle sehr niedriger Erträge) oder als Vielfaches des Flaschenpreises berechnet, je nachdem, wobei mehr herauskommt. Sie kosten mindestens 18.000 Dollar pro Tonne bzw. 175-mal so viel wie eine Flasche; die Kellereien mit den höchsten Flaschenpreisen zahlen vermutlich 50.000 Dollar pro Tonne. (Eine Tonne Trauben ergibt 55 bis 75 Kisten Wein.) Der durchschnittliche Marktpreis anderer erstklassiger Cabernet-Sauvignon-Trauben liegt bei rund 5.800 Dollar pro Tonne.

Pellet Estate Napa V. ★★★ Klassischer Napa CABERNET SAUVIGNON aus den Mayacamas Mountains. Der nicht in Eiche ausgebaute CHARDONNAY ist ein guter Aperitif; der Sunchase Vineyard Chardonnay ist ausgewogen und lebhaft und reift ein Jahrzehnt. Der neue rote New Henry's Reserve verfügt über eine großartige Tiefe und Struktur. Die Rotweine 10–15 Jahre einlagern.

Peter Michael Winery Mont, Son ★★★★ Die Triebfeder ist das Einzellagenkonzept mit einem Dutzend außergewöhnlicher CHARDONNAY-Abfüllungen. Hervorragender PINOT NOIR Ma Danseuse und roter Bordeaux-Verschnitt Les Pavots. Sir Peter Michael ist Engländer und vom Thema Wein geradezu besessen.

Philip Togni Vineyards Spring Mt. ★★★★ **99 00 03 05** 07 09 10 11 12 13 14 – Der herausragende gutseigene CABERNET SAUVIGNON orientiert sich an Margaux: Er ist ausgewogen und kraftvoll und kann jahrzehntelang reifen. Erschwinglicher, weicher im Stil und früher trinkreif ist der Cabernet Sauvignon Tanbark Hill. Der Ca' Tongi ist ein schöner süßer Rotwein.

Pine Ridge Napa V. ★★★ **03 04 05 06** 07 09 10 11 12 13 14 (15) – Hervorragender CABERNET SAUVIGNON aus verschiedenen Lagen im Napa V. Die Abfüllung aus Stags Leap ist seidig, bezaubernd. Der nur in den besten Jahren erzeugte Epitome kann großartig ausfallen. Guter CHARDONNAY, lebhafter Rosé.

Pisoni Vineyards Santa Lucia Highlands ★★★ Die dritte Generation eines Familienbetriebs in den Santa Lucia Highlands mit PINOT NOIR, der die

Lage widerspiegelt, v. a. Gary's Vineyard; sehr gut der Sobranes Vineyard CHARDONNAY: intensiv, mit tropischer Frucht.

Presqu'ile Santa Maria V. ★★→★★★ Spezialist für kühles Klima. Hervorragender PINOT NOIR, SAUVIGNON BLANC, anspruchsvoller Pinot-noir-Rosé.

Quady Winery Central V. ★★→★★★ Eine Seltenheit in Kalifornien: Dessertweine, u. a. der viel gepriesene Essensia mit Orangennote und der Elysium mit Rosenblütenaroma. Der »Portwein« heißt Starboard, Vya ist ein ausgezeichneter Wermut.

Quintessa Rutherford ★★★ **07 08** 09 10 11 12 13 14 (15) – Der rote Verschnitt des Bioweinguts von Agustin Huneeus in Rutherford verfügt über ausgewogene, geschmeidige Frucht.

Qupé Santa Barbara ★★★ Ein brilliantes Angebot an Weinen von Rhône-Sorten, v. a. MARSANNE. Auch sehr guter CHARDONNAY vom Weinberg Bien Nacido. Die Verdad-Reihe feiert spanische Rebsorten mit verschiedenen Einzellagen-TEMPRANILLOS und -ALBARIÑOS. Alle sind ausgezeichnet.

Rafanelli, A. Dry Creek V. ★★★ Die Familie Rafanelli erzeugt seit vier Generationen ZINFANDEL, und das machen sie richtig: Die klassischen, intensiven Weine mit strahlender Brombeerfrucht sind langlebig, aber wen kümmert's, wo sie doch in jungen Jahren schon so köstlich sind? Außerdem guter CABERNET SAUVIGNON.

Ravenswood Siehe CONSTELLATION.

Raymond Vineyards and Cellar Napa V. ★★★ **01 03 05 07** 09 10 11 12 13 14 (15) – Ausgezeichneter CABERNET SAUVIGNON und CHARDONNAY Generations, der Cabernet Sauvignon ist verhalten und langlebig. Jetzt im Besitz von Boisset Estate Wines.

Oakland – das nächste Napa?

Die Schriftstellerin Gertrude Stein bezeichnete ihre Heimatstadt Oakland verächtlich als Niemandsland: »There is no there there.« Vielleicht würde sie das heute anders sehen, denn inzwischen gibt es dort einen offiziellen Weinrundgang zur Besichtigung von zehn Kellereien im Stadtgebiet, allen voran DASHE CELLARS, inklusive Verkostungsräumen. Man kann den Weg zu Fuß zurücklegen, aber auch mit öffentlichen Verkehrsmitteln.

Ridge North Coast, Santa Cruz Mt. ★★★★ CABERNET SAUVIGNON **00 01 03 05** 07 08 09 10 11 12 13 14 (15) – Gutsgründer Paul Draper ist eine der Schlüsselfiguren des modernen kalifornischen Weinbaus. Der geschmeidige, harmonische Gutswein Montebello Cabernet Sauvignon ist grandios. Ausgezeichneter Einzellagen-ZINFANDEL aus Sonoma, dem Napa V., den Sierra Foothills und Paso Robles. Auch den hervorragenden Chardonnay sollte man nicht links liegen lassen.

Robert Keenan Wines Napa V. ★★★ Geschmeidiger CABERNET SAUVIGNON, MERLOT und CHARDONNAY von gutseigenen Reben am Spring Mt. Der Reserve Cabernet Sauvignon ist durchweg ★★★★-Qualität. Guter ZINFANDEL vom Talboden.

Robert Mondavi ★★→★★★ **11 12 13** 14 (15) – Die Oakville-Ikone wurde 2004 von Constellation erworben und kehrt mit klassischem Napa-CABERNET-SAUVIGNON, v. a. dem To Kalon, zur alten Form zurück. Sehr guter SAUVIGNON BLANC.

Robert Sinskey Vineyards Carneros ★★★ Hervorragender MERLOT sowie Einzellagen-CABERNET-SAUVIGNON, -CHARDONNAY und -PINOT-NOIR. Interessant ist der Abraxas, ein roter und weißer Vin-de-Terroir-Verschnitt von Trauben aus Carneros.

Riesling im Aufwind
Auch wenn die mit RIESLING bestockte Fläche in Kalifornien immer noch recht klein ist – gut 2.000 ha im Vergleich zu mehr als 40.000 ha mit CHARDONNAY-Reben –, wird ihm immer mehr Aufmerksamkeit zuteil. SMITH-MADRONE in Napa erzeugt seit über 40 Jahren Riesling von unbewässerten Berglagen, der trockene Riesling von TREFETHEN, ebenfalls in Napa, hat eine treue Anhängerschaft vor Ort, und auch NAVARRO VINEYARDS und J. LOHR erzeugen erstklassigen Wein von dieser Rebsorte.

Rochioli Vineyards & Winery Son ★★★ Exzellente terroirbetonte Weine, v. a. PINOT NOIR von gutseigenen Trauben, SYRAH, sehr guter Pinot-noir-Rosé und SAUVIGNON BLANC. Bezaubernder, fruchtiger Valdiguie, brillanter CHARDONNAY.

Roederer Estate Anderson V. ★★★→★★★★ Einer der besten Schaumweine Kaliforniens und der zweifellos beste Rosé. Im Besitz der Champagnerfirma Roederer. Zurückhaltung und geschmeidige Eleganz kennzeichnen den Stil des Hauses, v.a. bei der Luxuscuvée L'Ermitage. Roederer produziert auch den sehr guten Schaumwein SCHARFFENBERGER. Die neue Marke Domaine Anderson bietet Stillweine von PINOT NOIR und CHARDONNAY.

Saddleback Cellars Napa V. ★★★ **06 07** 08 10 11 12 13 14 (15) – Kellermeister und Besitzer Nils Venge ist eine Legende im Napa V. wegen seines langlebigen CABERNET SAUVIGNON. Guter SAUVIGNON BLANC und jetzt auch ausgezeichneter ALBARIÑO.

St. Clement Napa V. ★★★ **03 05 06** 07 09 10 11 12 13 14 – Mehrere CABERNET-SAUVIGNON-Abfüllungen von Einzellagen zeigen gebändigte Kraft und tiefgründige Aromen, ebenso der Oroppas aus verschiedenen Reblagen. Ausgezeichneter CHARDONNAY sowie sehr guter MERLOT und SAUVIGNON BLANC.

St. Francis Son ★★→★★★ Fruchtbetonte Weine hauptsächlich aus dem Sonoma County, v. a. sehr guter CHARDONNAY, VIOGNIER, CABERNET SAUVIGNON und hervorragender ZINFANDEL von alten Reben.

Saintsbury Carneros ★★★ Intensiver, ausgewogener PINOT NOIR und CHARDONNAY aus Carneros. Herausragender neuer Pinot noir von der Sonoma Coast.

St. Supéry Napa ★★★ Der SAUVIGNON BLANC ist einer der besten Kaliforniens. Daneben kraftvoller, seidiger MERLOT sowie hervorragender CABERNET SAUVIGNON und CHARDONNAY vom Dollarhide Estate Vineyard. Jetzt im Besitz der Wertheimer-Brüder, denen Chanel gehört und die Châteaux Rauzan-Ségla, Canon in Bordeaux.

Scharffenberger Mend – Sehr guter und erschwinglicher Brut Rosé oJ. Der neue Eigentümer (ROEDERER) hat der Qualität wieder Auftrieb verliehen. Mal sehen, was draus wird.

Schramsberg Napa V. ★★★★ J. Schram, die cremige Luxuscuvée, hat man schon als den Krug-Champagner Kaliforniens bezeichnet. Der Blanc de Noirs ist ausgezeichnet, ebenso der Brut, und die Reserve gehaltvoll und intensiv. Das Zweitetikett Mirabelle ist sehr ansprechend. Außerdem sehr guter roter Stillwein J. Davies (CABERNET SAUVIGNON) von gutseigenen Reblagen in den Bergen. Zeitlos hohe Qualität.

Schug Vineyards Carneros, Son Coast ★★★→★★★★ Walter Schug war ein Meister des PINOT NOIR. Der Carneros Pinot noir ist ★★★★ und eine neue Abfüllung von der Sonoma Coast wird dieses Niveau bald erreichen. Ebenfalls Spitze beim Chardonnay, sowohl Carneros als auch Sonoma Coast.

Screaming Eagle Napa V. – Kleine Mengen eines Kult-CABERNET-SAUVIGNON zu astronomischen Preisen für Leute, die so etwas mögen und sich leisten können.

Seghesio Son ★★★ Etliche Lagenabfüllungen von grandiosem ZINFANDEL. Sehr guter BARBERA, Sangiovese und schöner (in Kalifornien seltener) ARNEIS.

Selene Napa V. ★★★ Kleine Mengen von Bordeaux-Trauben aus ausgewählten Lagen in Napa: großartig. Ausgezeichneter CABERNET FRANC, ausgewogener, eleganter CABERNET SAUVINGON, feiner SAUVIGNON BLANC.

Sequoia Grove Napa V. ★★★ Das Flaggschiff Cambium ist ein überwältigender CABERNET-SAUVIGNON-Verschnitt, ausgewogen und langlebig. Auch der CHARDONNAY ist sehr gut.

Ser Mont ★★★ Nicole Walsh, langjährige Partnerin von Randall Grahm (siehe BONNY DOON), hat diese Kellerei auf Standing-Ovations-Niveau gebracht. Der CHARDONNAY ist großartig, intensiv und fest; der PINOT NOIR bietet strahlende Frucht und ist gut gebaut.

Shafer Vineyards Napa V. ★★★→★★★★ Cabernet Sauvignon **07 09** 10 11 12 13 14 (15) – Intensiver, kraftvoller CABERNET SAUVIGNON aus Stags Leap, v.a. Hillside Select, sehr guter MERLOT und feiner CHARDONNAY von Trauben aus Carneros.

Shannon Ridge Lake ★★→★★★ Der CABERNET SAUVIGNON Home Ranch ist einer der besten aus dem Lake County: strahlende, verlockende Frucht, braucht mehrere Jahre zum Reifen. Der BARBERA ist schwungvoll und ansprechend; CHARDONNAY mit schöner tropischer Frucht.

Silverado Vineyards Stags Leap ★★★ **03 04 05 07** 09 10 11 13 14 15 – Der exzellente CABERNET SAUVIGNON Solo zeigt stolz das Terroir der AVA Stags Leap; der neu herausgekommene Geo, Cabernet Sauvignon aus der AVA Coomb, ist hervorragend. Außerdem feiner CHARDONNAY und SAUVIGNON BLANC.

Silver Oak Alexander V., Napa V. ★★★ **05 07 09** 10 11 12 13 14 (15) – Die beiden Kellereien – die eine im Napa, die andere im Alexander V. – erzeugen ausschließlich CABERNET SAUVIGNON. Der aus Napa ist ein Klassiker dieser Sorte, der aus dem Alexander V. ist geschmeidig und kann jünger getrunken werden. Die Weine kommen erst auf den Markt, wenn sie trinkreif sind, entfalten sich aber zehn Jahre oder länger prächtig.

Smith-Madrone Spring Mt. ★★★ Ein Purist, der ausgezeichneten RIESLING von strahlend floral-spritziger Art erzeugt. Außerdem sehr guter, kraftvoller CABERNET SAUVIGNON aus einem hoch gelegenen Weinberg und guter CHARDONNAY. Keine künstliche Bewässerung.

Sonoma-Cutrer Vineyards Son ★★★ Exzellenter CHARDONNAY und PINOT NOIR aus Lagen mit kühlem Klima im Russian River V. und an der Sonoma Coast. Der Chardonnay Founders Reserve kann gelagert werden.

Spottswoode St Helena ★★★★ **01 03 05 06** 07 09 10 11 12 13 14 (15) – Ein Kandidat für Ihre Bestenliste der kalifornischen »Premiers crus«. Der hervorragende Cabernet Sauvignon ist unwiderstehlich und zudem langlebig. Brillanter SAUVIGNON BLANC.

Spring Mountain Vineyard Spring Mt. ★★★→★★★★ **03 04 05 07** 08 09 10 11 12 13 14 – Der konzentrierte CABERNET-SAUVIGNON-Verschnitt

Signature Elivette mit vielschichtiger Aromatik besitzt Alterungspotenzial. Sehr gut sind auch der Cabernet-Sauvignon-Gutswein, der SAUVIGNON BLANC und der SYRAH.

Staglin Family Vineyard Rutherford ★★★★ **07 09** 10 11 12 13 14 (15) – Der elegante CABERNET SAUVIGNON lässt sich gut einlagern. Der CHARDONNAY-Gutswein ist komplex und intensiv; außerdem guter SANGIOVESE. Brillianter Cabernet Sauvignon und Chardonnay unter dem Namen Salus: Alle Einnahmen gehen an Gesundheitsstiftungen.

Die kühle Küste von Sonoma

Hervorragende Weine entstehen nur wenige Kilometer von der Pazifikküste entfernt, vor allem in der Gegend zwischen der AVA Russian River Valley und dem Meer. Empfehlenswert sind besonders PINOT NOIR und CHARDONNAY von Banshee (einem Newcomer), COBB, DUTTON-GOLDFIELD, HIRSCH, FLOWERS, FREEMAN, MACROSTIE, MACPHAIL FAMILY und MARIMAR ESTATE.

Stag's Leap Wine Cellars Stags Leap ★★★★ **01 03 05** 07 09 10 11 12 13 14 – Wein geht nicht viel besser als der seidige, verführerische CABERNET SAUVIGNON (SLV, Fay sowie Spitzengewächs Cask 23) und der MERLOT. Darüber wird der gute CHARDONNAY häufig übersehen. Auch nachdem der Gründer Warren Winiarski an Chateau Ste. Michelle und Marchese Antinori verkauft hat, ist die Qualität mustergültig geblieben.

Sterling Napa V. ★★→★★★ Die sehenswerte Kellerei aus den 1970er-Jahren war ein Wegbereiter für ernst zu nehmenden MERLOT; außerdem guter CHARDONNAY und CABERNET SAUVIGNON.

Stony Hill Vineyard Spring Mt. ★★★★ Chardonnay **01 03 05** 06 07 09 10 11 12 13 14 (15) – Legendärer und wegweisender Erzeuger von unglaublich langlebigem, anmutigem, geschmeidigem CHARDONNAY. Neuerdings gibt es auch einen zurückhaltend-ausgewogenen CABERNET SAUVIGNON. Guter RIESLING und GEWÜRZTRAMINER.

Sutter Home Siehe TRINCHERO FAMILY ESTATES.

Tablas Creek Paso Robles ★★★ Heiliger Boden für Rhône-Freunde: Die Weinberge sind großteils mit Stecklingen aus Châteauneuf-du-Pape bepflanzt, da es sich hier um ein Joint Venture der Besitzer von Beaucastel (Frankreich) und des Importeurs Robert Haas handelt. Der Côtes de Tablas ist – rot wie weiß – verblüffend gut, ebenso der Tablas Creek Esprit. Patelin de Tablas, die neue Reihe trinkreifer Weine, ist super.

Talbott, R. Mont, Santa Lucia Highlands ★★★ Geschmeidig-charmanter CHARDONNAY und PINOT NOIR aus Einzellagen in Monterey. Besonders empfehlenswert sind der Chardonnay Sleepy Hollow aus den Santa Lucia Highlands und der gutseigene Pinot noir Kali Hart. Jetzt im Besitz von E. & J. GALLO.

Thomas Fogarty Santa Cruz Mt. ★★★ Die Einzellagenabfüllungen von CHARDONNAY und PINOT NOIR sind Spitzenweine, besonders gut ist der Guts-Chardonnay. Neuer fruchtiger NEBBIOLO.

Trefethen Family Vineyards ★★★ **04 05** 07 08 10 11 12 13 14 (15) – Historischer Familienbetrieb in Napa. Herrlicher lagerfähiger halbtrockene RIESLING. Der CABERNET SAUVIGNON Reserve hält sich (am besten ist der Halo). Der CHARDONNAY kann hervorragend ausfallen, v. a. der Harmony Reserve.

Trinchero Family Estates ★→★★★ Alteingesessener Napa-Valley-Erzeuger mit einer verwirrenden Anzahl von Marken, doch allen anderen überlegen ist der erschwingliche, sehr gefällige CABERNET SAUVIGNON der Marke Napa Wine Company.

Trione Alexander V., RRV ★★★ Der kräftige, intensive, seidige rote Verschnitt auf CABERNET-SAUVIGNON-Basis aus dem Alexander V. führt die Liste an; daneben außergewöhnlicher SYRAH aus dem Russian River V.

Truchard Carneros ★★★ Großartige TEMPRANILLO- und ROUSSANNE-Abfüllungen. Außerdem herber, zitronenfruchtiger CHARDONNAY und aromatischer MERLOT. CABERNET SAUVIGNON und SYRAH sind ebenfalls sehr gut. Alle Trauben stammen aus Carneros.

Tudal St Helena ★★★ **03 05 07** 09 10 11 12 13 14 (15) – Wunderbar ausgewogener und eleganter CABERNET SAUVIGNON vom Clift Vineyard. Die Reihe Cerruti Cellars Founders ist lagernswert.

Turnbull Napa V. ★★★ **06 07** 09 10 11 12 13 14 (15) – Der CABERNET SAUVIGNON ist ein Napa-Klassiker: kraftvoll und doch geschmeidig und ausgewogen. Die Abfüllung vom Pierra Vineyard sollte man für mindestens zehn Jahre einlagern. Dazu hervorragender Fortuna MERLOT und sehr guter VIOGNIER.

Viader Estate Howell Mt. ★★★★ **03 05 06** 07 08 09 10 11 12 13 14 (15) – Das Gut am Howell Mt. erzeugt langlebige, kraftvolle Verschnitte auf CABERNET-SAUVIGNON-Basis. Der V. ist ein wunderbarer Bordeaux-Verschnitt auf PETIT-VERDOT-Basis. Sehr guter CABERNET FRANC. Empfehlenswert sind auch die in kleinen Mengen erzeugten Abfüllungen der Reihe Dare, u. a. SYRAH und TEMPRANILLO.

Vina Robles San Luis Obispo ★★→★★★ Guter CABERNET SAUVIGNON und SAUVIGNON BLANC; die supergünstigen Alltagsweine Vina Robles Red und White punkten mit strahlender Frucht und angenehmer Säure.

Vino Noceto Sierra Foothills ★★★ In dieser Kellerei in Amador dreht sich alles um SANGIOVESE: schöner sortentypischer Charakter mit strahlender, lebhafter Frucht. Die Toskana sollte sich vorsehen.

Vin Roc Napa V. ★★★ Herausragender CABERNET SAUVIGNON, seidig, tief, geschmacksintensiv; holt das Beste aus dem Terroir von Atlas Peak heraus; auch guter CHARDONNAY mit einem Gruß an Chablis.

Volker Eisele Family Estate Napa V. ★★★ **01 03** 05 07 09 10 11 12 13 14 (15) – Geschmeidige, üppige Verschnitte auf Basis von CABERNET SAUVIGNON; besonders empfehlenswert ist der Terzetto. Neu im Sortiment ist der sortenreine Cabernet Sauvignon Alexander, Gemini heißt der hübsche, lebhafte SAUVIGNON BLANC/SÉMILLON-Verschnitt. Sämtliche Weine stammen aus ökologischem Anbau.

Wente Vineyards ★★→★★★ Die historische Kellerei wird ihrem Ruf gerecht mit sehr gutem CHARDONNAY und herausragendem SAUVIGNON BLANC von auf Kiesböden wachsenden Trauben. Der neue PINOT NOIR aus Arroyo Seco ist ein Spitzenkandidat.

Wine Group, The Central V. ★ Der nach Produktionsvolumen drittgrößte Weinerzeuger der Welt bietet diverse Alltagstropfen wie z. B. Glen Ellen sowie den Schlauchwein Franzia.

Y. Rousseau North Coast ★★★ Ein jetzt in Napa ansässiger Gascogner bietet einen wunderbaren COLOMBARD von alten Reben aus dem Russian River V. Die (in Kalifornien) rare TANNAT-Abfüllung ist großartig. Auch guter CABERNET SAUVIGNON vom Mt. Veeder.

Michigan

Es gibt 119 Erzeugerbetriebe, meist in der Nähe des Lake Michigan, der das Klima mäßigt. RIESLING, GEWÜRZTRAMINER, PINOT GRIS und CABERNET FRANC sind besonders gut. An der Spitze sind zurzeit **Bel Lago**, **Black**

Star, Boathouse, Bowers Harbor, Brys, Chateau Chantal, Chateau Fontaine, Chateau Grand Traverse, Fenn Valley, Tabor Hill, L. Mawby, St Julian, 45 North, Lawton Ridge, Left Foot Charley, 2 Lads, Hawthorne, Laurentide, 12 Corners und **WaterFire**. Auf dem Weg nach oben ist **Mari** mit eindrucksvollen Rotweinen von italienischen Rebsorten.

Missouri

Die University of Missouri hat eine neue Versuchskellerei eingerichtet, um Bereitungsmethoden und Rebsorten unter den hiesigen – warmen und feuchten – Bedingungen zu testen. Bislang schneiden SEYVAL BLANC, VIDAL, Vignoles (trocken und süß) sowie Chambourcin am besten ab. **Stone Hill** in Hermann erzeugt sehr guten Chardonel (eine winterharte Hybride von Seyval blanc und CHARDONNAY) und Norton sowie guten Seyval blanc und Vidal. Der **Hermannhof** erregt Aufsehen mit Vignoles, Chardonel und Norton. Außerdem: **St James** mit Vignoles, Seyval blanc und Norton, **Mount Pleasant** in Augusta mit einem vollen aufgespriteten Wein und Norton, **Adam Puchta** mit aufgespriteten Weinen, Norton, Vignoles und Vidal, **Augusta Winery** mit Chambourcin, Chardonel und Eiswein, **Les Bourgeois** mit SYRAH, Norton und Chardonel sowie **Montelle** mit sehr gutem Cynthiana und Chambourcin.

New Mexico

Trocken, mit einer Mischung aus Bergen und Hochebenen. **Black Mesa** (★★): Ausgezeichneter SYRAH, sehr guter PETITE SIRAH und CHARDONNAY. **Gruet** (★★★): Bekannt für ausgezeichneten Schaumwein, v.a. Blanc de Noirs und Grand Rosé; auch hervorragender Chardonnay und PINOT NOIR. **La Chiripada** (★): Erstklassiger Reserve CABERNET SAUVIGNON sowie sehr guter Petite Sirah und VIOGNIER. **Noisy Water** (★): Ausgezeichneter Cabernet Sauvignon, sehr guter SHIRAZ. **Southwest Wines** (★): Empfehlenswert v.a. MALVASIA bianca St Clair und der Schaumwein DH Lescombes Brut. **Vivác** (★★): Ausgezeichnete rote Verschnitte Divino (italienische Trauben) und Diavolo (französische) sowie sehr guter Amante im Portweinstil.

New York

Der traditionsreiche Weinbau im Bundesstaat New York, ursprünglich mit einheimischen Reben, dann mit Hybriden, jetzt mit Vinifera-Sorten, v.a. Riesling, wächst weiterhin in erstaunlichem Tempo; inzwischen gibt es über 400 Kellereien in neun AVAs: Long Island (inkl. North Fork und The Hamptons), Hudson River, Finger Lakes (inkl. Cayuga und Seneca Lakes), Niagara Escarpment und Lake Erie.

21 Brix ★★ 14 15 – Aufstrebender Betrieb am Ufer des Lake Erie mit stilvollem trockenem CHARDONNAY, RIESLING und Noiret sowie Eiswein.

Anthony Road Fin ★★★ **13** 14 15 – Hervorragendes Gut mit einigen der besten trockenen und halbtrockenen RIESLINGE der USA; außerdem feiner GEWÜRZTRAMINER, PINOT GRIS und ein CABERNET FRANC/LEMBERGER-Verschnitt.

Bedell Long I ★★→★★★ **10** 14 15 – Pionierbetrieb seit 1980. Der prominente Kellermeister bereitet stahligen SAUVIGNON BLANC, temperamentvollen MALBEC und kraftvollen CABERNET FRANC. Die schönen Etiketten werden von Chuck Close und anderen bekannten Künstlern gestaltet.

Boundary Breaks Fin ★★★ 14 15 – Trockener, halbtrockener und süßer RIESLING.

Casa Larga Fin ★★ 13 14 15 – Guter Familienbetrieb mit beachtlichem RIESLING, GEWÜRZTRAMINER, PINOT NOIR und VIDAL-Eiswein.

Channing Daughters Long I ★★★ **13** 14 15 – Der kreative Erzeuger im Bereich South Fork bietet sehr guten Tocai FRIULANO, PINOT GRIGIO und eine Reihe italienisch anmutender Rosés; außerdem guter PETIT VERDOT und CABERNET SAUVIGNON sowie großartige Verschnitte.

Finger Lakes Eines der aufregendsten Weinbaugebiete in den USA mit inzwischen 129 Erzeugerbetrieben. Während RIESLING unbestritten den Ruhm der Finger Lakes begründete, gewinnen andere Rebsorten wie GRÜNER VELTLINER, CABERNET FRANC, GEWÜRZTRAMINER und BLAUFRÄNKISCH zusehens an Statur. Aufstrebende Kellereien: Atwater, Belhurst, Coyote Moon, Leonard Oakes, Ventosa und Whitecliff.

Fox Run Fin ★★★ 13 14 15 – Ausgezeichneter RIESLING sowie guter CHARDONNAY, GEWÜRZTRAMINER, Rosé, PINOT NOIR und CABERNET FRANC. In dem Café mit Blick über den Lake Seneca gibt es regionale Käse- und Wurstspezialitäten.

Frank, Dr. Konstantin (Vinifera Wine Cellars) Fin ★★★★ **12** 13 14 15 – Auf dem Pioniergut (1961) sind nun die dritte und die vierte Generation am Ruder. Einer der besten Riesling-Erzeuger in den USA; ausgezeichneter GEWÜRZTRAMINER, GRÜNER VELTLINER, CHARDONNAY und PINOT NOIR. Fein ist auch der Schaumwein Château Frank.

Hamptons, The (auch South Fork) Long I – Beliebtes Ausflugsziel für Manhattaner mit drei Erzeugern: CHANNING DAUGHTERS, Duckwalk und WÖLFFER.

Heart & Hands Fin ★★★ 13 14 15 – Kleines Gut am Ufer des Cayuga Lake; klassischer RIESLING und PINOT NOIR aus kühlem Klima.

Hermann J. Wiemer Fin ★★→★★★ **13** 14 15 – Eines der besten Weingüter im Osten, 1976 gegründet. Großartiger RIESLING, beachtlicher CHARDONNAY und GEWÜRZTRAMINER sowie feine Schaumweine, PINOT NOIR und CABERNET FRANC.

Hudson River Region Malerisches Weinbaugebiet, eineinhalb Autostunden von Manhattan entfernt, mit 42 Erzeugerbetrieben. Führend sind Benmarl, Brotherhood, Hudson-Chatham, MILLBROOK, Robibero, Whitecliff.

Lake Erie AVA-Bereich, der sich über drei Bundesstaaten erstreckt. Hervorragende Erzeuger: 21 BRIX und Mazza Chautauqua Cellars. Empfehlenswert sind RIESLING, PINOT GRIS, CHARDONNAY, Eiswein und der hochwertige Weinbrand.

Lamoreaux Landing Fin ★★★ **12** 14 15 – Griechisch anmutendes Gebäude mit Blick auf den Lake Seneca. Exzellenter Chardonnay, Einzellagen-RIESLING, -GEWÜRZTRAMINER, -CABERNET-FRANC und Eiswein.

Long Island Einen Katzensprung von Manhattan entfernt; 25 Erzeugerbetriebe und mit die größte Vinifera-Dichte an der Ostküste (ca. 1.000 ha). Zwei AVAs: Long Island/NORTH FORK und Long Island/THE HAMPTONS (alias South Fork). Führende Erzeuger: u. a. BEDELL, CHANNING DAUGHTERS, Lenz, MACARI, PAUMANOK, SHINN, SPARKLING POINTE und WÖLFFER.

Macari Long I ★★★ 13 14 15 – 1995 auf dem 200-ha-Gut der Familie Macari direkt am Ufer gegründet. Sehr guter SAUVIGNON BLANC, ausgezeichneter VIOGNIER und saftige Rotweine im Bordeaux-Stil.

McCall Long I ★★★ **13** 14 15 – Gut auf Long Island mit frischem, nicht in Eiche ausgebautem CHARDONNAY, seriösem PINOT NOIR und feinem MERLOT. Auch Viehzuchtbetrieb.

McGregor Fin ★★ 14 15 – Etablierte Kellerei (gegründet 1980). Guter CABERNET FRANC, CABERNET SAUVIGNON, PINOT NOIR, RIESLING.

Martha Clara Long I ★★★ **12** 14 15 – Hervorragender MERLOT, guter MALBEC, CHARDONNAY, SAUVIGNON BLANC und Schaumweine.

Millbrook Hudson R. ★★ **14** 15 – Das wichtigste Gut im Hudson Valley mit RIESLING, CHARDONNAY, Tocai (FRIULANO) und CABERNET FRANC.

North Fork Long I – Das Weinbaugebiet, dessen landwirtschaftliche Tradition bis ins 17. Jh. zurückreicht, erstreckt sich über 190 km in den Atlantik hinein und hat mit die längste Anbausaison im Nordosten. Spitzenerzeuger: u. a. BEDELL, CHANNING DAUGHTERS, MACARI, PAUMANOK, SHINN ESTATE, SPARKLING POINTE, WÖLFFER.

Paumanok Long I ★★★★ **10 13** 14 15 – Tolle Kellerei in Familienbesitz auf LONG ISLAND; schwungvoller CHARDONNAY, intensiver RIESLING, guter MERLOT, CABERNET SAUVIGNON und beachtlicher CHENIN BLANC.

Ravines Wine Cellars Fin ★★★ 14 15 – Außergewöhnlich gute trockene Rieslinge mit und ohne Lagenbezeichnung sowie CABERNET FRANC, PINOT NOIR und MERITAGE.

Red Newt Fin ★★★ 13 14 15 – Eleganter RIESLING, GEWÜRZTRAMINER, PINOT GRIS; guter CABERNET FRANC, MERLOT, PINOT NOIR.

Red Tail Ridge Fin ★★★ **14** 15 – Höchste Qualität. Unter anderem trockener und süßer RIESLING, CHARDONNAY, BLAUFRÄNKISCH, PINOT NOIR.

Shinn Estate Long I ★★★ **12** 14 15 – Lebhafter SAUVIGNON BLANC, sehr guter MERLOT, frischer Blanc-de-Blancs-Schaumwein. Schönes Restaurant im Bauernhaus.

Silver Thread Fin ★★★ 14 15 – Supertrockener und halbtrockener RIESLING sowie guter PINOT NOIR, Rosé und CHARDONNAY.

Sparkling Pointe Long I ★★→★★★ Beachtliche Schaumweine, von einem Kellermeister französischer Abstammung bereitet.

Swedish Hill Fin ★★★ 14 15 – Legendäres Gut im Bereich FINGER LAKES (seit 1969); beständig guter CHARDONNAY, RIESLING, Schaumwein, VIDAL und Vignoles-Spätlese.

Wölffer Estate Long I ★★★★ **12 13** 14 15 – In dem in den 1980er-Jahren gegründeten Betrieb in South Fork bereitet der deutschstämmige Kellermeister ausgezeichneten CHARDONNAY, feinen Rosé und CABERNET SAUVIGNON sowie hervorragenden MERLOT.

Ohio

Der extrem kalte Winter wird durch die Nähe des Lake Erie gemildert. 235 Kellereien und fünf AVA-Bereiche. PINOT GRIS, RIESLING, PINOT NOIR und Eiswein können alle ausgezeichnet ausfallen; außerdem CABERNET FRANC in Süd-Ohio. Spitzenerzeuger: **Breitenbach**, **Debonné**, **Ferrante**, **Firelands**, **Harpersfield**, **M. Cellars**, **Markko**, **Paper Moon**, **St Joseph** und **Valley Vineyards**. Aufstrebend: **Laurentia**.

Oregon

Die Pinot-noir-Kapitale des pazifischen Nordwestens bringt zarte, elegante Weine hervor, die auch schön konzentriert sind und einen niedrigeren Alkoholgehalt haben als die Kalifornier: Kühlere Nächte und jede Menge Sonnenschein sorgen für Frische und Ausgewogenheit. Die Kellereien sind eher klein, doch es wandert großes Geld zu, besonders aus Burgund und Kalifornien, was den Boutiquecharakter gefährdet. Aber es ist billiger, hier Land zu kaufen als in Kalifornien – oder in Burgund. 2015 war ein reifer, erstklassiger Jahrgang.

Bedeutende Weinbaugebiete in Oregon

Southern Oregon. Warmes Klima mit den AVAs Rogue, Applegate Valley und Umpqua Valley. Tempranillo, Syrah und Viognier sind sehr gut; es wird viel experimentiert.

Willamette Valley. Heimat von Kühlklima-Pinot-noir und -Pinot-gris; außerdem sehr guter Chardonnay und trockener Riesling. Wichtige AVAs sind Dundee Hills, Chehalem Mt., Yamhill-Carlton und Eola-Amity Hills.

Abacela S Oregon ★★★ Der Pionier in South Oregon und Spezialist für spanische Rebsorten ist stets führend bei TEMPRANILLO und ALBARIÑO und erzeugt außerdem sehr guten SYRAH und VIOGNIER. Paramour heißt die ausgezeichnete Cuvée im Rioja-Stil.

Adelsheim Vineyard Wil ★★★ **09** 10' 11 12' 13 – Pionierbetrieb mit erstklassigem PINOT NOIR aus Einzellagen, sehr gutem CHARDONNAY und Pinot noir Reserve sowie vergnüglichem AUXERROIS.

Anam Cara Cellars Wil ★★★ 09 10' **11'** 12' 13 – Der Familienbetrieb erzeugt PINOT NOIR voller Anmut und Tiefe, v. a. Nicholas Estate. Ebenfalls hervorragend ist der Dry RIESLING.

Antica Terra Wil ★★★→★★★★ **09 10** 11' 12' (13) – Maggie Harrison hat der kalifornischen Kellerei Sine Qua Non den Rücken gekehrt, um im Willamette V. PINOT NOIR zu bereiten; ist jetzt schon Kult. Neuerdings auch hochgelobter CHARDONNAY in kleinen Mengen.

Archery Summit Wil ★★★ **09' 10** 11 12' 13 – Eindrucksvoller, langlebiger PINOT NOIR von gutseigenen Lagen in den AVAs Dundee Hills und Ribbon Ridge, v. a. Red Hills Estate. Zu den Weißweinen gehört auch ein sehr guter in Beton vergorener PINOT GRIS.

Argyle Wil ★★→★★★ **09 10 11** 12' 13 – Verlässlicher Erzeuger von exzellentem und nicht überteuertem PINOT NOIR, CHARDONNAY, trockenem und süßem RIESLING sowie sehr gutem Schaumwein in diversen Stilrichtungen.

Beaux Frères Wil ★★★→★★★★ **09' 10** 11' 12' 13' – Von dem angesehehen Bioweingut kommen zunehmend raffinierte und für Sammler interessante PINOT-NOIR-Weine. Teilweise im Besitz des Weinkritikers Robert M. Parker Jr.

Bergström Wines Wil ★★★ 10 11' 12' 13 – Josh Bergströms PINOT-NOIR-Ökoweine sind elegant und doch kraftvoll. Der in geringen Mengen erzeugte CHARDONNAY Sigrid macht von sich reden.

Bethel Heights Wil ★★→★★★ **10** 11' 12' 13 – Der in zweiter Generation bestehende Familienbetrieb ist in Oregon Legende. Er erzeugt würzigen, kultivierten PINOT NOIR, sehr guten Chardonnay, PINOT GRIS und PINOT BLANC.

Brandborg Vineyard & Winery S Oregon ★★→★★★ **10** 11 12' – PINOT-NOIR-Spezialist im Umpqua V. (der Ferris Wheel Estate ist überaus komplex und preiswert); auch geschmeidiger PINOT GRIS sowie sehr guter GEWÜRZTRAMINER und SYRAH.

Brick House Wil ★★★ **08** 09' 10 11 12' 13 – Der führende Ökobetrieb erzeugt erdigen, kraftvollen Guts-PINOT-NOIR (v. a. Cuvée du Tonnelier) und stilvollen CHARDONNAY.

Broadley Vineyards Wil ★★ **08 09' 10' 11'** 12 – Familienbetrieb mit charaktervollem PINOT NOIR von älteren gutseigenen Reben sowie Lesegut aus ausgewählten Lagen. Der einfache Willamette V. Pinot noir ist ein echtes Schnäppchen, der Claudia's Choice das Paradepferd am anderen Ende der Preisskala.

Brooks Winery Wil ★★★ 09 10 11' 12' 13 – Führender biologisch-dynamisch arbeitender Erzeuger und Riesling-Champion mit pikanten trockenen und ausgewogenen süßen RIESLING-Weinen. Großartiger PINOT NOIR, v.a. der Gutswein Rasteban.

Chehalem Wil ★★★ 09 10 11' 12' 13 – Erzeuger von wahren PINOT-NOIR-Kraftpaketen und ähnlich mächtigen RIESLING-, CHARDONNAY- und PINOT-GRIS-Weinen. Den Pinot noir Ridgecrest kann man einlagern, der nicht in Eiche ausgebaute Chardonnay Inox ist ein Schnäppchen.

Cowhorn S Oregon ★★★ 10 11 12' 13 – SYRAH und VIOGNIER des Öko-puristen in der AVA Applegate V. hauen einen wirklich vom Hocker; ebenfalls sensationell ist der ROUSSANNE/Viognier-Verschnitt Spiral 36. Eine Kultkellerei im Werden.

Cristom Wil ★★★ 09' 10 11' 12' (13) – Steve Doerner erzeugt PINOT-NOIR-Weine, die stets zu den besten in Oregon gehören: Der Jessie's Vineyard zeigt frische Würzigkeit, der Sommers Reserve Anklänge an Trüffeln.

Dobbes Family Estate Wil ★★→★★★ 09 10' 11' 12' 13 – Der bedeutende Weinmacher Joe Dobbes erzeugt hervorragenden PINOT NOIR aus dem Willamette V. (am besten ist die Abfüllung Meyer Vineyard) sowie SYRAH und GRENACHE BLANC von Reben im südlichen Oregon. Das Zweitetikett Wine by Joe bietet preiswerten Pinot noir und PINOT GRIS.

Domaine Drouhin Oregon Wil ★★★→★★★★ 09 10 11' 12' 13 – Der Oregon-Ableger der burgundischen Maison Joseph Drouhin erzeugt beständig hervorragenden PINOT NOIR und frischen, komplexen CHARDONNAY. Der in französischer Eiche gereifte Pinot noir Laurène ist verblüffend. Durch den Ankauf des Guts Roserock in den Eola-Amity Hills kommen weitere 50 ha Pinot noir und Chardonnay dazu. Hier ist Großes zu erwarten.

Domaine Serene Wil ★★★ 09 10 11 12' 13 – Der erstklassige PINOT NOIR ruft bei Weinkritikern regelmäßig Begeisterungsstürme hervor, der in kleiner Auflage erzeugte CHARDONNAY ist besonders empfehlenswert.

Elk Cove Vineyards Wil ★★→★★★ 10 11 12' 13 – Der Weinmacher in zweiter Generation bietet Weine mit ausgezeichnetem Preis-Leistungs-Verhältnis. Stets an der Spitze stehen PINOT GRIS und RIESLING, während die sieben PINOT-NOIR-Gutsweine eine schöne Auswahl an Willamette-Valley-Terroirs darstellen.

Erath Vineyards Wil ★★→★★★ 09 10 11 12' 13 – Eine der ersten Kellereien in Oregon, jetzt im Besitz von Ste Michelle Wine Estates in Washington (siehe dort). Breites Spektrum an eher preiswerten Weinen der Pinot-Familie, aber auch hervorragende PINOT-NOIR-Einzellagengewächse. La Nuit Magique ist eine Spitzen-Cuvée.

Evening Land Wil ★★★→★★★★ 11 12' (13) – Prestigeerzeuger. PINOT NOIR und CHARDONNAY Seven Springs Summum machen sich rar, gehören jedoch zu den besten beiderseits des Atlantiks. Nun, da Winzerin und Kellermeisterin Isabelle Meunie geht und Starsommelier Rajat Parr zum Team dazugestoßen ist, sind Veränderungen zu erwarten.

Eyrie Vineyards Wil ★★★→★★★★ 09' 10 11' 12 13 – Gründer David Lett setzte die ersten PINOT-NOIR-Rebstöcke im Willamette Valley – heute führt Sohn Jason sein Werk mit grandiosem Pinot noir im anmutigen klassischen, lagerfähigen Oregon-Stil fort. Außerdem einzigartiger, sehr guter CHARDONNAY und PINOT GRIS.

Gran Moraine Yamhill-Carlton ★★★ 12' – Die ersten PINOT-NOIR-Weine des Oregon-Guts des kalifornischen Unternehmens Jackson Family Wines sind großartig, v.a. der geschmeidige, elegante Estate Reserve. Wird man im Auge behalten müssen.

Hyland Estates Wil ★★★ 10 11 12' 13 – Der Oregon-Veteran Laurent Montalieu macht aus der Frucht uralter PINOT-NOIR-Reben im Willamette V.

saftige, geschliffene Weine. Auch hochklassiger RIESLING, CHARDONNAY und GEWÜRZTRAMINER.

Ken Wright Cellars Wil ★★★ **09' 10 11' 12' (13)** – Der gleichnamige Kellermeister ist berühmt für seine großartigen PINOT-NOIR-Gewächse aus Einzellagen, die die Bandbreite der Willamette-Valley-Terroirs zum Ausdruck bringen. Der Freedom Hill ist dicht und straff, der Guadalupe ausgewogen und ausdrucksstark.

King Estate ★★→★★★ **10 11** 12' 13 – Die Kellerei ist eine der größten in Oregon und macht PINOT GRIS neben PINOT NOIR zu ihrer Spezialität. Die Weine sind auf allen Preisstufen ihr Geld wert. Die Marke NxNW ist für Washingtoner Weine.

Lange Estate Winery Wil ★★★ **09' 10' 11 12' (13)** – Jesse Lange, Kellermeister der zweiten Generation, erzeugt köstlichen PINOT NOIR (v. a. Lange Estate), fassgereiften PINOT GRIS Reserve und CHARDONNAY, der sich einen Namen macht.

Matello Wil ★★★ **11' 12'** (13) – Handwerklich arbeitende Kellerei mit wachsendem Renommee, um nicht zu sagen angehendem Starruhm. Die PINOT-NOIR-Weine Lazarus und Souris sind ganz ausgezeichnet, ebenso der kräftige PINOT GRIS und CHARDONNAY.

Phelps Creek Vineyards ★★ **10** 11 12' (13) – Erzeuger der AVA Columbia Gorge mit sehr gutem CHARDONNAY (mit und ohne Eichennote). Der schöne PINOT NOIR zeigt den typisch fruchtigen Charakter von Columbia Gorge. Kellermeisterin Alexandrine Roy ist auch für die Domaine Marc Roy in Burgund zuständig.

Ponzi Vineyards Wil ★★★→★★★★ **09'** 10' 11 12' (13) – Der legendäre PINOT-NOIR-Spezialist in der zweiten Generation erzeugt großartige Weine. Ein Hammer ist der Pinot noir Aurora, stets ein Spitzenreiter der CHARDONNAY Reserve. Auch den brillanten ARNEIS sollte man sich nicht entgehen lassen.

Quady North S Oregon ★★→★★★ Der einflussreiche Kellermeister Herb Quady aus South Oregon bereitet köstlichen CABERNET FRANC aus kühleren Lagen der AVA Rogue V. sowie faszinierende VIOGNIER-Versionen und konzentrierte SYRAH-Gewächse. Im Auge behalten.

Rex Hill Wil ★★★ **10** 11' 12' (13) – Ökoanbau und handwerkliche Bereitungsmethoden bringen ausgezeichneten PINOT-NOIR-Gutswein und beachtlichen CHARDONNAY hervor. Der gleiche Eigentümer wie bei dem preiswerteren A to Z Wineworks.

Scott Paul Wines Wil ★★★ **09'** 10 11' 12 – Hier wird ausschließlich PINOT NOIR erzeugt, und der Schwerpunkt liegt auf Eleganz, Anmut und raffinierter, von Burgund inspirierter Art. Der Le Paulée ist bereits zugänglich, wenn er auf den Markt kommt, den Audrey kann man gut einlagern.

Sokol Blosser Wil ★★★ **10** 11 12' 13 – Erzeugerbetrieb in zweiter Generation mit PINOT NOIR und PINOT GRIS beständiger Qualität aus der AVA Dundee Hills sowie einem preiswerten weißen Verschnitt und dem Pinot noir Evolution. Das spektakuläre, innovative Verkostungszentrum ist einen Abstecher wert.

Soter Vineyards Wil ★★★★ **09'** 10 11' 12' (13) – Der legendäre Weinmacher Tony Soter übersiedelte dem PINOT NOIR zuliebe von Kalifornien nach Oregon. Der Gutswein Mineral Springs Vineyard Pinot noir ist herrlich. Fantastische Schaumweine, vielleicht die besten im pazifischen Nordwesten.

Spangler Vineyards S Oregon ★★★ Sehr gute Rotweine aus warmem Klima, v. a. der CABERNET SAUVIGNON Reserve und der PETITE SIRAH. Stets erstklassig ist der VIOGNIER.

Stoller Family Estate Wil ★★★ **09' 10** 11 12' (13) – Die sehr schön ausgewogenen PINOT-NOIR-Weine zeigen beispielhaft die Eleganz der AVA Dundee Hills. Außerdem sehr guter CHARDONNAY. Die Pinot-noir-Weine Helen's und Nancy's sind hervorragend.

Teutonic Wine Company ★★★ 10 **11** 12' – Bilderstürmerischer, köstlicher, von der Mosel inspirierter RIESLING, frische weiße Verschnitte und PINOT NOIR im deutschen Stil. Wirklich brillanter Aufsteiger, der für Aufruhr sorgt.

Trisaetum Wil ★★★ **10** 11 12' 13' – Der Eigentümer, Künstler und Kellermeister James Frey erzeugt großartigen RIESLING und PINOT NOIR von gutseigenen Reben aus kühlen Lagen an der Coast Range. Die neue Kellerei 18401 verarbeitet Trauben aus dem Walla Walla Valley.

Willamette Valley Vineyards Wil ★★→★★★ **10** 11 12' 13 – Die beliebte Kellerei im Staatsbesitz erzeugt exzellente Gutweine von PINOT NOIR und CHARDONNAY; sehr guter preiswerter RIESLING. Neues Elton-Vineyard-Projekt; hinzugekommen sind vor Kurzem außerdem ein Weinberg und eine Kellerei im Walla Walla Valley.

Pennsylvania

Über 220 Kellereien, hauptsächlich Kühlklimarebsorten. Spitzenerzeuger: **Blair** (Pinot noir, Chardonnay), **Briar Valley** (RIESLING, CABERNET FRANC), **Allegro** (roter Bordeaux-Verschnitt), **Galen Glen** (GRÜNER VELTLINER, Riesling), **Karamoor** (Cabernet franc, rote Verschnitte), **Manatawny Creek** (MERITAGE), **Nimble Hill** (Riesling), **Penns Wood** (Chardonnay, CABERNET SAUVIGNON und franc), **Pinnacle Ridge** (Bordeaux-Verschnitt), **Waltz** (Chardonnay, Cabernet Sauvignon), **Va La** (italienische Rebsorten) **Mazza** (VIDAL-blanc-Eiswein), **Vynecrest** (Lemberger), **Seven Mountains** (Riesling).

Texas

Der wichtigste Weinbau-Bundesstaat im Südwesten; die ersten Reben wurden in den 1650er-Jahren von Missionaren angepflanzt. Ein warmes, sonniges Klima begünstigt Bordeaux- und Rhône-Sorten sowie Sangiovese, Tempranillo und Zinfandel. Acht AVAs, u. a. der ausgedehnte Bereich Texas Hill Country (3,6 Mio. Hektar, von denen rund 300 mit Reben bestockt sind) und die Texas High Plains (3,2 Mio. Hektar, von denen 1.400 bestockt sind). Aber die Weine im Südwesten haben ein Vertriebsproblem: Die besten Weine werden oft nur in der Kellerei verkauft, weil diese, wenn dort eine Flasche für 20 Dollar über den Ladentisch geht, 20 Dollar einnimmt, während ihr von dem Verkauf über den Händler nur sieben Dollar bleiben. Deshalb ist ein Besuch für den Verbraucher durchaus lohnenswert, auch wenn manche Betriebe eher touristische Attraktionen als ernsthafte Erzeuger sind.

Becker Vineyards ★★★ Herrliche Auswahl interessanter Weine, v. a. die CABERNET-SAUVIGNON-Gewächse Canada Family Reserve und Newsom Vineyard Reserve sowie MALBEC Reserve, Rosé Provencal und Malbec/PETIT VERDOT-Verschnitte namens Raven.

Bending Branch ★ Beliebte junge Kellerei mit sehr gutem PICPOUL blanc, ROUSSANNE, TANNAT und Newsom Vineyards TEMPRANILLO. Der Single Barrel Blanc ist ein in Bourbon-Fässern ausgebauter Picpoul blanc.

Bingham Family Vineyards Wird in den nächsten paar Jahren wohl Sterne sammeln. Genießen Sie bis dahin den ausgezeichneten VIOGNIER und den sehr guten VERMENTINO.

Braman Sehr gut der MUSCAT blanc Eaglefire und der MERITAGE Reserve.

Brennan Vineyards ★★ Ausgezeichneter VIOGNIER, ein weißer Rhône-Verschnitt namens Lily, TEMPRANILLO sowie sehr guter MOURVÈDRE Dry Rosé.

CapRock ★★→★★★ Vielfach preisgekrönte Kellerei in den High Plains mit bemerkenswertem MERLOT und Roussanne.

Dotson Cervantes ★★ Hervorragender Dessertwein Gotas de Oro.

Duchman ★★★→★★★★ Einer der besten Erzeuger in Texas: nahezu perfekter VERMENTINO und TEMPRANILLO, erfrischender Bianco, sehr guter Salt Lick Cellars GSM und BBQ White.

Fall Creek Vineyards ★★★ Eine der ältesten Kellereien in Texas mit hinreißendem Salt Lick TEMPRANILLO, dem stets ausgezeichneten Bordeaux-Verschnitt Meritus, sehr gutem Reserve CHARDONNAY und fabelhaftem halbtrockenem CHENIN BLANC.

Haak Winery ★★ Guter trockener Blanc du Bois und außergewöhnlich gute Madeira-Kopien.

Hilmy Wines Sehr guter VIOGNIER und Rosé.

Inwood Estates ★★★ Außergewöhnlicher TEMPRANILLO und CABERNET SAUVIGNON Mericana, sehr guter PALOMINO/CHARDONNAY-Verschnitt und Dallas County Chardonnay. Kleiner, aber hervorragender Erzeuger, bei dem es sich zu probieren lohnt.

La Cruz du Comal ★ Der prinzipientreue Kellermeister begrenzt die Produktion strikt auf 300 Fässer und bringt nichts auf den Markt, was er nicht selbst gern trinken würde. Ausgezeichneter Petard blanc, sehr guter Rosé und Quinta La Cruz.

Lewis Wines – TEMPRANILLO ist die Hauptattraktion; daneben sehr guter Rosé und Texas White.

Llano Estacado ★→★★★★ Riesige Kellerei, oft außergewöhnliche, gelegentlich einfache, süffige Weine. Exzellenter MALBEC, roter und weißer 1836; sehr guter weißer Viviana und roter Viviano.

McPherson Cellars ★★★ Köstlicher Les Copains (Rot-, Rosé- und Weißwein), exzellenter ROUSSANNE Reserve. Einer der besten Erzeuger in Texas.

Messina Hof Wine Cellars ★→★★★ Große Palette. Exzellenter RIESLING, v.a. als Spätlese; sehr gut die Weine im Port-Stil namens Papa Paolo und der CABERNET FRANC Reserve.

Pedernales Cellars ★★★→★★★★ Erstklassiger VIOGNIER Reserve, exzellenter TEMPRANILLO.

Perissos Vineyard and Winery ★★ Hier geht es um Rotwein; v.a. ausgezeichneter PETITE SIRAH, TEMPRANILLO, AGLIANICO.

Spicewood Vineyards ★★→★★★ Außergewöhnlicher, an Sancerre erinnernder SAUVIGNON BLANC und sehr guter SÉMILLON. Guter TEMPRANILLO.

William Chris Wines Die beste Wahl sind der PETIT VERDOT und der rote Verschnitt Enchante.

Virginia

Der Bundesstaat, den man (unter anderem) im Auge behalten sollte. Schnell wachsend, mit 275 Erzeugerbetrieben. Trotz der heißen, feuchten Sommer können die Weine bemerkenswert elegant ausfallen. Viognier ist besonders erfolgreich, Petit Verdot und Tannat sind ebenfalls beachtlich. Cabernet franc wird verbreitet angebaut, Cabernet Sauvignon ist schwieriger zur Reife zu bringen. In der Spitzenriege der Rotweine sind viele Verschnitte vertreten; auch der Chardonnay ist gut. Viele der besten Weine werden im nahen Washington D.C. zum Verkauf angeboten.

Barboursville ★★★★ **12** 13 14 15 – Eines der besten und ältesten Weingüter in Virginia (1976 von der italienischen Familie Zonin gegründet) mit ausgezeichneten Rotweinen im Bordeaux-Stil, CABERNET SAUVIGNON und NEBBIOLO sowie Paxxito, einem üppigen VIDAL/MOSCATO Ottonel-Verschnitt. Großartiges Restaurant und erstklassiges Hotel an dem historischen Ort, an dem schon Thomas Jefferson verkehrte.

Boxwood ★★★ **13** 14 15 – Schönes Gut 80 km westlich von Washington D.C., spezialisiert auf Spitzen-Rotweinverschnitte auf Cabernet-Basis im Bordeaux-Stil.

Breaux ★ 14 15 – Das Weingut liegt eine Autostunde von Washington D.C. entfernt auf einem Hügel. Guter SAUVIGNON BLANC, VIOGNIER, MERLOT und CABERNET SAUVIGNON.

Chester Gap ★★ **13** 14 15 – Weingut auf dem Berggipfel mit frischem VIOGNIER, feinem PETIT MANSENG sowie gutem CABERNET FRANC, MERLOT und ROUSSANNE.

Chrysalis ★★★ **12 13** 14 15 – Maßstäbe setzender VIOGNIER sowie einheimischer Norton und Wein von anderen ungewöhnlichen Rebsorten, u. a. ALBARIÑO, TEMPRANILLO und GRACIANO.

Delaplane ★★★ **12** 13 14 15 – In bergigem Land hoch über dem Tal gibt es schön bereitete Weine, u. a. CHARDONNAY, PETIT MANSENG, Rotweine im Bordeaux-Stil und TANNAT.

Gabriele Rausse ★★ Kleines Gut in der Nähe von Thomas Jeffersons Monticello; im Besitz des ersten kommerziellen Winzers in Virginia. CHARDONNAY, NEBBIOLO, Vin Gris (von PINOT NOIR).

Glen Manor Vineyards ★★★ 14 15 – Familiengeführtes Weingut in den malerischen Blue Ridge Mountains; frischer SAUVIGNON BLANC, nuancenreicher Verschnitt im Bordeaux-Stil, guter Rosé und PETIT MANSENG.

Grace Estate ★★ 14 15 – Junge Kellerei mit elegantem VIOGNIER, gutem CHARDONNAY, schmackhaftem TANNAT und roten Verschnitten im Bordeaux-Stil.

Horton ★★ 13 14 15 – Früher Visionär (1991 gegründet). Flaggschiffwein VIOGNIER sowie PETIT MANSENG, CABERNET FRANC und TANNAT.

King Family Vineyards ★★★ 13 14 15 – Anspruchsvoller, lagernswerter MERITAGE, guter CHARDONNAY, VIOGNIER und CABERNET FRANC sowie ein vollmundiger PETIT-MANSENG-Süßwein im *Vin-de-paille*-Stil.

Linden ★★★★ **12'** 14 15 – Führendes Gut eine Autostunde westlich von Washington D.C. mit beachtlichen Weinen aus Hochlagen, u. a. reichhaltiger CHARDONNAY, lebhafter SAUVIGNON BLANC, schmackhafter PETIT VERDOT, elegante, komplexe rote Verschnitte im Bordeaux-Stil und üppiger PETIT MANSENG.

Michael Shaps Wineworks ★★★★ **10 12** 13 14 15 – Wunderbar vielschichtiger CHARDONNAY und VIOGNIER, ein PETIT-MANSENG-Verschnitt mit schöner Textur, schmackhafter TANNAT, guter PETIT VERDOT und außergewöhnlicher MERITAGE. Konzentrierte Spätlese Raisin d'Etre.

Pollack ★★★ **12** 13 14 15 – Hervorragender VIOGNIER, CABERNET FRANC, MERLOT, PETIT VERDOT, CABERNET SAUVIGNON und MERITAGE.

RdV Vineyards ★★★ **12 13'** 14 15 – Einer der besten Erzeuger im Osten mit anspruchsvollen, von Bordeaux inspirierten roten Verschnitten, die sich durch Finesse und Kraft auszeichnen.

Sunset Hills ★★ 14 15 – Schöne Kellerei in renovierter Scheune; guter CHARDONNAY, VIOGNIER und CABERNET SAUVIGNON sowie ein herausragender roter Verschnitt im Bordeaux-Stil.

Veritas ★★ **12** 13 14 15 – Guter Schaumwein, CHARDONNAY, VIOGNIER, CABERNET FRANC, MERLOT, PETIT VERDOT und ein roter Verschnitt im Bordeaux-Stil.

Washington

Teil des pazifischen Nordwestens, jedoch ganz anders als Oregon. Cabernet, Merlot und Syrah gedeihen hier, und die meisten Weinberge liegen im heißen, trockenen Osten des Bundesstaats, wo die Cascade Mountains für sehr geringe Niederschläge sorgen. Bewässerung ist unabdingbar. Insgesamt 13 AVAs, von denen nur eine, nämlich Puget Sound, im westlichen Teil liegt. Viele neue Kellereien mit interessantem Programm. 2015 ergab körperreiche Weine.

Bedeutende Weinbaugebiete in Washington

Columbia Valley. Riesige AVA in der Mitte und im Osten Washingtons mit einem Zipfel in Oregon. Cabernet Sauvignon, Merlot, Riesling, Chardonnay und Syrah hoher Qualität. Wichtige Unterbereiche: u. a. Yakima Valley (Yak V), Red Mt., Walla AVAs.

Columbia Gorge. Vielfältige AVA entlang der Grenze zwischen Oregon und Washington, in der Kühl- und Warmklimatrauben zur Reife kommen.

Walla Walla Valley (Walla). Unter-AVA des Columbia Valley mit einer eigenen Identität und eigenen Reben in Washington und Oregon. Heimat wichtiger Boutique- und Prestigemarken, hauptsächlich mit Cabernet Sauvignon, Merlot und Syrah hoher Qualität.

Andrew Will ★★★→★★★★ **09'** 10' 11 12' – Chris Camarda bereitet von Trauben aus hervorragenden Lagen im Columbia Valley umwerfende rote Verschnitte. Der Sorella ist das Flaggschiff, aber auch das übrige Angebot enttäuscht nicht.

Avennia ★★★ Die neue Kellerei von Marty Taucher und Kellermeister Chris Peterson, früher bei DeLille, erregt Aufsehen mit Weinen im Bordeaux- und im Rhône-Stil. Auch der SAUVIGNON BLANC ist sehr gut.

Betz Family Winery ★★★→★★★★ **07' 08 09'** 10 11 12' 13 – Master of Wine Bob Betz erzeugt von Lesegut aus Spitzenlagen im Columbia Valley Weine im Rhône- und im Bordeaux-Stil. Der La Côte Patriarche stammt von den ältesten SYRAH-Reben des Bundesstaats. Der CABERNET SAUVIGNON Père de Famille ist überragend.

Brian Carter Cellars ★★★ **09 10 11'** 12' – Hier werden ausschließlich – gut bereitete – Verschnitte erzeugt. Probieren Sie den unkonventionellen Trentenaire auf PETIT-VERDOT-Basis, den Rhône-Verschnitt Byzance oder den aromatischen weißen Oriana.

Cadence ★★★ **09** 10' 11 12' – Unwiderstehliche, langlebige Verschnitte im Bordeaux-Stil von Lesegut aus der AVA Red Mountain, u. a. der würzige, von CABERNET FRANC dominierte Bel Canto und der CABERNET-SAUVIGNON-schwere Camerata.

Cayuse Walla ★★★→★★★★ **07 08' 09'** 10 11 12' – Die ökologisch arbeitende Kultkellerei bietet fesselnden erdigen Syrah (v. a. den Cailloux) und GRENACHE – allerdings muss man auf der Vertriebsliste stehen, um was davon abzukriegen. Schwesterbetriebe No Girls und Horsepower.

Charles Smith Wines Walla ★★→★★★ Dem Händler und Weinmacher Charles Smith mangelt es nicht an Respekt, Publicity und Nachfrage. Er bietet (allzu?) kraftvolle und manchmal kostspielige Rotweine (zu den Favoriten zählt der SYRAH Royal City), aber auch den nicht teuren und sehr guten RIESLING Kung Fu Girl.

Chateau Ste Michelle ★★→★★★★ Die Premiummarke der größten Kellerei im pazifischen Nordwesten bietet Weine aller Preisklassen und Stilrichtungen, angefangen von sehr guten Alltagstropfen (ausgezeichneter

Columbia V. RIESLING) bis hin zu Raritäten im Stil von Trockenbeerenauslesen (Eroica Single Berry Select). Preiswert ist die Reihe Columbia V., Spitzengewächse tragen das Etikett Ethos Reserve.

Chinook Wines Col ★★★ **08 09' 10** 11 12' – Das Ehepaar Clay Mackey und Kay Simon (er für die Reben, sie für die Bereitung zuständig) bereitet seit Langem ebenso feinen wie preisgünstigen CABERNET FRANC (der Rosé ist köstlich), MERLOT, CHARDONNAY und SAUVIGNON BLANC.

Col Solare Col ★★★→★★★★ **07 08** 09' 10 11' 12' – Gemeinschaftsprojekt von CHATEAU STE MICHELLE und Antinori (Toskana) zur Erzeugung eines einzelnen roten Verschnitts auf Cabernet-Sauvignon-Basis im Jahr, der stets komplex ist und lange nachschmeckt. Der weniger teure Verschnitt Shining Hill ist zugänglicher.

Columbia Crest Col ★★→★★★ Washingtons größte Kellerei bietet unter den Etiketten Grand Estates, H3 und Reserve Unmengen sehr guter, erschwinglicher Weine. Die Reserve-Abfüllungen sind prima, v.a. der rote Walter Clore; die H3-Weine stammen sämtlich aus der AVA Horse Heaven Hills: saftig und äußerst preiswert.

Côte Bonneville Yakima V. ★★★ **07 08 09'** 10 11 12' – Kerry Shiels verkeltert die Frucht des gutseigenen DuBrul Vineyard auf steilem Basaltgrund für preisgekrönte tiefgründige, aber elegante Bordeaux-Verschnitte. Der Carriage House ist sehr preiswert. Übersehen Sie aber nicht den SYRAH und den CHARDONNAY.

Hüben oder drüben?

Washington und Oregon haben mehr als eine Grenze gemein, sie teilen sich auch drei AVAs. Das ausgedehnte Columbia Valley macht ein Drittel der Rebfläche Washingtons aus, reicht aber auch nach Oregon hinein (wenngleich mit wenigen Reben und Kellereien). Columbia Gorge ist gleichmäßig auf die beiden Bundesstaaten verteilt und verfügt über Kellereien auf beiden Seiten des Columbia River. Der größte Teil der Rebfläche des Walla Walla Valley liegt in Oregon, fast alle Kellereien sind jedoch auf der Washingtoner Seite des Tals ansässig. Der Einfachheit halber gilt Washington als die Heimat der meisten Walla-Weine, obwohl viele von Lesegut aus Oregon erzeugt werden.

DeLille Cellars ★★★→★★★★ **09** 10' 11 12' 13 – Etablierter Erzeuger raffinierter, alterungswürdiger Rotweine. Unangefochtener Spitzenreiter ist der Bordeaux-Verschnitt Harrison Hill vom zweitältesten Weinberg in Washington. Die D2-Weine sind sehr preiswert, Doyenne heißt die Rhône-Marke.

Doubleback Walla ★★★ **08** 09 10' 11 12' – Die Kellerei des ehemaligen Footballstars Drew Bledsoe erzeugt einen einzigen Wein, einen CABERNET SAUVIGNON, der eine schöne Verkörperung der Aromen von Walla Walla ist und Lagerungspotenzial besitzt.

Dusted Valley Vintners Walla ★★★ **10 11** 12' 13 – Ein rasch aufgehender Stern mit eindrucksvollen Weinen. Berühmt ist der Stained Tooth SYRAH, doch auch den schönen Old Vine CHARDONNAY (alte Reben) sowie alle anderen sortenreinen Gewächse sollte man probieren.

Efeste ★★★ **09** 10 11' 12' – Der brillante Boutiqueerzeuger bietet leckeren RIESLING und rassigen CHARDONNAY von der Lage Evergreen Vineyard mit kühlem Klima sowie sehr gute SYRAH-Weine.

Fidélitas Col ★★★ **09** 10 11' 12' – Charlie Hoppes, früher Kellermeister bei CHATEAU STE MICHELLE, erzeugt gehobene Weine im Bordeaux-Stil, u. a. den Ciel du Cheval Vineyard CABERNET SAUVIGNON, in dem sich die Kraft der Trauben aus der AVA Red Mountain offenbart.

Figgins Walla ★★★ 10 11 12' – Chris Figgins ist Kellermeister bei LEONETTI und hat sich mit einem Bordeaux-Verschnitt und RIESLING vom Figgins Estate eine eigene Identität aufgebaut. Toil ist der Name eines neuen PINOT-NOIR-Projekts in Oregon.

Force Majeure ★★★ Der junge Betrieb verarbeitet ausschließlich Trauben aus der AVA Red Mountain; der gutseigene Weinberg zieht sich den Hang hinauf. CABERNET SAUVIGNON, Bordeaux-Verschnitte und VIOGNIER sind herausragend. Im Auge behalten.

Gramercy Cellars Walla ★★★→★★★★ **09' 10** 11 12' – Der frühere Meister-Sommelier und jetzige Weinmacher Greg Harrington kreiert säurebetonte, aber vollfruchtige SYRAH-Weine (v. a. Lagniappe) und kräuterwürzigen CABERNET SAUVIGNON. Auch der MOURVÈDRE ist stets hervorragend.

Hedges Family Estate Red Mt. ★★★ Respektable Familienkellerei für geschliffene, verlässliche Weine, v. a. der rote Gutsverschnitt und der DLD SYRAH.

Hogue Cellars, The Col ★★ Die Reihe Hogue bietet stilvolle sortenreine Weine zu sehr moderaten Preisen. Schärfer konturiert sind die als »Genesis« und »Reserve« etikettierten Gewächse, die in geringeren Mengen erzeugt werden.

Januik ★★★ **10** 11' 12 – Handwerklich bereitete Weine von einem erfahrenen Weinmacher, z. B. stets ausgezeichneter Cold Creek CHARDONNAY und feinnerviger, langlebiger Champoux Vineyard CABERNET SAUVIGNON.

L'Ecole No 41 Walla ★★★ **10 11** 12' 13 – Hier ist einfach alles gut. Apogee und Perigee (aus zwei verschiedenen Lagen) sind erstklassige Bordeaux-Verschnitte, der kultige SÉMILLON ist ein bemerkenswert strahlender, aromatischer Weißer.

Leonetti Cellar Walla ★★★★ **07'** 08 09 10' 11 12' – Die Gründungskellerei im Walla Walla V. hat wegen ihrer eleganten, raffinierten und für Sammler interessanten CABERNET-SAUVIGNON-, MERLOT- und SANGIOVESE-Weine Kultstatus. Flaggschiff ist der Bordeaux-Verschnitt Reserve.

Long Shadows Walla ★★★→★★★★ Allen Shoups einzigartige Unternehmung versammelt sieben Spitzenkellermeister aus aller Welt in Washington, damit jeder seinen ureigenen sortenreinen Wein von Trauben aus dem Columbia Valley bereitet, darunter der üppige MERLOT Pedestal von Michel Rolland und der raffinierte CABERNET SAUVIGNON Feather des Kaliforniers Randy DUNN – und die übrigen Kreationen sind ähnlich beeindruckend.

Maison Bleue Col ★★★ 10 11' 12' – Aufsehenerregende Boutiquekellerei; hauptsächlich GRENACHE und SYRAH. Domaine J. Meuret heißt das neue Projekt für CHARDONNAY und PINOT NOIR.

Mark Ryan ★★★ Erzeuger von muskulösen Weinen voller Frucht im Bordeaux- und Rhône-Stil; die Trauben stammen hauptsächlich vom Red Mountain. Der Long Haul mit MERLOT-Fokus ist stets hervorragend; der VIOGNIER ist ebenfalls erstklassig.

Milbrandt Vineyards Col ★★ Gut bereitete, preiswerte sortenreine Weine mit zuverlässiger Qualität aus den AVAs Wahluke Slope und Ancient Lakes. Empfehlenswert sind RIESLING und PINOT GRIS.

Northstar Walla ★★★→★★★★ **08** 09 10' 11 12' – Auf MERLOT konzentrierte Kellerei mit Columbia V. und Walla Walla V. Der jüngst herausgekommene Premier Merlot (zum Altern gemacht) ist einfach umwerfend.

Pacific Rim ★★ Der RIESLING-Spezialist erzeugt Unmengen an leckeren, preiswerten, aber durchaus beredten Weinen in den Versionen Dry und Organic (Ökoanbau). In puncto Tiefgründigkeit sind die Einzellagen-Rieslinge, auch aus biologisch-dynamischem Anbau, unschlagbar. Erni Loosen aus Deutschland inspiriert.

Pepper Bridge Walla ★★★ **07** 08 09 10' 11' 12 – Die gutseigenen Lagen im Pepper Bridge Vineyard und Seven Hills Vineyard liefern mit die besten Weine Washingtons. Der CABERNET SAUVIGNON von Kellermeister Jean François Pellet ist sinnlich und voll, der MERLOT würzig und aromatisch.

Quilceda Creek ★★★★ **02' 03' 04' 05' 06** 07 09 10 11' 12' – Die Flaggschiffkellerei des Bundesstaats erzeugt außergewöhnlichen, oft mit 100 Punkten bewerteten Cabernet Sauvignon: dicht, intensiv und sagenhaft langlebig. Einer der meistgelobten Erzeuger in den USA. Glücklich, wer seinen Wein auftreiben kann.

Reynvaan Family Vineyards Walla ★★★→★★★★ **07 08** 09 10' 11 12' – Der SYRAH und die Weißweine im Rhône-Stil des Familienbetriebs im Walla Walla V. erfreuen sich einer großen Anhängerschaft und überragender Noten von Kritikern. Warteliste-Kellerei mit wunderbaren Weinen.

Seven Hills Winery Walla ★★★ **09** 10 11 12' – Die Kellerei ist eine der ältesten im Walla Walla V. und hochgeschätzt, v.a. für den seidigen CABERNET SAUVIGNON (der Ciel du Cheval Vineyard ist eine lagernswerte Köstlichkeit). Der Pentad ist ein erstklassiger Bordeaux-Verschnitt.

Sparkman Cellars ★★★ **08' 09 10** 11 12' 13 – Vielfältiges Angebot an Trauben und Stilen, mit einem besonderen Augenmerk auf Kraft. Am besten sind die Bordeaux-Verschnitte Stella Mae und Ruby Leight sowie der neue CABERNET SAUVIGNON Evermore Old Vines. Ebenfalls empfehlenswert ist der würzige SYRAH Ruckus.

Spring Valley Vineyard Walla ★★★ Merlot **07 08 09** 10' 11' 12' – Erzeuger mit Fokus auf gutseigenen Walla-Weinen. Der MERLOT-Verschnitt Uriah ist ein ewiger Sieger. Beim SYRAH Nina Lee läuft einem das Wasser im Munde zusammen. Großartiges Angebot.

Syncline Cellars ★★★ James Mantone bereitet von Lesegut aus den AVAs Columbia Gorge und Columbia V. exzellente Rhône-Weine. Der Subduction Red ist äußerst preiswert, die Cuvée Elena erstklassig, der GRENACHE BLANC einfach großartig.

Woodward Canyon Walla ★★★ CABERNET SAUVIGNON **03 04' 06 07 09** 10 11 12' – Tadellose Weine von einer der ältesten Kellereien in Walla Walla V. Der Old Vines Cabernet Sauvignon (alte Reben) ist edel und komplex, der Estate Reserve muskulös und lagerfähig und CHARDONNAY immer auf der Siegerseite.

Kanada

Als ich die erste Ausgabe dieses Buches verfasste, wurden in Kanada gerade die ersten *Vinifera*-Reben gepflanzt. Der Aufschwung des kanadischen Weinwesens geht weiter, unterstützt durch die nicht mehr wegzuleugnende Klimaerwärmung und dank einer jungen Generation selbstbewusster Winzer, die überzeugt sind, dass man Weine dort machen sollte, wo der richtige Platz für sie ist. Es gibt über 700 Kellereien und 12.000 ha Rebflächen, viele davon inzwischen außerhalb der traditionellen Anbaugebiete Niagara Peninsula und Okanagan Valley. Die Weine zeigen sich so klar im Ausdruck, frisch und essenstauglich wie nie zuvor. Chardonnay, Riesling und Pinot Gris gewinnen als führende Weißweintrauben zunehmend an Boden, während bei den roten Sorten Pinot noir, Syrah und Cabernet franc Furore machen. Auch die Schaumweine Kanadas befinden sich weiterhin im Aufwind.

Die folgenden Abkürzungen werden im Text verwendet:

Niag	Niagara Peninsula
Okanagan V.	Okanagan Valley

Ontario

13th Street Niag r w; sch ★★ **11** 12' 13 14 – In einem jahrhundertealten Bauernhaus keltert und komponiert Jean-Pierre Colas GAMAY, CHARDONNAY-Schaumwein, RIESLING, SAUVIGNON BLANC und SYRAH. Die besten heißen Old Vines, Reserve und Essence.

Bachelder Niag r w ★★★★ **11** 12' 13 – Thomas Bachelder ist auch in Burgund und Oregon als Erzeuger tätig. In der Niagara-Region setzt er mit reintönigem, elegantem CHARDONNAY und PINOT NOIR Maßstäbe. Präzis gemachte Weine mit Alterungspotenzial.

Cave Spring Niag r w; s; sch ★★★ **08** **11** 12' 13 14 – Viel beachteter RIESLING-Pionier mit den Etiketten CSV (alte Reben) und Estate, die in Würde altern können. Eleganter CHARDONNAY von alten Reben, eine außergewöhnliche Spätlese und Eiswein.

Château des Charmes Niag r w; s ★★ **11** 12' 13 14 – Die 114 ha große Farm der Familie Bosc war ein Wegbereiter der Weinbranche und ist Gründungsmitglied der Gruppe Sustainable Winegrowing Ontario. RIESLING von extrem trocken bis Eiswein, Schaumwein; Flaggschiff ist der rote Verschnitt Equuleus.

Le Clos Jordanne Niag r w ★★★ **09** **11** 12' 13 14 – Terroir spielt hier eine große Rolle. Eleganter Bio-CHARDONNAY, PINOT NOIR in drei Qualitätsstufen: Village Reserve, Single Vineyard und Le Grand Clos (aus einzelnen Parzellen).

Creekside Niag r w ★★★ **10** **11** 12' 13 14 – Breit aufgestelltes Unternehmen, das gegen den Strich gebürstet ist; Schwerpunkt auf SAUVIGNON BLANC and SHIRAZ; interessante Biowein-Einzelfassabfüllungen namens Undercurrent.

Flat Rock Niag r w ★★ **10'** **11** 12' 13 14 – 32 ha am Twenty Mile Bench erbringen saftigen, spritzigen RIESLING, PINOT NOIR und CHARDONNAY. Die beste Wahl sind der Einzellagen-Riesling Nadja's und der Chardonnay Rusty Shed.

Henry of Pelham Niag r w; s; sch ★★ **10' 11** 12' 13 14 – Die Brüder Speck erzeugen CHARDONNAY und RIESLING; großartig sind der Schaumwein Cuvée Catherine Brut, der Speck Family Reserve (SFR), der eigenwillige Baco noir und der Riesling-Eiswein.

Hidden Bench Niag r w ★★★ **10' 11** 12' 13 14 – Beeren aus dem Gebiet Beamsville Bench sind eine tragende Säule der kunsthandwerklich gefertigten Weine dieses Betriebs. RIESLING, PINOT NOIR und CHARDONNAY, hervorragend der Nuit Blanche sowie die La-Brunate-Verschnitte.

Inniskillin Niag r w; s ★★ **12'** 13 14 – Kanadas Eiswein-Pionier entwickelt sich mit Weinmacher Bruce Nicholson weiter. Schmackhafter RIESLING Reserve, PINOT GRIS, PINOT NOIR, hervorragender CABERNET FRANC; Eiswein VIDAL.

Zehn Eisweintrauben sind erforderlich, um 1 ml Saft zu gewinnen. Nur 1½ ungefrorene Trauben liefern dieselbe Saftmenge.

Malivoire Niag r w ★★★ **11** 12' 13 14 – Shiraz Mottiar (ja, tatsächlich!) erzeugt umweltfreundliche Weine aus vier Weinbergen im Niagara Escarpment. Außerordentlich feine Auswahl von GAMAY, dazu CABERNET FRANC und CHARDONNAY; schmackhafter PINOT NOIR und GEWÜRZTRAMINER.

Norman Hardie Prince Edward County r w ★★★ **10'** 11' 12' 13 14 – Gefeierter Pionier im Prince Edward County, der von Hand straffen CHARDONNAY, PINOT NOIR und RIESLING bereitet – die Trauben dafür reifen auf Kalkstein-Ton-Böden. Besondere Aufmerksamkeit verdienen in den besten Jahren Cuvée L von Chardonnay bzw. von Pinot noir.

Pearl Morissette Niag r w ★★★ **10'** 11 12' 13 14 – François Morissette (Kellermeister/Miteigentümer), der bei Frédéric Mugnier (siehe Frankreich) gelernt hat, bereitet in *foudres* gereiften RIESLING; dazu CHARDONNAY, CABERNET FRANC und PINOT NOIR.

Ravine Vineyard Niag r w ★★★ **10' 11** 12' 13 14 – Die ökologisch bewirtschaftete 14-ha-Lage David's Bench liegt seit etwa 1869 am alten Bett des Niagara River. Spitze sind CHARDONNAY Reserve und CABERNET FRANC; Sand und Gravel heißen die Etiketten für sofortigen Genuss.

Stratus Niag r w ★★★ **10' 11** 12' 13 14 – Bilderstürmer Jean-Laurent Groux verarbeitet Trauben von 25 ha am Niagara Lakeshore in einer LEED-zertifizierten, also umweltfreundlichen Kellerei. Rote und weiße Verschnitte bringen seinen Anspruch zum Ausdruck, die Herkunft eines Weins in diesem auch erkennbar werden zu lassen. Sehr guter RIESLING und SYRAH.

Tawse Niag r w ★★★ **10' 11** 12' 13 14 – Geleitet wird dieser umweltfreundliche Betrieb von Kellermeister Paul Pender. Er erzeugt hervorragenden CHARDONNAY und RIESLING sowie guten PINOT NOIR, CABERNET FRANC und MERLOT. Die Weinberge sind ökologisch und biologisch-dynamisch zertifiziert.

Vineland Niag r w; s ★★★ **10'** 11 12' 13 14 – Gut am Niagara Escarpment mit gutem Restaurant und einer Auswahl an sehr feinem RIESLING und Eiswein. Ebenfalls empfehlenswert sind SAUVIGNON BLANC Reserve, CABERNET FRANC und Meritage.

British Columbia

In British Columbia sind fünf Ursprungsbezeichnungen (Appellations of Origin) ausgewiesen: Okanagan Valley, Similkameen Valley, Fraser Valley, Vancouver Island und Gulf Islands.

Benjamin Bridge ★★★ 07 08 09 – Hier, im Gaspereau Valley, werden bemerkenswerte Schaumweine nach dem traditionellen Verfahren erzeugt. Ausgezeichnete, lagerfähige Brut-Versionen mit und ohne Jahrgangsangabe, basierend auf Verschnitten von CHARDONNAY/PINOT NOIR/MEUNIER.

Blue Mountain Okanagan V. r w; sch ★★★ **11** 12' 13' 14' (15') – Eine neue Generation betreut hier nun erfolgreich das Schaumweinprogramm. Alterungswürdiger PINOT NOIR, CHARDONNAY, PINOT GRIS und GAMAY. Hervorragender Pinot noir Reserve.

Burrowing Owl Okanagan V. r w ★★ **11** 12' 13' 14' (15') – Das Weingut, ein Pionier in South Okanagan, erzeugt exzellenten CABERNET FRANC sowie sehr guten PINOT GRIS und SYRAH am Black Sage Bench. Außerdem gibt es ein Boutiquehotel mit Restaurant, das großen Anklang findet.

Jahr für Jahr steuern 800.000 Besucher das Okanagan Valley an. Bitte nicht drängeln!

CedarCreek Estate Winery Okanagan V. r w ★★★ **12'** 13' 14' (15') – Alexis Moore (vormals beim neuseeländischen Erzeuger Seresin) überträgt ihr Know-how in Sachen Kühlklimaweinbau auf aromatischen RIESLING, GEWÜRZTRAMINER, Ehrenfelser und Einzellagenweine von PINOT NOIR sowie CHARDONNAY aus der Platinum-Reihe.

Church and State Wines Okanagan V. r w ★★ **11** 12' 13' 14' (15') – Die stilvolle Kellerei Coyote Bowl im Süden des Okanagan Valley erzeugt die köstlichen Verschnitte Trebella (Rhône-Weißwein) und Quintessential (roter Bordeaux); ausgezeichneter CHARDONNAY, VIOGNIER und SYRAH.

Hester Creek Okanagan V. r w ★★ **12'** 13' 14' (15') – Elektrisierender TREBBIANO von 40 Jahre alten Reben; Flaggschiff-Wein ist der rote Verschnitt The Judge. Dazu aromatischer PINOT GRIS, PINOT BLANC und CABERNET FRANC. Sehr empfehlenswerte Gästevilla und Restaurant.

Mission Hill Okanagan V. r w ★★★ **10 11** 12' 13' 14' (15') – Erstklassige Legacy Series mit den Weinen Oculus, Perpetua, Quatrain und Compendium. Vorbildliches Besucherzentrum und Terrassenrestaurant.

Nk'Mip Cellars Okanagan V. r w ★★★ **11** 12' 13' 14' (15') – Saftiger, frischer RIESLING und PINOT NOIR; erstklassiger Qwam Qwmt Pinot noir und SYRAH. Teil einer von Ureinwohnern betriebenen millionenschweren Ferienanlage mit Desert Cultural Centre.

Osoyoos Larose Okanagan V. r ★★★ 09' 10 12' 13' 14' (15') – Weinmacher Mathieu Mercier wacht über das Geschehen rund um die 33 ha große Einzellage im Besitz der in Bordeaux ansässigen Groupe Taillan. Neben dem alterungswürdigen Le Grand Vin gibt es als Zweitetikett den soliden Pétales d'Osoyoos. Im Auge behalten!

Painted Rock Okanagan V. r w ★★★ 12' 13' 14' (15') – Unter Beratung von Alain Sutre aus Bordeaux erbringt die 24 ha große Steillage in Skaha Bench sehr guten SYRAH, CABERNET FRANC und CHARDONNAY; Aushängeschild ist der rote Verschnitt Icon.

Pentâge Winery Okanagan V. r w ★★ **12'** 13 (14') – Kleiner Erzeuger (5.000 Kisten) in Skaha Bench mit feinem VIOGNIER, PINOT GRIS, GEWÜRZTRAMINER und Verschnitten (rot und weiß) im Rhône-Stil.

Quails' Gate Okanagan V. r w ★★ 12' 13 (14') – Kellermeisterin Nikki Callaway hat das Familiengut durch ihre Mischung von Frucht und Komplexität verändert. Exzellenter PINOT NOIR, CHARDONNAY, aromatischer RIESLING, CHENIN BLANC. Der Old Vines Foch (von alten Reben) genießt Kultstatus.

Road 13 Okanagan V. r w ★★★ 12' 13' 14' (15') – Bei Weinmacher J. M. Bouchard steht die Lage an erster Stelle, Eichenholz setzt er eher zurückhaltend ein. Wundervoller CHENIN BLANC von alten Reben (in stiller und schäumender Version), außerdem VIOGNIER, SYRAH, PINOT NOIR und CABERNET FRANC.

Stag's Hollow Okanagan V. ★★★ 12' 13' 14' (15') – Kellermeister Dwight Sick verbindet in Okanagan Falls den Stil der Alten mit dem der Neuen Welt. Köstlicher und erschwinglicher VIOGNIER, GRENACHE, PINOT NOIR, SYRAH.

Tantalus Okanagan V. r w ★★★ **10 11** 12' 13' 14' (15') – Natürliche Weinbaumethoden erbringen terroirgeprägten RIESLING, PINOT NOIR und CHARDONNAY aus den ältesten (seit 1927) kontinuierlich bewirtschafteten Weinbergen im Okanagan Valley.

Südamerika

Die folgenden Abkürzungen werden im Text verwendet:

Aco	Aconcagua
Cach	Cachapoal
Casa	Casablanca
Cata	Catamarca
Col	Colchagua
Cur	Curicó
Elq	Elqui
Ley	Leyda
Lim	Limarí
Mai	Maipo
Mau	Maule
Men	Mendoza
Neuq	Neuquén
Pat	Patagonien
Rap	Rapel
Río N	Río Negro
Sal	Salta
San A	San Antonio
San J	San Juan

Chile

Chile wandelt sich in einer Geschwindigkeit, die ihresgleichen sucht. Während jüngere Küstenregionen wie Limarí und auch die Bergregion Elqui 2015 wegen Wassermangels zu kämpfen hatten, erwachten sie nun dank einer äußerst regenreichen Saison zu neuem Leben. Und es wird weiter investiert, wenngleich vielleicht nun mit etwas mehr Bedacht. Dem mittleren Teilstück des Rebengürtels kommt, was die Produktionsmengen und in gewissem Maße auch die Qualität der Erzeugnisse angeht, nach wie vor die größte Bedeutung zu. Spitzenverschnitte im Bordeaux-Stil kommen aus Aconcagua, Maipo, Colchagua und Cachapoal, während neu erschlossene Weinbaugebiete in Küstennähe – in Casablanca und San Antonio sowie am Rand von Aconcagua und Colchagua – Premium-Weißweine liefern, darunter großartigen Chardonnay und lebhaften Sauvignon Blanc, aber auch leichtere Rote wie etwa saftigen Pinot noir hervorbringen, der bald schon den gewichtigeren roten Verschnitten den Rang ablaufen wird. Maule und Itata zählen weiterhin zu den Schönheiten des Südens, und alte Reben wie auch alte Sorten, etwa Carignan, Cinsault, Malbec, Muscat und País, wecken bei den Verbrauchern immer mehr Begehrlichkeiten, wobei der Trend stark in Richtung »natürliche« Weine geht. Indes zieht die Karawane noch weiter nach Süden – schon entstehen im zu Chile gehörenden Teil Patagoniens neue Pflanzungen.

Jahrgänge in Südamerika

Der Klimawandel führt auch in Chile vermehrt zu jahrgangsbedingten Schwankungen. Während diese in dem Land immer noch geringer ausfallen als in Europa, vermögen geübte Genießer chilenischer Weine doch zunehmend Spitzenjahrgänge der verschiedenen Regionen und Rebsorten zu erkennen. 2015 war ein großartiges Jahr für Sauvignon blanc, während Cabernet Sauvignon seinen letzten Superjahrgang 2011 verzeichnete.

Aconcagua Die Zahl der Kellereien ist begrenzt, dennoch kommen aus dem Norden der Provinz Aconcagua einige rote »Hochland«- Verschnitte von beachtlichem Format. Küstennahe Lagen gewinnen immer mehr Anerkennung für CHARDONNAY, SYRAH und PINOT NOIR.

Almaviva Mai ★★★★ Joint Venture von CONCHA Y TORO und Baron Philippe de Rothschild mit einem spitzenmäßigen Verschnitt im Bordeaux-Stil (vornehmlich CABERNET SAUVIGNON). Ein echter Luxusartikel.

Altaïr Rap ★★★ Luxusweinmarke aus SAN PEDRO DE YACOCHUYA. Es gibt einen opulenten Rotweinverschnitt (Hauptbestandteil CABERNET SAUVIGNON), der dekantiert werden muss. Das Zweitetikett Sideral ist leichter zugänglich.

Antiyal Mai ★★★ Der Biospezialist und Garagenwinzer Alvaro Espinoza erzeugt elegante und zurückhaltende rote Verschnitte von CARMENÈRE, CABERNET SAUVIGNON, SYRAH und PETIT VERDOT. Als »Einstiegswein« gibt es den Pura Fe.

Apaltagua ★★ Solide und breit gefächerte Angebotspalette von der Küste und aus dem Valle Central. Guter CARMENÈRE und CARIGNAN.

Aquitania, Viña Mai ★★★ Herausragender Erzeuger: CHARDONNAY und PINOT NOIR aus dem Valle del Malleco im Süden, großartiger CABERNET SAUVIGNON Lazuli aus Macul.

Arboleda, Viña Aco ★★ Der zu ERRÁZURIZ/CALITERRA gehörende Betrieb besitzt Weinberge von der Küste ACONCAGUAS bis in die Anden. Frischer SAUVIGNON BLANC, reichhaltiger CHARDONNAY, saftige Rote.

Aristos Cach, Mai ★★★→★★★★ Die Chilenen François Massoc und Pedro Parra haben sich mit dem burgundischen Erzeuger Liger-Belair (siehe Frankreich) zusammengetan, um Cachapoal mit drei großartigen Weinen neu zu erfinden: dem reichhaltigen Duquesa d'A CHARDONNAY, dem erstklassigen Duque d'A CABERNET SAUVIGNON und dem Barón (CABERNET SAUVIGNON/MERLOT/SYRAH).

Von den Bergen zur Küste

Wenn es um Chile im Zusammenhang mit Wein geht, sollte man die Gedanken nicht von Norden nach Süden, sondern von Osten nach Westen lenken. Die Anbauregionen des Landes und sein Appellationssystem sind gegliedert in: Andes (Berge, im Osten), Entre Valles (zentrale Täler) und Costa (Küste, im Westen). In dieser Dreiteilung kommt der so unterschiedliche Einfluss der Berge und der Küste auf die Rebkulturen in Chile zum Ausdruck. Er ist in diesem Fall weit stärker als der Breitengrad.

Bío-Bío Langsam findet die historische Region in Südchile zu ihrem einstigen Ruhm zurück. Kühle Bedingungen erbringen knackig frischen RIESLING, SAUVIGNON BLANC, PINOT NOIR und CHARDONNAY.

Caliboro Mau ★★→★★★ Francesco Marone Cinzano ist die Seele des raffinierten Verschnitts Erasmo (CABERNET SAUVIGNON/CABERNET FRANC/MERLOT/SYRAH) und des seltenen Torontel (aus der MUSCAT-Familie) Late Harvest.

Caliterra Casa, Col, Cur, Ley ★→★★ Ökologisch bewirtschafteter Schwesterbetrieb von ERRÁZURIZ. Reife, runde Rote aus Colchagua; frischere, mit Kohlensäuremaischung bereitete Weine in der Reihe DSTNTO. Das Flaggschiff ist der MALBEC-Verschnitt Cenit.

Calyptra Cach ★★★ Der Franko-Chilene François Massoc bereitet exzellenten Zahir CABERNET SAUVIGNON, CHARDONNAY Gran Reserva und komplexen, fassgereiften SAUVIGNON BLANC. Ein Spitzenerzeuger in Cachapoal.

Carmen, Viña Casa, Col, Elq, Mai ★★→★★★ Vielfältige Weine aus allen Tälern, einige biologisch erzeugt. Guter CABERNET SAUVIGNON, v.a. Gold, Etikettenreihe namens Winemaker's.

Casablanca Weiterhin Chiles maßgebende kühlklimatische Region, bekannt für frischen CHARDONNAY von der Küste, SAUVIGNON BLANC und intensiven PINOT NOIR sowie SYRAH.

Casa Marín San A ★★★ Nimmt ein ganzes Tal ein, das nur 4 km von der Küste entfernt ist; Einzellagenweine als Besonderheiten von Lo Abarca. Sehr guter Sauvignon gris und PINOT NOIR, exzellenter RIESLING, SAUVIGNON BLANC und SYRAH.

Casas del Bosque Casa, Mai ★★→★★★ In einem der kühleren Gebiete von CASABLANCA entstehen hervorragender SAUVIGNON BLANC, SYRAH und CHARDONNAY. Probierenswert ist die Etikettenreihe Pequeñas Producciones.

Casa Silva Col, Südchile ★★→★★★ Traditionelle Familienkellerei in Colchagua, in der man ein Faible für Classic Cars, Polo und imposante Rotweine hegt (sehr guter CARMENÈRE). Das kühlere Paredones-Gebiet liefert eher frische Weiße, am interessantesten aber sind SAUVIGNON BLANC und PINOT NOIR vom Lago Ranco im äußersten Süden Chiles.

Clos des Fous Cach, Casa, Südchile ★★→★★★ Terroir-Spezialist; Weinbereitung mit minimalen eigenen Eingriffen. Exzellenter Verschnitt auf CABERNET SAUVIGNON/CARIGNAN-Basis; PINOT NOIR.

Clos Ouvert Mau ★★ Der Franzose Louis Antoine Luyt erzeugt »Naturweine« mit Fokus auf in Chile ungewöhnlicheren Sorten wie PAÍS, CARIGNAN und CINSAULT.

Concha y Toro Valle C ★→★★★★ Die inzwischen größte Kellerei der Welt wartet mit einem so umfangreichen Angebot auf, dass einem die Augen übergehen. Zu den Glanzlichtern zählen SAUVIGNON BLANC und CABERNET SAUVIGNON der Terrunyo-Reihe, CHARDONNAY und PINOT NOIR aus dem Projekt Maycas de Limarí, Sauvignon blanc aus LIMARÍ, der exzellente Marques Cabernet Sauvignon und der Don Melchor. Aus experimentellen Pflanzungen und Lesen gehen gelegentlich kleinere Auflagen von Weinen hervor, die als Spezialitäten in der Frontera-Reihe erscheinen. Vor allem aber ist Concha y Toro für das klassische Programm bekannt, das gleichbleibend hohe Qualität bietet. Siehe auch ALMAVIVA und TRIVENTO (Argentinien).

Cono Sur Casa, Col, Bío Bío ★★→★★★ Größter PINOT-NOIR-Erzeuger in Südamerika; hervorragende Qualität auf jedem Niveau (v. a. 20 Barrels und Ocio). Der Bicicleta ist der in Großbritannien meistverkaufte Pinot noir; das übrige Sortiment besteht aus Alltagsweinen mit gutem Preis-Leistungs-Verhältnis. Exzellenter CABERNET SAUVIGNON Silencio, guter RIESLING.

Cousiño Macul Mai ★★→★★★ Historisches Weingut in Santiago mit verlässlichem MERLOT Antiguas Reserva und frischem Sauvignon gris. Der Spitzenwein Lota ist immer noch einer der besten Verschnitte Chiles.

In Elqui läuft Syrah zu Höchstform auf

Das Ausdrucksspektrum des SYRAH ist in Chile sehr vielseitig. Doch besonders charakteristisch in ihrer fleischigen und pfeffrigen Art, die sich an den Rhône-Stil anlehnt, sind die Syrah-Weine aus der Region ELQUI. Einige Spitzenerzeugnisse finden sich bei DE MARTINO, SAN PEDRO, Viña FALERNIA und in der Collection-Reihe von LAPOSTOLLE.

De Martino Cach, Casa, Elq, Mai, Mau, Itata ★★→★★★ Richtungweisend in der Umsetzung von Chiles neuer Weinphilosophie: frischerer Stil, Verzicht auf neue Eiche, stattdessen Rückgriff auf uralte Verfahren, etwa Reifung in Amphoren. Exzellenter SYRAH von einem fast 2.000 m hoch gelegenen Weinberg in ELQUI; sehr guter MUSCAT und CINSAULT von alten Reben, die in geringer Höhe in Itata wachsen. Die Reihe Legado umfasst Einzellagenweine von klassischen Rebsorten, die an erstklassigen Standorten im ganzen Land angebaut werden. Außerdem CARIGNAN der Spitzenklasse.

Elqui Ein einziges langes Tal, das sich von La Serena an der Küste bis hinauf in die Anden zieht, wo sich eine Reihe von Sternwarten befinden. Exzellenter SYRAH von Berghängen, guter SAUVIGNON BLANC, interessanter PX (besser bekannt als Basis für Pisco).

Emiliana Casa, Rap, Bío Bío ★→★★★ Spezialist für biologisch-dynamischen Weinbau in Zusammenarbeit mit Álvaro Espinoza (siehe ANTIYAL). Die komplexen, SYRAH-schweren Weine »G« und Coyam weisen schon beinahe Wildheit im mediterranen Stil auf. Erschwingliche Komplexität bieten die preiswerteren, aber sehr guten Reihen Adobe und Novas. Neuerdings auch Schaumwein in Bio-Qualität.

Errázuriz Aco, Casa ★★→★★★★ Toperzeuger in der Region ACONCAGUA, die Bereiche an der Küste wie auch in den Bergen umfasst. Als neues Aushängeschild fungiert der überragende CHARDONNAY Pizarras, außerdem PINOT NOIR der Spitzenklasse. Mit Spontangärung gewonnener und ausnahmslos sehr guter SAUVIGNON BLANC, Chardonnay, Pinot noir und SYRAH. Reichhaltiger CABERNET-SAUVIGNON-Verschnitt Don Maximiliano, duftiger CARMENÈRE KAI. Siehe auch Viña ARBOLEDA, CALITERRA, SEÑA, VIÑEDO CHADWICK.

Falernia, Viña Elq ★★→★★★ Die unerschockenen italienischen Cousins waren die ersten kommerziell arbeitenden Erzeuger in ELQUI. Exzellenter SYRAH im Rhône-Stil, kräuterwürziger SAUVIGNON BLANC, komplexe Rote, ungewöhnlicher PX. Zu den Marken zählen Alta Tierra und Mayu.

Fournier, Bodegas O. Ley, Mau ★★→★★★ Alte Weinberge in MAULE erbringen sehr gute rote Verschnitte und CARIGNAN, außerdem exzellenter SAUVIGNON BLANC aus Leyda. Der spanische Besitzer unterhält auch Kellereien in Argentinien und Spanien.

Garcés Silva, Viña San A ★★→★★★ In der Reihe Amayna erscheinen gehaltvoller, üppiger SAUVIGNON BLANC, CHARDONNAY, PINOT NOIR und SYRAH. Die Reihe Boya vereint frischere Versionen derselben Rebsorten, erzeugt in SAN ANTONIO.

García & Schwaderer Casa, Mau ★★→★★★ Zum Angebot des sympathischen Winzerehepaars gehören PINOT NOIR und CHARDONNAY aus CASABLANCA sowie spannende rote Verschnitte aus ITATA und MAULE. Mitglied der Bewegung unabhängiger Winzer (MOVI).

Itata wacht auf

Interessiert an alten Reben (manche bis zu 200 Jahre), kühlen Bedingungen mit reichlich Wasser und vergessenen Rebsorten? Dann ist ITATA tief im Süden etwas für Sie. Dort gab es bisher vor allem kleine Erzeuger, doch nachdem TORRES 230 ha gekauft hat, wird jetzt hier am großen Rad gedreht.

Haras de Pirque Mai ★★→★★★ Klassische Pirque-Gewächse. Verlässlich guter CABERNET SAUVIGNON, ausgezeichneter SYRAH, rauchig getönter SAUVIGNON BLANC und der solide rote Albis (Cabernet Sauvignon/CARMENÈRE), der gemeinsam mit Antinori (siehe Italien) erzeugt wird.

Itata Zwischenzeitlich in Vergessenheit geratene Region im Süden, die nun wegen ihres CINSAULT, PAÍS und MUSCAT von alten Reben wieder absolut angesagt ist.

Lapostolle Cach, Casa, Col ★★→★★★★ Biogut in in Apalta (Colchagua); im Besitz der Familie von Grand Marnier, die hier keine Kosten und Mühen scheut. Reichhaltige Rotweine (v. a. der üppige Clos Apalta auf CARMENÈRE-Basis), dazu aussagestarke Weiße. Die Reihe namens Collection bietet Einzellagen-SYRAHS und Carmenère-Weine in frischerem Stil, bereitet von Lesegut aus dem ganzen Land.

Leyda, Viña Col, Mai, San A ★★→★★★ Dieses Gut brachte das gleichnamige Weinbaugebiet ins Rampenlicht. Pikante, konzentrierte Weißweine aus der Küstenregion (CHARDONNAY, SAUVIGNON BLANC, Sauvignon gris), würziger SYRAH, saftiger PINOT NOIR (auch lebhafter Rosé), guter Schaumwein. Probieren Sie die Reihe Lot.

Limarí Zwischen Kakteen breiten sich in dieser jungen, sehr trockenen Küstenregion die Rebpflanzungen aus; der Kalksteinboden verleiht den Weinen etwas Besonderes. Probieren Sie CHARDONNAY, SAUVIGNON BLANC, SYRAH.

> **Kleine große Trendsetter**
> Zwar mag in Chile der weltweit größte Weinproduzent (CONCHA Y TORO) seinen Sitz haben, zugleich aber ist in dem Land eine Vielzahl an Kleinerzeugern tätig – und diese machen zunehmend von sich reden. Eine neue Truppe kleiner, unabhängiger Akteure bringt derzeit frischen Wind in das chilenische Weinwesen, und Organisationen wie MOVI, Chanchos Deslenguados oder Slow Wine weiten erkennbar ihren Einfluss aus.

Loma Larga Casa ★★→★★★ Rotweine aus den Hügellagen von CASABLANCA beweisen, dass die Region mehr als nur SAUVIGNON BLANC hervorbringen kann. Hervorragender MALBEC und CABERNET FRANC.

Maipo Von hier (v.a. aus Pirque und Puente Alto) kommen Chiles bekannteste CABERNET-SAUVIGNON-Weine. Historisches Weinbaugebiet, zu dem wärmere Bereiche im Flachland, aber auch kühlere Höhenlagen gehören, die die bessere Qualität hervorbringen.

Matetic Casa, San A ★★★ Julio Bastías steht nun am Ruder diess Bioweinguts zwischen CASABLANCA und SAN ANTONIO. Großartiger SYRAH, sehr guter Sauvignon blanc und PINOT NOIR. Verlässliche Qualität.

Maule Epizentrum der chilenischen CARIGNAN-Bewegung und das Tor zum Süden des Landes. Ausgedehnte Anbauflächen. Alte Reben von Carignan, PAÍS gedeiht am besten in Loncomilla und Cauquenes.

Maycas del Limarí Lim ★★→★★★ Marcelo Papa, Kellermeister bei CONCHA Y TORO, verfolgt hier mit Leidenschaft ein Projekt der Firma. Straffe, lebhaft frische Weine von der Küste (sehr guter Sauvignon blanc, CHARDONNAY, PINOT NOIR und SYRAH).

Montes Casa, Col, Cur, Ley ★★→★★★★ Feng Shui im Weinberg, Engel in der Kellerei: Die intensiven, komplexen Rotweine (Alpha CABERNET SAUVIGNON, Folly Syrah, Purple Angel CARMENÈRE) werden ergänzt von frischen Weinen von der Küste, etwa der guten Reihe Outer Limits (SAUVIGNON BLANC, PINOT NOIR) aus Zapallar und CINSAULT aus ITATA.

MontGras Col, Ley, Mai ★★→★★★ Colchagua-Kellerei mit preislich lohnenden Roten und Rosé von ZINFANDEL. CABERNET SAUVIGNON Intriga aus MAIPO, exzellenter SAUVIGNON BLANC Amaral, sehr guter CHARDONNAY aus Leyda.

Montsecano ★★★ Fünf Chilenen und der Franzose André Ostertag produzieren biodynamischen PINOT NOIR von kühlen Hochlagen – nicht viel, aber vom Feinsten.

Morandé Casa, Mai, Mau ★★→★★★ Großer Erzeuger mit eindrucksvollem Angebot. Überspringen Sie die Klassiker und probieren Sie gleich den Limited Edition CARIGNAN, den Vigno, den Gran Reserva (v.a. PINOT NOIR) und den 30 Monate auf dem Hefesatz gelagerten Brut Nature oJ (CHARDONNAY, PINOT NOIR).

Neyen Rap ★★★ In Apalta angesiedeltes VERAMONTE-Projekt. Intensiver Verschnitt von alten Reben (CARMENÈRE/CABERNET SAUVIGNON).

Odfjell Mai, Mau ★→★★★ Der französische Kellermeister Arnaud Hereu erzeugt sehr gute rote Verschnitte und sortenreine Weine, u.a. den exzellenten CARIGNAN aus MAULE.

Pérez Cruz, Viña Mai ★★★ Interessanter PETIT VERDOT Chaski, COT Edición Limitada und ausgewogener, klassischer CABERNET SAUVIGNON Waiki.

Polkura Col ★★ Unabhängiger Erzeuger, der sich auf SYRAH aus Marchigue konzentriert; auch reichhaltiger MALBEC.

Quebrada de Macul, Viña Mai ★★→★★★ Großartiger CABERNET SAUVIGNON Domus Aurea. Elegante und packende Rotweine von Macul in MAIPO.

Rapel Riesige Appellation, die sich von Cachapoal bis Colchagua erstreckt. Vielseitige Anbaubedingungen: von den wärmeren Tälern im Inneren der Region bis zu kühleren Gebirgshängen.

RE Mai ★★★ Pablo Morandé Junior arbeitet mit Tonamphoren und erzeugt »Naturweine«, unkonventionelle Verschnitte und orange Weine – unorthodox und aufregend für Chile.

Ribera del Lago Mau ★★→★★★ Exzellenter SAUVIGNON BLANC sowie Laberinto PINOT NOIR im Rahmen eines persönlichen Projekts von Rafael Tirado.

San Antonio An CASABLANCA anschließende Region mit ebenfalls kühlen Meeresbrisen und welligem Hügelgelände. Sehr guter PINOT NOIR, SAUVIGNON BLANC, CHARDONNAY und SYRAH. Leyda ist ein Unterbereich.

San Pedro Cur ★→★★★ Großer Erzeuger mit Sitz in Curicó. 35 South (oder 35 Sur) und Castillo de Molina sind erschwingliche Alltagsweine. Am besten sind die Rotweine »1865 Limited Edition«, der SYRAH aus ELQUI und der elegante Cabo de Hornos. Im selben Besitz wie ALTAÏR, Viña Mar, Missiones de Rengo, Santa Helena und Viña TARAPACÁ.

Santa Carolina, Viña ★★→★★★ Große Marke mit langer Tradition und ein paar Ausflügen ins Unerforschte. Probieren Sie die Reihe Specialties und den CABERNET SAUVIGNON Luis Pereira; neu, jedoch in alter Kellermeistermanier aus den 1950er-Jahren bereitet. Sehr gut ist der Herencia (CARMENÈRE).

Santa Rita Mai ★★→★★★★ Große historische Bodega in MAIPO mit umfangreichem Angebot aus allen Teilen des Landes. Empfehlenswert: neuer Bougainville PETITE SIRAH, Casa Real Cabernet Sauvignon für klassische Fülle, Pehuén CARMENÈRE, Triple C (CABERNET SAUVIGNON/CABERNET FRANC/Carmenère), die Reihe Floresta und günstiger Medalla Real CHARDONNAY.

Seña Aco ★★★★ Ursprünglich gemeinsam mit Robert Mondavi ins Leben gerufenes Projekt, jetzt aber im Alleinbesitz der Familie Chadwick von ERRÁZURIZ. Der Seña, ein Verschnitt im Bordeaux-Stil von einer Hanglage in ACONCAGUA, ist einer von Chiles besten Weinen.

Tabalí ★★→★★★ Kellermeister Felipe Müller bereitet in LIMARÍ feinste Weine. Exzellenter CHARDONNAY, SAUVIGNON BLANC, PINOT NOIR und SYRAH von küstennahen Kalksteinböden, MALBEC von Berghängen mit Vulkangestein.

Tarapacá, Viña Casa, Ley, Mai ★★ Immer besser werdende, alteingesessene Kellerei, im Besitz der VSPT-Gruppe. Spitzenweine: Tara Pakay (CABERNET SAUVIGNON/SYRAH), Etiqueta Negra Gran Reserva (Cabernet Sauvignon).

Torres, Miguel Cur ★★→★★★★ Der spanische Kellermeister Miguel Torres ist nicht zu bremsen. Einst Pionier in dieser südlichen Region, hat er dem PAÍS von alten Reben neues Leben eingehaucht in Gestalt des frischen, schäumenden Estelado. Inzwischen erzeugt er Chiles teuersten PINOT NOIR von Schieferboden. Der CABERNET SAUVIGNON Manso de Velasco ist nach wie vor ein Spitzengewächs, das 7 Jahre und mehr aufs Schönste zu reifen vermag.

Undurraga Casa, Ley, Lim, Mai ★→★★★ Seit Rafael Urrejola, einer der jüngsten Chef-Kellermeister Chiles, die Reihe TH (Terroir Hunter) bereitet, hat Undurraga sein bis dahin dröges Image abschütteln können. Probieren Sie auch den Spitzen-CABERNET-SAUVIGNON und die vielen Party-Schaumweine.

Valdivieso Cur, San A ★→★★★ Großer Erzeuger, der mit seinen Reihen Reserva und Single Vineyard (v. a. CABERNET FRANC und MALBEC) von Spitzenterroirs in ganz Chile zu beeindrucken weiß – besonders gut ist der Chardonnay aus Leyda. Außerdem roter Verschnitt Caballo Loco und herrlicher Éclat auf CARIGNAN-Basis.

Vascos, Los Rap ★→★★★ Unternehmen im Besitz von Lafite-Rothschild, das sich sehr bemüht, seine Möchtegern-Bordeaux-Weine zu verbessern. Spitzenreiter: Le Dix und Grande Réserve.

Ventisquero, Viña Casa, Col, Mai ★→★★★ Ehrgeizige Kellerei mit breitem Angebot. Besonders zu empfehlen der Tara PINOT NOIR, CHARDONNAY und die exzellente Kalfu-Reihe aus Leyda.

Veramonte Casa, Col ★★→★★★ Inzwischen unter der Leitung von Weinmacher Rodrigo Soto, verfolgt das Gut in CASABLANCA nun einen ökologischen Ansatz, und die Weine offenbaren eine saftigere Art. Sehr gut sind der Ritual PINOT NOIR, SYRAH und SAUVIGNON BLANC.

Villard Casa, Mai ★★ Der französischstämmige Thierry Villard bereitet raffinierte Weine: gute Rote aus MAIPO, v. a. PINOT NOIR und MERLOT, CABERNET SAUVIGNON aus Equis und Weißweine aus CASABLANCA.

Viñedo Chadwick Mai ★★★→★★★★ Stilvoller CABERNET SAUVIGNON, der mit jedem Jahrgang besser wird, von Weinbergen im Besitz von Eduardo Chadwick, dem Präsidenten von ERRÁZURIZ.

Viu Manent Casa, Col ★★ Spezialist für MALBEC (völlig anders als der argentinische Malbec) mit noch ein paar weiteren Trümpfen. Toller El Incidente auf CARMENÈRE-Basis, pikanter SAUVIGNON BLANC aus Casablanca.

Von Siebenthal Aco ★★→★★★ Eher kleiner Erzeuger in ACONCAGUA mit reichhaltigen, üppigen Roten (v. a. von CARMENÈRE) und körperreichem VIOGNIER. Der Verschnitt Parcela 7 ist sein Geld absolut wert, der Toknar zählt zu den wenigen sortenreinen PETIT-VERDOT-Weinen Chiles.

Argentinien

Argentinien ist bekannt für Fußball, Tango, Malbec und eine instabile Wirtschaft. Zugleich ist es der zweitgrößte Weinproduzent Südamerikas, wobei allerdings seine Erzeugnisse unter allen dortigen Ländern die größte Anerkennung genießen. Das ist vor allem dem Malbec zu verdanken, und seine Popularität hat der Sorte in aller Welt eine Renaissance beschert. Doch in puncto Produktionsvolumen hat Argentinien nach wie vor die Führungsrolle inne und dabei verbessert sich die Qualität kontinuierlich durch mehr Eleganz, weniger Alkohol und saubere Fruchtigkeit. Weitere Stars in der argentinischen Rebenriege sind Bonarda und Torrontés. Auch die internationalen Sorten Cabernet Franc, Chardonnay und Cabernet Sauvignon haben durchaus ihren Anteil an dieser Erfolgsgeschichte.

Achaval Ferrer Men ★★★ MALBEC-Spezialist mit Einzellagenweinen von alten Reben: Altamira (Valle de Uco), Bella Vista (Luján de Cuyo) und Mirador (Maipú).

Aleanna Men ★★→★★★★ Eigenständiges Projekt von Alejandro Vigil, Kellermeister bei Bodega CATENA ZAPATA, und Adrianna Catena. Konzentrierter MALBEC, BONARDA, CHARDONNAY und exzellenter Einzellagen-CABERNET-FRANC unter den Etiketten El Enemigo und Gran Enemigo.

Alicia, Viña ★★★ Teilweise im Besitz der Familie von Luigi Bosca. Kleine Produktion, u. a. mit dem verführerischen Weißweinverschnitt Tiara (RIESLING/ ALBARIÑO/SAVAGNIN) und rassigem NEBBIOLO.

Alta Vista Men ★→★★★ Kellerei in französischem Besitz, die erste, die sich auf Einzellagenweine konzentrierte. Sehr guter MALBEC, TORRONTÉS, Schaumwein und ausgezeichneter Verschnitt Alto (Malbec/CABERNET SAUVIGNON).

Altocedro Men ★★→★★★ Kleiner Rotweinerzeuger in La Consulta (Valle de Uco). Karim Mussi bereitet exzellenten TEMPRANILLO, sehr guten MALBEC und Verschnitte.

Altos las Hormigas Men ★★★ Terroirexperten aus Italien und Chile haben sich zusammengetan, um hervorragende Einzellagen-MALBECS in der Reihe Appellation zu erzeugen, außerdem günstiger BONARDA und Bonarda-Schaumwein unter dem Markennamen Colonia Las Liebres.

Anita, Finca La Men ★★→★★★ Hochklassige Rotweine, v. a. der Varúa CABERNET SAUVIGNON. Guter SYRAH, MALBEC und MERLOT; verführerische Weiße (FRIULANO, SÉMILLON).

Antucura Men ★★→★★★ Boutiqueproduktion in Vista Flores unter Beratung von Michel Rolland (siehe Frankreich). Im Mittelpunkt stehen die gewichtigeren Bordeaux-Sorten.

Atamisque Men ★→★★★ Projekt in französischem Besitz mit einem großen Gut im Valle de Uco. Rotweine mit ausgezeichnetem Preis-Leistungs-Verhältnis (v. a. Verschnitte), sehr guter CHARDONNAY, PINOT NOIR und VIOGNIER in der Reihe Catalpa, gut auch die Reihe Serbal.

Benegas Men ★★→★★★★ In einer historischen Bodega in MENDOZA werden im Alte-Welt-Stil von alten Reben erstklassiger CABERNET FRANC und Meritage unter dem Namen Benegas Lynch erzeugt. Interessanter SANGIOVESE.

Bressia Men ★★→★★★ Walter Bressia ist in Argentinien eine bekannte Größe, seine Weine sind von erster Güte. Ausgezeichnete rote Verschnitte Profundo, Conjuro und Ultima mit großem Alterungspotenzial. Sehr gut die Monteagrelo-Linie und der CHARDONNAY Lagrima Canela. In der Linie Sylvestra erscheinen Alltagsweine.

Caelum Men ★★ Falls Sie bisher dachten, Argentinien sei, was den Wein angeht, durchweg rot gefärbt, wird der italienische Kellermeister von Caelum Sie mit gutem CHARDONNAY und FIANO gern eines Besseren belehren.

Callia San J ★→★★ Gute und preisgünstige Weine auf SYRAH-Basis aus der eher heißen Region San Juan.

Canale, Bodegas Humberto Rio N ★→★★★ Eine der ältesten Kellereien in Patagonien mit traditionellen Rebsorten und sehr gutem RIESLING von alten Reben.

Carmelo Patti Men ★★ Der Garagen-Kellermeister Carmelo ist beim CABERNET SAUVIGNON seit über 25 Jahren von seinem Alte-Welt-Stil nicht abgerückt. Jetzt bringt er sich mit einer neuen, schlagkräftigen Generation argentinischer Weine wieder ins Gespräch.

Caro Men ★★★→★★★★ Gemeinschaftsunternehmen von Bodega CATENA ZAPATA mit den Rothschilds von Lafite (Frankreich). Hochklassiger Verschnitt namens Caro (übersetzt »teuer«) und der leichter zugängliche Amancaya.

Casa Bianchi Men ★→★★ Sehr traditionelle Kellerei und Schaumweinerzeuger in San Rafael; günstig. Achten Sie auf die Marke Leo, ein Gemeinschaftsunternehmen mit der Stiftung von Lionel Messi.

Casarena Men ★★→★★★ In Luján de Cuyo ansässiger Spezialist für Lagengewächse. Exzellenter MALBEC, CABERNET FRANC und CABERNET SAUVIGNON. Die Reihen Ramanegra und 505 bieten Alltagsweine, die ihren Preis wert sind.

Catena Zapata, Bodega Men ★★→★★★★ Vorreiter für qualitätsorientierte Weinerzeugung in Argentinien mit 30-jähriger Erfolgsgeschichte und einer Kellerei, die einen Besuch absolut lohnt. Der Betrieb pflanzte den ersten MALBEC in großer Höhe: Der Weinberg Adrianna in Gualtallary (1.450 m) erbringt exzellenten Malbec, CHARDONNAY (White Bones, White Stones), CABERNET FRANC. Alamos liefert Weine für jeden Tag.

Chacra Rio N ★★★ Großartiger Pinot noir von alten Reben und einem biologisch-dynamisch arbeitenden Gut in Patagonien. Piero Incisa della Rocchetta, den man im Zusammenhang mit Sassicaia (siehe Italien) kennt, erzeugt mit die besten und hochpreisigsten PINOT NOIR-Weine Argentiniens. Ebenfalls attraktiv der MERLOT.

Clos de los Siete Men ★★ Verlässlicher Verschnitt von MALBEC, MERLOT, SYRAH und CABERNET SAUVIGNON aus Vistaflores (Valle de Uco); Michel Rolland aus Bordeaux überwacht die Weinbereitung (siehe auch DIAMANDES, MONTEVIEJO).

Cobos, Viña Men ★★★ Der *flying winemaker* Paul Hobbs bereitet konzentrierte Weine mit Marchiori & Barraud (siehe auch deren eigene Marke). Hobbs' CABERNET SAUVIGNON ragt heraus (Spitzen-Volturno, Premium-Bramare, Einsteiger-Felino). Verpassen Sie nicht den sehr guten MALBEC aus dem alten Weinberg Marchiori.

Colomé, Bodega Sal ★★→★★★ Seriöse Weine von sehr hohen Lagen: auf bis zu 3.100 m im Valle Calchaquí. Intensive Rotweine auf MALBEC-Basis aus biodynamischem Anbau, lebhafter TORRONTÉS, rauchiger TANNAT. Im Besitz der kalifornischen Hess Collection.

Decero, Finca Men ★★→★★★ Moderner Betrieb in schweizerischem Besitz, präzis gemachte Weine. Halten Sie sich an den PETIT VERDOT und den roten Spitzenverschnitt Amano.

DiamAndes Men ★★ Eine der Kellereien von CLOS DE LOS SIETE, im Besitz der Familie Bonnie vom Bordeaux-Château Malartic-Lagravière. Erzeugt solide, fleischige Gran Reserva (MALBEC/CABERNET SAUVIGNON), lebhaften VIOGNIER, CHARDONNAY und jungen Malbec.

Dominio del Plata Men ★★→★★★ Susana Balbo ist die Königin des TORRONTÉS, doch probieren Sie auch die sehr guten CABERNET-SAUVIGNON-Weine Ben Marco und Susana Balbo sowie den Nosotros MALBEC. Günstiger Crios auf Einsteigerniveau.

Doña Paula Men ★→★★★ Ausgezeichneter MALBEC von Einzellagen (probierenswert die Reihe Parcel), außerdem einer der Spitzenerzeuger von argentinischem SAUVIGNON BLANC. Guter RIESLING, ihren Preis wert sind die Etiketten der Reihen Los Cardos und Paula. Im Besitz der Santa-Rita-Gruppe (siehe Chile).

Etchart Sal ★★ Traditioneller Erzeuger mit Weinbergen in Hochlagen. Großartiger TORRONTÉS, guter Rotweinverschnitt Arnaldo B. Probieren Sie den Spätlese-Torrontés.

Fabre Montmayou Men, Rio N ★★→★★★ Das in den 1990er-Jahren gegründete Unternehmen in französischem Besitz kaufte alte Weinberge in Luján de Cuyo und RÍO NEGRO (Infinitus). Gute Zweitmarke Phebus; außerdem bemerkenswert die preiswerten Viñalba-Weine, Malbec der Spitzenklasse, CABERNET SAUVIGNON und Grand Vin.

Fin del Mundo, Bodega del Neuq ★→★★ Großproduzent in Neuquén. Günstige Einsteigerreihen Postales, Ventus, Newen. Spitzenwein ist der Special Blend; probieren Sie auch die Einzellagengewächse der Reihe Fin (v. a. CABERNET FRANC).

Flichman, Finca Men ★★→★★★ Traditionskellerei im Besitz von Sogrape (siehe Portugal). Beeindruckender SYRAH; probieren Sie die Verschnitte Dedicado und Paisaje. Spitzen-MALBEC Parcela 26 aus dem Valle de Uco.

Fournier, O. Men ★→★★★ Großes Gut in San Carlos (Valle de Uco) in spanischem Besitz. Super TEMPRANILLO-Verschnitt (A Crux) sowie SAUVIGNON BLANC (B Crux), außerdem sehr gutes Einstiegssortiment Urban Uco. Besitzt auch eine Kellerei in Chile.

Weine im Großformat: die neuen Chardonnays

Argentinien ist bisher als Rotweinland bekannt, doch dank einiger erstklassiger CHARDONNAYS aus MENDOZA könnte sich das nun ändern. In einem Land, in dem alles eine Nummer größer ausfällt, macht der Chardonnay keine Ausnahme. Probierenswerte Top-Weine gibt es beispielsweise bei CATENA ZAPATA (White Bones, White Stones), El Enemigo, MONTEVIEJO (Lindaflor), BRESSIA.

Kaikén Men ★★→★★★ Im Besitz von Aurelio Montes (siehe Chile). Das Angebot wird vom Mai MALBEC angeführt, gefolgt vom Ultra (CABERNET SAUVIGNON und Malbec) und dem Verschnitt Corte.

Luca/Tikal/Tahuan/Alma Negra Men ★★→★★★ Familie von Boutiquekellereien mit echter Klasse im Besitz von Nicolas Bodega CATENA ZAPATA Kindern Laura (Luca) und Ernesto (Tikal/Tahuan/Alma Negra/Animal). Exzellente rote Verschnitte, sehr gute Schaumweine, raffinierter PINOT NOIR.

Luigi Bosca Men ★★→★★★ Historischer Erzeuger mit breitem Sortiment. Optimal sind die von alten Reben gewonnenen roten Verschnitte der Serie Finca Los Nobles; feinsten Genuss bietet der Icono (MALBEC/CABERNET SAUVIGNON). Für Einsteiger empfiehlt sich die Reihe Finca La Linda, die auch gute Schaumweine umfasst.

Manos Negras ★★→★★★ Schwesteretiketten mit Fokus auf Lagenweinen. Sehr guter MALBEC und PINOT NOIR, ausgezeichneter CABERNET FRANC aus dem Valle de Uco und darüber hinaus.

Marcelo Pelleriti Men ★★→★★★ Die eigene Marke des Kellermeisters von MONTEVIEJO, die seinen Namen trägt. Konzentrierter MALBEC, schön texturierter TORRONTÉS. Unter dem Etikett Abremundos entstehen in Zusammenarbeit mit dem Musiker Pedro Aznar blumige Malbec/CABERNET-FRANC-Verschnitte.

Masi Tupungato Men ★★→★★★ Masi (siehe Italien) geht nach Süden. Passo Doble ist ein feiner Verschnitt von MALBEC, CORVINA und MERLOT im Ripasso-Stil, noch besser ist der Corbec (Corvina/Malbec), der einem Amarone sehr nahe kommt.

Matias Riccitelli Men ★★→★★★ Der »junge Wilde« hat vom Vater, seines Zeichens ein argentinischer Spitzenkellermeister, das Ruder übernommen. Viel Spaß machen die frischen, jungen Weine der Reihe The Apple Doesn't Fall Far From The Tree sowie der Hey MALBEC, seriöser kommt der Republica Malbec daher.

Mendel Men ★★★ Der bewunderte Weinmacher Roberto de la Motta bereitet Spitzen-MALBECS (Finca Remota) und den attraktiven Verschnitt Unus. Erstklassiger SÉMILLON von 70 Jahre alten Reben und guter Lunta (Malbec, TORRONTÉS, TEMPRANILLO).

Mendoza Stadt und Provinz; das eigentliche Zentrum der argentinischen Weinwirtschaft mit einem Anteil von 80 % an der Produktion. Maipú ist die Subregion mit der längsten Geschichte und dem wärmsten Klima; Luján de Cuyo hält sich an die Traditionen und ist die MALBEC-Hochburg; das hochgelegene Valle de Uco (einschließlich Gualtallary, Altamira und La Consulta) ist etwas für potente Investoren.

Michel Torino Sal ★★ Großer Erzeuger in Cafayate mit langer Geschichte. Gute Tafelweine und feinere Gewächse der Marke El Esteco (probieren Sie den Fincas Notables CABERNET SAUVIGNON.

Moët-Hennessy Argentina Men ★→★★ Das Schaumweinunternehmen Chandon ist das größte von ganz Südamerika. Es bietet im Charmat-Verfahren erzeugten Partysekt oder aber den nach der traditionellen Methode bereiteten Baron B. Siehe auch TERRAZAS DE LOS ANDES.

Monteviejo Men ★★→★★★★ Vorzeigekellerei von CLOS DE LOS SIETE. Großartiger, in kleinen Mengen bereiteter La Violeta, Lindaflor MALBEC, sehr guter Lindaflor CHARDONNAY. Sehr preisgünstig ist die Reihe Petite Fleur.

Moras, Finca Las San J ★→★★ Großer Erzeuger in SAN JUAN mit Schwerpunkt auf preisgünstigem SYRAH und BONARDA.

Nieto Senetiner, Bodegas Men ★→★★ Großer Schaumweinerzeuger, außerdem ein breites Angebot an Stillweinen. Probierenswert als frischer Weißer der SÉMILLON sowie die konzentrierteren Roten der Reihe Cadus.

Noemia ★★★→★★★★ Hervorragender, vom Terroir geprägter und in Handarbeit von Hans Vinding-Diers bereiteter MALBEC von alten Reben in Patagonien. Dazu die Weine J. Alberto, A Lisa (auch Rosé) und stilvoller Bordeaux-Verschnitt namens »2« (CABERNET SAUVIGNON/MERLOT).

Norton, Bodega Men ★→★★★ Traditionskellerei, klassisch in Stil und Beständigkeit. Preisgünstige Einsteigerweine, exzellente Einzellagen-MALBECS in der Reihe Lote, ausgezeichneter Verschnitt Gernot Langes. Jede Menge sehr guter Schaumweine.

Passionate Wine Men ★★→★★★ Matias Michelini ist Gualtallary-Spezialist und Wegbereiter der säurestarken, alkoholarmen Weine in Argentinien. Scharfer Agua de Roca SAUVIGNON BLANC, lebhafter PINOT NOIR, frischer BONARDA (gekühlt zu trinken) und der ungestüme Verschnitt Demente (MALBEC/CABERNET FRANC).

Peñaflor Men ★→★★★ Argentiniens größter Weinkonzern mit FINCA LAS MORAS, Andean Vineyards (SAN JUAN), MICHEL TORINO (SALTA), Santa Ana und TRAPICHE (MENDOZA).

Piatelli Sal ★→★★ Zwei Betriebe in Cafayate und MENDOZA. Probieren Sie den TORRONTÉS mit Eichennote und die modernen Roten.

Piedra Negra Men ★→★★ Der argentinische Vorposten des französischen Erzeugers François Lurton. Sehr gute weiße Verschnitte (auf PINOT-GRIGIO-Basis), konzentrierter MALBEC.

Poesia Men ★★→★★★ Im selben Besitz wie Clos L'Eglise in Bordeaux. Spezialisiert auf Rotweine: stilvoller und mundfüllender Poesia (CABERNET SAUVIGNON/MALBEC), dazu feiner Clos des Andes (Malbec) und saftiger Pasodoble (Malbec/SYRAH/Cabernet Sauvignon).

Porvenir de Cafayate, El Sal ★★→★★★ Guter Erzeuger in Cafayate mit TORRONTÉS der Spitzenklasse. Exklusive Kollektion sortenreiner Weine (u. a. feiner, fester TANNAT), die unter dem Namen Laborum erscheinen. Auch gute Verschnitte namens Amauta.

Pulenta Estate Men ★★→★★★ Die Kellermeister in der dritten Generation bereiten exzellente Einzellagenweine und hervorragenden CABERNET FRANC. Sehr günstige Einsteigermarke La Flor.

Renacer Men ★★→★★★ Chilenische Kellerei (mit einem SAUVIGNON BLANC aus Casablanca). Der Flaggschiffwein Renacer ist vorwiegend MALBEC; sehr guter Punto Final (Malbec/CABERNET SAUVIGNON). Probieren Sie auch den Enamore im Amarone-Stil (siehe Italien).

Riglos Men ★★→★★★ Erzeuger in Tupungato mit einer Palette konzentrierter Rotweine. Probieren Sie Gran Corte (MALBEC/CABERNET SAUVIGNON/CABERNET FRANC), Cabernet franc und den SAUVIGNON BLANC Quinto.

Riojana, La La R ★→★★ Großer Fairtrade-Erzeuger. Spitzengewächs ist der Malbec Raza Limited Edition, aber auch die anderen Weine bieten gute Qualität zu angemessenen Preisen, v. a. der TORRONTÉS.

Río Negro Spitzenadresse für PINOT NOIR aus Patagonien. Außerdem guter SÉMILLON von alten Reben sowie MALBEC und MERLOT von neuen Reben. Dinosaurier-Fossilien gibt's ebenfalls zu bewundern.

Ruca Malén Men ★★ Füllige Rote aus Luján de Cuyo. Spitzenverschnitt ist der Don Raúl (MALBEC/CABERNET SAUVIGNON/PETIT VERDOT). Ihren Preis absolut wert und von verlässlicher Qualität sind die Weine der Reihe Kinien. Probieren Sie auch den Petit Verdot.

Salentein, Bodegas Men ★★→★★★ Maßgebende Kellerei und Investitionsprojekt im Valle de Uco. Gleichbleibend gut ist die Einsteigerlinie El Portillo, eine Prestigereihe bietet reichhaltige Einzellagenweine. Im Mittelfeld angesiedelt ist der Verschnitt Numina mit großartigem Preis-Leistungs-Verhältnis.

Salta Argentiniens erste Region für Hochlandgewächse, bekannt für TORRONTÉS der Extraklasse; kühle Nächte und extreme Sonneneinstrahlung lassen intensive Rotweine heranreifen. Die Unterregion Cafayate (v. a. das Valle Calchaquí) sollte man besonders ins Visier nehmen.

San Juan Große und etwas wärmere Anbauregion, 160 km nördlich von MENDOZA. Bekannt für runden, reifen SYRAH, BONARDA, VIOGNIER.

San Pedro de Yacochuya Sal ★★★ In Cafayate ansässiges Gemeinschaftsunternehmen von Michel Rolland (siehe Frankreich) und der Familie ETCHART. Reifer, duftender TORRONTÉS und dichter MALBEC SPY, dazu kraftvoller Yacochuya (Malbec von sehr alten Reben).

Schroeder, Familia Neuq ★★ Kellerei in Patagonien mit Schwerpunkt auf Schaumwein und PINOT NOIR (probieren Sie den Saurus Select – er spielt mit seinem Namen auf Dinosaurier-Überreste an, die im Keller entdeckt wurden).

Sophenia, Finca Men ★★→★★★ Großes Gut in Tupungato; die ersten, die mit ihren Pflanzungen so hoch hinauf gingen. Viele Rebsorten, immer frische Weine. Sehr gute Reihe Synthesis, exzellenter SAUVIGNON BLANC und nun auch Schaumwein.

Tapiz Men ★★ Schwungvoller SAUVIGNON BLANC (aus La Rioja) und sehr gute Rotweine, allen voran der MALBEC Black Tears. Die Betreiber züchten auch Lamas.

Terrazas de los Andes Men ★★→★★★ Die Stillwein-Schwester des Chandon (Moët-Hennessy). Ausgezeichnete Einzellagen in Perdriel, Las Compuertas und Altamira. Auch aromatischer TORRONTÉS (SALTA), buttriger CHARDONNAY. Als Joint Venture mit Ch. Cheval Blanc (Bordeaux) wird der köstliche Verschnitt Cheval des Andes erzeugt.

Toso, Pascual Men ★★→★★★ Der Kalifornier Paul Hobbs steht an der Spitze eines Teams, das preislich angemessene und sehr schmackhafte Weine erzeugt, allen voran den reifen, aber fein strukturierten Magdalena Toso (hauptsächlich MALBEC) und Finca Pedregal (Malbec/CABERNET SAUVIGNON) von einer Einzellage.

Trapiche Men ★→★★★ Mit die breiteste Angebotspalette des Landes. Probieren Sie die MALBEC-Einzellagenweine, den Las Palmas CABERNET SAUVIGNON und die Verschnitte der Marken Iscay und Extravaganza. Ein neues Abenteuer stellt mit dem Mar y Pampa Argentiniens erster Wein von der Küste dar.

Trivento Men ★→★★ Im Besitz des chilenischen Weingiganten Concha y Toro. Der Eolo MALBEC ist das hochpreisige Aushängeschild, ausgesprochen günstig sind dagegen der Golden Malbec, der SYRAH und der CHARDONNAY.

Malbec im Höhenflug

Winzer begeben sich für ihre besten MALBEC-Pflanzungen immer weiter ins Andengebiet hinein und dort dann auch immer höher hinauf. Infolge des Klimawandels und dank sorgfältig ausgewählter Lagen besteht kaum Frostgefahr, und als Lohn für die Mühen winken frische Weine mit eleganter Frucht und mehr Säure bei geringerem Alkoholgehalt. In Cafayate nahm der argentinische Weinbau in großer Höhe seinen Anfang, doch erweist sich auch das Valle de Uco zunehmend als interessant. In großer Höhe gereifte Malbecs findet man bei ZUCCARDI (San Pablo; 1.400 m), ALTOS LAS HORMIGAS (Gualtallary; 1.300 m), PASSIONATE WINE (Gualtallary; 1.600 m), Bodega CATENA ZAPATA (Gualtallary; 1.450 m) und ZORZAL (Gualtallary; 1.350 m).

Val de Flores Men ★★★ Der alte, biodynamisch bewirtschaftete MALBEC-Weinberg gehört Michel Rolland. Dunkle, elegante, erdige Weine mit festen Tanninen; zum Einkellern. Auch die Reihe Mariflor ist probierenswert (sortenreine Weine und exzellenter Verschnitt Camille).

Vines of Mendoza / Winemaker's Village Men ★★ Weinort im Valle de Uco, wo argentinische und internationale Meister ihres Fachs in Boutiquekellereien mit Leidenschaft Kleinprojekte betreuen. Etiketten, nach denen man Ausschau halten sollte: Recuerdo, Super Uco, Abremundos (siehe MARCELO PELLERITI), Corazon del Sol.

Zorzal Men ★★★ Die drei Brüder Michelini, allesamt Kellermeister, erzeugen frische, dynamische Weine aus Gualtallary. Die exzellente Reihe Eggo verzichtet ganz auf neue Eiche und baut nur in Zement-»Eiern« aus (empfehlenswert: SAUVIGNON BLANC, PINOT NOIR, CABERNET FRANC, BONARDA).

Zuccardi Men ★★→★★★ Die rastlose Zuccardi-Familie spielt mit zwei bewundernswürdigen Weinmarken und einer klaren Vision ganz vorn in Argentiniens Liga: preiswerter Santa Julia für jeden Tag, Zuccardi mit überragenden Einzellagenweinen, u. a. MALBEC und BONARDA. Der junge Sebastian Zuccardi fungiert als Kellermeister und lebt dabei seine Vorliebe für Zement-»Eier« und minimale Eingriffe aus.

Brasilien

Eigentlich denkt man bei Brasilien als Erstes an Strände, Bikinis und schöne wilde Tiere, aber zunehmend macht es auch mit seinen Schaumweinen von sich reden. Das Gros der Rebkulturen konzentriert sich in den kühleren Regionen im Südzipfel des Landes (Serra Gaûcha, Campanha, Serra do Sudeste, Planalto Catarinense, Campos de Cima de Serra), nennenswert ist im Norden das Vale do São Francisco. Und auf insgesamt über

10.000 ha Rebland gibt es mehr zu entdecken als nur die Schaumweintrauben – v.a. Bordeaux-Sorten und daneben gelegentlich europäische Kuriositäten wie Touriga Nacional, Alicante Bouschet, Barbera, Gewürztraminer oder Malvasia.

Casa Valduga ★→★★★ Bekannter historischer Erzeuger mit guten, im traditionellen Verfahren bereiteten Schaumweinen, einem Spitzen-MERLOT (Storia) und eigener Grappaproduktion.

Cave Geisse ★★ Schaumweinspezialist: Der Chilene Mario Geisse erzeugt Brut Nature und Blanc de Noirs.

Miolo ★→★★★ Einer von Brasiliens ersten und auch größten Weinerzeugern mit Michel Rolland als Berater. Portugiesische Sorten (u.a. TOURIGA NACIONAL) finden sich neben Bordeaux-Sorten und einer Menge Schaumwein.

Pizzato Vinhas ★→★★★ Moderner Erzeuger mit gutem MERLOT (ausgezeichnet der DNA 99) und Schaumweinen. Die Reihe Pizzato hat mehr Komplexität, unter dem Etikett Fausto wird jüngerer Tafelwein geboten.

Quinta da Neve ★★ Kleine Produktpalette, hervorstechend der aromatische PINOT NOIR aus der kühlsten Region in Santa Catarina.

Salton Großerzeuger, der für fast 10 % der brasilianischen Weinproduktion aufkommt. Die Qualität schwankt, doch mit der Reihe Intenso kann man oft einen guten Deal machen.

Valmarino Vinicola ★★ Erstaunlich guter CABERNET FRANC. Probieren Sie den Valmarino aus Serra Gaûcha. Auch Schaumwein.

Uruguay

In dem von Argentinien und Brasilien in die Zange genommenen Land konzentriert sich die kleine Weinproduktion hauptsächlich an der Küste. Albariño und Sauvignon Blanc sind die besten Weißen, doch eindeutig dominiert die Farbe Rot. Die fleischige, tanninreiche Tannin-Traube, das hiesige Aushängeschild, kann sich zu erstaunlicher Form emporschwingen.

Alto de la Ballena ★→★★ Kleiner Familienbetrieb in Küstennähe mit säurebetonten frischen Roten (CABERNET FRANC) und schön alternden Weißen.

Bouza ★→★★★ Boutiquekellerei mit köstlichen Weinen, klassischen Autos und einem exzellenten Restaurant. Probieren Sie den TANNAT Parcela Unica (A6, B6), den Verschnitt Monte Vide Eu (Tannat/MERLOT/TEMPRANILLO) und den ALBARIÑO mit Pfirsichnote.

Garzon ★★→★★★ Der italienische Star Alberto Antonini berät in diesem kleinen Projekt nördlich von Punta del Este. Zu empfehlen sind TANNAT, SAUVIGNON BLANC und der frische ALBARIÑO.

Juanico Establecimiento ★→★★★ Größter Erzeuger Uruguays mit dem ältesten Keller. Günstige Weine in allen Preislagen. Probieren Sie den Spitzenrotwein Preludio Familia Deicas (TANNAT/CABERNET SAUVIGNON/CABERNET FRANC/MERLOT/PETIT VERDOT/Marselan) und den cremigen weißen Preludio Blanc (VIOGNIER/CHARDONNAY).

Marichal ★→★★ Familienbetrieb in Canelones; interessante PINOT-NOIR-Verschnitte, sehr guter stiller Blanc de Noirs.

Viñedo de los Vientos ★★→★★★ Pablo Fallabrino erzeugt verspielte, üppige weiße Verschnitte und soliden TANNAT.

Australien

Die dunklen Flächen bezeichnen die Weinbaugebiete

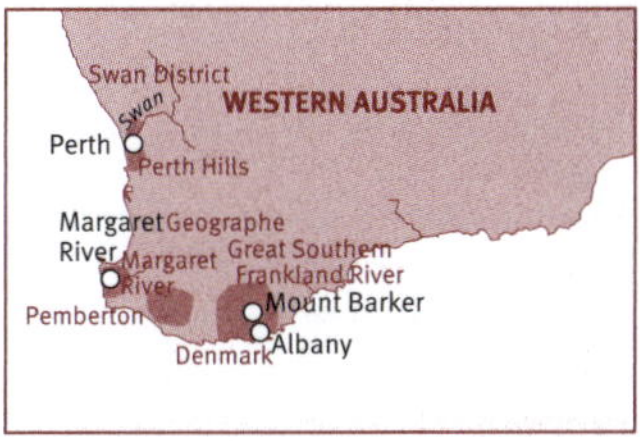

Die folgenden Abkürzungen werden im Text verwendet:

Mt.	Mount (z. B. Mount Barker)
NSW	New South Wales
N-Tas	Nordtasmanien
NO-Vic	Nordostvictoria
Qld	Queensland
R.	River (z. B. Frankland River)
SO-Australien	Südostaustralien
SA	South Australia
S-Tas	Südtasmanien
Tas	Tasmanien
V.	Valley (z. B. Alpine Valley)
Vic	Victoria
WA	Western Australia

Es sieht ganz nach einem Boom des »leichten Roten« aus. In gewisser Hinsicht ist das ein Zeichen für einen reifen Weinmarkt: Wein, der kein Statement abgibt. Ganz offensichtlich ist Köstlichkeit anstelle von Pomp der Motor des wachsenden Zuspruchs für Pinot noir aus kühlem Klima – das heißt für Tasmanien – und nun der plötzlichen Hochkonjunktur von Rotweinen im »Joven«-Stil, die geradezu unverschämt kurz nach der Lese auf den Markt kommen. Frische und Frucht stehen im Mittelpunkt. Es ist weit und breit kein Fass in Sicht und wenn einmal doch, dann ist es entweder groß, alt oder beides. Der neueste Garnacha der Marke Running With Bulls von Yalumba ist ein gutes Beispiel. Aber es gibt noch viele andere.

Dem – noch nicht als australischer Held gefeierten – Grenache/Garnacha kommt dieser Trend unmittelbar zugute. Manche Kellermeister sind der Ansicht, sie erzeugten »burgundischen Grenache« (komische Welt), bei dem Süße und Eiche weniger und Schmackhaftigkeit, Komplexität und (ja!) Süffigkeit mehr zählen. Die große Rückwanderung hält an. Der andere Nutznießer ist Tempranillo, dem vor zehn Jahren niemand eine so glänzende Karriere in Australien zugetraut hätte. Und viele der Weine sind auch gut.

Neuere Jahrgänge

New South Wales (NSW)

2015 In den meisten Gebieten schwierig, aber Orange und Canberra ausgezeichnet, Hilltops sehr gut.

2014 Der Hunter Shiraz wird außergewöhnlich gut. Canberra Riesling und Shiraz ebenfalls auf der Höhe.

2013 Reichhaltige Rot- und Weißweine. Hunter Semillon und Canberra Riesling sind besonders gut.

2012 Ein nasses, kaltes Jahr. Der Semillon könnte ganz in Ordnung sein, vielleicht auch der Cabernet Sauvignon, aber insgesamt enttäuschend.

2011 Das Hunter Valley wurde von den Überschwemmungen der südlicheren Gebiete verschont, aber es war trotzdem ein kühles, feuchtes Jahr.

2010 Regelmäßiger heftiger Regen machte den Jahrgang für die meisten schwierig. Leichtere Rote, gute Weißweine.

Victoria (Vic)

2015 Durch die Bank ein starker Jahrgang.

2014 Frostschäden en masse, aber bei den meisten ein sehr guter Rotweinjahrgang.

2013 Nach einem feuchten Winter folgte ein heißer, trockener Sommer. Überraschend hohe Qualität.

2012 Entpuppt sich als besserer Jahrgang als zunächst gedacht. Rot- und Weißweine sehr gut bis hervorragend.

2011 Nass; viele Probleme durch Krankheiten. Insgesamt besser für Weißweine. Vorsicht ist geboten.

2010 Gemäßigtes Jahr. Weiß- und Rotweine aus den meisten Gegenden sollten gut sein.

South Australia (SA)

2015 Herausragender Clare Valley Riesling; Adelaide Hills ausgezeichnet; die warmen Gebiete steckten die wilden Klimaschwankungen gut weg.

2014 Heißes, ertragsarmes Jahr; üppige Rot- und Weißweine.

2013 Aufgrund von Wasserproblemen waren die Erträge sehr niedrig. Durchwachsener Jahrgang.

2012 Die Erträge waren niedrig, aber es war ein hervorragendes Jahr. Großartig für Riesling; ausgezeichneter Cabernet Sauvignon.

2011 Kühl und nass. Magere Weißweine, kräuterwürzige Rotweine. Einige interessante Ergebnisse.

2010 Ausgezeichnetes Jahr, Clare und Eden Valley Riesling sehr gut. Shiraz in allen wichtigen Gebieten der Beste seit 2005. Coonawarra Cabernet Sauvignon in Topform.

Western Australia (WA)

2015 Schwieriges Jahr mit unterschiedlichen Ergebnissen. Es lohnt sich, wählerisch zu sein, aber die eine oder andere Perle kann man finden.

2014 Die Glückssträhne hält an; es wird schon fast langweilig. Wieder ein tadelloses Jahr.

2013 Cabernet Sauvignon und Chardonnay sehr stark. Etwas Regen, aber erneut meinten es die Götter gut.

2012 Die Trockenheit hielt an und somit auch die Serie wunderschöner, warmer Jahrgänge.

2011 Warm, trocken, frühe Lese. Sehr guter Cabernet Sauvignon. Zarte Weißweine weniger erfolgreich.

2010 Rote allgemein besser als Weiße. Manche bekamen späten Regen ab, aber größtenteils sehr gut.

Accolade Wines Name der Weine/Kellereien, die zu den einst einflussreichen Unternehmen HARDYS und CONSTELLATION gehörten. Es geht das Gerücht, dass man die Worte »gute Weine« im Unternehmen jetzt wieder in den Mund nehmen kann. Die Beweislage ist noch etwas dünn.

Adelaide Hills SA – Beste Region für SAUVIGNON BLANC; kühle Lagen auf 450 m Höhe am Mt. Lofty. CHARDONNAY und SHIRAZ stechen PINOT NOIR aus. SHAW & SMITH, ASHTON HILLS, MIKE PRESS, SC PANNELL, HENSCHKE, MURDOCH HILL und JERICHO legen sich richtig ins Zeug.

Alkoomi Mt. Barker, WA r w Riesling **05' 10'** 13' 14'; Cabernet Sauvignon 02' **04'** 10' 12' **01'** – Veteran mit feinem RIESLING und rustikalen, langlebigen Rotweinen.

All Saints Estate Rutherglen, Vic br ★★ Großartige gespritete Weine, früher und heute. Die Tafelweine sind gut, aber weniger bemerkenswert.

Alpine Valleys Vic – Im Schatten der Victorian Alps. Die besten Erzeuger sind MAYFORD, Ringer Reef und Billy Button. TEMPRANILLO ist der Star, die aromatischen Weißweine belegen einen guten zweiten Platz.

Andevine Hunter V., NSW r w ★★★ Die ersten freigegebenen Weine (SHIRAZ, SEMILLON, v. a. CHARDONNAY) von Reben im guten Alter sind hervorragend geraten. Heißer Tipp im HUNTER VALLEY.

Andrew Thomas Hunter V., NSW r w ★★★ Spitzenerzeuger mit SEMILLON von alten Reben und seidigem SHIRAZ.

Angove SA r w (br) ★★ Familienbetrieb im MURRAY VALLEY. Die billigeren Weine (rot und weiß) sind oft die Besten in der Angebotspalette. Hat in großem Stil in ökologischen Weinbau investiert.

Annie's Lane Clare V., SA r w – Im Besitz von TWE. Weine mit großer Aromenfülle. Das Flaggschiff Copper Trail ist (manchmal) ausgezeichnet, v. a. RIESLING und SHIRAZ. Flaute, aber die Hoffnung stirbt zuletzt.

A. Rodda Beechworth, Vic r w ★★ Lebendiger CHARDONNAY von gutseigenen Rebflächen; der TEMPRANILLO, für den ganze Trauben aus hohen Lagen vergoren werden, ist saftig (und köstlich) bis zum Abgang.

Ashton Hills Adelaide Hills, SA r w; (sch) ★★★ Pinot noir **05'** 10' 12 **13'** – Legendärer Erzeugerbetrieb in den ADELAIDE HILLS. Überzeugender PINOT NOIR von über 30 Jahre alten Reben. 2015 durch WIRRA WIRRA erworben.

Bailey's NO-Vic r w br ★★★ Voller SHIRAZ sowie vortreffliche MUSCAT- (★★★★) und TOPAQUE-Dessertweine. Im Besitz von TWE. Die Weinberge werden jetzt ökologisch bewirtschaftet. PETIT VERDOT bereichert das Angebot. Könnte so viel mehr sein.

Balgownie Estate Bendigo, Vic, Yarra V., Vic r w ★ Alter Name für mittelschweren, schön ausgewogenen, minzigen CABERNET SAUVIGNON aus BENDIGO. Ableger im YARRA VALLEY, darunter Treffer und Fehlschüsse.

Balnaves of Coonawarra SA r w ★★★ COONAWARRA-Champion in Familienbesitz. Massiver CHARDONNAY, sehr guter würziger SHIRAZ mit mittlerem Körper. Flaggschiff ist der volle CABERNET SAUVIGNON Tally.

Bannockburn Vic r w ★★★ Chardonnay **08' 10' 12**; Pinot noir **05' 08'** 10' **12** – Intensiver, komplexer CHARDONNAY und würziger PINOT NOIR. Star-Kellermeister Michael Glover ist vor kurzem gegangen.

Banrock Station Riverland, SA r w – 1.600 ha großer Besitz am Murray River, davon 243 ha Rebland; im Besitz von ACCOLADE.

Barossa Valley SA – Die spirituelle Heimat des australischen Rotweins. SHIRAZ, MOURVÈDRE, CABERNET SAUVIGNON und GRENACHE von sehr alten Reben. Kann sozusagen im Schlaf muskulöse, schwarze, wunderschöne Rotweine bereiten.

Bass Phillip Gippsland, Vic r ★★★ Pinot noir **10' 12' 14'** – Kompletter Solist mit kleinen Mengen von nicht immer beständigem, aber meist herausragendem PINOT NOIR. Es gibt australischen Pinot noir und es gibt Bass Phillip.

Barossa vom Feinsten

Trends kommen und gehen, aber nur wenige Weinregionen der Welt bringen regelmäßig so viel fruchtige Power hervor wie Barossa. Dort wird seit über 175 Jahren reichhaltiger SHIRAZ erzeugt, und seine Qualität ist derzeit besonders gut. Lange Zeit konnte man den Wein vor lauter Eichenstämmen kaum sehen, aber jetzt haben die meisten Erzeuger das Holz zurückgefahren und setzen verstärkt auf Frucht. ELDERTON, Kalleske, Schwarz, ST. HALLETT, TEUSNER, Tim Smith, TURKEY FLAT und die alten Platzhirsche HENSCHKE, PENFOLDS und YALUMBA haben da einige Schätze zu bieten.

Bay of Fires N-Tas r w; sch ★★★ Der Außenposten des ACCOLADE-Imperiums am Pipers River; stilvolle Tischweine und erstklassige Schaumwein-Cuvée Arras. Komplexer PINOT NOIR. Bisher viel zu wenig beworben.

Beechworth Vic – Raues, felsiges Hochland im Landesinneren. CHARDONNAY und SHIRAZ sind die leistungsfähigsten Reben; dazu NEBBIOLO und SANGIOVESE in winzigen Mengen. CASTAGNA, GIACONDA, Sorrenberg, SAVATERRE, DOMENICA und A. RODDA heißen die wichtigsten Erzeuger.

Bendigo Vic – Heiße Region im Zentrum von Victoria. BALGOWNIE ESTATE ist der Platzhirsch, aber es gibt auch eine Menge anderer fähiger Erzeuger. Heimat reichhaltiger SHIRAZ- und CABERNET-SAUVIGNON-Weine.

Best's Grampians, Vic r w ★★★ Shiraz **05' 10' 11'** 12 13' 14' – Konservativer Familienbetrieb mit sehr guten, mittelschweren Rotweinen. Der Thomson Family SHIRAZ von 120-jährigen Reben ist überragend. Kein Shiraz im Angebot, von dem so mancher Neuling nicht noch etwas lernen könnte.

Bindi Macedon, Vic r w ★★★★ Pinot noir **04' 06'** 10' 12' **13** – Überaus gewissenhafter Erzeuger von herausragendem, langlebigem PINOT NOIR (hauptsächlich) und CHARDONNAY. Eine besondere Lage.

Boireann Granite Belt Qld r ★★ Gilt als der beste Rotweinerzeuger in Queensland (mit sehr geringen Mengen). Seinen Ruf verdankt er dem schwer aufzutreibenden SHIRAZ/VIOGNIER.

Brand's of Coonawarra Coonawarra, SA r w ★ Im Besitz von MCWILLIAM'S. Hüter von 100 Jahre alten Reben. Hat mit der Qualität am oberen Ende zu kämpfen, aber die Hauptlinie mit CABERNET SAUVIGNON, SHIRAZ und CHARDONNAY liefert gute, fruchtige, eichenbetonte Weine.

Brash Higgins McLaren Vale, SA ★★★ Brad Hickey hat Englisch und Botanik studiert und schon als Brauer, Bäcker und Sommelier gearbeitet. Jetzt erzeugt er radikale Versionen von roten und weißen MCLAREN-VALE-Weinen.

Bremerton Langhorne Creek, SA r w ★★ Seidiger CABERNET SAUVIGNON und SHIRAZ mit großer Aromenfülle.

Brokenwood Hunter V., NSW r w ★★★ ILR Reserve Semillon **03' 05' 06' 09'**; Graveyard Shiraz **00' 06'** 09' 13' **14'** – Der SEMILLON/SAUVIGNON BLANC Cricket Pitch treibt die Umsatzzahlen in die Höhe. Gallionsfigur des HUNTER VALLEY.

Brookland Valley Margaret R., WA r w ★ Kellerei mit großem Ausstoß an sehr gutem SAUVIGNON BLANC, CHARDONNAY und CABERNET SAUVIGNON. Äußerst preiswert sind der SEMILLON/Sauvignon blanc Budget Verse 1 und der Cabernet Sauvignon/MERLOT (v. a. 12). Gehört ACCOLADE.

Brown Brothers King V., Vic r w br; tr s; sch ★★ Noble Riesling **08' 09'** – Altes Familienunternehmen mit einer reichen Auswahl an gefälligen Stilen und Sorten, mit Schwerpunkt auf Süßwein. Erwarb unlängst ausgedehnte PINOT-NOIR- und andere Rebflächen in Tasmanien, deren Weine jetzt unter dem Etikett TAMAR RIDGE/Devil's Corner angeboten werden.

By Farr/Farr Rising Vic r w ★★★★ **10'** 11' **12' 13'** – Die eigenen Marken bzw. die Kellerei von Gary Farr und Sohn Nick nach ihrem Weggang von BANNOCKBURN. Ihre CHARDONNAY- und PINOT-NOIR-Weine können kleine Meisterwerke sein. Hauptsächlich Nick zeichnet jetzt verantwortlich. Hervorragender Erzeuger.

Campbells Rutherglen, Vic r (w) br ★★ Weiche, reife Rotweine (v. a. Bobbie Burns SHIRAZ); außerdem herausragender Merchant Prince Rare MUSCAT und Isabella Rare TOPAQUE (★★★★).

Canberra District NSW – Sowohl die Qualität als auch die Mengen steigen; Lagenauswahl ist wichtig; kühles Klima. CLONAKILLA ist der bekannteste Erzeuger. Neue Stars: COLLECTOR, CAPITAL, RAVENSWORTH, EDEN ROAD und Mount Majura.

Cape Mentelle Margaret R., WA r w ★★★ Cabernet Sauvignon **01' 10' 11'** 12' 13' – Pionier am MARGARET RIVER in hervorragender Form. Der robuste CABERNET SAUVIGNON ist eleganter (und weniger alkoholstark) geworden, der CHARDONNAY ist sehr gut. Ferner ZINFANDEL und sehr populärer SAUVIGNON BLANC/SEMILLON. SHIRAZ im Aufwind. Im Besitz von LVMH Veuve Clicquot (siehe Frankreich).

Capital Wines Canberra, NSW r w ★★ Der gutseigene Weinberg Kyeema bringt seit langer Zeit mit die besten Weine in Canberra hervor. SHIRAZ (exzellent: 13') und RIESLING sind die Spitzenreiter, außerdem sehr guter MERLOT.

Casella Riverina, NSW r w ★ Der Yellow Tail ist das Ein und Alles des Unternehmens. Rot- und Weißweine des unteren Preisniveaus, ziemlich auf der süßen Seite, die sich in den USA seit nunmehr zehn Jahren wie verrückt verkaufen.

Castagna Beechworth, Vic r ★★★ Syrah **05' 06' 08'** 10' 12' – Julian Castagna ist Anführer der australischen Bio-Bewegung. Ausgezeichnet sind SHIRAZ/VIOGNIER und SANGIOVESE/Shiraz von gutseigenen Trauben. In der Reihe Adam's Rib erscheinen die Weine von zugekauftem Rebgut.

Chambers' Rosewood NO-Vic (r) (w) br ★★★ Gilt neben MORRIS als der beste Erzeuger von sehr süßem TOPAQUE und Muscat. Die Tischweine sind weitaus weniger erfolgreich.

Chapel Hill McLaren Vale, SA r (w) ★★→★★★ Führender Erzeuger des MCLAREN VALE. SHIRAZ und CABERNET SAUVIGNON geben den Takt an, aber auch TEMPRANILLO und v. a. GRENACHE sind sehr gut. Das Angebot wurde in den letzten Jahren beträchtlich erweitert.

Charles Melton Wines Barossa V., SA r w; (sch) ★★ Kleines Weingut mit kräftigen, reifen Rotweinen, besonders Nine Popes, ein Verschnitt aus GRENACHE und SHIRAZ von alten Reben. Geht die Dinge (sehr) ruhig an.

Chatto Tas r ★★★★ Das heimliche Projekt von Jim Chatto (Kellermeister bein MOUNT PLEASANT) in Tasmanien. Kleine Mengen PINOT NOIR mit ganz wunderbaren Frucht- und Gewürznoten. Überaus saftig. Überaus gut.

Clarendon Hills McLaren Vale, SA r ★★ Die ganze Palette an Rotweinen (hoher Alkoholgehalt, intensive Frucht) von Trauben, die in den Hügeln oberhalb des MCLAREN VALE wachsen. Hält inzwischen den Ball flach, aber die Weine sind immer noch gut.

Clare Valley SA – Kleiner, hübscher Bereich mit erstklassigen Lagen, rund 145 km nördlich von Adelaide. Am besten mit dem Rad zu erkunden, wie manche finden. Australiens berühmteste RIESLING-Region; auch eukalyptusduftiger SHIRAZ und erdiger, tanninbetonter CABERNET SAUVIGNON. Wegweisende Erzeuger: TIM ADAMS, GROSSET, Kirrihill, Kilikanoon, MOUNT HORROCKS, WENDOUREE.

Clonakilla Canberra, NSW r w ★★★★★ Shiraz **05' 06' 07' 09'** 10' 13' 14' – Zu Recht der Anführer der SHIRAZ-VIOGNIER-Truppe. RIESLING und Viognier sind ausgezeichnet. Hat Canberra auf die Weltkarte des Weins gebracht. Der sortenreine SYRAH ist ebenfalls großartig.

Clyde Park Geelong, Vic r w ★★ CHARDONNAY und PINOT NOIR mit guter Substanz und Stil.

Coldstream Hills Yarra V., Vic r w; (sch) ★★★★ Pinot noir **06' 10'** 12 13' **14'**; Chardonnay **10' 11' 12'** 13' – 1985 von dem Publizisten James Halliday gegründet. Köstlicher PINOT NOIR, jung zu trinken, Reserve zum Altern. Außerdem sehr guter CHARDONNAY (v. a. Reserve). Die neuen Einzellagenweine sind etwas Besonderes. Im Besitz von TWE.

Collector Wines Canberra, NSW r ★★★ Reserve Shiraz **07' 09'** 12 13' – Der Reserve SHIRAZ ist der einzig Wahre: vielschichtig, würzig, duftend und komplex.

Constellation Wines Australia (CWA) Siehe ACCOLADE WINES.

Coonawarra SA – Südlichster Bereich von South Australia. Hier entsteht mit der (in Qualität und Preis) beste australische CABERNET SAUVIGNON. Erfolge auch mit CHARDONNAY und SHIRAZ. WYNNS ist der älteste Erzeuger (und der Champion), BALNAVES, MAJELLA, KATNOOK, BRAND'S, LINDEMAN'S, YALUMBA und RYMILL geben mit den Ton an. Das Geheimnis? Rote Erde auf einem alten Kalksteinsockel, nicht allzu weit vom Meer entfernt.

Coriole McLaren Vale, SA r w ★★★ Lloyd Reserve Shiraz **98' 02' 04'** 10' 12' – Im Auge behalten, v. a. den SANGIOVESE und den Lloyd Reserve SHIRAZ von alten Reben. Interessante Italiener: FIANO, SAGRANTINO, NERO D'AVOLA. Wieder zum Leben erwacht.

Craiglee Macedon, Vic r w ★★★ Shiraz **00' 08'** 10' 12' 13' – Nicht wegzudenkender Betrieb, von der nördlichen Rhône inspiriert. Duftiger, pfeffriger SHIRAZ, alterungswürdiger CHARDONNAY. Neu: Shiraz/VIOGNIER.

Crawford River Heathcote, Vic w ★★★ Könnte durchaus einer der besten australischen RIESLING-Erzeuger sein. Cooler, funkelnder (trockener) Stil, umwerfend zu Fisch und Meeresfrüchten.

Cullen Wines Margaret R., WA r w ★★★★ Cabernet Sauvignon/Merlot **04' 05'** 09' 11 12' 13'; Chardonnay **09' 10' 11'** 12' **13'** – Vanya Cullen, Star der zweiten Generation, bereitet gehaltvollen, aber subtilen SEMILLON/SAUVIGNON BLANC, vortrefflichen CHARDONNAY und eleganten, sehnigen CABERNET SAUVIGNON/MERLOT. Biodynamisch in allem, was sie tut.

Curly Flat Macedon, Vic r w ★★★ Pinot noir **10'** 11' 12' **13'** – Robuster, aber duftender PINOT NOIR (besonders eindrucksvoll) zweier Preis-/Qualitätsniveaus und vollmundiger CHARDONNAY, beide langlebig.

Dalwhinnie Pyrenees, Vic r w ★★ Shiraz **06' 07' 08' 10'**; Chardonnay **07' 10'** – Reichhaltiger CHARDONNAY, CABERNET SAUVIGNON und SHIRAZ. Tolle Lage.

d'Arenberg McLaren Vale, SA r w (br); (s); (sch) ★★★ Prachtvoller SHIRAZ und GRENACHE. Viele andere Sorten und verrückte Namen (z. B. SAGRANTINO The Cenosilicaphobic Cat). So etwas wie der Elton John der australischen Kellereien.

Dawson & James Tas r w ★★★ Zwei alte Hasen aus South Australia erzeugen nun großartigen CHARDONNAY und PINOT NOIR im südlichen Tasmanien – in winzigen Mengen.

De Bortoli Griffith, NSW, Yarra V., Vic r w (br); tr s ★★★ Weingut in einem Bewässerungsbereich, führender Erzeuger im YARRA VALLEY und erfolgreicher Exporteur. Ausgezeichneter PINOT NOIR aus kühlen Lagen, dazu SHIRAZ, CHARDONNAY und SAUVIGNON BLANC sowie sehr guter süßer, edelfauler Noble Semillon im Sauternes-Stil. Hier, am Standort im Yarra Valley, fliegen die Funken.

Deakin Estate Vic r w ★ Spitzennoten für das Preis-Leistungs-Verhältnis. Außerordentlich alkoholschwacher MOSCATO. Würziger SHIRAZ, CABERNET SAUVIGNON. Liefert weiterhin Gutes.

Devil's Lair Margaret R., WA r w ★★★ Opulenter CHARDONNAY und CABERNET SAUVIGNON/MERLOT. Fifth Leg ist ein gutes Zweitetikett. Mit den neuen Superprämiumweinen kommt etwas Schwung in die Bude, doch der Besitzer TWE scheint entschlossen zu sein, die Marke zu zerstören.

Domaine A S-Tas r w ★★ Die Schweizer Besitzer und Kellermeister Peter und Ruth Althaus sind Perfektionisten. Sehr guter eichenfassgereifter SAUVIGNON BLANC. Polarisierender CABERNET SAUVIGNON aus kühlem Klima. Charismatisch, sagen wir mal.

Domaine Chandon Yarra V., Vic (r) (w); sch ★★ Schaum- und Tischweine von in kühlen Gegenden angebauten Trauben. Im Besitz von Moët & Chandon (siehe Frankreich). In Großbritannien mit der Marke Green Point bekannt. Seit Langem erwartet man etwas Spannendes und jetzt scheint es endlich so weit. Die Cuvées oJ sind besser in Form denn je.

Domenica Beechworth, Vic ★★★ Auffälliger neuer Erzeuger in BEECHWORTH mit gut eingewachsenen Weinbergen. Überschwänglicher, würziger SHIRAZ. MARSANNE mit schöner Textur.

Eden Road r w ★★★★ Junger Elite-Erzeuger, der für die Weine der Bereiche Hilltops, TUMBARUMBA und CANBERRA DISTRICT Preise einheimst. Exzellenter SHIRAZ, CHARDONNAY und CABERNET SAUVIGNON. Saftige, schmackhafte Weine.

Eden Valley SA – Hügelige Gegend, in der u. a. HENSCHKE, TORZI MATTHEWS, Radford, Chris Ringland und PEWSEY VALE zu Hause sind. Rassiger RIES-

LING, (duftender, lebhafter) SHIRAZ und CABERNET SAUVIGNON von Spitzenqualität.

Elderton Barossa V., SA r w (br); (sch) ★★ Alte Reben; reichhaltiger, eichenholzwürziger CABERNET SAUVIGNON und SHIRAZ. Deckt alle Weinreihen ab. Teilweise biologischer/biodynamischer Anbau. Bleibt aktiv.

Eldridge Estate Mornington Peninsula, Vic r w ★★ Weinmacher David Lloyd ist ein penibler Experimentierer. PINOT NOIR, GAMAY und CHARDONNAY sind den Aufwand aber wert.

Epis Macedon, Vic r w ★★★ Langlebiger PINOT NOIR, eleganter CHARDONNAY. Kaltes Klima. Kraftvoll, wenn er auf den Markt kommt, die Komplexität braucht Zeit.

Evans & Tate Margaret R., WA r w ★★ Seit 2007 im Besitz von MCWILLIAM'S. Die Qualität ist besser denn je. SHIRAZ, CABERNET SAUVIGNON und CHARDONNAY. Preiswert.

Faber Vineyards Swan V., WA r ★★★ Reserve Shiraz **07' 09'** 11' 12' 13' – John Griffiths ist ein Guru der westaustralischen Weinbereitung. Seine Gutsweine zeigten, was beim Swan Valley SHIRAZ möglich ist.

Fighting Gully Road Beechworth, Vic r w ★ Der Weinberg ist die Quelle vieler regionaler Etiketten. Viele verschiedene Rebsorten, aber CHARDONNAY, TEMPRANILLO und AGLIANICO schießen den Vogel ab.

Flametree Margaret R., WA r w ★★★ Außergewöhnlicher CABERNET SAUVIGNON; würziger, verführerischer SHIRAZ. Gelegentlich gibt es einen fesselnden CHARDONNAY.

Fraser Gallop Estate Margaret R., WA r w ★★ Frisches Blut am MARGARET RIVER; konzentrierter CABERNET SAUVIGNON, CHARDONNAY und SEMILLON/SAUVIGNON BLANC mit Holzeinfluss. Im Galopp nach oben.

Freycinet Tas r w; (sch) ★★★ Pinot noir **09' 10'** 11 12' 13' – Pionierfamilienbetrieb an der Ostküste mit kompaktem PINOT NOIR, gutem CHARDONNAY und ausgezeichnetem Schaumwein Radenti. Ein Leuchtfeuer.

Frogmore Creek Tas r w ★★ Halbtrockener RIESLING, langlebiger CHARDONNAY, PINOT NOIR mit Waldbodennoten. Inbegriff für australische Weine aus kühlen Lagen.

Geelong Vic – Bereich westlich von Melbourne mit kühl-trockenem Klima. Am besten von: BANNOCKBURN, Bellarine Estate, BY FARR, LETHBRIDGE, Clyde Park.

Gemtree Vineyards McLaren Vale, SA r (w) ★★ Warmherziger SHIRAZ sowie TEMPRANILLO und andere Exoten; allen gemein ist die Qualität. Vorwiegend Bioweinbau.

Giaconda Beechworth, Vic r w ★★★★ Shiraz **08'** 10' 13'; Chardonnay **08' 10' 11 12' 13'** – Mitte der 1980er-Jahre stieg Rick Kinzbrunner einen steilen, trockenen, felsigen Hügel hinauf und kam als Weinmacherlegende wieder herunter. Dabei tat er den Bereich BEECHWORTH auf. Ist wahrscheinlich Australiens bester CHARDONNAY-Erzeuger. Ausgezeichneter SHIRAZ.

Giant Steps / Innocent Bystander Yarra V., Vic ★★★ Munterer Erzeuger, der Einfluss hat. Erstklassige Einzellagenweine von CHARDONNAY und PINOT NOIR. Die Jahrgänge 12, 13 und 14 sind allesamt aufregend.

Glaetzer-Dixon Tas r w ★★★ Der Glaetzer-Clan ist in Australien bekannt für seinen kuscheligen SHIRAZ aus warmem Klima. Dann stellte Nick Glaetzer mit seiner Unternehmung im kühlen TASMANIEN alles auf den Kopf: RIESLING im europäischen Stil, Rhône-artiger Shiraz und fleischiger PINOT NOIR. Ein Star mit Ausrufezeichen.

Glaetzer Wines Barossa V., SA r ★★ Überaus reichhaltiger, ungefilterter, sehr reifer SHIRAZ von alten Reben, allen voran die Ikone Amon-Ra.

Goulburn Valley Vic – Die alte Region im gemäßigten Klima von Central Victoria bringt körperreiche, saftige Tischweine hervor. Am besten sind

MARSANNE, CABERNET SAUVIGNON und SHIRAZ. Die Kellereien TAHBILK und MITCHELTON sind die Standbeine. Auch unter dem Namen Nagambie Lakes bekannt.

Grampians Vic – Früher als Great Western bezeichnete Region mit gemäßigtem Klima im Nordwesten. Erstklassiger würziger SHIRAZ und Shiraz-Schaumwein. Heimat von BEST'S, MOUNT LANGI GHIRAN, SEPPELT (vorerst noch) und The Story.

Granite Belt Qld – Hoch gelegene und (relativ) kühle Weinbauregion an der Grenze zwischen Queensland und NSW, die man dort nicht erwarten würde. Würziger SHIRAZ und voller SEMILLON, z. B. Boireann, Golden Grove.

Grant Burge Barossa V., SA r w (br); (s); (sch) ★ Zarte Rot- und Weißweine von den besten Trauben aus dem großem, eigenem Weinbergbesitz. 2015 von ACCOLADE, erworben.

Great Southern WA – Abgelegene kühle Gegend. Die offiziellen Unterregionen heißen Albany, Denmark, Frankland River, Mt. Barker und Porongurup. Erstklassiger RIESLING, SHIRAZ und CABERNET SAUVIGNON.

Greenstone Vineyard Heathcote, Vic r ★ Gemeinschaftsunternehmen von David Gleave MW (London), Alberto Antonini (Italien) und dem australischen Winzer Mark Walpole: sehr guter SHIRAZ, guter SANGIOVESE.

Grosset Clare V., SA r w ★★★★ Gaia **04' 05'** 12'; Riesling **05'** 10' 12' 13' **15'** – Penibler Kellermeister. Führender australischer RIESLING, herrlicher CHARDONNAY und sehr guter CABERNET SAUVIGNON/MERLOT namens Gaia.

Harcourt Valley Vineyards Bendigo, Vic r ★★ Hat in den letzten Jahren einen gehörigen Sprung zurück ins Leben gemacht. Kompakter, sirupartiger, verführerischer SHIRAZ, MALBEC, CABERNET SAUVIGNON, denen amerikanische Eiche zur Seite steht. Kundenfreundlich.

Hardys r w; (s); sch ★★★ Eileen Shiraz **04' 06'** 10' 12'; Eileen Chardonnay **02' 06' 10'** 12' 13' – Historischer Betrieb, jetzt im Besitz von ACCOLADE. Exzellenter CHARDONNAY, der SHIRAZ kommt auch langsam dahin. Der neue Eileen PINOT NOIR ist vielversprechend.

Heathcote Vic – In der 500 Millionen Jahre alten Kambrium-Erde des Gebiets steckt ein großartiges Potenzial, um erstklassige Rotweine hervorzubringen, v. a. SHIRAZ. Fängt jetzt endlich an zu halten, was es verspricht, z. B. CRAWFORD RIVER.

Heggies Eden V., SA r w; tr (s) ★ Weinberg in 500 m Höhe, im Besitz von S. Smith & Sons. Erzeugt sehr guten RIESLING und VIOGNIER. Der CHARDONNAY kann überrraschen.

Henschke Eden V., SA r w ★★★★ Shiraz **90' 91' 96'** 04' **06'** 09 12'; Cabernet Sauvignon **86' 90' 96' 02' 04'** 06' 09' – Herausragender 150 Jahre alter Familienbetrieb, bekannt für köstlichen Hill of Grace (SHIRAZ), sehr guten CABERNET SAUVIGNON, Rotweinverschnitte und gute Weiße. Schwindelerregende Preise.

Hentley Farm Barossa V., SA r ★★★ Erzeugt zuverlässig SHIRAZ in unglaublicher Kraft und Konzentration. Und dennoch schaffen es die Weine stets, frisch, fast verspielt zu wirken.

Hewitson SO-Australien r (w) ★★ Old Garden Mourvèdre **05' 09' 10** 12' – Dean Hewitson spürt Parzellen mit sehr alten Reben auf. SHIRAZ und sortenreine Abfüllung von den »ältesten MOURVÈDRE-Reben der Erde«.

Houghton Swan V., WA r w ★★ Ehemals legendärer Weinbaubetrieb im Swan Valley bei Perth, Teil von ACCOLADE. Der preisgünstige Weißweinverschnitt wurde einst als nationaler Klassiker angesehen. Sehr guter CABERNET SAUVIGNON, SHIRAZ usw. aus MARGARET RIVER und GREAT SOUTHERN. Der Cabernet-Verschnitt Jack Mann wird grob unterschätzt.

Howard Park WA r w ★→★★★ Cabernet Sauvignon **01' 05'** 09' 10' 11' 12'; Riesling **08'** 11' 12' **13' 14'** – Duftender RIESLING, CHARDONNAY und erdiger CABERNET SAUVIGNON. Das Zweitetikett MadFish hat ein grandioses Preis-Leistungs-Verhältnis. Jetzt stärkerer Akzent auf PINOT NOIR.

Hunter Valley NSW – Das klassische Anbaugebiet in NSW; subtropisches Kohlebergbau-Revier, 160 km nördlich von Sydney. Mittelschwerer, erdiger SHIRAZ und vornehmer SEMILLON mit 30 Jahren Haltbarkeit. Klassische terroirbetonte Stile. Aushängeschilder sind: BROKENWOOD, MOUNT PLEASANT, ANDREW THOMAS und TYRRELL'S.

Jamsheed Pyrenees, Vic, Yarra V., Vic ★★★ Aufregender Erzeuger, v. a. mit SHIRAZ aus dem YARRA VALLEY, aus GRAMPIANS, PYRENEES und BEECHWORTH. Komplexe, schmackhafte Gewächse.

Jasper Hill Heathcote, Vic r w ★★ Shiraz **04' 06'** 10' 13' – Emily's Paddock SHIRAZ/CABERNET FRANC und Georgia's Paddock Shiraz aus trockenen Lagen sind intensiv, straff, langlebig und biodynamisch.

Jericho Adelaide Hills, SA, McLaren Vale, SA ★★★ Eine ausgezeichnete Auswahl der Trauben und eine kompetente/gut durchdachte Weinbereitung ergeben zusammen eine Reihe durch und durch moderner, schmackhafter Weine, v. a. SHIRAZ und TEMPRANILLO.

Jim Barry Clare V., SA r w ★★★ Auf hervorragenden Anbauflächen entstehen sehr guter RIESLING, McCrae Wood SHIRAZ und der reichhaltige, kostspielige, teuflisch eichenholzbetonte The Armagh Shiraz.

John Duval Wines Barossa V., SA r ★★★ John Duval, ehemaliger Chefkellermeister von PENFOLDS (und Grange), produziert wahrhaft köstliche Rotweine im Rhône-Stil, voller Intensität und Charakter.

Kaesler Barossa V., SA r (w) ★★ Gold, wenn er gut ist (in erhabenem, vollem Stil), aber mit schwankender Qualität und häufig grenzwertigem Alkoholgehalt; von alten Reben.

Katnook Estate Coonawarra, SA r w; (s); (sch) ★★★ Odyssey Cabernet Sauvignon **00' 04'** 10' – Teure SHIRAZ-Weinikonen sind Odyssey und Prodigy. Konzentriert fruchtig und eichenbetont.

Kilikanoon Clare V., SA r w ★★★ RIESLING und SHIRAZ haben in den letzten Jahren ausgezeichnete Erfolge erzielt. Köstlich saftig und wunderbar bereitet. Das ganz große Business, aber es funktioniert.

King Valley Vic – Die unterschiedlichen Höhenlagen zwischen 155 und 860 m wirken sich stark auf die angebauten Rebsorten und den jeweiligen Weinstil aus. Über 20 Marken, qualitativ allen voran sind BROWN BROTHERS, Chrismont, Dal Zotto und PIZZINI.

Kirrihill Clare V., SA r w ★★ Sehr guter CABERNET SAUVIGNON, SHIRAZ und RIESLING zu oft sensationell günstigen Preisen.

Knappstein Wines Clare V., SA r w ★★★ Der Löwe ist erwacht. Zuverlässiger RIESLING, CABERNET SAUVIGNON/MERLOT, SHIRAZ und Cabernet Sauvignon; im Besitz von LION NATHAN. Neu sind der mittelschwere, duftende Shiraz/MALBEC, und der mit Hülsenmaischung bereitete Riesling, die dem Angebot Charme verleihen Aufmerksamkeit sichern.

Kooyong Mornington Peninsula, Vic r w ★★★★ PINOT NOIR und harmonischer, strukturierter, großartiger Chardonnay. Charmanter PINOT GRIS; Einzellagenweine. Zählen eindeutig zu den feinsten Weinen Australiens.

Lake Breeze Langhorne Creek, SA r (w) ★ Erzeuger von saftig-weichen, leckeren, preiswerten Weinen von SHIRAZ und CABERNET SAUVIGNON. Spitzengewächse sind nicht dabei, aber ans mittlere Qualitätsniveau reichen sie schon heran.

Lake's Folly Hunter V., NSW r w ★★★ Cabernet Sauvignon **05'** 13'; Chardonnay **09'** 13' **14'** – Gegründet von dem Chirurgen Max Lake, dem Pionier des HUNTER VALLEY CABERNET SAUVIGNON. Der CHARDONNAY ist oft besser als der Cabernet-Sauvignon-Verschnitt. Äußerst eigen.

Langmeil Barossa V., SA r w ★★ Das Gut besitzt neben anderen alten Weinbergen auch eine Mitte der 1880er-Jahre mit SHIRAZ bestockte Parzelle, von der häufig ein opulenter Vollgas-Shiraz bereitet wird.

Larry Cherubino Wines Frankland R., WA r w ★★★★ Intensiver SAUVIGNON BLANC, RIESLING, würziger Shiraz und Hochglanz-CABERNET-SAUVIGNON. Ehrgeizige Marke, die jetzt ihre Versprechen aus der Anfangszeit voll einlöst. Wirklich üppig.

Leasingham Clare V., SA r w ★ Die ehemals bedeutende Marke ist nur noch ein Schatten ihrer selbst. Gehört ACCOLADE;.

Leeuwin Estate Margaret R., WA r w ★★★★ Chardonnay **06' 08' 10' 12'** – Erzeuger mit Kultstatus. Alles über CHARDONNAY. Körperreicher, alterungswürdiger Art Series. SAUVIGNON BLANC und RIESLING können da nicht mithalten. Der Cabernet Sauvignon ist manchmal sehr gut.

Leo Buring Barossa V., SA w ★★ **02' 05'** 13' **14'** – Im Besitz von TWE. Ausschließlich RIESLING; Leonay heißt die Spitzenmarke, die herrlich langlebig ist. Baut gerade ein bisschen ab.

Lethbridge Vic r w ★★★ Stilvoller kleiner Erzeuger von CHARDONNAY, SHIRAZ, PINOT NOIR und RIESLING. Stets experimentierfreudig. Kühles Klima, aber die Weine haben dennoch viel Fleisch auf den Knochen.

Limestone Coast Zone SA – Wichtige Anbauzone, zu der auch Bordertown, COONAWARRA, Mount Benson, Mount Gambier, PADTHAWAY, Robe und WRATTONBULLY gehören.

Lindeman's r w ★★ Im Besitz von TWE. Die preiswerte Reihe Bin ist jetzt Produktionsschwerpunkt. Weit entfernt vom früheren Ruhm. Die Trio-Rotweine aus COONAWARRA sind immer noch sehr gut.

Lion Nathan Ein neuseeländisches Brauereiunternehmen macht in Wein; besitzt KNAPPSTEIN, PETALUMA, ST HALLETT, STONIER und TATACHILLA. Licht und Schatten.

Macedon und Sunbury Vic – Benachbarte Regionen. Macedon liegt höher als das nahe dem Melbourner Flughafen gelegene Sunbury. Qualität findet man bei BINDI, CRAIGLEE, CURLY FLAT, EPIS, Granite Hills und Hanging Rock.

Mac Forbes Yarra V., Vic ★★★ Unzählige verschiedene Einzellagenweine, hauptsächlich PINOT NOIR, CHARDONNAY und RIESLING. Baut sich ein beneidenswertes Renommee auf.

McLaren Vale SA – Beliebte maritime Region am Stadtrand von Adelaide. Allgemein enorm geschmacksintensive Rotweine, doch CHAPEL HILL, CORIOLE, GEMTREE, WIRRA WIRRA, Inkwell, BRASH HIGGINS, S.C. PANNELL, MARIUS und eine wachsende Zahl anderer Erzeuger zeigen neben Geschmack auch Eleganz. Landet Treffer wie vom Fließband; definiert sich selbst neu.

McWilliam's SO-Australien r w (br); (s) ★★→★★★ In Familienbesitz. Hanwood, EVANS & TATE, BRAND'S und MOUNT PLEASANT (v.a. SEMILLON) sind die wichtigsten Säulen. Konzentriert sich immer mehr auf den Heimatstaat NSW.

Main Ridge Estate Mornington Peninsula, Vic r w ★★★ Reichhaltiger, langlebiger CHARDONNAY und PINOT NOIR. Gründer Nat White ist ein Altmeister der MORNINGTON PENINSULA; man kann sich diesen Bereich nicht ohne ihn vorstellen. Wechselte 2015 den Eigentümer.

Majella Coonawarra, SA r (w) ★★ Opulenter SHIRAZ und CABERNET SAUVIGNON. Die Quintessenz des heutigen COONAWARRA.

Margaret River WA – Anbaugebiet mit gemäßigtem Klima an der Küste, südlich von Perth. Kraftvoller CHARDONNAY, strukturierter CABERNET SAUVI-

GNON, würziger SHIRAZ. Erzeuger: CULLEN, DEVIL'S LAIR, FLAMETREE, FRASER GALLOP, LEEUWIN, MOSS WOOD, VOYAGER ESTATE und viele andere. Großartige Touristenregion (und ein Surferparadies)

Marius McLaren Vale, SA r ★★★ Sortenreiner SHIRAZ und Verschnitte von einer Konzentration/Qualität, dass einem die Augen übergehen. Mehr Finesse als Schnickschnack.

Mayford NO-Vic, Vic r w ★★★ Winziges Gut in einem versteckten, in Privatbesitz befindlichen Tal. Hat dem Bereich ALPINE VALLEYS Bedeutung verschafft. SHIRAZ, CHARDONNAY und würziger TEMPRANILLO, der Star der Show.

Meerea Park Hunter V., NSW r w ★★ Die Brüder Garth und Rhys Eather haben sich 25 Jahre Zeit gelassen, um dann über Nacht Erfolg zu haben. Alterungswürdiger SEMILLON und SHIRAZ.

Mike Press Wines Adelaide Hills, SA r w ★★ Winzige Produktion, winzige Preise. SHIRAZ, CABERNET SAUVIGNON, CHARDONNAY, SAUVIGNON BLANC. Liebling der Schnäppchenjäger.

Mitchelton Goulburn V., Vic r w; (s) ★ Treuer Erzeuger von RIESLING, SHIRAZ und CABERNET SAUVIGNON; Spezialität: Marsanne und ROUSSANNE. Erreicht selten große Höhen, ist aber stets solide.

Mitolo r ★ SHIRAZ und CABERNET SAUVIGNON guter Qualität. Hochtrabender Stil.

Montalto Mornington Peninsula, Vic r w ★★★ Für etliche Jahre war dies ein nettes Restaurant mit Galerie. Kürzlich aber ist die Qualität des Weins geradezu explodiert – und nun ist es einer der Erzeuger der Region, den man probiert haben muss.

Moorilla Estate Tas r w; (sch) ★★→★★★ Pionier nahe Hobart am Derwent River, produziert sehr guten RIESLING und CHARDONNAY; außerdem PINOT NOIR. Erstklassiges Restaurant und eine außergewöhnliche Kunstgalerie. Der 1981er CABERNET SAUVIGNON war 2015 immer noch verlockend. Die Weinqualität steigt beständig.

Moorooduc Estate Mornington Peninsula, Vic r w ★★★★ Seit Langem ein Erzeuger von stilvollem, kultiviertem CHARDONNAY und PINOT NOIR. Erbetteln, borgen oder klauen.

Moppity Vineyards Hilltops, NSW r w ★★★ Macht sich einen Namen mit seinem SHIRAZ/VIOGNIER und CABERNET SAUVIGNON (Hilltops) sowie dem CHARDONNAY (TUMBARUMBA). Kernige, tanninstarke, intensiv würzige Rotweine. Schießt Tore aus allen Lagen.

Mornington Peninsula Vic – Küstengegend, 40 km südöstlich von Melbourne. Jede Menge guter Boutiquekellereien; kühles Klima; PINOT NOIR, CHARDONNAY, PINOT GRIS. Spielwiese für alle, die Wein, Surfen, Strand und Essen mögen.

Morris NO-Vic (r) (w) br ★★★★ Erzeuger in RUTHERGLEN mit den besten Muscat- und TOPAQUE-Dessertweinen Australiens.

Moss Wood Margaret R., WA r w ★★★ Cabernet Sauvignon **01' 04' 05'** 12' – Erzeugt von seinen 11,7 ha die opulentesten Weine im Gebiet MARGARET RIVER. SEMILLON, CHARDONNAY und wunderbar weicher Cabernet Sauvignon. Eichenbetont.

Mount Horrocks Clare V., SA r w ★★ Feiner trockener RIESLING und süßer Cordon Cut Riesling. Der Chardonnay ist der beste der Gegend. SHIRAZ und CABERNET SAUVIGNON gut in Form.

Mount Langi Ghiran Grampians, Vic r w ★★★★ Shiraz **04' 08'** 09' 10' 12' 13' – Reichhaltiger, pfeffriger, Rhône-ähnlicher Shiraz. Auch sehr guter SHIRAZ-Schaumwein und hervorragender Cliff Edge Shiraz. Ein ganz spezielles Stückchen Erde.

Mount Mary Yarra V., Vic r w ★★★★ Pinot noir **05'** 10' 12' 13'; Quintet **00' 04'** 10' 12' 13' – Der verstorbene Dr. Middleton erzeugte sehr kleine Mengen charmanten CHARDONNAY, lebhaften PINOT NOIR und einen eleganten CABERNET-SAUVIGNON-Verschnitt. Alle altern makellos. Die neue Ära ist bemerkenswerterweise keine Verschlechterung.

Mount Pleasant Hunter V., NSW ★★★ Klassischer Erzeugerbetrieb im HUNTER VALLEY im Besitz von MCWILLIAM'S, nun gründlich aufgemöbelt. Eine der besten Geschichten des heutigen australischen Weinbaus. Empfehlenswert: SEMILLON-Einzellagenweine (v. a. Lovedale), SHIRAZ. Wenig Eicheneinfluss; die Weinberge haben das Sagen.

Mudgee NSW – Weinbaugebiet nordwestlich von Sydney. Erdige Rote, feine SEMILLON- und vollmundige CHARDONNAY-Weine. Nicht viel Zugkraft.

Murdoch Hill Adelaide Hills, SA r w ★★★ Wenige Kellereien in Australien haben es in so kurzer Zeit so weit gebracht. Überwältigend pfeffriger PINOT NOIR; SYRAH.

Murray Valley SA, Vic, NSW – Riesige bewässerte Weinbauregion, die in der Klimawandeldebatte oft zitiert wird.

Ngeringa Adelaide Hills, SA r w ★★ Duftender PINOT NOIR und NEBBIOLO, dazu Rhône-ähnlicher SHIRAZ und schmackhafter Rosé. Erweitert stetig seine Grenzen. Biodynamisch.

Ninth Island Tas – Siehe PIPERS BROOK (Kreglinger).

Ochota Barrels Barossa V., SA r w ★★ Don-Quichotte-Erzeuger mit GRENACHE und SHIRAZ von (hauptsächlich) alten Reben aus dem MCLAREN VALE und aus BAROSSA. Sommeliers lieben ihn.

O'Leary Walker Wines Clare V., SA r w ★★ Zurückhaltender Auftritt, aber ausgezeichnete Qualität. CLARE VALLEY RIESLING und CABERNET SAUVIGNON sind Spitzenreiter. Der MCLAREN VALE SHIRAZ ist eichenlastig, aber gut.

Orange NSW – Hoch gelegene Weinbauregion mit kühlem Klima. Lebhafter SHIRAZ (wenn reif), am besten aber für (intensive) aromatische Weiße und CHARDONNAY geeignet.

Padthaway SA – Sehr guter SHIRAZ und CABERNET SAUVIGNON. Die Salzigkeit des Bodens ist hier ein Problem. Die Beliebtheit hat beträchtlich abgenommen.

S. C. Pannell McLaren Vale, SA r ★★★★ Ausgezeichneter (würziger, aus ganzen Trauben vergorener) SHIRAZ (oft als SYRAH etikettiert) und (v. a.) Weine auf GRENACHE-Basis. Den NEBBIOLO sollte man im Auge behalten. Typisch für den modernen australischen Wein.

Paringa Estate Mornington Peninsula, Vic r w ★★★ Erzeuger von unwiderstehlichem PINOT NOIR und SHIRAZ. Fleischige, fruchtige, auffällige Stile. Der CHARDONNAY hat nicht dieselbe Klasse.

Paxton McLaren Vale, SA r ★★ Australiens bekanntester Winzer, der ökologisch/biodynamisch arbeitet. Reifer, aber eleganter SHIRAZ und GRENACHE.

Pemberton WA – Region zwischen MARGARET RIVER und GREAT SOUTHERN; die anfängliche Begeisterung für PINOT NOIR ist inzwischen auf RIESLING, CHARDONNAY und SHIRAZ übergegangen.

Penfolds r w (br); (sch) ★★★★ Grange 55' **60' 62' 63' 66' 71' 76' 86' 90' 96' 98' 99' 02' 04'** 05' 06' 08' **10'**; Cabernet Sauvignon (Bin 707) **91' 96' 98' 02'** 04' 06' 10' 12' und natürlich der »einfache« SHIRAZ St Henri. Ursprünglich Adelaide, heute im ganzen Bundesstaat South Australia vertreten. Australiens bester Erzeuger von Rotweinen aus warmem Klima. Der Yattarna CHARDONNAY und der Bin Chardonnay sind jetzt von der Qualität her mit den Roten vergleichbar. Schwindelerregende Preise.

Petaluma Adelaide Hills, SA r w; sch ★★ Coonawarra Cabernet Sauvignon **04' 05'** 07' 08'; Riesling **02'** 11' 12' **13'**; Chardonnay **12'** – Betrieb, der seinen einstigen Besitzer und Kreativkopf Brian Croser zu vermissen scheint. Wurde 2002 von LION NATHAN gekauft. Gut, aber jetzt eher zurückhaltend.

Peter Lehmann Wines Barossa V., SA r w (br); (s); (sch) ★★ Preisgünstige Weine, u. a. zugänglicher RIESLING, oft in beträchtlichen Mengen. Luxuriöser, reizvoller SHIRAZ Stonewell, daneben viele andere Marken (rot und weiß). Peter Lehmann starb 2013, die Firma wurde 2014 an CASELLA (Yellow Tail) verkauft.

Dem Trend zum Trotz

Der Trend beim australischen CHARDONNAY geht ganz eindeutig zum nachhaltigen, schlanken, eleganten Stil. Und das ist auch gut so, sorgt jedoch bei manchen Leuten – die auf den kurvenreichen Stil der 1990er abonniert waren – für Ratlosigkeit. Denn, wie es ein australischer Händler sehr treffend formulierte, wer grundsätzlich keinen Rotwein trinkt, braucht zu einem deftigen Mahl einen kräftigen Weißwein. Dementsprechend entzückt müssen Liebhaber reichhaltigen Chardonnays gewesen sein, als ein geschmacksintensiver Neuzugang aus dem warmem Klima des HUNTER VALLEY (SILKMAN) den Australian Chardonnay Challenge 2015 gewann, die höchste Auszeichnung für diese Rebsorte.

Pewsey Vale Adelaide Hills, SA w ★★ Exzellenter RIESLING – zwei Standardversionen sowie The Contours (flaschengereift) von einem wunderschön angelegten Weinberg.

Piano Piano Beechworth, Vic w – Weinberg gleich neben GIACONDA. Kraftvoller CHARDONNAY.

Pierro Margaret R., WA r w ★★ Chardonnay **11' 12' 13'** – Erzeuger von teurem, säurebetontem SEMILLON/SAUVIGNON BLANC und hochtourigem CHARDONNAY.

Pipers Brook Tas r w; sch ★★→★★★ Riesling **09' 13'**; Chardonnay 09' **13'** – Pionier in einer kühlen Region mit gutem RIESLING sowie zurückhaltendem Chardonnay und Schaumweinen aus dem Tamar Valley. Zweitmarke: Ninth Island. Im Besitz der belgischen Familie Kreglinger.

Pizzini King V., Vic r ★★ Sangiovese **03' 08' 13'** – Führender Erzeuger in Australien für Weine von italienischen Sorten, v. a. NEBBIOLO und SANGIOVESE (der in letzter Zeit einen Gang hochgeschaltet hat). Treibende Kraft im KING VALLEY.

Plantagenet Mt. Barker, WA r w; (sch) ★★ Große Sortenauswahl, v. a. voller CHARDONNAY, SHIRAZ und lebendiger, kraftvoller, alterungswürdiger CABERNET SAUVIGNON. 40 Jahre jung.

Primo Estate SA r w; tr (s) ★★ Zu den vielen erfolgreichen Weinen Joe Grillis zählen ein reichhaltiger MCLAREN VALE SHIRAZ, ein pikanter COLOMBARD und der kräftige CABERNET SAUVIGNON/MERLOT Joseph.

Punch Yarra V., Vic r w ★★★ Die Familie Lance führte jahrzehntelang das Gut Diamond Valley. Als sie es verkaufte, behielt sie den dicht bepflanzten PINOT-NOIR-Weinberg, der manchmal präzise, maßgebliche, langlebige Weine hervorbringt.

Pyrenees Vic – Region in Central Victoria mit reichhaltigen, oft minzeduftigen Rotweinen. Blue Pyrenees, DALWHINNIE, Dog Rock, TALTARNI und Mount Avoca sind die führenden Erzeuger.

Ravensworth Canberra, NSW r w – Der beständige Erzeuger ist aufgrund verschiedener Weinexperimente plötzlich ein heißer Tipp. Am bekanntesten ist der SANGIOVESE, aber die auf den Schalen vergorenen Weißweine und der GAMAY NOIR sorgen für Aufsehen.

Richmond Grove Barossa V., SA r w – Guter RIESLING zu Schleuderpreisen, sonst kaum etwas. Im Besitz von JACOB'S CREEK.

Riverina NSW – Massenweinbauzone mit Bewässerung um Griffith.

Robert Oatley Wines Mudgee, NSW r w ★★ Robert Oatley schuf das ROSEMOUNT ESTATE; jetzt ist sein Ehrgeiz neu entflammt. Die Reihe Finisterre ist gut. Die Verpflichtung des unternehmenseigenen Kellermeisters Larry Cherubino zahlt sich ordentlich aus.

Rockford Barossa V., SA r w; sch ★→★★★ Kleiner Erzeuger mit Weinen von alten, ertragsarmen Weinbergen. Die Rotweine sind am besten. Außerdem Schaumwein Black SHIRAZ mit Kultstatus.

Rosemount Estate r w ★ Produziert enorme Mengen. Stagnierte fast ein Jahrzehnt lang, doch gibt es Anzeichen, dass er wieder in Form kommt. V. a. GRENACHE und SHIRAZ.

Ruggabellus Barossa V., SA r ★★★ Erregt Aufsehen. Peppigere, saftigere Version des BAROSSA. Alte Eiche, minimale Schwefelung, wilde Hefen, ohne Entrappung. Verschnitte von GRENACHE, SHIRAZ, MATARO, CINSAULT.

Rutherglen und Glenrowan Vic – Zwei von vier Regionen im Nordosten von Victoria; eine Zone, die zu Recht berühmt ist für ihre kräftigen Rotweine und die herrlichen gespriteten Dessertweine.

Rymill Coonawarra, SA r ★★ Etablierter Erzeugerbetrieb. Als sich seine Bewertung gerade auf einem guten Niveau eingependelt hatte, ist der CABERNET SAUVIGNON eine Qualitätsstufe nach oben geklettert.

St Hallett Barossa V., SA r w ★★★ Old Block **02' 04' 06' 08'** 12' – Der Old Block SHIRAZ ist der Star, das übrige Programm ist tadellos, weich und stilvoll. Im Besitz von LION NATHAN. Reichhaltige Rote, gut gemacht.

Saltram Barossa V., SA r w ★★ Der preiswerte Mamre Brook (SHIRAZ, CABERNET SAUVIGNON) und der (selten aufzufindende) No. 1 Shiraz sind die Spitzenweine. Im Besitz von TWE. Die Reihe »1859« ist einen Versuch wert.

Samuel's Gorge McLaren Vale, SA r ★ Justin McNamee mit seiner wilden Haarpracht erzeugt SHIRAZ- und TEMPRANILLO-Weine mit Charakter und Terroirbewusstsein.

Savaterre Beechworth, Vic r w ★★ Pinot noir **04' 06' 10' 12' 13'** – Feiner Erzeuger von körperreichem CHARDONNAY, fleischigem PINOT NOIR und sehr dicht gepflanztem SHIRAZ.

Seppelt Grampians, Vic r w br; sch ★★★ St. Peter's Shiraz **02' 04' 08' 10'** 12' 13' – Der historische Betrieb ist im Besitz von TWE. Beeindruckende RIESLING-, CHARDONNAY- und v. a. SHIRAZ-Weine. Die Marke bleibt als leere Hülle bestehen; die Kellerei wird geschlossen.

Seppeltsfield Barossa V., SA r br ★★ Vom National Trust als nationales Erbe geführte Kellerei, 2007 von KILLKANOON erworben. Die Bestände an gespriteten Weinen gehen bis aufs Jahr 1878 zurück. Die Tischweine sind zunehmend vielversprechend.

Serrat Yarra V., Vic r w ★★★ Winziger heimischer Weingarten des berühmten Kellermeisters Tom Carson (YABBY LAKE) und seiner Frau Nadege. Komplexer, kraftvoller, präzise bereiteter SHIRAZ/VIOGNIER, PINOT NOIR und CHARDONNAY.

Seville Estate Yarra V., Vic r w ★★★ Shiraz **05' 06'** 10' 12' – Ausgezeichneter CHARDONNAY, würziger SHIRAZ und feiner PINOT NOIR. Ein Pionier des YARRA VALLEY.

Shadowfax Vic r w ★★ Stilvolle Kellerei, Teil des historischen Werribee Park. Sehr guter CHARDONNAY, PINOT NOIR und SHIRAZ. Nie ein schlechter Wein.

Shaw & Smith Adelaide Hills, SA (r) w ★★★ Gegründet von Martin Shaw und dem ersten australischen Master of Wine, Michael Hill-Smith. Knackiger, harmonischer Sauvignon blanc, komplexer, fassvergorener CHARDONNAY M3, beide werden vom Shiraz aber noch getoppt. PINOT NOIR verbessert sich.

Silkman Hunter V., NSW r w ★★ Das einige Problem sind die winzigen Mengen. CHARDONNAY, SHIRAZ und Shiraz/PINOT-Verschnitt sind alle mustergültig und erregen Aufsehen.

Simao & Co Rutherglen, Vic r w ★ Der junge Simon Killeen, Mitglied der Inhaberfamilie von STANTON & KILLEEN, hat 2015 einen unglaublich leckeren TEMPRANILLO auf den Markt gebracht, Teil einer individuellen Angebotspalette mit jeder Menge Geschichte, Persönlichkeit und Bedeutung.

Southern NSW Zone NSW – Der südliche Bereich von New South Wales umfasst u.a. CANBERRA, Gundagai, Hilltops und TUMBARUMBA. Saftiger SHIRAZ, CHARDONNAY mit langem Abgang. Auf dem aufsteigenden Ast.

Spinifex Barossa V., SA r w ★★★ Wunderbare Boutiquekellerei in BAROSSA. Komplexer SHIRAZ und GRENACHE-Verschnitte, nichts Übertriebenes.

Stanton & Killeen Rutherglen, Vic r br ★★ Der frühe Tod von Chris Killeen im Jahr 2007 war ein schwerer Schlag, doch die Tradition wird in gutem Stil fortgesetzt. Die Hauptattraktion ist der gespritete Jahrgangswein.

Stefano Lubiana S-Tas r w; sch ★★★ Herrliche Weinberge am Ufer des Derwent River, 20 Minuten von Hobart entfernt. Ausgezeichneter PINOT NOIR, Schaumwein, MERLOT und CHARDONNAY. Hat in letzter Zeit die Messlatte höher gehängt.

Stella Bella Margaret R., WA r w ★★★ Wahnsinnsweine: CABERNET SAUVIGNON, SEMILLON/SAUVIGNON BLANC, CHARDONNAY, SHIRAZ und SANGIOVESE/Cabernet Sauvignon. Robust und charaktervoll.

Stoney Rise Tas r w ★★★ Einst war Joe Holyman Wicket-Keeper der tasmanischen Cricketmannschaft; er hält den Rekord der meisten gefangenen Bälle bei seinem Debüt. Jetzt kümmert er sich selbst um alle Bereiche der Weinbereitung für seinen herausragenden PINOT NOIR und CHARDONNAY.

Stonier Wines Mornington Peninsula, Vic r w ★★ Pinot noir **06' 12'** 13'; Chardonnay **12' 13'** – Beständig gut; Reserve-Abfüllungen mit bemerkenswerter Eleganz. Im Besitz von LION NATHAN. Der PINOT NOIR ist besonders gut in Form.

Sunbury Vic Siehe MACEDON UND SUNBURY.

Swan Valley WA – 20 Minuten nördlich von Perth gelegener Geburtsort des Weins im Westen. Das heiße Klima bringt starke Tischweine mit niedrigem Säuregehalt hervor. Führender Erzeuger ist FABER VINEYARDS.

Tahbilk Goulburn V., Vic r w ★★★ Shiraz **04' 06' 10**; Marsanne **06' 08' 13 14'** – Historischer Familienbesitz mit lagerfähigen Rotweinen; außerdem einer der besten Marsanne-Weine Australiens von alten Reben. Der CABERNET SAUVIGNON Reserve ist in den letzten Jahrzehnten oft herausragend und dennoch preiswert. Seltener 1860 Vines SHIRAZ.

Taltarni Pyrenees, Vic r w; sch ★ SHIRAZ und CABERNET SAUVIGNON präsentieren sich in der besten Form seit Jahren. Langlebige Weine, aber man braucht keinen Presslufthammer mehr, um das Tannin vom Zahnfleisch zu lösen. Eine Brechstange ist immer noch hilfreich.

Tamar Ridge N-Tas r w; (sch) – Großer Fisch im kleinen Teich TASMANIENS. 2010 von BROWN BROTHERS erworben. Wenig aufregende erste Abfüllungen.

Tapanappa SA r ★★★ Gemeinschaftsprojekt in WRATTONBULLY von Brian Croser, Bollinger und J.-M. Cazes aus Pauillac (Frankreich). Herrlicher CABERNET-SAUVIGNON-Verschnitt, SHIRAZ, MERLOT, CHARDONNAY. Erstaunlicher Pinot noir von der Fleurieu Peninsula.

Tar & Roses Heathcote, Vic r w ★★ Erschwinglicher SHIRAZ, TEMPRANILLO und SANGIOVESE, tadellos aufbereitet und präsentiert. Eine moderne Erfolgsgeschichte.

TarraWarra Estate Yarra V., Vic r w ★★★ Reserve Pinot noir **04' 06' 10' 12' 13'**; Reserve Chardonnay **06' 08' 10' 11** 12' **13'** – Hat von stämmig und eigenwillig auf elegant und langanhaltend umgestellt. Der Reserve ist viel besser als der normale Wein. Hammer-Weingut.

Tasmanien Tas – Kühle Inselregion mit ausgezeichnetem Ruf. Herausragende Schaumweine, PINOT NOIR und RIESLING. Sehr guter CHARDONNAY, SAUVIGNON BLANC und PINOT GRIS.

Tatachilla McLaren Vale, SA r w – Große Mengen an Weiß- und Rotwein. 2002 von LION NATHAN gekauft. Könnte besser sein.

Zoff um die Orange

Es ist nicht leicht, orange zu sein. Wenn man den Anhängern der »Natural Wine«-Bewegung auf die Füße treten will, muss man ihnen nur erzählen, dass sie die Bezeichnung »orange wines« nicht verwenden dürfen, weil diese bereits von dem (nach der gleichnamigen Stadt benannten) Anbaugebiet ORANGE im Osten von NSW belegt ist. Wenn man dagegen die Weinleute in Orange auf die Palme bringen will, muss man nur seine neuen, supercoolen, auf den Schalen vergorenen Weißweine unabhängig von deren tatsächlicher Farbe bei jeder Gelegenheit als »orange« bezeichnen. Und der Schlagabtausch geht in die nächste Runde.

Taylors Wines Clare V., SA r w ★★ Großer Produzent, vor allem von RIESLING, SHIRAZ und CABERNET SAUVIGNON. Exportiert die Weine erfolgreich unter dem Namen Wakefield Wines.

Ten Minutes by Tractor Mornington Peninsula, Vic r w ★★★ Verrückter Name, clevere Etiketten und noch bessere Weine. Chardonnay und Pinot noir sind beide ausgezeichnet und werden sich lange halten. Stil trifft auf Substanz.

Teusner Barossa V., SA r ★★★ Alte Reben, kluge Weinbereitung, reine Fruchtaromen. Anführer des Trends gegen zu viel Holzeinfluss, der sich im BAROSSA VALLEY breitmacht. Nur die Trauben zählen.

Tim Adams Clare V., SA ★★ Stets verlässlicher RIESLING, CABERNET SAUVIGNON/MALBEC-Verschnitt, SHIRAZ und (körperreicher) TEMPRANILLO.

Tolpuddle Tas ★★★ SHAW & SMITH haben 2011 diesen ausgezeichneten, 1988 angelegten Weinberg im Coal River Valley gekauft. Schlanker, komplexer PINOT NOIR und CHARDONNAY mit langem Abgang. Sorgt für Aufruhr.

Topaque Vic – Der legendäre süße »Tokay« aus RUTHERGLEN stolpert in seinen der EU zu verdankenden neuen Namen hinein.

Torbreck Barossa V., SA r (w) ★★ Spezialisiert auf (oft von alten Reben stammende) Rhône-Sorten, allen voran SHIRAZ und GRENACHE. Voll, süß, alkoholstark. Dave Powell hat nach erbittert geführten Grabenkämpfen das Gut 2013 verlassen.

Torzi Matthews Eden V., SA r ★★ Aromatischer, stilvoller SHIRAZ. Hervorragendes Preis-Leistungs-Verhältnis. Der Torzi Schist Rock Shiraz lässt sich nach ein, zwei Gläsern nicht mehr so leicht aussprechen, aber diese Mühe ist er wert.

Trentham Estate Vic (r) w ★ »Boutique«-Kellerei am Ufer des Murray River mit (beträchtlichen Mengen) Wein zu vernünftigen Preisen.

Tumbarumba NSW – Region mit kühlem Klima in den australischen Alpen in New South Wales; die Weinberge liegen in 500–800 m Höhe. Der Star ist CHARDONNAY.

Turkey Flat Barossa V., SA r rs ★★★ Spitzenerzeuger von glanzhellem Rosé, GRENACHE und SHIRAZ aus dem Herzen eines 150 Jahre alten Weinbergs. Alkoholgehalt und Verwendung von Eichenfässern begrenzt. Neue Einzellagenweine. Alt, aber modern – auf gute Weise.

TWE (Treasury Wine Estates) Australischer Weinmoloch, dem man nicht entkommt, mit Dutzenden bekannter Marken, u. a. BAILEY□S, COLDSTREAM HILLS, DEVIL'S LAIR, LINDEMAN'S, PENFOLDS, SALTRAM, WYNNS.

Two Hands Barossa V., SA r ★★ Prall-verschwenderische SHIRAZ-Weine aus PADTHAWAY, MCLAREN VALE, Langhorne Creek, BAROSSA VALLEY und HEATHCOTE. Alles drin, was so dazugehört.

Tyrrell's Hunter V., NSW r w ★★★★ Semillon **09' 10'** 11' 13' 14' 15'; Vat 47 Chardonnay **10' 12 13'** 14' 15' – Hier entsteht Australiens großartigster SEMILLON. Zum Vat 1 hat sich eine Reihe von Einzellagenweinen oder Weinen aus Unterbereichen gesellt. Auch der Vat 47, der erste CHARDONNAY Australiens, trotzt weiterhin den klimatischen Widrigkeiten. Hervorragend sind auch der 4 Acres SHIRAZ von alten Reben und der Vat 9 Shiraz. Einer der Großen.

Vasse Felix Margaret R., WA r w ★★★ Cabernet Sauvignon **08'** 09' 10' 11' 12' – Zusammen mit CULLEN ein Pionier am MARGARET RIVER. Eleganter, mittelschwerer CABERNET SAUVIGNON mit bemerkenswerter Ausgewogenheit. Insgesamt gut in Form; der komplexe, aufgepeppte CHARDONNAY sorgt für Aufsehen. Kehrt zu seinen Wurzeln der Gutsweinerzeugung zurück.

Voyager Estate Margaret R., WA r w ★★★ Beträchtliche Mengen von reichhaltigem, kräftigem Wein (hauptsächlich) aus eigenem Anbau: SEMILLON, SAUVIGNON BLANC, (v. a.) CHARDONNAY und CABERNET SAUVIGNON/MERLOT.

Wantirna Estate Yarra V., Vic r w ★★★★ Pionier der Region, der keine Anzeichen von Ermüdung zeigt. CHARDONNAY, PINOT NOIR und die Bordeaux-Verschnitte sind alle exzellent. Die Produktion ist winzig, gerade mal so viel, wie sie für richtig halten.

Wendouree Clare V., SA r ★★★★ Hochgeschätzter Erzeuger kraftvoller, tanninreicher, konzentrierter Rotweine (in kleinen Mengen) auf der Basis von SHIRAZ, CABERNET SAUVIGNON, MOURVÈDRE und MALBEC. Hat vor Kurzem auf Schraubverschlüsse umgestellt. Die Bedeutung des Worts »Langlebigkeit« erklärt man am besten mit dem Bild eines Rotweins von Wendouree.

West Cape Howe Denmark, WA r w ★ Hat als Winzling 2009 den Riesen Goundrey Winery (7.700 Tonnen, 237 ha Rebland) übernommen. Sehr guter SHIRAZ sowie CABERNET-SAUVIGNON-Verschnitte.

Westend Estate Riverina, NSW r w ★ Boomender Familienbetrieb, der schmackhafte Schnäppchen erzeugt, v. a. Private Bin SHIRAZ/Durif. Die Neuzugänge aus kühlem Klima sind ziemlich preiswert.

Willow Creek Mornington Peninsula, Vic r w ★★ Guter Erzeuger v. a. von eindrucksvollem CHARDONNAY und PINOT NOIR. Kraft und Ausgewogenheit.

Wirra Wirra McLaren Vale, SA r w; (s); (sch) ★★★ RSW Shiraz **04' 05'** 10' 12' 13'; Cabernet Sauvignon **04' 05'** 10' 12' 13' – Hochwertige Weine in peppigem neuem Design. Der RSW SHIRAZ hat im Vergleich zum CABERNET

SAUVIGNON leicht die Nase vorn, beide sind aber großartig. Der Cabernet Sauvignon Angelus kommt jetzt unter dem Namen Dead Ringer auf den Exportmarkt.

Wolf Blass Barossa V., SA r w (br); (s); (sch) ★★→★★★ Cabernet-Sauvignon-Verschnitt Black Label **04' 05 10'** – Im Besitz von TWE. Nicht mehr der Toperzeuger, der er einmal war, aber immer noch ein großer Name. Die Spitzenweine sind zu teuer, aber aromareich und von guter Qualität.

Woodlands Margaret R., WA r (w) ★★★ Mit über 35 Jahre alten CABERNET-SAUVIGNON-Reben bestockte 7 ha Weinberge, die zu den besten Lagen des Gebiets zählen; außerdem jüngere, aber trotzdem sehr gute Anpflanzungen anderer Bordeaux-Rotweinsorten. Die Roten stehen unter einem Einfluss, der beunruhigt.

Viognier war einmal der absolute Renner. 2014: 14.299 Tonnen Rebgut; 2015: 6.811 Tonnen. Ist die Party vorbei?

Wrattonbully SA – Seit 30 Jahren wichtiges Anbaugebiet an der LIMESTONE COAST ZONE. Durch TAPANAPPA und Peppertree ist der Anspruch gestiegen.

Wynns Coonawarra, SA r w ★★★★ Shiraz **04' 05' 06'** 10' 12 13'; Cabernet Sauvignon **91' 98' 00' 02' 04' 05'** 06' 10' 12' **13'** – COONAWARRA-Klassiker im Besitz von TWE. RIESLING, CHARDONNAY, SHIRAZ und Cabernet Sauvignon sind alle sehr gut, v.a. der Black Label CABERNET SAUVIGNON und der John Riddoch Cabernet Sauvignon. Die neuen Einzellagenabfüllungen sorgen für zusätzlichen Glanz.

Yabby Lake Mornington Peninsula, Vic r w ★★★ Gemeinschaftsprojekt des Filmmagnaten Robert Kirby mit Larry McKenna und Tod Dexter. Mit Kellermeister Tom Carson ist die Qualität sprunghaft gestiegen. CHARDONNAY und PINOT NOIR aus Einzellagen können sensationell sein.

Yalumba Barossa V., SA, SA r w; sch ★★★ 163 Jahre junger Familienbetrieb. Volles Spektrum erstklassiger Weine, von preiswerten Abfüllungen bis zu Spitzen-Einzellagengewächsen. Hervorragend in Form. Die Y Series auf Einstiegsniveau ist preiswert.

Yarraloch Yarra V., Vic r w ★★★ CHARDONNAY zum Dahinschmelzen, hauptsächlich. Oft aber auch exzellenter PINOT NOIR.

Yarra Valley Vic – Historisches Weinbaugebiet nordöstlich von Melbourne. Der Schwerpunkt verlagert sich auf den sehr erfolgreichen PINOT NOIR, CHARDONNAY, SHIRAZ und Schaumweine. Verhaltener, eleganter CABERNET SAUVIGNON.

Yarra Yering Yarra V., Vic r w ★★★ Dry Red **00' 04' 05' 06'** 08' 10' 12' – Pionier im YARRA VALLEY. Kraftvoller PINOT NOIR, tiefgründiger, kräuterwürziger CABERNET SAUVIGNON (Dry Red No. 1) und SHIRAZ (Dry Red No. 2). Üppige, gewagte Geschmacksnoten in Rot- und Weißweinen. 2009 von KAESLER erworben.

Yellow Tail NSW – Siehe CASELLA.

Yeringberg Yarra V., Vic r w ★★★★ Cabernet Sauvignon **00' 04' 05'** 06' 10' 12'; Marsanne/Roussanne **06' 09' 12' 13'** – Traumhaftes historisches Weingut, noch immer im Besitz der Schweizer Familie de Pury, die es 1862 gründete; MARSANNE, ROUSSANNE, CHARDONNAY, PINOT NOIR und CABERNET SAUVIGNON in kleinen Mengen und sehr hoher Qualität.

Yering Station/Yarrabank Yarra V., Vic r w; sch ★★★ Nach 80-jähriger Pause wurde der erste Weinberg Victorias in den 1990er-Jahren wieder bestockt. Yering Station steht v.a. für exzellente Reserve-Weine von CHARDONNAY, PINOT NOIR, SHIRAZ und VIOGNIER, Yarrabank für die sehr guten Schaumweine aus dem Joint Venture mit Champagne Devaux.

Neuseeland

Die dunklen Flächen bezeichnen die Weinbaugebiete

Die folgenden Abkürzungen werden im Text verwendet:

Auck	Auckland	**Hend**	Henderson (Auckland)
Cant	Canterbury	**Marlb**	Marlborough
C-Ot	Central Otago	**Martinb**	Martinborough
Gis	Gisborne	**Nel**	Nelson
Hawk	Hawke's Bay	**Waiheke**	Waiheke Island

Nachdem es weltweit der Sauvignon-blanc-Lieferant schlechthin und anschließend eine Quelle für verlockenden, saftigen Pinot noir geworden ist, erzeugt Neuseeland nun eine Welle lebhafter, appetitlich frischer Albariños, eine explosive Reihe von Rosés (hauptsächlich von Merlot im Norden und von Pinot noir im Süden) und einen Schwung alkoholarmer (unter 10 %) Weine, die als »leichter auf den Lippen und auf den Hüften« angepriesen werden. Und mit zehn Jahren Verspätung erließ Neuseeland 2016 – als letztes der großen Weinerzeugerländer – endlich ein Gesetz zum Schutz der Ortsnamen in Regionen und Unterregionen. »Geographic Indications» (GIs) sind, genauso wie die französischen ACs, keinerlei Qualitätsgarantie, aber zumindest weiß man, dass ein Wein wirklich dort herkommt, wo er behauptet herzukommen.

Neuere Jahrgänge

2015 Aromatischer, lebhafter Marlborough Sauvignon Blanc. An der Hawke's Bay eher duftende und anmutige denn kraftvolle Rotweine

2014 Hawke's Bay: wuchtige, reife, schön abgerundete Chardonnays und Rotweine. Marlborough: Wer früh erntete, schlug sich am besten.

2013 Besonders gut auf der Nordinsel und in Marlborough. Die Rotweine von der Hawke's Bay werden langlebig sein.

2012 Rassiger Marlborough Sauvignon blanc. Am besten erging es den Weißweinen an der Hawke's Bay (für die Roten war es zu kühl). In Central Otago rundherum fein.

Akarua C-Ot r (rs) (w); (sch) ★★★ Sehr renommierter Erzeuger mit beständig hervorragendem, duftendem, vollem Bannockburn PINOT NOIR (**12 13'**); köstlicher, jung zu trinkender Rua. Auch stilvoller, leicht cremiger CHARDONNY mit Zitrusnoten und duftender, körperreicher PINOT GRIS. Lebhafte Schaumweine, v. a. der duftende, komplexe Vintage Brut (**10'**).

Allan Scott Marlb (r) (rs) w; sch ★★ Mittelgroßer Familienbetrieb. Leichter, lebhafter RIESLING und SAUVIGNON BLANC mit Aromen von tropischen Früchten. Charmanter PINOT NOIR Rosé mit Erdbeer- und Gewürznoten. Seit einiger Zeit liegt der Schwerpunkt auf Bio- und Schaumweinen (v. a. der cremig-milde, mäßig komplexe Blanc de Blancs oJ).

Alpha Domus Hawk r w ★★ Eleganter, sehr harmonischer CHARDONNAY First Solo und pfirsichfruchtiger, cremiger, nussiger VIOGNIER. Konzentrierte Rotweine im Bordeaux-Stil, v. a. der saftige The Navigator (10' 13') auf MERLOT-Basis und der bemerkenswert dunkle, volle CABERNET SAUVIGNON namens The Aviator (**10'**). Dunkler, floraler, kraftvoller SYRAH Barnstormer (13).

Amisfield C-Ot r (rs) (w) ★★→★★★ Fleischiger, weicher PINOT GRIS, dichtmineralischer RIESLING (trocken und mittelsüß), lebhafter, reifer SAUVIGNON BLANC, fein duftender halbtrockener CHENIN BLANC, hochklassiger Pinot-Rosé und sehr floraler, saftiger, geschmeidiger PINOT NOIR (**13**) – der RKV Reserve ist das Rolls-Royce-Modell (**12'**). Die Weine auf niedrigerer Stufe heißen Lake Hayes.

Chardonnay – das Stehaufmännchen

CHARDONNAY führte in den 1980er-Jahren die neuseeländische Weißweinriege an, hat jedoch seitdem gegen den unaufhaltsam erfolgreichen, explosiv-aromatischen, lebhaft-fruchtigen MARLBOROUGH SAUVIGNON BLANC an Boden verloren. Als Reaktion auf Klagen, dass ihre Chardonnays zu eichenlastig seien, verwenden die Kellermeister nun weniger neue Fässer und bereiten subtilere, ausgewogenere Weine, die billiger in der Produktion und angenehmer zu trinken sind. Chardonnays aus HAWKE'S BAY und GISBORNE sind normalerweise gewichtig, pfirsichfruchtig und reif, die aus MARLBOROUGH hingegen frischer mit mehr Zitrusnoten.

Ara Marlb r (rs) w ★★ Großer Weinberg im Waihopai Valley; alle Weine von gutseigenen Trauben. Kellermeister ist Jeff Clarke (ehemals Montana). Gewichtiger, reifer trockener SAUVIGNON BLANC, fleischiger halbtrockener PINOT GRIS, blumiger, fruchtiger PINOT NOIR (13). Spitzenreihe: Resolute (Pinot noir **12**), gefolgt von Select Block, Single Estate und Pathway. Gute Qualität fürs Geld.

Astrolabe Marlb (r) w ★★ Gehaltvoller, reif-kräuterwürziger SAUVIGNON BLANC Province. Ebenfalls gut: körperreicher PINOT GRIS, trockener CHENIN BLANC, reichhaltiger trockener und halbtrockener RIESLING, pfirsichfruchtiger, cremiger CHARDONNAY, knackiger, lebhafter ALBARIÑO und kraftvoller, geschmeidiger PINOT NOIR (**14**).

Ata Rangi Martinb r (rs) (w) ★★★→★★★★ Klein und höchst renommiert. Verführerisch duftender, kraftvoller, langlebiger PINOT NOIR (**10 11** 12 13'), der zu den besten Neuseelands gehört (die ältesten Reben wurden

1980 gepflanzt). Außerdem köstlicher Crimson Pinot noir von jungen Reben (**13 14'**). Bemerkenswert reichhaltig und komplex der Craighall CHARDONNAY (**13' 14'**) von 1983 gepflanzten Reben; halbtrockener Lismore PINOT GRIS (14').

Auckland Größte Stadt Neuseelands (im Norden; warm und wolkenreich) mit 1,2 % der Gesamtrebfläche. Nahe gelegene Weinbaugebiete sind Henderson, Kumeu/Huapai/Waimauku (beide schon länger etabliert) sowie Matakana, Clevedon und Waiheke Island (in den 1980er-Jahren entstanden). Stilvolle, vollmundige Rotweine von MERLOT/CABERNET SAUVIGNON in trockenen Jahrgängen (**10'** 13'), außerdem muskulöser, pfeffriger SYRAH (13'), der rasch expandiert und qualitativ HAWKE'S BAY Konkurrenz macht, reichhaltiger, reifer, unterschätzter CHARDONNAY und vielversprechender ALBARIÑO.

Auntsfield Marlb r w ★★ Beständig ausgezeichnete Weine vom ersten Weinberg der Region, der 1873 angelegt und 1999 neu bepflanzt wurde. Intensiver, teilweise fassvergorener SAUVIGNON BLANC mit Aromen von tropischen Früchten (**15'**), fülliger, reichhaltiger CHARDONNAY und stämmiger, kompakter PINOT NOIR (**12 13'**) – der Heritage (**10'**) ist besonders üppig und kraftvoll.

Awatere Valley Marlb – Wichtiger Unterbereich mit sehr wenigen Kellereien, aber ausgedehnten Rebanlagen (mehr als HAWKE'S BAY). Wegbereiter war 1986 VAVASOUR; der wichtigste Erzeuger ist YEALANDS. Etwas kühler und trockener als das WAIRAU VALLEY, mit rassigem, kräuterwürzigem (»Tomatenrispe«) SAUVIGNON BLANC, dichtem, lebhaftem RIESLING und PINOT GRIS sowie duftendem PINOT NOIR, der oft eine leicht vegetabile Note zeigt.

Babich Hend r w ★★→★★★ Mittelgroßer Familienbetrieb (1916), jetzt in der dritten Generation. Weinberge in HAWKE'S BAY und MARLBOROUGH. Ausgefeilte, sehr alterungswürdige Irongate-Weine aus GIMBLETT GRAVELS: CHARDONNAY (**10' 13'** 14') und eleganter CABERNET SAUVIGNON/MERLOT/CABERNET FRANC (**10'** 14'). Der reife, trockene Marlborough SAUVIGNON BLANC verkauft sich sehr gut. Die Reihe Family Estate ist unter der Reihe Winemakers Reserve angesiedelt. Spitzenrotwein ist The Patriarch im Bordeaux-Stil (13').

Bell Hill Cant r w ★★★ Sehr kleines, hoch gelegenes Gut auf Kalkstein, familiär mit GIESEN verbunden. Seltener, aber umwerfend reichhaltiger CHARDONNAY und herrlich duftender, kraftvoller, samtiger PINOT NOIR. Zweitmarke: Old Weka Pass.

Blackenbrook Nel r w ★★ Kleine Kellerei mit hervorragenden aromatischen Weißweinen, v. a. überaus duftendem, vollem GEWÜRZTRAMINER (**14**) im Elsässer Stil, PINOT GRIS (**14'**) und (seltener) halbtrockenem MUSCAT (**14**). Dazu ausdrucksstarker, trockener SAUVIGNON BLANC (**14**) und äußerst vielversprechender MONTEPULCIANO. Zweitetikett: St Jacques.

Black Estate Cant r w ★★ Kleiner Erzeuger in Waipara mit straffem, elegantem, konzentriertem CHARDONNAY, reichhaltigem RIESLING mit leichter Honignote und anmutigem, generösem, sehr harmonischem PINOT NOIR.

Borthwick Wairarapa r w ★★ Erzeuger in Gladstone mit der Marke Paddy Borthwick. Lebhafter, tropenfruchtiger SAUVIGNON BLANC, reichhaltiger, eher trockener RIESLING, pfirsichduftiger, toastwürziger CHARDONNAY, fülliger, trockener PINOT GRIS und duftender, gehaltvoller, geschmeidiger PINOT NOIR.

Brancott Estate Marlb r (rs) w ★→★★★ Wichtige Marke von PERNOD RICARD NEW ZEALAND, der weltweit an die Stelle von Montana getreten ist. Spitzenweine: Letter Series (z. B. der fleischige, reichhaltige SAUVIGNON BLANC »B« Brancott 15'). Verkaufsschlager: lebhafter, auf reife Weise kräuterwürziger SAUVIGNON BLANC (**15'**) und floraler, unkomplizierter PINOT NOIR von der Südinsel. Unter dem Etikett Living Land wird Bio-Wein vertrieben, Terroir Series steht für Mittelklasseweine aus Unterbereichen, Flight für einfache, alkoholarme Weine. Chosen Rows ist ein klassischer, kompakter, langlebiger Sauvignon blanc (**10'**). Supergünstig der HAWKE'S BAY MERLOT (**14**).

Brightwater Nel (r) w ★★ Eindrucksvolle, preisgünstige Weißweine, v.a. gewichtiger, knackiger, geschmacksintensiver SAUVIGNON BLANC (**15**), frischer, halbtrockener RIESLING, lebhafter, zitrusfruchtiger CHARDONNAY mit zarter Eichennote und reichhaltiger, zart-süßer PINOT GRIS. Floraler, gehaltvoller, äußerst charmanter PINOT NOIR (**14**). Spitzenwein: Lord Rutherford.

Canterbury Fünftgrößte Weinbauregion Neuseelands. Fast alle Anbauflächen liegen im relativ warmen, geschützten nördlichen Waipara. Den größten Erfolg hat der aromatische, lebhafte RIESLING (seit Mitte der 1980er-Jahre), später kam auch dunkler, reichhaltiger PINOT NOIR dazu. Neuerdings guter GEWÜRZTRAMINER und PINOT GRIS im Elsässer Stil. SAUVIGNON BLANC wird ebenfalls verbreitet angebaut.

Carrick C-Ot r w ★★★ Kellerei in Bannockburn mit intensivem RIESLING (trockener und halbtrockener CENTRAL OTAGO sowie lieblicher Josephine), festem, elegantem CHARDONNAY (v.a. EBM **13'**), teilweise in Eiche ausgebautem, recht trockenem, komplexem PINOT GRIS und dicht gefügtem PINOT NOIR, der viele Jahre vor sich hat (**13'**). Köstlich der jung zu trinkende Pinot noir Unravelled (**14'**).

Central Otago r **10' 12 13'** 14 (w) **10' 12 13'** 14 – Kühle, aber sonnige und sehr regenarme, hochgelegene Region im Landesinneren (nun die drittgrößte des Landes) im Süden der Südinsel. Die meisten Reben stehen im Cromwell Basin. Aromatischer, knackiger RIESLING und PINOT GRIS; der PINOT NOIR (75 % der Anbaufläche) mit ausgeprägtem Duft und lebhafter Fruchtigkeit hat jung schon Charme, ältere Reben bringen aber saftigere Weine hervor. Sehr guter Pinot noir Rosé und Schaumwein nach der traditionellen Methode.

Chard Farm C-Ot r w ★★ Innovatives Weingut mit üppigem, öligem PINOT GRIS und duftendem, mittelschwerem, geschmeidigem PINOT NOIR (der River Run ist floral und anmutig, die Einzellagenweine The Tiger **13** und The Viper **13** haben mehr Komplexität). Leichter, weicher Pinot noir Rabbit Ranch.

Church Road Hawk r (rs) w ★★→★★★ Kellerei im Besitz von PERNOD RICARD NEW ZEALAND mit historischen Wurzeln in HAWKE'S BAY. Voller, fassgereifter CHARDONNAY; reifer, teilweise in Eiche ausgebauter SAUVIGNON BLANC; gewichtiger, leicht lieblicher PINOT GRIS nach Elsässer Art; dunkler, vollmundiger MERLOT/CABERNET/MALBEC (alle sehr preiswert). Beeindruckende Grand-Reserve-Reihe und ausgezeichneter, teurer roter TOM (**09'**) im Bordeaux-Stil. Die neue Reihe McDonald – zwischen Standard und Grand Reserve angesiedelt – bietet bemerkenswerte Qualität zu günstigen Preisen (inkl. SYRAH **13'**, CABERNET SAUVIGNON **13'**, Merlot **13'**).

Churton Marlb r w ★★ Von der etwas höheren Lage im Waihopai Valley kommt geschmeidiger, knochentrockener SAUVIGNON BLANC (**14'**), außerdem stämmiger, cremiger VIOGNIER (**14**) und duftender, harmonischer PINOT NOIR (**10' 11 12 13'**), v.a. The Abyss von den ältesten Reben und mit größerer Tiefe (**10'** 13'). Süßer, stahliger, überzeugender PETIT MANSENG (**13'**).

Clearview Hawk r (rs) w ★★→★★★ Das Weingut an der Küste in Te Awanga (auch Trauben aus dem Landesinneren werden verwendet) ist bekannt

Neuseeland

für hedonistischen CHARDONNAY Reserve mit kräftiger Eichennote (**14'**), sehr guten in Eiche vergorenen SAUVIGNON BLANC Reserve, den dunklen, vollen Enigma (auf MERLOT-Basis, 13') und den CABERNET SAUVIGNON/CABERNET FRANC/Merlot-Verschnitt Old Olive Block. Zweite Riege: Beachhead, Two Pinnacles.

Clifford Bay Marlb r w ★★ Gute, erschwingliche Weine von Foley Family Wines: Am besten sind der SAUVIGNON BLANC mit frischen, rassigen Stachelbeer- und Limettennoten sowie der duftende, lebhafte PINOT GRIS. Außerdem fruchtiger, jung zu trinkender PINOT NOIR.

Clos Henri Marlb r w ★★→★★★ Von Henri Bourgeois aus Sancerre gegründet. Gewichtiger SAUVIGNON BLANC von steinigem Boden mit Aromen von tropischen Früchten und sehr wenig Eicheneinfluss, der zu den besten Neuseelands zählt, und robuster, reifer, fester PINOT NOIR von Lehmböden (**13**). Bei der Zweitmarke Bel Echo ist das Trauben-/Boden-Verhältnis umgekehrt. Drittmarke: preisgünstiger Petit Clos (von jungen Reben). Eigenwillige, sehr zufriedenstellende Weine zum angemessenen Preis.

Cloudy Bay Marlb r w; sch ★★★ Der in großen Mengen erzeugte, aber trotzdem ausgezeichnete SAUVIGNON BLANC (gewichtig, trocken, feine Textur; seit 2010 z. T. im Fass ausgebaut) ist Neuseelands berühmtester Wein (**15'**). Der CHARDONNAY ist robust, komplex und frisch, der PINOT NOIR reichhaltig und geschmeidig; beide sind erstklassig. Außerdem toastwürziger, voller, eleganter Jahrgangs-Schaumwein Pelorus und Schaumwein auf Chardonnay-Basis oJ. Die aromatischen Weißweine (GEWÜRZTRAMINER, RIESLING, PINOT GRIS) wurden alle vor Kurzem aufgegeben. Der Te Koko (in Eiche ausgebauter Sauvignon blanc) hat seine eigene Persönlichkeit. Baut sein Engagement in Central Otago beim Te Wahi Pinot noir aus. Im Besitz von LVMH.

Constellation New Zealand Auck r (rs) w ★→★★ Neuseelands größter Erzeuger, vormals Nobilo Wine Group und jetzt im Besitz von Constellation Brands mit Hauptsitz in den USA. Am stärksten mit soliden Weinen der unteren Preisschiene. Siehe auch KIM CRAWFORD, SELAKS.

Coopers Creek Auck r w ★★→★★★ Innovativer mittelgroßer Erzeuger mit einem guten Angebot preiswerter Weine aus vier Regionen. Exzellenter, geschmacksintensiver CHARDONNAY Swamp Reserve (**14'**), guter SAUVIGNON BLANC, RIESLING, MERLOT, dazu außerordentlich günstiger VIOGNIER. Die Reihe SV (Select Vineyard) deckt den mittleren Qualitätsbereich ab. Produzierte Neuseelands ersten ARNEIS (2006), GRÜNEN VELTLINER (2008), ALBARIÑO (2011) und MARSANNE (2013).

Craggy Range Hawk r (rs) w ★★★ Sehr bekannte Kellerei mit großen Rebflächen in HAWKE'S BAY und MARTINBOROUGH. Stilvoller CHARDONNAY (**14**) und PINOT NOIR, ausgezeichneter, reichhaltiger MERLOT (**13'**) und SYRAH (**13**) der mittleren Qualitätsstufe aus GIMBLETT GRAVELS, außerdem dichter Sophia (MERLOT), The Quarry (CABERNET SAUVIGNON) und umwerfender SYRAH Le Sol (13). Die meisten neuen Rotweine sind geschmeidiger, ausgefeilter (der Te Kahu, ein Verschnitt auf Merlot-Basis, ist sehr preisgünstig).

Delegat's Auck r w ★★ Sehr großes börsennotiertes Unternehmen (2 Mio. Kisten/Jahr), das immer noch von der Familie Delegat kontrolliert wird. Weinberge in HAWKE'S BAY und MARLBOROUGH. Enorm erfolgreich ist die Marke OYSTER BAY. Ab 2012 wurde die Reihe aufpoliert: straffer, knackiger, zitroniger CHARDONNAY, vollmundiger, grasiger SAUVIGNON BLANC, lebhaft fruchtiger, geschmeidiger MERLOT und reichhaltiger, saftiger, geschmeidiger PINOT NOIR.

Destiny Bay Waiheke r ★★→★★★ Amerikanische Auswanderer erzeugen kostspielige Rotweine im Bordeaux-Stil: brombeerfruchtig und seidig.

Flaggschiff ist der gehaltvolle, tiefe, saftige Magna Praemia (**08' 09** 10'), hauptsächlich von CABERNET SAUVIGNON. Mittlere Qualitätsstufe: Mystae (**09 10'**). Destinae heißen jünger zu trinkende Weine (**10'**).

Deutz Auck sch ★★★ Der Name für kultivierte Schaumweine, die in MARLBOROUGH von PERNOD RICARD NEW ZEALAND produziert werden, kommt vom französischen Champagnerhaus. Der sehr beliebte Brut oJ ist lebhaft mit Zitrus- und Hefenoten (mindestens zwei Jahre auf dem Hefesatz, und es werden jedesmal ältere Reserve-Weine zugegeben), während sich der Jahrgangs-Blanc-de-Blancs fein duftend, lebhaft und eindringlich zeigt (10). Der Rosé ist knackig frisch, mit Toast- und Erdbeernoten. Besondere Klasse hat der Prestige, vorwiegend CHARDONNAY (**10' 11**).

Dog Point Marlb r w ★★★ Winzer Ivan Sutherland und Kellermeister James Healy (beide früher bei CLOUDY BAY) erzeugen komplexen, scharfen, eichenfassgereiften SAUVIGNON BLANC (Section 94, **13'**), CHARDONNAY (sehr elegant, zitrusfruchtig, alterungswürdig) und vollen, fein gefügten PINOT NOIR (**10' 11 12'**13'), einen der großartigsten der Region. Auch größere Mengen von gewichtigem, trockenem Sauvignon blanc (**15**) ohne Holznote.

Dry River Martinb r w ★★★ Kleiner Pionier-Betrieb, jetzt in US-Besitz. Guter Ruf für sehr eleganten, langlebigen CHARDONNAY (13' **14'**), reintönigen, intensiven, alterungswürdigen RIESLING (13', 14'), PINOT GRIS (Neuseelands erster herausragender Pinot gris **14'**) und GEWÜRZTRAMINER (**14'**) sowie weiße Spätlesen und floralen, süßfruchtigen, sich langsam entwickelnden PINOT NOIR (13' 14').

Elephant Hill Hawk r (rs) w ★★→★★★ In deutschem Besitz; Rebflächen und stilvolle Kellerei in Te Awanga an der Küste, bezieht aber auch Trauben aus dem Landesinneren. Raffinierte Weine: reichhaltiger alterungswürdiger CHARDONNAY (**14'**), dichter, geschmeidiger MERLOT (**13'**) und dunkler, gehaltvoller SYRAH (**14**).

Escarpment Martinb r (w) ★★★ Bestens bekannt für deftigen, komplexen, dichten PINOT NOIR, bereitet von Larry McKenna, der früher bei MARTINBOROUGH VINEYARD tätig war. Spitzenetikett: Kupe. Rotweine von alten Reben aus Einzellagen (besonders gut: Kiwa **12'** und Te Rehua **12'**). Der MARTINBOROUGH Pinot noir ist ein regionaler Verschnitt. Einfachere Weine unter der Marke The Edge.

Esk Valley Hawk r rs w ★★→★★★ Im Besitz von VILLA MARIA. Renommierte Rotweine auf MERLOT-Basis (v. a. der Verschnitt Winemakers Reserve **09' 10' 11** 13'); Merlot/CABERNET SAUVIGNON/MALBEC (**13' 14'**) mit hervorragendem Preis-Leistungs-Verhältnis. Floraler, geschmeidiger SYRAH (der Reserve ist dunkel und konzentriert; 13'), schöner trockener Rosé sowie körperreicher, buttriger CHARDONNAY mit Pfirsichnoten und hervorragendem Preis-Leistungs-Verhältnis, knackiger, recht trockener CHENIN BLANC und VERDELHO. Flaggschiff-Rotwein: The Terraces (kraftvoller, würziger Einzellagenverschnitt von Malbec, Merlot und CABERNET FRANC; **06' 09'** 13').

Felton Road C-Ot r w ★★★★ Starkellerei in Bannockburn. Mächtiger, gleichwohl anmutiger PINOT NOIR Block 3 und 5 (**10' 11 12'** 13' 14') aus der Lage The Elms; leichter, intensiver RIESLING (trocken und halbtrocken) der Extraklasse (15'); voller, zitroniger, langlebiger CHARDONNAY, v. a. Block 2 (**12' 13'** 14'); Staretikett: tiefgründiger, harmonischer Bannockburn Pinot noir (**12' 13'** 14'), ein Verschnitt aus Trauben der drei Weinberge. Andere sehr feine Pinot-noir-Weine von Einzellagen: Cornish Point (**13'** 14'), Calvert (**13'** 14').

Forrest Marlb r (rs) w ★★ Mittelgroße Kellerei. Guter SAUVIGNON BLANC (körperreich, reif, trocken) und RIESLING (halbtrocken), fantastischer edelfauler Riesling und reichhaltiger Cornerstone (ein Verschnitt im Bordeaux-Stil) vom Newton Forrest Estate in HAWKE'S BAY. Die Weine der ausgezeichneten Vorzeigereihe mit Namen John Forrest Collection kommen erst einige Jahre nach der Lese auf den Markt. Beliebte alkoholarme (9 %) Weine (Riesling und Sauvignon blanc) unter dem Label The Doctors'. Die beeindruckende Reihe aus CENTRAL OTAGO und dem WAITAKI VALLEY heißt Tatty Bogler.

Framingham Marlb (r) w ★★ Im Besitz von Sogrape (Portugal). Besonders stark bei aromatischen Weißweinen: intensiver RIESLING (v. a. der reichhaltige Classic) von ausgereiften Reben sowie duftender, üppiger PINOT GRIS und GEWÜRZTRAMINER. Außerdem feiner SAUVIGNON BLANC, saftiger Noble Riesling und duftiger, seidiger PINOT NOIR. Die Weine der Reihe F-Series (u. a. Old Vine Riesling und herrliche süße Weine mit Edelfäule) sind selten, aber voller Persönlichkeit.

Fromm Marlb r w ★★★ Hervorragender PINOT NOIR, darunter der dichte, fest strukturierte Fromm Vineyard und v. a. der aromatischere, geschmeidige Clayvin Vineyard von einer Hügellage (**10' 11 12' 13'**). Außerdem sehr stilvoller, zitrusfrischer CHARDONNAY Clayvin (**13'**) und RIESLING Dry. Die Reihe La Strada umfasst früher zu genießende Weine, u. a. reif-kräuterwürzigen SAUVIGNON BLANC, fleischigen, recht trockenen, in Eiche ausgebauten PINOT GRIS und ausgezeichneten trockenen Rosé.

Gibbston Valley C-Ot r (rs) w ★★→★★★ Pionierkellerei mit ursprünglichem Weinberg in Gibbston; die meisten Weinberge liegen inzwischen in Bendigo. Hervorragender Ruf für PINOT NOIR, v. a. für den reichhaltigen Verschnitt aus CENTRAL OTAGO (**14'**) und den üppig fruchtigen Reserve (**09' 12' 13'**). Aromatischer, seidiger Le Maitre von den ersten (1984 angepflanzten) Reben. Rassiger, halbtrockener RIESLING (**13'** 14'), duftender, körperreicher PINOT GRIS und erstklassiger CHARDONNAY (China Terrace **14'**). Der Gold River Pinot noir zeigt jung seinen Charme.

Giesen Cant (r) w ★★ Großer Familienbetrieb, der immer stärker auf Spitzenqualität setzt. Hauptsächlich reifer, würziger MARLBOROUGH SAUVIGNON BLANC. Qualität fürs Geld bietet der generöse, mittelsüße RIESLING. Dazu kommen der mächtige Sauvignon blanc The Brothers und der gewichtige, reichhaltige fassvergorene Sauvignon blanc The August. Rasch besser werdender PINOT NOIR und Einzellagenabfüllungen. Hat kürzlich die berühmte Lage Clayvin Vineyard gepachtet (kraftvoller, dichter, seidiger Pinot noir; **13'**).

Gimblett Gravels Hawk – Weinbaugebiet (800 ha bepflanzt) mit meist gut wasserableitenden, wenig fruchtbaren Böden; bekannt für volle Rote im Bordeaux-Stil (typischerweise auf MERLOT-Basis, aber die steinigen Böden eignen sich auch für CABERNET SAUVIGNON) und floralen, lebhaften, sehr aromatischen SYRAH; die besten davon sind Weltklasse. Auch kraftvoller, langlebiger CHARDONNAY und VIOGNIER.

Gisborne r **10' 13'** 14; w **13' 14'** 15 – Neuseelands viertgrößte Weinregion an der Ostküste der Nordinsel. In den letzten fünf Jahren ist die Rebfläche geschrumpft, jetzt aber stabil. Reichlich Sonne, häufig aber auch regnerisch, sowie fruchtbare Böden. Besondere Stärke ist CHARDONNAY (herrlich duftige und in der Jugend weiche Weine; die besten entwickeln sich gut weiter). Ausgezeichnet sind GEWÜRZTRAMINER und VIOGNIER; MERLOT und PINOT GRIS etwas wechselhafter. Interesse an (regenresistentem) ALBARIÑO. Starkellerei: Millton.

Gladstone Vineyard Wairarapa r w ★★ Tropischer SAUVIGNON BLANC (inkl. fassvergorenem Sophie's Choice) gewichtiger, weicher PINOT GRIS, guter halbtrockener RIESLING, hochklassiger VIOGNIER und sehr anmutiger

PINOT NOIR mit süßer Frucht und feiner Textur unter der Spitzenmarke Gladstone (**13'**). 12,000 Miles ist eine Marke im unteren Preissegment.

Grasshopper Rock C-Ot r ★★→★★★ Gutseigene Weinberge in Alexandra, feinster Rotwein des Unterbereichs (**12' 13** 14'): äußerst anmutig, harmonisch, mit ausgeprägten Kirsch- und Trockenkräuteraromen. Außerordentlich alterungswürdig; großartiges Preis-Leistungs-Verhältnis.

Greenhough Nel r w ★★→★★★ Einer der Toperzeuger der Region mit tadellosem RIESLING, biodynamischem SAUVIGNON BLANC (**15**), CHARDONNAY und PINOT NOIR. Spitzenmarke: Hope Vineyard: komplexer Bio-Chardonnay 13, fleischiger PINOT BLANC von alten Reben (der beste Neuseelands **13**) und Pinot noir mit Pilznoten (**10'** 11).

Die Besten aus Gimblett Gravels

Zu den besten Weinen aus dieser markanten Lage der HAWKE'S BAY zählen: BABICH Irongate CABERNET SAUVIGNON/MERLOT/CABERNET FRANC; Bilancia La Collina SYRAH; CRAGGY RANGE Le Sol Syrah; ESK VALLEY Winemakers Reserve Syrah; MILLS REEF Elspeth Cabernet Sauvignon/Merlot; MISSION Huchet Syrah; Newton/FORREST Cornerstone; SACRED HILL Brokenstone; TRINITY HILL Homage Syrah, VIDAL Legacy Cabernet Sauvignon/Merlot, VILLA MARIA Reserve Cabernet Sauvignon/Merlot.

Greystone Waipara (r) w ★★★ Spitzenbetrieb (besitzt auch MUDDY WATER) mit bemerkenswert duftenden, vollaromatischen Weißweinen (RIESLING **13**, GEWÜRZTRAMINER **14'**, PINOT GRIS **13**). Rasch besser werdender CHARDONNAY (**14'**), SAUVIGNON BLANC und PINOT NOIR (**14'**). Der Thomas Brothers ist der beste Pinot noir (**13'**) und äußerst verlockend.

Greywacke Marlb r w ★★→★★★ Charakteristische Weine von Kevin Judd (ehemals CLOUDY BAY). Stämmiger, eindringlicher SAUVIGNON BLANC (15'), gewichtiger, komplexer CHARDONNAY (**13'**), fleischiger PINOT GRIS (**14'**), zart süßer RIESLING (**14**) und seidiger, vollmundiger PINOT NOIR. (**12 13**). Der fassgereifte, langlebige Wild Sauvignon (**13'**) hat eine ausgeprägte Persönlichkeit.

Grove Mill Marlb r w ★★ Attraktive Weißweine, v. a. ausdrucksstarker, reifer SAUVIGNON BLANC, CHARDONNAY mit sanfter Eichennote, PINOT GRIS mit öliger Textur, leicht süßer RIESLING und frischer, milder, mäßig komplexer PINOT NOIR. Preiswerte Tropfen der unteren Klasse tragen das Etikett Sanctuary. Gehört mittlerweile zu Foley Family Wines.

Hans Herzog Marlb r w ★★★ Der warme, steinige Weinberg in Rapaura liefert kraftvollen, langlebigen MERLOT/CABERNET SAUVIGNON (der großartigste der Region **08**), erdigen, artigen, biodynamischen PINOT NOIR, kraftvollen, leicht cremigen CHARDONNAY (**13**), stämmigen trockenen VIOGNIER und PINOT GRIS sowie fülligen, in Eiche ausgebauten SAUVIGNON BLANC. Wird in Europa und den USA unter dem Namen Hans verkauft.

Hawke's Bay r **09' 10'** 13' **14'**; w **13' 14'** – Das zweitgrößte Anbaugebiet Neuseelands mit einer langen Weinbautradition (seit dem 19. Jahrhundert); sonniges, warmes, recht trockenes Klima. In günstigen Jahren entstehen hier reichhaltige, erstklassige Weine auf MERLOT- und CABERNET-SAUVIGNON-Basis; SYRAH (blumig mit lebhaften Noten von Pflaumen und schwarzem Pfeffer) ist der rasant aufsteigende Star der Region. Auch kraftvoller CHARDONNAY mit Pfirsichnoten, reifer, abgerundeter SAUVIGNON BLANC (passt zur Eiche) und Neuseelands bester VIOGNIER. PINOT GRIS im Elsässer Stil kommt aus höher gelegenen Bezirken im Landesinneren. Die erhöhten, kühleren Lagen im Zentrum der Region eignen sich für PINOT NOIR. Siehe auch GIMBLETT GRAVELS.

Huia Marlb (r) w; (sch) ★★ Sehr guter, z. T. eichengereifter Öko-SAUVIGNON-BLANC (**15**), fleischiger, konzentrierter Gewürztraminer (**14'**), lebhafter, geschmeidiger PINOT NOIR (**12**), komplexer, vollmundiger Brut (**09'**). Im unteren Preissegment, aber nicht schlecht ist die Reihe Hunky Dory.

Hunter's Marlb (r) (rs) w; (sch) ★★→★★★ Die besondere Stärke des Pionier-Weinguts sind Weißweine. Klassischer tropenfruchtiger SAUVIGNON BLANC (**15'**); Kaho Roa heißt der reife, in Eiche ausgebaute Stil. Der CHARDONNAY ist lebhaft und subtil, der Schaumwein Miru Miru ausgezeichnet (der Reserve wird später degorgiert). RIESLING, GEWÜRZTRAMINER und PINOT GRIS lohnen alle einen Versuch und bieten viel für's Geld. Der PINOT NOIR ist ein leichter, einladend kurzweiliger Tropfen. Zweitetikett: Stoneburn.

Invivo Auck r w ★★ Schnell expandierender junger Erzeuger mit kräftigem MARLBOROUGH SAUVIGNON BLANC mit Nesselnote (**15'**), körperreichem halbtrockenem Marlborough PINOT GRIS und äußerst charmantem Rosé (**15'**). Aus CENTRAL OTAGO kommen prägnanter halbtrockener RIESLING, erstklassiger CHARDONNAY (**13'**) und floraler, saftiger PINOT NOIR (**13'**).

Jackson Estate Marlb r w ★★ Der gewichtige, reif-kräuterwürzige SAUVIGNON BLANC Stich ist stets hervorragend (**14**). Außerdem mehliger CHARDONNAY (**13**) mit Pfirsichnoten und fleischiger, saftiger PINOT NOIR Vintage Widow (**13**). Gutes Preis-Leistungs-Verhältnis.

Johanneshof Marlb (r) w; sch ★★ Kleine Kellerei mit gutem Ruf für überaus duftigen, zart süßen, weichen GEWÜRZTRAMINER (einer der feinsten in Neuseeland). Außerdem lebhafter, frischer trockener Schaumwein Emmi, sehr guter RIESLING und PINOT GRIS. Der Maybern PINOT NOIR aus kühler, nasser Lage ist oft nicht so aufregend, doch der duftige, komplexe, süffige Jahrgang **13'** ist der bisher beste.

Jules Taylor Marlb (r) (rs) w ★★ Gekonnt bereitete Weine aus MARLBOROUGH und GISBORNE. Edler, teilweise fassvergorener Gisborne CHARDONNAY, stämmiger trockener Marlborough PINOT GRIS, intensiver Marlborough SAUVIGNON BLANC mit Klasse (**15'**), lebhafter trockener Gisborne Rosé und duftender, reichhaltiger Marlborough PINOT NOIR (**14'**).

Kim Crawford Hawk ★→★★ Die Marke ist im Besitz von CONSTELLATION NEW ZEALAND. Äußerst leicht zugängliche Weine, darunter aromatischer, ausdrucksstarker MARLBOROUGH SAUVIGNON BLANC (Bestseller in den USA), floraler, recht trockener PINOT GRIS, frisch-fruchtiger HAWKE'S BAY MERLOT und gehaltvoller PINOT NOIR (Verschnitt von Trauben aus Marlborough und CENTRAL OTAGO). Die Reihe mit wenig Alkohol heißt First Pick.

Kumeu River Auck (r) w ★★★ Der volle, komplexe Estate CHARDONNAY (**10' 11 12 13'**) stammt aus unterschiedlichen Lagen. Der Einzellagen-Chardonnay Mate's V'yd (der Weinberg wurde 1990 angelegt) ist üppiger (**10' 11 12** 13'). Aufsteigender Stern ist der Einzellagen-Chardonnay Hunting Hill (**10' 11 12** 13'): bemerkenswert ausgefeilt und engmaschig gefügt. Sehr günstig ist der Chardonnay der niedriger platzierten Reihe Village. Außerdem gewichtiger, blumiger PINOT GRIS und robuster, erdiger PINOT NOIR.

Lake Chalice Marlb (r) (rs) w ★★ Mittelgroßer Erzeuger mit lebhaftem, cremigem CHARDONNAY, sehr fruchtigem trockenem PINOT GRIS, eindringlichem, leicht lieblichem RIESLING und knackigem, auf reife Weise kräuterwürzigem SAUVIGNON BLANC. Solider PINOT NOIR. Unteres Preissegment: The Nest.

Lawson's Dry Hills Marlb (r) (rs) w ★★→★★★ Weine mit gutem Preis-Leistungs-Verhältnis. Am bekanntesten für prägnanten SAUVIGNON BLANC mit leichtem Eicheneinfluss und exotisch duftenden, robusten, weichen GEWÜRZTRAMINER. Halbtrockener, toastwürziger, flaschengereifter RIESLING und guter CHARDONNAY ohne Eichennote. Der PINOT NOIR wird immer besser. Spitzenreihe: The Pioneer. In der neuen Reserve-Reihe gibt es gewichtigen, vollen Sauvignon blanc, konzentrierten, leicht cremigen Chardonnay und saftigen, komplexen Pinot noir.

Lindauer Auck ★→★★ Die enorm beliebte Schaumweinmarke im unteren Preissegment (v. a. der Lindauer Brut Cuvée oJ mit Flaschengärung) ist im Besitz des Getränkekonzerns Lion Nathan. Die neuesten Abfüllungen bieten lebhaften einfachen Trinkgenuss mit einem Hauch Komplexität; die Rosé-Version ist besonders preisgünstig.

Lowburn Ferry C-Ot r ★★ Spezialist für PINOT NOIR. Flaggschiff ist The Ferryman Reserve (kompakt, sehr saftig und komplex; **14'**). Außerdem Home Block (fleischig, reichhaltig, seidig; **10' 12 13** 14') und Skeleton Creek (nicht ausschließlich von gutseigenen Trauben, aber konzentriert und geschmeidig **13 14**).

Mahi Marlb r w ★★ Stilvolle, komplexe Weine: süßfruchtiger SAUVIGNON BLANC mit feinem Gefüge (z. T. in Eiche ausgebaut); preiswerter CHARDONNAY (v. a. der Twin Valleys Vineyard ist äußerst duftig und kraftvoll; **13'**); gewichtiger, weicher trockener PINOT GRIS; duftender, voller trockener Rosé (**15'**); vollmundiger PINOT NOIR mit Pilznote (**13'**).

Man O' War Auck r w ★★★ Das größte Gut auf Waiheke Island. Knackiger, straffer, eindringlicher CHARDONNAY, kraftvoller, reichhaltiger süßlicher PINOT GRIS (**15'**) von Reben, die auf der Nachbarinsel Ponui wachsen. Dichte Rotweine im Bordeaux-Stil, v. a. Ironclad (**10' 11 12'**), und kraftvoller, würziger, fester SYRAH Dreadnought (**10' 11 12'**).

Marisco Marlb r w ★★ Schnell wachsender Betrieb im Waihopai Valley im Besitz von Brent Marris, früher bei WITHER HILLS, mit den beiden Marken The Ned und (seit Kurzem) Marisco The King's Series. Eindrucksvoller, reifer, voller SAUVIGNON BLANC Marisco The King's Favour, frischer, schwungvoller Sauvignon blanc The Ned. Auch guter CHARDONNAY, PINOT GRIS, PINOT NOIR.

Marlborough r **13' 14**; w **13' 14 15'** – Neuseelands mit Abstand größtes Weinbaugebiet (zwei Drittel der Rebfläche) an der Spitze der Südinsel; die ersten Reben der modernen Zeit wurden 1973 gepflanzt. Warme, sonnige Tage und kalte Nächte sorgen für aromatische, frische Weißweine. Intensiver SAUVIGNON BLANC mit variantenreichem Bukett: von pikanten, an grüne Paprikaschoten erinnernden Noten bis zu reifen Tropenfrüchten (Spitzenweine haben oft eine leichte Eichennote). Frischer halbtrockener RIESLING (neue Welle von lieblichen Weinen mit niedrigem Alkoholgehalt), mit der beste PINOT GRIS und GEWÜRZTRAMINER in Neuseeland. Der CHARDONNAY ist schlanker als in HAWKE'S BAY, kann aber gut reifen. Schaumweine der Spitzenklasse, edelfauler Riesling. Der PINOT NOIR wird unterschätzt, die besten Exemplare (von nach Norden ausgerichteten Hügellagen mit Lehmboden) gehören zum Feinsten, was Neuseeland zu bieten hat. Die Aufmerksamkeit richtet sich jetzt auch auf GRÜNEN VELTLINER.

Martinborough Wairarapa r **10' 13'** 14 15; w **13** 14 15 – Kleiner, renommierter Bezirk im Süden WAIRARAPAS (am Fuß der Nordinsel). Im Sommer warm, im Herbst trocken; kieshaltige Böden. Erfolg mit mehreren weißen Trauben (v. a. SAUVIGNON BLANC und PINOT GRIS werden großflächig angebaut). Berühmt wurde das Gebiet jedoch Mitte/Ende der 1980er-Jahre durch seinen robusten, vollen und langlebigen PINOT NOIR.

Es gibt hier einen höheren Anteil ausgereifter Rebstöcke als in anderen Regionen).

Martinborough Vineyard Martinb r (rs) (w) ★★★ Wegweisende Kellerei; berühmt ist der komplexe, reife, saftige PINOT NOIR. Außerdem reichhaltiger CHARDONNAY mit Biskuitnote, reif-kräuterwürziger, z.T. fassvergorener SAUVIGNON BLANC, intensiver RIESLING (trocken und lieblich) und voller, halbtrockener PINOT GRIS. Te Tera heißen jung zu trinkende Weine. Wurde nach finanziellen Problemen 2014 von Foley Family Wines gekauft.

Matawhero Gis r (rs) w ★★ Der Spitzenerzeuger von GEWÜRZTRAMINER der 1980er-Jahre hat jetzt andere Besitzer. Im Angebot sind ein guter, fruchtbetonter CHARDONNAY ohne Eichennote, Gewürztraminer (saftig, weich), pflaumenfruchtiger MERLOT, vielversprechender ALBARIÑO, ARNEIS und GRÜNER VELTLINER. Topreihe: Church House.

Matua Valley Auck r w ★→★★★ Produzierte 1974 den ersten SAUVIGNON BLANC Neuseelands (von Trauben aus Auckland). Jetzt im Besitz von Treasury Wine Estates (TWE). Die meisten sind angenehm zu trinken und zugänglich. Lands & Legends heißt das mittlere Segment. Beeindruckende Luxus-Reihe mit Einzellagenweinen, u.a. reintöniger, durchdringender SAUVIGNON BLANC, erstklassiger Albariño, kraftvoller, komplexer Chardonnay, dunkler, dichter MERLOT und SYRAH.

Mills Reef Bay of Plenty r w ★★→★★★ Beständig gute Weine aus Lesegut von eigenen Lagen in GIMBLETT GRAVELS und anderem Traubengut aus HAWKE'S BAY. Das Spitzensortiment Elspeth umfasst gehaltvollen, straff gebauten CHARDONNAY, reichhaltige Rotweine mit feiner Textur im Bordeaux-Stil und SYRAH (die letzten Jahrgänge sind floraler und geschmeidiger). Die roten Reserve-Weine sind manchmal recht preiswert, v.a. der dunkle, duftende, reichhaltige Reserve MERLOT/MALBEC.

Millton Gis r (rs) w ★★→★★★★ Der v.a. für Weißwein beste Erzeuger in GISBORNE produziert biologisch (zertifiziert). Umwerfend reichhaltig, komplex und charaktervoll präsentiert sich das Sortiment Clos de Ste. Anne (CHARDONNAY, CHENIN BLANC, VIOGNIER, SYRAH, PINOT NOIR) von einer hoch gelegenen Einzellage. Der langlebige, z.T. fassvergorene Chenin blanc Te Arai Vineyard (in feuchteren Jahren mit Honignoten) ist der beste in Neuseeland. Jung zu trinkende Weine werden in der (preiswerten) Reihe Crazy by Nature angeboten.

Misha's Vineyard C-Ot r w ★★ Großes Gut in Bendigo. Stets erstklassiger GEWÜRZTRAMINER (**14**), PINOT GRIS (**14**), RIESLING (trockener Lyric **13'** und halbtrockener Limelight **14'**), raffinierter, teilweise in Eiche ausgebauter SAUVIGNON BLANC (**14**) und herzhafter, komplexer PINOT NOIR (**10'**) – der Verismo liegt länger im Eichenfass (**11**).

Mission Hawk r (rs) w ★★ Ältester Weinbaubetrieb Neuseelands, erste Rebpflanzungen 1851, erste Weinverkäufe in den 1890ern – und noch immer im Besitz der Catholic Society of Mary. Breite Palette ordentlicher sortenreiner Weine. Die Reserve-Reihe umfasst u.a. exzellenten MERLOT, CABERNET SAUVIGNON, SYRAH, MALBEC, CHARDONNAY und SAUVIGNON BLANC. Die Spitzenweine laufen unter dem Namen Jewelstone (Chardonnay **13'** und Syrah 13' mit Klasse). 2012 Ankauf von ausgedehntem Rebland in AWATERE VALLEY (prägnanter, knackiger MARLBOROUGH Sauvignon blanc).

Mondillo C-Ot r w ★★ Star im Kommen in Bendigo mit duftendem, zitrusfruchtigem, leicht süßem RIESLING, klasse Nina Late Harvest Riesling und kraftvollem, duftendem, reichhaltigem PINOT NOIR (**12' 13'** 14').

Mount Riley Marlb r (rs) w ★★ Mittelgroßer Familienbetrieb. Ausdrucksstarker, preiswerter SAUVIGNON BLANC, fein gefügter PINOT GRIS, jung zu trinkender, guter CHARDONNAY, charmanter, äußerst preiswerter PINOT NOIR. Spitzenweine: Seventeen Valley (eleganter, komplexer Chardonnay **14'**), fleischiger, fassvergorener Sauvignon blanc (**14**), vollmundiger, leicht erdiger Pinot noir (14).

Mt Difficulty C-Ot r (rs) w ★★→★★★ Qualitätserzeuger im warmen Bannockburn. Kraftvoller, konzentrierter PINOT NOIR: der Roaring Meg ist leichter, der Verschnitt Cromwell Basin für baldigen Genuss bestimmt. Außerdem dichter, nachhaltiger Pipeclay Terrace von einer Einzellage (**13'**) und fein duftender, bemerkenswert anmutiger Target Gully (**13'**). Weißweine mit Klasse (v.a. RIESLING und PINOT GRIS).

Muddy Water Waipara r w ★★→★★★ Der kleine, hochklassige Erzeuger gehört jetzt zu GREYSTONE. Ökologisch angebauter James Hardwick RIESLING (gewichtig, halbtrocken, einer der besten Neuseelands **13'**), herber CHARDONNAY (**14'**) und schmackhafter, bemerkenswert komplexer PINOT NOIR (v.a. Slowhand von den ältesten, ertragsarmen Reben **12'**).

Mud House Cant r w ★★→★★★ Die große Kellerei mit Sitz in MARLBOROUGH, die Weine von der Südinsel (inkl. Waipara und CENTRAL OTAGO) erzeugt, wurde 2013 vom australischen Unternehmen Accolade Wines übernommen. Zu den Marken zählen Mud House, WAIPARA HILLS und Hay Maker (die untere Stufe). Regionale Verschnitte sind z.B. der schwungvolle, preiswerte Marlborough SAUVIGNON BLANC, der duftende, ölige Marlborough PINOT GRIS, der lebhafte, sehr aromatische, halbtrockene Waipara Hills RIESLING und der äußerst charmante, preiswerte Central Otago PINOT NOIR. Exzellente Estate-Weine (von Einzellagen) und die Reihe Single Vineyard (aus Trauben von Vertragswinzern).

Nautilus Marlb r w; sch ★★→★★★ Mittelgroße, sehr verlässliche Händlergruppe in Neuseeland im Besitz von S. Smith & Sons (Australien). Spitzengewächse sind u.a. der gewichtige, volle, trockene SAUVIGNON BLANC (**15'**), der hochklassige CHARDONNAY (komplex, subtil **14'**), der elegante, herzhafte PINOT NOIR (**13'**), der vollmundige, weiche trockene PINOT GRIS und der intensive Schaumwein oJ mit Hefenote, einer von Neuseelands feinsten Schaumweinen (mindestens 3 Jahre auf dem Hefesatz). Mittlere Qualitätsstufe: Opawa (fruchtbetont). Unterste Stufe: Twin Islands.

Nelson r **10 13** 14; w **13 14** – Kleinere Region westlich von MARLBOROUGH mit etwas feuchterem, aber ebenso sonnigem Klima. Anbauflächen auf Lehmböden in den Upper-Moutere-Hügeln (körperrreiche Weine) und der schlammigen WAIMEA-Ebene (aromatischer). Die Stärke liegt bei aromatischen Weißweinen, v.a. RIESLING, SAUVIGNON BLANC, PINOT GRIS und GEWÜRZTRAMINER. Auch guter (manchmal herausragender) CHARDONNAY und PINOT NOIR. Wird zu oft unterschätzt.

Neudorf Nel r (rs) w ★★★→★★★★ Recht kleine Kellerei mit verdientermaßen gutem Ruf. Der kraftvolle, schwungvolle Moutere CHARDONNAY (**10' 11 12 13'** 14') gehört zu den besten Neuseelands. Großartiger schmackhafter Moutere PINOT NOIR (**12' 13'**), reifer SAUVIGNON BLANC mit leichter Eichennote, kraftvoller halbtrockener PINOT GRIS (**14'**); der RIESLING (trocken und lieblich) ist ebenfalls erstklassig. Charmanter trockener Pinot Rosé.

Ngatarawa Hawk r w ★★ Mittelgroße Kellerei im Besitz der Familie Corban. Beliebte Reihe Stables Reserve, u.a. mit mundfüllendem, lebhaft fruchtigem HAWKE'S BAY CHARDONNAY, stämmigem, festem Hawke's Bay MERLOT/CABERNET und großzügig-geschmeidigem Hawke's Bay SYRAH. Hervorragend die neue Reihe namens Proprietors Reserve: duftender, konzentrierter Chardonnay (13'), dunkler, äußerst reichhaltiger Merlot/Cabernet (13'), dichter, fester Syrah (13') und hinreißender Noble RIESLING (**14'**).

No. 1 Family Estate Marlb sch ★★ Familienbetrieb des Pioniers Daniel Le Brun (ehemals Champagne). Hat keine Eigentumsrechte mehr an der Marke Daniel Le Brun. Spezialist für häufig sehr guten Schaumwein, v. a. den erstklassigen sehr lebhaften Blanc de Blancs oJ mit Hefenoten und die Cuvée No 1.

Nobilo Marlb – Siehe CONSTELLATION NEW ZEALAND.

Obsidian Waiheke r w ★★→★★★ Von der Lage Onetangi kommt ein stilvoller Bordeaux-Verschnitt (The Obsidian **10' 11 12**) sowie stämmiger VIOGNIER mit Pfirsich- und Röstaromen, gewichtiger, reichhaltiger CHARDONNAY (**13'** 14), dunkler, dichter SYRAH (13') und TEMPRANILLO unter der Spitzenmarke Obsidian Reserve (vormals Obsidian). Eine Stufe darunter gibt es unter dem Etikett Obsidian (vormals Weeping Sands) preisgünstige Rotweine aus Waiheke (inkl. MERLOT, Syrah, CABERNET/Merlot, MONTEPULCIANO **13'** und Tempranillo). Der 2015er Bannockburn Riesling von Felton Road hat nur 8,44 % Alkohol: darf nicht in der EU verkauft werden. Zu dumm.

Oyster Bay Marlb r w; sch ★★ Die Marke von DELEGAT'S ist ein Triumph des Marketing. Attraktive, lebhafte Weine mit einem Hauch von Klasse aus MARLBOROUGH und HAWKE'S BAY: Der Marlborough SAUVIGNON BLANC ist ein riesiger Verkaufsschlager (Passionsfrucht- und Limettennoten), dazu kommen zitroniger Marlborough CHARDONNAY mit zarter Eichennote (sehr beliebt in den USA), mittelschwerer trockener Hawke's Bay PINOT GRIS im »grigio«-Stil, geschmeidiger, pflaumenwürziger Marlborough PINOT NOIR (**14'**), duftender, weicher Hawke's Bay MERLOT (**14'**) und süffige Schaumweine.

Palliser Martinb r w ★★→★★★ Eine der größten und besten Kellereien des Bereichs. Ausgezeichneter, lebhafter SAUVIGNON BLANC mit Noten tropischer Früchte (**15**), CHARDONNAY (**14**), RIESLING (**14**), PINOT GRIS (**14**), Schaumwein (der beste von MARTINBOROUGH) und duftender, voller, harmonischer PINOT NOIR (**10 13'** 14). Spitzenweine: Palliser Estate; untere Stufe: Pencarrow (äußerst preiswert, Löwenanteil der Produktion).

Pask Hawk r w ★★ Mittelgroße Kellerei mit ausgedehnten Rebflächen in GIMBLETT GRAVELS. Vollaromatischer CABERNET SAUVIGNON, MERLOT und SYRAH mit gutem Preis-Leistungs-Verhältnis, aber zuweilen mit grünen Noten. Lebhafter CHARDONNAY mit sanftem Eicheneinfluss. Zur Spitzenreihe Declaration gehört auch fleischiger, reichhaltiger, toastwürziger Chardonnay (**14**), dunkler, konzentrierter Merlot (13'), duftender, komplexer Cabernet/Merlot/MALBEC (13'). Untere Stufe: Roys Hill, Kate Radburnd.

Passage Rock Waiheke r w ★★ Kraftvoller, opulenter SYRAH, v. a. Reserve; aber auch der normale Syrah ist dicht und sehr gut für sein Geld. Gute Rotweine im Bordeaux-Stil, solide Weißweine (v. a. der mächtige, cremige Reserve VIOGNIER).

Pegasus Bay Waipara r w ★★★ Pionier-Familienbetrieb mit hervorragendem Sortiment: straffer, komplexer CHARDONNAY (**12**), ein SAUVIGNON BLANC/SEMILLON-Verschnitt, reichhaltiger, schwungvoller, mittelschwerer RIESLING (Verkaufsschlager **14**), kraftvoller, exotisch duftender GEWÜRZTRAMINER und üppiger, seidiger PINOT NOIR (10' **11 12**), v. a. der Prima Donna (**10' 11 12'**) von ausgereiften Rebstöcken. Herrliche süße Weinweine von Riesling und Semillon. Zweitmarke Main Divide: preisgünstige Tropfen, v. a. PINOT GRIS.

Peregrine C-Ot r w ★★ Knackige, konzentrierte Weißweine, v.a. RIESLING (trocken und leicht lieblicher Rastaburn) und fleischiger, voller, sehr schön ausgewogener CHARDONNAY (**13'**). Auch duftender, seidiger PINOT NOIR (**09' 11 12** 13). Der Pinot noir Saddleback hat ein gutes Preis-Leistungs-Verhältnis.

Pernod Ricard New Zealand Auck r rs w ★→★★★ Einer der größten Erzeuger in Neuseeland, früher Montana. Zu den Änderungen, die seit 2010 in Gang gesetzt wurden, gehören der Rückzug aus GISBORNE und die Aufgabe der Marke Montana zugunsten von BRANCOTT ESTATE. Kellereien in AUCKLAND, HAWKE'S BAY und MARLBOROUGH. Ausgedehnte Rebflächen in Teilbesitz liefern Marlborough-Weißweine, u.a. den knackigen, schwungvollen Verkaufsschlager Brancott Estate SAUVIGNON BLANC (**15'**). Die Stärken liegen beim Schaumwein, v.a. DEUTZ Marlborough Cuvée. Erstklassige, wunderbar preisgünstige Rotweine unter dem Namen CHURCH ROAD und CHARDONNAY. Eine weitere wichtige Marke ist STONELEIGH (tropenfruchtiger Sauvignon blanc).

Pisa Range C-Ot r (w) ★★→★★★ Kleines Weingut mit verlockend duftendem, kraftvollem, reichhaltigem PINOT NOIR Black Poplar (**13'**) und sehr gutem Pinot noir von jungen Reben (**14**) namens Run 245. Auch frischer, trockener PINOT GRIS und gehaltvoller trockener RIESLING (14).

Puriri Hills Auck r rs ★★→★★★ Erstklassige, seidige, langlebige Rotweine auf MERLOT-Basis aus Clevedon (**08' 10'**). Die Reserve-Weine sind besonders reichhaltig und ausladend, mit kräftigerer Note von neuem Eichenholz. Spitzenetikett ist der unglaublich üppige, komplexe Pope (**10'**). Zweitmarke: Mokoroa.

Pyramid Valley Cant r w ★★→★★★ Von der sehr kleinen, hochgelegenen Rebfläche auf Kalksteinboden in Waikari kommt floraler, zunehmend generöser PINOT NOIR (Angel Flower, Earth Smoke **10' 12 13**) und gewichtiger, zitrusfruchtiger, straffer CHARDONNAY (**13'**), beide von gutseigenen Trauben. Erstklassige Weine der Reihe Growers Collection aus anderen Regionen – nicht jedermanns Sache, aber mit ganz eigener Persönlichkeit.

Quartz Reef C-Ot r w; sch ★★→★★★ Kleiner Bio-Qualitätserzeuger mit pfirsichfruchtigem, trockenem PINOT GRIS (**14**), stämmigem, würzigem PINOT NOIR (**10' 13'**) – der Bendigo Estate ist besonders konzentriert (**10'** 12 **14**) – und intensivem, rassigem Schaumwein mit Hefenote (besonders gut der Jahrgangs-Schaumwein **09 10'**).

Rippon Vineyard C-Ot r w ★★→★★★ Herrlich am Ufer des Lake Wanaka gelegener Pionier-Betrieb mit faszinierenden Weinen. Duftender Rippon PINOT NOIR von ausgereiften Reben (**10'**) und Pinot noir Jeunesse von jüngeren Reben (**12'**). Kraftvoll und komplex ist der Tinker's Field Pinot noir (von den ältesten Reben; **10' 12'**). Außerdem frischer, kompakter GAMAY NOIR (**13'**) und Weißweine, die sich langsam entwickeln, v.a. herausragender, stahliger, intensiver RIESLING (**10' 11' 12'** 13).

Rockburn C-Ot r (rs) w ★★ Frischer, lebhafter, leicht süßer PINOT GRIS, sehr guter lieblicher RIESLING (**14'**). Der duftende, reichhaltige PINOT NOIR (**10' 12' 13'**) stammt von Trauben aus Cromwell Basin (Hauptanteil) und Gibbston; der Eleven Barrels ist besonders reif und tief (13'). Zweitetikett: Devil's Staircase.

Sacred Hill Hawk r w ★★→★★★ Mittelgroßer Erzeuger. Gefeierter CHARDONNAY Riflemans (**10' 13' 14'**), ein muskulöser, aber höchst ausgefeilter Wein von einer erhöhten Lage im Landesinneren. Kraftvoller, dunkler, langlebiger MERLOT Brokenstone (**10' 11** 13), CABERNET SAUVIGNON/Merlot Helmsman (**10' 11** 13) und SYRAH Deerstalkers (**10' 12** 13') aus

GIMBLETT GRAVELS. Schwungvoller MARLBOROUGH SAUVIGNON BLANC (**15'**). Halo: mittlere Qualitätsstufe. Weitere Marken: Gunn Estate, Wild South (preiswerte Marlborough-Weine).

Saint Clair Marlb r (rs) w ★★→★★★ Der größte Familienbetrieb der Region. Angesehen für zupackenden SAUVIGNON BLANC aus dem unteren WAIRAU VALLEY – v.a. der unschlagbar günstige regionale Verschnitt (**15'**) und der erstaunlich reichhaltige, leicht salzige Wairau Reserve (**15'**). Zugänglicher RIESLING, PINOT GRIS, CHARDONNAY, MERLOT und PINOT NOIR. Spitzensortiment sind die Reserve-Weine, gefolgt von der zweiten Reihe namens Pioneer Block mit großer Vielfalt (darunter mehrere Pinot-noir- und Sauvignon-blanc-Weine), außerdem gute, preiswerte regionale Verschnitte und die Reihe Vicar's Choice, die das untere Preissegment abdeckt. Investiert nun auch in HAWKE'S BAY im Rotweinbereich.

Seifried Estate Nel (r) w ★★ Die größte Kellerei der Region ist in Familienbesitz und seit Langem angesehen für guten halbtrockenen RIESLING (**14'**) und GEWÜRZTRAMINER (**14'**); jetzt auch mit moderaten Preisen. Oft exzellenter SAUVIGNON BLANC (**14' 15**) und CHARDONNAY (**13'** 14) außerdem würziger GRÜNER VELTLINER mit Pfirsichnoten. Am besten: Winemakers Collection (v.a. Riesling Sweet Agnes **15'**). Die dritte Riege heißt Old Coach Road. Die Weißweine sind besser als die Roten.

Selaks Marlb r w ★→★★ Alter Betrieb kroatischen Ursprungs, jetzt eine Marke von CONSTELLATION NEW ZEALAND. Solide und leicht zugänglich sind die Weine der Reihe Premium Selection. Gute Reserve-Weine aus HAWKE'S BAY: CHARDONNAY, MERLOT/CABERNET, SYRAH. Die Spitzenreihe Founders wurde kürzlich wiederbelebt: v.a. guter Chardonnay (**13'**).

Seresin Marlb r w ★★→★★★ Mittelgroßer Erzeuger mit exzellenter Qualität und Fokus auf Bioweinen. Der feine, raffinierte, alterungswürdige SAUVIGNON BLANC (teilweise in Eiche ausgebaut; **14**) ist einer der besten Neuseelands; auch gewichtiger, reichhaltiger fassvergorener Sauvignon blanc Marama von den ältesten Reben (**13'**). Ausgezeichneter CHARDONNAY, PINOT GRIS, PINOT NOIR und RIESLING. Zweitmarke: Momo (gutes Preis-Leistungs-Verhältnis). Alles in allem komplexe Weine mit feinem Gefüge.

Sileni Hawk r (rs) w ★★ Große Kellerei. Spitzenweine: kraftvoller, reichhaltiger EV (Exceptional Vintage) CHARDONNAY (13'), SYRAH (**13'**). Mittlerer Qualitätsbereich: u.a. üppiger, buttriger The Lodge Chardonnay (**13' 14**), The Triangle MERLOT (**13**) und Parkhill PINOT NOIR (**13' 14**); es folgt die Reihe Cellar Selection (guter, zugänglicher Merlot und halbtrockener PINOT GRIS). Dazu reichhaltiger, weicher MARLBOROUGH SAUVIGNON BLANC (v.a. The Straits **15'**).

Spy Valley Marlb r (rs) w ★★→★★★ Sehr erfolgreiche Firma mit ausgedehnten Rebflächen. Die vollen, aromatischen Weißweine (RIESLING **14**, GEWÜRZTRAMINER **14'**, PINOT GRIS **14'**) sind außergewöhnlich günstig; auch eindrucksvoller SAUVIGNON BLANC, (**15**) CHARDONNAY (**14'**) und PINOT NOIR (**13**). Gefälliger trockener Pinot noir Rosé (**15**). Erstklassig ist die Spitzenauslese Envoy (u.a. ein voller, subtiler Chardonnay **13'**, ein Pinot gris im elsässischen Stil, ein in Eiche ausgebauter trockener Riesling und der kraftvolle Outpost Pinot noir **12'**). Zweitmarke: Satellite.

Staete Landt Marlb r w ★★ Weingut in Rapaura (WAIRAU VALLEY) mit ausgefeiltem CHARDONNAY (reichhaltig, mit Pfirsich- und Biskuitnoten **13'**), Spitzen-SAUVIGNON BLANC Annabel (saftig, voll, tropische Frucht, z.T. in Eiche ausgebaut **14'**) und PINOT GRIS (cremig, komplex, trocken **13'**). Auch anmutiger PINOT NOIR (**12**). Sehr vielversprechend sind VIOGNIER (**13'**) und SYRAH (**11'**). Zweitmarke: Map Maker (günstig).

Starborough Family Estates Marlb (r) w ★★ In Familienbesitz, Rebflächen in AWATERE VALLEY und WAIRAU VALLEY. Erstklassiger aromatischer, gewichtiger, geschmacksintensiver SAUVIGNON BLANC, aromatisierter, leicht trockener PINOT GRIS und duftiger, herzhafter, geschmeidiger PINOT NOIR. Vorsicht: Starborough Family Estates ist nicht zu verwechseln mit der Marke Starborough von Gallo.

Stonecroft Hawk r w ★★ Kleine Kellerei, die als erste in Neuseeland einen ernst zu nehmenden SYRAH erzeugt hat (1989): Reserve (dicht, herzhaft **10'** 13'). Der Serine Syrah ist leichter. Reichhaltiger Old Vine GEWÜRZTRAMINER (**14'**). Einwandfreier SAUVIGNON BLANC und der einzige Zinfandel Neuseelands (mittlerer Körper, würzig **13**).

Stoneleigh Marlb r (rs) w ★★ Im Besitz von PERNOD RICARD NEW ZEALAND. Hauptsächlich Rebgut aus warmen Rapaura-Weingärten. Gute, in großen Mengen produzierte Weißweine aus MARLBOROUGH, u. a. schwungvoller, tropenfruchtiger SAUVIGNON BLANC (**15'**), generöser, blumiger, leicht lieblicher PINOT GRIS (**15'**), körperreicher, kräftiger RIESLING (**15'**). Neu ist die Terroir Series mit Fokus auf Unterbereichen. Spitzenweine: Rapaura Series, v. a. gewichtiger, voller Sauvignon blanc (**14'**), duftender, voller, pfirsichfruchtiger, toastwürziger CHARDONNAY (**14'**) und stämmiger, voller Pinot gris (**14'**).

Stonyridge Waiheke r w ★★★→★★★★ Boutiquekellerei, (v. a. in den 1990er-Jahren) berühmt für ihren außergewöhnlichen roten Larose auf CABERNET-SAUVIGNON-Basis (**08' 09** 10' 12), einer der großartigsten Rotweine Neuseelands, der hervorragend reift. Der kleine Bruder des Larose heißt Airfield. Daneben kraftvoller, dichter Pilgrim im Rhône-Stil (12) und unglaublich vollgepackter MALBEC Luna Negra (**10'** 12).

Te Awa Hawk r w ★★→★★★ Gut in GIMBLETT GRAVELS, bekannt für seine Rotweine auf MERLOT-Basis. Wurde 2012 von VILLA MARIA gekauft und beherbergt jetzt dessen neue Kellerei in HAWKE'S BAY. Straffer, eleganter CHARDONNAY (**14**), fülliger, reifer SAUVIGNON BLANC (**15**), duftender, reichhaltiger MERLOT/CABERNET (**13'**), herzhafter, geschmeidiger TEMPRANILLO mit Klasse (**13'**). Unter den Namen Left Field werden zugängliche, preiswerte Weine angeboten.

Te Kairanga Martinb r w ★★ Eine der größten Kellereien des Gebiets, viel besser geworden, seitdem sie 2011 vom Amerikaner Bill Foley erworben wurde. Sehr guter CHARDONNAY (**14'**), trockener PINOT GRIS (**14**), SAUVIGNON BLANC (**14**), PINOT NOIR (**14'**); exzellenter süßlicher RIESLING (14'). Runholder heißt die mittlere Qualitätsstufe (floraler, reichhaltiger, geschmeidiger Pinot noir **14'**). Die Reserve-Weine tragen den Namen John Martin: gewichtiger, reichhaltiger Chardonnay (**14'**), dichter, geschmeidiger Pinot noir (14').

Te Mania Nel ★★ Guter kleiner Erzeuger mit gutem Preis-Leistungs-Verhältnis: frischer, lebhafter CHARDONNAY, GEWÜRZTRAMINER, PINOT GRIS, RIESLING und rassiger SAUVIGNON BLANC (Bio-Wein) sowie großzügiger, blumiger, geschmeidiger Reserve-PINOT-NOIR aus ökologischem Anbau.

Te Mata Hawk r w ★★★→★★★★ Renommierte Kellerei (erster Jahrgang 1895), die seit 1974 von der Familie Buck betrieben wird. Von seltener Klasse und Langlebigkeit ist der Coleraine (CABERNET SAUVIGNON/MERLOT/CABERNET FRANC **09' 10'** 13'); der preiswertere Cabernet/Merlot Awatea (Cabernet Sauvignon/Cabernet franc/Merlot **13'**) ist ebenfalls hochklassig, aber zugänglicher. Der SYRAH Bullnose (**10'** 13') gehört zu den besten in Neuseeland. Reichhaltiger, eleganter CHARDONNAY Elston (**10' 13'** 14'). Die Reihe Estate Vineyards (früher Woodthorpe) bietet jung zu trinkende Weine (sehr guter Chardonnay, SAUVIGNON BLANC, GAMAY NOIR, Merlot/Cabernet Sauvignon/Cabernet franc und Syrah).

Terra Sancta C-Ot r (rs) (w) ★★ Das erste Gut in Bannockburn, 1991 unter dem Namen Olssens gegründet. Sehr preisgünstiger, generöser, jung zu trinkender PINOT NOIR Mysterious Diggings (**14'**). Die mittlere Qualitätsstufe deckt der Pinot noir Bannockburn (**13'**) ab; von den ältesten Reben stammt der dichte, vollmundige Slapjack Block (**13'**). Auch ausgezeichneter RIESLING und hervorragender lebhafter Pinot noir Rosé (**15'**).

Te Whare Ra Marlb r w ★★ Etikettname: TWR. Die 1979 angelegten Rebflächen sind die ältesten der Region. Am bekanntesten für überaus duftenden, würzigen GEWÜRZTRAMINER. Auch reichhaltiger, lebhafter SAUVIGNON BLANC, RIESLING (trockener »D« und mittelsüßer »M«).

Te Whau Waiheke ★★→★★★ Winziges, angesehenes Gut am Meer mit Restaurant. Der erstklassige, komplexe CHARDONNAY (**13'** 14') ist der beste Wein. Außerdem gehaltvoller Verschnitt auf CABERNET-SAUVIGNON-Basis The Point (**10'** 12 13) und kraftvoller, dicht gefügter SYRAH (**10 12** 13).

Tiki Marlb (r) w ★★ Die Familie McKean besitzt ausgedehnte Rebflächen in MARLBOROUGH und Waipara. Schwungvoller, lebhafter SAUVIGNON BLANC (15'); fleischiger, weicher PINOT GRIS, fruchtiger, süffiger PINOT NOIR. Zweitetikett: Maui.

Tohu r w ★★ Unternehmen in Maori-Besitz mit ausgedehnten Rebflächen in MARLBOROUGH und NELSON. Rassiger SAUVIGNON BLANC (**15'**) und reichhaltiger, abgerundeter, in Eiche ausgebauter Mugwi Reserve Sauvignon blanc (**13'**); dazu gehaltvoller trockener RIESLING, cremiger CHARDONNAY ohne Eichennote und zunehmend komplexer werdender PINOT NOIR (**13'**).

Trinity Hill Hawk r (rs) w ★★→★★★ Innovative Kellerei mit sehr gutem Ruf, 2014 an den Amerikaner Charles Banks (ehemals Screaming Eagle) verkauft. Der Bordeaux-Verschnitt Gimblett ist reichhaltig, sublim und preiswert (**13**). Dazu GIMBLETT GRAVELS CHARDONNAY (**13'**), außergewöhnlicher, sehr blumiger und dichter Homage Syrah (**09' 10'**13'), eindrucksvoller, pflaumenfruchtiger TEMPRANILLO (14') und köstlicher MONTEPULCIANO (14'). Der duftende, weiche VIOGNIER gehört zu Neuseelands besten. Die einfachere Reihe mit weißen Etiketten hat ein gutes Preis-Leistungs-Verhältnis.

Two Paddocks C-Ot r (w) ★★ Der Schauspieler Sam Neill erzeugt leichten, rassigen, halbtrockenen RIESLING (**14'**) und mehrere PINOT-NOIR-Weine. Ausgezeichneter Regionalverschnitt (**13'** 14'). Einzellagen-Weine: First Paddock (vegetabiler, aus dem kühlen Bereich Gibbston **13'**) und Last Chance (reifer, aus dem wärmeren Alexandra; **12'**). Mit dem Kauf der Lage Desert Heart in Bannockburn kommt ein weiterer dazu. Picnic ist ein guter, jung zu trinkender Regionalverschnitt (**13' 14**).

Two Rivers Marlb r w ★★ Erzeuger des SAUVIGNON BLANC Convergence – erstklassige, tiefgründige, trockene Weine aus dem WAIRAU VALLEY und dem AWATERE VALLEY (**15'**). Sehr guter CHARDONNAY (mundfüllend, reichhaltig, cremig), PINOT GRIS, RIESLING und PINOT NOIR, v. a. der köstliche junge Tributary mit sehr schöner Tiefe und Komplexität (**13'**). Zweitmarke: Black Cottage.

Urlar Wairarapa r w ★★ Kleiner Bio-Betrieb mit gewichtigem, cremigem PINOT GRIS, vollmundigem trockenem RIESLING, z. T. in Eiche ausgebautem, reichhaltigem, reifem SAUVIGNON BLANC und herzhaftem, komplexem PINOT NOIR.

Valli C-Ot ★★→★★★ Ausgezeichnetes Angebot an erstklassigem, komplexem PINOT NOIR von Einzellagen (Gibbston 13', Bendigo 13'; Bannockburn 13, WAITAKI VALLEY 13) und beeindruckend intensiver trockener Old Vine RIESLING (**13'**) von 1981 gepflanzten Reben. Leicht, rassig und süßer ist der Waitaki Riesling (**13'**).

Vavasour Marlb r w ★★→★★★ Pflanzte 1986 die ersten Reben im AWATERE VALLEY. Voller, cremiger CHARDONNAY (**14'**); v.a. bekannt für lebhaften, reinen SAUVIGNON BLANC mit Nesselnote (**13' 14**). Außerdem äußerst vielversprechender PINOT NOIR und kräftiger halbtrockener PINOT GRIS (**15'**). Im Besitz von Foley Family Wines.

Vidal Hawk r w ★★→★★★ 1905 gegründet und seit 1976 im Besitz von VILLA MARIA. Gefeierter CHARDONNAY-Erzeuger, v.a. die Spitzenreihe Legacy (duftend, sehr rauchig, straff, langer Abgang **10' 11 12 13'** 14) und der exzellente Reserve Chardonnay (**13' 14'**) im mittleren Bereich. Der Legacy CABERNET SAUVIGNON/MERLOT ist intensiv und komplex (**09' 10** 13). Eindrucksvoller SYRAH (v. a. Legacy **10'** 13). Äußerst preiswert ist der MARLBOROUGH SAUVIGNON BLANC (**15'**).

Villa Maria Auck r (rs) w ★★→★★★ Die größte Kellerei Neuseelands, vollständig in Familienbesitz und 1961 mit dem ersten Jahrgang herausgekommen, wird von Sir George Fistonich geführt. Zur Firma gehören auch VIDAL, ESK VALLEY und TE AWA. Auf Weinmessen ausgerichtet, sehr erfolgreich. Die Spitzenweine laufen unter der Bezeichnung Reserve (ausgeprägter Regionalcharakter) und Single Vineyard (hebt die einzelnen Lagen hervor). Zur (oft exzellenten) Mittelklasse gehört Cellar Selection (mit weniger Eichenholzeinfluss), und auch die Weine der dritten Marke Private Bin sind oft sehr gut und preiswert (v.a. SAUVIGNON BLANC, aber auch GEWÜRZTRAMINER, PINOT GRIS, RIESLING, VIOGNIER, MERLOT und PINOT NOIR). Kleine Mengen von gutem ARNEIS, VERDELHO und GRENACHE.

Vinoptima Gis w ★★→★★★ Kleiner Spezialist für GEWÜRZTRAMINER im Besitz von Nick Nobilo (ehemals NOBILO Wines). Die erst nach mehreren Jahren auf den Markt kommenden Spitzenjahrgänge (**08' 10**) sind kostspielig, aber kraftvoll und voller Individualität. Zweitetikett: Bond Road.

Waimea Nel r (rs) w ★★ Einer der größten und besten Weißweinerzeuger der Region. Schwungvoller SAUVIGNON BLANC (**15'**), reichhaltiger, abgerundeter PINOT GRIS (**14'**), GEWÜRZTRAMINER (**14**), lebhafter VIOGNIER (**14'**). Sehr guter RIESLING (der Classic ist in einem mittelsüßen Stil mit Honignote gehalten **14**), gewichtiger, reichhaltiger Chardonnay (**13'**), duftender trockener GRÜNER VELTLINER, stahliger ALBARIÑO. Körperreicher, saftiger, geschmeidiger PINOT NOIR (**13'**). Zweite Garde: Spinyback.

Waipara Hills Cant r w ★★ Eine Marke von MUD HOUSE. Reifer MARLBOROUGH SAUVIGNON BLANC mit Noten von Passionsfrucht und Limette. Attraktive Weine, v.a. die Spitzenreihe Equinox: in Eiche ausgebauter, generöser Sauvignon blanc (**13'**), fleischiger, eher trockener PINOT GRIS (**13'**), straffer, eleganter Chardonnay (**13'**), sehr floraler, geschmeidiger PINOT NOIR (**12**) und duftender, voller RIESLING (**13'**).

Waipara Springs Cant r w ★★ Kleiner Erzeuger mit gehaltvollem, rassigem lieblichem RIESLING (**13'**) und gutem, jung zu trinkendem PINOT NOIR (**13'**). Beeindruckende Spitzenreihe Premo, u.a. sehr reichhaltiger Riesling (**13'**) und duftender, stämmiger, konzentrierter Pinot noir (**12**) von den ältesten Pinot-noir-Reben des Gebiets. Einfachere Weine heißen The Springs.

Wairarapa Neuseelands siebtgrößte Weinregion (nicht zu verwechseln mit Waipara, Canterbury). Siehe MARTINBOROUGH. Umfasst auch den Unterbereich Gladstone im Norden (etwas höher gelegen, kühler, feuchter). Das trockenste und kühlste Anbaugebiet auf der Nordinsel, besondere Stärke bei Weißweinen (SAUVIGNON BLANC und PINOT GRIS werden am häufigsten angepflanzt, aber auch RIESLING, GEWÜRZTRAMINER und CHARDONNAY sind ausgezeichnet) und v.a. PINOT NOIR (körperreich, warm, herzhaft, von vergleichsweise alten Reben). Viel wird in die nahegelegene Hauptstadt Wellington verkauft.

Wairau River Marlb r (rs) w ★★ Gute Weißweine: reifer, tropenfruchtiger SAUVIGNON BLANC (**15**), körperreicher, abgerundeter PINOT GRIS (**15**), leicht lieblicher Summer RIESLING (15'), lebhafter, trockener Grüner Veltliner (**14**), kräftiger, pikanter ALBARIÑO (**15'**). Spitzenweine unter dem Etikett Reserve (eleganter, subtiler VIOGNIER **14**, kraftvoller, komplexer CHARDONNAY **14'**, gewichtiger, voller PINOT NOIR **14'**).

Wairau Valley Marlb – Größte Unterregion in MARLBOROUGH (die ersten Reben wurden 1873 gepflanzt, die moderne Ära begann 1973). Drei bedeutende Seitentäler im Süden: Brancott, Omaka und Waihopai (die unter der Sammelbezeichnung Southern Valleys bekannt sind). SAUVIGNON BLANC gedeiht auf steinigen Ebenen mit Silt-Untergrund, PINOT NOIR auf tonigen Nordhängen. Nur noch begrenzter Spielraum für weitere Pflanzungen.

Waitaki Valley C-Ot – Vor 15 Jahren äußerst angesagte, sich danach aber langsam ausdehnende Unterregion in North Otago mit kühlem Klima und Frostgefahr. Sehr vielversprechender PINOT NOIR (kann aber grüne Noten aufweisen), knackiger, lebhafter, rassiger PINOT GRIS und RIESLING. Mehrere Erzeuger, aber nur eine Kellerei.

Whitehaven Marlb r (rs) w ★★ Mittelgroßer Erzeuger. Der geschmacksintensive, harmonische SAUVIGNON BLANC (**15'**) ist am preiswertesten und ein Bestseller in den USA. Reichhaltiger, weicher GEWÜRZTRAMINER (**14'**) zitrusfrischer, leicht buttriger CHARDONNAY (**14'**), eher trockener PINOT GRIS mit öliger Textur (**14'**), kräftiger halbtrockener RIESLING (15'), stämmiger, herzhafter PINOT NOIR (**13**). Gallo (siehe Kalifornien) ist Miteigentümer. Spitzenreihe: Greg.

Wither Hills Marlb r w ★★ Früher klein und fein, jetzt ein großer Erzeuger im Besitz von Lion Nathan. Zum Angebot zählen ein beliebter SAUVIGNON BLANC mit Stachelbeer- und Limettennoten, ein fleischiger, artiger PINOT GRIS, ein generöser CHARDONNAY mit leichter Holznote sowie ein duftender, weich texturierter PINOT NOIR.

Wooing Tree C-Ot r (rs) w ★★ Einzellagen-Weine mit Schwerpunkt auf Roten. Mächtiger, dunkler PINOT NOIR (**13'** 14'), der Beetle Juice mit weniger neuer Eiche (**13 14'**); kräftiger, leicht cremiger CHARDONNAY (**14'**). Zu den weniger »seriösen« Weinen, alle von Pinot noir, zählen der köstliche Rosé (**15'**), der Blondie (weiß ausgebaut **15**) und der Tickled Pink (süß, leicht, Himbeer-/Pflaumenaroma **14**).

Yealands Marlb r (rs) w ★→★★ 2015 durch das örtliche Elektrizitätsunternehmen Marlborough Lines erworben. Ausgedehnter Weinbergbesitz, Neuseelands größte »Einzellage« im AWATERE VALLEY. Rasant ansteigende Produktion, teilweise von gutseigenen Trauben, der Hauptanteil aus MARLBOROUGH. Es wird viel Wert auf Nachhaltigkeit gelegt, auch wenn die meisten Weine nicht biologisch zertifiziert sind. Zur Estate-Reihe gehören schwungvoller, grasiger, reiner SAUVIGNON BLANC (15'), ausgefeilter halbtrockener RIESLING (**14'**), ausgezeichneter trockener GRÜNER VELTLINER mit Zitronen- und Gewürznoten (**15'**), floraler, geschmeidiger, generöser PINOT NOIR (**13'**). Hochklassig sind die Sauvignon-blanc-Weine der Reihe Single Block. Preiswerteres gibt es in der Reihe Peter Yealands. Weitere wichtige Marken: The Crossings, Crossroads.

Südafrika

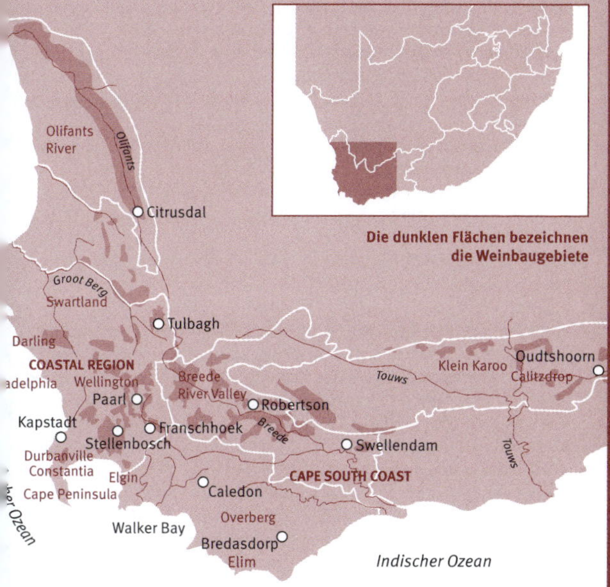

Die dunklen Flächen bezeichnen die Weinbaugebiete

Die folgenden Abkürzungen werden im Text verwendet:

Coast	Coastal Region	**Rob**	Robertson
Con	Constantia	**Stel**	Stellenbosch
Fran	Franschhoek	**Swart**	Swartland
Hem	Hemel-en-Aarde	**W-Cape**	Western Cape

Südafrika hat gerade einen Lauf. Es gibt sogar sechs neue Weinkategorien, etwa Skin Macerated White (Weißweine mit Hülsenmaischung) für »orange« oder »bernsteingelbe« Weine, wie sie derzeit weltweit in Mode sind, oder Méthode Ancestrale (leicht perlende Weine). Die reizend benannte Kategorie Sun Wine steht für einen gespriteten Stil, der an französischen Vin doux naturel erinnert, während die Klassifikation Alternative White/Red abenteuerlustigen Erzeugern mehr Raum lässt. Die Tatsache, dass bislang nur selten, wenn überhaupt, so viele neue Klassen auf einmal offiziell zugelassen wurden, unterstreicht nur die unglaubliche Vitalität der Branche, die von der Energie einer jungen (und jung gebliebenen) Generation durchtränkt ist. Diese Generation möchte zu einer achtsameren, sanfteren und sensibleren Art des Weinbaus gelangen. Ehemals für sich allein stehende Ansätze wie die Verwendung von Wildhefen, neue oder lokal fast vergessene Rebsorten (wie Nero d'Avola, Palomino), wiederbelebte und abgelegene Weinberge, neu bewertete Weinbaugebiete (etwa das früher als »zu heiß« geltende Klein Karoo) werden nun als Wege zu einem neueren und großartigeren Projekt gesehen – nämlich das charakteristische Terroir deutlicher und vollständiger auszudrücken und Weltklasseweine zu erzeugen, die klar und authentisch südafrikanisch sind und das voll Stolz zeigen.

Neuere Jahrgänge

2015 Durchweg außergewöhnlich, womöglich noch besser als im Ausnahmejahr 2009.

2014 Herausfordernder Jahrgang, für den Urteilsvermögen und ein gutes Timing nötig war; eher leichte, elegante Weine.

2013 Rekordernte, sowohl mengenmäßig als auch qualitativ, dabei erfreulicherweise mäßiger Alkoholgehalt.

2012 Guter bis sehr guter Jahrgang für Rote wie Weiße; geringere Alkoholgrade.

2011 Uneinheitlicher Jahrgang. Man sollte sich in puncto Einkauf und Lagerung vom Renommee des Erzeugers leiten lassen.

2010 Bunt gemischter Jahrgang, wobei später reifende (rote und weiße) Sorten in der Regel am besten abschnitten.

Die meisten trockenen Weißweine sollten innerhalb von zwei bis drei Jahren getrunken werden.

A. A. Badenhorst Family Wines Swart r (rs) w; (sch) ★★→★★★ »Markenerweiterungen« wie kunsthandwerkliches Bier und die neue, auf CHENIN BLANC basierende Cocktailzutat Caperitif verkörpern die seriöse und dennoch verspielte und experimentierfreudige Herangehensweise der Cousins Hein und Adi Badenhorst, die vornehmlich Rebsorten aus dem Mittelmeerraum und Chenin blanc für ihre Weine der Marken A. A Badenhorst und Secateurs verarbeiten.

Alheit Vineyards W-Cape (r) w ★★★→★★★★ Chris Alheit und seine Frau Suzaan sind junge Spezialisten für alte Reben mit Basis in HEMEL-EN-AARDE und ausgezeichnetem Ruf. Sie erzeugen den CHENIN BLANC/SÉMILLON Cartology mit Trauben aus mehreren Regionen, verschiedene Einzellagenweine und einen *field-blend* (gemischten Satz) vom Heimathof in Hemelrand.

Anthonij Rupert Wines W-Cape r (rs) w (br), (sch) ★→★★★ Das Weinangebot ist nach dem verstorbenen Bruder des Eigentümers Johann Rupert benannt; imposante Kellerei nahe FRANSCHHOEK. Aushängeschild ist die Reihe Anthonij Rupert, Terroir-Erkundungen finden unter dem Namen Cape of Good Hope statt. L'Ormarins heißen die Schaumweine nach der MÉTHODE CAP CLASSIQUE, dazu Wein im Port-Stil, gute Essensbegleiter in der italienisch inspirierten Serie Terra del Capo und stilvolle Alltagstropfen namens Protea.

Anwilka r ★★★ Der auf Rotwein spezialisierte Bruder von KLEIN CONSTANTIA ist jetzt teilweise in Bordeaux-Besitz. Spitzenetikett ist der SHIRAZ/CABERNET SAUVIGNON Anwilka (**05 06** 07 **08** 09' 10 11 12). Petit Frère ist ein ähnlicher Verschnitt, aber mit leichterer Eichennote.

Ashbourne Siehe HAMILTON RUSSELL.

Ataraxia Wines W-Cape r w ★★★ Hoch bewerteter CHARDONNAY, SAUVIGNON BLANC und roter Serenity (ohne Rebsortenangabe) von Kevin Grant (früher HAMILTON RUSSELL), die er aus der Frucht eigener Rebflächen in HEMEL-EN-AARDE sowie aus zugekauften Trauben aus WALKER BAY bereitet.

Avondale Paarl r rs w; sch ★★→★★★ Der Ökopionier in Familienbesitz erzeugt mit ökologischen, biologisch-dynamischen und wissenschaftlichen Methoden eindrucksvolle Rotweine im Bordeaux-und Rhône-Stil, dazu Rosé, einen weißen Verschnitt, CHENIN BLANC und Schaumwein MÉTHODE CAP CLASSIQUE.

Axe Hill Calitzdorp r br; s ★→★★★ Bekannter Spezialist für Wein im Port-Stil, u.a. auf TOURIGA NACIONAL basierender Cape Vintage (**01 02' 03' 04 05' 06** 07 08 09 11' 12 13). Seit Kurzem auch ungespriteter SHIRAZ und Verschnitte von Portweintrauben.

Babylonstoren W-Cape r (rs) w ★★ Vorzeigekellerei und Lifestyle-Oase des Medienmoguls Koos Bekker in der Nähe von PAARL; legt sich seit Kurzem für Bordeaux-Rote, CHARDONNAY, CHENIN BLANC und MÉTHODE CAP CLASSIQUE mächtig ins Zeug.

Bartho Eksteen W-Cape r rs w; s sch ★★★ Bartho Eksteen (früher bei HERMANUSPIETERSFONTEIN) bereitet nun eigene Weine und führt Projekte mit Önologiestudenten durch unter dem Banner von Trees of Knowledge/ Wijnskool.

Bartinney Private Cellar Stel r w ★★★ Aufgehender Stern im erstklassigen Banhoek Valley von STELLENBOSCH, im Besitz und unter der Leitung von Familie Joordan. CABERNET SAUVIGNON, CHARDONNAY und SAUVIGNON BLANC werden immer eindrucksvoller.

Bayten Siehe BUITENVERWACHTING.

Beau Constantia Con r w ★→★★ Elegante sortenreine und Verschnittweine im Bordeaux-und Rhône-Stil; Rebflächen in den Bergen und ein Verkostungsraum mit atemberaubendem Blick und Sushi-Angebot.

Beaumont Wines Bot R. r (rs) w (br); (s) ★→★★★ Der historische Familienbetrieb erzeugt ausdrucksvollen CHENIN BLANC, PINOTAGE und MOURVÈDRE; neu im Programm ist ein SYRAH.

Beeslaar Wines Stel r ★★★ Eigenes Etikett des Kellermeisters von KANONKOP, der es mit dem gefeierten und unverwechselbaren PINOTAGE des Guts aufgenommen hat mit einer verfeinerten und sehr speziellen Version.

Bellingham W-Cape r (rs) w ★→★★★ Etablierte Marke der Firma DGB mit der faszinierenden, erstklassigen kleinen Reihe Bernard und einem in größerem Umfang erzeugten unkomplizierten Trio.

Beyerskloof W-Cape r (rs) (w) (br) ★→★★★ Südafrikas PINOTAGE-Champion, nahe STELLENBOSCH: Neun Versionen mit dieser Sorte sind im Angebot, darunter der reinsortige Diesel (**06 07' 08'** 09 10 11 12 13' 14 15), mehrere CAPE BLENDS und Wein im Port-Stil. Auch klassischer CABERNET SAUVIGNON/MERLOT namens Field Blend (**01 02 03' 04 05 07 08** 09' 10 11 12 13).

Black Economic Empowerment (BEE) Die Organisation setzt sich für eine höhere Beteiligung vormals benachteiligter Bevölkerungsgruppen in der Weinbranche ein.

BLANKbottle W-Cape r (rs) w ★→★★ Weltenbummler Pieter Walser will mit seinen innovativen Weinen, die er selbst bereitet und etikettiert, Geschichten erzählen. Dazu passen so schräge Namen wie Aasvoel (»Aasgeier«).

Boekenhoutskloof Winery W-Cape r (rs) w; s ★★→★★★★ Beständig hervorragender Erzeuger mit würzigem SYRAH (**01' 02' 03 04' 05 06' 07 08** 09' 10 11 12' 13 14 15) und intensivem CABERNET SAUVIGNON (**01' 02' 03 04' 05 06' 07' 08'** 09' 10 11' 12 13 14 15). Auch feiner SÉMILLON und roter The Chocolate Block im Mittelmeerstil, dazu PORSELEINBERG (Biowein) sowie die preiswerten Porcupine Ridge, Wolftrap und Helderberg Wijnmakerij.

Bon Courage Estate Rob r (rs) w (br); s (lbl); sch ★→★★★ Breites Angebot aus Familienanbau, angeführt von den Inkará-Rotweinen; stilvolles Trio von Schaumweinen MÉTHODE CAP CLASSIQUE brut und aromatische Dessertweine (RIESLING, MUSCAT).

Boplaas Family Vineyards W-Cape r w br; (s) (sch) ★→★★★ Das Unternehmen der Familie Nel in CALITZDORP ist für Weine im Port-Stil bekannt, v. a. Vintage Reserve (**01 03 04' 05' 06' 07'** 08 09' 10 11 12' 13) und Tawny. Neuerdings verlagert sich der Schwerpunkt mehr auf ungespritete Weine von Port-Trauben.

Boschendal Wines W-Cape r (rs) w; (s); sch ★→★★★ Berühmtes altes Weingut bei FRANSCHHOEK, im Besitz von DGB. SHIRAZ, SAUVIGNON BLANC, der Bordeaux-Shiraz-Verschnitt Grand Reserve sowie Schaumwein nach der MÉTHODE CAP CLASSIQUE.

Botanica Wines W-Cape r (rs) w ★★→★★★ Star ist der CHENIN BLANC von alten Buschreben an der Westküste, bereitet von der Amerikanerin Ginny Povall. Auch eleganter PINOT NOIR, Rotweine im Bordeaux-Stil und Rosé aus STELLENBOSCH und HEMEL-EN-AARDE.

Bot River Siehe WALKER BAY.

Bouchard Finlayson Cape South Coast r w ★★→★★★★ Ausgezeichneter Erzeuger von PINOT NOIR in HEMEL-EN-AARDE mit Galpin Peak (**01 02' 03 04 05 07 08 09** 10 11 12 13' 14 15) und der Fassauswahl Tête de Cuvée (**99 01' 03' 05' 07 09** 10 12 13). Außerdem eindrucksvoller CHARDONNAY und exotischer roter Hannibal.

Breedekloof Großer DISTRICT (ca. 13.000 ha) im Binnenland, der v. a. Massenweine und solche auf Einsteigerniveau hervorbringt. Löbliche Ausnahmen sind Erzeuger wie Opstal und Silkbush (in US-Besitz).

Buitenverwachting W-Cape r (rs) w; s; (sch) ★★→★★★ Erstklassige Kellerei in Familienbesitz in CONSTANTIA. Mustergültiger SAUVIGNON BLANC, CABERNET FRANC, roter Bordeaux-Verschnitt Christine (**01' 02 03 04 06 07 08** 09' 10 11 12 13) und CHARDONNAY. Heißt im Exportgeschäft »Bayten«.

B Vintners Vine Exploration Co. Stel r w ★★ Mitglieder der RAATS FAMILY bringen aus hoch gelegenen, kühlen Lagen um STELLENBOSCH eine interessante (nicht gespritete) Version von alten MUSCAT-d'Alexandrie-Reben in einer Einzelabfüllung und im Verschnitt Haarlem to Hope.

Calitzdorp DISTRICT, der klimatisch dem Douro-Tal ähnelt und folgerichtig für Wein im Port-Stil bekannt ist. Erzeuger: AXE HILL, BOPLAAS, DE KRANS, Peter Bayly. Die neueren ungespriteten »Calitzdorp Blends« aus Port-Trauben und die sortenreinen Abfüllungen zeigen Potenzial.

Cape Agulhas Siehe ELIM.

Cape Blend »Kap-Verschnitt«. Meist ein Rotweinverschnitt mit einem Anteil PINOTAGE. Beachtenswert von ASHBOURNE, BEAUMONT, BEYERSKLOOF, GRANGEHURST, KAAPZICHT, MEINERT, SPIER und WARWICK.

Cape Chamonix Wine Farm Fran r w; (sch) ★★→★★★★ Ausgezeichneter Weinbergbesitz eines Weinmachers, der von ihm selbst bewirtschaftet wird. Charakteristischer PINOT NOIR, PINOTAGE, CHARDONNAY, SAUVIGNON BLANC, Bordeaux-Verschnitte (rot und weiß) und neuer CABERNET FRANC. Alle zum Einkellern.

Capensis W-Cape w ★★★ US-amerikanisch-südafrikanisches Gemeinschaftsunternehmen zwischen Antony Beck von GRAHAM BECK WINES und Barbara Banke von Jackson Family Wines. Bisher gibt es einen erstklassigen CHARDONNAY von Trauben aus verschiedenen Regionen.

Cape Peninsula Maritimer DISTRICT, der Kapstadt und die Kaphalbinsel umfasst. 440 ha, v. a. SAUVIGNON BLANC, CABERNET SAUVIGNON, MERLOT, SHIRAZ. Hout Bay und Constantia sind WARDS darin.

Cape Point Vineyards W-Cape (r) w; (s) ★★→★★★ Spannender und verlässlicher Erzeuger von komplexen, alterungswürdigen SAUVIGNON BLANC/SEMILLON-Verschnitten, CHARDONNAY, SAUVIGNON BLANC sowie Auktionsabfüllungen für die CAPE WINEMAKERS GUILD. Preiswert ist die Marke Splattered Toad.

Cape Rock Wines Olifants R. r (rs) w ★→★★ Führender Boutiquewinzer der Gegend, eine Zusammenarbeit von Vater und Sohn. Äußerst charaktervoller SHIRAZ sowie rote und weiße Verschnitte im Rhône-Stil, alle mit auffallend schönen Etiketten.

Cape South Coast Kühlklimatische »Super-REGION« mit den DISTRICTS CAPE AGULHAS, ELGIN, Overberg, Plettenberg Bay, Swellendam und WALKER BAY sowie den unabhängigen WARDS Herbertsdale, Napier and Stilbaai East.

Cape Winemakers Guild (CWG) Unabhängiger Verband mit gegenwärtig 46 Mitgliedern, dem man nur auf Einladung beitreten kann. Veranstaltet alljährlich eine Maßstäbe setzende Auktion für limitierte Spitzenabfüllungen und leistet über eine Stiftung mit Stipendien und Mentoren Aufbauhilfe.

Catherine Marshall Wines Elgin r w; (s) ★★ Die Expertin für kühlklimatische Lagen, Cathy Marshall, und ihre Partner konzentrieren sich auf PINOT NOIR, MERLOT, SAUVIGNON BLANC und die in ELGIN selten anzutreffende Sorte CHENIN BLANC.

Cederberg Hoch gelegener eigenständiger WARD (kaum 70 ha) in den rauen Cederberg Mountains. Vornehmlich SHIRAZ und SAUVIGNON BLANC. Driehoek und CEDERBERG PRIVATE CELLAR sind die einzigen Erzeuger.

Cederberg Private Cellar Cederberg, Elim r (rs) w; (sch) ★★→★★★ Der Familie Nieuwoudt gehören mit die höchten (CEDERBERG) und am weitesten südlich gelegenen (ELIM) Weinberge Südafrikas. Mit eleganter Intensität präsentieren sich CABERNET SAUVIGNON, PINOT NOIR, SHIRAZ, die seltene Bukettraube, CHENIN BLANC, SAUVIGNON BLANC UND SÉMILLON.

Central Orange River Eigenständiger »Mega-WARD« (ca. 11.000 ha) von Northern Cape. Heiß, trocken, bewässerungsbedürftig; hauptsächlich Weiße und gespritete Weine. Der größte Erzeugerbetrieb ist Orange River Cellars.

Charles Fox Cap Classique Wines Elgin sch ★★→★★★ Der Spezialist für Schaumweine nach der traditionellen Methode hat einen französischen Berater mit an Bord genommen. Klassische, köstliche Jahrgangsschaumweine Brut und Brut Rosé, außerdem Cipher, der nur in den besten Jahrgängen bereitet wird.

Coastal Große REGION (ca. 30.000 ha), die die küstennahen DISTRICTS CAPE PENINSULA, DARLING, Tygerberg, STELLENBOSCH und SWARTLAND umfasst, seltsamerweise aber auch die landeinwärts gelegenen Districts FRANSCHHOEK, PAARL, TULBAGH und WELLINGTON.

Colmant Cap Classique & Champagne W-Cape sch ★★★ Eine belgische Familie ist Schaumweinspezialist in FRANSCHHOEK. Brut Reserve, Brut Rosé, Brut CHARDONNAY und der neuere Sec Reserve: alle nach der MÉTHODE CAP CLASSIQUE bereitet, ohne Jahrgangsangabe und exzellent.

Constantia Kühler, landschaftlicher schöner CAPE PENINSULA WARD. Das erste und mit berühmteste Anbaugebiet Südafrikas für feine Weine wurde in den letzten Jahren von GROOT, KLEIN CONSTANTIA u. a. wieder zum Leben erweckt.

Constantia Glen Con r w ★★★ Ein Juwel der Familie Waibel, das zwischen Constantiaberg und dem Tafelberg liegt. Großartige Rote im Bordeaux-Stil und sortenreiner SAUVIGNON BLANC.

Constantia Uitsig Con r w br; sch ★★→★★★ Erstklassige Weinberge mit neuen, sehr ehrgeizigen Eigentümern. Besuchereinrichtungen und ein Keller werden bald eröffnet (vinifiziert wird jetzt beim Nachbarn STEENBERG). Hauptsächlich Weiße und MÉTHODE-CAP-CLASSIQUE-Schaumweine, durchweg sorgfältig bereitet.

Creation Wines Walker Bay r w ★★→★★★ Erzeugerbetrieb in Familienbesitz mit eleganten, modernen Weinen von Bordeaux-, Rhône- und burgundischen Sorten sowie Verschnitten.

Crystallum W-Cape r w ★★★ Peter-Allan Finlayson bereitet hier aus Trauben von kühlen Lagen in HEMEL-EN-AARDE und Overberg exzellenten PINOT NOIR und CHARDONNAY.

Dalla Cia Wine & Spirit Company W-Cape r w ★★→★★★ Angesehene Winzerfamilie und Destillerie in STELLENBOSCH, seit drei Generationen in Familienbesitz. Flaggschiff ist der teure »Supertoskaner« Teano.

Darling DISTRICT rund um die gleichnamige Stadt an der Westküste, dessen beste Lagen sich in dem hügeligen WARD Groenekloof befinden. Cloof, Darling Cellars, Groote Post, Ormonde, Lanner Hill und Withington füllen selbst ab; ein Großteil des übrigen Leseguts fließt in Fremdmarken.

David & Nadia Sadie Swart r w ★★★→★★★★ David und Nadia Sadie folgen den Prinzipien natürlicher Weinbereitung der Gruppe Swartland Independent und produzieren außergewöhnliche Verschnitte im Rhône-Stil sowie sortenreinen GRENACHE noir, CHENIN BLANC und einen neuen SÉMILLON, zum Großteil von alten Reben. Unter dem Etikett Paardebosch erscheinen die Weine ihres Heimatguts.

De Krans W-Cape r (rs) w br; (s) (sch) ★→★★★ Der Betrieb der Familie Nel in CALITZDORP ist bekannt für Weine im Port-Stil, v.a. Vintage Reserve (**01 02 03' 04' 05' 06' 07** 08' 09' 10' 11' 12' 13' 14) und gespriteter MUSCAT. Seit Kurzem auch Erfolg mit ungespriteten Weinen von Port-Trauben.

Delaire Graff Estate W-Cape r (rs) w (br); (s); (sch) ★★→★★★ Hoch gelegene Weinberge, dazu eine Kellerei und ein Luxusresort im Besitz des Diamantenhändlers Laurence Graff nahe STELLENBOSCH. Spitzenwein ist der Laurence Graff CABERNET SAUVIGNON Reserve.

Delheim Wines Coast r (rs) w; (lbl) s ★★→★★★ Ökologisch ausgerichteter Familienbetrieb nahe STELLENBOSCH. Vera Cruz SHIRAZ und PINOTAGE; CABERNET SAUVIGNON Grand Reserve mit Kellerpotenzial (**00 01 03 04' 05 06 07' 08** 09 13 14) sowie funkelnder edelfauler RIESLING Edelspatz.

DeMorgenzon W-Cape r (rs) w; (sch) ★★→★★★★ Hylton und Wendy Appelbaums Betrieb ist nicht das, was man sich unter einem Durchschnittsbetrieb in STELLENBOSCH vorstellt, so beschallen sie etwa ihre Reben rund um die Uhr mit Barockmusik. Der Fokus liegt auf Sorten und Verschnitten im Bordeaux- und Rhône-Stil, außerdem CHARDONNAY, CHENIN BLANC und jetzt auch PINOT NOIR.

De Toren Private Cellar Stel r ★★→★★★ Stets aromatischer roter Bordeaux-Verschnitt Fusion V (**02 03' 04 05' 06'** 07 **08** 09' 10 11 12 13) und der auf MERLOT basierende, früher trinkreife Verschnitt »Z« sowie der leichtere rote La Jeunesse Délicate.

De Trafford Wines Stel r w; s ★★→★★★ Die Boutiquekellerei von David Trafford hat Erfolgsgeschichte geschrieben mit mächtigen und doch harmonischen Weinen: Bordeaux/SHIRAZ-Verschnitt Elevation 393 (**01 03' 04 05 06 07 08** 09 10 11 12), CABERNET SAUVIGNON (**01 03' 04 05 06 07 08** 09 10 11 12 13 14), Shiraz und Strohwein von CHENIN BLANC. Siehe SIJNN.

De Wetshof Estate Rob r w; s; sch ★→★★★ Der bekannte CHARDONNAY-Pionier Danie de Wet erzeugt neun Versionen: mit und ohne Eiche, sortenrein und im Verschnitt sowie still und schäumend in den Reihen De Wetshof, Danie de Wet und Limelight.

DGB W-Cape – Etablierter Erzeuger und Großhändler mit Sitz in Wellington; zu den hauseigenen Marken gehören BELLINGHAM, BOSCHENDAL, Brampton und Douglas Green.

Diemersdal Estate W-Cape r (rs) w ★★→★★★ Das Familiengut in DURBANVILLE wird jetzt von der jüngeren Generation geführt, die sich v.a. mit SAUVIGNON BLANC, roten Verschnitten, PINOTAGE, CHARDONNAY und dem ersten kommerziell erzeugten GRÜNEN VELTLINER Südafrikas hervortut.

Diemersfontein Wines Wellington r w ★→★★★ Familiengut mit Restaurant und Gästehaus, v.a. bekannt für seine kraftstrotzenden Weine der Reihe Carpe Diem. Der PINOTAGE mit seiner Espressonote hat den viel kopierten »Kaffeestil« hervorgebracht. Die BLACK-ECONOMIC-EMPOWERMENT-Marke heißt Thokozani.

Distell W-Cape – Das größte Getränkeunternehmen Südafrikas mit Sitz in STELLENBOSCH nennt unzählige Marken in allen Stilen und Qualitätsstufen sein Eigen. Ist auch an den BLACK-ECONOMIC-EMPOWERMENT-Marken Earthbound, DURBANVILLE HILLS, dem CAPE-AGULHAS-Weingut Lomond und über die Firma Lusan Premium Wine an vielen Spitzenkellereien von Stellenbosch beteiligt.

District Siehe GEOGRAPHICAL UNIT.

Dorrance Wines W-Cape r w ★★★ Französisch angehauchter Familienbetrieb mit einem von nur zwei Kellern mitten in Kapstadt (Grund genug für einen Besuch). Fabelhafter SYRAH, CHARDONNAY und CHENIN BLANC.

Durbanville Der kühle, hügelige WARD in der Nähe von Kapstadt ist für pikanten SAUVIGNON BLANC und MERLOT bekannt. Heimat von DURBANVILLE HILLS und vieler Familienbetriebe sowie »Garagenwein«-Erzeuger.

Durbanville Hills Durbanville r (rs) w; (s); (sch) ★→★★★ Kellerei im kühlen Küstengebiet im Besitz von DISTELL, örtlichen Winzern und einem Mitarbeiter-Trust. Am besten sind die Reihen Vineyard Selection und Rhinofields.

Eagles' Nest Con r (rs) w ★→★★★ Beständig unter den Spitzenerzeugern von MERLOT und VIOGNIER; auch eleganter SHIRAZ und der früh genussreife rote Little Eagle. Klassizist Martin MEINERT berät.

Edgebaston W-Cape r w; (s) ★★→★★★ Kellerei der Familie Finlayson in der Nähe von STELLENBOSCH mit sehr gutem CABERNET SAUVIGNON GS (**05' 06** 07 **08** 10 11 12 13 14) und einem neuen Cabernet Sauvignon Reserve. Außerdem erstklassige, jung zu trinkende Weine sowie die hübsch präsentierte Reihe Camino Africana von alten Reben.

Eikendal Vineyards W-Cape r w ★→★★★ Wieder auflebender Betrieb nahe STELLENBOSCH in Schweizer Hand. Die traditionellen Weine des Guts (roter Bordeaux-Verschnitt Classique, MERLOT, CHARDONNAY) haben zu ihrer einstigen Stärke zurückgefunden, neue Wege werden u.a. mit dem mehrsortigen roten Charisma eingeschlagen.

Elgin Der kühlklimatische DISTRICT erntet Anerkennung für seine Weine von SAUVIGNON BLANC, CHARDONNAY, PINOT NOIR, MERLOT und für seine Bordeaux-Verschnitte. Vorwiegend Boutiquekellereien in Familienbesitz, u.a. die neue Kellerei Moya Meaker im Besitz eines Kanadiers, der in Bordeaux aktiv ist.

Elim Von Meerwinden gekühlter WARD im südlichsten DISTRICT Südafrikas, CAPE AGULHAS, mit aromatischem SAUVIGNON BLANC, weißen Verschnitten und SHIRAZ. Liefert auch Trauben an große Erzeuger wie DISTELL.

Ernie Els Wines W-Cape r (rs) (w) ★★→★★★★ Weinbaubetrieb in STELLENBOSCH des südafrikanischen Golfstars Ernie Els. Paradepferd ist der superteure rote Ernie Els Signature im Bordeaux-Stil (**01 02' 03 04' 0506 07' 08** 09' 10 11 12 13). Früher trinkreife Weine in der Reihe Big Easy.

Estate Wine Amtliche Bezeichnung für Weine, die auf »für die Produktion von Estate Wine registrierten geografischen Einheiten« angebaut, bereitet und abgefüllt sein müssen. Keine Qualitätsbezeichnung.

Fable Mountain Vineyards W-Cape r rs w ★★★→★★★★ Biologisch-dynamisch arbeitender Erzeuger in TULBAGH, Ableger von MULDERBOSCH, im Besitz der kalifornischen Terroir Capital. Überragender SHIRAZ (sortenrein und verschnitten), ein weißer Verschnitt sowie ein neuer Rosé aus Rhône-Sorten.

Fairview Coast r (rs) w; (lbl) (s) ★→★★★ Der dynamische und innovative Eigentümer Charles Back produziert eine bunte Mischung an sortenreinen, verschnittenen, Einzellagen- und terroirspezifischen Weinen, u. a. Fairview, Spice Route, Goats do Roam, La Capra und Leeuwenjacht. Besitzt auch Anteile an der bei Fairtrade akkreditierten Piekenierskloof Wine Company.

FirstCape Vineyards W-Cape r rs w; sch; BV – Überaus erfolgreiche Exportmarke, ein Joint Venture von fünf örtlichen Genossenschaften und dem britischen Unternehmen Brand Phoenix mit Weinen auf Einstiegsniveau in über einem Dutzend Reihen, darunter einige mit Trauben von außerhalb Südafrikas.

Flagstone Winery W-Cape r w (br) ★→★★★ Premiumkellerei in Somerset West im Besitz (über Accolade Wines) der australischen CHAMP Private Equity. Ist mit den Marken Fish Hoek (mittleres Niveau) und KUMALA (Einstiegsniveau) verschwistert.

Fleur du Cap W-Cape r (rs) w; s ★→★★★ Spitzenmarke von DISTELL, u. a. die sehr gute Reihe Unfiltered Collection sowie edelfauler CHENIN BLANC und roter Bordeaux-Verschnitt Laszlo, beide immer großartig.

Foundry, The Stel r w ★★★ Eigene Marke des Kellermeisters von MEERLUST, Chris Williams, mit Weinpartner James Reid; sehr gute sortenreine Rhône-Klassiker, v. a. GRENACHE BLANC, VIOGNIER.

Franschhoek Valley Von französischen Hugenotten gegründeter hochklassiger DISTRICT, bekannt für CABERNET SAUVIGNON, CHARDONNAY und Schaumweine nach der MÉTHODE CAP CLASSIQUE. Charaktervolle Angebote haben u. a. Mont Rochelle von Sir Richard Branson, Grande Provence in niederländisch/belgischem Besitz und der neue Méthode-Cap-Classique-Vertreter Le Lude.

Fryer's Cove Vineyards W-Cape (r) w; (s) ★★ Boutiquekellerei für SAUVIGNON BLANC (in den Stilen *fumé*, ohne Eichennote und edelfaul) an der Westküste; Weinberge im winzigen WARD Bamboes Bay (6 ha).

Geographical Unit (GU) Geografisch größter Bereich innerhalb des WINE-OF-ORIGIN-Klassifikationssystems. Derzeit gibt es fünf GUs: Eastern, Northern und Western Cape, KwaZulu-Natal und Limpopo. Die anderen Bezeichnungen lauten (in absteigender Größe des Gebiets): REGION, DISTRICT und WARD.

Glen Carlou W-Cape r w; (s); (sch) ★→★★★ Spitzenkellerei mit eigenen Lagen, Kunstgalerie und Restaurant nahe PAARL; im Besitz von Donald Hess. Aromatischer CABERNET FRANC und VIOGNIER aus der Reihe Curator's Collection, die man aber nur in der Kellerei selbst erwerben kann.

Glenelly Estate Stel r w ★★→★★★ Die Weinberge und die Kellerei gehören der einstigen Besitzerin des Bordeaux-Château Pichon Lalande, May-Eliane de Lencquesaing. Eindrucksvolle Flaggschiffgewächse: Lady May sowie das Duo Grand Vin (Bordeaux/SHIRAZ und CHARDONNAY).

GlenWood Coast r w ★★→★★★ Der gewissenhafte Winzer aus dem FRANSCHHOEK VALLEY hat noch einen Zahn zugelegt mit seinem kürzlich herausgebrachten Duo Grand Duc (SYRAH, CHARDONNAY).

Graham Beck Wines W-Cape r (rs) w br; sch ★→★★★ Erstklassiger Erzeuger mit mehr als 25 Etiketten, darunter ausgezeichnete Schaumweine sowie sortenreine Weine und rote und weiße Verschnitte, allen voran die herrliche Cuvée Clive (MÉTHODE CAP CLASSIQUE), der CABERNET SAUVIGNON/SHIRAZ Ad Honorem und der SAUVIGNON BLANC Pheasants' Run.

Grangehurst Stel r rs ★★→★★★ Kleiner, auf Rotwein und Rosé spezialisierter erstklassiger Betrieb mit sehr gutem CAPE BLEND Nikela (**98 99 00 01 02 03' 05 06** 07' **08**) und PINOTAGE (**97 98 99 01 02 03' 05 06** 07 **08**).

Groot Constantia Estate Con r (rs) w (br); s; (sch) ★★→★★★ Historisches Gut und Touristenmekka in der ursprünglichen Qualitätsweinregion am Kap mit entsprechend ernsthaften Gewächsen wie z. B. dem Grand Constance, der die Tradition der Dessertweine von Weltklasseformat aufrechterhält.

Guardian Peak Siehe RUST EN VREDE ESTATE.

Hamilton Russell Vineyards Hem V. r w ★★→★★★★ Pionier des kühlklimatischen Weinbaus und beständiger Burgunderspezialist in Hermanus, der sich seit Kurzem für biologisch-dynamischen Weinbau interessiert. Eleganter PINOT NOIR (**01' 03' 04 05 06 07 08 09'** 10 11 12' 13 14 15) und außergewöhnlicher CHARDONNAY. Unter den Etiketten Southern Right und Ashbourne auch ausgezeichneter SAUVIGNON BLANC, PINOTAGE und Weißweinverschnitte.

Hartenberg Estate Coast r w ★★→★★★ Zuverlässiger Spitzenerzeuger mit herausragendem SHIRAZ-Quintett. Extrovertierter The Stork von einer Einzellage (**03 04' 05' 06 07 08** 09' 10 11 12 13), deftiger Gravel Hill, stets ernst zu nehmender Estate Shiraz (**02 03 04' 05 06 07 08** 09 10 11 12 13 14) und seit Kurzem der Doorkeeper auf Einsteigerniveau. Außerdem feiner MERLOT, CHARDONNAY und RIESLING.

Haskell Vineyards W-Cape r w; (s) ★★★ Die Weinberge und die Kellerei nahe STELLENBOSCH sind in amerikanischem Besitz; begeisterte Kritiken ernten die beiden SYRAH-Weine, die roten Verschnitte und der CHARDONNAY. Die Schwestermarke Dombeya wird immer besser.

Hemel-en-Aarde Trio von kühlklimatischen WARDS (Hemel-en-Aarde Valley, Upper Hemel-en-Aarde Valley, Hemel-en-Aarde Ridge) im DISTRICT WALKER BAY, die einige ausgezeichnete Weine von PINOT NOIR, CHARDONNAY und SAUVIGNON BLANC hervorbringen. Probierenswert von den aufstrebenden Erzeugern Domaine des Dieux, La Vierge, Restless River und Whalehaven.

Hermanuspietersfontein Wynkelder W-Cape r (rs) w ★★→★★★ Führender Spezialist für SAUVIGNON BLANC und rote Bordeaux-Verschnitte, der die faktischen und historischen Verbindungen zum Seebad Hermanus kreativ vermarktet.

House of Krone, The W-Cape (rs); sch ★★→★★★ Ausgeklügelte, klassische Schaumweine nach der MÉTHODE CAP CLASSIQUE, u. a. der neue The Phoenix mit neun Jahren Hefelagerung, der im wiederbelebten Gut Twee Jonge Gezellen in TULBAGH bereitet wird.

Iona Vineyards Elgin r (rs) w ★→★★★ Betrieb, der teilweise im Besitz der Belegschaft ist und seine hohen Lagen auf biologisch-dynamischen Anbau umstellt. Gefeierter CHARDONNAY und SAUVIGNON BLANC; neueren Datums sind Rotweine im Bordeaux/Rhône-Stil und ein PINOT NOIR. Für Einstiegsweine stehen die Marken Sophie und Mr P.

Jardin Siehe JORDAN WINE ESTATE.

J. C. le Roux, The House of W-Cape sch ★★ Südafrikas größter auf Schaumwein spezialisierter Erzeuger in STELLENBOSCH, im Besitz von DISTELL.

Die besten sind PINOT NOIR, Scintilla und der Brut (oJ) – alle MÉTHODE CAP CLASSIQUE.

Jean Daneel Wines W-Cape r w ★★→★★★ Familienbetrieb in Napier. Hervorragend ist die Reihe Signature, v. a. der Red (Bordeaux/SHIRAZ), CHENIN BLANC und der neuere SAUVIGNON BLANC.

Jordan Wine Estate W-Cape r (rs) w; (s) ★★→★★★ Die Familienkellerei nahe STELLENBOSCH bietet Beständigkeit, Qualität und ein gutes Preis-Leistungs-Verhältnis, von den Reihen Bradgate und Chameleon auf Einstiegsniveau bis hin zu makellosen Abfüllungen, die auf den Auktionen der CAPE WINEMAKERS GUILD versteigert werden. Aushängeschild ist der CHARDONNAY Nine Yards; außerdem der rote Bordeaux-Verschnitt Cobblers Hill (**01 03 04' 05' 06 07 08** 09 10 11 12 13 14).

Julien Schaal Elgin w ★★★ Julien Schaal und Sophie Bollaert aus dem Elsass erzeugen erlesenen CHARDONNAY von Parzellen aus kühlen Lagen ihres Stützpunktes in ELGIN und außerhalb davon.

Kaapzicht Wine Estate Stel r w (br); (s) ★★→★★★ Familienbetrieb mit weithin gelobter Spitzenreihe Steytler: CAPE BLEND Vision (**01' 02' 03' 04 05' 06 07 08** 10 12' 14 15), PINOTAGE und roter Bordeaux-Verschnitt Pentagon. Großartiger herzhafter CHENIN BLANC The 1947 von alten Reben.

Kanonkop Estate Stel r (rs) ★★→★★★★ Großes regionales Renommee seit drei Jahrzehnten, v. a. mit PINOTAGE (**01 02 03' 04 05 06 07 08** 09' 10' 11 12 13 14), dem roten Bordeaux-Verschnitt Paul Sauer (**01 02 03 04' 05 06' 07 08** 09 10 11 12 13) und CABERNET SAUVIGNON. Das Zweitetikett heißt Kadette (Rotwein, trockener Rosé und neuerer Pinotage).

Keermont Vineyards Stel r w; s ★★→★★★ Hat vor Kurzem die Höhen seines Nachbarns DE TRAFFORD erreicht, v. a. mit SHIRAZ und CHENIN BLANC (Einzellage und Verschnitt), dazu kommt ein SAUVIGNON BLANC aus am Stock getrockneten Trauben.

Ken Forrester Vineyards W-Cape r (rs) w; (lbl) s; (sch) ★→★★★ Der Weinhändler und Gastronom Ken Forrester und der Winzer Martin MEINERT in STELLENBOSCH sind glühende Anhänger von Rotweinen im mediterranen Stil und von CHENIN BLANC (trocken, halbtrocken, edelfaul). Ungemein süffige und preiswerte Weine bietet die Reihe Petit, die vor Kurzem ausgeweitet wurde.

Klein Constantia Estate W-Cape r (rs) w; s; sch ★★→★★★★ Historisches Gut mit Kultstatus, wiederbelebt durch Eigentümer aus USA/UK/Frankreich. Der (nicht edelfaule) Vin de Constance zum Einkellern (**00' 01 02' 04 05 06' 07' 08 09** 11 12 13 14 15) ist eine überzeugende Wiedergeburt des legendären Constantia-Dessertweins aus dem 18. Jh. Verschiedene SAUVIGNON-BLANC-Abfüllungen, darunter auch ein Biowein neueren Datums. Das Geschwistergut ist ANWILKA in STELLENBOSCH.

Kleine Zalze Wines W-Cape r (rs) w; sch ★→★★★ Starerzeuger in STELLENBOSCH mit brillantem CABERNET SAUVIGNON, SHIRAZ, CHENIN BLANC und SAUVIGNON BLANC unter den Etiketten Family Reserve und Vineyard Selection.

Klein Karoo Die großteils halbwüstenartige Anbauregion ist bekannt für gespritete Weine, v. a. für den Port-Stil in CALITZDORP. Wiederbelebte alte Parzellen zeigen jetzt erste Resultate, z. B. den CHARDONNAY MVH Signature Wines, CHENIN BLANC Patatsfontein und PINOT NOIR Fledge & Co.

Kumala W-Cape r rs w; lbl ★ BV – Die Hauptexportmarke auf Einstiegsniveau gehört wie ihre Geschwister FLAGSTONE (Premiumgewächse) und Fish Hoek (mittleres Niveau) zum Unternehmen CHAMP Private Equity.

KwaZulu-Natal Provinz und GEOGRAPHICAL UNIT an der Ostküste Südafrikas mit Regen im Sommer und subtropischem/tropischem Klima in den Küstengebieten. Auf dem kühleren, hügeligen zentralen Midlands-Plateau ist eine Qualitätsweinproduktion im Entstehen; führender Erzeuger ist Abdington Estate.

KWV W-Cape r (rs) w br; (s); sch ★→★★★ Die ehemalige nationale Winzergenossenschaft und Aufsichtsbehörde ist heute eine teilweise im Besitz von schwarzen Südafrikanern befindliche börsennotierte Gesellschaft mit Sitz in PAARL. Umfangreiches Angebot an Rot-, Weiß- und Schaumweinen, Weinen im Port-Stil sowie gespriteten Dessertweinen. Mit dem Flaggschiff Mentors werden reihenweise Preise gewonnen.

Meerlust Estate Stel r w ★★★★ Historische Weinberge und Kellerei in Familienbesitz. Eleganz und Zurückhaltung prägen das Aushängeschild Rubicon (**00 01' 03' 04 05 06 07' 08** 09' 10' 12 13), einen der ersten roten Bordeaux-Verschnitte Südafrikas. Hervorragender MERLOT, CABERNET SAUVIGNON, CHARDONNAY und PINOT NOIR.

Meinert Wines Elgin, Dev V. r (rs) w; (s) ★→★★★ Der umsichtige Erzeuger, Berater und Mitstreiter bei diversen Projekten Martin Meinert ist v.a. für den feinen CAPE BLEND Synchronicity bekannt. Neuer halbtrockener ELGIN RIESLING in der Reihe Family Collection.

Méthode Cap Classique (MCC) EU-kompatible Bezeichnung für Schaumweine mit Flaschengärung, eine der größten Erfolgsgeschichten Südafrikas. Inzwischen gibt es 200 Etiketten, Tendenz steigend. Der allgemeine Wiederaufstieg des CHENIN BLANC hat einen Miniboom von Schaumweinen im Crémant-de-Loire-Stil hervorgebracht.

Miles Mossop Wines Coast r w; (s) ★★→★★★ Eigene Marke von Miles Mossop, dem Kellermeister von TOKARA. Beständig großartige rote und weiße Verschnitte sowie edelfauler CHENIN BLANC. In der neueren Reihe The Introduction gibt es früher trinkreife Weine.

Morgenster Estate Stel r (rs) w ★★→★★★ Erstklassiger Betrieb in italienischer Hand mit Wein- und Olivenanbau nahe Somerset West. Pierre Lurton (vom Bordeaux-Château Cheval Blanc) berät. Traditioneller Morgenster (**00 01 03 04 05' 06' 08** 09 10 11' 12 13), Zweitetikett ist Lourens River Valley (beides Rote im Bordeaux-Stil), außerdem ein neuerer weißer Verschnitt im Bordeaux-Stil.

Motte, La W-Cape r w; s; sch ★★★ Elegante Kellerei mit Verkostungsraum der Familie Koegelenberg-Rupert in FRANSCHHOEK. Sortenreine Weine und Verschnitte im klassischen Bordeaux- und Rhône-Stil, dazu CHARDONNAY, SAUVIGNON BLANC, Schaumwein nach der MÉTHODE CAP CLASSIQUE sowie VIOGNIER *vin de paille* (Strohwein).

Mount Abora Vineyards Swart r w ★★ Den »swartländischen Schick« verkörpern der natürlich vergorene CINSAULT von alten Reben, der rote Verschnitt im Rhône-Stil und der CHENIN BLANC von Buschreben. Hinter ihnen steckt Johan Meyer, Star unter den Anhängern nicht interventionistischer Weinbereitung.

Mullineux & Leeu Family Wines Swart r w; s ★★★→★★★★ Das Starteam Chris und Andrea Mullineux, das vor Kurzem den indischen Geschäftsmann Analjit Singh als Investor gewinnen konnte, ist auf schöne, sorgfältig bereitete SYRAH-Weine spezialisiert, die von Einzel- oder mehreren Lagen (**08 09'** 10' 11 12 14 15) stammen, auf (rote und weiße) Verschnitte im Rhône-Stil und CHENIN BLANC – alle aus SWARTLAND. Das Rebgut für die neue Reihe Leeu Red und White stammt aus zusätzlichen Quellen.

Nederburg Wines W-Cape r (rs) w; lbl s; (sch) ★→★★★★ Eine der größten (2,8 Mio. Kisten) und bekanntesten Marken Südafrikas, im Besitz von DISTELL und mit Sitz in PAARL. Aushängeschild ist der exzellente

II Centuries, außerdem die Reihen Manor House und Heritage Heroes. Außergewöhnlicher Ingenuity Italian Blend (**05 06 07' 08** 09 10 11 12) und White Blend. Daneben preiswerte Still- und Schaumweine für den Alltagsgebrauch. In kleinen Mengen werden die für die jährlich stattfindende Nederburg Auction vorgesehenen Weine der Reihe Private Bin erzeugt, darunter der edelfaule CHENIN BLANC Edelkeur (**02 03' 04' 05 06 07' 08 09' 10'** 11 12' 13 14).

Neil Ellis Wines W-Cape r w ★★→★★★★ Der in STELLENBOSCH ansässige Weinhandelspionier Neil Ellis und sein Sohn Warren, Winzer und Weinmacher, verarbeiten ausgesuchte Trauben aus kühleren Parzellen, um ihren Weinen die spezifische Lagencharakteristik mitzugeben: erstklassige Reihe Vineyard Selection, darunter v. a. der CABERNET SAUVIGNON (**00' 01 03 04' 05 06 07** 09 10' 11 12 13 14).

Newton Johnson Vineyards Cape South Coast r (rs) w ★→★★★★ Renommierte Kellerei mit Restaurant im malerischen Upper HEMEL-EN-AARDE Valley. Herausragender PINOT NOIR (**08' 09'** 10' 11' 12' 13' 14' 15) aus der Reihe Family Vineyards, CHARDONNAY, SAUVIGNON BLANC, rote Verschnitte im Rhône-Stil von eigenem und zugekauftem Lesegut. Hübscher edelfauler CHENIN BLANC L'illa. Einstiegsreihe Felicité.

Olifants River REGION an der Westküste (ca. 10.000 ha), deren Weinberge über warme, trockene Talböden verteilt sind und sich für den ökologischen Anbau eignen. Außerdem kühlere Lagen für feine Weine im gebirgigen WARD Piekenierskloof sowie, näher am Atlantik, in Bamboes Bay und Koekenaap.

Paarl Stadt und abgegrenzter Wein-DISTRICT, gut 50 km nordöstlich von Kapstadt. Unterschiedliche Weinstile und Philosophien; am besten geraten Weine von roten und weißen Rebsorten aus dem Mittelmeerraum sowie CABERNET SAUVIGNON, PINOTAGE und CHENIN BLANC. Probieren Sie den PINOTAGE von Ayama (in italienischem Besitz), den CHENIN BLANC von Eenzaamheid und Doran und die reinsortigen Weine oder Verschnitte im Rhône-Stil von Rhebokskloof und Ridgeback.

Painted Wolf Wines Coast r (rs) w ★★ Sehr charaktervoller PINOTAGE und CHENIN BLANC, dazu sortenreine und verschnittene Weine im mediterranen Stil von Jeremy Borg und seinem »Rudel«, die sich leidenschaftlich für den Schutz des afrikanischen Wildhundes (auch Painted Dog genannt) einsetzen.

Paul Cluver Estate Wines Elgin r w; lbl s ★★→★★★ Das Gut im Besitz der Familie Cluver hält das Niveau in ELGIN hoch. Überzeugender PINOT NOIR, eleganter CHARDONNAY sowie stets fantastischer GEWÜRZTRAMINER und umwerfender edelfauler RIESLING (**03' 04 05' 06' 07 08' 09 10 11'** 12 14) sowie zwei trockenere Versionen.

Porseleinberg Swart r ★★★ Im Besitz von BOEKENHOUTSKLOOF, z. T. mit biologisch-dynamisch bewirtschafteten Weinbergen und entsprechenden Kellertechniken. Ausdrucksstarker SYRAH, der in Handarbeit bereitet wird, ebenso wie sein großartiges Etikett, das vom Kellermeister vor Ort gedruckt wird.

Raats Family Wines Stel r w ★★→★★★ CABERNET FRANC und reinfruchtiger CHENIN BLANC (mit Eichenholz- und ohne Holznote), erzeugt von Bruwer Raats in STELLENBOSCH, der auch Partner von B VINTNERS und MVEMVE RAATS ist.

Region Siehe GEOGRAPHICAL UNIT.

Reyneke Wines W-Cape r w ★★→★★★ Führender ökologisch und biodynamisch arbeitender Erzeuger nahe STELLENBOSCH mit dem bekannten Twitter-Handle (und der neuen Weinmarke) »Vine Hugger«. Glänzender SHIRAZ, CHENIN BLANC und in Holz ausgebauter SAUVIGNON BLANC.

Richard Kershaw Wines Elgin r w ★★★ Meteoritenhaft aufgestiegener Betrieb des im Vereinigten Königreich geborenen Richard Kershaw. Der Master of Wine darf sich zu den Spitzenerzeugern des südafrikanischen Weinfirmaments zählen mit seinem ausgeklügelten CHARDONNAY und SYRAH aus kühlen Lagen.

Riche Wines, Le Stel r (w) ★★★ Der angesehene Kellermeister Etienne Le Riche und seine Familie bereiten in dieser Boutiquekellerei feine Weine auf der Basis von CABERNET SAUVIGNON und zudem eleganten CHARDONNAY.

Pinotage-Lehrstücke

Vier junge Setzlinge aus dem Vorortgarten von Abraham Izak Perold, Professor für Weinbau und Erfinder des PINOTAGE in den 1920er-Jahren, wurden von einem Rodungsteam glücklicherweise gerettet und dem Kollegium der Universität Stellenbosch übergeben. Heute stehen auf 7.300 ha 22 Mio. Rebstöcke, und die Kreuzung PINOT NOIR/Hermitage (CINSAULT) taucht in über 280 südafrikanischen Marken und 400 individuellen Etiketten auf.

Bellevue: Pionier, mit Südafrikas ersten Anpflanzungen (zusammen mit KANONKOP) im Jahr 1953.

Bellingham: Bush Vine Pinotage aus der Reihe Bernard Series ist ein Ausbund an Persönlichkeit und Geschmack.

Beyerskloof: führende Kapazität; insgesamt neun Pinotage-Versionen – sortenrein, Verschnitte und gespritete Weine.

Diemersfontein: war der Erste, der Pinotage mit Kaffee-/Mokkanoten (auch Toffee, Vanille u. a.) unterlegte.

Grangehurst: legte in den frühen 1990er-Jahren die Messlatte entschieden höher und mischt immer noch an vorderster Front mit.

Kaapzicht: kraftvoller Pinotage in der Reihe Steytler von Rebflächen aus dem Kerngebiet von STELLENBOSCH.

Kanonkop: ausnahmslos großartig; die neuere Juniorabfüllung Kadette übertrifft alle Erwartungen.

Lanzerac: brachte die erste kommerzielle Abfüllung heraus (Jahrgang 1959); ungebrochenes Interesse, anhaltende Qualität

Spier: Pinotage 21 Gables – ein umwerfendes Meisterstück.

Winery of Good Hope: schon allein des Namens wegen probierenswert: Frankenstein (aus der Redford-Dale-Kollektion).

Rijk's Coast r w; sch ★★→★★★ Pionierkellerei in TULBAGH mit diversen Reihen von sortenreinem SHIRAZ, PINOTAGE und CHENIN BLANC. Sehr gut ist der neue Chardonnay nach der MÉTHODE CAP CLASSIQUE.

Robertson Valley Im Landesinneren gelegener DISTRICT (ca. 14.000 ha) mit geringen Niederschlägen und Kalksteinböden. Schon immer guter CHARDONNAY und Dessertweine, neuerdings auch SAUVIGNON BLANC, SHIRAZ und CABERNET SAUVIGNON. Die wichtigsten Kellereien sind BON COURAGE, DE WETSHOF, GRAHAM BECK, ROBERTSON WINERY, Rooiberg, SPRINGFIELD ESTATE; auch viele Familienbetriebe, darunter das neue Gut RiverGold.

Robertson Winery Rob r (rs) w (br); lbl s; sch ★→★★ Kellerei mit durchweg beständiger Qualität und gutem Preis-Leistungs-Verhältnis in ihrem umfangreichen Angebot. Am besten ist der SHIRAZ Constitution Road, sehr gut auch die Reihe Vineyard Selections.

Rupert & Rothschild Vignerons W-Cape r w ★★★ Spitzenlagen und Kellerei bei PAARL im Besitz der Familie Rupert und Baron Benjamin de Rothschild. Stets beeindruckender roter Bordeaux-Verschnitt Baron Edmond (01 03' 04 05 07 08 09 10' 11 12 13) und anmutiger CHARDONNAY Baroness Nadine.

Rustenberg Wines Coast r (rs) w; (s) ★→★★★★ Berühmter Familienbetrieb bei STELLENBOSCH. Flaggschiff ist der CABERNET SAUVIGNON Peter Barlow (01' 03 04 05 06 07 08 09 10 11 12 13). Dazu Einzellagen-CHARDONNAY Five Soldiers und seltener reinsortiger Roussanne.

Rust en Vrede Estate Stel r (rs) (w); s ★★→★★★★ Besitzer Jean Engelbrecht erzeugt kraftvolle, hochpreisige Weine, u. a. rote Sortenweine und Verschnitte der Marke Rust en Vrede. Der Cirrus SYRAH ist ein Gemeinschaftsunternehmen mit Silver Oaks aus Kalifornien; außerdem STELLENBOSCH Reserve, Donkiesbaai CHENIN BLANC, ein neuer PINOT NOIR sowie sehr gute Weine unter dem Etikett Guardian Peak.

Sadie Family Wines Stel, Swart, Olifants R. r w ★★★→★★★★ Der ökologisch angebaute und traditionell bereitete SHIRAZ/MOURVÈDRE Columella (01 02' 03 04 05' 06 07' 08 09' 10' 11 12 13 14 15) setzt Maßstäbe in Südafrika. Außerdem komplexer, verführerischer Weißweinverschnitt Palladius und die bahnbrechende Reihe Old Vines, die das südafrikanische Weinerbe feiert. Der hoch angesehene Eben Sadie ist in Bestform.

Saronsberg Cellar W-Cape r (rs) w; (s); (sch) ★→★★★ Mit Kunst geschmückte Sehenswürdigkeit in TULBAGH; das Gut erzeugt preisgekrönte rote Bordeaux-Verschnitte, sortenreine und Verschnittweine von weißen und roten Rhône-Trauben sowie neuerdings Schaumwein nach der MÉTHODE CAP CLASSIQUE.

Savage Wines W-Cape r w ★★★ Kellermeister Duncan Savage von CAPE POINT VINEYARDS erzeugt seine eigenen Weine von ausgewählten kühleren Parzellen, darunter aufregend subtile Rote im mediterranen Stil, ein Weißwein im Bordeaux-Stil sowie Abfüllungen für die Auktionen der CAPE WINEMAKERS GUILD.

Saxenburg Wine Farm Stel r (rs) w; (sch) ★★→★★★ Weinberge, Kellerei und Restaurant in Schweizer Besitz. Rotweine mit harmonischer Eichennote, SAUVIGNON BLANC und CHARDONNAY in der hochklassigen Reihe Private Collection. Flaggschiff ist der sehr teure Shiraz Select (00 01 02 03' 05' 06' 07' 09 11).

Secateurs Siehe A. A. BADENHORST FAMILY.

Shannon Vineyards Elgin r w; (s) ★★★ Vorbildlicher MERLOT, PINOT NOIR, SAUVIGNON BLANC, SÉMILLON sowie als Rarität ein edelfauler Pinot noir. Die Brüder James und Stuart Downes sind für die Reben, die Kellerei NEWTON JOHNSON ist für die Vinifikation zuständig.

Sijnn Malgas r (rs) w ★★→★★★ Pionierprojekt des Teilhabers und Kellermeisters von DE TRAFFORD, David Trafford, in CAPE SOUTH COAST. Sijnn wird übrigens »Seine« ausgesprochen. Von steinigen Böden und in maritimem Klima werden charaktervolle und ungewöhnliche Sortenweine und Verschnitte, meist im mediterranen Stil, hervorgebracht, darunter der exzellente TOURIGA NACIONAL.

Simonsig Landgoed W-Cape r w (br); (lbl s); sch ★→★★★ Die Kellerei der Familie Malan bei STELLENBOSCH wird für ihre Beständigkeit und hohen Standards bewundert. Neuer Glanzpunkt ist der kraftvolle The Garland (CABERNET SAUVIGNON), dazu gesellen sich SYRAH Merindol (01 02' 03 04 05 06 07 08 10' 11 12 13 14) und der PINOTAGE Red Hill (01 02 03' 04 05 06 07' 08 09 10 11 12 13 14). Exzellent sind auch die Schaumweine nach der MÉTHODE CAP CLASSIQUE.

Solms-Delta W-Cape r (rs) w (br); (sch) ★→★★★ Weine, die auf höchst angenehme Weise anders sind, von einem teilweise im Besitz der Mitarbeiter befindlichen historischen Gut in FRANSCHHOEK: SHIRAZ im Amarone-Stil, aromatischer weißer Verschnitt und ein schäumender Shiraz.

Southern Right Marke von HAMILTON RUSSELL.

Spice Route Winery Siehe FAIRVIEW.

Spier W-Cape r (rs) w; (sch) ★→★★★ Große, vielfach ausgezeichnete Kellerei und Touristenmagnet bei STELLENBOSCH. Aushängeschild ist der tiefgründige CAPE BLEND Frans K. Smit (**04 05' 06' 07 08** 09 10 11 12); die Weine der Reihen Creative Block und 21 Gables zeugen im Besonderen von überaus sorgfältigem Anbau.

Spioenkop Wines Elgin r w ★★→★★★ Die belgische Frohnatur Koen Roose und seine Familie benannten das Gut nach einem Kampfgebiet im Zweiten Burenkrieg. Sehr guter, charaktervoller PINOTAGE, CHENIN BLANC und (in Südafrika selten anzutreffender) RIESLING.

Springfield Estate Rob r w ★★→★★★ Traditionell bereiteter CABERNET SAUVIGNON, CHARDONNAY, SAUVIGNON BLANC, roter Bordeaux-Verschnitt, PINOT NOIR und neuer Weißweinverschnitt Miss Lucy von Kultkellermeister Abrie Bruwer, der aktiv den Schutz der Meere unterstützt.

Stark-Condé Wines Elgin, Stel r w ★★→★★★ Akribisch arbeitende Boutiquekellerei des Weinmachers José Condé im alpinen Jonkershoek in STELLENBOSCH. Großartiger CABERNET SAUVIGNON und SYRAH in den Reihen Three Pines und Stark-Condé; jung zu trinkende Weine aus ELGIN und Overberg in der Postcard Series.

Steenberg Vineyards W-Cape r (rs) w; sch ★→★★★ Spitzenkellerei mit Weinbergen und schicken Verkostungsräumen in CONSTANTIA, bekannt für SAUVIGNON BLANC, Sauvignon blanc/SÉMILLON-Verschnitte und Schaumwein nach der MÉTHODE CAP CLASSIQUE. Auch ausgefeilte Rotweine, darunter ein rarer sortenreiner NEBBIOLO.

Stellenbosch Universitätsstadt, abgegrenzter Wein-DISTRICT (ca. 13.000 ha) und Herz des Weinbaus am Kap – sozusagen das Napa Südafrikas. Viele Spitzenweingüter, besonders für Rotwein, liegen verstreut in den zur Region gehörenden Tälern und Vorgebirgen. Zahlreiche Weinverkostungs- und Unterkunftsmöglichkeiten sowie feine Restaurants.

Stellenbosch Vineyards W-Cape r (rs) w; (sch) ★→★★ Große Kellerei mit eindrucksvollem neuem PETIT VERDOT Flagship, sehr gutem Schaumwein MÉTHODE CAP CLASSIQUE und edelfaulem CHENIN BLANC in der Reihe Infiniti.

Storm Wines Hem V. r w ★★★ PINOT-NOIR- und CHARDONNAY-Spezialist Hannes Storm (ehemals HAMILTON RUSSELL) bringt die Charakteristik unterschiedlichster Lagen in HEMEL-EN-AARDE mit großer Präzision und Sensibilität zum Ausdruck.

Sumaridge Wines r (rs) w ★★→★★★ Von den kühlklimatischen Lagen und der Kellerei in britischem Besitz werden von dem in Simbabwe geborenen Kellermeister Gavin Patterson Weine erzeugt, die sich in die höheren Ränge des südafrikanischen Weins aufgeschwungen haben; besonders feiner PINOT NOIR und CHARDONNAY.

Swartland Der DISTRICT mit vorwiegend warmem Klima ist derzeit in Mode. Auf ca. 11.000 ha stehen meist ertragsarme, unbewässerte Buschreben, die konzentrierte, herzhafte, aber frische Weine hervorbringen. Zunehmend auch Traubenlieferant für Weine, die anderswo erzeugt werden, mit einigen herausragenden Ergebnissen.

Testalonga Swart r w ★★→★★★ Ausgefallene Versionen (Schalenkontakt, *méthode ancestrale* usw.) von SYRAH, GRENACHE NOIR, HÁRSLEVELŰ und CHENIN BLANC von Craig Hawkins, einem glühenden Verfechter nicht interventionistischer Weinbereitung. Jeder Schluck birgt eine Überraschung.

Thelema Mountain Vineyards W-Cape r (rs) w; (lbl); (sch) ★→★★★★ Der Pionier des modernen südafrikanischen Wein-Revivals mit Sitz in STELLENBOSCH ist immer noch in Bestform mit CABERNET SAUVIGNON (**00' 03 04 05 06 07 08** 09 10 11 12 13) und Cabernet Sauvignon The Mint (**05 06' 07 08** 09 10 11 12 13 14). Die Reihe Sutherland (Rebgut aus ELGIN) erweitert das Angebot (z. B. um einen neuen CHARDONNAY ohne Eichennote).

Tokara W-Cape r (rs) w; (s) ★★→★★★★ Wein, Essen und Kunst auf höchstem Niveau bei STELLENBOSCH. Weinberge auch in ELGIN und WALKER BAY. Großartige, unverwechselbare Verschnitte (rot und weiß) in der Reihe Director's Reserve, reintöniger, eleganter CHARDONNAY und SAUVIGNON BLANC. Die nach dem Kellermeister Miles Mossop benannten Abfüllungen sind ebenfalls großartig.

Tulbagh DISTRICT im Landesinneren (ca. 1.100 ha), der ursprünglich mit Weiß- und Schaumwein assoziiert wurde, nun aber auch für fleischige Rotweine, einige süßere Gewächse und Bioweinbau bekannt ist. Betriebe wie Lemberg und Waverley Hills lohnen einen Besuch.

Uva Mira Mountain Vineyards W-Cape r w ★★→★★★ Den hoch gelegenen Rebflächen und der Kellerei in Helderberg hat der neue Besitzer Toby Venter, CEO von Porsche in Südafrika, neuen Schwung verliehen. Zum wachsenden Programm gehören u. a. ein brillanter neuer CABERNET FRANC sowie CHARDONNAY und SAUVIGNON BLANC, die schon länger im Angebot sind.

Vergelegen Wines W-Cape r w; (s); (sch) ★★★→★★★★ Historisches Gutshaus, makellose Weinberge und Weine und ein stilvoller Kellereiverkauf in Somerset West; in angloamerikanischem Besitz und beraten von erstrangigen französischen Fachleuten. Kraftvoller CABERNET SAUVIGNON V (**01' 03 04 05 06 07 08** 09' 11 12), opulenter Red G.V.B im Bordeaux-Stil, duftender SAUVIGNON BLANC/SÉMILLON White G.V.B.

Vilafonté Paarl r ★★★ Die beiden gefeierten Kalifornier Zelma Long (Ex-Kellermeisterin bei Simi) und Phil Freese (früher bei Mondavi für die Reben zuständig) haben sich mit Mike Ratcliffe vom WARWICK ESTATE zusammengetan. Ausgezeichnete Bordeaux-Verschnitte, u. a. der neuere Seriously Old Dirt.

Villiera Wines W-Cape r w; (s); sch ★★→★★★ Weinberge und Kellerei bei STELLENBOSCH der Familie Grier mit exzellentem Preis-Qualitäts-Verhältnis, v. a. das Quintet an Brut-Schaumweinen nach der MÉTHODE CAP CLASSIQUE. Betreibt auch die kleine Domaine Grier in der Nähe von Perpignan (Frankreich).

Vondeling r (rs) w; s ★★→★★★ Der Betrieb in britischem Besitz an den Ausläufern des Perdeberg setzt auf nachhaltige Bewirtschaftung. Vielseitiges Angebot, darunter Schaumwein *méthode ancestrale* und sehr guter MUSCAT von am Rebstock getrockneten Trauben.

Walker Bay Angesehener DISTRICT (ca. 1.000 ha) mit maritimem Klima. Die WARDS heißen HEMEL-EN-AARDE, Bot River, Sunday's Glen und Stanford Foothills. PINOT NOIR, SHIRAZ, CHARDONNAY und SAUVIGNON BLANC ragen heraus. Hier sind große wie weniger große Namen beheimatet, etwa Barton, Benguela Cove, Gabriëlskloof, Luddite, Raka.

Ward Das geografisch kleinste der WINE-OF-ORIGIN-Gebiete. Siehe auch GEOGRAPHICAL UNIT.

Warwick Estate W-Cape r (rs) w ★★★ Das besucherfreundliche Gut der Familie Ratcliffe am Rand von STELLENBOSCH bietet den sehr feinen roten Bordeaux-Verschnitt Trilogy, die Fassauslese CABERNET SAUVIGNON Blue Lady, opulenten CHARDONNAY und neuerdings auch einen Rosé.

Waterford Estate W-Cape r (rs) w; (s); (sch) ★→★★★ Erstklassiger Familienbetrieb bei STELLENBOSCH mit preisgekröntem Kellereiverkauf. Deftiger SHIRAZ Kevin Arnold (01 02' 03 0405 06 07 **08** 09 10), eleganter CABERNET SAUVIGNON (01 02 03' 04 05 06 07 **08** 09 10 11) und das höchst komplexe Flaggschiff The Jem auf Basis von Cabernet Sauvignon.

Waterkloof Stel r (rs) w ★→★★★ Biologisch-dynamisch bewirtschaftete Weinberge und architektonisch spektakuläre Kellerei mit Restaurant in der Nähe von Somerset West, im Besitz des britischen Händlers Paul Boutinot. Spitzenmarken sind Waterkloof, Circle of Life und der neuere Seriously Cool.

Die besten Weißweinverschnitte aus Swartland

Der Qualitätssprung nach oben, den Südafrika vor Kurzem getan hat, wird nirgendwo deutlicher als in seinen weißen Verschnitten. Dabei ist ein kaleidoskopartiger Mix an Stilen anzutreffen, der von europäisch inspirierten Cuvées bis zu »einheimischen« Verschnitten traditioneller südafrikanischer Sorten wie CHENIN BLANC und CLAIRETTE alles umfasst. SWARTLAND, ein Kerngebiet für feine südafrikanische Weine, tut sich hier besonders hervor. Empfehlenswerte weiße Spitzenverschnitte aus Swartland mit WINE-OF-ORIGIN-Siegel sind:

Aristargos: ein zurückhaltend gebieterischer Chenin blanc und ROUSSANNE (plus drei weitere Sorten) von DAVID & NADIA SADIE.

Palladius: setzt Maßstäbe seit seinem Debüt im Jahr 2002; ein hochkomplexer Wein (acht Sorten) von SADIE FAMILY WINES.

White Blend: ein Fünf-Sorten-Chenin-blanc von MULLINEUX & LEEU.

White: tiefgründige Melange aus acht Sorten von A. A. BADENHORST.

White Blend: ungewöhnlicher Verschnitt auf Basis von VIOGNIER von der Hughes Family.

Wellington An PAARL angrenzender DISTRICT mit warmem Klima. Gewinnt zunehmende Anerkennung für PINOTAGE, SHIRAZ, stämmige rote Verschnitte und CHENIN BLANC. Unbedingt probierenswert sind die Weine von Erzeugern wie Andreas, Dunstone (beide in britischem Besitz) sowie vom Ökobetrieb Upland.

Wine of Origin (WO) Das südafrikanische Gegenstück zum französischen Appellationssystem, jedoch ohne dessen Beschränkungen im Hinblick auf Ertrag usw. Bescheinigt werden mit diesem Siegel der Jahrgang, die Rebsorte(n) und das Herkunftsgebiet des Weins. Die optionale *sustainability*-Zertifizierung zielt zusätzlich darauf ab, eine nachhaltige, umweltbewusste Produktion von der Rebe bis ins Glas zu garantieren. Siehe auch GEOGRAPHICAL UNIT.

Winery of Good Hope, The W-Cape r w; (s) ★★→★★★ Glänzender Betrieb in STELLENBOSCH mit einem Angebot, das so vielseitig ist wie seine australisch-französisch-südafrikanisch-britischen Eigentümer. Kreativer, aber durchaus zusammenpassender Mix von Stilen, Einflüssen, Rebsorten und Terroirs, v. a. in der Reihe Radford Dale.

Worcester In diesem DISTRICT wird vorwiegend Massenwein von Genossenschaften erzeugt; Familienbetriebe mit größeren Ambitionen sind Arendskloof/New Cape/Eagle's Cliff, Alvi's Drift, Conradie und Leipzig.

Dank

Die hier vorliegende Sammlung ausführlicher Empfehlungen stammt teilweise aus meinen eigenen Aufzeichnungen, hauptsächlich aber von vielen guten Freunden. Ohne die großzügige Hilfe und Unterstützung unzähliger Winzer, Kellermeister, Händler und Weinkenner hätte ich sie nie zusammenstellen können. Ganz besonders danken möchte ich den nachstehend Genannten für ihre Recherchen in den Gebieten, in denen sie echte Experten sind:

Sarah Ahmed
Helena Baker
Amanda Barnes
Nicolas Belfrage MW
Jim Budd
Michael Cooper
Michael Edwards
Sarah Jane Evans MW
Rosemary George MW
Caroline Gilby MW
Anthony Gismondi
Anne Krebiehl MW
James Lawther MW
Konstantinos Lazarakis MW
John Livingstone-Learmonth
Wes Marshall
Campbell Mattinson
Adam Montefiore
Jasper Morris MW
Ch'ng Poh Tiong
Margaret Rand
Ulrich Sautter
Eleonora Scholes
Stephen Skelton MW
Paul Strang
Sean Sullivan
Marguerite Thomas
Larry Walker
Gal Zohar
Philip van Zyl

Bildnachweis

Alamy Franck Guiziou/Hemis 443; Hendrik Holler/LOOK Die Bildagentur der Fotografen GmbH 451; Malcolm Park wine and vineyards 453. **Dreamstime.com** Giorgio Pulcini 446. **iStockphoto.com** joyt 449; Syldavia 441. **Octopus Publishing Group** Adrian Pope 5. **Shutterstock** Christian Delbert 7; senai aksoy 335.

Liebe Leserin und lieber Leser,

wir freuen uns, dass Sie sich für ein HALLWAG-Buch entschieden haben. Mit Ihrem Kauf setzen Sie auf die Qualität, Kompetenz und Aktualität unserer Bücher. Dafür sagen wir Danke! Ihre Meinung ist uns wichtig, daher senden Sie uns bitte Ihre Anregungen, Kritik oder Lob zu unseren Büchern. Haben Sie Fragen oder benötigen Sie weiteren Rat zum Thema? Wir freuen uns auf Ihre Nachricht!

GRÄFE UND UNZER Verlag
Leserservice
Postfach 86 03 13
81630 München

Wir sind für Sie da!
Montag – Donnerstag: 9.00 – 17.00 Uhr
Freitag: 9.00 – 16.00 Uhr

Tel.: 00800 / 72 37 33 33 (gebührenfrei in D, A, CH)
Fax: 00800 / 50 12 05 44 (gebührenfrei in D, A, CH)

E-Mail: leserservice@graefe-und-unzer.de

40 Weingeschichten

Wie wird man einem 40. Geburtstag am besten gerecht? Vielleicht, indem man Geschichten erzählt. In den letzten vier Jahrzehnten haben sich die Weine entscheidend verändert, und wir haben gelernt, sie anders zu betrachten. Inzwischen verstehen wir, inwieweit Gewächse, die unterschiedlichen Klimabereichen, Terroirs und Kontinenten entstammen, vielleicht doch unerwartete Gemeinsamkeiten aufweisen.

Im diesjährigen Anhang finden sich nun also Weingeschichten, und nicht ganz zufällig 40 davon. Geschichten über Berge, Meere, Reisen, Terroir und Städte. Geschichten, die umgeschrieben wurden, und andere, die ganz neu sind. Wir hoffen, dass Sie Freude an ihnen haben.

Geschichten über höhere Sphären

Berge und Steilhänge

Hier geht es um Weine, die in großen Höhen und an steilen Hängen wachsen – mitunter so weit oben, dass man vielleicht eine Bergziege überrascht, wenn man hinaufsteigt, um die Reben zu schneiden. Man erwartet Besonderes von Hochlandgewächsen: Leichtigkeit und Intensität und quasi tänzelnde Mineralik.

Priorat

Über einen Boden, der unter den Füßen wegrutscht und in der Sonne glitzert, steigen Sie 700 Höhenmeter hinauf, um droben in winzigen Mengen Trauben von alten Cariñena- und Garnacha-Reben zu ernten. Dann bereiten Sie aus ihnen Weine von außerordentlich konzentrierter und eindringlicher Art.

Klingt verlockend? Nun ja, manche Verbraucher finden die Konzentration und Intensität und auch die Tannine etwas überzogen. Das Priorat ist in dieser Hinsicht ein bisschen wie Marmite, jene famose britische Würzpaste. Es sind extreme Weine von einem extremen Ort, der Boden – Llicorella genannt – besteht aus bröckeligem dunkelbraunem Schiefer mit eingeschlossenen Quarzkristallen (daher das Glitzern), gemischt mit blauem Ton. Die Hänge sind terrassiert, damit man sie mit dem Traktor befahren kann, und das Mikroklima variiert beträchtlich. In 700 m Höhe ist es kälter als in 100 m. Der Nordwind kühlt die Reben, der von Osten kommende Mistral wärmt sie. Die gesamte DO Priorat liegt innerhalb der DO Montsant, deren Weine ähnlich sind. Aber das Priorat hat den Llicorella-Boden und den Ruhm. Und hohe Preise. Für eine Liste probierenswerter Weine siehe Seite 248.

Mosel-Riesling

Wo findet man schon Konzentration und delikate Intensität, gepaart mit Langlebigkeit, bei 11 Vol.-%? Die Antwort: An den schwindelerregenden Hängen des Moseltals, die mit einer Neigung von bis zu 65% über dem Fluss aufragen. Infolge des Klimawandels zeigen sich die trockenen Weine von hier so überzeugend und vollendet wie nie zuvor. Und falls Sie einen fruchtigeren Stil wünschen, greifen Sie zu einem der feinherben oder Kabinett-Weine, die mit süßerer Frucht glänzen. In jedem Fall bekommen Sie den filigransten Riesling der Welt, der trotz allem zehn Jahre und mehr hält und immer noch jung erscheint.

Zu unserem Glück hat die Weinerzeugung zwar rasante Fortschritte gemacht, doch die Weine werden immer noch unter Wert angeboten. Einige Weltklasse-Schnäppchen sind aufgelistet auf Seite 221.

Lagrein aus Südtirol

Vielleicht gefällt Ihnen ja Südtirol besser? Oft reden die Einheimischen in zwei Sprachen gleichzeitig miteinander, denn diese Berge gehören jetzt zu Italien, waren aber einst Teil von Österreich. Um ganz ehrlich zu sein, wird Lagrein gewöhnlich in den Hangbereichen weiter unten angebaut, da er als rote Sorte etwas mehr Wärme braucht. Aber er fühlt sich wie ein Gebirgswein an: leicht, lebhaft, erfrischend und intensiv. Seine Farbe ist so dunkel wie Brombeersaft, und geschmacklich erinnert er an die Früchte wilder Beerensträucher mit einem Hauch Gewürz dazu. Früher wuchs Lagrein hier allerorten – es gab so etwas wie einen lokalen »Weinsee«. Seit einigen Jahren

Madeira: Weinbau auf dem Vulkan

jedoch beschränken sich die Winzer auf jene Lagen, wo er am besten gedeiht. Folglich gibt es nun weniger davon, aber in viel besserer Qualität.

Oberhalb der Weinberge steigt das Terrain an, und dann ragt es noch etwas weiter empor. Wo der blanke Fels hervorschaut, sieht man entweder roten Sandstein oder weißen Kalkstein, erodiert und verwittert. Die Farben Österreichs in Italien.

Madeira

Mit dem Flugzeug in Funchal anzukommen war früher ein Erlebnis für sich: Das Meer rückte unter einem näher und näher und näher, dann – rums! – hatten die Reifen Bodenberührung, und der Pilot haute die Bremsen rein. Inzwischen wurde eine längere Piste gebaut, doch da Madeira die Spitze eines sechs Kilometer hohen Vulkans ist (vom Meeresboden aus gemessen), gibt es hier nicht allzu viel flaches Gelände.

Der Wein ist – natürlich – gespritet. Man findet eine Menge billigen Madeira, allerdings ist der Unterschied zwischen solchen Erzeugnissen und den wirklich guten riesig. Nachdem der Madeira so unterbewertet ist, könnte man gut einmal ein verregnetes Wochenende in ein Fest verwandeln, indem man Freitagabend eine Flasche Jahrgangs-Madeira aufmacht, sich dann ein nächstes Glas am Samstagabend gönnt, ein weiteres am Sonntag vor dem

Mittagessen ... Dass der geöffnete Wein schlecht wird, ist nicht zu befürchten, doch ist nicht auszuschließen, dass man ihm einfach nicht widerstehen kann. Für eine Handvoll herausragender Exemplare siehe Seite 265.

Überflieger-Malbec aus Argentinien

Fast überall in Europa versteht man unter großen Höhen um die 700 m plus. (Ribera del Duero befindet sich in etwa 800 m ü.d.M.) In Argentinien sind 900 m ziemlich normal. Bis in 3000 m Höhe und mehr wachsen die Reben in Salta. Die Hänge sind nicht steil wie an der Mosel, aber eben ungeheuer weit oben. Warum? Weil es dort Kühle gibt. In Chile sorgen Meeresbrisen, die durch die Lücken im Küstengebirge hereinziehen, für Abkühlung. Argentinische Weinberge dagegen haben auf der einen Seite die Anden und auf der anderen weites, weites Land. Aber pro 100 m, die man weiter nach oben gelangt, fällt die Temperatur um etwa 0,6 °C, und die Nächte werden zunehmend kälter. Entsprechend offenbaren die Weine mehr Frische, mehr Intensität ohne gleichzeitige Schwere und bessere Aromen. Guter Malbec sollte nicht eichendurchtränkt schmecken, wie früher üblich. Er sollte sich aufrichtig und (sehr) hoch erhobenen Hauptes darstellen, wie er wirklich ist: frisch und aromatisch.

Petite Arvine aus der Schweiz

Berge ohne die Schweiz, das ist nicht denkbar – oder ist es andersherum? Der Petite Arvine ist ein Gebirgswein par excellence und der einheimische Star in der Riege des Wallis, wo die Rebsorte 1602 erstmals dokumentiert wurde. Um der Wahrheit die Ehre zu geben: Bei 154 ha Gesamtbeständen gemäß letzter Erfassung begegnet man der Rebsorte kaum außerhalb des Landes. Sie schmeckt nach Grapefruit und Salz, trotzdem aber exotischer, als diese Beschreibung erwarten ließe. Und die Trauben werden schnell überreif und erbringen dann rassige, honigsüße Weine. Ihre angestammten Gefilde liegen in 600 m oder noch höher, zumeist am rechten Ufer der Rhône und in geschützten, trockenen Lagen. Petite Arvine wächst auch im italienischen Aostatal, dort allerdings noch spärlicher. Sollten Sie solche Weine entdecken, greifen Sie unbedingt zu.

Napas Berggewächse

Unterscheiden sich Weine aus den fünf Hügel-AVAs im Napa Valley (Mount Veeder, Spring Mountain, Diamond Mountain, Howell Mountain und Atlas Peak) klar von jenen, die auf der Talsohle reifen? Das ist nicht so leicht zu beantworten. Man würde von den Hügelgewächsen mehr Eleganz und Strenge erwarten, aber diese Eigenschaften sind nicht immer gegeben; viel hängt vom jeweiligen Weinmacher ab. In jedem Fall stellt der Weinbau hier eine größere Herausforderung dar. Die Böden sind dünner und kärger, die Hänge können einen schwindelig machen, die Reben wachsen langsamer und liefern weniger Trauben. Also sollten mehr Geschmack und Mineralik drin sein. De facto aber scheint es in Blindverkostungen schwierig, Hügel- und Talweine auseinanderzuhalten. Bisher bilden diese Berge die Ausnahme von den gängigen Regeln des »Bergweinbaus«.

Geschichten über Erdverbundenheit

Boden, Sonne und Wind

Diese Geschichten erzählen vom Terroir – und dabei von Weinen, die sich dem Genießer mitunter gar nicht so leicht erschließen, aber zugleich überaus lohnend sein können.

Barolo

Der Name steht für aromatischen, säurestarken, tanninreichen, widersprüchlichen und eigensinnigen Nebbiolo in höchst komplexer und langlebiger Ausprägung. Das Erzeugungsgebiet könnte man mit großen Schritten von Nord nach Süd in einer halben Stunde durchmessen. Nur in den Süd-, Südost- und Südwestlagen wird Nebbiolo für den Barolo kultiviert; an etwas kühleren Hängen wächst Barbaresco, an den nach Norden ausgerichteten Dolcetto.

Dennoch sind die Ausrichtungen allein so vielfältig, dass alle möglichen Weine entstehen. Zusätzlich kann der Boden auf blauem Mergel basieren – hart und kompakt, für Weine mit Tannin so fest wie Eisen und einem Geschmack nach Blut und Himbeeren –, oder man findet eher kreidige Böden (mit leichteren, frischeren Weinen), Tonböden (sie geben den Gewächsen Muskelkraft mit) und Sandböden (vergleichsweise leichte Tropfen). Die Kluft zwischen »modernistischer« Weinbereitung (im Wesentlichen mit neuen Eichenbarriques) und »traditionalistischer« Kellerpolitik (alte Eichen-*botti*) ist nicht mehr so krass wie in der Vergangenheit, zumal die meisten Erzeuger ein bisschen von beidem nutzen. Somit können wir unser ganzes Augenmerk auf diese wellig gewundene Hügellandschaft und diese nicht einfachen Geschmackseindrücke von Kräutern und Kirschen, Pfingstrosen und Blut, auf das massive Tannin und die ätherischen Aromen lenken. Für eine Empfehlungsliste siehe Seite 174.

Roter Burgunder

Wir haben mit Barolo begonnen, weil er in gewisser Weise die Côte d'Or einfach erscheinen lässt. Auch hier steht mit Pinot noir eine Rebsorte im Mittelpunkt, die in verschiedenen Höhen und Ausrichtungen und auf leicht unterschiedlichen Böden in einem geologisch facettenreichen Gebiet angebaut wird. Zwar mag die Côte d'Or wie ein zusammenhängender langer Abhang anmuten, doch es gibt Verwerfungslinien, Schwemmfächer und Einzelpartien allerlei Art: steinig, fruchtbar, eher kreidig, tonig, steiler oder auch flacher. Und wenn auch die Abgrenzung der Weinberge nicht immer ideal ist, so schmeckt doch ein Volnay Santenots zum Beispiel tatsächlich anders als ein Volnay Clos des Chênes oder ein Volnay Caillerets. Ziel aller guten Winzer ist es, nicht dem Pinot noir zum Ausdruck zu verhelfen, sondern seinem jeweiligen Terroir. Pinot dient ihnen lediglich als Vehikel und sollte nach ihrem Willen so unscheinbar wie möglich bleiben.

Da die Weinberge extrem parzelliert sind, kursieren von jedem zahlreiche verschiedene Gewächse. So haben wir reichlich Gelegenheit zu ergründen, ob der jeweilige Erzeuger sein Ziel erreicht hat. Paradoxerweise bekommen Burgunder-Novizen immer den Rat, sich an bestimmte Erzeuger zu halten, nicht an bestimmte Lagen. Eine Liste für Einsteiger findet sich auf Seite 65.

Elsass

Ebenfalls ein geologisch vielschichtiges Gebiet, ein Mosaik unterschiedlicher Böden und Ausrichtungen, wo den Winzern mehrere Rebsorten als »Spielmaterial« zur Verfügung stehen, um diese Unterschiede herauszuarbeiten: Pinot blanc, Pinot gris, Riesling, Gewurztraminer, Muscat, Sylvaner, Auxerrois und Pinot noir. Es ist ein Jammer, dass die Grenzen der 51 Grands crus so großzügig gezogen wurden. Hätte man dabei etwas mehr Strenge walten lassen, wäre der Kampf um Glaubwürdigkeit nicht notwendig geworden.

Eine Zeitlang erreichten die Süßegrade im Elsass unnötigerweise alarmierende Höhen, da die Winzer auf maximale Traubenreife aus waren. Heute kehrt man zu trockeneren Erzeugnissen zurück. Im Idealfall gehören zu den Kennzeichen eines Elsässer Weins eine klare Mineralik, eine gewisse weinige Ader und ein kraftvoller lagenspezifischer Ausdruck. Wie überall, wo das Terroir im Mittelpunkt steht, dient die Traube bestenfalls als Mittel zum Zweck. Eine Liste terroirbewusster Elsässer Erzeuger findet sich auf Seite 88.

Einzellagenchampagner

Zumeist ist dies ein Widerspruch in sich. Die marktführenden Champagnerhäuser verfolgen konsequent einen bestimmten Stil, indem sie Weine aus der gesamten Region verschneiden und so Jahr für Jahr denselben Geschmack erzeugen. Aber selbst die großen Hersteller bereiten gelegentlich Einzellagenweine, und kleine Winzer sind äußerst angetan von diesem Konzept. Allerdings genügen, Klimawandel hin oder her, nur wenige Weine in der Champagne sich selbst. Daher ist das Konzept doch riskant und mit der industriellen Weinproduktion unvereinbar.

Auch wird hier deutlich, dass das Terroir beim Champagner in der Tat eine Rolle spielt, mögen auch die großen Häuser ihr Marketing auf Lifestyle und Glamour gründen. Hinter den Kulissen befassen sich selbst die Großen intensiv mit dem Terroir sowie der Frage, wie man die einzelnen Parzellen am besten nutzt. Eine Liste mit Einzellagenchampagnern findet sich auf Seite 68.

Barolo: eine Frage der Ausrichtung

Gimblett Gravels

Hawke's Bay, die Weinbauregion auf Neuseelands Nordinsel, hat komplexe Böden und ein Klima, das von geringen Niederschlägen und hohen Temperaturen geprägt ist. Die kärgsten Böden findet man im Bereich Gimblett Gravels (GG): 800 ha tiefgründigen, schwarzen, kiesigen Grauwackeuntergrund vulkanischen Ursprungs, abgelagert vom Ngaruroro und freigelegt nach einer großen Flut in den 1860er-Jahren, nach der der Fluss seinen Verlauf änderte. Einzig ihres Bodens wegen zur Appellation befördert, sind die Gimblett Gravels eine Ausnahmeerscheinung: Von dem nur 30 m ü.d.M. gelegenen, auf Bewässerung angewiesenen Gelände kommen beachtliche rote Bordeaux-Verschnitte und Syrahs von packender Präsenz und Eleganz.

Ob sich der Bereich GG am Ende als bemerkenswertestes Terroir der Hawke's Bay herausstellt, ist noch offen. Denn das Bridge Pa Triangle gleich nebenan, mit etwas schwereren Böden und vielleicht besserer Eignung für Merlot, profiliert sich bereits als ernsthafter Wettbewerber. Doch als einer der Hotspots der internationalen Weinwelt dürfte GG wohl Bestand haben. Für eine Liste von GG-Weinstars siehe Seite 411.

Assyrtiko von Santorini

Ein Vulkanwein im Reinformat. Santorini liegt auf dem Krater eines eingestürzten Vulkans, und die Reben gedeihen auf Bimsstein und Asche. Das ganze Szenario entbehrt nicht einer gewissen Magie: Die Reben wachsen vereinzelt hoch über dem Meer, wo sie die nötige Feuchtigkeit aus Nebel, Tau und dem spärlichen Regen im Winter beziehen, und sind wurzelecht, weil es hier keine Reblaus gibt. Erzogen sind sie auf eine besondere Art, um sie gegen den stetigen Wind zu schützen: *Koulara* heißt dieses System, bei dem die Triebe der Weinstöcke kreisförmig zu einer Art Korb gewunden werden, in dessen Inneren sich die Trauben befinden. Das Ganze möglichst niedrig in Bodennähe, was die Traubenlese zu einer echten Buckelei macht. Die Assyrtiko-Traube ist ein Eigengewächs von Santorini und bewahrt ihre Säure selbst im heißen Klima der Insel. Für Tipps zu Kostproben siehe Seite 320.

Geschichten vom Meer

Das Leben ist ein Strand

All diese Weine verdanken ihren Erfolg – ob stilistisch oder nach Umsatz – der Nähe des Meeres.

Rosé aus der Provence

Eigentlich war das mal ein Wein für den Strand. Doch plötzlich wurde Rosé so beliebt, dass die Leute ihn auch in nördlichen Breiten im Januar trinken wollten. Jahrelang war Rosé aus der Provence bekannt für hohe Preise und miserable Qualität. Das hat sich geändert. Billig ist er noch immer nicht, doch setzt die Provence inzwischen vom Weinberg bis zum Keller alles auf die rosa Karte – anstatt wie andere Regionen Rotweinkulturen zu hegen und zu pflegen und zu guter Letzt daraus nur blässliche Weinchen abzuzapfen. Für eine Liste von Weinen, mit denen man den Januar durch eine rosa Brille sieht, verweisen wir auf Seite 116.

Syrah aus Elqui

Wie heiß es irgendwo ist, hängt in den meisten Ländern von der jeweiligen Distanz zum Äquator ab. In Chile ist es hingegen die Entfernung zum Meer. Der Grund dafür: Kühle Seewinde ziehen durch die Lücken im Küstengebirge ins Land. So ist es in Elqui, im Norden Chiles nahe der Atacama-Wüste, möglich, äußerst elegante und lebhafte Weine zu erzeugen. Sicher ist dafür Bewässerung erforderlich, schließlich befinden wir uns hier in Wüstennähe, was im Übrigen die Ausbreitung der Rebpflanzungen begrenzt. Aber der Syrah aus Elqui besticht durch Frische, Konzentration und Ausgewogenheit; hinzu kommen Aromen von schwarzen Oliven und Schwarzkirschen sowie ein Hauch von Veilchen. Eine Weinliste findet sich auf Seite 373.

Chardonnay und Pinot Noir von der Sonoma Coast

Hier wird Extremweinbau betrieben. Die AVA Sonoma Coast ist ein großer Bereich, und natürlich liegen keineswegs alle Weinberge direkt an der Küste. Die wirklich ehrgeizigen Winzer aber blicken direkt in die Waschküche, die vom Meer hereinwabert und ziehen sich eine Jacke über, um sich gegen die Pazifikwinde zu schützen. In Kalifornien geht man in der Regel in Sachen Traubenreife ungern Risiken ein, doch hier ist das anders. Es ist recht kühl, und so geraten Chardonnay und Pinot strenger, mineralischer, alkoholärmer und strukturierter. Empfehlenswerte Kellereien stehen auf Seite 351.

Malvasia aus Istrien

Die Küste Kroatiens ist unglaublich schön, eigentlich würde man nie wieder fortwollen. Zugleich ist sie die – vermutlich sogar ursprüngliche – Heimat verschiedener Traubensorten, die sich teils niemals von hier wegbewegt haben. Zu ihnen zählt Malvazija istarska. Nahezu vom Meer umzingelt, hat sie es bisher nicht weiter als bis nach Slowenien und Nordostitalien geschafft. Erst in den letzten zwei Jahrzehnten ist diese Traubensorte in unser Genießerbewusstsein gerückt. Ihr herrliches Profil liest sich wie folgt: straff und mineralisch, honiggetönt, mit einem Hauch von Apfel, dazu eine leicht salzige Strenge und charmante Aromen aus dem Akazienholz, in dem die Weine oft ausgebaut werden. Eine Liste von Erzeugern findet sich auf Seite 308.

Einige der berühmtesten Weinberge der Welt sind jene, die eben dort angelegt wurden, wo eine durstige Verbraucherschar begierig der Erzeugnisse harrte. Manchmal erwies sich das Terroir als fantastisch, manchmal nicht. Erraten Sie die Überlebenden?

Portwein. Stadt: Porto
»O Porto« heißt auf Portugiesisch einfach »der Hafen«, und danach ist der Portwein benannt. Na gut, etwas mehr Mühe bei der Namensfindung hätte man sich schon geben können! Jedenfalls waren die im 17. Jahrhundert in Porto ansässigen englischen und schottischen Händler auf der Suche nach portugiesischen Weinen, um diese in ihrer Heimat zu verkaufen, während England sich mit Frankreich bekriegte. Also reisten sie den Douro-Fluss hinauf, um die Weine zu finden, auf ihre Erzeugung Einfluss zu nehmen und sie letzten Endes selbst anzubauen. (Anfangs waren es ziemlich grobschlächtige Gewächse, aufgespritet und mit viel Restsüße, um die rustikale Art zu kaschieren.) Sie wurden in Fässern über den reißend schnellen Fluss nach Porto geschafft und in den dortigen Kellern (oder Lodges) der Händler gereift, bis sie für den Export bereit waren.

In Großbritannien waren die Weine – eigentlich logisch – als Port Wine bekannt. Probierenswert: Taylor's. Peter Bearsley, dessen Firma dann zu Taylor, Fladgate & Yeatman wurde und heute als The Fladgate Partnership firmiert, war der erste britische Händler, der den Douro hinauffuhr.

Bordeaux. Stadt: Bordeaux. Oder Bristol. Oder Edinburgh
Ohne den Hafen von Bordeaux würde es den gleichnamigen Wein nicht geben. Die Stadt war nicht nur voller weindurstiger Menschen, sondern auch voller Händler, die alle Wein kaufen wollten, um ihn ins Ausland zu verschiffen – vor allem nach England, das Aquitanien hinzugewann, als Eleonore von Aquitanien den Mann heiratete, der später Englands König Heinrich II. werden sollte. Allerdings wurde der Wein seinerzeit weiter flussaufwärts erzeugt.

Im 17. Jahrhundert dann – Bordeaux war damals wieder fest in französischer Hand – legten holländische Ingenieure die Sümpfe im Médoc trocken, sehr zum Nachteil der Winzer weiter flussaufwärts, die durch die Neuankömmlinge vom Markt in Bordeaux verdrängt wurden. Probierenswert: Carruades de Lafite, benannt nach dem Carruades-Plateau, einem der ersten Teilbereiche des Médoc, die als herausragend eingestuft wurden.

Semillon aus dem Hunter Valley. Stadt: Sydney
Das Klima hier in New South Wales ist subtropisch, und das bedeutet: heiße, bewölkte Sommer und nasses, manchmal patschnasses Herbstwetter. Als die ersten Reben in den 1820er-Jahren im Hunter-Gebiet angepflanzt wurden, baute man hier bereits Kohle und Holz ab und transportierte alles auf dem Land- oder Flussweg nach Sydney. Im gleichen Zuge die Weine auf den Markt zu bringen war also ein Leichtes. Langsam entwickelte sich ein Weinstil, den es so bis dahin nicht gegeben hatte und der auch in der Folge nirgends nachgemacht wurde: ein trockener Semillon, bereitet von gerade eben reifen Trauben und in der Flasche zu honiggetönter, fülliger Komplexität gereift. In den 1950er- und 1960er-Jahren war er als Hunter River Riesling bekannt, weil die Kunden bis dahin nie von Semillon gehört hatten. Inzwischen kennen sie den Namen.

Gemischter Satz. Stadt: Wien
Stadtweinbau in seiner schönsten Form. Die Vororte Wiens sind voll von Heurigen, von Lokalen also, die nur Weine aus hauseigenen Weinbergen ausschenken. Als die Besitzer ursprünglich ihre Rebkulturen auf dem nächstgelegenen Hügel anlegten, pflanzten sie, um ungeachtet des Wetters zuverlässige Ernteergebnisse zu erzielen, eine bunte Mischung von Sorten. Das Lesegut wurde in eben dieser Mischung gemeinsam gekeltert. Dieses Prinzip nennt sich »Gemischter Satz« und wird bis heute praktiziert.

Jede Familie hat ihre eigene Rebenmischung – in ganz alten Weinbergen trifft man bis zu 20 Sorten an. Durch das gemeinsame Vergären ergibt sich ein besonderer Geschmackseindruck, der sich als weinig, komplex, reichhaltig und trocken zugleich beschreiben lässt. War der Gemischte Satz vor 30 Jahren beinahe von der Bildfläche verschwunden, ist er heute wieder voll im Trend. Probieren Sie Cobenzl, Mayer, Rainer Christ, Jutta Ambrositsch und Weininger.

Reisegeschichten
Interkontinental-Reben

Es geht hier um Weine von Traubensorten, die sich weit von ihrem Ursprung wegbewegt und andere Kontinente erobert haben.

White Blend aus Swartland
Nicht unbedingt der attraktivste Name für einen Weißwein. Auf den ersten Blick möchte man fast an eine Billigfluglinie denken, die als Passagiere gemischte weiße Trauben befördert und sie dann irgendwo absetzt, wo sie niemals hinwollten. Tatsächlich aber liegt im White Blend die Zukunft.

Swartland ist die spannendste Region in Südafrika, was Weißwein betrifft, und die hiesigen Verschnitte sind vom Feinsten. Ein breites Traubensortiment wird angebaut: Chenin blanc, Grenache blanc, Marsanne, Roussanne, Sémillon, Verdelho, Viognier, Muscat, Chardonnay, Clairette und noch einige andere. Erst in den späten 1990er-Jahren machte Swartland mit seinen Weißen auf sich aufmerksam und sorgte sogar für ein Umdenken: Weine müssen nicht sortenrein sein, um Größe zu zeigen; Verschnitte können interessanter sein und mehr als nur die Summe ihrer Teile. Reisen bildet und eröffnet neue gedankliche Horizonte, doch dieser Wein mit all seinen Stilrichtungen braucht auf jeden Fall einen neuen Namen. Vorschläge für Verkostungsproben sind aufgelistet auf Seite 439.

Viognier aus Virginia
Es ist nicht nur erstaunlich, dass die Viognier-Traube je irgendwohin reiste, sondern man muss sich fast wundern, dass sie zu Hause überhaupt überlebte. Denn vor 50 Jahren standen gerade noch 14 ha der Sorte an der Rhône, und ihr Untergang schien bevorzustehen. Aber nichts lockt neugierige Winzer zuverlässiger an als Seltenheitswert und Exotik, und so breitet sich die Traube nun nicht nur auf den heißen Rhône-Terrassen aus, sondern ebenso in Südfrankreich, Australien, Kalifornien, Uruguay und einem Dutzend anderer Orte. In Virginia ist sie das Aushängeschild. Die feuchten Sommer der Region machen ihr nichts aus (sie ist dickschalig), und sie erreicht die aromatische Reife, ohne zu viel Zucker anzusammeln – hier liegt sonst immer ein Problem, da sie erst am Ende der Reifephase Geschmack entwickelt.

Swartland: ein bisschen offen für alles

Guter Viognier ist saftig und aromatisch, mit Anklängen an Aprikose, Geißblatt und Lebkuchen und mit gut gezügeltem Alkohol. Er kann überschwänglich sein oder auch straff und mineralisch, nur darf man nicht schlampig mit ihm umgehen. Der Viognier mag besser reisen können, als alle vermutet hätten, aber bei seiner Ankunft legt er gern einen gepflegten Auftritt hin.

Pinot Noir aus Oregon
Hype bekommt keinem Wein gut. Als die ersten Pinots aus Oregon erschienen, sorgten sie weltweit für Furore: Sie hatten das Aroma und die Seidigkeit, die Pinot-Liebhaber suchten, und stammten doch nicht von der Côte d'Or. Es war, als hätte man den Heiligen Gral gefunden. Unvermeidlich folgte eine Selbstentdeckungstour über die Eichen- und Extraktionsschiene, von der die Weine in abgeklärter und eleganter Form zurückkehrten. Sie bekennen sich zum Burgundertum in ihrer Leichtigkeit und Intensität, und die Winzer lernen immer mehr über ihre Terroirs – da sie es mit 800 Bodenarten zu tun haben und Pinot auf 92 davon angebaut wird, ist die Sache kompliziert. Was Oregon dem Pinot im Gegensatz zu vielen anderen Gegenden außer Burgund bieten kann, ist die Bewölkung. Gewährt man dieser Rebsorte sanftes Licht, revanchiert sie sich mit Feinheit statt Protzerei und mit Konzentration statt Aufdringlichkeit.

Shiraz aus Barossa
In Barossa stehen einige der ältesten Reben von Shiraz (alias Syrah) auf der ganzen Welt, vermutlich sogar die ältesten überhaupt – es gibt sogar eine eigene Kategorie für Reben, die über 125 Jahre alt sind: Ancestor Vines. Die Stöcke wurden nach Australien gebracht, bevor die Reblaus ihren Geschwistern in Europa den Garaus machte, und sie haben bis heute wurzelecht im Trockenanbau überlebt. Sie erlebten eine unschöne Phase in den 1980er-Jahren, als einige der ältesten und ertragsärmsten Exemplare einem Rodungsprogamm zum Opfer fielen, doch gerade noch rechtzeitig wurde ihr Wert erkannt und die weitere Rodung gestoppt.

Der traditionelle Barossa-Stil des Shiraz ist sehr reif, sehr dicht, sehr eichig und sehr alkoholstark. Die Weine sind mundfüllend mit komplexen Aromen von schwarzen Oliven, Soja, Schokolade, Kaffee, Kräutern und Gewürzen. Geschmacksmuster finden Sie gelistet auf Seite 388.

Cabernet Sauvignon vom Margaret River
Von seiner Basis im Médoc aus, wo sich die Gironde weitet, um sich mit dem ungestümen Atlantik zu vereinen, hat die Cabernet-Sauvignon-Rebe die Welt bereist – und einer der Orte, an dem sie sich mit am wohlsten fühlt, liegt nahe einem wilden, abgeschiedenen Abschnitt der australischen Küste, wieder in Meeresnähe. Hier, einige Autostunden südlich von Perth, erbringt sie nuancierte und ausgewogene Weine mit üppigem Tannin und markanten Brombeer- und Gewürzaromen. Oft wird sie mit Merlot und anderen Sorten verschnitten, genau wie in Bordeaux, und in den letzten 30 Jahren haben sich diese Erzeugnisse ein internationales Renommee erworben. In weniger maritimen Regionen wie Coonawarra geraten die Weine offensiver. Margaret River ist ein Ort, an dem sich ein Médoc-Gewächs wohlfühlen dürfte.

Umgeschriebene Geschichten

Neu! Und besser!

All diese Weine gab es schon, doch man hat sie neu erfunden.

Deutscher Spätburgunder
In Deutschland wird Pinot noir unter dem Namen Spätburgunder schon fast so lange angebaut wie an der Côte d'Or. Doch bis vor Kurzem waren die Resultate ziemlich blass. Der Klimawandel hat hier geholfen, und unter der Ägide einer neuen Generation talentierter Winzer fand der Spätburgunder zu seiner einstigen Kraft zurück. »Warum auch nicht?«, sagen die Winzer. In ihren Augen haben sie dasselbe Wetter wie in Burgund, nur ein, zwei Tage später. Die Zisterziensermönche, die den Pinot noir nach Deutschland brachten, erkannten, dass die Böden hier und da, wo sich reichlich Kalkstein in den Ton mischt, denen an der Côte d'Or ähneln. Heute präsentiert sich der Spätburgunder geschmeidig und konzentriert, würzig und aromatisch – eben so, wie man es von einem Pinot erwartet. Eine Liste mit Topweinen findet sich auf Seite 227.

Tokaji
Unter 40 Jahren kommunistischer Herrschaft verkam der berühmteste Wein Ungarns zu einem Schatten seiner selbst. Er wurde in Massen produziert, dabei von Fall zu Fall gesüßt, wie Madeira erhitzt oder auch gespritet, und oxidativer Ausbau war gang und gäbe. Alle Kanten wurden weggeschliffen und einheitlich geglättet. Als der Eiserne Vorhang fiel, war der wahre Tokaji so weit in Vergessenheit geraten, dass nur wenige Winzer darin überhaupt ein Problem erkannten.

Durch ausländische Investoren flossen ab 1989 Cash und Courage ins Land. Man stöberte in Archiven und befragte die Alten – diesmal auf freundliche Art. Die ersten neuen Weine erschienen Anfang der 1990er-Jahre, und sie schockierten mit ihrer Frische und Intensität. Nach wie vor entstehen Neuanpflanzungen, in besseren Lagen und mit besseren Klonen; auch wird weiterhin am komplizierten Prozess der Aszú-Bereitung gefeilt. Der Tokaji ist wieder ein Star.

Chianti
Der Status als einer der berühmtesten Weine der Welt ist kein leichter: Er kann Begehrlichkeiten bei skrupellosen Winzern und Händlern wecken, die sich um Qualität nicht scheren. Seinen Tiefpunkt erreichte der Chianti in den 1970er-Jahren: Aus einem einst großen Roten war ein verwässertes

Ein wirklich guter Freund: Sangiovese

Industrieprodukt geworden. Doch dann begehrten die Erzeuger auf. Sie wussten, dass man die Situation bereinigen konnte. Viele sahen die Zukunft in anderen Rebsorten, zumeist Cabernet Sauvignon. Und wie so oft war es die Arbeit mit dem Cabernet, mit neuen Barriques, mit anderen Pflanzdichten, anderen Klonen und anderen Kellertechniken, die den Winzern die Erkenntnis brachte, welchen Schatz sie im Sangiovese haben. Heute ist der Chianti wieder obenauf.

Valpolicella

Als weitere große Berühmtheit war der gute alte »Valpol« an dem Punkt angelangt, dass ihn niemand mehr ernst nahm. Womöglich ist das immer noch so, zumindest in Großbritannien. Dennoch gibt es heute doppelt so viele unabhängige Winzer, die ihre eigenen Weine abfüllen, als vor 25 Jahren. Da passiert gerade etwas. Und dieses Etwas ist der Amarone. Um die letzte Jahrhundertwende gelangte die mysteriös tiefgründige, reichhaltige, von rosinierten Trauben bereitete Valpolicella-Version unvermittelt zu immensem Starruhm. Und diese Begeisterung für vorgetrocknete Trauben schlug sich auch auf den einfacheren Valpolicella nieder. So gibt es jetzt mehr Ripasso (siehe Seite 203) als früher, während einfacher Valpolicella schwerer aufzutreiben ist. Der Ausgang der Amarone-Revolution mag noch etwas unklar sein, doch wenn Sie einen lebhaften, aromatischen, köstlich leichten Roten suchen, ist Valpolicella auf jeden Fall eine gute Option.

Bairrada

Als dieser portugiesische Rote in den 1980er-Jahren erstmals in Mode kam, war er begleitet von Warnungen. Achtung, rohes Tannin! Achtung, heftige Säure! Achtung: Wirklich gute Bairradas gilt es nur in etwa zwei Jahren pro Jahrzehnt. Dann zogen die gehaltvollen Roten vom Douro und die weichen aus dem Alentejo die Aufmerksamkeit auf sich, und Bairrada stand im Abseits. Aufwärts ging es erst wieder, als man neu lernte, die Baga-Traube zu handhaben. Hier war Luís Pato federführend. Mit seinen Innovationen lockte er wieder das heraus, was alle immer an Baga-Weinen geliebt hatten: Aromen von Pinienhainen, rauchige Töne, Struktur und ein schierer »Geschmack nach mehr«. Eine Gruppe von Erzeugern, die »Baga Friends« (siehe Seite 270), macht jetzt Weine von bestechender Reinheit und Ausdruckskraft.

Muscadet

Erst trank jeder Muscadet, dann plötzlich niemand mehr. Das Aufkommen der Weißen aus der Neuen Welt in den 1990er-Jahren und ein gleichzeitiger Qualitätsverfall des Muscadet schuf einen Teufelskreis. Heute gibt es nur noch halb so viele Erzeuger in der Region wie in den 1980er-Jahren. Große Weinberge wurden aufgegeben. ABER: Einige Dutzend Erzeuger haben nicht nur überlebt, sondern begonnen, ihr Terroir, die Techniken und die Qualität von einer neuen Warte aus unter die Lupe zu nehmen. Bei ihnen zeigt sich der Muscadet besser denn je. Wünschen Sie sich Mineralik, einen salzigen Einschlag und Tiefe, nach einigen Jahren dazu einen leisen Honighauch? Dann ist Muscadet genau Ihr Wein. Und da er noch immer unterbewertet ist, bekommen Sie ihn echt günstig. Eine Liste mit Namen steht auf Seite 109.

Neue Geschichten

Starruhm über Nacht – manchmal

Grüner Veltliner aus Österreich
Seit mindestens zwei Jahrhunderten wird Grüner Veltliner in Österreich angebaut, doch führte er bis vor etwa 30 Jahren eindeutig ein Schattendasein. Plötzlich wurde er dann zum Trend und deklinierte, wie in der wankelmütigen Welt der Mode eben üblich, im Eiltempo alle möglichen Stilrichtungen durch: eichig, opulent, alkoholstark, edelfaul. Inzwischen hat er zu einer entschieden trockenen, knackig-mineralischen, präzisen und strukturierten, manchmal sogar strengen Form gefunden. Dem Weinberg zum Ausdruck zu verhelfen ist das Ziel, und so geht es im Keller einzig darum, äußere Einflüsse auszuschalten, um die Essenz der Lage herauszukristallisieren. Siehe Seite 285.

Nerello mascalese aus Sizilien
Erst seit relativ kurzer Zeit wird Sizilien als Quelle saftiger, süffiger Roter angesehen, und dass hier auch ernsthafte, lagerfähige Weine zu finden sind, ist eine weitere Überraschung. Nerello mascalese ist eine ernst zu nehmende Traube, die rund um den Ätna heimisch ist. Sie erbringt hellrote Weine mit Aromen roter Früchte und geschmeidigen Tanninen, die ihr hochinteressantes Herkunftsgebiet eindrucksvoll spiegeln. Oft wird die Sorte im Verschnitt verarbeitet, doch durch ein Zuviel der weitaus einfacher gestrickten Nero d'Avola kann sie viel von ihrem eigentlichen Reiz einbüßen. Siehe Seite 191.

Pinotage aus Südafrika
Diesen Wein liebt oder hasst man. Seine Hasser sollten aber wenigstens anerkennen, dass er sich gegenüber früher verbessert hat. Man stelle sich vor: dunkle, würzige Frucht, traditionell begleitet von Anklängen an Lack und/ oder Zuckerwatte. Verschneiden ist eine Option, doch gute Erzeuger bekommen die Pinotage zunehmend auch anders in den Griff. Siehe Seite 435.

Malagousia aus Griechenland
Dieser wirklich reizvolle Weißwein beginnt gerade erst, Aufsehen zu erregen. Sein Aromaspektrum reicht von Rosenblütenblättern über Basilikum bis zu Orangenschale, und während des Kontakts mit den Schalen eignet er sich eine leichte Bitternote an, die den fraglos oft niedrigen Säurepegel ausgleicht und zudem für mehr Gaumenfrische sorgt. Derzeit wachsen die Anbauflächen in vielen Gegenden Griechenlands. Erzeuger siehe Seite 318.

Pinotage: im Weinberg eine unscheinbare Erscheinung

Unglaubliche Geschichten

So was kann sich keiner ausdenken

Manche Weine könnte man schlicht nicht erfinden. Hier einige Beispiele:

Echter Lambrusco (zwei Weine in einem)
Von der *Metodo industriale*, die den Löwenanteil an Lambrusco hervorbringt, wird die *Metodo ancestrale* unterschieden, die so abläuft: Die tief purpurroten Trauben werden im Tank auf etwa 10 Vol. -% Alkohol vergoren, dann wird der Wein für den Abschluss des Gärprozesses in Flaschen gefüllt. Es schließen das Rütteln und das Degorgieren an, oder aber beides entfällt. Im letzten Fall enthält der Wein noch den Hefesatz aus der letzten Gärphase. Lässt man die Flasche ruhen, sodass der Hefesatz zu Boden sinkt, kann man seinen Gästen gewissermaßen klaren Wein einschenken. Alternativ die Flasche schütteln und den getrübten Wein ins Glas gießen. Dieser schmeckt anders, nämlich gewichtiger, aber weniger fruchtig. Zwei Weine also in einer Flasche. Probierenswert: Vittorio Graziano.

Fino-Sherry (unter einem Schaumteppich zur Vollendung)
Die Palomino-Traube ist eigentlich todlangweilig. Um der Ausdruckslosigkeit eines aus ihr bereiteten Tischweins irgendetwas abzugewinnen, braucht es schon einen brutheißen Tag und einen leistungsstarken Kühlschrank. Erlaubt man aber eben diesem Wein, Flor zu entwickeln, einen schaumigen Teppich aus Hefen, verwandelt er sich in einen Tropfen, der weltweit Genießer schwärmen lässt. Durch das Zusammenwirken der Florhefen mit dem Solera-System (siehe Seite 250) verliert der Wein nach und nach den Geschmack der Traube und gewinnt stattdessen ein Aroma wie Erde nach einem Regenschauer, eine wässrige Textur und einen knochentrockenen, fast scharfen Geschmack. Richtiger Fino geht keine Kompromisse ein. Probierenswert: Tío Pepe, Sánchez Romate Fino Perdido.

Vin Jaune (noch mehr Schaum, aber anders)
Er bildet Flor, genau wie Sherry, ist aber gewiss keine französische Kopie. Als Basistraube dient die sehr charaktervolle Savagnin, der Wein wird in der Appellation Arbois bereitet, und die Hefeschicht heißt hier *voile*. Vin Jaune wird im Holzfass gereift, wobei sich sein Volumen im Lauf von sechs Jahren durch langsame Verdunstung auf 62 % verringert. Schließlich wird er in 62-cl-Flaschen abgefüllt. Sein Preis liegt erheblich über dem von Fino. Für eine Liste probierenswerter Exemplare siehe Seite 94.

Eiswein/Icewine (am Stock gefroren)
Wer würde vorsätzlich Trauben am Stock gefrieren lassen, um sie dann bei Sonnenaufgang oder sogar vorher zu pflücken, im noch gefrorenen Zustand zu pressen, sodass das Wasser als Eis zurückbleibt und nur der extrem konzentrierte Saft langsam heraustropft, und daraus schließlich einen sehr süßen Wein zu bereiten? Es lässt sich leicht erraten, wie alles begann. Heute genießt Eiswein in Österreich und Deutschland einen gewissen Kultstatus (oft genug sinken dort die Temperaturen erst nach Neujahr weit genug, dennoch tragen die Weine die vorhergehende Jahrgangszahl), und in Kanada, wo es immer kalt genug ist, bedeutet Icewine das große Geschäft. Es gibt dort sogar aromatisierten Eiswein zu kaufen … für den, der's mag.

Mestemacher
the lifestyle-bakery

WESTFÄLISCHER
Pumpernickel

Mestemacher GmbH
33254 Gütersloh · Telefon + 49 (0) 5241/8709-0
www.mestemacher.de

DER WEGWEISER DURCH DIE INTERNATIONALE WEINWELT.

Jancis Robinson und Hugh Johnson haben erneut die gesamte Weinwelt unter die Lupe genommen und führen den Leser kenntnisreich und kurzweilig durch alle Weinregionen der Welt zu den bedeutendsten Weinen und ihren Produzenten.

ISBN 978-3-8338-3957-3 | 49,90 € [D] / 51,30 € [A]

Hallwag

AUF DEN SPUREN DES FLÜSSIGEN GOLDS!

Das unverzichtbare Standardwerk
für jeden Whiskyliebhaber.

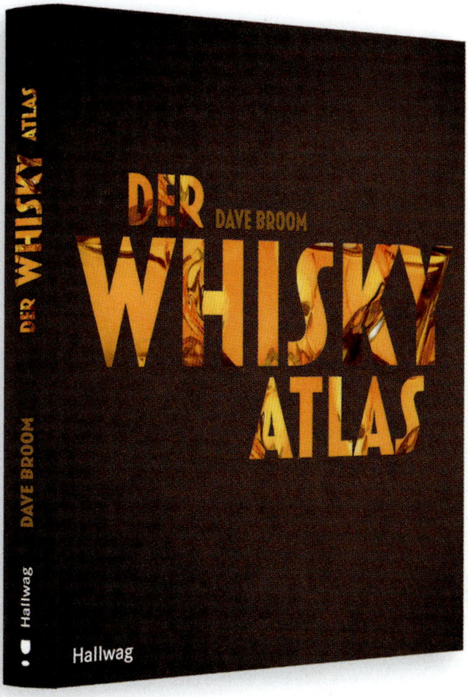

Der Whiskyexperte Dave Broom skizziert in seiner vollständig überarbeiteten Neuauflage einen spannenden Weg durch die aktuelle Whiskylandschaft. Illustrierte Karten führen zu völlig neuen Geschmackserlebnissen an über 200 Destillerie-Adressen, darunter auch zahlreiche Neuendtdeckungen. Für Kenner wie Einsteiger lohnt es sich, ihm zu folgen.

ISBN 978-3-8338-5521-4 | 49,90 € [D] / 51,30 € [A]

Hallwag

RUM!
EIN KULTIGER GENUSS!

Das perfekte Geschenkbuch für alle,
die Rum lieben.

Das Wichtigste über Rum im coolen Geschenkbuchformat. Wie ist das Getränk entstanden und wo kommt es her? Rum liefert einen kleinen Einblick in die Rumherstellung sowie Steckbriefe ausgewählter Rumsorten mit atmosphärischen Illustrationen. Genussversprechend: ausgewählte Cocktailklassiker und moderne Rumcocktails zum Selbermixen des Kultgetränks.

ISBN 978-3-8338-5632-7 | 9,99 € [D] / 10,30 € [A]

Hallwag

LASS UNS ZUSAMMEN WHISKY TRINKEN!

Auch als eBook erhältlich.

Dave Brooms amüsantes und kurzweililges Buch eröffnet eine Welt, die selbst Whiskykenner überrascht und begeistert. Es geht um Genuss, um spannende Kreationen und um die Entdeckung völlig neuer Geschmackserlebnisse. Die Devise lautet: Ausprobieren, selbst mixen und genießen!

ISBN 978-3-8338-4531-4 | 19,99 € [D] / 20,60 € [A]

Hallwag